기독교의 역사

A HISTORY OF CHRISTIANITY
Copyright ⓒ 1976 by Paul Johnson
All rights reserved.
Korean translation copyright ⓒ 2013 by POIEMA
Korean translation rights arranged with The Orion Publishing Group Ltd.
through EYA(Eric Yang Agency)

폴 존슨
기독교의 역사

김주한 옮김

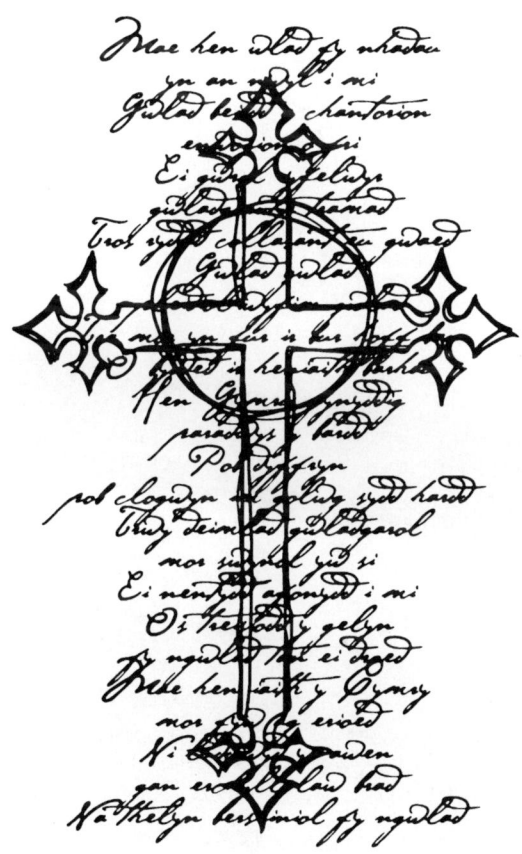

포이에마

일러두기
- 본문의 성경 인용은 대한성서공회에서 펴낸 새번역판을 따랐다.
- 인명과 지명 등의 표기는 원칙적으로 국립국어연구원의 외래어 표기법을 따랐고, 한국교부학연구회의 《교부학 인명·지명 용례집》을 참고했으나, 성경에 나오는 고유명사는 되도록 새번역판의 표기를 따랐다.

기독교의 역사

폴 존슨 지음 | 김주한 옮김

1판 1쇄 발행 2013. 7. 30. | 1판 8쇄 발행 2025. 1. 27. | 발행처 포이에마 | 발행인 박강휘 | 등록번호 제 300-2006-190호 | 등록일자 2006. 10. 16. | 서울특별시 종로구 북촌로 63-3 우편번호 03052 | 마케팅부 02)3668-3260, 편집부 02)730-8648, 팩스 02)745-4827

이 한국어판의 저작권은 EYA(Eric Yang Agency)를 통한 The Orion Publishing Group Ltd.사와의 독점 계약으로 한국어 판권을 '포이에마'가 소유합니다. 저작권법에 의하여 한국 내에서 보호받는 저작물이므로 무단 전재와 복제를 금합니다.

값은 뒤표지에 있습니다. | ISBN 978-89-97760-49-7 03900 | 독자의견 전화 02)730-8648

이메일 masterpiece@poiema.co.kr | 좋은 독자가 좋은 책을 만듭니다. 포이에마는 독자 여러분의 의견에 항상 귀 기울이고 있습니다.

변함없는 나의 가장 친한 친구,
현명한 상담자이자 조교인 메리골드에게

차례

머리말·10

1부 예수 종파의 출현 (기원전 50년-기원후 250년)

예루살렘 사도회의·15 | 기독교를 탄생시키기 위한 지적인 준비: 그리스 세계·21 | 로마 제국과 유대인들·25 | 디아스포라 유대인과 팔레스타인 유대인·30 | 유대교의 한계들·34 | 사두개파, 바리새파, 에세네파·38 | 세례 요한·48 | 역사적 예수·51 | 예수에 관한 초기 기독교 자료들·53 | 성경 사본들·60 | 예수의 가르침·65 | 예수 재판과 총독 빌라도·68 | 예수 운동과 유대교·71 | 사도 바울·80 | 믿음으로 의롭게 된다·84 | 유대 기독교와 디아스포라 기독교·90 | 초기 기독교 공동체·96 | 영지주의·98 | 사랑과 정죄의 두 유형: 마르키온과 테르툴리아누스·100 | 몬타누스와 은사주의자들·105 | 정통과 이단·110 | 신약성경의 정경화·115 | 성직자의 탄생·119 | 정통 교회의 확립: 오리게네스와 키프리아누스·122 | 로마 교회의 탄생·127

2부 순교자에서 종교 재판관까지 (250-450년)

밀라노 칙령·135 | 콘스탄티누스 황제·137 | 기독교와 로마 제국·140 | 로마 제국의 기독교 박해·144 | 로마와 기독교의 제휴·150 | 기독교의 세속화·154 | 성직자 계급·160 | 도나투스파 사건·163 | 정통파와 분파주의·171 | 교회와 국가·174 | 삼위일체와 기독론 논쟁·178 | 종교적인 폭도?·185 | 이교의 몰락·190 | 다마수스의 교권 강화·196 | 암브로시우스·203 | 히에로니무스·215 | 오리게네스·218 | 아우구스티누스·220 | 기독교 왕국을 위해서는 고문도 허용된다·225 | 아우구스티누스와 펠라기우스의 논쟁·231 | 아우구스티누스, 중세의 선구자·237

3부 주교의 관을 쓴 군주들과 왕관을 쓴 성상들(450-1054년)

샤를마뉴 대제의 대관식·243 | 게르만족의 이동·247 | 주교 체제의 강화·248 | 그레고리우스 대제·253 | 성문법에 녹아든 기독교·255 | 기독교화, 로마화, 문명화·259 | 교회의 경제활동·262 | 사막의 수도사들·264 | 수도원 운동의 확산, 마르티누스와 카시아누스·268 | 아일랜드 수도원·272 | 베네딕투스 수도원·276 | 수도원, 농업경제의 핵심·280 | 시토 수도회·283 | 기독교 학문의 발전·286 | 문화의 전달자, 수도사들·290 | 유럽 문화의 기독교화·294 | 성물 숭배·300 | 성물과 타락·304 | 베드로와 로마 교회·307 | 황제교황주의·314 | 교황권과 왕권의 결합·317 | 샤를마뉴 대제·322 | 비잔틴 제국·327 | 동방과 서방의 세력 대결·329 | 불가리아의 개종·332 | 동방 정교회의 세력 확산·336 | 동·서방 교회의 분열·341

4부 왕권과 교황권의 대결(1054-1500년)

교권과 속권의 대결·347 | 세속권력의 위력·350 | 왕권과 교황권의 역전, 교황 그레고리우스 7세·353 | "세계는 하나의 교회이다"·358 | 추악한 투쟁·362 | 절대권력이 된 교회법·369 | 헨리 2세와 베켓·373 | 주교권의 세속화와 쇠락·379 | 반성직주의의 출현·384 | 왕권과 교황권의 대결·386 | 교황권의 몰락·390 | 교회의 타락·394 | 성당 건축의 허와 실·399 | 성물들의 성소가 된 대성당·403 | 농촌 지역의 미개한 기독교·406 | 고해성사·408 | 수도원의 흥망성쇠·415 | 정당한 전쟁·425 | 이슬람 세력·427 | 십자군 전쟁은 어떻게 일어나게 되었나?·428 | 십자군의 만행·431 | 십자군 운동의 실패·436 | 소종파들의 활동·441 | 종교재판·444 | 묵시적 종말론의 유행·447 | 급진주의자들: 천년왕국 운동과 평등 공동체 운동·453 | 기독교의 위기와 대안·458

5부 프로테스탄티즘의 등장 (1500-1648년)

르네상스와 신학문·463 | 에라스무스·467 | 자국어 성경, 성경의 대중화·472 | 도덕 개혁과 제도 개혁, 에라스무스와 루터·476 | 평화주의적 개혁가 에라스무스·478 | 중세의 위기·484 | 마르틴 루터·486 | 협상 테이블에 앉은 가톨릭과 프로테스탄티즘·490 | 장 칼뱅·494 | 양심에 관한 루터와 칼뱅의 입장·498 | 각 지역은 영주의 종교를 따른다!·501 | 영국의 종교개혁·508 | 반종교개혁·511 | 트렌토 공의회·514 | 예수회, 가톨릭을 재건하다·518 | 예수회와 권력·523 | 종교재판소·526 | 마녀사냥·530 | 프로테스탄티즘과 자본주의·536 | 제3세력의 등장·543 | 제3세력과 국왕들·550 | 세속 세계와 영적 세계가 분리되다·556

6부 신앙과 이성의 앙상블(1648-1870년)

기독교 권력의 소멸·563 | 기독교 합리주의자들·566 | 존 로크, 관용과 존중의 이름으로·569 | 지옥의 묵시록·577 | 교회에 스며든 계몽주의·582 | 블레즈 파스칼, 이성과 그 너머·588 | 볼테르의 도전·592 | 교황권의 약화·598 | 프랑스 교권의 허세와 몰락·599 | 이성 종교의 타락·605 | 나폴레옹의 화해 정책과 교황권의 부활·611 | 웨슬리와 감리교·615 | 복음주의자들·622 | 비평적 성경 연구·628 | 영국 국교회와 옥스퍼드 운동·631 | 예기치 않게 되살아난 로마 가톨릭·636 | 지옥의 공포·640 | 라므네와 로마 가톨릭·643 | 교황 지상주의와 대중주의의 독특한 결합·649 | 교황 무오류설·655

7부 선교의 닻을 올리다 (1500–1910년)

선교에 눈을 돌리다·663 | 라틴아메리카 선교·668 | 기독교는 어느 수준까지 원주민의 색채를 입을 수 있는가?·672 | 선교사들의 독립운동·677 | 아시아에 눈을 돌리다·680 | 카스트 속으로 들어간 인도 선교·682 | 중국 선교, 과학을 선교의 무기로·684 | 일본 선교, 기대와 절망·689 | 신대륙에서의 위대한 승리·698 | 대각성 운동과 미국 정신의 형성·703 | 교리를 버리고 윤리를 택하다·708 | 미국 정부와 기독교·712 | 종교적 환타지·715 | 노예제 문제·720 | 프로테스탄트의 선교 사업·726 | 선교와 노예 무역·733 | 선교 제국주의·736 | 선교사들의 토착문화 파괴·741 | 가톨릭 선교의 재개·743 | 선교와 폭력·746 | 지구촌 기독교화를 꿈꾸다·751

8부 끝나지 않은 역사 (1870–1975년)

피우스 12세, 요새에 갇힌 교황·757 | 교황과 세속 권력의 대결과 타협·761 | 교황주의자들·765 | 가톨릭이 우파의 손을 들다·767 | 피우스 10세, 교황청의 권위를 지켜라!·772 | 가톨릭과 모더니즘·775 | 로마 교황청과 영국 국교회·780 | 제1차 세계대전과 무기력한 기독교·782 | 우파에 기댄 가톨릭·787 | 나치즘에 굴복한 기독교·791 | 히틀러가 기독교를 버리다·801 | 외로운 저항의 목소리·807 | 미국의 대중 기독교·809 | 아시아에서 기독교 토착화의 실패·814 | 아프리카의 토착 기독교·817 | 피우스 12세의 절대적 승리주의·822 | 요한 23세와 바티칸 공의회·827 | 성직자 독신제, 그리고 피임 문제·834 | 교회일치를 향하여·840

맺음말·842 | 옮긴이의 말·847 | 참고문헌·851 | 찾아보기·871

머리말

예수 그리스도의 탄생과 함께 시작한 기독교가 전 세계적으로 확산된 이래 2천 년의 세월이 흘렀다. 그동안 인간의 운명을 결정짓는 데 기독교보다 더 많은 영향력을 행사한 철학사상은 없었다. 2천 년이 지나도록 서양 사회에서 기독교는 이처럼 지배적인 위치를 차지하고 있었지만, 현대에 들어서 그 영향력은 서서히 줄어들고 있는 것처럼 보인다. 바로 이러한 시점에서 기독교의 역사를 객관적으로 검토해보는 것이 필요하겠다. 이 책에서 나는 기독교의 전체 역사를 조명해보려 한다. 기독교의 역사를 한 권의 책으로 정리하려면 상당 분량의 내용을 압축하고 덜어낼 수밖에 없는 아쉬움이 있지만, 다른 측면에서 보자면 이러한 작업을 통해 기독교의 다양한 가르침들이 시대별로 어떻게 반복되고 바뀌어왔는가를 확인할 수 있을 뿐만 아니라 기독교에 대한 새롭고도 유익한 전망들을 열어볼 수 있다는 장점이 있다. 이 책에서 나는 지난 20여 년 동안 연구해온 방대한 분량의 연구물들을 바탕으로 현대의 역사가들이 기독교 역사에서 어느 부분들을 특히 중요하게 부각시키고 있는지를 보여줄 것이다.

이 책은 역사에 대한 이야기다. 아마도 사람들은 다음과 같이 물어볼 것이다. 객관성을 엄격하게 유지한 채로 기독교의 역사를 이야기할 수 있겠는가? 이미 1913년에 에른스트 트뢸치는 비판적이고 회의적인 역사 연구방법을 기독교 신앙에 적용할 수는 없다는 점을 설득력 있게 설명한 바 있다. 역사가들이나 종교 사회학자들이 그의 입장에 동의할지 모르겠다. 기독교 신앙과 객관적인 역사 연구방법 사이에 갈등이 있다는 점은 분명하다. 기독교는 본질적으로 역사적 종교이다. 다시 말해 기독교가 주장한 것들은 대부분 역사적 사실에 근거하고 있다는 것이다. 그렇기에 역사적 사실이 무너지면 기독교는 성립될 수 없다. 객관적인 입장에서 일반 역사를 연구하는 기독교인이 기독교의 진리를 탐구할 때도 동일한 태도를 견지할 수 있을까? 자신의 탐구 방법이 기독교의 진리를 훼손한다 할지라도 그는 과연 동일한 태도를 계속 유지할 수 있을까? 지금까지, 아무것도 고려하지 않고 오로지 진리를 추구하는 데에만 관심을 가진 기독교 학자들은 거의 없었다. 그들 대부분은 무언가 자신들만의 노선을 설정하여 기독교 역사를 해석해왔던 것이다. 하지만 그들이 보여준 방어적인 태도가 얼마나 무익했는지는 역사적으로 이미 증명되지 않았는가! 돌이켜보면 솔직하지 못한 그들의 태도야말로 얼마나 어리석어 보이는가!

우리는 존 헨리 뉴먼의 태도에 실소를 금할 수 없다. 뉴먼은 자신이 소장하고 있는 《이성의 시대 *The Age of Reason*》라는 책을 혹시라도 제자들이 볼까 봐 서랍장 속에 넣고 열쇠로 잠가두었다고 한다. 또한 우리는 옥스퍼드 대학교에서 근세사를 가르쳤던 스텁스 주교의 말에서도 여간 불편함을 느끼지 않을 수 없다. 그는 한 공개강연에서, 역사가 존 리처드 그린을 처음으로 만났던 순간에 대해 대단한 승리감에 도취되어 이렇게 말했다. "최근에 나는 어떤 한 사람을 만난 적이 있습니다. 웰스로 가는 마차 안에서 만난 그분은 안타깝게도 르낭의 책 한 권을 손에 들고 있었습니다. 나는 속으로 생각했습니다. '어떻게든 그가 저 책을 읽지 않도록 해야지.' 우리는 서로 마주 보고 앉아 곧 대화 속으로 빠져들어 갔습니다.

… 그렇게 헤어지고 난 후, 그는 네비스톡에 있는 나를 찾아와서 내가 보는 앞에서 르낭의 책을 휴지통에 던져버렸습니다." 사실 스텁스는 르낭의 책 《예수의 생애 Vie de Jesus》(이 책은 역사적 예수 연구물로 당시 이단적 관점이라는 평가를 받으면서 큰 논란을 불러일으켰다 — 옮긴이)를 읽어보지도 않고서 그 책을 정죄했던 것이다. 스텁스의 말은 한마디로, 역사를 객관적으로 연구하는 역사가 그런마저도 자신과 마찬가지로 읽지도 않은 책을 정죄하도록 설득했다는 것이었다. 한 역사가가 또 다른 역사가를 타락시킨 셈이었고, 기독교는 이 두 사람으로부터 수치를 당했다고 할 수 있을 것이다.

기독교는 '신앙은 곧 진리'라는 확신 위에서 진리를 방해하는 그 어떠한 행위도 부도덕하다는 것을 가르쳐야 하고, 그것을 이해할 만한 방식으로 가르쳐야 한다. 기독교인들은 진실이 드러나는 것에 대해 두려워해서는 안 된다. 진실을 드러내는 일에 한계를 설정하고 방해하는 기독교 역사가가 있다면 그는 스스로 자기 신앙의 한계를 인정하는 셈이며, 은연중에 기독교의 본질, 즉 지금도 여전히 계속되고 있는 진리의 계시를 파괴하고 있는 셈이다. 그러므로 나는 아주 사소한 부분에서라도 진실을 추구하는 일이 방해를 받아서는 안 되며, 오히려 기독교인들은 적극적으로 진실을 추구해야 한다고 생각한다. 진실을 추구하는 기독교인은 비기독교인들보다 더 자유로워야 한다. 이러한 입장에서 나는 내가 할 수 있는 한 진솔하고 숨김없이 기독교 역사의 진실을 밝히려 할 것이고 나머지 판단은 독자에게 맡겨두려고 한다.

1975년 버킹엄셔, 아이버에서
폴 존슨

예수 종파의 출현

1부

기원전 50년–기원후 250년

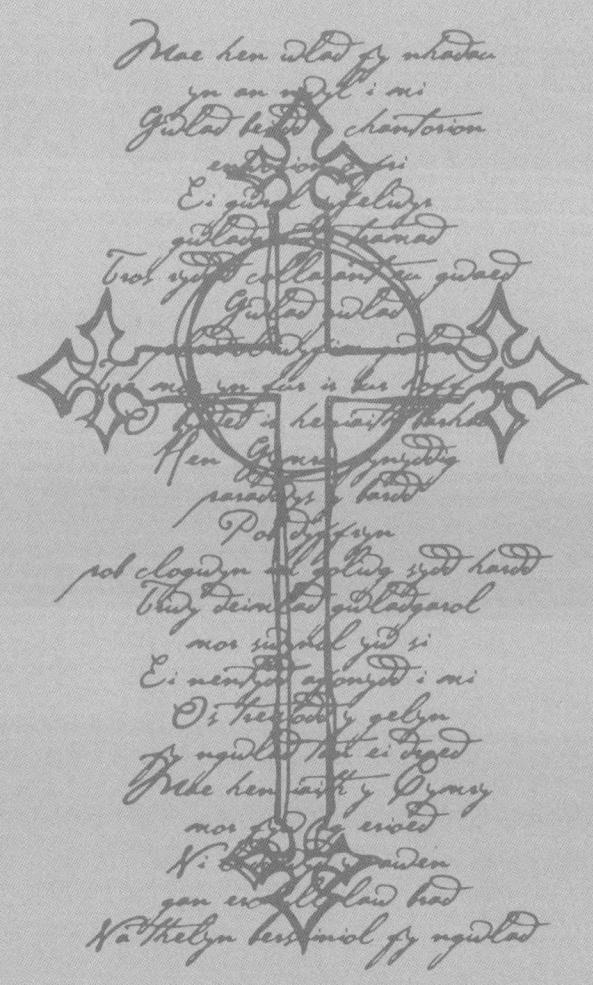

A History of Christianity

예루살렘 사도회의

1세기 중엽, 어림잡아 49년 무렵에 다소 출신의 바울이 예루살렘을 방문했다. 그가 예루살렘을 방문한 것은 16년쯤 전 십자가에 못 박혀 죽은 나사렛 예수의 추종자들과의 회의에 참석하기 위해서였다. 일명 '예루살렘 회의' 혹은 '사도회의'로 불리는 이 회의는 기독교 역사상 최초로 이루어진 정치적 행동이었다. 또한 이 회의는 기독교와 교회의 출발점이기도 했다.

오늘날까지 남아 있는 자료들 가운데 이 회의와 관련된 것으로 추정되는 두 개의 기록물이 있다. 하나는 갈라디아서이다. 이 서신은 예루살렘 회의가 있은 후 약 10년 뒤에 바울이 소아시아 지방에 있는 갈라디아 교인들에게 보낸 편지이다. 이 서신에서 바울은 예루살렘 회의를 직접 언급했다. 또 다른 하나는 이보다 조금 늦게 씌어진 것으로, 누가가 쓴 사도행전이다. 사도행전은 이 회의에 참석했던 목격자들의 진술을 비롯해서 많은 정보를 담고 있다. 사도행전은 다소 공적인 성격의 문서로서 초대교회에서 일어난 논쟁들과 또 이 논쟁들이 어떻게 해결되었는지를 설명해준다. 사도행전은 안디옥에서 일어난 '격렬한 분쟁 혹은 논쟁'으로 인해 사도회의가 개최된 것으로 기록하고 있다. 사도행전에 따르면 문제가 되었던 그 논쟁은 예루살렘 혹은 유대 지방에서 온 '누군가'가 바울의 가르침을 노골적으로 비판하면서 시작되었던 것 같다. 그들은 기독교 개종자들도 유대인들처럼 할례를 받아야 구원을 얻을 수 있다고 주장했다. 상황이 심각해지자 바울은 '사도들 및 장로들'과 이 문제를 논의하기 위해 바나바를 비롯하여 안디옥에서 이방인들에게 선교활동을 벌이고 있던 동료들과 함께 예루살렘을 방문했다.

이들을 맞이하는 예루살렘 사람들의 태도는 이중적이었다. '교회와 사도들과 장로들'은 바울 일행을 환영했지만, '기독교로 개종한 바리새파 사람들'은 못마땅한 표정으로 그들을 맞이했다. 바리새파 출신 기독교인들은 유대인이나 이방인 할 것 없이 누구나 할례를 받아야 하고 모세의 율법을 지켜야 한다고 주장했다. 회의가 시작되자마자 바울 측과 예루살렘 사도들 간에 장시간에 걸친 논쟁이 벌어졌다. 이후 회의는 바울을 지지하는 베드로의 연설, 바울과 바나바의 연설, 그리고 예수의 동생 야고보가 지금까지 논의된 것들을 정리하는 순서로 이어졌다. 야고보는 하나의 타협안을 제출했고 결국 이 타협안이 '전 교회의 합의'로 채택됨으로써 예루살렘 사도회의는 종결되었다. 바울과 그의 동료들은 이방 신자들에게 보내는 편지를 가지고 예루살렘 측이 파견한 사절단과 함께 안디옥으로 돌아갔다. 그 편지에는 "기독교로 개종했다고 해서 누구나 할례를 받아야 할 필요는 없다. 하지만 음식 및 성적인 행위와 관련된 사안에서는 유대 율법을 준수해야 한다"는 내용이 담겨 있었다. 사도행전의 저자 누가는 타협안이 만장일치로 가결되었고 안디옥의 교인들 또한 이러한 결정에 "모두들 기뻐했다"고 전하고 있다.

이상의 설명이 사도행전에 기록되어 있는 교회의 첫 번째 공식회의에 관한 설명이다. 이런 점에서 사도행전은 평화지향적이고 교회일치적인 입장을 보여주고 있다 하겠다. 즉, 사도행전은 교회는 상호 협력하는 공동체요, 공동의 운명체이며, 신비로운 몸이라는 점을 강조하고 있다고 볼 수 있다. 사도행전은 특히 예루살렘 사도회의의 결과가 '성령의 결정'이었다는 점을 강조한다. 그러므로 만장일치로 합의가 이루어졌다는 사실은 전혀 놀랄 만한 일이 아니며, 안디옥 사람들이 모두 그 회의의 결정에 기뻐했다는 사실도 마찬가지이다.

그러나 바울이 쓴 갈라디아서는 사도행전의 기록과는 아주 다른 견해를 보여준다. 그는 단순한 목격자가 아니라 논쟁의 중심에 서 있던 참여자로서 기록을 남겼다. 바울은 이 회의에서 다루고 있는 문제들이 생각보다 심각하다는 것을 간파했던 유일한 사람이었던 것 같다. 다시 말해 바울은 문제를 해결하기보다는 적당히 무마하려 했던 회의 결과에 만족하지 않았다. 그는 기독교인이라면 '할례'는 누구나 한 번쯤은 부딪혀야 하는 문제임을 지적했다. 당시 '할례'는 어떤 식으로든 정리가 필요한 문제였다. 바울은 평화지향적 자세나 교회일치 따위에는 관심이 없었다. 더군다나 원활한 선교활동을 보장받기 위해 예루살렘 측과 정치적인 거래를 할 생각도 없었다. 바울은 오직 진리를 말하는 데에만 관심이 있었고 사람들의 마음속에 그 진리가 불같이 타오르도록 하는 데에만 온 힘을 쏟았던, 그야말로 선교의 열정에 불타는 사람이었다.

바울이 죽은 지 100년 뒤에 씌어진 것으로 알려져 있는 묵시적 성격의 〈바울행전〉은 바울의 외모에 대해 비교적 자세히 묘사하고 있다. "큰 머리와 작은 키에 이마가 벗어진 사람. 다리는 휘었으나 행동에는 기품이 있고 눈썹은 아주 촘촘하게 나 있고 큰 코를 가진 사람. 그리고 친절이 몸에 밴 사람." 바울 역시 자신의 외모가 볼품이 없으며 언변이 뛰어나거나 카리스마를 지니거나 하지 않았다는 것을 스스로 고백한 바 있다. 그러나 바울이 쓴 편지들을 보면 그의 내면에서는 카리스마가 풍겨 나고 있음을 알 수 있으며, 진리를 위해 영웅적으로 투쟁한 사람이요, 자신의 말솜씨를 유감없이 발휘하면서도 제어할 수 없는 열심으로 진리를 전파하며 모험을 무릅쓸 만큼 지칠 줄 모르는 열정을 지닌 인물이었다는 것을 알 수 있다. 이처럼 바울은 결코 만만한 상대가 아니었으며, 그렇기에 그와 타협한다는 것은 쉽지 않은 일이었을 것이다. 다시 말해 바울은 자신에게 주어진 엄청난 과제들을 수행하는 와중에서도 진리의 일부를 희생시키려는 데에는 강력히 반대했던 사람이었다.

뿐만 아니라 바울은 스스로도 자신을 진리의 소유자라고 확신했던 사람이었다. 그는 누가가 사도행전에서 강조했던 성령에 대해서는 단 한 마디의 언급도 하지 않는다. 누가는 성령이 예루살렘 회의에서 도출된 타협안을 보증하고 발전시킬 것이라는 점을 강조했다. 그러나 갈라디아서에서 바울은 교회에서 일어난 문제들을 공의회 제도conciliar system에서, 즉 공의회에 참석한 사람들이 직접 나서서 해결하려는 태도를 거부하면서 이렇게 말한다. "형제자매 여러분, 내가 여러분에게 밝혀드립니다. 내가 전한 복음은 사람에게서 비롯된 것이 아닙니다. 그 복음은, 내가 사람에게서 받은 것도 아니요, 배운 것도 아니요, 예수 그리스도의 나타나심으로 받은 것입니다"(갈라디아서 1:11-12). 나중에 바울은 예루살렘 회의와 이 회의에서 도출된 결과들을 다소 거칠지만 구체적이고 분명한 용어로 평가한다. 예루살렘 회의는 성령의 인도하심에 따라 오류 없이 진행된 성령 충만한 사람들의 모임이 아니라, 약하고 상처받기 쉬운 사람들의 회의였다. 회의 참석자들 가운데 오직 자신만이 하나님의 명령을 온전히 수행할 수 있었다. 어찌 그렇지 않을 수 있겠는가? 바울은 유대적인 요소는 하나님께 직접적인 지시를 받아 수행하던 자신의 선교활동에 방해물로 작용하고 있다고 생각했다. 바울은 이렇게 썼다. "나를 모태로부터 따로 세우시고 은혜로 불러주신 〔하나님께서〕, 그 아들을 이방 사람에게 전하게 하시려고, 그를 나에게 기꺼이 나타내 보이셨습니다"(갈라디아서 1:15-16).

바울은 논쟁을 하기 위해서 예루살렘으로 갔는데, 그것은 "계시를 따른 것"이었다고 말한다. 그는 예루살렘에서 기독교 지도자들, 그의 표현에 따르면 "유명한 사람들"을 "따로" 만났다. 교회의 "기둥으로 인정받는" 그리스도의 형제 야고보와 사도 베드로, 그리고 요한은 바울이 가르친 복음을 인정하고 그를 사도로, 그리고 그리스도의 교훈을 가르치는 선생으로 인정해주는 편이었다. 또한 이들은 예루살렘 회의에서 합의한 내용을 토대로 "우리(바울 일행)는 이방 사람에게로 가고, 그들(예루살렘 교회)은 할례 받은 사람에게로" 간다는 식으로 선교 지역을 분할했다. 그들이 원한 것은 다만 바울의 이방 교회가 예루살렘 교회를 재정적으로 후원해달라는 것이었다. 이에 대해 바울은 "그것은 바로 내가 마음을 다하여 해오던 일"이었다고 말한다. 이렇게 합의한 후에 바울과 예루살렘 교회 지도자들은 "친교의 악수"를 했다. 바울이 기독교 교리에 대해 타협을 했다는 언급은 한마디도 없다. 오히려 그는 기독교로 개종한 사람들에게 할례를 강요하는 것은 "몰래 들어온 거짓 신도들", 즉 "그리스도 예수 안에서 누리는 우리의 자유를 엿보려고 몰래 끼어든 자들"이 "강요"한 것이라고 불평했다. 그러나 그는 "우리는 잠시도 그들에게 굴복하지 않았습니다"라고 말한다. 그는 복음의 온전한 진리 위에서 결단했다. 하지만 바울은 예루살렘에서 승리했으면서도 이 문제를 종식시키지는 못했다. 예루살렘 교회를 재정적으로 지원해주는 대가로 "기둥으로 인정받는" 지도자들이 "거짓 신도들"의 입장에 반대하기로 약속했지만 그들이 약속을 지키지 않았기 때문이었다.

이와 관련해서 베드로가 바울을 실망시킨 사건이 벌어졌다. 나중에 안디옥에 온 베드로는 이방 기독교인들을 종교적으로나 인종적으로 평등하게 대할 자세가 되어 있었고, 그들과 함께 식사를 했다. 그때 마침 야고보가 파송한 사람들이 와서 그 장면을 목격하게 되었다. 그러자 베드로는 "할례 받은 사람들을 두려워하여 그 자리를 떠나 물러"났다. 베드로는 분명히 잘못을 범했고, 이 일에 대하여 바울은 베드로에게 "얼굴을 마주 보고" 잘못을 지적했다. 아니 이럴 수가! "나머지 유대 사람들도 그와 함께 위선을 범했고, 마침내는 바나바까지도 그들의 위선에 끌려갔"던 것이다. 이 사건을 통해 바울은 승리자가 아니며, 전투가 끝난 것이 아니라는 점이 분명해졌다. 오히려 전투가 더욱 치열해지고 있는 상황에서 바울은 갈라디아서를 기록했다.

이처럼 바울은 긴박함과 두려움 속에서 열정적으로 편지를 썼다. 그는 사도행전에 보도된 내용에 결코 동의하지 않았다. 왜냐하면 그는 이 문제를 다른 각도에서, 즉 좀 더 근원적인 관점에서 바라보았기 때문이다. 누가가 보기에 예루살렘 회의는 어느 교회에서나 흔히 일어날 수 있는 사소한 사건에 지나지 않았다. 그러나 바울은 이 일이 지금껏 전개된 투쟁들 가운데 가장 심각한 것이고, 그 배후에는 아직도 해결되지 않은 두 개의 문제가 놓여 있다고 생각했다. 예수 그리스도는 하나의 새로운 종교, 즉 진정한 종교를 창시했는가? 혹은, 달리 말해서, 그는 하나님인가 인간인가? 바울의 입장을 따른다면 기독교는 여기서부터 출발한다고 볼 수 있다. 반면 그의 입장이 기각되었다면 예수의 가르침은 유대교의 한 종파에 그치고, 고대 신앙의 주류에 파묻혀버리고 말았을 것이다.

기독교를 탄생시키기 위한 지적인 준비: 그리스 세계

바울의 견해가 타당하며 이 논쟁이 기독교 역사에서 중대한 전환점이었다는 점을 증명하기 위해서는 무엇보다 먼저 당시 유대교와 로마 제국에 대해 검토해보아야 한다. 그리스도가 태어나던 당시 로마 제국은 지중해 전역을 지배할 정도로 대단한 세력을 가지고 있었다. 이전의 공화국 시대부터 지켜오던 관용정신을 그대로 계승하고 있었던 로마 제국은 정치적 안정을 기반으로 방대한 지역에 걸쳐 상업적인 발전을 이루고자 각 식민지에 무역과 통신의 자유를 보장해주었다. 무엇보다도 중요한 사실은, 로마 제국이 제국의 통치이념을 식민지에 강요하지 않았다는 점이었다. 로마법은 잔인하고 무자비했지만, 질서를 어지럽히는 행동들, 예를 들면 격렬한 시위나 폭동 등과 같이 평화를 위협하는 행위를 제외하고는 적용되는 경우가 거의 없었다. 질서를 어지럽히는 행위가 발생하면 언제든 처음에는 경고를 하는 수준에서 끝이 났다. 또다시 이를 어길 시에만 무자비하게 적용되었다. 그마저도 질서가 회복되면 로마법은 다시 사라져버렸다. 로마 제국 시대에는 당대의 도덕률에 위반되는 주장을 펴는 사람이 있다 할지라도 로마법을 준수하는 한 어떠한 제재도 받지 않았으며 심지어 널리 선전할 수도 있었다. 이것은 바로 로마 제국이 계속하여 팽창하고 지속될 수 있었던 중요한 이유 중 하나였다.

당시 로마 문화와 대결했던 두 문화, 즉 헬레니즘과 유대 문화에 대해 로마 제국은 특히 관용적인 태도를 보였다. 이 둘은 모두 철학적이며 종교적인 성격의 문화였다. 로마 제국의 종교는 오랜 역사를 가지고 있었지만 이 두 문화에 비하면 원시적이고 빈약하기 이를 데 없었다. 로마 종교는 공공의 덕과 시민의 법을 준수하는 데 관심을 두었으며 게다가 정부 관리들에 의해 운영되었기 때문에 일종의 국가의식에 가까웠다. 따라서 로마 종교가 사람의 마음을 감동시키거나 신앙심을 자극할 수는 없었던 것이다. 키케로를 비롯한 로마의 지성인들 가운데 로마 종교가 공공의 예절에 기여하는 것 이상의 기능이 있다고 생각하는 사람은 거의 없었다. 그러했기에 로마 종교는 정부 형태가 바뀔 때마다 그에 맞추어 자연스럽게 변화할 수 있었다.

로마가 공화정에서 제국으로 바뀌자 황제는 직책상 최고 사제*pontifex maximus*가 되었다. 로마 제국이 표방한 이데올로기는 동방 전통, 즉 최고 통치자를 신적인 존재로 대우해주는 전통에 바탕을 두고 있었다. 이와 관련하여 카이사르 이후에 로마 원로원은 황제가 유능하거나 사람들로부터 존경을 받게 되면 그를 신격화하려 했다. 예를 들어 로마 황제는 화장용 장작더미로부터 하늘로 올라가는 죽은 사람의 영혼을 볼 수 있다고 선전하기도 했다. 이러한 신격화 작업은 말로만 그친 것이 아니라 법률로 문서화되었다. 그런데 칼리굴라, 네로, 도미티아누스 같은 황제들은 보위에 있을 때는 신으로 추앙을 받았지만 죽고 난 이후에는 그러지 못했다. 로마의 시민들이 그들을 재평가했기 때문이다. 살아 있는 황제를 신으로 숭배하라는 명령은 로마 시민보다는 로마 제국의 식민 통치를 받고 있는 사람들에게 더욱 강요되었던 것으로 보인다. 로마 황제를 향한 의례들은 신앙적 의미를 담고 있다기보다는 단지 로마 제국에 충성한다는 제스처에 지나지 않았기에 대다수의 로마 시민과 식민지 백성들은 아무런 신앙적 갈등 없이 그러한 의례에 참여하고 있었다.

이처럼 국가의 공식 의례들이 부담 없이 치러지고 있었다는 것은 다른 한편에서는 역설적으로 제국 내에서 다양한 신들이 숭배되고 있었다는 증거이기도 하다. 즉, 로마의 국가종교 이외에도 여러 다양한 종교들이 자유롭게 활동하고 있었다는 것을 증명해준다. 식민지 백성 대부분은 각기 자신들이 숭배하던 신들이 따로 있었다. 로마 제국 내에는 각 지역마다 토착 신들을 숭배하는 사람들이 많았고, 이런 토착 신들은 로마 제국 종교와는 아무런 관련이 없었다. 토착 의례를 주관하는 사제들 가운데는 비범한 매력을 풍기는 사제들도 많았고, 사람들은 이들의 매력에 흠뻑 빨려 들어갔다.

종교에 대한 탐구는 일반 지식과 분리될 수 없었다. 신학은 철학의 일부였고 그 역도 마찬가지였다. 증명하고 반박하는 기술인 수사학은 신학과 철학의 시녀였다. 로마 제국의 공통어인 그리스어는 특히 상업, 교육 그리고 진리 탐구의 언어로 사용되었다. 언어이자 그 자체가 문화였던 그리스어는 로마인들의 종교적 세계관을 변형시켰다. 로마 종교와 마찬가지로 그리스 종교도 본질상 시민 종교의 특성을 지니고 있었다. 그리스 종교들도 도시 국가의 수호신들을 향해 공식적으로 경배와 감사를 표현하는 의례들을 거행했다. 알렉산드로스 대왕이 점령했던 곳마다 거대한 도시 국가가 출현했는데, 그곳에서 시민들은 일정한 자유를 누릴 수 있었으며 중앙 정부의 직접적인 통치에서도 벗어날 수 있었다. 이 때문에 시민들은 자신만의 영역을 구축할 수 있었고, 무엇보다 개인적 책임과 의무를 생각할 수 있는 여지를 누릴 수 있게 되었다.

철학은 점차 개인적인 문제를 해결하는 데 사용되기 시작했다. 그리스의 지식에 자극을 받아 인격적 종교의 시대가 도래한 것이다. 부족, 인종, 도시, 국가의 문제로 여겨졌던 것들이 이제는 개인적인 관심사가 되었다. 나는 누구인가? 나는 어디로 가고 있는가? 나는 무엇을 믿어야 하는가? 이러한 질문들은 그리스인들에게 점점 더 중요한 문제가 되어갔다. 물론 이러한 질문을 제기한 것이 그리스인들만은 아니었다. 로마인들 또한 제국이 부여한 공적 의무로부터 벗어나 이와 유사한 개인적 질문들을 제기하는 과정을 겪고 있었다. 이런 점에서 로마 제국은 개인적으로 중요한 관심사를 연구할 수 있는 기회를 제공했다고 볼 수 있다. 로마 제국은 점차 스토아학파에서 유래한 도덕교훈을 강조하기 시작했다. 악행과 덕행의 목록들, 자녀에 대한 부모의 의무, 아내에 대한 남편의 의무, 종에 대한 주인의 의무 등이 주로 강조되었다.

그러나 이러한 목록들은 단순한 윤리지침에 지나지 않았다. 이미 각 도시에서 제정한 법률과 본질상 다르지 않았던 것이다. 기존의 철학은 당시에 근본적이고 긴박했던 질문들, 즉 영혼의 본질과 그 미래, 그리고 우주나 영원의 세계에 관한 질문에 답을 주지 못했고 또 줄 수도 없었다. 일단 이런 질문들이 제기된 이상 그 질문들은 계속해서 씨름해야 할 대상으로 남아 있었다. 다른 한편 인류 문명은 점차 성숙해가고 있었다. 중세시대의 기독교 형이상학자들은 그리스인들을 그리스도가 이 땅에 오시기 이전부터 맹목적이긴 하지만 열정적으로 신에 관한 지식을 추구하기 위해 씨름했던 사람들로 묘사했다. 어떤 의미에서 이런 시각은 정당하다. 당시 세계는 기독교를 탄생시키기 위한 지적인 준비를 하고 있었다고 볼 수도 있기 때문이다. 즉, 세상은 하나님을 기다리고 있었다.

그러나 그리스 세계는 그와 같은 세계관을 만들어낼 수 있는 그들 나름의 역량을 확보하고 있지 않았다. 그리스 세계의 지적인 무기들은 실로 다양하고 강력했다. 예를 들어 그들은 다양한 우주론과 자연관을 발전시켰을 뿐만 아니라 경험과학의 기초인 논리학과 수학을 발전시켰다. 방법론들 또한 발전시켰다. 그러나 그리스 세계는 역사를 사변적인 세계와 연결시킨다든지 현실세계와 이상세계를 연결하여 종교를 역동적으로 만들 수 있는 상상력은 확보하고 있지 않았다. 그리스 문화는 신학적인 개념을 통해 종교를 문명세계에 전달할 수 있을 만큼 고도로 세련된 문화이긴 했지만, 그리스인들은 종교사상들을 스스로 고안해내지는 못했고 또 고안할 수도 없었다. 이 사상들은 모두 동방, 즉 바빌로니아, 페르시아, 이집트에서 출현했다. 이런 사상들은 대부분 처음에는 부족 차원이나 민족 차원에서 시작되어 점차 특정한 신들이 결합된 제의 형태로 발전하면서 시공간을 초월하게 되었다. 동방의 신들이 지역성을 탈피하게 되면 그 이름도 바뀌는데, 이때에 민족 신이나 부족 신과 결합하거나 그리스와 로마의 신들과도 혼합되었다. 이에 따라 돌리케(오늘날의 가지안테프, 터키 동남부에 위치 — 옮긴이)의 바알은 제우스와 유피테르, 이시스는 이슈타르와 아프로디테와 동일시된다. 예수가 탄생했던 시절만 해도 수백 개가 넘는 제의들이 존재하고 있었고 하위 제의들을 포함하면 아마도 수천 개에 이르렀을 것이다. 이들 중에는 모든 인종, 계층, 취향을 아우르는 제의가 있었고 무역 및 실제 생활과 관련된 제의들도 있었다. 그러던 중에 인류 역사에서 지금까지 경험해보지 못했던 새로운 형태의 종교 공동체가 등장한 것이다. 이 종교 공동체는 한 민족에 국한되지 않았으며 사회적·인종적 차별이 극복된, 즉 남녀가 함께 그들이 섬기는 신 앞에서 동등한 인격체로 살아가는 자발적인 집단이었다.

로마 제국과 유대인들

새로 등장한 이 종교 공동체는 처음부터 어떤 분명하고 중요한 목표를 향해 발전해가려는 경향이 있었다. 이 공동체가 섬기는 신은 '주Lord'로 불렸으며, '주'를 숭배하는 이들은 '섬기는 종들'로 이해되었다. 새로운 문명이 탄생할 때마다 볼 수 있는 것처럼 그 당시 대중들은 왕을 신적인 존재로 열정적으로 숭배하고 있었고, 이 때문에 자연스레 통치자 숭배의식the ruler-cult과 같은 제의들이 발달했다. 무엇보다도 유일신교의 경향이 강하게 나타났다. 사람들은 점차로 지방의 신a god이 아닌 절대적인 신, 즉 유일신the God을 찾았다. 융화와 통합에 아주 중요한 가치를 부여했던 그리스 세계는 종교들을 화해시키기 위해 끊임없는 노력을 기울였고 성공을 거두었다. 그리고 당시에 갓 출현한 영지주의 제의들도 우주가 선과 악의 대립적인 세력들에 의해 움직인다는 이원론적 우주론을 주장했지만, 자세히 들여다보면 이들 또한 유일신교의 필요성에 기초해 있었다.

당시에 넘쳐나던 종교들이 공통적으로 결여하고 있었던 부분은 일종의 안정감이었다. 당대의 지식인들은 조상의 종교는 말할 것도 없고 부모의 종교를 따라야 한다는 생각으로부터도 점차 멀어져갔다. 이전 같으면 숭배하는 신을 평생에 한두 번 바꾸는 것은 흔치 않은 일이었지만, 이제는 너무나 쉽게 바꿀 수 있게 되었다. 또한 눈에 잘 띄지는 않았지만, 여러 종교 제의들도 끊임없이 상호 영향을 주고받았다. 이렇게 지속적이고 광범위하게 진행된 종교적 움직임들을 완벽하게 설명하기란 쉬운 일은 아니다. 그러나 분명한 것은 고대 도시의 신들과 민족 종교들은 공공 예절에 도움을 주는 것 외에는 쓸모가 없게 되어버렸고, 동방의 신비적 제의들도 그리스 철학의 도움으로 정교해지기는 했지만 인류와 인류의 미래에 관해 만족스러운 설명을 제공하기에는 역부족이었다는 점이다. 당시 어느 종교든 결함이 있었고 또 일부 타락한 모습을 보이기도 했다. 따라서 이와 같은 종교의 결함과 타락한 모습을 바로잡으려는 필사적인 노력들이 등장하게 되었다. 종교를 개혁하려는 이런 움직임들이 일어나면서부터 기존의 종교 체제는 붕괴되었고, 기성 종교들은 이제 더욱 커다란 변화를 겪게 되었다.

유대인들이 로마 제국에 결정적인 영향을 주었던 것은 바로 이와 같은 맥락에서였다. 유대인들은 이미 2천 년 전부터 지방신이 아닌 유일신을 섬기고 있었다. 그동안 그들은 다신교의 유혹과 핍박으로부터 엄청난 용기를 발휘하여 유일신 신앙을 지켜냈고 그로 인해 때로는 가혹한 시련을 겪기도 했다. 사실 그들 역시 보편 신이라기보다는 하나의 민족 신을 숭배하고 있었고, 예루살렘 성전과 떼려야 뗄 수 없는 신이었다는 점에서 도시의 신으로 간주될 수도 있었다. 그러나 유대교는 유대인들에게 대단히 엄중하고 엄격한 계율을 부여했던 종교였다. 유대인들은 수많은 계명과 금지사항들을 지켜야 했다. 유대교의 종교의식을 살펴보면 유대인들은 본질적으로 종교적인 인간*homo religiosus*처럼 보인다. 또 그들의 의례는 민족의식을 고취하는 기능을 수행하기도 했다. 그러나 때로는 이러한 두 측면이 충돌하기도 했다. 예를 들면 기원전 65년에 로마 장군 폼페이우스가 예루살렘을 침공했을 때 그는 아무런 힘도 들이지 않고 예루살렘을 정복할 수 있었다. 왜냐하면 공교롭게도 그가 예루살렘을 공격한 날이 안식일이었는데, 유대인들은 율법을 지키기 위해 안식일에 무기를 들거나 전투에 참가하려고 하지 않았기 때문이었다.

유대인들이 지닌 힘과 신앙의 역동성은 군사적인 능력과는 아무런 상관이 없었다. 오히려 그들은 끊임없이 주변 강대국들의 위협과 핍박 속에 살아야 했다. 그러나 유대교는 다른 문화와 혼합되거나 변화되는 것에 필사적으로 저항하며 명맥을 유지했고, 때로는 번성하기도 했다. 유대교는 유대인들을 하나로 묶어주었던, 그래서 강력한 힘을 발휘할 수 있게 해주었던 원동력이었다. 유대인들의 불굴의 의지는 이스라엘 역사를 이해하는 데 중요한 열쇠가 된다.

지중해 동부에 위치한 국가들처럼 이스라엘 또한 마케도니아의 알렉산드로스 대왕에 의해 멸망했다. 기원전 323년 알렉산드로스 대왕이 죽고 나자 그의 부하들은 제국의 패권을 놓고 치열한 권력 다툼을 벌였으며, 그 과정에서 이스라엘은 하나의 전리품으로 전락하고 말았다.

이스라엘은 그리스를 중심으로 동방지역을 장악한 셀레우코스왕국의 수중에 들어가게 되었다. 당시 이스라엘을 다스리던 안티오코스 에피파네스는 이스라엘을 그리스화하려는 목적으로 예루살렘 성전에서 그리스 종교의례를 거행하려 했으나 실패했다. 그리스화를 추종한 유대인들이 없지는 않았으나 그 세력은 미미했기 때문이었다. 대부분의 유대인들은 기원전 165년에 마카베오 형제들이 일으킨 무장봉기에 참여했다. 그들은 셀레우코스왕국에 대항했으며 그리스인들에 의해 더럽혀진 예루살렘 성전을 정화했다. 이러한 일종의 종교전쟁을 통해 유대인들은 민족의 운명이 개인의 행복과 직접적으로 관련된다는 사실을 깨닫게 되었고, 이러한 깨달음은 이스라엘의 역사가 진행되면서 더욱 강화되었다.

그러나 민족과 개인의 관계를 어떻게 볼 것인가에 관한 해석은 다양했고, 성경에서도 이와 관련된 상반된 예언들과 이론들이 등장하고 있다. 다니엘서는 마카베오 형제들, 즉 사람이 주도하는 독립운동이 아닌 하나님의 대리자에 의한 제국의 멸망을 예언하고 있다. 이곳에서는 '인자人子'가 하늘로부터 구름을 타고 내려와 유대인들이 꿈꾸던 소망을 이루고 죽은 자들을 부활시킬 것이라고 기록해놓았다. 하지만 이와 달리 마카베오기 상권에서는 하나님은 스스로 돕는 자를 도우실 것이라고 주장한다. 마카베오 가문의 계승자인 키레네의 야손은 하나님의 초월적인 능력을 강조하면서 몸의 부활사상과 기적을 주장했다.

유대인들은 역사를 하나님의 활동으로 보았다. 다시 말해 과거는 무의미한 사건들로 구성된 역사가 아니라 하나님의 계획에 따라 유감없이 펼쳐진 역사라고 생각했던 것이다. 유대인들은 하나님의 계획 속에는 미래에 대한 청사진과 지침들이 암호처럼 포함되어 있다고 믿었다. 그러나 미래를 보여준다는 청사진이나 암호를 발견해내기란 쉽지 않았기 때문에, 이를 발견하려는 시도들이 끊임없이 등장했고 또 자신이 그 암호를 발견해냈다고 주장하는 사람들이 서로 경쟁하듯이 나타났다. 다시 말해 유대인들은 자신들의 과거를 어떻게 해석하고 미래를 어떻게 준비해야 하며, 바로 이 순간에 무엇을 어떻게 해야 할 것인가에 대해 끊임없이 고민을 해왔던 민족이다.

유대인들의 사상은 매우 강력한 힘을 발휘했지만, 유대인들은 이상하게도 변덕이 심했고 하나로 결집되지 못했다. 유대 정치는 한마디로 분열과 파당의 정치였다. 마카베오 혁명 이후에 유대인들은 왕정을 유지했다. 유대의 왕들은 대개 대제사장직을 겸직했고, 당시 세력을 확장하고 있던 로마 제국에 의해 인정을 받기도 했다. 유대인들은 성경 해석의 주도권을 놓고 치열한 논쟁을 벌였다. 이와 같은 논쟁은 정부 정책이나 왕위 계승 문제, 그리고 왕의 자격 조건이나 혈통 문제 등에 관해 서로 화해할 수 없는 지경에까지 이르게 만들었다. 당시 유대 제사장 집단과 유대 사회 내부에는 로마를 우호적으로 보려는 흐름이 강하게 형성되어 있었다. 하지만 이와 같은 우호적인 분위기는 결국 기원전 65년 폼페이우스의 침입을 초래하고 말았다.

정치구조가 안정되었다면 유대인들은 엄청난 잠재력을 발휘했을 수도 있었을 것이다. 그러나 불행하게도 현실은 그러하지 못했다. 로마 제국의 지배를 받던 민족들은 대부분 자신들의 문화에 대한 자부심이 대단했으며, 로마 또한 극단적인 경우를 제외하고는 각 민족의 고유한 문화를 인정해주었다. 식민지를 통치하는 데에도 이러한 원리가 응용되어, 로마는 그 지역 출신들 중에서 로마와 친분이 있는 '유력한 인물'을 택해 그에게 그 지역의 법률과 관습에 따라 백성들을 다스리게 했다. 이런 원리에 따라 유대 지방은 시리아의 관할 아래 안디옥에 주둔하고 있던 총독의 지배를 받았고, 그 밑에서 유대 지역을 다스리던 통치자는 '왕'으로 인정받기도 했다.

기원전 43년에 헤롯은 유대 지방의 통치자로 임명을 받았고, 이로부터 4년 후에는 '유대인의 왕'으로 확정됨과 동시에 로마의 승인과 보호를 받게 되었다. 헤롯은 로마로부터 상당한 신임을 받았던 것으로 보인다. 세 아들, 즉 아켈라오, 헤롯 빌립, 그리고 헤롯 안티파스가 자신이 죽은 후에 유대 지방을 통치하게 될 것이라는 헤롯의 계획을 로마가 흔쾌히 용인해줄 정도였다. 그러나 헤롯의 이 같은 계획은 실현되지 못했다. 서기 6년부터 유대 지방은 로마의 직접 통치를 받게 되어 로마에서 파견한 총독이 지배하게 되었기 때문이었다. 그러나 60년대에 이르러 이러한 통치방식은 송두리째 붕괴되고 말았다. 당시 이스라엘에서는 재앙에 가까운 폭동과 반란이 일어나면서 유혈보복이 되풀이되었으며, 피의 보복이라는 악순환이 계속된 끝에 결국 로마 제국은 예루살렘을 침공하여 완전히 폐허로 만든 후 이교도의 도시를 세웠다. 로마 제국은 결코 팔레스타인 문제를 해결하지 못했다.

디아스포라 유대인과 팔레스타인 유대인

헤롯 대왕이 이스라엘을 통치하던 때만 해도 로마 제국과 유대인들은 상당히 친밀한 관계를 유지하고 있었다. 당시에도 상당히 많은 디아스포라(이스라엘을 떠나 타지에서 살고 있는 유대인들을 나타내는 집합명사—옮긴이)들이 지중해 동부에 위치한 알렉산드리아, 안디옥, 다소, 에베소 같은 지역에 살고 있었다. 말하자면 로마 제국 자체가 유대인들의 거주지역이라고 해도 과언이 아니었다. 헤롯 왕가가 통치하던 시기에 디아스포라 공동체는 더욱 번성하여 널리 퍼져나갔으며, 그들 배후에는 어김없이 헤롯이라는 든든하고 강력한 후원자가 있었다. 하지만 정작 이스라엘에 거주하는 많은 수의 유대인들은 그를 미심쩍게 생각했고 일부에서는 헤롯을 유대인으로 보지 않으려 했다. 왜 그랬을까? 그가 방탕하고 난폭한 생활을 일삼았기 때문이었는가? 그렇지는 않았던 것 같다. 그가 유대인들로부터 배척을 당한 것은 무엇보다 그가 그리스 문화에 집착했기 때문이었다. 그렇다고 헤롯이 유대교를 무시하거나 억압했다는 말은 아니다. 오히려 그 반대였다. 그는 예루살렘 성전을 재건하는 등, 친유대교적인 활동을 벌였다. 헤롯 성전은 솔로몬이 지었던 성전보다 두 배나 큰 규모를 자랑하고 있었는데, 불행히도 헤롯은 성전이 완성되는 것을 보지 못했다. 이 성전은 예수가 생존하던 기간에 완성되었다. 헤롯 성전은 규모뿐만 아니라 모든 면에서 당대의 주목을 끌기에 충분했기에, 점차 사람들이 몰려왔으며 관광 명소 중 하나가 되었다. 헤롯은 대도시마다 회당을 지어서 유대인 공동체에 기부하는 등 디아스포라 유대인들에게도 우호적으로 대했다. 당시 회당은 흩어져 있던 유대인들이 예배를 드릴 수 있도록 마련된 장소로서 이후에 기독교 교회의 원형이 되었다.

로마 제국의 도시마다 유대인들은 부와 권력을 손에 쥐었으며, 제국 내에서도 그들은 여러 특권을 누렸다. 디아스포라 유대인들 가운데는 로마 시민권을 소유하고 있는 사람들도 많이 있었다. 특히 로마 황제 율리우스 카이사르는 디아스포라 유대인들을 대단히 친애했다. 디아스포라 유대인들은 자주 모여 함께 예배를 드리고 저녁식사를 했으며 축제를 벌였다. 또 다양한 사교 모임을 개최했고 자선활동을 펼쳤다. 로마인들은 유대인들이 가진 종교적인 정서의 힘을 인정했다. 이 때문에 유대인들에게 로마의 국가종교의식을 준수하는 의무를 면제해주기도 했다. 로마 제국 하의 백성들은 제국에 대한 존경의 표시로 황제를 숭배하도록 강요받았는데, 유대인들은 황제를 숭배하는 대신에 황제를 위한 희생 제물을 바쳐도 된다는 허락을 받기도 했다. 이러한 특권은 다른 어느 민족도 누릴 수 없었던 것으로, 오직 유대인들에게만 허락된 것이었다.

하지만 그럼에도 불구하고 유대인들은 질투의 대상이 되기보다는 오히려 모범과 존경의 대상이 되었다. 원하기만 하면 그들은 언제든 정치에 나설 수도 있었고, 특히 100만 명이 넘게 살고 있었던 이집트에서 그들의 힘은 막강했다. 로마 제국을 열정적으로 찬양한 역사가 요세푸스나 철학자 필론처럼 실제로 로마 제국을 위해 일한 유대인들도 있었다. 유대 지역에 살고 있는 유대인들, 특히 갈릴리 지역처럼 외국인들과 섞여 살고 있던 유대인들은 대부분 가난하고 시대에 뒤떨어진 자들이었으며, 외국인을 혐오했던 근본주의자들이었다. 이에 비해 디아스포라 유대인들은 포용력 있고 부유했으며 로마의 규범과 그리스 문화, 즉 그리스어와 문학에 익숙했던 국제적인 감각을 지닌 사람들로, 새로운 사상에도 매우 개방적인 태도를 보였다.

자신들의 종교를 전도하는 일에서도 디아스포라 유대인과 팔레스타인 유대인은 확연히 구별된다. 디아스포라 유대인들은 대개가 전도자들proselytizer로 활동했다. 그들은 이스라엘이 '이방인들의 빛'이 되기를 소망했으며, 이러한 이유로 구약성경의 그리스어판인 '70인역septuagint'에는 히브리어 본문에서는 찾기 힘든 포용주의와 선교 정신이 강조되어 있기도 하다. 70인역은 알렉산드리아에서 제작되어 디아스포라 공동체에서 널리 사용되었을 것으로 보이는데, 당시 이방인들을 향한 디아스포라 유대인들의 열정과 노력을 감안해볼 때 개종자들을 위한 지침서나 교리문답집catechism 등도 함께 사용되었을 것으로 짐작할 수 있다. 필론의 철학에서도 이방 선교를 이야기하는 부분을 찾을 수 있다. 그는 자랑이라도 하듯이 다음과 같은 기록을 남기기도 했다. "이제 안식일과 같은 관습을 모르는 그리스나 이방 도시, 그리고 이방인들은 찾아볼 수 없다. 게다가 그들은 우리의 축제일이나 촛불 점화, 음식에 관한 규례들에 무관심하지 않다." 이 점은 대체로 사실이었다.

정확한 숫자를 말할 수는 없지만 그리스도가 활동하던 시기에 디아스포라 유대인들이 팔레스타인 지역에 살던 유대인들보다 많았다는 것만은 분명하다. 아마 450만 명(디아스포라 유대인) 대 100만 명(팔레스타인 유대인) 정도의 비율이 아니었을까 추정한다. 아무튼 당시 로마 제국과 이집트의 거주민 일고여덟 중 한 명은 유대교를 믿을 정도로 유대교를 믿는 사람들은 사회 속에서 강력한 지위를 확보하고 있었다. 물론 이들 중 상당수가 인종적으로나 종교적으로 온전한 유대인은 아니었다. 다시 말하면 그들 가운데 할례를 받거나 율법을 엄격하게 지키는 사람들은 극소수에 불과했다는 말이다. 그들 대부분은 단지 '하나님을 경외하는 사람들 noachides'이었다. 그들은 하나님을 인정하고 그에게 예배하며 마치 기독교에 입교한 사람들이 세례문답을 받기 위해 학습하는 것처럼 유대 율법과 관습을 배우던 사람들이었다. 그러나 그들은 기독교의 학습세례 교인들과는 달리 반드시 유대교로 전향해야 할 의무는 없었다. 다시 말해 여러 면에서 중간자적 위치에 있었던 것이다. 그럼에도 그들은 유대인 공동체에서 나름의 역할을 감당했던 것으로 보인다. 바로 이 점이 디아스포라 유대교가 지니고 있는 참으로 큰 장점이었다.

당시 참되고 확실한 하나의 신을 갈망하고 있던 분위기 속에서 유대인들의 유일신 신앙이 대단히 큰 기여를 할 수도 있었겠지만 어찌된 일인지 사람들은 유대인들의 종교보다는 그들의 윤리에 더 매력을 느꼈던 것 같다. 이 중에서도 특히 주목받았던 윤리적 가치들은 안정된 가정, 독신주의를 주장하지 않으면서도 순결을 강조하는 윤리, 그리고 자녀와 부모 간의 돈독한 유대 관계, 인간으로서의 삶에 부여한 독특한 가치, 도둑질에 대한 혐오, 양심적인 상업 행위 등이었다. 그러나 무엇보다 매력적인 것은 자선활동과 관련된 제도에 있었다. 그들은 성전 관리나 빈민 구제를 위해 정기적으로 예루살렘에 기금을 보냈다. 유대인들이 살고 있는 대도시마다 가난한 자, 병자, 고아와 과부, 죄수, 불치병자들을 위한 사회복지 제도가 발전했다. 이와 같은 제도는 로마 제국 내에서 널리 알려지게 되었고 많은 곳에서 이를 모방하기도 했다. 그리고 이 같은 모방 현상은 기독교가 확산되는 데에도 중요한 일익을 담당하기도 했다.

기독교 선교가 시작될 무렵에 유대교로 개종한 사람들이 많이 있었다. 개종자들 가운데는 최고위층으로부터 하층계급에 이르기까지 모든 계층이 총망라되어 있었던 것으로 보인다. 네로의 황후인 포파이아와 그녀의 궁궐 사람들이 하나님을 경외했던 것은 분명하며, 티그리스 강 상류에 위치한 아디아베네의 왕 아자테스 2세와 그의 가문 또한 유대교를 따랐던 것 같다. 이 외에도 주목할 만한 많은 개종자들이 있다. 세네카나 타키투스, 수에토니우스, 호라티우스, 유베날리스 등의 역사가들은 유대교가 당시에 널리 전파되고 있었다는 것을 증언해준다.

유대교의 한계들

유대교가 세계 종교가 될 수 있는 가능성은 얼마나 높았을까? 다른 말로 하면 기독교가 유대교의 장점들을 이용하여 이방인들을 사로잡지 않았더라면 유대교가 로마 제국을 사로잡을 수 있었을까? 일부 디아스포라 유대인들은 유대교가 확산되기를 원했다. 기독교를 받아들였던 유대인들도 마찬가지였다. 그러나 유대교가 세계 종교로 발전하기 위해서는 가르침이나 조직 등에서 근본적인 변화가 전제되어야 했을 것이다. 잘 알다시피 유대교는 여전히 부족에 기원을 둔 전통을 일종의 율법으로 지키는 종교였다. 예를 들어 제사장은 아론의 후손만이, 성전 봉사자들은 레위 자손만이, 왕이나 통치자는 다윗의 후손만이 될 수 있었다. 물론 이러한 규정들이 한 치의 예외 없이 지켜진 것은 아니었고, 각종 직책의 세습도 억측이나 상상 혹은 노골적인 속임수를 통해 이루어지기도 했다. 그러나 세습 과정에서 명백한 위반이 발생했을 때는 분란이 일어났고 그와 같은 분란은 수 세대에 걸쳐 잦은 폭력과 분열을 조장했을 정도로 그들에게 율법의 힘은 막강했다.

하지만 무엇보다 유대교가 세계 종교로 발돋움하는 데 걸림돌이 되었던 것은 '할례'였다. 유대 사회는 이에 대해 어떠한 타협도 허락하지 않았던 것 같다. 여기에다가 유대교에는 수 세대에 걸쳐 정교하게 다듬어진 수많은 율법규칙이 있었다. 유대교 경전 또한 이방인들에게는 넘기 힘든 산이었다. 분량도 엄청났지만 뜻을 파악할 수 없는 모호한 내용이 너무나 많이 포함되어 있었기 때문이었다. 이 같은 어려움들은 유대인 당사자들에게도 마찬가지여서 당시에 팔레스타인에서는 서기관들과 율법사들에 의해 경전 주석 작업이 활발하게 펼쳐지고 있었고, 도서관들마다 그들이 펴낸 주석서들로 넘쳐났다. 유대교의 경전들은 유대 사회를 경전 법canon law망으로 얽어매었고, 심한 내부 갈등과 반목을 가져왔다. 경전 해석을 생계 수단으로 삼는 성직자들의 수 또한 급증했다. 상황이 이렇다 보니 유대교 선교의 성패는 모세 율법을 해석하기 위해 지금까지 수행해왔던 작업의 결과들을 어느 정도까지 무너뜨릴 수 있느냐에 달려 있었다.

이러한 파괴는 어디까지 가능했는가? 유대인들은 과연 지리적으로나 역사적으로 신앙의 중추 역할을 해왔던 예루살렘 성전을 무시해버릴 수 있었을까? 성전이 의미하는 보편성은 결코 부인할 수 없는 것이었는가? 헤롯은 예루살렘 성전은 유대인들에게 그들 역사에 관한 무언가를 시각적으로 기억하게 해준다고 믿었다. 시대와 상황이 바뀌면 흔히 신의 이름이나 태도, 특징 등은 새로운 취향이나 기호에 적응하고 바뀌게 마련이다. 하지만 유대인들의 하나님은 옛날이나 지금이나 조금의 변화도 없이 살아 있는 신이었다. 게다가 유대인들은 하나님 숭배의식이 하나의 부족으로부터 기원했다는 사실을 숨기려 하지 않았다. 헤롯은 유대교 근본주의자들의 분노를 감수하면서까지 예루살렘 성전을 그리스풍으로 화려하고 우아하게 꾸미려 하면서도, 성전의 본질적인 업무였던 동물을 죽여 불에 태우는 제사 의식만큼은 변함없이 시행했다.

당시 예루살렘 성전은 웬만한 소도시만큼 넓었다. 그곳에는 수천 명의 사제와 성전 종사자들, 성전을 지키는 군인과 노예들이 있었다. 간혹 예루살렘 성전에서 거행되는 종교의식을 보고 소스라칠 정도로 놀라는 이방인들이 있었는데, 왜냐하면 이들이 지금까지 알았던 유대인들은 매우 품위가 있고 자선활동에 몰두하며, 알렉산드리아 회당에서 경건하고 엄숙하게 설교하고 교육하는 디아스포라 유대인들의 모습이 전부였기 때문이었다. 이에 비해 성전은 타는 제물에서 나오는 연기로 자욱했고 여기저기서 겁에 질린 짐승들의 울음소리로 아수라장을 이루고 있었으며, 도살된 짐승들의 피가 배출구를 통해 흘러가면서 심한 악취를 풍겼다. 또한 예루살렘 성전은 그 규모만큼이나 엄청난 부를 축적할 수 있는 여러 장치들을 마련해놓고 있었다. 한마디로 예루살렘 성전의식은 일종의 산업이었다. 그러니 디아스포라 유대교를 유대교의 전부로 알고 있었던 로마 지식인들의 입장에서는 팔레스타인에 파견된 로마의 관리들이 왜 그토록 유대인들을 혐오했는지 결코 이해할 수 없었다. 자유롭고 개방적이었던 디아스포라 유대교는 단 하나의 걸림돌, 즉 야만스러운 종교의례들과 결별하기만 한다면 충분히 보편적 종교로 발돋움할 수 있었을 것이다. 하지만 이 두껍고 질긴 탯줄을 어떻게 하루아침에 잘라버릴 수 있었겠는가?

한편 팔레스타인 유대교 안에서도 동일한 문제와 긴장을 감지할 수 있었다. 유대인들은 자신들의 종교가 지닌 역동성을 분명히 알고 있었고 또 이를 가로막는 가혹한 금지조항들도 잘 알고 있었다. 유대인들은 유능하고 근면하며 하나님을 경외하는 데에는 열심이었지만 정치적 문제들에는 무능력했다. 종교적인 면에서는 자부심과 선민의식이 대단했지만, 현실적으로는 비참할 정도로 가난했고 강대국에 아첨하거나 스스로 모순을 드러내기도 했다. 유대인들이 겪어야 했던 정치적 혼란이 로마 제국의 술수에 의한 것이었다고 주장할 수도 있다. 그렇다고 할지라도 유대인들이 저지른 과오는 없었는가? 유대인들이 바랐던 비전과 그들이 실제로 보여주었던 행동 사이에는 상당한 불일치가 존재하는데, 이러한 불일치를 우리는 어떻게 설명할 수 있는가? 그와 같은 불일치는 유대교를 잘못 분석하고 진단한 결과라고 말할 수 있겠는가?

이러저러한 질문이 만족스러운 대답을 얻지 못한 채 계속해서 제기되었고, 이를 통하여 유대 세계는 끊임없이 개혁되었다. 어떤 점에서 유대교는 매우 불안정했고, 또 분열을 통해 오히려 융성해갔다. 유대교 내부에는 간극이 존재했다. 유대인들의 자연관은 그리스 세계관의 영향을 받아 형성되었다. 구약에는 우주론이 들어 있지 않다. 하나님이 어떻게 인간과 관계를 맺는지에 대해, 즉 시간 속에서인지 공간 속에서인지에 대해 유대인들은 분명한 답을 제시하지 못했다. 사탄은 거의 등장하고 있지 않기 때문에 죄의 원인자로 간주될 수 없었다. 소수의 유대인만이 선과 악을 구분하는 동방의 이원론적 세계관을 받아들였다. 모든 유대인은 천사의 존재를 믿었다. 그들은 천사가 우주의 질서 가운데 중간자적 위치를 차지하고 있는 존재라고 생각했다. 그러나 유대인들에게는 신론이 없었다. 물론 그들은 하나님이 세상의 모든 것을 창조하셨다는 사실을 의심 없이 믿었다. 하나님은 세상을 창조하고 지금도 이끌고 있으며 이스라엘을 선택해 율법을 수여했다. 그러나 하나님이 존재하는 이유는 무엇이며, 그의 궁극적인 목적과 비전은 무엇인지 답해줄 수 있는 유대인은 단 한 명도 없었다. 그들에게 하나님은 때로는 괴팍하고 때로는 무기력하게 보이는 등, 전체적으로 전능하신 분으로 보이지는 않았다. 왜냐하면 하나님은 자신이 제정한 율법에 스스로 얽매여 있는 것처럼 보였기 때문이다. 어떤 의미에서 유대인들에게 율법은 곧 하나님이었다. 그렇기에 그들에게 '은혜의 공간'은 존재하지 않았으며 유대인들은 오직 선행을 통해서만 구원에 이를 수 있다고 믿었다. 하나님과 인간의 관계 또한 전적으로 율법적인 관계에 불과했다. 이처럼 율법은 그들에게 절대적인 힘을 발휘했다. 하지만 불행히도 그들이 지키고 있는 율법의 대부분은 성문화되지 못한 채 관습법으로, 일상생활의 지침들을 규정하기보다는 여러 세대에 걸쳐 형성된 다양한 선례들을 수집해놓은 형태로 구성되어 있었고, 그중 상당수는 성전 자체에 관한 것이었다. 그나마 일부는 낡아빠지고 쓸모없는 것이고 나머지 대부분은 격렬한 의견 충돌을 일으킬 만한 것이었다.

사두개파, 바리새파, 에세네파

율법과 관련된 논쟁들은 마카베오 시대 이후로 더욱 복잡한 양상으로 전개되었다. 팔레스타인 유대교는 단일한 종교가 아니라 여러 종파들이 모인 일종의 집합 종교에 가까웠다. 단편적인 자료들을 통해 추정해봐도 대략 24개의 종파를 열거할 수 있을 정도이다. 물론 이 종파들은 모두 유일신을 믿었고 어떤 형태로든 율법을 받아들였다. 그러나 이들이 합의한 부분은 여기까지였다. 사마리아인들은 그리심 산에 자신들만의 성소를 마련했으며, 예루살렘 성전에 속했던 유대인들은 사마리아인들을 유대인으로 인정하지 않았다. 에세네파 역시 성전 체제를 인정하지 않았다. 당시 에세네파는 어느 누구보다도 순수하고 엄격한 규율을 지키는 종파였다. 이렇게 수많은 종파로 분열되었던 유대 세계를 지도할 만한 유력한 종파가 당시에는 존재하지 않았다. 즉, 당시 유대교 성직자들은 지배적인 힘을 발휘하지 못했다.

대제사장직은 총독의 보호 아래 로마의 지배를 정당화하고 지원했던 사두개파 귀족들의 수중에 있었다. 그들은 부유하고 보수적이었으며 인척관계를 통해 서로를 결속시켰고, 광범위한 토지를 소유하고 있었다. 그들은 왕권보다는 로마의 통치가 자신들에게 유리할 것으로 판단했다. 사두개인들의 사상을 확인할 수 있는 자료들은 그리 많지 않다. 왜냐하면 로마에 의해 예루살렘 성전이 파괴된 서기 70년 이후에 급속도로 성장한 바리새파가 사두개파 전통들을 폐기해버렸기 때문이다. 오늘날까지 남아 있는 자료들에 의하면 사두개인들은 죽음 이후의 삶이나 섭리를 통한 하나님의 개입 등은 믿지 않았던 것 같다. 그들의 종교는 어떤 점에서는 전혀 실천이 불가능한 이론적인 차원에 머물러 있었다. 그들은 역사적 상황을 무시한 채, 율법을 문자적으로만 해석하려 했다. 이러한 이유로 그들은 대중들로부터 외면을 당했다. 사두개파 사람들은 주로 '산헤드린'으로 불리는 예루살렘 최고회의를 통해 로마의 식민통치에 협조하는 일을 맡았다. 로마 제국 또한 공식 문서를 언제나 '예루살렘의 거주자들 및 의회, 그리고 통치자들'에게 보내거나 유대교의 전통적인 제의들을 지원함으로써 산헤드린에게 자치권을 행사할 수 있는 힘을 부여했다. 사실 이 시기 사두개파 세력의 핵심 인물들은 거의 대부분 대제사장

안나스의 혈족들이었다. 안나스는 로마 총독이 임명한 사람으로 총독이 원하기만 하면 언제든지 교체 대상이 될 수도 있는 직위에 있었다.

70명으로 구성된 산헤드린 회원들, 즉 사제들과 장로들, 서기관들 중에는 바리새파 사람도 상당수 포함되어 있었다. 바리새파 사람들은 중산층을 대변한 당파였다. 바리새파는 전략적 차원에서 산헤드린 공의회에 포함되었다. 왜냐하면 율법사들 중에 바리새파 사람이 압도적으로 많았기 때문이다. 사두개파와 바리새파는 거의 모든 점에서 견해를 달리했다. 단 한 가지의 사건, 즉 예수 그리스도를 고발한 일을 제외하고 그들이 무언가를 함께했다는 기록은 찾아보기 어렵다. 이러한 점만 보아도 그리스도를 고발한 것은 정말 예외적인 사건이었다. 바리새파 내에서도 여러 학파가 난립하고 있었다. 그럼에도 그들 대부분은 민족주의자들이거나 열심당에 가담하고 있었으며, 로마 제국을 지지하지 않는다는 점에서 입장을 같이했다. 열심당은 무장투쟁을 선호했던 당파였다.

유대 역사가인 요세푸스는 바리새파 사람들을 "다른 어느 누구보다도 종교적인 사람들이요 율법을 아주 세심하게 설명하려 했던 당파"로 설명한다. 그는 또한 바리새파 사람들이 성경과 율법을 해석하기 위해 전통을 아주 분별 있게 사용했다고 말한다. 그들은 행동하는 율법사들이요 논쟁을 좋아하는 사람들이었다. 바리새파 사람들은 사두개파 사람들의 경직되고 패배주의적인 무능력을 비판하면서 엄청난 재능과 학식을 유감없이 발휘했다. 그리하여 유대인이 율법을 최대한 잘 준수할 수 있도록 분위기를 조성했다. 그들이 없었다면 유대 사회는 제대로 움직이지 못했을 것이다. 물론 논쟁적인 태도로 인해 사람들로부터 배척을 받기도 했지만, 그들은 언제나 매우 진지했고 인간적인 체취를 풍긴 경험주의자들이었다. "안식일이 사람을 위하여 생긴 것이지, 사람이 안식일을 위해 생긴 것이 아니다"(마가복음 2:27)라고 하신 예수의 말씀은 사실 바리새파 사람들의 공식 문구였다. 제자들에게 내린 '선교 명령'(마태복음 28:18-20 참고) 또한 진보적인 바리새파 랍비 중 한 사람인 힐렐의 격언을 다시 강조한 것이었다.

바리새파 사람들은 수적으로나 지역적으로 유대 사회에서 상당한 영향력을 행사하고 있었다(디아스포라 유대인 가운데에도 적지 않은 수의 바리새파 사람이 있었다). 그들은 유대 민족의 운명과 궤를 같이했다. 유대인들 사이에서 영향력을 끼치기를 원한다면 바리새파와 대면하지 않을 수 없었다. 바리새파 사람들의 가르침은 많은 사람들을 만족시켰다. 그들은 죽음 이후에도 삶이 있다는 것을 확신했다. 의로운 사람들은 다시 살아날 것이며 사악한 사람들은 영원한 형벌을 받을 것이다. 사악한 사람들의 형벌은 율법을 얼마나 위반했는지에 따라 달라진다. 그들은 율법의 짐이 어느 정도 가벼워질 수는 있겠지만 율법 자체가 제거될 수는 없다고 주장했다. 심지어 그들의 눈에는 하나님조차도 율법을 제거할 수 없을 것처럼 보였다. 이러한 상황 속에서 유대인들의 삶은 끊임없는 법정 공방으로 이어졌고, 이 때문에 발생한 문제들은 전문가에 의해서만 해결될 수 있었다. 율법이 삶의 절대적 기준이었기 때문에 율법이 개선되지 않는 한 유대인들의 윤리적인 삶의 질도 개선될 여지가 없었다.

이들 외에도 순수한 신정국가의 회복을 위해 행동에 나선 사람들도 있었다. 이들은 지배층에 속했던 제사장 그룹을, 타협을 좋아하고 타락을 일삼는 집단으로 간주했다. 이들 중 기원전 2세기 중엽에 대제사장 사독의 후손들과 제사장 아론 가문 출신들이 만든 당파가 있었는데, 그들의 지도자는 '의의 교사 Teacher of Righteousness'로 알려진 성전 관리였다고 한다. 이들은 대제사장이 전통적인 제사장 가문에서 임명되지 않은 것에 대해 불만을 제기했으나 받아들여지지 않자, 예루살렘을 떠나 사해 근처 사막 지대에서 공동체를 만들고 그곳에서 순결한 삶을 살았다. 보통 '에세네파'로 불리는 이들은 예수가 태어났던 시기까지 약 150년 동안 존속했고 유대 사회 내에서 적지 않은 존경을 받았던 것으로 보인다. 요세푸스는 당시에 약 4천 명의 에세네파 사람들이 있었다고 말한다. 그들은 주로 유대 도시와 시리아, 이집트 사막 지대에서 공동체를 형성했다. 그러나 무엇보다도 그들의 중심지는 200명가량이 거주했던 쿰란이었다.

역설적인 일 중 하나는 어느 누구보다도 성전 정화에 관심을 보인 에세네파가 이후에는 예루살렘 성전을 고집하지 않았고, 그 결과 보편주의의 길을 열었다는 점이다. 에세네파의 지도자들은 모두 사제였다. 그들의 직분은 사람들로부터 선출되어 얻었다기보다는 세습으로 물려받은 것이었다. 그들은 자신들의 거룩한 사제직은 예루살렘 성전으로부터 직접 전수받은 것이라고 주장했다. 그들은 야훼(유대인들에게 계시된 하나님의 이름 — 옮긴이)께서 지성소에 현존shekinah하시고 성전에 거주하신다고 믿었기 때문에, 성전에서 멀어지면 멀어질수록 거룩성은 희미해진다고 생각했다. 에세네파 사람들은 자신들의 거룩한 신분을 유지하고 하나님을 순수하게 섬기기 위해서는 엄청난 고통을 감내해야 한다고 생각했다. 그들은 자신들이 선택된 자들 중에서 최고로 순수한 자들이며, 그렇기에 하나님과 새로운 계약을 체결할 수 있는 유일한 사람들이라고 생각했던 것 같다.

그들은 한동안 성전법을 준수했던 것으로 보인다. 사해 근처 동굴에서 발견된 두루마리 사본을 보면 당시 에세네파 사람들이 지켰던 규율들을 추적해볼 수 있다. 쿰란 지역에서 발견된 정교하게 정비된 수도 시설을 보면 그들이 예배의식의 순결을 지켜내기 위해 얼마나 애썼는지를 알 수 있다. 에세네파의 사역자들은 성전 사제들처럼, 아니 그 이상으로 특별한 복장을 했다. 그들은 오염된 것은 그 어느 것도 만지려 하지 않았고 의식을 집전하기 전에는 반드시 목욕을 했다. 그들은 구약성경 레위기에 기록된 것처럼 육체적인 흠을 없애기 위해 노력했다. "몸에 흠이 있어서 하나님께 가까이 나아갈 수 없는 사람은, 즉 눈이 먼 사람이나, 다리를 저는 사람이나, 얼굴이 일그러진 사람은 … 하나님께 음식제물을 바치러 나올 수 없다"(레위기 21:18-21). 그래서 연약하거나 흠이 있는 사람들이 에세네파에서 할 수 있는 일이라고는 허드렛일밖에 없었다. 또한 쿰란 사제들은 예루살렘 성전 사제들이 했던 것과 정확히 같은 방식으로 축복과 저주를 선포하고 말씀을 낭독했다.

사실 쿰란 수도원은 예루살렘 성전이 정화되고 회복될 때까지 성전의 기능을 수행했던, 일종의 대안으로 세워진 성전이었다. 이처럼 임시방편으로 세워진 이 공동체는 시간이 흐르면서 새로운 기구가 되어버렸다. 처음에 에세네파 사람들은 성전 자리가 예루살렘에서 사막으로 이동한 것에 불과하다고 생각했으나, 점차 하나님은 예루살렘 성전에만 갇혀 있는 분이 아니라는 의미로 확대해석하기 시작했다. 하나님께서 자신들과 함께 거하신다고 주장할 수 있었던 요인은 에세네파 공동체가 내세운 순수성과 예배의식이었다. 에세네파 사람들은 유대교의 정결예식을 준수하고 있었기 때문에 실로 그들이 살고 있는 곳에 '성전'이 존재한다고 말할 수 있었던 것이다. 그렇다면 이제 성전은 지리적 요인이나 건물과 관련이 있는 것이라고 말할 필요가 없는 것이 아닌가? 다른 말로 하면 공동체 그 자체를 성전이라고 말할 수 있게 된 것이다. 이처럼 성전은 점차 개념화되어 하나의 상징이 되었고, 인간이 만든 '인간 중심의 성전' 개념이 등장하게 되었다. 성전은 건물이 아니라 예배하는 사람들이 모인 곳, 즉 교회를 지칭하게 되었다. 이 같은 개념은 동시대 바리새인들의 회당 개념을 생각해보면 쉽게 이해할 수 있다. 회당은 신자들이 예배하고 성경에 대한 해설을 듣기 위해 모이는 장소로 세계 도처에 세워졌다. 쿰란 공동체의 사상도 바로 바리새인들의 회당 개념과 매우 유사했다.

초기 기독교 공동체의 사고도 쿰란 공동체의 사고와 매우 근접해 있었다. 이러한 쿰란 공동체 사상은 바울의 편지에 강력하게 반영되었다. "우리는 살아 계신 하나님의 성전입니다. … 그러므로 사랑하는 여러분, 우리에게는 이러한 약속이 있으니, 육과 영의 모든 더러움에서 떠나서, 자신을 깨끗하게 하며, 하나님을 두려워하는 가운데 온전히 거룩하게 됩시다"(고린도후서 6:16; 7:1). 이와 관련하여 바울은 고린도 교회 교인들에게 다음과 같이 권면한다. "여러분의 몸은 하나님의 성전이라는 사실과 하나님의 영은 여러분 안에 거하고 계신다는 사실을 여러분은 알지 못합니까? 만일 누군가가 하나님의 성전을 무너뜨리려 한다면 하나님께서 그를 무너뜨릴 것입니다. 하나님의 성전은 거룩하기 때문에 그 성전인 여러분도 거룩합니다." 에베소 교인들에게 보낸 편지에서도 바울은 사도들과 예언자들이 놓은 기초 위에 그리스도 예수가 모퉁잇돌이 되는 천상의 건물에 대해 말하고 있는데, 이 말씀 또한 쿰란 사본에서 처음 발견되었다. 베드로전서 2장 4-5절에는 다음과 같은 구절이 있다. "주님께 나아오십시오. 그는 사람에게는 버림을 받으셨으나, 하나님께는 택하심을 받은 살아 있는 귀한 돌입니다. 살아 있는 돌과 같은 존재로서 여러분도 집 짓는 데 사용되어 신령한 집이 됩니다. 그래서 여러분은 예수 그리스도로 말미암아 하나님께서 기쁘게 받으실 신령한 제사를 드리는 거룩한 제사장이 됩니다."

성전을 개념화하여 예루살렘 성전을 중심으로 형성된 전통 유대교와 결별했음에도 불구하고 에세네파는 여전히 전통적인 제사장직과 희생제사를 유지하고 있었다. 그랬기 때문에 에세네파가 내세운 보편주의는 제한적일 수밖에 없었다. 성전의 개념화 외에도 에세네파 사람들은 빵과 포도주로 제의 식사를 하는 의식을 발전시켜서 규칙적으로 시행했다. 이런 의식은 쿰란 지역의 경우 에세네파 수도원의 주요 집회 장소나 언약의 홀Hall of Covenant에서 거행되었다. 이 의식은 나중에 희생제사를 대신하는 수단으로 사용되었다. 이 제의 식사는 다음과 같은 순서로 진행되었다. 정결예식을 거행한 후에 특별한 의복을 입는다. 그다음 사제가 빵과 포도주를 축사하고 그것들을 먹고 마시고 난 뒤, 다같이 식사를 한다. 이런 의식은 하늘나라 성전에서 거행되는 의식을 미리 시행해보는 것처럼 보였다. 나중에 예수도 이 의식을 사용했고 또 예수를 따르는 사람들도 마찬가지로 이 의식을 거행했다. 결국 이 같은 의식을 통해 기독교인들은 성전 의례나 희생제사로부터 완전히 결별할 수 있게 되었고 유대 역사 및 팔레스타인의 지리적이며 공간적인 속박으로부터도 벗어날 수 있었다.

그럼에도 불구하고 예수 없는 기독교를 설명할 수 없는 것처럼 에세네파를 이런 식으로만 설명할 수는 없다. 속도는 느렸지만, 예루살렘은 점차 영적으로 개념화되어가고 있었다. 마카베오 시대부터 율법이 점차 성전을 대체해가고 있었으며 70년에 있었던 예루살렘 성전의 파괴는 이같은 상황을 더욱 가속화시켰다. 이에 따라 제사장들의 영향력은 점차 줄어든 반면 주로 바리새파 사람들로 구성된 서기관들이 랍비 시대를 예고하면서 대중적인 지도자들로 부상했다. 초기 기독교는 생각보다 에세네파와 여러 면에서 달랐고, 특히 성전의 굴레로부터 벗어나는 데에는 에세네파보다 더 큰 어려움을 겪어야 했다. 어찌 보면 에세네파 사람들은 고집불통에다가 유혈보복의 의지나 적개심을 품고 있었던, 시대에 뒤떨어진 집단이었다. 그들은 수도원 생활을 고집하면서 공동생활을 했고 재산도 공유했다. 검소하고 겸손하며 신념이 굳은 사람들이었지만, 매우 괴팍했고 이론적으로도 고리타분한 사람들이었다.

그들이 펴낸 문서들을 보면 (물론 감동스러운 것들도 있기는 하지만) 위협적인 내용이 대부분을 차지하고 있다. 현장에서 교육하고 훈련하는 데 사용되었던 교본들 중 가장 흥미로운 부분은 로마의 군사 전략에 기초하여 수립한 전쟁 계획과 관련된 내용이다. 에세네파 사람들은 로마와의 전쟁을 통해 이스라엘의 회복을 꿈꾸었던 것이다. 쿰란 공동체를 세운 것이나 유대 역사에 대한 해석, 성경에 대한 주석들은 본질적으로 호전적인 군대문화와 인종의식에 기초해 있었다. 이와 동시에 에세네파 사람들은 협소한 배타주의적 경향을 보이기도 했다. 그들에게 중요한 것은 오직 순수한 공동체(출생 가문에 의한 공동체)뿐이었다. 개인은 그들의 관심사가 아니었다. 예루살렘과 예루살렘에 있는 제사장들뿐만 아니라 이방인들까지도 모두 적으로 간주되었다. 에세네파는 곧 다가올 승리를 기다리는 극단적인 묵시적, 종말론적 종파였다. 에세네파 사람들은 머지않아 자신들이 지도하는 '빛의 아들들'이 속세와 타협한 '어둠의 자식들'에 대항하여 승리함으로써 이스라엘이 회복될 것이라고 믿었다. 이렇게 회복된 이스라엘은 제사장 사독의 인도 아래 정결하게 살아갈 것이고, 앞으로 태어날 사람들은 이스라엘 백성으로 당당하게 살아갈 수 있을 것이다. 악한 유대인들과 이방인들은 모두 사라질 것이기 때문이다. 그들은 이것이 바로 하나님께서 계획하신 인간의 역사이며 그 계획은 곧 시행될 것이라고 믿었다.

하지만 에세네파 역시 세계 종교로 발돋움할 수 없는 한계를 지니고 있었다. 아니, 아예 그것과는 거리가 멀었다. 오히려 에세네파 집단은 과격파와 열성파, 그리고 폭력을 일삼는 무리들의 산실이 되어버렸다. 에세네파 사람들이 거주했던 쿰란 동굴을 살펴보면 66-70년에 벌어진 전쟁에서 에세네파 수도원이 저항의 중심지였고, 결국 로마군에 의해 파괴되었다는 것을 확인할 수 있다. 이 때문에 불행하게도 에세네파는 종말을 고하고 말았다. 아니 필연적으로 에세네파 사람들은 그렇게 될 수밖에 없었다. 왜냐하면 그들은 유대 주류 사회와 스스로 거리를 두고서 유대 종교와 정치사상에 대해 문제를 제기했기 때문이다. 결국 그들은 파멸을 자초할 수밖에 없었다. 그러나 에세네파의 거점이었던 에세네파 수도원과 소규모 처소들은 기독교인들이 종교 대학과 같은 공간으로 활용했다. 이곳에서 이루어진 교육은 예루살렘에서 시행된 유대교 교육과는 거리가 있었다. 제도권을 거부했던 에세네파 사람들은 본질적으로 타협론자들이 아닌 율법폐기론자들이었다. 에세네파 공동체에 들어온 유대인들은 보통 경건한 사람들이었는데, 이들 중 일부는 은둔자가 되기도 했다. 그들은 에세네파의 가르침과 일부 실천적인 관점들을 철저히 다른 방향으로 발전시키기도 했다.

결과적으로 에세네파 운동은 고착화된 유대교 근본주의를 뒤흔드는 데 엄청난 역할을 해냈으며, 이 때문에 유대 사회에는 극도의 위기감이 조성되기도 했다. 로마가 이스라엘을 합병한 이후로 유대교는 정치적으로 위기를 맞이하게 되었다. 재정 문제와 관련해서도 유대 사회는 로마의 지배를 받게 되었다. 이 때문에 친로마 성향의 유대인들은 유대 사회에서 인기가 없었다. 기원전 1세기 팔레스타인 지역에서 로마와 유대 정부가 거두어들인 세금은 총 수입의 25퍼센트에 달한 것으로 알려져 있다(누진세가 아니었다). 당시의 경제 상황을 감안해볼 때 이 같은 비율은 실로 엄청난 것으로, 일부 유대인들은 세금을 내고 나면 먹고살기도 힘들 정도였다.

팔레스타인은 정치·종교적 묵시론에 빠져들고 있었다. 이 같은 흐름은 이스라엘의 회복을 추구하는 정치운동과 밀접하게 맞물려 있었다. 당시 팔레스타인에 살고 있던 유대인들은 메시아적 해결책을 어느 정도 믿고 있었다. 이 같은 상황에 부응하여 외세가 물러가고 하나님이 다스리는 시대가 도래할 것이라는 메시아와 관련된 교리들이 넘쳐나기도 했다. 따라서 로마를 비판하는 행위는 곧바로 종교행위로 여겨졌으며, 종교적인 예배의식 또한 일종의 정치행위로 여겨졌다. 기원전 1세기 초에 에세네파는 요르단 계곡을 중심으로 세례운동을 벌였다. 이로 인해 게네사렛 호수에서 사해에 이르기까지 요르단 강 계곡 전체가 거룩한 장소로 간주되어 활기가 넘쳐났다. 많은 사람들이 쿰란으로 몰려가 정결예식에 참여했고 치유와 죄 씻음을 받고자 했다. 이런 점에서 필론이 에세네파 사람들을 '치유자들 theraputae'로 불렀다는 사실은 실로 중요하다. 시각적으로도 세례의식은 주목을 끌기에 충분했으며, 곧바로 에세네파의 정체를 파악할 수 있는 가장 분명하고도 충격적인 근거가 되었을 것이다. 세례 요한은 에세네파의 수도사였을 것이며, 그렇지 않았다면 적어도 과거에 에세네파 수도사로 활동했을 것이다. 하지만 그는 에세네파를 위해서 행동하기보다는 세상을 정화하고 개혁하려 했으며, 어둠의 세력들과 전쟁이 시작되는 묵시적인 순간에 대비하기 위해 엘리트들을 불러 모으는 운동을 전개했다.

세례 요한

세례 요한은 유대교 내부의 개혁가들과 예수를 연결하는 다리 역할을 한 사람이었다. 불행히도 이러한 중간자적인 그의 역할은 역사적으로 볼 때 그다지 영향력을 발휘한 것 같지는 않다. 그는 신비로운 인물이었다. 기독교 역사의 관점에서 볼 때 그는 전통적인 유대 종말론의 입장에서 에세네파 사상을 차용한 사람이었다. 세례 요한은 야성을 지닌 급한 성격의 인물로, 메시아는 오시는 것이 아니라 이미 여기에 와 계신다는 것을 알리려 했다. 당시에 팔레스타인에서는 묵시사상이 빠르게 전파되고 있었고 유대인들 가운데도 메시아를 맞이해야 할 때라고 생각하는 사람들이 많이 있었다. 이런 분위기와 맞아떨어졌다고나 할까? 드디어 예수가 등장한 것이다. 이 점이 우리가 세례 요한과 관련하여 가지고 있는 정보에서 얻을 수 있는 첫 번째 인상이요, 가장 확실하게 말할 수 있는 내용이다. 이에 덧붙여서 우리는 세례 요한이 헤롯 안티파스를 비판했다가 목숨을 잃었다는 사실도 알고 있다. 이 외에 우리가 그에 대해 알 수 있는 내용은 거의 없다.

기독교 역사에서 예수 다음으로 중요하다고 볼 수 있는 인물이 이처럼 수수께끼로 남아 있다. 하지만 공관복음서, 그리고 특히 요한복음에 의하면 세례 요한은 예수가 선교 사역을 행할 수 있도록 준비해주었던 예수의 실질적인 대리인이었다. 세 명의 공관복음서 저자들(마태, 마가, 누가―옮긴이)과 요한복음의 편집자 모두가 각각 다른 정보와 상황 속에서 활동했지만, 그들 모두는 하나같이 매우 신뢰할 만한 구전 전통과 문서들을 기반으로 복음서를 집필했다. 그리고 이들은 모두 세례 요한의 활동을 특히 주목해서 다루었다. 현재 우리가 가지고 있는 자료보다 이전에 작성된 자료들 어딘가에 세례 요한의 제자가 기록한 그에 관한 기사가 있었을 것이다. 그러나 성경 저자들은 자신들의 목적에 부합된다고 생각한 내용만을 엄격히 선택했기 때문에 세례 요한에 관한 나머지 기록들은 현재로서는 도저히 알 길이 없다.

복음서들 외에도 비기독교인 역사가 요세푸스로부터도 세례 요한에 관한 정보를 얻을 수 있다. 요세푸스는 세례 요한을 에세네파 사람으로 보고 있다. 물론 세례 요한의 예언과 가르침이 에세네파의 사상과 유사하거나 관련되어 있는 것만은 분명하다. 그러나 세례 요한은 에세네파 사람들과는 달리 기독교가 가야 할 길을 제시한 인물이었다. 그가 베푼 세례의식은 에세네파가 행한 반복적인 목욕의식과는 달리 1회적인 사건이었다(당시에 세례 요한만이 세례의식을 베풀었던 것은 아니다). 세례 요한은 하나님께서 이 세상의 죄악에 분노하고 계시며 에세네파는 물론 그 누구의 도움도 받지 않고서 이 역사에 개입하실 것이라고 믿었다. 세례 요한은 군국주의자가 아니었다. 무엇보다 중요한 사실은 세례 요한이 에세네파의 극단적 배타주의와 결별했다는 점이다. 그는 하나님께서 한 종파, 즉 에세네파만 사랑하시는 것이 아니라 모든 유대 백성들을 동등하게 사랑하신다고 가르쳤다. 물론 세례 요한을 보편주의자로 볼 수는 없지만 분명 그러한 방향으로 움직이고 있었다는 것만은 분명하다. 간단히 말해서 그는 에세네파에서 배타적·전투적·인종차별적·종파적 구조를 제외한 일부 중요한 교리들을 취하여 이를 좀 더 넓은 세계에 선포한 전달자였다.

이 같은 분석의 논리는 세례 요한이 예수의 선생이었다는 것, 그리고 예수는 세례 요한의 사상을 발전시키고 확장시킴은 물론 변형시켰다는 것을 전제로 한 것이다. 그러나 바로 이 지점에서 우리의 증거는 무너진다. 세례 요한은 자신이 메시아를 가르치러 온 것이 아니라, 단지 그의 길을 예비하러 왔다고 주장했기 때문이다. 실제로 그는 스승과 제자 관계를 만들기는커녕 이러한 관계 자체를 거부했다. 예수가 세례 요한으로부터 세례를 받았다는 사실은 예수가 세례 요한보다 열등했다거나 세례 요한에게 복종했다는 것을 의미하지는 않는다. 참으로 어려운 점은 당시 세례 요한이 유대인들에게 무엇을 가르쳤는지를 정확히 알지 못한다는 사실이다. 우리는 세례 요한이 예수를 어떻게 보았는지에 대해서도 확신할 수 없다. 예수는 분명히 보통 사람들과는 매우 다른 사람으로 보였다. 그러나 핵심은 그가 얼마나 달랐느냐는 점이다. 예수와 세례 요한, 이 두 사람은 얼마나 가까웠을까? 또 얼마나 서로를 잘 알고 있었을까? 만일 잘 알고 있었다면 누가 누구를 어느 정도로 가르쳤을까? 세례 요한은 어찌하여 예수의 사역에 관해 비밀리에 묻고서 알 수 없는 대답만 들었을까? 세례 요한의 죽음에 관한 섬뜩한 이야기는 이러한 낭만적인 세부사항들을 일소해버리고 그를 매우 정치적인 인물로 몰아간다. 흥미로운 점은 세례 요한을 죽인 헤롯 안티파스가 예수 또한 좋아하지 않았다는 점이다. 그렇다면 세례 요한과 예수 사이에 어떠한 정치적 연결이 있지는 않았을까?

역사적 예수

세례 요한에 관한 무지는 예수를 이해하는 데도 방해가 된다. 그의 역사는 예수 사건을 이해하는 데 하나의 서론적인 역할을 하기 때문이다. 적어도 예수가 역사적으로 존재했다는 점에는 의심의 여지가 없을 것 같다. 93년경에 출판된 요세푸스의 《유대 고대사 Antiquities》는 당시 팔레스타인의 모습을 엿보기에는 아주 유용한 책이지만, 아쉽게도 예수에 관해서는 거의 침묵하고 있다. 요세푸스는 로마를 사랑했던 그리스화된 유대인이었고 로마 제국의 지원을 받아 역사를 기술했던 로마의 장군이자 역사가로, 그가 쓴 책들은 후에 기독교 세력에 의해 조작된 것으로 알려져 있다. 요세푸스는 분명 반反기독교적 인물이었을 것이다. 왜냐하면 그는 유대인들의 국가 회복운동이나 로마 지배자들을 괴롭혔던 종파운동을 강력하게 반대했기 때문이다. 그러나 그의 글은 마치 그가 기독교에 친근한 입장을 보인 사람인 양 변조되었다. 그는 62년에 대제사장 아나니아스가 야고보를 사법적으로 처형했다는 사실을 언급했다. 여기서 요세푸스는 야고보가 예수의 말씀을 전파하고 있었다고 하면서, 그를 '그리스도라고도 하는 예수의' 형제라고 불렀다. 그러나 이 부분은 나중에 조작되어 예수를 현명하고 진리를 사랑하는 사람으로, 그리고 그의 제자들로부터 극진히 사랑을 받았던 사람으로 기술되었으며, 급기야는 예수의 기적과 부활을 받아들이면서 그가 신이었다는 점을 강력하게 암시하는 것으로 변했다. 이와 같은 기술은 분명히 순수하지 못했던 기독교인의 창작임에 틀림없다.

불행히도 요세푸스가 실제로 기록했던 부분은 지금 남아 있지 않다. 요세푸스의 글에서 우리는 예수가 메시아 사상을 주장한 유대 종파주의자였고 그가 죽은 이후에 그를 추종했던 사람들이 있었다는 것, 그리고 이러한 일들이 로마 제국을 아주 귀찮게 했다는 것 등을 짐작할 수 있을 뿐이다. 예수를 언급했던 다른 비기독교 문헌들도 이와 크게 다르지 않다. 다시 말해 이들 문헌은 예수의 역사성을 확인해주기는 하지만, 그 이상 다른 정보를 제공해주지는 못하고 있다. 《연대기Annals》에서 타키투스는 64년에 일어난 로마 화재사건을 언급하면서 기독교를 '혐오스러운 미신'으로 불렀으며, '이 종파의 설립자인 그리스도'는 티베리우스 황제 때에 총독 본디오 빌라도에 의해 십자가 처형을 당했다는 사실을 기록해놓았다. 112년에 소小플리니우스가 쓴 문서에는 기독교 종파를 '그리스도를 하나님으로 찬양했던' 무리들이라고 기록했다. 수에토니우스가 쓴 문헌에서도 기독교에 관한 언급이 등장하는데, 클라우디우스 통치 기간인 41-54년에 이미 로마에 기독교인들이 살고 있었다고 한다. 그러나 불행히도 그의 기록은 왜곡되었다. 그는 로마로부터 추방당한 유대인들에 대해 기록하면서 그들이 추방당한 이유는 "크레스투스Chrestus의 선동에 의해 끊임없이 폭동을 일으켰기 때문이었다"고 설명했다. 그는 '크레스투스'가 그 당시 여전히 살아 있었다고 생각했던 것 같다. 아무튼 당대를 기록한 역사물들을 보면 예수 그리스도는 실재했던 인물임이 확실하다.

예수에 관한 초기 기독교 자료들

초기 기독교 자료를 검토하다 보면 마치 엄청난 밀림 속을 헤매고 있는 듯한 느낌을 받게 될 것이다. 왜냐하면 이들 자료 속에는 해결하기 어려운 학문적 모순들이 가득 담겨 있기 때문이다. 무엇보다도 초기 기독교 자료들은 역사보다는 선교나 신학을 주로 다루고 있다. 누가복음 저자처럼 역사가로서의 자세를 견지하면서 예수의 사건들을 연대기 속에서 파악하려는 노력이 없지는 않았지만, 그러한 시도를 하면서조차 복음서 저자들은 역사보다는 신학이나 복음 선교에 관심이 쏠려 있었다. 더군다나 예수와 관련된 역사가 문자로 기록되기 전에 이미 적지 않은 기간 동안 구전역사가 있었던 것도 우리를 혼란으로부터 벗어나지 못하게 믿는 요인이다. 이러한 이유로 당시 기독교인들은 예수와 관련된 문서들을 평가할 때마다 쉽게 해결할 수 없는 난관에 부딪히곤 했다.

이러한 어려움은 이미 1세기 말부터 나타나기 시작했다. 왜냐하면 60-80년대에 초기 복음서들이 등장하고 2세기에 문서로 정착된 이후에도 구전 전승들은 사라지지 않았기 때문이다. 그러므로 정경으로 편입된 문서들은(나중에 묵시적인 문서들로 간주된 것들을 제외하고) 초기 교부들의 글과 시기적으로 겹친다. 정경으로 인정받은 문서들은 초대교회의 산물로서, 복음 전파라는 목적 때문에 기록된 것들이다. 또한 이들 문서는 교회에서 벌어진 논쟁과 선교적 동기를 반영하고 있다는 점에서, 그리고 입으로 전해진 것을 문자로 옮기면서 불가피하게 발생하는 언어적 함정을 포함하고 있다는 점에서 많은 문제를 안고 있다. 복음서들 역시 처음부터 구어체 그리스어로 기록된 문서가 아니었다. 마태복음은 히브리어로 씌어진 것을 번역한 것이 틀림없다. 네 복음서 모두 처음에는 아람어로 기획되었거나 아람어로 구전되던 이야기들을 필사한 것이다. 그러나 이와 동시에 네 복음서는 히브리어로 기록된 글들을 인용했고 히브리어보다는 많지 않지만 일부 그리스어나 그리스화된 개념들을 사용하고 있다. 정경으로 편입된 문서 가운데는 오해의 소지가 있는 것들이 많이 있다. 더군다나 오늘날 우리가 가지고 있는 복음서들이 최초의 구전 전승을 온전히 반영하고 있다고 확신할 수 있는 근거는 어디에도 없다.

누가복음 서문에서 밝히고 있듯이 복음서들은 목격자들의 진술로부터 유래된 이전 문서들에 의존하고 있다. 이렇게 보면 누가는 예수와 관련된 이야기 전승 계보에서 적어도 3세대 혹은 4세대쯤에 속해 있다고 추정해볼 수 있다. 이 문제를 최초로 언급한 기독교인은 2세기 초에 눈부신 활약을 펼쳤던 히에라폴리스의 주교 파피아스였다. 4세기의 역사가이자 카이사리아의 주교인 에우세비우스에 의해 파피아스의 글이 편집된 덕택에 우리는 그에 관해 조금이나마 알 수 있다. 에우세비우스는 짜증스러워하며 파피아스를 다음과 같이 평가했다. "그는 매우 연약한 지성인이었음에 틀림없다." 하지만 파피아스는 구전 전승과 네 복음서가 어떠한 관계를 맺고 있는가에 대해 다음과 같은 의미 있는 말을 했다. "사도들의 추종자들을 만나게 된다면 나는 사도들이 대체 무슨 말을 했는지 묻고 싶다. 즉, 안드레, 베드로, 빌립, 도마, 야고보, 요한, 마태를 비롯한 예수의 제자들이 실제로 했던 말들을 듣고 싶다. 이 외에도 나는 예수의 제자들인 아리스티온이나 장로 요한이 무슨 말을 했는지 알고 싶다. 왜냐하면 책보다는 생생한 목소리로부터 더 유익한 내용을 얻어낼 수 있기 때문이다." 파피아스가 살던 시절에도 복음서의 저작자나 편집 방식에 관한 논란이 있었던 것 같다. 마가복음, 마태복음과 관련된 파피아스의 진술은 그것들이 불확실한 전통에 근거해 있다는 것이다. 그는 문서보다는 구전 전승을 선호하고 있었다.

반면, 2세기 말에 활동했던 리옹의 주교 이레네우스는 구전 전승보다는 정경으로 확정된 문서들을 더욱 신뢰한다고 말했다. 그러나 정경으로 확정된 문서들의 저작자나 그 문서들의 기원에 대해 그가 언급했던 말들은 고려해볼 만한 가치가 없다. 다시 말해 2세기 말에 교회 안팎에서 출현한 이단들을 비판하고 진리를 세우는 일에 전문적으로 종사했던 이레네우스 같은 훌륭한 교회 지도자들까지도 복음서의 기원에 관해 오늘날 우리가 알고 있는 것만큼도 모르고 있었던 것이다.

불행히도 우리는 이러한 제약조건을 염두에 두어야 한다. 즉, 예수와 시기적으로 아주 가까운 인물들조차 복음서의 기원에 관해 아는 것이 별로 없었다는 사실에 우리는 우울할 수밖에 없다. 최초의 기독교 문서는 51년경에 기록된 것으로 보이는 바울의 데살로니가전서이다. 바울은 50-60년대 초반에 현재 우리가 알고 있는 서신서의 대부분을 썼다. 그의 서신들(로마서, 고린도전서, 고린도후서, 갈라디아서, 빌립보서, 데살로니가전서, 빌레몬서)은 분명 그가 직접 쓴 문서들이다. 그 서신들 배후에 어떤 구전 전통이 있었던 것도 아니고 편집 과정도 복잡하지 않았다. 이 중 일부는 바울이 살아 있는 동안에 이미 편집된 형태로 유포되거나 '출판'되기도 했던 것 같다. 바울은 예수에 대한 첫 번째 증인이며 예수에 대한 역사적 연구의 출발점이다. 그는 현존했던 메시아를 가장 가까이에서 경험하고 그에 관해 기록한 사람이다. 그럼에도 불구하고 예수의 죽음(대략 30-33년) 이후 바울이 기독교 공동체에 들어오기까지는 수년간의 공백기가 존재한다. 왜냐하면 바울은 36년에 있었던 스데반의 순교로부터 2년이 지난 후에야 기독교로 전향했기 때문이다. 이러한 공백은 역사적 예수에 대한 정보를 흐리게 만들기에 충분했다. 예수의 부활에 깜짝 놀란 사람들은 부활 사건에서부터 거슬러 올라가 그들이 알고 있었던 예수를 마음속에서 재구성하기 시작했다. 바울은 시기적으로 너무 늦게 기독교 공동체에 들어왔다. 불행히도 그 사이에 역사적 예수에 관한 자료는 이미 진흙탕이 되어 있었다. 거의 2천 년이라는 세월이 흘렀지만, 역사적 예수에 관한 한 어쩌면 바울보다 우리들이 더 많이 알고 있는지도 모르겠다. 이 같은 사실들을 고려해본다면 진리에 포로가 된 바울이 왜 그토록 인간 예수에 관해 자세히 언급해놓지 않았는지를 이해할 수 있을 것 같다.

바울은 인간 예수와 관련해서는 예수가 다윗의 후손이자 율법 아래에서 태어난 유대인이었고 사람들로부터 배반당해 십자가에 못 박혀 죽었으며, 이로부터 3일 만에 부활했다는 사실만을 기록해놓았다. 그리고 이처럼 인간 예수에 관해 침묵하는 자신을 다음과 같이 합리화한다. "그러므로 이제부터 우리는 아무도 육신의 잣대로 알려고 하지 않습니다. 전에는 우리가 육신의 잣대로 그리스도를 알았지만, 이제는 그렇지 않습니다"(고린도후서 5:16). 이러한 이유로 바울은 자신을 역사적 예수의 직접적인 제자라고 말할 수 없었으며, 대신 자신은 부활하신 주님에 의해 사도로 임명받은 사람이라는 점을 강조했다. 바울에게 예수는 초월적이며 선재한 하나님의 아들이었고 '종'의 형상을 입고서 희생적인 역할을 감당하셨던 분이었다. 이 역할을 위해 예수는 진실로 사람과 동등하게 되셨다. 바울이 예수의 삶 중에서 유일하게 상세하게 전하는 부분은, 이것도 자신의 신학적인 목적을 벗어나지 않는 범위에서이지만, 예수의 인성의 증거와 십자가 처형 사건이다. 바울은 그리스도께서 부활하셔서 자신을 포함한 많은 사람들에게 나타나셨다는 사실을 인상 깊게 설명했다. 이런 점에서 바울은 역사가인 동시에 증언자로 볼 수 있다. 바울은, 기독교인들은 그리스도께서 부활하신 후에 이 땅을 거닐었다는 점을 믿고 있었다는 것을 문서로 증언해준 최초의 증언자인 셈이다.

그러므로 바울 서신들은 예수의 역사적인 사실을 검토하는 데 없어서는 안 되는 중요한 자료이다. 물론 이미 살펴본 바와 같이 그의 서신들에서 역사적 예수를 살펴본다는 것은 거의 불가능하다. 바울 말년에 이미 초기 기독교 문서들이 유포되었던 것으로 보이지만 그는 이 문서들을 입수하지 못했던 것 같다. 그러나 다행스러운 점은 적어도 바울은 자신이 직접 보고 들은 내용만을 기록으로 남겼다는 사실이다. 즉, 바울이 전해 들은 구전과 그가 기록한 문서 사이에는 진리를 부식시키는 왜곡된 편집이나 세대 차이는 없었다는 것이다. 이 점은 복음서들과는 달리 바울이 쓴 문서만이 가지고 있는 특징이다.

복음서들은 하나같이 역사적인 이야기들을 담고 있기는 하지만 그 이야기들의 기원과 신뢰성에 대해서는 의견이 분분하고 복잡하다. 복음서들은 대부분 예수가 제자들을 복음 전파자로 훈련시키는 지점에서 시작한다. 예수는 제자들에게 자신의 설교의 핵심 단락들을 외울 것을 명령했다. 제자들의 훈련은 예수의 죽음으로 잠시 중단되었다가 그의 부활 이후에 다시 강력하게 재개되었고, 이제 그들은 예수의 수난 문제를 집중적으로 숙고하기 시작했다. 예수의 수난은 세련된 언어로 기술되어 다양한 형태로 전해졌으며, 복음 전도뿐만 아니라 초기 예배의식의 중심을 차지하게 되었다. 두 번째로 중요한 요소는 산상설교 혹은 '대大설교'로 불리는 부분인데, 이 설교는 기독교 역사의 아주 초기부터 제자들에 의해 분명한 형태로 전해진 것으로 보인다. 예수가 행한 설교들은 어느 단계에 가면 글로 기록되었고 후에는 단편적으로 수집되거나 한 권의 책으로 편집되었다.

파피아스는 예수의 말씀들을 모아놓은 '어록집book of oracles'을 언급했는데 이 책은 (바울 서신 이후) 최초의 기독교 필사본으로 보인다. 60년대로 접어들면서 1세대 기독교인들, 즉 예수를 직접 목격한 이들이 점차 사라지고 박해와 전쟁으로 예루살렘에 모인 예수의 추종자들이 흩어지게 되자 예수의 가르침을 기록으로 남겨야 한다는 여론이 강하게 대두되었다. 베드로 그룹 출신인 마가는 맨 먼저 문학적인 형태로 복음서를 저술했다. 파피아스의 말을 종합해보면, 마가는 생애 말년에 베드로의 선교 동역자로 활동하면서 베드로의 아람어 설교들을 그리스어로 통역했던 것 같다. 베드로가 죽은 직후에 쓰여진 마가복음은 예수와 관련된 이야기들이 내포하고 있는 수많은 난제들을 합리적으로 정리하면서 연대기적 순서에 따라 이야기 형식으로 기록되었다. 마가복음 속에는 사건과 신학이 결합되어 있으며, 이것들은 구약의 예언과도 조화를 이루고 있다. 마가복음에는 또한 구전 전통들, 즉 의도적 반복과 대칭적 배열, 그리고 대중들에게 호소력이 있는 이야기체 형식이 강하게 반영되어 있다. 마가는 마가복음을 저술하면서 그리스 모델의 일부를 참고했으며, 아리스토텔레스의 《시학*Poetics*》에서 사용된 양식에 영향을 받았던 것이 분명하다. 동시에 그는 이전에 시도된 적이 없는 모델을 창안하려 했는데, 그 과정에서 많은 문제에 부딪혔다. 이 같은 문제들은 미숙한 작가라면 겪어야만 했던 것들이었다. 또한 베드로가 자신의 경험에 기초하여 전해주었던 이야기들을 마가 자신의 관점으로 전달하는 과정에서도 어려움이 발생했을 것이다. 그래서 그는 종종 난해한 문제들을 독자들이 이해할 수 있도록 설명하기보다는 일관되게 '비밀 동기'를 사용했다(마가를 비롯한 당시 기독교인들은 '예수가 메시아이다'라는 믿음을 공유하고 있었지만, 정작 예수는 스스로를 메시아라고 주장한 적이 없었다. 이를 극복하고자 마가는 '비밀 동기'라는 장치를 마련한 것이다―옮긴이). 마가는 사도들과 제자들이 예수께서 전하려 했던 바를 언제나 제대로 이해하지 못했다는 점을 강조했다. 마가의 이와 같은 강조는 예수의 가르침이 일반 대중들이 쉽게 알아들을 수 있도록 행해진 것이 아니었다는 것을 암시한다. 마가복음은 이러한 관점에서 저술되었기 때문에 예수 그리스도의 삶을 일관되게 설명하고 있다기보다는 신의 현현을 비밀스럽게 표현하고 있다거나, 신비로운 신성을 설명하고 있다고 보는 것이 적절하겠다. 또한 마가복음의 본문은 선한 동기에서든 그렇지 않든 간에, 다른 자료들이 삽입됨으로써 나중에 상당히 변형되었으며, 마가의 의도와는 달리 초기 기독교 이단 종파들이 자신들의 입장을 정당화하기 위해 선호했던 원전source-book이 되기도 했다.

마태와 누가는 독자적으로 자신들만의 이야기들을 구성해냈다. 자신들의 복음서를 쓰기 전부터 그들은 이미 마가복음을 가지고 있었을 것이다. 그러나 그들은 하나같이 마가복음에서 만족스럽지 못한 부분을 발견했던 것이 분명하다. 마가복음이 씌어지던 역사적 상황과 그들이 처해 있던 환경은 여러 면에서 차이가 있었기 때문이다. 누가는 바울의 이방인 선교학교 출신이었고 마태는 야고보가 순교하고 베드로가 선교여행을 떠난 이후에 예루살렘 교회에 남아 있는 사람들을 대표하고 있었다. 마태와 누가는 모두 마가복음의 일부 사본을 갖고 있었던 것으로 보인다. 그들은 또한 오늘날 우리가 'Q 자료'라고 부르는 또 다른 자료를 가지고 있었다. Q 자료는 파피아스가 언급했던 '어록집'이 아닌가 싶은데, 누가복음과 마태복음에는 공통적으로 들어 있으면서도 마가복음에는 들어 있지 않은 자료들을 가리킨다. 하지만 그리스어로 쓰인 마가복음이 히브리어로 쓰인 마태복음의 초기 판본을 참고로 쓰였을 가능성도 있는데, 이는 마태복음이 공관복음서 중에서 가장 먼저 저술된 복음서였다는 초대교회의 입장과 일치한다. 일부 로마 가톨릭 학자들은 여전히 이 입장을 고수하고 있다.

다른 한편 요한이 저술한 것으로 알려진 요한복음 또한 공관복음서가 사용했던 구전 전통 자료들을 참고로 하여 쓰였지만 공관복음서와 대조해서 고증해볼 만한 부분은 없다. 요한복음은 역사적인 이야기라기보다는 신학논문에 가까우며 오히려 바울 서신 및 유대의 묵시적 전통들과 밀접하게 연결되어 있기 때문이다. 마지막 부분에서 분명히 밝히고 있는 것처럼 요한복음은 틀림없이 누군가에 의해 편집된 것으로 보인다. 요한복음을 면밀히 분석해보면 이 문서의 초기 필사본들은 몇몇 자료들과 혼합되었을 뿐만 아니라 상당 부분이 조작되었다는 것을 알게 될 것이다. 예를 들면 요한복음 5장은 6장 뒤에 와야 하고 마지막 21장은 첨가된 장임이 분명하다.

성경 사본들

이런 이유로 해서 복음서들을 평가하는 데는 늘 많은 어려움이 뒤따른다. 복음서들은 약 1,900년 전에 기록된 문학적인 자료임과 동시에 필사하는 과정에서 여러 문제가 발생했기 때문에 그 문서들을 제대로 파악하기란 결코 쉬운 일이 아니다. 중세 시대 학자들은 원본을 발견하려는 노력을 전혀 하지 않았고, 자신들이 소유하고 있는 필사본에 대해 어떠한 의심도 하지 않았다. 원본을 찾는 것은 르네상스 시대의 관심사였다. 그나마 에라스무스의 그리스어 신약성경(1516)과 로베르 에티엔의 그리스어 신약성경(1551) 또한 수많은 오류로 점철된 중세 사본들을 번역한 것에 불과하다.

중세 이전의 성경 사본들은 한참이나 지난 후에야 등장하기 시작했다. 1581년에 테오도레 베자는 6세기에 출간된 그리스어-라틴어 성경 사본을 발견했는데, 이 사본은 '베자 사본'으로 불린다. 1628년에는 '알렉산드리아 사본'이 발견되어 서유럽에 알려졌다. 이 사본은 5세기경에 작성한 것으로 추정되며 성경 전체를 포함하고 있다. 이후 5세기경에 출간된 '에프라임 사본'이 발견되었는데 이 사본은 상당 부분 파괴된 상태로 발견되었다. 19세기에는 이 문서보다 중요한 가치를 지닌 '바티칸 사본'과 '시나이 사본'이 발견되었다. 이 두 사본은 모두 4세기경에 작성된 것으로 보인다. 그러나 이 두 사본 모두 예수 시대와는 300년이 넘는 시간적인 거리가 있는 것들로, 심지어 히에로니무스나 아우구스티누스 시대보다도 늦다. 불행히도 초기 사본들 대부분은 코덱스(오늘날의 책의 형태-옮긴이), 즉 양피지 가죽으로 제본된 것이 아닌 파손되기 쉬운 파피루스에 쓰인 것들이었다. 이런 사본들은 이집트의 건조한 기후에서만 보존될 수 있었다. 최근에 이집트에서 2-3세기경에 필사된 것으로 추정되는 몇 편의 사본 조각들이 발견되기도 했다. 그중 가장 오래된 조각은 약 2세기 초의 것으로, 사방 5센티미터가량 되는 크기에 요한복음 18장의 구절들이 양면에 적혀 있었다. 불행히도 아직까지 1세기의 사본이나 조각이 발견된 적은 없다. 지금까지 발견된 사본 조각들은 신약성경의 내용을 단편적으로 담고 있는데, 이러한 조각들은 교부들의 저술(교부들의 저술 중 어떤 것은 2세기경에 쓰인 것도 있다)에 나와 있는 성경 인용문들과 초기 성경 구절들을 반영하고 있는 성구집(성구집 자체는 후에 제작되었지만)을 통해 내용이 보완될 수 있다. 현재까지 약 4,700여 개의 사본이 발견되었으며, 초대 교부들의 저술에도 최소한 10만 개의 성경 인용문과 말씀을 암시하는 구절들이 들어 있다.

 이 모든 사본을 가지고 원래의 본문을 완벽하게 재구성하려는 것은 불가능한 일이 될 것이다. 학문적인 연구가 어떤 지점을 넘어서게 되면 문제를 해결하기보다는 더 많은 문제를 야기하기도 한다. 다시 말하자면 원본에 가까운 1세기 사본들이 발견된다 하더라도 그것들이 성경의 불확실성을 제거해주기보다는 오히려 불확실성을 확대시킬 수도 있다. 컴퓨터와 같은 현대적인 장비들 또한 제한적으로 도움을 줄 뿐이다. 성경의 어떤 부분은 확실하게 변개되었다고 말할 수 있다. 마가복음의 마지막 구절(16:9-20)은 후대에 첨가된 것이 분명하다. '간음하다 붙잡힌 여인'에 관한 매우 인상적인 이야기 — 요한복음에서 이 이야기는 적절한 자리를 배정받지 못하고 이리저리 떠도는 인상을 준다 — 는 4세기 말 이전 사본에서는 어디에서도 등장하지 않는다. 학자들은 성경 사본을 연구하다가, 초대교회에서 사용한 신학 개념들을 '이전 시대로 소급하여' 신약성경의 구절들을 부당하게 변경시킨 예들을 한두 개 찾아내기도 했다. 요한1서에 기록되어 있는 삼위일체와 관련된 본문들은 애초에는 다음과 같이 간단하게 표현된 것이었다. "증거하는 것은 셋이니 영과 물과 피이며, 셋은 하나이다." 하지만 이 본문은 4세기에 다음과 같이 변형되었다. "땅에서 증거하는 것은 셋이니 영과 물과 피요, 이 셋은 예수 그리스도 안에서 하나이다. 그리고 하늘에서 증거하는 것은 셋인데, 즉 아버지와 아들과 성령이며 이들 셋은 하나이다."

그렇다고 이렇게 성경 본문을 변개한 것이 진리를 어둡게 하고 속이기 위해서 행해진 고의적인 사기행위로 간주되어서는 안 된다. 본문을 변개하려는 시도들은 르네상스 시대에 이르기까지, 아니 그 이후에도 행해졌다. 이처럼 본문들을 변형시킨 이유는 오늘날 우리에게는 조금 생소한 자료 증명의 원리라는 개념 때문이었다. 자료 증명의 원리란, 예를 들어 설명하면 이렇다. 삼위일체 교리를 진리라고 믿고 있는 어떤 신실한 필사자가 요한1서를 필사하는 과정에서 그 교리가 명확하게 표현되어 있지 않다는 것을 발견했다고 하자. 그는 이를 우연이거나 저자가 실수로 빠뜨린 것이라고 판단하고 이를 바로잡는 일이 자신의 의무라고 생각한다. 그는 바로 이러한 확신 속에서 본문을 변형시키는 것이다. 진리를 좀 더 밝게 드러내기 위해 건설적인 일을 하고 있을 따름이다!

쉽게 알아볼 수 있을 정도로 본문이 변개된 부분들은 학자들에 의해 대부분 제거되었다. 하지만 오래전에 변개된 본문일수록 찾아내기가 점차 어려워진다. 게다가 어떤 지점을 넘어서게 되면, 즉 2세기 초반에 변개된 부분을 찾아서 이를 원상태로 복구한다는 것은 거의 불가능한 일이다. 또 우리가 최초의 완벽한 원문을 가지고 있다고 해서 이들 원문에서 복음서 기자나 복음서의 구전 전승에 의해 이루어진 '진실의 구성'을 찾아낼 수 있는 것도 아니다. 여기서 '진실의 구성'이란 복음서 기자들이 특히 예수 생애의 사건들을 구약의 예언들에 일치시키기 위해 조정하거나 짜 맞추려는 작업을 주로 의미한다. 우리는 이런 부분들을 유심히 살펴볼 필요가 있다. 왜냐하면 이 부분들에서 복음서 기자들이 분명히 오류를 범하고 있기 때문이다. 그들은 창작의 유혹을 받았을 것이 분명하다. 복음서들은 다양한 자료로부터 편집 구성되었기 때문에 복음서에는 본문들끼리 서로 충돌하는 부분도 많이 있는데, 다행히도 이런 부분들은 쉽게 구별해낼 수 있다. 복음서 기자들은 무엇보다도 예수의 배경에 관심을 기울였다. 복음서는 요셉을 통해 예수가 다윗의 후손임을 증명해냈다. 하지만 그렇게 되면 예수의 처녀 탄생과 모순되지 않는가? 이 외에 예수의 행적과 관련해서도 복음서에는 몇몇 모순된 부분들이 보이는데, 특히 예수가 예루살렘을 방문한 횟수가 복음서마다 다르며 최후 만찬에 관한 묘사도 복음서들 간에 쉽게 조화될 수 없는 이야기이다.

그럼에도 불구하고 복음의 핵심적인 부분, 즉 예수의 교훈과 그에 관한 중심 교리가 대부분 일치하고 있기 때문에 이렇게 모순된 부분들은 지엽적인 것일 뿐 크게 문제될 게 없다. 그렇다면 복음의 중심부는 일치하는가? 복음의 핵심, 즉 예수의 죽음과 부활, 그리고 이와 관련해서 예수가 했던 말들은 처음에는 일정한 형식을 갖추어 구전되었다. 불행한 사실은 이러한 핵심적인 부분에서도 복음서들이 서로 모순과 모호함을 보이고 있다는 것이다.

그러나 반대로 만일 우리가 예수에 관하여 거의 완벽에 가깝게 합의된 지식을 가지고 있다면 어떠할까? 오히려 그가 말하고자 했던 본래 의미는 거의 상실한 채 껍데기만 남게 되지 않을까? 그렇게 되면 예수는 그저 이야기들을 들려주고, 여러 명언들을 남기고, 분명치도 않은 어떤 상황 속에서 십자가 처형을 당하고는, 추종자들의 예배 의식 속에만 기억되는 인물로 남게 될 것이다. 의미가 빠져버린 현상만 가지고는 기독교의 기원을 정확히 설명할 수 없다. 기독교를 설명하려면 비상한 일을 했던 비범한 그리스도를 전제해야 하는 것이다. 우리는 기독교인들을 선교의 열정으로 몰아붙였던 이 원인 제공자에게로 거슬러 올라가야 한다.

    십자가형을 당한 지 며칠이 지난 후부터 많은 사람들이 예수의 복음을 열정적으로 때로는 광적으로 전하기 시작했다. 그들은 예수께서 부활하셔서 자기들에게 나타나셨고 자기들로 하여금 그렇게 증언하도록 능력과 권세를 주셨다고 믿었다. 그러나 그들은 불완전한 모습으로 복음을 전할 수밖에 없었는데, 왜냐하면 그들이 예수의 가르침을 정확히 그리고 일관되게 기억하지 못했고, 게다가 적절하게 훈련을 받거나 교육받지 못했기 때문이었다. 그러나 이보다 더 중요한 것은 그들이 예수의 가르침을 본질적으로 이해하지 못했으며 그의 가르침을 전파하는 데서도 적지 않은 어려움을 겪었다는 점이다. 이 같은 사실은 복음서에 고스란히 반영되어 있으며 복음서가 왜 그렇게 불완전한 상태로 구성되어 있는지를 설명해준다. 우리는 복음서들이 무엇보다도 기독교 1세대, 2세대가 믿고 가르쳤던 것을 옮겨 적은 책이라는 사실을 잊지 말아야 한다.

예수의 가르침

예수는 그렇게 단순한 인물이 아니었다는 사실을 놓쳐서는 안 된다. 그의 행동과 동기는 복합적이었기에 그의 가르침을 파악하기란 결코 쉬운 일이 아니다. 그의 종교적 배경은 그 자체가 낯설고 복잡하다. 그리스 세계는 유일신 사상으로 향하고 있었지만 여전히 선과 악이 경쟁하는 이원론적 토대를 벗어나지 못하고 있었다. 유대 세계 또한 정치적 문제와 맞물린 채로 종교적 위기를 겪고 있었다. 세계 도처에서 위기를 극복하기 위한 다양한 해법들이 쏟아져 나오고 있었다. 그러나 제시된 해법들은 모두 각 시대와 장소 혹은 민족의 특수한 상황에 맞추어진 임시방편에 지나지 않았다. 그렇다면 어떻게 하나님의 뜻이 때와 장소에 상관없이 모든 사람들이 이해할 수 있도록 전달될 수 있는가? 운동가, 전투적인 사람, 교조적인 사람, 금욕주의자, 순종적인 사람, 게으른 자, 화를 잘 내는 사람, 학자 그리고 순박한 사람들 등 다양한 취향과 성격을 지닌 사람들을 모두 만족시킬 수 있는 해법은 과연 무엇일까? 그런 해법을 통해 복음의 핵심 내용들이 잘 전달될 수 있을까? 복음은 영원한 진리로 간주될 수 있을까? 사람들을 하나님과 만나게 하려면 어떻게 해야 할까? 모두를 만족시킬 수 있는 해법이 있다면 과연 그와 같은 해법은 정의로운 구조 위에 윤리 규범을 세울 수 있을까?

이런 물음들은 예수와 관련된 문제들 가운데 극히 일부에 지나지 않는다. 예수는 이와 같은 물음들을 하나님의 섭리하에 계획된 일련의 역사적 프로그램들을 통해 해결해야만 했다. 사람들은 그것이 구체적으로 어떤 것인지를 눈으로 직접 확인할 수 없었지만 어렴풋이 짐작해볼 수는 있었다. 예수는 이러한 물음들을 충실하게 해결했고 그럼으로써 자신의 사명을 완수할 수 있었다.

예수의 가르침은 교리법전이기보다는 생각과 사상의 모체, 즉 일종의 통찰력의 산실이기에, 그의 가르침을 온전히 이해하기 위해서는 그의 통찰력이 어떠한 의미를 갖고 있는지를 알아야 한다. 즉, 그의 교훈에 관한 주석과 해석이 필요하다. 그의 가르침은 신학총론이나 윤리총론이 아니다. 오히려 이러한 총론이 끊임없이 쓰일 수 있게 하는 하나의 근거이다. 그의 가르침은 대화와 탐구, 실험적인 종교를 가능케 한다. 그의 가르침 가운데 급진적인 입장들이 나타나기는 하지만, 동시에 보수적인 입장들도 포함되어 있어 균형을 유지하고 있다. 그의 급진적인 가르침 속에는 율법주의와 반反율법주의가 끊임없이 혼재되어 있다. 예수는 말하고자 하는 바를 반복적으로 강조했다. 그래서 완강하고 호전적인 사람들도 그의 가르침을 계속해서 듣다 보면 순종적인 태도로 바뀌었고, 어떠한 고통도 감내하겠다는 태도로 바뀌었다.

예수의 가르침에 이렇게 급진적 견해와 보수적 견해가 혼재되어 있는 이유는 기본적으로 기억에 의존했던 복음서 편집자들의 혼돈이 반영되어 있기 때문이다. 또 당황한 제자들의 순진성에서 기인한 부분도 있다. 그러나 이보다는 보편주의적 입장을 보였던 예수의 태도 때문인 것으로 보인다. 예수는 진정한 보편주의자였다. 경이로운 점은 예수의 행동 배후에 감추어져 있는 그의 인격은 결코 분열되어 있거나 단편적이지 않았으며, 그는 인격적으로 언제나 통합되어 있고 또 진실했다는 사실이다. 예수는 스스로에게 신실하면서도 모든 사람들을 돌보려고 노력했다.

이렇게 복합적이고 섬세했던 예수 운동은 위험과 함정으로 가득한 정치·종교 권력에 대항하면서 전개되었다. 예수는 사랑과 희생, 그리고 믿음을 통한 구원이라는 새로운 교리를 전파했다. 그러나 일정 부분 그의 가르침은 과거의 틀을 개혁하는 방식으로 제시되었다. 그는 기존의 정통적인 틀 안에서 가르침을 전했지만, 결코 자신의 보편주의를 포기하지 않았다. 예수는 한편으로는 사회에서 버림받은 사람들을 포용하면서, 다른 한편으로는 기득권 세력과 대결했다. 또한 그는 신성모독이라는 누명을 감수하면서까지 성전체제와 율법을 비판했다. 그러자 그가 과연 무슨 권위로 이와 같은 일을 자행하느냐 하는 논란이 일어났다. 말하자면 그의 지위와 신분에 관한 논란이 제기되었던 것이다.

사람들은 예수의 권위를 인정하려 들지 않았지만, 그는 처음부터 아주 분명하게 자신의 권위를 내세웠다. 그가 내세운 권위는 어떤 것이었는가? 예수는 사람들이 기대했던 것처럼 외세에 대항하는 제사장-장군이 되지 않을 것임을 끊임없이 강조했다. 이와 같은 그의 태도를 보고 사람들은 그는 진정한 메시아가 아니라고 생각하게 되었다. 한편 예수는 사람들에게 어떤 상황에서도 인내하고 희생할 것을 외쳤던 단순한 말쟁이가 아니었다. 그는 새로운 왕국을 건설하고 기쁨과 희망의 소식을 전하기 위해 이 땅에 온 것이었다. 제자들은 예수의 죽음을 통해 승리가 성취될 수 있다는 사상을 어떻게 전할 수 있었을까? 이 같은 사상은 당시뿐만 아니라 오늘날에도 그리 쉽게 받아들여질 수 없는 것이기 때문이다.

예수의 사명이 실패를 통해서 입증되어야 한다는 것은 역설 중에서도 역설이다. 그는 한때 가족으로부터 거부당하기도 했다. 그는 고향에서도 환영받지 못했다. 그의 주변에는 항상 많은 적들이 있었고 그의 가르침을 조롱하거나 무시하는 사람들도 적지 않았다. 물론 그를 지지한 사람들도 상당했다. 그러나 그만큼 그를 반대하는 성난 군중들도 있었다. 예수가 성전에서 활동을 시작하자 로마와 유대 권력자들은 그를 위험한 인물로 생각하고 감시하기 시작했다. 예수는 언제나 자신의 입장을 분명하게 밝히지 않았기 때문에 많은 사람들이 분노하고 당황스러워했다. 적대자들만 그러한 태도를 보인 것이 아니었다. 제자들 또한 이러한 이유로 그를 온전히 신뢰할 수 없었고 일부는 혼란스러워했다. 지금 나는 무슨 일에 가담하고 있는가? 제자들은 자문했다. 우리는 유다가 탐욕 때문에 예수를 배반했다고 너무나 쉽게 판단해버리는 경향이 있다. 하지만 당시 유다가 예수를 배반한 것은 자신이 유대교의 공공의 적에게 헌신하고 있는지도 모른다는 두려움 때문은 아니었을까?

예수 재판과 총독 빌라도

예수의 재판과 수난 과정을 보면 그를 적대시했던 집단들(로마의 권력자들, 사두개파, 바리새파, 심지어 헤롯 안티파스까지도)이 모두 합세한 것으로 보이는데, 이러한 연합전선은 전대미문의 일이었다. 왜냐하면 각각의 성향을 볼 때 이들은 결코 함께 일할 수 있는 사람들이 아니었기 때문이다. 그럼에도 불구하고 그들이 예수를 죽이는 일에 동일한 목소리를 내게 된 데에는 분명 상당한 대중의 지지가 있었기 때문이었던 것으로 보인다. 당시에 사형은 로마법에 따라 로마 당국에 의해서만 집행될 수 있었으며, 십자가 처형은 반란자나 반항하는 노예, 그리고 극도로 악랄한 중범죄자들을 처형하기 위해 사용된 가장 치욕스런 처벌 방식이었다. 또한 십자가 형벌은 사형수를 가장 고통스럽게 죽이는 처벌이기도 했다.

복음서를 보면 유대 총독 빌라도는 끝까지 예수의 처형을 원치 않았던 인물로 묘사되어 있는데, 이는 초기 기독교 공동체의 상상력의 산물이었던 것 같다. 초기 기독교 공동체의 넘치는 상상력은 빌라도가 나중에 기독교로 귀의했으며 심지어 성인으로 추대받았다는 묘사에까지 이르렀다. 초기 기독교 공동체가 빌라도를 이렇게 자비로운 인물로 묘사한 이유는 유대교 세력과 결별한 이후에 기독교 공동체가 예수의 죽음에 대한 도덕적 책임을 전적으로 유대인들에게 떠넘기려는 의도에서 비롯된 것으로 볼 수 있다. 이와 관련하여 일부 유대교 학자를 포함한 몇몇 학자들은 예수가 산헤드린 공회 앞에서 재판을 받은 일이 없었다고 주장했다. 그들은 예수의 재판 과정을 언급하는 성경 구절들이 산헤드린 공회 법정의 재판 절차와 권한에 대해 알려주는 또 다른 자료들과 양립하지 않는다는 점을 지적한다. 그들은 예수가 유대 율법을 파기하는 일과는 아무 관련이 없었으며, 무거운 처벌을 받을 만한 어떤 일을 행했다고 본다. 결국 그들은 예수 처형에 유대인들이 관여했다는 이야기는 초기 기독교 공동체가 꾸며낸 것이라고 주장한다. 다시 말해 예수는 그를 정치적 선동가로 간주했던 로마와 충돌했을 따름이라는 것이다.

　기록을 토대로 판단해볼 때 빌라도가 유대 사회를 혼란에 빠뜨린 예수를 처형하는 데 주저했다고 보기는 어렵다. 당시 로마 제국은 유대인들을 억압하기 시작했다. 헤롯 대왕 시절의 로마와의 밀월관계는 이미 옛이야기가 되어버렸다. 헤롯이 죽었던 기원전 4년, 아마 예수가 탄생했을 바로 그해에 갈릴리에서 로마에 항거하는 반란이 일어났고 이로 인해 약 2천 명의 유대인들이 로마 장군 바루스에 의해 십자가 처형을 당했다. 당시 갈릴리는 주변의 다양한 종교들이 혼재되어 있던 곳으로 예루살렘 측에서 볼 때에는 폭력과 반란이 넘쳐나는 지역이었다. 따라서 예루살렘 세력이 예수를 '나사렛 사람'이나 '갈릴리 사람'으로 보았다는 것은 그를 분쟁의 괴수로 낙인찍은 것이나 마찬가지였다.

　빌라도는 분쟁을 일삼는 사람들을 좋아하지 않았다. 그가 예수를 열심당의 일원으로 생각했을 수도 있다. 종교세 거부 운동으로 출발한 열심당파 운동은 점점 세력을 확대해가고 있었다. 서기 6년에 열심당파가 주도한 반란이 일어났고, 그 이후로 열심당원들의 운동은 거의 일반적인 현상이 되었다. 이러한 반란들을 진압하기 위해 26년에 파견된 관리가 바로 빌라도였다. 그는 반유대적 성향을 보였던 세자누스 장관의 추천을 받아 티베리우스 황제에 의해 유대 총독으로 임명되었다. 당시 티베리우스 황제는 관례적으로 3년의 임기제를 실시했던 것을 무시하고 좀 더 오랫동안 총독을 맡기는 경우가 많았는데, 그 이유는 황제 자신이 밝힌 다음과 같은 비유를 보면 알 수 있다. "상처 부위에 계속 새로운 파리가 와서 빨아먹게 하는 것보다는 다른 파리들이 오지 못하게 하면서 처음부터 있었던 한 마리 파리가 빨아먹게 하는 편이 더 낫다."

로마의 총독 가운데 그 누구도 유대 사회에서 성공한 적이 없었다. 빌라도 역시 총독으로 부임하자마자 유대인들의 반감을 샀다. 유대인들의 종교 축제 기간에는 군기나 장비에 새겨져 있는 형상들을 가리는 것이 하나의 관례였는데, 빌라도가 이를 무시했기 때문이었다. 게다가 성전자금을 유용하기도 했는데, 나중에 그는 수로를 보수하는 공사대금으로 사용했다고 변명했다. 이처럼 빌라도는 애초부터 유대인들을 유순하게 다룰 마음이 없었으며, 예수의 사형집행에서도 어떤 주저함이나 망설임이 없었던 것으로 보인다.

빌라도의 임기는 서기 36년에 끝이 났다. 그는 유대 지방에서 일어난 매우 낯설었던 어떤 종교 운동 — 예수 운동과는 분명히 다른 — 을 폭력적으로 진압한 직후에 총독에서 사임했다. 빌라도가 종교 운동을 탄압한 것에 대하여 팔레스타인과 디아스포라 지역에 살고 있던 모든 유대 기득권층들은 시리아에 있는 로마 제국 대사에게 강력하게 항의했다. 이들의 태도는 예수 사건의 경우와는 사뭇 달랐다. 유대 기득권층의 항의에 결국 빌라도는 불명예 퇴진을 할 수밖에 없었다. 이렇게 막강한 영향력을 행사했던 이들은 예수가 체포되고 십자가 처형을 당할 때까지 왜 아무런 반응을 보이지 않았을까? 그 이유는 아마 복음서가 전하는 것처럼 예수가 유대교 신앙에 결정적인 타격을 가했기 때문인 것으로 보인다.

사두개파 사람들은 예수를 방해꾼, 즉 로마 권력자들과 자신들과의 관계를 방해했던 사람으로 간주했다. 이보다 훨씬 더 중요했던 사실은 바리새파 사람들 또한 예수의 처형에 동조했을 뿐만 아니라 적극적으로 예수를 처형하라고 여론을 몰아갔다는 점이다. 당시에 유대 사회에서 여론을 주도했던 집단들이나 적지 않은 경건한 유대인들은 예수의 주장이나 설교를 터무니없는 것으로 여겼던 것 같다. 사실 그들은 로마 정부를 혐오한 사람들이었고, 특별히 자신들의 종교 문제에 로마 정부가 간섭하는 것에 대해서는 몹시 불쾌하게 생각했다. 그럼에도 불구하고 예수 사건에 있어서는 그가 자신의 운동을 전개하지 못하도록 로마 당국의 힘을 이용할 만큼 그에 대한 반감이 컸던 것이다.

예수 운동과 유대교

예수의 가르침은 본질적으로 유대인들의 전통적인 신앙과 부합할 수 없는 것들이 많았다. 하지만 이와 동시에 예수는 유대교 신봉자 집안 출신으로 그의 가르침 가운데는 유대 전통에 기반을 둔 가르침들도 적지 않았다. 한편으로 그는 율법을 무시했지만, 다른 한편으로는 이를 철저하게 해석하기도 했다. 예를 들면 예수는 결혼과 관련된 문제에서는 율법의 가르침을 엄격하게 적용했다. 성전에 관해서도 그는 성전 수호자들보다 성전에 대하여 더 높은 존경심을 보여주었다. 그럼에도 그의 메시지는 유대 사회에서 용납될 수 없었다. 사실상 그는 하나님을 완전히 새롭게 해석했기 때문이었다. 그는 사람들에게 자신의 교훈을 전달할 때마다 신적인 권위뿐만 아니라 자신의 신적 지위를 내세웠다. 다시 말해 예수와 유대교의 갈등이 윤리적 문제 때문에 발생한 것만은 아니었다는 것이다.

유대교는 다양한 윤리적 입장을 포함할 수 있을 만큼 융통성이 있었으니 예수의 가르침도 흡수할 수 있지 않았을까? 그러나 예수는 유대교 윤리와는 완전히 다른 새로운 윤리와 새로운 구원의 메커니즘을 제시하면서 양자 사이에 인과적이고 필수적인 관계가 있음을 주장했다. 게다가 예수는 유대인들에게 자신이 전개하고 있는 종교혁명에 동참할 것을 요구했다. 이제 유대인들에게 선택의 시간이 찾아왔다. 그들은 예수를 따르든지 아니면 거부하든지, 결단을 내려야만 했다. 사두개파 사람들은 예수의 편에 서지 않았다. 예수와 공통된 부분이 전혀 없었기 때문이다. 이론적으로 에세네파가 예수와 가장 가까운 지점에 있었지만 그들 또한 예수의 보편주의를 받아들일 수는 없었다. 바리새파 사람과는 대화가 가능했을 것이다. 그러나 예수는 율법을 해석하는 해설가의 태도를 벗어나 율법을 통하지 않고 사람들을 의롭게 할 수 있는 이론, 즉 율법주의를 무력하게 만드는 은총과 신앙의 교리를 주장했기 때문에 바리새파와도 함께할 수 없었다.

예수의 가르침에 반응한 이들은 전혀 예상치 못한 부류의 사람들이었다. 평범한 대중들, 즉 교육받지 못한 유대인들, '땅의 사람들' 혹은 '잃어버린 양'을 뜻하는 '암 하아레츠Am Ha-Aretz' 계층들, 율법을 지키기는커녕 생계 유지조차 힘들던 사람들, 소외된 사람들과 죄인들에게 예수의 가르침은 강력한 위력을 발휘했다. 이들 모두는 예수의 강력한 지지자들이었다. 그러나 불행히도 이들은 언제든 예수를 배반하도록 조종당하기 쉬운 사람들이었고 결국 그렇게 되었다. 바로 그때에 예수가 예루살렘에 입성했다. 기독교인들은 예수가 예루살렘에 입성했던 날을 기념하여 종려주일로 지키고 있다. 예수의 예루살렘 입성은 대중들의 시선을 끌기에 충분했다. 어쩌면 예수는 대중들에게 마지막으로 호소할 수 있는 기회를 포착했을지도 모르겠다. 예수의 예루살렘 입성 이후 유대 사회 내부에서는 그에 대항하기 위한 연합전선이 형성되었고 기득권 세력들이 반기를 들었다.

예수가 십자가에 매달리게 되었다는 것은 당시에 그의 가르침이 격렬한 저항을 받았다는 것을 의미하지만, 다른 한편으로는 그만큼 상당한 영향력을 가지고 있었다는 의미이기도 하다. 즉, 예수의 십자가 사건 후에 일어날 수 있는 두 가지의 가능성을 예상할 수 있었다. 예수 운동이 유대교를 흡수하게 되리라는 기대가 하나의 가능성이라면, 좀 더 현실적으로 보이는 또 다른 하나의 가능성은 유대교가 기독교를 흡수하게 될 것이라는 기대였다. 유대교는 유구한 역사와 전통을 자랑하는 종교였다. 유대교 체제는 전제적인 중앙 집권체제가 아니었다. 다시 말해 유대교는 다양한 흐름(적극적인 열광주의자들로부터 소극적인 방관자들에 이르기까지 다양한 성향)을 용납할 수 있는 관용의 틀을 발전시켜왔다. 그럼에도 불구하고 예수 운동의 역동성은 너무나 크고 엄청나서 유대교 내부에서도 도저히 용납될 수 없었다. 그러나 이 또한 예수의 지도력이 지속되지 않았다면 과거에 많은 집단이 그러했듯이 유대교의 틀 속에 편입되었을지도 모른다. 유대교는 여러 이질적인 요소들을 소화해낼 수 있는 강한 위장을 가지고 있었기 때문이다.

예수가 체포되고 십자가형으로 처형당하자 그의 운동은 급속히 와해되는 것처럼 보였다. 하지만 바로 그때 예수가 부활했다는 소식이 급속도로 퍼져나가기 시작했고, 곧이어 오순절 성령운동(예수가 부활하고 50일째 되는 날에 마가의 다락방에 모여 있던 예수의 추종자들에게 성령이 강림한 사건.

이날을 교회의 탄생일로 여긴다—옮긴이)이 일어났다. 예수 운동이 다시 불붙은 것이었다. 다시 살아난 예수 운동은 예전과는 다른 양상을 보였다. 하지만 불행하게도 우리가 이에 관해 아는 것은 많지 않다.

사도행전에 묘사되어 있는 당시 상황에 관한 보도는 왜곡된 측면이 있다. 사도행전을 쓴 누가는 당시 예루살렘에 있지도 않았다. 다시 말해 그는 오순절 성령 운동을 직접 목격한 사람이 아니었다는 말이다. 그는 이방인에게 선교하는 단체의 일원이었고 디아스포라 출신이었다. 그는 성령 운동을 주도한 사도들과 문화적·교리적인 공감대를 가지고 있지 않았다. 즉, 그는 오순절 성령 운동에 대해 문외한이거나 잘못된 정보를 갖고 있던 사람이었다. 사도행전에 사용된 용어들 또한 예루살렘 유대인들이 사용한 것과는 다른, 70인역 성경에서 사용된 것들이 많다. 그러나 이 모든 것은 지엽적인 문제에 불과하다. 무엇보다 결정적인 문제는 누가의 설명이 예수의 가르침과 조금도 닮지 않았다는 데 있다. 기독교의 출발은 예수의 부활이다. 부활이 없는 기독교는 그리스도 없는 기독교다. 하지만 '그리스도'(사실 이 용어는 디아스포라와 이방인들에 대한 선교의 산물이었다)란 단어는 아직 사용되지 않고 있었다. 사도들의 설교는 유대교 부흥운동의 형태를 띠고 있었으며, 유대교 전통에서 매우 중요한 부분으로 여겨졌던 묵시적 논조들을 강하게 반영하고 있었다. 메시지의 긴박성을 고조시키기 위해 사도들은 예수의 부활 사건을 반복적으로 강조했다.

그렇다면 과연 사도들이 외친 메시지는 무엇이었는가? 그들은 주로 회개하고 세례를 받으라고 외쳤다. 이러한 가르침은 예수의 사역이 시작되기 전에 이미 세례 요한이 선포했던 내용이 아닌가? 이와 함께 사도들은 예수께서 선포하신 구원에 관한 말씀, 하나님에 대한 그의 가르침, 그리고 예수 자신의 역할 등을 전파했다. 예루살렘에서 활동했던 사도들은 유대인 그리스도인들의 종교적 입장으로 빨려 들어갈 위험이 있었다. 예루살렘의 사도들은 여전히 유대교적인 성향을 보였으며 심지어 강하고 보수적인 태도를 보이기도 했다. 그들은 성전 예배만을 주장했던 것으로 보인다. 누가복음에서 우리는 베다니에서 예수와 헤어진 후에 "큰 기쁨을 가지고 예루살렘으로 돌아와, 하나님을 찬양하면서 성전에서 모든 시간을 보냈다"고 전해지는 사도들의 모습을 볼 수 있다. 사도행전에서도 첫 번째 성령 운동이 있은 후에 "날마다 마음을 같이하여 성전에 모이기를"(사도행전 2:46) 힘썼던 그들의 모습을 찾아볼 수 있다.

결국 예루살렘에서 전개된 예수 운동의 지도자들은 예수보다는 유대교에 훨씬 더 가까웠다고 볼 수 있고, 실제로 오랫동안 유대교 전통을 고수하며 지냈을 것으로 추측된다. 안타깝게도 그들에 대해 알려진 바는 거의 없다. 요한복음은 예수의 첫 제자들이 세례 요한 그룹 출신이라고 기록해놓았다. 마가복음에 의하면 이들이 예수를 따르게 된 것은 예수가 세례 요한의 가르침을 상당 부분 반영하여 사역을 이끌어갔기 때문인 것으로 보인다. 복음서 저자들은 예수의 제자들의 모습에 관해 매우 혼돈스러운 설명을 하고 있다. 마가의 말을 빌려보면 제자들은 "예수께서 그들을 자기와 함께 있게 하시고, 또 그들을 내보내어서 말씀을 전파하게 하시며, 귀신을 쫓아내는 권능을 가지게 하시려"(마가복음 3:14-15)고 구성된 사람들이었다. 요한과 바울은 예수의 제자들이 열두 명이었다고 밝혔다. 그렇다면 열두 제자와 사도들은 동일한 인물인가? 공관복음서와 사도행전에 기록되어 있는 열두 제자의 명단과 사도들의 명단을 살펴보면 그들 중 여덟 명만이 일치하는 것으로 보인다. 요한은 열두 명 중 절반만 소개한다. '열둘'이란 숫자는 '참된 백성'으로 간주된 열두 지파와 연관이 있는 것 같다. '사도apostle'란 단어는 그리스어로 '바다를 가로지르는 탐험'을 말하는데, 이 단어는 아마도 이방인들이나 디아스포라 유대인들에 대한 선교를 의미한 것으로 보인다. 사도행전에서 누가는 '열두' 제자나 '사도들'을 모두 제쳐둔 채 오직 바울만을 '사도'로 지칭한다. 게다가 우리는 예수의 제자들 중에 오직 베드로가 행한 사역에 대해서만 추적할 수 있을 뿐이다. 요한은 순교를 당했기 때문에 그가 행한 사역을 추측해 볼 수는 있어도 그것을 확인하는 것은 거의 불가능하며, 나머지 사도들의 경우도 마찬가지이다. 그러나 예수의 형제 야고보에 대해서는 어느 정도 확인해볼 수 있다. 야고보는 실로 중요한 인물이었던 것이 분명하다. 그러나 불행히도 그는 '사도'가 아니었으며, 더군다나 '열두 명의 사도들'에는 끼지도 못했다.

그러므로 '사도시대'에 관해 말하는 것은 매우 조심스러운 일이며 오순절 초대교회와 그들의 신앙에 대해서도 마찬가지로 조심스럽게 접근해야 한다. 오순절 초대교회는 중요하다. 왜냐하면 이 교회가 기독교회의 출발점이기 때문이다. 또한 예수가 이 교회에 교리, 메시지, 조직 등과 관련하여 어떤 규범을 정해주지 않았을까 하는 추측을 해볼 수 있기 때문이다. 그러나 오순절 초대교회에는 어떠한 규범도 존재하지 않았다. 예수는 제자들을 불러 모았다. 왜냐하면 예수만이 이들을 대변할 수 있었기 때문이다. 그런데 오순절 사건 이후에 예수를 대변한 사람들이 많이 등장했다. 말하자면 목소리들에 혼돈Babel이 생긴 것이다. 마태복음에 나오는 유명한 베드로 본문("너는 베드로다. 나는 이 반석 위에다가 내 교회를 세우겠다"—마태복음 16:18)이 진실로 예수가 한 말이고, 이 말이 베드로를 통해 교회를 세우겠다는 것을 의미한다면 이는 매우 불안정해 보였다. 말하자면 베드로는 불안정한 반석이었기 때문이다. 실제로 베드로는 예루살렘 교회에 지도력을 행사하지 않았다. 그는 야고보와 예수의 다른 가족들에게 교회 지도자의 자리를 스스로 물려주었던 것 같다. 사실 이들은 기독교의 초기 선교활동에서 아무런 역할도 하지 않았던 사람들이었다. 마침내 베드로는 이방 선교 여행을 떠났고, 그 이후 예루살렘 공동체를 완전히 떠났던 것 같다.

예루살렘 교회는 불안정했고 유대교로 회귀할 가능성이 높았다. 아니, 실제로도 당시 예루살렘 교회는 유대교의 한 부분에 불과했다. 예루살렘 교회에는 자체적으로 희생 제사를 드릴 수 있는 거룩한 장소나 시간, 그리고 사제들도 없었다. 그 교회에 소속된 사람들은 에세네파 사람들처럼 함께 모여 공동생활을 하면서 성경낭독, 설교, 기도를 하고 찬송을 불렀다. 교회로서의 특성은 그들의 말을 통해서만 드러났을 뿐이다. 그럼에도 예루살렘 교회는 많은 사람들에게 매력적으로 다가왔던 것 같다. 당시 유대인들 대부분은 예루살렘 교회를 자선사업에 매진하고 재산을 서로 나누며 불의하게 죽임 당한 지도자를 존숭하면서 묵시사상을 가진 경건하고 겸손한 유대교 종파의 하나로 보았던 것 같다. 그렇기 때문에 권력을 가진 자나 제사장, 바리새파 사람들까지도 아무런 거리낌 없이 이 교회에 참여할 수 있었던 것이다.

이 당시부터 이미 예수의 처형이 잘못된 결정이었다는 것을 인식한 유대인들이 있었다. 이런 흐름 때문에 유대인들은 62년에 있었던 야고보 처형이 한 사람의 큰 실수 때문에 저질러진 일이라고 비난했을 것이다. 물론 대부분의 기득권자들은 여전히 예수 운동을 반대했고 기회가 있을 때마다 이 운동을 공격하려 했기에, 이 운동에 참여한 사람들은 누구나 법정에 끌려나와 종교재판을 받아야 했다. 하지만 기득권층에 속했던 일부 사제들과 서기관들까지 이 운동에 참여하여 지지를 보내고 있었기 때문에 예수 운동은 어느 정도 보호를 받을 수 있었다. 그러나 예수 운동은 그만큼에 대한 대가 또한 감당해야만 했다. 즉, 유대 사회의 탄압으로부터 벗어나기 위해서는 교리적으로 유대교에 속해 있어야 했고 유대인들에 대한 선교에서도 제재를 받을 수밖에 없었던 것이다. 결과적으로 유대교를 포섭하려던 예수 운동은 이렇게 점차 유대교로 흡수당하고 있었던 것이다.

바로 이 시점에서 이방 선교의 중요성이 부각되었다. 예수의 사역에서 언제나 빠지지 않았던 것 하나가 '이방 선교'였다. 그가 태어난 곳뿐만 아니라 주로 활동했던 지역은 유대가 아닌 갈릴리 지역이었다. 갈릴리는 매우 가난한 곳으로 유대 지역에서 소외된, 말하자면 외딴 섬과 같은 지역이었다. 예수의 선교는 지역에 관계없이 가난하고 불우한 사람들을 대상으로 하고 있었다. 그리고 지역과 인종을 초월하는 보편주의는 그의 사상과 사역 안에 이미 암시되어 있었다.

이방인들에 대한 선교는 디아스포라 유대인들을 통해 이루어졌다. 예수 또한 많은 디아스포라 유대인들을 만났는데, 이들은 대부분 순례자 신분으로 예수를 방문했던 것으로 보인다. 그러나 오순절 성령강림 사건이 일어나기 전까지 디아스포라 유대인들 사이에서 예수 운동이 일어났다는 증거는 아쉽게도 없다. 디아스포라 유대인들이 이방인을 개종시키는 데 주도적으로 활동했기 때문에 이방 선교는 자연스럽게 유대교 규정들이 무시되는 등 유대교와는 매우 다른 형태로 전개되었다. 이방 선교는 처음부터 유대교와 양립할 수 없었다. 따라서 예루살렘에 살고 있는 부유한 유대인들은 처음부터 이방 선교를 인정하지 않았다. 일부 디아스포라 유대인들뿐만 아니라 바리새파 사람들도 이방 선교를 반대했는데, 왜냐하면 개종자들의 편의를 고려하여 유대 율법을 약화시켰던 이방 선교가 자칫 헬레니즘화할 우려가 있었기 때문이었다.

여기서 한 가지 짚고 넘어가야 할 점은 유대인들이 이방 선교에서 위험하게 보았던 문화적 요인들과 교리적 내용들이 무엇인지를 파악하기란 전적으로 불가능하다는 사실이다. 예수의 가르침은 디아스포라 유대인들보다 그리스어를 말하는 사람들에게 훨씬 더 매력적으로 다가왔고, 그리하여 이들에 대한 선교는 출발부터 많은 성과를 거두었다. 특히 안디옥에서 많은 개종자들이 생겨난 것 같다. 이리하여 예수 운동은 바리새파 사람들과 그리스어를 사용하는 이방인들이 한 축을 이루고 있었고, 진보 진영의 디아스포라 유대인들이 또 다른 한 축을 이루고 있었다. 사도행전을 보면 "그리스 말을 하는 유대인들과 히브리 말을 하는 유대인들 사이에 불화"가 있었다는 것을 확인할 수 있다(사도행전 6:1 참고). 불화는 주로 돈 문제, 즉 '구제비 분배'와 관련하여 나타났던 것 같다. 디아스포라 유대인들과 이방인들로부터 거둬들인 구제비는 당시 주로 예루살렘 공동체에 분배되고 있었다. 그리스파는 이 문제를 감독하기 위해 일곱 명으로 구성된 위원회를 조직했는데, 이 중에는 스데반과 '이전에 유대교에 입교했던' 안디옥의 니골라도 포함되어 있었다. 위원회가 만들어지자 예루살렘에 있던 디아스포라 회당 소속의 정통 바리새파 집단은 즉각 스데반을 산헤드린에 고소했고 이로 인해 스데반은 돌에 맞아 순교했다. 이후 '예루살렘 교회에 대한 박해'가 이어졌고, 즉각 다른 지역으로도 확산되었다. 스데반의 가르침을 살펴보면 그리스파는 성전과 율법 제도에 관해 '사도' 집단보다 급진적인 교리를 주장하면서 누구보다도 예수의 재림을 기다리고 있었다는 것을 알 수 있다. 당시까지만 해도 '사도들'은 박해를 받지 않았으며 변두리로 내몰리지도 않았던 것으로 보인다. 정통파 유대인들에 의해 자행된 박해는 예수 운동을 정화하여 급진파를 몰아내고 이방 선교를 종식시키며 그리스적 요소를 제거하여 예수의 추종자들을 유대교로 완전히 흡수하는 데 초점이 맞추어져 있었다. 이 같은 박해는 예루살렘 교회가 무너졌던 서기 70년까지 계속되었던 것으로 보인다. 다시 말해 정통파 유대인들은 예수 운동의 소멸을 기대했다기보다는 이 운동을 유대교 안에 두려 했던 것이다. 그리고 그들의 바람은 거의 이루어지는 것처럼 보였다.

사도 바울

기독교라는 새로운 종파의 기초를 세우고 이 종파가 살아남는 데 주도적인 역할을 한 사람은 스스로 언급하고 있는 것처럼 '다소 출신의 유대인' 사도 바울이었다. 그는 기독교가 배출한 최초의 영웅이자 가장 위대한 인물이었다. 언제나 논쟁의 대상이 되는 인물이었으며, 종종 심한 오해를 받기도 했다. 그는 한편으로는 기독교를 '창안한' 인물로 평가받기도 하지만, 다른 한편에서는 그리스도의 가르침을 왜곡하고 기독교를 유대교로 되돌리려 했다는 비판을 받기도 했다. 바울을 '영원히 추앙받을 가장 뛰어난 유대인'으로 보는 것에 대해 니체는 다음과 같은 불만을 표시했다.

> 바울은 복음을 선포한 예수와는 정반대되는 인물이다. 바울은 질투와 증오의 화신이며, 증오심으로 무모한 논리를 전개하는 데 천재적인 능력을 발휘한 인물이다. 바울의 증오심은 결국 예수가 우리를 위해 희생당했다는 논리로 인도하지 않았는가! 그는 구세주를 희생시켜 그를 십자가에 못 박았다. … 우리 죄를 위해 죽었던 신, 신앙에 의한 구속, 죽음 이후의 부활 등은 모두 그가 창안해낸 기독교의 위조물들이다. 바울, 그 소름끼치는 괴짜는 이 모든 것에 대해 책임을 져야 한다.

니체는 바울을 싸늘한 시선으로 바라본 반면에 예수에 대해서는 우호적인 눈길을 보냈다. 다시 말해 그의 기독교 비판은 주로 바울적인 요소에 집중되었던 것이다. 알프레트 로젠베르크와 나치의 반反기독교 선전자들 또한 '사악한 랍비 바울'을 향해 집중 공격을 퍼부었다. 그러나 이러한 비난들은 하나같이 사실을 비껴간다. 바울은 기독교를 창안하거나 왜곡한 사람이 아니며, 오히려 사멸될 위기에 처한 기독교를 구해낸 사람이었다.

바울은 최초의 순수한 기독교인이었다. 그는 예수의 가르침을 충분히 이해했고 이를 통해 도래할 위대한 변화뿐만 아니라 유대교와의 단절을 완벽하게 깨달은 첫 번째 인물이었다. 여기에 하나의 역설이 놓여 있다. 바울은 나면서부터 베냐민 지파 소속의 순수한 유대인이었다. 스스로도 "나는 난 지 여드레 만에 할례를 받았고, 이스라엘 민족 가운데서도 베냐민 지파요, 히브리 사람 가운데서도 히브리 사람이요, 율법으로는 바리새파 사람이요, 열성으로는 교회를 박해한 사람이요, 율법의 의로는 흠 잡힐 데가 없는 사람이었습니다"(빌립보서 3:5-6)라고 강조한다. 히에로니무스가 전한 전통에 의하면 바울은 게네사렛 호수 근처 북부 갈릴리 출신의 대단히 보수적인 가정에서 태어났다. 바울의 바리새파적인 배경은 그의 증조부까지 거슬러 올라간다. 그의 가족은 로마 점령기에 다소로 이사하여 부유한 로마 시민이 되었음에도 불구하고 여전히 유대 전통에 충실한 유대인이었다. 유대 랍비 전통을 배우기 위해 예루살렘에 온 바울은 그곳에서 그리스어와 아람어를 배웠으며 히브리어 성경뿐만 아니라 70인역 성경도 접했던 것 같다. 이러한 와중에 청년 바울은 스데반을 박해하는 데 앞장서는 등 헬레니즘화해가는 기독교에 반대하는 운동을 주도적으로 이끌었다.

이 같은 그의 이력이 말해주는 바는 무엇인가? 바울이 기독교인이 되는 과정은 그리 만만한 일이 아니었다는 점이다. 바울은 분파주의에서부터 보편주의까지, 율법주의에서부터 헬레니즘화한 기독교까지 그야말로 다양한 스펙트럼을 경험한 사람이었다. 예수조차도 바울처럼 심한 부침을 겪지는 않았다. 바울은 자신의 회심이 즉석에서 그리고 완벽하게 이루어졌다는 점을 반복적으로 강조한다. 사실 그의 개종은 기적에 가까웠다. 바울은 예수가 직접 자신에게 계시했고 그래서 자신은 충만한 진리를 소유한 사람이라고 주장했다. 바울이 예수의 추종자로 바뀌게 되는 회심 사건을 기록한 문서는 그 자신이 적어놓은 서신들뿐이다. 다시 말해 바울을 신뢰하지 않는다면 그를 이해할 수 있는 길은 전혀 없다는 말이다. 그는 부활하신 그리스도를 직접 대면했던 제자들처럼 부활하신 그리스도를 열정적으로 그리고 온전히 믿었다. 그는 역사적 예수와 부활하신 예수를 구분하지 않았던 것으로 보인다. 바울에게 부활하신 그리스도는 사도로서의 그의 신분을 보증해주는 기반이었다. 또 그가 진정한 기독교 복음을 선포할 수 있는 자격을 가지고 있다고 스스로 말할 수 있었던 근거도 부활하신 그리스도였다.

바울의 역할은 단순한 이방 선교사 그 이상이었다. 그는 다소 출신이었는데, 이곳은 당시에 '소아시아의 아테네'로 불릴 정도로 무역의 중심지이자 영지주의, 신비주의, 동방종교, 스토아주의 등 수많은 종교의 중심지이기도 했다. 게다가 문화와 종교가 만나던 교착지로 어디서나 쉽게 신비적이고 기이한 종교행렬을 목격할 수 있었다. 바울은 이러한 배경에서 자란 사람이었다. 따라서 그는 그리스 종교의 신봉자나 랍비, 혹은 신비주의자나 천년왕국주의자, 심지어는 영지주의자로도 간주될 수 있는 인물이었다. 사도로 활동했던 바울은 보편주의자가 될 수 있는 조건을 충분히 갖추고 있었다. 이방인들에게 기독교 복음을 전하는 일에 헌신을 다했던 바울은 복음을 효과적으로 전달하기 위해 다양한 전략을 구사했고 때로는 야누스적인 행동을 할 때도 있었지만, 그가 가르친 교리는 추호도 흐트러짐 없이 일관성을 유지했다.

이미 살펴본 대로 바울은 이방 선교를 보장받기 위해 49년경 예루살렘 회의에 참석했다. 그 당시 바울의 가르침은 이미 상당히 높은 수준에

도달해 있었다. 그는 하나님과의 직접적인 교제뿐만 아니라 선교 현장에서 겪었던 경험을 통해 성장해갔다. 그는 세례를 베풀고 최후 만찬을 하나의 의식으로 거행하는 교회를 세웠으며, 예수의 죽음과 부활은 구약에 기록되었던 예언의 성취임을 전파해나갔다. 그런데도 이렇게 세워진 교회 안에는 구원을 얻기 위해 여전히 할례가 필요하고 모세 율법 또한 유효하다고 주장하는 사람들이 있었다. 디아스포라 유대인들만 해도 할례가 그리 거북한 문제는 아니었지만 이방인 개종자들에게는 혐오스럽게 느껴졌고, 따라서 할례는 신앙의 본질적인 문제가 되었다. 이방인 개종자들에게 할례는 일찍이 타키투스가 '인류의 적들'이라고 불렀던 민족(유대 민족—옮긴이)이나 행하는 불쾌한 의례로 각인되어 있었다.

바울은 그리스·로마 세계에서 자란 사람들에게 그들이 이해할 수 있는 용어와 개념들을 사용하지 않고서는 예수의 가르침을 전할 수 없다는 사실을 깨닫게 되었다. 예수는 자신의 수난을 예고했지만 이에 대해 자세한 설명을 하지는 않았다. 바울은 그리스어를 사용하고 그리스식으로 사고하는 청중들에게 이를 설명해야만 했다. 그리스인들에게 유대 메시아주의는 하나의 역사상의 정치 운동에 불과한 것으로 간주되었기에, 바울은 유대인들이 말하는 메시아주의를 뛰어넘어 보편적 의미를 가진 '구원'을 설명해야 했다. 그리스인들에게 메시아 예수가 유대인이어야 하는 이유를 설명하기는 쉽지 않은 일이었기 때문에 바울은 복음을 전하면서 예수를 십자가로 몰아간 당시의 상황에 대해서는 아예 다루지 않는 쪽을 선택했다. 대신 그는 역사적 예수를 하나님의 선재先在한 아들로 설명했고, 그의 십자가 죽음은 우리를 구원하기 위한 하나님의 행동이요 우주적 의미를 지니고 있다고 강조했다. 이러한 관점에서 설교하면 할수록, 바울은 자신의 그리스화된 복음이 기독교 진리에 더 가깝다고 생각했다. 그는 유대 기독교—실로 유대식 기독교를 온전히 기독교라고 부를 수 있을지 모르겠지만—의 편협한 견해로 생긴 제약들을 과감하게 뛰어넘었다. 그리스 세계에서는 예수를 신으로 받아들이는 데 큰 어려움이 없었다. 하지만 유대교에서는 상황이 전혀 달랐다. 그들은 신과 인간을 전적으로 다른 존재로 보았기 때문이었다. 유대 문헌 그 어디에도 인간의 몸을 입은 신이 스스로를 희생하여 인간을 위해 죽음으로써 인류를 구원한다는 구세주 사상은 없었다.

믿음으로 의롭게 된다

물론 바울의 복음에도 유대적 요소가 없지는 않지만 본질적으로 그의 복음은 전통적인 유대교에서 멀어지고 있었다. 나사렛 예수는 다윗의 혈통에서 났다. 그는 여자에게서 태어났으나 죽은 자로부터 부활하여 전능한 하나님의 아들로 세움을 받았다. 그는 팔레스타인에서 짧은 생애를 살았고 우리들의 죄를 위해 십자가에서 죽기까지 자신을 낮추었다. 하나님은 십자가에서 죽은 예수를 일으켜 자신의 오른편 보좌로 올리셨다. "하나님께서는 죄를 모르시는 분에게 우리 대신으로 죄를 씌우셨습니다. 그것은 우리가 그리스도 안에서 하나님의 의가 되게 하시려는 것입니다"(고린도후서 5:21). 우리를 위해 희생한 메시아 예수의 죽음으로 인해 우리의 죄는 용서받고 인류는 구원을 얻게 되었다. 그의 죽음은 인류 전체와 우주 구원에 영향을 미친다. 왜냐하면 그의 십자가의 죽음과 함께 세상은 십자가에 못 박혔고 종말을 향하여 나아가기 시작했기 때문이다. 그리스도는 하늘로부터 다시 오실 것이다.

여기서 우리는 기독교의 중심 교리, 즉 역사에 대한 견해, 구원이 이루어지는 방식, 그리스도 예수의 역할과 지위에 관한 개념들을 발견하게 된다. 이 모든 것들은 이미 그리스도의 가르침 속에 암시되어 있었다. 바울은 이 가르침을 분명하고 완벽하게 설명했을 뿐이다. 의심의 여지없이 이러한 가르침은 다양한 시각에서 다양한 방식으로 설명할 수 있겠지만, 본질적인 면에서는 완벽한 하나의 신학체계이다. 바울이 설계한 신학체계는 사실상 그리스화된 것으로, 우주적이고 보편주의적인 특성을 가지고 있다. 아람어와 그리스어 모두에 능통했던 바울은 이처럼 그리스 사상을 통해 기독교를 설명했고, 이러한 그의 설명을 통해 로마 세계는 유대교의 유일신론에 접근할 수 있게 되었다.

이런 와중에서 바울은 '구원'과 관련한 핵심적인 문제에 직면하게 되었다. 이 문제는 바울과 그의 동료들을 끊임없는 난관에 부닥치게 했다. 그리스도의 재림에 시동이 걸렸다는 것은 분명했다. 그러나 그 일은 과연 언제 완결될 것인가? 기독교가 말하는 시간의 구조는 무엇인가? 예수의 행적을 보면 종말이 임박했음을 암시하는 것 같다. 사실 예수의 가르침 속에는 하나님과 개인적이고 은밀한 만남을 주장하는 내용도 있고 또 개인 구원의 개념을 주장한 대목도 포함되어 있다. 이 같은 개념은 종말론을 불필요하고 부적절하게 만든다. 종말이 오면 인간은 전 우주적으로 벌어지는 엄청나고 무시무시한 사건들과 함께 종말의 결과들을 보게 될 것이며, 초자연적인 힘*deus ex machina*을 목격하게 될 것이다. 인간은 누구나 할 것 없이 하나님 앞에서 심판을 받게 될 것이다. 예수의 복음 속에 감추어져 있는 핵심 사상 중 하나인 종말 사상은 끊임없는 분석과 설명이 필요하다. 언뜻 보기에 예수의 가르침은 최후 심판과 직접적인 관련이 있는 전주곡으로 보인다. 따라서 성령강림절 이후 초기 기독교인들에게 임박한 종말에 관한 문제가 긴박한 현안으로 등장했고, 바울 또한 일생 동안 이 문제와 씨름했다. 그가 종말이 오기 전에 '지구의 끝'이라고 생각했던 스페인에 가서 복음을 전하려는 계획을 세웠던 것도 이 때문이었다.

바울의 선교신학은 바로 이와 같은 임박한 종말 사상에 바탕을 두고 있다. 임박한 종말 사상은 바울 사상을 이해하는 데 하나의 실마리를 제공해준다. 바울은 이처럼 긴박한 종말의식을 소유하고 있었기에 유대교 율법주의에 만족할 수 없었을 것이다. 기독교로 개종하기 전만 하더라도 바울은 율법을 충실히 지키는 의로운 사람이었다. 그러나 부활하신 예수 그리스도를 만난 이후로 바울은 이러한 자신의 삶이 헛되다는 사실을 깨달았다. 바울은 예수 그리스도를 통하여 자신의 삶이 생동감 있게 바뀌었다고 고백했다. 그는 예수 그리스도와 우리의 관계는 직접적이고 절대적이라는 것을 다음과 같이 고백한다. "나는 확신합니다. 죽음도, 삶도, 천사들도, 권세자들도, 현재 일도, 장래 일도, 능력도, 높음도, 깊음도, 그 밖에 어떤 피조물도, 우리를 우리 주 예수 그리스도 안에 있는 하나님의 사랑으로부터 끊을 수 없습니다"(로마서 8:38-39). "하나님이 우리 편이시면, 누가 우리를 대적하겠습니까?"(로마서 8:31) 따라서 바울에게 그리스도의 재림은 유대교 율법의 종식을 의미했으며, 율법은 일종의 저주가 되었다. 율법은 모든 사람들을 죄인으로 만들어버리기 때문이다(613개나 되는 율법을 어느 누가 온전히 지킬 수 있겠는가). 그렇다고 바울이 방종을 주장한 것은 아니었다. 오히려 이와 반대로 그는 율법이 교사와 같은 역할을 한다고 역설했다. 그는 적극적인 실천, 특히 자선활동을 강조했다.

소장 랍비였던 바울은 무역하는 법을 배웠고 그 자신 또한 천막 제조업자였다. 이것은 그의 선교의 상징적 표지였을 뿐만 아니라 실제적인 표지이기도 했다. 바울이 강조한 자선활동은 유대교에서 배웠던 개념으로, 그는 자신 있게 이 개념을 기독교 세계에 전달했다. 그러나 이와 동시에 자선활동에 대한 강조가 자칫 율법이나 할례와 같은 외적인 것들을 통해 구원에 이를 수 있다는 환상에 빠지게 할 수 있다는 것 또한 잘 알고 있었다. 그는 율법을 형식적인 것으로, 어느 정도 위선에 토대를 둔 억지 행동으로 보았다. 바울은 실로 율법을 해석하는 데 동원된 모든 체계들은 하나님의 영감의 말씀을 인간의 왜곡된 이미지로 개조하려는 시도라고 간주했던 것이다. 선행은 참으로 중요하다. "하나님께서는 각 사람에게 그가 한 대로 갚아주실 것입니다"(로마서 2:6). 그럼에도 불구하고 구원은 오직 믿음(여기서 믿음이란 재탄생을 의미하며 하나님의 의와 동일시된다)을 통해서만 가능하다. 구원은 오직 하나님을 믿는 믿음을 통해서만 가능하기 때문에 오직 하나님에 의해서만 주어질 수 있는 것이다. 하나님은 믿음을 수단으로 삼아 인간을 의롭게 만드신다.

그렇다면 유대인들은 방향을 잘못 잡고 있는 것이 아닌가? 왜냐하면 그들은 행위를 통해 의롭게 된다고 믿고 있기 때문이다. 그들은 율법을 고수하고 있으며 스스로 선택된 자들이라고 믿고 있었다. 그러나 바울에게 '선택됨'은 출신 성분에 의해 결정되는 것이 아니라 믿음의 은총이라는 하나님의 약속을 통해 확정되는 것이다. 하나님의 약속은 인종, 성, 지위와 관계없이 모든 사람에게 동등하게 적용된다. 물론 이스라엘 사람들이 이방인들의 개종을 위해 열정적으로 노력했다면 그들은 선택된 민족으로서의 역할을 다한 셈이 되었을 것이다. 그러나 이방 선교의 주요 목적은 하나님의 선택 기제를 작동시키는 데 있었다. 바울은 성경에는 예정체계가 예시되어 있다고 주장하면서 말라기서에서 그 근거를 인용한다. "이것은 성경에 기록한바 '내가 야곱을 사랑하고, 에서를 미워했다' 한 것과 같습니다"(로마서 9:13). 그렇다고 바울이 칼뱅주의자들이 주장한 예정 개념, 즉 영원 전부터 개인의 구원 여부가 예정되어 있다는 식으로 주장한 것은 아니다. 바울은 '하나님의 선택'이라는 이론을 체계적으로 설명하려고 했다기보다는, 사람이 복음을 받아들였을 때 그에게 어떠한 일이 일어나는지에 대한 설명, 즉 복음을 선택하면 구원을 받는다는 점을 제시하려 했던 것이다.

결국 바울은 유대인들이 전통적으로 믿어왔던 인간과 하나님과의 관계를 송두리째 뒤흔든 셈이 되었다. '구원'에 대한 바울의 입장은 그가 쓴 로마서에 완성된 신학으로 요약되어 있다. 사도 바울을 단 한 번도 만나보지 못한 후대의 사람들이 이렇게 색다른 문서를 받아볼 수 있다니 얼마나 놀라운 일인가! 당시엔 어느 누구도 로마서를 온전히 이해하지 못했던 것 같고, 심지어 대부분의 사람들이 이를 읽고 혼란에 빠졌던 것 같다. 로마서는 기독교의 모든 자료 중에 가장 많은 생각을 불러일으키고 자극하는 문서이다. 말하자면 로마서는 신학자들로 하여금 기독교에 대한 그들의 이해를 전면적으로 다시 숙고하도록 요청하는 문서이다. 아우구스티누스는 생애 말년에 로마서를 읽고 획기적인 사고의 변화를 경험했다. 로마서는 루터의 성서 주석의 기폭제요 뇌관이기도 했다. 최근까지도 슈바이처, 불트만, 그리고 바르트 등이 기존의 신학체계를 허물고 새로운 신학을 세우기 위해 로마서를 사용했다.

바울 자신도 그랬던 것처럼 대부분의 신학 혁명은 로마서와 함께 시작한다. 로마서는 자신의 상황을 고민하면서 끊임없이 성찰했던 한 사람의 사상이 반영된, 어찌 보면 불완전한 문서였다. 바로 이 점이 로마서의 열쇠이며 장점이다. 로마서는 논의의 순환구조를 지니며, 출발점과 결론이 같은 내용으로 반복되고 있다. 이처럼 같은 내용이 반복되어 있는 이유는 아마도 희미하게 비전을 보았고 또 여전히 보고 있었던 한 사람의 불안이 반영되어 있기 때문이 아닌가 싶다. 바울이 바라보았던 비전, 아득했지만 그러나 확신 있게 믿었던 비전은 그의 하나님 인식의 장엄함 속에, 즉 그가 이해한 하나님과 인간, 시간과 영원 사이의 거리감 속에 반영되어 있다. 바울은 비전을 받은 사람이었다. 우리는 자신이 본 비전을 신실하게 믿었던 바울의 진지한 태도를 받아들여야 한다. 비전은 분명 바울의 전 생애 가운데 가장 중요한 부분을 차지하고 있었지만, 온전한 진리를 추구했던 바울은 자신이 본 비전이 완벽하지 않다는 것을 인식하고 있었다. 예수의 가르침과 바울 신학의 차이가 예수의 가르침은 암시적이었고 바울의 복음은 명시적이라는 데에만 있는 것은 아니다. 본질적인 차이는 예수는 신적 위치에서 보았고 바울은 인간의 위치에서 생각했다는 데 있다.

한편 바울은 신학적 문제를 정교하게 정리하는 과정에서 매우 탄탄한 논리를 보여주었다. 바울은 예수에 관한 어떤 인본주의적 구원 계획, 즉 예수의 신적 속성을 제거하고 그를 모든 피조물 가운데 가장 위대하고 가장 고귀한 분으로 제시하려는 시도에 대해 타의 추종을 불허할 정도의 논리로 반박했다. 무엇보다도 바울은 예수가 하나님이있다고 강조했고, 이 점은 결코 양보할 수 없는 주장이었다. 그렇지 않다면 바울 신학은 붕괴되고 기독교도 붕괴될 것이기 때문이다. 그러나 바울은 이와 동시에 기독교를 폐쇄적인 체계로 전환하려는 사람들에게도 제동을 건다. 바울은 자유를 믿었다. 그에게 기독교는 율법으로부터 해방과 생명의 선물을 가져다주는 자유로 인식되었다. 바울은 자유와 진리를 결합시켰고, 궁극적 진리에 대해 심사숙고할 수 있는 권리를 보장했다. 사실 바울의 신학은 그가 진리를 탐구하는 과정에서 확립되었다. 그는 사랑의 의무와 책임은 수용했지만 학문과 전통의 권위는 수용하지 않았다. 바울이 그리스적인 방식으로 사고할 수 있는 길을 열어주었기에, 기독교는 사고의 능력을 두려워할 필요가 없어졌다. 슈바이처는 바울을 '기독교 사상의 수호 성자'라고 불렀고 "사고의 자유를 파괴하면서 기독교 복음을 말하려는 사람들은 모두 바울 앞에서 얼굴을 숨겨야 한다"고 말하기도 했다.

유대 기독교와 디아스포라 기독교

예루살렘 회의와 그 영향을 제대로 조명하기 위해서는 바울 신학과 그의 인물됨에 대해 상세하게 논해야 한다. 할례와 이방인 개종자들에 대한 태도를 둘러싸고 열렸던 예루살렘 회의 배후에는 심각한 문제가 도사리고 있었다. 레위기에 근거하여 나그네들을 환대하고 율법을 완화하자던 야고보와 베드로의 타협안은 효력을 발휘하지 못했다. 바울 또한 예수의 메시지를 파괴하는 것으로 여겨 이들의 타협안을 받아들이지 않았다. 바울의 적대자들 역시 타협안을 따르지 않았다. 사도행전과 바울 서신을 보면 이방 선교 와중에 불거진 이 같은 율법 문제가 점점 더 심각해지고 격렬해지고 있었다는 것을 확인할 수 있다. 결국 이것은 이방 선교의 본질적인 문제가 되었고, 바울 서신들에서도 이를 중대한 문제로 보는 인식과 신랄함이 숨김없이 드러나 있다.

예루살렘 회의를 통해 베드로와 야고보가 이끌던'중앙 당파'가 얼마나 무기력한 조직이었는지가 한눈에 드러났다. 나중에 이 당파는 기독교로 개종한 바리새파 출신 유대인 진영에 굴복하여 무너지게 된다. 바울은 안디옥에서 유대인들의 눈이 두려워 이방인들과의 식사를 회피하려 했던 베드로를 가혹하게 질책했다. 예루살렘의 유대 기독교와 바울 사이에서 고민하던 베드로는 결국 예루살렘의 유대 기독교를 떠났으며, 이후에 바울 신학을 받아들여 이방 선교에 가담하게 되었다. 베드로와 바울은 로마에서 함께 순교했을 가능성이 높다. 이에 비해 예루살렘 교회에 남아 있던 사람들은 여전히 유대교와의 관계를 유지했으며 바울의 선교 활동에 적대감을 표출했다. 한마디로 예루살렘 측과 바울 측의 역할 분담에 대한 바람은 물거품이 된 것이다. 디아스포라 유대인들과 시리아,

소아시아, 그리스 등지에 살고 있는 이방인들을 대상으로 전개되었던 선교에서 예루살렘 측과 바울 측의 활동은 서로 중복될 수밖에 없었다. 안디옥, 에베소, 다소, 고린도, 아테네, 데살로니가 같은 도시들도 마찬가지였다. 뿐만 아니라 초기 기독교 선교사들은 유대인들이 디아스포라 유대인에게 선교할 때 사용하던 건물과 지역 동료들, 그리고 조직망을 그대로 인수받아 사용하고 있었다. 사정이 이러했는데 어떻게 기독교 선교사들과 유대교 출신의 선교사들을 구분할 수 있었겠는가? 같은 지역에서 동일한 권위에 기초해서 선교 활동을 벌였던 이 두 진영의 복음 전도자들은 서로 간에 점점 차이가 드러났던 각자의 복음을 어떻게 사람들에게 설명할 수 있었을까?

바울은 자신이 설립한 교회 공동체를 해치거나 무너뜨리려는 시도들에 대항하여 강력하게 투쟁했다. 그는 이 일에 엄청난 노력을 기울였다. 바울은 자신이 쓴 서신 속에서 계속된 전도여행과 스스로 짊어진 사명이 때로는 버겁다고 호소하기도 했는데, 이 같은 호소는 두 전선에 맞서 —한편으로는 무지에 대항하여, 또 다른 한편으로는 악의적 훼방에 대항하여 —싸워야 했던 그의 절박성을 반영하는 것이라 할 수 있다. 로마서는 바울 스스로 로마에 가리라는 것과 그곳에 살고 있는 기독교 유대인 공동체에 복음을 전할 것이라는 계획을 알리기 위한 예비조치이자 하나의 선언문이었다.

바울의 선교 활동은 초기만 해도 확실히 대단한 성공을 거두었다. 그러나 성공은 거기까지였다. 오히려 그 이후에는 계속해서 선교 기반을 상실했던 것으로 보인다. 유대 기독교인들은 인력과 재정 면에서 디아스포라 공동체의 도움을 받을 수 있는 대단히 유리한 위치에 있었다. 더구나 그들은 예수와 개인적으로 직접 접촉하여 진리를 배웠던 예수의 직계 제자들로부터 가르침을 받고 있다는 사실을 매우 자랑스럽게 생각하고 있었다. 그들 가운데는 바울 진영에 적극적으로 가담했던 사람들도 있었는데, 이 중 대표적인 사람들이 예수의 가족들이었다.

그렇다면 자신은 그리스도가 택하신 사도라고 당당하게 주장하고 있는 바울은 도대체 누구인가? 바울은 진리를 주장할 때마다 자신이 보았던 환상을 그 근거로 내세웠다. 바울은 자신이 직접 경험했던 환상을 근거로 하여 그리스도가 자신에게 복음을 선포할 수 있는 자격을 부여하셨다고 주장했던 것이다. 그래서 바울의 적대자들은 그를 허영과 위선으로 가득한 사람으로 보았고, '개인 환상'에 빠진 사람이라는 악랄한 공격을 퍼부었다. 이러한 어려움 때문에 바울은 어쩔 수 없이 자신의 입장을 변호하기 위해 자칫 교만해 보일 수 있고 자랑처럼 보일 수도 있는 말을 할 수밖에 없었다. 서기 50년대 후반에 접어들면서 적대자들이 더욱 공격을 가해오자 바울은 이 위기를 극복하기 위해 예루살렘을 방문했다. 하지만 이 또한 수포로 돌아가고 말았다. 예루살렘의 보수적인 유대교 진영은 바울이 유대인들의 전통적인 성전 예배를 싫어하는 사람이라고 몰아세웠다. 이런 모함에 걸려 결국 바울은 체포되어 수감되었다. 바울은 로마 시민권자임을 내세워 유대인들의 함정에서 벗어나려고 시도했다. 그러나 바울을 둘러싼 법적 다툼(로마로 호송되어 가택 연금된 일)은 네로 박해 때에 그가 죽음으로써 끝나버렸다. 이로써 예루살렘 측은 바울의 선교 활동을 효과적으로 종결시킨 셈이 되었다.

기독교가 여러 위협 속에서도 생명을 유지할 수 있었던 가장 큰 이유는 바울의 성공적인 이방 선교보다는 역설적이게도 예루살렘의 파괴와 함께 찾아온 유대 기독교 신앙의 붕괴였다. 바울이 그리스도의 가르침을 유대교로부터 분리시키려 했던 이유 중 하나는 유대 민족회복주의로부터 예수를 구출해내려는 것이었다. 그리스인들과 로마인들에게 유대의 정치적·군사적 메시아는 아무런 의미가 없었던 상황에서 바울은 예수가 이 같은 정치적, 군사적 메시아로 인식되는 것을 상당히 우려했다. 디아스포라 유대인인 바울은 예루살렘 유대인들과 달리 로마를 인정했을 뿐만 아니라 더 나아가 이를 이용했던 것 같다. 바울이 스스로 로마 시민권을 소유한 사람임을 공개적으로 주장했다는 것은 율법으로부터 물리적으로 벗어났다는 사실 이상을 의미했다. 즉, 이것은 유대인 신분을 상징적으로 포기하는 것을 의미했다. 바울은 유대인들의 부적절하고 가당치 않은 태도로 인해 기독교가 파괴되거나 손상당하는 것을 원하지 않았다. 그리스도의 왕국은 이 세상에 속한 것이 아니다! 이 점에서 바울은 요세푸스와 의견이 일치한다. 그러나 불행히도 바울은 패배했고 예루살렘의 유대 기독교는 점차 유대교에 가까워지면서 열심당파나 민족주의 신영으로 흡수 통합되었다.

60년대에 접어들자 예루살렘 교회는 로마에 대항하는 반란세력이 되었으며, 이에 따라 보편주의의 유산도 점점 잃어갔다. 열심당원들은 시골 지역을 중심으로 떠돌고 있었다. 도시에서는 종교적인 테러가 늘어만 갔다. 절기가 되면 어김없이 폭동이 일어났다. 법과 질서가 파괴되고 경제침체는 심해져갔으며 로마에 대한 비판 또한 점차 격해졌다. 예루살렘에 살던 빈민층은 로마에 협력하는 성직자들의 귀족정치에 대항하면서 기적을 행하는 사람들, 의적단, 종파운동들에 가담하게 되었다. 이들의 반란과 로마 당국의 진압은 4년간이나 지속되었다. 로마 제국은 이 같은 반란에 상응하는 복수를 감행했다. 요세푸스에 의하면 로마 제국의 무자비한 진압으로 대략 150만 명의 유대인이 희생을 당한 것으로 보인다. 이는 신뢰할 만한 숫자는 아니지만 당시의 참혹한 실상을 반영하는 것만은 확실하다. 로마의 진압으로 예루살렘이 완전히 파괴되었으며 유대 민족은 사방으로 뿔뿔이 흩어지게 되었고, 이후 유대교는 탈무드의 종교가 되었다. 유대 기독교 공동체도 흩어졌다. 대부분의 유대 기독교 지도자들은 살해되었고 생존자들 또한 소아시아나 동방, 이집트, 특히 알렉산드리아로 망명할 수밖에 없었다.

이제 기독교의 중심은 로마로 바뀌었다. 예루살렘이 파괴되면서 예루살렘 교회도 소멸되었고, 이로 인해 생겨난 신학적 공백 또한 바울 신학으로 채워졌다. 바울이 말한 그리스도는 예루살렘 교회가 말했던 역사적 예수에 머물러 있지 않았다. 마가는 바울의 그리스도와 예루살렘의 역사적 예수를 연결시켰다. 그는 최초로 예수가 하나님이라는 관점에서 예수의 전기를 썼다. 누가는 누가복음과 사도행전에서 예루살렘의 예수에다가 바울적인 그리스도의 상을 입히는 성형수술을 단행했다. 대부분의 유대 기독교 공동체들은 균형을 도모하는 이 같은 변화를 받아들였다. 이러한 시각은 마태복음과 요한복음에도 반영되어 있는데, 마태는 매우 치밀한 노력을 기울여 유대적 요소와 기독교적 요소를 동시에 유지하고 있으며, 이에 반해 요한은 바울 신학의 승리를 명확히 보여주었다. 그러나 이러한 변화를 거부한 일부 유대 기독교 분파들도 있었는데, 이들은 곧바로 이단으로 취급받게 되었다. 이들 가운데 이집트에서 활동했던 에비온파Ebionites('에비온'은 가난한 자들을 의미한다)가 있었다. 에비온파는 자신들을 참되고 순수한 교회 공동체라고 주장했다. 하지만 몇몇 사건들을 통해 이들은 거짓 개혁가들로 취급되었다. 이 같은 현상은 종교사에서 흔히 볼 수 있는 역설이다.

'이단'이라는 개념은 50년대에 처음으로 사용되었는데, 당시 유대 기독교인들의 문서들을 살펴보면 흥미롭게도 적그리스도요 첫 번째 이단으로 '바울'을 지목하고 있다. 다시 말해 당시 유대 기독교인들은 바울 신학과 기독교의 그리스화를 반대하기 위해 이단 개념을 도입했던 것이다. 하지만 상황은 역전되었고 공격의 화살은 곧장 공격자에게로 되돌아갔다. 한편 정통 유대교 권력자들에 의해 기독교가 이단으로 취급받기까지도 오랜 시간이 걸리지 않았다. 약 85년쯤에 이르면 이단 사상을 공격하는 유대교 회당 예식문이 등장한다. 회당 예식문은 다음과 같이 되어 있다. "나사렛 사람들(기독교인들—옮긴이)과 이단들은 생명책에서 신속하게 파괴되고 제거되기를 기도하나이다." 기독교에 대한 유대교의 공격을 계기로 기독교가 이단 사상에 눈을 뜨게 된 것이었다.

이단이란 무엇이며, 이에 대해 교회는 어떠한 반응을 보였는가? 초기 기독교 역사와 관련하여 우리는 4세기에 활동했던 카이사레아의 주교 에우세비우스에게 큰 빚을 지고 있다. 에우세비우스는 신중하고 성실한 역사가로서 자신이 가담했던 교회가 조직이나 신앙 면에서 언제나 주류임을 보여주길 원했다. 다시 말해 그는 기독교가 그리스도의 가르침과 신적 권위 위에 정당하게 세워졌으며, 이후에도 진리를 훼손하려는 이단들의 공격에도 손상되지 않은 채 당당하게 살아남았다는 것을 강조했다.

하지만 에우세비우스의 이 같은 견해는 재구성된 것에 불과하다. 실제 상황은 이와 달랐다. 왜냐하면 예수가 전한 복음을 최초로 물려받은, 말하자면 일종의 예수 복음의 상속자인 예루살렘 교회는 예수의 가르침을 굳건하게 지키지 못한 채 유대교로 흡수 통합되어버렸고, 남아 있는 사람들마저 이단으로 낙인찍혔기 때문이다. 기독교 신앙의 토대는 예루살렘 교회가 사도로 인정하지 않았던 한 디아스포라 유대인(바울—옮긴이)에게서 나왔다. 다시 말해 기독교는 혼란과 논쟁, 분열 속에서 시작되었으며 그러한 현상은 계속되었다. 전 기독교 공동체를 아우를 수 있는 정통 교회는 매우 늦게 등장했다. 정통 교회가 출현하는 과정은 마치 영적 적자생존의 과정처럼 보인다.

초기 기독교 공동체

1-2세기 지중해 중부와 동부에서는 수많은 종교들이 자신의 존재를 알리고 선전하기 위해 투쟁하고 있었다. 분열과 조정을 거듭하면서 새로운 형태로 재결집하는 양상 속에서 각 종교들은 서로를 공격함으로써 자신의 정체성을 지키려 했다. 이러한 틈바구니에서 기독교는 빠른 속도로 확산되어나갔다. 예수의 제자들은 기본적인 신앙과 실천의 문제에서조차 일치되지 못했기에 복음이 전파될수록 제자들의 가르침은 서로 충돌할 위험성을 안고 있었으며, 이를 극복하기 위해 교회 조직이 만들어졌다. 예루살렘에는 '기둥으로 인정받는' 지도자들이 있었는데, 그들은 유대교 관습에 기반을 둔 어정쩡한 사람들로 큰 영향력을 발휘하지 못했다. 앞에서 살펴본 대로 예루살렘 회의는 실패로 끝났다. 물론 합의안이 마련되기는 했지만, 합의된 내용들은 결코 실행되지 못했다. 바울은 통제할 수 있는 사람이 아니었다. 아마 다른 사람들도 마찬가지였을 것이다. '기둥으로 인정받는' 지도자들조차 예루살렘에서 자신의 권위를 확보할 수 없었다. 그들은 유대교로 다시 회귀하고 있었다. 그런 와중에서 66-70년 예루살렘의 멸망으로 대파국이 들이닥쳤고 기존의 교회 조직은 파괴되었다.

예루살렘 교회가 파괴되고 바울 신학을 중심으로 기독교가 통일되자 기독교인들은 자신들의 신앙과 가르침을 바울 복음 혹은 케리그마$_{kerygma}$로 정리함으로써 동질의 교리체계를 갖게 되었다. 이렇게 해서 바울 복음은 지속적으로 확산될 수 있는 기회를 갖게 되었다. 그러나 불행히도 이를 뒷받침해줄 만한 조직이 없었다. 게다가 바울은 그러한 조직체계를 신뢰하지 않았다. 대신에 그는 '성령'을 믿었다. 성령이 우리를 위해 일하시는데 사람이 나서서 이를 조절해야 할 필요가 있는가? 바울은 규제와 금지조항들로 구성된 어떠한 교리체계에도 반대했다. "여러분이, 성령의 인도하심을 따라 살아가면, 율법 아래에 있는 것이 아닙니다"(갈라디아서 5:18). 교회의 지도자는 하나의 직분으로서가 아니라 성령의 은사를 통해 권위를 행사하는 것이다. 사도들은 하나님의 은사가 베풀어질 수 있는 통로를 열었고 이어서 성령은 그 통로를 통해 많은 사람들에게 은사를 베풀었다. "하나님께서 교회 안에 몇몇 일꾼을 세우셨습니다. 그들은 첫째는 사도요, 둘째는 예언자요, 셋째는 교사요, 다음은 기적을 행하는 사람이요, 다음은 병 고치는 은사를 받은 사람이요, 남을 도와주는 사람이요, 관리하는 사람이요, 여러 가지 방언으로 말하는 사람입니다"(고린도전서 12:28). 여전히 예배는 체계를 갖추지 못하고 있었고 어떠한 통제를 받고 있지도 않았다. 재정을 담당할 조직도 없었다. 성식사 계층과 평신도 집단 사이에 아무런 구별이 없었다. 유대 기독교인들의 교회에는 장로들이 있었지만 바울에 의해 세워진 집단에는 없었다. 간단히 말해 바울의 집단은 느슨하게 조직된 부흥운동 조직에 가까웠다. 임박한 종말 *parousia*을 기대했기에 성직자의 통제는 필요하지 않았고 오히려 부적절하게 여겨졌다.

점차 바울의 가르침이 기독교의 정통 가르침으로 받아들여졌지만, 그 외에도 (예루살렘 출신의 보수 유대 기독교인들을 비롯해서) 다양한 가르침이 공존했다. 이들은 부활신앙을 제외한 거의 모든 점에서 다른 목소리를 냈는데, 이러한 목소리들은 모두 구전 전통(이는 후에 '복음서'로 문서화되었다)과 사도적 계승을 그 근거로 삼고 있었다. 각 교회는 저마다 원시 기독교 공동체 지도자들에 의해 설립되었다는 점을 강조했다. 당시 가장 중요한 문제는 진리의 족보, 즉 누구로부터 가르침을 받고 있느냐 하는 것이었다.

영지주의

진리의 족보 문제는 유대적 개념이라기보다는 그리스적 개념이다. 좀 더 자세히 말한다면 이 문제는 영지주의로부터 기원한 개념이다. 아직까지 어느 누구도 '영지주의'를 적절하게 설명하지 못했다. 이 운동이 기독교보다 앞선 것인지 아니면 기독교에서 나온 것인지도 분명하지 않다. 분명한 것은 기독교가 확산되고 있었을 때 영지주의 또한 확산되고 있었다는 점이다. 아무튼 기독교와 영지주의는 서로 상관관계를 가지고 있었다. 영지주의에는 두 가지 핵심적인 교리가 있었는데, 하나는 선과 악이라는 이원론적 세계에 대한 믿음이고 또 다른 하나는 구전이나 비밀문서들이 전해주는 비밀스런 진리에 대한 믿음이다. '영지주의'는 '신비한 지식'을 의미하는 말로 내면적인 삶의 본질을 찾으려는 일종의 '지식' 종교이다. 영지주의는 다른 종교를 '전달자'로 이용하는 영적인 기생충으로, 기독교는 영지주의가 이용하기에 매우 적합한 종교였다. 기독교는 신비로운 예수로부터 시작된 종교이기 때문이다.

예수는 교훈집과 이를 전달할 제자들을 남겨놓고 홀연히 사라졌다. 물론 이와 같은 공식적인 메시지 외에도 기독교에는 '비밀스런' 교훈들이 있었다. 따라서 영지주의 집단들은 기독교 가르침의 일부를 이용하기는 했지만 기독교의 본질적인 가르침을 깨닫지 못했으며 따라서 기독교의 본질로부터 멀어지는 경향이 있었다. 동방의 다른 종교들처럼 영지주의자들도 기독교를 그리스화하려 했다. 영지주의자들의 윤리적 태도는 매우 다양했는데, 한편에서는 지나칠 정도로 금욕주의적이다가도 다른 한편에서는 완전히 방종한 생활을 하기도 했다. 바울은 영지주의의 위험과 파괴력을 잘 알고 있었기 때문에 영지주의로부터 기독교를 지키기 위해 강경한 투쟁을 전개했다. 그러나 영지주의는 이미 기독교에도 영향을 끼치기 시작했다. 고린도 교회에는 예수를 신화적 인물로 간주하는 기독교인들이 있었으며, 골로새 교회에는 중간자 역할을 하는 영들과 천사들을 예배하는 기독교인들이 있었다. 영지주의는 히드라처럼 여러 개의 머리를 가지고 있었기에 뿌리 뽑기가 쉽지 않았고 변신을 잘했기에 대적하기도 어려웠다.

당시 기독교의 교리를 바탕으로 독자적인 교리체계를 형성했던 다양한 종파들이 있었다. 플라톤의 우주론을 아담과 하와 이야기에 적용하거나, 뱀이 하나님과의 싸움에서 승리했다면서 뱀을 숭배하는 무리들도 있었다. 어떤 종파에서는 기독교의 구원 교리를 받아들이면서도 예수를 배제시키기도 했다. 사마리아인들은 시몬 마구스(사도행전에 나오는 마법사로 민중들을 현혹했다―옮긴이)를 좋아했고, 헤라클레스를 선호한 사람들도 있었다.

영지주의자들 가운데 가장 위험한 사람들은 스스로 기독교인이라고 하면서 기독교를 변형시켰던 사람들이다. 예를 들어 이집트의 바실리데스 그룹과 로마의 발렌티누스 추종자들은 예수가 인간이었다는 사상, 즉 성육신을 거부했다. 그들은 예수의 몸은 '가현假現, dokesis'에 불과하다고, 즉 예수가 인간의 몸을 입은 것이 아니라 단지 그렇게 보일 뿐이라고 해석했다. 가현설을 주장하는 사람들은 그리스 문화권에서 폭넓은 지지를 받았는데, 이것은 그들이 기독교를 유대교의 기원으로부터 단절시켜주었기 때문이었다. 특히 그들은 부유층들로부터 폭넓은 지지를 받았다. 그리스 문화권에 살고 있는 사람들은 기독교가 유대교와 관련이 있다는 것을 이해하거나 받아들이려 하지 않았다. 그들은 그리스어로 번역된 구약성경(70인역)을 야만스럽고 모호한 문서로 여겼다. 기독교인들이 어찌하여 70인역과 같은 성경 때문에 혼란을 겪어야 하는가? 영지주의자들의 이 같은 물음은 바울의 논리를 단순히 조금 더 발전시킨 것에 불과하다는 점에서 훨씬 더 교활하다고 볼 수 있다. 한때 바울은 70인역이 유대교적 성격을 너무 강하게 띠고 있어서 이 성경을 사용하지 말아야겠다고 생각했던 때가 분명히 있었던 것 같다. 70인역은 얼마만큼 진실성을 확보하고 있는가? 발렌티누스는 70인역에는 권위가 없다고 주장했다. 그에 따르면 70인역의 상당 부분은 유대 장로들이 여러 문헌들을 삽입해서 작성한 것이다. 발렌티누스는 70인역의 많은 부분들이 당시의 시대적 조류와 타협하여 작성되었으며, 특히 모세의 율법 부분이 그렇다고 주장했다. 기독교가 전파되면서, 특히 고등교육을 받은 사람들이 기독교를 접하게 되면서 성경에 드러난 오류들이 면밀히 검토되었다. 2세기 초에는 여러 언어로 기록된 다량의 기독교 문서들이 있었는데, 아직까지 교회는 이들 문서를 어떻게 다루어야 할지 결정을 내리지 못하고 있었다. 이 문서들 중 타당한 문서는 어느 것이고 그렇지 않은 문서는 또 어느 것인가?

사랑과 정죄의 두 유형: 마르키온과 테르툴리아누스

폰투스의 부유한 집안 출신이었던 마르키온은 이 문제에 지대한 관심을 보이면서 연구에 몰두한 인물이었다. 명석한 두뇌의 소유자였던 그리스인 마르키온은 기독교를 접하자마자 열렬한 신자가 되었다. 기독교를 전파하기 위해 120년대(혹은 130년대)에 로마로 간 그는 바울의 추종자들 중에서 가장 뛰어난 신학자가 되었다. 이후 그는 기독교 내에서 지속적으로 유지되었던 두 가지 태도, 즉 교회 문서들에 냉정하고 합리적으로 접근하려는 태도와 사랑의 철학을 주장하려는 태도를 대표한다. 말하자면 마르키온은 르네상스의 선견자, 에라스무스의 전신으로 볼 수 있다.

마르키온은 바울의 가르침이 본질적으로 건전하며 시기적으로도 예수와 가장 가깝다는 사실을 의심하지 않았다. 그가 해결해야 할 문제들은 바울의 가르침을 구약이나 바울 이후에 나온 기독교 문서들과 어떻게 조화시킬 수 있느냐 하는 것이었다. 이에 대해 마르키온은 현대 성서학자들에게 익숙한 역사비평적 잣대를 사용하면서 바울 서신으로 알려진 서신 중 7개만을 바울의 것으로 인정할 수 있으며, 그 이후에 나온 모든 기독교 문서들은 의심스러운 것이라는 결론을 내렸다. 복음서들 중에서도 누가가 쓴 일부분(누가복음과 사도행전에 포함된)만이 영감을 받아 기록된 것이라고 주장했고 나머지는 후대에 위조된 불충분한 혼합물로 간주했다. 마르키온에게 바울의 가르침은 곧바로 예수의 복음이었다. 마르키온은 구약성경도 인정하지 않았는데, 왜냐하면 구약의 하나님은 신약의 하나님과는 다르게 악을 창조하며 피 흘리기를 좋아하고 다윗 같은 무법자들을 옹호하는 존재로 여겨졌기 때문이었다. 이후로도 적지 않은 기독교인들이 마르키온과 동일한 방식으로 성경을 바라보는 경우가 있었다. 그는 바울에서부터 시작된 유대교와의 결별을 마무리 짓는다는 목적 아래에서 유대적이거나 시대의 조류와 타협하는 문서들을 삭제하거나 제거해나갔다.

불행히도 마르키온이 저술한 책 가운데 오늘날까지 남아 있는 것은 하나도 없다. 144년에 그는 로마의 기독교 지도자들과 논쟁을 벌인 후 동방으로 갔는데, 그 이후 기독교 역사상 최초의 기독교 마녀 사냥꾼으로 알려진 테르툴리아누스에 의해 이단으로 낙인찍혔기 때문이다. 따라서 불행히도 오늘날 마르키온에 대해 알 수 있는 것이라고는 마르키온을 비판한 책 속에 인용된 그의 주장들뿐이다. 당시의 저작물들은 부서지기 쉬운 파피루스로 제작되었으며, 이들 저작물은 필사 작업을 통해서만 전해질 수 있었다. 그렇기 때문에 지속적인 필사 작업이 이루어지지 않는 한, 그것이 다음 세대로 전해질 수 있는 방법은 없었다. 한 사람의 저술물을 보존하는 일이 이 정도로 어려웠으니, 이단자로 낙인찍힌 사람들의 저술이 살아남는다는 것은 더욱 어려운 일이었다. 마르키온 또한 마찬가지였다. 그가 믿는 하나님은 바울이 말한 사랑의 하나님이었다. 그는 하나님은 공포심을 동원하여 인간을 강제로 복종시키는 분이 아니라고 믿었다. 바로 이런 점 때문에 테르툴리아누스는 마르키온과 그 동조자들을 비판했다.

테르툴리아누스는 마르키온 일당들이 사랑만을 외치면서 윤리를 붕괴시키고 있다며 다음과 같이 경멸조로 비난했다. "하나님은 순전히 선하시다. 그는 실로 오직 말씀을 통해서만 모든 죄를 금지하신다. … 하나님은 두려움을 사용하지 않으신다. … 마르키온주의자들은 하나님을 전혀 두려워하지 않는다. 두려워해야 할 대상은 오직 악한 존재이며, 대신 선한 존재는 사랑을 받아야 할 것이라고 그들은 말한다. 어리석은 사람아! 인간이 두려워할 수밖에 없는 능력을 보여주고 계시는 분이 네가 섬기는 바로 그분인데도, 네가 주님이라고 부르는 분을 두려워할 필요가 없다고 말하는가?" 두려움이 없다면 이 세상 사람들은 노름, 서커스, 연극 등, 기독교인들이 해서는 안 되는 일로 금지된 일들을 즐기면서 '욕망을 불태울 것이고' 박해에도 즉각 굴복할 것이라는 말이었다.

테르툴리아누스와 마르키온의 논쟁은 기독교의 두 가지 유형을 최초로 적절하게 보여주었던 사례였다. 그 두 가지 유형이란 하나는 인간은 선을 행하려는 욕망이 있기에 사랑의 원리만으로도 충분하다고 믿는 합리적 낙관주의자의 유형이고, 또 다른 하나는 인간 본성은 본질적으로 타락했기에 정죄가 필요하다고 확신했던 비관주의자의 유형이다. 기독교는 다양한 관점과 영성을 서로 융합할 때에 성공할 수 있으며, 그래서 이들 유형도 서로를 포용할 필요가 있다. 하지만 당시 로마의 기독교는 이 두 유형 어디에도 적응할 수 없었다.

보편주의적 가치를 지향했던 로마 기독교인들은 기독교 문서들을 무자비하게 가지치기했던 마르키온이 부담스럽게 여겨졌을 것이다. 마르키온은 결혼을 반대했다. 출산은 구약성경의 악한 하나님이 창안한 것이라고 생각했기 때문이었다. 결혼과 관련해서는 테르툴리아누스도 마르키온처럼 결혼을 반대했던 것으로 알려져 있다. 마르키온의 성경 주석은 추상적이고 사변적인 경향이 짙었다. 바울이 가르친 자선에 대한 그의 주장은 찬사를 받을 만했지만, 성性에 관한 입장은 그를 괴상한 사람으로 보이도록 하기에 충분했다. 성에 대한 그의 견해들은 임박한 재림 신앙과는 양립할 수 있었다. 하지만 기독교는 점차 임박한 재림보다는 재림의 지연에 관심을 가지게 되었고, 이로 인해 출산을 기피할 이유가 사라졌다. 마르키온이 로마를 떠나자 로마 교회는 막대한 재정적 타격을 입게 되었고, 마르키온은 자신의 재력을 동원해서 수많은 추종자들을 동방으로 이끌고 갈 수 있었다. 하지만 독신주의를 고수하는 믿음은 이단 운동의 치명적인 약점임이 밝혀지게 되었다.

테르툴리아누스와 마르키온이 직접 대면한 적은 없었다. 왜냐하면 이 두 사람은 아주 다른 시대에 살았기 때문이다. 두 사람 모두 유능한 지식인이었다. 테르툴리아누스는 수사학과 논쟁의 대가였다. 그는 라틴어와 그리스어 모두에 능통했는데, 특히 그는 라틴어로 신학을 전개한 첫 번째 기독교 신학자였다. 그의 영향력은 실로 막강했다. 그는 라틴어로 된 교회 용어들을 창안해냈다. 오늘날까지도 영향력을 끼치고 있는 문구들 가운데는 그가 쓴 것들이 적지 않다. "순교자들의 피는 교회의 씨앗이다." "이단의 통일은 분열이다." "나는 그것이 불합리하기 때문에 믿는다." 마지막 말은 합리주의자 마르키온과의 차이를 극명하게 보여준다.

북아프리카의 해안지역은 주로 기독교 열심당과 에세네파에 의해 복음화되었다. 특히 카르타고의 교회들은 열정이 넘치고 대단히 용맹스러운 기질을 갖고 있어서 세속 권력자들에게 거침없이 도전했으며, 그래서 많은 박해를 받기도 했다. 게다가 그곳의 교회들은 관용적이지 못했으며 독선적이고 격렬한 논쟁도 마다하지 않았다. 2세기 말에 카르타고에 온 테르툴리아누스는 바로 이러한 전통을 구현한 사람이었다. 그에게 교회는 오염으로부터 사람들을 보호해야 할 책임을 지닌 선택된 사람들의 고귀한 모임이었다. 그는 사탄이 사람들을 타락시키기 위해 이 땅을 배회하고 있다고 생각했다. 따라서 기독교인들은 국가와의 접촉을 최소한으로 줄이고 피해야 한다. 그들은 군대에 가서도 안 되고 행정관리가 되어서도 안 되며 공립학교에서조차 일해서는 안 된다. 이방 종교와 연관된 무역을 해서는 절대 안 된다. 테르툴리아누스는 특히 기독교와 그리스 철학을 화해시키려는 마르키온과 같은 합리주의자들의 시도를 맹렬히 개탄했다. "아테네와 예루살렘이 무슨 관계가 있는가? 아카데미와 교회가 무슨 관계가 있는가? 이단이 기독교와 무슨 관계가 있는가? 우리의 교훈은 솔로몬의 행각으로부터 나오며, 솔로몬은 순수한 마음으로 주님을 찾아야 한다고 가르쳤던 사람이다. 스토아적이고, 플라톤적이며, 변증법적인 기독교를 만들어내려는 시도들을 모두 던져버려라!"

만일 테르툴리아누스가 지적인 태도를 경멸했다고 한다면 이는 바울의 가르침과는 어긋나는 것처럼 보인다. 하지만 선택된 사람들에게 주어지는 고귀한 선물인 신앙의 무한한 능력을 강조했다는 점에서 그는 분명 바울의 전통에 서 있는 사람이었다. 그에게 기독교인들은 일종의 초인이었다. 왜냐하면 성령이 그들 안에서 활동하고 있기 때문이다. 이 같은 사상은 철저하게 바울의 교회론에 그 바탕을 두고 있다. 바울에 의하면 교회는 직분에 의해 권위가 행사되는 계급 질서가 아니라 성령이 각 개인을 통해 역사하는 공동체이기 때문이다. 테르툴리아누스는 불타는 신앙의 소유자였고 이단의 천적이었으며 교회의 열성적인 선전가였다. 그는 당시 교회에서 찾아보기 힘든 훌륭한 사람 중 하나였다. 그러나 그의 본성과 기질로 판단해보건대 어쨌든 그가 기독교 정통주의(성직자 계급에 의해 형성된 사상)와 노선을 함께했다는 사실은 매우 의아하다. 그는 하나님과 직접적인 만남이 가능할 뿐만 아니라 필수적이라고 생각했다. 테르툴리아누스뿐만 아니라 당시 많은 사람들이 그렇게 생각했다. 이 같은 생각은 초대교회 안에서 널리 퍼져 있었고 바울의 권위를 온전히 보장해준 인장과도 같았다. 그러나 자칭 진리의 선포자라고 주장한 자유로운 입장에 서 있는 사람들의 생각은 제도권 교회의 정규 성직자들의 생각과 양립할 수가 없었다.

몬타누스와 은사주의자들

2세기 중엽에 이르면 제도권 성직자들과 자유파들 간의 갈등으로 발생한 위기가 극에 달했는데, 사실 그런 위기는 이미 오래전부터 형성되어 왔었다. 순회 전도자들(한곳에 머물러 있지 않고 각 지역을 돌아다니면서 기독교 복음을 선포했던 사람들—옮긴이)에 의해 급속히 퍼져나간 기독교는 수많은 사이비들의 시선을 끌기에 충분했다. 초기 기독교 문서들(그리고 초기에 위조된 문서들)을 보면 사이비에 대한 경고와 훌륭한 믿음*bona fides*을 고수하려는 노력이 특히 강조되어 있다. 학식이 높은 이방인들은 사이비 종파의 거짓 가르침에 취약했던 기독교인들의 경솔한 모습을 조롱하기도 했다. 그리스 출신의 풍자가로 유명한 루키아누스는 거짓 가르침에 잘 속는 인간들을 경멸했는데, 특히 기독교인들에 대해 비판적이었다. "그들은 자신들의 신앙을 전통으로부터 전수받았을 뿐 어떠한 증거도 내놓지 못하고 있다. 사기꾼들은 별 어려움 없이 기독교인들에게 사기를 칠 수 있을 것이다." 견유학파인 페레그리누스는 하나의 좋은 본보기였다. 페레그리누스는 팔레스타인에서 기독교를 접하고 기독교 신자가 되었던 사람으로, 루키아누스는 그를 다음과 같이 비판했다. 그는 "어렵지 않게 기독교인 모두를 어린아이처럼 만들어버렸다. 거기서 그는 예언자로, 회당의 우두머리인 제사 집행자로 활동했다. 한마디로 그는 기독교인들에게 절대자처럼 군림했던 것이다. 그는 성경 해석자로도 활동했으며, 성경 일부를 스스로 작성하기도 했다. 기독교인들은 그를 신으로 존경했고 입법가요 지도자로 모셨다. 심지어 그들은 예수 다음으로 그를 숭배하기도 했다." 그러나 페레그리누스는 루키아누스의 이 같은 평가와는 달리 훨씬 더 신실한 사람이었는지도 모른다. 그는 결국 165년에 열린 올림피아 제전(그리스의 주신인 제우스에게 바쳐지던 민족적인 제전 경기로 매 4년마다 열렸다―옮긴이) 폐막식 때 장작더미 위에서 화형에 처해졌다.

이 같은 예언자나 은사주의자들이 과연 영감을 받은 사람들인가 아니면 단지 남을 기만한 사람들인가에 대한 판단은 그리 쉬운 일이 아니었다. 그러나 무엇보다 심각한 위험은 그들이 기존 교회에 반대하여 다른 조직을 세울 수 있는 능력을 가지고 있다는 점에 있었다. 영지주의자들이 헬레니즘 제례를 도입하여 교회를 잡동사니 혼합제의로 만들려 했던 것처럼, 은사주의자들은 교회의 단일한 목소리를 '예언'이라는 미명 아래 혼란에 빠뜨릴 수도 있었다. 170년경에 실제로 이러한 일이 일어났다. 몬타누스라는 사람이 자신을 '보혜사 성령'이라고 주장하는 사건이 벌어진 것이다. 교회는 즉각 그를 적으로 선언했다. 하지만 그가 성공적인 은

사주의자로 알려지게 되자 많은 사람들이 그를 따랐다. 몬타누스는 결혼을 반대했으며 여성들에게도 교회의 직분을 주었다. 그러자 정통 교회에서는 몬타누스파와의 대결을 염두에 두면서 여성들에게 성직을 부여하는 것을 금지시켰다. 여성들의 성직 금지는 이처럼 몬타누스파 운동이 결정적 계기를 제공한 셈이 되었다. 테르툴리아누스는 정통 교회의 입장을 대변하여 몬타누스파에 대해 다음과 같이 언성을 높였다. "이단에 물든 뻔뻔한 여성들이여! 여성들이 감히 가르치고 논쟁하고 귀신을 내쫓고 신유(병고침)의 행위를 하고 심지어 세례까지 베풀고 있다. … 물론 고위직으로 승진하기 위해 반란자들의 진영보다 더 쉬운 곳은 없을 것이다. 그 진영에 가담해 있는 것만으로도 하나의 공적으로 평가되는 판이니." 테르툴리아누스는 〈세례와 처녀들이 베일을 쓰는 것에 관하여On Baptism and the Veiling of Virgins〉라는 논문에서 여성들이 목회의 기능을 수행할 수 있다는 그 어떤 주장도 거부했다.

정통 교회는 두 가지 점에서 몬타누스파 사람들을 공격했다. 첫째로 교회는 몬타누스파 사람들이 견지한 지나치게 엄격한 삶의 태도를 비판했다. 히폴리투스는 《모든 이단에 대한 논박Refutatio omnium haeresium》에서 몬타누스파가 보인 금욕주의적 태도를 비판했다. "그들은 특별 금식이나 의례, 그리고 그 운동에 가담했던 여성들의 충고를 받아들여 채식하는 습관을 길렀다." 둘째로 교회는 첫 번째 태도와는 반대로 몬타누스파 사람들이 거액의 자금을 유용하고 사치와 향락을 즐겼으며 추종자들을 돈으로 매수하는 등 타락한 삶을 살고 있다고 비판했다. 몬타누스에 대한 정통 교회의 비방 중에는 날조된 것도 많았다. 에우세비우스는 몬타누스와 그의 핵심 추종자였던 여성 예언자가 자살하기로 협약을 맺고 죽었다고 세간에 알려져 있지만 이는 사실이 아니라고 지적했다. 몬타누스파에 쏟아진 비난의 대부분은 몬타누스파가 정통 교회처럼 행세하면서 돈을 모아 성직자들에게 급료를 지불했다는 등의 이야기에 초점이 맞추어져 있었다. 하지만 실제로 이 운동은 상당히 높은 수준의 도덕성을 견지하고 있었다. 이단의 천적인 테르툴리아누스가 말년에 이 운동에 가담했다는 사실만 보아도 이 같은 주장은 충분히 입증될 수 있다. 테르툴리아누스는 성령의 독자적인 행보를 부인한 후에 하나님과의 교제는 오직 정통 교회를 통해서만 이루어져야 한다고 주장했던 사람이었다. 그런데 그가 이 같은 정통 교회의 가르침을 포기하고 몬타누스파 운동에 가담했다. 사실 몬타누스파 운동에 가담하기 전까지 테르툴리아누스는 그 운동을 매우 못마땅하게 생각했으나, 성령의 직접적인 교제를 확신하게 되면서부터 몬타누스파 운동의 여러 관점을 수용했다. 생애 말년에 쓴《영혼론 De Anima》에서 테르툴리아누스는 다음과 같이 말했다. "지금 주일 예배를 드리는 동안 우리 가운데 성령의 황홀한 환상을 통해 계시의 선물을 받은 자매가 있다."

테르툴리아누스를 통해 우리는 초대교회의 전반적인 모습이 어떠했는지를 엿볼 수 있다. 그는 이단을 포용하면서도 흠잡을 데 없는 청렴성과 불타는 신앙을 소유한 위대한 교회 정치가였다. 다시 말해 그가 몬타누스파 운동에 가담하게 됨으로써 몬타누스파를 향한 정통 교회의 공격은 무력화되었고 결과적으로 그 운동은 윤리적 승인을 받게 되었다. 몬타누스파 사람들은 신실하고 거룩하며 겸손하고 절제를 알았던 사람들이었던 것 같다. 만일 테르툴리아누스가 없었다면 몬타누스는 쉽게 잊혀졌을 수도 있다. 테르툴리아누스는 라틴계 출신의 첫 번째 신학자였을 뿐만 아니라 가장 뛰어난 라틴 신학자들 중 한 사람이었으며, 일치를 내세웠던 정통 교회의 이데올로기에 결코 희생될 수 없는 사람으로, 기독교 역사에서 중요한 인물이었다.

그러나 역사적으로 볼 때 이미 정통 교리와 논쟁했던 사람들 중에 교회가 퍼부은 비난의 포화 아래에서 살아난 사람은 거의 없었다. 신학적 반감Odium theologicum은 기독교의 창안물이 아니다. 이것은 이단을 설정하여 저주를 일삼았던 유대교 유산의 일부였다. 사도행전에서 초대교회는 평화적인 절차를 통해 전체의 의견을 물은 다음에 공정하게 의사를 결정했던 공의로운 공동체로 그려지고 있다. 하지만 실제로도 그러했을까? 흥미로운 점은 바울은 초대교회를 이와는 다르게 보았다는 것이다. 바울에 의하면 초대교회 안에서 거친 말들이 오고갔으며 서로를 비난하며 욕설을 내뱉는 일 또한 꾸준히 늘어났다고 한다. 이단 논쟁으로 인해 2세기의 교회는 상당히 혼란스러웠을 것이다. 이단운동의 성패는 대개 정통 교회의 태도에 좌우되었다. 즉, 정통 교회가 비난의 강도를 높이면 높일수록 이단 논쟁은 확대되었고 그만큼 이단들은 살아남기 어려웠다. 이단 논쟁이 확대되자 정통 교회는 교리뿐만이 아니라 도덕성에 이르기까지 이단에 대한 공격의 범위를 넓히기 시작했다. 몬타누스파 지도자들은 임금을 받았다는 이유로 탐욕과 탐심이 가득한 사람들이라는 비난을 받았다. 정통주의자인 아폴로니우스는 몬타누스의 제자인 알렉산더를 이단이자 노상강도라고 매도했으며, 또한 탐욕스러운 여자 예언자 프리스킬라와 혐오스러운 파티를 벌였다며 비난했다. "참된 예언자가 어떻게 화장을 할 수 있단 말인가? 참된 예언자가 어떻게 눈썹과 눈꺼풀에 물을 들이고 장식을 할 수 있단 말인가? 어찌 도박을 하고 주사위 놀이를 할 수 있단 말인가? 이자를 받고 돈을 빌려주는 사람을 과연 참된 예언자라고 부를 수 있는가?" 기독교인들에게는 정상적인 관례들(과부를 처녀로 부르는 것, 사제들에게 임금을 주거나 감옥에 있는 형제들을 구해내기 위해 돈을 사용하는 일 등)조차 이단 종파들에게는 악으로 규정되었다.

당시는 욕설이 크면 클수록 거짓말도 점점 심하다는 일종의 사악한 '괴벨스 법칙Gobbels' Law'이 존재하던 시절이었다. 알렉산드리아의 주교였던 알렉산더는 아리우스파와 관련하여 324년경에 주교들에게 다음과 같은 편지를 보냈다.

> 탐욕과 야심에 이끌려 살아가는 이 악한 자들은 부유한 교구의 재산을 차지하기 위해 계속해서 음모를 꾸미고 있다. … 그들은 사탄에 의해 조종당하고 있다는 사실을 모른 채 미친 듯이 날뛰고 있다. … 사람들을 기만하는 데 숙달된 사람들은 … 음모를 꾸미고 있다. … 사악한 목적들은 … 강도들의 소굴을 준비했고 … 그리스도와 싸우기 위해 사람들을 모았으며 … 우리를 대항하여 무질서를 선동하고 … 우리를 박해하기 위해 백성들을 선동하고 있다. … 그들 가운데 부도덕한 여성들 … 좀 더 젊은 여성 추종자들은 문란한 차림으로 거리를 활보하면서 기독교를 욕되게 하고 있다.

정통과 이단

기독교 역사의 처음 200년 동안 교회 안에서는 저속한 욕설들이 넘쳐나고 있었다. 정통 교회는 마니교도Manichees(3세기에 페르시아 왕국에서 마니가 창시한 종교로 조로아스터교에서 파생했으며 기독교와 불교를 혼합했다—옮긴이)들을 다음과 같이 비난했다. "그들에게서 겸손이나 위엄, 순결이라고는 조금도 찾아볼 수 없고 그들의 도덕 법전은 거짓 덩어리이고 그들의 신앙은 마귀에 의해 형성되었으며 그들이 드리는 희생제사는 부도덕 그 자체이다." 펠루시움의 이시도루스는 알렉산드리아의 반反네스토리우스파 주교인 키릴루스를 "예수 그리스도를 향한 신앙을 추구하기보다는 개인적인 증오를 추구하기로 결심한 인물"로 묘사했다. 키루스의 주교 테오도레투스는 키릴루스의 죽음을 다음과 같이 환영했다. "살아 있는 사람들은 즐거워했습니다. 죽은 자들은 그와 동행하면서 짐을 지게 될 것을 두려워하고 슬퍼할 것입니다. … 장의사들은 그가 다시 살아나 그의 믿음 없음을 보여주지 못하도록 그의 무덤 위에 무거운 돌을 올려놓기 바랍니다. 그에게 그의 교리들을 지옥으로 가져가게 하여 밤낮으로 지옥에 있는 사람들에게 설교하게 합시다." 저명한 교회 지도자들이 이처럼 인신공격에 가까운 비난들을 주고받았다는 것에 그저 놀랄 뿐이다. 역사가 소조메누스는 335년에 열렸던 티루스(두로) 종교회의에서 알렉산드리아의 정통파 주교인 아타나시우스가 거짓 교리를 가르친 일, 성찬그릇을 깨뜨린 일, 주교의 의자를 내리친 일, 감옥에 갇혔다고 허위로 주장한 일, 한 주교를 불법적으로 해임하고 그를 고문한 일, 다른 몇몇 주교를 체벌한 일, 불법적으로 주교직을 얻은 일, 반대자 중 한 사람의 팔을 부러뜨리고 그의 집을 불태운 후에 그를 기둥에 묶고 매질한 일 등으로 비난을 받았다는 기록을 남겼다.

이처럼 초기 기독교 지도자들 사이에서 독설이 난무하는 치열한 논쟁이 벌어졌다는 것은 기독교 신앙이 확고하게 자리 잡지 못하고 불안정한 상태에 있었다는 사실을 반증한다. 신약성경이 정경으로 확정되고 통일된 교리가 확정되는 데는 많은 시간이 걸렸고, 안정된 교회구조를 갖추기까지도 한참을 기다려야 했다. 이러한 이유로 3세기 후반까지 기독교의 주요 계보를 정리하기란 그리 쉬운 일이 아니다. 알려진 바에 의하면 1세기 후반까지, 아니 2세기가 지나갈 때까지도 기독교는 영지주의적 성향이나 은사주의자들을 중심으로 한 열광주의에 물들어 있었다.

에우세비우스는 교회의 정통성과 통일성의 기원을 사도들의 세대에까지 끌어올리려 했다. 그는 정통 교회의 크기나 영향력, 승리의 역사,

죽음을 불사했던 영웅적인 사건들을 기술할 때에 구체적인 수치나 증거를 제시하기보다는 '셀 수 없이 많은', '매우 많은', '전적으로'와 같은 과장된 용어들을 사용했다. 특히 그는 정통 교회에서 펴냈던 문헌들의 양을 과장했다. 이와 같은 과장은 참된 신앙을 설명하는 책들이 널리 보급되었고 또 잘 보존되어 이단들을 궁지에 몰아넣었다는 것을 보여주려는 데 있었다. 그러나 그가 언급했던 책들 중에 오늘날까지 남아 있는 책은 없으며 그가 한 말들을 면밀히 검토해볼 때 그가 그 책들을 직접 읽었던 것 같지는 않다. 이와는 별도로 당시 활동했던 이단 종파들이 엄청나게 많은 책을 출판했던 것으로 보이지만, 정통 교회에 패배하면서 대부분 사라져버리고 말았다.

초기 기독교에서 정통과 이단이 얼마나 복잡한 관계를 이루고 있었는지를 알기 위해서는 각 지역마다 만들어졌던 주교들의 '후계자 명단'을 보면 된다. 3세기부터 각 교구마다 주교들의 명단이 작성되었고 에우세비우스는 이를 모아 출판했다. 주교들의 명단들을 보면 각 교구의 주교들은 전임자에 의해 선출되었으며, 최초의 설립자는 하나같이 사도들 중 한 사람이었던 것으로 기록되어 있다. 이러한 사도 기원 사상은 영지주의자들로부터 시작되었던 것으로 보인다. 영지주의자들은 자신들에게 성스러운 지식을 가르쳤던 선생들을 따라가다 보면 예수에게까지 이른다고 주장했다. 영지주의자 가운데 한 사람인 바실리데스는 베드로의 통역자로 알려진 글라우키아스의 법통을 이어받았기 때문에 자신의 계보는 베드로와 그리스도에게까지 거슬러 올라간다고 주장했다. 또 다른 영지주의자인 발렌티누스 또한 바울의 제자인 테오다스에게서 배웠다고 주장했다. 카르포크라테스파들과 나세니언Nassenian파들도 예수의 형제 야고보로부터 비밀스러운 지식을 전수받았던 마리암네로부터 법통을 이어받았다고 주장했다.

2세기에 접어들자 정통 기독교에서도 이와 같은 전통을 차용하기 시작했다. 정통 교회에 소속된 동방 출신의 학자 헤게시푸스는 180년경 주교 명단을 체계적으로 정리했다. 비록 그의 저술은 유실되었지만, 에우세비우스에 따르면 그는 교회를 순방하여 교회 계승자들에 관한 증거를 수집한 후에 방대한 분량의 책을 썼다고 한다. 그 책의 목적은 "가능한 한 단순한 형태로 왜곡되지 않은 사도들의 설교 전통을 제시"하기 위한 것이었다. 다시 말해 그는 사적인 차원에서 이어받은 법통을 법적이고 성례전적인 교회의 공식적 전통과 일치시키려 했던 것이다. 그래서 정통 교회는 만장일치의 합의 가운데 이어져 내려오고 있다는 점을 강조하려 했다. 그의 글을 보면 초창기 교사들과 그들을 이어받은 후계자들은 하나같이 군주적인 주교들로 묘사되어 있음을 알 수 있다.
  2세기 후반에 이르면 군주적인 주교들의 비율이 상당히 높아졌기 때문에 그가 의도적으로 위조했다고만은 볼 수 없다. 그가 주교 명단을 작성하기 위해 취했던 조치는 사람들의 기억을 자극했던 것뿐이었다. 그러고 나면 명단이 깔끔하게 정리될 수 있었다. 이런 방식 때문에 후대로 갈수록 명단은 더욱 길고 근사해졌으며, 정확도는 떨어졌다. 에우세비우스는 정통 교회가 초창기부터 중요 교구들로부터 내려온 전통 위에 서 있으며, 이단들은 정통 교회가 확립된 이후에 나타난 일종의 일탈이었다는 사실을 증명하기 위하여 주교 명단을 사용했다.
  하지만 이 명단들 중에서 시리아 사막지대 외곽에 위치한 에데사에 관한 자료들은 에우세비우스의 동시대인이었던 최초의 정통파 주교 쿤에 의해 조작된 것으로 보인다. 명단에서 보여준 것과 다르게 이 지역의 기독교는 마니교도들을 포함하여 다양한 비정통적 기독교가 번성했기 때문이었다. 아마도 정통주의 신앙은 3세기 말에 가서야 이 지역에 전파되었을 것이다.

이집트의 초기 기독교인들은 대부분 기독교 영지주의자들이었다. 그들이 가르친 교훈은 콥트어로 기록된 〈이집트인들의 복음〉으로 출간되었는데 이는 후에 이단 문서로 판정받았다. 나일 강 상류지역에서 발굴된 자료들을 보면 당시 상부 이집트(나일 강 상류지역—옮긴이)에서는 영지주의 성향의 기독교가 유행했던 것으로 보인다. 하부 이집트(나일 강 하류지역—옮긴이)에 자리 잡은 알렉산드리아에서도 〈히브리인들의 복음〉을 사용하는 유대 기독교 공동체가 있었는데 이들 역시 후에 이단으로 간주되었다. 이곳에서 정통 교회는 알렉산드리아 주교 데메트리우스가 재임했던 시기(189-231)에 가서야 비로소 확립되었다. 그 또한 자신의 직위가 거룩한 사도들로부터 이어져왔다는 사실을 증명하기 위해 알렉산드리아 주교들의 계보를 작성하기 시작했다. 여기서도 알렉산드리아 주교의 계보는 열 명의 선임 신비가들부터 시작하여 마가를 거쳐 베드로와 예수에게까지 거슬러 올라간다. 기독교 정통주의는 3세기나 에우세비우스의 시대까지도 기독교의 종파들 중 하나였을 뿐 주류 신앙의 지위에까지 오르지는 못했던 것 같다.

베드로와 바울이 활동했던 안디옥에서도 2세기 말까지 상당한 혼란이 있었던 것으로 보인다. 안디옥은 수많은 비의秘儀적 종교제의가 행해지던 곳이었다. 이곳에서도 영지주의는 강력한 영향력을 발휘하면서 사도들이 떠난 이후 기독교를 접수했던 것 같다. 기독교인들 가운데 일부는 〈베드로 복음〉으로 불리는 이단문서를 사용했던 것 같고 '사도계승' 전통도 상실했던 것 같다. 율리우스 아프리카누스는 에우세비우스가 교구 주교의 명단을 작성할 때 많은 도움을 주었던 사람으로 그 스스로도 안디옥 교구의 주교 명단을 작성하기도 했다. 그는 당시 로마, 알렉산드리아, 안디옥의 주교를 추려본 결과 로마에서 12명, 알렉산드리아에서 10명의 주교를 찾아낸 반면 안디옥에서는 6명의 주교만을 발견했다. 이처럼 열악했던 안디옥에서 정통주의 신앙의 기반을 마련한 사람은 2세기 후반의 주교였던 이그나티우스였다. 그는 정통파 성직자들을 초빙하여 안디옥에서 영지주의를 몰아냈다. 이 같은 일은 서부 소아시아와 데살로니가, 그리고 크레테에서도 동일하게 되풀이되었다. 다시 말해 2-3세기 말까지도 교회는 신앙의 통일을 완성하지 못했던 것이다.

신약성경의 정경화

정통주의 신앙이 확립되기까지는 수많은 요인들이 필요했다. 이 중 신약성경의 정경화는 가장 핵심적인 요인이었다. 초기 기독교에서 결성적인 영향력을 행사했던 구전 전승은 2세기 초반부터 문서로 기록되기 시작했다. 오늘날은 그중 극소수의 문서들만이 전해오고 있지만 당시에 구전 전승을 문서로 남기는 일은 상당히 방대한 작업이었던 것으로 보인다. 이렇게 기록된 문서들에는 각종 교리와 주장들이 총망라되어 있었는데, 구전되어온 내용들을 적어놓은 것이어서인지 대부분은 모순을 일으키는 부분이 많이 포함되어 있었다. 이 같은 새로운 과제를 해결하기 위해, 교회는 무엇보다 먼저 사도들과 연관 없는 문헌들부터 배제하기 시작하는 등 처음부터 엄격한 태도를 취했다.

이러한 상황 속에서 마르키온과 같이 지나칠 만큼 엄격한 사람이 나타난 것이다. 그는 기독교를 유대교로부터 완전히 단절시켰으며(그 결과 예수가 행한 사역의 성격과 지적인 배경이 왜곡되었다) 신약성경을 바울 서신의 색채로 환원시켜버렸다. 마르키온의 방식대로 정경이 확립되었다면 역사적 예수는 사라져버리고 기독교는 완전히 그리스화되었을 것이며 영지주의에 더욱더 취약하게 되었을 것이다. 하지만 정통 교회는 다행스럽게도 마르키온의 태도를 경계하면서 이보다는 훨씬 덜 배타적인 방향으로 나아갔다. 2세기 후반에 성경 목록이 하나 만들어졌는데—이 목록은 8세기에 라틴어로 번역되었으며 1740년에 L. A. 무라토리에 의해 출판되었다—이 목록을 보면 파피아스 시대 이후로 정경의 범위를 확대하려 했다는 것을 확인할 수 있다. 이렇게 정경을 확대하고자 했던 이유는 예수와 그의 사상의 다차원적인 모습을 보여줌으로써 예수의 가르침을 설득력 있게 해석하여 그 영향력을 확대시키려는 데 있었다. 이와 같은 작업은 예수의 가르침을 해석할 때 발생할지도 모르는 수많은 윤리적이고 신학적인 문제들을 수용하겠다는 것과 역사적 사실의 모순도 받아들이겠다는 것을 의미하기도 했다. 어찌 보면 이 작업은 기독교의 보편주의적 정신을 보존하는 일에 도움을 주었다. 결과적으로 이 일은 바울 신학과 같은 하나의 목표를 지향했던 신학보다는 수많은 통찰과 다양한 기반을 제공하고 있는 예수 전통에 좀 더 충실하게 진행되었다.

  신약성경의 정경화는 이단에 대항하기 위한 하나의 무기로 사용되었다. 지금까지 알려진 증거들을 종합해볼 때 이단은 어떤 일정한 창시자에 의해 생겨난 것만은 아니었다. 즉, 이미 대중들 사이에 널리 퍼져 있던 사상들을 토대로 이단이 발생하는 경우도 적지 않았다는 것이다. 하지만 정경이 점차 확고하게 마련되자 교회는 이단에 물든 대중들을 좀 더 구체적으로 계도할 수 있게 되었다. 다른 말로 하면 다양한 전통을 추종하는 사람들을 정통 신앙의 우산 아래 포용할 수 있게 되었으며, 이와 동시에 정통주의 신앙의 지도자들은 위험한 문서들을 효과적으로 폐기할 수 있게 되었다. 그 결과 3-5세기에 기록된 '복음서들', 특히 영지주의에 물든 복음서들이 폐기되었고, 그리하여 지금 그 문서들은 사라지고 없다. 또한 정경으로 채택된 문서들 속에 포함된 위험한 요소들도 좀 더 정통주의적인 자료들을 덧붙임으로써 어느 정도 걸러낼 수 있었다. 이에 따라 마르키온에게 피해를 보았던 바울 서신들은 '목회 서신'(디모데전서, 디모데후서, 디도서—옮긴이)으로 불리는 문서들이 첨가됨으로써 신뢰를 회복했다. '목회 서신'은 당시 기반을 다져가고 있던 정통 교회의 입장을 대변하는 논조로 기록되었다. 요한복음은 몬타누스파를 비롯한 이단들에 의해 자주 애용되어 정경에서 배제될 위기에 처하기도 했으나 요한1서, 요한2서, 요한3서와 동일한 저자의 것으로 판명됨으로써 간신히 살아남을 수 있었다.

정경을 확정해가는 과정에서 기독교 도시들 간에 치열한 다툼과 흥정이 벌어지기도 했다. 이 같은 다툼과 흥정은 더욱 확대되어 동방과 서방 사이의 거래로 발전해갔다. 예를 들어 서방은 동방, 특히 알렉산드리아에서 출간된 문서 대부분을 받아들이지 않았고, 대신에 마찬가지로 2세기에 로마에서 출간된 문서들을 받아들이라고 동방에 강요할 수 없었다. 서방은 동방에 계시록을 받아들이도록 설득하는 데 실패했다. 대부분의 그리스인들은 8세기까지도 계시록을 미심쩍어 했고 일부 그리스인들은 계시록을 아예 받아들이려 하지 않았다. 그리고 이미 몇몇 교부들은 히브리서가 바울의 저작이 아니라는 것을 알고 있었다. 이러한 이유 때문에 히브리서는 무라토리 단편에 포함되지 않았고, 테르툴리아누스를 비롯한 서방 사람들도 이를 정경으로 받아들이지 않았다. 히브리서를 정경으로 받아들였던 첫 번째 사람은 4세기 중엽에 라틴계 출신으로 명성을 날렸던 푸아티에의 주교 힐라리우스였다. 히브리서는 특히 동방에서 인기가 높았다. 그러나 당시 교회에 가장 큰 영향력을 미치고 있었던 아우구스티누스 또한 히브리서의 저자는 바울이 아니라고 확신하고 있었다. 그럼에도 불구하고 419년에 열렸던 카르타고 공의회에서 히브리서는 많은 논란 끝에 바울 서신의 하나로 결정되었다.

정경화 과정에서 에우세비우스의 영향력은 누구 못지않게 상당했던 것으로 알려져 있다. 그는 누구나 의심 없이 받아들일 수 있는 문서를 통해 교회의 가르침과 구조를 보증하려 했다. 에우세비우스가 죽은 후에, 그가 의심스럽다고 여겼던 문서들 중 유용한 것으로 판단된 몇몇 문서들이 정경으로 받아들여졌다. 대략 367년쯤에 정경화 과정이 마무리된 것으로 보이는데, 당시에 아타나시우스는 부활절 서신에서 정경 목록을 제시했다. 이때 신약성경은 히브리 성경(구약성경)보다 훨씬 중요한 교회 가르침의 도구로 사용되었다. 이처럼 신약성경은 하나의 도구로 사용되기 위해 교회에 의해 형성된 것이지, 신약성경을 통해 교회가 형성된 것은 아니었다.

하지만 결과적으로 보면 제도 교회가 굳건히 설 수 있었던 데는 정경으로 확정된 '새로운 성경'(신약성경)의 역할이 결정적이었다. 바울이 서신을 썼을 때만 해도 대부분의 기독교인들은 그리스도의 재림이 임박한 것으로 생각했다. 그러나 바울 말년에 이르면 이미 재림이 당대에 이루어질 것이라는 희망은 퇴색되어갔고, 이후 기독교인들은 종말의 지연이라는 문제를 해결해야 했다. 초기만 해도 부활사상과 소위 '죽어서 천국에 간다'는 개인적인 구원관은 서로 결합되지 않은 채 각기 따로 전파되었다. 그러나 점차 전자의 사상이 배후로 밀려나기 시작했다. 이와 더불어서 기독교인들이 지켜야 할 윤리규범들이 한층 더 복잡하고 미묘해져 갔다. 바울이 외친 회개에 대한 종말론적 요청, 즉 '깨어 있으라'는 명령은 그가 저술한 것으로 알려진 히브리서와 목회서신들에서 '기독교인의 삶'이라는 이념으로 대체되었다. 다시 말해 삶의 규칙들이 구원의 조건으로 자리 잡게 된 것으로, 복음서에 나타난 윤리적인 명령들이 새로운 율법이 되어갔다. 율법은 순종을, 순종은 권위를 함축한다. 그 당시 권위란 무엇을 의미했는가? 바로 교회였다. 그러면 교회를 구성하고 있는 것은 무엇인가? 교회를 운영하고 있는 사람들이다.

 이러한 논의는 기독교인들의 윤리뿐만 아니라 신앙에도 동일하게 적용되었다. 히브리서는 믿음과 이에 대한 기독교인들의 공식적인 고백을 강조했다. 요한1서는 이단과 거짓된 지식에 대항하는 수단으로 공식적인 고백사상을 도입했다. 신앙고백은 한마디로 그리스도에 대한 믿음에 동조할 것인지 거부할 것인지에 대한 결정이었는데, 이제 이 고백은 공식적인 교회에 동조할 것인지 거부할 것인지에 대한 결정으로 발전했던 것이다. 신앙고백은 해석되어야만 했다. 요한1서의 저자는 자신의 해석을 거부한 사람은 신앙의 일부분을 거부하고 있는 것일 뿐만 아니라 더 나아가 신앙 그 자체까지도 거부하고 있는 것이라고 강조했다. 왜냐하면 그는 믿음이란 나누어질 수 없다고 생각했기 때문이다. 여기서 우리는 기독교 교리가 왜 생겨나게 되었는지를 추측해볼 수 있다. 기독교인들에게 영향을 주었던 문서들은 과연 신뢰할 수 있을 만큼 권위가 있는지에 대한 검증 작업을 필요로 했다. 여기서 문서를 검증하는 과정 자체가 바로 권위 있는 행위로 여겨졌다. 누가 이러한 과정을 맡고 있었는가? 바로 교회였다. 그리고 구체적으로 교회를 운영하는 사람들이었다.

성직자의 탄생

성직자clergy 개념은 그리스 사상과 유대 사상이 결합되어 탄생한 것으로 보인다. 예루살렘의 유대 기독교 공동체에는 권위가 부여된 장로들이 있었다. 즉, 그들은 '기둥으로 인정받는' 지도자들이었다. 이에 비해 그리스 지역 교회 공동체의 감독과 집사들은 영적인 기능만을 담당하고 있었다.

다시 말해 그들은 조직가나 재정 담당자, 입법가가 아닌 일종의 은사주의자들이었다. 바울이 쓴 서신들과 누가의 사도행전에서도 그들은 이같이 묘사되어 있다.

하지만 2세기 초반에 들어서면서부터 성직구조의 기반이 마련되었던 것 같다. 〈클레멘스 제1서〉를 보면 교회에서의 '예절과 질서'를 강조하고 있는데 여기에서 말하는 질서란 교회의 계급구조를 가리킨다. 여성은 남성에게 복종해야 하고 청년은 어른에게, '회중'은 장로에게 복종해야 한다. 장로가 없으면 감독이나 집사에게 복종해야 한다. 감독(주교)제는 이미 역사적인 기원을 가지고 있었다. "사도들은 위에서 언급된 사람들을 감독으로 임명했고 이들이 죽은 후에는 신뢰할 만한 사람들이 감독직을 인계받아야 한다는 점을 하나의 법으로 제정했다." 안디옥의 이그나티우스가 서신을 썼던 시기에 이르면—이 서신은 클레멘스 서신보다 20년 후에 쓰인 것 같다—교회의 직책 구조는 좀 더 세분화되어 주교bishop, 사제회council of the presbyters, 부제deacons 등으로 교회 직분자들이 구분되었다. 이 시기에 이르면 목회서신에서 볼 수 있는 것처럼 임박한 종말을 기다리는 공동체에서나 가능할 것 같은 민주적인 모습은 흔적도 없이 사라져버렸다. 회중들은 자유를 잃어버렸고 주교들은 권위적으로 진리를 가르쳤으며 직분은 사도적 전통을 보존하는 수단으로 간주되었다. 주교의 권위는 사도들로부터 기원한다는 것을 증명하기 위해 작성된 주교들의 명단에 의해 지탱되었기에, 거의 모든 제도권 교회들은 자체적으로 주교 명단을 작성했다. 어느 교회도 최초의 복음이 먼저 주어졌다고 자신 있게 주장할 수 없었기 때문에, 교회들은 서로 협력하여 군주적인 주교 제도와 사도시대로 거슬러 올라가는 계보를 공동으로 구축했다.

주교 제도가 확립되자 교회의 통일성은 더욱더 강화되었다. 전통을 보호하기 위해 강조되었던 계승 이념은 이제 성직자 계급을 만들어내는 데 사용되었다. 테르툴리아누스는 성직자 계급을 법률적인 관점에서 파악하여 주교들은 영적 자산을 물려받은 '상속자들'이라고 주장했다. 그렇기 때문에 그들의 권위는 어느 곳에서든지 인정을 받아야 했다. 그렇다면 그들은 어떻게 영적 유산의 상속자들이 되었는가? 이에 대해 로마의 히폴리투스는 주교로 임직을 받을 때에는 특별한 성화 능력도 받게 되는데, 주교는 사도들처럼 대제사장, 가르치는 교사의 권위, '감독자 watchman'의 직무라는 삼중의 권위를 받게 된다고 설명했다. 주교만이 다른 주교를 서품할 수 있었다. 이리하여 성직 서품식을 통해 처음으로 성사聖事의 분화가 이루어졌다.

2세기에 접어들자 교회는 소아시아와 북아프리카, 그리고 로마와 그리스 지역 등으로 점차 확산되어갔다. 이처럼 교회가 빠르게 성장한 배경에는 정경화와 주교 제도를 바탕으로 정통주의 신앙이라는 단일한 신앙형태를 구축한 것이 결정적인 힘이 되었다. 단일한 신앙을 바탕으로 전개된 교회의 확장과 주교 제도의 발전은 임박할 것 같았던 종말이 지연됨으로써 찾아온 상실감을 채우기 위한 실용적인 반응이자 이단과의 끊임없는 투쟁의 결과였다. 이론은 변화를 이루기보다는 변화를 합리화하고 정당화하기 위해 만들어졌다. 당시 교회는 매우 보편주의적인 성격을 띠고 발전해갔다. 아니, 오히려 교회는 승리감에 도취되어갔다. 교회는 편협한 이데올로기에서 벗어나려 했으며, 이에 따라 지나치게 바울 편향적이었던 마르키온과 은사주의자들의 옹호자인 테르툴리아누스가 배척당하는 등 일부 뛰어난 사람들이 희생되었다. 당시 교회는 포괄적으로 합의된 원리를 바탕으로 움직이고 있었기 때문에, 다양한 의견들이 맘껏 개진될 수 있는 천국이었다.

교회가 이렇게 일사분란하게 발전해나가자 서방에서는 다양성이 빠르게 사라지고 있었고, 동방에서 확립된 정통주의 세력은 3세기 초까지 가장 큰 영향력을 발휘하면서 뿌리내리고 있었다. 교회는 부유한 사람들과 고등교육을 받은 사람들을 흡수하게 되면서 점차 로마 제국에서 만만치 않은 영향력을 행사할 수 있는 세력으로 부상했다. 따라서 당시 교회는 순전히 사람들의 요구에 부응하여 실제적인 문제들에만 관심을 기울이던 상황을 넘어, 점차 사회 전반에 영향을 미칠 수 있는 고도로 신중한 철학들을 발전시키는 문제로 관심을 확장시켜갔다.

이 같은 흐름은 크게 두 가지 방식으로 표현되었다. 하나는 기독교를 철학과 정치체계로 전환시키려는 시도이고 또 다른 하나는 신앙의 지성화로 인해 신앙이 파괴되는 것을 막기 위한 방어수단을 개발하는 일이었다. 이러한 시도는 모두 3세기 초 혹은 중엽에 이루어지기 시작했는데 전자의 대표자는 오리게네스이고 후자의 대표자는 키프리아누스이다.

정통 교회의 확립: 오리게네스와 키프리아누스

바울이 자신이 경험했던 신앙의 가르침들을 기독교 1세대에 전해주었다면, 오리게네스는 새로운 종교(기독교—옮긴이)를 제1원리의 관점에서 재검토했던 최초의 위대한 기독교 철학자였다. 오리게네스 철학의 적수이자 기독교를 반대했던 포르피리우스의 말처럼 오리게네스는 "그리스의 이념들을 낯선 우화에 도입했다." 즉, 철학적 변호를 통해 야만스런 동방 종교에 지적 토대를 구축해준 것이다. 오리게네스는 비범한 인물이었다. 에우세비우스가 "그의 어린 시절조차 언급할 가치가 있다"며 극찬했던 오리게네스는 당시 로마 제국에서 두 번째로 큰 도시이자 학문의 중심지였던 알렉산드리아에서 태어났다. 그의 아버지는 순교를 당한 것으로 보이며, 이로 인해 17세였던 오리게네스는 여섯 명의 어린 동생들과 함께 고아가 되었다. 그는 무척 부지런한 천재로 18세에 알렉산드리아 교리 문답학교 교장이 되었다(당시 그는 이미 문학과 교육의 전문가가 되어 있었다). 하지만 얼마 지나지 않아(서기 203년쯤) 종교적 열광주의자로 변신했고 그 이후에 거의 모든 삶(거의 50년 동안)을 열광주의자로 살았다. 그는 종교에 헌신하기 위해, 하던 일을 모두 그만두었으며 자신이 가지고 있던 책을 팔아버리기도 했다. 그는 나태함에 빠지지 않기 위해 엄격한 금욕 생활을 했던 인물로도 유명한데, 예를 들면 마룻바닥에서 잠을 자거나, 육류와 포도주를 먹지 않거나, 외투 한 벌만을 입고 살기도 했다. 심지어는 "하늘나라 때문에 스스로 고자가 된 사람도 있다. 이 말을 받아들일 수 있는 사람은 받아들여라"(마태복음 19:12) 하는 말씀에 순종하기 위해 실제로 고자가 되기도 했다.

오리게네스의 학식은 실로 엄청났고 매우 독창적이었다. 그는 언제나 근원까지 추적하여 철저하게 따져 묻기를 즐겼다. 에우세비우스에 따르면 "히브리어를 알았던 그는 유대인들을 통하여 성경 원본들을 수중에 넣었다." 오리게네스가 확보한 성경 본문 가운데는 사라지고 없어진 본문들도 있었다. 시편의 경우 오리게네스는 잘 알려진 네 개의 시편 본문들뿐만 아니라 세 개의 다른 시편 본문들도 수집했다고 한다. 이 세 편 속에는 '여리고에 있던 항아리에서 그가 직접 발견한 한 편'도 포함되어 있었다. 이런 방식으로 성경 본문들을 수집한 결과 그의 기념비적인 작품인 '헥사플라 Hexapla(6개 언어 대조판)가 완성될 수 있었다. 이 책은 여섯 개의 언어로 쓰인 성경 본문들을 서로 대조해볼 수 있도록 병행시켜놓은 것으로 오늘날에는 이 중 한 개의 육필원고만 남아 있을 뿐이다. 이처럼 그는 어느 누구보다도 원전 탐구에 몰두했던 것 같다. 그는 일종의 강박관념에 사로잡힌 저술가였다. 부지런한 사람으로 유명한 히에로니무스조차 다음과 같이 불평하기도 했다. "누가 과연 오리게네스가 쓴 책들을 다 읽을 수 있단 말인가?" 하지만 우리들은 오리게네스가 저술한 방대한 성경 주석들을 확인해볼 수 없다. 대부분이 소실되었고 남아 있는 것조차 완전히 편집되어버렸기 때문이다.

오리게네스를 통해 성경신학이 탄생했다. 즉, 성경의 문장들 속에 숨겨진 의미를 찾아내기 위해 '알레고리' 등이 체계적으로 탐구되기 시작한 것이다. 이러한 연구결과를 바탕으로 오리게네스는 《원리론First Principles》을 저술했다. 이 책에는 일종의 기독교 철학이 소개되어 있는데, 그는 이를 기반으로 세상 모두를 해석할 수 있다고 보았다. 지금까지 기독교인들은 철학을 부적절한 것, 그리고 이교도의 것으로 무시하거나, 이와 반대로 플라톤을 비롯한 철학자들을 기독교 이전의 기독교인들로 범주화하여 바울 신학의 상부구조를 설계하는 기초로 삼기도 했다. 하지만 오리게네스는 이러한 전통을 물리치면서 그리스 철학자들을 거짓된 사람들로 치부해버렸다. 그러고 나서 그는 성스러운 지식과 철학적인 지식을 새롭게 종합하려고 했다.

그에게 지식의 제1원리는 세비야의 이시도루스 같은 백과사전파나 중세 스콜라 학자들의 조직신학 총론Summae과 유사한 방식으로 기독교의 틀 안에서 형성된 거대한 체계를 가리킨다. 오리게네스 덕분에 고전시대(헬레니즘 시대—옮긴이)의 부록쯤으로 여겨지던 기독교가 이에 독립하여 지적 기반을 갖게 되었던 것이다. 뿐만 아니라 오리게네스는 성직주의 이론을 정립한 당대의 으뜸가는 이론가이기도 했다. 하지만 그와 교회의 관계는 결코 평탄하지 않았다. 그는 성직 안수를 받지 못했다. 평신도 신분으로 설교를 했던 것이 성직자들의 분노를 일으켰기 때문이다. 이러한 이유 때문이었는지 모르지만 오리게네스는 성직자를 존경하기보다는 종종 그들의 탐욕과 야망 등 어두운 면들을 공격하기도 했다. 그럼에도 불구하고 교회의 능력과 위엄에 대해서는 찬양을 아끼지 않았다. 사실, 오리게네스는 성직자의 지위가 결코 파괴될 수 없는 것이라고 믿었기에 타락한 성직자들에 대해서 정확한 비평을 할 수 있었다고 볼 수도 있다. 오리게네스는 성직자와 평신도가 절대적으로 구분되어 있다는 것을 강조했으며, 이를 법률적으로 뒷받침하려 했다. 그는 교회를 국가에 비유했다. 국가에 왕과 군주들이 있어야 하듯 교회 안에는 성직자들이 있어야 한다. 그들은 영적인 일을 수행하는 사람들이기에 무한히 높고 거룩한 지위를 갖는다. 따라서 평신도는 성직자가 마음에 들지 않거나 나쁜 사람들로 판명되더라도 그들에게 존경을 표하면서 끊임없이 복종해야 한다.

오리게네스가 정교하게 정립했던 철학체계를 기반으로 삼아, 그와 동시대에 살았던 카르타고의 키프리아누스는 교회 내부의 규율과 훈련의 이론적 토대를 마련했다. 오리게네스가 기독교의 보편적 개념을 제시했다면 키프리아누스는 이 개념을 작동시킬 수 있는 기구들을 제시했던 것이다. 이들이 맡았던 일이 각기 달랐던 것은 출신 배경의 차이에서 비롯된 것으로 보인다. 오리게네스가 지성인이었다면 키프리아누스는 로마제국의 부유한 관료 집단 출신이었다. 키프리아누스는 박해를 비롯한 외부 공격에 대항하여 교회를 변호하는 등 실제적인 문제에 대처해야만 했다. 그는 절대적인 권한을 지닌 치밀한 조직을 통해 이 문제를 해결하려 했다. 예를 들면, 교회는 하나님이 세우신 기관이다. 교회는 그리스도의 신부요, 구원의 모체이다. 교회는 오직 하나이며 나누어질 수 없는 보편적 공동체이다. 이 같은 보편적 교회에 포함될 때에만 비로소 생명을 얻을 수 있다. 교회의 거룩한 교제 밖에는 오류와 어두움이 있을 뿐이다. 성례와 주교 임직, 신앙고백, 심지어는 성경도 참된 교회(보편교회—옮긴이) 밖에서 행해진다면 의미를 상실하게 될 것이다. 교회는 조직된 형태로 구성된 인간적이고 가시적인 공동체이다. 개인은 하나님과 직접적인 접촉에 의해 구원을 받을 수 없다. 교회 직제는 그리스도와 사도들에 의해 만들어진 것이다. 평신도들이 주교 선거에 참여할 수는 있지만 실제로 주교를 선택할 수 있는 권한은 사제들, 특히 다른 지역의 주교들에게 주어져 있다. 대도시 주교들은 해임권도 가지고 있다. '교회에서 일어나는 문제들은 무엇이든' 주교의 지휘 아래 '처리되어야 한다'. 주교가 없으면 교회는 존재할 수 없다. 교회가 없으면 구원도 없다. 누가 진정한 교인인지 아닌지, 그리고 누가 구원받기에 합당한 사람인지의 여부는 주교가 결정한다. 주교는 주어진 상황에서 교회의 필요에 따라 성경을 해석해야 한다. 성경은 또한 교회에 충실하고 교회가 정한 규율에 복종하라고 명령하고 있다.

이같이 키프리아누스의 교회론은 바울의 가르침과 기독교 진리의 능력을 통해 보장된 자유를 평신도들로부터 빼앗아버렸다. 그의 교회론에 의하면 자유는 오직 주교들에 의해서만 유지될 수 있으며, 성령은 주교들을 통해서만 역사하며, 주교는 교회를 대표하는 권한을 위임받은 사람이다. 주교들에게는 폭넓은 판단능력이 주어져 있다. 이 같은 판단능력은 교회 전통과 성경의 진리에 근거하고 있다. 그들은 법을 작동시키고 해석하는 통치자들이다. 키프리아누스 주교는 이처럼 교회 구조를 세속 정부와 비슷하게 정비해나갔다.

로마 교회의 탄생

그럼에도 교회에는 여전히 한 가지 요소가 빠져 있었다. 교회는 아직 '황제와 같은 인물'이나 우두머리가 될 만한 사제를 확보하지 못했던 것이다. 주교들은 스스로 자신들의 권위가 사도들로부터 내려온 것으로 생각했으며, 예루살렘은 모든 사도들이 활동했던 어머니 교회였기에 한동안 예루살렘 교회의 장로들이나 '기둥으로 인정받는' 지도자들이 교회의 수장 역할을 했다. 그러나 예루살렘 교회는 서기 70년에 사라져버렸고 그 이후에도 결코 회복되지 못했다. 예루살렘을 대신할 만한 곳을 찾아야 한다! 이때 주목을 받았던 곳이 바로 로마였다. 이곳은 일찍이 베드로와 바울이 순교했던 곳으로 알려져 있었기 때문이었다. 베드로의 순교는 요한복음 13장 36절과 21장 18-19절에 암시되어 있으며, 고린도에 보낸 편지 《클레멘스서》와 이그나티우스가 로마에 보낸 서신도 베드로가 로마에서 순교했음을 증명해주고 있다. 가이우스(200년경)와 고린도의 주교인 디오니시우스의 발언을 바탕으로 에우세비우스 또한 이를 변호하고 있다. 술피키우스 세베루스(420년 사망)는 《연대기 Chronicle》에서 에우세비우스보다 더 자세하게 베드로의 순교를 기록했다. 에우세비우스와 디오니시우스 모두 바울은 참수를 당했으며 베드로는 십자가 처형을 당했다고 말한다.

베드로와 바울, 이 두 사도가 처형되어 로마에 장사되었다는 믿음은 아주 오래전부터 시작되었던 것이다. 테르툴리아누스 시대에 바티칸 언덕에는 이미 베드로와 바울의 순교를 기념하는 기념비가 있었다. 최근에 이루어진 발굴에 의하면 바티칸 언덕과 오스티아의 도로, 아피아 가도, 이렇게 세 군데에 기념비가 있었던 것으로 밝혀졌으며, 이미 2세기 초에 이곳에서는 이들의 순교를 기념하는 예배가 드려진 것으로 알려져 있다. 따라서 가장 위대한 사도로 존경을 받고 있는 베드로와 바울이 로마에서 활동했다는 점은 더 이상 이론의 여지가 없을 것 같다. 이처럼 초창기부터 가장 인상적인 계보를 확보하고 있었던 로마 교회는 이 점을 적절하게 활용했다. 로마 교회는 바울보다는 베드로를 선호했는데, 왜냐하면 그는 사도들 중의 우두머리이자 예수의 수제자였으며 '천국의 열쇠'를 물려받은 사람이었기 때문이었다. 약 250년까지도 로마 교회가 마태복음의 베드로 본문을 이용해서 교회의 수위권을 주장했다는 증거는 찾아볼 수 없다. 흥미롭게도 당시 로마 교회는 주교 제도를 주장했던 키프리아누스와 갈등 관계에 있었다. 그러나 2세기 후반에 바울의 추종자였던 마르키온이 첫 번째 이단으로 낙인찍히면서 로마 교회에서 바울의 권위가 추락하게 되었고 동시에 베드로의 권위는 확고해졌다. 최초의 로마 주교는 166-174년에 재직했던 소테르였던 것 같은데, 이때에 이미 예수에게까지 올라가는 주교 전통이 확립되어 있었다. 안디옥 교회의 창설자인 베드로와 알렉산드리아 교회의 설립자요 베드로의 동역자인 마가를 편입시킴으로써 로마 교회는 알렉산드리아 교회와 안디옥 교회를 자신의 영향력 아래 둘 수 있게 되었다.

그러나 이미 이전부터 로마 교회는 제국의 수도로서의 이점을 활용하고 있었다. 예를 들면 로마의 클레멘스가 고린도 교회에 보낸 편지를 보면 이를 확인할 수 있다. 이 편지에서 클레멘스는 로마 교회가 이미 최고의 권위를 지닌 교회인 양, 로마 교회의 관점에서 고린도 교회의 문제들을 진단하고 있기 때문이다. 2세기의 자료를 보면 로마 교회가 예배 의식, 부활절 날짜 등을 결정짓는 데 최고의 권위를 행사했던 것으로 보인다. 로마 교회는 신앙적인 면에서도 모범이 되어 국가의 조직적 박해에도 불구하고 이를 당당하게 극복하고 살아남은 첫 번째 교회였다.

로마 교회는 정통주의 신앙의 본산으로, 즉 베드로와 바울의 가르침을 순수하게 지켜온 것으로 여겨졌다. 이와 달리 동방 지역은 이단이나 영지주의, 불안정한 신조들이 성행했던 위험지대로 인식되었는데, 특히 시리아, 소아시아와 이집트 등이 그러했다. 이들에 비해 로마 교회는 상대적으로 이단에 감염될 위험에서 멀리 떨어져 있었기에 처음부터 영지주의를 배격할 수 있었고, 정경을 확정하고 위조문서들을 제거하는 데 역량을 발휘할 수 있었다. 헤게시푸스, 유스티누스, 로돈, 밀티아데스 등이 이단을 물리치는 데 큰 공을 세웠던 사람들이었다. 이들은 모두 친로마적 성향을 보였고 대부분 로마에 살면서 활동했다. 로마 교회는 사도적 전통의 계승자임과 동시에 제국의 수도라는 이점을 이용하여 신앙, 의식, 조직, 성경의 정확성 및 기독교의 관례들을 판단하는 데 하나의 기준이 되었으며, 기독교의 보편화를 이루는 데에도 결정적인 역할을 수행하게 되었다.

뿐만 아니라 초기부터 로마 교회는 일선에서 투쟁하고 있는 교회들을 재정적으로 후원해주고 있었다. 물론 처음에는 순수한 동기에서 시작되었지만 점차 의도가 개입되었다. 클레멘스가 고린도 교회에 보낸 편지에는 이러한 재정적 후원금이 동봉되어 있었던 것이 분명하고, 그 자금은 고린도 교회를 로마 교회에 복종하도록 하는 데 사용되었다. 아폴로니우스는 몬타누스파를 반박하는 글에서 사회의 갈등을 해결하는 데 돈이 유용한 것처럼 종교적 갈등을 해결하는 데도 돈이 중요한 역할을 할 수 있다고 말했다. 콘스탄티누스 황제가 자금을 사용하여 기독교를 후원했다는 에우세비우스의 말에서도 재정적 능력이 종교 발전에 어떠한 영향을 미쳤는지를 추측해볼 수 있다. 돈은 감옥에 갇혀 있던 기독교 지도자들을 석방시키는 데도 사용되었고, 노예를 해방하는 일과 교회를 세우는 데도 사용되었다. 또한 사회복지 시설을 후원하고 보석 보증금이나 재판을 유리하게 이끌기 위한 뇌물로도 사용되었다. 특히 로마 교회 안에는 부유한 교인들이 많이 있었다. 고린도의 디오니시우스가 2세기 말에 쓴 편지에는 다음과 같은 감사의 표현이 들어 있다. "여러분은 언제나 변함없이 친절하게 도시의 많은 교회에 연보를 하고 계십니다. … 여러분은 로마 교회의 관습과 소테르 주교가 강조하는 바에 따라 풍부한 재원을 하나님의 백성들에게 관대하게 베풀고 계십니다." 알렉산드리아의 디오니시우스가 보낸 전보를 보면 '시리아인들'도 로마 교회의 원조를 받았으며, 기부금은 언제나 충고와 교훈을 담은 편지들과 함께 보내졌다는 사실이 덧붙여져 있다. 이처럼 로마 교회는 재정적 후원을 통해 자신들의 지침을 따르도록 부드러우면서도 지속적으로 압력을 가했던 것이다.

정통주의 신앙과 군주적인 주교 제도의 등장, 그리고 로마 교회의 특수한 역할 등은 기독교가 정책적으로 발전시킨 결과였다. 교회법과 성직자 계급, 권위와 관련된 체계들은 세대를 거치면서 꾸준히 발전했고, 3세기에 이르면 그 결실을 보기 시작했다. 당시 교회는 다양한 투쟁 속에서 살아남기 위해 몸부림치고 있었다. 첫 번째 투쟁은 기독교를 보편 종교로 발전시키려는 세력과 이를 반대한 세력과의 불가피한 충돌로 발생했다. 두 번째 투쟁은 '모든 사람을 아우를 수 있기를' 바라면서 보편성뿐만 아니라 다양성을 포용할 수 있는 종교를 수립하고자 했던 기독교 설립자(예수—옮긴이)의 열망 때문에 발생했다. 예수의 사역은 당파들 간의 분쟁과 분노로 점철된 논쟁 속에서 전개되었으며, 결국 그가 폭력 세력에 의해 죽임을 당하면서 끝이 났다. 초대교회를 잘 묘사하고 있는 바울 서신들을 보면 당시에 초대교회에서 벌어진 격렬한 논쟁들을 엿볼 수 있다. 교회 역사상 평온한 시기는 없었다. 1세대 교회 대부분은 유대교에 흡수되었다. 1세기에 기독교는 지식인들에게나 걸맞은 복잡한 신비제의나, 초인적인 표준에 따라 엄격하게 삶을 통제했던 현실 도피적 내세종교로 변질될 위험을 안고 있었다.

그러나 교회는 여러 지역에서 모든 계층에게 꾸준히 파고들면서 그 생명력을 유지했다. 교회는 극단적인 노선을 피하려 했으며, 어떤 경우에는 그런 노선을 흡수하거나 타협하려고도 했다. 교회는 점차 통일성을 보존하고 교회의 사역을 감당하기 위해 세속 형태의 구조들을 수립하기 시작했다. 하지만 불행히도 이러한 과정 속에서 교회는 영성을 상실했다. 바울의 말을 빌리자면 교회가 자유를 상실하게 된 것이다. 그러나 이를 통해 교회는 안정될 수 있었고 집단적인 힘을 결집시킬 수 있었다. 이런 체계를 갖춘 덕분에 3세기 말에 이르러 기독교는 고대 역사에서 가장 강력한 지배체제를 구축했던 로마 제국에 맞서 싸울 수 있었다.

2부

순교자에서 종교 재판관까지

250-450년

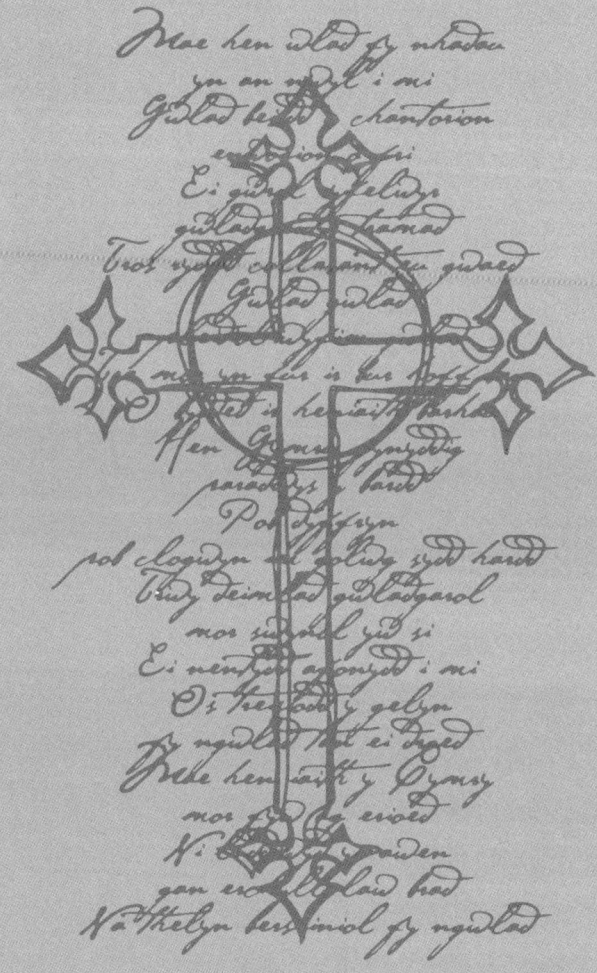

A History of Christianity

밀라노 칙령

밀라노에서 콘스탄티누스와 그의 동료인 리키니우스 황제는 313년에 각 지역 통치자들에게 꽃처럼 아름다운 편지를 보냈다. 이들 편지에서 콘스탄티누스와 리키니우스는 '기독교인들' 뿐만 아니라 그 어떤 종교를 섬기고 있는 사람들에게도 국가는 '완전한 관용'을 베풀 것이라고 천명했다. 이 두 통치자는 이와 같은 관용이 '매우 적절하고 유익한' 조치라고 생각했다. 이에 따라 이전에 존재했던 모든 반기독교 칙령들은 철회되었다. 기독교인들은 지금까지 몰수당했던 예배당과 재산을 돌려받을 수 있게 되었으며, 법률적으로도 적절한 보상을 받았다. 이와 같은 조치는 로마 제국 전역에서 시행되었고 모든 사람들에게 알려지게 되었다.

이른바 '밀라노 칙령'으로 불리는 이 조치는 세계 역사에서 결정적인 사건들 중 하나로 평가받고 있다. 이로 인해 기독교에 대한 로마 제국의 태도는 완전히 뒤집어졌다. 그러나 세계사를 바꾸었던 밀라노 칙령의 배후에는 좀 더 복잡하고 신비로운 이야기들이 숨어 있다. 기독교 변증가들의 선전에 따르면, 밀라노 칙령은 로마의 황제 자리를 놓고 막센티우스와 결정적인 전투를 벌이기 직전, 밀비안 다리에서 하나님을 경험한 이후에 기독교로 개종한 콘스탄티누스가 반포한 것이라고 한다. 에우세비우스 주교는 콘스탄티누스 황제로부터 당시에 "믿을 수 없는 표징이 하늘로부터 나타났다"는 고백을 직접 들었다고 말했다. 그러나 콘스탄티누스 황제가 보았다는 환상을 들여다보면 의심스러운 대목이 눈에 띄며, 그의 사상의 변화 또한 의심스러운 부분이 있다.

콘스탄티누스의 아버지는 기독교를 우호적으로 대했던 사람이었지만, 콘스탄티누스 자신은 태양신을 숭배했던 것 같다. 태양 숭배는 이교도들의 의식 가운데 하나로 일부 기독교인들도 이에 참여했다고 알려져 있다. 당시 로마 제국에는 수많은 이교의식들이 있었다. 이시스 여신 추종자들은 그녀의 거룩한 자녀들을 양육하는 마돈나를 숭배했다. 아티스(키벨레의 남편으로, 소아시아와 프리기아에서 숭배되다가 2세기경부터는 로마 전역에서 태양신으로 숭배됨—옮긴이)와 키벨레(그리스 신화에 나오는 프리기아의 여신. 생식 능력이 풍부한 대모신으로 숭배됨—옮긴이) 제의의식 때에는 피의 제전과 금식이 행해졌고, 3월 25일에는 힐라리아(로마의 키벨레·아티스 종파에서 아티스의 부활을 기뻐하며 지키던 환락의 날—옮긴이) 부활 축제의식이 행해졌다. 미트라교도들은 보통 엘리트 출신들로 구성되었고 거룩한 식사를 함께했다. 그들 중에는 특히 군의 고위 장교들이 상당수에 달했다. 콘스탄티누스 역시 미트라교도였음에 거의 틀림없다. 그가 '개종'한 후에 세운 '개선문'은 태양신 혹은 '정복되지 않는 태양'을 상징하고 있다. 당시 많은 기독교인들은 태양신 제의와 기독교의 예배의식을 구분하지 못했던 것 같다. 그들은 그리스도를 '하늘을 가로지르면서 병거를 몰고 있는' 분으로 묘사했다. 그들은 일요일에 예배를 드렸고 동쪽을 향해 무릎을 꿇었으며 동지, 즉 태양이 태어난 날인 12월 25일에 태양 탄생 축제를 거행했다. 율리아누스 황제 시절에 이교도가 다시 부흥하게 되자, 이

교도 축제와 기독교 의식 사이를 구별하기가 더 힘들어졌다. 따라서 그들은 이교도로 변절하기가 쉬웠던 것이다. 트로이의 주교는 율리아누스에게 자신은 항상 비밀리에 태양에게 기도했다고 말했다. 콘스탄티누스도 당시에 발행한 동전에 태양을 새겨 넣는 등, 결코 태양신 숭배를 포기한 적이 없었다. 그는 일요일을 휴일로 제정하여 이날에는 농사짓는 일 외에 모든 노동을 금지했고 법정도 휴무하도록 했다. 이와 동시에 콘스탄티노플 광장에 자신의 모습을 본떠 만든 태양신 동상을 세웠다. 또 그는 여신들의 어머니인 키벨레 신상도 세웠는데, 이 신상의 모습을 보면 마치 기독교인들이 기도하는 것과 같은 자세를 취하고 있었다.

콘스탄티누스 황제

콘스탄티누스가 어떻게 기독교로 개종하게 되었는지를 살펴보는 일은 그리 단순하지 않다. 그는 미신 숭배에 관대했던 사람으로 직업군인들 사이에 널리 퍼져 있던 견해, 즉 각자가 신봉하는 신과 종교의식은 존중되어야 한다는 입장에 서 있었다. 콘스탄티누스는 군 사령관으로 재직하던 어느 날 분명히 낯선 경험을 했고, 그의 군대에 속한 기독교 병사들은 중요한 역할을 맡았다. 그는 밀라노 칙령을 발표하기 오래전부터 그가 경험했다는 표징과 징조에 집착하여, 자기 군대의 방패와 깃발에 기독교 문장紋章, 즉 키-로ዎ를 새겨 넣도록 했다. 하지만 그는 새로운 수도를 정하고 건설하는 일과 같은 국가의 중요 정책을 결정할 때마다 미신에 의존했다. 그는 죽기 직전까지 세례를 받지 않았는데, 이 같은 행위는 당시에 하나의 관례였던 것으로 보인다. 당시 기독교인들은 세례를 받고

난 후에 저지른 죄에 대해서는 용서를 받지 못한다고 믿고 있었다. 그래서 세속적인 삶을 살아가는 사람들, 특히 기독교의 가치와 양립할 수 없는 직업을 가진 공직자들은 세상을 떠나기 직전에 가서야 세례를 받으려 했던 것이다. 에우스비우스는 콘스탄티누스가 죽기 직전에 세례를 받았다고 말했는데, 그의 설명은 약간 애매모호하다. 당시 교회는 콘스탄티누스의 생활방식을 못마땅하게 생각했기 때문에 그에게 성례를 베푸는 것을 거절했을 수도 있다. 다시 말하면 콘스탄티누스가 기독교로 개종하게 된 배경이 신앙심 때문만은 아니었던 것이 분명하다.

그는 키가 컸고 진한 눈썹에 얼굴과 턱의 윤곽이 뚜렷했으며 운동에도 능한 건강한 사람이었다. 그러나 그는 성질이 난폭하고 잔인했던 것으로 알려져 있다. 트리어와 콜마르에서 벌어진 전투에서 사로잡은 전쟁포로들을 사나운 맹수들의 밥이 되게 했고, 북아프리카에서도 대량학살을 자행하여 엄청난 비난을 받기도 했다. 그는 사람의 생명을 존중하지 않았는데, 예를 들어 자신의 권한을 이용하여 큰아들과 두 번째 부인을 처형했으며, 사랑했던 누이의 남편을 비롯한 수많은 사람들을 의심스럽다는 혐의로 처형했다. 그는 축첩, 매춘, 노예를 유혹하는 행위들을 금지시킬 정도로 일종의 청교도 같은 면을 가진 사람이었던 반면에, 나이를 먹어감에 따라 사생활에서는 괴팍한 성격을 나타내 보이곤 했다. 그는 '황소 목'으로 불릴 정도로 몸이 뚱뚱했던 것으로 알려져 있으며, 갑상선에 생긴 혹으로 고생을 했던 것 같다. 권력구조를 개편하고 운영하면서 평화적인 협상과 타협의 명수다운 면모를 보여주었던 한편, 억압적이고 이기적이며 자기 의를 내세우고 무자비한 인물이기도 했다. 그러다가 점점 아첨을 좋아하고 화려한 의상이나 치장, 화려한 수식어가 붙은 명칭들을 좋아하게 되었다. 그의 조카인 율리아누스는 콘스탄티누스가 우스꽝스럽게 보일 정도로 지나치게 외모를 치장했다고 말했다. 율리아누스에 의하면 콘스탄티누스는 수염을 길렀고 불편하기만 한 동방의 의복을 걸쳤으며 팔에는 보석들이 주렁주렁했고 머리에는 삼중관과 물들인 가발을 쓰고 미친 사람처럼 앉아 있었다고 한다.

에우세비우스 주교는 콘스탄티누스가 대중에게 깊은 인상을 남기려고 이러한 옷을 입었다고 하면서 그를 변호해주었다. 허영심이 많고 미신에 관대했던 콘스탄티누스가 기독교를 포용했던 이유는 과연 무엇일까? 그 이유는 무엇보다도 기독교가 그의 관심사와 맞아떨어졌을 뿐만 아니라 갈수록 심해지고 있던 그의 과대망상증에 적합했기 때문이었다. 그는 일종의 황제교황주의Caesaro-papalist적인 통치를 보여주었다. 그는 성직자들이 정부의 관리처럼 일하는 일종의 국가교회를 원했기 때문에 교회 문제에 자주 개입했다. 사제를 겸한 왕이 되기를 원했던 그의 바람과는 달리 콘스탄티누스는 제국 곳곳에 세워졌던 그의 흉상과 동상들이 증언하고 있는 것처럼 이방 신-황제pagan God-emperor에 가까웠다. 에우세비우스는 콘스탄티누스가 주교들을 접견하는 자리에서 다음과 같이 말했다고 전한다. "여러분은 교회 문제에 관해 재판할 수 있는 주교들입니다. 그러나 나는 교회 밖에 있는 사람들을 감독하도록 하나님께서 임명하신 주교입니다."

콘스탄티누스는 바울 신학을 알지 못했던 것 같다. 그러나 에우세비우스에 따르면 그는 오리게네스 사상의 일부를 흡수하여 세속화했고 스스로를 하나님의 중요한 도구로 간주했다. 에우세비우스는 콘스탄티누스가 "제국의 권위는 모두 위에서 내려온 것이다"라고 말했다고 전한다. 즉, 콘스탄티누스는 자신이 "위로부터 거룩한 칭호를 부여받은 강력한 능력의 소유자"라고 주장한 것이다. 콘스탄티누스는 그리스도를 사랑한 나머지 "그의 통치하에 있는 사람들을 독생자 예수 그리스도에게로 인도하여 그리스도 왕국의 백성들로 만들려" 했으며, "하나님 말씀의 해석자"요, "이 땅의 사람들에게 진리와 경건의 법칙을 선포한 강력한 음성"이며, "선원들을 책임지고 있는 선장"이었다는 평가를 받았다. 에우세비우스에 의하면 하나님은 왕권을 세우신 분으로 "세상에는 오직 한 명의 왕이 존재하고 있는데, 그의 말씀과 왕실의 법은 하나이다. 즉, 왕실의 법은 시대와 관계없이 살아 있고 자존自存하는 말씀이다." 이러한 분석에 따르면, 콘스탄티누스는 황제의 신분으로 구원의 과정에서 중요한 역할을 했던 사람, 즉 적어도 사도들만큼 중요한 역할을 맡은 절대적으로 필요한 존재였다. 적어도 황제는 자신을 그렇게 생각했던 것 같다. 콘스탄티누스는 콘스탄티노플의 새로운 사도 교회에 자신의 무덤을 준비했다. 에우세비우스에 따르면 콘스탄티누스는 "자신이 사도들과 같은 반열에 있다는 사실을 분명히 했고, 그가 죽은 후에 이 교회에서 사도들과 자신을 위해 예배를 드릴 때마다 바로 자신이 경배의 중심이 되어야 한다는 것"을 "예견하면서" 이 무덤을 건립했다. 실제로 그의 무덤은 교회당 한가운데 위치해 있고 양쪽에 12명의 사도들이 서 있다. 다시 말해 그는 13번째 사도이자 사도들 가운데 으뜸가는 사도로 경배를 받을 수 있도록 무덤의 구조를 만들었던 것이다.

기독교와 로마 제국

기독교는 어찌하여 이처럼 과대망상증에 사로잡힌 사람을 기독교의 신정정치 체제에 딱 들어맞는 인물로 치켜세웠던 것일까? 혹시 어떤 거래가 있었던 것은 아닐까? 그리고 이처럼 어울리지 않는 교회와 국가의 결합에서 어느 쪽이 더 큰 이익을 얻었을까? 다른 말로 하면 제국이 기독교에 굴복했던 것인가 아니면 기독교가 제국과 음행했던 것인가? 이에 대해 명쾌하게 답변하기란 참으로 어려운 일이다. 왜냐하면 초기 기독교 역사는 매우 복잡하게 구성되어 있었기 때문이다.

로마 제국과 기독교의 갈등이 어떻게 시작되었는지는 분명하지 않다. 로마 제국은 평화를 지향하는 종파라면 어느 종파에게든 관용을 베풀었다. 이러한 관점에서 유대 기독교는 열심당파나 유대 민족주의자들 때문에 폭력적인 종교로 비쳐질 수도 있었다. 그러나 바울이 선교했던 그리스적인 기독교는 비정치적이고 비민족적이었다. 그리스적 기독교에도 혁명적인 사상이 없지는 않았지만, 사회변혁의 이론을 담고 있지는 않았다. 예수 또한 청중들에게 국가에 세금을 내라고 말한 적이 있었다. 바울도 기독교인들에게 그리스도의 재림을 기다리는 동안 합당하게 세워진 권위에 복종하라고 권면했다. 2세기 중엽에 일부 기독교 사상가들은 이제 막 성장하고 있는 보편주의 성향의 기독교 운동이 로마 제국이 지향하는 관심사와 동일하다는 것을 알게 되었다. 기독교인들은 황제숭배를 거부했지만, 또 다른 면에서는 충실한 로마인들이었다. 이와 관련하여 테르툴리아누스는 다음과 같이 주장했다.

우리는 항상 황제를 위해 기도하고 있다. 우리는 황제의 장수와 안정된 통치, 안전한 가정, 용감한 군대, 신실한 원로원, 정직한 백성, 평온한 세상을 위해서뿐만 아니라 황제가 기도할 모든 것을 위해 기도한다. … 우리는 전 세계를 위협하는 거대한 힘, 즉 끔찍한 고통이 찾아올 것이라고 위협하는 종말이 로마 제국에 의해 지연되고 있음을 잘 알고 있다. … 종말의 지연을 위해 기도하는 것은 로마 제국이 지속되는 것을 돕는 셈이다. … 우리 하나님께서 로마 황제를 지명했기에 우리는 황제는 당신들의 황제라기보다 우리의 황제라고 말할 권리가 있다.

테르툴리아누스 시대에 오면 로마 제국을 전복하고도 남을 정도로 기독교인의 수가 늘어났다. "과거에 우리는 소수였지만 이제는 도시나 정부 소유지, 요충지, 읍면 소재지, 금전 거래소, 군 막사나 부족 마을, 왕궁, 원로원, 광장 등 어느 곳이든 기독교인이 없는 곳이 없다. 우리가 제국에 남겨놓은 것은 수많은 성전들이다!" 이에 덧붙여 그는 기독교인들은 사회 속에서 유순할 뿐만 아니라 충성스런 사람들이라고 주장했다.

대부분의 기독교인들은 별다른 불편 없이 살았다. 유대인들과 마찬가지로 박해를 받은 기독교인은 거의 없었다. 기독교인들의 초기 공동무덤 가운데 하나인 카타콤을 근거로 초기 기독교인들이 박해를 받으면서 지하에서 은밀하게 예배를 드렸다고 하는 이야기는 완전한 오류에 불과하다. 유대인에게 회당이 있었던 것처럼 기독교인에게도 자신들만의 교회당이 있었다. 기독교인은 자신들의 신앙을 전혀 숨기지 않았다. 테르툴리아누스는 아주 초창기부터 기독교인은 자신들의 정체성을 분명히 했다고 말한다. "우리는 앞으로 나아갈 때나 움직일 때, 들어올 때나 나갈 때, 식탁에 앉아 있을 때나 등불을 켤 때, 안락의자나 딱딱한 의자에 앉아 있을 때, 아무튼 일상적인 생활 곳곳에서 이마 위에 십자가 성호를 긋는다." 낯선 사람들이 기독교 예배나 교육 프로그램에 참석했을 때에도 기독교인들은 이 사실을 굳이 숨기려 하지 않았던 것 같다.

그러나 기독교인에 대한 일종의 편견이 있었던 것 같다. 기독교인에 대한 편견은 처음에는 반유대주의로 인해 시작되었지만, 기독교인과 유대인이 확연히 구별되고 난 이후에도 이와 같은 편견은 계속되었다. 180년경에 기독교인은 "무지한 백성이자 매우 비천한 문맹이요 미숙한 사람들"이거나 "무식한 남성들과 잘 속아 넘어가는 여성들, 가장 천한 쓰레기 같은 사람들"로 구성된 "불신 받고 추방된 무법자들의 무리"로 불리기도 했다. 때로 기독교인들의 거룩한 의식은 "야간에 근엄한 축제를 벌이면서 야만스런 식사를 함께하며 서로 간의 결속을 다지는 행위들"로 간주되었다. 당시 로마 제국은 이 같은 의식을 일종의 범죄행위로 몰아가기도 했다. 기독교인들은 "어둠 속으로 숨으며, 구석진 곳에서만 재잘거리는 도무지 정체를 알 수 없는 비밀스런 집단이며 … 이러한 사악한 습관은 날마다 퍼져나가고 있다. … 이와 같은 자들은 완전히 파괴되고 저주를 받아야 한다." 이러한 분위기 속에서 기독교인들은 의심의 대상이 되었고 난폭한 소문의 희생자가 되어갔다. 게다가 기독교인들이 황제 숭배를 거절하게 되자 그들은 법적으로도 소외되었다. 권력 기반이 취약했던 칼리굴라, 네로, 도미티아누스와 같은 황제들은 자신들의 정책적 실패나 국가 재난의 책임을 기독교인에게 전가하면서 그들을 희생양으로 삼았다. 이에 대해 테르툴리아누스는 다음과 같이 말했다. "테베레 강이 범람하거나, 나일 강에 가뭄이 늘어 들판에 물을 공급하지 못하게 되거나, 지진이 나거나, 기근이나 전염병이 발생하게 되면, 즉시 다음과 같은 외침이 들려왔다. '기독교인들을 사자의 밥이 되게 하라!'"

    기독교인들에 대한 편견이 동방 지역보다는 서방 지역과 지중해 서부에서 심하긴 했지만, 그들에 대한 근거 없는 소문은 어디에나 널리 퍼져 있었다. 성찬 교리는 '살'과 '피'를 먹는 일종의 식인종들이 행하는 관습으로 이해되었다. 주일예배 때 나누는 '평화의 키스' 또한 오해를 받았다. 알렉산드리아의 클레멘스는 다음과 같이 불평했다. "교회는 사랑 없는 키스를 일삼는 장소라고 소문을 내는 사람들이 있다. 교회에서 행해지는 부끄러움 없는 사랑의 키스는 신비적이어야 하는데 지금은 의심을 유발하고 악한 소문을 만드는 빌미가 되었다." 당시 기독교인들은 근친상간을 한다는 오해를 받기도 했다.

로마 제국의 기독교 박해

좀 더 과격한 기독교 종파들—나중에 이들은 대부분 이단으로 분류되었다—은 기독교 비판가들과 로마 당국자들로부터 더욱 심한 감시를 받았다. 소아시아 비티니아 지방의 총독이었던 플리니우스는 트라야누스 황제(재위 98-117년)에게 보낸 편지에서 기독교인들을 어떻게 다루어야 하는지를 물었다. 그 편지에는 기독교가 점차 확산되어가고 있고, 이에 비례하여 이교 신전들이 텅 비어가고 있으며 제사용 동물을 파는 일 또한 점점 어렵게 되었다는 이야기도 포함되어 있었다. 이러한 상황 속에서 그는 주민들로부터 기독교인들을 처형해달라는 압력을 받았다. 하지만 플리니우스는 기독교인들을 처벌할 구실을 찾을 수 없었다. 소문대로 그들은 정말 식인과 근친상간의 풍습을 행하고 있는가? 정부 명령에 항거하고 있는가? 플리니우스는 두 명의 여집사를 고문했지만 '지저분한 미신squalid superstition' 외에는 아무것도 발견하지 못했다. 플리니우스는 이제 어찌할 바 몰라 트라야누스 황제에게 편지를 썼던 것이다. 이에 황제는 다음과 같이 권면했다. "기독교인들을 조사할 필요는 없다. 익명의 제보는 무시하되, 책임 있는 사람이 고발한 것들은 합당하게 조사하라. 그러나 황제 숭배를 지키는 기독교인은 그 누구도 처벌을 받아서는 안 된다."

이것이 로마 정부가 취했던 기본적인 노선이었다. 로마의 권력자들은 절대 권력을 누리고 있었음에도 불구하고 그 힘을 함부로 사용하지는 않았다. 당시 기독교는 범죄 집단으로 간주되어 로마 제국의 권력자들은 손쉽게 기독교인들을 핍박(기독교 신앙을 고수할 것이냐 배교할 것이냐 선택을 강요)할 수도 있었지만, 그들은 그렇게 하지 않았다. 다시 말해 정부는 기독교인들에게 간섭하지 않았다. 기독교인들이 교회 일치를 그토록 주장했던 오직 한 가지 이유는 비정통적 교리(이단)들이 사람들에게 적대감을 유발하여 기독교 자체가 로마 정부로부터 감시를 받게 되지나 않을까 하는 우려에서였다. 예를 들어 로마 정부는 몬타누스파들의 '예언하는 일'을 가장 큰 범죄로 간주하고 그들을 박해하기에 이르렀다. 이로 인하여 예기치 않은 대중 운동이 일어났고 사회는 공황 상태에 빠지고 경제는 붕괴되었다. 합리적인 인물로 알려진 마르쿠스 아우렐리우스는 "하나님이 징벌하실 거라는 미신적인 두려움을 전파하면서 불안한 사람들의 심리"를 자극하는 기독교인들의 작금의 행태는 지극히 위험스러운 일이라고 주장하며 기독교인들에 대한 박해를 정당화했다. 그리고 그는 기독교인들의 '순수한 저항정신'을 혐오하게 되었다.

좀 더 완고했던 기독교인들은 '방언을 말하는' 열광주의자들이었다. 그리고 초기 순교자들 가운데 대다수는 교회가 나중에 이단으로 분류하게 된 부류의 기독교인들이었다. 최초의 순교자들에 관한 이야기들은 유대인들의 순교 이야기뿐만 아니라 로마 지배에 항거했던 그리스 저항세력들의 격렬한 투쟁 이야기도 담고 있다. 이집트의 파피루스 단편들에 등장하는 소위 '이교도 순교자 행전Acts of the Pagan Martyrs'에서는 지성적인 대화를 통해 로마의 박해자들을 굴복시켰던 사람들을 칭송하고 있다. 이들은 (나중에는 목숨을 잃었지만) 대화를 통해 폭군들을 공격했던 철학적 영웅들이었다. 다시 말해 기독교 역사 초기에 순교한 기독교인들은 공개적으로 국가권력을 향해 도전장을 내밀면서 기독교 신앙을 강경하게 고수했던 사람들의 모델이 되었다. 하지만 점차 교회는 순교자들에게 엄격한 잣대를 적용하기 시작했다.

117년에 로마에서 순교한 이그나티우스는 그의 절친한 친구들에게 자신을 구출하려 애쓰지 말 것, 즉 주님 안에서 당하고 있는 자신의 고난을 방해하지 말라고 부탁했다. 하지만 만일 그가 2세기 후반에 그랬다면, 그는 이단으로 취급받았을 수도 있다. 서머나의 주교 성 폴리카르푸스는 '순교의 모범'으로 칭송을 받았는데, 그 이유는 그가 정부 당국자들을 자극하지 않은 채로 순교했기 때문이었다. 교회는 그리스도의 신성 문제나 황제 숭배와 관련된 문제에 대해서는 타협을 몰랐다. 그러나 그것을 제외하고는 그 어떤 부분에서도 정부와 충돌하려 하지 않았고, 그럴 필요도 없었다.

2세기 후반까지만 해도 기독교인들을 조직적으로 박해하는 일 따위는 없었다. 당시까지 기독교인들이 마주했던 최악의 상황이라면 177년에 론 계곡과 같은 고립된 지역에서 발생한 국지적인 사건들뿐이었다. 에우세비우스는 한 통의 편지에서 당시의 사건을 전해준다. 당시에는 기독교인들이 축제 때마다 근친상간을 하거나 인육을 먹는다는 소문이 널리 퍼지고 있었다. 기독교인의 가정에서 일을 했던 몇몇 사람들이 정부의 강압에 의해 허위자백을 하면서부터 이런 소문이 퍼지기 시작했던 것이다. 이로 인해 기독교인들에 대한 이교도들의 두려움이 커져가고 있었다. 마침 이때에 '종족 세금tribal taxes' 납부를 위해 론 계곡에 사람들이 모였고, 여기서 폭동이 발생했던 것으로 보인다. 에우세비우스가 소개하는 그 편지에는 '이교도들의 강력한 분개', '대중 모두', '분노한 폭도'와 같은 말들이 많이 등장한다.

이 사건 때문에 많은 기독교인들이 고문을 당했다. 빈 출신의 집사였던 상투스라는 사람은 붉게 달궈진 쇠판으로 성기를 고문당하기도 했는데 "그의 몸은 사람이라고 할 수 없을 정도로 상처와 타박상으로 가득했다." 기독교인 중에 로마 시민권을 소유한 사람들은 참수당했고, 나머지는 원형 경기장으로 보내져 맹수들의 먹이가 되었다. 참수된 기독교인의 머리와 몸뚱이들은 6일 동안 광장에 내걸렸다가 그 이후에는 불에 태워졌다. 론 지방의 책임자Prefect였던 루스티쿠스는 심문과 재판을 일상 업무화하여 기독교인들을 정규적으로 색출했다. 일부 기독교인들은 "순교할 준비가 되어 있지 않았다. 그들은 신앙심이 깊지 못했으며 참혹한 고통을 견딜 수 없었다. … 열 명 정도가 배교했던 것으로 밝혀졌다." 이런 보도는 기독교인들에 대한 박해가 정부의 통제를 벗어난 상태에서 무작정 자행된 것은 아니었다는 말처럼 들린다. 블란디나라는 이름의 한 여성은 가장 가혹한 고문을 당한 것으로 알려져 있다. 그녀는 "해 뜰 때부터 해가 질 때까지 고문을 당했는데 심지어 그녀를 고문하던 고문관이 지쳐 기진맥진해버렸고 … 호흡이 여전히 남아 있는 것에 모두들 깜짝 놀랐다." 그녀는 채찍에 맞고 '프라이팬'에 구워졌으며, 바구니에 담겨 숨이 멈출 때까지 황소에게 짓밟혔다. 그녀는 신비주의자이자 여성 예언자로 아마 몬타누스 추종자였던 것 같다. 교회는 그녀를 이단으로 낙인찍었다. 왜냐하면 그녀로 인해 다른 기독교인들까지 박해를 받을지도 모른다는 두려움에 사로잡혔기 때문이었다. 국가는 기독교인 중에서도 특히 율법폐기론자들을 중심으로 탄압했다. 이는 결과적으로 정통주의 신앙이 강화되는 계기가 되었다.

   3세기 중엽에 들어서자 기독교인의 수는 훨씬 늘어났고 조직도 갖추어졌으며 교리나 예배의식도 점차 통일되어가고 있었으나 기독교를 바라보는 시선은 더욱 악화되었다. 당대를 대표하는 반기독교 선동가인 켈수스는 180년경에 쓴 《참된 말씀 True Word》에서 기독교인들에 대해 다음과 같이 주장한 바 있었다. "그들은 자신이 믿고 있는 것에 대해 설명하려 하지 않을뿐더러 설명을 들으려 하지도 않는다. 그저 '질문하지 말고 믿어라. 그러면 네가 구원을 얻을 것이다'라고 말할 뿐이다. 그들은 '이 세상의 지혜는 악하다' 하고 '어리석음은 좋은 것이다'라고 말한다." 켈수스는 또한 예수의 말씀에서 유추하여 다음과 같이 기독교인들의 태도를 풍자하기도 했다. "지혜롭고 지각 있는 이들의 접근을 허용하지 말라. 왜냐하면 이러한 것들은 악하기 때문이다. 교육을 받았든 어리석든 간에 무지한 사람, 즉 어린아이와 같은 사람을 가까이 하라." 하지만 그의 말은 이미 때늦은 지적에 불과했다. 왜냐하면 기독교는 이미 세속 정책과 제국 문화를 이끌어가던 집단들 속으로 깊이 파고들어갔기 때문이다. 기독교는 점차 국가종교civil religion로 발돋움할 수 있는 보편적 대안으로 등장했고 그에 걸맞게 체계가 잡혀가면서 훨씬 역동적인 종교로 자리 잡아가고 있었다. 즉, 기독교는 근절되든지 수용되든지, 양자택일의 기로에 서 있었던 것이다.

250년에 데키우스 황제는 기독교를 말살하려는 정책을 내세웠다. 정말 기독교인들에게 무서운 박해의 시기가 도래하고 말았다. 데키우스의 기독교 말살정책은 60년 후에 콘스탄티누스 황제가 기독교를 수용하는 정책으로 전환할 때까지 지속되었다. 데키우스는 기독교인들에 대한 박해를 전 국가적으로 공식화했고, 이 때문에 박해는 전국으로 확대되어 지속되었다. 로마 제국의 백성이라면 누구나 국가가 지정한 신에게 제사를 드렸다는 확인증을 지니고 다녀야 했다. 이집트에서 발견된 확인증에는 다음과 같이 씌어 있었다.

알렉산더의 아일 마을에서 제사 행위를 감독하는 담당 위원회 귀하.
나는 공식적으로 지정된 신에게 제사를 드렸고 지금도 당신들이 보는 앞에서 칙령에 따라 희생제사를 드리고 헌주를 부으며 거룩한 음식을 먹었습니다. 이러한 사실을 확인해주시기 바랍니다. 안녕히 계십시오.
아우렐리우스 디오게네스가 이 청원서를 제출합니다.
알렉산더의 아일 마을에 사는, 72세에 오른쪽 눈썹 위에 상처가 있는 사타부스의 아들, 아우렐리우스 디오게네스.

당시 기독교인에 대한 박해가 얼마나 참혹한 결과를 낳았는지에 대해서는 두말할 필요가 없다. 테르툴리아누스가 주장했던 것처럼 순교자들의 피는 신앙의 씨앗이 되었지만, 교회의 재산은 하나의 유혹거리가 되어 교회는 재산 때문에 제국과 타협하기도 했다. 예를 들면 250년 당시 로마 교회는 1명의 주교와 46명의 사제, 7명의 부제, 7명의 부부제, 42명의 의복 담당자와 52명의 제마사(귀신을 내쫓는 사람―옮긴이), 독경자(성경 낭독자―옮긴이)와 문지기를 거느릴 만큼 부유했다. 로마 교회는 이러한 부를 기반으로 1,500가지가 넘는 자선활동을 벌이고 있었다. 당시 국가가 교회로부터 압류한 것들 중에는 금·은판, 값비싼 장식과 의복들, 창고에 저장된 음식물과 옷감, 책과 현금 등이 있었다. 이런 것들을 볼 때 기독교 성직자들은 신앙의 지조를 지키기보다는 자신들의 부를 축적하는 데 관심을 기울였던 것 같다. 키프리아누스는 주교들이 대중에게 배교를 부추긴 사건을 기록하기도 했다. 한마디로 기독교의 기강이 바닥까지 무너졌던 것이다. "교인들을 격려하고 모범이 되어야 할 주교들이 성직을 포기하고 교인들을 버리고 담당 교구를 떠났으며, 오히려 갖은 수단을 동원하여 사람들을 기만하고 재산을 축척하고 고리대금업에 종사했다." 몇몇 기독교인들은 교회에 출석하면서도 동시에 황제 숭배 등 국가가 요구하는 이교제사를 지냈다. 스페인에서 기독교 성직자들은 국가의 관리처럼 행동했다. 당시 교회는 통일된 목소리를 내지 못하고 있었다. 따라서 교회는 국가의 정책과 관련하여 어느 정도까지 타협해야 할 것인지에 대해서도 일관된 정책을 수립할 수 없었다. 그들은 지역마다, 심지어는 같은 지역 내에서도 각각 다른 목소리를 냈다. '성령파 revivalist'와 '정통파 official' 기독교인 간의 해묵은 분열이 재현되었으며, 이 때문에 교리적인 문제들이 엉켜버렸다. '극단주의자 extremist'들에 대한 간헐적인 박해는 오히려 정통주의를 강화시켜주는 결과를 낳았다. 하지만 장기간에 걸친 총체적인 박해는 교회의 통일성을 와해시켰고, 교회의 힘을 약화시키는 결과를 낳았다.

로마와 기독교의 제휴

기독교인들에 대한 조직적인 박해는 기독교 세력의 약화를 초래했을 뿐만 아니라 본의 아니게 국가 또한 약화시켰다. 무엇보다 기독교인들이 많이 참여했던 군대에서는 무시할 수 없는 전력 약화를 초래했으며, 결과적으로 국경지대에서 발생한 군의 전력 약화 문제로 데키우스 황제의 박해는 중단될 수밖에 없었다.

기독교인들에게 내려진 박해칙령에 대한 인기도 시들어갔다. 1-2세기에 폭도들에 의해 자행된 기독교인들에 대한 적대 행위가 반기독교 감정 때문에 발생한 것이라면, 250년 이후 기독교인들에 대한 박해는 철저하게 국가에 의해 이루어졌다. 하지만 이렇게 국가가 자행한 박해마저도 308-312년에 막시미누스가 가한 박해를 끝으로 더 이상 실효가 없는 것으로 판명되었다. 이미 로마 제국 내에서 기독교인들은 사회에서 덕망 있는 사람들로, 로마 제국 공동체를 방해하지 않는 사람들로 인식되어가고 있었다. 소위 '디오그네투스에게 보낸 서신Epistle to Diognetus'을 보면 이와 관련된 구절을 찾을 수 있다.

그들은 자신들의 나라에서 살고 있지만 방문객들처럼 살고 있다. … 그들에게는 모든 땅이 조국이고 모든 조국이 외국이다. … 그들은 공동식탁을 나누고 있지만 아직은 공동식탁을 나눌 수 있는 처지가 아니다. 그들은 육체를 가지고 있지만 육체를 위하여 살지 않는다. 그들은 이 땅 위에 살고 있지만 그들의 시민권은 하늘에 있다. 그들은 법률에 순종하면서도 자신들의 생활 속에서는 그 법률을 넘어서려고 한다. 그들은 모든 사람을 사랑하나, 모든 사람들로부터 박해를 받는다. … 그들은 가난하나 많은 사람들을 부유하게 만든다. 그들에게는 모든 것이 부족하지만 모든 것이 풍부하다. 그들은 겸손하나 겸손은 그들의 영광이 된다. 그들은 학대를 받으면서도 남을 축복한다. 그들은 욕을 먹으나 의롭게 된다. 그들은 모욕을 당하면서도 모욕을 존경으로 갚는다.

이방인들이 기독교인들에게 가장 크게 감동한 것은 기독교 정신에 바탕을 둔 상호 간의 사랑과 공동체적인 자선활동이었다. 테르툴리아누스는 다음과 같이 말한다. "기독교인들은 서로를 얼마나 사랑하는지! … 기독교인들은 원할 때마다, 그리고 할 수 있을 때마다 얼마간의 동전을 가져왔다. 어느 누구도 강요한 것이 아니었다." 이렇게 모인 자금은 '축제나 파티'를 하는 데 사용되는 것이 아니라 "가난한 사람들에게 음식을 제공하고 그들이 죽었을 때 장례를 치르는 비용으로 사용된다. 아무런 재산도 없고 부모도 없는 고아들과 나이 많은 노예들과 파산한 선원들, 광산이나 섬, 감옥에 갇혀 있는 사람들 … 이들은 모두 기독교인이 낸 자금의 수혜자였다." 기독교인들은 디아스포라 유대인들이 행했던 자선활동의 전통을 광범위하게 확대시켰다. 그들은 사회복지가 전무했던 로마 제국에서 소규모 복지국가를 운영한 셈이었다.

4세기에 기독교를 버리고 이교주의로 복귀하려 했던 율리아누스 황제는 기독교인들이 했던 것과 비슷한 자선기금 모금정책을 도입하기 위해 제국의 성직자들에게 다음과 같은 편지를 보냈다. "왜 우리는 기독교인들이 낯선 자들을 사랑으로 대접하고 죽은 자들의 장례를 대신 치러주는 등 거룩한 삶의 자세를 보이는 이유가 무신론(즉, 기독교)을 퍼뜨리기 위한 것이라는 점을 보지 못하는가?" 율리아누스는 "유대인들 중에는 구걸하는 사람이 단 한 사람도 없다는 사실, 불순한 갈릴리인들(기독교인―옮긴이)이 자신들뿐만 아니라 우리 백성들의 가난까지 돌보고 있는데도 정작 우리는 그들에게 아무런 도움도 주지 못하고 있다는 사실이 수치스럽지 않은가?"라고 반문했다. 율리아누스는 여성 기독교인들의 역할에도 주목했다. 그는 안디옥의 지도급 시민들에게 이렇게 말하기도 했다. "여러분은 여러분의 아내가 집에 있는 모든 것을 갈릴리인들에게 갖다 바치는 것을 허용하고 있다. 여러분의 아내가 갖다 바친 것들은 여러분의 피와 땀이 스며 있는 것들인데, 그것으로 가난한 사람들이 부양을 받고 있다는 사실을 알아야 한다. 말하자면 희생은 여러분이 하고 찬사는 갈릴리인들이 받고 있다."

여성들은 디아스포라 유대인들의 자선단체보다 기독교 자선단체에서 훨씬 더 비중 있는 역할을 감당했다. 이 점이 바로 당시에는 거의 중단되다시피 한 유대교의 선교 전통을 기독교가 이어받을 수 있었던 이유 중 하나였다. 기독교는 여성을 하나님 앞에서 동등한 사람으로 대우했고, 남편들에게 그리스도가 그의 '신부'인 교회에게 보여주셨던 것과 같은 깊은 관심을 가지고 아내를 사랑하라고 당부했다. 결혼의 신성함을 유별나게 강조한 예수의 가르침이 여성들에게는 하나의 보호 장치가 되어주었다. 이로 인해 더 많은 여성들이 상류계층에 기독교를 전파하기 시작했고 자녀들을 기독교인으로 양육했으며, 때로는 남편들을 개종시키기도 했다.

그렇다고 국가의 정책이 바뀌어 기독교인들을 모두 포용했다고 볼 수는 없다. 하지만 적어도 당시에 로마는 기독교의 여러 이점을 통해 기독교가 잠재적인 동맹 세력이라는 것을 인정하지 않을 수 없었다. 분열을 지양하고 교리를 법제화하며 선교지역을 확대해나가는 과정에서 기독교는 여러모로 제국을 닮아가고 있었다. 교회는 정통성과 보편성을 추구했고 조직적으로 세계로 뻗어나갔으며 여러 인종들을 포용하면서 점차 법률적 체제도 갖추게 되었다. 교회는 정부의 관료들처럼 전문적인 학자들에 의해 운영되었고 주교들도 제국에서 파견한 사절이나 총독, 혹은 지방 장관들처럼 법을 해석할 수 있는 권한을 갖게 되었다. 한마디로 교회는 또 하나의 제국Doppelganger이 되어가고 있었다. 이에 비해 교회를 공격하고 약화시키려 했던 제국은 오히려 스스로 쇠약해져가고 있었다.

기독교는 영적인 부분뿐만 아니라 세속적인 부분에서도 위력을 발휘했다. 유대교와 달리 기독교는 제국을 위협할 만한 어떤 민족주의적 행태를 보이지 않았다. 오히려 기독교 이데올로기는 보편성을 추구하는 로마 제국의 목적과 요구에 정확히 맞아떨어졌다. 게다가 기독교는 점차 전통과 재산, 사업 그리고 조직력을 갖추어 국가와 맞먹을 만큼 커다란 세력으로 성장해버렸다. 이렇게 된 상황에서 국가는 기독교와 연대하는 편(말하자면 '그리스도의 신부'와의 계약결혼mariage de convenance을 인정하는 것)이 차라리 현명한 선택이지 않았겠는가? 국가는 점차 인기가 떨어지고 있던 국가종교 대신 젊고 역동적인 파트너, 즉 능력과 열정을 갖추고 언제든지 제국의 이익을 위해 일할 수 있으며 게다가 무한히 발전할 것 같은 종교를 파트너로 삼지 않을 이유가 전혀 없었다. 여기에 바로 콘스탄티누스 관용 칙령의 배후에 깔린 현실적인 논리가 자리하고 있었다. 즉, 그는 기독교가 로마 제국의 국가종교가 될 수 있는 특성들을 가지고 있다는 것을 인식하고 있었던 것이다.

그러나 기독교를 포함하여 다른 모든 종교에까지 적용된 콘스탄티누스의 관용 칙령은 오래 지속되지 못했다. 아마 고대 세계에서 종교적 균형추 같은 것은 존재하지 않았던 것 같다. 왜냐하면 종교의 자유가 전반적으로 금지되었을 때에는 기독교를 박해하지 않을 수 없었으나, 기독교가 수용되고 나자 이번에는 같은 이유로 이방종교들을 박해하지 않을 수 없었기 때문이다. 교회도 그 적대자들에게 국가와 맞먹는 힘을 행사했다. 기독교가 박해를 받으며 관용을 간구하던 소수 종교에서 제국 내의 지배 종교로 발전해간 과정은 자세하게 연구해볼 만한 가치가 있다.

기독교의 세속화

성직자 계급은 처음에는 그다지 국가의 주목을 받지 못하다가 3세기에 들어서면서부터 위력을 발휘하기 시작했다. 콘스탄티누스는 기독교를 공인하여 사실상 국가종교로 삼으려 했다. 그는 무엇보다 먼저 성직자 계급을 인정하고 지원하기 시작했다. 콘스탄티누스는 그저 말을 갈아탔을 뿐 달라진 건 아무것도 없었다. 지금까지 신들의 최고 사제로 행세해왔던 것처럼 콘스탄티누스는 이제 주교를 자임했던 것이다. 콘스탄티누스는 기독교 성직자들에게 공적인 의무를 면제해주었고 도시 지역이 아닌 곳에서는 세금을 면제해주었다. 이와 같은 정책은 국가, 즉 세속 권력이 영적인 권력을 보증해주는 것을 의미했다. 콘스탄티누스는 이러한 의미에서 '성직', '성직자들'이란 단어를 사용한 첫 번째 황제였다. 이에 비해 한 세대 후에 기독교를 배교했던 율리아누스 황제는 이와 같은 단어들을 매우 경멸적으로 사용했다.

국가가 성직자 계급에 호의를 베풀기 시작하자 성직을 지망하는 사람들이 많아졌고, 성직자 신분은 순식간에 한층 높아졌다. 이에 비례하여 성직자들의 세속적인 욕심도 커져만 갔다. 예를 들면 341년에 발칸 반도의 사르디카에서 개최된 공의회에서는 자신이 현재 소속해 있는 교구보다 더 큰 교구로 옮기려는 주교들의 행위를 다음과 같이 신랄하게 비판하는 진풍경도 벌어졌다. "아직까지 큰 교구에서 작은 교구로 가려는 주교를 본 일이 없다. 주교들은 탐욕에 불붙어 있으며 야망의 노예가 되고 있다." 이교도 역사가임에도 불구하고 기독교를 상당히 공정하게 보았던 암미아누스는 당시에 주교 선출과 교구의 수입이 어떠한 식으로 이루어졌는지에 대해 말해주고 있다. 예를 들면 그는 366년에 다마수스와 우르시누스가 로마의 주교직을 놓고 벌인 선거 전쟁 후에 어느 한 교회(오늘날의 성 마리아 마기오레 교회)에서만 137구의 시체가 발견되었다는 증언을 하기도 했다. 그는 또한 당시 주교들의 태도를 다음과 같이 증언하기도 했다.

> 헌금을 받아 부자가 된 그들은 가마를 타고 화려한 옷을 입으며 호화스럽고 성대한 잔치를 벌인다. 그들이 벌인 잔치는 로마 제국의 잔치들보다 더 성대했다. 그들이 로마의 분위기를 경멸하면서 시골 지역의 주교들처럼 먹고 마시는 것을 제한하며 수수한 복장을 하고 항상 겸손하며 영원하신 하나님을 순전하게 섬기고 교인들로부터 존경받으면서 살았더라면 정말 행복했을 것이다.

사르디카 공의회가 발표한 문서들을 보면 당시 성직자들이 얼마나 물질적 이익에 눈이 멀어가고 있었는지를 확인할 수 있다. "부자나 변호사, 국가 관리가 교회로부터 주교직을 추천받는다고 할지라도 그가 교회에서 독경자나 부제 혹은 사제로 활동한 후에 적법한 절차에 따라 교구장에 오른 경험이 없다면 주교로 받아서는 안 된다. … 주교직은 오랜 기간 동안 검증받고 사람들에게 존경받는 이들에게만 주어져야 한다." 하지만 이와 같은 문서는 효력을 발휘하지 못했다. 많은 성직자들이 이 공의회의 문서들을 자신의 편의에 맞게 해석하여 무용지물로 만들어버렸기 때문이다. 국가나 이익집단들도 자기 사람을 교회의 주요 자리에 앉히기 위해 애를 썼다. 성 암브로시우스가 세례를 받은 후에 밀라노의 주교가 되기까지는 불과 8일밖에 걸리지 않았다. 평신도에서 곧바로 주교에 임명된 경우도 있었는데, 성 아우구스티누스, 성 히에로니무스, 오리게네스, 그리고 놀라의 파울리누스 등이 바로 그런 사람들이었다. 파비아누스는 평신도였다가 곧바로 교황이 되었다. 에우세비우스는 세례문답생 catechumen 신분에서 카이사레아의 주교로 임명되었다. 이 밖에도 평신도였다가 주교가 된 사람들로는 319년에 안디옥의 필로고니우스, 381년에 콘스탄티노플의 넥타리우스와 409년에 프톨레마이스의 시네시우스 등이 있다. 에우세비우스가 주교로 임명되는 과정에서 투르의 마르티누스와 브레시아의 필리아스터와 같은 군인들이 적극적인 역할을 했다는 사실도 알아야 한다. 나지안주스의 그레고리우스는 4세기에 이르면 '육군, 해군, 농민, 대장장이들' 중에서 교회 주교가 되는 일도 흔했다고 말했다. 이에 대해 히에로니무스는 다음과 같이 불평했다. "어제는 세례문답생이었던 사람이 오늘은 주교가 되었다. 또 어떤 사람들은 한밤중에 원형경기장에서 교회로 이동한다. 저녁에 서커스 장에 있던 사람이 다음 날 아침에 보면 교회 제단에 서 있고, 이전에 이교 연극의 후원자였던 사람이 지금은 교회를 후원하고 있다." 뇌물을 주고받는 행위도 다반사였다. 콘스탄티노플의 주교 요한 크리소스토무스는 401년에 에베소에서 개최된 시노드(교회의 문제들을 해결하기 위해 개최되는 자문기구 성격을 띤 회의—옮긴이)에서 여섯 건의 성직매매 사건을 고발했다. 성직매매 사건에 연루된 사람들은 다음과 같이 자백해야 했다. "우리는 뇌물을 주고 주교가 되었으며 국가의 의무로부터 면제되었습니다."

국가는 한편에서는 성직자들의 특권을 제한했지만 다른 한편에서는 이를 이용하기도 했다. 320년 초에, 그리고 326년에 콘스탄티누스는 부유층 사람들이 자신들의 후손을 성직자로 만들어 면세 혜택을 받으려는 편법을 막고자, 부유층은 성직자가 될 수 없도록 하는 칙령을 반포했다. 이때부터 사제직은 '정부가 부여하는 의무를 이행해야 할 책임이 없는 소규모 자산을 가진 사람들'에게만 개방되었다. 이는 성직자 임명 과정에서 콘스탄티누스의 영향력이 막강해졌다는 것을 의미한다. 그는 성직자 선출을 이원화시켰으며, 상류층 가운데 성직자가 되기를 희망하는 사람은 그가 직접 뽑았다. 콘스탄티우스 2세는 성직자들이 외출을 할 때마다 국가가 편의를 제공해주도록 했는데, 암미아누스는 이와 같은 편의는 정통파 주교들에게만 호의를 베푼 일종의 차별정책이었다고 지적했다.

그렇다면 성직자들은 국가로부터 특권만을 누리는 별종들heterodox이었을까? 콘스탄티누스는 그리 호락호락한 인물이 아니었다. 그는 정통파 성직자들의 바람대로 대부분의 분파주의자들과 이단을 탄압했다. 하지만 노바투스주의자들에 대해서는 예외였다. 그는 그들의 재산을 빼앗지 않았을 뿐 아니라 노바투스파 사제들에게 국가의 의무를 면제해주기도 했다. 콘스탄티누스는 노바투스파가 교리 문제가 아닌 교회치리 문제와 관련하여 정통 교회와 결별한 것이기에 그들을 탄압할 필요는 없다는 입장을 고수했다. 하지만 실질적인 이유는 따로 있었다. 국가가 성직자들의 특권을 박탈하거나 또는 연장해줌으로써 교회 문제에 깊숙이 개입할 수 있는 기회를 확보하려고 했던 것이다.

율리아누스는 정통 교회가 힘을 갖게 된 배경에는 제국의 차별화 정책이 한몫을 했다는 것을 잘 알고 있었다. 암미아누스에 따르면, 율리아누스는 제국의 이러한 정책을 종결시키려고 시도했다.

그는 정통 기독교뿐만 아니라 여타 다른 분파들이 궁정에 들어오는 것을 막지 않았다. 그는 어떠한 방해도 없이 각자의 신앙을 따를 수 있게 되기를 바라고 있었다. 그는 각 분파들이 각자의 신앙을 허심탄회하게 논의할 수 있도록 내버려둔다면 그들 간의 관계는 더욱 악화될 것이라고 생각했다. 그렇게 되면 하나의 신앙으로 뭉친 단일 집단이 만들어지는 일은 없을 것이라고 보았다. 그는 스스로의 경험에 비추어 볼 때 어떠한 야수들도 기독교인들만큼 서로에게 적대적이지는 않을 것이라고 생각했다.

그러나 기독교는 이미 율리아누스의 공격을 이겨낼 만큼 세력을 확보하고 있었다. 기독교는 한편으로는 계속해서 법률상의 특권을 확장해갔으며, 다른 한편으로는 국가의 간섭을 막아냈다. 관용 칙령이 내려지기 전까지 기독교는 불법단체여서 이론상으로 재산을 소유할 수 없었다. 그러나 실제로는 기증 및 상속, 직접 매입을 통해 상당한 부를 축적해놓고 있었다. 313년에 관용 칙령이 내려지고 그 이듬해에 기독교와 관련된 법률적 규제들이 제거되자 교회에는 더 많은 자금이 몰리기 시작했다. 부자들은 보통 자기 재산의 3분의 1을 교회에 기부했으며, 일반 신자들도 죽을 때에 '그리스도의 신부'(교회를 지칭—옮긴이)에게 유산을 상속한다는 유언을 남겼다. 율리아누스 황제가 지적했듯이 이 과정에도 적지 않은 비리가 있었다. 예를 들면 "성직자들이 재판관석에 앉아 대신 유언장을 작성하여 유산을 착복하는" 경우가 있었다.

4세기 후반에 접어들자 기독교 성직자들이 부를 축적한 것과 교회 건물의 화려한 모습에 대해 불평하는 소리들이 여기저기서 터져 나오기 시작했다. 이와 관련하여 히에로니무스를 비롯한 일부 기독교 사상가들은 다음과 같이 기록했다. "교회당 벽은 금으로 빛나고 있고 천장과 기둥머리에서도 마찬가지이다. 그러나 그리스도는 가난하고 헐벗고 굶주린 사람들 속에서 죽어가고 있다." 부유한 사람들은 유언장을 작성하면서 교회에 전 재산을 기부한다고 명시했다. 이 당시 국가는 교회가 죽은 사람들의 유언에 근거하여 엄청난 부동산을 소유하곤 했던 관행을 막기 위해 노력했다. 교회에 기부한 개인 재산이나 부동산 문제를 다룬 법률만도 360건이나 있었다. 이 중 일부는 율리아누스 시대에 통과되었고 나머지는 율리아누스 이후 기독교로 개종한 황제들에 의해 통과되었다. 이 법률들이 시사하는 바는, 국가가 외형적으로는 기독교를 인정하고 있었지만 다른 한편으로는 성직자에 관한 세법을 조정했고 부를 축적하려는 교회의 적극적인 태도를 통제하는 법률을 제정했다는 것이다. 360년부터는 성직자가 소유한 토지나 개인 수입에 대해서도 세금을 내야 했다. 362년부터는 공공부역의 의무를 피하기 위해 성직을 취득하는 것을 금지했으며 그로부터 2년 후에는 부유층이 성직자가 되려면 자신의 재산에 대해 소유권을 이전시켜야 하며 그들이 감당해야 할 의무들은 가족 중 한 사람이 대신 감당하도록 했다. 그리고 또 4년 후에 국가는 성직자들이 과부나 여성 후견인들로부터 유산을 기증받거나 요청하는 행위를 금지했다. 히에로니무스는 이러한 규정이 성직자들에게만 적용되는 차별적인 규정이라고 주장했다. 그러나 동시에 이를 피하려는 성직자들의 태도에 대해서도 탄식했다. "이교 사제, 배우, 사기꾼과 매춘부는 재산을 상속받을 수 있다. 성직자들과 수도사들만 법에 의해 금지당하고 있다. 그것도 기독교를 박해했던 황제가 아닌 기독교로 개종한 황제들이 제정한 법에 의해서 말이다. … 그러나 엄격한 법이 있음에도 불구하고 성직자들의 탐욕은 그치지 않고 있다."

성직자 계급

특권화된 성직자 계급과 성직자들의 부의 축적, 재산과 정통 교리, 권위적인 교회와 부유한 교회 간의 긴밀한 상관관계는 초기 기독교에서 흔히 볼 수 있는 특징들이다. 예를 들면 2세기에 알렉산드리아의 정통주의는 당시 그곳에서 막강한 영향력을 행사하고 있던 영지주의적 유대 기독교 종파를 기독교권에 포함시키려 했다. 그 종파가 많은 재산을 소유하고 있었기 때문이었다. 다음의 이야기에서 우리는 기독교가 영적인 목적을 달성하기 위해 세속적 수단을 동원했던 첫 번째 사례를 보게 된다. 알렉산드리아의 클레멘스는 부자 청년에게 모든 소유를 판 후에 자신을 따르라고 한 예수의 말씀을 다음과 같이 설명했다. "자신에게 해로운 소유물과는 작별해야 하지만 그 소유물을 좋은 일에 사용할 수 있다면 그것까지 해로운 것으로 여겨서는 안 된다. 유익함이란 지혜와 겸손과 경건으로 운영되는 소유를 통해서 오는 것이다. … 물질적 소유가 반드시 해로운 것은 아니다." 클레멘스는 성직자에게 죄를 용서할 수 있는 권한이 있다는 것을 처음으로 의미심장하게 변호했던 사람이었다.

   이러한 논의는 곧바로 성직자의 기능과 신분, 교회조직, 국가 및 사회와 교회의 상호관계에 관한 논쟁을 유발시켰다. 이 논쟁은 기독교 역사에서 매우 중요하면서도 결정적인 논쟁 중 하나였다. 당시 기독교인들은 세례를 받을 때에 성령의 능력이 임해 자신의 죄가 용서받을 수 있게 된다고 믿고 있었다. 그렇다면 세례를 받고 난 후에 지은 죄는 어떻게 되는가? 초대교회 시절만 해도 종말이 임박한 것으로 생각했다. 그러나 종말은 지연되었고 이로 인해 세례를 받은 후에 저지른 죄의 문제가 새롭게 부각되었다. 어떤 사람들은 콘스탄티누스처럼 죽는 순간까지 세례를 연기했다. 이미 세례를 받은 기독교인은 어떻게 죄로부터 정결하게 될 수 있는가? 과연 교회는 세례를 통해 죄를 정결하게 씻을 수 있는 능력을 갖고 있는가? 적어도 바울은 나중에 교회에서 제도화되었던 고해성사와 같은 개념을 알지 못했다. 그러나 목회서신들을 보면 고해성사 개념을 암시하는 듯한 대목이 나오기도 한다. 마태복음의 유명한 '묶고 푸는' 본문은 고해성사 개념을 뒷받침하는 본문으로 사용될 수 있다. 클레멘스는 앞에서 살펴본 대로 교회는 온전한 교제를 통해 실족한 사람들을 회복시킬 수 있다고 보았다. 테르툴리아누스 시대에 고해성사 제도는 교회 안에서 하나의 제도적인 형식을 취하기 시작했다. 테르툴리아누스가 정통 교회를 떠나게 되었던 이유는 아마 고해성사 문제와 관련이 있는 것으로 보인다. 고해성사 제도는 테르툴리아누스뿐만 아니라 다른 많은 사람들에게도 핵심적인 문제가 되었다.

테르툴리아누스는 일종의 청교도였다. 그는 대부분의 청교도들처럼 교회를 '엘리트주의'의 관점에서 바라보았다. 교회의 본질과 성격은 우주적이고 보편적이지만, 교회 교인이 될 수 있는 자격은 매우 엄격했다. 세례를 받은 후에는 중죄를 짓지 말아야 하다. 그렇지 않으면 교인 자격이 상실될 수도 있다. 다시 말해 그 사람은 세례를 받지 않은 것으로 보아야 한다. 이것이 하나님의 뜻이다. 사소한 죄는 교회에서 용서할 수 있지만 중대한 범죄에 대해서는 아무런 힘이 없다. 한 '원로 주교'(아마 로마의 칼릭스투스였던 것 같다)가 세례 받은 이후에 저질러진 중죄(간음이나 배교와 같은 죄)도 교회에서 용서할 수 있다고 결정하자 테르툴리아누스는 기존 교회와 결별을 선언하기에 이른다. 이러한 그의 태도는 마치 그를 첫 번째 프로테스탄트(기존 교회와 결별했다는 의미에서—옮긴이)처럼 인식하게 했다. 세례 받은 후에 저질러진 중범죄를 용서할 수 있는 성직자의 권리를 부정하게 되자, 테르툴리아누스는 자연스럽게 성직자들의 특권적인 지위를 문제 삼기 시작했다. 정통 교회의 대변자로 활동하던 시절에 그는 평신도들에게까지 성직자의 기능을 부여했다는 이유로 몬타누스주의를 공격했지만, 이제 그는 스스로 몬타누스주의자가 되었다. 《정결에 관한 권면De Exhortatione Castitatis》에서 그는 다음과 같이 질문했다.

평신도들도 성직자가 아닌가? … 직분은 특별히 부름받아 성별되었다는 점에서 일반 신도들과 다른 것이다. 그러나 성직자가 없는 곳에서 예배를 주관하고 세례를 베풀게 된다면 당신이 성직자가 되지 않겠는가? 평신도만 있는 곳에서도 교회는 존재할 수 있다. … 필요하다면 당신 스스로 성직자가 될 권리가 있다.

이러한 이유로 테르툴리아누스는 자비와 '포용력'을 내세워 죄를 용서해주는 주교들을 공격했으며, 성직자들이 내세운 권리나 영적이지 못한 '권리 행사', 그리고 성직자들의 '독재'에 반대하여 '만인사제직'을 주장했다. 그는 여성일지라도 성령의 능력으로 설교를 할 수 있다면 성직자가 될 수 있으며, 스스로 예배를 주관하고 성례를 집례했던 성자들의 교회와 직업적 성직자들이 다스리고 있는 오합지졸 집단은 분명하게 구분되어야 한다고 주장했다. 테르툴리아누스는 루터처럼 로마서를 통해 감명을 받았다. 그의 신앙관은 온화하면서도 매우 냉정했다. 그는 중죄를 범한 사람은 결코 용서하지 않았다.

당시 주교들과 성직자들, 그리고 정통 교회는 왜 그렇게 '포용력'을 선호했는가? 포용적인 태도는 한편으로는 기독교를 전 세계로 전파하는데, 다른 한편에서는 성직자 계급을 강화하는 데 유용했다. 성직자들은 개인적이고 집단적인 판단에 의해 결정될 수 있는 분야가 넓으면 넓을수록 자신들이 행사할 수 있는 권력의 범위도 그만큼 확대되고 그와 같은 권력을 좀 더 확고하게 자신들의 수중에 넣을 수 있다고 생각했다. 따라서 죄인을 다시 받아들일 것인지에 대한 결정을 자신들이 직접 내렸다. 이때부터 주교는 권한을 위임받고 공식적으로 서품된 사람으로서 죄의 용서를 결정할 수 있는 능력을 지닌 사람으로 여겨지게 되었다. 이처럼 직책에 의존하는 특권의식이 고착화됨으로써 성직자와 평신도는 완벽하게 분리되었고, 교회는 통치자들과 통치받는 사람들로 나누어지게 되었다.

도나투스파 사건

테르툴리아누스는 성직자와 평신도로 구분된 교회 지배 질서의 의미를 매우 분명하게 인식하고 있었다. 이 문제가 그의 고향인 북아프리카의 카르타고를 중심으로 일어났다는 것은 결코 우연이 아니다. 참회와 용서에 관한 논쟁은 배교자들의 재입교 문제와 관련하여 가장 격렬하게 분출되었다. 3세기 후반에 있었던 로마 제국의 박해는 교회에 엄청난 상처를 입혔다. 게다가 기독교 공동체는 이에 대해 어떻게 대응할 것이냐를 놓고 세 갈래로 분열하는 양상을 보였다. 첫 번째는 주교 제도를 거부하고 일체의 타협을 거부하면서 자신들의 입장을 고수하는 공동체가 있었다. 이 때문에 많은 사람들이 죽임을 당했다. 두 번째는 숨거나 외국으로 망명한 공동체가 있었다. 교회는 기독교인들에게 박해를 당할 위험에 처하게 되면 숨든지 아니면 망명하라고 권유했다. 이것은 교회의 공식적인 입장이었다. 세 번째는 국가와 타협하면서 세력을 유지하려 한 공동체가 있었다. 박해가 종식되자 도망갔던 사람들이 돌아왔고 희생된 사람들의 명단이 밝혀지는 등 공식적인 조사가 이루어졌다. 그리고 이런 와중에 타협한 사람들과 그렇지 않은 사람들 간에 격렬한 주장과 반격이 오갔다. 살아남은 사람들 대부분에게는 감추고 싶은 과거가 있었다. 아우구스티누스는 《크레스코니우스 반박문Contra Cresconium》에서 당시에 오고 갔던 치열한 논쟁을 소개했다. 이 책에서 그는 교회법정에서 심문을 당했던 리마타의 푸르푸리우스라는 사람이 자신을 고소했던 사람들을 향하여 분노에 찬 어조로 거칠게 비난했던 말을 전하고 있다.

> 내가 다른 사람들처럼 당신들을 두려워한다고 생각하는가? 당신들이 했던 일은 도대체 무엇인가? 당신들은 정부 관리나 군인들로부터 성경을 포기하라는 압력을 받았다. 당신들이 이러한 압력에 굴복하지 않았다면 어떻게 풀려날 수 있었겠는가? 정부가 당신들을 석방시킨 데에는 분명한 이유가 있었을 것이다. 그렇다. 나는 사람을 죽였고 나에 대항하는 사람들을 죽이려 한다. 그러니 지금 더 이상 내가 어떤 것을 말하도록 자극하지 말라. 당신들은 내가 어느 누구의 일도 방해하지 않는다는 것을 잘 알고 있을 것이다.

이 사건은 카르타고에서 발생했다. 밀라노 칙령 이후 카르타고와 옛 포에니(고대 카르타고) 제국 내에 살고 있던 대부분의 사람들은 반로마 전통을 이어받아 로마로부터 독립하기를 원했고 독자적인 포에니, 혹은 베르베르Berber(아프리카 북부 지중해 연안이나 사하라 사막에 분포되어 있는 인종—옮긴이) 언어와 문화를 고수하고 있었다. 그런 그들이 자신들을 박해한 로마 제국의 권력자들과 공동보조를 취하고 있던 교회를 우호적으로 바라볼 리가 없었다. 이러한 이유로 2세기에 세워진 카르타고 교회는 로마에 대항하는 북아프리카 원주민들Punic의 저항의 온상지가 되었다. 카르타고 교회는 거의 정통 유대교적 성향을 보였다. 카르타고 교회는 세속적인 제도나 이교 사상과는 어떠한 타협도 하지 않았던 엄격하고 순결한 공동체였다. 물론 국가가 강요하는 부역 또한 거부했다. 카르타고 교인들은 서로 강하게 결속되어 있었고 다른 사람들의 본받을 만한 행동은 쉽게 받아들였다. 즉, 이들은 순교자들이나 마카베오 가문의 모범을 따르고자 했다. 어떤 의미에서 이 교회는 루터를 미리 예견한 것이라고도 볼 수 있다. 좀 더 구체적으로 말하자면 카르타고 교회의 행동은 사해 사본을 생각나게 해준다. 왜냐하면 그 종파의 기초를 놓은 사람들 가운데 에세네파 사람들이 있었기 때문이다. 정결의식을 강조했던 에세네파 사상이 제국과 타협했던 사람들의 재입교를 거부한 아프리카 기독교인들에게서 다시 새롭게 표현되었다고 볼 수 있다. 물론 정결에 대한 강조는 특히 성직자들에게 적용되었다. 세례를 집행하는 사람은 오염되거나 정부와 타협해서는 안 된다. 사제들을 안수하는 주교는 가능한 한 모든 비난으로부터 벗어나 있는 사람이어야 한다. 그렇지 않다면 주교가 베푸는 세례나 성직 안수의 효력은 사라질 것이다. 좀 더 심하게 표현한다면 그런 사람들로 구성된 교회 조직체는 교회에 해로운 그림자를 드리우며 마귀에 의해 인도된 적그리스도의 교회가 되어버리기 때문이다.

우리는 여기서 더럽혀진 성전의 거짓 사제들에 대항한 에세네파(여기서는 도나투스파를 지칭 — 옮긴이)에 대해 간략히 살펴보기로 하자. 이단으로 간주되었던 도나투스파의 배경은 앞에서 설명한 바 있다. 대부분의 카르타고 사람들은 교회 직책을 주관적으로, 즉 자격 없는 사람들이 교회 직책을 맡았을 때 그 직책은 무효화될 수 있다는 입장을 가지고 있었다. 하지만 정통파 교회는 점차로 교회 직분자가 객관적이며 타당한 절차를 통해 임명되었다면 그 직책은 보편적이며 언제나 유효하다는 입장을 강화시켜왔다. 이러한 인식의 차이는 필연적으로 북아프리카 교회와 정통파 교회 간의 분쟁을 초래했다. 결국 311년에 누미디아에 있던 약 80여 명의 주교들이 카르타고의 주교로 부임한 케킬리아누스의 성직 임명을 무효라고 선언하면서 그와 같은 분쟁이 현실화되었다. 이때 분쟁이 일어났던 이유는 케킬리아누스를 안수했던 주교가 박해 시절에 성경책을 불태우도록 넘겨주었던 배교자였기 때문이었다. 케킬리아누스를 거부한 카르타고의 주교들은 그를 대신하여 도나투스를 새로운 주교로 임명했다 (이때 도나투스를 임명했거나 그의 임명을 지지한 무리를 도나투스파라고 부른다). 케킬리아누스 또한 자신을 비판한 80여 명의 주교들 중에도 상당수의 배교자들이 있기에 그들의 결정을 받아들일 수 없다는 입장을 분명히 했다.

팽팽하게 맞서는 와중에 칼자루는 교회의 후원자인 콘스탄티누스가 쥐고 있었다. 그는 고심 끝에 케킬리아누스를 지지했다. 콘스탄티누스의 이러한 결정 때문에 결국 도나투스파는 콘스탄티누스뿐만 아니라 국가와의 협력을 아예 혐오스러운 것으로 간주했다. 그들이 내세운 슬로건 가운데 이런 말이 있다. "하나님의 종은 세상으로부터 멸시받은 사람들이다." 그들은 "황제가 교회와 무슨 관계가 있는가?"라고 물었다. 케킬리아누스와 그의 지지자들은 황제의 신임을 얻었음에도 불구하고 도나투스파의 조직된 힘 앞에서 이렇다 할 힘을 발휘하지 못했다. 도나투스파는 자신들을 지지한 교인들뿐만 아니라 북아프리카 지역의 민족주의 및 반로마주의, 반제국주의를 적절히 이용할 수 있었다. 밀레비스의 주교 옵타투스의 다음과 같은 말에서 당시 도나투스의 모습을 엿볼 수 있다. "아프리카에서 온 사람들이 그를 방문할 때마다 그는 날씨나 평화 혹은 전쟁, 작황 등 일상적인 질문을 하기보다는 언제나 '당신네 지역에서 나의 당파는 어떻게 되어가고 있는가?'라고 물었다."

교회 정치는 지정학적 상황과 인종, 그리고 경제 상황 등과 맞물려 있을 수밖에 없다. 콘스탄티누스는 케킬리아누스파가 존속할 수 있도록 지원했지만 그 이상으로 나아가지는 않았고, 아마 그럴 수도 없었을 것이다. 세속정치를 신뢰하고 수용하며 세속과 협력했던 정통 가톨릭 교회는 부유한 토지 소유자들과 해안도시, 그리고 소도시에 살고 있던 로마화된 도시 부유층에 한정되어 있었다. 이에 비해 세속적인 것들을 거부했던 도나투스파 교회는 내륙지방의 평원과 구릉 지역에 살고 있던 가난한 원주민들의 열망을 대변했다. 347년에 케킬리아누스파는 도나투스파를 무력으로 제압해달라고 국가에 요청했다. 정부는 마카리우스를 보내 많은 도나투스파 사람들을 살해했지만, 북아프리카 사람들은 희생당한 사람들을 순교자로 인정하며 오히려 힘을 더욱 키워갔다. 위기감에 몰린 로마는 급기야 아프리카 교회를 이단으로 낙인찍어버린다. 이전에 기독교를 박해했던 로마가 이제는 기독교를 보호한다는 명분으로 도나투스파를 이단으로 박해했던 것이다.

우리는 로마 제국의 도나투스파 박해 사건에서 핵심 사안이 무엇이었는가를 알아야 한다. 이 문제를 한 특수 종파의 단순한 저항 사건으로 보아서는 안 된다. 도나투스파 사건은 보편성을 표방하면서 타 민족의 고혈을 빨아먹으며 지탱하고 있는 제국(아프리카 사람은 로마 제국을 그렇게 인식했다) 내에서 아프리카 지역의 토착적 기독교가 과연 존속할 수 있느냐의 문제와 결부되어 있었기 때문이다. 이 문제는 콘스탄티누스의 로마 제국과 보편적 가톨릭 교회가 서로 제휴함으로써 발생했다. 이후 콘스탄티누스의 계승자들 또한 이 문제와 씨름해야 했다. 이들이 박해를 하면 저항 운동이 일어났다. 로마 제국 황제들이 율리아누스처럼 정통 교회에 대한 군대의 지원을 철회하면 도나투스파는 계속 진군하여 교회뿐만 아니라 국가의 이익을 위협했다.

도나투스파는 '마카리우스의 시대'(마카리우스가 진압군으로 파견된 시대)

때부터 억울하게 박해받고 희생당한 순교자들의 이야기와 불의하게 자신들을 핍박했던 잔인한 이야기들을 기억하고 있었다. 도리어 본질적인 문제들은 계층, 인종, 민족성이 함께 결합되면서 잊혀졌다. 도나투스파는 500명이 넘는 주교를 거느린 조직교회를 구성하고 있었다. 물론 대부분의 도나투스파 주교들은 소규모 교구의 주교들이긴 했다. 그들의 예전이나 가르침 등은 기본적으로 정통파와 별다른 차이가 없었다. 그들은 스스로 초정통파ultra-orthodox로 자처하고 있었다. 도나투스파 사제들은 과거 열심당파의 입장을 받아들여 지역과 민족을 배반한 친로마적 사제들에 대항했다. 그들은 '이스라엘'이라는 곤봉으로 무장하여 지역을 순찰하기도 했다. 그들은 '정통' 교회를 접수하고 나면 에세네파가 했던 것처럼 교회를 정화시킨다는 명목으로 교회당 벽면을 흰색으로 칠했다. '순찰대'와 같은 일종의 사병도 거느렸다. '순찰대' 요원들의 면면을 살펴보면, 주로 경작할 농토가 없는 무산계급, 도적떼와 같은 사람들이 대부분이었다. 이들은 주로 내륙평원이나 구릉지대의 올리브 농장에서 일하던 계절노동자들이었거나 매우 거칠고 투박했던 베르베르인들이었을 것이다. 베르베르인들은 예전부터 토지 소유주들(로마인들)로부터ー이들 대부분은 아프리카가 아닌 로마에 살고 있었다ー엄청난 착취를 당한 사람들이었다. 로마의 백만장자들 중에는 북아프리카에 대토지를 소유하고 있는 사람들이 많았다. 그들은 자신들의 땅이 어디에 얼마큼 있는지도 모르다가 410년 로마 몰락 이후 카르타고로 피난해 와서야 비로소 자신들의 땅을 둘러보았을 정도였다. 4세기 중엽 북아프리카의 정통 가톨릭 교회는 대부분 이 같은 일부 부유층과 엄청난 재산을 상속받았던 부유한 가문 출신의 여성들, 그리고 과부들이 주류를 이루고 있었다. 또한 케킬리아누스파와 로마 제국의 권력자들도 포함되어 있었다.

유대 열심당파는 종교적 명분을 내세워 부자들을 공격했다. 사두개파 또한 욕심 많은 압제자를 도우면서 로마에 협력하지 않았던가? 요세푸스는 로마가 유대를 침략하면서 일어난 전쟁 기간(66-70년) 동안 열심당파 사람들은 "영웅으로 알려진 사람들이나 명문가 출신 사람들의 목숨을 노리고" 있었다며 그들을 비난했다. 도나투스파의 '순찰대'도 종교와 경제적인 힘의 결합이었다는 점에서 기본적으로 열심당파와 같았다. 이와 같은 일은 기독교 역사에서 지속적으로 일어났던 현상으로―예를 들면 14세기에 영국에서 일어났던 농민반란을 들 수 있다―도나투스파는 단지 대표적인 선례였다고 볼 수 있다. 도나투스파 운동은 정결을 자처하는 성직자들이 주도했던 가난한 사람들의 운동이었다. 그들의 특수기동대, 즉 '순찰대'는 종말 사상에 입각하여 지상에서 자신들의 숙원을 풀려고 노력했던 일종의 천년왕국주의자들이었다. 그들은 스스로를 '성도들의 대장Captains of the Saints'으로 자처했다. 그들의 폭력적인 활동은 대개 경제적 침체기간과 맞물렸다. 그들은 농민들을 보호하기 위해 채권자들과 토지 주인들에게 테러를 가했다. 그들의 활동은 노예들을 보호하는 데까지 확대되었으며, 이 때문에 노예들은 도나투스파 교회를 강력하게 지지하는 세력으로 부상했다. 당시 로마 제국은 정부의 특별 허가 없이는 함부로 치명적인 무기를 소지할 수 없도록 금지했기 때문에 도나투스파의 '순찰대' 요원들 역시 무기를 휴대할 수 없었다. 그러나 그들이 소지한 곤봉―올리브 추수 때에 사용했던 막대기―만으로도 충분히 위협적이었다. 그들은 농작물과 집을 불태우거나 노예문서들을 탈취하여 폐기하기도 했다.

도나투스파의 천적이요 기독교 제국의 이론가인 아우구스티누스는 도나투스파 '순찰대'들을 향하여 무정부 상태를 조장하고 공포를 야기하는 '버림받은 사람들의 미친 무리'라고 비난했다. 그는 이들이 술에 잔뜩 취한 상태로 폭동을 일으키며, 자신들이 임의로 정한 순교자를 기념하는 축제를 벌이는, 다시 말해 전적으로 이교 전통에 속한 일들을 행하고 있다고 비난했다. 하지만 당시까지만 해도 도나투스파뿐만 아니라 기독교인들까지도 이교 의식의 영향을 받아 난동을 부리면서 성인들을 위한 축제를 즐기고 있었다. 아우구스티누스는 특히 사회혁명을 꿈꾸면서 반란을 일으키는 종교적 행태를 증오했다. 그는 "노예들이 도나투스파의 보호를 받는다면 노예를 두려워하지 않는 주인이 과연 있을 수 있겠는가?"라고 물었다. 아우구스티누스는 도나투스파가 제국의 질서에 도전하면서 자신들만의 제국을 건설하려 한다는 것을 보여주려 했다. 물론 과장된 측면도 없지 않으나 어느 정도는 타당성이 있는 이야기였다. 아우구스티누스는 아프리카에서 가장 큰 성당을 세운 팀가드의 주교를 예로 든다. 아우구스티누스에 의하면 팀가드의 주교는 "호위병들을 거느리고 무소불위의 권력을 휘둘렀다." 그가 이렇게 호위병을 거느리고 각 지역을 돌아다닌 이유는 "어떤 누군가가 두려웠기 때문이 아니라 사람들을 위협하기 위해서였다. 그는 과부들을 억압하고 미성년자들을 내쫓았으며 사람들의 재산을 강제로 빼앗아 다른 사람들에게 분배했고 결혼을 파기시켰으며 무죄한 사람들의 재산을 강제로 팔도록 주선하여 그 과정에서 이익금을 챙겼다." 물론 이 같은 행위는 두 가지 측면에서 해석될 수 있다. 즉, 팀가드의 주교는 불의를 영속화하려는 사람일 수도 있고, 불의를 바로잡으려 했던 사람일 수도 있다.

정통파와 분파주의

종교적 투쟁에는 4세기 당시 로마 제국의 사회경제적 긴장이 반영되어 있었다. 도나투스파가 보여준 한 가지 특징은 도나투스파 주교나 사제들은 라틴어뿐만 아니라 포에니어를 사용할 수 있는 실력이 있었고 또 기꺼이 이를 사용하려 했다는 점이다. 그들은 자국어로 예배를 집례했으며, 자국어 성경도 가지고 있었을 가능성이 높다. 도나투스파는 정치·경제적으로 반로마적인 태도를 취했고 문화적으로도 반라틴적이었다. 앞에서 살펴보았던 몬타누스파의 특징 중 하나도 현지 지역어와 사투리를 사용했다는 점이다. 프리기아 지역에서 몬타누스파가 성공했던 이유 중 하나도 바로 이것이었다. 정통주의를 따르지 않는 기독교가 얼마만큼 부족주의 및 민족주의와 관계를 맺고 있었는지를 확인할 길은 없다. 더욱이 그와 같은 활동이 얼마나 의도적이고 조직적으로 수행되었는지를 증명하기란 더더욱 어려운 일이다. 그러나 로마 제국 곳곳에 퍼져 있었던 기독교 공동체들은 아주 초기부터 그들이 활동하던 지역의 열망과 불평을 대변했을 가능성이 높다. 이 같은 사실은 초기 박해의 상황을 설명하는 데도 도움을 준다. 왜냐하면 로마 제국 초기의 박해들은 전적으로 지역적 차원에서 수행되었기 때문이다. 정통 기독교가 몬타누스파를 얼마나 불안하게 보았는가 하는 것은 정통파 교회가 몬타누스파와 끊임없이 거리를 유지하려 했다는 사실에서도 확인할 수 있다. 몬타누스파는 종교적 모험주의의 대표적인 본보기로 볼 수 있다. 하지만 종교적 모험을 감행한 것이 그들만은 아니었다.

정통파 교회는 2세기부터 스스로 '가톨릭Catholic('보편성'을 의미—옮긴이)이라는 용어를 사용하기 시작했고 교회의 보편성, 언어와 문화의 통일성, 지역과 인종에 얽매이지 않는 초월성 등을 강조하기 시작했다. 간단히 말하자면 정통파 교회는 로마 제국이 지향한 목표와 부합했다는 말이다. 이 때문에 정통파 교회는 제국으로부터 그에 대한 적절한 보상을 받았다. 즉, 제국은 기독교를 공인했고 또 후원했으며 기독교의 적들을 제거하는 일에도 결정적인 지원을 아끼지 않았다. 이 문제는 중요하다. 제국과 동맹을 맺기 전까지만 해도 제국은 기독교의 적이지 않았는가? 그러나 율리아누스 황제가 이교도들을 다시 포용했던 관점에서 보면 '진리란 과연 무엇인가'라는 생각을 하지 않을 수 없다. 율리아누스는 정통 기독교를 후원하기 위해 파견된 군대를 철수시키라고 명령했다. 이와 관련하여 율리아누스는 자신의 이교 포용 정책이 유혈사태를 종식시켰노라고 열정적으로 선전했다. 그는 "소위 이단으로 간주되었던 공동체에 소속된 많은 사람들이 사모사타와 파플라고니아의 시지쿠스, 비티니아와 갈라디아에서 볼 수 있는 것처럼 실제로 학살되었고, 몰락하고 파괴된 부족들도 많았다"고 말하면서 "그러나 나의 통치하에서 추방은 없어지고 재산은 원상회복되었다"고 주장했다. 여기서 우리는 정통 교회와 로마 국가는 광활한 지역을 함께 연합하여 통솔하기 위해, 사정은 서로 다르지만 서로 협력할 수 있는 동기들을 갖고 있었던 것을 알 수 있다. 즉, 로마 국가와 정통 교회는 단일한 명령체계와 중앙통제 장치를 통해 여러 지역을 함께 통솔했다. 물론 율리아누스의 정책—정책 자체는 이상적이고 바람직했을 수도 있다—은 실패했고 상황은 오히려 역전되었다. 왜냐하면 기독교 신앙의 다양성은 세속적인 제국의 행정이 요구하는 바와 양립할 수 없었기 때문이었다.

기독교의 종파들 중에는 현상유지를 바라는 세력이나 유산계급, 그리고 제국과 동일시했던 지배계층뿐만 아니라 지역의 특수성에 뿌리를 둔 세력들도 있었다. 다시 말해 기독교는 한편으로는 제국을 통합하는 데 도움을 주었던 세력이었지만, 다른 한편에서는 제국을 분열시키는 역할도 했던 것이다. 로마와 콘스탄티노플의 기독교는 정통파 신앙을 견지하면서 제국에 협조하려는 경향이 있었다. 이에 비해 북아프리카의 기독교는 분파주의적이면서 민족주의적인 성향을 보였다. 또한 기독교적 성향의 소요집단들도 있었으며, 이들은 각자 제국의 허술한 점을 파고들었다.

한때 프리기아에는 몬타누스파, 노바티아누스파, 엔크라테이아파, 아포탁타이트파 혹은 사코포리파가 운영하는 교회가 있었는데, 이들은 모두 금지된 종파들이었다. 열광주의 종파도 많았다. 이들 중에는 사막으로 간 사제들, 즉 무소유vacantivi의 사제들, 머리를 길게 늘어뜨린 채로 온몸에 사슬을 휘어감은 금욕주의자들, 광신적인 탁발수도사들 등 수많은 이단 공동체들이 있었다. 이단 연구에 평생을 바친 브레스키아의 나이 많은 주교 필라스트리우스는 390년에 156개의 독특한 이단 목록을 작성했는데, 이 목록을 보면 당시에 이단들이 상당히 번성했던 것 같다. 이단들은 특히 가난한 사람, 집단적으로 형벌을 받고 국경지대에 살고 있는 부족, 탈영병, 강도를 피해 도망한 사람들에게 인기가 있었다. 제국의 권력자들과 정통 교회에게 가장 위협적이었던 이단, 즉 몬타누스파나 도나투스파와 같은 이단들은 대부분 한정된 지역(그 지역 사람들의 불평불만)에 기반을 두고 시작해서 마치 대초원에 불이 난 것처럼 빠른 속도로 인접 지역으로 확산되어갔다. 부족 종교나 로마의 종교들이 보수적이었던 것에 비해 기독교 이단들은 거의 모두 원칙상 권위주의에 반대했다. 그리고 기독교 이단에 가입한 사람들 중에는 지역주의에 사로잡힌 사람이나 범죄자도 많았다. 기독교 이단들은 이런 사람들에게 초월적이고 위험한 사상을 가르쳤다.

교회와 국가

사정이 이러하다 보니 로마 제국은 점차 기독교 정통주의의 입장을 대변하고 실행하는 집행기관의 역할을 감당하기에 이르렀다. 4세기 테오도시우스 시대에는 이단과 이단자들을 척결하기 위한 법령이 100개도 넘게 제정되기도 했다. 한때 무질서를 조장했다는 이유로 기독교를 박해했던 로마는 이제 동일한 이유로 이단을 공격하기에 이르렀다. 다음과 같은 법령도 있었다. "교회의 평화를 위협하거나 치안을 방해하는 사람들과 … 종교와 논쟁을 벌인 사람들에 대해 제재 조치를 취할 것이다. … 대중을 선동하고 종교와 논쟁을 벌이거나 종교에 조언을 하려는 사람에게는 어떠한 기회도 주어지지 않을 것이다."

다시 말해 로마 제국은 공식경로를 통하지 않은 일체의 종교 논쟁을 매우 엄격하게 금지시켰다. 밀라노 칙령 또한 이러한 방식으로 정통 기독교와 동맹을 맺으려 했던 콘스탄티누스의 의지가 낳은 결과였다. 물론 이 칙령은 기독교뿐만 아니라 이교에게도 동등하게 관용을 베푼 정책으로, 그는 항상 이 점을 강조하고 자랑하여 "기독교와 이교들을 각기 그들의 사원에 맡겼다"고 말하곤 했다. 하지만 기독교 내부에 존재하는 다양성에 대해서는 다른 입장을 취했다. 사실 콘스탄티누스가 기독교를 받아들인 이유 중 하나는 정통 기독교가 자신과 제국에게 이단을 다룰 수 있도록 해주었을 뿐만 아니라, 정통파 교회의 정통주의 교리 정책을 조절할 수 있는 기회를 제공했기 때문이 아닌가 싶다. 물론 콘스탄티누스는 교리 문제에 관심이 없었으며, 그저 교회가 가능한 한 보편적이고 포용적인 태도를 보여주기만을 원했을 뿐이었다. 이와 관련하여 콘스탄티누스는 328년에 아타나시우스 주교를 위협하는 편지를 보내기도 했다.

"당신은 나의 소원이 무엇인지 알고 있습니다. 교회에 들어오기를 원하는 사람은 누구나 자유롭게 들어올 수 있도록 허락해주시길 바랍니다. 만일 이에 반하는 태도를 보인다면 나는 즉시 당신을 해고하고 유배를 보낼 것입니다." 콘스탄티누스는 아타나시우스가 정통주의 신앙의 소유자였지만 그 밑에서 일하던 부하 성직자들을 자주 매질하고 주교들을 감옥에 보내거나 추방해버리는 난폭한 사람이라는 사실을 잘 알고 있었다. 이것은 콘스탄티누스가 원했던 교회의 모습은 아니었다. 그는 통일성 안에서 다양성을 보존하면서 제국의 일치와 안정을 위해 노력하는 교회를 원했던 것이다. 따라서 교리 논쟁은 그의 관심을 끌지 못했다. 아리우스 논쟁이 일어났을 때에도 그는 이 같은 논쟁은 "지적인 훈련에 불과한 것이요 … 시간이 남는 사람들이나 하는 논쟁으로 … 하나의 토론거리"에 지나지 않으며, "너무 고상하고 난해하여" 해결하기 어렵고, 혹시 해결된다 하더라도 대부분의 사람들은 이해하지 못할 것이라고 말했다. 결론적으로 이 문제는 그에게 "사소하고 별 볼일 없는 것에 불과했다."

바로 이러한 관점에서 콘스탄티누스(그리고 그의 계승자들 대부분)는 교회 정치에 가담했고, 그 안에서 자신의 역할을 수행했다. 그는 중재자 역할을 자임했고 이 역할을 능숙하게 수행했다. 에우세비우스의 기록에 의하면 콘스탄티누스는 325년에 열린 니케아 종교회의를 비롯한 일련의 교회 회의를 주재했다. 회의는 언제나 정교한 의식 속에서 진행되었으며, 콘스탄티누스는 장엄한 예배를 직접 주도하는 등 자신이 할 수 있는 영역에서 유감없이 능력을 발휘했다. 당시에 개최된 기독교 공의회는 이전의 '기둥으로 인정받는' 지도자들의 시대나 예루살렘 사도회의 시대에서는 볼 수 없었던 전혀 다른 성격의 회의였다. 교회 회의가 이렇게 바뀌게 된 이유는 콘스탄티누스가 제국을 통치할 때 사용한 방식을 교회 문제를 다루는 회의에서 그대로 사용했기 때문이다.

그는 니케아 공의회에서 평화와 화해, 그리고 세련된 분위기를 조성하기 위해 노력했다. 이 회의를 통해 타협이 이루어지기를 기대하면서 그리스도는 '아버지와 동일본질consubstantial'(아리우스는 예수는 하나님 아버지로부터 출생했다고 주장함으로써 예수는 하나님보다 등급상 아래에 있는 존재라고 보았다. 이 때문에 논쟁이 발생하여 니케야 공의회가 열리고 이 회의에서 콘스탄티누스는 예수와 하나님은 '동일본질'이라는 용어를 제안하여 기독교 세력들 간의 분란을 막아보려고 노력했다—옮긴이)이라는 문구를 제안한 사람도 바로 콘스탄티누스였다. 에우세비우스는 "콘스탄티누스는 자신이 제안한 '동일본질'이라는 용어를 니케아 신조에 삽입하자고 주장하면서 모든 참석자들에게 이에 대해 서명하고 합의해줄 것을 충고했다"고 말했다. 콘스탄티누스는 국가의 이익에 반하는 행동이 나오지 않도록 하기 위해, 그리고 교리 문제로 시끄러워지지 않도록 하기 위해 교회 공의회를 조정했고 문제가 일어나면 모두가 합의할 수 있는 영예로운 해결책을 모색하려 했다. 그는 주교들을 종용하여 아리우스와 그의 추종자들을 정죄하도록 조정하기도 했지만, 나중에는 아리우스를 복권시키기도 했다. 이 일은 순전히 그의 신앙고백적 차원에서 이루어진 일이었다.

한번은 콘스탄티누스 자신이 직접 키르타에 세운 교회를 도나투스파가 점령하는 일이 벌어졌다. 정통파 교회는 이에 강력히 반발하면서 소유권을 주장했는데, 콘스탄티누스는 도나투스파와 싸움을 피하기 위해 정통파 교회에 국가 세관 건물을 제공하며 교회 건물로 사용하라고 설득하기도 했다. 다시 말하면 콘스탄티누스의 일차적 관심은 특정한 종파나 교리보다는 제국의 질서와 안정, 말하자면 법질서를 확립하는 데 있었다. 거꾸로 말하면, 법질서를 파괴하는 반란에는 관용의 법칙이 조금도 적용되지 않았다는 말이다. 316년에 그가 도나투스파를 탄압한 것도 바로 이러한 이유 때문이었다. 도나투스파의 어떤 주교는 설교 시간에 다음과 같이 불만을 터뜨렸다. "지방 재판관들은 중앙정부로부터 즉각 무력을 사용하라는 강압적인 명령을 받았다. 그리고 즉시 군대가 교회당과 도나투스파 건물들을 포위했다. 우리 종파를 따르는 부유층 사람들은 재산을 몰수당할 것이라는 위협을 받았으며, 교회의 성례전들은 더럽혀졌고, 풀려난 이방 폭도들이 난입하여 우리 교회당들은 세속주의로 물든 축제의 장이 되어버렸다." 333년에 정통 기독교의 입장을 대변하기 위해 임명된 감독관이 제일 먼저 한 일은 아리우스의 저술에 대해 야만적인 명령을 내린 것이었다. "아리우스가 쓴 글들은 즉시 불태워져야 한다. … 그에 대한 그 어떠한 기억도 남겨서는 안 되기 때문이다. … 어느 누군가 아리우스 책을 숨기고 있다가 발각되면 즉시 그 책을 신고하여 불태워야 한다. 그렇지 않으면 그는 사형을 면치 못할 것이다."

이 같은 잔인한 명령은 분노를 드러내는 것이었다. 로마 제국의 황제들은 기독교를 보호하기 위해 정해진 규정과 원칙을 고수하려는 태도를 보였던 것이라고 할 수도 있겠다. 그러나 그들은 교회일치를 바라는 분명한 목적에서 교회 문제에 개입했지만 나중에는 맹목적인 분노와 억압이라는 잔인한 행동으로 끝을 맺었다. 황제들은 사소한 차이를 놓고 격렬하게 싸웠던 성직자들이 얼마나 완고한 사람들인지, 그리고 신학자들 사이의 '신학적 증오심'이 얼마나 큰 문제인지를 제대로 파악하지 못했던 것이다. 결국 황제들은 평화를 지키기 위해 어느 한 당파를 선택하여 그 권위를 인정해주었으며, 그 외의 당파는 무자비하게 억압했다. 그러나 그들의 바람처럼 평화가 쉽게 찾아오지는 않았다. 도나투스파 문제로 북아프리카는 소란의 도가니에 빠졌으며, 지중해 전역에서는 자유의지에 관하여 격렬한 논쟁이 벌어졌고, 4-5세기에 동방과 이집트는 기독론 논쟁으로 들썩였다. 로마 제국이 기독교를 포용했던 이유 중 하나는 역동적인 국가종교를 세워 새로운 힘을 얻고자 하는 바람이었다. 그러나 로마 제국의 희망은 이루어지기 힘들어 보였다. 왜냐하면 로마 제국은 지금은 사문화되어 아무런 영향력도 발휘하지 못하고 있는 제국의 국가의식을 단지 기독교라는 매우 복잡하고 어려운 종교철학 사상으로 대체한 셈인데, 그 종교철학은 매우 유동적이어서 정의를 내리기가 쉽지 않았고, 국가의 행정질서를 위협하기도 했기 때문이다. 즉, 기독교는 기독교를 후원했던 세속 군주들에게 손상을 입힌 셈이 된 것이다.

삼위일체와 기독론 논쟁

예수의 신성과 관련된 논쟁은 수세기에 걸쳐 골머리를 썩인 문제 중 하나였다. 하지만 불행히도 이 문제는 본질상 해결될 수 없는 것이었다. 기원전 1세기의 세계는 유일신적인 보편종교를 기다리고 있었다. 그리고 기독교는 이런 요구에 부응했다. 그렇다면 기독교는 진실로 유일신 종교였는가? 기독교가 유대교에서 떨어져 나왔던 결정적인 이유는 그리스도의 신성에 관한 신앙 때문이었다. 예수가 메시아에 불과했다면 이 두 종교는 유대 기독교인들이 주장한 바와 같이 화해할 수 있었을 것이다. 그러나 기독교인들은 예수가 하나님의 아들이라고 주장했으며, 이 주장은 유대교로서는 도저히 받아들일 수 없는 것이었고, 이후로 기독교와 유대교는 치명적인 적대관계 속에 놓이게 되었다. 유대교와 기독교의 결별은 시기적으로 바울 신학이 승리했을 때 일어났다. 그리스도 예수가 신이라는 사실은 기독교가 보편종교로 발전하는 데 크나큰 도움을 주었다. 하지만 이와 동시에 새로운 문제가 생겼다. 하나님의 유일성을 주장하면서 동시에 그리스도의 신성을 설명해야 하는 문제가 발생했던 것이다. 이 사안은 매우 난처한 문제였다. 하나님은 두 분인가? 여기에다가 성령이 추가되었다. 그렇다면 신은 셋인가?

한 가지 해결책이 등장했다. 즉, 그리스도를 하나님의 현시顯示로 간주하여 그리스도의 인성을 부인하는 것이었다. 이 같은 입장은 영지주의자들이 따랐던 노선이었다. 영지주의자 발렌티누스는 다음과 같이 말했다. "예수는 음식을 배설하지 않고 특별한 방법으로 먹고 마셨다. 그의 절제 능력은 엄청났고 그가 먹었던 음식은 그의 몸 안에서 부패되지 않았다. 왜냐하면 그는 전혀 부패하지 않은 사람이었기 때문이다." 이런 이상한 이론은 복음서가 주장하는 대부분의 내용을 무효화하고 부활을 무가치하게 만들며 성찬을 무의미하게 만들었다. 영지주의에 속했던 가현설론자들은 이 문제를 다음과 같이 당당하게 다루었다. 그리스도의 인간적인 몸은 일종의 '환영幻影'에 불과하다. 즉, 그의 고통과 죽음은 외부적으로 그렇게 보였을 따름이다. 고통받고 십자가에서 죽으신 분은 하나님이 아니었다. "만일 그리스도가 고난을 받았다면, 그는 하나님이 아니었던 것이다. 그가 하나님이었다면, 그는 결코 고난당하지 않았던 것이다."

영지주의나 가현설의 주장을 반박하기 위해 좀 더 정교한 논리와 이론으로 무장한 사람들이 등장했다. 이른바 군주론자 혹은 단일신론자Monarchianist로 불리는 이 사람들은 하나님의 '통일성'을 강조함과 동시에 성부 하나님 자신이 성모 마리아에게 내려와 예수 그리스도가 되었다는 이론을 제시했다. 사벨리우스주의자Sabellianist들은 이를 약간 다른 방식으로 표현했다. 이들의 이론은 소위 성부수난설Patripassionism이라고 불리는데, 아버지, 아들, 성령은 하나이자 동일한 존재로, 한 실체의 몸과 혼과 영이며 한 분 하나님의 '세 가지 임시적인 현시들'이라고 한다. 이러한 주장이 이론상으로는 가능할지 모르지만, 적어도 성경에서 증거하고 있는 역사적 예수와는 양립할 수 없었다.

두 번째 해결책은 그리스도의 인성을 강조하는 것으로, 유대 기독교인들이나 예루살렘 교회의 잔당이었던 에비온파가 선호했던 주장이었다. 이들 주장의 배경에는 기독교는 유대교로부터 구별하기 어려우며 요한복음이나 바울 신학이 주장하는 내용들은 세월의 흐름 속에서 계속 유지되기가 불가능하다는 판단이 깔려 있었다. 전반적으로는 이들을 따르면서도 이와는 약간 다른 중간 입장도 있었다. 이 입장은 하나님이신 그리스도의 선재설pre-existence을 부인하는 것으로, 아리우스의 입장이 여기에 속한다. "아들은 시작이 있고 아버지는 시작이 없다고 말하기 때문에 우리가 박해를 받는 것이다. … 예수는 하나님의 일부가 아니며 어떤 본질로부터 기원한 것이 아니다." 역사가인 소크라테스가 440년에 저술한 글을 보면 아리우스는 실제로는 다음과 같이 주장했던 것으로 보인다. "아버지가 아들을 낳았다면 태어난 자는 존재의 시작이 있었을 것이다. 그렇다면 아들이 존재하지 않았던 시간이 있었다는 것이 분명해지며, 그가 비존재로부터 존재하게 되었다는 결론이 필연적으로 도출된다."

예수의 신성에 관한 논쟁에서 가장 큰 어려움은 각 당파들 간에 합의를 도출해낼 수 있는 중간지대가 없었다는 점이었다. 정통주의 신학자들의 배가 스킬라를 피하기 위해 애를 쓰다가 카리브디스에 휘말리고, 반대로 카리브디스를 피하려다가 스킬라와 충돌하는 형국이었던 것이다(이것들은 그리스·로마 신화에 등장하는 것들로, 스킬라는 시칠리아 섬 앞에 있던 큰 바위이고 카리브디스는 이 바위와 마주하고 있던 위험한 소용돌이다—옮긴이). 라오디게아의 주교 아폴리나리우스(392년 사망)는 아리우스주의를 반박하기 위해 예수의 신성을 강조했는데, 이는 결과적으로 그리스도의 인성을 부인하는 것으로 연결되면서 이단으로 몰렸다. 이와 반대로, 428-431년에 콘스탄티노플의 주교로 있었던 네스토리우스는 아폴리나리우스에 반대하여 그리스도의 인성을 강조하다가 역시 이단으로 몰렸다. 콘스탄티노플 출신의 박식한 수도사인 에우티케스는 네스토리우스주의를 열정적으로 반대하면서 아폴리나리우스 쪽으로 지나치게 치우쳤다. 이에 더 나아가 콘스탄티누스의 '동일본질' 개념에 대해 불평하다가 결국에는 448년에 열린 공의회에 소환되어 자신의 입장을 취소하라는 명령을 받게 되었다. 그 자리에서 그는 자포자기하는 심정으로 다음과 같이 말했다고 한다. "이제까지 나는 '동일본질'이라는 표현을 삼가왔습니다. 그러나 나는 거룩한 교회가 이것을 요구하기에 이제부터 그 문구를 사용하겠습니다."

이 문제로 인해 논쟁이 가열되고 있는 만큼 서로 합의할 수 있는 전략 또한 마련되고 있었다. 이 같은 전략은 한마디로 새로운 언어를 개발하여 모호한 개념들을 절묘하게 담아내는 장치를 마련하는 일이었다. '동일본질'이란 표현이 바로 그 같은 장치였다. 그러나 새롭게 고안된 표현들이 과거 논쟁이 되었던 문제들을 해결하는 과정에서 전적으로 새로운 문제를 야기하기도 했고, 이전 세대들에게는 의미가 있고 만족스러웠던 타협안이 다음 세대에 가서는 오히려 논쟁을 유발하기도 했다. 교회의 집단적인 기억은 불완전한 도구였다. 예를 들면 3세기 교회는 에비온파가 과거 유대 기독교인들이었다는 사실을 망각해버리고 에비온파는 에비온이라는 이단 창시자의 추종자들이라고 생각했다. 정통주의자들은 에비온을 이단으로 탄핵했을 뿐만 아니라 그의 저술들을 인용하면서 그를 반박했다. 이후 기독교 교리에 관한 해석은 모두 니케아 신조와 그 신조를 받아들인 사람들의 이해관계에 근거하여 전개되었다.

그리스어가 논쟁을 심화시키는 역할을 하기도 했다. 라틴어를 사용하는 지역에 비해 동방지역에서 논쟁이 첨예하게 벌어졌던 것도 바로 이러한 이유 때문이었다. 그리스어로 '실체*hypostasis*'와 '본질*ousia*'은 각각 다른 의미를 갖고 있는데, 예를 들어 4세기의 그리스 신학자들은 일반적인 의미로 사용할 때는 '본질'을, 특별한 의미, 즉 '인물'이나 '성격'을 말할 때에는 '실체'를 사용했다. '실체'는 라틴어로 '수브스탄티아 substantia', '본질'은 라틴어로 '에센티아 essentia'라는 번역어가 있었음에도 불구하고, 라틴 신학자들은 두 단어 모두 '수브스탄티아'라는 말로 통합해버리고, 특별한 의미로 사용할 때에는 '위격 persona'이라는 단어를 선호했다. '페르소나'에 해당하는 '프로소폰 prosopon'이라는 그리스어가 있음에도 불구하고 정통주의 신학자들은 이 단어를 사용하지 않았다. 왜냐하면 이 단어를 사용하면 사벨리우스주의자로 의심받을 소지가 있었기 때문이다. 결과적으로 라틴 서방에서보다 그리스 동방지역에서 개념을 정의하기가 훨씬 어려웠으며, 이 같은 사실은 동방과 서방이 공히 받아들일 수 있는 신앙의 신조를 만들어내기란 거의 불가능했음을 말해주고 있는 것이다.

그러나 전문적인 신학자가 아닌 한 이 같은 논쟁은 결코 관심의 대상이 아니었다. 이탈리아의 한 장군은 '동일본질 homousios'이 동방의 주교 이름인 줄로 착각하고 삼위일체 논쟁에 가담한 일도 있었다고 한다. 어떤 점에서 삼위일체 논쟁은 지식인들에게 훨씬 더 어려운 문제였다. 왜냐하면 그들은 단어 하나하나에 놀랍고 신비한 이미지를 투영하려는 경향이 있었기 때문이다. '신의 어머니 theotokos'란 용어를 마리아에게 적용시키자 네스토리우스는 소스라쳐 놀랐는데, 왜냐하면 그는 '테오토코스'를 여신이라는 의미로 보았기 때문이었다. "그는 마치 '테오토코스'가 무서운 유령인 양 그 단어를 무서워했다."

로마(보통 라틴 신학자들을 지칭하는데, 이들은 좀 더 실제적이고 단순한 입장을 대변했다—옮긴이)는 그리스도의 온전한 신성을 지지했으며, 될 수 있는 한 '페르소나'라는 단어가 주는 다신론적인 뉘앙스를 피하려 했다. 다시 말해 로마는 절대적으로 이해 가능하고 반박할 수 없는 신조를 구축하는 데 힘쓰기보다는 이단의 침입과 왜곡을 막는 데 좀 더 관심이 있었다. 로마의 입장은 440년부터 461년까지 로마의 주교를 지낸 레오의 칙서 '토메Tome'('방대한 책'이란 뜻—옮긴이)에 가장 분명하게 표현되어 있다. 이 칙서는 가장 오래된 사도교회의 입장일 뿐만 아니라 라틴 서방교회의 견해를 대표하는 문서로 동방에 보내졌다. 그리스 신학자들은 라틴 신학자들을 아마추어 신학자이자 초등교육도 받지 못한 야만인들로 여겼다. 그러나 그리스 신학자들끼리도 분열되어 있었기에 정치적인 힘을 발휘하지는 못했으며, 결국 라틴 서방의 지원을 받은 '정통주의' 파가 451년에 열렸던 칼케돈 공의회에서 아리우스파를 정복하고 최종적 승리를 거두게 되었다.

칼케돈 공의회에서 발표되었던 신조의 주요 내용은 다음과 같다. 그리스도는 "인성과 관련해서 우리와 동일본질이며 죄를 제외한 모든 점에서 우리와 똑같다. 신성에 관한 한 그는 만물 이전에 아버지로부터 태어났으며 인성에 관한 한 우리의 구원을 위하여 동정녀 마리아에게서 났으니, 마리아는 그리스도의 어머니이다. 그리스도는 하나님의 아들이요, 주님이요, 독특하게 태어나신 분인데, 이 두 본성은 혼합되지 않고, 변화되지도 않으며, 분리될 수도 없고, 동떨어질 수도 없는 연합체이다."

기독교 주류세력은 대개 칼케돈 신조가 그동안의 논쟁을 종식시켜줄 것이라고 기대했다. 그러나 그것은 그야말로 희망사항일 뿐이었다. 칼케돈 신조가 발표된 이후로도 동방과 서방 간의 싸움은 계속되었을 뿐만 아니라 오히려 양측의 적대감은 한층 더 깊어만 갔기 때문이다. 삼위일체 논쟁은 갈등의 원인이라기보다는 갈등이 벌어지는 전장이 되어버렸다. 정통 교회에서 삼위일체 교리는 점차 두 본성이 아닌 하나의 본성, 즉 신성을 지닌 한 분 하나님이신 그리스도에 대한 주장으로 강조점이 옮겨졌다. 다시 말해 기독교가 유대교로부터 독립할 수 있는 확실한 무기를 갖게 된 것이다. 이에 비해 안디옥 남쪽과 동쪽 지방에서는 칼케돈 신조가 커다란 영향력을 행사하지 못했으며, 정통 교회와는 다른 주교 제도가 비밀리에 만들어지고 있었다. 단성론 교회가 바로 그것이다. 아시아와 이집트에는 유대 기독교의 영향을 받은 유일신론적 기독교가 강하게 자리 잡고 있었다. 당시까지도 무지한 기독교인들 중에는, 특히 사막에 거주하던 부족 중에는 이방신에 대한 미련을 버리지 못한 사람들이 많이 있었다. 이에 대처하기 위해 어느 지역보다도 사막 지역은 유일신론을 강조했던 단성론 교회가 발전할 수 있는 토대가 형성되어 있었던 것이다.

단성론의 입장은 분파교회나 독립교회, 즉 이집트의 콥트교나 아르메니아인들, 에티오피아인들과 시리아의 야곱파와 같은 교회들에서 그 흔적을 찾아볼 수 있다. 아프리카 서북쪽 지방에서 일어난 도나투스의 분열이 치유되지 못했던 것처럼 동방에서 벌어진 삼위일체 논쟁과 기독론 논쟁도 끝내 해결되지 못했다. 겉으로 보기엔 정통주의 기독교가 승리한 것처럼 보였지만 정통 신앙을 반대했던 부족들이 자리 잡고 있는 지역에서는 큰 힘을 발휘하지 못했다. 지중해 동부와 남부 해안을 중심으로 부유층이 살고 있던 로마화된 대도시들에는 정통 교회 소속의 거대한 교회당들이 즐비했다. 이들 교회당은 교회 규모에 걸맞은 교회 조직과 기구들을 갖추고 있었다. 이 같은 사실은 당시 기독교 세계가 견고하게 발전하고 있었다는 것을 증명해주고 있다. 그러나 내륙 지방이나 일부 대도시에서는 칼케돈 신조가 대중적으로 받아들여지지 않고 있었으며 큰 위력을 발휘하지 못했다. 이러한 약점은 결코 해결되지 못했으며, 오히려 점점 더 악화되어가다가, 결국에는 아랍 부족과 이슬람교도에 의해 무너져버렸다. 이슬람 신앙은 빠른 속도로 전파되었고 기독교인들은 이슬람교도에 의해 점령당한 땅을 되찾으려 했지만 소득이 없었다. 이슬람의 빠른 확산은 이슬람 신앙의 대중적인 호소력이 그만큼 강했다는 것을 반증한다.

종교적인 폭도?

기독론과 삼위일체 논쟁이 라틴 서방보다 그리스어를 사용하는 동방에서 더 격렬하게 진행되었던 이유가 단지 언어상의 문제 때문이었을까? 당시의 종교적 판세를 사회학적으로 재구성하는 일은 결코 쉬운 일이 아닙니다. 기독교는 처음부터 대중에게 정서적으로 매력을 풍기고 있었다. 이 같은 사실은 누가의 사도행전에 기록되어 있는 오순절 성령강림 사건에서도 분명히 확인된다. 기독교 논쟁들은 초기부터 어느 정도 대중을 염두에 두고 진행되었다. 루키아누스는 분파주의자였던 알렉산더가 주최했던 부흥집회를 다음과 같이 소개했다. 그에 따르면 이 부흥집회는 정통 기독교인들을 향한 증오심을 유발하도록 짜여 있었다. 대중이 횃불을 든 채 밤에 열렸던 이 부흥집회는 알렉산더가 첩자들이라고 비난했던 기독교인들을 쫓아내는 의식과 함께 시작된다. 알렉산더가 "기독교인들은 나가라!"라고 소리치면 흥을 돋우는 자들은 "에피쿠로스주의자들도 나가라"라고 응답한다. 대중집회와 구호를 외치는 일은 몬타누스파의 특징이었지만 도나투스파의 특징이기도 했다. 도나투스파 주교들이 지었던 거대한 교회당 건물들은 대중집회 장소로 사용되었다. 연설가들은 이곳에서 회중을 열광의 도가니로 몰아넣었다. 이곳은 또한 무장한 도나투스파 사람들이 정통파 교회와 로마 권력자들에게 자신들의 세력을 과시하기 위하여 거리행진을 벌일 때 준비 장소로 사용되기도 했다.

초기 기독교 교파들의 특징 가운데 하나는 노예들과 가난한 사람들을 자기파로 끌어들이기 위해 돈을 사용했다는 점이다. 이들뿐만 아니라 무역 동업자들끼리 조직한 길드도 빈번히 동원되었다. 사실상 길드 조직은 일종의 세습 체제였고 강제성을 띤 연합체였다. 길드의 구성원들은 서로 뇌물을 주고받으면서 자신들의 이익을 관철시켜나갔다. 4세기에 오면 길드는 교회 주교 선거에 영향을 미치는 등 교회 내에서도 영향력을 행사했다. 당시만 해도 기독교인이라면 누구든지 주교 선거에 참여할 수 있었다. 종교 논쟁이 벌어질 때마다 길드는 언제나 유리한 쪽에 가담했다. 도나투스가 먼 곳에 위치한 도시들에서 활동하고 있는 자기 '당파'의 상황이 어떤지 묻곤 했다는 것은 전혀 놀랄 일이 아니었다! 로마 정부가 여러 지역에서 중요 정책의 일환으로 빵의 무상 분배를 실시하고 있었던 시기에 도나투스파가 히포의 정부 제빵 공장을 운영했다는 사실은 그들의 세력이 얼마나 강했는가를 보여주는 대표적인 사례이다.

서방에서는 신학 논쟁으로 분쟁이 일어나거나 폭도들이 날뛰는 일은 없었고, 3세기 말까지는 동방도 이와 크게 다르지 않았다. 하지만 수도원 운동이 전개되면서 상황이 돌변하여 동방에서도 격렬한 신학 논쟁이 불붙기 시작했다. 오리게네스는 당시 가장 많은 기독교인들이 살고 있었던 도시인 알렉산드리아에서 기독교 지식인들과 '예수 그리스도' 외에는 아무것도 알지 못했던 대중들 사이에 엄청난 간격이 있음을 발견했다. 이렇게 간격이 벌어진 것은 시리아와 이집트에서 발전하기 시작한 초기 수도원 운동 때문으로 보인다. 수도원 운동에 대해서는 나중에 자세히 살펴보기로 하고, 현재 우리의 관심을 끄는 대목은 교회의 권력자들과 대중 사이를 연결하는 역할을 했던 수도사들이 대부분 하층계급 출신으로 문맹자가 많았다는 점이다. 간혹 교활한 주교들은 수도사들을 자기편으로 끌어들이기도 했다. 알렉산드리아의 위대한 주교인 아타나시우스와 아타나시우스보다 훨씬 더 위대한 주교로 평가받은 키릴루스는 자신들의 교리를 대중들에게 확산시키기 위해 수도사를 이용했던 첫 번째 인물들이었다. 수도사들은 이집트인들처럼 콥트어를 사용했고 신학 전문가들의 복잡한 신학 이론을 대중이 알아들을 수 있도록 일상용어로 번역하여 대중화하는 일을 담당했다.

수도사들은 종종 이교 사원을 분쇄한다는 명분으로 독자적으로 행동하거나, 교리 논쟁이 한창 벌어질 때에는 교회 권력자들에 의해 동원되기도 했고 또 교회당을 점거하여 소란을 피우기도 했다. 수도원 제도는 경건한 사람들뿐만 아니라 사회 부적응자, 파산자, 범죄자, 동성애자, 도망자들에게도 매력적으로 보였다. 농민들에게 수도원은 직장이기도 했다. 몇몇 비양심적인 주교들은 이처럼 수도원에 입회하기를 원했던 사람들을 끌어 모아 수도사로 임명한 후에 자신의 적대자들을 위협하는 데 이용하기도 했다. 한마디로 수도사들은 일종의 고용된 깡패들이었다. 로마 정부는 도시에 있던 수도사들을 사막지대로 추방시키려 했다. 그러나 수도사들 중 일부는 이미 도시에서 삶의 터전을 잡고 있었다. 예를 들면 당시 알렉산드리아의 진료소에는 수천 명의 수도사들이 나병환자를 비롯한 병자들을 돌보는 간병인으로 활동하고 있었다. 로마 제국은 416년에 수도사들의 숫자를 500명으로 제한하는 칙령을 발표했으나, 주교의 묵인하에 일어난 수도사들의 폭동 등으로 이 칙령은 힘을 발휘하지 못했다.

이 같은 '종교적 폭동'은 점차 동방으로 넘어가 알렉산드리아 주교와 경쟁관계에 있던 안디옥 주교들도 이를 모방하기 시작했다. 다시 말해 폭도들이 종교정치에 간섭하는 관행이 콘스탄티노플에까지 전해지게 되었던 것이다. 예를 들면 콘스탄티노플의 주교인 요한 크리소스토무스가 폭도들로 인해 두 번이나 추방을 당하기도 했다. 광란적인 종교 폭도들은 교회 성직자들을 협박하거나 심지어는 제국의 결정을 뒤집는 데도 이용되었다. 항구의 선박노조를 지배하고 있던 알렉산드리아의 주교들은 이집트에서 생산된 곡물이 제국의 수도인 콘스탄티노플로 운송되지 못하도록 막겠다며 제국을 위협하기도 했다. 그러나 신학적 문제에 폭도들을 개입시켰던 주교들은 스스로 자기 무덤을 판 형국이 되기 십상이었다. 말하자면 한쪽의 신학적 입장을 절대적으로 지지했던 대중의 지나친 열정은 교회일치 운동에 오히려 위협이 되었던 것이다. 교회일치를 이루기가 그토록 힘들었던 이유 중 하나가 바로 이러한 사정 때문이었다. 교회일치를 위해 열린 회의에 참석하여 타협을 시도하여 대중에게는 낯선 신조를 수용한 주교들은 회의를 마치고 그들이 활동하는 지역에 돌아가면 자리에서 쫓겨나거나 큰 봉변을 당하는 경우가 많았다. 알렉산드리아의 프로테리우스Proterius 주교는 칼케돈 신조를 수용했다는 이유로 문자 그대로 처참하게 몸이 찢겨 죽는 비극적 최후를 맞이했다. 이 같은 일은 로마에서도 벌어졌다. 537-555년에 교황으로 재위했던 비르길리우스는 콘스탄티노플 공의회에 참석하여 동방 신조를 수용했다는 이유로 징계를 당할 위험에 처해 있었으나 간신히 폐위를 모면했다. 본국으로 항해하던 중 사망했던 것이다.

신학 논쟁에 폭도가 개입하는 일은 주로 동방지역에서 일어났다. 대도시뿐만 아니라 '시골 출신의 폭도'들도 있었는데, 이들은 에데사의 주교 이바스가 '두 본성 교리'에 타협하고 돌아오자 무시무시한 데모대를 구성하여 떼를 지어 그에게 몰려들었다. 당시 폭도들이 외쳤던 구호들은 오늘날까지도 전해져온다. "가룟을 교수대로!", "이바스는 키릴루스의 참된 교리를 부패시켰다!", "대주교 디오스코루스는 만수무강하시기를!", "그리스도를 미워하는 자는 원형 경기장으로!", "유도필레 Judophile(유대인의 친구)를 타도하자!", "네스토리우스의 신학이 이바스에게서 발견되었다!", "교회의 재산은 어디로 사라졌는가?" 도덕적 비열함에 대한 비난과 반유대주의적 경향들이 신학적 문제들과 혼합되었다. '두 본성 교리'를 유대주의로 보는 폭도들도 있었다. 종교 논쟁 속에는 향토심, 지역주의, 애국심, 인종주의, 계급주의 그리고 경제적인 이해관계가 서로 얽혀서 표출되었다.

　다시 말해 초기 기독교는 대중 민주주의의 형태를 띠고 있었다고 볼 수 있다. 이를 가능하게 했던 요소는 기독교의 보편주의적 성격이었다. 기독교에서 도박이나 놀음, 서커스는 사악하고 중대한 죄악으로 여겨졌다. 동방에서 신학은 농담거리가 될 정도로 친숙했다. 이와 관련하여 당시에 유행하던 도시민들의 농담을 콘스탄티노플의 주교인 나지안주스의 그레고리우스는 다음과 같이 소개하곤 했다. "제빵업자에게 빵 한 덩어리의 가격을 물으면 그는 다음과 같이 대답할 것이다. '성부는 더 위대하고 성자는 좀 더 열등하다.' 목욕물이 준비되었는지를 물으면 종들은 다음과 같이 말할 것이다. '아들은 무로부터 창조되었다.'" 이러한 농담은 계층을 초월하여 널리 퍼져 있었다. 좀 더 진지하게 말해보면, 4세기에 기독교는 계층을 막론하고 완전히 파고들어가 있었다. 이제 기독교는 이교들과는 뚜렷이 구별되었다. 일부에서는 엘리트들이 만들어놓았던 지적인 이론과 대중의 신앙(혹은 미신)을 결합하려는 경향을 보이기도 했다. 반면에 로마의 이교 신앙은 대중의 보조를 맞추지 못해 실패했다. 엘리트들이 이룩한 지적인 이론들을 대중에게 전달할 수 없었기 때문이었다. 게다가 그들은 대중의 신앙을 공유할 수도 없었다. 다신론을 변론했던 키케로는 회의론자요 속세에 속한 정치적 보수주의자였다. 하지만 그의 변론은 거리의 대중에게는 아무런 의미를 주지 못했다. 기독교의 핵심이요 신비적 신앙인 그리스도의 부활이 교양 있는 사람들sophisticates에게 설명될 수 있었던 이유는 바울 때문이었다. 또 오리게네스 덕분에 그리스도의 부활 신앙이 완벽한 철학체계를 갖추게 되었으며 그래서 상류층의 지적인 장에서도 토론될 수 있었다. 기독교 지식인들은 대중과 동일한 신앙의 토대 위에서 출발할 수 있었으며, 동시에 그들의 신앙을 대중에게 전달할 수 있었다. 4세기 이후로 기독교에서는 상류층과 하류층이 균형을 이룰 수 있었으며, 신앙과 이성의 화해를 포함하여 빈번한 위기를 겪으면서도 결코 이와 같은 균형을 놓치지 않았다. 물론 위기 때마다 이단이 나타나기도 했다. 기독교는 지식인과 평민 사이의 장벽을 무너뜨림으로써 지식인들도 기적, 성물, 귀신 등의 무비판적이고 세련되지 못한 신앙을 받아들일 수 있는 환경을 조성했다. 이 때문에 신학 논쟁은 폭도들에게 대중의 열정을 불러일으키는, 좀 더 과격하게 표현하면 대중의 광신적 열정을 자극하는 계기로 작용했던 것이다.

이교의 몰락

기독교 세력들은 교리 문제나 이단 논쟁을 할 때면 당파마다 입장이 달라 서로 긴장감을 표출했지만, 이교와 맞서 싸울 때는 언제나 연합전선을 구축했다. 4-5세기를 거치면서 이교들은 서서히 몰락해갔다. 그러나 여기서도 동방과 서방 간에 중요한 차이가 존재했다. 콘스탄티누스가 통치하던 시절 제국을 분권화해야 한다는 여론이 비등하자, 이에 부응하여 콘스탄티누스는 동방에 콘스탄티노플이라는 새로운 수도를 건설했다. 이처럼 콘스탄티노플은 기독교 도시로 출발했기 때문에 이곳 기독교는 처음부터 기득권층의 종교였다. 하지만 로마는 콘스탄티노플과 전혀 다른 역사를 가지고 있었다. 로마에서 이교주의와 상류층 문화는 서로 긴밀하게 얽혀 있었고 과거 도시의 영웅들은 여전히 국가의 신으로 숭배되었다. 말하자면 로마는 이교도들이 활동하기에 적합한 곳이었고 역사적으로도 수많은 이교 제사들이 성대하게 거행되었던 도시였다. 적어도 로마에서 거행되던 이교 제사들, 예를 들면 해마다 3월 24일에 거행된 아티스의 장례 축제와 같은 거대한 대중 축제들에 비하면 당시의 기독교는 정말 보잘것없었다. 아티스 축제 때에는 황소 피로 목욕하는 행위 *taurobolium*, 참회자들의 무리가 채찍을 맞으면서 울부짖는 소리와 함께 거센 의식이 행해졌는데 기독교 예배는 이들 이교 의식들과 비교해볼 때 도무지 필적할 만한 상대가 되지 못했다.

기독교인들은 이 같은 이교 의식에 적대감을 보였다. 이교 축제 때에는 보통 자극적인 행위와 기적 연기, 난잡한 행위, 그리고 노래를 동반한 난폭한 춤들이 행해졌다. 시리아의 아타르가티스 제의에서는 광신자들이 음악이 흐르는 가운데 춤을 추면서 그들의 팔을 자르고 매듭 있는 채찍으로 자신들의 몸을 때리면서 행진하는 의식이 거행되기도 했다. 이와 같은 종류의 이교 의식들은 게임을 즐겨 했던 로마인들의 본능과 맞아떨어졌다. 이런 의식들이 발산하는 색채와 일부 장엄한 모습들이 로마인들의 마음을 사로잡았던 것이다. 그리고 매우 오랜 전통을 가진 고대 국가 의식이었던 이교 사제단의 정규적인 모임은 로마의 상류층들에게 매우 신성하게 받아들여졌다. 이교 사제단의 모임은 거의 1천 년의 역사를 자랑하는 사원들에서 웅장하게 거행되기도 했다. 이와 같은 이교 의식들은 로마 사람들에게 옛 향수를 불러일으키고 애국심을 고취시키는 등 강렬한 인상을 심어주었다. 로마인들은 이 같은 의식들에서 심미적인 아름다움을 느낄 정도였다.

이교도들에 대한 기독교의 공격은 무엇보다도 그들의 신전에 집중되었다. 콘스탄티누스는 기독교 예배당을 짓는다는 명분으로 이교 신전들을 철거하기 시작했으며, 그 와중에 금과 은 등의 보물을 약탈하기도 했다. 그가 통치하던 시기에 "이교도들의 신전이 약화되기는 했지만, 종교의식만큼은 여전히 계속되었다"라고 어떤 이교도 저술가가 기록해 놓았듯이, 콘스탄티누스는 타 종교에 대해서 관용을 베풀기로 한 자신의 약속을 어느 정도는 지키려 했다. 하지만 이 같은 약속을 지키려고 한 황제는 그뿐이었다. 341년에 콘스탄티우스 2세는 이교도들의 활동을 금지하는 법률안을 통과시켰으며, 그다음 해에는 "미신들을 완전히 제거하라"는 명령을 내렸다. 이 때문에 이교도들의 성전은 성벽 밖으로 쫓겨 갔으며, 이마저도 로마인들의 오락거리인 연극이나 서커스 그리고 각종 경연을 위한 장소로 활용되는 지경에 이르렀다. 4세기 중엽에 이르면 이교도의 신전들은 범죄의 온상이 되어갔고, 정부는 이에 대처하기 위해 신전들을 아예 폐쇄해버렸다. 이교 신전에서 희생제사를 드리는 행위가 금지되었으며, 이를 어기는 사람들은 처형당했고 이교도들의 재산은 몰수당했다. 교회는 계속해서 로마 정부를 노골적으로 압박하여 이교도들에 대한 관용정책을 억압정책으로 전환하도록 요구했다. 기독교로 개종한 원로원 의원 피르미쿠스 마테르누스는 345년에 다음과 같은 사항을 황실에 요청하기도 했다. "이교도들의 관습을 완전히 단절하고 파괴시켜야 합니다. … 이교도들의 신전에 있는 보물들을 제거하십시오! 폐하의 마음의 불과 불굴의 행위의 불꽃으로 이들의 신들을 태워버리소서!" 4세기 후반부터 5세기 초반에 이르기까지 이교도들을 대상으로 하는 엄청난 법률들이 제정되었다. 때로 이 법률들끼리 서로 모순되는 것도 있어서 어느 곳에서는 이교도들의 신전이 파괴되었는가 하면 다른 곳에서는 보존되기도 했다. 또 어떤 곳에서는 우상들이 제거되었지만 신전 건물은 파괴되지 않은 채 공공 용도로 사용되기도 했다.

게다가 법률이 부분적으로만 시행되거나 때로는 전혀 실행되지 않는 경우도 있었다. 왜냐하면 각 지역을 책임지고 있는 관리들의 충성도가 각기 달랐기 때문이었다. 이와는 달리 이교도에 대한 교회의 대처는 신속했다. 이교도 출신의 변증가인 리바누스는 390년에 쓴 책에서 기독교

수도사들의 행동과 관련하여 테오도시우스 황제에게 다음과 같이 심하게 불평했다.

폐하께서 신전의 폐쇄를 명령하지 않으셨음에도 불구하고 검은 복장을 한 사람들이 돌과 나무막대 혹은 쇠막대, 심지어는 맨손과 맨발로 신전을 무너뜨리고 있습니다. 신전 지붕은 이미 없어졌고 벽은 무너졌으며 신상은 쓰러지고 제단은 파괴되었습니다. 신전에서 일하고 있는 사제들은 침묵을 강요당하거나 희생되었습니다. 이미 몇몇 도시에서 이러한 일들이 벌어지고 있습니다. 지방에서의 상황은 더욱 비참합니다.

뒤이어 리바누스는 시골에 있는 교회들이 이교 신전을 접수했으며, 신전에 딸린 땅은 수도사들이 몰수해버렸다고 말했다. 이교도 출신 역사가인 조시무스도 이와 비슷한 고발을 했다. 396년에는 이교 사제들에게 주어진 특권이 모두 취소되었다. 그들이 거두어들인 세금은 고스란히 군대로 이관되었고 그들 소유의 토지는 국가로 귀속되었다. 일부 이교도들은 이러한 조처에 반발하기도 했으나, 대부분은 속수무책으로 당할 수밖에 없었다. 이와 관련하여 역사가 소조메누스는 아우론에서 발생한 다음과 같은 사건을 기록해놓았다. 아파메아의 주교로 이교도들의 신상을 파괴하는 데 열심이었던 마르켈루스는 군인들과 검객들을 동원하여 이교 신전을 공격하던 와중에 "통풍이라는 병에 걸려 싸우지도 못하고 추적하거나 도망갈 수도 없었다. 군인들이 신전을 공격하고 있을 때 몇몇 이교도들이 홀로 있는 그를 발견하고 사로잡아 산 채로 불에 태웠다."

이교도들에게 적대감을 보인 알렉산드리아의 테오필루스 주교는 391년에 당시 가장 규모가 컸던 세라피스(이집트의 남신 – 옮긴이)의 사원 '세라피움'을 군중을 동원하여 공격했다. 이 신전에는 나무로 만든 엄청나게 큰 신상이 있었는데, 당시에 이를 만지면 지진이 일어날 것이라는 소문이 떠돌고 있었다. 테오도레투스의 《교회사 Ecclesiastical History》에 따르면 "주교는 이러한 소문을 술 취한 마귀할멈의 허튼소리라고 일축해버리고 조롱하면서 도끼로 그것을 내리치라고 명령했다. … 세라피스의 머리가 절단되자 그 속에 있던 수많은 쥐들이 쏟아져 나왔다. 결국 그 괴물은 산산이 부서져 불태워졌고 머리 부분은 도시를 순회하면서 그 신상을 향해 예배했던 사람들을 조롱하는 데 사용되었다." 신전이 파괴되자 이교 사제들이 썼던 수많은 속임수가 속속 드러났다. 예를 들어 이교 사제들은 신상이 직접 말하는 것처럼 보이도록 하기 위해 속이 텅 비어 있는 신상에 구멍을 뚫은 후에 그 구멍을 통해 신탁이나 저주를 속삭였다. 이 같은 행위들은 종교개혁 시대의 성상파괴를 통해 발각되었던 '복슬리 루드 Boxley Rood'와 같은 사기행각과 어쩌면 그렇게도 닮았는지 깜짝 놀랄 정도이다. 이교 신전들에 대한 파괴행위는 16세기에 '우상 숭배' 거부 운동을 펼쳤던 청교도들을 미리 보는 것만 같다.

이교 신앙의 약점은 외부적으로 보여주는 행위에 집착하고 주로 상류층들에게 국한되었으며 너무 심미적인 종교의식을 고수했다는 사실에 있었다. 3세기에 이르면 어느 이교도의 지성인들도, 예를 들어 플로티노스와 그의 전기 작가인 포르피리오스와 같은 사람들도 이전에 켈수스가 공격했던 것과 같이 기독교를 야만적인 미신이라고 무시할 수 없게 되었다. 오히려 이들은 기독교를 상당 부분 수용한 채 자신들의 입장을 변론했다. 360년에 율리아누스 황제는 국가권력을 동원하여 이교 신앙을 다시 부흥시키려 했지만 완전히 실패하고 말았다. 왜냐하면 이교 사상가들은 지배종교로 발돋움하고 있던 기독교를 대체할 만한 무언가를 제시하지 못했기 때문이었다. 율리아누스마저 전장에서 갑작스럽게 사망하자 이교의 부흥은 물거품이 되고 말았다. 율리아누스는 기독교인들을 편협하고 잔인하며 파괴직인 사람들이라고 비난하기는 했지만, 실제적으로는 기독교의 실천적 요소들을 이교 신앙에 접목시키려고 시도했다. 그는 교리문답집을 편찬하고 이교도들에게 기독교의 자선활동, 규율과 교회법을 응용하도록 했다. 그럼에도 불구하고 율리아누스는 이교도들을 고위직에 임명하고 교육 분야에서 기독교인들을 배제하는 등 철저하게 기독교인들을 차별했다. 그는 기독교에 대한 공식적 후원을 철회하면 정통주의 기독교에 반대하는 사람들, 특히 동방지역의 분파들이 들고일어날 것이라고 기대했던 것 같다. 이러한 연장선상에서 그는 유대인들에게 예루살렘 성전을 재건할 수 있도록 돕겠다는 약속을 했고, 동방지역에서는 지방 장관들에게 이교식으로 희생제사를 거행하라고 명령하기도 했다. 이에 따라 이교 신전들이 다시 복구되고 개방되었다. 하지만 이교도들의 열정은 사라진 지 오래였다. 오히려 희생제사를 통해 고기가 부족해지자 불평만 늘어났다. 율리아누스는 대단히 미신적인 사람으로 알렉산드로스 대왕의 영혼이 자신으로 환생했다고 주장하면서, 자신의 역할은 알렉산드로스가 일으켜 세운 제국을 재건하는 것이라고 믿었다. 그리고 새롭게 추앙받는 이교신들은 자신의 꿈이 성취될 수 있도록 보증해줄 것이라고 믿었다. 이에 반해 로마의 귀족들은 이교의 부흥에는 관심이 없었을 뿐만 아니라, 더 많은 문제를 불러올 것이라며 우려했다. 이교와 관련하여 그들이 관심을 가진 것은 오로지 골동품 같은 심미적인 면뿐이었다.

다마수스의 교권 강화

이와 상관없이 기독교는 대중의 바람에 부응하면서 변화를 거듭하고 있었다. 2세기에 이르면 교회조직의 틀이 확립되었고 3세기에는 지적 토대 위에서 철학적 구조가 세워졌다. 4세기 후반에 이르면 교회는 국가교회처럼 정책을 제시하고 행동하기 시작했는데, 이 같은 행동은 전적으로 이교 신앙에 대항하기 위한 것이었다. 율리아누스의 이교부흥정책이 실패로 돌아간 후에 366-384년에 로마 주교였던 다마수스는 거의 의도적으로 교회가 국가교회처럼 행동하도록 인도했다. 다마수스의 목표는 아주 구체적이었던 것 같다. 즉, 그는 기독교를 전통과 역사를 자랑할 수 있는 참된 고대 종교로 세우고 로마를 기독교의 요새로 만들고자 했다. 이러한 이유 때문에 그는 베드로와 바울을 기념하는 대규모의 기념식을 연례화하는 등, 기독교가 아주 오래된 종교로 300년이 넘게 로마 제국을 위해 노력해왔다는 점을 부각시키려 했다. 그가 베드로와 바울을 강조한 이유는 로마는 동방보다 우월하다(이들이 동방이 아닌 로마를 선택했기 때문에)는 사실을 강조하기 위한 것이었으며, 또한 이 두 성인은 고대의 어느 신들보다도 로마를 보호해줄 것이라고 주장하기 위한 것이었다. 378년쯤에 그는 로마 교구를 '신성하고 거룩한 사도 교구sublime and holy Apostolic See'—이 표현은 이때 처음 사용되었다—라고 부르면서 로마 교구에서 교회회의를 개최했다. 이 회의에서 서방의 주교들은 로마 교구에 복종하기로 맹세했으며, 로마 주교는 세속 법정에 소환되지 않는다는 법률이 마련되었다. "다마수스는 사도 교구의 특권을 갖고 있기 때문에 어느 누구보다도 우월하다."

다마수스는 영적으로 신실한 인물은 아니었던 것 같다. 그의 적대자들에 의하면 디마수스는 단지 숙녀들의 귀를 즐겁게 해준 사람이었다. 그가 개종시킨 여성들은 대부분 사교계 여성들이었던 것으로 알려져 있다. 당시까지도 원로원의 절반 이상이 이교도인 상황에서 그는 부유층을 기독교로 끌어들이기 위해 많은 노력을 기울였던 것 같다. 기독교의 신뢰도를 높이기 위해 위조문서들이 나돌기도 했다. 사도 바울이 세네카와 서신 교환을 했다는 소문이 있었다. 기독교는 로마와 콘스탄티노플이라는 양 도시에서 제국의 유명 가문들과 접촉하기 위해 노력했다. 귀족들은 교리 논쟁이나 자리 임명 문제와 관련하여 영향력을 행사하려 했다. 권세 있는 귀족들은 자신이 지지하는 성직자가 이단으로 취급받지 않도록 그들을 보호하려 했고 그들이 요직에 임명될 수 있도록 영향력을 행사했다. 당시 로마의 주교들은 교구 수입의 4분의 1가량을 차지했다. 부유한 집안 출신이거나 권세 있는 기독교 가문에서 발탁된 평신도들은 상당한 분량의 신학서적들을 저술했고 이미 살펴본 대로 쉽게 주교직에 오르기도 했다.

주교의 복장을 보면 당시에 교회가 얼마나 세속적이었는지를 상상해 볼 수 있다. 주교의 복장에는 원로원 복장이 보여주는 위엄에다가 콘스탄티누스가 도입한 이국적 분위기가 가미되어 있었다. 대부분의 주교들은 부유한 귀족들처럼 사치스러운 복장을 즐겼고, 몇몇은 그 위에 성직자의 기호를 새겨 넣기도 했다. 하지만 일부 성직자들은 주교의 화려한 복장을 맘몬과의 타협이라며 혐오하기도 했다. 나지안주스의 그레고리우스는 콘스탄티노플의 대주교직을 사임하는 자리에서 다음과 같이 반어적이면서도 분노에 찬 설교를 했다.

나는 재산이 너무 많아 이를 어디에 다 써야 할지 알지 못하는 사람들, 이를테면 영사, 주지사 그리고 유명한 장군들과 경쟁해야 한다는 사실을 알지 못했다. 또한 나는 너무 배가 불러서 강단에서 트림을 할 정도로, 가난한 사람들의 빵과 필수품을 우리의 사치품으로 소비해야 한다는 사실을 알지 못했다. 나는 우리가 마치 무서운 맹수들이나 되는 것처럼 우리를 위해 길을 만들고 환호하는 사람들을 보면서 멋진 말을 타거나 근사한 마차를 몰면서 그들 앞을 지나가야 한다는 사실을 미처 알지 못했다. 그러나 나는 이러한 약탈을 유감스럽게 생각한다. 그동안의 잘못을 용서하고, 다수의 사람들을 즐겁게 해줄 수 있는 사람을 주교로 선출하라.

요한 크리소스토무스 역시 그레고리우스와 같은 입장에 서 있었다는 이유로 콘스탄티노플에서 추방당했다. 그는 홀로 식사를 하고 검약하게 사는 등 주교에게 주어지는 모든 환대를 거부했다. 그는 자신의 교구는 비워둔 채로 큰돈을 벌기 위해 대도시를 순회하며 설교하는 것을 탐탁히 여기지 않았다. 이러한 이유 때문에 그는 순회 주교를 임명하지 않았다. 부유층, 특히 부유한 과부들(일부는 그를 지지했다)은 그를 혹평하거나 노골적으로 비판했다. 크리소스토무스와 동시대에 살았던 히에로니무스 역시 "붉은 망토를 걸친 뚱뚱한 여인들을 태운 거대한 가마들과 그 앞을 걸어가고 있는 환관들의 대열"에 분노하면서 다음과 같이 쓰고 있다.

그들은 남편을 잃은 것이 아니라 남편이 될 만한 사람들을 찾고 있는 것이다. 그들의 집은 손님과 아첨꾼으로 북새통을 이루고 있다. 그들을 가르쳐야 할 성직자들이 부인의 이마에 키스를 하고 축복을 하는 것처럼 손을 내밀면서 돈을 취하고 있으니 한심한 일이 아닐 수 없다. … 성대한 만찬이 끝나고 나면 이들 부인들은 마치 사도들을 만난 것 같은 착각에 빠졌다.

히에로니무스는 "귀족들에게 아첨하며 어리석은 여자들을 기만하며 … 여자들을 현혹하기 위해 성직을 추구한" 사제들에 관해 다음과 같이 말한다. "그들은 자신의 의복 외에는 아무것에도 신경을 쓰지 않는다. 그들은 향수를 사용하고 부츠에 생긴 주름을 매끄럽게 손질하는 데만 온통 신경을 쓰고 있다. 그들은 머리카락을 곱슬곱슬하게 만들기 위해 인두를 사용하고 손가락에는 번쩍거리는 반지들이 즐비하며 … 그들은 성직자라기보다는 차라리 새신랑들이라 할 수 있다."

예수가 의도하셨던 것처럼 기독교가 보편종교로 발돋움하기 위해서는 이 세상과 어느 정도 보조를 맞춰야 하지 않겠는가? 이것이 다마수스가 택한 노선이었다. 그는 기독교를 제국의 문화와 통합하는 데 상당히 많은 노력과 자금을 쏟아부었다. 그는 유명한 건축가들과 조각가들을 고용하여 수천 명을 수용할 수 있는 대규모 예배당을 짓고 내부는 화려한 금과 모자이크 장식으로 꾸몄다. 이와 아울러 그는 교황의 성직 임명권 전통을 수립하고 성경의 필사본을 만들었으며 교회력almanacs을 제작하고 부활절의 예배 순서와 주교들의 명단 등을 만들기도 했다. 서방교회의 라틴화를 완성했던 인물도 다마수스였다. 그는 히에로니무스에게 성경을 새롭게 번역하라고 지시하여 '불가타Vulgate'로 알려진 라틴어 성경이 출판되기도 했는데, 이 성경은 종교개혁 때까지 표준 성경으로 사용되었다.

다마수스는 그리스어로 진행되던 미사 의식을 라틴어 미사 의식으로 전환했다. 순교자 유스티누스가 설명하고 있는 것처럼 미사는 2세기 중엽부터 사도들의 언행록과 구약성경 낭독, 설교, 기도, 평화의 키스, 그리고 축사된 빵과 물의 분배로 구성되어 있었다. 애찬식은 유스티누스 시대부터 하나의 의무로 행해졌고 한두 세대 후에는 기도문들이 공식화되었다. 회중의 응답순서에 대한 전통도 매우 긴 역사를 가지고 있다. 다마수스는 단순했던 미사 의식에 장엄한 요소들을 도입하여 좀 더 길고 공식적인 틀을 갖춘 미사 의식을 마련했다. 새로운 미사 의식을 보면 성경 말씀이 이전보다 길게 인용되었고 또 인용 성구들도 표준화되었으며 순서에 따라 기도문들이 일정하게 삽입되었다. 우리는 다마수스의 미사 의식에서 서방교회가 어떻게 '키리에*kyrie*'('주여 불쌍히 여기소서'라는 뜻 — 옮긴이), '상투스*sanctus*'(거룩송), '글로리아*gloria*'(영광송), 그리고 신조를 확정해갔는지 그 과정을 볼 수 있다. 미사 용어나 노래 또한 모두 라틴어로 번역되었다. 이교의식이나 궁중예식에서 차용한 것도 있었다.

　미사 의식은 제국의 수도를 콘스탄티노플로 옮긴 이후에 더욱 정교하게 다듬어졌다. 그리스어 미사가 훨씬 더 장엄하고 신성하게 구성되어 있었기 때문에 로마 교회는 이러한 부분들을 열정적으로 수용했다. 로마 교회가 이처럼 미사 의식을 열정적으로 변화시키려 했던 이유는 한편으로는 대중의 마음속에 여전히 남아 있던 이교의식을 제거하기 위한 것이었고 또 다른 한편으로는 4세기 내내 동방을 지배하고 있던 아리우스주의를 격퇴하기 위한 것이었다. 4세기 후반부터 성직자들의 복장과 그 위에 걸치는 덮개들이 장엄하게 치장되었고 화려한 색으로 바뀌었으며, 금이나 은으로 된 그릇들과 대리석으로 우아하게 만들어진 성수대가 사용되기 시작했다. 또 제단은 은으로 만들어진 덮개로 둘러싸였고 밀랍으로 만든 초가 사용되었으며(당시 로마의 풍습에 의하면 밀랍 초는 존경의 표시였다) 향을 피운 상태에서 정교한 의식이 거행되었다. 제단을 오르내릴 때에도 최대한 격식을 갖추어 우아하게 진행되었으며 특히 부활절에는 신비스러운 의식을 더했다. 4세기 말에 요한 크리소스토무스는 '주의 식탁'은 세속인들의 눈에는 보이지 않는 '두려움과 떨림의 장소'라고 말하기도 했다. 이후부터 성찬 식탁을 커튼으로 덮는 것이 하나의 관례가 되었다가 아예 제단에 막을 세우고 성상이 그려진 병풍을 두르는 관습으로 발전되었다. 이와 같은 관습은 제단 위에서 벌어지는 일을 일반 회중들이 보지 못하게 하여 성직자와 평신도 간의 간격을 심화시키는 효과를 내기 위한 것이었다. 이러한 변화는 상당한 오해와 끊임없는 비판을 불러일으켰다. 교회도 이러한 위험을 분명히 알고 있었지만 변화의 끈을 놓지는 않았다. 이러한 변화를 좋아하는 사람들도 적지 않았다. 그들은 이런 변화는 교회가 사회에 적응하는 과정에서 불가피한 것이라고 생각하기도 했다.

하나님을 찬양하는 일에 인간의 재능을 어느 정도까지 사용할 수 있는가? 교회에서 음악을 사용하는 전통은 매우 오래되었다. 필론이 설명했던 알렉산드리아의 치료사들처럼 예배의식에서 음악을 사용하는 것은 에세네파의 특징이었다. 알렉산드리아의 치료사들은 음표가 그려져 있는 찬송집을 사용했고 화음과 돌림노래를 부르는 찬양대를 운영하기도 했다. 바울은 찬양에 대해 두 차례에 걸쳐 언급했다. 그가 찬양을 언급하는 자리에서 히브리어 '할렐루야'를 그대로 사용하고 있는 것으로 보아 '찬양'은 전적으로 유대교 회당과 에세네파 전통에서 전해진 것으로 보인다. 콘스탄티누스 시대 이전부터 찬송이 있었던 것 같은데, 그중에 오늘날까지 전해져오고 있는 것은 단 한 곡뿐이다. 이교도 출신이었던 켈수스는 기독교를 맹렬히 비판했음에도 불구하고 교회음악의 아름다움을 인정했으며 기독교인들이 부르는 찬송을 무척이나 부러워했다고 한다. 찬양대로 대변되는 교회음악은 4세기에 서남아시아 지역에서 지중해 지역으로 퍼져나갔는데, 이를 다마수스가 로마에 도입했을 가능성이 높다. 로마 교회의 성가는 6세기에 오면 서방교회의 모델이 되었고 나중에는 교황 그레고리우스 대제가 지은 작품으로 인정되었다. 그럼에도 불구하고 기독교 내부에서 음악이 수용되기까지는 많은 논란이 있었다. 유대교와 영지주의자들(이들은 에티오피아에서 명맥을 유지하고 있었다)은 예배 때에 춤을 추었지만 기독교인들은 이를 거부했다. 알렉산드리아의 클레멘스 또한 예배 때에는 어떠한 춤도 인정하지 않았으며, 이에 더 나아가 '반음계'의 지나친 사용에 대해서도 경고했다. 이 때문에 단어의 의미가 모호하게 될 수도 있다는 우려 때문이었다. 아우구스티누스 또한 반음계의 사용을 거부하기는 했지만, 예배에서 음악을 사용하는 것은 합법적이며 실로 본질적이라고 생각했다. 6세기에 접어들자 이런 논쟁은 더욱 격렬하게 재연되었다. 이미지를 사용하는 것에 관해서도 다양한 의견들이 난무했다. 이 점에 관해 알렉산드리아의 클레멘스는 매우 엄격한 노선을 취했다. 클레멘스를 지지했던 테르툴리아누스는 거룩한 신상과 그림들은 교회에서 추방되어야 한다고 주장했다. 사실 클레멘스와 테르툴리아누스는 기독교의 역사에서 괄목할 만한 업적을 남긴 사람들이었다. 콘스탄티누스의 개종 이후 모든 장벽들이 철폐되었다.

4세기 말에 이르면 교회는 사실상 공인된 종교로, 아니 참으로 유일한 종교로 간주되면서 로마 제국 내에서 주류 종교가 되었을 뿐만 아니라 주류 종교답게 지위에 걸맞은 외적 형식들을 창안해내었다. 즉, 교회는 사회에서 공식적인 지위와 특권을 강조하면서 사회·경제 질서와도 조화를 이룰 수 있는 체제를 갖추었던 것이다. 또 성직자 계층의 독특성을 강조하면서 대중들을 끌어들이기 위해서 고안한 장엄하고 정교한 예전들을 갖추었다. 기독교는 보편종교로 성장할 수 있는 기반을 확실히 다지기 시작했다. 말하자면 기독교는 콘스탄티누스의 요청에 부응하여 제국의 반려자가 된 셈이다. 로마 제국은 기독교 국가가 되었으며, 교회는 제국적인 모습이 되어갔다.

암브로시우스

373년부터 397년까지 밀라노 주교로 재직했던 암브로시우스는 로마 제국 통치 체계의 한 부분을 담당했던 사람이자 기득권층에 속한 인물이었다. 암브로시우스는 중세 군주형 주교의 원형으로 볼 수 있다. 흥미롭게도 우리는 그의 외모를 확인할 수 있다. 상트 암브로지오에 있는 그의 모자이크 초상화는 5세기 초반에 생전의 모습을 그대로 본떠 제작된 것으로 알려져 있는데, 그것은 아우구스티누스가 그에 대해 묘사해놓은 설명과 거의 유사하다. 초상화를 통해 본 암브로시우스의 모습은 이마가 넓고 얼굴은 길며 눈은 크고 전체적으로는 우울한 모습을 한, 키가 작고 연약한 인물이다. 아우구스티누스는 암브로시우스가 독학으로 그렇게 높은 학문의 경지에 도달했다는 사실에 충격을 받았다는 고백을 하기도 했다. 당시 독학은 거의 예외적인 것이었기 때문이다. "그의 눈은 책을 읽고, 그의 정신은 그 의미를 간파하지만, 그의 목소리와 혀는 침묵하고 있다."

암브로시우스에 관한 또 다른 인상적인 이야기가 있다. 상류계층 출신인 그의 아버지는 제국의 통치자 중에 가장 영향력 있었던 여섯 명의 관리 중 한 사람으로 서유럽의 상당 부분, 특히 갈리아 지방을 다스리던 사람이었다. 그가 당시 로마 주교보다 더 중요했던 밀라노 주교에 오른 것은 전적으로 국가의 힘이 작용한 것으로 보인다. 왜냐하면 세례를 받은 지 8일 만에 주교직에 오른다는 것은 국가의 개입이 아니고서는 불가능한 일이었기 때문이다. 그의 전기 작가인 파울리누스는 대중의 요구에 의해 그가 밀라노의 주교가 되었다고 말하고 있지만, 이는 지나치게 단순한 판단에 불과하다. 당시 서방은 정통주의 신앙을, 동방은 한동안, 즉 대략 360-380년에 이르기까지 아리우스주의 신앙을 고수하고 있었다. 다시 말하면 정부 당국자들은 삼위일체론을 확실하게 신봉하는 주교를 임명함으로써 아리우스파를 견제하려 했던 것이 분명하다. 물론 암브로시우스는 많은 사람들의 지지 속에서 밀라노의 주교가 되었을 것이다.

밀라노의 주교로서 그는 거의 교황과 같은 역할을 수행했다. 그는 자신의 교구 내에서는 자신이 직접 주교권을 행사해야 한다고 주장했다. 주교들의 주교권 행사는 교구들이 위치해 있는 도시의 형편에 따라 다를 수밖에 없다고 생각한 것 같다. 다시 말해 그는 "베드로에게 말했던 것은 동시에 사도들에게도 말한 것이다"라는 논리를 펼치며 로마 교구가 주장했던 특별한 지위를 무시했다. '권력'이란 말은 암브로시우스의 입술에서 떠나지 않은 단어였다. 암브로시우스에 의하면 교회의 권력 행사는 영적 권위와 주장을 반영해야 하고 교회 권력은 궁극적으로 제한을 받지 말아야 한다. 그러므로 "사제들은 제국과 거의 대등한 입장에 서 있으며, 오직 주님의 보좌 앞에서만 연약해질 뿐이다. 왜냐하면 내가 약할 때 나는 강해지기 때문이다."

암브로시우스는 당시까지 어느 누구도 꿈꾸지 못할 권력을 행사했다. 그는 그라티아누스, 발렌티니아누스 2세, 테오도시우스로 이어지는 서방 황제들에게도 커다란 영향력을 행사했다. 그는 이교도들을 제압했고 원로원에 이교도의 승리의 제단Altar of Victory을 복원하려는 로마 귀족들의 시도를 좌절시키기도 했다. 또한 한 번은 데살로니가 시민들이 야만적인 군대 장관을 살해하는 일이 벌어졌는데, 테오도시우스 황제는 이들 시민에게 무지막지한 보복살해를 하도록 명령했다. 이에 대해 암브로시우스는 황제를 파문해버리고, 황제가 공식적으로 참회해야만 교회 예배와 성찬에 다시 참여할 수 있다고 주장했다. 황제보다 자신이 더 우월하다는 것을 분명하게 보여준 것이었다.

암브로시우스는 로마 제국이 정통 교회를 뒷받침할 수 있는 기반을 조성했을 뿐만 아니라 거꾸로 교회가 제국을 뒷받침할 수 있도록 하는 데에도 앞장섰던 인물이었다. 암브로시우스가 지배층의 신분으로 기독교에 들어간 사람인지, 아니면 그 반대인지를 잘 판단해보아야 한다. 암브로시우스는 아마도 이 둘 모두의 경우에 해당하는 인물이 아닌가 싶다. 그는 콘스탄티누스적인 개종의 논리를 관철시켰던 사람이었다. 암브로시우스 때부터 정통 교회에 소속되지 않은 사람들은 황제에 충성하지 않는 사람들로 간주되기 시작했다. 국가가 분파주의자들이나 기독교에 반대한 사람들을 추방하기 시작한 때는 314년으로 거슬러 올라간다. 하지만 암브로시우스 때부터 이와 같은 추방정책이 정통 기독교 신앙을 신봉했던 제국의 필수적인 의무로 인식되기 시작했다. 종교적 죄를 범하게 되면 사회의 적으로 규정되어 사회로부터 추방되거나 신분이 강등되었다. 이를 판단할 수 있는 사람은 누구인가? 자연히 교회가 그 역할을 맡게 되면서 교회는 권력을 갖게 되었다. 더 나아가 교회는 세속적인 것보다 우월한 영적인 일을 관장하기 때문에 세속적인 업무를 지배할 수 있다는 주장이 제기되기 시작했다. 말하자면 교회의 힘이 세속적인 권력을 넘어서기 시작한 것이다.

유대인들을 대하는 암브로시우스의 태도에서 우리는 그의 사상과 행동방식이 어떠했는지를 읽을 수 있다. 로마에게 유대인들은 항상—로마가 이교를 신봉했던 시절이나 기독교 제국에서나—'문제 있는' 사람들이었다. 유대인들은 기독교의 규범을 받아들이지 않았으며 오히려 로마가 기독교를 박해할 때 이를 돕기도 했다. 율리아누스 황제가 기독교를 억압하고 이교를 복원하려고 했을 때에도 유대인들은 그에게 협력했다. 이러한 이유 때문에 기독교인들은 유대인들을 탐탁지 않게 여겼으며, 테오도시우스 황제가 기독교를 제국의 종교로 선포하자 기독교 폭도들이 유대교 회당을 공격하기도 했다. 그러나 유대인들은 언제나 권력층을 지지했고 대체로 사회에서 존경을 받고 있었다. 그랬기 때문에, 388년에 유프라테스의 칼리니쿰에 있는 유대교 회당이 그 지역 주교에 의해 불타버리는 사건이 발생하자 테오도시우스 황제는 유대인들을 옹호하고 기독교인들에게 그 회당을 복구하라는 명령을 내렸던 것이다. 이에 대해 암브로시우스는 이 같은 황제의 명령을 맹렬히 비난하며 황제의 면전에서 다음과 같은 설교를 했다. "종교의 대의명분이 더 중요한가, 아니면 통치자의 권위가 더 중요한가? 국가의 법을 지키는 일은 종교적 이해에 비하면 이차적인 것에 불과하다." 결국 테오도시우스는 자신의 명령을 철회하는 것으로 이 문제를 매듭지을 수밖에 없었다. 이 사건은 데살로니가 시민들의 대량학살과 관련하여 황제가 굴욕을 당했던 일에 비하면 하나의 전주곡에 지나지 않았다. 이처럼 기독교는 그야말로 세속 권력의 방해 없이 자신들의 권리를 마음껏 누릴 수 있게 되었다.

그러나 암브로시우스는 기독교가 행사한 이 같은 권리들은 기독교의 잠재력을 잘 활용할 때만 유지되고 보호될 수 있다는 사실을 너무나 잘 알고 있었다. 그는 교회 주교였지만 위대한 행정가이기도 했다. 그는 자신의 능력을 유감없이 발휘하여, 기독교인들의 삶 속에서 제기된 문제들에 답을 줄 수 있는 교회법과 목회신학을 발전시켰다. 어느 누구도 1천년의 중세 유럽 기독교 사회에서 신앙생활과 관련된 장치들을 조직하는 데 암브로시우스만큼 중요한 역할을 한 사람은 없었다. 386년에 그는 밀라노에서 중세 대성당의 원형이 되었던 대성당을 건축했다. 암브로시우스는 이곳에서 엄격한 시간표에 따라 미사를 드리고 아침·저녁으로 기도회를 가졌으며 가끔씩 특별 기도회나 성인들을 기념하는 특별미사를 드리기도 했다. 그는 밀라노의 아리우스주의자들과 대적하기 위해 의도적으로 미사에 극적인 요소를 가미했는데, 사제들에게 화려하고 근사한 옷을 입게 하고 시편과 운율이 붙은 찬송을 부르게 했다. 또한 찬양대에서 일할 전문가들을 고용하여 "남녀 신도에서부터 처녀와 어린아이에 이르기까지 마치 대양의 파도처럼 조화로운 화음이 울려 퍼지게 했다." 그는 이러한 천상의 조화로운 음성이 마귀를 쫓아낼 수 있다고 생각했던 것 같다. 합창을 할 때마다 삼위일체 하나님을 큰 소리로 찬양했기 때문에 아리우스파 사람들의 분노를 사기도 했다. 사실 암브로시우스는 자신들이 만든 독자적인 찬송을 부르면서 자신들의 노선을 확고하게 추구했던 아리우스파와 대결하고 있었던 것이다.

아리우스파에게도 후원 집단이 없었던 것은 아니었다. 아리우스는 찬송가를 직접 작곡하기도 했다. 그는 길드에 소속된 사람들에게 인기 있었던 찬송과 행진곡―군인들은 대부분 아리우스주의자가 되었다―그리고 뱃사람들을 위한 해변 찬송가들을 작곡하기도 했다. 그렇다고 암브로시우스가 최초의 서방 찬송가 작곡가는 아니었다. 그리 인상적인 작품은 아니었지만 암브로시우스보다 조금 앞선 푸아티에의 힐라리우스가 지은 찬송가들도 있었기 때문이다. 그러나 암브로시우스는 한 줄에 여덟 마디로 된 네 줄의 연stanzas을 가진 단장격의 운율로 된 시를 짓는 데 탁월한 재능을 보였다. 이 시들은 기억하기 쉽고, 어렵지 않게 개작할 수 있는 것들이었다. 그가 지은 네 편의 찬송가는 오늘날까지도 여전히 사용되고 있다.

아리우스파와 대결하면서 기독교 성물 숭배의식을 조직적으로 발전시켰던 인물도 암브로시우스였다. 성물과 관련하여 밀라노는 매우 불리한 위치에 있었다. 밀라노는 모실 만한 수호성인이 없었기 때문이었다. 로마는 베드로와 바울이라는 도저히 넘볼 수 없는 성인들을 모시고 있었고, 콘스탄티노플도 안드레와 누가, 그리고 디모데를 모시고 있었다. 당시에 예루살렘에서는 성 스데반의 시신과 세례 요한의 머리, 성 야고보의 의자, 사도 바울이 찼던 쇠사슬, 그리스도를 채찍질하는 데 사용되었던 채찍과 그리스도가 매달리셨던 십자가가 발견되었다고 했다. 암브로시우스는 순교자들의 기록이나 기독교 성물들을 수집하는 데 광신적이라고 할 정도로 관심을 갖고 있었다. 콘스탄티누스의 어머니 헬레나는 이때에 발견된 예수의 십자가에 여전히 '죄목 명패'가 붙어 있었다고 말하기도 했다. 그녀는 예수를 십자가에 못 박을 때 사용했던 못을 발견하기도 했는데, 하나는 그의 아들인 콘스탄티누스의 말에, 그리고 다른 하나는 그의 왕관에 장식용으로 사용했다고 한다.

이러한 분위기에 따라 4세기 말에 유럽에서는 성스러운 보물을 찾기 위한 노력이 파도처럼 거세게 밀려들었고 이와 맞물려 성물의 판매나 위조, 도난 사건들이 성행했다. 이교도들은 이런 현상을 조롱하기도 했다. 문필가였던 파우스트는 기독교인들이 순교자들을 지나치게 숭배한 나머지 그들을 마치 이교도들의 우상처럼 만들어버리면서 이상한 사상을 창안해내고 있다고 비난했다. 일부 기독교 저술가들도 혼란스러워했다. 사제였던 비질란티우스는 성물 숭배를 "우상 숭배자들이 행했던 … 종교의 울타리를 통해 도입된 이교도들의 의식"이라고 비판했다. 그는 특히 성물을 값비싼 상자 안에 보관해놓은 후에 그 상자에 입 맞추는 행위나, 남을 대신해서 하는 기도, 그리고 순교자들을 기념하여 교회를 건립하는 일, 밤을 새워가며 드리는 철야예배, 촛불이나 등불을 켜는 행위, 성물을 모시고 있는 성전에서 기적이 일어나기를 기대하는 일 등에 대해 한탄했다. 로마 제국 또한 돈을 벌기 위해 성인들의 유물을 훔치고 팔아치우는 수도사들에 대해 분노를 금치 못했다. 성물 숭배와 관련해서 상황이 과열되자 테오도시우스는 다음과 같은 법을 만들었다. "어떤 사람도 장례를 치른 시신을 다른 장소로 옮길 수 없다. 어떤 사람도 순교자의 유물을 팔거나 거래해서는 안 된다."

하지만 성인의 무덤 위에 교회를 건립하는 것은 허용하는 등, 로마 정부가 조금의 틈을 보이자 나머지는 자동적으로 뒤따라 왔다. 당시 기독교인들은 왕관을 빼앗겨버린 이교 신들과 마귀로 간주된 이단들이 자신들을 위협한다고 생각했고, 따라서 성인들의 유골과 유물을 이와 같은 사악한 무리들에 대항할 수 있는 최상의 보호 장치로 여겼다. 교회는 이러한 보물들을 될 수 있는 한 많이 갖추려 했다. 암브로시우스 역시 성물을 숭배하는 제도를 확고하게 정착시켜나갔다. 대성당을 봉헌할 때에 그는 신의 섭리가 개입이라도 한 듯이 '고대가 배출한 비범한 인물'인 성 게르바시우스와 프로타시우스의 유골을 발견했다고 발표했다. 이와 아울러 한 맹인이 이곳에서 치유되었다는 등의 기적에 대한 이야기들이 떠돌기 시작했다. 하지만 사실은 이와 같은 이야기 대부분은 암브로시우스의 홍보담당자들이 퍼뜨린 선전에 불과했고, 후세대들이 한층 멋진 이야기로 장식해주었을 뿐이었다. 6세기에 투르의 그레고리우스는 미사를 집전하는 동안 순교자들의 해골을 스치자 거기에서 피가 흐르고 천장에서 판자 조각이 떨어졌다고 말했다. 이에 대해 아리우스주의자들은 처음에는 비웃었으나 이런 이야기들이 곧바로 대중에게 먹혀들어가자 당혹감을 감추지 못했다. 때마침 성인인 아그리콜라와 비탈리스, 나자리우스와 켈수스의 시신이 잇따라 발굴되었다. 암브로시우스의 전기 작가에 따르면 나자리우스의 경우, 그 "성인의 피가 마치 순교 당일에 흘러나온 것처럼 맑고 깨끗했으며 그의 머리는 마치 방금 처형된 것처럼 머리털과 수염을 그대로 간직한 온전한 형태"였다고 한다. 성인들의 피에 적셔진 옷은 기적을 일으킨다고 생각되었고, 이탈리아와 갈리아 지방 전역을 돌면서 전시되었다.

암브로시우스가 쓴 글들을 보면 그가 성물숭배 제도를 기획하기 위해 얼마나 혼신의 힘을 다했는지를 확인할 수 있다. 그에게 성물은 사악한 영에 대항할 수 있는 필수적인 무기들이었다. 사악한 영들은 끊임없이 우리를 유혹하여 천국에 대한 희망을 포기하도록 하면서 인간의 삶을 위험에 빠뜨리고 기쁨을 앗아가고 있다. 암브로시우스는 성인들 외에 훌륭한 천사들도 많다고 생각하면서 각 사람에게 아흔아홉 명의 천사들이 배정되어 있다고 보았다. 암브로시우스는 조금은 미신적으로 약간 낯선 우주론을 신봉하고 있었다. 그는 낙원 위에 천국이 있다는 식으로 낙원과 천국을 구별했다. 사실 그는 일곱 개의 하늘이 있다고 생각했다. 최후 심판을 기다리는 지하계Hades가 있고 불의 용광로이자 두 번째 세례를 받는 연옥purgatory이 있다. 연옥은 영혼의 본성 안에 내재해 있는 천박한 불순물을 제거할 수 있는 곳이다. 마지막으로, 세 지옥으로 나누어지는 지옥이 있는데, 이곳은 엄청난 공포가 도사리고 있는 곳이라고 보았다.

암브로시우스의 종말론은 고대 세계의 종말 사상과 맥을 같이하고 있다. 그러나 기독교 신앙의 토대 위에서 속세의 지혜와 조잡한 미신을 혼합시켰다는 점에서는 중세적이었고, 또한 중세 고위성직자 제도의 성향을 가진 사람이었다. 암브로시우스는 대부분의 기독교 지도자들이 그러했듯이 재림 사상을 받아들여 우리는 다음 세상을 바라보면서 살아야 한다고 생각했다. 암브로시우스 자신은 목회자로서 중도노선을 걷고 있다고 보았다. 그는 중도적 입장에서 완전에 대한 추구는 세상의 상식과 조화를 이룰 수 있고, 이 입장에서 영적 열망을 추구하다 보면 영이 갇혀 있는 육체의 더러운 욕망들과도 화해할 수 있다고 보았다.

암브로시우스의 물질관은 매우 엄격했다. 그에게 사유재산은 악이었다. 그러나 다른 곳에서는 "부가 사악한 사람들에게는 악이 되지만 선한 사람들에게는 덕을 실천하는 데 도움을 준다"고 주장하기도 했다. 그는 상거래를 비난했으며, 심지어 정직한 상거래 자체가 불가능하다고 보았다. 상거래는 탐욕에서 비롯된 것이기 때문이다. 암브로시우스가 알렉산드리아의 주교였다면 다른 입장을 취했을 것이다. 하지만 그는 농업 생산지였던 밀라노의 주교였고 그 때문에 암브로시우스는 상속받은 토지를 통해 이익을 산출하는 것이 가장 합법적인 방식이자 칭찬할 만한 것이라고 보았다. 그가 쓴 《직무론 De Officiis》은 중세 시대의 종교·경제 이론의 참고서 중 하나가 되었다. 이 책에서 그는 농업이야말로 범죄를 저지르지 않고 돈을 벌 수 있는 유일한 형태가 아닌가 하고 반문했다.

성직자들의 재산 소유와 관련해서 암브로시우스는 재산을 포기하기보다는 자선사업에 사용할 것을 권면했다. 이와 관련하여 중세 시대에 살았던 수천 명의 부유한 고위 성직자들은 그에게 감사했을 것이다. 암브로시우스는 고위직에 있는 성직자들은 적어도 부유층, 혹은 지배계층과 어깨를 나란히 할 수 있어야 한다고 생각했던 것 같다. 그는 라틴어를 사용할 줄 모르거나 사투리를 쓰는 주교와 사제들을 좋아하지 않았다. 암브로시우스의 이런 태도는 중세 성직자 제도의 또 다른 측면을 공고히 하는 데 일조했다. 즉, 성직은 형식적으로는 누구에게나 개방되었지만 실제적으로는 부유층들이 독차지했기 때문이다.

암브로시우스는 원로원 의원처럼 희고 긴 미사복을 입었다. 그는 성직자의 행동 하나하나에까지 세심한 주의를 기울였다. 당시 교회에서는 이단 종파의 영향을 받아 삭발이 유행하고 있었으며, 이에 대해 교회 당국의 의견은 분분한 상태였다. 힐라리온은 1년에 오직 한 번, 부활주일에만 이발을 했다. 이에 비해 콘스탄티노플의 주교이자 견유학파 소속의 막시무스와 같은 사람은 콘스탄티노플의 부유층 여인들로부터 많은 존경을 받는 사람이었음에도 불구하고 머리를 길게 늘어뜨리고 다녔다고 해서 비판을 받았다. 나중에 그의 곱슬곱슬한 긴 머리는 가발임이 밝혀졌다. 히에로니무스는 머리카락은 피부를 덮을 정도로 충분히 길어야 한다고 말했다. 암브로시우스는 머리카락은 여름보다 겨울에 더 길어야 한다는 독특한 규정을 마련하기도 했다. 그는 행정적으로 상세한 부분들까지 꼼꼼히 챙겼다. 그는 제마사들(마귀를 쫓아내는 사람들로 교회에 소속되어 있었으며 그들의 신분은 부제 바로 아래였다)을 선발하는 일이나 그들의 봉급에 대해서도 관심을 기울였으며 교회법정에도 세심한 관심을 보였다. 당시 교회법정은 나날이 복잡해져가는 교회법을 해석하느라 업무가 급속히 확장되고 있었다.

그는 또한 성性 문제를 자세하게 다룬 첫 번째 주교이기도 했다. 대부분의 초기 기독교인들은 그리스도의 재림이 임박한 것으로 믿고 있었기 때문에 성에 관한 논의는 불필요한 것처럼 보였다. 예수는 결혼과 관련하여 엄격한 노선을 취했다. 예수의 이와 같은 노선이 성에 관한 기본적이고 유일한 기독교의 가르침이었다. 바울은 성을 거의 무시했다. 신약성경은 성이나 가족에 관해서 어떠한 이론도 제시하지 않았다. 구약성경은 독신을 찬양하지 않았다. 반면에 신약성경은 적어도 암시적으로나마 독신을 찬양했다. 유대 역사에서 권위는 보통 가족의 족보를 통해 계승되었지만, 기독교 역사에서는 영적 전달을 통해 퍼져나갔다. 기독교에서 독신 전통은 바울을 거쳐 예수와 세례 요한, 에세네파, 그리고 유대 소종파들의 독신제의에까지 거슬러 올라간다. 임박한 재림을 기다리며 쓰인 기독교 초기 문서들은 독신을 하나의 미덕으로 강조한 것 같다. 하지만 재림이 지연되자 교회는 독신을 찬양하기는 하지만 결혼도 허용해야 하는, 즉 독신과 결혼을 동시에 강조해야 하는 불편한 입장을 택할 수밖에 없게 되었다. 이와 같은 입장은 4세기에 벌어졌던 삼위일체 논쟁과 정통주의의 승리와 더불어 동정녀 마리아, 즉 신의 어머니에 대한 숭배가 대단히 고조되었을 때 한층 강화되었다. 독신제가 결혼보다 우월하다면 성은 본질적으로 악하다는 의미가 아닌가? 다시 말해 결혼했다고 해서 성의 죄성이 사라지는 것은 아니고 단지 허가받은 죄에 불과한 것이 아니겠는가?

이처럼 당시 교회는 온전한 형태의 성 담론을 제시하지 못했고 성직자들 또한 그런 논의에 충분한 시간과 정열을 투자하지 않았다. 이런 상황에서 암브로시우스는 성 문제에 관해 상당히 많은 글을 썼다. 그는 결혼생활이 교회 직무와 어울리지 않는다는 점을 분명히 했다. 재혼한 사람이 성직자가 되기는 쉽지 않았다. 게다가 그는 결혼한 주교들도 좋아하지 않았다. 왜냐하면 주교직이 계급화하여 자녀들에게 세습될 위험이 있기 때문이었다. 그렇기 때문에 결혼한 후에 주교가 된다면 그는 즉시 동거를 중단해야 하며 자녀를 출산하는 것도 금지해야 한다고 주장했다. 암브로시우스는 이것이 바로 아담과 하와가 낙원에서 살았던 방식이라고 생각했다. 성과 관련한 그의 판단은 개인의 습관이나 욕망보다는 목회 경험에 크게 의존하고 있었던 것으로 보인다. 그는 상당히 많은 부인들에게 영적인 조언을 해주었는데 그들은 거의 모두가 상류층 출신이었고 대부분 불행한 결혼생활을 했던 사람들이었다. 이와 관련하여 그는 주옥같은 글을 남겼다. "성공한 결혼조차도 하나의 노예에 불과하다. 하물며 잘못된 결혼은 도대체 어떻게 되겠는가?" 여자들에게 결혼은 "속박, 모욕, 짐, 멍에"이다. 다른 한편 암브로시우스는 황제의 어머니였던 유스티나와 논쟁을 하고 나서 여자들을 매우 까다로운 사람으로 생각하게 되었다. 당시 유스티나는 아리우스주의를 신봉했던 사람으로 군대에 근무하는 아리우스파 고트족들이 예배드릴 수 있는 처소를 마련하기 위해 밀라노에 있는 교회당 하나를 강제로 빼앗으려고 했다. 이와 관련하여 암브로시우스는 "모든 남자는 여자들에게 박해를 받고 있다"고 말하기도 했다. 그는 고해성사를 위해 찾아온 여자들에게 가능하다면 일주일 혹은 그 이상 금식할 것을 조언했다고 한다. "금식은 경제적이다. 금식은 미와 건강을 보존하고 식욕을 자극해준다. 금식은 순결과 금욕적인 삶에 큰 보탬이 된다."

　암브로시우스는 여자들의 최고 덕목으로 '순결'을 꼽았다. "순결을 지킨 사람은 자신을 낳기 위해 임신했던 부모의 죄를 사할 수 있다"는 암브로시우스의 발언은 자식을 둔 부모들로부터 거센 항의를 받았다. "결혼은 칭찬할 만하지만 독신은 더욱 존경할 만하다. 좋은 것을 피할 필요는 없다. 조금 더 좋다고 생각되는 것을 선택해야 한다." 순결에 관해서 그는 분명한 입장을 가지고 있었다. 순결을 지킨 사람은 그리스도와 결혼한 사람이다. 순결을 맹세한 처녀의 머리 위에 베일을 씌우는 의식은 결혼축제처럼 거행되어야 한다. 이런 의식을 거친 후에 그녀는 자신을 드러내지 않기 위해 노력해야 한다. 교회는 사람들이 자주 왕래하는 곳이어서 위험하기 때문에 처녀들은 교회 출입도 자제해야 한다. "좋은 말을 하는 것조차 처녀들에게는 잘못일 수 있다." 진실한 처녀는 침묵 속에 살아야 한다. 암브로시우스는 가혹하다기보다는 엄격했다. 그는 성 행위를 한 것으로 의심받은 처녀는 특별한 경우가 아니라면 강제적인 의학적 검사를 받아서는 안 되고 오직 주교의 권위와 주교의 입회 아래서만 검사를 받아야 한다고 규정했다. 범죄를 저질렀다 해도 함부로 처벌해서는 안 된다. 암브로시우스는 처벌보다는 구속적 사랑을 믿었기 때문이다. 범죄한 사람이 살아남기 위해서는 머리를 깎고 참회하는 것으로 충분하다. 그는 강간의 위협을 받거나 성매매 업소에 갇혀 있는 처녀는 자살을 통해 자신의 결백을 증명할 수 있을 것이라고 주장하기도 했다.

히에로니무스

암브로시우스는 영적이고 성적인 순결을 청결함과 연결시켰다. 그가 말한 처녀들은 흠이 없어야 했다. 그는 성모 마리아를 '가장 깨끗한' 색인 흰색과 은색, 그리고 연한 청색으로 그렸으며, 이 같은 그의 그림은 이후로 중세기 내내 전형적인 마리아 상의 모델이 되었다. 하지만 히에로니무스는 이와 전혀 다른 생각을 가지고 있었다. 암브로시우스와 동시대에 살았지만 그보다 조금 어렸던 히에로니무스는 세상에 부합하는 사람이 아니었다. 다마수스 주교의 비서였던 히에로니무스는 그의 계승자가 될 수도 있었다. 하지만 그는 행정가가 아니라 학자의 기질을 지니고 있었다. 다시 말해 그는 고위 성직자보다는 하나님께 열정적으로 헌신한 사람이었다.

히에로니무스에게 '성'은 해결하기 어려운 문제였다. 그는 성을 '악'이라고 확신했다. "결혼은 죄악이며 간음보다 한 단계 낮은 죄일 뿐이다." 그가 휘황찬란한 로마를 떠났던 것도 이런 이유 때문이었다. 로마를 떠나 팔레스타인으로 가는 배 위에서 그는 다음과 같은 편지를 썼다. "내가 로마에서 만난 그 여인은 지금까지 내가 결코 경험해보지 못했을 정도로 나의 마음을 사로잡았다. 그녀의 순결함은 너무나 자명했으며 마땅히 존경받을 가치가 있었기 때문에 나는 그녀를 존경하고 존중하며 흠모하기 시작했다. 그러자 즉시 내가 지금까지 행한 이전의 모든 덕들이 나를 떠나버렸다." 이 말을 통해 히에로니무스는 자신의 행동이 잘못되었고 해로웠다는 사실을 말하려고 했던 것 같다.

예루살렘에서 그는 수도원을 세웠으며 이곳에서 여생을 보내면서 학자들이나 거룩한 삶을 살고 있던 여인들과 편지를 교환했던 것으로 보인다. 불행히도 그가 보낸 편지 대부분은 사라져버렸지만 남아 있는 편지들을 보면 그가 얼마나 선명하고 솔직한 논쟁가였는가를 여실히 확인할 수 있다. 히에로니무스는 사람들이 성인을 주제로 한 그림을 그릴 때 가장 인기 있는 소재였다. 히에로니무스와 그의 사자Lion(6세기에 첨가된 부분)는 예수와 그의 가족Holy Family을 제외한다면 화가들이 가장 많이 사용한 소재였다. 성모 마리아 수녀회에 보낸 한 통의 편지를 보면 히에로니무스가 유혹을 피하기 위해 어떠한 투쟁을 벌였는지를 적나라하게 살펴볼 수 있다. "소녀들 속에 있는 나를 상상한다. 얼굴은 굶주림으로 창백해졌고 입술은 파래졌으나 나의 마음은 욕망을 향해 치달았고, 육체는 죽음에 임박했으나 욕정의 불은 내 앞에서 활활 타올랐다." 이후에 거의 모든 교부들이 이 구절을 인용했고 중세 예술가들은 이 같은 경건한 투쟁을 자신들의 그림에서 적나라하게 표현했다. 그렇지만 역설적이게도 이 말만큼 기독교인들에게 성적 욕망의 부패와 사악함을 뼈저리게 느끼도록 해준 말은 없었다. 히에로니무스에게 성행위는 그 자체로 더러운 것이었다. 그는 자신이 좋아하는 처녀들이 종종 '오염되어 천박해졌다'고 말하곤 했다. 그에게 오염은 성적 행동과 치료 과정 모두를 포함했다. 그는 오염된 처녀들을 매력을 상실한 사람으로 간주했다. 로마에 있을 때 히에로니무스는 파울라라는 여성을 가장 존경했는데 파울라는 자신의 딸(이전에 그녀가 향락을 즐길 때 생긴 딸)과 함께 예루살렘으로 거처를 옮겨 히에로니무스의 노년을 돌봐주었다. 이 두 여인은 누더기 옷을 입고 다녔고 머리를 감거나 빗질도 거의 하지 않았다고 한다.

히에로니무스에게서 우리는 일상적이고 평범한 인간 존재의 삶과 기독교적 덕행 사이의 괴리를 엿볼 수 있다. 기독교 덕행 사상은 예수와 바울의 가르침과는 실제로 거의 아무런 관련이 없으며, 콘스탄티누스가 기독교를 공인한 결과 기독교권 내에서 등장한 세속화에 대한 반동이었다.

히에로니무스는 극단적인 고행을 강조했는데, 이와 같은 그의 주장은 다마수스나 암브로시우스 같은 도시적인 기독교에 대한 반응이었으며, 또 그렇게 보였을 것이다. 히에로니무스는 매우 가혹하고 엄격한 사람이었다. 이단에 대해서는 특히 더 과격한 독설을 퍼부었다. 그는 성물 숭배의 효능을 의심했던 회의론자 리비니우스를 "하룻밤 사이에 굴복시켰다"며 당당하게 주장하기도 했다. 또한 히에로니무스는 독신제를 지나치게 강조하는 것은 우상 숭배나 다름없다고 말한 로마의 수도승 요비니아누스를 조롱하면서 다음과 같이 말했다. "로마 교회로부터 정죄를 받은 후에도 그는 정욕이 발동하여 거칠게 숨을 내뿜었다." 다른 적대자들도 히에로니무스로부터 이와 비슷한 인신공격을 받았다. 팔라디우스가 쓴 《라우수스의 역사 Lausiac History》는 이 시기에 대한 정보를 제공해주고 있는데, 이 책을 보면 히에로니무스는 고약한 성품을 가진 사람으로 악명이 높았다는 것을 알 수 있다. 포시도니우스는 히에로니무스를 비판하면서 다음과 같이 말했다. "나는 그를 돌보고 있는 고결한 파울라가 가장 먼저 죽을 것이며 그제야 그의 고약한 성깔로부터 해방될 수 있으리라고 생각한다. 그녀가 죽고 나면 그 어떤 거룩한 사람일지라도 여기에서 살지 않게 될 것이다. 그는 자신의 형제도 질투할 것이다."

　히에로니무스는 비교적 우리에게 잘 알려져 있는 인물이다. 암브로시우스가 중세 고위 성직자들을 대변하는 원형이었다면 히에로니무스는 무언가를 고민하는 기독교 지성인의 선구자였다. 히에로니무스는 육체와 영은 화해할 수 없는 갈등 속에 있다고 보았고, 인간의 자비를 희생시키면서까지 절제를 강요했던 사람이었다.

오리게네스

히에로니무스의 정신세계는 어두웠다. 그의 정신세계는 영생의 빛보다는 오히려 지옥의 불을 반사하고 있었다. 세련된 품위를 주장하고 세상의 상식을 존중했던 암브로시우스도 히에로니무스의 정신세계와 본질적으로 다르지 않았다. 이 두 사람은 기독교적 관점에서 인간을 비판적으로 해석했다. 그들이 성경 어디에 근거를 두고 이와 같은 판단을 내렸는지는 알 수 없다. 바울 서신들의 전체적인 기조는 '복음'이 만들어내는 기쁨을 강조한다. 기독교 초기 공동체들은 요동함 없이 침착하게 그들의 열정을 쏟았던 것으로 보인다. 기독교의 구원론을 철학적으로 전환시켰던 오리게네스 역시 기독교 신앙을 긍정적이고 희망적인 것으로 주장했다. 오리게네스는 하나님은 인류를 향상시키시기 위해 끊임없이 격려하시는 주관자이시요, 스스로 완전하신 분이라고 주장했다. 인류는 빛을 향해 조금씩 나아가고 있고 그런 점에서 계속적인 과정 속에 있다. 오리게네스는 진정한 의미에서 보편주의자였다. 복음은 인류 모두에게 전달되었기 때문에 궁극적으로 사람들은 악으로부터 점차 스스로 정화되어 하나님의 한량없는 용서와 은총의 혜택을 입게 될 것이다. 심지어 마귀와 타락한 천사들도 언젠가는 마침내 구원을 받게 될 것이다.

콘스탄티누스 시대 이후로 오리게네스의 낙관론이 공식적으로 거부되었다는 것은 눈여겨볼 만한 일이다. 그럼에도 불구하고 테르툴리아누스처럼 오리게네스의 저술들도 기독교를 이해하는 데 대단히 중요하고 가치 있는 것으로 간주되었기 때문에 그가 이단으로 취급받는 일은 없었다. 그래서 온전히 보존되지는 못했을지라도 적어도 그의 저술들이 사라지는 일은 일어나지 않았다. 그러나 한때 오리게네스를 '사도시대 이후로 가장 위대한 교사로 존경했던 히에로니무스는 언제부터인가 그를 이단으로 취급하기 시작했다. 왜냐하면 히에로니무스는 오리게네스의 사상이나 글이 사람들을 혼란에 빠뜨리고 올바른 판단을 내리지 못하게 하여 결과적으로 구원에 이르지 못하도록 만들어버렸다고 생각했기 때문이다. 4세기 말에 이르면 신학자들뿐만 아니라 테오도시우스 황제와 같은 평신도들도 이 같은 입장에 동의하게 되었다. 어떻게 해서 이런 변화가 일어나게 되었을까?

오리게네스의 낙관론적인 입장에 대한 거부는 로마 제국, 특히 서방 제국의 사회·문화적 변화 때문인 것으로 보인다. 콘스탄티누스의 기독교 부흥정책은 오래 지속되지 못했다. 오히려 이로 인해 제국의 구조, 즉 정치·군사·행정 구조들이 분열되는 양상을 보였기 때문이다. 게다가 화폐와 인플레이션 문제는 해결되지 못한 채 남아 있었다. 교회는 제국의 국력을 신장시키는 데 큰 힘이 되기는커녕 어떤 면에서는 오히려 제국의 짐이 되고 있다는 인식이 널리 확산되었다. 또한 교회는 제국의 분열을 가속화하는 데만 일조하는 것처럼 보였다. 기독교화는 또한 제국의 문화적 힘을 약화시켰다. 왜냐하면 기독교는 다양한 접촉에도 불구하고 본질적으로 단일문화를 고수했기 때문이었다. 4-5세기 제국은 수공업 중심의 문화가 발달하고 있었다. 자신감 넘치던 공화국 시절의 엘리트주의는 이미 오래전 이야기였다. 고등교육과 세속 문학은 아직도 거의 전체가 이교도들의 수중에 남아 있었다. 그러나 이교도들은 이미 쇠퇴했고 그마저도 기독교의 공격으로 쇠퇴해가고 있었다. 415년에 알렉산드리아에서 일어난 이교도 학자 히파티아의 살해 사건은 비기독교 지식인들이 직면했던 압력과 위험이 얼마나 심각했었는지를 보여주는 하나의 사례였다. 시인이었던 파노폴리스의 키루스 같은 많은 이교도 지식인들은 보복이 두려운 나머지 기독교로 개종하기에 이르렀다. 그렇다고 기독교인들이 이교 문화를 대체할 수 있는 어떤 특별한 대안을 제시하거나 제시하려 했던 것 같지는 않다. 그들은 과거에 명성이 높았던 유명한 학교들이 쇠퇴하는 와중에서도 전혀 손을 쓰지 않았고 오히려 그런 학교들을 폐쇄시켜버렸던 것이다. 517년에 알렉산드리아 학교가, 529년에는 아테네의 학교가 문을 닫았다. 조시무스와 같은 이교도 역사가들은 기독교가 제국을 난파시키고 있다고 확신했다. 이에 대해 기독교가 할 수 있는 말은 아무것도 없었다.

아우구스티누스

5세기가 시작될 무렵, 기독교권 내에는 오리게네스의 노선을 따라 좀 더 수준 높은 기독교 문화를 창조하려는 갈망이 일어나고 있었다. 기독교 문화가 과연 그간의 좌절과 파멸의 위험을 딛고 다시 새롭게 꽃을 피울 수 있느냐 하는 문제는 어떤 한 사람의 노력의 결과에 크게 좌우되었다. 암브로시우스와 히에로니무스의 저술들에 암시되어 있는 경향들이 이 사람을 통해 결정적 단계로 진입하게 되었다. 그가 바로 아우구스티누스였다. 아우구스티누스는 기독교 제국의 어두운 천재, 즉 교회와 국가의 동맹이론의 창시자이자 중세 정신세계의 설계자였다. 바울을 제외하고 아우구스티누스는 다른 어느 누구보다도 기독교 사상을 형성하는 데 큰 역할을 했던 사람이었다.

그의 사상을 이해하기란 쉽지 않다. 왜냐하면 바울처럼 그 또한 다양한 사건들을 겪었고, 그 과정에서 그의 사상은 꾸준히 변화했기 때문이다. 그는 자신을 "하나님께서 이루신 일들을 기록하거나 저술활동을 통해 역사의 진전을 이루어가는 일종의 저술가"라고 소개했다. 아우구스티누스의 삶은 그의 사상만큼이나 열정적이고 극적이었다. 354년에 알제리의 수크 아라스에서 태어난 그는 비교적 유복한 중산층 출신이었다. 카르타고에서 수사학을 공부한 후에 로마와 밀라노에 가서 수사학 교사로 활동하기도 했다. 그는 밀라노에 있을 때에 기독교로 개종했으며, 보네 근처에 있는 히포의 주교로 임명받았다. 히포에서 그는 주로 도나투스파에 대항하는 투쟁을 이끌었으며, 펠라기우스주의자들과 10년이 넘도록 논쟁을 벌이기도 했다. 410년에 로마가 멸망할 때 그는 아프리카에 있었으며, 말년에는 반달족이 히포까지 점령하는 모습을 지켜보아야 했다.

아우구스티누스가 쓴 책의 양은 엄청난데, 당시의 사건들과 개인적 경험에 의존한 것이 대부분이다. 다행스럽게도 그의 저술은 대부분 원래의 형태로 오늘날까지 전해지고 있다. 중세 1천여 년 동안 고대 교부 중에 가장 인기 있는 사람은 다름 아닌 아우구스티누스였다. 중세 유럽의 도서관에는 500여 종이 넘는 아우구스티누스의 《신국론 City of God》 필사본이 있었으며, 1467-1495년만 해도 24종의 새로운 필사본이 출간되기도 했다. 아우구스티누스는 자기 자신의 이야기를 기록으로 남기기도 했는데, 대표적인 저작은 주교가 된 지 2년이 지난 397년에 쓴 《고백록 Confessions》이다. 그는 그야말로 철저하게 자기중심적인 사람이었다. 《고백록》은 아우구스티누스가 하나님께 드리는 장구한 편지 형식으로 기록한 영적 자서전이다. 이러한 형식은 아우구스티누스 저술만의 독특한 특징이었다.

아우구스티누스는 스스로 자신의 삶을 밝혀주었지만, 그럼에도 불구하고 밝혀진 부분보다는 숨겨진 부분이 더 많다. 《고백록》은 방탕했던 자신의 젊은 시절과 경건한 기독교인이었던 그의 어머니 모니카—그녀에 비해 아버지 파트리키우스는 거의 무시되고 있다―사이에 있었던 개인적인 이야기들이 중심을 이루고 있으며, 오늘날에도 여전히 인기 있는 고전 작품들 중 하나이다. 이 책은 시대를 초월하여 어느 시대에나 많은 관심을 받아왔다. 《고백록》에 기록되어 있듯이 아우구스티누스가 17세 때 이름 모를 여인과 동거하여 아들을 낳았다는 이야기는 사실임이 분명하다. 그러나 그가 젊은 시절을 방탕하게 살았다는 증거는 그 어디에도 없다. 당시에 동거는 흔한 일이었다. 교황 레오가, 동거녀와 결별하는 것이 경건함의 첫걸음이라고 말했을 정도로 당시 동거는 보편적인 일이었다. 아우구스티누스는 우리가 예상하는 것보다 성적인 문제에 관심이 적은 편이었고 세속문화에도 그다지 관심이 많지는 않았던 것 같다. 그러므로 아우구스티누스가 기독교로 개종한 후에 세속적인 즐거움을 버리고 금욕적인 삶으로 전환했다는 주장은 사실이 아니다. 애초부터 그는 매우 강하고 엄격한 종교적인 사람이었다. 물론 이런 그의 태도는 어머니로부터 물려받은 유산이었다.

그렇다면 우리가 아우구스티누스의 사상을 검토할 때 주목해야 할 지점은 어디인가? 아마 그의 종교적 충동이 아닐까 싶다. 잘 알다시피 아우구스티누스는 청년기와 성인 초반까지 마니교에 빠져 있었다. 마니교는 메소포타미아의 신비주의자였던 마니가 3세기 후반에 만든 종교로 몬타누스주의에 혼합종교가 결합되어 있는 형태였다. 276년에 페르시아에서 마니가 처형된 후에도 마니교의 교세는 계속 확장되어 동쪽으로 퍼져나가 중국에서 매우 중요한 영향력을 발휘하기도 했다. 마니교는 지중해 지역에도 널리 퍼져 있었으며, 아우구스티누스가 태어나기 약 6년 전에는 그의 고향에까지 전파되었다. 마니교에 대해서는 이집트와 중국에서 발견된 자료들 외에는 참고할 만한 자료가 없는데, 이마저도 마니교에 대한 단편적 정보만을 제공해줄 뿐이다. 영지주의와 마찬가지로 이원론적이었던 마니교는 인간이 본성적으로 잠재성과 선을 지니고 있다는 것을 강렬하게 부정했다. 다시 말해 마니교는 인간을 전반적으로 비관론적으로 보았으며, 단지 경건한 엘리트만이 구원을 받을 수 있다고 주장했다. 그래서 마니교도들은 무엇보다 의롭고 완강해지기 위한 자기 훈련을 강조했다. 마니교에 입교하기 위해서는 짧지 않은 입교 과정을 거쳐야 했다. 아우구스티누스는 20세에 '듣는 자hearer'로 입교한 이후 9년이 넘도록 다음 단계인 '선택된 자elect'에 오르지 못했다고 한다. 마니교도들은 일종의 비밀 종교집단으로 자신들끼리만 접촉하며 살았다. 권력자들이 그들을 핍박하게 된 것도 바로 이런 이유 때문이었다. 대부분의 정부는 그들을 인정하지 않았다. 1천 년이 넘도록 비잔틴과 중국 황제들이 그들을 포악스럽게 박해했음에도 불구하고 마니교도들은 유럽의 중세기 내내 수많은 이단들에 영향을 미치거나 영감을 주는 등 어느 시대든 비밀리에 영향력을 발휘했다. 아우구스티누스가 로마나 밀라노로 간 것도 마니교와 연관이 있었다. 그는 심지어 마니교도들의 조직망을 통해 직업을 얻기도 했다.

    그가 어떻게 기독교로 개종하게 되었는지에 대해서는 분명하지 않다. 한 가지 추측할 수 있는 것은 '건강 문제'이다. 그는 법정이나 정부 기관에서 공적인 연설을 담당하는 일을 하고 싶어 했다. 그런데 그에게는 심신질환 증세가 있어서 이를 감당할 수 없었다. 또 다른 요인으로는 암브로시우스로부터 받은 영향을 들 수 있다. 당시에 세례문답은 비밀스럽고 매우 위협적인 분위기 속에서 진행되었는데, 세례문답 과정을 마친 후 거행된 아우구스티누스의 세례의식 또한 매우 장엄하고 경이로운 분위기에서 행해졌던 것이 분명하다. 당시 밀라노 대성당에 있는 세례연못에서 암브로시우스 주교는 아우구스티누스의 옷을 모두 벗긴 후에 몸을 온통 적실 정도로 세 차례나 연못으로 밀어 넣었다. 그러고 나서 그에게 흰색 예복을 입히고 손에 촛불을 들게 했다. 암브로시우스로부터 가르침을 받는 동안 아우구스티누스는 자신이 엄청난 잠재성을 지닌 위대하고도 놀라운 조직체에 가담하고 있다는 것을 알게 되었다고 한다. 그러나 그는 마니교적 요소들을 완전히 버리지 않은 채 기독교에 입교했다. 30년 후 그의 적대자들 중 한 사람인 에클라눔의 율리아누스는 성性 문제에 대한 아우구스티누스의 왜곡된 견해들은 그가 마니교도 시절에 받았던 훈련과 직접적으로 연관이 있다고 주장했다.

율리아누스는 아우구스티누스를 '아프리카 사람poenus'이라고 불렀다. 이 점은 매우 중요하다. 왜냐하면 아우구스티누스는 마니교의 영향을 받았을 뿐만 아니라 카르타고의 영향도 받았기 때문이다. 그는 라틴 문화의 훌륭한 대변자였지만 문화적으로는 폭이 넓은 사람이 아니었다. 그는 그리스어를 거의 알지 못했다. 그는 그리스적 사고의 틀에서 복잡하게 전개된 삼위일체론의 문제를 간단하게 정리했는데, 이 또한 다분히 카르타고 문화의 산물이었다. 도나투스파 문제를 해결하는 데에서도 그는 도나투스파가 표방한 편협한 지역성이나 지방색을 국제적인 관점에서 좀 더 폭넓게 해결하려 했다고 알려져 있다. 그러나 이는 부분적으로만 사실이다. 아우구스티누스는 아프리카적인 성품을 지니고 있었고, 이러한 성품은 마니교도였던 그의 기질과 결합되었기 때문이다. 즉, 그는 엄격성, 타협이나 관용의 결여, 불굴의 용기, 심원한 믿음을 소유했던 사람이었다. 결국 그는 카르타고의 정서에 기초한 일종의 기독교 민족주의를 창안해냈다. 트로이가 아이네아스를 거쳐 그리스를 정복했던 것처럼 카르타고가 로마를 정복하게 된 셈이다.

기독교 왕국을 위해서는 고문도 허용된다

밀라노에서 암브로시우스의 추종자가 된 아우구스티누스는 아프리카로 돌아와 자신의 사상을 실천에 옮기기 시작했다. 그는 도나투스파의 국수주의를 반대했다. 이 같은 그의 반대는 콘스탄티누스 혁명이 만들어낸 교회의 보편성을 새롭게 표현한 것이었다. 그는 이미 밀라노에서 제국과 발을 맞추어 교회를 운영하는 암브로시우스를 보았다. 아우구스티누스의 창조적 지성은 결론을 이끌어내고 새로운 가능성을 모색하는 데 그 누구와도 비교할 수 없을 정도로 유용했다. 당시 밀라노 교회는 일종의 국제기구처럼 활동하고 있었고 점차 보편적 교회로 발돋움하고 있었다. 게다가 밀라노 교회는 제국과 공존하고 있었다. 교회는 궁극적으로 인류와 공존하게 될 것이며 정치적 변화나 인류의 흥망성쇠와는 무관하게 될 것이다. 이것이 바로 아우구스티누스가 생각하는 교회에 대한 하나님의 계획이었다.

  인류 역사의 발전을 여섯 단계로 구분했던 아우구스티누스는 그의 시대는 마지막 단계, 즉 그리스도의 초림과 재림 사이의 중간 시대라고 생각했다. 그는 이제 그리스도의 재림이 이루어지면 인류 역사의 마지막이자 일곱째 단계를 준비하기 위해 이 세상은 점차 기독교화할 것이라고 생각했다. 이에 비해 도나투스파 사람들은 비교가 안 될 정도로 편협한 사람들이었다. 왜냐하면 그들은 특별한 주교가 특별한 시기에, 그리고 특별한 장소에서 행했던 것을 강조했고, 기독교 신앙의 우주적이고 보편적인 측면을 보지 못했으며, 보편적으로 적용될 수 있는 신앙을 상실했기 때문이다. 아우구스티누스는 "구름이 천둥소리와 함께 퍼져나가듯이 주의 집이 온 땅에 두루 퍼질 것이다"라고 말했다. 그에 따르면 도나투스파는 일부 제한된 지역(북아프리카—옮긴이)의 곤궁한 상황과 역사에 사로잡혀 있었기 때문에 세상을 적대시했고 스스로를 사회의 대안세력으로 간주하고 있었다. 하지만 세상은 점차 기독교화하고 있으며, 그만큼 기독교는 사회와 밀접한 친화력을 보이고 있다. 선택받은 무리들이 조직한 기독교는 기존의 모든 인간관계와 인간의 모든 활동, 그리고 제도들을 변혁하고 완벽하게 하며 삶의 모든 차원을 규제하고 법제화하며 고양하는 책임을 감당하고 있다. 바로 이 부분에서 우리는 인간과 사회의 모든 차원에 파고들고 있었던 교회를 통해 중세 기독교 왕국의 씨앗이 싹트고 있음을 볼 수 있다. 교회는 과연 모두의 어머니가 아니겠는가? 교회와 관련하여 아우구스티누스는 다음과 같이 썼다.

> 아내가 남편에게 복종하도록 만든 것이 교회이고 … 남편을 아내 위에 위치시킨 것도, 자녀들이 자발적으로 부모에게 순종하게 한 것도, 부모가 경건한 말씀으로 자녀를 양육하게 한 것도, 혈통보다는 종교적 유대관계를 통해 형제들을 결속시킨 것도 교회이다. … 종에게는 주인에게 충성하라고 가르치고 주인에게는 종을 벌하기보다는 설득하라고 가르친다. 교회는 시민과 시민, 민족과 민족을 서로 연결시킨다. 교회는 인간에게 그들의 첫 부모(아담과 하와—옮긴이)를 기억하게 하면서 그들을 하나로 결속시킨다. 교회는 사람들을 사회적 계약에 의해서가 아니라 모두가 다 한 혈족임을 상기시키면서 하나로 묶는다. 교회는 왕에게는 백성의 유익을 위해 통치하라고 가르치며 백성에게는 왕에게 복종하라고 경고한다.

기독교 왕국에 대한 개념은 필연적으로 강압적 성격을 띠고 있다. 다시 말해, 그 왕국에 소속될 것인지 여부를 선택할 권리는 주어지지 않는다는 것이다. 도나투스파라고 해서 예외를 인정해줄 수 없다. 아우구스티누스는 도나투스파에 대항하여 자신의 논리를 전개해가는 과정에서도 전혀 위축되지 않았다. 실로 그는 도나투스파의 완고한 해결방식과 그들만의 신념으로 똘똘 뭉쳐 있는 편협한 사고, 그들 스스로 보여주었던 열광주의, 그리고 영적인 문제에 폭력을 사용하려는 태도 등을 보고서 그들을 진압하기 위해서는 강압적인 방법이 동원될 수밖에 없다고 생각했다. 아우구스티누스는 아프리카적인 방법을 동원하여 아프리카를 세계화하려고 노력했다. 물론 그 방법에는 제국의 군사기술도 포함되어 있었다. 아우구스티누스가 390년대 중반 히포의 주교로 임명받았을 때 도나투스파 교회는 번창하여 거대한 세력을 형성하고 있었다. 아우구스티누스의 요청으로 도나투스파에게 박해가 가해졌음에도 불구하고 그들은 전혀 위축되지 않았으며, 411년에 카르타고에서 제국과 협상을 벌일 때에도 그들은 300여 명의 주교들을 동원할 정도로 막강한 세력을 확보하고 있었다. 하지만 반달족들이 북아프리카 해안 지역을 점령하기 20년 전에 로마 제국은 마침내 도나투스파의 근거지를 분쇄했다. 도나투스파 교회를 지지했던 사람들 중에는 상류층도 상당수 있었는데, 이들은 곧바로 기득권 세력과 결탁했다. 반면에 도나투스파 교회에 가담했던 많은 평범한 서민들은 불법자나 혹은 도둑 집단으로 내몰렸으며, 집단적으로 자살하는 경우도 많았다.

아우구스티누스는 이 모든 과정을 냉정하게 지켜보았다. 당시는 공포의 시기였다. 로마 제국은 전체주의적 속성을 드러내기 시작했으며, 어떤 점에서 동방의 독재체제나 다름없었다. 국가에 반항하거나 사회질서를 어기는 사람들은 가차 없이 처벌되었다. 고문은 내란음모와 같은 중대한 사안이 발생했을 때에만 사용되었던 것인데, 이제는 일상이 되어버렸다. 순결서약을 어긴 처녀들은 가혹한 매질을 당한 후에 산 채로 매장되기도 했다. 감옥에는 갈고리, 붉게 달궈진 철판과 납을 단 채찍 등 온갖 고문기구들이 비치되어 있었다. 제국은 안정과 통일을 강화하기 위해 비밀경찰과 정보요원을 고용하여 시민들을 감시하고 통제했다. 이 과정을 지켜본 아우구스티누스는 국가가 자신의 가엾은 목적을 이루기 위해 그와 같은 방법들을 사용한다면, 교회는 그보다 훨씬 더 중요한 목적을 위하여 동일한 방법을 사용할 수 있으며 그 이상의 방법도 사용할 수 있는 자격이 있다고 보았다. 그는 이러한 논리로 박해를 수용했을 뿐만 아니라 스스로 박해의 이론가가 되었다. 결과적으로 중세 시대의 종교재판은 그의 이론에 근거하여 이루어졌다.

그렇다고 아우구스티누스를 잔인한 사람으로 생각해서는 안 된다. 왜냐하면 그는 정당하지 못한 폭력이나 잔혹한 고문기구들을 혐오했기 때문이다. 그는 이단자들을 "고문대에 매달거나, 불꽃으로 지지거나, 쇠갈고리로 살을 할퀴는 등의 고문을 해서는 안 되고 막대기로 매질하는 정도에서 끝내야 한다"고 주장하기도 했다. 그는 또한 돈으로 정보를 빼내려 하거나 경찰 프락치를 이용하는 등, 부정직한 방식에 대해서도 한탄했다. 그럼에도 불구하고 기독교의 통일이나 보편적 일치를 위해 사용하는 무력은 필요하며 효과적일 수 있고, 또한 전적으로 타당하다고 주장했다. 도나투스파가 점령하고 있던 도시가 제국의 칙령을 두려워하여 가톨릭으로 돌아선 사건을 경험하고 난 이후, 그는 무력에 대한 자신의 생각을 바꾸었던 것 같다. 때로는 박해를 환영하는 이단들도 있었다. 그들은 "공포심은 우리로 하여금 진리를 진지하게 추구하도록 하며 … 위협은 게으름에 대해 경각심을 불러일으킨다"라고 말하곤 했다. 그리고 이같은 방식은 그리스도도 택하신 방식이 아닌가? 그리스도는 '강제로' 바울을 기독교로 개종시키지 않으셨는가? 이것이 바로 "강권하여 데려오라"는 누가복음 14장 23절 말씀의 의미가 아닌가? 무력 사용을 합리화하기 위해 기독교 변증가들이 자주 인용했던 성경구절과 방금 제시한 누가복음의 구절을 처음으로 제시한 사람이 바로 아우구스티누스였다. 그는 종교재판의 필요성을 강조하기도 했다. "가혹한 처벌을 집행하는 것보다는 심문 과정에서 엄한 조사를 하는 것이 더욱 효과적이다." "심문 과정에서 엄격하게 조사할 필요가 있다. 그래야 관용을 베풀 수 있는 여지도 주어질 수 있기 때문이다." 국가와 교회의 역할을 비유적으로 설명한 사람도 아우구스티누스였다. 그는 분파주의자들을 근절하기 위해서는 교회와 국가가 동맹관계를 맺어야 하며 또 그러한 동맹은 영속적이어야 한다고 주장하면서 국가의 정통성을 강조했다. 교회는 분파주의자들을 색출하는 역할을 담당하고 국가는 그들을 매질하는 역할을 한다. 이 과정에서 아우구스티누스가 사용한 핵심 단어는 '처벌disciplina'인데, 이 단어는 아우구스티누스의 저술에서 아주 빈번하게 등장한다. '처벌'이 없다면 혼란이 일어날 것이다. "법이 설정한 장벽들이 제거되어버린다면 남을 해치려는 사람들의 뻔뻔스러운 역량이 마음껏 발휘되고 자기탐닉을 향한 그들의 욕구는 한층 날뛰게 될 것이다. 이렇게 되면 자유분방하고 아무렇게나 날뛰는 범죄의 달콤한 맛을 어느 누구도 중단시킬 수 없게 될 것이다."

　이것이 바로 교회는 국가의 권력을 총동원하여 이단자들을 박해해야 한다는 주장의 이유가 되었다. 아우구스티누스가 지성적인 사상가이기만 한 것은 아니었다. 그는 제국의 통일성을 유지하기 위해 국가에 적극적으로 협력했던 교회의 지도자요, 주교였다. 399년에 이교사원을 폐쇄시킨 제국의 정책에 흥분한 폭도들이 일어나자, 아우구스티누스는 "로마의 신들을 타도하자!"라는 설교를 하기도 했다. 아마도 가장 놀라운 일은 아우구스티누스가 기독교 엄격주의의 중심지요 정통 신앙의 이름으로 폭력을 자행했던 스페인의 권력자들과 접촉했다는 사실일 것이다.

385년에 스페인 아빌라의 주교이자 금욕주의자요 설교가였던 프리스킬리아누스는 과거에 영지주의자이자 마니교도였으며 도덕적으로 부패한 사람이었다는 이유로 고소를 당했다. 그는 제국의 마녀사냥법에 의해 기소되어 보르도에서 심문을 받은 후에 트리어에 있는 제국 법정으로 이송되었다. 그곳에서 그는 모진 고문을 이기지 못하여, 추잡한 교리를 공부하고 밤마다 타락한 여성들과 모임을 가졌으며 발가벗은 채로 기도한 적도 있다는 거짓자백을 했다. 당시 명망이 높던 갈리아 출신의 투르 주교였던 마르티누스가 이에 대해 강력히 항의했음에도 불구하고 결국 그는 처형을 당했다. 이 사건은 기독교의 후원 아래 '이단자들'을 살해했던 일종의 마녀사냥의 첫 번째 본보기였다. 이 사건으로 인해 많은 기독교인들은 분노를 감추지 못했으며, 특히 암브로시우스는 격한 분노를 표출했다. 하지만 이 사건은 시작에 불과했다. 아우구스티누스가 주교로 취임했을 당시에 스페인은 이미 유대인들을 학살할 계획을 실행에 옮기고 있었다. 20년 후에 아우구스티누스는 스페인뿐만 아니라 팔레스타인에서 이교도들을 뿌리 뽑고 있던 파울루스 오로시우스와 서신을 교환하기도 했다. 파울루스 오로시우스는 스페인 출신으로 지독하게 잔인한 이단 사냥꾼이었다.

아우구스티누스는 두 가지 측면에서 이단에 대한 접근을 근본적으로 변화시켰다. 첫째는 박해를 하되 건설적으로 하라는 것이었다. 즉, 이단들을 추방시키는 데만 주력하지 말고, 반대로 그들로 하여금 자신의 입장을 스스로 취소하거나 정통 교회로 돌아설 수 있게 하라는 것이다. 두 번째는 이단을 색출하기 위해 감독관 제도를 상설해야 한다는 것이었다. 아우구스티누스는 정통 교회에 속한 지식인들은 이단자들을 색출해낸 후에 그들로 하여금 스스로 자신이 이단자임을 인정하게 하여 그에 상응하는 책임을 지도록 할 책임이 있다고 주장했다.

아우구스티누스와 펠라기우스의 논쟁

아우구스티누스는 펠라기우스나 그의 추종자들과 논쟁할 때에도 이 같은 방법을 하나의 전술로 사용했다. 411년에 열렸던 카르타고 공의회에서 아우구스티누스는 펠라기우스와 만났던 것 같지만, 그 이상으로 두 사람이 교감을 나누지는 않았던 것 같다. 그들은 동년배였고 거의 같은 시기에 펠라기우스는 영국에서, 아우구스티누스는 카르타고에서 로마로 왔다. 이후로도 계속 로마에 머물렀던 펠라기우스는 훌륭한 교육을 받은 평신도이자 경건한 사람으로 로마의 금욕적인 명문가 출신들의 요구에 부응하는 사람이었다. 그를 지지한 사람들 중에는 귀족 출신이 많았고 젊고 부유하고 열성적인 사람들 또한 수도 없이 많았다. 펠라기우스는 기본적으로는 개혁주의자였다. 그는 당시에 만연하던 이교의 관습들은 제거되어야 하며, 대신 오리게네스와 기독교 사상을 통해 사람들로 하여금 좀 더 가치 있는 일을 하고 사회적으로도 좀 더 유용하고 책임 있는 존재로 살아갈 수 있게 하기를 원했다. 기독교는 제국의 시민들뿐만 아니라 이방인들에게도 삶을 개선할 수 있는 힘이 될 것이다. 로마가 멸망하자 그는 아프리카로 떠났으며 이후에는 좀 더 자유로운 동방 지역으로 망명의 길을 떠났다. 그는 로마의 몰락을 보고 실망하는 대신 개혁의 필요성, 즉 새로운 구조의 필요성을 다시 한 번 확인하는 계기로 삼았다. 그는 새로운 구조를 건설하기 위해 필요한 것은 인간의 가능성, 선을 택할 수 있는 인간의 자유, 하나님이 인간에게 부여하셨던 놀라운 미덕들이라고 생각했다. 라틴화한 식민지에서 살았던 그는 제국의 지배계층들보다는 제국을 만들어왔던 문화에 더욱 강한 신뢰를 보냈던 것 같다. 펠라기우스는 로마가 함락된 이후인 411년에 부유층이면서도 경건했던 여인 데메트리아스에게 희망과 격려를 담은 편지 한 통을 보냈다. 이 편지에서 그는 이 세상뿐만 아니라 저 세상에서도 인간은 스스로를 구원할 수 있다고 주장했다.

우리는 지식의 근원이신 하나님께 이중의 죄를 짓고 있다. 하나는 하나님께서 지으신 것을 알지 못하는 죄이며, 또 하나는 그가 명령한 것을 알지 못하는 죄이다. 하나님께서 인간의 연약함을 잊으셔서 그들이 감당할 수 없는 명령을 부과하신 것이라면 … 하나님은 우리를 구원하기보다는 오히려 징벌하기를 원하시는 것처럼 보인다. … 그분보다 우리에 대해 잘 알고 계신 분은 없으며, 우리의 능력을 잘 이해할 수 있는 분도 없다. 게다가 그분은 의로우신 분이기에 우리에게 불가능한 것을 명령하지 않으신다. 그분은 거룩하시기 때문에 하나님 자신의 도움 밖에 있는 사람이라고 해서 그를 정죄하지 않을 것이다.

기독교인들은 욥처럼 불굴의 용기를 가져야 한다. 기독교인은 열정을 가지고 있어야 하고, "다른 사람의 고통을 자신의 고통처럼 느껴야 하고, 다른 사람이 탄식하며 흘리는 눈물에 감동을 받아야 한다."
청년 시절에 펠라기우스를 접했던 아우구스티누스는 그의 주장을 상당 부분 수용했다. 아우구스티누스의 초기 저술들에 자유의지가 강조되어 있는 것도 바로 이 때문이다. 하지만 그는 후에 전투적인 주교이자 박해자로 바뀌었다. 이 같은 입장에서 아우구스티누스는 엄격한 결정론을 발전시켰던 것 같다. 그는 로마서를 바탕으로 은총과 선택이론을 전개했는데, 이 이론은 종교개혁 시기의 칼뱅 이론과 전혀 다르지 않았다. "예정, 즉 하나님의 은혜의 예지를 통해 해방된 사람은 누구든지 해방될 수 있다. 하나님의 심판을 기다리는 나머지 사람들은 멸망의 소용돌이 가운데 어디에서 구원을 받을 수 있는가? 두로와 시돈 사람들이 그리스도의 놀라운 사역을 보았다면 그를 믿지 않을 수 없었을 텐데, 지금 그들은 과연 어디에 있는가?" 모든 사건은 선택받은 사람들에게는 자비를, 그렇지 않은 사람들에게는 심판을 베푸시는 하나님의 의도적인 행동이며, 그 사건들마다 정확한 의미가 부여되어 있다. '하나님의 섭리'에 의하면 "하늘 아버지의 생명책에 그 이름이 새겨져 있는 선택된 사람들의 숫자"가 이미 정해져 있다. 이 과정에서 인간의 노력이 무슨 소용이 있겠는가? 아무 소용이 없다. 이와 관련하여 구약성경 신명기는 인간의 노력을 자랑하지 말라고 경고하고 있다. "당신들이 마음속으로 '이 재물은 내 능력과 내 손의 힘으로 모은 것이라'고 생각할 것 같아서 걱정이 됩니다. 그러나 주 당신들의 하나님이, 당신들의 조상에게 맹세하신 그 언약을 이루시려고 오늘 이렇게 재산을 모으도록 당신들에게 힘을 주셨다는 것을, 당신들은 기억해야 합니다"(신명기 8:17-18). 아우구스티누스는 어떤 사람으로부터 한 토막의 이야기를 듣고 매우 충격을 받았다고 한다. 그가 들었던 이야기 내용인즉, 자기 아내와 함께 25년 이상 성심껏 종교적 의무를 다하며 모범적으로 경건하게 살았던 84세의 어떤 노인이 갑자기 향락을 즐기기 위해 돈을 주고 춤추는 소녀를 샀고 그래서 영원한 생명을 잃어버렸다는 것이었다. 이것은 하나님의 손길, 즉 하나님 은총이 부재할 때 일어나는 치명적 결과가 아니고 무엇인가? 이 이야기는 또한 하나님의 은총이 없다면 인간의 의지는 전적으로 무력하다는 사실을 보여주고 있지 아니한가?

아우구스티누스가 펠라기우스에게 관심을 갖게 된 것은 히에로니무스를 통해서였다. 영혼의 완전성을 내세운 오리게네스의 신앙을 박멸하는 데 열중했던 히에로니무스는 펠라기우스 사상을 현대판 오리게네스주의라고 보았다. 아우구스티누스는 펠라기우스 사상에서 오만의 극치,

즉 인간의 능력을 부당하게 강조함으로써 하나님께 대항하고 반역하는 모습을 발견했다. 아우구스티누스에게 인간의 의무는 하나님의 의지에 복종하는 것이며, 교회론에서도 이 점을 강조한 바 있었다. "당신이 뜻하신 바를 나에게 명령하십시오." 그는 자신의 이 같은 주장이 펠라기우스의 입장에서는 "참을 수 없을 것"이라는 것을 잘 알고 있었다. 히에로니무스는 펠라기우스를 "스코틀랜드의 잡탕죽을 먹고 몸집이 불어난 뚱뚱한 개"로 묘사했다. 또한 그는 펠라기우스가 원죄를 부인했다는 것을 강조했다. 아우구스티누스는 히에로니무스의 이런 독특한 입장에 감명을 받았다. 아우구스티누스에게 '원죄' 개념은 매우 중요한 문제였기 때문이었다. 도나투스파 사건 이후로 아프리카 사람들에게 세례는 정통 신앙을 보증하는 결정적인 시금석이었다. 언제부터 교회에서 원죄를 신앙 문제로 받아들였는지에 대해서는 정확히 알 수 없다. 적어도 테르툴리아누스는 '원죄'(이 표현은 참으로 아프리카적인 개념이다)라는 말을 사용하기는 했으나 인간이 죄 가운데 태어난다는 것은 부인했다. 어쨌든 그 이후로 유아세례가 점차 관례화되고 일반화되어갔다.

    세례 문제에 관심을 갖기 시작하면서 아우구스티누스는 펠라기우스와 그의 추종자들을 교회에서 몰아내기 위한 조치를 취하기 시작했고 또 그들을 굴복시키기 위해 무력을 행사하려 했던 것으로 보인다. 펠라기우스가 유아세례를 반대했는지에 대해서는 분명하지 않다. 왜냐하면 이단으로 낙인찍힌 사람들이 언제나 그랬던 것처럼 펠라기우스 사상도 반대자들의 글 속에서 단편적으로만 확인할 수 있기 때문이다. 세례와 관련된 문제를 제기한 사람은 그의 제자였던 켈레스티우스였던 것 같다. "가톨릭 교회의 지도층은 원죄를 부인하고 있지만 적지 않은 사람들이 원죄 사상을 받아들이고 있다는 것을 이미 지적한 바 있다. 원죄 사상은 이단의 문제가 아니라 탐구의 대상으로 다루어져야 한다. 그러기에 유아들도 세례를 받아야 한다." 아우구스티누스는 도나투스파에 대해 그랬던 것처럼 펠라기우스와의 논쟁에서도 그와 토론하기보다는 단순히 그를 정죄하고자 했다. "기독교 통치자들은 고대 기독교 신앙을 의심해서는 안 된다. … 확실하고 확고한 신앙의 토대 위에서 사람들을 다스리고 징벌해야 한다." "상처가 보이지 않는다고 해서 치료가 필요 없는 것은 결코 아니다. … 상처를 숨기는 사람들도 가르침을 받아야 하며, 이들은 공포 분위기 속에서 엄격하게 가르쳐야 한다고 생각한다."

아우구스티누스는 누구 못지않게 펠라기우스와 그의 추종자들을 박해하는 데 앞장섰다. 교회 개혁을 열렬히 원했던 펠라기우스는 이단이라는 비난을 피해 동방, 즉 팔레스타인으로 망명을 떠났다. 당시 팔레스타인은 아프리카보다는 훨씬 자유로운 분위기 속에서 지적 토론이 가능했던 곳이었기 때문이다. 그 사이에 아우구스티누스는 펠라기우스 문제를 다루기 위해 소집된 공의회와 교회 회의에서 자신의 입장을 밝혔다. 하지만 펠라기우스가 로마의 세력 있는 명문귀족들의 지원을 받고 있었기 때문에 로마는 펠라기우스를 수용하려는 경향을 보였다. 그럼에도 아프리카 사람들의 입김을 이겨낼 수는 없었으며, 결국 그들은 로마 주교와 황제를 설득하는 데 성공했다. 그들은 로마 당국에 직접 뇌물을 갖다 바쳤다. 그들은 아프리카의 교회 주교들이 소유한 농장에서 사육되던 우수한 누미디아 종마 80마리를 이탈리아로 운송하여 제국의 기병대대 지휘관들에게 나누어주면서 아우구스티누스의 은총론을 받아들이도록 부탁했다. 이렇게 하여 펠라기우스파 사람들은 공공질서를 어지럽히는 분란자들이자 위험한 개혁가들이며, 부자들의 재산을 탈취하여 재분배하는 데 관심이 있는 사람들이자 교회와 국가의 정통성을 부정하는 사람들로 간주되었다. 결국 영국, 스페인, 시칠리아, 로도스 섬과 팔레스타인에 있던 펠라기우스파 사람들은 색출되어 추방되었다.

펠라기우스주의자들 중 몇몇은 아우구스티누스에게 반격을 가하기도 했다. 펠라기우스의 추종자였던 에클라눔의 율리아누스는 성난 늙은 주교(아우구스티누스— 옮긴이)와 줄기차게 논쟁을 벌였다. 이 두 사람 사이에 오고 간 편지들을 보면 아우구스티누스는 대중들을 사로잡기 위해 잔뜩 허리를 낮춘 혐오스럽고 영특한 사람, 대중의 편견을 무자비하게 이용하는 반지성적인 인물, 고전문화를 증오하는 선동적인 연설가, 성 문제에 대한 강박관념에 사로잡힌 사람으로 묘사되어 있다. 아우구스티누스는 인간의 생식기를 원죄의 전달수단으로 생각했다. "보라Ecce unde! 바로 그곳이다. 원죄가 통과된 장소가 바로 그곳이다!" 어느 누구나 자신의 생식기가 통제할 수 없을 정도로 흥분하게 되면 부끄러움을 느끼게 되는데, 아우구스티누스는 바로 이러한 부끄러움이 불순종의 죄와 이에 상응하는 처벌을 기억나게 하는 것이라고 보았다. 아우구스티누스는 회중에게 누구나 몽정에 대해 부끄러움을 느껴야 한다고 말하고, 자신 또한 그런 부끄러움을 느꼈노라고 고백하기도 했다. 하지만 이와 달리 율리아누스는 인간의 본능에 대해 다음과 같은 의견을 솔직하게 피력했다.

인간 본성에 죄가 있는 것이 아니라는 나의 의견에 사람들은 놀라워할 것이다. 하지만 거꾸로 인간 본성에 죄가 있다는 생각이 부당하며 불경한 것이 아닐까? 왜냐하면 그렇게 되면 마치 악마가 인간의 창조자인 것처럼 보이기 때문이다. 인간들은 어머니의 자궁에서부터 죄로 가득 찬 채로 태어난 존재이기에 덕을 실천할 수 없다면 … 이는 결국 자유의지를 침해하고 파괴하게 될 것이다. … 다시 말해 여러분은 신성모독만큼이나 혐오스러운 행동을 하고 있는 것이다.

율리아누스는 인간의 성을 여섯 번째 감각으로 보면서 성은 사용하기에 따라 선하게 될 수도 악하게 될 수도 있는 중립적인 에너지라고 말했다. 이에 대해 아우구스티누스는 다음과 같이 대답했다. "그것이 정말인가? 그것이 당신의 경험인가? 그러면 당신은 결혼한 사람들이 그 악을 억제하도록 하지 않을 셈인가? 그래서 당신은 그들이 서로 좋아할 때마다 그리고 욕망에 의해 자극을 받을 때마다 침대로 뛰어들게 할 것인가? 아마 그렇게 된다면 그들은 취침시간까지 자신들의 욕망을 미뤄두는 일 따위는 하지 않을 것이다. 바로 이것이 당신이 말하는 결혼생활이라면 당신의 경험을 토론의 장으로 끌어오지 마라."

아우구스티누스, 중세의 선구자

아우구스티누스의 생애는 어둡게 끝이 났다. 429년에 반달족이 아프리카로 쳐들어왔고 아우구스티누스는 히포—이 도시도 이미 반달족에 의해 포위되었다—에서 그 이듬해에 죽었다. 그의 전기 작가인 포시디우스는 이와 관련하여 다음과 같은 기록을 남겼다. "그는 도시가 전복되고 파괴되는 것을 목격했다. 교회의 사제와 사역자들은 강제로 교회를 떠나야 했고 처녀와 수도사들은 흩어졌으며 몇몇은 고문을 당하거나 죽임을 당했고 또 다른 사람들은 포로로 붙잡혀 영혼과 육체의 순결을 잃어버리고 말았다. 그는 교회에서 하나님께 드리는 찬양이 그친 것을 보았고 교회당 건물이 불에 타고 성례전이 더 이상 거행되지 못하는 상황을 목격했다." 《신국론》에서 아우구스티누스는 함락당하기 쉬운 지상의 요새와 영원한 천국을 대조한 적이 있었다. 인간은 영원한 천국에 관심을 가져야 한다. 지상에서는 아무것도 바랄 수 없다.

미완성으로 남아 있는 마지막 저술에서 그는 신정론과 악의 문제를 다루었다. 펠라기우스파의 주장과 달리 그는 인간적인 의미에서도 하나님이 공평하다는 생각은 어리석은 것이라고 못 박았다. 왜냐하면 하나님의 정의는 그의 본성만큼이나 헤아리기 어려운 문제이기 때문이다. 공평에 대한 인간의 생각은 '사막의 이슬'과도 같다. 인간의 고통은 합당하든 그렇지 않든, 하나님의 분노로 인해 일어난다. "죽을 인생에게 이 땅의 삶은 하나님의 분노이다. 이 세상은 소규모의 지옥이다." "가톨릭 교회의 입장은 그렇게 많은 고통과 고뇌 속에서도 공정한 하나님을 볼 수 있다는 것이다." 고통과 불의를 수용할 수 있는 태도를 배워야 한다. 이런 것들은 선택할 수 있는 것이 아니라 불가피하게 찾아올 뿐이기 때문이다. 펠라기우스는 기독교인들을 성장한 인간으로, 다시 말해 아버지에게 의지하지 않더라도 자유의지를 통해 아버지의 명령을 수행할 수 있는—그의 표현대로 신으로부터 해방된$emancipatus$ a deo—아들로 묘사한 반면에, 아우구스티누스는 인류를 무력한 어린아이로 보았다. 인류는 전적으로 하나님에게 의존하고 있다. 인류는 스스로 일어설 수 있는 능력이 없다. 자신의 공로에 의해 스스로 일어설 수 있다고 말하는 것은 교만의 죄, 즉 사탄의 죄를 범하는 것이다. 인간은 전적으로 겸손해야 한다. 인간의 유일한 희망은 오직 하나님의 은혜뿐이다.

아우구스티누스는 고전 세계의 인본주의적 낙관론과 중세 시대의 의기소침한 수동성을 연결시킨 사람이었다. 그의 사상은 점차 기독교의 중심 사상으로 발전했고 수 세기에 걸쳐 전 유럽을 장악하게 되었다. 이 과정에서 펠라기우스파의 패배는 하나의 중요한 이정표가 되었다. 아우구스티누스 사상에 내재해 있는 마니교적 염세주의가 어두운 논조를 지닌 그의 기독교 사상에 얼마나 영향을 미쳤는지는 가늠하기 어렵다. 아우구스티누스와 바울을 신학적으로 비교해본다면 아마도 모든 이단들 가운데 가장 위대한 이단은 펠라기우스가 아니라 아우구스티누스였다는 것을 확인할 수 있게 될 것이다. 물론 이것은 그의 영향력을 고려해볼 때 그렇다는 이야기이다. 그러나 아우구스티누스 시대에 기독교 사회는 이미 이러한 방향으로 움직이고 있었다.

콘스탄티누스의 공인 이후로 기독교는 이 세상과 관계를 맺기 시작했다. 교회는 지상에 완벽한 사회 건설이 이루어지는 것에 대한 기대를 재림 이후로 연기한 셈이 됐다. 이 과정에서 아우구스티누스는 하나의 이데올로기를 제공해주었지만 자신이 직접 그 이데올로기를 실행하지는 않았다. 398년에 콘스탄티노플에서는 일련의 기이한 일들이 벌어졌다. 당시에 조수 간만의 차가 평상시보다 컸고 곳곳에서 지진이 발생했는데, 제국 군대의 한 장교는 하나님이 자신에게 콘스탄티노플이 곧 파괴될 것이라고 계시하셨다고 주장하면서 이 같은 현상이 바로 그 계시가 실현되고 있는 징조라고 말했다. 만약 2세기에 그러한 미신을 퍼뜨린 사람이 있었다면 그는 곧 처형되었을 것이다. 실제로 2세기에 바로 이러한 이유로 몬타누스파 주교들과 '방언을 말하는 사람들'이 박해를 받았기 때문이다. 하지만 398년에는 달랐다. 어느 날 저녁 무렵, 붉은 구름이 도시로 몰려오는 것이 보였다. 여기저기에서 유황 냄새를 맡았다는 사람들이 늘어났으며, 많은 사람들이 세례를 받기 위해 교회로 몰려들었다. 이에 더하여 황제가 친히 도시를 탈출하라는 명령을 내리기까지 했다. 공포에 질린 시민들이 콘스탄티노플을 빠져나갔으며, 이 때문에 콘스탄티노플은 몇 시간 동안 유령 도시가 되었다. 이 같은 도주는 점차 중세의 한 모습으로 정착해갔다. 398년에 콘스탄티노플에서 벌어졌던 사건은 고전 시대가 끝나고 전혀 다른 세계가 펼쳐지고 있다는 것을 보여주었던 하나의 증거였다.

3부

주교의 관을 쓴 군주들과 왕관을 쓴 성상들

450–1054년

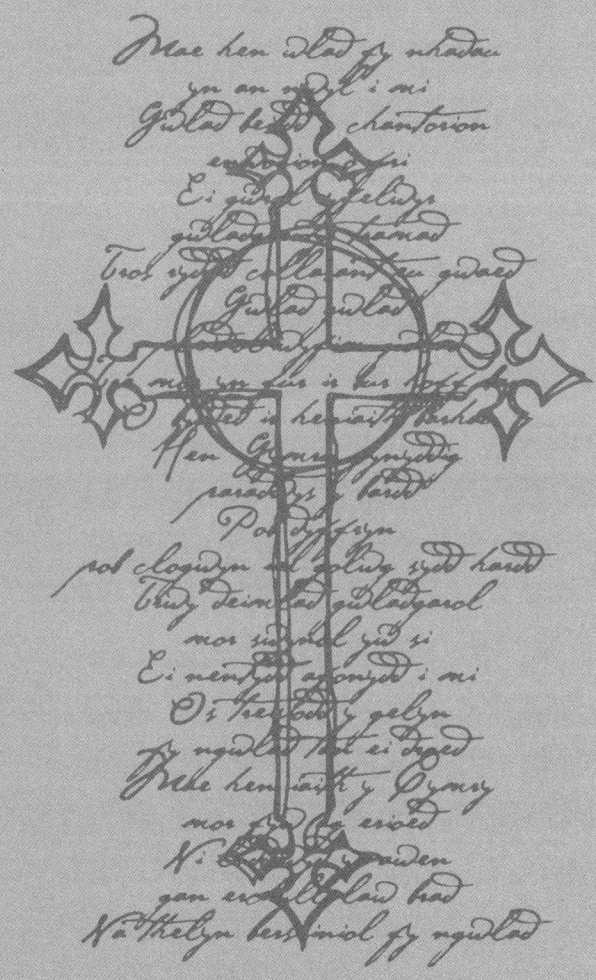

A History of Christianity

샤를마뉴 대제의 대관식

800년 12월 23일, 로마의 라테란 궁 비밀 회의실에서는 장시간에 걸쳐 회의가 진행되고 있었다. 이 회의에는 프랑크 왕국의 샤를마뉴 대제, 교황 레오 3세, 프랑크 왕국과 롬바르드족 출신의 장군들, 그리고 로마 교회의 지도자들, 수도원을 대표하는 위토와 프리두기스 수도사, 그리고 요크셔 출신의 앨퀸 등이 참석했다. 여기서는 크게 다음 두 가지 사항이 논의되었다. 첫째는 몇몇 범죄에 연루된 레오 3세의 교황직 유임에 관한 문제였으며, 둘째는 콘스탄티노플에 있는 황제에게 계속해서 제국의 전권을 주어야 하는가 하는 문제였다. 전자의 사안은 레오 3세가 자신의 무죄를 열렬히 강변하자 샤를마뉴 대제가 그를 인정해주는 형식으로 어렵지 않게 해결할 수 있었다.

문제는 두 번째 사안에 있었다. 478년에 서로마 제국이 멸망해버리자 기독교는 콘스탄티노플의 황제를 세계의 유일한 권력자로 인정할 수밖에 없었다. 하지만 동방의 황제는 명목상의 권한만 소유했을 뿐, 아드리아 해를 넘지 못할 정도로 힘이 미약했다. 서방에 영향력을 끼칠 수 있는 실질적 권력은 프랑크 군대의 수중에 있었다. 다시 말해 당시 서방의 실질적 통치자는 프랑크의 왕인 샤를마뉴였던 것이다. 마침 콘스탄티노플에서는 황제의 자리가 비어 있었다. 권력욕에 사로잡힌 이레네가 자신의 아들인 황제 콘스탄티누스 6세와 동방 교회와의 대립을 이용하여 797년에 황제의 두 눈을 뽑아버리고 폐위시킨 후 황제의 자리를 차지해버렸으나, 비잔틴 제국 사람들은 그녀의 권위를 인정하지 않았기 때문이다. 이러한 상황에서 프랑크 왕국을 지배하던 샤를마뉴가 제국의 지배자로 떠오르기 시작했다. 샤를마뉴의 핵심 참모였던 앨퀸 수도원장은 '브레트왈다'('브리튼의 주인'이라는 뜻—옮긴이)라고 부르는 가장 강력한 왕에게 순종과 복종을 강요하는 잉글랜드를 상기시키면서 프랑크 왕국도 이처럼 강력한 체제를 발전시켜야 한다고 주장했다. 이날의 회의는 사실 이미 결정이 난 사항을 승인하는 자리에 불과했다. 회의가 끝나자마자 샤를마뉴가 서방 제국의 황제로 등극했기 때문이다.

그로부터 이틀 후에 교황은 성 베드로 대성당에서 로마 교회의 전통에 따라 샤를마뉴에게 황제의 관을 씌워주고 황제를 존경한다는 표시로 그 앞에 무릎을 꿇었다. 이 장면을 지켜보던 로마인들은 환호를 보냈지만 샤를마뉴는 당황스러워했다. 알프스 이북에서 온 이방인에게 이 같은 의식은 매우 낯선 것이었기 때문이었다. 무엇보다도 샤를마뉴의 마음을 언짢게 했던 것은, 마치 로마 주교가 자신에게 왕관을 선물로 주는 것처럼 의식이 진행되었다는 점이었다. 심지어 샤를마뉴는 다음 황제에게 자리를 물려줄 때에는 자신이 직접 왕관을 씌워줄 것이라고 말할 정도였다. 어떻게 보면 사소한 것이라고 볼 수도 있겠지만, 결과적으로 이로 인해 수 세기 동안 많은 논쟁이 있었다. 그럼에도 부인할 수 없는 사실은 샤를마뉴의 대관식이 유럽과 기독교 문명에 결정적인 영향을 미쳤다는 점이다.

　아우구스티누스의 죽음으로부터 샤를마뉴가 서로마의 황제가 되었던 800년까지 400여 년의 세월이 흐르는 동안 중세 유럽의 문화가 형성되었고, 이와 동시에 기독교는 전 세계적인 조직으로 발돋움했다. 콘스탄티누스의 개종을 계기로 로마 제국은 기독교와 협력관계를 형성했지만, 로마 제국은 옛 모습, 즉 이교도적인 모습을 그대로 고수하고 있었다. 어떻게 보면 로마 제국은 제국의 국가의식을 기독교라는 새로운 종교의식을 도입하여 조금 변형시켰을 뿐이었다. 반면에 교회는 국가와 제국의 기능을 스스로 감당할 수 있을 정도로 성장했다. 교회가 세상을 직접 통치할 수는 없었지만, 황제의 후원 아래 엄청난 영향력을 행사했고 실질적으로 황제의 보호자요 세상을 통치하는 지배자의 위치에 있었다.

　교회는 로마 제국과 제휴함으로서 안전을 보장받았지만, 그에 못지않게 제국의 영향 또한 받아야 했다. 비잔틴 제국(동로마 제국)은 콘스탄티누스 대제 때부터 교회와 국가가 통합된 일종의 신정정치체제였다. 이 때문에 비잔틴 황제는 사제의 역할을 했을 뿐만 아니라 거의 '신에 가까운semi-divine' 위치에 있는 사람으로 간주되었다. 이렇게 되자 동방 정교회는 영적 문제를 관장하는 국가의 부서로 간주되었다. 이 같은 교회와 국가의 유대관계는 15세기 중엽에 오스만 제국에 의해 동로마 제국이 무너질 때까지 거의 1천 년 동안 지속되었다.

　동로마 제국에 비해 서로마 제국은 그리 오래가지 못했다. 왜냐하면 이미 4세기 말부터 중앙집권적 경제체제가 무너져버려 치안을 유지하거나 세금을 거두어들일 수 없는 상황에 이르렀기 때문이었다. 심지어는 군인들에게 임금을 지불할 수도 없을 정도였고, 476년부터는 황제를 선출하지도 못하고 있었다. 한마디로 행정 공백이 발생한 것이다. 이에 비해 비잔틴 제국(콘스탄티노플, 즉 동로마)은 6세기에 접어들면서 강력한 해군을 앞세워 이탈리아, 스페인, 북아프리카를 정복해나갔다(물론 이곳의 지배가 오래가지는 못했다. 7세기 후반부터 이슬람의 공격이 시작되었기 때문이다). 비잔틴 제국은 더 나아가 아드리아 해와 이탈리아의 동쪽 라벤나까지 세력을 확대했다. 로마 또한 비잔틴 제국의 공작령이었기 때문에 교황은 비잔틴 제국에 세금을 바쳐야 했다. 이와 별도로 게르만족은 유럽 각지에 왕국을 세우는 등 세력을 넓혀가고 있었다. 이미 그들은 로마인들이 생각했던 것처럼 야만족이 아니라 어느 정도 로마와 동화된 상태에 있었다. 이런 상황에서 서방 교회는 권력의 공백 상태가 지속되면서 무주공산이 되어버린 로마의 적자이자 서방 문화의 유일한 통로임을 자처하고 나섰다. 당시 유럽 세계에 다양한 이념과 이론들, 정교하게 짜인 위계질서와 우수한 문화기술을 제공해줄 수 있는 조직은 오직 교회뿐이었으며, 이로 인해 교회 내에서도 아우구스티누스처럼—비록 그의 논조가 비관적이었음에도 불구하고—기독교화된 세속 세계를 어떻게 다스려야 하는가에 대한 관심이 증폭되고 있었다.

이러한 배경 속에서 교회는 약 400년 동안 로마 문명을 유럽 곳곳으로 전하는 '전달자'의 역할을 훌륭하게 해냈다. 이는 헬레니즘이 유대 기독교를 좀 더 보편적인 로마 세계로 '이동'시켰던 것과 유사한 것이었다. 서방 교회의 위대한 장점은 어느 특정한 인종, 지리, 사회, 정치적 상황에 얽매이지 않았다는 점에 있으며, 이로 인해 서방 교회는 성공을 거두고 계속해서 발전할 수 있었다. 서방 교회는 점차 보편주의적 교회로 굳어갔다. 말하자면 바울이 의도했던 '만인을 위한 교회'로 발전했던 것이다.

게르만족의 이동

게르만족이 서로마 제국을 무너뜨린 것이 사실인가? 물론 게르만족에 의해 서로마가 멸망한 것은 사실이나, 그보다는 점차 힘을 잃어가던 서로마 제국의 몰락을 부추겼다고 보는 것이 정확할 것이다. 서로마 제국은 갑작스러운 대파국을 통해 무너진 것이 아니었다. 멸망의 주요한 원인 또한 정치·군사적 측면보다는 경제적 측면에 있었다. 이미 수 세기 전부터 숙련된 게르만 기술자들(목수, 정원사, 대장장이 등)이 돈벌이를 위해 서로마 제국에 들어오기 시작했으며, 이들 중 많은 사람들이 용병이 되었다. 정부에서도 이주정책을 통해 이들의 이주를 적극적으로 확대했으며, 이로 인해 점점 더 많은 게르만족이 로마로 들어왔고, 이들은 대부분 로마화되었다. 부족의 지도자들은 부족 차원에서 로마와 동맹을 맺기도 했는데, 이들 중에 아리우스주의자들이 많이 있었다. 고트족에게 기독교를 전파했던 선교사 울필라스 역시 아리우스 추종자였다. 북아프리카에 정착했던 반달족과 고트족, 즉 스페인과 남부 갈리아 지방의 비시고트족(서고트족), 이탈리아의 오스트로고트족(동고트족) 또한 아리우스주의자들이었다. 다시 말해 아우구스티누스의 삼위일체론을 받아들였던 로마인들과 아리우스주의자들인 '바바리안'(고트족—옮긴이)들 사이에 심각한 신앙의 차이가 나타났던 것이다.

서방 세계를 침략했던 아리우스파 고트족은 굶주린 사람들이었기 때문에 전리품보다는 식량을 원했다. 알라리쿠스(서고트족의 왕—옮긴이)가 410년에 로마에 입성했을 때, 그곳은 이미 먹을 것이 아무것도 없을 정도로 황폐해진 상태였다. 로마에서 소비되는 식량의 대부분은 북아프리카 지역에서 공급되었다. 게르만족 가운데서도 식량을 자유롭게 구하거나 살 수 있는 지역을 정복한 부족들은 굳이 폭력을 행사하려 하지 않았다. 그들은 식량 대신 땅을 소유하길 원했다. 그래서 갈리아 지역에 대토지를 소유하고 있던 로마인들은 게르만족에 밀려 다른 지역으로 이동할 수밖에 없었다. 일부 로마인들 가운데는 땅값을 지불받은 사람들도 있었고 정상적인 거래를 통해 게르만족에게 땅을 넘겨준 사람들도 있었다. 로마 제국으로 이주해 오는 고트족의 숫자가 많은 편은 아니었다. 갈리아 남부 지역에는 고트족의 이름을 딴 지명들이 많은데, 그 지역을 점령한 고트족 사람의 이름에서 유래된 것들이 많았다. 이 지명들은 고트족이 갈리아 지역의 문화와 상당 정도 친밀한 관계를 계속했다는 것을 보여준다. 실제로 이 지역에 정착했던 고트족은 갈리아 지역의 언어를 받아들였다. 프랑스어, 이탈리아어, 그리고 스페인어가 기본적으로 구분된 것은 '고트족의 시대'가 도래하기 이미 오래전부터 진행되어오던 것이었다. 점차 고트족과 반달족에게 라틴어 혹은 로망스어가 전파되었는데, 이들은 로마화를 막을 수도 없었고 아마 막으려고 하지도 않았던 것 같다.

주교 체제의 강화

고트족의 침입이 교회로서도 그리 나쁜 일만은 아니었다. 왜냐하면 고트족은 종교적으로 관대한 입장을 견지하고 있었기 때문이다. 예를 들면 고트족은 정통 기독교인들뿐만 아니라 유대인과 소종파에게까지도 관용을 베풀었다. 교회는 심지어 고트족과 협력관계를 맺기도 했다. 로마 제국의 전통과 행정제도를 간직하고 있었던 교회는 고트족에게 상당히 매력적으로 보였을 것이다. 물론 교회와 고트족 사이에 충돌이 전혀 없었던 것은 아니었다. 이들 사이의 충돌로 인해 아퀼레이아를 비롯하여 몇몇 도시들이 파괴되기도 했다. 그러나 대부분의 도시들은 로마 가톨릭 교회 주교들이 장악하고 있었다. 주교들은 방어망을 구축하고 시장경제를 운영했으며 사회기강을 세워 정의를 확립하고 다른 도시들의 통치자들과 협상을 벌여나갔다.

주교들은 어떤 사람들이었는가? 그들은 대부분 과거 로마의 귀족가문 출신들이었다. 4세기부터 주교직에 로마의 지배계급이 참여하게 되었으며, 이런 현상은 시간이 갈수록 점차 심화되었다. 아우구스티누스의 친구인 파울리누스는 보르도의 부유한 가문 출신이었다. 집정관으로 관직을 시작했던 그는 25세 때에 캄파니아의 지방장관이 되었으며, 그 후 알라리쿠스 군대와 맞서 싸우는 과정에서 지도적인 역할을 수행했다. 그는 나중에 놀라의 주교가 되었다. 434년에 리옹의 주교로 취임한 에우케리우스 또한 원로원 의원 출신이었다. 470년부터 클레르몽의 주교를 지낸 시도니우스 아폴리나리스는 부유한 대토지 소유자로서 황제의 사위이자 시장과 원로원 의장을 역임한 사람이었다. 고트족에게 대항하는 주교도 없지는 않았지만, 대부분의 주교들은 협상을 선택했으며, 시간이 지나면서 그들의 조언자가 되어갔다. 아리우스주의자들이었던 고트족과 반달족은 로마 가톨릭 교회의 '주교'에 대항할 만한 제도를 만들 능력을 갖고 있지 않았으며, 이로 인해 정통 기독교는 어렵지 않게 게르만족의 탈아리우스화를 이룰 수 있었다. 당시 주교제는 문화와 사회제도를 전달하기에 적합한 제도였다. 주교들은 세계적 연결망을 갖추고 있는 기독교 조직과 연결되어 있었고 자신들의 관할지역에서 사법권을 행사할 수도 있었기 때문이었다. 한마디로 그들은 영적 영역과 세속적 세계를 두루 살피면서 영향력을 끼쳤던 일종의 준(準)관리였던 셈이다.

주교 제도는 도시를 유지시키는 데 결정적인 역할을 했으며, 주교들은 교회의 보호 아래 있었다. 이런 현상은 특히 로마의 관습을 따랐던 도시들에서 더욱 그러했다. 주교가 거주지를 어디로 옮기느냐에 따라 한 도시의 성장, 쇠퇴, 소멸이 좌우되었다. 마스트리히트와 리에주는 그렇게 해서 만들어진 도시였다. 도시마다 영향력 있는 첫 번째 지도자는 언제나 주교였다. 때마침 사람들은 성물을 숭배하기 위해 대성당으로 몰려들었다. 6세기 초부터 성지순례가 유행하기 시작하면서 주교가 거주하는 도시에 몰려드는 신자들의 수는 더욱 늘어만 갔다. 5-6세기에 대성당들은 한마디로 도시를 보호하는 '전진기지'였다. 더 나아가 주교들은 지역 방위군에도 상당한 영향력을 행사했으며 종종 그들을 지휘하기도 했다. '성인'의 무덤을 중심으로 기독교 촌락이 생겨나거나 수도원들이 건립되었으며, 이들이 확대되어 '거룩한 도시'가 생겨났다. 파리, 투르, 랭스, 메스, 루앙, 르망, 푸아티에, 샬롱 등이 그렇게 해서 탄생한 도시들이다. 주교가 도시에서 절대적인 영향력을 행사했다는 것은, 다른 측면에서 말하면 그만큼 주교를 중심으로 발전하던 기독교의 영향이 강화되었다는 것을 의미한다.

    로마의 주교는 주교들 가운데에서도 가장 많은 권한을 소유하고 있었다. 왜냐하면 로마는 다른 어느 도시와도 비교할 수 없이 큰 도시였기 때문이다. 당시에 로마에는 테베레 강을 가로지르는 8개의 다리와 14개의 수로, 4,000개의 동상, 1,797개의 대저택, 46,602개의 아파트 단지, 24개의 교회가 있었다. 이 외에도 12개의 사립 도서관과 20개 이상의 공공 도서관을 갖추고 있었다. 5세기 후반에 활동했던 시인, 루틸리우스 나마티아누스가 "한때 로마는 세계 그 자체였으나 이제는 하나의 도시로 전락하고 말았구나!"라며 로마의 쇠락을 탄식하기도 했으나, "이 도시가 이렇게 위대한 상태로 보존될 수만 있다면 틀림없이 하늘의 예루살렘이 되지 않겠는가!"라는 주교 풀겐티우스의 말처럼 당시까지 로마는 여전히 건재했다. 하지만 이러한 로마의 영광은 오래가지 않았다. 불행히도 로마는 비잔틴 제국의 유스티니아누스 황제 때부터 공격을 받기 시작하더니, 664년에는 황제 콘스탄스 2세가 로마에 남아 있던 금속들(동상과 건물에 치장된 청동, 납, 타일, 비를 막아주던 지붕, 거대한 벽을 지탱해주던 연결부 등)을 모두 해체하여 무기를 만들어버리는 수모를 당했다. 로마의 위대한 유물들은 야만인들(게르만족들—옮긴이)이 아닌 비잔틴 사람들에 의해 파괴된 것이다.

고대 로마 시대와 중세 전반기(5-8세기)를 연결해준 장본인들 또한 다름 아닌 로마 주교들이었다. 이들은 점차 로마와 그 인접 도시들을 확고하게 장악해나갔고—예를 들면 레오 1세는 로마를 침공한 게르만족과 협상을 벌인 끝에 그들을 중부 유럽으로 물러나게 했다—이를 토대로 이탈리아 전역으로 자신들의 지배권을 확대했다. 로마 주교들은 누구 못지않게 유리한 위치에 있었는데, 예를 들어 그들은 대농장들을 관리하면서 필요할 때마다 식량을 공급받을 수 있었기 때문이었다. 로마 제국 말기에 식량을 누가 먼저 확보하느냐의 문제는 매우 중요한 요소였다. 4세기에 이르자 로마 주교들은 로마 제국의 행정제도를 모델로 대법관청, 도서관, 기록공문서 보관소와 같은 관제를 구성하기 시작했다. 아니키우스와 심마쿠스와 같은 로마의 명문 귀족들은 로마 정치계에서 여전히 영향력을 행사하고 있었다. 이들은 막강한 권력을 바탕으로 로마 주교뿐만 아니라 이탈리아 다른 교구의 주교들을 임명하는 데도 영향을 미쳤다. 이 때문에 다른 교구들은 마치 로마의 부속기구들처럼 인식되었다.

과거에 로마의 상류층들이 이교 신앙과 결탁했던 것처럼 이제 로마 귀족들은 기독교와 연계했다. 로마의 유명한 가문들은 기독교 초기 성인들을 각기 자신들의 조상의 한 사람이라고 주장하기 시작했다. 예를 들어 아니키우스 가문은 5세기 초의 성 멜라니아를, 투르키우스 가문은 성

마리우스를—그들 조상들 중 한 사람이 마리우스에게 사형선고를 내렸다는 이상한 근거를 대면서—선택했다. 이와 아울러 부유한 가문들은 점차 자신들의 재산을 교회의 재산으로 등록하기 시작했다. 왜냐하면 교회 재산으로 등록하면 재산을 좀 더 안전하게 보존할 수 있었고, 또 세금 면제 등의 혜택을 받을 수 있었기 때문이었다. 더 나아가 이들은 교황권에까지 영향력을 행사하려 했는데 이 같은 행위는 마치 비잔틴 제국이 콘스탄티노플뿐만 아니라 서방까지 통치하려고 했던 것과 유사하다. 이런 상황에서 교황은 점차 위협받고 있는 교황권을 보존해야 했고, 동시에 흩어져 있던 교회들에 대해 교리적으로나 교회법적인 지배권을 확대하기 위해 무척 힘겨운 싸움을 해야 했다.

중세 전반기에 두드러진 활동을 벌였던 로마 주교 중에 492-496년에 교황으로 활동했던 겔라시우스 1세가 있다. 두 명의 선임 교황의 비서로 있었던 그는 중요한 사안이 발생할 때마다 이를 대법관청에 의뢰하여 해결하려 했던 매우 관료적인 사람이었다. 디오니시우스 엑시구스에 의하면 겔라시우스는 교황이 된 후에도 "직접 자신의 손으로 문서를 작성하기도 했다." 디오니시우스는 지금도 사용하고 있는 서력西曆을 창안하고 부활절 날짜를 정했던 인물로 겔라시우스의 핵심 참모였다. 그들은 성인과 순교자들의 명단을 새롭게 정리하거나 동방 교회에서 사용하고 있는 법령 중에서 필요한 것들을 차용하기도 하는 등 서방 교회의 법령들을 재정리하기도 했다. 이로 인해 로마는 성인들의 명단과 연대 계산과 달력 제작, 교리, 예배, 권징 등에 관해 주도권을 쥐게 되었다. 로마가 아니라면 서방 교회가 의지할 대안이 있었겠는가?

그레고리우스 대제

겔라시우스는 관료제를 교회뿐만 아니라 경제에도 적용했다. 예를 들면 로마 내의 토지와 재정수입에 관한 기록들을 토대로, 어떻게 하면 부동산을 효과적으로 운용할 수 있는지에 관해 연구하기도 했다. 그의 뒤를 이은 후계자들 또한 이러한 전통을 더욱 공고히 했는데, 대표적인 예로는 6세기 말에 로마의 주교로 활동했던 그레고리우스 1세가 그러한 인물이었다. 우리는 그를 '대제'라고 부르고 있지만 교황으로 재직할 당시에는 오늘날과 같은 인기는 없었던 것 같다. 그는 아니키우스 가문 출신으로 행정가를 꿈꾸었던 엄격하면서도 현실적인 사람이었다. 그의 할아버지인 펠릭스 3세는 겔라시우스의 선임자였으며, 아버지인 기오르다누스는 주교의 재산을 관리하던 부유한 변호사였다. 540년에 태어난 그레고리우스는 33세가 되던 해에 로마의 최고 행정장관이 되었다가 589년에 교황으로 선출되었다. 당시에 로마는 비잔틴 제국(유스티니아누스 황제)과의 전쟁으로 힘을 소진한 상태였는데, 마침 호시탐탐 로마를 노리고 있던 롬바르드족이 위협을 가하기 시작하여 진퇴양난의 상황에 빠지게 되었다. 스스로 방어할 힘이 없었던 로마가 선택할 수 있는 것이라고는 프랑크족에게 도움을 청하는 것뿐이었다.

  그레고리우스는 매우 영적인 인물이기는 했으나 본질적으로 그의 재능과 관심은 행정 쪽에 있었다. 그의 영적인 활동에 대해서는 참고할 만한 자료가 거의 없어 추측할 수밖에 없지만, 그의 외모는 그의 시대에 그려진 프레스코화들을 통해 어렴풋이 짐작할 수 있다. 이런 그림들을 보면 그레고리우스는 대머리에 밝은 갈색의 눈과 두껍고 붉은 입술, 노인들에게 흔히 나타나는 붉은 반점을 지닌 거무스레한 얼굴을 했고, 키는 중간쯤 되었던 것으로 보인다. 전체적으로 품위가 있다거나 강렬한 인상을 줄 만한 외모는 아니었던 것 같다. 그는 스스로 자신을 '사자를 조련해야 하는 원숭이'라고 불렀다. 왜냐하면 그는 위장이 좋지 못했고 통풍이나 말라리아로 시달리는 등, 아주 허약한 사람이었기 때문이었다. 그러나 많은 성직자들이 그랬던 것처럼 그레고리우스 또한 신체적으로는 허약했지만 영적으로는 누구 못지않게 강한 신념과 현실적인 상식을 지닌 사람이었다. 당시에 교회는 어려운 문제를 떠안고 있었고, 그는 바로 그러한 문제를 해결할 적임자로 여겨졌다. 그는 교회의 미래가 '떠오르는 민족'인 게르만족에게 달려 있다고 생각하여 그들에게 기독교를 전파해서 교회 안으로 흡수하는 것이 자신의 소임이라고 생각했다. 망해가는 로마 제국을 탄식하고 있은들 그 어떠한 해결책도 발견할 수 없었다. "독수리는 대머리가 되었고 깃털은 모두 잃어버렸다. … 원로원은 어디로 갔는가? 로마의 옛사람들은 어디로 갔는가?" 교회의 교리를 다듬는 것만으로 해결될 수 있는 문제가 아니었다. 그레고리우스는 복잡하고 현학적인 교리를 벗어던지고 대신 복음의 기초를 설교했으며, 무엇보다도 게르만족 군인들을 전도하기 위해 끊임없이 수도사를 파송했다.

이와 아울러 그는 교회의 원활한 운영을 위해 교황청의 재산을 확보하는 데 주력하여, 수로 공사를 위해 재정을 모금하거나, 말을 사육하고 소를 도살하는 일, 유산을 관리하고 회계 보는 일, 임대료를 책정하고 가격을 조정하는 일에도 세심한 주의를 기울였다. 이탈리아나 북아프리카, 사르디니아, 시칠리아에 있는 땅을 경영하는 데에도 직접 참여했으며, 농민들에게는 결혼세와 상속세를 부과했고 1년에 세 번 납부하는 토지세를 걷기도 했다. 그렇다고 이 모든 것을 그레고리우스 자신이 창안한 것은 아니었다. 그는 다만 기존의 제도를 확대하고 강화했을 뿐이다. 그레고리우스 시대부터 로마 가톨릭 성직자들은 로마 제국의 원로원과 관료들로부터 물려받은 전통에 따라 계급에 따른 의복을 입기 시작했는데, 예를 들면 흰색 털로 장식된 목도리를 두르고 평평한 검은 슬리퍼와 흰색 양말을 신었다. 역할뿐만 아니라 외형적인 모습까지도 로마 제국의 유산을 물려받았던 것이다. 로마 교회의 성직자들은 등급에 따라 직급별로 조직되어 있었으며, 이 같은 등급은 각 지역이나 도시, 그리고 세속 법률가들에게까지 적용되었다. 원로 공증인은 교황청의 정무장관이 되어 교황의 서신이나 칙령을 기안하는 일을 맡았다. 그리고 무엇보다 중요한 것은 바로 이때부터 로마 가톨릭 교회의 최상위층인 추기경과 대주교단이 생겨나기 시작했다는 것이다. 다시 말해 그레고리우스 시대에 중세 교황제도의 행정적 기반이 대부분 마련되었다.

성문법에 녹아든 기독교

로마인들이 물려주었던 유산 중에 결코 빼놓을 수 없는 것은 법치주의였다. 로마에서 만들어진 최초의 법전은 5세기 중엽에 교회가 작성하여 제정한 〈테오도시우스 법전Theodosian Code〉으로 알려져 있다. 물론 당시까지만 해도 세속법과 교회법이 구별되지 않던 시절이었다. 이 법을 바탕으로 533년에 주석이나 요약이 첨가되고 신법으로 불리는 새로운 조항 또한 추가되어, 최종적으로 539년에 제국법이 명문화되었다. 이것이 그 유명한 〈유스티니아누스 법전Corpus Juris Civilis〉(로마법대전)으로 이 법전에는 사법적인 문제들뿐만 아니라 교회법까지 총망라되어 있다. 교회는 이처럼 방대하면서도 고도로 정교한 성문법을 통해 교회가 발전시켜온 사상과 제도 등을 유럽 세계에 전달했고 또한 교회 자체의 행정제도들도 발전시켜나갔다.

 게르만족은 로마인들과는 달리 관습법을 지키고 있었기 때문에 그들에게 복음을 전파하기 위해서는 기독교의 법률과 게르만족의 관습법을 연결시킬 수 있는 타협안을 마련하는 것이 무엇보다 시급했다. 이런 타협안들은 주로 게르만족에 대한 기독교 선교사들의 선교 활동을 보장받기 위해 마련되었다. 예를 들면 게르만 선교에 나서는 주교와 사제들의 안전을 위해 고액의 사망 보상비를 보장해주기로 게르만족과 합의했다. 이 합의안들을 기록하는 과정에서 게르만족의 관습법이 몇 개의 장으로 나뉘어 문서 형태로 기록되었다. 또한 이 합의안에는 기독교의 선교 목적을 위해 특별히 제안된 임시 조항들도 첨가되어 있었다. 선교를 담당한 주교들은 게르만족의 최고위 법률가들과 함께 관습법들을 면밀히 검토한 후 체계화시켜 문서로 기록했다. 그렇게 해서 게르만족의 관습법들이 조금씩 다듬어졌다.

 이처럼 게르만 사회가 기독교화하면서 그들이 갖고 있던 관습법들도 자연스레 성문법으로 바뀌어갔다. 예를 들어 켄트에 선교단이 파송된 597년부터 켄트의 왕이자 잉글랜드의 통치자였던 애설버트가 사망한 616년까지 잉글랜드의 법률들이 성문화되었다. 이 와중에서 잉글랜드의 법률들이 전체적으로 기독교적인 색채를 갖게 되었다. 6세기에 오면 프랑크족에게도 성문법이 나타나기 시작했다. 8세기에는 〈살리카 법전Lex Salica〉의 서문이 씌어졌으며, 9세기에 공식적으로 출간되었다. 애초에 이 법전은 선교할 때에 참고하려는 목적으로 프랑크족의 관습법을 라틴어로 정리하는 것에서 시작했으나, 여러 번의 수정과 개정을 거치면서 점차 모든 프랑크족을 아우르는 법전이 되었다. 롬바르드족에서도 로타리스 왕이 통치하던 643년에 성문법이 나타났는데, 이를 〈로타리스 칙령Rotharis' Edict〉이라 부른다. 라틴어로 쓰인 이 법전은 서론과 롬바르드 왕의 명단, 388개의 장(혹은 제목들)으로 구성되어 있다. 서론에서는 로타리스 왕이 직접 이 법전을 교정하고 수정했으며, 필요한 곳은 첨가하거나 삭제도 했다는 것을 설명하고 있다. 왕의 이와 같은 행동은 〈유스티니아누스 7차 개정법〉으로부터 영향을 받은 것이다. 〈로타리스 칙령〉에는 로마의 사상뿐만 아니라 로마법의 원리들도 녹아 있다. 로타리스 왕이 아리우스주의자였음에도 불구하고 로마 가톨릭 교회 성직자들은 이를 문제삼지 않았던 것 같다. 〈로타리스 칙령〉을 보면 로타리스 왕의 정치적이고 법률적인 사고는 기독교의 영향을 받아 도덕적 차원에서 움직이고 있었다는 것을 명백하게 알 수 있다.

게르만의 관습법이 성문법으로 바뀌는 과정은 로마 세계와 게르만 사회의 만남이 문화적으로 어떠한 결과를 가져왔는지를 확인할 수 있는 좋은 예이다. 그리고 그 과정에서 교회는 이 둘을 만나게 하는 데, 그래서 결국 게르만족의 법을 은밀하게 기독교화하는 데 결정적 역할을 담당했다. 게르만 사회는 자신도 모르게 기독교적 색채를 지닌 성문법을 따르게 되면서 자연스레 기독교 사회가 되어간 것이다. 이처럼 기독교는 게르만 사회에 덧입혀진 종교가 아니라 게르만 사회의 전통적인 관습들과 밀접하게 융합하고 있었다. 다행스럽게도 기독교와 게르만족은 '가족 중시'라는 공통된 덕목을 공유하고 있어서 서로 어렵지 않게 만날 수 있었다. 이와 동시에 이들 사이에는 해결해야 할 상이한 입장들도 엄연히 존재했다. 당시 게르만 사회는 유혈보복이 성행했고, 이로 인한 후유증으로 심한 몸살을 앓고 있었다. 그리고 기독교는 이러한 보복행위를 일소하기 위해 벌금을 부과하는 등 법적 조치를 취했다. 성문법의 초기 모습을 보면 당시 교회가 전쟁보다는 법을 통해 세속 사회의 문제들을 해결하려 했으며, 특히 타협을 통해 갈등을 해결하고자 노력했다는 것을 알 수 있다.

주교회의와 공의회를 통해 교회에서도 법이 만들어졌는데, 놀라운 점은 이 같은 회의들을 이용하여 유럽 무대에 새로운 왕국들이 등장하기 시작했다는 것이다. 프랑크족의 첫 번째 공의회가 511년에 오를레앙에서 열렸다. 이 회의에 얼마나 많은 세속 정치인들이 참석했는지는 알 수 없으나, 분명한 것은 여기에서 오로지 교회 문제만을 다룬 것은 아니라는 점이다. 어쨌든 오를레앙 회의에서 주교는 가난한 사람들을 구제해야 한다는 법률이 마련되었다. 567년에 투르에서 열린 공의회에서는 주교 개인이 아닌 전체 공동체가 가난한 사람들을 돌보아야 한다고 그 책임 영역을 확대했으며, 이들을 돌보기 위한 재정은 십일조에서 확충하도록 했다. 585년에 메이콘 공의회에서는 십일조는 주교에게 내야 한다는 지침이 만들어졌다. 다시 말해 십일조가 일종의 세금이 되었던 것이다.

그보다 중요한 사실은, 대성당이나 부속 건물들이 가난한 사람들을 위한 구호소나 '병원'으로 사용될 수 있도록 법률이 제정되었고, 교회는 이 같은 법률을 제정하고 집행하는 데 주도적인 역할을 했다는 점이다. 그리고 바로 이를 통해 교회는 점차 세속 권력의 핵심을 차지하기 시작했다. 서고트족이 다스리던 스페인에서도 공의회는 중요한 기능을 담당했다. 아리우스주의자였던 리카르도 왕이 587년에 정통 로마 가톨릭으로 전향했으며, 바로 이때부터 공의회는 정부의 관리나 귀족들도 참여하여 세속적인 일들까지 함께 다루는, 명실상부한 스페인 최고 회의, 즉 일종의 국가의회가 되었다. 이처럼 기독교는 유럽 사회가 형성되는 초기부터 통치체제의 일부분을 담당했으며 법률을 제정하는 과정에서도 중요한 역할을 했다. 이뿐만이 아니었다. 기독교는 사회를 개혁하는 데에도 많은 일을 담당했다. 당시 유럽에서 기독교는 선진문명을 이끌어주는 종교로 자리 잡고 있었다.

기독교화, 로마화, 문명화

게르만족의 정신세계에도 깊은 영향을 끼쳤던 기독교는 그들의 역사와 전통을 해석해주는 해석자요 보호자 역할을 했다. 법률에서 그러했던 것처럼 기독교 작가들은 구전으로 전수되던 게르만 시문학을 문서로 기록하기 시작했으며, 이 과정에서 자연스럽게 기독교적 색채가 가미되었다. 좀 더 중요한 점은 교회가 게르만족의 역사를 그 기원으로부터 정리했다는 데 있다. 기독교는 본질적으로 '문서의 종교', 즉 역사의 종교였다. 다시 말해 기독교에서는 과거에 어떠한 일들이 일어났으며, 미래에는 또 어떠한 일들이 일어날 것인지, 즉 성경 기록과 예언의 문제를 상당히 중요하게 여겼다. 이에 더하여 교회는 구약성경과 로마 역사서라는 훌륭한 이중의 전통을 갖고 있었기 때문에, 바로 이러한 것들을 통하여 게르만족의 민족적 기원을 역사적으로 재구성할 수 있었으며, 이렇게 재구성된 게르만족의 부족사에는 기독교의 가르침이나 구원관이 자연스럽게 녹아들게 되었다.

기독교가 구성한 이 같은 역사 서술의 본보기는 투르의 주교였던 그레고리우스가 6세기 후반에 저술한 프랑크족의 역사를 들 수 있다. 그레고리우스는 유럽 남부의 갈리아계 로마 귀족 출신으로 로마 문화를 게르만족에게 전했던 주교 중에서 가장 뛰어난 인물이었다. 그는 프랑크족의 초대 왕인 클로비스가 기독교로 개종한 사건을 실제보다 앞당겨 기록함으로써 프랑크족의 역사와 기독교를 만나게 했다. 다시 말해 클로비스가 기독교로 개종한 것과 알라마니족의 정복 사이에 모종의 관계가 있다는 식으로 역사를 서술한 것이다. 그레고리우스는 이에 덧붙여 비잔틴 제국의 황제인 아나스타시우스가 기독교로 개종한 클로비스에게 '집정관

consul'이라는 칭호를 하사했다고 기록하기도 했다. 클로비스를 비잔틴 제국의 가계도와 연결지음으로써 이방 민족의 왕가를 기독교 정통 신앙의 영역에 합법적으로 포함시키려 했던 것이다. 이방 민족의 입장에서도 이같은 시도는 상당히 매력적인 방식이었다. 왜냐하면 이를 통해 자신들의 정통성을 보증받을 수 있었기 때문이다.

롬바르드족의 역사는 한때 롬바르드와 샤를마뉴 왕가에서 일을 했었던 부제 파울루스가 썼다. 롬바르드족이 발트 해를 떠난 해부터 리우트프란트 왕이 사망한 744년까지의 역사를 다루었던 이 책의 주제는 롬바르드족의 승리가 아니라 가톨릭주의의 승리를 찬양하는 것이었다. 바울은 이 책을 통해 롬바르드족이 로마 가톨릭이라는 거울에 자신을 비춰볼 수 있기를 원했던 것 같다. 당시까지만 해도 역사를 읽고 쓰는 일은 로마인들이나 할 수 있는 일이었다. 다른 말로 하면 문명화된 사회에서나 가능한 일이었던 것이다. 그러므로 롬바르드족이 자신들의 역사를 문서로 기록했다고 하는 것은 그들이 로마 문명권에 동화되었다는 것을 의미하는 것이다. 이와 더불어, 당시에 가톨릭주의를 받아들인다는 것은 로마인이 된다는 것을 의미했다. 그렇다면 다음과 같은 삼중의 동화를 말할 수 있겠다. 기독교화는 로마화를 의미하고, 로마화는 문명화를 전제하는 것이며, 이 모든 것은 로마 가톨릭 정통주의를 의미하는 것이다.

대부분의 게르만족도 교회에서 이루어진 자신들의 역사 서술을 환영했다. 왜냐하면 영웅적인 조상들을 영원히 기록으로 남길 수 있게 되었기 때문이었다. 이렇게 서술된 게르만 부족사는 이교 서사시보다 훨씬 더 인기가 높았다. 비드가 쓴 《영국 교회와 민족의 역사 History of the English Church and Nation》는 파울루스가 쓴 롬바르드족의 역사보다 한두 세대 이전에 기록된 것으로 한 민족의 역사라기보다는 기독교가 어떻게 잉글랜드에 건너왔으며, 그 이후로 영국의 교회가 어떻게 발전해왔는지를 기술한 이야기에 가깝다. 이 책에서도 영국의 역사와 기독교와의 관계를 조망하는 등 게르만족의 부족사와 대단히 유사한 효과를 낳았다. 이 같은 시각은 작센과 프랑코니아의 오토 왕가에 대한 이야기를 다루고 있는 《삭소니아의 역사 Res Gestae Saxoniae》에도 동일하게 반영되어 있다. 이 책은 코르비의 수도사인 비두킨트가 당시 권력의 노른자위였던 크베들린부르크 여자 수도원장이자 오토 1세의 딸인 마틸다에게 헌정한 책으로, 기독교로 인해 색슨족이 성공을 거두었다는 관점에서 쓰인 것이었다.

이처럼 기독교적 관점에서 쓰인 부족사들이 유행하기 시작했지만, 이들만 있었던 것은 아니었다. 수도사들이 동방의 인물을 원형으로 하여 성인들의 전기를 쓰기도 했으며, 9세기 초부터는 세속인들의 전기 또한 출간되기 시작했다. 이들 가운데 아인하르트가 쓴 샤를마뉴의 전기가 우리의 시선을 끌기에 충분하다. 아인하르트는 수에토니우스의 역사 서술 방법을 모델로 삼아 샤를마뉴의 전기를 저술했는데, 전체 분위기나 도덕적 전제들은 여전히 기독교적이었다. 이와 아울러 부르군디의 역사를 기술한 프레데가리우스의 《연대기 Chronicle》와 파리의 역사를 다룬 《프랑크족의 역사 Historiae Francorum》와 같은 역사책들도 있었지만, 불행히도 이것들은 왕실과 수도원 연대기들이 출간되자 뒷전으로 밀려났다. '연대기'는 애초에는 수도원이나 대성당에서 부활절 날짜를 계산하기 위하여 만들어진 것인데, 중요한 사건들이 첨가되면서 하나의 역사기록물로 발전하게 되었다. 프랑스 왕실과 앵글로색슨족의 연대기는 정부의 후원을 받아 수도사들이 편집했던 것으로 정부의 공식적인 기록에 가까웠으며, 대부분은 정부의 업무일지와 합쳐져 수도원과 대성당의 문서보관소에 보관되었다. 샤를마뉴는 자신과 선임자들과 교황청이 교환한 서신들을 보관했는데, 이것이 후에 방대한 분량의 〈카롤리누스 법전 Codex Carolinus〉으로 출판되었다. 당시의 역사 서술이나 역사 기록의 수집, 전달, 그리고 보존에 있어서 교회는 막강한 힘을 발휘하고 있었다. 다시 말해 사람들은 자연스럽게 기독교의 시각으로 자신들의 미래와 과거를 보았으며, 이로 인해 역사는 하나님의 섭리 아래 움직이고 있는 것으로 여겨졌다.

교회의 경제활동

이처럼 기독교는 야만적인 사회에 제도와 법, 역사를 제공하여 이들을 문명화시키는 데 결정적 역할을 했다. 그러나 이것만으로 기독교가 보여준 놀라운 침투 능력을 설명하기에는 충분하지 않다. 이와 아울러 교회는 사회복지에도 적지 않은 기여를 할 수 있을 정도의 경제적 수단을 갖고 있었고, 교회만이 할 수 있는 공헌도 있었다. 교회는 자신의 덩치를 유지하기 위해 많은 돈이 필요했고, 이에 따라 많은 돈을 거둬들여야 했는데, 이를 정당화하기 위해서라도 교회는 사회복지에 이바지하지 않을 수 없었다. 게다가 교회가 지니고 있었던 우월한 경제 기술들이 경제적으로도 미개했던 게르만족에게 매력적으로 다가왔고, 이 또한 그들을 기독교화하는 데 적지 않은 역할을 했다.

   대부분의 초기 교황들은 성 암브로시우스의 정책, 즉 무역이나 상업은 악한 것이고 토지를 경작하는 것은 영예로운 일이라는 노선을 따라 무엇보다도 토지를 관리하는 일에 힘을 쏟았다. 이로 인해 4세기에 교회나 주교들은 대규모의 농장을 소유하고 경영하기 시작했다. 실용노선을 추구했던 겔라시우스와 그레고리우스 1세와 같은 교황들은 농장 경영에서도 탁월한 수완을 보여주었다. 그들은 로마 제국이 보여준 토지 관리에서부터 중세 시대 봉건영주들의 '집약농업'에 이르는 다양한 토지 관리

방법들을 앞서서 보여준 사람들이었다. 비기독교인들에게 성직자들은 계획을 세워 투자를 하는 등 '현대적인' 농부들로 비쳤다. 교회는 일찍부터 로마 제국이 사용한 토지증서를 사용했다. 이 같은 증서는 부동산을 자유롭게 소유할 수 있도록 법적으로 보장하는 일종의 제도적 장치였다. 초기 게르만 사회만 해도 이 같은 장치가 없었던 것 같다. 왜냐하면 프랑크 왕국이 기독교화하자마자 교회는 자신들에게 양도된 토지들은 영구히 자신들의 것이며, 토지의 거래는 언제나 문서를 통해 이루어져야 한다고 주장했기 때문이다. 일반인들은 대부분 이 같은 조치를 전적으로 환영했다. 토지 보유권을 문서로 보장하는 것은 어떠한 임대 조건보다도 유리한 조치였기 때문이었다. 이러한 조치들은 과거 로마 제국에서도 그러했듯이 세금을 피하기 위한 자구책으로 사용되었으며, 이에 따라 막대한 토지들이 교회로 이전되기 시작했다. 토지 소유가 문서로 보장되자 토지 임대사업이 좀 더 활기를 띠었는데, 그럼에도 당시에 어느 누구도 교회만큼 엄청난 토지를 소유하지는 못했다. 유럽을 통틀어 교회는 가장 큰 토지 소유자로 등극했던 것이다.

이에 못지않게 수도원 제도가 성직자들의 대토지 소유를 북돋아주었다. 교황 그레고리우스 대제에 의해 수도원 제도가 비약적인 발전을 이루었는데, 그는 수도원의 규율과 조직과 관련하여 경제적인 중요성을 처음으로 인식했던 인물이었다. 여기서 잊지 말아야 할 것은 수도사들이 토지 경영에 참여해야 할 필연적 이유는 없었다는 점이다. 3세기에 등장했던 초창기 수도사들은 신앙의 본질을 찾아 사막으로 피신했던 금욕주의자들로, 오히려 토지 경영과는 거리가 먼 사람들이었다. 오늘날까지도 이들의 이야기는 신비롭고 흥미로운 점들을 제공해주는데, 불행히도 이 이야기들 대부분은 순전히 창작된 작품들에 불과하다. 예를 들어 수도사 성 바를람은 허구의 인물로 이에 대한 기록 또한 창작된 것이다. 수도사

요아사프에 대한 것도 붓다를 모델로 창작한 것에 불과하다. 역사적으로 인정받는 최초의 기독교 수도사는 테베의 성 파울루스이다. 히에로니무스는 그가 테베에서 종려나무 잎사귀와 까마귀가 매일 가져다주었던 빵 반 덩어리만을 가지고 113년을 살았다고 하는데, 그가 실존했던 인물이기는 하지만 나머지 이야기는 모두 창작한 것임이 분명하다. 그의 후계자인 성 안토니우스 역시 실존했던 인물임은 분명하지만 신비스럽기는 마찬가지이다. 기록에 의하면 그는 옷을 갈아입거나 세수를 한 적도 없이 90년 이상을 홀로 지내면서 고독한 삶을 살다가 356년에 105세의 나이로 죽은 것으로 전해지고 있다.

사막의 수도사들

대략 이때부터 사막을 중심으로 형성된 초기 수도사 공동체들에 관한 정보를 얻을 수 있다. 안토니우스의 제자인 암모나스는 알렉산드리아 동남쪽 니트리아 사막에서 5천 명이 넘는 사람들을 이끌고 수도생활을 했다고 한다. 당시 수도사 중에는 하류계층 출신의 문맹자들이 많았는데, 일부는 경제 파탄자, 군 징집이나 재판에 응하지 않고 도망친 자, 노예들도 있었다. 그들은 수도사라기보다는 힌두교의 탁발승과 유사했다. 알렉산드리아의 마카리오스는 세례를 받은 이후로는 단 한 번도 길바닥에 침을 뱉지 않았으며, 채소만으로 7년을, 딱딱한 빵만으로 3년을 살았고, 잠을 자지 않고 20일을, 습지에서 모기떼와 함께 7개월을, 독방에서 아무 말도 없이 금식하며 40일을 살기도 했다고 한다. 100세를 일기로 세상을 떠날 당시에 그의 치아는 다 빠져버린 상태였고 몇 가닥의 수염만 남아 있었다고 한다. 마카리오스는 동물들과 함께 지내면서 비범한 기적들을 많이 일으킨 것으로 알려져 있다. 수도사들에 대한 기록을 보면 대개 몇 가지 기적들을 일으킨 것으로 나오는데, 성 말로는 돌을 성찬그릇으로 만든 후에 이를 가지고 미사를 드렸다고 한다. 성 마르틸라와 성 프론투스는 베드로의 지팡이로 사람을 살려냈으며, 성 허버트는 자신이 쫓고 있던 수사슴의 열 갈래 뿔 사이에 나타난 십자가상을 보고 개종하게 되었다고 한다. 어느 날 수도사 성 길다스는 자신에게 달려드는 괴물에게 "죽으라"고 명령하자 그 자리에서 그 괴물이 죽어버렸다고 한다. 성 힐라리온도 이와 비슷한 기적을 행한 것으로 전해진다. 먹잇감을 목 졸라 죽이던 구렁이에게 그가 그만두라고 명령하자 그 구렁이가 곧바로 불에 타버렸다고 한다.

수도사들이 벌인 기적들이 어디까지가 진짜이고 어디까지가 만들어낸 이야기인지를 구별해내기란 그리 쉬운 일이 아니다. 파코미우스는 홀로 지내거나 은둔하던 수도사들을 한자리에 모아 공동으로 생활할 수 있는 수도원을 처음으로 만들었던 사람으로 알려져 있다. 그는 나일 강 하구에 위치한 타벤네시에 수도원을 세워 100여 명의 수도사들과 함께 생활했다. 이에 대해 히에로니무스는 다음과 같이 말했다. "기술을 가진 수도사들, 즉 직물업자, 매트 제작자, 재단사, 목수, 옷감이나 신발을 만드는 사람들이 그들을 감독하는 감독자와 함께 기거했고 … 매주마다 작업 상황을 수도원장에게 보고했다."

4세기 초반에 들어서면서부터 시리아에도 공동체 수도원들이 생겨나기는 했지만, 여전히 수도사들은 공동체보다는 은둔이나 독거를 선호했다. 이들은 가혹할 정도로 자신을 학대하면서 고통스런 삶을 강조했는데, 예를 들어 힐라리온은 하루 표준량의 절반 정도 되는 콩을 먹다가, 나중에는 이를 줄여 빵과 소금과 물만을 먹었으며, 이후에는 이마저도 줄여 들풀과 풀뿌리만을 먹고 살았다고 한다.

이처럼 시리아의 수도사들은 가혹한 수도생활을 고안해내는 데 특별한 일가견이 있었다. 어떤 수도사는 자신의 방랑기질을 억제하기 위해 무거운 쇳덩어리를 손과 무릎만을 사용하여 옮기곤 했으며, 어떤 수도사는 웅크리고 있어야 간신히 들어갈 수 있는 아주 작은 방에서 살기도 하고, 바퀴처럼 둥글게 만들어진 새장 속에서 10년을 지내기도 했다고 한다. 또 어떤 수도사들은 나뭇가지 위에서 지내거나 야생 동물들처럼 숲속에서 살기도 했다고 한다. 발가벗은 채로 가시 옷만을 허리에 두른 채 살아가는 수도사 등, 별난 수도사들의 이야기는 이 밖에도 상당히 많이 알려져 있다.

389년에 시리아 국경 부근에서 태어난 시메온 스틸리테스는 극단적인 수행자로 유명하다. 그가 문맹자였다는 사실은 거의 확실한 것 같다. 지나친 금욕생활을 이유로 수도원에서 쫓겨난 그는 외부와 단절한 채 저수지에 머물렀으며, 사순절 기간에는 금식을 했다고 한다. 그는 돌을 매달고 온몸에 사슬을 잔뜩 감아놓아 제대로 몸을 가눌 수도 없었으며, 사슬을 매단 그의 몸에는 벌레들이 득실거렸다고 한다. 후에 그는 안디옥 근처에 있던 돌기둥 위에서 살았는데, 처음에는 3미터 정도 되는 돌기둥에서 살다가 나중에는 18미터나 되는 높은 돌기둥 위에서 살았다고 전해진다. 그는 너비가 2미터 정도 되는 정사각형 모양의 돌기둥 위에서 하루에 1,224번을 엎드렸다 일어났다 하면서 지냈다. 사순절에는 사슬로 몸을 고정시켜놓기도 했다. 비상시를 대비해서 사다리를 설치해놓기는 했지만 의사소통은 대부분 바구니를 이용했다. 시메온은 돌기둥 위에서 설교도 하고 치유행위도 벌인 것으로 알려져 있다. 그는 이곳에서 37년간 살다가 459년에 죽었다. 당시 황제는 베두인족(아랍의 유목민)으로부터 그의 시신을 돌려받기 위해 600명이나 되는 사람들을 급파했다.

476-490년경에 그의 무덤 위에 교회가 세워졌고 교회당 중앙 뜰에는 그가 머물렀던 돌기둥이 유물로 비치되었다. 불행히도 그 교회당은 파괴되어버렸지만 그 터는 오늘날에도 남아 있다.

극단적인 고행도 마다하지 않았던 초창기의 수도사들은 그만큼 명성도 얻었지만 다른 한편으로는 손가락질도 받았다. 왜냐하면 그들은 교회 선거나 공의회에서 주교의 박수부대나 하수인 역할을 하기도 했기 때문이다. 그들이 손수 만든 수공품들이 사람들로부터 인기를 끌면서 그들이 거주하는 사막 변두리에 시장이 형성되기도 했다. 그들은 영적 사치를 즐긴 사람들이었기 때문에, 시장을 통해서 재산을 축적했다고 생각해서는 안 된다. 그럼에도 불구하고 수도원은 사회의 기생 조직체로 간주되었으며, 이를 극복하기 위해 360년경에 카이사레아의 주교인 바실리우스는 수도원의 규칙들을 문서로 규격화하기 시작했다. 이렇게 해서 만들어진 규칙집들이 동방 제국에 널리 퍼졌고, 수많은 수도원들이 이를 채택하게 되었다. 바실리우스가 만든 규칙은 한마디로 '상식과 중용'('머리 빗는 것'이 금지되는 등 기형적인 항목이 여전히 존재하기는 했지만)의 관점에서 이루어진 것이었다. 8-9세기에만 해도 10만 명의 수도사들이 성 바실리우스의 규칙집에 따라 생활했다고 전해진다. 일부 수도원은 학교를 경영하는 등 교육을 담당하기도 했다. 왜냐하면 당시 수도사들은 대부분 매우 가난했고, 또 초창기 수도사들과 마찬가지로 빈곤계층 출신이거나 문맹자들이 많았기 때문이었다. 그럼에도 그들은 자선활동을 게을리 하지 않았다. 당시에 수도사 중에서 사제가 되거나 성직을 얻은 경우는 흔치 않았으며, 부유한 사람들에게 이들이 세운 수도원은 전혀 관심의 대상이 아니었다. 왜냐하면 자신들의 토지를 임대해줄 만한 조직체로 보이지 않았기 때문이다.

수도원 운동의 확산, 마르티누스와 카시아누스

동방의 수도원들은 초창기의 모습을 꽤나 오랫동안 유지했는데, 이 같은 모습은 비잔틴 제국이 붕괴되는 15세기까지도 마찬가지였다. 심지어는 오늘날까지도 성 바실리우스 시대에 형성된 수도원의 특성들을 그대로 보유하고 있다. 서로마 제국이 견고했더라면 서방에서도 동방과 마찬가지였을 것이다. 동방의 수도원 운동은 지중해의 무역로를 따라 마르세유를 거쳐 론 계곡과 갈리아 지역 등 서방에 전해졌다. 서방에서는 아타나시우스가 쓴 성 안토니우스의 전기가 인기를 끌게 되면서 자연스레 수도원 운동이 확산되었다. 서방의 수도사들도 동방과 마찬가지로 초창기에는 별난 금욕주의자들이 많았다. 그러나 그들은 동방에서와는 다르게 처음부터 사회활동에 적극적이었다. 그들 가운데 397년에 사망한 투르의 성 마르티누스가 가장 유명한데, 그는 군 장교 출신으로 키는 작았지만 준수한 용모를 가진 사람이었던 것 같다. 그는 헐벗은 육신에, 빗질도 하지 않았던 것으로 알려져 있다. 그는 80명의 동료들과 함께 마르무티에의 강 절벽 동굴에서 동방 수도원의 공동체를 따라 살았다. 그는 동방 수도원 공동체들을 흠모했지만, 그들과는 달리 사회참여에 매우 적극적이었다. 예를 들면 그는 이교에 대항하여 곡괭이로 이교의 신전들을 무너뜨리기도 했으며, 스페인에서는 몬타누스파 여예언자인 프리스킬라 추종자들의 처형에 대해 강력히 항의하는 등, 교회정치에도 깊이 관여했던 것으로 보인다. 마르티누스가 황제 발렌티누스 앞에 나아갔을 때 황제는 성인을 존경하는 뜻에서 일어서야 함에도 불구하고 일어서지 않자 "황제의 보좌는 불로 휩싸였고 보좌에 앉아 있던 황제의 몸이 불에 탔다"는 이야기가 세간에 나돌기도 했다.

마르티누스의 덕행을 찬양했던 술피키우스 세베루스의 《성 마르티누스의 생애 The Life of St Martin》는 많은 사람들에게 대단한 영향을 끼쳤다. 이 책을 통해 마르티누스 개인의 이름이 널리 알려졌을 뿐만 아니라 그의 인기로 인해 수도원이 대중화되는 데에도 큰 역할을 했다. 당시에 그의 이름을 딴 교회당이 프랑스에서만 3,900개가 넘게 있었다는 것만 보더라도 그의 인기가 어떠했는지는 쉽게 상상해볼 수 있겠다. 마르탱주, 마르티니, 마르티냐, 마르탱쿠르, 마르티노, 마르티네, 다마르탱 등이 모두 그의 이름을 따서 지어진 교회당 이름이었다. 마르티누스의 영향 때문에 서방에서 수도원은 대중들 사이에서 친숙해졌다.

이에 부응하여 도브루자 출신의 카시아누스라는 사람이 나타나 프랑스에 수도원 이론을 소개하기 시작했다. 아우구스티누스와 동시대에 살았던 그는 인간의 자유의지를 강조하는 펠라기우스주의와 이를 부정하는 아우구스티누스의 결정론, 그 둘 모두를 비판하고 중도 입장을 취했던 인물이었다. 그는 동방의 수도원들을 방문하여 직접 수도생활을 체험해보기도 했다는데, 이에 대한 이야기는 《강령개요 Institutions》와 《경험대화 Conferences》에 들어 있다. 카시아누스 또한 금욕주의자로 올리브 세 개, 말린 완두콩 다섯 개, 말린 자두 두 개와 무화과만을 소금을 곁들여 먹었다는 이야기가 전해진다. 그러나 그는 동방의 수도원에서 이루어지고 있는 맹목적이고 방향 없는 극도의 자기학대에 빠지기보다는 수도사들이 힘써야 할 분명한 목표, 즉 개종과 교육을 강조했다.

수도원 운동이 갈리아를 거쳐 북부 지역으로 확산되더니, 급기야 5세기에 오면 유럽의 중요한 문화로 자리 잡아갔으며, 켈트족이 지배한 지역, 즉 브르타뉴, 웨일스, 아일랜드, 스코틀랜드의 상류층 기독교 금욕주의자들에게도 깊은 인상을 심어주기 시작했다. 아일랜드는 5세기경에 성 패트릭의 선교에 힘입어 기독교가 전파된 이후에, 540년경에는 수도사들이 등장하기 시작했다. 초기 아일랜드 수도사들은 구두를 팔아 포도주와 기름을 사는 등 물물교환을 통해 수도원의 이념을 실현하고자 했던 것 같다. 하지만 점차 사회·경제적 요인들과 결합되면서 아일랜드에서 수도원은 매우 빠른 시간 안에 뿌리를 내렸고, 급기야는 기독교의 주류로 떠올랐다. 당시 아일랜드는 도시는커녕 마을조차 찾아보기 힘들 정도로 미개한 부족사회로 대부분의 백성들이 방랑생활을 하고 있었다. 이러한 상황 속에서 아일랜드에서는 각 부족들이 수도원을 설립하고, 부족의 지배 가문들이 수도원장 자리를 차지하는 형태를 취하기 시작했다. 그리하여 유럽 대륙에서와는 달리 아일랜드 수도원은 토지와 어업권을 포함한 상당량의 재산을 보유하고 있었다.

이집트에서 시작한 수도원 운동이 갈리아를 거쳐 유럽으로 전해진 후에 유럽의 변두리로 오자 수도원 체제는 그곳의 불확실한 경제와 지리적 조건에 온전히 들어맞았다. 초창기 아일랜드 수도원은 아주 작은 규모로 여기저기에 분산되어 있었는데, 그 수는 셀 수 없을 정도로 많았다고 한다. 이들 수도원은 수도원이라기보다는 일종의 신전에 가까웠다. 초창기에 아일랜드 수도원은 부족의 영역을 표시하는 일종의 종교적 이정표 역할을 했던 것 같다. 아일랜드 서남쪽에 위치한 스켈리그 마이클 수도원은 대서양으로부터 11킬로미터 떨어진 곳에 높이가 235미터인 바위로 된 피라미드 위에 돌로 지어진 벌집 형태의 수도원이었는데, 이곳에는 여섯 개의 작은 방과 자그마한 기도실이 마련되어 있었다. 이 수도원은 그 지역 부족의 생업이 이루어지던 어장 안에 위치해 있었다. 한마디로 아일랜드 수도원은 지역사회와 전적으로 통합된 교회나 다름없었던 것이다.

이에 비해 이집트 수도원들은 교회조직, 특히 주교 제도에 반대해서 생겨난 일종의 반란조직이었다. 성 마르티누스와 그의 제자들이 좋은 예이다. 그들은 주교 제도와 교회직제에 쉽게 마귀가 스며들 수 있음을 경고했다. 아일랜드 수도사들 역시 같은 생각을 하고 있었다. 그렇다고 아일랜드 교회가 정통 교회를 비판하거나 반대한 것은 아니었다. 아일랜드 교회는 단 한 건의 순교 사례도 없었고 이단이 존재했다거나 내부 박해가 있었다는 기록을 찾아볼 수 없을 정도로 평온한 상태에서 사람들에게 복음을 전했다. 이 점은 주목할 만하다. 다시 말해 아일랜드 교회에서는 어떠한 폭력도 없이 평화롭게 주교 제도가 유지되었으며 주교만이 수행할 수 있는 세례식이나 성직 임명식 등도 무리 없이 진행될 수 있었던 것이다. 그곳에서 주교는 지도자라기보다는 의식을 집행해주는 일종의 기능인에 가까웠다. 주교는 겸손해야 했으며 부족의 지도부를 대표하는 수도원장에게 복종해야 했다. 그렇다고 수도원장들이 권력자처럼 행세한 것은 아니었다. 초창기 수도사들이 주교 제도를 싫어했던 단 하나의 이유는 이 제도가 세속사회의 권력기구처럼 보였기 때문이다. 예를 들어 그들은 수도원장이나 주교들과 같은 성직자들이 말을 타고 다니는 것을 일종의 죄로 보았다. 말을 타고 다니다 보면 자신이 평민들보다 높은 지위에 있다고 착각할 수도 있기 때문이었다. 성 마르티누스는 먼 거리를 여행할 때에 나귀를 이용했는데, 이것은 허용되었다. 왜냐하면 그리스도도 나귀를 타고 예루살렘에 입성했기 때문이다. 수도원장은 권력자처럼 화려한 식사를 해서는 안 되고 세상의 허영에 휩쓸려서도 안 되었다. 다시 말해, 수도원장과 수도사들은 건강을 유지하면서도 가능한 한 청빈하게 살아야 했다. 그들은 '사도들처럼' 걸어서 복음을 전파해야 했다.

아일랜드 수도원

아일랜드 수도원은 교회에 대단한 도전을 주었으며 유럽 사회에 무시하지 못할 영향력을 행사했다. 몬타누스주의자들처럼 아일랜드 수도원은 초기 기독교의 순수성으로 돌아갈 것을 강조했다. 그러나 몬타누스주의자들이 교리상의 문제로 공격을 받았던 것에 비해 아일랜드 수도원은 정통 교회로부터 그 어떠한 공격도 받지 않았다. 동방의 수도사들처럼 아일랜드 수도사들도 기존 교회의 위계질서를 거부했다. 그러나 수동적이거나 정태적이었던 동방의 수도사들과는 달리, 아일랜드 수도사들은 엄청난 문화적 역동성을 발휘했다. 특히 아일랜드 수도사들은 성경 주석과 예술 분야에서 놀라운 재능을 발휘했는데, 주로 아일랜드의 토착문화에 라틴 학문을 접목시키려 했다. 하지만 그들은 무엇보다도 방랑자들이었다. 6-7세기에 서유럽에서는 해상교통이 주로 이용되고 있었고, 이와 맞물려 켈트족의 수도사들은 고기를 잡아 생활하는 일종의 어부이자 선원들이었다. 골웨이에 클론퍼트 수도원을 세웠던 켈트 수도사 브렌던도 거친 바다를 항해했던 인물이었는데, 그의 이야기가 프랑스어, 노르만어, 프로방스어, 독일어, 이탈리아어, 노르웨이어로 번역되어 나올 정도로 매우 유명했다고 한다. 바다를 사랑한 켈트족의 수도사들은 바다에 수장되기를 희망하기도 했는데, 투르의 그레고리우스와 맞먹는 역사가로 유명한 웨일스의 수도사 길다스 역시 자신이 죽으면 바다에 수장해달라는 유언을 남기기도 했다. 당시 잉글랜드 내의 부족들은 육지와 마찬가지로 바다에서도 자신들의 영역을 통제하고 있었다. 이러한 점에서 얼스터부터 스코틀랜드의 서부 섬에 이르는 성 콜룸바누스의 선교는 부족정치의 산물이었던 것이 거의 확실하다. 그는 그곳에서 아이오나 수도원을 세웠다. 켈트 수도사들은 스코틀랜드에 침투하여 한 세기 만에 서북쪽에 위치한 섬들을 복음화하였으며, 6세기 초에는 노섬브리아 왕실에까지 이르렀다. 노섬브리아 왕은 634년에 아이오나 수도원의 아이단을 초청하여 린디스판에 수녀원을 세우도록 했다.

540년에 태어난 성 콜룸바누스는 아일랜드 부족의 지도자, 즉 부족 가문의 수도원장이었다. 덩치가 매우 컸던 그는 체격만큼이나 높은 이상을 품은 지도자였다. 그는 라틴어에 능통했고 그리스어도 읽을 수 있었기 때문에 교부들이나 베르길리우스, 플리니우스, 살루스티우스, 호라티우스, 오비디우스, 유베날리스 등을 공부할 수 있었으며, 이렇게 해서 이해한 기독교를 확산시키는 데 불타는 열정을 갖고 있었다. 575년에 그는 동료 수도사들과 함께 브르타뉴에 상륙했는데, 이때에 그들의 손에는 구부러진 지팡이와 예배서가 든 가죽 가방만이 들려 있었으며, 그들의 목에는 물병과 성물과 성찬식에 사용할 빵을 담은 주머니가 달려 있었을 뿐이었다.

이들의 여행은 역사상 매우 눈부신 원정들 가운데 하나였다. 콜룸바누스와 그의 동료들은 유럽 곳곳에 40여 개의 수도원을 세우는 등 프랑스, 이탈리아, 알프스 등지에 켈트 수도원을 확산시키는 데 결정적인 역할을 했다. 르베, 쥐미에주, 생갈, 보비오, 퐁트넬, 셸, 마르무티에, 코르비에, 생오메르, 생베르탱, 르미르몽, 오빌리에르, 몽티에랑데르, 생발레리쉬르솜, 솔리냑, 퐁텐과 뤽세유 등이 그들이 세운 수도원이다. 그럼에도 불구하고 콜룸바누스는 유럽을 좋아하지 않았다. 심지어는 동유럽을 방문하는 자리에서 다음과 같이 말하기도 했다고 한다. "덕이라고는 조금도 보이지 않는군." 그는 무지보다는 도덕적 타락과의 싸움이 우선해야 한다고 생각했으며, 이 때문에 그는 사람들에게 수도원의 엄격한 규율을 가르쳤다. 그가 작성한 수도원 규칙들은 대단히 엄격한 것으로 알려져 있는데, 일부 가혹한 체벌도 있었던 것 같다(켈트 수도원에서 체벌은 흔한 일이었다).

콜롬바누스의 선교는 성공적이었으며, 서방의 주교들, 특히 교황과 같은 지도자들은 콜롬바누스를 통해서 켈트 수도원을 알게 되었다. 아일랜드 수도사들이 이단은 아니었지만 그렇다고 정통주의 신앙을 고수하는 사람들도 분명히 아니었다. 로마 가톨릭 정통주의자들에게 그들은 조금 이상한 사람들로 비쳤다. 왜냐하면 그들은 머리에서부터 정통 교회의 성직자들과는 다른 낯선 모습을 하고 있었기 때문이다. 로마 교회의 성직자들은 성 베드로의 머리, 즉 왕관과 같은 머리를 했으며, 동방 교회의 성직자들은 성 바울의 머리, 즉 대머리처럼 머리카락을 완전히 밀었다. 이에 비해 켈트 수도사들은 세상 그 어디에서도 볼 수 없는 독특한 형태의 머리를 하고 다녔다. 그들은 머리 앞부분을 둥글게 남겨놓은 상태에서 그 주변을 전부 밀었으며 나머지 머리카락은 등 뒤로 길게 늘어뜨렸다. 켈트 수도사가 로마 가톨릭 교회에서 성직 임명을 받고자 한다면 그들은 옆머리가 충분히 자랄 때까지 기다려야 했을 것이다. 머리모양보다 더 심각한 문제는 그들이 지키는 부활절 날짜가 로마 교회에서 지키는 날짜와 달랐다는 데 있었다. 켈트족이 사용하고 있던 달력은 지중해에서 사용하던 그 어느 것과도 일치하지 않았다. 당시에 이 문제는 우리가 생각하는 것보다 훨씬 중요한 문제였다. 왜냐하면 부활절 날짜를 정하는 일은 연례행사를 결정하는 문제와 직결되었기 때문이었다. 부활절과 관련한 논쟁은 2세기까지 거슬러 올라간다. 아니 좀 더 정확하게 말하면, 그 논쟁은 그리스 기독교인들과 유대 기독교인들 사이의 논쟁으로까지 거슬러 올라갈 수도 있을 것이다. 서유럽이 기독교화하자 전통적으로 지켜오던 연례행사들이 기독교 연대에 맞게 새롭게 조정되었다. 하지만 그럼에도 교회는 당시까지도 가장 중요한 절기인 부활절 날짜에 대해 합의를 보지 못하고 있는 실정이었고, 이는 치명적인 약점이었다. 부활절 날짜에 대해서조차 합의할 수 없으면서 어떻게 교회의 일치를 주장할 수 있었겠는가?

켈트 수도원과 로마 교회가 부활절 날짜를 하나로 통일시키지 못했던 이유는 그들 사이에 교회의 본질에 관한 근본적인 견해의 차이가 있었기 때문이다. 다시 말해 켈트족이 로마 교회에 고의적으로 도전했다기보다는 로마 교회와 갈리아 지역의 교회들 사이의 접촉이 단절되면서 세부적인 사안들에 관한 합의를 보지 못했기 때문이었다. 어떤 점에서 이 문제는 도나투스파 문제와 동일했다. 교회는 아우구스티누스가 가르친 것처럼 그리고 현재 로마와 갈리아의 주교들이 생각하고 있는 것처럼 사회를 변혁하는 과정에서 사회를 포용해야 하는가, 아니면 세속 사회를 대신할 수 있는 하나의 대안 세력으로서 역할을 수행해야 하는가? 자국의 경제와 사회구조에 너무도 잘 적응해온 켈트 수도원은 서유럽의 안정된 문화권에서는 지키기 힘든 불가능한 표준들을 제시하는 것처럼 보였다. 노섬브리아에서조차 아이단은 그곳의 문화와 통합하기를 거부했다. 그는 고위 성직자 대접을 받으면서 왕궁으로부터 식사 초대를 받았을 때에도 "한두 명의 수행원만을 대동하고 가서 소량의 식사를 한 후에 책을 읽고 글을 써야 한다는 이유로 서둘러서 그들과 함께 왕궁을 떠나버렸다." 켈트 수도사들과 로마 성직자들은 만날 때마다 '말을 타야 되느냐 타지 말아야 되느냐'를 놓고 논쟁을 벌였는데, 이는 그들 사이에 내재해 있던 본질적인 갈등이 상징적으로 드러난 사례에 불과했다. 궁극적으로 그들 사이의 논쟁에는 부와 신분, 세상에서 교회의 역할과 관련된 전반적인 문제들이 포함되어 있었다.

콜룸바누스는 자신이 세운 수도원을 상대로 하는 주교들의 간섭이나 지휘를 용납하지 않았다. 이와 반대로 주교들은 자신의 교구 안에 설립된 수도원들을 지휘·감독하려 했다. 이러한 갈등의 최고점을 보여주는 사건이 603년 샬롱 회의에서 일어났다. 이곳에서 주교들은 콜룸바누스를 소환했는데, 그가 이를 거절하자 명령에 항거하는 것으로 간주하고 그를 갈리아에서 추방시켜버렸다. 결국 콜룸바누스는 문제만을 남겨놓은 채 이탈리아로 떠나버렸다.

유럽 대륙에 켈트 수도원이 침투해 들어간 것은 문화적으로도 아주 중요한 의미가 있다. 정통 교회의 입장에서 볼 때 켈트 수도원은 주교 제도—당시 주교 제도는 비기독교권 사회에서도 정착되어가고 있었다—를 붕괴시키고 수도원적 이념에 기초하여 로마 교회와는 전혀 다른 교회를 세우려는 위협으로 느껴질 수밖에 없었다. 켈트 수도원이 정말로 이러한 의도를 갖고 있었다면 성직자와 세속 사회의 분열은 가속화되어 결국 아우구스티누스의 꿈은 물거품이 되어버렸을 것이다. 물론 수도원은 세속 사회와의 분리 가능성을 늘 품고 있기는 했다. 수도원적 삶의 원리는 세속 사회로부터의 분리에 바탕을 둔 것으로, 그와 같은 원리는 에세네파에까지 거슬러 올라간다. 그러나 켈트 수도원은 그 원리를 새롭고 매력적인 방식으로 서유럽 사회에 제시했다.

베네딕투스 수도원

점진적으로 계승되고 발전되던 서방의 수도원 운동이 그레고리우스 1세에 의해 새로운 전환기를 맞이하게 되었다. 그레고리우스 1세가 교황으로 선출될 당시에 갈리아 동부 지역에서는 콜룸바누스를 비롯한 켈트 수도시들이 왕성한 활동을 하고 있었다. 그때까지만 해도 수도원은 로마 교회의 통제를 받지 않고 임의적으로 운영되고 있었다. 그렇다면 로마 교회는 어찌하여 수도원을 교회조직으로 흡수하지 않았을까? 비잔틴 제국의 황제인 유스티니아누스가 과거 로마 제국을 회복시키겠다는 명분으로 이탈리아를 침공해 오고 롬바르드족으로부터도 공격을 받은 로마 교회로서는 수도원 운동까지 신경을 쓸 여유가 없었던 것 같다. 하지만 비잔틴 제국의 공격이 실패로 돌아가고 롬바르드족의 침입 또한 소강상태에 들어간 상황에서 교황이 된 그레고리우스에게 수도원이 눈에 들어오기 시작했다. 그레고리우스는 롬바르드족의 침입으로 로마에 온 몬테카시노의 베네딕투스 수도사들로부터 수도원 규칙집을 얻었고, 이를 계기로 베네딕투스 수도원을 알게 되었다. 그 이후로 그는 베네딕투스의 전기를 쓰거나 베네딕투스의 수도 규칙을 서방 수도원의 규범으로 삼기 위해 할 수 있는 한 모든 힘을 다 동원했던 것으로 보인다. 그가 쓴 전기에 의하면 480년경에 부유한 부모 밑에서 태어난 베네딕투스는 로마에서 교육을 받은 후에 수비아코와 몬테카시노 등지에 수도원을 세웠다고 한다.

　베네딕투스 수도원의 위대한 장점은 수도생활의 규율을 상식적인 수준에서 설정했다는 점이다. 베네딕투스 수도원은 엄격함을 지키면서도 유연함을 잃지 않았던, 한마디로 중도 노선을 능숙하게 견지했다. 상급자들의 시중을 드는 젊은 수도사들을 제외한 모든 수도사들에게 자기만의 침대가 제공되었다. 이와 함께 두 벌의 속옷과 겉옷, 매트리스, 양털로 된 이불과 요, 베개, 구두, 양말, 허리띠, 칼, 펜, 글을 쓸 때 사용하는 서판, 바늘과 손수건 등이 제공되었다. 물론 그 이외에는 어떠한 개인 소유도 허락되지 않았다. "책이나 펜, 서판 … 그 어느 것도 사적인 소유물로 인정되지 않았다." 수도사들의 식사는 적당하면서도 간단했다. 하루에 먹을 수 있는 음식은 두 사람당 빵 500그램, 포도주 600밀리리터, 계절에 맞는 과일과 야채가 전부였다. 베네딕투스 수도사들은 네 발 달린 짐승의 고기는 일절 먹지 않았다. 하지만 병든 수도사들에게는 예외적으로 특별식이 주어졌는데, 이는 베네딕투스 수도원 규칙집에는 "모든 일에 앞서, 모든 일보다 먼저 환자들에게 관심을 가져야만 한다"는 조항이 있었기 때문이었다. 수도원을 찾는 "손님들은 그리스도처럼 영접을 받아야" 했기에 손님 접대를 위한 부엌도 따로 마련되어 있었다. 수도사들은 예배를 드리는 일 외에 성경 읽기와 노동을 했다. 그들은 "거의 모든 시간을 침묵으로 보내야 했는데, 특히 밤 시간에는 더욱 그러했다." 불평은 '가장 큰 죄'로 간주되었고 수도원 규칙을 위반한 수도사들은 성찬식에 참여할 수 없었다. 필요하다면 체벌도 사용되었다. '외과 의사의 칼'(추방)은 마지막 수단으로 사용되었다.

베네딕투스 수도원의 규칙은 지엽적인 몇몇 조항을 제외하고는 거의 모든 규칙이 오늘날까지도 변함없이 유지되고 있다. 베네딕투스가 직접 필사하여 테오데마르에게 전달한 규칙집 또한 오늘날까지 잘 보존되어 있다. 이 규칙집은 원본에서 오직 한 사람의 손을 거쳐 필사된 것으로 고대 필사본들 중에서 거의 유일한 것으로 평가받고 있다. 이 규칙집은 일반인들도 쉽게 알아볼 수 있도록 이탈리아 중부의 지방어(불가타어)로 씌어 있는데, 이를 보더라도 당시 수도원이 학문의 중심지였다기보다는 경건함을 강조하는 실천적인 기관이었음을 추측해볼 수 있다. 그러나 무엇보다도 이 규칙집은 실용주의자인 교황 그레고리우스의 마음을 끌기에 충분했다. 그 이유는 분명하다. 이 규칙집은 영웅적인 행위나 덕행, 즉 특별한 수행을 강요한 것이 아니라 보통 사람들의 상식적인 눈높이에서 만들어졌기 때문이다. 더군다나 이 규칙집은 예외나 수정의 가능성 등 유연성도 갖추고 있었다. 이와 동시에 일단 제정된 규율들은 반드시 준수되어야 한다는 엄격함 또한 잊지 않고 있었다. 수도사들은 성무 일과표에 조금도 어긋남 없이 생활해야 했다. 단 한 순간도 그저 흘려보내서는 안 되었다. 수도사들은 심지어 음식을 먹거나 잠자는 시간마저도 노동을 위한 재충전의 시간으로 생각해야 했다. "게으름은 영혼의 원수다." 이 말은 그리스도의 재림을 기다리던 초기 기독교인들에게 바울 사도가 했던 충고와 유사하다. 이제 베네딕투스 수도원 규칙은 보편성을 확보하게 되었다. 이 세상 전부를 기독교 복음으로 채우려 했던 선교 지향적인 교황 그레고리우스가 베네딕투스 규칙을 하나의 목표로 삼았기 때문이었다. 베네딕투스 수도원의 규칙은 계급이나 시대에 구애받지 않았으며, 특정한 문화나 지리적 장소에도 얽매이지 않았다. 즉, 이 규칙은 어떤 사회에서도 적절하게 통용될 수 있을 것으로 기대되었다.

교황 그레고리우스는 베네딕투스 수도원 규칙이 널리 사용될 수 있기를 바랐으며, 그의 후계자들도 마찬가지였다. 이를 계기로 유럽 사회를 기독교로 개종시키고 이교 의식이나 제도를 기독교화하려는 열풍이 서유럽 사회를 강타했다. 수도원에 막 입회한 신입 수도사들은 세속 사회로부터 완전히 분리되지 않았으며 그렇다고 세속 사회와 완전히 통합하지도 않았다. 그들은 일반인들뿐만 아니라 기성 교회에도 도움을 줄 수 있는 수도원 체제를 발전시켰다. 그들은 세상에 살면서도 수도원적인 금욕적 삶을 살고 싶은 사람들의 욕구를 충족시켜줄 수 있는 길을 열어놓았다. 수도사들은 교황의 지도를 받았고 감독의 명령에 순응했다. 무엇보다 그들은 그레고리우스의 토지 경영에 참여하게 되면서 경제적으로 기여하게 되었다.

그렇다고 베네딕투스 수도원 규칙이 순식간에 일반화되었다고 생각해서는 안 된다. 이 규칙은 7세기에 전파된 이후, 하나의 규범적인 수도원 규칙으로 일반화되기까지 200-300년을 더 기다려야 했다. 당시까지만 해도 수도원들은 대부분 자신들만의 독자적인 수도원 규칙을 만들어 사용하고 있었다. 잉글랜드의 복음화를 위해 교황 그레고리우스가 597년에 선교사 아우구스티누스를 켄트로 파송했을 때에도 아우구스티누스는 캔터베리 수도원에서 사용할 규칙을 따로 만들었다. 수도원 규칙들은 주로 주변의 다양한 전통들을 차용했는데, 윌프리두스 주교가 세운 휘트비 수도원에서는 로마와 아일랜드 전통이 혼합되어 있는 규칙이 사용되었다. 674-681년에 노섬브리아 왕의 지원을 받아 웨이머스와 재로에 수도원을 설립한 베네딕투스 주교는 다음과 같이 말하기도 했다. "여러분은 내가 무지해서 여러분에게 이런 규칙들을 부과했다고 생각해서는 안 됩니다. 그 규칙들은 내가 17개의 수도원을 탐방하면서 직접 경험해본 것들이고 대부분의 수도원에서 인정받은 것들입니다." 7세기 중엽부터 베네딕투스 수도원 규칙은 새로 건설된 수도원들, 특히 왕이나 대부호들의 지원을 받아 건설된 수도원의 기본적인 틀을 제공하기 시작했다.

수도원, 농업경제의 핵심

수도사들은 매일의 시간표와 정확한 계획표에 따라 노동을 했는데, 이는 당시 농부들과 토지 소유자들에게는 매우 낯선 것이었다. 하지만 조직적이고 체계적인 수도원의 토지 경작은 매우 효율적이어서 많은 수익을 창출할 수 있었다. 그리고 이를 통해 나온 수익금은 관개수로를 만들거나 땅을 개간하거나 가축과 농작물 품종을 개량하기 위해 투자되었다. 물론 이전의 수도원에서도 경제적인 수익을 창출해내기는 했었다. 예를 들어 콜룸바누스가 보주 산맥 안그레에 세웠던 수도원에서 수도사들은 산림 벌채업을 했다. 그러나 켈트 수도원은 기본적으로 농업보다는 문화적 사업에 적합한 수도원이었다. 이러한 상황에서 베네딕투스 수도원 규칙이 널리 받아들여지면서 수도원은 근본적으로 변화되기 시작했다. 콜룸바누스의 켈트 수도원 운동의 근거지였던 퐁트넬 수도원은 베네딕투스 수도원 규칙을 채택한 이후 농업지대로 탈바꿈했다. 베네딕투스 수도원의 사업을 계기로 유럽에서 행해진 산림 벌채와 늪지대에 관개시설을 설치하는 일은 중세 전반기를 통틀어 경제적으로 가장 눈여겨볼 만한 성과였다. 어떤 면에서 이 같은 성과는 유럽의 역사를 결정짓는 사건이 되었다. 왜냐하면 이를 통해 유럽이 세계적으로 우위를 확보할 수 있게 되었기 때문이다.

수도원 운동이 거의 1천 년 동안 유럽 곳곳에서 진행되었다는 사실을 주목해본다면 유럽 사회를 형성한 요인들을 말할 때 어느 한 가지만을 독점적으로 주장할 수 없다는 것을 알 수 있을 것이다. 수도원 운동에 앞장섰던 곳으로는 쥐미에주, 생리퀴에르, 생베르탱, 코르비에, 스타블로, 플륌, 뮈르바흐, 뤽세유, 무아삭, 생브누아쉬르루아르 등이 있었다. 메로빙거 왕조 시대에 건립되었던 이 수도원들은 프랑스 대혁명이 일어나기까지 유럽에서 중추적인 역할을 담당했다. 개간사업은 상당히 긴 세월이 필요한 일인데, 항구적으로 존재했던 수도원과 평생 자리를 옮기지 않은 수도사들에게 이러한 일은 안성맞춤이었을 것이다. 그들은 능숙한 재능을 발휘하여 유럽 사회에 크게 이바지했다. 그들은 흡사 19세기에 산업가들이 했던 것과 비슷한 역할을 수행했던 것이다.

8세기 후반 혹은 9세기 초반에 기록된 생제르맹데프레 수도원의 토지거래목록인 〈수도원장 이르미농의 토지대장 *Polyptyque of Abbot Irminon*〉을 보면 당시에 수도원이 얼마나 광활한 토지를 소유하고 있었는지를 어렵지 않게 확인할 수 있다. 이 장부들은 달걀 개수에서부터 목재조각에 이르기까지 세부 항목들이 꼼꼼하게 정리되어 있다. 이와 같은 장부들은 노동력 배치 등 경작지를 운영하는 데 절대적인 도움을 주었다. 교회는 수도원의 효율적인 토지 이용에 힘입어 농노를 고용하는 것보다는 소작농들에게 토지를 임대해주는 것이 낫다는 것을 알게 되었다. 다시 말해 농노제도가 경제적으로 불필요하고 바람직하지 못하다는 것을 알게 된 것이다. 생제르맹 수도원의 기록을 보면, 수도원에서 가까운 농장일수록 좀 더 효율적으로 경영되었다는 사실을 알 수 있다. 이러한 이유로 좀 더 효율적인 농장의 경영을 위해 분원 수도원이 세워지기 시작했다. 수도원의 성장은 경제성장을 의미하게 되었다. 수도사들은 주로 포도를 생산하기에 적합한 지대에 수도원을 세웠는데, 왜냐하면 포도주는 미사에 없어서는 안 되는 필수품이었기 때문이다. 이러한 이유로 포도원은 프랑스 북부와 동쪽으로 지속적으로 확장되었다. 수도사들은 여러 면에서 개척자들이었다. 그들은 산악지대를 개발하고 제방과 관계수로 등을 조직적이고도 대규모로 건설하는 일에 앞장섰으며, 이곳저곳에 도시를 세우기도 했다. 예를 들면 라발은 마르무티에의 수도사들이 세운 도시였다.

갈리아에 있는 대형 수도원들은 대부분 6-7세기에 건설되었지만, 라인 강 동쪽에 있는 수도원들은 카롤링거 왕국이 영토를 확장하던 8-9세기에 생겨나기 시작했다. 주교들은 수도원을 이용하여 토지를 더욱 확대하는 등 수도원을 지배하기 시작했다. 주교들은 황제와 왕 다음으로 많은 토지를 소유한 계층이었다. 수도원에서 대성당을 세웠고 수도사들이 성당 참사회 회원들로 활동했던 잉글랜드를 제외하고, 대개 수도원장은 주교의 통제 아래에 있었다. 어찌되었든 주교와 수도원장은 유럽 농업경제의 핵심이었다. 대토지를 확보하려는 교회의 노력은 9세기 중엽에 절정에 달했다. 그 이후로 교회 소유의 대토지들은 점점 줄어드는 경향을 보였다.

스칸디나비아의 침략자들은 쇠락해가는 카롤링거 왕조나 새로 등장한 웨섹스(앵글로색슨 7왕국의 하나) 가문에게는 너무 강력하고 버거운 세력이었다. 이후로 통치자들은 교회의 토지를 보호해줄 수 없었고 주교나 수도원장들도 그들 소유의 땅을 보호할 수가 없었다. 중무장한 직업군인이었던 영주들이 서유럽으로 쳐들어왔다. 바이킹족들은 유럽 각지를 공격하면서 수많은 수도원 농장을 수중에 넣었다. 10세기에 이르면 세속 영주들이 주교들의 소유였던 땅들을 차지하기 시작했다. 예를 들면 멘이나 르망 교구의 주교들은 자작들(백작보다 한 단계 낮은 직위—옮긴이)에게 감독권을 내주게 되었다. 이때부터 이들은 예전과 같은 방식을 버리고 십일조나 단기간의 임대수입에 더 의존하게 되었다. 그럼에도 불구하고 수도사들은 여전히 농업 분야에서 개척자 역할을 계속했다. 프랑스의 생오뱅당제, 라트리니테드방돔, 생뱅상뒤망, 마르무티에에서 수도사들은 바이킹족의 공격이 끝난 11세기에도 산림 채벌을 통해 토지를 확보하여 농업에 종사했다.

시토 수도회

11세기 말에 시토 수도회(11세기 말에 몰렘의 로베르투스가 창설한 단체. 라틴어로 '키스테르티움Cistertium'이라고 하는 곳에서 시작하여 '시토회'로 불리게 되었다—옮긴이)가 설립되면서 수도원 농업 경영의 두 번째 큰 물결이 일어났다. 시토회 수도사들은 성 베네딕투스의 정신으로 돌아가 초기 수도원의 순수성과 단순성을 회복하려 했다. 그들은 경제적 관점에서 볼 때 초기 수도원 정신으로 되돌아가려는 운동은 과거의 이상적인 세계로 복귀하는 운동이라고 주장했다. 이 점은 매우 중요했다. 왜냐하면 12세기에 유럽의 인구가 폭발적으로 팽창하자 토지가 부족해지기 시작했기 때문이다. 얼마 전만 해도 왕이나 대부호들은 변두리나 개간되지 않은 토지들을 교회에 양도하곤 했으나, 이제는 그럴 여유가 사라져버렸다. 그저 작은 자투리땅들만을 기증할 뿐이었다. 수도원은 빠른 속도로 증가하고 있었지만, 새로 설립된 수도원들은 여기저기 흩어져 있는 작은 규모의 토지만을 소유할 수밖에 없었다. 예를 들면 가스코뉴 영주는 생몽 수도원이 새로 설립되자 그 지역의 47개 교회로부터 거두어들인 수익금을 기증했다. 또 그는 작은 마을 하나와 7개의 영지, 작은 규모의 토지 네 구획, 포도원 하나, 경작할 수 있는 토지 여섯 필지, 숲 하나, 한 구획의 어업권과 다양한 소규모 임대 사업들을 생몽 수도원에 기증했다. 이 같은 재산은 수도원의 수입에 도움이 되었지만, 수도사들에게는 실질적으로 아무런 도움이 되지 못했다. 시토회 수도사들은 재산에는 관심이 없었으며, 단지 농사를 지을 수 있는 땅을 원했다. 그들은 미사나 성례를 통해 돈을 벌려는 생각을 결코 하지 않았다. 오히려 그들은 수도원이 도시나 성곽, 그리고 다른 유혹거리들로부터 멀리 떨어져 있기를 원했다.

　우연인지 의도적인지는 모르겠으나, 당시에 경작지와 목초지를 관리하는 일에서 시토회 수도사들만큼 유능한 사람들은 없었다. 당시 유럽 사회에서 발전의 기회를 제공했던 곳은 오직 변두리 지역뿐이었다. 그리고 시토회 수도사들은 유럽의 집단 농업지역에서 농사를 짓는, 이를테면 농부 사도들이었다. 시토회 수도사들 말고 개별적으로 이 같은 임무에 가담했던 수도사들도 있었다. 그러나 시토회 수도사들은 규모와 조직 면에서 타의 추종을 불허했다. 그들은 대부분 귀족, 즉 대부호 가문 출신이었다. 그들은 스스로 겸손하고 순수한 엘리트들이라고 생각했다. 시토회 수도사들은 매우 엄격한 훈련을 받았으며 또 대단한 추진력을 발휘하여 수도원뿐만 아니라 토지 경영에서도 탁월한 재능을 보였다. 이를 토대로 시토회 수도사들은 역사에서 유례를 찾아보기 힘들 정도로 강력하게 성장했는데, 1108년에 시토 수도원이 처음 설립된 이후로 20년 만에 7개로 늘더니, 1152년에는 328개, 12세기 말에는 525개가 될 정도로 폭발적으로 증가했다. 자원을 이용할 수 있는 곳이라면 어디든지 파고들었던 그들은 주로 스페인과 포르투갈, 헝가리, 폴란드, 스웨덴, 오스트리아, 웨일스, 잉글랜드 북부와 스코틀랜드 국경 부근 등지에 자신들의 수도원을 세웠다. 보헤미아의 골덴크론에 있는 수도원은 2,600제곱킬로미터를 차지하고 있을 정도로 규모가 엄청났다. 이 수도원이 경작한 농업지대만도 70개의 마을이 조성될 정도였으니 그 규모는 가히 짐작하고도 남는다.

시토회 수도사들은 매우 엄격했다. 그들은 이스라엘의 키부츠처럼—어떤 점에서 키브츠와 유사했다—자신들을 위해 돈을 쓰거나, 값비싼 장식으로 교회를 치장하는 일 따위에는 관심이 없었다. 수익이 발생하면 그들은 이를 저축하거나 다른 곳에 투자했다. 강력한 권위조직을 갖추고 있었던 그들은 3년마다 참사회 총회를 열었고 산하 수도원들을 시찰하는 일도 게을리하지 않았다. 그들의 수도원은 교황의 직접적인 후원을 받고 있다는 이유로 지역 통치자나 세속 유력자 혹은 교회 지도자들로부터 어떠한 간섭도 받지 않고 거의 독립적으로 운영될 수 있었다. 경제적으로 어려움에 처하게 되면 자매 수도원으로부터 재정 지원을 받을 수 있었기 때문에 시토회 수도원들은 경제적으로도 안정될 수 있었다. 또한 거래를 할 때면 본부 수도원에 재정 지원을 요청할 수 있었다. 예를 들면 파운틴스의 시토회 수도원은 수도원과 인접한 토지 소유자들이 어려움에 처하게 되자 본부 수도원의 재정 지원에 힘입어 신속하게 그들의 토지를 매입하여 수도원 부지를 안정적으로 확보하는 계기를 마련하기도 했다.

시토회 수도원 규칙을 보면 아주 세부적인 내용까지 담고 있었다는 것을 확인할 수 있다. "돼지우리는 농장에서 적어도 10-15킬로미터는 떨어져 있어야 한다. 낮에는 돼지들을 방목할 수 있지만 밤에는 우리 안에 가두어야 한다." 초기 베네딕투스 수도사들은 농노를 고용하던 방식에서 소작농들에게 땅을 불하하는 방식으로 전환하여 크게 번성했지만, 12세기, 아니 이미 11세기부터 이 같은 방식은 효율성을 상실해가고 있었다. 이 때문에 시토 수도사들은 다른 방식을 찾아야 했다. 당시 유럽에서는 인구가 폭발적으로 늘어났으며, 이에 따라 땅 없는 사람들과 일자리가 없는 젊은이들 또한 엄청나게 불어났다. 시토회 수도원들은 바로 이 점을 놓치지 않고 이들을 일종의 준(準)수도사로 받아들여 노동력을 확보했다. 평신도보다도 낮은 계층에 속했던 이들은 대부분 문맹자들이었다. 문맹을 벗어나지 못하는 한 온전한 수도사가 될 수 없었지만, 그럼에도 그들은 '수도사들'처럼 음식을 먹고 옷을 입었다. 수도원은 이들을 '평신도 수사들conversi'이라고 불렀다. 보통 정식 수도사 한 사람당 서너 명에 이를 정도로, 평신도 수사들의 수는 적지 않았다. 수도원에서 이들이 맡은 일이란 주로 토지를 경작하는 일이었는데, 부양할 가족도 없고 임금도 받지 않았던 이들은 한마디로 훌륭한 동기를 부여받은 자발적인 노예나 다름없었다.

기독교 학문의 발전

동방에서와는 달리 서방 수도원은 상류계층에 의해 운영되었기 때문에 자연스럽게 수도원 안으로 계급구조가 스며들 수 있었다. 수도원장과 부원장은 부족들의 지배세력이나 대부호들이 차지했다. 문맹자는 수도사가 될 수 없었기 때문에 기본적으로 유산계층에서 수도사가 배출되었다. 거꾸로 말하면 배우지 못한 농민의 자녀들은 성직에 오를 수 없거나 오르더라도 낮은 자리에서 천한 일들을 도맡는 것에 만족해야 했다. 수도원은 영적 관심사와는 별도로 대토지를 소유한 영주들처럼 경제적 이익에도 관심을 가졌다. 그러나 이와 동시에 수도원은 지식인들의 기관이었기 때문에 문화전달자라는 역할을 감당해야 했다. 동방의 수도원도 학교와 대학을 운영하는 등 지식을 전수하는 일을 했지만, 미미한 정도에 지나지 않았다. 성 베네딕투스나 그레고리우스 1세만 하더라도 수도사들을 문화의 수호자나 선구자로 보지는 않았다. 하지만 수도사들은 중세 전반기 유럽에 고대 세계의 학문과 예술을 전달했던 문화전달자들이었다. 말하자면 그들은 고대 문화의 통로였던 것이다. 이들을 통해 전해진 고대 문화는 유럽의 토착 문화와 융합되었다.

    로마 교회는 문화적 역할을 할 수 있는 기구가 아니었다. 예술과 문학의 모든 분야들은 서방 제국이 붕괴될 때까지 이교도들이 거의 독점하다시피 했다. 교회는 자체적으로 학교를 운영할 수 없었다. 그 당시까지 대학이나 교육기관들은 이교도들이 주도하는 국가에 의해 운영되었기 때문이다. 이교 신앙을 재빨리 제거했던 동방에서도 교육은 국가가 관할했다. 교회는 이교도의 교육기관들을 대체하기 위해 새로이 대학을 설립하기 시작했는데, 이들 대학의 본질적인 목적은 공공봉사자들을 훈련시키는 데 있었다. 이 대학들은 신학을 전혀 가르치지 않았다. 다시 말해 동방 정교회 역시 결코 교육의 독점권을 확보하지 못했던 것이다.

    동방에서와는 달리 5-6세기에 오면 서방의 공공교육이 무너졌으며, 바로 이 기회를 틈타 로마 교회는 교육을 주도할 수 있는 기회, 즉 교육의 목적과 내용, 교과 과정을 기독교적 틀에서 다시 만들어낼 수 있는 기회를 갖게 되었다. 라틴 문화의 관점에서 기독교 사상의 윤곽을 체계적으로 제시했다는 점에서 아우구스티누스는 이런 기회를 미리 예견하고 준비했던 사람으로 여겨진다. 아우구스티누스의 뜻을 처음으로 실천에 옮긴 사람은 동고트족의 왕인 테오도리쿠스의 비서였던 카시오도루스로, 그는 536년에 로마에서 최초의 대학을 세우려 했던 인물이었다. 그는 교황에게 "학교마다 세속학문을 배우려는 학생들로 넘쳐나고 있습니다. … 역사적인 학교들이 즐비한 알렉산드리아처럼 로마에도 훌륭한 교수들을 확보한 기독교 학교를 세우고 기부금을 모아야 합니다"라고 말했다. 그러나 불행히도 이 계획은 고트족과 비잔틴 제국 간에 일어난 전쟁으로 인해 물거품이 되어버렸다.

보이티우스―그는 정통 로마 가톨릭교인이자 고트족의 장관이었다―가 6세기에 플라톤과 아리스토텔레스의 책을 라틴어로 번역해냄으로써 일부 고대 문화가 보존되기도 했다. 후에 그는 아리우스주의를 추종했다는 이유로 처형을 당하기는 했지만, 그가 번역한 라틴어 번역본들은 대량으로 출판되어 유럽 각지로 보급될 수 있었다. 칼라브리아의 스퀼라체에 기독교 서적을 출간하는 연구소를 세웠던 카시오도루스는 아우구스티누스의 사상을 토대로 세상의 지식과 기독교 지식을 아우르려는 목적으로 지식을 수집하는 데 아낌없는 노력을 기울였다. 카시오도루스의 방법은 훗날 그레고리우스 대제의 친구인 레안데르 주교와 후계자인 이시도루스 주교의 후원 아래 기독교 사상이 활발하게 토론되었던 세비야에서 채택되기도 했다. 이시도루스의 활동에 힘입어 아리우스주의를 신봉하던 왕실이 정통 기독교로 전향하기도 했다. 그는 보이티우스와 카시오도루스의 저술과 번역서들을 편찬하는 등 20년이 넘도록 당대의 학문을 총망라하는 작업을 벌였다. 그는 주로 두 가지 목적으로 학문을 발전시키려 했는데, 하나는 서고트족 왕들에게 도움을 주기 위한 것이었고, 다른 하나는 사제들과 수도사들을 가르치기 위한 것이었다. 그는 기독교 문명을 체계적으로 확립한 사람으로 평가받고 있는데, 이런 평가가 과하다 할지라도 적어도 기독교 교육체계를 확립한 사람인 것만은 분명하다. 636년에 출간된 책에서 그는 인간의 지식을 총망라하고 있는데, 예를 들면 인문학을 7개 분야(문법, 수사학, 논리학, 산술, 기하학, 음악과 천문학)로 분류하거나 전문분야를 의학, 법학, 연대기학으로 분류했다. 또 이 책에는 성경과 성경해석 방법론, 교회법과 교회직무, 신론, 하나님과 인간을 연결시키는 연결고리, 국가와 인간의 관계, 인체해부학 등도 들어 있으며, 동물과 무생물의 문제도 다루고 있다. 이시도루스로 인해 기독교 교리와 교회는 합리적인 우주의 중심에 놓이게 되었다. 한마디로 교회는 사회 구석구석까지 포용할 수 있게 되었고 모든 문제들에 답을 할 수 있게 되었던 것이다.

이시도루스의 《어원학*Etymologies*》은 사라고사의 주교인 브라울리오에 의해 20권의 책으로 편집되었다. 그 후로 이 책은 약 800년 동안 서방세계의 교육을 책임지는 토대가 되었는데, 초등교육에서부터 대학에 이르기까지 교육의 내용뿐만 아니라 방법까지도 결정할 만큼 막대한 영향력을 행사했다. 이후의 교육은 이시도루스의 이론을 해설한 것에 불과할 정도였으며, 그의 체계를 깨뜨린다는 것은 중세 학문으로서는 도저히 불가능한 일이었다. 어떻게 해서 그의 학문체계가 이처럼 중세기 내내 철옹성처럼 굳건한 위치를 차지할 수 있었을까? 그가 누구도 깨뜨리기 어려운 완벽한 학문체계를 만들었기 때문이라기보다는 당시에 유일하게 고대 문헌을 샅샅이 뒤져 이를 되살려냈기 때문이었다. 다시 말해 이시도루스는 중세와 고대를 연결시킨 유일한 통로였다. 12세기에 아랍인들에 의해 그리스 문화가 유럽에 소개되기 전까지 서방에서 이시도루스를 거치지 않고서 독자적으로 고대 문헌을 접할 기회는 전혀 없었다.

문화의 전달자, 수도사들

수도사들이 없었다면 이시도루스의 전집은 유럽 곳곳으로 전달되지 못했을 것이다. 수도사들은 전문적인 필사 능력과 시간을 확보하고 있었다. 한마디로 그들은 서방 세계에서 유일한 지식인 집단이었던 것이다. 고대문헌들을 필사하는 작업은 투르의 주교인 마르티누스 밑에서 일했던 수도사들에 의해 4세기 후반부터 시작되었던 것 같다. 이에 비해 본격적인 수도원 필사실은 카시오도루스에 의해 6세기 중엽에 모습을 드러냈다. 당시에 서방에서는 주로 양피지를 사용하여 책을 제작했는데, 이는 이집트에서 생산된 파피루스나 동방에서 생산된 종이에 비해 양이나 송아지, 염소 가죽으로 만들어지는 양피지가 상대적으로 쉽게 구할 수 있었기 때문이었다. 양피지는 내구성이 강한 반면 값이 비싸고 작업하기에도 매우 까다로웠다. 당시에는 보통 4장을 겹쳐 반으로 접고 꿰매는 식으로 책을 만들었는데, 이렇게 해서 만들어진 책은 총 16쪽으로 각 장을 4등분해 기록했다. 이것을 '4절판'이라고 부른다. 이를 필사할 때에는 한 장씩 분리하여 필사자들에게 나누어 주었다. 필사실에는 20명가량의 필사자들이 있었는데, 그들은 발걸이에 발을 얹어놓은 상태에서 앞 책상에는 필사할 책을 펴놓고 옆 책상에는 펜촉, 잉크, 칼, 지우개, 각도기와 자 등을 놓고 작업했다. 필사작업은 언제나 절대적인 침묵 속에서 이루어졌다(원본이나 편지를 받아쓰는 방은 따로 있었다). 필사작업은 대단히 힘들고 고통스러운 일이었는데, 필사본 귀퉁이에 간혹 필사자의 심경을 토로한 부분이 발견되곤 했다. "그리스도여, 나의 작업에 호의를 베푸소서." "오직 세 개의 손가락만이 사용되고 있다. 내 몸의 나머지 부분은 지치고 괴로움에 빠져 있다." "이 작업은 더디고 어렵다." "벌써 밤이 되었구나. 저녁 먹을 시간인데." "필사자는 최고의 포도주를 마실 권리가 있다." 아일랜드 사람들은 위대한 여백의 작가들이었다. 그들은 다음과 같은 문구를 필사본에 남겨놓기도 했다. "이 여백 위에 오늘 태양의 반짝거림이 즐겁다. 태양은 그렇게 어른거리고 있다."

필사작업은 7-8세기에 절정에 달했던 것으로 보인다. 잉글랜드에서는 캔터베리, 리펀, 위어머스-재로, 요크와 린디스판 등이, 아일랜드에서는 뱅고어, 버로, 켈스, 골에서는 오툉, 뤽세유, 코르비, 생메다르드수아송 수도원 등이 필사작업으로 유명한 곳이었다. 에흐테나흐, 생갈, 보비오, 노안톨라 수도원 등에서도 필사작업은 활발하게 진행되었다. 필사는 매우 더딘 작업으로, 속기사로 유명했던 아이오나의 콜룸바는 하루에 20-30쪽을 필사하여 12일 만에 《더로의 책 Book of Durrow》을 완성했다고 한다. 성경을 필사하는 데에는 만 1년이 걸렸다. 보통 필사작업이 끝나면 최고 필사 책임자가 필사본을 일일이 꼼꼼하게 대조했으며, 이 작업을 거쳐야 제본실로 넘겨질 수 있었다. 당시에는 오늘날과는 비교도 안 될 정도로 극소수의 책만이 생산되었다. 코르비 수도원에서는 50권이 넘는 책을 출간했는데 이것은 극히 예외적인 일이었다. 도서관 중에는 소장하고 있는 책이 18권 혹은 33권에 불과한 경우도 많았다. 8세기에 수백 권의 책을 소장한 도서관이라면 이는 아주 우수한 도서관에 속했다. 필사작업에 힘입어 도서관들은 꾸준히 성장했으며, 9세기에 왕실의 후원을 받은 랭스의 생레미 도서관은 600권이 넘는 책을 보유하고 있었다.

수도사는 문화의 창조자라기보다는 전달자였다. 그들 가운데 박식하고 모험심이 강한 인물들—재로 수도원의 비드가 가장 좋은 본보기이다—은 성경의 번역과 주석, 연대기나 역사서술에 관심을 보였다. 9세기에 이르면 역사 편찬을 주도하는 수도원들이 등장하기 시작했다. 생드니 수도원의 힌크마루스는 프랑스 왕실과 수도원의 이야기를 소설 형태로 기록했다. 그는 랭스의 대주교가 된 이후에는 생베르탱 수도원을 프랑스 학문의 중심지, 특히 역사·기록의 중심지로 만들었다. 이를 계기로 지성인들의 능력이 발휘될 수 있는 길이 열렸다. 힌크마루스는 861-882년에 간결하고 무미건조하게 씌어진 《생베르탱의 일생*Annals of St. Bertin*》을 풍부하고 감미로운 문체로 바꾸는 일을 했다. 힌크마루스는 비드처럼 프랑시스 지역에 흩어져 있는 정보를 얻기 위해 모든 자원들을 총동원하기도 했다. 그러나 그가 시도하려 했던 것, 즉 역사를 사색적이고 창조적이며 해설을 곁들여 기록하려는 시도는 실제로 실현되지 않았다. 역사 서술은 성경과 고전적 관례들, 그리고 확실히 뛰어난 모델로 인정받았던 라틴 모델의 범위를 벗어나지 못했다.

당시에 수도원은 대학의 역할을 감당했으나 이곳에서 실시한 교육은 한계가 있었고 교육목표도 소박했다. 왜냐하면 요한네스 카시아누스가 말한 것처럼 기독교 교리의 창조적인 탐구는 이미 끝났으며, 남은 과제는 이를 정리하는 것에 불과하다고 생각했기 때문이다. 다시 말해 히에로니무스나 아우구스티누스처럼 교리 연구를 해야 할 필요가 없어졌다는 말이다. 이 같은 주장은 말 그대로 기독교 교리 연구가 정점에 달했다는 것을 의미할 수도 있지만, 거꾸로 고전 세계의 성과물들을 온전히 전해 받지 못한 열등감에서 온 것일 수도 있다. 대부분의 수도사들은 로마 제국 시대에 인류가 탐구할 수 있는 지식이 거의 모두 이루어졌으며, 자신들은 이 지식을 온전히 전수받지 못했다고 생각하고 있었다. 따라서 자신들이 할 수 있는 최선의 일이란 그나마 전수된 지식을 되도록 충실하게 다음 세대에 전하는 것이라고 생각했다. 로마 제국이 멸망할 무렵 저술활동을 했던 아우구스티누스는 전 기독교 사회의 지성인들에게 매우 소박한 역할만을 남겨놓았다. 펠라기우스 사상을 비판하는 과정에서 아우구스티누스는 근본 원리들을 탐구하는 전통을 몰아내고 이미 결론이 난 문제들을 다시 비판적으로 검토하는 행위를 금지했기 때문이다. 그는 "로마는 말했고 토론은 이미 끝났다"고 말했다. 기독교 세계에서 그의 영향력은 대단했기 때문에 이 말 또한 다음과 같은 식으로 그가 의도했던 것보다 훨씬 넓게 이해되었다. "고대 세계와 교부들이 이미 중요한 교리들을 다 말했기 때문에 더 이상 토론은 필요 없다." 토론은 가능했으나 과거의 결론을 문제 삼을 수는 없었다. 수도사들의 역할은 단지 결론을 전하고 필요하다면 그것을 번역하는 일이었다.

결국 중세 문명은 지적인 자기비하로부터 시작되었다고 볼 수 있다. 이 때문에 수도사들은 현존하는 과거의 자료들을 보존하는 데 힘을 쏟았으며, 책을 저술하는 창조적인 일보다는 과거의 저술들을 필사하는 일을 훨씬 더 중요하게 여겼다. 필사본이 많으면 많을수록 자료들이 그만큼 더 잘 보존되리라고 생각했기 때문이다. 말년에 비드가 필사자에게 "좀 더 빨리 쓰라"며 재촉한 것에서도 알 수 있듯이 필사작업과 관련해서 일종의 우울한 긴박감이 감돌았다. 왜냐하면 로마가 멸망했듯이 라틴 학문도 소멸될 수 있기 때문이었다. 이러한 이유로 9세기 말에 앨프레드 왕은 라틴어로 씌어진 중요한 책들을 하나도 빠짐없이 영어로 번역하기를 바라기도 했다.

8-9세기에 이르면 고대 문헌들의 필사작업이 거의 마무리되었다. 필사작업은 로쉬, 쾰른, 비츠부르크, 라이헤나우, 생갈 등 주로 독일의 대형 수도원들에서 이루어졌다. 이 중에서도 라인 강 동쪽에 위치해 있던 풀다 수도원은 특히 유명했는데, 이곳을 통해 타키투스, 수에토니우스, 암미아누스, 비트루비우스와 세르비우스 등의 저술들이 오늘날까지 전

해질 수 있었다. 라바누스 마우루스는 세비야의 이시도루스의 뒤를 이어 백과사전을 편찬했으며, 그의 제자였던 세르바투스 루푸스 또한 당대에 가장 진보적인 학자로 알려져 있었다. 그럼에도 그들의 학문은 그다지 독창적이지는 못했다. 라바누스의 백과사전은 새로울 것이 없었으며, 루푸스 또한 비기독교 사회의 법들을 모아 편찬한 것에 불과했다. 주의해야 할 것은, 수도사들이 고전이라고 해서 아무것이나 필사하여 전수했다고 보아서는 안 된다는 점이다. 예를 들어 비기독교적인 작품들, 특히 그리스 작품들 중에 필사된 것은 거의 없었다. 그들은 주로 암브로시우스, 아우구스티누스, 히에로니무스, 그레고리우스 대제 같은 교부들의 저술과 비드의 저작을 필사했으며, 이와 더불어 성경과 성인들의 전기, 예배와 관련된 작품들, 즉 성사, 예식서, 성구집, 미사 예식서, 교송집과 노래집, 찬송가, 시편과 서품서, 순교자들의 전기, 주교의 기능을 다루고 있는 주교의 직무서, 고해성사 세칙들을 필사했다. 당시에 필사된 책들 가운데 기독교와 직접적인 관련이 없는 책은 1퍼센트 정도에 불과했다.

유럽 문화의 기독교화

필사작업뿐만 아니라 유럽의 문화 곳곳에 기독교가 스며들어 지배하게 되면서 세속적인 색채는 점차 사라졌다. 살아남은 일부 비기독교적 고전 문화들도 수도사들에 의해 기독교적 성향에 맞게 변형되었다. 이와 관련하여 로마 가톨릭 교회와 켈트 수도원은 서로 긴밀하게 연대했으며 이 과정에서 노섬브리아 귀족인 베네딕투스 비스코프가 큰 역할을 했다. 그는 문화적으로 양자 간의 긴밀한 유대관계를 진척시키기 위해 왕실의 후원을 받아 두 개의 수도원을 세웠다. 로마에서 그는 비잔틴 제국에서 생산된 물품들을 보았다. 이 물품들은 국내 사용뿐만 아니라 수출을 위해 생산된 것들로 다양한 종류의 사치품들이 대부분을 차지하고 있었다. 예를 들면 자줏빛 바탕에 황금 문자로 새겨진 복음서 성경이나 상아로 만든 의자, 비단으로 만든 의복과 커튼, 값비싼 성물함 등이 그것이었다. 베네딕투스는 골에서 로마식 건축 기술자들과 채색 유리 가공기술자들을 데려왔으며, 당시 로마의 성 베드로 성당에서 최고의 독창가로 이름이 높았던 요한을 초청하여 잉글랜드 수도사들에게 찬양하는 법과 성경을 낭송하는 법을 가르치게 했다. 이 외에도 그는 성물과 의복, 성찬그릇, 성상 등을 수입했다. 비스코프의 열렬한 노력에 힘입어 노섬브리아에서는 한 세대도 못되어 비드의 작품이 출간되는 등 당대 최고의 기술을 보유하게 되었다. 이렇게 해서 출간된 것이 아미아티누스 사본Codex Amiatinus이다. 이 사본은 암흑시대에 찬란하게 꽃피운 작품들 중 하나로, 현재는 피렌체의 로렌초 도서관에 소장되어 있다.

장인기술은 최고급 보석상점이 있었던 린디스판을 중심으로 발달했다. 당시 장인들은 600년 전통을 자랑하는 켈트족의 기술력에 의존하여 독특한 모양의 제품들을 생산하고 있었다. 켈트족의 전통적이면서 비기독교적인 문양과 색깔들이 성경 필사본들을 꾸미는 데 사용되는 등 추상적인 형상이 가미된 이교 기술이 기독교 작품들을 제작하는 데 그대로 적용되었다. 7세기에 출판된 《더로의 책》이나 9세기에 출판된 《켈스의 책Book of Kells》이 바로 그런 작품들이다. 전자의 작품에서는 그나마 이교적인 색채가 제한적으로 사용되고 있지만 후자의 작품은 켈트적이고 이교적인 구조에 로마와 비잔틴 문화의 영향이 다채롭게 가미되어 제작되었다. 아마 기독교 작품들 중 가장 위대한 기술력을 보여준 작품으로는 성경 구절이 새겨진 돌로 만든 십자가일 것이다. 이 십자가는 켈트 기독교만이 발전시킬 수 있었던, 전적으로 새로운 것이었다.

아일랜드의 석조기술은 1세기 라텐 시대에까지 거슬러 올라간다. 이교도였던 켈트 기술자들은 기독교 십자가를 도안하는 과정에서 그들 자체만의 독특한 예술세계를 발전시킬 수 있는 기회를 갖게 되었다. 이 과정에서 그들은 점차 기독교 복음을 깨닫게 되었는데, 결국 이런 숭고한 돌 십자가 작품들은 그들의 신앙을 표현해주고 있다. 켈트족은 돌 십자가를 통해 지중해 지역의 수많은 종교 사상들을 켈트족 고유의 순수한 예술 언어로 표현했던 것이다. 돌 십자가는 잉글랜드 서부 전역에 걸쳐 교차로나 사람들이 만나는 광장 등지에 세워졌다. 길가에 세워진 십자가들은 사람들에게 시각적으로 어떤 강력한 메시지, 즉 권면이나 온유함, 그리고 무언의 증거를 전달하는 효과를 가지고 있었다.

켈트의 돌 십자가는 기독교와 예술의 만남을 상징적으로 보여주는 좋은 예이다. 기독교가 문화의 전달자에서 하나의 문화가 된 것이다. 기독교가 문화 전달자의 역할을 담당할 때, 그 주인공은 수도사들이었다. 위어머스-재로 수도원이 한창 융성했을 때에 이곳에는 700명이 넘는 수도사들이 있었다. 그들은 모두 지식인이자 전문기술자들이었다. 당시 노섬브리아 왕국의 인구 절반이 넘는 사람들이 문맹자였던 것을 고려해볼 때 이 숫자는 엄청나게 많은 것이었다. 수도원은 유럽 곳곳에 있었고 이들은 서로 유기적으로 연결되어 있었기 때문에 어느 곳보다도 새로운 문화를 신속하게 전달하고 확산시키는 데 유리했다. 본질적으로 수도원은 종교적 열정에 의해 세워진 공동체였기 때문에 종교적 열정이 높을수록 그만큼 수준 높은 문화가 전해질 수 있는 기회도 많았다.

아일랜드는 아주 일찍부터 영국을 포함하여 유럽 곳곳으로 학자들을 '파송'하기 시작했다. 아일랜드 출신으로 아이오나 수도원의 수도사였던 디퀼은 최초로 프랑크족의 영토를 지질학적으로 연구하여 《세계의 측량에 관한 책*Liber de Mensura Orbis Terrae*을 출간했다. 이 책에는 아룬 알 라시드가 804년 샤를마뉴에게 코끼리를 보냈다는 이야기가 실려 있고 디퀼이 방문했던 것으로 보이는 아이슬란드와 파로스 섬에 관한 언급도 나와 있다. 9세기 중엽에는 세둘리우스 스코투스 혹은 스코티게나를 중심으로 아일랜드 학술단체가 결성되기도 했다. 당시 서유럽에서는 아일랜드 사람들만 그리스어를 사용하고 있었는데, 스코투스 역시 그리스어를 알고 있었다. 그의 저술은 정치이론에서부터 해학적인 라틴 시에 이르기까지 실로 방대했다. 랑과 랭스에서도 '아일랜드인 존'으로 불렸던 요하네스 스코투스 에리우게나가 이끄는 학술단체가 있었다. 에리우게나의 라틴어와 그리스어 실력은 타의 추종을 불허할 정도로 뛰어났다고 한다. 그가 지은 책《우주 분화론*On the Division of the Universe*》은 철학적이고 신학적인 이론서로, 우주의 기원과 창조를 설명하려는 야심에 찬 저술이었다. 아일랜드 사람들뿐만 아니라 잉글랜드의 수도사들도 문화 전달자로서의 역할을 훌륭하게 수행했다. 프리지아 해변의 선교사로 활동했던 윌프리두스는 종교뿐만 아니라 문화 분야에서도 헌신적으로 일했던 인물이었다. 보니파키우스는 독일에서 왕성한 선교 활동을 벌였던 사람으로, 그의 열정적인 선교 덕분에 기독교는 유럽의 중부와 북부지방으로 확산될 수 있었다. 그에 의해서 풀다 수도원이 세워졌고 이곳은 후에 유럽 문화의 중심지로 성장했다.

아마도 당대 문화를 선도했던 주요 라인은 위어머스-재로 수도원(이곳은 로마를 비롯하여 비잔틴까지 영향을 미쳤다)으로부터 8세기 요크의 대주교 학교와 프랑크 지역까지 이어진 연결망이었던 같다. 문화 전달자로서의 역할을 어느 누구보다 훌륭하게 수행한 사람은 앨퀸일 것이다. 샤를마뉴 대제의 전기 작가인 아인하르트는 앨퀸을 "알비노란 별명을 가진 왕의 스승이요 집사이며, 잉글랜드 태생의 색슨족이고 당대에 가장 박식한 사람"이라고 묘사했다. 왕실학교의 책임자로 일했던 앨퀸은 나중에 프랑스에서 가장 존경받았던 투르의 성 마르티누스 수도원장으로 일하기도 했다. 앨퀸은 샤를마뉴의 핵심 참모로서 종교와 문화 분야를 담당했는데, 앨퀸에게 수도원장직과 샤를마뉴의 참모직은 분리해서 생각할 수 없는 일이었다.

앨퀸은 기독교를 전파하는 일에 누구보다 열심히 헌신했다. 그는 성경 지식과 제반 학문들을 동원하여 기독교를 학문적으로 이해시키고자 했고 신앙을 예술적으로 승화시키기 위해 열정을 불태웠던 사람이었다. 앨퀸은 샤를마뉴에게 아우구스티누스의 《신국론》에 나타난 선교의 열정을 불어넣어 주었다. 교황 그레고리우스 대제가 켄트의 왕인 애설버트에게 보낸 선교와 관련된 편지의 필사본을 샤를마뉴에게 보여준 사람도 앨퀸이었다. 앨퀸은 789년에 정부의 기독교 정책을 정리한 《일반 권면들 *Admonitio Generalis*》을 출간했는데, 이 책은 프랑크 왕국에서 발간한 교회법령집과 로마 교회법에 기초하여 작성된 것으로 기독교에 대한 정부의 입장을 포함하여 교회와 관련된 거의 모든 문제들을 다루고 있다. 한마디로 이 책에는 왕을 중심으로 일치단결하여 불의를 배격하고 평화롭게 살아가는 기독교 사회를 열망했던 로마 제국의 비전이 담겨 있다. 물론 이 같은 비전은 아우구스티누스가 꿈꾸었던 것과 유사한 것이었다. 62조를 보면 "모든 기독교인은 평화를 위해 노력해야 한다. 주교, 수도원장, 백작 등 지도자들은 지위고하를 막론하고 평화와 화합, 일치를 위해 노력해야 한다. 평화가 없으면 하나님을 기쁘게 해드릴 수가 없기 때문이다"라고 말하고 있다. 주목할 만한 사실은 이 책은 문화를 매우 중요하게 보았다는 점이다. 72조는 수도원 학교와 대성당 학교의 설립과 유지, 성경 본문과 교회 예식을 적어놓은 문서들의 교정과 필사 문제를 다루고 있다. 결과적으로 샤를마뉴는 앨퀸의 영향을 받아 교회의 주도로 이룩되는 기독교 사회를 기대했던 것 같다. 교회는 서유럽의 이방 통치자들에게 그들의 고전 문화 유산의 소중함을 깨닫게 해주었을 뿐만 아니라 카시오도루스와 보이티우스 같은 영향력 있는 사람들에게 고전 문화의 유산을 보존하고 전수하려는 열정을 심어주었다. 물론 고전문화의 유산은 전적으로 기독교적 관점에서 이해되었기 때문에, 문화는 자연스럽게 기독교의 목적과 정책에 부합하는 방향으로 발전했다.

프랑크 왕국이 기독교를 받아들이게 되자 더 많은 사제들이 필요하게 되었다. 특히 프리슬란트족, 색슨족, 슬라브족과 아바르족에게 복음을 전할 성직자들과 선교에 필요한 기독교 서적들을 필사할 수 있는 숙련된 인력이 필요했다. 이러한 이유로 샤를마뉴는 학교를 세웠고, 앨퀸은 잉글랜드의 수도원과 대성당으로부터 자료를 구하기 시작했다. 왜냐하면 당시 잉글랜드의 수도원과 대성당은 로마로부터 수입한 기독교 서적들을 필사하여 보급하는 일을 맡고 있었기 때문이다. 로마로부터 자료가 오면 캔터베리, 재로, 요크, 맘스베리 등지에서 곧바로 필사작업을 진행했고, 이렇게 필사된 자료들은 다시 해외에서 활동하던 잉글랜드 수도사들에게나 코르비, 투르, 생드니, 위트레흐트, 에히터나흐, 마인츠, 로쉬, 아모르바흐, 뷔르츠부르크, 잘츠부르크, 라이헤나우, 풀다 수도원 등지로 보내졌다. 물론 그곳에 도착한 필사본들도 다시 필사되었다. 이곳에 보내진 서적들은 주로 성경과 신앙서적이 대부분이었는데, 카시오도루스가 영적인 목적에 유용하다고 추천한 일반 책들도 있었다. 이뿐만 아니라 그는 사본을 필사하는 방법이나 수정할 부분을 찾아내는 기술과 철자법, 책을 제본하고 보관하는 방법 등에 관해서도 조언했다. 앨퀸은 필사작업과 관련된 지침들을 샤를마뉴의 이름으로 수도원을 포함한 종교기관에 배포했는데, 때로는 "필사자들의 무지로 품위가 떨어진" 성경을 가능한 한 바로잡으라고 명령하기도 했다. 이처럼 성경을 포함한 기독교

서적의 필사작업에 전적으로 매달렸던 배경에는 과거를 가능한 한 정확하게 복원해내려는 욕망이 깃들어 있었다. 문제는 새로운 분야를 개척하려는 노력이나 의지가 거의 나타나지 않았다는 점이었다.

당시의 학자들은 두려움에 사로잡힌 겁쟁이들이었다. 왜냐하면 인간의 지식은 분명한 한계를 가지고 있다고 생각하고, 과거에 이룩한 성과물들을 존경과 두려움으로 복구하기만을 바랐기 때문이다. 8세기 후반에 앨퀸이 이끌었던 기독교는 고린도전·후서에 등장한 50-60년경의 고린도 교회와 다를 것이 없었다. 다시 말하자면, 700년이 넘도록 창조적인 작업을 거의 하지 않은 것이다. 그럼에도 불구하고 기독교는 엄청난 변화를 겪으며 새로운 문화를 창출해나갔다.

성물 숭배

'새로움'은 기독교 내부가 아닌 외부, 즉 기독교에 스며든 '이교적 요소'들에 있었으며, 이들 가운데 가장 커다란 반향을 일으킨 것은 성물 숭배였다. 4세기에 암브로시우스에 의해 시작된 성물 숭배가 빠르게 전파되어 기독교인들의 신앙생활에서 빼놓을 수 없는 의식의 하나로 자리 잡았다. 이렇게 된 배경에는 성물은 견디기 힘든 고통과 악마의 공격으로부터 견딜 수 있게 해주는 것이라는 믿음이 자리 잡고 있었다. 사람들은 성인들이 자신들이 남긴 유품을 통해 세상과 의사소통을 하며, 성물은 원자로처럼 일종의 에너지를 방출한다고 믿었다.

서로마 제국이 붕괴된 이후로 '기적'은 사람들의 관심에서 멀어졌다. 이제 더 이상 사도들이 했던 것처럼 초자연적 능력을 발휘하여 복음을 선하는 것은 불가능하다고 여겨졌다. 특히 몬타누스파가 물의를 일으킨 이후에는 오히려 방언과 기적을 터부시하기까지 했다. 성물 숭배는 이에 대한 일종의 대안이었다. 그레고리우스 1세는 "나의 형제들이여, 기적을 볼 수 없다고 해서 이를 믿지 않으실 겁니까? 기적은 여전히 볼 수 있고 경험할 수 있습니다. 왜냐하면 거룩한 교회에서 성령은 지금도 여전히 활동하고 계시기 때문입니다. … 기적은 영적인 행위이기 때문에 위대하며, 몸이 아니라 영혼을 고양하는 것이기 때문에 훨씬 더 위대합니다." 대부분의 사람들은 성인은 기적을 일으키는 사람들이기에 그들이 죽고 난 후에도 유물을 통해 기적은 계속 일어날 수 있다고 믿었다. 비드는 교육적이고 도덕적인 교훈을 주기 위해 기적(이를테면 갑작스럽게 발생하는 폭풍 같은 자연현상)이 발생하는 것이라고 설명했으며, 중세 전반기에 가장 인기 있었던 성 쿠트베르투스의 전기에도 자연현상을 통해 나타나는 기적이 서술되어 있었다. 이 책은 아담과 하와가 에덴동산에서 죄를 범한 이후로 인간은 자연을 지배할 수 있는 능력을 상실했지만, 덕행을 수행한다면 얼마간 그 능력이 회복될 수 있다고 주장했다. 그는 기적을 깜짝 놀랄 만한 기이한 행적이 아니라 하나님의 역사를 촉진시키는 것으로 보았다. 하지만 거짓된 기적 또한 적지 않게 나타났기 때문에 기적 이야기들은 언제나 그 신빙성을 점검받아야 했다. 630년대에 동부 앵글족(5-6세기에 브리타니아로 이주한 게르만족의 한 갈래. 이 부족으로부터 '잉글랜드'라는 이름이 생겨남)과 함께 살았던 아일랜드의 성인 퍼시가 겪은 지옥에 대한 환상을 기술하는 부분에서 비드는 다음과 같이 말했다.

나이 많은 한 형제가 우리 수도원에 살고 있었는데, 그는 매우 경건하고 신실한 사람이었다. 어느 날 그는 퍼시로부터 들은 지옥의 환상을 내게 말해주었다. 그가 그 이야기를 들었던 날은 안개가 심하게 낀 혹독한 겨

울날이었다고 한다. 그때 퍼시는 얇은 옷을 걸치고 있었는데, 그 경험이 불러오는 엄청난 공포와 기쁨 때문인지 마치 한여름인 양 땀을 흘리고 있었다고 한다.

대부분의 사람들은 성인이 행한 기적들을 아무런 의심 없이 사실로 받아들였으며, 성인의 성물 또한 가장 중요한 종교적 도구로 간주했다. 성물은 기독교인의 신앙생활에 실제적인 도움을 주었으며, 미사의 필수품이 되기도 했다. 성물은 교회재판에서 맹세할 때라든가 법적인 투쟁을 벌일 때에도 사용되었다. 전쟁터에서도 성물은 군인들에게 용기를 북돋아주고 전쟁을 승리로 이끄는 능력을 발휘해주는 것으로 믿어졌다. 그리고 무엇보다도 이러한 성물 숭배의 효력은 적지 않은 이방 국가들이 기독교를 받아들이는 데 상당한 역할을 했다. 성물을 숭배하는 순례여행이 일반화되면서 유명한 성물이 있는 곳은 순례객들의 발길이 끊이질 않았다. 성물 숭배는 1천 년 이상 그리스도인들로 하여금 순례여행을 하게끔 만들었던 주요한 동기로 작용했는데, 이로 인해 지역 간의 교류가 일어나고 경제가 활성화되기도 했다. 유명한 성물을 중심으로 도시가 형성되기도 했다. 성물이 거리에 나올 때마다 그 지역은 물론 국가적으로, 심지어는 국제적으로 축제가 열렸다.

성물은 어떤 귀금속보다도 높은 가치를 지니고 있었다. 성물은 최고의 금속예술로 콩크에 있던 성 푸아의 성화가 그 좋은 예다. 푸아는 로마의 마지막 박해 기간이었던 303년에 순교한 열두 살짜리 어린 소녀였던 것 같다. 866년에 콩크 수도원에서 소장하고 있던 그녀의 유품들이 기적을 일으키면서 갑자기 유명해졌고, 이 때문에 수많은 순례자들이 이곳에 몰려들었다. 985년에는 급기야 푸아의 성물들을 금으로 된 동상 안에 보관했는데, 그 동상 앞에는 기증받은 에메랄드, 마노, 진주, 얼룩마노, 사파

이어, 자수정, 크리스탈과 카메오 같은 보석들도 함께 전시되었다. 푸아의 두개골은 그녀의 동상 뒷면에 있는 동굴에 은으로 싸여 보관되었다.

　10세기에 오면 사치스러울 정도로 호화스러운 성물함이 등장하기 시작했다. 성물함 중에는 성 앤드루의 신발을 보관하기 위해 마련된 금으로 된 신발 모양의 상자도 있었으며, 금 잎이 입혀진 목재로 만든 성모 마리아의 성골함도 등장했다. 이 성골함은 수녀원장이었던 오토 1세의 손녀를 위해 에센에서 제작된 것이었는데, 현존하는 마리아 상 중에서 가장 오래된 것으로 평가받고 있다. 로체스터에는 해럴드 왕의 어머니가 선물한 은으로 만든 접이의자와 정복자 윌리엄이 선물한 상아 뿔이 있었으며, 리딩 수도원에는 매우 아름다운 성모 마리아 동상이 세워져 있었다고 한다. 15세기에 이곳을 방문한 어느 보헤미아인은 다음과 같은 기록을 남기기도 했다. "나는 여태껏 이와 같은 것을 본 적이 없다. 아마 땅끝까지 간다 하더라도 이 같은 것을 보지 못할 것 같다."

　성물을 수집하고 이를 호화스럽게 치장하는 일에는 엄청난 돈이 사용되었다. 당시에 이보다 안전하게 돈을 보관할 수 있는 방법은 없었다. 왜냐하면 단 하나의 성물만 있어도 이를 보려는 순례자들의 방문이 끊이질 않았으며, 그들이 내는 기부금이 상당했기 때문이다. 왕들 또한 자신들의 권위와 명성을 높이기 위하여 성물 수집에 열을 올렸다. 성물은 대중들이 이해할 수 있고 그들에게 감동을 줄 수 있는 것이어야 했으며, 성물 수집에는 어떤 '당위성'이 있어야 하고 또 성물은 그 지역을 대표할 수 있어야만 했다. 1120-1190년까지 리딩 수도원이 수집한 성물 목록표가 현재까지도 남아 있는데, 이 목록표는 총 242개의 항목으로 되어 있으며 거기에는 주님의 신발, 세마포(십자가에 달리신 예수가 두르셨던 옷―옮긴이), 주님의 옆구리에서 흘러나온 피와 물, 5천 명이 먹고 남은 빵과 최후만찬에서 사용된 빵, 베로니카의 수건과 수의, 성모 마리아의 머리카락, 침대와 허리띠, 모세와 아론의 지팡이, 세례 요한의 소지품들이 기록되어 있었다. 당시에 이 정도의 성물로는 사람들을 감동시킬 수 없었다. 왜냐하면 다른 성물에 비해 이 같은 성물은 규모가 작고 또 어디서나 쉽게 구할 수 있는 것이었기 때문이다. 물론 이 목록표에 나와 있는 성물 중 대부분이 위조품이었을 것이다. 그래도 잉글랜드에서 구입한 것들에는 날짜가 새겨져 있었기 때문에 진품일 가능성도 있다. 리딩 수도원이 잉글랜드에서 구입한 성물 중에는 성 토머스 베켓, 클레르보의 베르나르, 아마의 성 말라키의 성물과 노리치의 윌리엄과 베리의 로버트—이들은 유대인들에 의해 소위 '의식용 살인'의 희생자들로 알려진 소년 성인들로 당시에 사람들로부터 상당한 추앙을 받았다—와 1185년에 다운패트릭에서 발견된 성 브리지드의 머리카락과 턱뼈, 옷, 갈비뼈와 머리 등도 있었다. 그러나 리딩 수도원이 보유하고 있는 성물 중에서 단연 최고는 성 야고보의 손이었다. 이 성물은 여황제 마틸다가 신성 로마 제국의 한 채플에서 훔쳐다가 기증한 것으로 한때 콘스탄티노플에 보관된 적도 있었다고 한다. 존 왕이 기증했던 성 빌립의 '머리'(금으로 도금된 두개골)도 그에 못지않게 유명한 성물이었다. 이 성물은 4차 십자군이 콘스탄티노플에서 약탈해 온 것이었다. 당시에 콘스탄티노플은 성물의 집산지로 십자군은 성물을 수집하는 일에도 적지 않은 역할을 담당했다.

성물과 타락

성물에 대한 인기가 높아질수록 이에 대한 범죄도 함께 뒤따랐다. 가장 먼저 등장한 것은 위조품이었다. 콘스탄티누스 이후에는 시리아와 이집트에서, 8세기에는 독일에서 위조품이 많이 나타났다. 이탈리아 보부상들이 프랑크족에게 위조된 성물을 다량으로 공급했던 카롤링거 시대에 오면 성물은 포화상태에 이르렀다. 13세기에는 비잔틴 제국에서 약탈해온 다량의 '진짜' 성물들이 서방으로 유입되었다. 이와 동시에 이 성물들을 본뜬 위조품이 다량으로 생산되면서 위조품의 수는 절정에 달했다. 교황 바오로 1세는 761년에 "기독교 순교자들과 고백자들의 무덤과 더불어 수많은 고대 유물들이 경건치 못한 롬바르드족에 의해 파괴되어가고 있다. 그들은 순교자들의 무덤을 파고 시신을 약탈하는 등 아주 불경스러운 일을 자행하고 있다"는 칙서를 내놓기도 했다. 심지어는 그리스의 수도사들이 일반인의 시신을 훔쳐내서 이를 성인의 뼈로 둔갑시키는 일이 벌어지기도 했다.

이같이 성물을 모조하는 범죄가 늘어나자 성물에 교황의 인장을 찍어 진품을 보증해주는 일까지 벌어졌다. 하지만 이 같은 사태는 교황들에게 엄청난 기득권을 안겨주는 전혀 다른 결과를 불러왔다. 교황청도 성 암브로시우스 같은 이의 시신들을 '발굴'하기 위해 끊임없이 노력했다. 9세기에 교황청은 교황 파스칼리스 1세가 보았다는 신비한 환상에 근거하여 성 체칠리아의 시체를 발굴하기도 했다. 교황청에서 발굴한 시신 중에는 썩지 않은 시신들이 많았다고 한다. 로마 교회는 이 같은 현상을 거룩함의 표지로 해석했으나, 이와 반대로 비잔틴 교회는 이단의 표지로 받아들였다. 다시 말해 비잔틴 교회는 죽은 사람의 죄가 용서받지 못했기 때문에 썩지 않은 것이라고 보았던 것이다. 하지만 이 문제 때문에 로마 교회와 비잔틴 교회가 특별히 멀어진 것은 아니었다. 왜냐하면 콘스탄티노플에서 서로마 제국으로 운송되었던 성물들은 기껏해야 뼈나 옷조각들이 전부였기 때문이다. 로마에서 발견된 성물들처럼 콘스탄티노플에서 건너온 성물 또한 외교적 목적으로 사용되기도 했다. 826년에 경건왕 루트비히는 수와송 전투에서 승리하여 서방 교회를 구해낸 대가로 교황으로부터 성 세바스티아누스의 시신을 받기도 했다. 834년에는 교황이 프라이징에서 온 대표단에 성 알렉산더와 성 유스티누스의 성물들을 팔아넘기자 성난 로마 대중이 소요를 일으키기도 했다. 이로부터 10년 후 교황 세르기우스 2세는 플륌의 수도원장인 바르쿠아드에게 성 크리산투스와 성 다리우스의 성물들을 팔아넘기기도 했다.

교회와 국가의 고위 관리들은 성물들을 사고팔았을 뿐만 아니라 도둑질과 소유권의 도용까지도 묵인했다. 심지어는 앨프리드―그는 더럼 대성당의 참사회원이었다―와 같은 직업적인 성물 도둑들도 있었다. 더럼 대성당의 주교였던 에텔릭과 에델윈 또한 더럼에 있는 성물들을 빼내어 자신들의 고향에 있는 피터버러 수도원으로 옮기기도 했다. 왕이나 주교, 수도원장들은 성물을 손에 넣기 위해 전문적인 도둑을 동원하기도 했고 직접 자신들이 나서서 성물을 도둑질하는 모험도 마다하지 않았다. 크누트 왕 같은 야심가는 늘 자신의 왕국과 생명을 걸고 전투를 벌였던 사람인데, 성물 수집에도 이 같은 자세로 임했다. 물론 그 일은 그럴 만한 가치가 있고 보상이 따랐다. 1020년에 도체스터 주교의 사주를 받은 롬지의 수도원장 애설스턴은 크누트 왕의 동의를 받아 성 펠릭스의 시신을 훔치기 위해 소한으로 해군 원정대를 보냈다. 이 때문에 일리 수도원의 수도사들과 해상전투가 벌어질 위기에 처하기도 했다. 이로부터 3년이 지난 후 대주교 에텔노스는 성 바울 성당에 안치되어 있던 성 엘피의 시신을 훔쳤는데, 그가 성 엘피의 관을 뜯는 동안 크누트 왕의 호위병들이 성당 주변에 배치되어 그를 도왔다. 이 외에도 왕은 새넛 섬에 있는 성 밀드레드의 시신을 훔쳐 캔터베리에 안장하기도 했다. 이런 일들은 장난삼아 한 일이나 엉뚱한 일이 아니라 미숙한 통치자들의 권력욕이나 특권의식, 권위, 재판권과 관련하여 국가 차원에서 진행된 고도의 정치

행위였다.

　12세기에 이르면 성물 숭배를 비판하는 목소리가 등장하기 시작했다. 1120년에 노장 수도원의 수도원장인 귀베르는 《성인들의 유물들Relics of the Saints》이라는 책에서는 어느 지주가 성금요일에 죽었다는 이유만으로 그를 숭배하는 등 성인 숭배의 상당수가 허위라는 주장을 펼치기도 했다. 당시 비잔틴 교회와 앙겔리 교회는 둘 모두 자신들이 세례 요한의 머리를 보관하고 있다고 주장했다. 그들의 말이 사실이라면 세례 요한은 두 개의 머리를 갖고 있었다는 말인가? 일리 수도원과 세인트올번스, 덴마크의 오덴세 수도원에서도 각각 자신들이 성 둔스탄의 유골을 소장하고 있다고 주장했다. 바이외의 오도 주교는 코르베유 수도사들로부터 한 농민의 시신을 생텍쥐페리의 시신으로 알고 구입하기도 했다. 그 주교는 수도사들에게 사기를 당한 것이다. 이처럼 진짜로 둔갑한 가짜 유물들이 만연하자 성물 숭배에 대한 열풍은 점점 수그러들었으며, 이에 대신하여 성찬식이 신자들의 신앙심을 북돋울 수 있는 중요한 통로로 자리 잡게 되었다.

베드로와 로마 교회

　성물 숭배는 유럽의 얼굴을 바꾸어놓았다. 성물 중에서도 가장 중요한 성물은 성 베드로의 시신이었는데, 사람들은 바티칸 성당 지하에 베드로의 시신이 묻혀 있을 것이라고 믿었다. 로마 또한 이를 바탕으로 로마의 초대 주교가 베드로라고 주장하며 그의 행적을 다음과 같이 구성해냈다. 베드로는 34년에 안디옥의 주교로 재직하다가 40년에 로마로 교구를 옮졌으며 59년에는 리누스와 클레투스를 후계자로 임명했다는 것이다. 이에 대해 그 누구도 이의를 제기하지 않았다. 이처럼 베드로는 주교 계승의 시발점이었으며 그 이후로 단 한 번도 주교 계승이 단절된 적은 없다. 베드로뿐만 아니라 바울의 시신도 로마에 있었기 때문에 로마 교회는 더욱 당당히 자신들이 두 사도 전통을 계승한 유일한 교회라고 주장할 수 있었으며, 심지어는 기독교의 발상지인 예루살렘 교회—불행히도 예루살렘 교회는 교회 정치에서 전혀 힘을 발휘하지 못했다—보다 더 중요한 위치에 설 수 있게 되었다.

440-461년에 교황으로 재직했던 레오 대제가 로마의 수호자를 로물루스와 레무스에서 베드로와 바울로 대체함으로써 로마는 명실상부한 기독교 도시로 거듭나게 되었다. 로마 교회는 마태복음 16장 18절("나도 너에게 말한다. 너는 베드로다. 나는 이 반석 위에다가 내 교회를 세우겠다. 죽음의 문들이 그것을 이기지 못할 것이다")을 토대로 자신들의 수위권을 주장했다. 기독교인들은 이에 대해 일말의 의심도 하지 않았다. 하지만 주의해야 할 점은 마태복음의 구절이 로마의 권위를 높여주는 데 결정적인 역할을 한 것은 분명하지만, 이 구절로부터 로마 교회의 수위권이 발생한 것은 아니라는 사실이다. 이 구절이 본격적으로 인용되기 시작한 250년 이전인 2세기 초부터 이미 로마 교회는 다른 지역의 교회들에 영향력을 행사하기 시작했다. 위의 성경 구절은 카르타고에서 벌어진 세례 논쟁에서 처음으로 인용되다가 교황 겔라시우스 이후부터, 그리고 4세기 성물 숭배 시대와 맞물려 로마에 안장되어 있는 베드로와 연결되면서부터 로마 교회의 정통성을 입증할 수 있는 핵심 구절로 떠올랐다. 물론 이때부터 교회법과 주교회의, 공의회가 정착되기 시작했다. 교회에서는 문제가 생길 때마다 베드로의 도시, 즉 로마 교회에 호소했으며, 로마 교회는 자연스럽게 모든 문제를 판단할 수 있는 권위를 지닌 교회로 간주되었다. 여

러 지역에 흩어져 있던 교회가 로마를 중심으로 일치될 수 있었던 것은 교황의 적극적인 활동 때문이라기보다는—사실 교회일치와 관련하여 교황의 활동은 미미했다—성 베드로를 존경하고 따르려는 교회와 교인들의 자발적 헌신의 결과였다. 물론 로마 교회와는 상관없이 독자적으로 이루어지는 일들도 많았다. 예를 들면 수도원이나 교회를 세우거나 성인을 결정하는 문제, 교회 내의 규정을 정하고 지역 공의회를 개최하는 문제 등은 로마 교회와 상관없이 진행되었다. 주교나 수도원장의 임명 또한 각 지역에서 자체적으로 결정되었다. 로마 교회는 지역에서 이미 임명된 사람들을 추인했을 뿐이었다. 그럼에도 교황에게는 무엇보다도 중요한 '권위'가 주어졌다. 이렇게 그들에게 주어진 권위의 배경에는 성 베드로의 지위와 역할, 제국의 수도로서 갖는 로마의 기득권이 결합되어 있었다.

교황들은 자신이 베드로의 후계자라고 자임하면서 권위를 행사했다. 492-496년에 교황으로 재직했던 겔라시우스 2세는 "성스러운 베드로 교구는 주교들이 '묶은' 결정 사항을 '풀' 수 있는 권리를 갖고 있다"고 주장했다. 다시 말해 로마 교회의 교회법과 종교회의가 다른 어느 곳보다도 권위가 있다는 말이었다. 동방 교회에서 시작한 대교구제도가 서방에 도입되기까지는 생각보다 오랜 시간이 걸렸다. 당시까지만 해도 각 지역 주교들은 자신들이 속해 있는 대교구장과 교회 문제를 의논하기보다는 로마의 주교를 직접 찾아갔다. 교황 다마수스 이후로 교황들은 각 지역 주교들로부터 올라오는 물음에 대해 로마 황제들이 내렸던 '칙령'처럼 교서 형태의 편지들을 보내기 시작했다. 이와 아울러 로마 교회는 점차 동방 교회에서 사용하던 대교구체제를 마련하기 시작했다. 예를 들어 교황 그레고리우스 1세는 로마 교회가 설립한 잉글랜드 캔터베리 교회의 대주교에게 '팔리움'(대주교가 제복 위 어깨에 걸치는 흰 양털띠로서, 원래 황제가 자신이 임명한 사절의 어깨에 걸쳐주던 것이었다)을 입혀주었는데, 7세기부터 이같은 의식은 대교구가 설치될 때마다 치러지는 일종의 관습이 되었다. 이와 아울러 대주교들은 신앙고백을 해야 했는데, 이때 그들은 정통주의 신앙을 신봉하고 있다는 것과 교황을 최고의 권위자로 인정한다는 것, 그리고 로마 교회는 신조들을 완벽하게 보호하는 보호자라는 것을 인정해야 했다.

4세기 말에 이르러 로마 교회는 예루살렘을 능가하는 최고의 순례지로 부각되었으며, 로마 교회의 예전 또한 서방의 표준이 되어갔다. 특히 샤를마뉴는 로마 교회의 예전을 국가정책의 일환처럼 의무적으로 채택하라고 명령했다. 이와는 달리 초대교회 지도자들은 대부분 예전의 통일을 탐탁지 않게 여겼으며, 교회의 권위와 구심점, 일치를 강하게 주장했던 아우구스티누스조차 각 지역마다 예전들은 다를 수밖에 없다는 것을 인정했다. 그러나 로마 교회 교황들은 예배음악이나 의식에서 당대 최고의 수준을 보여줌으로써 각 지역 교회들이 자발적으로 로마 교회의 예전을 하나의 표준으로 따르게 만들었다.

만약 베드로가 없었다면 로마 교회가 영향력을 행사할 수 있었을까? 능력과 권위의 상징인 베드로가 중세에도 계속 로마를 지배하고 있다는 식으로 과장하기는 어려웠을 것이다. 로마는 기독교인들이라면 한 번쯤 방문해보고 싶은 최고의 순례지로 떠올랐으며, 교황들 또한 이를 긍정적으로 생각했다. 교황청은 카타콤에 안장되어 있는 순교자들의 명부를 작성하거나, 방문객들이 엉키지 않고 질서정연하게 카타콤 내부를 돌아볼 수 있도록 등불을 설치하고 동선을 정리하는 등, 순례여행을 확대시키기 위해 이런저런 노력을 기울였다. 심지어는 카타콤 내부를 안내하는 책자를 발간하기도 했다. 당시 발간된 안내서들 중에 오늘날까지도 전해지고 있는 것을 보면 놀라울 정도로 상세하고 정확하게 기록해놓은 것을 확인할 수 있다. 교황들은 순례자들이 묵을 수 있는 숙박시설들을 세웠지만, 이와 별도로 각 '민족들'은 로마에 전용 숙소를 건립하기도 했다. 예를 들면 잉글랜드는 자국민들을 위해 보로borough(각 주 안에 있는 자치 도시 혹은 읍을 의미―옮긴이), 나중에는 보고borgo로 불렸던 숙소들을 지었다.

교황 그레고리우스는 베드로의 성물과 관련된 미신적인 믿음을 확산시키는 데 적지 않은 역할을 했다. 그는 직접 지은 책에서 베드로가 여전히 로마에 현존해 있으며 자주 기적을 행하고 있다고 주장했고, 황후에게 보낸 편지에서는 "사도 베드로와 바울의 시신에서 놀라운 기적이 일어나고 있으며 경외심을 불러일으킬 만한 빛을 발하고 있어서 어느 누구도 함부로 거기에 들어갈 수 없습니다"라면서 사도들의 시신에 가까이 접근했다가 죽임을 당한 두 명의 노동자를 언급하기도 했다. 이와 아울러 사도들의 무덤에서 이상한 소리가 나고 수증기가 일어난다는 증언이 나돌았다. 이러한 소문으로 인해 사람들은 이집트 투탕카멘 왕의 무덤처럼 사도들의 무덤에 가까이 가는 것은 매우 위험하다고 여기게 되었다. 그들은 무덤 위에서 손수건이나 황금 열쇠를 무덤 밑으로 내린 다음 다시 끌어올리면 그것들이 거룩한 성물로 변한다고 믿었다. 사람들 대부분은 성 베드로가 여전히 육적으로 로마에 거주하고 있다고 믿었다. 한마디로 베드로가 로마 교구를 관장하고 있다는 믿음이었다. 베드로의 유물들은 로마 교구의 권리를 보호하고 로마에 대항하는 세력을 심판하는 데 사용되었다. 어찌 보면 베드로의 시신은 그의 대리자인 교황보다도 실질적이고 살아 있는 존재로 취급받았다. 순례는 상징적인 행사가 아니라 베드로를 알현하는 방문으로 여겨졌다. 무덤 속에 있는 베드로는 교회 업무에도 적극적으로 개입했다. 예를 들어 교황 레오 대제는 칼케돈 공의회에 제출한 자신의 교서 '토메tome'가 사실은 베드로로부터 영감을 받아 작성한 것이라는 주장을 하기도 했다. 664년, 부활절 날짜를 결정하기 위해 모인 휘트비 회의에서 노섬브리아 왕은 아이오나가 아닌 로마 교회의 입장을 선택했는데, 이는 성 콜룸바누스보다 문자 그대로 천국의 열쇠를 갖고 있는 성 베드로가 훨씬 더 강력하다고 믿었기 때문이었다. 베드로의 무덤은 죽어 있는 성물이 아니라 살아 있는 존재로, 불만을 표시할 수도 있고 벌을 내릴 수도 있는 존재로 여겨졌다. 710년에 교황은 베드로의 대리자인 자신에게 불순종했다는 이유로 라벤나 대주교의 눈알을 빼내라는 엄청난 처벌을 선고했는데, 이 같은 처벌은 베드로가 직접 내린 명령으로 받아들여졌기에 가능했다. 이 후부터 베드로의 인격persona 이 그의 대리인인 교황에게 위임되었다는 믿음이 생겨나기 시작했다.

베드로의 명성과 그의 능력이 계속 부풀려지면서, 8세기에 이르면 로마와 베드로의 연관성이 전면에 부상하게 되었다. 이러한 정황 속에서 726년에 서로마 제국이 비잔틴 제국과 재정적으로 결별하게 되었다는 것은 중요한 사실이다. 당시까지만 해도 로마 주교는 비잔틴 제국의 영토인 이탈리아를 통치하는 통치자이자 공작 신분으로 콘스탄티노플에 세금을 바쳐야 했다. 로마인들은 이를 탐탁지 않게 여겼는데, 비잔틴 제국의 황제인 유스티니아누스가 로마 제국의 옛 영예를 회복하겠다는 명분으로 이탈리아를 공격하자—이는 결국 실패로 돌아갔다—비잔틴 제국에 대한 로마인들의 불만이 커져만 갔다. 그러던 중, 726년에 비잔틴 제국이 로마에 더 많은 세금을 요구하자, 로마인들의 불만을 누를 수 없던 교황은 아예 세금 납부 자체를 거부해버렸다. 비잔틴 제국과 로마가 결별을 선언한 것이다. 하지만 문제는 다른 곳에 있었다. 앞으로 로마의 안전은 누가 지켜줄 것인가?

교황에게 주어진 무엇보다도 시급한 문제는 로마를 보호해줄 수 있는 강대국과 정치적 관계를 맺는 일이었다. 비잔틴과는 관계를 끊었고 롬바르드족은 신뢰할 수 있는 세력이 아니었다. 바로 그때 알프스 산맥 너머에서 강대국으로 급부상하고 있던 프랑크 왕국이 교황의 눈에 들어왔다. 프랑크 왕국은 잉글랜드처럼 기독교가 전해지자 곧바로 기독교로 개종했던 나라였다. 당시 잉글랜드의 선교사인 성 보니파키우스의 정열적인 선교 활동에 힘입어 기독교가 라인 강을 따라 유럽 전역으로 급속하게 전파되고 있었으며, 이에 발맞추어 프랑크 왕국도 기독교를 받아들이고 있었다. 이런 상황에서 기독교 국가인 프랑크 왕국이 로마와 손을 잡지 않을 무슨 이유라도 있었겠는가? 교황이 비잔틴 제국을 멀리하고 프랑크 왕국을 동맹의 파트너로 삼았다는 사실은 교황 마음대로 지배세력을 동맹세력으로 끌어들일 수 있었다는 사실, 말하자면 그만큼 독립적 권력을 갖고 있었다는 것을 말해준다. 이때부터 로마가 다스렸던 이탈리아 중부 지역은 새로운 모습으로 탈바꿈했던 로마 제국에게 특별히 중요한 핵심 지역으로 떠올랐으며, 실제로 오래전부터 교황의 통제하에 있었다는 새로운 이론이 등장하기 시작했다. 이 이론은 오랫동안 난제로 여겨져왔던 역사적인 수수께끼를 해결해줄 수 있는 것처럼 보였다.

기독교로 개종한 콘스탄티누스는 왜 그렇게도 급하게 콘스탄티노플로 수도를 옮겼을까? 그 이유는 로마의 기득권 세력을 무력화하고, 성 베드로에 대한 로마의 의존성에서 벗어나려 했던 것이 아니었을까? 315년 3월 30일에 콘스탄티누스가 교황 실베스테르 1세에게 보낸 편지를 보면 이 같은 사실을 추측할 수 있다. 많은 기독교 문서들이 위조된 것처럼 이 편지 또한 교황청에서 조작한 문서일 가능성이 아주 높다. 이 편지에는 콘스탄티누스 황제가 성 베드로의 대리자인 로마 주교에게 기증했던 물품들이 나열되어 있는데, 이들은 한마디로 로마 교회의 수위권을 증거하는 것들이다. 이 편지에는 로마 교구가 콘스탄티노플 교구(이 부분이 바로 이 문서가 조작되었다는 결정적 증거이다. 315년 당시에 콘스탄티노플 교구는 존재하지도 않았기 때문이다)를 포함한 모든 교구와 교회를 관장할 수 있는 지배권을 갖고 있다는 것을 보증하는 국가 보증서와 라테란의 제국 궁궐과 로마 제국의 휘장, 로마와 이탈리아, 그리고 서방 여러 지역에 대한 교황청의 지배권들이 나열되어 있었다.

말하자면 이른바 〈콘스탄티누스 기증서Donation of Constantine〉는 서방 제국이 성 베드로의 대리자인 교황의 수중에 있었음을 보여주고 있다. 그리고 이러한 상황에서 콘스탄티누스는 황제권을 지키기 위해 수도를 콘스탄티노플로 옮긴 것이며, 로마 교회는 이를 이용하여 전 기독교 사회에 대한 지배권을 완성시킨 것이다.

황제교황주의

세속 통치자들을 기독교와 연계시킬 수 있는 명분은 이미 마련되어 있었다. 구약성경에 멜기세덱이라는 훌륭한 모델이 있었기 때문이었다. 이와 아울러 바울은 권력이 하나님께로부터 왔다는 점을 강조하고 있지 않은가? "모든 권세는 하나님께로부터 온 것이며, 이미 있는 권세들도 하나님께서 세워주신 것입니다"(로마서 13:1). "권세를 행사하는 사람은 여러분 각 사람에게 유익을 주려고 일하는 하나님의 일꾼입니다. 그러나 그대가 나쁜 일을 저지를 때에는 두려워해야 합니다. 그는 공연히 칼을 차고 있는 것이 아닙니다. 그는 하나님의 일꾼으로서, 나쁜 일을 하는 자에게 하나님의 진노를 집행하는 사람입니다"(로마서 13:4). 세속 통치자를 교회에 속한 인물로 보는 바울의 통치자 개념은 통치자를 신적 존재로 추앙하는 이교도들의 관습, 즉 황제를 '최고 사제'로 추앙하는 관습과 쉽게 맞아떨어졌다.

기독교 이론가들은 기독교로 개종한 황제들이 이단과 분파들을 제압할 수 있도록 온갖 정성을 기울여 그들에게 사제권을 부여해주었다. 아우구스티누스는 황제의 선한 명령은 그리스도가 친히 황제에게 부여한 것으로, 다시 말해 황제들은 주교에 준하는 신성한 권력을 하나님으로부터 부여받았다고 주장했으며, 에우세비우스 주교 또한 콘스탄티누스는 주교의 직분을 행사할 수 있는 권리를 가졌다고 생각했다. 이러한 기독교적인 황제 교황주의Caesaro-papalism가 성장하여 5세기 초에 오면 이는 제국의 공식적인 교리가 되어 이단분파들을 반역세력으로 간주하는 데 적지 않은 역할을 했다. 6세기에 출간된 〈유스티니아누스 법전〉을 보면 황제는 사제들의 권한 중에서 영적 고유 기능을 제외한 거의 모든 권한, 즉 교리를 판단하고 사제들의 자질을 평가하는 권한까지 행사할 수 있다고 명시했다. 448년에 열린 콘스탄티노플 공의회에서 테오도시우스 황제는 대사제이자 황제의 신분으로 주교들로부터 환영을 받았다. 451년의 칼케돈 공의회에서도 마르키아누스는 '사제이자 왕'으로 불렸다. 동방 교회의 대주교와 주교들은 황제의 감독과 명령을 받아야 했다.

서방 교회 역시 이 같은 황제 교황주의를 받아들였다. 교황 레오 1세는 마르키아누스 황제에게 다음과 같이 말하기도 했다. "나는 황제를 위하여 '국왕으로서의 왕관뿐만 아니라 사제의 지팡이도 수여해주십시오'라고 하나님께 기도했습니다." 황제의 권력은 동방 교회뿐만 아니라 서방 교회에서도 하나님으로부터 기원한 것이요, 하나님이 제정해주신 것으로 간주되었다. 이에 따라 황제를 영예롭게 하는 일이 예배의 한 형태로 간주되기 시작했다. 〈테오도시우스 법전〉(438)이 로마에서 제정되어 공표되었을 때 원로원 의원들은 "우리는 당신을 통해 영광을, 당신을 통해 재산을, 당신을 통해 모든 것을 소유하게 되었다"는 말을 스물여덟 번이나 반복했다. 뿐만 아니라 이와 비슷한 다른 찬양들도 열다섯 번이나 반복되었는데, 모두 합치면 352단어의 가사가 리듬에 맞춰 불리면서 장중한 찬송소리를 자아내었다고 한다. 이러한 방식은 후에 하나님과 예수, 성모 마리아에게 청원하는 기독교 연도litanies(사제가 먼저 읊은 기도문을 신도들도 따라하는 형식—옮긴이)의 모델이 되었다. 동방 황제는 정교하게 짜인 예배의식에 맞춰 비잔틴 교회당에 입장했는데, 이 의식은 극적인 효과를 자아냈다. 크레모나의 주교인 리우트프란트의 설명에 따르면, 황제는 자신의 위엄을 극대화하기 위해 뒤편에 숨겨놓은 기계를 작동시켜 자신의 보좌를 공중으로 오르내리게 했으며, 보좌 곁에는 기계로 움직이는 사자들이 있었는데 낯선 이가 접근할 때마다 포효하면서 꼬리를 흔들어댔다고 한다.

교황청은 다수의 세속적인 권력기구를 받아들였는데, 특히 로마 제국으로부터는 원로원과 관료 제도를, 동방 제국으로부터는 장중한 의식을 차용했다. 교황청 직원들은 엄격한 계급구조 속에서 일했으며, 정교하게 꾸며진 대기실은 하나같이 교황이 있는 보좌실로 연결되어 있었다. 교황을 알현하고자 하는 사람은 교황의 보좌 앞에 나아가 그의 발 앞에 엎드려 인사를 해야 했다. 7세기 후반부터 교황은 '프리기움phrygium' 혹은 '카멜라우콘camelaucon'이라고 불리는 끝이 뾰족한 흰 모자를 썼다. 이 모자는 콘스탄티누스가 교황 실베스테르에게 선물한 것으로 알려져 있는데, 후에 '삼중관'으로 발전하게 된다. 《로마 의식서Ordo Romanus》와 같은 책은 미사를 거행할 때 교황의 모습이 어떠했는지를 묘사하고 있는데, 이를 살펴보면 로마 교회에서 그의 지위가 어떠했는지를 엿볼 수 있다. 교황은 미사 자체보다는 교황으로서의 위엄과 영광스런 모습을 나타내는 데 집중하면서 비잔티움 궁정에서 행하던 의식들에 맞춘 미사를 매우 위엄 있게 진행했다. 로마 교황청이 비잔틴 제국과 결별하게 되면서 교황의 권한은 더욱 커져갔다. 727년부터 비잔틴 제국 내부는 성상파괴 문제로 분열되어 있었다. 그러다가 결국 '성상파괴'가 콘스탄티노플의 공식 정책으로 채택되었고, 성상파괴에 대한 교황 그레고리우스 2세의 비난을 계기로 729년에 로마와 비잔틴 제국 사이의 정치적 관계는 단절되고 말았다.

교황권과 왕권의 결합

비잔틴 제국이 점차 약화됨에 따라 교황들은 자신들만의 권력을 확대해 나가기 시작했다. 그러나 그들은 아직까지 실질적인 물리적 힘을 확보하지 못하고 있었다. 다시 말해 교황들은 자신들의 권한을 보호해줄 수 있는 세속 권력이 필요했던 것이다. 이러한 이유로 고민하던 교황들은 알프스 북쪽에서 신흥 강대국으로 떠오르던 카롤링거 제국으로 눈길을 돌리기 시작했다. 서유럽에서 강대국들과 친밀한 유대관계를 맺으려는 교황들의 열망은 세속 권력자들의 욕망과도 맞아떨어졌다. 왜냐하면 그들은 교황의 신임을 받게 된다면 자신들의 권력기반이 더욱 공고해질 수 있을 것이라고 기대했기 때문이다. 특히 새롭게 등장하는 왕조는 왕권의 정당성을 확보하기 위해 무엇보다 종교의식, 즉 기독교적 의식이 절대적으로 필요했다.

이러한 이유로 서방에서 6세기 초가 되면 왕위 계승식을 위한 예배의식이 나타나기 시작했다. 스페인에서는 왕의 머리에 기름을 붓는 의식이 있었던 것 같다. 8세기에 이르러 왕권의 성격은 바뀌었다. 740년대에 프랑크족의 메로빙거 왕조는 명목상의 왕만 있었을 뿐, 실권은 잃어버린 지 이미 오래였다. 그들은 자신들의 영지를 관장할 힘도, 추종자들에게 영지를 분배하여 권력을 통솔할 힘도 잃어버렸다. 이에 비해 실질적인 힘은 재상들에게 있었는데, 이들의 최고 우두머리는 피핀이었다. 그는 왕권을 차지하려는 목적으로 교황에게 왕이 어떠해야 하는지에 대해 자문을 구했고, 교황은 실질적인 통치력을 발휘할 수 있는 왕이 진정한 왕이라고 답변했다. 이 답변의 힘은 엄청났다. 피핀은 교황의 반응에 힘입어 메로빙거 왕조의 마지막 왕을 폐위시키고 그의 아들과 함께 수도원에 감금시켜버렸다. 결국 그는 751년에 교황이 특사로 파견한 대주교 보니파키우스로부터 기름 부음을 받고 왕으로 즉위했다.

8세기 후반에 프랑크족이 급속하게 성장하고 〈콘스탄티누스 기증서〉에 의해 교황권 이론이 발전하게 되면서 교황은 황제를 만들어내는, 이른바 '킹메이커(왕을 만드는 자)'의 역할을 담당하게 되었다. 여기에서 주의해야 할 점은 교황이 '킹메이커'가 되었다는 것은 교황 자신의 입맛에 맞는 왕을 스스로 선택했다는 것을 의미한다기보다 왕의 권위를 온 천하에 알리는 취임식을 주재했다는 정도로 이해해야 한다는 것이다. 로마에서 비잔틴 세력의 잔당들이 몰락하자, 이에 따라 교황은 서로마 제국의 권력을 유산으로 물려받은 합법적인 권력자로 부상하게 되었다. 그러나 교황은 명목상의 권한을 소유하고 있을 뿐이었지 실제로는 지역 토착세력의 허수아비에 불과했다. 768년에는 네피의 토토 공작이 교황 바오로 1세의 사망으로 교황의 자리가 비어 있는 틈을 타서 세 명의 형제들과 연합하여 쿠데타를 일으켜 자신의 형제 중 하나인 콘스탄티누스를 교황으로 선포하는 일이 벌어지기도 했다. 군단장 부관인 크리스토포루스는 이에 저항했다는 이유로 교황청 광장에서 눈알이 빠지고 사지가 절단당하는 처벌을 받기도 했다. 팔레스트리나의 주교이자 부의전관이었던 게오르기우스는 당시 토토 공작의 협박에 못 이겨 평신도였던 콘스탄티누스를 성직에 임명할 수밖에 없었다. 그러나 이 쿠데타 세력에 저항하여 합법적으로 교황을 선출하려는 움직임이 일어났고, 결국 두 명의 교황이 존재하게 되었다. 이들이 교황직을 계승하기 위해 싸움을 벌이자 상황은 혼미한 상태로 접어들었다. 쿠데타는 유혈이 낭자한 야만적 폭력을 남긴 채 실패로 끝나고 말았다. 쿠데타를 일으킨 형제 중 한 사람은 눈이 멀었고 그들을 지지한 성직자들도 눈알이 뽑히거나 혀가 잘리는 참형을 당했다. 콘스탄티누스는 발에 무거운 것을 매단 채로 말안장에 앉혀져 수도원에 감금당했고 눈알들도 뽑혔으며 그와 경쟁했던 교황 스테파누스 3세의 발 앞에 끌려나와 매질을 당했다. 스테파누스 3세는 콘스탄티누스에게 행한 성직 임명을 무효화시킨 후에 교황권을 정치세력으로부터 독립시키려는 목적으로 '무력으로는 어느 누구도 교황 선거에 참여할 수 없다. 교황 선거는 명망 있는 사제들과 교회 지도자들, 그리고 성직자들에 의해 실시되어야 한다'는 칙령을 발표했다. 그럼에도 불구하고 당시 교황권은 서방의 다른 모든 다른 세력들이 그랬던 것처럼 카롤링거 제국의 궤도 안에서 표류하고 있었다.

교황 하드리아누스 1세는 샤를마뉴의 강력한 후원을 바탕으로 교황으로서는 처음으로 로마를 행정적으로 지배할 수 있었다. 그는 23년간 교황직에 머무르는 동안, 교황의 위엄과 체통을 회복시키는 데 열중했다. 그럼에도 불구하고 샤를마뉴의 눈에 하드리아누스 교황은 그저 국가에 소속된 최고위 성직자에 불과했다. 다시 말해 교황은 국가의 종교 업무를 담당한 기능인으로 취급되었던 것이다. 샤를마뉴의 대관식 장면을 소개하면서 이 책의 3부를 시작했는데, 이 대관식은 프랑크 왕국의 성장, 비잔틴 제국의 쇠퇴, 로마 교회의 지배권과 서로마 제국의 상속자에 대한 주장들, 기독교식으로 치러진 왕의 대관식 등을 한자리에서 맛볼 수 있는 상당히 의미심장한 사건이었다.

샤를마뉴의 대관식은 어떻게 보느냐에 따라 그 의미가 서로 판이하게 달랐다. 교황은 샤를마뉴를 제국의 황제로 받들면서 기름을 부었는가, 아니면 제국의 황제권을 법적으로 합법화해준 것에 불과한가? 달리 표현하면 샤를마뉴가 교황으로부터 황제의 왕관을 받았기 때문에 그 스스로 교황의 지위가 황제보다 우월하다고 인정한 것인가? 레오 3세는 교황청 벽면에 그리스도의 초상화를 그리게 한 후에 한쪽 측면에는 콘스탄티누스와 실베스테르를, 다른쪽 측면에는 샤를마뉴와 레오를 그려 넣었다. 문제의 본질을 비껴가려는 의도였다. 그럼에도 불구하고 프랑크 왕조의 도움이 절대적으로 필요했던 교황으로서는 황제보다 자신이 결코 높지 않다는 사실을 인정해야 했다. 동방의 황제들도 457년부터 교회로부터 왕관을 수여받기는 했지만 서방의 왕들과는 달리 기름 부음을 받지는 않았다. 세속 권력자에게 기름을 붓는 의식은 구약성경으로부터 끌어온 것으로, 사무엘이 다윗에게 기름을 부은—"주님의 영이 그 날부터 계속 다윗을 감동시켰다"(사무엘상 16:13)—이후로 왕은 '주님으로부터 기름 부음 받은 자 *christus domimi*'라는 칭호를 받았다. 이와 관련하여 한 주교는 샤를마뉴에게 다음과 같은 말을 하기도 했다. "나의 왕이시여, 폐하는 언제나 폐하의 왕이신 하나님의 대리자라는 사실을 기억하십시오. 폐하는 이 땅의 모든 백성들을 보호하고 통치하도록 하나님으로부터 사명을 위임받으셨습니다. 그러므로 폐하는 심판 날에 답변을 하셔야 합니다. 교황도 그리스도의 대리자이기는 하지만 2차적인 지위에 있을 뿐입니다." 799년에 샤를마뉴에게 보낸 편지에서 앨퀸은 이 말을 다른 방식으로 설명한다.

지금까지 세상에는 세 개의 가장 높은 지위가 있었습니다. 하나는 사도들의 수장인 성 베드로의 교구를 다스리는 베드로의 대리자인 교황 … 다른 하나는 제2의 로마(비잔틴 제국 포함) 제국의 위엄과 세속 권력 … 그리고 마지막 하나는 왕실의 위엄인데, 우리 주 예수 그리스도는 폐하를 위의 두 권력보다 우월한 권력으로, 더 뛰어난 지혜와 더 고상한 위엄으로 기독교인들을 다스리도록 섭리하셨습니다. 오직 폐하에게 전체 그리스도 교회의 안녕이 달려 있습니다.

분명히 샤를마뉴의 통치 영역은 전 기독교인들을 포함했다. 앨퀸은 샤를마뉴를 멜기세덱처럼 왕rex인 동시에 제사장sacerdos으로 보았다. 다시 말해 샤를마뉴는 국가뿐만 아니라 교회의 우두머리였던 것이다. "폐하는 이교도들이 저지르는 파괴행위뿐만 아니라 거짓 교리로부터 교회를 정화하고 보호하셔야 합니다. 전능하신 하나님은 폐하의 좌우편을 칼로 무장시켜줌으로써 폐하를 영화롭게 하셨습니다." 멜기세덱과 같은 샤를마뉴는 자연히 주교를 포함한 고위 성직자들을 임명하는 권한도 행사했다. 11세기 초에 메르제부르크의 주교로 활동했던 티이트마르는 이 점을 다음과 같이 강조했다. "최고 통치자의 대리자인 왕과 황제들이 독자적으로 교회 주교들을 임명하는 것은 전적으로 옳은 일이다. 왜냐하면 그리스도의 종인 목자들이 대관식이나 축복식을 통해 통치자의 위치에 오른 황제들 말고 그 외 다른 권력자들의 지배를 받는다는 것은 있을 수 없기 때문이다." 기름 부음을 받은 왕이나 황제는 어느 누구보다도 높은 위치에 있다는 이론은 사제와 왕은 상호 보완적인 역할을 한다는 설명으로 완성되었다. 11세기 후반에 한 앵글로노르만 작가는 "직분을 맡은 사제와 왕은 그리스도와 하나님의 형상을 지녀야만 한다. 하위직에 있는 사제는 인성을, 상위직에 있는 왕은 신성을 닮아야 한다"고 말하기도 했다.

샤를마뉴 대제

서방의 기독교화는 샤를마뉴의 대관식을 기준으로 적어도 이론적으로는 완성되었다. 물론 로마 제국의 영예를 회복하고 지상에 기독교 왕국을 세우기 위한 새로운 권력구조를 추구하는 일은 계속되었다. 샤를마뉴는 매우 지성적이면서도 명철한 판단력을 갖춘 인물이었으며, 더 나아가 정부와 문화, 기독교의 관계를 잘 파악하고 있었다. 그런 그의 마음을 사로잡았던 것은 다름 아닌 기독교였다. 샤를마뉴는 무엇보다도 종교적인 인물로서 교회가 자신에게 지워주었던 사명을 온전히 받아들였다. 아인하르트에 의하면 샤를마뉴는 온전한 기독교인의 삶을 살기 위해 노력했던 인물이었다. "그는 글 쓰는 일에 열중했다. 그의 베개 밑에는 여러 장의 양피지와 서판들이 놓여 있었다. 어쩌다 쉴 수 있는 시간이라도 생기면 그는 뭔가를 쓰려 했다. 그러나 글쓰기는 그의 생애 말년에 시작되었기 때문에 주목할 만한 글은 나오지 못했다. … 그는 정확하게 읽는 법과 특히 시편에 대해 전문가가 되었다." 생애 말년에는 대대적인 문맹퇴치운동을 벌이기도 했는데, 이는 성직자를 대규모로 육성하여 자신이 정복한 지역에 선교사로 보내기 위한 것이었다.

샤를마뉴는 "왕은 땅과 하늘 사이에 빛을 비추는 안내자"라는 앨퀸의 왕권론을 받아들였다. "왕이 베푼 선은 백성의 번영과 군의 승리, 사회의 안녕과 평화, 땅의 풍년, 자녀들의 축복, 백성의 건강을 뜻한다." 주교와 수도원장, 사제와 수도사들은 왕의 참모로 활동했다. 관리들도 고위 성직자들 가운데서 선발되었고, 교회 공의회는 법률을 제정하고 집행하는 기구로 확대되었다. 게다가 국가의 거의 모든 일이 공의회에서 논의되었다. 794년에 프랑크푸르트에서 열린 공의회와 813년에 아를에서 열린 공의회에서는 도량형, 상거래 문제들이 다루어졌다. 829년에 파리에서 열린 공의회에서는 옥수수와 포도주에 대해 농노들에게 고정가격을 강요하는 영주들을 공격하는 등 강자로부터 약자를 보호하는 법률들이 제정되었다. 816년에 열린 아헨 공의회를 통해 가난한 여행자, 과부, 가난한 소녀들을 위한 거처와 격리병원과 나병환자 수용소가 건립되었다.

당시에 교회에서도 개개인의 행동 하나하나가 기독교의 가르침에 부응할 수 있도록 경제, 가족, 성 등에 관한 상세한 법률이 마련되었다. 주교들은 결혼과 유산상속 등을 다루는 법정을 세웠으며, 이 문제들이 제대로 시행되고 있는지를 알아보기 위해 감사를 하기도 했다. 이때부터 설교가 세속적 질서를 단속하고 감시하는 도구로 등장하기 시작했다. 이처럼 성직자들이 신자들의 도덕 문제를 감독하는 전통이 이 시기에 처음으로 확립되었는데, 일부 지역에서는 19세기까지도 이러한 성직자들의 감독이 법적 구속력을 지닐 정도로 큰 영향력을 발휘했다.

기독교적 잣대를 삶의 곳곳에서 제도화하려는 교회의 노력은 처음부터 백성들의 불만을 불러일으키기에 충분했다. 특히 결혼과 관련된 것들이 그러했던 것 같으며, 몇 가지 점은 오늘날까지도 여전히 우리를 괴롭히고 있다. 하지만 이와는 달리 노예제도에 대해서만큼은 매우 소극적으로 대처했다. 카롤링거 제국은 노예 신분에 대해 어떠한 목소리도 내지 않았을 뿐만 아니라 노예제도가 기독교와 양립할 수 있는지조차 문제 삼지 않았다. 제국은 단지 노예의 대우 문제, 즉 그들의 해방이나 결혼 문제만을 다루었을 뿐이었다. 주인이 동의하지 않는 노예들끼리의 결혼을 인정하지 않는 등 결혼 문제와 관련해서 제국은 주인의 편을 들어주었다. 기독교 국가인 카롤링거 사회에는 이보다 더 무서운 결함이 하나 있었는데, 그것은 유대인들에 대한 차별대우였다. 유대인들은 공직에 나서거나 기독교인들을 노예로 소유할 수 없었다. 그들은 기독교의 축제 기간에는 외출할 수도 없었고, 기독교인들과 함께 식사를 하는 것도, 그리고 이들과 결혼하는 것도 금지되었다. 카롤링거 왕조를 포함하여 중세 전반기에 기독교 국가들이 이교도들에게 행사한 차별 정책들은 이처럼 말할 수 없을 정도로 조잡했다.

놀라운 사실은 로마적인 전통이 권위가 있고 매력적이었음에도 불구하고 중세 사회 전반이 로마화되기보다는 게르만화되었다는 점이다. 법률 또한 게르만적인 색채를 더 강하게 띠기 시작했으며, 교회조직도 게르만족의 제도, 즉 봉건제에 따라 조직되었다. 이로서 교회는 자연스럽게 봉건화했다. 잉글랜드에서는 대주교나 주교, 수도원장들이 흡사 백작과 영주들처럼 여겨졌으며, 실제로도 고위 성직자들은 일종의 왕의 봉사자들로 왕에게 충성하는 정도에 따라 성직록과 토지를 선물로 부여받았다. 왕의 보호 아래에서 통제를 받게 된 것이다. 어떤 의미에서 당시 유럽 사회는 신정정치 체제였지만, 또 다른 의미에서 보면 왕의 전제정치 체제이기도 했다.

클뤼니 수도원의 2대 원장인 오도가 쓴 성 게랄두스의 전기를 통해 우리는 당시 교회가 세속적 업무들을 어떻게 보았는지를 확인할 수 있다. 백작이었던 게랄두스는 대지주이자 군인이었다. 그는 세속의 삶을 버리고 거룩한 삶을 살기 원했지만 교회의 압력 때문에 세상의 직위들을 포기할 수 없었다. 그가 왜 성인으로 추대되었는지는 분명하지 않다. 오도 수도원장도 "게랄두스는 유능하고 부유하며 유복하게 잘살았고 분명히 성인이기는 했으나" 그를 '무분별하게 칭송'하는 것에 대해서는 우려를 나타냈다. 오도는 게랄두스가 신비한 기적을 일으키거나 예언을 했다는 증거를 찾지 못했다고 말했지만, 다른 곳에서는 다음과 같이 조금은 이상한 말들을 늘어놓기도 했다. "게랄두스가 행한 놀라운 일들에 관한 증거는 많다. 게랄두스는 부모나 왕으로부터 물려받은 막대한 재산과 토지를 잘 보존했으며 … 어느 누구에게도 피해를 주지 않으면서도 재산을 증식시켰고 … 권좌에 올랐으면서도 영적으로 가난했다." 게랄두스는 약간 거칠고 냉혹했으며, 보수적인 인물이었던 것 같다. 어느 날 병을 치료하기 위해 준비한 물을 다른 사람들이 사용하자 그는 격노했다. 그는 "농노가 그랬다면 그는 절름발이가 되어야 하고 자유인이 그랬다면 노예가 되어야 한다고 말했다. … 처벌에서는 조금의 양보도 없는 사람이었기에 불구로 만들겠다는 그의 위협은 그만큼 심각하게 다가왔다." 지금까지 수집된 이야기들을 보면 게랄두스는 사람들을 아주 혹독하게 다루었다는 것이 전부이다. 10세기에는 게랄두스처럼 권좌에 있는 사람들이 남에게 피해를 주지 않았다는 것만으로도 거룩하다는 명성을 들을 정도였으니 게랄두스에 관한 이야기가 얼마나 썰렁하고 보잘것없는 것인지 가히 짐작하고도 남는다.

카롤링거 시대는 그나마 중세 전반기 중에서도 비교적 질서가 잡히고 융성했던 시기였다. 당시에는 아우구스티누스가 피력한 비관론에 영향을 받아서 그랬는지는 모르겠지만, 아무튼 세속의 삶은 무의미하고 허망하다는 인식이 빠르게 확산되어가고 있었다. 이 같은 인식은 지리상의 발견이 이루어지고 난 이후까지, 아니 르네상스 시대에 이르기까지도 지속되었는데, 특히 교회에 재산을 기증하도록 유도하는 일을 확산시키는 데 유용했다. 1126년에 불로뉴의 백작이었던 스테파누스가 퍼니스 수도원에 자신의 토지를 양도하면서 "나는 지금 우리 시대의 유대가 깨어지고 있고 날마다 부패해가는 것을 보고 있습니다. 화려한 꽃이나 장미화관의 허무함과 권세 있다는 왕이나 황제, 공작 등 부유한 사람들의 허무함을 보고 있습니다. 또한 이 세상에서 화려했던 것들이 어떻게 시들어가고 있는지를, 죽음이 어떻게 그 모두를 하나로 혼합하여 아무것도 아닌 것으로 만들어 무덤으로 데려가고 있는가를 보고 있습니다"라고 말했다. 이미 수도원이 많이 있는데도 어찌하여 새로운 수도원을 지속적으로 세워야 하느냐에 대한 물음에 밤베르크의 주교인 오토는 다음과 같이 대답했다. "이 세상은 일종의 망명지와도 같으며, 이 세상 속에 사는 우리는 주님의 순례자들이라고 할 수 있다. 그러므로 순례자들이 이용할 수 있는 영적 안식처나 여인숙, 수도원과 같은 쉴 만한 장소들이 필요한 것이다. 뿐만 아니라 종말이 임박하여 사악함에 빠져 있는 오늘날에는 더 많은 수도원이 필요하다."

이러한 한계에도 불구하고 기독교 사회를 건설하려는 시도는 무시할 수 있는 것도 아니었고 실패한 것도 아니었다. 샤를마뉴와 앨프레드와 같은 사람들이 영웅으로 불릴 만큼 인상적인 활동을 펼쳤기 때문이다. 이들은 아우구스티누스의 뜻에 따라 기독교인과 기독교 제도와 기관을 하나로 통합시키기 위해 진지하게 노력했던 사람들이었다. 역사적으로 볼 때 당시만큼 완벽한 단일사회를 지향하면서 일치된 행동을 보인 적은 없었다. 기독교 역사상으로도 이처럼 하나님의 기구뿐만 아니라 인간의 기구들을 포괄적으로 묶어낸 적은 결코 없었다. 이러한 실험들은 미완성의 불완전한 것이기는 했지만 결과적으로 유럽과 기독교를 하나로 묶어낼 수 있는 토대를 구축해주었으며, 오늘날까지 영향을 끼치고 있는 많은 부분들을 결정짓는 데 큰 역할을 하였다. 이러한 이유만으로도 카롤링거 시대에 등장한 기독교 세계를 역사의 위대한 국면들 중의 하나로 평가하는 것은 정당하다.

비잔틴 제국

통합된 기독교의 건설은 긍정적인 측면뿐만 아니라 파괴적인 요소들도 갖고 있었는데, 이 때문에 4세기에 형성된 고대 기독교 유산들은 돌이킬 수 없을 정도로 해체되기도 했다. 교황은 수직적인 통일을 꿈꾸었으나 지리적 한계를 극복할 수는 없었다. 카롤링거 제국과 비잔틴 제국은 결코 우호적인 관계를 유지하지 못할 만큼 전적으로 다른 색채를 지니고 있었다. 비잔틴 제국은 기독교뿐만 아니라 인류와 함께하는 제국으로 자임하고 있었기에 서방 황제를 황제로 인정할 수 없었다. 아니 인정하는 것 자체가 불가능했다. 그렇게 인정해버리고 나면 비잔틴의 통치이론, 즉 비잔틴 제국의 우주론이 붕괴되어버리기 때문이었다. 비잔틴 황제는 지상을 책임지는 하나님의 대리자이고 제국은 천국의 예표이다. 개별 국가를 초월하는 비잔틴 제국은 적그리스도에 의해 지상에 종말이 올 때까지 정통 기독교 신앙을 지키도록 하나님이 임명하신 단 하나의 후견인이다. 비잔틴 제국의 철학은 로마와 헬레니즘, 기독교의 정연한 결합으로 구성되었다. 단 한 번도 로마를 점령한 적은 없지만 비잔틴인들은 스스로를 로마인들 Rhomaioi이라고 부르면서 로마 제국의 후계자임을 자처하고 있었기 때문에, 이들 두 제국이 화해할 수 있는 가능성은 전혀 없었다.

  교황은 '로마인들'과 '그리스인들'을 모두 관장한다고 말하는 것은 논리적으로나 지리적인 의미에서 가능한 일이었지만, 비잔틴인들에게 이것은 신앙과 역사를 모두 부인하는 의미로 다가왔을 것이다. 크레모나의 리우트프란트는 교황의 편지에서 비잔틴 제국의 황제를 '그리스인들의 황제'로, 신성 로마 제국의 황제인 오토 1세를 '로마인들의 존엄한 황제'

로 언급하자 비잔틴인들이 매우 격노했다고 말했다. "로마인들의 보편적인 황제요 오직 하나뿐인 위대하고 존엄하신 니케포루스 황제를 '그리스인들의 황제'로 부르고, 빈약하고 야만적인 피조물을 '로마인들의 황제'로 부르는 이 오만함이여! 오 하늘이여! 오 땅이여! 오 바다여! 우리는 이런 악당들과 범죄자들을 어떻게 처리해야 하는가?"

프랑크 왕국이 점차 융성해진 반면 비잔틴 제국의 군사력은 약화되어 갔다. 비잔틴 제국의 세력 약화는 지중해 전역에서의 정치적·교회적 영향력의 약화를 초래했다. 7세기에 단성론 분열을 낳았던 교리적 오류들이 마침내 본래의 자리로 돌아왔다. 단성론 신앙은 거대한 지역을 지배하고 있었는데 이들 지역이 모두 새롭게 등장한 이슬람 세력에 의해 급속히 점령당하고 말았기 때문이다. 이슬람은 이곳들뿐만 아니라 북아프리카 해안과 스페인까지 침투해 들어갔다. 700년에 이르면 기독교 세력은 고대 교부들의 교회였던 알렉산드리아, 안디옥, 예루살렘을 포함하여 영토의 절반가량을 이슬람에게 내주고 말았다. 이슬람과의 교류나 접촉은 거의 없었다. 심지어 11세기 말에 안디옥에 있던 기독교인들은 681년 이후로 교황이 누구인지도 알지 못했다.

이슬람의 공격으로 기독교의 거점들이 상실되어가자 콘스탄티노플과 로마는 서로 가깝게 지내게 되었다. 라벤나를 지배하고 마르세유에 비잔틴 황제의 친서가 전달될 정도로, 일부이기는 했으나 이탈리아에 대한 비잔틴 제국의 영향력은 당시까지만 해도 유지되고 있었다. 로마 시 또한 상당부분 비잔틴 제국의 영향력 아래 있었다. 654-752년에 재직했던 교황들은 로마 출신이 5명에 불과했고, 그리스 출신이 3명, 시리아 출신 5명, 그리스어를 사용하는 시칠리아 출신 3명, 이탈리아 출신이 1명이었다. 663년에는 비잔틴 제국의 황제가 통치자 신분으로 로마를 방문하기도 했다. 680년에 콘스탄티노플에서 열린 공의회에 참석한 교황 사절들은 대주교 넷과 자신들이 섬겼던 교황의 가르침을 정죄하는 데 동의했다. 710년에는 교황이 콘스탄티노플을 방문하기도 했다. 그러나 방문 그 이상의 의미를 주지는 못했고 교회일치에도 별다른 영향을 미치지 못했다.

서방에서 로마를 제외하고 그리스어를 사용하는 기독교인들은 거의 없었으며 그리스식의 예전에 반대하는 뿌리 깊은 편견도 있었다. 그리스인인 다소의 테오도루스가 캔터베리의 대주교로 임명을 받은 적이 있었는데, 교황은 그 자리에서 아프리카 출신인 하드리아누스를 그와 함께 보냈다. "참된 신앙과 배치되는 그리스의 관습들을 잉글랜드에 도입하지 못하도록" 감시하기 위해서였다. 8세기부터 비잔틴 제국은 이탈리아와 지중해 서부에서부터 급속히 약화되더니, 북쪽에서는 이슬람이 남쪽에서는 롬바르드족이 비잔틴 제국을 압박해오기 시작했다. 이와 때를 같이하여 교황이 비잔틴 제국에 바치던 세금을 중단하고 성상파괴 문제와 관련하여 콘스탄티노플과 대립하기 시작했다. 그리고 교황들은 결정적으로 자신들의 안전, 즉 교황권을 보장받기 위해 프랑크 왕조의 피핀 왕에게로 향했다. 이로써 로마와 비잔틴 제국은 돌이킬 수 없을 정도로 멀어지게 된 것이다.

동방과 서방의 세력 대결

프랑크 왕국과의 동맹을 통해 교황청은 롬바르드족이나 각 지역의 독재자들, 그리고 비잔틴 제국의 위협으로부터 보호를 받을 수 있게 되었다. 그러나 이에 대한 대가도 만만치 않았다. 왜냐하면 교황은 상당부분의 권리를 포기해야 했기 때문이다. 성직자들은 프랑크 왕국을 통해 서방사회를 기독교 왕국으로 일치시키기를 원했고, 프랑크 왕국의 황제 또한 로마 교황청과의 결탁을 통해 자신의 제국을 하나로 응집시킬 수 있을 것이라고 기대했다. 이처럼 이들은 각자 다른 꿈을 안고 있었으면서도 '서방 사회의 일치'라는 목적을 공유하고 있었기 때문에 예배의식과 교리에서도 통일을 이루려는 노력들이 나타나기 시작했다. 샤를마뉴의 통치가 시작되던 769년부터 로마 교회에서 행하던 세례식과 기도문, 미사 양식들이 법적 구속력을 갖게 되었다. 찬양, 성례전 집례, 의복(신발까지 포함해서)까지도 로마식으로 통일되었다. 일단 황제의 입김에 의해 로마의 양식들이 카롤링거 왕조의 영토에서 채택되자 교황은 그 지역에서 영향력을 행사할 수 있는 권리를 상실했다.

성상파괴 문제로 분열되었던 상처를 치유하기 위해 787년에 니케아에서 공의회가 열렸다. 교황은 사절들을 보내 타협안에 동의하도록 했다. 그러나 제국이 관장하는 서방 교회는 일절 대표자를 보내지 않았다. 샤를마뉴는 동방 교회를 중심으로 진행된 니케아 공의회가 자신의 위엄과 서방 교회의 지위를 모욕했다며 비난했다. 황제와 궁정 성직자들은 《샤를마뉴의 책*Libri Carolini*》을 통해 비잔틴 교회를 다음과 같이 강하게 비방했다. 비잔틴 교회는 "어리석고 오만하며 그릇되고 죄스러우며 분열주의적이고 감각이나 세련됨이 결여되어 있으며 … 더러운 지옥의 연못과도 같다." 샤를마뉴가 직접 쓴 원고에는 '진흙탕!'이라는 표현도 들어 있었다. 787년의 니케아 공의회—이후로 지금까지 전 세계 기독교를 포괄하는 교회회의는 열리지 못하고 있다—를 통해 프랑크족은 라틴 서방과 그리스 동방 사이에 점차 부각되고 있는 교리상의 차이에 주의를 기울였다. 교리적 관점에서 서방과 동방 교회가 결별하게 된 결정적인 이유는 필리오케*filioque*('그리고 아들로부터'—옮긴이)의 삽입 여부에 있었다. '필리오케'는 한마디로 성령은 성부뿐만 아니라 성자로부터도 발현한다는 의미로서, 그리스도의 온전한 신성을 강조하는 표현이었다. 프랑크 왕국에서는 미사를 드릴 때마다 이 표현을 의무적으로 사용하는 등 필리오케를 삽입하기를 원했지만, 교황들은 이에 강력하게 반대했다. 왜냐하면 그들은 콘스탄티노플에서 그런 견해를 받아들이지 않으리라는 것을 잘 알고 있었기 때문이었다. 하지만 1014년에 신성로마제국 황제인 하인리히 2세의 요구에 따라 미사용 니케아 신조에 필리오케라는 문구가 삽입되었다. 당시 교황청은 니케아 신조 자체가 필리오케의 의미를 담고 있으며, 또 이 표현은 기억할 수 없을 정도로 오래된 교회의 전통이었다고 확신하고 있었다. 1054년 서방 교회와 동방 교회가 최종적으로 결별하게 되었을 때, 교황의 사절들은 이런 역사적 과정에 무지하여―때로는 이를 무시하여―몇 세기 전부터 그리스인들은 고의적으로 필리오케라는 표현을 삭제해왔다고 비난했다.

선교에 있어서도 로마와 콘스탄티노플은 경쟁적인 모습을 보였는데, 이들은 오래전부터 북유럽에 기독교를 전파하고 있었다. 여기에다가 강한 선교 열정을 보였던 프랑크 왕국이 합류함으로 인해 선교 경쟁에 불이 붙었다. 급기야 9세기에 이르면 서방과 동방 교회 선교사들이 발칸반도에서 맞부딪히기까지 했다. 이 같은 정황을 미루어 보면 당시 유럽의 이교 국가들이 어찌하여 한꺼번에 기독교 국가로 변모하게 되었는지를 이해할 수 있을 것이다. 콘스탄티누스가 그랬던 것처럼 프랑크족은 전적으로 군사적인 이유 때문에 기독교를 받아들였던 것 같다. 왜냐하면 기독교인들로 구성된 군대는 다른 어느 군대보다 우수했기 때문이었다. 다른 이유가 있다면 기독교만이 제공해줄 수 있었던 탁월한 구원관에 흠뻑 젖어버렸기 때문이었을 것이다.

비드가 쓴 《영국 교회와 민족의 역사》를 보면 당시에 기독교 선교사들이 이와 같은 구원관에 얼마나 강하게 의존하고 있었는지를 확인할 수 있다. 그러나 이처럼 기독교가 통치자에게 매력적인 종교로 다가왔다고 해서 선교가 쉽게 이루어졌던 것은 아니었다. 통치자들은 백성들과도 상의해야 했고 기독교라는 새로운 종교가 기존 사회에 미칠 수 있는 파장도 고려해야만 했기 때문이다. 이러한 이유 때문에 그레고리우스 대제는 아우구스티누스를 잉글랜드로 파송하는 자리에서 기독교는 융통성이 있어야 하고 가능한 한 그 지역의 관습과 융합할 수 있어야 한다는 점을 강조했던 것이다. 6세기에 프랑크족과 잉글랜드에 기독교가 전파될 때만 해도 기독교와 기존 관습은 어렵지 않게 융합될 수 있었다. 그러나 9세기에 오면 상황이 달라졌다. 이미 기독교 체계가 굳어져 융통성이 사라져버렸기 때문이었다. 즉, 기독교는 삶의 거의 모든 분야를 설명할 수 있게 되었다. 말하자면 기독교를 받아들인다는 것은 완전히 새로운 삶의 방식을 받아들인다는 것을 의미하게 되었던 것이다. 이러한 어려움에 더해서 당시 기독교를 새롭게 받아들이려는 사람들은 두 종류의 기독교 (즉, 동방 기독교와 서방 기독교) 중에서 하나를 선택해야 했다.

불가리아의 개종

850년대에 신흥국가로 떠오른 불가리아는 카롤링거 왕조와 비잔틴 제국 사이에서 고민하다가 결국 친프랑크 노선을 취하려 했던 것 같다. 860년대 초에 불가리아의 왕 보리스 1세는 프랑크 왕국으로부터 기독교를 수용하려 했다. 그러나 864년에 비잔틴 제국이 막강한 군사력을 바탕으로 무력시위를 벌이자 마음을 바꾸어 865년에 동방 기독교(정교회)로 개종하게 되었다. 그 후에 보리스는 콘스탄티노플의 총대주교였던 포투스에게 불가리아에 자율적인 교회, 즉 기존의 다섯 개 대교구와 맞먹는 대교구를 설치해줄 것을 요청했다. 하지만 이에 대해 포투스는 만족스러운 답변을 주지 못했다. 이에 마음이 상한 보리스는 866년에 106개의 질문이 담긴 편지를 교황에게 보냈다. 마침내 보리스는 서방 교회에 가입해 버렸던 것이다. 이에 교황 니콜라우스 1세는 크게 기뻐하며 2명의 주교를 보내 그가 제기한 질문에 답변하게 했다. 오늘날까지도 남아 있는 이 답변서는 중세 전반기를 통틀어 가장 매력적인 문서 가운데 하나로 손꼽히고 있다.

보리스가 교황에게 물었던 것은 신학적인 문제들이 아니었다. 그는 믿음이 아니라 행동에 관심이 있었다. 그의 질문들은 기독교를 수용함으로써 발생하는, 특히 그리스식 정통 기독교의 엄격한 의식주의로 인해 조성된 긴장감을 반영하고 있다. "비잔틴에서는 수요일과 금요일에 목욕하는 것이 금지되어 있는데 이것이 과연 옳은 일인가? 벨트를 착용하지 않고 성찬식에 참여하는 것은 옳은가? 궁중 내시들이 왕을 위해 잡은 짐승의 고기를 먹는 것은 어떤가? 평신도들은 비를 내려달라는 기도를 할 수 없고, 식사 전에 십자가 성호를 긋지 못한다는 것이 사실인가? 교회에서 평신도들은 가슴에 팔을 포갠 채로 서 있어야 한다는 것이 사실인가? (교황은 이에 대해 '아니오, 아니오, 아니오'라고 대답했다.) 비잔틴 교회의 성직자들은 이교 반란자들의 회개를 거절할 권리가 있는가? (교황은 '물론 아니오'라고 말했다.)" 이와 더불어 교황은 콘스탄티노플 총대교구는 사도적 토대가 전혀 없는 순전히 정치적 의미만을 갖고 있을 뿐이라며, 서열상 두 번째 교구라는 비잔틴 교회의 주장을 거부했다. 그러나 교황 또한 불가리아에 총대교구를 세워달라는 보리스의 요구를 받아주지는 않았다.

보리스의 질문들을 통해서 우리는 당시 이교 사회에, 특히 이교도들의 실제 삶 속에 기독교가 어떠한 영향을 미쳤는지를 확인할 수 있다. "금식은 매년 몇 차례나 해야 하는가? 금식기간이 아닌 날에 아침은 언제 먹어야 하는가? 주일에 성생활을 할 수 있는가? 사순절 기간에는 날마다 성찬식에 참여해야 하는가? 기독교인들이 먹을 수 있는 동물과 날짐승은 무엇인가? 교회 안에서는 여성이라면 어느 누구나 머리에 수건을 써야 하는가? 주일과 기독교 축제일에 일을 할 수 있는가? 사순절 기간에 전쟁이 일어난다면 어떻게 해야 하는가? 적군이 공격해 온다는 소식이 기도를 방해할 때는 어떻게 해야 하는가? 전장에 있는 군인들은 종교적 의무를 어떻게 지켜야 하는가? 기독교의 자비가 살인자, 도둑, 간음한 사람들을 처벌하는 것과 양립할 수 있는가? 고문은 허용되는가? 교회는 죄수들에게 도피처를 제공해도 되는가? 군에서 불순종하는 자들이나 겁쟁이들은 어떻게 다루어야 하는가? 국경을 탈출할 수 있도록 도망자를 방치한 국경 보초들은 어떻게 다루어야 하는가? 사형선고 외에 다른 대안은 없는가? 형법은 기독교 윤리를 반박하고 있는가? (이와 같은 질문들에 대해 교황은 정의와 자비를 연결시키는 상식적인 입장을 밝혔다.) **뿌리 깊은 우상숭배자들은 어떻게 다루어야 하는가? 그들에게 기독교를 받아들이도록 강요해야 하는가? (이에 대해 교황은 부드럽게 설득하라고 충고했다.) 우호적인 국가와의 동맹은 어떻게 맺어야 하는가? 기독교 국가가 중대한 조약을 어긴다면 어떻게 되는가? 기독교 국가는 이교 국가와 동맹을 맺을 수 있는가? (이에 대해 교황은 약간 주저하며 다음과 같이 말했다. '국제조약은 보통 관련 국가의 관습에 달려 있다. 어려운 경우에는 교회에 조언을 구하라. 이교 국가와의 동맹은 그 국가를 기독교로 개종시키려는 의지가 있는 한 허용될 수 있다.')"

보리스는 무엇보다도 그리스인들이 금지시켰던 불가리아인들의 전통적 관습들을 교황이 어떻게 생각하고 있는지를 알고 싶어 했다. "깃발에 말 꼬리를 사용하는 것은 허용될 수 있는가? 전투에 나서기 전에 점을 쳐보기 위해 마술을 걸고 의례적인 춤을 추고 노래를 하면서 칼에 맹세를 하는 것은 옳은 일인가? (교황은 '맙소사, 옳지 않다'고 말했다) 기적을 일으킨다는 돌이 사람을 치료할 수 있고 목에 걸고 다니는 부적은 질병을 예방할 수 있는가? (교황은 분명히 아니라고 답변했다) 제사는 허용되는가? ('아니 그럴 수 없다. 기독교로 개종하지 않은 채 죽은 부모를 위한 기도를 해서는 안 된다.)" 교황이 인정한 관습들 중에는 죽은 새나 짐승의 고기를 피를 빼지 않고 먹는 것, 높은 식탁에서 통치자 혼자 식사하는 관습(교황은 이것을 죄짓는 것보다 더 나쁜 태도라고 생각했지만), 다양한 옷을 입는 관습들이 포함되어 있었다. 교황은 바지를 입는 것에 대해서도 반대하지 않았다.

불가리아를 자기편으로 끌어들이려는 로마와 콘스탄티노플의 투쟁 속에서 그들의 관계는 더욱 악화되었다. 로마가 그리스 성직자들을 추방하자, 콘스탄티노플에서도 라틴 사제들을 추방했다. 콘스탄티노플 총대주교인 포투스는 라틴 선교사들을 "어두운 서방에서 온 경건치 못하고 배설물 같은 사람들"이라며 폄하했다. "그들은 청천벽력이나 난폭한 우박, 그리고 야생 멧돼지처럼 주님의 포도밭을 짓밟고 있다. 그들이 가련한 불가리아인들을 유혹하는 그릇된 관습들 가운데는 주일에 금식하는 것, 사순절 기간을 단축시키는 것, 성직자들의 독신제, 그리고 주교들만이 견신례를 베풀 수 있다는 것들이 포함되어 있다! 기독교 전통이 조금이라도 무시된다면 그것은 교리 자체를 경멸하는 것이다." 물론 '필리오케' 또한 주요한 비판의 대상이었다. 서방과 동방은 나름대로 불신의 갈등을 치유하기 위해 공의회를 개최했지만 아무런 소득이 없었다. 양측 간의 논쟁은 변방 국경지대—한때 로마의 통치를 받았으나 지금은 무주공산에 가까운—의 재판 관할권 문제로 비화되었다. 교황은 그리스인들이 불가리아인들로부터 엄청난 규모의 뇌물을 받고 있다고 비난했다. 이는 사실이었을 수도 있다. 불가리아인들에게는 비잔틴 제국이 로마보다 훨씬 부유하고 힘이 센 제국으로 보였을 것이기 때문이었다. 게다가 거리상으로 불가리아는 로마보다는 비잔틴 제국에 가까이 있었다. 이런 요소들이 함께 어우러져 결국 불가리아는 비잔틴 제국을 선택했고 불가리아와 함께 슬라브 세계 전체가 이 당시에 동방 교회를 선택했다.

동방 정교회의 세력 확산

유럽 동남부와 동부에서 동방 정교회가 확산되었던 이유는 단지 지리적 근접성 때문만은 아니었다. 그보다는 예배와 종교적 저작들에서 자국어를 사용하는 것에 대해 그리스인들이 라틴인들보다 관대했다는 것이 결정적인 매력으로 다가왔기 때문이다. 사실 중부 유럽과 북부 발칸 반도에 가장 먼저 도착하여 선교 활동을 벌인 사람들은 라틴 선교사들이었다. 그들은 일반 대중들이 사용하는 슬라브어를 통해 선교 활동을 펴는 것이 무엇보다 중요하다는 사실을 깨닫고는 9세기 전반부터 세례, 신앙고백, 신조, 주기도문 등 기독교 서적들을 슬라브어로 번역하여 라틴 문자로 옮겨 적기 시작했다(그때까지 슬라브어는 문자를 갖고 있지 못했다). 이에 대해 교황청은 모호한 태도를 취했다. 867-868년에 하드리아누스 2세는 슬라브어로 된 예배 의식서의 사용을 인정하는 칙령을 발표했다. 880년에 요한 8세는 자국어로 된 예식서의 사용을 잠정적으로 금지시켰으나, 모라비아인들에게 보낸 편지에서는 "성경에 기록되어 있는 거룩한 복음, 즉 하나님의 말씀이 올바르게 번역되고 읽힌다면 슬라브어로 미사를 드린다고 해서 신앙과 교리에 반하는 것은 아니다. 왜냐하면 세 개의 주요 언어인 히브리어, 그리스어, 라틴어를 만드신 분이 자신의 찬양과 영광을 위하여 다른 모든 것들 또한 창조하셨기 때문이다"라고 말하면서 슬라브어로 된 예식서 사용에 동의했다.

교황청은 다른 나라들이 미사를 드릴 때에 라틴어가 아닌 자국어를 사용하는 것을 용납하지 않았지만 슬라브어에 대해서만은 예외로 인정한 것이다. 하지만 이마저도 오래 지속되지는 못했다. 왜냐하면 프랑크 왕들이 라틴 문화의 관점에서 교회의 일치와 신앙의 표준화를 만들어내기 시작했기 때문이다. 히브리어와 그리스어를 사용하던 동방과는 달리 이때부터 서방에서는 오직 라틴어만이 인정되었다. 한마디로 라틴 세계에 갇히게 되었던 것이다. 이 같은 현상은 불행히도 20세기에 이르기까지 지속되었다. 필리오케의 사례에서도 그러했지만 언제나 타협을 거부했던 사람들은 교황이 아니라 프랑크 왕국의 지배자들이었다.

비잔틴 쪽에서도 라틴어가 아닌 그리스어 미사를 강요하는 흐름이 있었으며, 문화적 측면에서 비잔틴인들은 라틴인들보다 훨씬 더 오만한 태도를 보였다. 비잔틴인들 대다수는 지방어로 된 예배 의식서나 성경의 사용을 강력하게 반대했다. 안나 콤네나나 오크리다의 테오필락투스 같은 이들은 '야만인' 문화에 뿌리를 둔 용어들을 사용했다는 이유로 사람들에게 사과를 해야 할 정도였다. 진보 성향을 가진 비잔틴 제국의 황제 미카일 3세는 라틴어를 '야만인과 스키타이인의 언어'라고 말하기도 했다. 13세기에 활동했던 아테네의 대주교 미카엘 코니아테스는 라틴인들이 그리스어를 이해하기까지는 "당나귀들이 서사시를 즐기고 쇠똥구리가 향수의 향을 맡는 것보다" 오래 걸릴 것이라며 조롱하기도 했다. 보수주의자들은 '세 개의 언어'(히브리어, 그리스어, 라틴어—옮긴이) 이론을 고수하면서 슬라브어로 된 예배 의식서를 이단적인 문서로 평가하기도 했다.

그럼에도 불구하고 로마보다는 그나마 비잔틴 정부가 훨씬 실용주의적이었다. 그들은 다음과 같은 바울 사도의 말에 주의를 기울였다. "또 나팔이 분명하지 않은 소리를 내면, 누가 전투를 준비하겠습니까? 이와 같이 여러분도 방언을 사용하기 때문에 분명한 말을 하지 않는다면, 그 말이 무슨 뜻인지 남이 어떻게 알겠습니까? 결국 여러분은 허공에다 대고 말하는 셈이 될 것입니다. … 내가 방언으로 기도하면 내 영은 기도하지만, 내 마음은 아무런 열매를 얻지 못합니다"(고린도전서 14:8-14). 문자 그대로 이러한 문제에 골머리를 앓던 고트족들에게 비잔틴 교회 총대주교 중에 가장 존경받는 크리소스토무스는 그들의 언어로 연도를 할 수 있도록 허락했다. "어부들(예수의 제자들을 뜻함—옮긴이)과 천막 만드는 자들(바울 및 그 일행을 뜻함—옮긴이)의 가르침이 태양보다 훨씬 더 밝게 야만인들의 언어를 비추고 있다."

비잔틴 정부는 귀족가문 출신의 언어학자들을 선발하여 정부기관에서 일하도록 하는 등 언어에 깊은 관심을 보였다. 미카일 3세는 860년에 지방장관인 메토디우스와 국가 철학교사인 콘스탄티누스(수도사가 된 후로는 스스로를 키릴루스라고 불렀다) 형제들을 슬라브족의 선교사로 보냈다. 데살로니가에서 정부 관리의 아들로 태어난 그들은 비잔틴 정부의 외교 업무에 종사했다. 이들을 선교사로 임명하는 자리에서 미카일은 "너희 두 사람은 데살로니가 출신이고 데살로니가인들은 슬라브어를 사용하고 있다"고 말했다. 뛰어난 언어학자이자 성경을 사랑했던 콘스탄티누스(키릴루스)는 일 년도 못 되어 슬라브어를 기록할 수 있는 슬라브 문자를 창안했던 것 같다. 그래서 863년에 이들은 슬라브어로 번역된 복음서를 들고 파송될 수 있었다. 콘스탄티누스의 전기 작가에 따르면, 그는 '교회의 직무, 아침기도, 정시기도, 저녁기도, 기도문집과 미사 예식서' 등을 슬라브어로 번역했다고 한다.

이처럼 메토디우스와 키릴루스가 지은 슬라브어 문자를 '글라골' 문자와 '키릴' 문자라고 하는데, 이 중 키릴 문자는 9세기의 그리스 언설자체 字體(기원전 3-9세기에 그리스, 라틴어 필사에 쓰였다. 지금의 대문자보다도 둥근 맛이 있는 옛 자체—옮긴이)를 슬라브어의 음성적인 특성에 맞춰 발전시킨 문자이다. 글라골 문자는 그리스어 소문자를 바탕으로 셈어—콥트어도 포함하여—를 개작한 것으로 보이는데, 매우 독창적이고 창의적인 것으로 보아 콘스탄티누스는 매우 위대한 언어학자 가운데 한 사람임이 분명하다. 이에 비해 키릴 문자는 여섯 개의 문자를 제외하고는 그리스어 알파벳을 개작한 것에 불과하다. 그럼에도 키릴 문자는 단순하면서도 당시에 가장 명성이 높고 널리 사용되었던 문자와 밀접한 관련을 맺고 있다는 장점을 가지고 있었다. 오늘날에도 동방 정교회에 소속된 슬라브족, 예를 들어 불가리아인, 세르비아인, 러시아인의 교회에서는 키릴 문자로 인쇄된 책을 사용하고 있다. 물론 이 민족들이 현재 사용하고 있는 알파벳 또한 키릴 문자에 기초하고 있다(루마니아인들도 17세기까지 키릴 문자를 사용했다). 슬라브어는 그리스어와 라틴어 다음으로 유럽에서 널리 사용되는 국제 언어로 발전했고 러시아인이나 불가리아인, 세르비아인과 루마니아인들이 공동으로 사용하는 문학 용어가 되었다.

대부분의 슬라브 지역에서 비잔틴 제국은 로마를 압도했다. 왜냐하면 비잔틴은 로마에 비해 각 지역문화를 관대하게 바라보았기에 별다른 충돌 없이 선교 활동을 할 수 있었기 때문이었다. 그러나 문제의 본질을 놓치지 말아야 한다. 즉, 비기독교 국가들을 엄격하게 다루었던 뿌리는 교황보다는 프랑크족에 있었다는 점이다. 860년대에 교황 니콜라우스 1세와 그의 후계자인 하드리아누스 2세는 콘스탄티누스와 메토디우스의 선교 활동을 지원하면서 그들이 비잔틴 교회보다는 자신들의 치리를 받을 것이라고 기대했다. 하지만 이들 형제가 교황의 초청으로 로마를 방문하던 중에 콘스탄티누스가 그만 사망하고 말았다. 교황을 만난 자리에서 메토디우스는 슬라브어로 된 예식서를 사용해도 된다는 교황의 칙서(868)와 함께 중부 유럽의 선교권을 위임받았다. 이처럼 교황은 메토디우스의 선교를 통해 프랑크족과 그리스인들을 몰아내고 중부 유럽의 지배권을 자신의 손아귀에 넣으려 했지만 불행히도 이 시도는 실패로 끝나고 말았다. 왜냐하면 이를 알아챈 프랑크족 출신의 성직자들이 870년에 열렸던 교회회의에서 메토디우스가 그리스풍의 예식을 사용하는 등 '부정행위'를 저질렀다고 비난했기 때문이다. 이 때문에 그는 감옥에 갇혔으며, 이 지역의 선교는 비잔틴 교회의 수중으로 넘어가게 되었다. 이곳은 지역적으로도 비잔틴 교회에게 유리했다. 달리 보면 프랑크족과 마찬가지로 메토디우스에게도 필리오케 문제는 이단이냐 아니냐를 판가름하는 중대한 문제로 떠올랐다. 그에게는 로마와 관계를 끊고 동방 정교회를 선택하는 것 외에 다른 대안이 없었다. 프랑크족은 교황에게 슬라브족이 가진 예전 개념을 비판하도록 강요하면서 필리오케 문제를 해결하려고 했다.

  기독교적 사회구조와 문화로 유럽을 통일하려는 프랑크 왕국의 실험으로 인해 서방 교회는 놀라울 정도의 일관성과 일치를 조성할 수 있었고, 서방 사회 또한 위대한 역동성을 얻을 수 있었다. 후에 유럽이 전 세계적으로 영향력을 발휘할 수 있게 되었던 근원도 이러한 역동성에서 비롯된 것이었다. 그러나 이와 동시에 부작용도 만만치 않았다. 프랑크 왕국의 시도는 처음부터 비관용적인 태도를 전제하고 있었기에 결과적으로 교회일치를 불가능하게 만들었다. 다시 말해 깊이에서의 일치를 이루기 위해 넓이에서의 일치를 희생하게 된 것이다. 삶의 곳곳에 기독교가 침투해 들어갔다는 사실은 교회구조가 그만큼 고도로 조직화되었다는 것을 의미한다. 그리고 이 같은 상황은 곧 동방 정교회 같은 외부세력과의 타협을 불가능하게 만들었다. 더군다나 카롤링거 제국의 오만하고 권위적인 태도가 교황들에게도 영향을 미쳐 로마 가톨릭 교회의 특징으로 자리잡았다.

동 · 서방 교회의 분열

교황들이 서방 제국에 직접적으로 기여를 하게 되면서부터 서방과 동방 교회의 결별은 불가피해졌던 것 같다. 이제 서방 제국이 동방을 접수하든지, 아니면 그 반대이든지 둘 중 하나이어야만 했다. 두 제국 모두 동일한 유산을 놓고 경쟁을 벌였기 때문에, 두 제국이 모두 살아남는다면 기독교는 두 종류로 나뉠 수밖에 없었다. 돌이켜 보건대 800년에 거행된 샤를마뉴의 대관식은 서방 세계를 기독교 사회로 통합시킬 수 있는 계기가 되어주었던 반면, 기독교 왕국을 통일시키는 데는 치명적으로 작용하여 기독교를 분열로 이끌었던 이정표 역할을 했다. 1054년에 로마 교황청은 이탈리아 남부를 위협하던 노르만족에 대처하기 위해 콘스탄티노플로 교황 사절단을 파견했다. 그러나 이 회담은 전혀 다른 방향으로 나아가 양측의 갈등을 재확인하는 자리가 되고 말았다. 다시 말해 성찬식 때 무교병(누룩이 들지 않는 빵)을 사용하는 문제에서부터 토요일에 금식하는 습관에 이르기까지 양측이 보인 입장의 차이를 더욱 첨예하게 부추기고 서로 적대감만 증폭시켰던 것이다. 11세기 중엽에 지중해 지역이 다시 개방되자 기독교인들은 자유롭게 동방과 서방을 왕래할 수 있게 되었고 양측은 좀 더 긴밀한 접촉을 하게 되었다. 그런데 역설적이게도 그들 사이에 만남이 재개되자 오히려 적대감이 증폭되었으며 지난 300여 년 동안 쌓여왔던 차이점들만 더욱 분명해지는 계기가 되고 말았다. 이러한 상황 속에서 1054년에 양측의 차이점이 너무도 분명하게 드러나는 한 사건이 벌어졌다.

1054년에 교황은 결정적으로 전략을 수정했고, 이 전략은 그 후 400년 동안 지속되었다. 교황의 눈에는 서방 제국이 직면하고 있던 위험들이 보이기 시작했다. 그는 무엇보다도 잠재적인 견제세력이던 동방 제국과 좋은 관계를 맺어야 했다. 이러한 상황에서 교황은 동방 교회가 자신에게 복종하면 그 대가로 동방 제국을 아낌없이 지원할 것이라는 일종의 타협안을 제시했다. 교황—그는 서방 황제인 아인리히 3세를 사랑스러운carissimus 존재라고 부른 바 있다—은 동방 황제를 총명한serenissimus 존재라고 부르는 등 매우 따뜻한 어조로 편지를 썼던 것에 비해, 동방 총대주교에게는 매우 엄격하고 질책하는 어조로 "로마는 어머니이고 로마의 남편은 하나님이시며, 콘스탄티노플은 외설스럽고 타락한 딸"이며, 로마로부터 이탈한 교회는 "이단자이자 분열주의자들의 비밀 모임이며 사탄의 회당"이라는 내용의 편지를 보냈다. 이처럼 로마는 동방 황제와 동방 총대주교에게 각각 다른 태도를 취하는 일종의 이중적 전략을 내세웠던 것이다. 동방 총대주교와의 타협을 전혀 고려하지 않았던 로마가 선택할 수 있는 길은 오직 이것밖에 없었다.

14세기에는 그리스 지식인들이 중세 라틴 신학의 고전들을 번역하는 등, 동방의 신학자들은 서방 교회와 동등한 위치에서 토론을 할 준비가 되어 있었다. 그러나 권위주의적 전통에 물들어 있었던 교황들은 이에 어떠한 반응도 보이지 않았다. 교황들은 매우 단호하게 자신들이 개입해서 해결되지 않는 문제들은 폐기해야 한다고 생각했다. 1112년에 교황 파스칼리스 2세는 알렉시우스 황제에게 "하나의 머리를 갖지 않는 이상 그리스인과 라틴인은 통합될 수 없다. 한쪽이 다른 한쪽에게 스스로 복종하지 않는 이상 어떻게 토론이 가능할 수 있겠는가?"라는 편지를 보내기도 했다. 대안이 있다면 그것은 정복하는 길뿐이었다. 로마는 예루살렘을 탈환하기 위해 소집된 십자군을 오히려 비잔틴 제국에 대항하는 군사 수단으로 이용하여 그들에게 이단과 분파주의를 박멸하라는 사명을 부여할 수도 있었다. 그러나 11세기에 그와 같은 시도는 군사적으로 가능했다 할지라도 교황은 서방의 지배세력들 가운데 어느 특정 세력이 권력을 확장시키는 것을 우려했다. 동방 정복의 수혜자는 어느 세력이 될 것인가? 호엔슈타우펜 가문인가, 앙주뱅 가문인가, 아니면 카페 가문인가? 로마는 이 모두를 두려워했다.

이러한 이유 때문에 교황들은 콘스탄티노플 총대교구로부터 동방 황제를 분리시키려 했으나, 사실 이러한 정책이 성공할 가능성은 전혀 없었다. 동방 황제 또한 동방 교회를 굴복시키는 대가로 서방으로부터 군사·재정적 원조를 기대했으나, 그는 결코 동방 교회를 서방에 양도할 수 없었다. 자신과 총대주교를 합친 것보다도 더 강한 평신도들의 신학 분파가 동방 교회를 지지하고 있었기 때문이었다. 1274년의 리옹 공의회에서 극한 상황에 몰린 동방 황제 미카일 팔레올로고스는 교황 그레고리우스 10세에게 굴복하고 필리오케를 수용할 수밖에 없었다. 시칠리아에 있던 교황의 대리자 앙주의 샤를은 앞장서서 콘스탄티노플을 공격하기를 바라고 있었는데, 이 소식을 듣고 너무 격분하여 그의 보좌를 물어뜯었다고 한다. 비잔틴의 성직자들과 백성들은 동방 황제의 굴복 소식에 훨씬 더 격렬한 반응을 보였다. 황제는 어떻게 해서든 자신의 비굴한 행동을 정당화할 필요가 있었으며, 이 때문에 발생할지도 모르는 폭동을 우려하여 선동가들을 체포하고 심한 매질을 하거나 추방해버리는 등 강경책을 썼다. 어떤 신학자는 매일같이 매를 맞았다고 한다. 황제의 친인척 가운데서도 네 명이나 감옥에 갇혔으며, 몇몇 수도사들은 혀가 잘리기도 했다. 그러나 이 모든 황제의 노력들도 결국은 수포로 돌아갔다.

1283년에 동방 정교회의 정통주의 신앙이 다시 회복되었고 필리오케는 다시 거부되었기 때문이었다. 그러나 교황의 이중전략은 계속되어 1439년에 동방 황제로부터 또 하나의 굴복을 받아낼 수 있었다. 이 같은 굴복의 대가로 교황은 비잔틴 제국에게 투르크족의 공격으로부터 보호해주겠다고 약속했으나, 교황의 약속은 로마의 교리적 입장을 미온적으로 받아들인 그리스인들의 태도만큼이나 불성실했다. 불과 6개월 후에 벌어진 투르크족의 공격으로 콘스탄티노플은 함락되고 말았다. 이후로 비잔틴 제국은 이 지구상에서 사라져버렸다.

카르타고를 중심으로 성장하던 아프리카 교회는 성례전 집행 권한 문제와 관련하여 주교들 사이에 치명적인 분열이 발생하자 불행히도 중도에서 소멸되어버렸다. 시리아와 동방 교회를 비롯한 많은 교회들도 사라졌다. 왜냐하면 그들은 삼위일체나 그리스도의 본성과 관련하여 다른 지역 교회와 그 어떠한 타협도 가능하지 않았기 때문이다. 비잔틴 제국은 비극적인 종말을 맞이하게 되었고 유럽의 기독교는 결국 통합되지 못했다.

그리스도는 모든 사람을 포용할 수 있는 보편적인 교회를 세웠다. 이 교회는 철옹성 같은 확신에 토대를 둔 강력한 비전으로 무장된 교회였다. 이 비전이 실현되면 될수록 그러한 확신은 더욱더 강력해졌으며 보편성과 교회일치의 가능성은 오히려 줄어들었다. 권위주의적이고 강제적인 성격의 아우구스티누스적인 기독교 왕국은 결코 교회일치의 정신과 양립할 수 없었다. 다시 말해 교회의 실체를 분명히 하려는 시도는 불가피하게 동방과 서방의 분열을 초래했던 것이다. 이제 서방 교회 내부로 눈을 돌려 아우구스티누스의 사상은 서방 교회 일치를 위해 얼마나 강력한 힘을 발휘했는지, 그의 사상은 또한 전체 기독교 사회를 분열시키는 데 어떻게 일조를 했는지에 대해서도 살펴보기로 하자.

4부
왕권과 교황권의 대결
1054–1500년

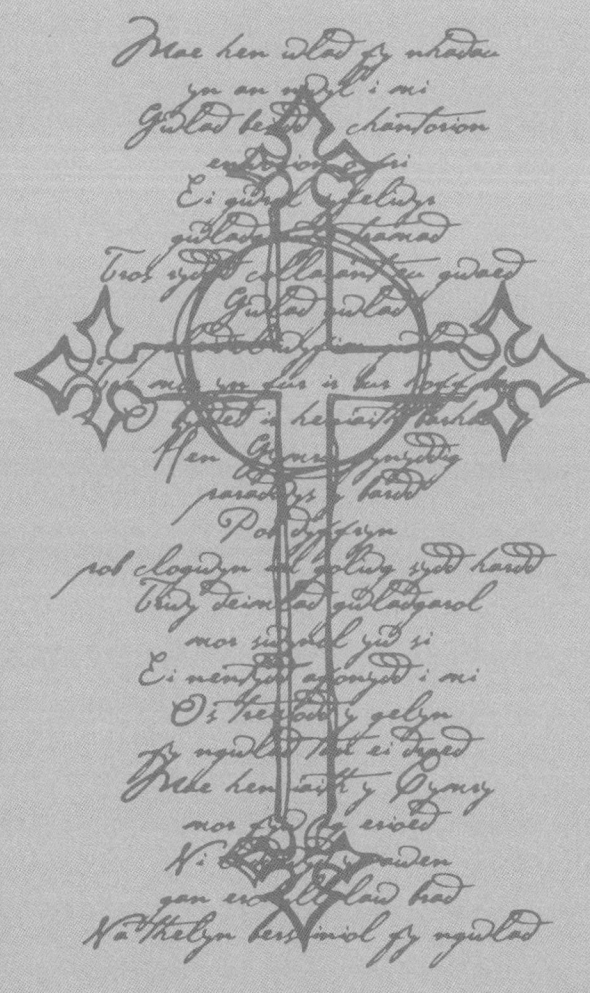

A History of Christianity

교권과 속권의 대결

"옛 로마 시대에는 평신도들이 성직자들을 적대적으로 대했다고 하는데, 지금 보니 그 말이 사실이었던 것 같다." 교황 보니파키우스 8세의 이 발언 속에서도 알 수 있듯이, 1296년 당시에는 교황과 세속 권력 사이에 벌어진 투쟁이 암울한 분위기를 자아내고 있었다. 그 와중에서 교황은 〈성직자와 평신도Clericis laicos〉라는 교서를 통해 세속 권력과의 전면전을 선포했다. 이 교서에서 그는 성직자들은 세금을 낼 필요가 없다는 것을 분명히 했으며, 심지어는 세금을 내는 성직자들과 세금을 징수하는 관리들을 파문하겠다는 위협도 서슴지 않았다. 더 나아가 4년 후에는 〈하나의 거룩한Unam Sanctam〉이라는 교서를 통해 교회는 영적인 검과 세속의 검 모두를 사용할 수 있다고 주장하면서 자신의 지위와 권위를 한층 더 강조했다.

두 개의 검, 즉 영적인 검과 세속의 검은 모두 교회의 수중에 있다. 영적인 검은 교회가 사용하고 세속의 검은 교회를 위해 사용되어야 한다. 특히 세속의 검은 왕이나 지휘관들이 사용하는 것이지만 성직자의 의지대로 그리고 성직자의 허락을 받아 사용해야 한다. 다시 말해 세속의 검은 영적인 검의 통솔을 받아야 한다. 세속 권력은 영적 권력의 지배를 받아야 한다. … 세속 권력의 잘못은 영적 권력이 판단하지만 … 영적 권력의 잘못은 사람에 의해서가 아니라 오직 하나님에 의해서 판단될 것이다. … 왜냐하면 영적 권위는 인간에게 속한 것이 아니라 하나님께 속한 것이기 때문이다. … 더 나아가 나는 모든 사람들이 자신의 구원을 위해 교황에게 복종해야 한다는 사실을 선언하고, 진술하며, 명백히 밝히고 또 공표하는 바이다.

역사상 가장 비극적인 사실 중 하나는 기독교적 가치관을 바탕으로 형성되었던 조화로운 질서가 본격적인 중세 사회에 접어들면서 급격하게 붕괴되었다는 것이다. 이는 기독교에도 치명적인 비극이었다. 기독교라는 하나의 기준이 자리하고 있던 중세 초기에만 해도 사회의 구성원들은 기본적으로 기독교 신앙에 바탕을 둔 사회이론에 동의했거나 최소한 동의할 마음은 있었던 것 같다. 왜냐하면 당시 거의 모든 사람들이 이러한 체제를 인정했기 때문이다. 예를 들어 '세례'는 사회의 구성원이 될 수 있는 자격, 즉 사회의 규율을 따르겠다는 일종의 맹세로 누구도 거부할 수 없는 일종의 암묵적 의무였다. 그렇기에 세례를 거부한 사람들, 즉 유대인들은 사회의 구성원으로 받아들여지지 않고 아무런 권리도 누리지 못했으며 심지어 핍박의 대상이 되었던 것이다. 유대인들 외에도 교회에서 이단으로 낙인찍힌 사람들이나 스스로 교회를 거부한 사람들은 핍박을 받거나 살해당했다. 다시 말해, 교회는 사람들에게 삶의 전 영역에서 오직 순종과 헌신을 강요했으며, 사람들 또한 이를 거부감 없이 받아들였던 것 같다.

하지만 중세 사회가 무르익으면서 점차 결점들이 발견되기 시작했다. 사회가 하나의 '몸'이라고 한다면, 이 몸을 이끄는 머리는 누구인가? 그리스도인가? 그렇다면 그리스도는 두 개의 검, 즉 세속의 검을 다루는 세속 권력과 영적인 검을 다루는 교회를 동시에 지도하고 있다고 볼 수 있다. 그렇다면 문제는 그리스도의 권한을 지상에서 대리할 수 있는 '대리자'는 누구인가 하는 것이다.

로마 교회와 교황이 수위권을 주장했던 가장 결정적인 근거는 자신들이 성 베드로의 대리자라는 것에 있었다. 하지만 시간이 지나면서 이러한 주장이 더욱 확대되어 교황들은 자신들이 그리스도의 대리자라고 주장하기에 이르렀다. 이와 별도로 왕이나 황제들 또한 자신들이 하나님의 대리자라고 주장했으며, '대관식'은 이에 대한 하나의 훌륭한 전거로서의 기능을 했다. '하나님의 대리자'와 '그리스도의 대리자' 간의 우열관계에 대해 여러 논쟁이 벌어졌으나, 다음과 같이 정리되었다. 대리자의 통치는 '하늘'이라는 하나의 원천을 갖는다, 즉 아버지와 아들과 성 베드로 사이에는 어떠한 의견의 차이도 없기 때문에 이 속에서 우열을 따지는 논의는 무의미하다는 것이다. 어찌되었든 교황과 황제는 하늘의 대리자들이기에 백성들은 무조건적으로 순종해야 했다. 하지만 황제나 왕, 교황이나 주교들이 이 권한을 사악하게 사용한다면 어떻게 해야 하는가? 이에 대해서는 하나님이 그들을 심판하실 것이며, 법정을 통해 바로잡게 될 것이다.

어려움은 여기에 있었다. 과연 어떠한 법정이 이러한 권한을 갖게 되는가? 당시에는 일종의 사설 법정이 상당히 많았다. 권력을 조금이라도 갖고 있으면 사람들은 자신의 법정을 세웠다. 법정을 소유하고 있다는 것은 그 사람이 온전한 자유인이라는 증거를 확보한 것이라고 볼 정도였다. 신성로마제국 황제 하인리히 3세는 11세기 중엽에 다음과 같이 말하기도 했다. "법을 집행하는 사람들은 법의 지배를 받지 않는다. 왜냐하면 그들은 법을 마음대로 운영할 수 있고 자신이 원하는 대로 법을 개정할 수도 있기 때문이다." 누가 최고의 법정인가? 왕인가, 황제인가 아니면 교황인가? 누가 누구를 심판하고 폐위할 수 있는가? 이러한 질문은 우리 몸의 머리는 과연 누구이냐를 묻는 것이나 마찬가지로 쉽게 해결될 수 없는 문제였다. 왜냐하면 이 문제는 합의를 통해서 해결할 수 있다기 보다는 실질적인 힘의 균형에 의해 결정될 수 있는 문제였기 때문이다.

세속 권력의 위력

11세기 후반에 이르자 힘의 축이 세속 권력 쪽으로 기울어졌다. 샤를마뉴는 교황 레오 3세를 심문할 수 있는 권한을 가지고 있었으며, 그는 이를 이용하여 교황은 주교들의 수장에 불과하다는 것을 아주 분명하게 주지시켰다. 샤를마뉴는 주교를 왕실의 직원쯤으로 여겼으며, 주교들 또한 재판을 맡고 세금을 징수하거나 왕실의 사절로 활동하는 등 왕실에 충성스러운 모습을 보였다. 특히 법률을 제정할 때 그 이론을 뒷받침하는 일에 주교들의 역할이 컸던 것 같다. 물론 이에 대한 대가로 엄청난 토지를 받을 수 있었기 때문에 주교들은 자발적으로 황제를 따를 수 있었던 것이다. 이러한 식으로 점차 황제는 교회를 통제하고 감독하기 시작했다. 카롤링거 왕조 시대에 만들어진 법률 중 절반 이상이 교회와 관련된 것이었는데, 황제는 이 같은 법률들을 통하여 주교들의 수염 모양에서부터 성직자의 자식과 관련된 부분까지 포함된 실로 방대한 영역에서 실질적으로 그들을 지배하게 되었다.

이 같은 체제는 카롤링거 제국이 붕괴되고 963년에 작센 출신의 잘리어 가문에게 패권이 넘어간 후에도 한동안 변하지 않았다. 신성로마제국 황제들은 전임자였던 프랑크 왕들이 했던 것처럼 자신들이 임명한 주교나 대주교, 수도원장들을 통해 영토를 관리했다. 스페인, 잉글랜드, 프랑스에서도 이와 같은 방식이 적용되었다. 한마디로 황제는 교회의 실질적인 우두머리였던 것이다. 물론 그렇다고 황제가 성례전을 집례한 것은 아니었다. 그럼에도 황제는 일종의 고위 성직자로 간주되었고, 이와 관련하여 대관식은 황제가 일종의 성직자라는 것을 세상에 알리는 데 적지 않은 영향을 끼쳤다. 11세기 후반에 오면 왕이나 주교들이 '보베 태피스트리'(프랑스 보베에서 제작된 비단으로 주로 왕이나 귀족들이 사용했다—옮긴이)라는 옷을 입고 취임식에 임하여 왕은 교권도 관장하고 있다는 인상을 심어주었다. 1022년에 제작된 삽화를 보면 황제 하인리히 2세가 교황이나 총대주교들이 입었던 교황청의 권위를 상징하는 옷을 입고 재판석에 앉아 있는 모습을 찾을 수 있다.

왕실의 대관식과 주교의 서품식 또한 다음과 같이 거의 동일한 순서로 진행되었다. 성물과 이를 뒤따르는 취임 당사자가 교회당으로 들어오는 것으로 의식이 시작된다. 취임 당사자의 신앙을 확인하는 공식 질문이 주어진 후에 머리와 가슴, 어깨에—왕의 경우에는 팔과 손에, 주교의 경우에는 머리와 팔에—기름을 붓는다. 이어 취임 당사자에게 반지와 지팡이가—왕은 이 외에도 칼, 외투, 팔찌와 왕홀이—주어지며, 평화의 키스와 장엄한 미사를 마지막으로 의식이 마무리된다. 잘리어의 황제들이 받았던 반지는 '주교'나 '대주교'들에게 주어졌던 것과 동일했다. 다시 말해 황제는 주교나 다름없는 존재로 단지 주교보다 조금 더 많은 임무가 주어졌다는 차이만 있을 뿐이었다.

이처럼 왕은 고위 성직자였고 왕직은 성직자의 직무였다. 왕은 이 외에 다른 직책을 겸하기도 했는데, 예를 들면 하인리히 2세부터 잘리어 가문의 왕들은 '대성당 참사회원'으로 봉사했다. 하인리히 2세는 밤베르크, 마그데부르크와 스트라스부르, 콘라트 2세는 보름스, 노이하우젠과 아이히슈테트, 하인리히 3세는 쾰른, 바젤, 프라이징, 하인리히 5세는 리에주, 하인리히 4세는 슈파이어 대성당 참사회원이었으며, 이에 더해 에히터나흐 성당의 부주교를 겸직했다. 세속 권력자들은 상징적으로만 고위 성직자의 직함을 가진 것이 아니라 실질적인 역할을 감당했는데, 특히 교회재판에서 재판관으로서 영향력을 행사했다. 황제 콘라트 2세의 궁정 사제였던 비포는 콘라트의 전기에서 다음과 같이 묘사하기도 했다. "그는 학문적으로는 무지했지만 공적으로는 친절하고 정중했으며 적절한 지침을 통해 성직자들을 성실하게 지도했다." 그의 아들 하인리히 3세는 교회개혁에 앞장섰던 인물로 유명하다. 특히 1046년에 수트리에서 열린 교회회의에서는 자신과 뜻을 달리하는 두 명의 교황을 한꺼번에 폐위시키고 다른 한 명의 교황은 스스로 물러나게 만든 후에 새로운 교황을 세우기도 하는 등, 막강한 권력을 행사했다. 이후에는 유능한 교회개혁자인 교황 레오 9세와 함께 개혁정책을 실행하기도 했으며, 콘스탄츠 공의회에서도 교황과 '제단을 함께 올라가는' 영예를 누리기도 했다.

　교회와 국가가 이처럼 서로에게 협조하는 조화로운 관계를 유지할 수 있었던 것은 교황이 자신보다 활동범위가 넓었던 황제의 우월한 지위를 수용했기 때문이었다. 그러나 불행히도 이러한 밀월관계는 그리 오래가지 못했다. 이로부터 불과 몇십 년도 지나지 않아 교황과 황제는 서로에게서 등을 돌렸으며, 그 후로 이러한 관계는 결코 회복되지 못했다. 균열의 발단은 대사제처럼 활동한 황제 하인리히 4세와 이를 탐탁지 않게 여겼던 교황 그레고리우스 7세 사이에서 벌어졌다. 신성로마제국의 명실상부한 황제임을 자처했던 하인리히 4세가 이탈리아 주교의 임명권을 독점하자, 이에 대해 교황이 극렬하게 비판하면서부터 사건이 시작되었다. 교황이 먼저 하인리히 4세를 파문했고 하인리히는 이에 대응하여 교황을 폐위시키고 다른 교황을 선출해버렸다. 사건은 점차 확대되어 물리적인 충돌로 치닫다가 결국 카노사에서 하인리히가 교황에게 굴복하는 것으로 끝이 났다.

왕권과 교황권의 역전, 교황 그레고리우스 7세

어떻게 이러한 일이 일어날 수 있었는가? 황제보다 유리한 지점에 있었던 교황은 어찌하여 세속 권력을 억압하려 했는가? 교황 그레고리우스 7세가 세속 황제의 권한을 침해했던 것만큼은 의심의 여지가 없다. 하인리히 4세가 의도적으로 교황권을 억압한 것은 아니었다. 그는 다만 전임자들이 해왔던 일을 수행했을 뿐이었다. 하인리히는 경건하고 진지한 사람이었던 것 같다. 밤베르크의 주교이자 오토 황제의 전기 작가인 에보는 하인리히가 시편을 너무 자주 읽어서 그의 성경책이 "읽을 수 없게 될 정도로" 해어졌다는 일화를 전해주기도 했다. 하지만 그는 자의든 아니든 간에 감당할 수 없는 갈등의 씨앗을 후계자들에게 뿌려놓았다. 적어도 그의 전임자들은 제국의 질서를 회복하고 제도들을 튼튼히 하기 위해 많은 노력을 기울여왔다. 그리고 이러한 목적에서 그들은 교회 문제에도 개입했고 대사제의 임무까지도 적극적으로 행하려 했던 것으로 보인다. 하지만 불행하게도 하인리히 4세가 집권하던 당시에는 황제들의 의도와는 달리 세속 권력이 성직을 행사하는 것에 대한 반대의 목소리들이 나오기 시작했고, 이미 상당한 영향력을 발휘하고 있었다. 한마디로 하인리히 4세는 희생양이었던 것이다.

11세기 중엽의 유럽은 봄이었다. 북쪽에서 바이킹족의 침입과 남쪽에서 이슬람의 침략이 한풀 꺾였던 시기였기 때문이다. 서방 기독교 세계가 야만적인 이교도들의 독니에서 빠져나왔던 것이다. 농업 생산량이 점차로 증가했고, 그에 따라 인구와 무역의 규모 또한 늘어났다. 지중해 연안을 중심으로 새로운 사상들도 전파되고 있었다. 서적 출판이 늘어나면서 배움의 기회도 많아지고 성직자들의 활동영역이 넓어지면서 읽고 쓰는 능력도 전반적으로 향상되었다. 고전이 발굴되고 과거의 철학사상에 대한 탐구들이 이루어졌으며 잊혔던 서적들이 다시 주목을 받기 시작했다. 이에 따라 교황들은 〈콘스탄티누스 기증서〉나 정교하게 위조된 〈위僞이시도레 교령집pseudo-Isidorian decretals〉 같은 문서들을 통해 자신들의 권한을 강화하려고 했다. 교황 겔라시우스나 그레고리우스 대제, 니콜라우스 1세 등이 발표한 성명서들 또한 교황의 절대적 권한에 대한 근거로 사용되었다.

10-11세기에 왕권은 교회 유력자들과의 다툼에 밀려 서서히 쇠퇴하기 시작했다. 왕권은 본질적으로 왕이 소유한 토지의 양과 비례했는데, 이 시기에 왕의 토지 또한 점차 줄어들었다. 예를 들면 잉글랜드에서도 정복왕 윌리엄 1세가 토지의 5분의 1을 소유하기 전까지 잉글랜드 왕실 소유의 땅은 형편없이 줄어들었다. 그 밖의 다른 지역에서도 왕실 소유의 땅은 점차 줄어 거의 밑바닥을 맴돌았다. 왕들은 대대로 세습되어온 지방 관리들을 통솔하거나 교회를 보호할 수 있는 힘도 잃어버렸다. 너무 가난하여 군대를 유지하거나 교회를 설립할 수 있는 여유도 없었다. 오히려 그들은 살기 위해 교회 수입을 빼앗기까지 했다. 왕들은 주교와 수도원장들로부터 환대를 받고자 했지만, 정작 자신은 그들에게 줄 수 있는 선물이 하나도 없었다. 이처럼 점차 왕권이 약화되면서 주교 임명

권이 점차 왕에게서 공작이나 각 지방의 유력자들에게로 옮겨 갔는데, 이는 성직매매가 빈번하게 발생하는 계기가 되었다.

1040년대에만 해도 황제들은 로마에서 질서를 회복하고 개혁운동을 주도할 수 있었지만, 개혁운동이 현실화되면서부터는 오히려 황제들의 통제를 벗어나기 시작했다. 교회 개혁은 주로 누구를 성직자로 세워야 할 것인가에 집중되어 있었다. 말하자면 성직자 선발과정이 물욕에 눈이 먼 세속의 부호들로부터 독립되지 않는 한 성직자들의 개혁을 기대할 수는 없었다. 로마의 개혁세력이었던 훔베르트 추기경은 《성직매매론 반박 Adversus Simoniacos Libri Tres》(1057)을 통해서 주교는 성직자와 백성들에 의해 선출되어야 하고, 성직자들은 주교에 의하여 서품되어야 한다는 주장을 펼쳤다. 그는 더 이상 왕이 성직자를 임명한다거나, 성직자 임명에 왕의 동의가 필요하다는 생각을 하지 않았다. 1059년에 발표된 교황 선거법도 추기경들에 의해 교황이 선출되며, 그 외 다른 성직자들과 백성들은 이렇게 선출된 교황을 차후에 비준해주는 역할을 하는 것으로 밝히고 있다. 교황청이 이러한 방식을 고안한 이유는 성직자와 평신도를 분명히 구분하고, 성직자들 간에도 직분에 따라 분명하게 등급을 구별하려는 데 있었지만, 무엇보다도 성직자들을 세속 권력으로부터 독립시키기 위한 것이었다. 주교도 국민의 한 사람으로서 세속의 의무를 수행해야 한다는 주장이 제기될 때마다 교회는 항상 다음과 같은 사도 바울의 말을 인용했다. "하나님의 사역자는 결코 세속적인 일에 관여하지 않습니다."

그렇다면 어찌하여 주교들은 세상의 대부호들처럼 봉토를 갖고 많은 수익을 누리고 있는가? 교회는 이에 대해서도 답을 가지고 있었다. 자신들이 소유하고 있는 토지는 교회에 무상으로 제공된 것이라고, 즉 하나님의 재산이라고 대답했다. 자신들은 단지 물려받은 재산을 보호하는 의무를 성실히 수행하고 있을 뿐이라는 말이었다. 성 안셀무스 또한 "나는 내 교구가 물질적으로 궁핍해지기를 바라지 않으며 또 그렇게 궁핍해진 교구를 가지고 하나님의 심판대 앞에 서지 않을 것이다"라고 말했다. 교회는 세상의 기준에 굴복하지도 세상의 의무를 이행하지도 않은 채 세상의 특권과 권리를 행사했던 셈이다. 이를 바탕으로 그레고리우스 7세는 예부터 성직자와 평신도가 절대적으로 구별되었다고 하면서, 주교는 세속적인 직분을 감당할 수 있지만 평신도인 황제는 성직자의 직분을 겸할 수 없다고 주장했다. 그는 주교와 수도원장을 임명하려는 '황제, 왕, 평신도들'의 권리를 인정하지 않았으며, 이를 위반한 사람들을 파문하기까지 했다.

이처럼 교황 그레고리우스 7세가 전통적인 관례들을 전부 폐기해버렸기 때문에 제국은 혼란에 빠졌다. 황제는 교황의 뜻이 현실화되면 결국에는 영주들이 실권을 잡게 될 것이고 왕국은 영주들에 의해 흩어지게 될 것이라고 경고했지만, 교황의 뜻을 바꾸지는 못했다. 아니 오히려 교황은 황제의 경고가 자신에 대한 도전이라고 여겨 더욱 강하게 자신의 뜻을 관철시켰다. 교회 없는 국가는 아무것도 아니다. 영이 우리 몸에 생기를 불어넣어 주는 것처럼 궁극적으로 국가는 교회에 의해 움직인다. 국가가 힘을 발휘할 수 있는 것도 교회가 있기 때문에 가능하다. 다시 말해 국가는 교회가 위임한 권한을 행사하고 있을 뿐이다. 그레고리우스 7세는 또한 왕이 성직자의 임무를 겸하고 있다는 이론을 성직자가 왕의 직무를 수행한다는 개념으로 대체했다. 이처럼 그는 전통적인 제국의 통치이론을 뒤집고 과거로, 무엇보다도 콘스탄티누스 시대로 회귀했다. 이에 따라 당시에 교황의 주도하에 〈콘스탄티누스 기증서〉를 주제로 한 그림들이 등장하기 시작했다. 예를 들어 교황청의 비밀방—샤를마뉴가 교활하고 겁 많은 교황 레오 3세를 심문했던 바로 그 방—은 이러한 그림들로 채워졌는데, 이 그림들은 하나같이 교황에게 굴복당해 엎드려 있는 세속군주와 승리감에 도취된 채로 그의 몸에 다리를 올려놓고 앉아 있는 교황의 모습을 담고 있다.

사실 그레고리우스는 〈콘스탄티누스 기증서〉를 그다지 좋아하지 않았다. 왜냐하면 그 문서는 제국주의적으로 해석될 가능성이 있었기 때문이었다. 이에 비해 그레고리우스는 수위권을 비롯한 교황에게 주어진 모든 권한은 그리스도로부터 나온 것이라고 생각했다. 1070년 후반에 발표된 성명서는 교황은 그 어느 누구로부터도 심판을 받을 수 없다는 선언으로 시작되고 있는데, 이 점은 참으로 중요하다. 교황은 지상에서 유일하게 자유로운 사람이다. 왜냐하면 그의 사법권은 보편적이고 절대적이기 때문이며, 그가 잘못을 저지르더라도 이를 판단할 수 있는 유일한 법정은 하늘의 법정이기 때문이다. 최종적으로 그레고리우스는 신정정치를 꿈꾸었다. 로마 가톨릭 교회는 그리스도가 설립하신 것이기 때문에 잘못을 저지른 적이 없으며, 결코 잘못을 저지를 수도 없다. 주교를 해직하거나 복직시키고, 새로운 법이나 주교직을 설치하고 오래된 교구를 분리하거나 주교들을 인사이동하거나, 공의회를 소집하거나 황제를 폐위할 수 있는 유일한 인물은 교황뿐이다. 그러므로 군주들은 그의 발에 입을 맞추어야 하고 교황의 사절들은 주교보다 우위에 있어야 한다.

그레고리우스는 한편으로는 개혁자로서의 면모를 보였지만 다른 한편에서는 전통에 기대기도 했다. 예를 들면 그는 합당하게 직위에 오른 교황을 성 베드로의 후계자로 보는 전통을 따랐다. 성 베드로의 육체적 현존과 이것이 교황의 운명을 좌지우지한다는 것을 믿은 것이다. 이러한 입장에서 그레고리우스는 다음과 같이 말하기도 했다. "축복받은 베드로여 … 당신은 나에게 당신의 권위를 주었으므로 당신에게 헌신했던 기독교인들이 나에게 순종하는 일은 곧 당신의 기쁨입니다." 교황이 성 베드로의 대리자라는 주장은 점차 확대되어 1150년대에 오면 "우리는 사도들의 후계자이다. 우리는 군주의 대리자나 사도의 대리자가 아닌, 오직 예수 그리스도의 유일한 대리자이다"라는 교황 인노켄티우스 3세의 발언처럼 교황은 '그리스도의 대리자'라는 주장을 하기에까지 이른다.

    세속 권력을 향한 교황들의 공격으로 인해 황제들이 구축한 질서는 점차 취약해져 무너질 날만을 기다리는 신세로 전락하고 말았다. 그들은 이미 대항할 힘을 잃은 상태였기 때문이다. 이제 교황이 황제의 동역자가 되든가 아니면 황제가 교황의 꼭두각시가 되든가 둘 중 하나를 선택해야 하는 때가 되었다. 그들 사이에 타협의 여지는 전혀 없었다. 전자의 상황은 가능했고 또 현실적으로 그렇게 전개되기도 했다. 그러나 후자의 상황은 그렇지 못했다. 교황의 꼭두각시가 된 황제는 제국의 통치수단을 유지하기 위한 재정과 군사적 수단들을 확보할 수 없었기 때문이다. 교황과 황제의 갈등은 일종의 소모 전쟁이었다.

"세계는 하나의 교회이다"

교황과 황제의 싸움을 바라보는 지식인들의 시선은 싸늘했다. 특히 이들은 당시의 시대 상황을 바탕으로 비관적 전망을 내놓았다. 예를 들어 12세기 중엽에 가장 박식한 독일인이었던 프라이징의 주교 오토는 그런 인물들 가운데 대표자였다. 그의 가장 유명한 저서인 《두 도시 The Two Cities》는 연대기적으로 기록한 역사책으로, 제목에서도 알 수 있듯이 그는 기본적으로 아우구스티누스의 입장에 서 있었다. 이 책은 콘스탄티누스로부터 하인리히 3세에 이르는 기간을 경건과 조화의 시대로 보았다. 왜냐하면 그 기간 동안에 황제와 교황이 서로 협력하여 일했기 때문이다. 그러다가 교황 그레고리우스 7세와 황제 하인리히 4세 때에 이르면 이전의 조화로운 구조는 파괴되었고 따라서 이단과 분열이 뒤따르게 되었다고 그는 분석했다. 더 나아가 그는 이미 세상의 일부분은 해체되고 악마의 힘은 확대되고 있으며, 마지막 나팔이 울릴 날이 머지않았다고 예언했다. "우리는 여기에, 즉 시간의 끝자락에 와 있다."

슈타우펜 가문의 수장이자 오토의 조카였던 붉은 수염 프리드리히가 1152년에 황제로 즉위했으며, 그로부터 몇 년 후에는 게르만 제국의 재건을 위한 웅대한 계획, 즉 교황의 울타리로부터 완전히 벗어나기 위해 새로운 영지들을 개발하여 경제·정치권력을 확보한다는 전략을 공포했다. 흥미로운 것은, 상황이 이렇게 바뀌자 오토가 자신의 견해를 바꾸었다는 사실이다. 오토는 이 같은 상황에 맞추어서 《두 도시》의 내용 또한 수정했다. 심지어는 이에 더 나아가 《황제 프리드리히의 업적들Gesta Frederici Imperatoris》이라는 프리드리히의 전기를 집필하기도 했다. 이 책에서 그는 인류의 삶을 새롭게 향상시킬 수 있는 르네상스가 슈타우펜 가문과 함께 시작되었다고 서술했다. 서문에서 그는 이렇게 말했다. "지금 글을 쓰는 사람들은 어떤 점에서는 축복받은 사람들이다. 왜냐하면 지난날의 엄청난 소용돌이가 지나가고 전대미문의 평화가 동텄기 때문이다."

이 같은 오토의 역사·정치적 입장 변화는 당시 사람들이 얼마나 조화의 이념을 중요하게 생각했는지를 시사하고 있다. 이는 그리 놀랄 만한 일이 아니다. 기독교 왕국에서 무언가 문제가 발생한다면 유기적 조직체인 기독교가 어떻게 제구실을 할 수 있겠는가? 이것은 종말의 전주곡이 될 수도 있을 것이다. 그러나 오토는 슈타우펜 가문에 의해 세계질서가 회복될 수 있으리라고 기대할 만큼 어리석고 낙관적인 사람이었다.

물론 슈타우펜 사람들이 풍부한 재능을 가지고 있기는 했지만, 막강한 교황권에 대항할 만한 상대는 될 수 없었다. 붉은 수염 프리드리히는 익사했고 그의 아들인 하인리히 6세는 이질로 사망했는데, 이들의 죽음에 교황이 관여했던 것으로 보인다. 교황들은 하나님이 황제들을 벌하기까지 기다리지 않고 이처럼 직접 황제 암살에 개입하는 등, 교황과 황제 간에 벌어진 투쟁은 잔인함으로 얼룩지고 말았다. 1197년에도 교황은 하인리히 6세와 별거 중이었던 그의 아내 콘스탄차를 통해 그를 죽이려는 음모를 꾸몄다. 불행히도 그 음모는 성공하지 못한 채 발각되었고, 이 음모에 가담한 사람들은 참혹한 죽임을 당했다. 요르다누스의 머리에는 붉게 달군 왕관이 씌워졌고 두개골에 못이 박혔다. 그 밖의 다른 사람들은 산 채로 피부가 벗겨진 후에 타르를 뒤집어쓰고 불에 태워져 죽었다. 콘스탄차는 이러한 처형 장면을 처음부터 끝까지 지켜보는 고통을 받아야 했다.

하인리히 6세의 후임으로 그의 어린 아들, 프리드리히 2세가 1197년에 황제의 자리에 올랐다. 그의 통치기는 교황들 가운데 가장 만만치 않았던 법률가 출신의 인노켄티우스 3세의 재직기간과 일치한다. 교황 인노켄티우스 3세는 로마 제국 후기부터 이어진 민감한 문제(황제와 교황의 영역 싸움—옮긴이)를 마무리했던 인물이다. 즉, 그는 겔라시우스 1세, 니콜라우스 1세 그리고 그레고리우스 7세를 거치면서 진전되어온 교황권을 최고로 확대시켰던 교황이었다. 인노켄티우스 3세는 "세계는 하나의 교회이다"라는 니콜라우스 1세의 말을 인용하면서 교황의 위치를 세계의 중심에 두었다. "심판 날에 주와 함께 하나님 우편에서 왕들을 징벌할" 멜기세덱은 황제가 아니라 바로 교황이다. 하나님은 이탈리아를 어떤 나라보다 우월하게 만드셨다. 로마의 권위는 전 기독교 사회에까지 미친다. 로마의 지배를 받고 있는 통치자들은 교황에게 복종해야 한다.

《심사숙고Deliberatio》에서 인노켄티우스는 교황은 세속적 영역도 통치할 수 있도록 충만한 권력을 행사해야 한다고 주장했다. 왜냐하면 모든 것은 영적인 것에 종속되기 때문이다. "나를 통해 왕들은 통치하고 군주들은 재판한다." 이 같은 목표들을 실현하기 위해 교황은 파문과 성직 정지 같은 영적 무기들을 사용할 수 있는 권력을 부여받았다. 이 세상은 선한 자들과 악한 자들로 구분되어 있는 것이 아니라 교황주의자들과 반교황주의자들로 나뉘어 있다. 슈타우펜 가문을 지지했다는 이유로 안바일러의 마르크바르트를 파문하는 자리에서 인노켄티우스는 다음과 같이 선고했다.

전능하신 하나님 아버지, 아들, 성령의 이름으로 그리고 축복받은 사도 베드로와 바울의 권위를 빌려, 마지막으로 우리 자신의 권위에 의해 마르크바르트를 맹세파괴자, 신성모독자, 선동자, 신실하지 못한 자, 그리고 범죄자와 탈취자로 파문하고 저주하노라. 이후로 그에게 도움이나 호의를 베풀거나 음식, 의복, 배, 무기 등 유익이 될 만한 것을 공급하는 자는 어느 누구나 동일한 판결을 받게 될 것임을 선언하노라. 뿐만 아니라 그를 위해 예배를 드리겠다고 나서는 성직자는 직위를 불문하고 그에 합당한 형벌을 받아야 한다는 점을 명심해야 할 것이다.

추악한 투쟁

당시 중세인들은 폭력과 미신을 구분할 만한 소양을 갖추지 못하고 있었는데, 심지어 황제마저도 이와 같은 문제에 대해 명쾌한 판단을 하지 못했다. 신실한 믿음의 소유자 오토 4세 또한 지옥의 불꽃을 두려워한 나머지 '제국의 휘장insignia'에 집착했다. 왜냐하면 이 휘장은 영적인 힘을 발산하는 것으로 여겨진 유력한 성물 중 하나였기 때문이다. 이 외에도 그는 십자가 깃발, 왕관, 성스러운 창槍, 금 상자에 들어 있는 세례 요한의 치아 등 성물을 소유하고 있었다. 특히 성스러운 창에는 예수를 십자가에 못 박을 때 사용했던 못 하나가 박혀 있었다. 이처럼 성물에 열광했음에도 불구하고 사람들은 영적인 힘이 무엇을 의미하는지에 대해 혼란스러워했다. 왜냐하면 교황은 영적인 힘이라는 이름으로 군주들과 상대했고 그들을 파문하기도 했지만, 거꾸로 군주들로부터 교황이 파문을 당하기도 했기 때문이었다. 이와 같은 소용돌이 속에서, 특히 제국주의자의 힘과 교황의 저주 속에서 어느 쪽을 더 두려워해야 하는지에 대해 일반 백성들은 혼란스러울 수밖에 없었다. 예를 들어 프리드리히 2세에게 대항했던 교황의 군대가 코르테누오보에서 처참하게 패배한 일이 발생했다. 프리드리히의 군대는 한마디로 "하나님을 발로 차버린" 셈이 되어버린 것이다. 황제의 군대는 교회 십자가들을 거꾸로 매달았고 제단 위에다 시궁창 물을 끼얹었으며, 성직자들을 밖으로 내쫓고, 사순절 기간에 게걸스럽게 고기를 먹기도 했다고 한다.

교황과 황제의 지리한 싸움으로 세상의 질서와 도덕은 완전히 붕괴되어버렸다. 인노켄티우스 3세는 황제를 견제하기 위해 신성로마제국의 제후들, 특히 교회와 밀접한 연관을 맺고 있던 제후들의 권력을 이용했다. 제후들 또한 황제를 지지하거나 후원하기보다는 자신들의 이기적인 욕망을 쫓았고, 그래서 교황과의 제휴를 더 선호했다. 교황이 완벽한 권력을 소유하고 있다는 주장은 교황은 어떠한 도덕법이나 성문법에도 저촉을 받지 않는다는 것을 의미했다. 왜냐하면 교황은 하늘의 판단에만 종속되어 있기 때문이라는 것이었다. 그레고리우스 9세가 교황으로 취임했던 1227년부터 교회는 이단과 율법폐기론자, 그리고 로마 가톨릭 교회에 반항하는 자들을 포악하게 박해하기 시작했다. 이에 대해 어느 누구도 교황에게 도덕적 잣대를 들이댈 수는 없었다. 그레고리우스는 자신의 권력을 강조하고자 로마 시내에 사도 베드로와 바울의 머리를 전시했으며, 결정적으로는 수많은 군중 앞에서 자신이 쓰던 삼중관을 성 베드로의 머리에 씌워주었다(베드로는 성 베드로 대성당의 높은 제단 아래 장사된 것으로 알려져 있지만, 그의 머리는 장엄한 성물함 속에 모셔져 있는 사도 바울의 머리와 함께, 언약궤, 모세의 돌판들, 아론의 지팡이, 만나 항아리, 성모 마리아의 옷, 세례 요한의 거친 모직 셔츠, 오병이어의 현장에서 가져온 다섯 덩어리의 빵과 물고기 두 마리, 최후 만찬에 사용된 탁자와 함께 라테란 교회당에 보존되어 있다. 라테란 궁정 근처에 있는 산로렌츠 교회는 황금과 보석으로 장식된 십자가 안에 보존되어 있는 그리스도의 할례 포피와 탯줄을 자랑했다). 이런 행동을 통해 그는 지금 자신이 베드로의 가르침에 따라 행동하고 있다는 것을 보여주려고 했다. 베드로가 잘못을 범할 수 없는데, 어찌 교황이 잘못을 범할 수 있겠는가?

1246년에는 그레고리우스의 계승자였던 인노켄티우스 4세가 황제 프리드리히 2세를 암살하려고 음모를 꾸미는 일이 벌어졌다. 이 음모는 중간에 발각되었고 음모에 가담했던 자들은 눈이 멀거나 사지가 절단당하거나 살아 있는 채로 화형을 당했다. 그럼에도 불구하고 황제를 향한 교황의 공격은 가라앉을 줄 몰랐다. 황제와 교황의 싸움을 지켜보던 관망자들과 이 싸움에 가담했던 사람들은 그들의 싸움을 종말론적 갈등, 즉 구약성경 묵시록에 등장하는 갈등으로 이해했다. 문제는 정치적 전략이나 타협이 아니라 절대 선과 악 사이의 궁극적인 갈등이었다. 사실 프리드리히는 엄격한 정통 신앙의 소유자였다. 비록 그가 세속적인 지식의 폭이 넓어—특히 동방과 이슬람 세계에 대해—이들을 넉넉히 포용하는 관용적인 태도를 갖추고 있기는 했지만 신앙에서만큼은 매우 엄격한 사람이었다. 하지만 세속 권력의 우두머리를 악마의 화신으로 규정한 교황의 눈에는 아무런 영향을 끼치지 못했다. 교황은 프리드리히가 아풀리아 교회의 제단을 공중변소로, 교회당을 성매매업소로 만들어버렸다고 비난했다. 더 나아가 공개적으로 동성애를 자행했으며, 예수의 처녀 탄생을 부인했고, 그리스도와 모세, 그리고 무함마드를 '세 명의 사기꾼'으로 부르며, 애찬식에 대해서도 "이러한 속임수가 얼마나 오랫동안 지속될 것인가?"라고 말하는 등 신성모독죄를 범했다고 했다. 황제는 "곰의 발, 격노한 사자의 입, 표범 같은 몸뚱이로 끊임없이 신성모독적인 말을 해대는 짐승이요 … 부끄러운 줄도 모르고 중용을 잃어버린 거짓말 제조기이며 양의 옷을 입은 늑대요 … 꼬리에 쏘는 장치가 있는 전갈이며 … 사람들을 현혹시키려고 태어난 용이요 … 지상의 망치이다." 그는 "잔인한 지배자요 … 온 세상을 부패시킨 자이며 … 독한 뱀이요 … 다니엘서에 등장하는 네 번째 짐승으로, 철로 만들어진 이빨과 청동으로 만들어진 꼬리를 갖고 있는 자이다."

하지만 이러한 교황의 절대 권력도 오래가지는 못했다. 이미 12세기부터 교황을 반대하는 움직임들이 일어나기 시작했기 때문이다. 한편에서는 영적(또한 물질적) 권력을 휘두르고, 다른 한편에서는 영적 가난을 주장하는 교황의 태도가 보통 사람들에게는 도저히 납득될 수 없는 것이었다. 물론 교회는 교육을 독점하고 있어서 교회를 비판하는 세력이 자라나는 것 자체를 막았지만, 그렇다고 학문이나 사상까지 독점할 수는 없었다. 달리 표현하면 성직자들의 통제가 아무리 엄격했다 하더라도 새로운 사상의 싹을 막을 수는 없었다는 것이다. 교황을 비판했던 사람들에게 매력적인 대안은 과거 로마 제국을 이끌던 사상이었다. 즉, 로마 제국으로의 회귀는 기독교 사회로부터 탈출하기 위한 하나의 방도가 되었던 것이다. 962년에 오토 1세가 제국의 명칭을 부활시키자(그는 옛 로마 제국의 영예를 회복하려는 의미로 '신성로마제국'이라는 칭호를 붙였다—옮긴이) 곧바로 간더스하임 왕실 수도원 출신의 수녀 로스비타는 이념성이 짙은 역사시들을 발표했고 여섯 편의 '드라마'를 제작했다. 12세기 후반에 슈타우펜 가문은 〈적그리스도에 대한 농담 Ludus de Antichristo〉이라는 선전극을 통해 신성로마제국을 지지(따라서 프랑스와 그리스를 반대했다)하고 교황을 비판하는 목소리를 냈다. 시인이었던 발터 폰 데어 포겔바이데는 황제에 대한 교황 인노켄티우스 3세의 이중적인 태도를 다음과 같이 비난했다. "한 입에 두 개의 혀는 적합하지 않다."

황제가 교황에게 대적하기도 했다. 프리드리히 2세가 바로 그와 같은 인물이었다. 그는 그레고리우스 9세와 인노켄티우스 4세의 잔인한 공격에 맞서 싸웠다. 그는 '물욕에 사로잡힌 교황' 혹은 '세속적인' 교회라고 비판하고, 성직자들은 "그들의 직위를 상징하는 지팡이 대신 창을 잡고서 … 스스로를 공작이나 후작 또는 백작으로 부르고 있다"고 비난했다. "그들 중에는 결사대나 수비대를 조직한 사람도 있고, 전쟁을 부추기는 … 오늘날 그런 사람들이 이스라엘의 목자들로 자처하고 있다. 그들은 성직자가 아니라 기독교인들을 잡아먹는 탐욕스런 늑대, 야생의 짐승들이다." "사람들은 교황으로부터 영혼과 육신의 위로를 받고 싶어 하지만 교황은 위로는커녕 오히려 나쁜 선례와 속임수, 그리고 악한 행동들을 일삼고 있다." 프리드리히 2세는 괴물과도 같이 악한 교회에 맞서기 위해서는 추기경들을 교황과 동등한 위치에 놓아야 한다고 주장하기도 했다.

프리드리히 황제는 또한 자신이 대사제의 역할을 겸하고 있다고 주장했다. 그는 교황을 견제하기 위한 방편으로 공의회 제도를 지지했다. 그는 영주들의 지지를 받기 위해 교황은 자신뿐만 아니라 영주들을 비롯한 전 세속 권력을 상대로 공격을 펴고 있다는 편지를 그들에게 보내기도 했다. 이 때문에 프리드리히는 교황으로부터 파문을 당했지만, 이에 굴하지 않고 다음과 같은 편지를 보냈다. "존 왕이 파문당한 후에 잉글랜드가 교황의 속국으로 전락하는 것을 보지 않았는가? 성직자들은 '만족할 줄 모르는 거머리들'이다. 교황 인노켄티우스 3세가 처음에는 잉글랜드의 귀족들을 선동하여 존 왕에게 대항하게 하더니, 나중에는 그들을 버리지 않았는가? 양의 옷을 입고 변장한 이 게걸스러운 늑대들은 여기저기에서 세속 권력자들을 파문시키고 직무를 정지시키고 있다. 그들은 하나님 말씀의 씨를 뿌리는 자들이 아니라 뿌리지도 않은 것을 거두고 돈을 갈취하는 늑대들이다."

프리드리히는 교황을 비난하는 것과 동시에 초기 기독교 사상에 기반을 둔 새로운 기독교를 꿈꾸었다. "어느 누구도 주 예수 그리스도께서 기초를 놓으신 반석이 없이 교회를 세울 수 없다. … 당신의 이웃이 화염에 휩싸일 때에 당신 자신의 집을 보라." 프리드리히는 처남인 콘월의 리처드에게 다음과 같은 편지를 썼다. "그 불은 우리(제국)와 함께 시작하고 있다. 그러나 그 불은 마침내 다른 모든 왕들과 영주들을 태워버릴 것이다." 프리드리히는 흡사 한 세기 이후 파도바의 마르실리오(이탈리아의 저술가로 교황 통치기구 타파를 주장하는 등 반교황투쟁에 적지 않은 영향을 미쳤다—옮긴이)가 주장한 국가이론을 미리 발표한 것처럼 보일 정도였다. 마르실리오는 〈평화의 수호자 *Defensor Pacis*〉에서 교황의 야망은 전쟁의 원인이 되었고 교회의 일치와 연합을 해체시키는 데 결정적 역할을 했다고 주장했다. "로마의 주교들과 성직자들은 온갖 수단과 방법을 동원하여 세속 영주들을 장악하고 부를 소유하려 했기 때문에 영주들이 다스린 지역과 공동체들에서 사회적인 불화가 일어났다. 만약 그 불화의 원인을 제거하지 않는다면 이는 곧장 다른 국가들로 확산될 것이다."

프리드리히 2세는 이처럼 영적인 권력을 휘둘렀던 교황에 대해 할 수 있는 모든 수단을 동원하여 대항했지만, 결과적으로 성공을 거두지 못했다. 그나마 그는 자유로운 상태에서 죽을 수 있었지만, 그 이후의 왕들—교황은 그들을 '독사의 새끼들'이라고 불렀다—은 비참한 최후를 맞이했고 왕가는 망하고 말았다. 프리드리히 2세의 아들인 만프레디는 1266년 베네벤토 전투에서 사망했는데, 장례식과 관련된 어떠한 종교의식도 행해지지 않은 채 그냥 땅에 묻혀버리고 말았다. 그러고도 모자라 교황 클레멘스 4세는 "아주 해로운 사람의 부패한 시신"이라며 그의 시신을 국경 밖에 매장하도록 명령하기까지 했다. 16세의 어린 나이로 등극한 마지막 황제 콘라딘은 교황의 손아귀에서 옴짝하지 못했다. 교황 클레멘스는 콘라딘에게 사형을 선고하면서 다음과 같이 말했다고 한다. "콘라딘의 생명은 카롤리(교황의 대리인이었던 앙주의 샤를)의 죽음이요, 카롤리의 생명은 콘라딘의 죽음이다Vita Conradini, mors Caroli. Vita Caroli, mors Conradini." 이처럼 슈타우펜 가문은 비참하게 끝이 났다. 만프레디의 딸 베아트리체는 18년간 감옥에 갇혔으며, 나머지 세 명의 서자들 또한 햇빛을 보지 못한 채 감옥에서 죽어야 했다. 프리드리히의 자녀와 손자들 가운데 10명이 교황에 의해 희생되거나 평생 교황의 감옥에서 벗어나지 못했다.

교회와 국가의 싸움을 최고 수장들끼리의 충돌만으로 생각해서는 안 된다. 평신도들에 대한 성직자들의 공격 또한 만만치 않았다. 교황 그레고리우스 7세가 평신도들을 향하여 격렬한 글을 쓰고 과격한 말을 했던 것은 우연이 아니다. 물론 기독교 초기부터 성직자들과 평신도들 사이에는 긴장이 존재하고 있었다. 왜냐하면 성직자 계급은 언제나 권위를 앞세웠고 교리적으로는 정통 신앙을 주장했기 때문이었다. 2세기에 등장했던 몬타누스파가 성직자 계급, 권위, 정통 신앙을 반대했던 것은 그만한 이유가 있었다. 3세기에 활동했던 테르툴리아누스는 공개적으로 반성직자주의를 표방했다. 하지만 이후 중세 초기에 접어들면 성직자들에 대한 적대감은 수면 아래로 잠복해버리게 된다. 성직자들의 정신적·물적 자원은 사회를 재건하는 데 무엇보다도 절실히 필요했고, 또한 그들의 입장이 경제·법·사회 구조와 완전히 맞아떨어졌기 때문이었다. 하지만 그와 동시에 서서히 긴장의 표지들도 나타나기 시작했다.

카롤링거 사회의 특징 가운데 하나는 교회의 자원을 이용하여—샤를마뉴 스스로도 그리했듯이—평신도들을 교육하는 일이었다. 샤를마뉴가 죽자 수도사들은 평신도들을 교육하는 일에 불평을 늘어놓기 시작했다. 당시에 사람들을 교육할 수 있었던 곳은 수도원과 대성당이 운영하는 학교들뿐이었다. 교회와 국가가 갈등하게 되는 요인 중 하나는 성직자들이 받았던 만큼의 교육을 평신도들이 받지 못했기 때문이었다. 특히 라틴어는 성직자들만 배울 수 있었다. 이 같은 현실은 성직자를 우월한 존재로 만들어주는 결정적 요인이 되었다. 동방에서는 성직자와 평신도 사이에 이런 형태의 긴장이 발생한 적이 없었다. 일상이나 예전에서 사용하는 언어가 구별되지 않았기 때문이었다. 이와는 달리 서방에서는 이 두 언어가 철저하게 분리되어 있었다. 평신도 중에서 라틴어를 할 줄 아는 사람은 극히 드물었다. 그럼에도 불구하고 종교서적이나 예배와 관련된 책들은 모두 라틴어로만 쓰여 있었다. 다시 말해 라틴어는 성직자들의 언어로 성직자의 신분(그리고 특권)을 주장할 수 있는 일종의 시금석이 되었던 것이다. 콘라트 2세와 같이 라틴어를 모르는 무지한 자의 명령을 흔쾌히 받아들일 성직자는 아무도 없었다. 물론 여기서 '무지한'이란 단어는 라틴어를 모른다는 의미에 불과하다. 이에 비해 라틴어를 알았던 잉글랜드의 헨리 1세는 '뷰클럭beauclerc', 즉 훌륭한 성직자로 명성이 높았다. 이처럼 문화적 사대주의가 무서울 정도로 깊이 자리 잡고 있었던 것이다. 좀 더 현실감 있게 말한다면 일종의 우월감이 자리하고 있었다.

절대권력이 된 교회법

성직자들은 공문서 보관소나 국고를 관리하거나 다양한 국가 기록물들이나 회계장부들을 관리하는 등 정부의 행정업무를 돕기도 했는데, 이처럼 교회가 다양한 문서들을 취급했다는 사실은 시사하는 바가 대단히 크다. 왜냐하면 이 때문에 교회가 어느 세속 기관보다 정교한 통치 형태를 창출해낼 수 있는 기술과 우수한 인적자원을 확보할 수 있었기 때문이다. 기독교는 이교 국가들에게 복음뿐만 아니라 문명을 선물했는데, 무엇보다도 법체계를 확립하고 사회질서를 바로잡는 일에 헌신했다. 교회법은 이미 4세기부터 확고한 체계를 확립했고, 그리하여 교황청은 서유럽에서 가장 오래된 법률과 행정기구를 갖추게 되었다. 이 때문에 많은 국가들이 교회법을 받아들이려 했으며, 이런 체제 속에서 교회는 특권을 누릴 수 있었다. 예를 들어 잉글랜드의 세속법정은 성직자들을 심문할 수 없었다. 성직자들이 고발을 당하게 되면 그들은 일반인과는 달리 주교들이 주재하는 재판을 받았다. 노르만족이 잉글랜드를 정복하기 전까지 잉글랜드의 주교들과 부주교들은 수많은 (하급) 법정들에서 소송사건들을 다루었다. 한마디로 잉글랜드에서 성직자들은 법률적으로 이미 특권계급이었다. 이 같은 상황은 미미한 차이를 제외하고는 유럽의 다른 지역에서도 마찬가지였다.

교회가 이처럼 여러 특권들을 누리고 있었지만 그럼에도 불구하고 교회는 여전히 왕실, 다시 말하면 세속 권력의 지배 아래 있었다. 11세기 중엽에 단행된 교회 개혁과 그레고리우스의 개혁운동은 교회법과 세속법을 분리하는 결과를 가져왔다. 1050년대에 접어들자 교황의 정치는 엄청나게 확장되었다. 이에 따라 성직업무에 종사하는 사람들clerks이 기하급수적으로 늘어났으며, 그들은 점차 교회법에 박식한 사람들이 되어갔다. 교회법이 지역의 교회로까지 확대되었고 교황청은 항소를 담당했다. 교회법은 점차 보충되고 확대되었으며, 이에 따라 교황청의 위상 또한 강화되어 교회법이 세속법보다 상위에 있다는 주장이 등장하기 시작했다.

교회개혁가들 중에는 자신들의 개혁이 인류를 어두운 과거로부터 해방시켜 새로운 세계로 인도하고 있다고 자부하는 사람들도 있었다. 무지한 사람들과 야만적인 민족법은 이제 물러가라! 특히 성직자들이 이러한 입장을 취했다. 성직자들은 교황청과 왕실의 법정을 효율적으로 개혁하고 정비함으로써 자신들의 권리를 좀 더 쉽게 행사할 수 있었다. 이 때문에 왕실과 교황은 함께 손을 맞잡을 수 있었다. 이제 권력을 확보하기 위한 요구들은 권력을 행사할 수 있는 수단, 즉 행정체계와 보조를 맞추어야 했다. 잉글랜드를 예로 들면 1070년(786년을 제외하고는)까지 입법회의가 단 한 번도 열리지 않았던 것에 비해, 1070-1312년에는 20-30차례나 열렸다. 초기 공의회에서 서방 교회는 아무런 역할을 하지 못했으나 1123-1311년에 일곱 차례의 공의회가 있었다. 교황의 서신도 베네딕투스 9세가 교황으로 재임했던 1033-1046년에는 1년에 한 번꼴로 발행되었으나 1130년까지는 35회로, 알렉산데르 3세가 재임했던 1159-1181

년에는 179회, 13세기에는 280회, 14세기 초반에는 심지어 3,646회까지 폭증했다. 후대로 갈수록 살아남는 서신이 많다는 점을 감안하더라도 이는 주목할 만한 변화다. 무엇보다도 12세기는 법률이 발견되고 확장되는 시대로 교회법정이 어느 왕실법정보다도 큰 위력을 발휘하던 시기였다.

1070년에서 1140년 사이 약 70년 동안에 교회법은 집중적으로 확대되어 일상적 삶의 구석구석까지 파고들어 갔다. 성례전을 포함한 종교행위들이 엄격하게 규정되었고, 성직자와 회중들의 권리와 의무, 성직자들의 의복, 교육, 서품, 신분, 범죄, 처벌, 자선, 구제, 고리대금, 유언, 묘지, 교회, 기도, 죽은 자를 위한 미사, 장례, 결혼, 상속, 성 문제에 이르기까지 상세하게 규정되었다.

교회법의 확장은 자연스럽게 교황권의 강화로 이어졌다. 교회법은 황제들을 굴복시키는 데 사용되기도 했으며, 다른 한편에서는 교회를 하나님의 공동체에서 법적 기관으로 바꾸어놓기도 했다. 다시 말해 교회의 지배자가 성경에서 '교회법'으로 바뀐 것이다. 1140년에 그라티아누스가 고대 교회의 법령들을 체계적으로 정리해놓은 《모순된 교회법의 조화 Concordia Discordantium Canonum》(《교령집Decreta》으로 알려진)이라는 책을 출간했다. 교회법의 완결판으로 알려져 있는 이 책에서 그는 성경에 기록되어 있는 '규범법necessary law'과 치리나 영혼의 치유문제 등을 다루고 있는 '상황법convenient law'을 구별하면서 전자는 불변적임에 비해 후자는 상황에 따라 완화되거나 변경될 수 있으며, 이에 대한 권한은 교황에게 주어졌다고 주장했다.

그라티아누스의 이론이나 교황청에 법정을 설치할 수 있다는 근거는 2세기의 교회 전통에 뿌리를 두고 있었다. 기독교 역사가 흘러오는 동안 교회는 성경에 기록된 행동규범과 교회가 실제로 사람들에게 부과했던 의무와 규정들을 조정하려고 노력했다. 교회는 법률적 토대 위에서 행정력을 동원하여 목회업무들을 수행하려고 했다. 교회의 주요 관심은 바로 여기에 있었다. 그레고리우스 7세 이후로 유명한 교황들은 하나같이 뛰어난 법률가들이었다. '교황청'은 중요한 법률기관으로 13세기에는 100명이 넘는 법률 전문가들이 이곳에서 활동하기도 했다. 뿐만 아니라 왕이나 군주, 교회의 지도자들은 법률가들을 보좌진으로 두었으며, 교황의 참모들도 대부분 교회법 학자들이었다. 로저 베이컨이 신랄한 어조로 지적했던 것처럼 인노켄티우스 4세는 20명이나 되는 법률가들을 자신의 측근으로 두고 있었다. 다른 교황들도 이러한 흐름에서 벗어나지 못하여 무엇보다도 법률과 관련된 업무에 많은 시간을 할애했다.

교회의 목회적 기능을 강조했던 성 베르나르는 이러한 사태를 심각하게 판단한 나머지 1150년에 교황 에우게니우스 3세에게 다음과 같은 내용의 편지를 보냈다. "어찌하여 당신은 아침부터 저녁까지 피고인들을 심문하는 일에 시간을 허비하시는 것입니까? 이런 일을 통해 어떠한 열매를 기대하십니까? 단지 혼란만 부추길 따름입니다." 그러나 불행히도 그의 경고는 무시된 채 법률적 방법을 통해 문제를 해결하려는 분위기가 온 교회에 스며들었다. 성직자들 간에도 빈번하게 소송이 제기되었으며, 이 같은 소송은 자연스레 격렬한 싸움으로 번져갔다. 예를 들어 캔터베리의 성 아우구스티누스 수도원의 수도사들과 대주교 사이에 벌어진 싸움은 15년 동안이나 이어졌으며, 교황들은 이 사건을 해결하기 위해 대를 이어가며 70통의 편지를 써야 했다. 인노켄티우스 3세는 이 문제에 대해 다음과 같이 말했다. "나는 이런 곰팡이 냄새 나는 일에 대해 듣는 것을 부끄러워한다." 그러나 법률이 그런 곰팡이를 발생시키지 않았던 적이 언제 있었는가?

성 베르나르는 법만능주의에 빠지면 무슨 열매를 맺을 수 있겠느냐며 탄식했지만, 교회는 교회법을 통해 돈과 권력이라는 열매를 맺을 수 있었다. 교황청은 자체로도 수익을 창출해냈을 뿐만 아니라 재판과 관련된 뇌물로 인해 부유해질 수 있었다. 이 때문에 교황들은 소소한 사건들에까지 자신의 영향력을 키워갔고, 더 나아가 다른 영역에서도 법적 절차를 적용하기 시작했다. 예를 들어 그들은 중부 이탈리아를 편입하여 이곳을 일종의 세속 권력자들처럼 지배하기도 했다. 교황 그레고리우스는 성직자와 국가 사이의 결탁을 금지시킴으로써 교회의 도덕성을 높이고자 했으나, 결국 실패로 끝나고 말았다. 교회는 이전보다 훨씬 깊숙하게 세속 세계로 빠져들어 갔으며, 불행히도 이미 그 자체가 세속 세계가 되어버렸다.

헨리 2세와 베켓

교회와 국가는 갈등관계에 빠질 수밖에 없었다. 왜냐하면 교회는 구조적으로 독립되어 있으면서도 국가와 경쟁관계에 있었기 때문이다. 물론 성직자들이나 세속 세계의 사람들 모두 기독교인들이었기 때문에 그들 간에 공유할 수 있는 사항들이 없지는 않았지만, 본질적인 부분에서는 부딪칠 수밖에 없었다. 잉글랜드 왕인 헨리 2세와 캔터베리 대주교였던 토머스 베켓 사이에 벌어졌던 비극적인 논쟁은 이에 대한 적절한 사례로 볼 수 있다. 1162년에 29세의 헨리는 교회법과 세속법의 갈등을 해결하려는 목적으로 왕실 법률고문이었던 베켓을 잉글랜드의 종교장관으로 임명했다. 당시만 해도 둘은 공적인 관계를 넘어선 막역한 사이였다. "공적인 업무 마치고 나면 왕과 그는 같은 또래의 소년들처럼 함께 운동을 했고 홀hall이나 교회에서도 함께 다녔다." 하지만 베켓은 왕보다 열여섯 살이나 많았고 이미 자신의 영역을 구축하고 있던 상태였다. 헨리는 힘을 사용하여 반대세력을 굴복시키기보다는 유화적인 제스처를 사용하여 자기편으로 끌어들이는 등의 실용적인 정치 스타일을 선호했던 것에 비해 베켓은 전통적인 방식을 고수하려 했기 때문에 이 둘의 충돌은 불가피했다.

게다가 베켓은 교권을, 헨리는 왕권을 강화하려 했다. 윌리엄이 잉글랜드를 정복했던 시기만 해도 교회 주교들의 회의는 왕의 승인을 받아야만 열릴 수 있었다. 또 교회회의에서 법조문들을 수정할 때에도 왕의 승인이 필요했다. "근친상간이나 간음 등의 중대한 범죄를 저지른 죄인이라 할지라도 임의로 그를 처벌하거나 파문할 수 없었다." 그러던 것이 윌리엄 2세와 헨리 1세 시대부터 왕과 성직자들 사이에 적대감이 쌓이더니 스티븐이 통치하던 시대에 오면 법률적인 부분에서 교회의 간섭이 시작되었다. 이와 별도로 당시 교황청은 내부적으로 분열되었고 집단적인 항명이 발생하는 등, 일사불란하게 움직이는 조직체가 결코 아니었다. 각 지역의 교회 지도자들은 될 수 있으면 교황과 대결을 피하려고 했다. 베켓의 선임자인 대주교 테오도루스 또한 "문제가 자체적으로 해결할 수 없을 정도로 복잡하지 않는 한" 교황청에까지 그 문제를 상소하는 것을 좋아하지 않았다. 더군다나 그는 "범죄자를 재판하는 일은 당사자들을 잘 아는 그 지역의 사람들이 해야 한다"고 주장했다. 그래서 자주 자신에게 찾아왔던 치체스터의 주교를 다음과 같이 질책하기도 했다. "당신이 충분히 다룰 수 있는 문제를 어찌하여 내게 가지고 오는가? 이는 연약하고 게으르다는 증거로밖에는 보이지 않네."

당시 정부 관료들은 백성들의 권리를 확보하기보다는 사회의 안녕을 해치지 않는 범위 내에서 자신들의 이익을 좇는 데 여념이 없었다. 이에 대해 왕과 베켓은 탄식하고 있었다. 하지만 지배자들은 너 나 할 것 없이 법과 질서를 유지하는 일에만 관심을 집중했다. 어느 누구, 어떤 조직보다 교회가 이러한 일에 앞장섰다. 왜냐하면 사회가 혼란스러워지면 가장 심각한 피해를 입을 곳은 교회였기 때문이다. 당시 교회업무에 종사하는 사람들의 숫자는 엄청나게 불어났다. 어떤 때는 인구 50명당 한 사람이 성직에 종사할 정도였다. 하지만 이들 중 대부분은 법적으로만 성직자인 사람들이었다. 이들은 일반인들과 똑같은 삶을 살았고 심지어는 가정을 꾸리기도 했다. 기랄두스 캄브렌시스가 말한 것처럼 "그들의 집과 헛간들은 으스대는 여주인들, 새로 태어난 갓난아기와 울어대는 사내아이들로 가득했다."

교회는 성직자들에게 좀 더 수준 높은 도덕성과 엄격한 훈련을 강조하기보다는 그들의 권리를 확보하는 일에 관심을 집중하고 있었다. 교회는 테오도루스가 말했던 '세속 법률과 교회법의 미묘성'이라는 이유를 내세워 법적 장치들을 유리하게 이끌어갔다. 이 일에 대표적인 인물이 바로 베켓이었다. 대주교였던 그는 목회활동은 물론이고 성직자들을 육성하는 일에도 전혀 관심을 기울이지 않았다. 한번은 헨리 2세가 대주교 독살사건을 국가에서 다루려고 했지만 베켓의 주장에 의해 그 사건을 교회법정으로 넘길 수밖에 없었다. 이 사건은 1년이 넘도록 시간만 끌다가 아무런 판결도 내리지 못한 채 종결되었다. 물론 그 이후에 교황청으로 사건이 이송되어 용의자인 요크의 부주교 오스버트가 성직을 박탈당하기는 했지만, 만일 로마로 이송되지 않았다면 그는 어떠한 처벌도 받지 않았을 것이다.

헨리가 베켓으로부터 등을 돌리게 된 결정적 계기는 1163년에 헨리가 받은 보고, 즉 왕실고문이던 베켓이 100명이 넘는 성직자들을 살해하고 도둑질과 약탈을 자행했다는 보고를 받은 것이었다. 베켓이 교회법정을 좀 더 공정하고 합리적으로 운영했었다면 베켓에 대한 헨리의 지지는 지속되었을지도 모른다. 하지만 불행히도 베켓은 그러지 않았고, 헨리는 그를 그냥 내버려둘 수 없었다. 예를 들어 한 기사를 살해한 혐의로 법정에 선 베드퍼드의 참사원은 재판관이던 셰리프sheriff(앵글로색슨 시대부터 있어온 영국·미국의 지방관—옮긴이)를 모욕하는 등 법정의 권위를 손상시켰지만 베켓은 그를 추방하는 것으로 마무리지었으며, 한 소녀를 성폭행하고 그녀의 아버지까지 살해했던 성직자에게도 낙인을 찍는 것 이상의 처벌을 가하지 않았다. 특히 이 같은 판결은 부당했고 교회법에도 없는 판결이었으며 왕실의 권위를 무시한 것이나 다름없었다. 이 판결은 또한 성직자들은 "하나님의 형상대로 지음 받은 인간을 결코 훼손해서는 안 된다"는 베켓 자신의 주장과도 모순된 판결이었다.

이러한 여론을 앞세워 헨리는 베켓을 추궁했으나, 그는 오히려 성직자는 일반인과 다르기 때문에 그들의 재판은 별도로 진행되어야 하며 처벌 또한 특권을 박탈하거나 성직을 강등시키는 것으로 충분하다고 대응했다. "신분과 직분에서 성직자는 일반인과 다르다. 왜냐하면 그들은 오직 그리스도만을 왕으로 모시고 있기 때문이다. … 그들은 세속 군주가 아닌 하늘의 왕의 지배를 받고 있기 때문에 그들에게만 해당되는 독자적인 법률을 적용해야 한다." 세속법과 교회법의 갈등이 심화될수록 베켓은 훨씬 더 강도 높게 '그레고리우스의 정책'을 따랐다. "왕들은 성직자들을 통치하려 하지 말고 오히려 그들에게 복종해야 한다. … 세속 군주들은 자신들의 권위를 주장하기보다는 교회의 명령에 복종해야 하며, 주교들을 재판하기보다는 그들에게 머리를 숙여야 한다."

하지만 대부분의 잉글랜드 주교들은 베켓의 입장에 동의하지 않았고, 그가 왕실고문으로 임명된 것도 탐탁지 않게 여겼다. 당시에 전해진 서신들을 살펴보면 많은 사람들이 그의 비타협적 자세에 분노하고 있었다는 사실을 알 수 있다. 이러던 차에 헨리 2세의 묵인하에 베켓이 피살되었다. 그의 죽음은 오히려 그의 이름을 높여주는 데 도움이 되었다. 베켓이 피살되자마자 로마 교황청은 그에게 성 토마스라는 성인 칭호를 수여했다(베켓은 헨리의 명령을 거부하면서까지 교황의 입장을 충실히 대변했던 인물이었다―옮긴이). 그의 무덤은 로마와 콤포스텔라에 있는 성 야고보의 무덤 다음으로 유럽에서 가장 유명한 명소가 되었다. 종교개혁시대까지 잉글랜드의 소년들에게 그의 이름을 따른 이름을 지어줄 만큼 그는 잉글랜드에서 가장 유명한 성인이 되었다. 후에 헨리 2세는 베켓의 죽음을 안타까워하면서 자신은 그를 죽일 생각이 없었으며, 그저 화가 나서 한 말을 부하들이 곧이곧대로 받아들인 결과였다는 것을 분명히 했다.

하지만 베켓의 친구인 솔즈베리의 존이 언급한 대로, 적어도 헨리가 "그들(헨리의 부하들)은 골치 아픈 사람 하나도 제거하지 못하는 사람들이요 열정을 바쳐 충성할 수 없는 배반자들이다"라고 말한 것만큼은 분명했다. 여기에서 '사람 하나'란 표현이 중요하다. 헨리는 어떤 제도와 싸우고 있는 것이 아니라, 한 개인과 싸우고 있었던 것이다. 헨리에게 베켓은 자신이 이루려던 타협 정책을 방해하는 포악한 인물이었다. 이처럼 왕에게 베켓은 눈엣가시 같은 존재였지만, 당시 베켓 또한 아무런 지지 세력을 확보하지 못하고 고립된 상태에 빠져 있었다. 이때에 세속 권력에 의해 순교를 당한다면 어떻게 될 것인가? 베켓은 위기를 극복할 수단으로 순교를 생각했을 수도 있다. 베켓은 자신을 살해하려던 기사들에게 자신을 죽이든지 아니면 바보들처럼 구경만 하다가 궁궐로 돌아가든지 결정하라고 말했다. "순교를 열망해왔던 그는 순교할 때가 왔음을 알았다." 윌리엄 피츠스테펜은 한 발 더 나아가 이렇게 말했다. "원했다면 베켓 대주교는 쉽게 도망칠 수도 있었을 것이다. 그에게는 탈출할 수 있는 기회가 얼마든지 있었기 때문이다."

베켓의 동료 주교들은 그를 성인으로 추대하는 일을 못마땅하게 생각했으며, 그의 유물들이 인기를 끄는 것에 대해서도 냉소적으로 바라볼 뿐이었다. 베켓을 호의적으로 바라보았던 푸아티에의 주교로, 장 오 벨맹이라고도 하는 존 또한 "그가 교회의 최고 통치자의 지위에 오른 것은 교회에게는 크나큰 불행이요 거대한 손상이요 위험이다"라고 말할 정도였다. 존은 헨리 2세가 제정한 〈클래런던 헌법Constitution of Clarendon〉이 지나치게 왕실의 권리만을 강화시켜주고 있다고 반대했다. 존은 또한 반역죄로 고소당한 성직자 한 사람을 왕실법정에서 구출해내기도 했다. 하지만 존은 (교황청뿐만 아니라) 헨리와도 탁월한 관계를 유지했다. 그는 리옹의 대주교로 승진했다. 또한 그는 교황 인노켄티우스 3세가 직접 방문할 정도로 교황의 신임을 받았던 사람이었다. 그는 누구보다도 교회와 국가의 관계를 평화적으로 유지하기 위해 노력했던 인물이었다. 푸아티에의 주교 존과 같은 사람들이 보기에 베켓이 저지른 실수는 교회를 절대적으로 지지했던 헨리와 같은 왕들을 적대적으로 대했다는 것보다는, 필요 이상으로 교회의 권리를 강화시키려 했다는 점에 있었다.

베켓이 피살되었음에도 불구하고 잉글랜드와 교황청 간의 분열의 위기는 찾아오지 않았다. 헨리와 교황 알렉산데르 3세가 신속하게 손을 잡았기 때문이다. 알렉산데르는 헨리가 지지하는 인물을 주교로 임명했으며, 헨리는 도버의 수도원장 리처드를 캔터베리 대주교로 임명했다. 리처드는 성직제도를 개혁하고 국가에 협력하는 것을 최우선 목표로 삼았던 인물이었다. 이외에도 알렉산데르는 "도량이 넓고 진실한 기독교인 왕"을 돕지 않는 사람들은 파문할 것이라며 헨리를 열렬히 지지했고, 헨리 또한 성직자들이 교황법정에 호소하는 것을 문제 삼지 않았다. 역사 편찬가인 하우든의 로저에 따르면 1176년에 교황의 사절이요 추기경이었던 비비안이 '왕의 허락 없이' 잉글랜드에 도착한 일이 있었다. 이때 헨리는 "나의 뜻을 따르지 않는다면 어느 누구도 잉글랜드에 입국할 수 없다"며 경고했고, 이후부터 교황의 사절들은 왕의 허락을 받은 후에야 잉글랜드에 들어오는 전통이 확립되었다.

헨리나 카롤링거 왕조의 전통을 따랐던 군주들은 교회나 고위 성직자가 국가의 영적 복지뿐만 아니라 물질적 복지를 위해서도 꼭 필요한 존재들이라는 것을 잘 알고 있었기 때문에 성직자들이 자신들의 지위를 위협하고 상당 부분 권력을 빼앗아 갔음에도 불구하고 교회와의 협력을 함부로 포기하려 하지 않았다. 하지만 교회가 점차 힘을 발휘하여 세속 권력을 죄어오자 상황은 바뀌었다. 보니파키우스 8세의 교서는 군주들이 교황으로부터 등을 돌리게 되는 결정적 계기로 작용했다. 결과적으로 12세기 이후로 군주들은 더 이상 교회를 개혁하거나 교회의 목회활동을 향상시키는 일에 힘을 쏟지 않았다. 이와 반대로 군주들의 관심은 교회를 봉쇄하고 통제함으로써 그곳에 있던 돈과 인적 자원들을 어떻게 하면 자신의 정치적 목적을 위해 활용할 수 있을까 하는 문제에 집중되었다.

주교권의 세속화와 쇠락

주교들이 자신들의 본분을 잘 지켰더라면 아무 문제도 발생하지 않았을지도 모른다. 2세기 이후부터 형성된 주교제는 기독교 역사에서 매우 커다란 의미를 지니고 있었다. 성직자의 자질과 추진력 그리고 기독교의 전반적인 수준은 무엇보다 주교에 의해 좌우되었기 때문이었다. 훌륭한 주교가 없다면 교황은 실제로 어떠한 권력도 행사할 수 없었을 것이다. 13세기 초에 교황과 왕은 주교 임명권을 행사하기 위해 싸움을 벌이고 있었다. 실제로 주교를 임명할 때마다 지역 통치자들과 교황은 서로 자기의 몫을 차지하려 했다. 왕은 성직자를 장관으로 임명하는 것을 꺼려했다. 왜냐하면 성직자들이 횡령이나 반역 등의 범죄를 저질러도 그들을 왕실법정에 세울 수가 없었기 때문이었다. 주교 임명권은 항상 재정 문제와 얽혀 있었기 때문에 재정을 확보한 측에서 승리하는 경향이 있었다. 결과적으로 주교의 절반 정도는 왕실의 관리들과 신하들에게 할당되었으며, 교황의 지분은 유동적이었지만 대체로 3분의 1 정도였다.

왕이 주교를 임명할 때 간혹 문제가 발생하기도 했다. 흑태자Black Prince(영국 에드워드 3세의 왕자— 옮긴이)는 교회법을 무시하고 학식도 갖추지 못했던 자신의 친구 로버트 스트레튼을 코번트리와 리치필드의 주교로 임명한 적도 있었다. 마찬가지로 일부 교황들의 주교 임명도 늘 성공을 거둔 것만은 아니었다. 1246년에 교황 인노켄티우스 4세는 호엔슈타우펜 가문으로부터 교회를 '해방'시키려는 목적으로 라인 강 저지대에서는 교황청의 허락 없이 어느 누구도 주교를 선임할 수 없다는 교서를 내렸다. 그다음 해에 교황은 당시 열아홉 살밖에 되지 않았고 학식도 거의 없었던 겔드르 백작의 동생 리에주 헨리를 주교로 임명했다. 그는 순전히 교황의 정치·군사적 목적을 수행하기 위해 자격이 한참이나 모자람에도 불구하고 주교로 선임된 것이었다. 헨리는 주교이면서 동시에 제국의 선거후elector 역할을 했다. 그의 첫 번째 임무는 신성로마제국의 슈타우펜 왕조를 견제하기 위해 네덜란드의 백작이 왕으로 선출될 수 있게 돕는 일이었다. 그는 "교회 문제에 좀 더 자유롭게 개입하기 위해", 즉 전투 중에 있는 군대를 직접 통솔하기 위해 하급 성직에 머물러 있기도 했다. 그는 또한 교황 지지자들에게 십일조를 제공하고 교회 수입을 분배하며 군대 조직을 원하는 대로 조정할 수 있는 권한들을 위임받았다. 그는 25년 동안 주로 정치·군사적인 일들을 처리했기에, 그의 교구에는 교구의 본래 업무를 도맡아 수행했던 교회 전문 사역자들과 상근 직원들이 있었다. 기록을 보면 그는 모범적인 교구장으로 기록되어 있으나 이는 사실과 다르며, 슈타우펜 가문이 몰락하자 그의 가치 또한 상실되었다. 급기야는 1273년에 교황 그레고리우스 10세는 헨리가 몇몇의 수녀원장 및 수녀들과 잠자리를 같이하여 14명의 서자들을 낳았으며 교회 수입의 일부를 빼돌렸다는 이유로 그를 고소하기에 이르렀다. 이렇게 치욕을 당하자 헨리는 원래 기질이 발동했는지 산적으로 돌변했다.

왕실과 교황청 간의 권력분권형carve-up 체제 아래에서 대부분의 주교들은 점차 세속화되어갔다. 주교들은 목회에 집중하기보다는 왕과 교황의 이권다툼과 관련된 일을 주로 맡았고 이에 따라 자신의 교구를 비우는 일이 비일비재했다. 여기에다가 주교들이 움직일 때에는 상당한 경비가 소요되어 재정적인 부담을 주었다는 것도 주교들이 지역 시찰을 자주 하지 못했던 이유 중 하나였다. 1247-1276년에 루앙의 대주교로 활동했던 성직자 오도 리고는 지역을 시찰할 때마다 말을 탄 80명의 수행원들을 대동했다. 1251년에는 노르망디 주교들이 이와 관련된 문제를 교황에게 항의할 정도였다. 이와 관련하여 엘리의 주교 롱샹의 윌리엄은 악명이 높았는데, 특히 그가 소유하고 있던 사냥개와 매의 값비싼 유지비용 때문에 사람들로부터 원성이 자자했다.

주교의 대리자나 부주교도 부담스럽기는 마찬가지였다. 교황 인노켄티우스 3세는 리치몬드의 부주교가 97마리의 말과 21마리의 개와 3마리의 매를 데리고 지역을 시찰했다는 보고를 받았다. 상황이 이렇게 되자 캔터베리의 대주교 허버트 월터는 지역을 시찰하면서 주교들이 대동할 수 있는 수행비서나 동물의 숫자를 제한하는 규정을 만들기도 했다. 대주교의 경우는 50명 이하의 수행원과 50필 이하의 말, 주교의 경우는 30명의 수행원과 30필의 말, 부주교의 경우는 7명의 수행원을 대동할 수 있으나 말이나 매는 데리고 다닐 수 없도록 했다. 하지만 이런 규정은 잘 지켜지지 않았으며, 그 이후로 200년이 넘도록 이 같은 관행은 계속되었다.

　카롤링거 시대의 이념, 즉 교회와 국가는 기독교의 가르침을 실현하기 위해 연합해야 한다는 신념은 좀처럼 사라지지 않았으나, 어떠한 집단에서도 그 이념을 실천하려 들지 않았다. 주교는 성직자뿐만 아니라 평신도들을 돌보기 위해 자신의 교구를 시찰할 수 있는 권리가 있었다. 예를 들어 영주들의 집을 방문하여 그들을 재판할 수도 있었으며, 마을 전체를 대상으로 성적인 문제나 재정상의 불법을 조사할 수도 있었다. 13세기 중엽에 링컨의 주교로 활동했던 로버트 그로스테스테는 용기와 열정이 풍부했던 사람으로 중세 주교 가운데 가장 존경받는 사람이었다. 그는 기독교의 가르침에 의거하여 세상을 변혁하기 위해 최선의 노력을 기울였다. 1246-1248년에 자신의 교구를 시찰하던 그는 각 지역 위원들에게 이렇게 물었다. "교인들 가운데 눈에 띄게 교만하거나 시기심이 많은 사람들은 없는가? 욕심쟁이나 게으른 사람은 없는가? 타락할 가능성이 있는 사람들은 없는가? 악행을 저지르거나 음식을 탐하거나 음탕한 사람은 없는가?" 이 같은 물음들은 그리스도인들의 도덕적 표준을 더욱 높이기 위한 노력의 일환이었다. 같은 선상에서 그는 죄인들을 아주 엄격하게 다스렸다. 이러한 그를 외부에서는 어떻게 바라보았는지가 중요하다. 왕은 그로스테스테 주교가 백성들의 합법적인 활동을 방해하고 그들로 하여금 백성의 의무를 이행하지 못하도록 막고 있다고 평가했다. 또한 그로스테스테 주교는 교황으로부터도 아무런 지지를 받지 못했고 오히려 도덕적 열정이 지나치다는 비난을 받았다. 어느 날 교황은 그로스테스테가 자신을 비난하면서 "지팡이로 자신을 크게 후려치는" 꿈을 꾸었다고 말하기도 했다.

당시 대부분의 주교들은 직접 평신도들을 지도하려 하지 않고 각 지역마다 책임자를 선임하여 그들로 하여금 평신도를 돌보게 하는, 이른바 간접적인 지도방식을 선호했다. 이렇게 임명을 받은 '지역 책임자'는 그 지역에서 벌어지는 간음, 살인, 십일조 불이행, 위증, 배교, 고리대금업, 마술, 이단, 유언장 검증과 신성모독 등의 문제를 다루었다. 하지만 지역 책임자들에게는 어떠한 보수도 주어지지 않았기 때문에 그들은 이 같은 일을 좋아하지 않았다. 그들은 '전령관apparitors'이나 '소환계원summoners'들을 고용하여 주교의 경고나 지시사항들을 전달했다. 이들은 백성들로부터 돈을 갈취하는 등, 많은 악행을 저질러 사람들로부터 미움을 받았다. 어찌되었든 가난하거나 힘이 없는 백성들은 법정에서도 아무런 보호를 받지 못했다. 반면에 힘 있는 사람들은 교회규정으로부터 자유로울 수 있었다. 성직자들은 말할 것도 없고 주교들조차 유력 인사들은 통제할 수 없었고 그들은 점차 오만해져갔다. 예를 들어 1310년경에 주교의 훈계를 담은 편지를 전달받은 앨런 플로크네트 경은 이를 전달한 크루컨의 성직자에게 주교의 편지를 씹어 먹으라는 명령을 내리기도 했다. 나이가 많은 성직자들이나 다수의 직책을 겸했던 성직자들—나이가 많은 성직자들은 몇 개의 직책을 겸직하는 경우가 많았다—도 교회법을 지키려 하지 않았으며, 법정에서도 자신들의 기득권을 지키기 위해 주교들과 자주 다투곤 했다.

주교들의 지위가 점차 하락하면서 성직자 사회 전체가 멍들어갔다. 11세기 후반에 이르면 성직자들은 예전, 시성식, 수도원의 검열, 법과 교리를 결정하는 문제들에서 힘을 잃어버리고, 단지 교황에게 소식을 전하는 의사소통의 통로로 전락해버렸다. 다시 말해 기독교 사회를 열망했던 사람들에게 주교들은 더 이상 기대할 수 있는 대상이 아니었다. 대신 사람들은 대부호의 젊은 후계자나 성공한 행정관료들에게 눈길을 돌리기 시작했다. 주교들의 부의 축적은 여전했다. 주교직은 명목상의 직책일 뿐이었다. 15세기에 이르면 교황권을 포함하여 교회 개혁 문제는 주교나 공의회 차원에서 다루어야 한다는 여론이 형성되었다. 그러나 주교나 공의회는 그 임무를 수행할 수 없었다. 왜냐하면 이미 왕과 교황에 의해 주교의 권위와 지도력이 파괴되었기 때문이었다. 15세기에 열린 일련의 공의회들에서 주교들은 왕의 지시를 받아 민족주의적 성향을 보이든지 아니면 로마 교황청의 이해를 대변하든지, 둘 중 하나를 택해야 했다. 성직자들이 나라와 민족과 절연한 채로 단결할 수 있으리라고 기대하는 것은 애초부터 무리였다. 신약 시대에 볼 수 있었던 기독교 공동체 정신은 이미 파괴된 지 오래였다.

반성직주의의 출현

주교들의 독립성이 약화됨에 따라 자연스럽게 교황권이 강화되었다. 그러나 교황보다 더 큰 이익을 본 세력은 역시 국가였다. 주교들의 힘이 약화되자 그만큼 왕들의 권력이 막강해졌기 때문이다. 암브로시우스가 활동했던 시절만 해도 주교는 교황뿐만 아니라 왕실권력을 견제할 수 있는 힘을 갖고 있었으나, 이제 주교는 일종의 기능인으로 전락해버리고 말았다. 세속 권력에 맞설 수 있는 인물은 오직 교황밖에 남지 않게 되었다. 이런 상황은 교황 스스로 자초했다고 볼 수 있다. 교황 그레고리우스의 개혁은 세속 권력에 비해 성직자 계급이 우월함을 강조하여 교회권력을 강화시키는 데 도움을 주었다. 하지만 결과적으로 이 같은 상황은 전체 기독교 사회에 치명적인 결과를 가져다주었다. 왜냐하면 세속 권력이 기독교-성직자 체계를 거부하고 자체적인 국가체계를 발전시켜나갔기 때문이다. 성직자들은 우월한 지식과 정교한 법률체계, 강력한 행정력을 바탕으로 사회 전 영역에 영향력을 행사했으나 이러한 성직자들의 우월성은 그리 오래가지 못했다. 왜냐하면 12세기에 이르러 왕실법정이 교회법을 추월했기 때문이다. 게다가 성직자들이 호전적일 정도로 자신들의 권리를 주장하고 나서자 세속 권력은 아예 그들과의 우호관계를 끊어버렸다. 이른바 반성직주의가 등장한 것이다.

잉글랜드는 어느 지역보다도 교황청과 돈독한 우호관계를 맺고 있었다. 잉글랜드인들은 자신들이 기독교를 믿고 문명의 혜택을 받게 된 것은 교황 그레고리우스 대제의 은혜라고 생각했다. 그들은 교황이 잉글랜드 대주교에게 팔리움을 하사한 것은 교황청이 잉글랜드에게 베푼 특별한 호의라고 생각했다. 그리하여 많은 잉글랜드 교회들은 이에 대한 보답으로 성 베드로와 바울의 이름을 따서 교회 이름을 지었다. 로마에 있었던 '산타마리아 교회'는 잉글랜드 왕이 자발적으로 마련한 '베드로 헌금'(교황청의 재정적 손실을 충당하기 위해 전 세계의 천주교인들이 각 교구에서 자유로이 바치는 헌금—옮긴이)으로 건축된 교회로, 다른 어떤 국가도 그와 같은 세금을 낸 적이 없었다. 하지만 불행히도 이렇게 순수하게 진행되던 '베드로 헌금'이 10세기에 오면서 하나의 의무로 바뀌었다. 심지어는 교황청에서 이를 독촉하기도 했다. 그레고리우스 7세는 윌리엄 1세에게 이 세금이 밀렸다고 지적하는 편지를 보내기도 했다. 점차 잉글랜드는 이 같은 세금을 하나의 부담으로 받아들였다. 12세기 당시에는 해마다 은화 299마르크를 '베드로 헌금'이라는 명목으로 교황청에 지불했던 것 같다. 역으로 잉글랜드 정부는 앞으로는 이 세금을 지불하지 않겠다며 교황을 압박하기도 했다. 말하자면 이 세금은 외교전략의 수단으로도 사용되었던 것이다. 결국 14세기 중엽에 에드워드 3세는 의회를 소집하여 이 세금을 불법적이고 헌법에 반하는 것이라고 선언했다. 이후로 잉글랜드는 더 이상 교황청에 이 같은 세금을 지불하지 않았다.

왕권과 교황권의 대결

국왕을 배출했던 왕실은 자체적인 힘을 지니고 있었기에 교황과의 전면전을 시작할 수 있었다. 명목상으로 교황은 국왕의 직무를 정지시킬 수도 있었으나 실행에 옮기는 것은 결코 쉽지 않았다. 심지어 지역 주교들이 국왕을 지지하는 일도 있었다. 예를 들어 인노켄티우스 3세와 존 왕이 경쟁할 때에도 일부 잉글랜드 주교들과 시토회 수도사들은 국왕을 옹호했다. 교황은 존 왕에게 6년간의 직무정지 결정을 내렸지만 잉글랜드 교회는 이에 아랑곳하지 않았다. 1209년 교황청이 존 왕을 파문한 사건은 잉글랜드 교회 사정을 더욱 악화시켰고, 잉글랜드 교회는 큰 손해를 보았다. 교회 소유의 토지로부터 거둬들인 수익금 중에서 국가재정으로 지불된 금액은 1209년 400파운드에서 1211년 2만 4천 파운드로 올라갔다. 이 액수에는 시토회 수도원이 지불했던 금액은 포함되어 있지 않았는데, 대략 1만 6천 파운드 이상일 것으로 추정된다. 모두 합해보면 존 왕은 10만 파운드 이상을 모금했고 이 자금은 웨일스, 스코틀랜드, 그리고 아일랜드에서 벌인 전쟁비용으로 사용되었다. 전반적으로 국내 정치문제를 상당히 신중하게 다루었던 존 왕은 교황 인노켄티우스 3세가 막강한 권력을 휘둘렀을 때에도 그와 대등한 위치에서 씨름할 수 있을 정도로 강력한 힘을 가지고 있었다.

교황의 권한은 점차 확대되었지만 그만큼 교황에 대한 반감 또한 증폭되었다. 왜냐하면 교황권의 확대는 각국의 통치자들에게는 자신들의 권한을 침해하는 것으로 받아들여졌기 때문이다. 이러한 상황에서 교황들은 성직수임료를 책정하는 일에만 집착하면서 세속 권력자들을 설득하는 데 실패했다. 당시에 성직수임료로 교황청이 벌어들이는 돈이 상당했기 때문에 교황들은 성직자를 임명하는 일에 대단히 신경을 많이 썼다. 예를 들면 잉글랜드에서는 1216-1272년에 6명의 주교를 교황이 직접 임명했다. 에드워드 2세가 통치할 때는 28명 가운데 13명의 주교를 교황이 임명했다. 1342년 이후부터는 교황이 주교를 임명하는 일이 하나의 규범이 되었다. 1344년에 헤리퍼드의 주교로 선임된 존 트릴렉은 잉글랜드의 주교 가운데 교황이 직접 임명하지 않은 유일한 사람이었다. 교황의 주교 임명은 종교개혁 때까지 계속되었다. 그렇다면 그만큼 교황의 권력이 막강해진 것인가? 그렇지는 않다. 아니 오히려 그 반대였다. 교황의 주교 임명은 국왕의 뜻을 따르는 것일 뿐이었기 때문이다. 예를 들면 1446년에 있었던 노리치의 주교 임명은 다음과 같은 공식적 절차를 밟아 이루어졌다.

> 교황은 최근에 노리치 교회에 … 신학사 학위를 가진 월터 리허트를 주교로 임명했으며, 우리는 교황의 교서에 따라 그 절차를 진행했다. … 주교는 우리 앞에서 교황의 교서—교황의 교서는 우리 왕이 편견에 사로잡혀 있다고 판단하고 있다—에 담겨 있는 모든 말과 모든 단어를 분명히 그리고 공개적으로 비난한 반면, 우리에게는 겸손하게 충성을 다하겠다고 다짐했다. 우리는 그와 함께 은혜롭게 행동하기를 원하면서 주교의 충성 서약을 받아들였고 주교직을 통해 벌어들이는 수입을 그가 관리하도록 맡겼다.

주교의 임명은 왕이 지명하면 교황이 파송하는 형식을 취했다. 그러나 왕은 새로 임명받은 주교들에게 위에서 말한 것처럼 교황의 임명안은 전적으로 편견에 사로잡혀 있다는 맹세를 하도록 요구했다. 1466년에 캔터베리의 성 아우구스티누스 수도원장이 했던 서약은 이에 대한 전형적인 사례이다. "당신은 로마 법정을 포함하여 어느 곳에서라도 우리의 통치자인 왕이나 왕권, 그리고 그의 백성들에게 해가 되거나 불리한 소송을 하거나 또 그들이 소송을 당하도록 해서는 안 될 것이며, 이 나라의 법률에 반하는 어떠한 일도 해서는 안 될 것이다." 잉글랜드 국왕은 교황의 결정사항들을 교정할 수 있는 권한을 법으로 보장받고 있었다. 헨리 8세가 〈수장령〉을 발표하기 오래전부터 잉글랜드 국왕은 교리를 제외한 거의 모든 분야에서 잉글랜드 교회의 실질적 수장 노릇을 해왔던 것이다.

다른 서방 국가들도 잉글랜드와 비슷한 입장에 있었다. 일부 민족주의 성향이 강한 국가들에서 교황이 교회를 얼마만큼 통솔했는지 정확한 실상을 파악하기는 어려운 일이다. 예를 들면 스페인 왕권은 서고트족 시대 이후로 교황권보다 항상 우위에 있었다. 당시 유럽은 기독교인들과 이교도들이 공존하고 있던 지역으로서, 교회는 실제로 국가의 한 기구처럼 움직이고 있었고 본질적으로 국가에 종속되어 있었다. 스페인과 스페인 교회를 통치하던 사람들은 주교가 아니라 국왕이었으며, 이러한 입장은 중세 내내 유지되었다. 일반적으로 13세기는 교황권이 절정에 달했던 시기로 알려져 있으나, 카스티야와 아라곤에서 개최된 공의회나 주교회의를 보면 당시에도 성직자들이 국가와 국왕의 정책에 거의 전적으로 복종했다는 것을 알 수 있다.

국가는 교회를 마치 새끼 양을 기르듯이 보호했다. 그야말로 교회는 국가의 포로가 되었던 것이다. 15세기에 스페인 왕권은 유럽의 다른 국가들처럼 교황과 공식 협정을 체결함으로써 그 기반을 더욱 공고하게 다졌으며, 16세기에 이르러 매우 탄탄해졌다. 교황과 맺은 공식 합의서들은 국왕과 교황 각자의 권리를 명시하면서도 국가의 이익을 현저하게 보장한다는 내용을 담고 있었다. 스페인-합스부르크 가문의 정치·외교정책은 대체로 교황의 정책과 일치했고 스페인 왕권 또한 교황의 입장을 충분히 받아들였다. 그렇다고 해서 스페인 정부가 입장을 바꾼 것은 아니었다. 스페인은 여전히 국가가 교회를 통제해야 한다는 입장을 고수했으며, 교황의 독자적인 행동을 인정하지 않았다. 스페인 종교재판소는 본질적으로 왕실의 권력기관이었고 종교재판소의 기능 중 하나는 스페인 교회를 외부세력—교황권을 포함하여—으로부터 '보호'하는 데 있었다. 다시 말해 16세기에 스페인 교회는 유럽의 다른 어느 국가들보다도—에라스투스주의(교회를 국가의 한 기구로 보는 견해—옮긴이)를 채택한 프로테스탄트 국가들을 포함하여—철저하게 왕권의 지배하에 있었다.

13세기 초부터 프랑스에서도 강력한 군주정치가 시작되었으며, 이곳에서도 교황의 지배력은 힘을 잃었다. 교황들은 슈타우펜 가문을 분쇄하기 위해 여러 차례 프랑스를 이용했으며, 그 과정에서 프랑스는 강력한 세력으로 커갔다. 8세기만 해도 교황권은 서방의 군주들을 도와 제국을 창건할 수 있게 해주었으나, 13세기에 오면 상황은 완전히 뒤바뀌게 되었다. 왜냐하면 교황들이 교황권을 위협하는 서방 제국을 파괴하는 데 앞장섰기 때문이다. 하지만 이와 동시에 교황은 자신의 교황권을 보호해줄 만한 강력한 군주를 필요로 했다. 이 진퇴양난의 상황에서 교황들은 새로 등장하는 국가들에게 희망을 걸었다. 그래서 그들은 처음에는 프랑스로, 16세기에는 스페인과 오스트리아로 눈을 돌렸다. 프랑스의 국왕들은 교황을 독자적인 권력자로 보기보다는 하나의 주교로 간주하려 했기 때문에, 프랑스의 후원을 받아 교황권의 확장을 이룰 수는 없었다. 예를 들면 1298년에 교황 보니파키우스 8세는 잉글랜드의 에드워드 1세와 프랑스의 필리프 사이에 벌어진 가스코뉴 논쟁을 중재해줄 것을 요청받았다. 교황의 대리인들이 임명되고 교황의 교서들도 연속해서 발표되었지만, 막판에 이르러 교황은 결국 프랑스의 압력에 못 이겨 자신의 교서는 "베네데토 가이타니 영주(보니파키우스 8세를 지칭한다—옮긴이)가 발표한 개인적 의견"에 불과하다는 것을 인정하지 않을 수 없었다.

교황권의 몰락

교황 보니파키우스 8세를 보면 교황의 허세가 어떤 것이었나를 여실히 확인할 수 있다. 이전까지만 해도 교황은 실권은 없지만 말로 표현할 수 없는 어떠한 신비로움을 자아낸다고 여겨졌으며, 이 때문에 그들은 백성들로부터 권위를 인정받을 수 있었다. 그러나 보니파키우스 8세 이후 교황권은 쇠락의 길을 걸었다. 보니파키우스는 1296년에 프랑스에서, 그 다음 해에는 잉글랜드에서 교서 〈성직자와 평신도〉를 발표했다. 교황의 희망과는 달리 잉글랜드 국왕 에드워드 1세는 국가에 세금을 내지 않던 성직자들의 법정 보호권을 철회하는 한편 교회가 소유하고 있는 토지를 압류하는 정책을 폈다. 프랑스에서도 이와 비슷한 일이 발생했다. 프랑스 국왕 필리프는 자국 내의 통화 유출을 금지했다. 이렇듯 교황과 세속 통치자들의 갈등은 서로 간에 얽혀 있던 복잡한 공생관계를 반증해준다. 성직자들이 세속군주들을 압박할수록 그들은 더 많은 성직자들을 왕실 재판정에 세웠으며, 잉글랜드와 프랑스 왕실이 성직자들로부터 세금을 걷지 않고는 실질적인 통치가 어려웠던 것만큼 교황도 잉글랜드와 프랑스가 보내는 금괴 없이는 생존할 수 없었다.

그럼에도 불구하고 보니파키우스는 세속군주들의 경고에 귀를 기울이지 않은 채 프랑스를 향해 다음과 같은 교서들을 연속적으로 발표했다. 〈나의 아들이여, 들으라 Ausculta fili〉는 국왕을 향한 것이고, 〈베드로의 사명에 관하여 Super Petri solio〉는 왕을 파문할 것이라고 위협하고 있으며, 〈세상의 구원자 Salvator mundi〉에는 프랑스에 베풀었던 교황의 호의를 철회하겠다는 위협이 들어 있다. 〈궐기에 앞서 Ante promotionem〉에서는 프랑스의 고위 성직자들에게 교회의 자유를 수호하기 위해 로마에서 개최된 공의회에 참석할 것을 명령하고 있다. 상황이 이 지경에 이르자 필리프 왕은 교황 반대 정책을 내놓았고, 이 정책은 1302년의 프랑스 의회에서 만장일치로 통과되었다. 1303년 4월에 교황 보니파키우스는 필리프에게 최후통첩을 보냈다. 그 최후통첩에는 9월까지 교황에게 복종하지 않으면 파문은 물론 국왕직을 정지시키겠다는 내용이 들어 있었다. 하지만 교황의 바람과는 달리 필리프는 오히려 교황을 불법선거, 성직매매, 부도덕, 폭력, 불신앙, 이단 혐의로 루브르 법정에 고소했으며 이 법정에 교황을 체포할 수 있는 권한을 허락해주었다. 결국 최후통첩이 소멸되기 바로 전날인 9월 7일에 필리프의 대리자인 기욤 드 노가레는 교황 보니파키우스 8세를 전격적으로 체포했다. 비록 얼마 지나지 않아 곧 석방되기는 했으나, 이 사건은 유럽인들에게 깊은 인상을 심어주었다. 교황의 신비로운 이미지는 완전히 상실되었으며, 교황권을 보호하기 위해서는 세속 권력이 필요하다는 사실을 다시 한 번 깨닫게 해주었다. 이 사건이 있은 후 2년 후에 교황청은 복잡해진 로마를 떠나 프랑스의 아비뇽으로 옮겨지게 되었고 프랑스 권력의 보호를 받게 되었다. 이후로 기독교 세계에는 교황권의 바벨론 포로 시대, 교회의 대분열, 공의회 시대가 이어졌고, 급기야는 민족국가들이 등장하면서 유럽을 하나로 묶어주었던 기독교 왕국 시대는 종말을 고하고 말았다.

교황의 지나친 허세가 세속 권력에 의해 무너졌음에도 불구하고 어떻게 해서 교황을 중심으로 하는 성직자 제도는 여전히 계속될 수 있었는가? 이에 대한 대답은 결코 쉽지 않다. 당시 성직자들은 강력한 내부 조직망을 갖추고 있었는데, 이러한 조직은 유럽에서는 거의 유일한 국제적 연대조직이었다. 중앙집권적 체계를 갖추고 있었던 이들은 마을 구석구석까지 조직망을 두고 있었다. 그들의 조직은 매우 튼튼했고 인간 삶의 거의 모든 영역을 지배했다. 교회법 또한 완전히 체계화되어 있었기 때문에 함부로 무시하거나 제거할 수 없었다. 게다가 교회법은 세속법과 세속 권력이 접근하지 못한 영역에까지 영향력을 행사하고 있었다. 한마디로 교회법을 대체할 만한 다른 장치가 마련되어 있지 못했던 것이다. 국왕이 이런저런 이유로 개혁을 거부했던 것에 비해 교황은 국왕이 다룰 수 없는 문제들을 다룰 수 있는 조직과 체제를 갖추고 있었다. 주교 임명 문제에서도 그러했듯이 성직자들의 과세 문제에 관해서도 교황과 세속 군주들은 세금을 적절히 나누어 가지는 것으로 합의했다. 하지만 점차 국왕이 유리한 위치에서 더 많은 몫을 차지하는 방향으로 상황이 전개되었다. 이 같은 교황과 세속군주의 거래 속에서 기독교 정신은 사라져버렸다. 교황이 운용했던 교회법은 카롤링거 시대의 이념, 즉 성직자와 평신도가 성경의 명령을 따라 손을 맞잡고 각자의 위치에서 최선을 다했던 당시의 상황에 비추어 볼 때 도덕적으로나 사회적으로 매우 열등한 법이었다. 고위 성직자들과 세속군주들은 각자의 목적을 달성하기 위해 새로운 제도를 만들어 교회를 착취하고 이용했다. 이 과정에서 유산 계급자들만 큰 혜택을 입었다. 세속군주들은 교회 교리나 제도, 그리고 교회 재산과 특권들이 자신들에게 해가 되지 않는 한 바꾸려는 생각을 하지 않았다. 교회 개혁가들은 교회의 문제를 바로잡는 것이 통치자의 종교적인 의무라고 주장했지만 전혀 먹혀들지 않았다.

성직자 제도는 이렇게 지속될 수 있었지만, 그 제도는 이미 대중들로부터 신망을 잃어버린 껍데기에 불과했다. 중세 초기에만 해도 기독교는 유럽을 계몽하고 개혁하는 일에 적지 않은 역할을 해냈었다. 11-12세기에도 교회는 개혁 의지를 놓지 않았다. 교황 그레고리우스의 개혁정책들은 얼마간 지지를 받기도 했다. 많은 사람들이 왕권을 대체할 수 있는 대안세력으로 교황권을 환영했고 세속 영주에 대한 성직자들의 견제 또한 지지했다. 하지만 1150-1250년 사이에 근본적인 변화가 일어났다. 교회가 부당하게 세금을 거둬들이고 성직자들이 계급화하자, 백성들이 교회로부터 등을 돌리기 시작했던 것이다. 교회는 경외감과 두려움을 불러일으키기 위해 노력했으나, 오히려 적대감만을 불러일으켰을 뿐이었다.

결국 13세기에 이르면 성직자들에 대한 평신도들의 저항과 지식인들의 노골적인 반대가 표면화하기 시작했다. 예를 들면 1238년에는 옥스퍼드를 방문했던 교황의 특사와 신학생들 간에 언쟁이 벌어지기도 했다. 특사를 만나러 가던 옥스퍼드 신학생들을 특사의 비서가 거칠게 막았던 것이 발단이 되었다. 분위기는 즉시 험악해졌고 학생들은 그동안 쌓여 있던 로마 교황청에 대한 적대감을 일거에 표출하기에 이르렀다. 이때 숙소 뒷문에서 학생들의 자제를 촉구하던 아일랜드 출신의 옥스퍼드 대학교회 채플 담당신부의 얼굴에 교황의 특사가 내던진 양동이에 담겨 있던 뜨거운 물이 끼얹어지는 일이 벌어졌다. 이 사건은 학생들을 더욱 분노케 했다. 학생들은 소리를 질렀다. "국왕을 이용하여 자신의 금고를 채우기 위해 우리를 약탈하는 성직매매자, 고리대금업자, 돈을 탐하고 우리의 수입을 갈취하는 약탈자는 어디에 있는가?" 특사는 간신히 도망칠 수 있었지만 이후로 길고도 복잡한 법적 공방이 한동안 계속되었다.

불행한 것은 당시만 해도 이러한 사건은 매우 예외적인 일로서 그 누구도 교황의 영적인 우위나 입법활동, 성직 임명의 타당성에 의문을 제기하지 않았다는 것이다. 그러나 14세기에 오면 교황의 절대권력과 중세교회 체제가 공개적으로 반복적인 공격을 받게 되었다. 특히 교황청과 교회가 프랑스의 지배하에 있다고 여겨지던 차에 프랑스와 전쟁을 치른 잉글랜드에서는 당연히 교회에 대한 반감이 높아만 갔다. "교황은 프랑스인이고 그리스도는 잉글랜드인이다"라는 말이 유행하기도 했다. 사람들은 이제 더 이상 교황이 사도 베드로의 능력과 결합되어 있다는 것을 믿지 않았는데, 이 점은 생각보다 훨씬 심각한 문제였다. 성물숭배도 거의 시들어버렸다. 교황청이 아비뇽에서 로마로 귀환했을 당시에 성물숭배는 거의 소멸해버리고 없었다. 한마디로 교황은 형식상으로만 최고의 위치에 있는 형이상학적 존재에 불과하게 되었던 것이다.

교회의 타락

1300년에 20만 명의 사람들이 희년축제를 위해 로마로 모여들었다. 그러나 불행히도 당시 교황청은 아비뇽에 있었으며, 로마에 비해 아비뇽은 한가하다 못해 을씨년스럽기까지 했다. 그럼에도 불구하고 아비뇽 교황청은 로마에 있을 때보다 훨씬 더 효율적으로 활동했으며, 중앙 집권체제를 더욱 강화하기 위해 어느 때보다 활발한 선교와 외교 활동을 전개했다. 아비뇽 교황청은 30명이 넘는 추기경들에게 각각 하나의 저택을 줄 수 있을 정도로 외적으로는 대단했으나, 영적인 분위기는 전혀 자아내지 못했다. 잉글랜드 의회는 아비뇽을 '죄악이 가득한 아비뇽'으로 명명할 정도였다. 페트라크는 이에 대해 다음과 같이 말했다.

여기에 갈릴리 가난한 어부의 후계자들이 통치하고 있다. 그들은 오래 전부터 자신들의 뿌리를 잊고 있다. … 모든 악과 비참함이 득실거리는 바벨론 … 거기에는 경건함도, 자비로움도, 신앙심도, 존경심도, 하나님에 대한 경외심도, 거룩함도, 정당함과 신성함도 전혀 찾아볼 수 없다. 오직 배반, 속임수, 교만, 강곽함, 파렴치함, 방탕함, 다시 말해 당신이 세상에서 보았던 모든 불경건함과 악이 있을 뿐이다.˝ … 여기에 오면 좋은 것들은 모두 다 잃게 된다. 아비뇽은 자유를 잃었고 안정, 행복, 신앙, 희망과 자비 또한 잃어버렸다.

교황청이 아비뇽에 머무는 동안 교회는 돈을 모으는 조직으로 변모했다. 교황은 각국에 세금징수원을 파견했으며, 프랑스에만 해도 23명의 세금징수원이 있었다. 바티칸 도서관에는 교황의 재산을 엿볼 수 있는 성직임명과 관련된 편지와 청원서들의 필사본이 소장되어 있다. 하지만 대부분의 자료들이 단편적인 것에 불과해서 교회의 전체 수입이 어느 정도였고, 특히 교황이 관리했던 수입이 정확히 얼마인지를 예상하기란 쉽지 않다. 잉글랜드를 예로 든다면 성직자들의 숫자가 전체 국민의 1퍼센트에 불과했지만 그들은 총생산의 약 25퍼센트를 차지하고 있었다. 이것은 대략적인 평균을 말한 것이다. 프랑스와 독일의 일부 지역에서는 이보다 훨씬 더 높았던 것으로 보인다. 교황청은 교회 수입의 약 10퍼센트를 '성직수임세'로 거두어들였고 일반 백성들로부터도 엄청난 양의 돈을 거두어들였다. 1376년 잉글랜드 의회에 제출된 보고서에 의하면 교황청이 잉글랜드 성직자들로부터 성직수임세로 거두어들인 수입은 잉글랜드 왕실 수입의 다섯 배에 달한 것으로 나와 있다. 이처럼 15세기 초에 교회는 영적인 기관이었다기보다는 세속기관에 더 가까웠다. 웨일스 출신의 교회법률가인 우스크의 애덤은 로마 방문 이후에 받았던 충격을 다음과 같이 기록했다. "로마에서 살 수 없는 물건은 없고 팔 수 없는 물건도 없다. 성직수임세는 버림받은 사람들을 위해서 사용된 것이 아니라 최고의 명령자에게 주어진다. … 율법 시대에 제사장들이 돈에 눈이 멀자 더 이상 기적이 일어나지 않았던 것처럼 복음의 시대에도 그와 같은 일이 벌어지지는 않을까 두려울 뿐이다. 위험은 날마다 교회의 문을 두드리면서 교회 문 앞에 서 있다."

이 같은 비판은 대체로 성직자들로부터 나왔다. 평신도들은 성직자들이 자신들의 임무에 충실하고 성실한 사람이라고 알고 있었기 때문이었다. 그러나 그들이 일반 백성들로부터 헌금을 강요하자 성직자들에 대한 불만은 일거에 고조되었다. 13-14세기에 헌금에 대한 강요는 사악한 관습으로 굳어졌다. 이 중 가장 악랄했던 것은 영안실 사용료였던 것 같다. 이 사용료는 원래 순수한 헌금처럼 자발적으로 시작되었을 수도 있고, 죽은 사람이 십일조를 온전히 내지 못했다는 전제 아래 거둬들였을 수도 있다. 여하튼 영안실 사용료는 죽은 자의 재산 중 두 번째로 값어치 있는 재산을 교회에 헌납해야만 하는 것으로 정착되었다. 유가족들은 이 외에도 매우 다양한 세금을 내야 했다. 점차 이에 대한 불만이 터져 나오기 시작하자 교황 인노켄티우스 3세는 1204년에 프랑스 특사에게 다음과 같은 명령을 내리기도 했다. "죽은 자를 매장하면서 유가족들에게 돈을 요구하는 등 영예롭지 못한 요구를 하지 못하도록 하라. 하지만 다른한편 평신도들에게 이 문제와 관련하여 칭찬받을 만한 관습을 유지하도록 그들을 설득하는 일에 주의를 기울여야 한다." 어떻게 이와 같은 관습이 칭찬받을 만한 것인가? 가족을 잃어버린 사람들에게 그와 같은 강제징수를 하는 것보다 더 수치스러운 일이 과연 또 있겠는가? 이러한 행태가 더욱 미움을 받았던 것은 이것이 가난한 사람들에게도 강제로 적용되었다는 점에 있었다. 슈반하임의 수도원장은 "가진 것이라고는 세 발 의자

하나를 놓을 정도의 땅밖에 없는 사람"한테도 상속세를 요구했다. 일부 수도원장들은 죽은 사람이 소유한 땅의 3분의 1을 세금으로 빼앗아가기도 했다. 모스토우에서는 "이곳에서 죽은 교인들은 생전에 입었던 가장 훌륭한 옷"을 교회에 헌납해야 했다. 실버턴에서는 "두 번째로 좋은 것이나 최상의 것"을 요구했다. 성직자들 중에는 토지를 경영하여 큰 수입을 벌어들인 사람들도 있었다. 그들은 교구 성직자 신분과 영주의 신분을 동시에 내세워 죽은 사람들로부터 이중으로 상속세를 거둬들였다. 글로스터 수도원장은 자신의 토지를 임차한 사람들에게 "영주의 신분을 내세워 가장 좋은 짐승을, 교구 성직자의 신분을 내세워 또 다른 것"을 거둬들였다. 영안실 사용료는 남편뿐만 아니라 아내가 죽었을 때에도 징수되었다. 남편이 다른 교구에서 죽었다면 고향 교구와 죽은 장소에 속한 교구 양쪽에 이중으로 세금을 내야 했다. 때때로 한 교구에서도 교구 성직자와 주교가 동시에 세금을 거둬가기도 했다.

이처럼 영안실이 백성들을 착취하는 장소로 변질되어 갈등을 일으키자 군주들은 영안실을 폐쇄시키려 했다. 그러나 불행히도 교회는 이미 교회법에 흠뻑 빠져 있어서 교회법을 포기한다면 이는 죄를 짓는 것이나 마찬가지라고 믿고 있었다. 클뤼니의 대수도원장이었던 피에르 알베르는 1431-1443년에 열린 바젤 공의회에서 영안실 사용은 성경이나 자연법에 의한 것은 아니지만 관습을 통해서 정당성을 확보할 수 있다고 주장했다. "예정보다 일찍 태어난 사자 새끼는 어미 사자가 계속 핥아주어야만 살아날 수 있는 것처럼 … 이 같은 관습은 사람들이 암묵적으로 동의했기 때문에 지금까지 유지되어왔다." 그럼에도 불구하고 영안실 사용료에 대한 불만은 줄어들지 않아, 이를 피하기 위한 여러 방안이 동원되기도 했다. 예를 들면, 죽기 전에 재산을 다른 가족에게 이전시키기도 했으나 이는 곧 무효화되었다. 취리히에서는 재산 이전을 인정받기 위해서는 지팡이나 목발 혹은 다른 사람의 도움 없이 2미터를 걸을 수 있어야만 했다. 영안실 사용료를 내지 않기 위해 사람들이 갖가지 수단과 방법들을 동원하자 교회는 교회에 재산이 양도되기 전까지 장례를 치러주지 않기도 했다. 교회는 이 방법을 가장 많이 사용했다. 피에르 알베르는 이런 행위가 성직매매로 불릴 수 있다는 점을 인정하면서도 다음과 같이 말했다. "이런 경우에는 시체를 먼저 매장하고 나서 그다음에 상속인들을 향해 행동을 취하라."

영안실 사용료는 특히 직책을 갖지 못해 무보수로 일하는 성직자들에게 중요한 수입원이었다. 16세기에 일했던 어느 변호사는 이렇게 말했다. "보조 성직자들은 영안실 사용료를 자신들의 생명보다 더 사랑했다." 1515년에 잉글랜드 의회는 헨리 8세에게 다음과 같은 탄원서를 제출했다. "성직자들은 유족들이 값비싼 보석이나 의복, 옷감 혹은 값진 것들을 주기 전까지 시신을 받아들이지 않고 있습니다." 이에 헨리 8세는 죽은 사람의 재산이 10마르크 이하일 때에는 영안실 사용료를 면제하라는 법을 마련했으나, 실제로 시행되기까지는 상당한 시간이 흘러야 했다. 엘리자베스 여왕 시대에도 "영안실 사용료로 인한 불화보다 더 큰 불화는 없었다"는 기록이 있다.

영안실 사용료와 관련하여 성직자들은 거의 모든 계층과 다툼을 벌였다. 종교개혁의 실질적인 전조로 불리는 1515년의 '롤라드 탑 살인사건'은 런던의 한 시민이 자신의 아이 장례식 복장을 영안실 사용료로 넘겨달라는 요구를 거부하면서부터 시작되었다. 그렇다고 런던 시민들이 교회를 반대한 것은 아니었다. 그들은 엄청난 수의 성직자들을 부양하고 있었다. 다시 말해 시민들의 자발적 헌금이나 기부금은 성직자들의 주요 수입원이었다. 시민들의 유언장을 살펴보면 부유층은 적어도 그들 재산의 상당 부분을 종교적 목적이나 자선사업을 위해 남겨두었다는 사실을 확인할 수 있다. 14-15세기에 도시의 부유층이 교회를 건축하거나 재건축하는 데 기부한 재산의 규모는 실로 엄청났다. 예를 들면, 영국 내 중세 교회당의 절대 다수가 1320년경부터 고딕양식으로 재건축되었다. 신도들은 단순히 석조건물만을 짓기 위해 그 엄청난 돈을 기부한 것이 아니었다. 현존하는 유적들만 보더라도 그들은 휘황찬란한 지붕들보, 원형기둥, 지붕을 떠받치고 있는 기둥, 청동을 입힌 천장, 성직자석과 칸막이 스크린, 참나무에 조각한 설교단, 성경 독경대, 성수대 덮개, 신도들의 좌석, 제단 배후의 장식과 석고상, 성찬배, 성직자 복장, 제단보, 교회당 종과 십자가상, 등불과 향 등을 설치하는 데 많은 돈을 기부했다. 그러나 헌금은 본질적으로 성직자들의 생활과 관련된 시설물이나 집 근처의 교회, 일터와 관련된 종교 시설물들을 위해 사용되었고 또 교구 교회나 수천 개의 작은 예배당과 종교단체들 religious guilds 을 위해 사용되었다(1398년에 노리치에만 해도 164개의 종교단체들이 있었다). 당시 기독교의 전반적인 분위기는 개인의 영혼을 구원하는 일에 집중되어 있었다. 이 같은 흐름은 성직자 계급이 주도했다. 그야말로 이기적이고 개인주의적인 종교의 시대였다고 볼 수 있다. 성직자들은 자신들의 특권을 이용했고 평신도들은 구원에 이르는 제도적 수단을 얻기 위해 돈을 사용했다. 기독교 초기에 아주 강력한 능력을 발휘했던 공동체 정신은 이미 사라지고 없었다.

성당 건축의 허와 실

기독교의 흐름을 한눈에 볼 수 있는 방법 중 하나는 중세 대성당들의 건축과 유지보수, 그리고 그 기능을 살펴보는 것이다. 대성당들의 건축 과정에 대해서는 잘못 알려진 부분이 상당히 많다. 먼저 대성당들은 성직자나 교회 공동체가 아니라 전문적인 건축가들이 헌금을 받아가면서 건축했다. 이 같은 사실은 당시 건축대장 등을 보면 분명히 확인할 수 있다. 물론 일부 성직자들이 성당 건축에서 매우 중요한 역할을 하기도 했다. 글로스터 성당 건축대장을 보면 "교회 본당의 둥근 천장은 외부 전문 건축가들의 도움에 의해 지어진 것이 아니라 이곳에 거주하는 수도사들의 열성적인 수고를 통해 완성되었다"는 기록이 있기도 하다. 링컨 교구의 주교였던 부르고뉴 출신의 휴는 평신도 기술자인 조프리 드 누아에르가 성가대석을 짓는 동안 쪼갠 돌이나 무거운 석회석을 나르기도 했다. 하지만 이 같은 경우는 매우 예외적인 일로 성직자들이 직접 건축에 도움을 주었던 경우는 극히 드물었다.

새로운 교회당의 건축 과정을 보면 보통 주교나 성당 참사회원들이 건축계획안을 수립하고 나면, 참사회원 중 한 사람을 '감독자'(감독자는 순전히 행정적인 일만 맡았다)로 임명하여 일을 추진하도록 맡겼다. 유명한 설계자요 건축기술자였던 엘리아 드 데르함은 헨리 8세의 측근으로 윈체스터에서 활동하다가 나중에 솔즈베리의 참사회원으로 활동했는데, 그곳 대성당 건축의 책임을 맡았다. 그곳에서 대성당을 건축하는 데만 25년이 걸렸다. 그러나 이 성당을 직접 건축했던 전문 건축가는 평신도였던 로베르투스였다. 석공기술자였던 로베르투스는 1077년부터 세인트 올번스 대성당을 건축했다. 앤드루 또한 석공기술자로 1127년부터 올드 세인트폴 성당의 본당을 건축했으며 기욤 드 상스는 1174년부터 캔터베리의 성가대석을 짓기 시작했다. 윌리엄 램지는 14세기 후반에 캔터베리와 리치필드에서 성당을 건축했고, 콜체스터의 윌리엄은 1410년부터 요크의 중앙 탑을 세웠으며, 토머스 매필턴은 1423-1434년에 웨스트민스터 수도원에서 작업했다. 토목기술자들도 교회당 건축에서 핵심적인 역할을 했는데, 이 중 1320년대에 엘리의 유명한 옥타곤(오각형 건물)을 건축했던 윌리엄 헐리가 대표적인 인물이었다.

그러나 교회당 건축에서 무엇보다 중요한 역할을 했던 사람들은 역시 석공기술자들이었다. 300여 개의 건축대장에서 이들의 명단을 찾을 수 있을 정도이다. 이들은 매우 많은 특권을 누리면서 수행원을 대동하고 호화스럽게 여행을 다녔고, 영주들로부터 영지를 하사받기도 했으며 국가로부터는 배심원 등 귀찮은 의무들을 면제받기도 했다. 심지어 영주들은 자기 지역 내의 유명한 석공기술자들이 다른 곳으로 초청받는 것을 꺼리기까지 했다. 어느 유명한 석공기술자가 1410년경에 요크 지방에 파견되자 그 지방 사람들은 그와 그의 조수를 죽이려는 음모를 꾸몄으며, 이 과정에서 그의 조수가 살해되는 사건이 일어나기도 했다.

대성당을 건축하기 위해 중부 유럽과 스페인으로부터 노동자들이 징발되기도 했다. 잉글랜드에서도 전문 기술자들이 동원되었다. 그러나 그들은 오직 왕실 건물이나 요새, 그리고 왕실 소유의 교회 건물을 짓는 데 동원된 것이었지 이 외에 전문 기술자들이 강제로 동원되었다는 증거는 없다. 전문 기술자들에게는 고액의 임금을 지불해야 했다. 전문가들의 노동은 사랑의 봉사가 아니었기 때문이었다. 이와 별도로 그들은 노동규칙과 노동시간을 법으로 정해줄 것을 끈질기게 요구했다. 오늘날까지 남아 있는 건물들—특히 엘리, 윈체스터, 그리고 글로스터의—을 보면 돌 위에 수천 개의 '작업 표시 줄'이 새겨져 있는 것을 확인할 수 있다. 이 표시들은 당시 석공기술자들의 노동량을 계산하고 점검하기 위한 것이었다. 기술자들은 "가능한 한 이른 아침부터 밤늦게까지 능숙한 솜씨로 열심히 일해야만 했다." 한 시간가량의 점심식사 시간이 있었고 "노동은 종소리에 의해 시작되고 마감되었다." 게으름을 피운 사람들은 "임금이 깎이거나 채찍을 맞아야 했다."

건축비의 대부분은 임금, 돌과 목재 구입비, 운반비에 사용되었다. 건축자재들은 시장가격으로 구매되었으나, 왕실은 때때로 관세 없이 건축자재들을 운송할 수 있도록 배려해주기도 했다. 특히 윌리엄 1세가 이에 대해 관대하여, 예를 들어 헴피지의 숲에서 4일 동안 벌채를 할 수 있도록 허락해주기도 했다. 중세 후기에 오면 윌리엄처럼 관용을 베풀었던 왕은 찾아보기 어렵다. 왕실의 현금과 자원들은 거의 대부분 왕의 이름으로 된 건물들을 짓는 데 사용되었다. 이 같은 현상은 점차 확산되어가던 이기적이고 자기중심적인 종교의 분위기를 그대로 전해주는 본보기이다. 대성당을 짓는 데는 엄청난 자금이 필요했다. 부유한 궁정 주교들, 즉 엑세터의 스테플턴이나 윈체스터의 위컴 같은 주교들은 이런 자금을 스스로 조달할 수 있었으나, 그렇게 자금을 스스로 충당할 수 있는 주교들은 극소수에 불과했고, 대부분은 종교를 이용하여 충당했다. 세인트폴 성당의 성가대석을 설치하기 위해 13세기에 잉글랜드와 웨일스 전역에서 40일 동안 면죄부를 팔았다. 엑세터의 건축 장부를 보면 800개의 면죄부를 한 개당 8실링에 팔았다고 기록되어 있다. 고해성사를 통해 재정을 마련하기도 했다. 왜냐하면 부유한 사람들은 고해성사를 돈으로 대신했기 때문이었다. 옥스퍼드 대학의 총장인 토머스 가스코인은 열렬한 로마 가톨릭 정통주의자이자 교회 개혁가로, 1450년에 출판한 책에서 바로 이 점을 비판했다. 특히 그는 요크 성당의 주교가 건축비를 마련하기 위해 자금모금원을 동원하여 자금을 모금했다며 비판했다. 교회가 영적 특권, 즉 면죄부를 발행하는 것과 같은 영적 수단을 사용하여 자금을 모으기 위해서는 무엇보다 먼저 로마(혹은 아비뇽) 교황청으로부터 허락을 받아야 했다. 물론 교회는 허락에 대한 대가로 교황청에 얼마간의 돈을 내야 했다. 하지만 건축비는 언제나 모자랐다. 대성당 건축이 하나같이 그렇게 오래 걸린 이유가 바로 여기에 있었다. 올드 세인트폴 성당의 본당은 100년이 지나서야 완성을 볼 수 있었고 웨스트민스터 수도원 본당의 건축 또한 150년이 소요되었다. 요크에 건설된 건물들도 1220년부터 1475년까지, 즉 250년이 넘게 계속되었고 리치필드에서는 1195년부터 1350년까지 계속되었다.

성물들의 성소가 된 대성당

대성당을 건축하는 데 이렇게 엄청난 자금이 들어간 이유는 도대체 무엇이었을까? 대성당은 교구를 대표하는 교회당이었고 각종 성례전을 모두 거행할 수 있는 유일한 장소였다. 하지만 점차 대성당들은 (돈벌이가 되는) 성물들을 보관하는 성소로 변모해갔다. 토머스 베켓이 죽은 후에 성인으로 추대되자 많은 사람들이 그의 성소를 참배하면서 엄청난 헌금을 기부하기 시작했으며, 이렇게 모아진 자금은 캔터베리 대성당을 재건축하는 데 상당히 유용하게 사용되었다. 에드워드 2세는 잔인하게 살해당했지만 많은 사람들의 눈에는 거룩하게 순교를 당한 것으로 비추어졌으며, 수많은 사람들이 그를 성자로 추앙했고 그가 묻혀 있는 성소에 많은 기부금을 바쳤다. 물론 이 자금 또한 글로스터 수도원의 성가대석을 짓는 비용으로 사용되었다. 당시에 인기가 있었던 성당들은 더럼의 커스버트, 엘리의 에델레다, 로체스터에 있는 퍼스의 윌리엄, 윈체스터의 스위던, 그리고 로체스터의 울프스턴과 오스왈드 성당 등으로, 유명한 성인의 유물을 보관하고 있었다. 가지고 있는 성인들의 유물에 따라 교회 수입이 달라지자 모두들 자기네 성당에 묻힌 사람들을 성인으로 추대하기 위해 혈안이 될 수밖에 없었다. 로마 또한 이러한 기회를 자연스럽게 이용하여 교회와 교황청 간의 로비가 일상적으로 이루어지게 되었다. 심지어는 교황청이 인정한 적이 없는 사람들이 성인으로 둔갑하기도 했다. 치통을 치료했던 웰스의 버튼 주교, 반란자로 처형된 요크의 대주교 리처드 스크로프가 바로 그런 사람들이었다. 비극적 종말을 맞았던 왕들은 예외 없이 성자로 존경을 받았다. 1322년 에드워드 2세가 처형했던 랭커스터의 백작 토머스의 시신은 세인트폴 성당에 안치되었는데, 그는 곧바로 성인으로 열렬히 추앙되었다.

성인들의 유물은 주로 성가대석이나 제단 아래에 위치해 있었다. 이곳은 성당의 다른 곳들과 차단된 채로 육중한 철문으로 굳게 닫혀 있었다. 이곳은 정해진 시간에만 개방되어 일반인의 참배를 허락했다. 다시 말해 일반 신도들은 대성당을 온전히 구경하기가 그만큼 어려웠다. 대성당은 본질적으로 성직자와 상류층을 위해, 그리고 어느 정도 부유한 시민들을 위해 지어진 것이었다. 성가대석은 성당 참사회원이나 수도사들만이 앉을 수 있었다. 예배 시간에도 일반 신도들이 앉을 수 있는 자리는 없었다. 당시 본당에는 의자나 좌석이 마련되어 있지 않았다. 그래서 본당에 서 있으면 높은 제단은 설교단에 가려 보일 듯 말 듯했다. 보베 성당처럼 아예 본당이 없는 곳도 있었다. 본당이 있다 하더라도 보통 본당은 성가대석을 위한 일종의 현관 구실을 하는 것에 불과했다. 다시 말해 본당은 평신도들을 위해 지어진 것이 아니었던 것이다. 물론 본당에 제단이 설치되어 예배를 드릴 수도 있었으나, '성직자들'이 사용하는 건물과는 다르게 더러운 장소로 여겨졌다. 심지어 본당에서 상거래가 이루어지기도 했다. 예를 들어 세인트폴 성당은 강에서 맥주통과 과일, 고기를 실은 짐들을 시장으로 옮길 때 지름길로 사용되기도 했는데, 1554년 '피의 여왕'으로 알려진 메리는 이를 금지시켰다.

대성당은 사망한 부유층 사람들의 영혼을 위로하기 위한 미사로 매일

분주했고 이를 통해 교회는 상당한 자금을 축적할 수 있었다. 추도미사가 유행하기 전인 13세기 초만 해도 더럼 대성당에서는 1년에 7천 번 정도의 미사를 드렸으나, 그 이후에는 수만 번 이상으로 폭발적으로 늘어났다. 부유한 평신도와 고위 성직자를 대성당에 묻는 관습도 13세기부터 유행하기 시작했다. 740년에 대주교가 대성당 내에 묻히기 시작하면서부터 성당 내에 묻힐 수 있는 대상자들은 계속 늘어났다. 그러던 것이 1250년경부터는 돈과 결탁하여 성당은 부유한 재력가들의 무덤으로 넘쳐나게 되었다. 성당에 돈이 흘러들어오게 되자 대성당들은 시각적으로 사치스러워지기 시작했다. 목재로 지어지던 건물들이 웅장한 석조 건물로 대체되었고 성당마다 울타리들이 세워졌다. 성당의 규모 또한 지하에 묻혀 있는 성직자와 평신도 기부자들이 행사했던 권력의 정도와 비례하여갔다. 점점 허영심이 높아졌고 그에 따라 성당들은 불필요할 정도로 웅장해졌다. 특히 잉글랜드에서는 성당의 길이가 길어졌다. 세인트폴 성당의 본당 길이는 178미터나 되었고, 윈체스터 성당은 160미터였다. 프랑스에서는 성당의 높이가 높아졌다. 노트르담 성당의 높이는 34미터였고 샤르트르 성당은 35미터, 랭스 성당은 38미터, 아미앵 성당은 43미터였다. 보베 성당의 높이는 무려 47미터에 달했다. 16세기에 성물에 대한 인기가 사그라지고 죽은 자들을 위한 미사가 금지되자 대성당들 또한 상당 부분 약화되었다.

농촌 지역의 미개한 기독교

'기계적인 기독교mechanical Christianity'—당시의 기독교를 이렇게 부를 수 있겠다—는 특히 부유한 기부자들을 위해 존재했다. 그렇다면 농촌은 어떠했을까? 《중세 잉글랜드 토지대장Domesday Book》과 같은 문서들이 지적하고 있는 것처럼, 당시 교회는 사적인 용도로 사용되면서 막대한 수익을 올리고 있었다. 이 때문에 성직자들은 도시나 시골 부촌에 속한 성당에 배속되기를 희망했다. 이에 비해 가난한 시골 지역으로 가기를 원하는 성직자들은 거의 없었으며, 이로 인해 시골 지역의 성직자들 중에는 무식한 사람들이 많았다. 1222년에 솔즈베리 교구에서 활동하던 17명의 성직자들 중에 5명은 교회법의 첫 문장조차 해석하지 못할 정도로 무지한 인물들이었다. 14세기에 앙제의 주교였던 기욤 르메르는 다음과 같이 불평했다. "이곳에 있는 성직자들은 학문적으로나 도덕적으로 경멸스러울 정도로 무지한 자들이다. … 이 때문에 부끄러운 일이 계속되고 있으며, 평신도들은 교회의 성례를 무시하고 성직자들을 유대인보다 더 경멸스러운 대상으로 여기고 있다."

상황이 그러했으니 가난한 농민들에게 교회가 적대적으로 비친 것은 당연한 결과였다. 성인들 가운데 농민 출신은 거의 없었다. 성직자들의 기록을 보면 농민들은 짐승처럼 행동하고 폭력을 일삼으며 탐욕을 즐기고 있는 것으로 묘사되어 있다. 그들이 정말 그러했을까? 성직주의는 도시를 중심으로 두드러지게 나타났다. 왜냐하면 농촌 지역에서는 성직자들을 찾아보기가 매우 힘들었기 때문이었다. 농민들은 어느 계층보다도 성물숭배에 열심이어서 맹세서약을 할 때나 그 밖에 무슨 일을 할 때마다 성물을 찾았다. 그들에게 성물은 여러 용도로 사용되었다.

농민들은 축제들을 통해 많은 이익을 얻었는데, 이런 축제들은 중세를 거치면서 아주 많아졌다. 〈앨프레드 법전〉(890)에서는 크리스마스에 12일, 부활절에 14일, 8월 중순에 한 주간, 그리고 다른 3일간의 축제일을 법으로 규정해놓기도 했다. 이런 축제들은 "노예나 부자유한 노동자들을 제외하고 거의 모든 자유인들에게 허락"되었다. 12세기에 이르면 모든 농촌 노동자들에게도 이 같은 축제가 허락되었고, 그들은 30-40일 동안 해방되었다. 중세 시대의 축제는 매우 복잡한 구조였는데, 사실 농업과는 전혀 관계가 없었다. 그래서 중세 기독교 축제일들은 과거 이방 축제들을 재생한 것이라는 비판도 제기되었다.

또한 농민들은 교회가 자연 재난을 막아줄 수 있는 곳이라고 여겼다. 그들은 성직자들이 귀신을 쫓아내고 폭풍을 몰아내며 성령을 동원하여 메뚜기 떼를 몰아낼 수 있다고 생각했다. 실제로 성직자들은 농민들의 정서에 부응이라도 하듯 그와 같은 시도를 하기도 했다. 한 수도원의 예배 자료―이 의식서는 1526-1531년의 예배의식을 담고 있다―를 보면, 트루아 교구에서는 농민들이 십일조를 내겠다고 약속하자 쐐기벌레와 '종려나무 벌레들'을 추방하기 위한 예배를 드렸다는 기록이 있기도 하다. 당시 자료들에는 동물들의 행동을 종종 반사회적 범죄로 간주하여 그들을 파문했던(그리고 매달았던) 일도 기록되어 있다. 1531년 프랑스의 교회법 변호사인 샤세네는 그의 책 《동물들과 벌레들의 파문에 관하여 De Excommunicatione Animalium Insectorum》에서 동물 파문을 옹호했다. 그는 교회의 예식 중 호수에서 뱀장어를 몰아내고 참새 떼를 몰아내는 의식을 소개하면서 이 의식들은 종종 효과를 발휘했다고 주장했다. 쐐기벌레나 유사한 해충이 소송을 당한다는 것이 오늘날에는 그저 웃음거리에 지나지 않겠지만, 그 당시 사람들에게는 아주 진지한 사건이었다. 당시 사람들은 이 같은 벌레들은 "저주의 고통"을 받아야 한다고 생각했다. "세상 모든 피조물이 창조주 하나님께 복종해야 하는 것처럼" 말이다. 그러나 샤세네는 벌레를 파문하는 과정에서도 법률은 준수되어야 하고 또 벌레를 변호할 수 있는 변호사가 임명되어야 한다고 주장했다. 당시 판결 중에는 해충들이 살아갈 수 있는 불모지를 제공하라는 판결도 있었다.

고해성사

농민들이 교회에 바랐던 것은 무엇보다도 구원에 대한 소망이었다. 기독교가 이교와의 경쟁에서 승리할 수 있었던 것 또한 구원에 대한 소망이 있었기 때문이며, 바로 이 때문에 기독교는 모든 계층을 파고들어 사회를 통합시킬 수 있었다. 그러나 수 세기를 거치면서 기독교는 점차 유산계층을 선호하는 방향으로 미묘하게 변화했다. 애초에는 예수의 재림이 임박한 것으로 생각되었으나, 재림이 점점 지연되자 교회는 세례 이후에 지은 죄의 문제를 해결해야 했다. 암브로시우스는 죄를 지은 사람들이 성직자에게 공개적으로 죄를 고백하고, 이렇게 고백을 들은 성직자는 하나님께 그 죄의 용서를 위해 기도할 수 있다고 주장했다. 이러한 주장이 힘을 받게 되자 교회 예식에서 공식적인 신앙고백과 죄책고백이 크나큰 비중을 차지하기 시작했다. 하지만 '간음'의 경우처럼 공개적으로 죄를 고백할 수 없는 사례들이 늘어나자 고해성사 제도에 다양한 방식이 도입되었다.

459년에 교황 레오 1세는 하나님께 자신의 죄를 고백한 후 성직자나 주교에게 고백하는 것으로 충분하기 때문에, 공개적으로 죄를 고백할 필요는 없다는 교서를 내렸다. '고해성사'가 제도화된 것은 그레고리우스 대제 때였다. 그레고리우스는 죄를 용서받기 위해서는 반드시 죄책고백을 해야 하며, 오직 성직자들에게만 죄를 용서할 수 있는 권한이 있다는 것을 분명히 했다. 게르만족은 '비밀참회'를 선호했다. 대부분의 사람들이 공개적으로 굴욕당하는 것을 좋아하지 않았기 때문에 비밀참회는 점차 널리 퍼지게 되었다. 하지만 비밀참회는 더 이상 확장되지 못하고 제동이 걸리고 말았다. 왜냐하면 성직자들의 숫자가 턱없이 부족했기 때문이었다. 813년에 열린 샬롱 공의회에서는 죄에 대한 고백은 하나님께 하든, 성직자에게 하든 동등한 효과를 발휘한다고 규정했다. 초대교회에서 세례가 그러했던 것(세례를 받고 난 이후에 지은 죄에 대해서는 용서를 받지 못한다고 알려졌기에 초대교회 시절에 신자들은 대부분 죽기 직전에 세례를 받고자 했다—옮긴이)처럼 신자들은 고해성사도 죽기 직전에 하기를 원했다. '비밀참회'는 의무적으로 지켜야 하는 성례로 간주되었다. 이렇게 '비밀참회'는 11-12세기에 교황권을 옹호하는 이론 및 성직주의와 밀접히 연관되어 발전했다.

　파리 학파 출신인 페트루스 롬바르두스는 아우구스티누스의 논문을 바탕으로 고해성사를 이론적으로 발전시켰는데, 후에 이 논문은 위조된 것으로 밝혀졌다(아우구스티누스는 고해성사 문제를 취급한 적이 없다). 이러한 일련의 과정을 거쳐 12세기에 오면 일부 수도원(여전히 공개적인 고해성사를 고수했다)을 제외하고 고해성사 제도는 거의 전 서방 교회에서 성직자들에게 개인적으로 죄를 고백하는 방식으로 정착되었다. 1198년에 열린 파리 공의회에서 고해자들을 위한 첫 번째 지침서가 출간되었다. 1216년에 라테란 공의회에서 인노켄티우스 3세는 성인 기독교인이라면 누구든지 의무적으로 비밀참회를 해야 한다고 규정했다. 고해성사가 하나님이 명령하신 규정인지, 인간이 만든 제도인지에 대해서는 중세 시대 내내 논란이 되었다. 종교개혁자들은 고해성사가 성례전에 포함되지 않는다고 주장한 것에 비해, 로마 가톨릭 신학자들은 트렌토 공의회에서 고해성사 제도는 하나님이 마련하신 것이라고 선언했다.

인노켄티우스 3세가 고해성사를 강제화했던 이유는 이를 통해 이단에 대항하기 위함이었다. 결과적으로 교회는 고해성사를 이용하여 훨씬 더 자유로운 공간을 확보할 수 있게 되었다. 상대적으로 노출을 꺼려하는 고위층 인사들에게 죄를 고백할 수 있는 기회를 제공함으로써 결과적으로 그들을 보호하는 결과를 초래했던 것이다. 공개적인 고해성사가 무례한 민주정치의 형태였다면 개인적인 죄 고백은 사회의 계급구조를 더욱 강화시켜주는 결과를 초래했다.

고해성사는 구원의 문제와 연결되면서 여러 형태로 발전해갔다. 기독교의 구원론은 특히 지중해 지역과 북유럽 사람들에게 대단히 매력적인 요소였다. 초대교회에서부터 일부 엿보이던 지옥 개념은 천국을 정당화하는 데 적지 않은 도움을 주었다. 순박한 사람들에게 천국은 기독교의 구원관을 더욱 신뢰하도록 만들어주었다. 과연 얼마나 많은 사람들이 구원을 받을 수 있는지에 관해서 합의된 바는 없었다. 오리게네스는 모든 사람들이 구원받을 수 있을 것이라고 생각했지만, 553년에 열린 콘스탄티노플 공의회에서는 그를 이단으로 정죄했다. 구원에 관한 공식적 견해는 13세기에 등장했다. 토마스 아퀴나스는 구원을 받을 수 있는 사람들은 "거의 없을" 것인 데 비해 정죄받을 사람들은 "아주 많을" 것이라고 생각했다. 중세 후기의 설교자들은 대개 1천 명 중에 1명 혹은 1만 명 가운데 1명 정도가 구원을 받을 수 있을 것이라고 생각했다. 이 때문에 죄를 온전히 용서받는 것은 무척이나 어렵다는 분위기가 자연스럽게 조성되었다.

세속적인 범죄들처럼 고해성사 또한 '손실보상'(국가 또는 공공단체의 적법한 공권력 행사에 의하여 손실이 가해진 사유재산권을 보상해주는 것—옮긴이)에 토대를 두고 있었다. 물론 그에 대한 보상은 하나님에게 돌려져야 했다. 죄로 인해 격노하신 하나님께 어떻게 온전한 보상을 해드릴 수 있을까? 이에 대한 유일한 방법은 끊임없이 자기를 부인하는 일이었다. 그래서 초기만 해도 고해성사는 대부분 금식에 중점을 두었다. 요크의 울프스턴은 어느 기독교인이 고해성사를 마친 후에 매주 월요일, 수요일, 토요일마다 금식을 해야 하며 신발을 신을 수 없고, 평생 양털 옷만을 입어야 하며, 이발은 1년에 세 번만 할 수 있다는 선고를 받았다는 이야기를 전해주었다. 이와 더불어 성지를 방문하는 순례여행도 하나의 방안으로 떠올랐다. 존속 살해범—중세 초기만 해도 아주 흔했다—은 추방당했다. 어떤 참회자들은 자신의 몸을 묶은 쇠사슬이 닳아서 떨어져 나갈 때까지 순례를 계속해야 했다.

이러한 제도는 수많은 문제들을 양산해냈다. 고해성사와 관련하여 매우 다양한 처방이 등장했는데, 그중에는 지킬 수 없는 것도 많았다. 특히 좀 더 진지한 참회일수록 더욱 혹독한 징벌이 부과되었다. 참회가 끝나기 전에 참회자가 죽어버리면 어떻게 되는가? 이에 대해 교회는 연옥 이론을 만들었다.

매우 혹독하고 심지어 잔인하기까지 했던 참회제도를 통해서 사람들은 기독교 구원사상에 더욱 깊은 신뢰를 품게 되었으며, 어떤 점에서 그 제도는 기독교 자체의 신뢰감을 높이는 데 기여했다. 그러나 성직자들이 특권층을 위해, 엄격히 시행되던 참회제도에 융통성을 부여하고 교회법이 이를 합법화해주자 기독교가 주장한 인류 평등 사상은 속절없이 무너져버렸다. 교회법의 악랄한 모습은 바로 여기에 있었다. 교회법은 영적인 민주 공동체를 수직적 계급구조로 바꾸고 다가올 저세상을 돈과 결부시켰다. 교회법 법률가들은 죽음의 문제를 교묘하게 이용하여 공포심을 조장하는 일에 일가견이 있었다. 그럼으로써 그들은 교황청의 이익을 대변했다.

　7세기부터 돈을 받고 참회를 대신하는 사람들이 등장하기 시작했다. 물론 교회는 이 같은 행위들을 금지시켰으며 어떤 형태로든지 참회자에게 죄를 감당케 하려 했다. 하지만 사람들은 이 제도를 빠져나갈 방도들을 찾아내기 시작했다. 가장 먼저 등장한 방법은 무상으로 참회를 대신해줄 수 있는 사람들을 찾는 것이었으며, 이 방법은 교회로부터 인정을 받았다. 사랑으로(혹은 두려움이나 희망 때문에) 다른 사람의 참회를 대신 맡는 사람들이 나타나기도 했다. 어떤 유력 인사가 7년 동안 금식하며 참회할 것을 선고받았는데 그를 대신하여 840명의 사람들이 3일씩 돌아가며 참회를 해주기도 했다. 하지만 불행히도 순수한 마음에서 시작된 대리참회가 점차 돈이 오가는 거래로 바뀌었다. '자선금'은 참회의 한 형태로 하나님이나 하나님의 종들에게 드려졌다. 초창기만 해도 교회는 자선금으로 참회를 대신하는 것에 반대했다. 너무나 쉬운 방법으로 부자들이 천국에 들어갈 수 있는 길을 열어주었다고 생각했기 때문이었다. 하지만 다음과 같은 성경 구절을 인용함으로써 이를 정당화하기도 했다. "부유한 사람은 재물로 자기 목숨을 속하기도 하지만"(잠언 13:8). "불의한 재물로 친구를 사귀어라. 그래서 그 재물이 없어질 때에, 그들이 너희를 영원한 처소로 맞아들이게 하여라"(누가복음 16:9). 누가복음의 구절은 대리참회를 정당화하는 데 특히 유용했다.

　우려한 대로, 참회제도는 부유한 사람들의 재산을 거둬들일 수 있는 수단으로 변질되었다. 이 같은 본보기 중의 하나가 앵글로색슨족의 울핀이었다. 여섯 명의 성직자들을 살해했던 그에게 교회는 그를 위해 영원토록 대신 기도해줄 수 있는 7명의 수도사들에게 기금을 기부하라는 명령을 내렸다. 10세기에 에드거 왕의 비서였던 애드울프는 자신의 아들을 깔려 죽게 한 죗값을 치르기 위해 맨발로 로마까지 순례의 길을 가겠다고 제안했으나, 교회는 이를 거절하는 대신에 교회당을 수리하라는 명령을 내렸다.

10-12세기에 오면 속죄의 수단으로 교회에 기부금을 내는 현상이 일상화되었다. 당시에 왜 그렇게 많은 사람들이 자신의 재산을 기부했는지를 이해할 수 있는 열쇠도 바로 여기에 있다. 이에 따라 수도원에서는 사치스러울 정도로 건물을 단장하거나 재산을 늘려나갈 수 있었다. 범법자들이 많아질수록 교회의 재산도 그만큼 늘어났다. 그중에서도 특히 시토회 수도원이 가장 큰 혜택을 받았다. 12세기 이후로 지배층이 참회의 고행을 했다는 기록은 찾아보기 힘들다. 말하자면, 부유한 사람들의 대리참회나 돈을 주고 참회를 면제받는 일들이 일상화되었다는 것을 의미한다. 고해성사 또한 기계적으로 수행되었다.

1095년에 교황 우르바누스 2세는 제1차 십자군에 참여한 사람들은 죄를 완전히 용서받을 수 있다고 선언했고, 많은 사람들이 이 말에 현혹되어 십자군에 가담했다. 12세기 내내 십자군은 몇몇 경우를 제외하고는 죄 사면의 유일한 원천이었다. 물론 언제나 몇몇 예외적인 사례들(부유층, 고위직 관리, 영리한 성직자)이 있었다. 13세기 초에 인노켄티우스 3세는 십자군 면죄부의 범위를 자금을 조달하고 자문을 해주는 사람들에게까지 확대했으며, 50년 후에 인노켄티우스 4세는 십자군과 관계없는 사례에 대해서도 특별사면을 단행했다. 말하자면 면죄부를 남발했던 것이다. 13세기 말에 이르면 정치적 이해관계 때문에 세속군주들도 면죄부를 받을 수 있었으며, 개인들도 고해성사 신부들에게 돈을 지불하고 면죄부를 살 수 있었다. 교황 클레멘스 6세는 "주교들은 그의 백성들을 행복하게 해주어야 한다"고 말하면서 죄 사면권을 정당화했고, 1344년 1월부터 6월까지 영국에서만 200명에게 이 같은 특혜를 주었다. 이들이 그에 대한 대가로 지불한 돈은 각각 10실링에 불과했던 것으로 알려져 있다. 당시 로마로 순례의 길을 떠나는 사람들이 많았다. 교황청은 면죄부를 이용하여 로마 순례를 부추겼다. 보니파키우스 8세는 1300년에 거행된 희년축제에 참여한 사람들과 앞으로 100년마다 로마에 있는 거룩한 사도들의 교회를 방문한 참회자들에게는 온전한 사면을 주겠노라고 약속했다. 1343년에 클레멘스 6세는 보니파키우스가 약속한 100년의 기간을 50년으로 단축하면서 "그리스도가 흘리신 보혈의 단 한 방울만으로도 전 인류를 구원하기에 충분하다. 그리스도의 희생은 인류를 충분히 구원하고도 남기 때문에 작은 손수건에 감추어지거나 들판에 묻혀 있어서는 안 되고 사용되어야 할 보물이다. 하나님은 이 보물을 지상에 있는 그의 대리자들에게 위탁하셨다"고 말했다. 이 기간은 더욱 줄어들어 1389년에는 33년, 1470년에는 25년으로 단축되었다.

드디어 댐이 무너졌다. 교회행사 때마다 면죄부가 싸구려로 판매되었던 것이다. 교황에 의해 면죄부가 남발되기도 했다. 1476년에 교황 식스투스 4세는 폴리뇨의 프란체스코회 수녀들에게 죄를 고백할 때마다 사면권을 남발했다고 한다. 이처럼 손쉽게 죄를 사면받을 수 있게 되자 육체적인 고행은 점차 시들해져갔으며, 고해성사와 희년축제의 존립 자체가 흔들리게 되었다. 가난한 사람들도 면죄부를 이용할 수 있게 되자 면죄부의 가치는 그야말로 땅에 떨어졌다. 사람들은 미사를 더 많이 드릴수록 구원에 이르는 길이 더 가까워진다고 믿었고, 이보다 더 확실한 방법은 전 재산을 기부하고 믿음 좋은 수도사들에게 평생 동안 자신을 위해 기도해 달라고 부탁하는 것이었다.

수도원의 흥망성쇠

그렇다고 중세가 순전히 기계적인 종교 생활로 인해 몰락했다고 생각해서는 안 된다. 기독교는 놀랄 만한 역동성과 자연스럽게 자신을 드러내는 위대한 능력을 지닌 종교였다. 신학적 지혜는 미래의 실험을 위한 전반적 기반을 제공했고, 또 그 지혜는 다양한 기독교 행동양식들이 출현하고 융성하며 쇠퇴할 때마다 거듭해서 능력을 발휘했다. 그러나 혁신과 전통 사이에는 언제나 긴장이 자리하고 있었다. 성직자 계급과 이를 뒷받침했던 교회법이 교회 속에 뿌리를 내리게 되자 기독교의 역동적인 추진력은 수도원에 침투하게 되었다. 이를 바탕으로 베네딕투스 수도원은 중세 초기에 문화와 경제를 발전시킬 수 있었다. 이처럼 수도원과 교회는 거의 상호공존했다.

교회가 품지 못했던 종교적 추진력을 무기로 수도원은 더욱 성장할 수 있었는데, 예를 들면 시토 수도원은 초기 베네딕투스 수도원의 엄격한 규율을 따르면서 수도원의 경제기술을 발전시켰다. 비슷한 시기에 아우구스티누스 수도원도 생겨났다. 아우구스티누스회 수도사들은 주로 신도시 외곽에서 활동했는데, 그들의 거처는 매우 소박해서 베네딕투스회 수도사들의 3분의 1 정도만을 소비했다고 한다. 아우구스티누스회 수도사들은 학교, 나병 환자들의 집, 병원, 진료소와 장례식장 등을 운영했다. 그들은 고해성사를 담당하거나 군종신부, 순회설교자로 활동했으며 때로는 세례를 베풀고 죽은 자들을 위한 미사를 집례하기도 했다. 한마디로 성직자들이 감당했던 일들을 모두 도맡아 했던 것이다. 점차 아우구스티누스회 수도사들의 숫자가 엄청나게 불어나기 시작했다. 13세기 초에 아우구스티누스회 수도원들은 탁발수도사들의 양대 산맥인 프란체스코회와 도미니크회와 결합했다. 프란체스코회 수도사들은 구걸을 통해 살아갈 것을 주장했던 것에 비해 도미니크회 수도사들은 아우구스티누스회 수도사들과 마찬가지로 중산층(때로는 상류층) 출신의 지식인들이 대부분이었다. 그들은 주로 이단을 척결하고 정통 신앙에 투철한 설교자들을 길러내는 일을 맡았다. 이에 비해 프란체스코회 수도사들은 하류계층 출신이 많았고 (문맹자들을 포함하여) 평신도들의 비율이 높았다. 탁발수도사들은 본질적으로 도시를 중심으로 활동했다. 그들은 프랑스 남부와 스페인, 이탈리아에서 가장 번성했지만, 도시마다 탁발수도사들이 있었다. 14세기 초에 도미니크회 수도원은 모두 1만 2천 명의 탁발수도사들을 거느린 600개의 수도원을 운영했고 프란체스코회 수도원은 1,400개의 수도원과 2만 8천 명의 탁발수도사들을 거느리고 있었다.

이론상 수도원의 훈련은 매우 엄격했다. 수도사들에게 노동은 최고의 복음이었다. 수도사들의 일과표는 상당히 상세하게 규정되었고, 이들의 일상을 감시하고 점검하는 규정들도 무수히 많았다. 대부분의 규칙들은 신경질이 날 정도로 억압적이었다. 심지어는 천사들의 기분을 상하게 해서는 안 된다는 규정도 있었다. 생빅토르의 휴는 《초보자를 위한 규율 Rules for Novices》에서 입을 벌리고 듣거나 일하는 동안 입술 밖으로 혀를 내미는 행위, 몸짓을 하는 것, 말하면서 눈썹을 치켜뜨는 것, 눈동자를 굴리는 것, 머리를 위아래로 흔드는 것, 머리카락을 흔드는 것, 옷매무새를 바로잡는 것, 발을 쓸데없이 움직이는 것, 목을 비트는 것, 얼굴을 찌푸리는 것, 씩 웃는 것, 콧구멍을 파는 것, "얼굴 모습을 흩트리거나 훈련의 우아함을 손상시키는 입술의 모든 찡그림"을 금지했다. 수녀들도 몸가짐에서부터 상세한 규정에 따라 엄격한 훈련을 받았다. 미들섹스에 있는 사이온의 비르기타회(스웨덴의 성 비르기타가 설립한 수녀회—옮긴이) 수녀들은 사소한 잘못이라도 모두 숨김없이 고백해야 했으며, 그렇지 않을 경우에는 육체적 형벌을 받아야 했다. 남자 수도사와 여자 수녀들(이들은 서로 분리된 시설물에서 살았다)은 서로 대화가 금지되었으며 의사전달을 위해서는 신호표(침묵수행 때 신호를 통해 의사를 전달하는 방식—옮긴이)를 사용했다.

중세인들은 스스로 부과한 규율을 무시하는 일에 뛰어난 재능을 발휘한 사람들이었다. 수도사를 옭아매는 규율들이 늘어나자 수도원을 벗어나려는 수도사들이 점차 많아졌다. 1180년경에 기랄두스 캄브렌시스는 캔터베리 수도사들을 향해서 "손가락이나 손과 팔을 움직이는 모습을 보면 참으로 불손하고 말투 역시 너무나 불경했다. 한마디로 그들의 행동은 수도사라고 하기엔 훈련이 덜 된 경솔하고 타락한, 배우와 익살꾼들"처럼 보였다고 말했다. 그는 "경솔한 신호들과 쉬 하면서 소리를 죽이고 벙어리처럼 요란법석을 떠는 것보다는 보통 사람들이 사용하는 말을 그대로 정중하게 표현하는 것"이 더 나을 것이라고 주장했다. 수도사들이 서로 말을 하지 않고 각종 신호를 통해서만 의사소통을 하는 행위는 거룩성만을 지나치게 강조한 데서 비롯된 것으로 보인다.

그러나 수도원 운동의 보다 근본적인 실패 원인은 경제적이고 사회적인 문제들이었다. 어느 수도원보다도 베네딕투스 수도원이 가장 세력이 강하고 부유했다. 베네딕투스회 수도사들은 특히 유럽의 북부와 중부에서 봉건적 토지제도의 전도자들이었다. 대형 수도원들은 왕을 비롯한 집권세력과 밀착관계를 유지했으며, 수도원장들은 거의 언제나 상류계층 출신으로 봉건사회의 기둥이었고 또 이러한 역할을 감당해야만 했다. 물론 처음부터 이들이 스스로 떠맡은 역할은 아니었지만 수도원장들은 당시의 문화를 책임지고 있었다. 왕실은 아주 초창기부터 베네딕투스 수도원, 특히 왕실이 설립한 수도원들을 국가의 목적을 위해 사용했으며, 교황들 또한 이를 방관하며 오히려 수도원장들로부터 금품을 착취할 생각만 하고 있었다. 당시 교황청이 수도원장들로부터 강제로 징수했던 물품들의 목록들이 지금까지 남아 있는데, 예를 들면 1302년에 세인트올번스의 수도원장이었던 존 4세는 로마 교황청 관리들의 이름과 당시에 자신이 지불했던 액수 등을 상세하게 기록해두었다. 이른바 뇌물 목록을 작성했던 것이다. 그 목록에는 "개인적으로 교황을 방문할 때에는 3천 플로린이나 1,250마르크의 은화를, 공식적으로 교황을 알현하기 위해서는 1,008마르크의 은화를 지불해야 했다. … 교황의 교서를 얻기 위해서는 가장 먼저 교서를 발행해주는 대가로 코르시니에게 63그로 투르누아를, 편지를 수정해주었던 마스터 블론디노에게 2플로린을, 서기에게 두 차례에 걸쳐 60그로 투르누아를, 등록을 신속히 처리해준 대가로 마스터 피에게 4그로 투르누아, 세 통의 탄원서에 대해 65그로 투르누아, 교황의 도장을 찍는 서기들에게 각각 12플로린 2그로 투르누아"를 지불했다는 기록 등이 적혀 있었다. 이 액수를 합하면 총 1,700파운드가 넘는다. 7년 후 존이 죽은 후에 그의 계승자는 1천 파운드를 더 조성해야 했다. 세일트올번스 수도원은 이 금액을 감당할 수 없게 되자 교황청에 매년 20마르크씩을 지불하기로 일종의 보험계약을 맺기에 이르렀다. 그러나 이러한 상황 속에서도 수도원장들의 취임식은 그야말로 화려하게 진행되었다. 중세 후기에 고위 성직자(특히 주교)들의 취임식은 거의 전부 성대하게 진행되었다. 1309년에 캔터베리 수도원의 부원장 취임식에는 6천 명의 손님이 밀 53쿼터, 엿기름 58쿼터, 포도주 11통, 소 36마리, 돼지 100마리, 새끼 돼지 200마리, 양 200마리, 거위 1천 마리, 수탉과 암탉, 새끼 암탉 모두 793마리, 백조 24마리, 토끼 600마리, 소금에 절인 돼지고기 16통, 달걀 9,600개 등을 소비했다. 비용만도 총 287파운드가 들어갔다.

이러한 생활이 계속되자 수도원장들에 대한 비난이 일기 시작했다. 비난은 상류계급의 상징으로 여겨졌던 사냥활동에 집중되었다. 이와 관련하여 제4차 라테란 공의회에서 인노켄티우스 3세는 교회법 15장에 다음과 같은 규정을 마련했다. "모든 성직자의 사냥을 금지하며, 사냥개나 매를 사육하는 것도 금지한다." 교황의 노력에도 불구하고 이 규정이 실제로 적용되지는 못했다. 수도원장들은 고위 인사들과 친분을 쌓기 위해서 사냥은 피할 수 없는 일이라고 항변했기 때문이었다. 레스터의 아우구스티누스 수도원장이었던 윌리엄 클라운은 에드워드 3세가 사냥할 때 즐겨 찾았던 동료였다. 에드워드는 매년 클라운을 찾았는데, 그때마다 그는 한 무리의 최고 사냥개들을 데리고 갔다. 수도원을 정기적으로 방문했던 주교들도 이 같은 행위를 묵과했다. 사냥을 절제했던 주교나 수도원장들도 일부 있었다. 이들은 사냥법을 엄격하게 적용했다. 예를 들면 1376년 더럼의 주교였던 토머스 햇필드는 그의 친구인 필립 네빌 경의 애완동물인 매를 훔친 사람들에게 파문을 선고했다.

13세기에 이르면 베네딕투스 수도원은 영적 기관으로서의 역할은 거의 하지 못하고, 대신 상류계층의 조직으로 변질되었다. 1275년에 장크트갈렌 수도원장은 1,042마르크의 수도원 수입 가운데 혼자서 900마르크를 사용하는 등 재정적으로 타락한 모습을 보였다. 이 때문에 수도원으로 들어오는 기부금도 급격히 줄어들기 시작했다. 그래서 수도원들은 이제 더는 예전처럼 경제를 선도하는 역할을 하지 못하게 되었다. 수도사들의 숫자 또한 줄어들었다. 1120년만 해도 120명의 수도사들을 거느렸던 캔터베리의 '그리스도 교회Christ Church'는 1207년에 오면 80명을 채 넘기지 못했다. 독일 수도원들의 상황은 훨씬 더 심각했는데, 10세기에 200명에 달했던 풀다 수도원의 수도사들의 숫자는 13-14세기에는 20-30명으로 급감했다. 장크트갈렌 수도원과 라이헤나우 수도원은 100명에서 10명 안팎으로 줄어들었다. 베네딕투스 12세는 "귀족 출신들이 아니면 수도사로 받아주지 않는다"고 불평을 하기도 했다. 물론 수도사가

되기 위해서는 '지참금'이 필요했다. 평민 출신이 수도사가 되기 위해서는 사교성과 추진력, 그리고 자금을 모두 갖추어야 했다. 그러므로 베네딕투스 수도원의 정식 수도사들은 대부분 특권계층 출신들이었다.

  수도사들은 자신들의 방과 사무실, 그리고 시중을 드는 종을 거느리고 있었다. 그들은 거의 노동을 하지 않았으며, 심지어 13세기에 이르면 일상적인 봉사활동조차 하지 않았다. 대대적인 수도원 개혁운동이 일어났다는 사실은 베네딕투스 수도원들이 당시에 그만큼 타락했다는 것을 역설적으로 반증해준다. 1338년에 베네딕투스 12세가 조사한 바에 따르면 당시 몽생미셸 수도원의 수도사들은 고도의 집약농업에서 탈피하여 임대인들처럼 재산을 관리했다. 그들은 수도사의 본래 역할을 수행하기보다는 수도원에서 임대한 수도원 재산을 돌보는 데 힘을 기울였다. 몽생미셸 수도원의 1년 총수입은 9천 파운드로, 이 중에서 1,700파운드는 식비로, 500파운드는 의상비로, 460파운드는 의상 수선비로, 300파운드는 법률 소송비로, 120파운드는 연료비 및 수도원 본관을 장식하고 손님들을 접대하는 비용으로 사용했다. 가장 지출 규모가 큰 단일 항목은 포도주로, 2,200파운드가 소요되었다.

  베네딕투스 수도원의 이상은 완전히 사라졌다. 수도사들은 각자 자신의 방에서 하인들이 날라다 주는 음식을 먹었다. 침묵수행이나 식사 규칙들도 완전히 사라져버렸다. 그들은 수도원장의 별장에서 가족이나 친구들과 함께 휴가를 즐기기도 했다. 이들 중 대부분은 일하지 않고 빈둥거리며 지내는 상류층 식객들이었다. 그들을 개혁하기란 거의 불가능했다. 베네딕투스 12세가 말한 대로 수도사들의 불법적인 행동을 막거나 수도원 질서를 강요할 수도 없었다. 유력한 친척들이 수도사들의 뒤를 봐주고 있었기 때문이었다. 그럼에도 불구하고 일부 소수의 결단력 있는 사람들은 개혁을 시도하려고 애를 썼으며, 또 실제로 실천에 옮기도 했다. 1421년에 헨리 5세는 수도원 시설을 이용하여 행해지던 사치스러운 전시회, 옷, 휴가, 음식 등을 자제할 것을 제안했으나, 불행히도 전혀 시행되지 못했다. 주교들은 개혁을 단행할 능력이 없었고, 게다가 비용이 많이 드는 법률소송에 휘말리지 않으려 했다. 수도원장들의 권위는 땅에 떨어졌고 그 이후로도 오랫동안 수도원의 개혁은 실현되지 못했다. 링컨의 주교이자 개혁적 인물이었던 윌리엄 앨른윅이 1440년에 손턴 수도원을 방문한 직후에 다음과 같은 일이 벌어졌다. "개혁되어야 할 것들에 관해 수도사들 사이에서 열띤 토론이 벌어졌다. … 한쪽 사람들이 불평을 하면 다른 쪽 사람들은 즉각 매섭게 그들을 반박했다. 수도원장은 '내게 화로다! 내가 할 수 있는 일이 도대체 무엇이 있는가? 나는 아무것도 할 수 없도다'라고 말했다."

수녀원은 어떤 면에서 훨씬 더 큰 문제를 안고 있었다. 대부분의 수녀원은 매우 엄격하게 운영되었던 것에 비해 귀족화된 수녀원들의 규율은 한없이 느슨했다. 수녀들 중에는 과부와 상류층 출신이 많았는데, 특히 이들은 수도원의 혹독한 규율에 적응하지 못했다. 그래서 이들이 생각한 해결책은 수녀원에 막대한 기부금을 냄으로써 규율로부터 벗어나는 것이었다. 당시 수녀원은 한마디로 상류계급 출신 독신여성들의 공동체로, 외부의 간섭을 좀처럼 받아들이려 하지 않았다. 1387년에 위컴의 유명 인사로 추앙받았던 윌리엄이 롬지의 수녀원장에게 다음과 같은 편지를 보냈다. "새나 사냥개, 토끼를 포함하여 무질서를 조장하는 물품들을 교회에 가져올 수 없습니다. … 당신들의 수도원에서 기르고 있는 사냥개를 비롯한 개들이 가난한 사람들에게 제공되어야 하는 구호품들을 게걸스럽게 먹어치우고 있으며 교회와 수도원들을 … 불결하게 더럽히고 있고 … 동물들이 내는 소리 때문에 신성한 예배가 자주 방해를 받고 있습니다. … 우리는 수녀원장께 수도원에서 개들을 내보낼 것을 엄중히 명령하고 또한 지시하는 바입니다."

하지만 수녀들은 주교의 명령에 복종하기는커녕 오히려 그들에게 도전했다. 링컨 교구의 주교가 교황의 교서를 수녀원에 전달하자 그곳의 수녀들이 이를 그에게 던져버리는 사건이 벌어지기도 했다. 아우구스티누스 수도원 출신의 개혁자 요한 부쉬는 바젤 공의회로부터 수도원 정화의 책임을 안고 수도원을 방문하고 있었다. 부쉬가 무장한 경찰들을 대동하고 자신이 위임받은 치리문을 낭독하자 "모든 수녀들이 성가대석 통로로 나와서 십자가 형태로 양팔과 다리를 뻗은 채로 납작 엎드려 '삶의 한복판에 있는 우리는 죽음 가운데 있다'는 찬송을 불렀다." 이 같은 행위는 원래 장례미사의 한 의식으로, 수녀들은 지금 죽기를 각오하고 개혁 반대시위를 벌이고 있는 것이었다. 이에 대해 부쉬는 물리적 폭력을 사용해서라도 수녀들을 굴복시켜야 한다며 강경하게 나섰다. 그는 24개 수녀원 가운데 7개 수녀원에서 이 같은 수녀들의 저항에 부딪혔다.

15세기는 중세의 전성기였으나, 이와 동시에 기독교의 타락이 정점에 달한 시기이기도 했다. 13세기에 이미 시토 수도원은 농업 분야의 선구적인 역할을 상실해버렸다. 대부분이 관리자로 전락했기 때문이었다. 모금에 앞장섰던 수도사들은 자신도 모르게 사치스러운 생활 속으로 빠져들어갔다. 처음에는 치료를 목적으로 사용되던 포도주가 어느 때부터인가 축제의 흥을 돋우기 위해 사용되었다. 시토 수도원은 베네딕투스 수도원보다 훨씬 더 귀족적이었다. 프란체스코회 수도사들은 이론적으로는 여전히 청빈맹세를 고수했기 때문에 일반 평신도들은 쉽게 접근할 수 없었다. 프란체스코회 수도원의 총책임자였던 엘리아스는 평신도들을 주요 자리에 앉혔다는 이유로 해고되었다. 이후로 프란체스코회 수도원은 성직주의를 대변하는 전위조직으로 돌변했고, 도미니크회 수도원은 이단을 처벌하기 위한 기구, 특히 종교재판을 계승하는 일에 주력했다.

이와 아울러 도미니크회 수도사들은 대학 속으로 들어가 수도원을 서양 문화의 중심지로 만드는 데 일조했다. 프란체스코회 수도사들 역시 대학을 파고들어, 프란체스코회와 도미니크회는 얼마 지나지 않아 대학 지배권을 놓고 격렬한 경쟁관계에 돌입하게 되었다. 예를 들면 옥스퍼드와 파리 대학 인구의 10-15퍼센트가 이 두 수도회 소속이었다. 애초에 대학은 법률가와 재무회계를 맡아볼 수 있는 행정가를 길러내는 기관이었으나, 이 두 수도회의 개입으로 인해 신학과 철학의 중심지로 그 성격이 바뀌었다. 이들 수도회는 총명한 학생들을 재정적으로 지원했기 때문에, 많은 학자들이 성직 임명을 받기보다는 탁발수도회에 가입하기를 희망했다. 당시에 대학에서 배출한 유명한 학자들 중에 이 두 수도원 출신이 많았다. 알베르투스 마그누스, 토마스 아퀴나스, 에크하르트는 도미니크회 수도원 출신이고 보나벤투라, 둔스 스코투스, 윌리엄 오컴은 프란체스코회 수도원 출신이었다. 학자들을 지원하는 일에는 많은 자금이 필요했다. 그래서 수도원은 부유층의 유산과 유언장을 처리하고 이들의 자녀들을 수도원에 가입시키는 과정에서 편법을 사용하여 돈을 벌어들였다. 이러한 영향 때문에 중세 후기에 이르면 일반 평신도들은 수도사들을 게으른 사람으로, 탁발수도사들을 사기꾼으로 여기기도 했다.

물론 일부 예외도 있었다. 비르기타회 수녀들은 사람들로부터 많은 존경을 받았다. 당시 가장 엄격한 수도원으로 유명했던 카르투지오회(프랑스의 샤르트뢰즈에서 성 브루노가 창시한 수도회로 많은 신비사상가를 배출했으며, 개척이나 자선사업에도 큰 업적을 남겼다― 옮긴이) 수도원은 타락과는 거리가 멀었다. 하지만 불행히도 그 밖에 대부분의 수도원에 있던 수도사들은 연금을 받고 한껏 자유를 누리면서 살았다. 신앙적 동기로 수도원 문을 두드리는 사람들은 거의 없었다. 중세 후기에 오면 편안한 삶을 영위하려고 수도원에 들어오는 경우가 많았다. 말하자면 그들에게 신앙은 중요하지 않았다. 이처럼 당시 수도원 운동은 자발적 헌신성과는 거리가 멀었다. 어떤 수도원은 엄청나게 부유한 반면 또 다른 수도원은 너무 빈곤하여 수도원을 운영하는 것조차 힘들었다. 수도원의 타락이 극에 달했던 14세기에 교황청은 수도원으로부터 자금을 착취하는 일에만 몰두하고 있었다. 교황청은 프랑스 왕의 명령을 받아 템플 기사단(1118년에 샹파뉴의 기사인 위그 드 파앵이 순례자들을 보호하려는 목적으로 결성한 종교기사단. 애초에는 성지를 방어하는 데 몰두했으나 점차 기부 받은 토지를 바탕으로 금융업에 매달려 큰 부를 축적했다. 프랑스 왕 필리프 4세가 왕권을 강화하려는 목적으로 대대적인 박해를 가했고 결국 해체되었다―옮긴이)을 해체시켜버렸다.

수도원이 타락하자 수도원을 비롯한 기존의 여러 기독교 단체들이 해산되고 좀 더 새로운 비전을 담보할 수 있는 기독교 단체들이 설립되었다. 기존의 기독교 단체들을 해산하기 위해서는 법적 근거가 필요했고, 그래서 교회는 법적 장치들을 고안해냈다. 예를 들면 영국의 울시 추기경은 이 분야의 정통한 인물이었다. 울시보다 훨씬 큰 영향력을 발휘했던 토머스 크롬웰 또한 교회법 운영의 전문가로 활약했다. 크롬웰은 울시가 채용했던 여러 전문가들 중 한 사람이었다. 16세기 종교개혁 기간 중에 수많은 수도원들이 교회의 법적 절차를 밟아 해체되었다. 18세기에 로마 가톨릭 교회 소속 군주들(예를 들면 오스트리아 군주)은 수도원 해산법을 도입했다. 수도원, 특히 도시 지역의 수도원은 6세기부터 12세기까지 대단히 중요한 역할을 했다. 그러나 수도원은 종교개혁이 일어난 이후에도 그 본래 정신을 결코 회복하지 못했다. 일부 가톨릭 국가에서 수도원은 19세기까지도 개혁되지 못한 채 그대로 유지되고 있었다.

정당한 전쟁

기독교 역사가들이 품고 있는 의문 중 하나는 어찌하여 교회는 선교 단체들을 발전시키지 못했느냐 하는 점이다. 16세기까지 기독교는 수많은 단체들을 열정적으로 만들어왔으면서도 유독 선교단체에 대해서는 관심을 보이지 않았다. 중세 시대의 선교, 즉 이방인들을 기독교로 개종시키려는 노력에는 늘 폭력이 수반되었다. 십자군 전쟁은 선교를 위한 전쟁이 아니라 일종의 정복전쟁이요 식민지를 건설하려는 전쟁에 불과했다.

십자군에서 여실히 드러나듯이 서방 기독교는 선교의 명분을 내세워 폭력을 정당화하려 했다. 이에 비해 동방 기독교인들은 성 바실리우스의 영향을 받아 전쟁을 부끄러운 것으로 간주했다. 기독교의 가르침을 보면 전쟁에 반대하는 것으로 보인다. 저항보다는 순교를 택했던 초기 기독교인들에게 폭력은 혐오의 대상일 뿐이었다. 바울은 어떤 경우에도 폭력을 인정하지 않았다. 기독교에서 폭력이 정당화될 수 있었던 데에는 성 아우구스티누스의 역할이 컸다. 비관적인 관점을 갖고 있던 아우구스티누스는 기독교를 통해 사회의 악이 제거될 것으로 기대했으며, 전쟁이 하나님의 명령에 의해 수행된다면 정당화될 수 있다는 입장을 피력했다. 이 같은 입장에 근거하여 다음과 같은 주장이 나오게 되었다. 한편으로는 '정당한just' 전쟁을 허용하는 것과, 다른 한편으로는 이를 거부했던 평화주의자들을 하나님의 명령에 도전하는 사람들로 여기는 것이다. 오늘날에도 이중의 목소리가 존재하고 있다. 한편에서 전쟁은 하나님의 뜻이 아니라고 주장하고, 또 한편에서는 하나님의 명령으로 전쟁을 수행하고 있다고 주장하는 식이다. 아우구스티누스가 '정당한' 전쟁이라고 주장했던 전쟁은 다음과 같다. '하나님의 명령에 의해 수행하는 전쟁'과 이교도를 개종시키고 이단을 박멸하려는 노력의 일환으로 행해지는 전쟁이다. 이후로 사람들은 아우구스티누스의 가르침을 바탕으로 폭력 사용을 정당화했을 뿐만 아니라 이교도들과의 싸움은 특히 가치 있는 것으로 평가했다.

이에 따라 교황 레오 4세는 교회를 위해 싸우다가 죽은 사람들은 하늘의 상급을 받을 것이라고 말했으며, 요한 8세는 그들이 순교자의 반열에 들 것이라고 주장하기에 이르렀다. 물론 평화운동을 전개한 사람들도 있었다. 그러나 역설적으로 이런 운동 또한 거룩한 폭력을 강화시켜주는 방향으로 흘러갔다. 평화운동은 경쟁관계에 있던 영주들의 무자비한 탄압으로부터 농민들을 보호하기 위해 시작되었다. 898년에 아키텐의 주교들은 농민들을 보호하기 위해 힘썼으며 1000년에 기옌의 대 윌리엄 공작은 푸아티에 평화회의를 개최하여 폭력을 사용하는 사람들을 파문에 처하겠다고 경고했다. 이로 인해 평화연맹이 조직되었고 15세 이상의 남성들은 평화를 파괴하는 자들에 대항하겠다는 맹세를 했다. 그러나 농민 폭도들은 이 같은 평화운동을 영주들을 공격해도 좋다는 일종의 허가로 받아들여 영주뿐만 아니라 700명의 성직자들을 무참히 살해해버렸다. 11세기 내내 교회는 어느 무엇보다 평화운동을 적극적으로 전개했지만, 이와 동시에 제어할 수 없을 정도로 전쟁을 선호하기도 했다. 그리고 교황은 이 같은 호전성을 십자군 전쟁으로 수렴하여 이교도들을 제압하는 데 사용하려 했다.

이슬람 세력

이교도들을 폭력으로 대하는 기독교인들의 태도는 분명히 성경의 가르침에 위배되는 것이었다. 하지만 현실에서 성경의 가르침은 아무런 힘을 발휘하지 못했다. 이슬람의 성공에는 삼위일체와 그리스도의 본성 문제를 해결하지 못한 기독교 신학자들의 실패도 한몫을 했다. 아랍 지역에 전파된 기독교는 대부분 단성론Monophysite(그리스도는 하나의 성품, 즉 신성만을 지녔다는 견해—옮긴이) 형태로 전해졌기 때문에 동·서방의 기독교와는 애초부터 타협할 수 없었다. 지독한 가뭄을 극복하기 위해 무함마드(이슬람교의 창시자)는 단성론을 바탕으로 신학과 경제를 결합시켰다. 그는 결코 이단을 용납하지 않으면서도 동시에 아랍의 현실적 요구들을 충족시키기 위해 칼의 교리를 발전시켰다. 무함마드가 세운 새로운 단성론 종교는 기독교 공동체 내에서 커다란 반향을 일으켰다. 636년에 벌어진 야르묵 강 전투에서 거둔 이슬람의 승리는 1만 2천 명의 아랍 기독교인들이 이슬람을 도왔기 때문에 가능했다. 콥트교인, 야곱파 등, 기독교 단성론자들은 거의 언제나 가톨릭교인보다는 이슬람교도를 선호했다. 500년이 지난 후에도 안디옥의 야곱파 대주교인 시리아 출신의 미카엘은 다음과 같이 말했다. "전능하시고 유일하신 하나님이 진노하셔서 … 남쪽 이스마엘 자손들을 일으키시어 그들로 하여금 로마인들의 손으로부터 우리를 구출하게 하셨다."

네스토리우스(콘스탄티노플의 대주교이자 신학자로 그리스도의 신성과 인성은 엄격히 구별되어야 한다는 그리스도 이성설二性說을 주장했다. 그의 교설은 에베소 공의회를 통해 이단으로 단정되었으나, 그 후에도 신봉자들이 늘어나 소위 네스토리우스파로 전승되었다—옮긴이)파 출신의 한 역사학자는 다음과 같이 말했다. "기독교인들은 아랍의 지배를 기뻐한다. 하나님이시여 이 지배를 강하게 하시고 번영하게 하소서!" 아랍 세계의 기독교인들은 대부분 알렉산드리아와 시리아의 도시에 모여 살았는데, 그들은 간혹 이슬람교도로부터 박해를 받기도 했지만 대부분은 동방 기독교의 통치보다는 아랍 이슬람교도의 통치를 더 선호했다. 이슬람이 통치하던 기간 동안 아랍 기독교인들은 단 한 번도 집단적으로 '해방' 투쟁을 벌인 적이 없었다.

십자군 전쟁은 어떻게 일어나게 되었나?

십자군 전쟁은 다음의 세 가지 요인들에 의해 발생한 것으로 보인다. 첫 번째 요인은 스페인에서 이슬람 세력에 대항해 소규모로 전개되었던 '성전holy war'의 발전이었다. 십자군은 1063년에 이슬람 세력에 의해 살해된 아라곤 왕 라미로 1세의 복수를 위해 소집된 알렉산데르 2세의 군대로부터 시작되었다고 한다. 알렉산데르 2세는 전장에 나갈 때에 십자가의 이름을 앞세웠으며 이 전투에 참여하는 사람들에게 국가의 의무를 면제시켜주겠다고 약속했다. 그레고리우스 7세 또한 스페인을 돕는 국제적 연합군 창설을 후원했으며, 기사들에게 자신이 정복한 땅을 지배할 수 있는 권한을 보장해주었다. 다시 말해 십자군 운동은 교황령을 넓히려는 욕구와 연결되어 강력한 정치·경제적 동기들을 유발시켰던 것이다.

두 번째 요인은 800년경부터 시작된 프랑크족의 전통에서 찾아볼 수 있다. 카롤링거 왕조의 국왕들은 스스로 예루살렘 성지와 그곳을 방문하는 순례자들을 보호할 의무와 권리가 있다고 주장해왔으며, 적어도 11세기 후반까지만 해도 이슬람 칼리프들(최고 지도자들—옮긴이)은 이를 인정해주고 있었다. 하지만 10세기부터 예루살렘을 방문하는 순례자들이 폭발적으로 늘어나기 시작하자 클뤼니 수도원에서는 순례지 곳곳마다 순례자들을 접대할 수 있는 수도원들을 세워나갔으며, 이슬람교도의 동의 아래 순례자들을 보호하는 차원에서 호위병들을 모집하기 시작했다. 예를 들면 1064-1066년에 7천 명의 독일인들이 중무장을 한 상태에서 예루살렘을 여행했다. 외형적으로 보면 십자군은 대규모의 순례단처럼 보였기 때문에 그들 사이를 구분할 수 없게 되었다. 이러한 상황 속에서 11세기 말에 이교도들의 땅을 정복하려는 스페인 사람들과 대규모로 무장한 순례자들이 거의 무의식적으로 결합되면서 십자군 전쟁이 발발하게 되었던 것이다.

서방의 지도자들이 십자군 전쟁을 감행하게 된 실제적 동기는 11-12세기에 폭발적으로 늘어난 인구와 그에 따라 토지가 부족해진 데 있었다. 이것이 십자군 전쟁을 발발하게 한 세 번째 요인이다. 시토 수도원이 국경지역에서 토지를 개척하려 했던 것도 토지가 부족해지면서 생긴 현상이며, 십자군 전쟁 역시 식민지를 확보하기 위해 벌인 전쟁이기도 했다. 이와 별도로 십자군 전쟁은 기독교 우주론과도 연관이 있다. 교부들은 성경적 세계관과 조화를 이루었던 프톨레마이오스의 우주관을 받아들였는데, 이 우주관에 의하면 홍수 이후 노아의 아들들에게 세 개의 대륙이 각각 분배되었다고 한다. 셈은 유대인, 야벳은 그리스인, 그리고 함은 아프리카 혹은 흑인들을 대표한다. 이와 관련하여 앨퀸은 창세기 주석에서 다음과 같이 말했다. "노아의 아들과 손자들은 세상을 어떻게 나누었는가? 셈은 아시아를, 함은 아프리카를, 야벳은 유럽을 할당받은 것으로 보인다." 이 말은 한마디로 하나님이 야벳, 곧 유럽에 식민지 확장을 허락하셨다는 것을 성경을 통해 증명하고 싶었다는 말이다. 앨퀸이 살았던 9세기 초에 '기독교 왕국Christendom'이라는 개념이 처음으로 등장하기 시작했다. 당시 '기독교 왕국'은 유럽과 동일하게 여겨졌고 다른 지역으로 팽창할 권리가 포함된 특별한 권리와 권한을 행사할 수 있는 실체로 간주되었다. 9세기에는 사라센인들(1세기경부터 그리스인과 로마인이 사용한 아라비아인에 대한 호칭인 '사라세니'에서 유래한 말로, 처음에는 한 부족만을 가리켰으나 뒤에는 아랍족과 이슬람교도까지 뜻하게 되었다—옮긴이)로부터 '기독교 왕국을 보호'하자는 표현이 등장했다. 11세기에 그레고리우스 7세는 '기독교 왕국의 국경'을 언급하거나, 교회는 '기독교 왕국의 전초기지'라고 말할 정도에 이르렀다.

유럽 사회는 그야말로 기독교 왕국이 되었다. 다시 말해 유럽 사회는 신앙의 이름으로 유럽 이외의 다른 지역을 정복할 수 있는 권리와 신앙을 전파해야 할 의무가 있다고 주장했던 것이다. 점차 폭력이 일상화되고 폭발적 인구 증가가 하나의 위기로 다가오는 시대에 이러한 주장들은 완벽하게 들어맞았다. 1095년에 우르바누스 2세가 클레몽에서 1차 십자군에게 행한 설교는 여전히 논란의 여지가 많다. 예를 들면 〈맘스베리의 윌리엄의 문서William of Malmesbury's text〉에 등장하는 우르바누스의 말은 그가 했다기보다는 십자군 운동을 부추기기 위한 표현으로 받아들여야 한다. 이 문서를 보면 유럽의 팽창주의와 식민주의적 관점이 여과 없이 나타나고 있다. "지금 우리(유럽인들)가 이슬람교도에 비해 많은 거주지를 확보하고 있다고 생각하는가? 이슬람교도는 세계의 3분의 1을 차지하고 있는 아시아를 자신들의 고향으로 만들었다. … 그들은 세계에서 두 번째로 큰 아프리카를 200년 이상 무력으로 지배하고 있다. 이제 세 번째로 큰 대륙인 유럽이 남아 있다. 우리 기독교인들은 얼마나 작은 땅덩어리에서 거주하고 있는가! … 어떤 의미에서 기독교인들에게 이 세상은 일종의 망명지이다. … 이 세상 전체는 기독교인들의 조국이다. … 이 땅(유럽을 의미—옮긴이)에서 여러분들은 거주민들을 부양할 수 없다. 바로 이것이 전쟁을 일으키는 이유이다."

4-5세기 있었던 게르만족의 이동과 19세기 유럽인들의 신대륙 이동을 비교해볼 때, 당시 십자군은 위협적인 종교단체였다. 안나 콤네나에 따르면 비잔틴 제국의 왕실은 "서방 사람들이 가족을 대동하고 아드리아 해를 가로질러 헤라클레스의 기둥까지 밀고 들어와 아시아를 향해 돌진하고 있다"는 말을 듣고서 깜짝 놀랐다. 십자군 운동에 가담한 사람들의 숫자는 매우 많았다. 은둔자 피에르는 2만 명의 병사를 이끌었을 정도였다. 하지만 이들 대부분은 아주 가난한 백성들로 임대받을 땅조차 얻을 수 없는 사람들이었다. 이들의 바람은 그저 정착하는 것이었다. 1차 십자군 운동의 지도자였던 하下 로렌의 공작 고드프루아 드 부용은 스스로 샤를마뉴의 후손이라고 떠들어대면서 자신이 물려받은 공작령을 영지가 아닌 하나의 왕국처럼 주장하여 해고될 위험에 처하게 되었다. 그는 이 위기를 모면하기 위해 십자군에 가담했던 것으로 보인다.

십자군의 만행

십자군은 처음부터 종교나 인종이 다르다는 이유로 폭력과 약탈을 자행했다. 지역의 통치자들은 재정 확보를 위해 유대인들을 보호하려 했으나 막강한 십자군을 막을 수 없었다. 십자군은 누구보다도 유대인들을 증오했다. 유대인들은 초기 기독교인들을 박해할 때에 로마 제국에 동조했으며, 이슬람 정복자들을 도왔던 것으로 의심받고 있었기 때문이었.

반유대주의anti-semitism 이론은 2세기부터 등장하기 시작했는데 그때 신학자들은 처음으로 적그리스도는 단 지파 출신의 유대인일 것이라고 예언했다. 동시에 디아스포라 공동체에서 발전된 예배의식 제도는 유대인들과 그리스인들이 서로 함께 섞이지 못하도록 규정했다. 이렇게 하여 유대인들에 대한 신비감을 키웠다. 기독교 문학과 예술 작품들에서 유대인은 사탄의 모습으로 묘사되었다. 유대인들은 적그리스도의 병사들로 간주되었고 비밀대회를 개최하여 이 대회가 열리는 동안 종교적 살인들을 저질렀던 것으로 묘사되었다. 고리대금업은 나중에 등장했다. 그러나 유대인들의 고리대금업은 비교적 단순한 현상에 불과했다. 12세기 이후 유대인들은 주로 전당포를 운영하면서 오직 소규모로 자금 대출 활동을 했다. 1215년 라테란 공의회는 유대인들의 토지소유뿐만 아니라 군대와 행정기관의 취업을 금지시켰다. 반유대적인 드라마와 의례들, 그리고 게임들이 무수하게 등장했다. 11세기 툴루즈에서는 '유대인 때리기 Striking the Jew'라는 행사가 열리기도 했다. 이 행사 기간에 유대 공동체의 한 지도자는 너무도 심하게 두들겨 맞아 대성당에서 죽은 채로 끌려 나왔다.

고드프루아 같은 사람들은 십자군의 운영자금을 마련하기 위해 유대인 공동체에 테러를 감행했다. 십자군은 자주 폭도로 바뀌어 유대인들을 노골적으로 학살했는데, 1096년에 슈파이어에서 12명의 유대인들이 살해되었고, 보름스에서는 500명, 메스에서는 1천 명의 유대인들이 희생되었다. 이 와중에 십자군은 기독교인과 이슬람교도를 구별하지 않고 무작정 살해했던 것 같다. 은둔자 피에르가 이끈 십자군은 라틴계 기독교인이 아니면 같은 기독교인들이라도 가차 없이 살해한 것으로 유명했다. 심지어 그는 그들의 어린 자식들을 쇠꼬챙이에 꿰어 구웠던 것으로 알려져 있다. 또한 도시를 점령할 때마다 습관적으로 비라틴계 사람들을 살해하곤 했다. 십자군이 성지인 예루살렘을 향해 진군하는 과정에서 수많은 이슬람교도와 유대인이 희생되었다. 이 같은 대량학살을 거친 후에 십자군은 예루살렘을 탈환했다. 이와 같은 끔찍스런 사건들을 목도하고 나자 이슬람교도는 십자군을 혐오하게 되었다. 더욱 불행한 것은 십자군의 만행이 이 정도로 그치지 않았다는 데 있다. 1101년에 카이사레아를 점령한 십자군은 대 모스크에서 이슬람교도를 잔인하게 학살했다. 베이루트에서도 이와 비슷한 대학살이 일어났다. 십자군은 이 같은 만행을 수도 없이 저질렀다. 1168년에 프랑크족은 이집트에서 조직적인 대학살을 자행했다. 희생당한 사람들 가운데에는 콥트 기독교인들도 다수 포함되어 있었다. 이로 인해 종교와 인종을 불문하고 이집트에 거주하던 사람들은 누구나 십자군에 대항하기에 이르렀다.

십자군은 처음부터 동방 제국에 적개심을 품고 있었으며, 결국은 1204년에 '하나님과 교황, 그리고 제국의 영예를 위해' 콘스탄티노플을 점령하기에 이르렀다. 콘스탄티노플에서 십자군은 3일간 마음대로 약탈해도 좋다는 허락을 받았다. 이 때문에 성 소피아 성당에 매달린 장식품들이 모두 찢겨나갔으며 은으로 장식된 성상들은 분해되었다. 대주교 자리에는 배교자를 앉혔고 성당에서는 프랑스 노래가 울려 퍼졌다. 심지어 그들은 거룩한 책과 성상들까지도 무참히 짓밟았으며, 수녀들을 강간했고, 성찬그릇으로 포도주를 마시기도 했다. 십자군 전쟁이 막바지에 이르렀던 1365년에도 다국적 군인들로 구성된 십자군이 기독교 도시로 유명했던 알렉산드리아를 무자비하게 약탈했다. 그곳에서 십자군은 유대인들과 이슬람교도들은 물론이고 그 지역의 토박이 기독교인들까지 학살했으며 심지어는 라틴계 출신의 집과 가게들도 약탈했다. 십자군은 일종의 인종차별주의자들로, 특히 낯선 문화에 대한 강한 거부감을 드러냈다. 1109년에 트리폴리를 함락했을 때 제노바 출신 선원들은 이슬람 세계에서 가장 훌륭한 도서관으로 알려진 바누 암마르 도서관을 파괴하는 등 이슬람 세계의 지성계를 붕괴시키기도 했다. 결과적으로 십자군은 이슬람교도가 기독교를 평화적으로 받아들일 수 있는 기회를 무산시켜버렸으며 관용보다는 공격적인 태도를 갖도록 상황을 더욱 악화시켰다.

동방 정교회든 단성론자들이든, 동방 지역의 교회들은 십자군으로 인해 상상할 수 없는 손실을 입었다. 십자군이 예루살렘을 점령한 후에 가장 먼저 했던 일은 동방 정교회를 비롯한 비라틴계 기독교를 추방하는 일이었다. 십자군들은 비라틴계 기독교인들과 친선을 도모하거나 관계를 맺으려는 시도를 전혀 하지 않았다. 십자군으로 인해 동방 기독교인들은 교회와 재산을 잃어버렸으며 성직자들은 주교직과 대주교직에서 쫓겨났다. 로마와 우호적인 관계를 맺고 있던 마론파(시리아의 수도인 마론에서 유래된 동방 정교회의 한 종파. 주로 레바논과 시리아를 중심으로 활동했다—옮긴이) 기독교인들조차 이류 시민으로 취급되었다. 동방 정교회의 주요 직책은 모두 서방에서 직접 선발된 로마 가톨릭 교회 성직자들이 맡았다. 라틴계 서방인마저도 동방에서 태어났으면 그 때문에 차별대우를 받는 지경이었다.

십자군은 이슬람교도가 기독교로 개종하는 것에 대해서는 전혀 신경 쓰지 않았다. 그저 정복한 주민들을 통치할 뿐이었다. 어떤 의미에서 중세 기독교가 오로지 성직주의 때문에 붕괴된 것이라고 볼 수는 없다. 라틴인들이 세운 위성국가들은 대부분 서방의 기독교 왕국 개념이 투영된 사회로서 평신도들이 운영했다. 약 300명의 준성직자들이 이들 위성국가에서 활동한 적도 있었다. 그러나 이들은 훌륭한 자질을 갖고 있었음에도 불구하고 완전히 세속영주들의 지배 아래 있었기 때문에 권력을 거의 행사하지 못했다. 로마 가톨릭 교회는 동방에 세운 라틴 위성국가들이 번영하기를 바라지 않았다. 다시 말해 동방의 관습이나 문화를 받아들이고 현지 주민들과도 융합하려 했던 평신도들에 비해 교황과 성직자들은 그렇지 못했다. 그들은 심지어 기독교인과 이슬람교도의 결혼도 허용하지 않았다. 로마 가톨릭 교회에 속한 사람일지라도 이슬람교도의 자녀였다면 기독교인들과 결혼할 수 없었다. 이것은 결과적으로 로마 가톨릭 교회에 치명적인 결과를 안겨주었다. 십자군이 12세기 이후로 세력을 확장하지 못한 채 실패로 끝난 이유도 그 숫자가 부족했기 때문이었다.

십자군 전쟁이 시작되고 첫 10년 동안, 즉 1095-1105년 사이에 약 10만 명 정도의 사람들이 성지로 갔으나, 그들은 자녀들을 거의 낳지 않았다. 자녀를 낳으려면 서유럽보다는 십자군이 정복한 지역Outremer에서 출산하는 것이 훨씬 덜 위험했다는 증거도 일부 존재한다. 그러나 프랑크족의 아이들은 오래 살지 못했고, 특히 남자들의 사망률이 높았다. 많은 프랑크족 부부들은 아이를 낳지 못했던 것 같다. 이 때문에 동방 지역에 정착했던 프랑크족 이주민들은 한두 세대가 지나자 다 죽고 사라졌던 것 같다. 12세기에 제2, 제3의 이주 물결이 몰아닥쳤다. 그러나 이들 역시 10명에 1명꼴로 죽었다. 17세기에 미국으로 이민 열풍이 불었을 때와 달리 당시의 이민은 일시적으로 이루어졌고 이민자들도 대부분 매우 가난한 사람들이었다. 그들은 주로 육로를 이용했는데, 결코 안전한 길이 아니었다. 이에 비해 해상로는 이주민들이 감당하지 못할 만큼 비쌌다. 그럼에도 불구하고 항해 조건은 매우 열악했으며 혹시 여행 중에 사망하면 자신이 깔고 있었던 상자가 관으로 사용되었다. 세속 권력자들은 여객사업보다는 높은 수익을 보장해주는 무역업을 더 선호했다. 해상 무역업을 통해 식민지 사업이 눈부시게 발전했는데, 그들은 주로 자신들과 이념적으로 대적하고 있는 이슬람교도들에게 무기를 수출함으로써 엄청난 이익을 올렸다. 그들은 또한 이집트에서 노예들을 이슬람교도들에게 팔아넘기는 노예무역을 하기도 했다. 그러나 그들은 식민지 국가를 발전시키는 일에는 무관심했다. 기독교인들이 식민지 국가로 이주하여 적극적으로 발달시키려 했다면 상황은 달라졌을 수 있었다. 그러나 그들은 큰 이익을 가져다주지 못했던 운송업에는 관심이 없었다. 당시 엄청난 재산을 소유하고 있던 교회가 이민자들을 도울 수도 있었으나, 불행히도 교회는 그렇게 하지 않았다.

  십자군이 정복한 식민지에 지식층의 엘리트들이 거주한 적은 거의 없었다. 식민지의 토지는 예전과 마찬가지로 이슬람교도들이 경작했고 그들이 남긴 생산물은 서방 귀족들이 약탈해 갔다. 이 때문에 식민지 국가들은 항상 굶주림에 시달려야 했으며, 서방 세계에 대한 불만이 커갔다. 예를 들면 구호기사단Hospitalers(순례자들을 보호하려 예루살렘에 조직한 기사단—옮긴이)이 홀로 1만 9천 개의 대영지들을 경영하고 있다는 불만이 터져나오기도 했다. 물론 이는 사실이 아니었지만 성지에서 기사 한 사람을 유지하려고 해도 기사단은 서방에서 대토지를 운영할 수밖에 없었던 것은 분명했다. 십자군은 엄청난 재산을 소유하고 있었지만 어느 부대도 600명 이상의 기사들을 유지할 수가 없었다. 어떤 때는 기사들의 숫자가 최대 1,200명까지 늘어난 때도 있었고 그들을 돕는 하급 병사만 1만 명에 달하기도 했지만, 이들을 대체할 수 있는 예비 인력은 없었다. 십자군은 거대한 성을 세워 난공불락의 요새로 만들었다. 하지만 이 성에 배치할 수 있는 군인이 모자랐으며, 이로 인해 식민지들은 오래가지 못했다.

십자군 운동의 실패

12세기가 넘어가자 십자군의 인기는 급속도로 떨어졌다. 인구가 이전처럼 폭발적으로 증가하지도 않았고, 인적자원이 풍부했던 프랑스마저도 십자군에 참여하기보다는 도시로 모여드는 경향을 보였다. 독일에서는 튜턴족 기사들이 프로이센(1701-1918년에 존재한 독일 북부의 옛 왕국—옮긴이)과 폴란드까지 활동 영역을 넓히고 있었다. 유럽의 인구는 1310년 이후부터 감소하다가 14세기 중엽부터는 노동력이 극심하게 부족해지는 지경에 이르렀다. 이러한 인구 불균형은 16세기에 이르러서야 다시 회복되었다. 그렇다고 해서 인구가 부족해져서 십자군이 실패했다고 볼 수만은 없다. 12세기 말에 이르자 십자군 운동을 옹호하는 이론들이 힘을 잃기 시작했다. 《파르시팔Parsifal》의 저자인 볼프람 폰 에셴바흐는 1210년경에 《빌레할름Willehalm》에서 십자군 문제를 다루었는데, 이 책은 12세기 중엽에 썼던 《롤랑의 노래Rolandslied》와는 다른 논조를 보였다. 《롤랑의 노래》에서는 십자군을 무비판적으로 받아들이면서 짐승처럼 살해되는 이교도들을 보며 행복하게 노래했던 것에 비해, 《빌레할름》에 등장하는 주인공의 부인은 기독교로 개종한 사라센 여인으로, 그녀의 목소리를 통해 서슴없이 "이교도도 하나님의 자녀"라는 주장을 하고 있다. "보잘것없는 한 여인의 조언을 들어라. 그리고 하나님의 피조물들을 보호하여라." 그는 이 책을 통해 모든 사람은 구원받아야 할 영혼들이고 교회는 보편적 사명을 지닌다고 강조했다. 모든 사람은 구원받을 수 있다. 그렇다면 누가 구원의 여부를 판단할 수 있는가? 이 문제와 관련해서 그는 펠라기우스주의와 상당 부분 가까웠다.

중세 후기의 십자군 운동은 군사적 측면 못지않게 문학적 면모도 갖추고 있었다. 예를 들면 자신의 믿음을 실천하려다 1315년에 북아프리카 부기에서 돌에 맞아 죽은 라이문두스 룰루스와 같은 사람들에게 십자군 운동은 일종의 선교사업이었다. 마요르카 출신이었던 그는 이교도들에게 대항하기 위해 이베리아 반도에서 해군 십자군을 조직했던, 말하자면 십자군 운동의 선구자였다. 물론 당시 교황청은 내부 문제와 재정적 이유 때문에 오래전부터 십자군 이념을 평가절하하면서 현실적인 판단을 하기 시작했다. 십자군의 법률구조는 실험적 측면이 강해서 남용의 소지가 많았다. 십자군에 가담했던 사람들은 법정의 보호를 받았을 뿐만 아니라 부채와 세금도 면제받을 수 있었다. 이처럼 십자군에게 주어지는 특혜가 상당했기 때문에 십자군에 가담하기로 맹세한 후에 이를 취소하지는 않는지에 대해서도 면밀하게 조사가 이루어졌으며, 맹세를 취소하는 사람들은 교회법에 따라 처벌을 받아야 했다. 예를 들어 독일 황제 프리드리히 2세는 십자군에 참여하지 않는다는 이유로 파문을 당했다. 프리드리히는 무력보다는 협상을 선호했기 때문에 파문을 당했던 것이다. 잉글랜드의 헨리 3세 또한 십자군에 가담하기를 원치 않았으나, 교황 알렉산더데르 4세의 압박에 못 이겨 병력을 파견할 수밖에 없었다. 그럼에도 불구하고 교황은 헨리가 적극적으로 나서지 않았다는 이유로 파문 및 직무정지와 함께 13만 5,541마르크의 벌금형을 선고했다. 당시 잉글랜드는 이 정도의 자금을 지불할 여력이 없었기 때문에, 이에 대한 대책을 마련하기 위해 1259년에 그 유명한 옥스퍼드 의회가 소집되었다. 이 사건은 잉글랜드와 로마 교황청의 관계가 파국으로 치닫는 데 하나의 중요한 이정표 역할을 했다.

    십자군 전쟁을 단순히 유럽의 기독교와 동방 이슬람 세력의 대결로 보는 것은 문제의 사안을 지나치게 단순화할 위험이 있다. 제도 교회가 언제나 신경을 썼던 문제는 종교적 열광주의를 어떻게 적절하게 통제하여 정통 신앙과 생산적으로 연결시킬 수 있을까 하는 점이었다. 왜냐하면 대중의 열정이 도가 지나치면 통제될 수 없고 이단으로 변질될 위험도 있었기 때문이었다. 십자군 또한 그러했다. 이들의 숫자가 1만 명을 넘어서게 되자 통제가 불가능하게 되었다는 데 문제가 있었다. 이러한 십자군은 언제라도 이단으로 변질될 위험이 있었다. 성직자들과 세속 권력자들은 이러한 점을 잘 알고 있었기에 항상 그들을 두려워할 수밖에 없었다. 중세 초기만 해도 서방 교회는 아우구스티누스의 권위주의적 전통이 지켜주었기 때문에 이단에 대해 비교적 자유로울 수 있었으며, 가끔씩 나타나는 이단들에 대해서도 유연하게 대처할 수 있었다. 예를 들어 자신을 그리스도라고 말하며 추종자들을 대상으로 군대를 모집하면서 약탈을 일삼았던 부르주 출신의 한 설교자가 있었는데, 그와 그의 추종자들은 곧 교회에 의해 붙잡혀 완전히 발가벗겨진 채로 공중에 매달려 심한 고문을 받아야 했다. 하지만 이스라엘로 가는 장거리 순례여행이 유행하게 되자 이러한 인물들이 도처에 등장하게 되었다. 특히 동방을 순례한 자들이 낯선 종교나 제의들에 쉽게 물들었다. 동방은 다양한 이원론 사상이나 영지주의가 융성했던 지역이었다. 앞에서 언급한 부르주 출신의 그 사람도 하층민 출신으로 순례의 길을 떠나는 대중들―이들이 주로 11세기에 십자군 운동을 주도했다―을 지도했던 인물이었다. 은 둔자 피에르 또한 순례자들을 십자군으로 이끌었던 대표적 지도자였다. 이 같은 현상은 11세기에 인구와 여행의 증가, 사상의 확산, 그리고 그레고리우스 교황의 개혁정책과 더불어 엄청난 영향력을 불러일으켰다. 그레고리우스는 순수한 교회를 꿈꾸고 있었고 그에 대한 사람들의 기대도 컸다.

하지만 불행히도 바로 여기에 교회의 치명적 위협이 도사리고 있었다. 보통 중세 기독교는 대단히 견고하고 안정된 구조로 운영되었다고 생각하는 경향이 있다. 하지만 실상 중세 기독교는 세속 정부보다 훨씬 더 깨지기 쉬운 약한 그릇이었다. 기독교 체제는 복잡했지만 비교적 손쉽게 해체될 정도로 허약했다. 클레르보의 성 베르나르는 1145년에 프랑스 남부를 순회하면서 이단들이 너무 흔해빠졌고 자신이 생각했던 것과 같은 기독교 교회Catholicism는 사라졌다고 보고했다. 기존의 정통 교회

권력자들은 율법폐기론자들과 같은 비정통적인 기독교 세력들을 되도록 이면 외곽, 즉 동방 지역으로 몰아내려고 노력했다. 이렇게 동방으로 쫓겨난 사람들 중에서 서방으로 돌아온 사람은 거의 없었다. 이들은 십자군 운동에 참여하거나 무장한 순례단의 일원으로 활동했다. 이들의 지도자들은 대개 예언자로 자처하는 사람들이거나 열광주의자들이었다. 이들은 정통 기독교와 비교해볼 때 대단히 거리가 멀었지만 어느 정도 정부 당국의 묵인 아래 활동했다. 이들의 운동은 천년왕국운동millenarianism 형태와 매우 흡사했다. 때때로 이들은 유대인들을 이슬람교도들처럼 악마로 간주하고 공격했다. 그러나 유대인이나 이슬람교도들을 공격할 수 없을 때면 이들은 곧장 기독교 성직자들을 공격했다. 따라서 성직자들은 이들을 예루살렘으로 보내기를 강력히 희망했다.

　성지나 동방에서 돌아온 십자군은 의심의 여지없이 이단으로 변모했다. 12세기 초에 영지주의로부터 기원된 보고밀파Bogomils(10세기 중엽에 보고밀이 동방 정교회 개혁운동들을 결합하여 창시한 기독교 종파. 11-12세기에 유럽 각지에서 '카타리파'로 이름을 떨쳤으나 로마 교회의 지속적인 탄압으로 자취를 감추었다—옮긴이)의 이원론이 이탈리아와 라인 강 주변을 중심으로 프랑스까지 널리 퍼졌다. 운송수단이 발달하자 이단의 확산은 불가피해졌다. 십자군은 대단히 감정적인 공동체였기 때문에 그만큼 이단에 물들 가능성도 높았다. 그들 사이에 이단은 매우 유용한 의사소통 수단으로, 특히 이원론은 악마들의 역할을 훌륭히 설명할 수 있는 매력적인 이론이었다. 중요한 것은 이 같은 이원론이 가시적 교회를 악으로 보았다는 데 있었다. 왜냐하면 교회는 신정론을 완전히 해결하지 못했기 때문이다. 12세기 중반에 서방을 휩쓸었던 보고밀파는 그리스도가 교회를 설립하고 조직했다는 사실을 부인했다. 이에 따라 그들은 성상, 성인, 유아세례와 처녀 탄생을 포함하여 많은 교회의 가르침들이 모두 거짓이라고 주장했다.

이렇게 제도 교회 밖의 목소리가 커지게 되면서 교회 조직 속에서 보호 받고 있었던 고백, 참회, 회개, 구원에 관한 믿음은 붕괴되었다. 이에 대신하여 순결, 청빈, 금욕, 겸손이 주목을 받게 되면서 제도 교회는 위협을 받게 되었다.

소종파들의 활동

'카타리파'(11세기 후반 불가리아의 보고밀파로부터 영향을 받아 주로 남유럽에서 위세를 떨친 기독교 이단으로 물질을 악의 근원으로 여겼으며 육식과 결혼생활, 재산의 사유 등을 부정하는 극단적 금욕주의가 특징이다—옮긴이)는 1160년경에 북유럽에서 활동하던 이단을 지칭하는 용어로 처음 사용되었다. 이 파는 지역에 따라 다양한 명칭으로 불렸는데, 이탈리아에서는 '푸블리칸Publicans' 혹은 '파테린Paterines'으로, 프랑스에서는 '부그르Bougres' 혹은 '불가Bulgars'로, 그 밖에 '아리안Arians', '마니교도', '마르키온주의자'로도 불렸다. 알비 근처에서 활동하던 카타리파는 '알비겐파'로 불렸다. 이렇게 다양한 이름으로 불렸다는 것은 그만큼 여러 사상들이 겹쳐 있었다는 것을 의미한다. 그럼에도 이들은 모두 하나의 목표를 지향하고 있었다. 그것은 부패한 성직자들을 엘리트로 교체하는 것이었다. 이들은 프랑스 남부에서 교회와 주교직을 신설하고 대안 교회를 세우기도 했다. 하지만 이 종파에 소속된 사람들 가운데 종파의 가르침을 완벽하게 따르고자 한 사람들은 아주 극소수에 불과했다. 대다수는 단순한 '신자들'로, 결혼을 하는 등 일상적 생활을 영위했다.

카타리파는 주교를 선출하고 기금을 모을 수 있을 만큼 훌륭한 조직과 질서를 갖추고 있었다. 게다가 그들은 생활면에서도 본받을 만한 사람들이었다. 리옹의 상인이었던 왈도가 1173-1177년에 세운 '리옹의 가난한 자들' 또한 카타리파와 유사한 단체로 기존 교회구조 밖에서 정통 신앙을 엄격하게 고수하고 가난을 문자적으로 실천하던 자들이었다. 물론 정통 성직자들은 이들을 위험한 세력으로 간주했다. 이들과 관련하여 월터 맵은 1179년에 다음과 같이 기록했다. "그들은 옷 한 벌만을 입고 심지어 신발도 신지 않은 채 둘씩 짝을 지어 돌아다니면서 사도들처럼 살 것을, 예를 들어 물건을 공동으로 사용할 것을 주장했고 … 우리가 그들을 인정하게 된다면 우리의 자리는 곧 없어질 것이다." 3년 후에 결국 그들은 정통 교회로부터 파문을 당했다. 비록 그들이 정통 교회 속으로 들어가서 영향을 끼치지는 못했지만 그들은 정통 교회의 폐해들을 적나라하게 지적했고 이에 대한 치유책을 갖고 있던 사람들이었다. 당시 로마 가톨릭 교회는 이처럼 자신들의 치부를 감추기에 급급했다. 하지만 인노켄티우스 3세와 같이 교회가 직면한 문제의 본질을 분명하게 파악하고 이를 해결하기 위해 노력했던 교황도 있었다. 그 때문에 프란체스코 수도회와 도미니크 수도회가 설립될 수 있었는데, 프란체스코회가 사도적 청빈을 강조했다면 도미니크회는 정통 신앙을 대중들에게 알리는 역할을 했다. 인노켄티우스는 이들을 이용하여 이단을 제압하고 당시 활화산처럼 폭발하려던 평신도들의 영적인 힘을 제도권 교회로 돌릴 수 있었다.

이단 척결에는 아우구스티누스적 방법, 즉 무력에 의한 해결책이 사용되었다. 어찌 보면 이 방법은 4-5세기의 방식을 그대로 재연하는 것이나 마찬가지였다. 정통주의와 이단의 평화로운 공존은 애초부터 불가능했다. 이단들은 주로 권력기반이 취약한 지역이나 권력자들과 멀리 떨어진 지역에서 득세했다. 이에 비해 강력한 중앙집권적 세속 권력이 존재했던 지역, 예를 들면 잉글랜드에서 이단들은 아주 미약하거나 아예 존재하지도 않았다. 이단을 억압하는 일은 일종의 십자군 운동처럼 전개되었다. 예를 들어 1208년부터 조직되기 시작한 '알비겐파 십자군'들은 일종의 교황 '친위부대'의 선봉자들로서 시토회 수도사들에 의해 조직된 공동체였다. 이단 척결에 나선 십자군은 사회적 신분상승을 약속받았고, 빚과 이자의 지급유예 혜택을 입었으며, 40일 동안 예배의 의무로부터도 면제되었다. 만일 그들이 땅을 소유하고 있었다면 가신들과 성직자들로부터 세금을 거두어들일 수 있었다. 교회는 이단들로부터 몰수한 땅을 십자군에게 재분배하기도 했다. 프랑스 북부에서는 사회의 불평분자들이 십자군에 가담하여 무자비한 폭력을 자행했다. 1209년에 베지에를 접수한 십자군은 이단으로 간주된 1,500명의 사람들을 무참하게 살해했다. 체포된 사람들은 사지를 절단당하거나 눈이 멀었고 말에 묶인 채로 질질 끌려 다녔는가 하면 연습용 표적으로 사용되기도 했다고 한다. 당시에 이 같은 행위는 엄청난 비판을 불러일으켰는데, 이와 관련하여 피터 캔터는 다음과 같이 비난했다.

> 교회가 어떻게 사람들을 이런 식으로 판단할 수 있단 말인가? 합법적 재판도 거치지 않은 상태에서 어떻게 카타리파들을 화형에 처할 수 있단 말인가? … 몇몇 부유한 카타리파들은 뇌물로 석방되었던 것에 비해 성직자들의 정욕을 거부한 기혼 여성들은 … 카타리파로 고소를 당하여 죽음에 이르고 있다. … 어떤 사람들은 가난하다는 이유 때문에, 또 어떤 사람들은 그리스도를 고백하고 그리스도만이 소망이라고 말했다고 해서 화형을 당했다.

종교재판

인노켄티우스 3세는 모진 고문을 금지시키고 종교재판을 도입하여 원칙 없이 마구잡이로 행해지던 관행을 어느 정도 경감시킬 수 있었다. 11세기에는 그 누구보다 세속 권력자들이 이단 척결에 앞장섰으나 12세기 후반에 오면 이단의 확산을 두려워하던 교회가 주도적으로 이 일에 나서게 되었다. 주도권이 국가에서 교회로 넘어간 것이다. 이러한 분위기 속에서 이단들로부터 선처를 바라는 탄원서들이 정부에 제출되었지만 별 영향력을 행사하지는 못했다. 왜냐하면 이단자로 낙인찍힌 사람들을 처형하지 않으면 자신들이 '이단의 옹호자'로 비난을 받을 위험이 있었기 때문이었다.

이단과 관련된 법률들은 종교재판소가 상설화되었던 1180-1230년에 만들어졌다. 종교재판소는 주로 주교의 후원을 받은 도미니크회 수도사들이 맡았다. 종교재판소는 교회 개혁의 일환으로 설립되었지만 오히려 이전의 잘못된 관행을 그대로 반복하면서 새로운 관행을 덧붙였을 뿐이었다. 이단으로 낙인찍힌 사람들은 교회 공동묘지에 묻힐 수 없었기 때문에, 이들의 시신이 다시 파헤쳐진 후에 길거리 쓰레기 더미 위에서 불태워지는 일이 자주 벌어지기도 했다. 그들이 살았던 집은 하수구나 쓰레기장이 되었다. 종교재판소는 기존의 헌장이나 성문법 및 관습법 등과 상관없이 독립적으로 운영되었으며, 좀 더 효과적으로 이단을 색출하기 위해 증인과 제보자들의 익명성을 철저하게 보장해주었다. 하지만 종교재판은 애초의 취지와는 다르게 개인적 목적으로 악용되는 사례가 적지 않았다.

이단이 성행했던 지역에서는 수많은 사람들이 이단의 올가미 속으로 얽혀 들어갔다. 이단의 자녀들은 유산을 상속받을 수 없었다. 그들 손자들도 또 다른 이단을 고발하지 않는 한, 교회에서 일을 맡을 수 없었다. 14세가 되면 소년들은(소녀들은 12세부터) 2년마다 자신들은 정통 가톨릭 교회의 신실한 신자이며 이단을 목격하게 되면 즉시 고소하겠다는 맹세를 해야 했다. 죄를 고백하지 않거나 1년에 3번 이상 성찬식에 불참하는 사람들은 자동적으로 의심을 받았다. 적어도 13세기 말까지 고문은 보이지 않게 행해졌다. 교회법에 따르면 처음 고문을 가해서 아무것도 얻지 못했을 때에는 다시 고문을 반복할 수 없었지만, 실제로는 잘 지켜지지 않았다. 종교재판 해설가로 유명한 프란시스 페그나는 이에 대해 다음과 같이 말했다.

> 합법적으로 고문이 실행되었는데도 혐의자가 사실을 고백하지 않는다면 그의 앞에 다른 종류의 고문 기구들을 갖다 놓고 위협하라. 이것조차 실패한다면 겁을 주든지 아니면 진짜로 그렇게 고문하라. 혐의자에 대한 새로운 증거가 나오지 않는 이상 반복해서 고문할 수는 없을 것이지만 그렇다고 고문을 멈추어서는 안 된다. 왜냐하면 계속해서는 안 된다는 금지조항은 없기 때문이다.

이에 덧붙여 페그나는 임신한 여성들에게는 유산의 위험이 있기 때문에 고문을 해서는 안 되며, 어린아이들이나 노인들에게도 가벼운 고문만을 가하도록 규정했다.

일단 고발당했다면 어떤 식으로든 처벌을 받아야 했다. 종교재판의 성격상 처벌은 불가피했기 때문이다. 그럼에도 불구하고 처형된 사람은 전체 처벌자의 10퍼센트 미만으로, 그렇게 빈번하게 시행되지는 않았던 것 같다. 종신형은 죽음을 두려워했던 '개종한' 사람들에게 내려졌다. 이단에 호의를 보이거나 동정적인 태도를 취한 사람들은 감옥에 갇히거나 순례의 길을 떠나야 했다. 벌금형이나 태형도 있었고 참회의 고행이 선고되기도 했다. 가장 약한 처벌은 십자가 표시가 된 노란 옷을 입는 것이었다. 그러나 이 옷을 입고 있는 상태에서는 어떠한 일자리도 구할 수 없었기에 자주 사용되지는 않았다. 이단자들은 독방에 가두어야 했기 때문에, 어떤 지역에서 종교재판이 행해지면 그 지역에서 운영하는 감옥은 머지않아 이단자들로 넘쳐났다. 위생상태가 불량했던 감옥에 많은 사람들이 넘쳐나면 그만큼 열병과 전염병이 발생할 가능성이 높다고 생각한 세속통치자들은 교회의 의지와는 별도로 상당수의 이단자들을 화형에 처하기도 했다.

랑그도크와 같이 공동체 전체가 종교재판을 받은 곳에서는 때때로 폭동과 살인, 문서기록의 파괴 등 강력한 반발이 일어나기도 했으며, 심지어는 종교재판을 인정하지 않는 나라들까지 생겨나기 시작했다. 하지만 이와 달리 스페인에서는 종교재판소가 일종의 국가기관처럼 운영되었다. 마치 투우가 스페인 사람들에게는 인기가 있지만 외국인들은 쉽게 이해하지 못하는 것처럼 스페인에서의 종교재판도 마찬가지였다. 예를 들어 14세기에 몇몇 프란체스코회 수도사들은 성 프란체스코처럼 사도적 청빈을 지향하는 '작은 형제단the fraticelli'이라는 공동체를 조직했다. 이들은 성직자들의 재산 소유를 반대했다. 스페인 종교재판소는 이들을 이단으로 지목하여 그 주동자들을 움브리아와 앙코나의 마르케에서 생포하여 화형시켜버렸다. 당시 사람들은 그들의 처형에 대해 무감각하거나 율법폐기론자들은 당연히 처벌을 받아야 한다고 생각하는 경향이 있었다. 이처럼 중세 시대의 무자비하고 자신감 넘치는 권력행사는 거의 언제나 다수 대중들의 마음을 움직일 수가 있었다.

묵시적 종말론의 유행

중세 시대의 기독교 왕국은 초자연적 세계에 대한 강한 믿음에 토대를 두고 있었다. 달리 말하면 이 믿음은 신경과민증처럼 과학적이고 객관적인 접근을 막고 있었다. 바로 이 때문에 중세 사회는 종종 어려움에 봉착하기도 했는데, 왜냐하면 동일한 이유로 오늘의 이단이 내일의 정통이 될 수도 있었고 그 역도 마찬가지였기 때문이다. 신앙의 열정은 너무나 쉽게 난폭한 행동으로 분출되었다. 기독교인들의 마음속에는 이단적 요소와 이단을 억압하려는 마음이 동시에 자리 잡고 있었다. 그리스도 또한 어떤 사람에게는 그리스도였고 어떤 사람에게는 적그리스도이지 않았는가? 제도 교회 또한 한편으로는 전통과 질서정연한 계급구조를 바탕으로 기존 사회를 옹호했지만, 다른 한편으로는 혁명적인 예언 전통과 요한계시록의 천년왕국설을 근거로 혁명적 색채를 지니고 있었다.

요한계시록은 사도 요한이 썼던 것으로 간주되었기 때문에 성경에 포함될 수 있었다. 초기만 해도 천년왕국설은 교회의 공식적 정치이론에 해당되었으나, 종말론적 기대가 쇠퇴하고 로마의 국가종교로 변신하면서부터 천년왕국설은 잠잠해졌다. 이와 관련하여 정통 교회의 이론가인 아우구스티누스는 《신국론》에서 요한계시록은 영적 표현들이 너무 많아 알레고리적으로 해석해야 한다고 주장했다. 그에 의하면 천년왕국은 그리스도와 함께 이미 시작되었고 지금도 교회의 모습 속에서 실현되고 있다. 이러한 설명에도 불구하고 사람들은 계속해서 천년왕국 사상, 즉 적그리스도의 도래, 우주적 대전쟁, 거대한 용, 대격변 등의 사건들을 예시해주는 표지들에 주목했다. 언제나 기독교 신앙은 묵시사상과 밀접하게 연관되어 있었고 정경에도 포함되어 있었기 때문에 쉽게 버릴 수 없었다. 신비적 문헌들이 정경에 포함되지는 못했지만, 이들 또한 종말론적 기대를 한층 부풀게 하는 데 적지 않은 역할을 했다. 이러한 문헌의 관점에서 보면 모든 징조들은 종말론적 관점에서 해석될 수 있었다.

교회의 입장에서 묵시사상은 상당히 성가신 존재였다. 왜냐하면 교회가 안정을 지키려 하면 천년왕국론자들이 급진적 개혁을 요구할 것이고, 반대로 그레고리우스 7세처럼 교회 내에서 요란하게 개혁을 시도하면 이번에는 잠복해 있던 천년왕국론자들을 부추기는 결과를 야기했기 때문이었다. 12세기에 많은 이단들이 발흥하게 된 이유도 그레고리우스 대제의 개혁정책이 낳은 간접적인 결과로 볼 수 있다.

중세 사회가 정연한 계급질서를 바탕으로 각자 정해진 자리에서 살아왔던 안정된 사회였다고 생각해서는 안 된다. 오히려 이와 반대로 당시 사회는 도시의 길드 조직과 농촌의 봉건질서 그 어디에도 소속되지 못하고 떠돌았던 자들, 가난한 자들, 만성질환자 혹은 절름발이들, 거지, 나병환자, 도망친 농노들로 넘쳐나는, 그야말로 엄청나게 혼란한 사회였다. 적어도 인구의 3분의 1 정도는 사회질서에 편입되지 못한 떠돌이들이었다. 이들은 일종의 군중몰이의 주범으로 적지 않은 영향력을 끼쳤다. 예를 들면 4차 십자군 운동이 실패로 끝날 즈음에 헝가리의 수도사였던 야콥이 일으켰던 반성직자 운동에 수천 명의 사람들이 모여들어 프랑스 북부에서 무자비한 폭력을 자행했다. 파리, 오를레앙, 아미앵 등이 이들에 의해 점령당했다. 후에 야콥이 체포되어 살해되자, 그를 따르던 폭도들은 삽시간에 모여들었을 때처럼 흩어질 때도 재빨랐다. 이 같은 대중의 폭발에 대해 정부가 할 수 있는 일이란 그저 대중이나 부유한 계층에서 이들에 대한 대항운동이 일어나거나 아니면 정규군이 소집될 때까지 기다리는 것밖에 없었다. 다시 말해, 당시에 벌어졌던 종교재판은 경고의 역할을 할 뿐이었다. 종교재판소는 문제를 일으킬 만한 사람들을 예의 주시하여 그들이 혹시 폭도들을 모집하지는 않는지에 대해 감시하는 일을 했다. 부유층이나 사회의 안정을 바라는 사람들은 폭도들을 일으킬 만한 '이단'을 색출하는 일에, 즉 종교재판소에 적극적인 지지를 보냈으며, 폭도들을 막기 위해 소집되는 십자군을 불가피한 선택으로 이해했다.

하지만 불행히도 당시 정통 교회는 이들과 맞서 싸울 수 없을 정도로 일반 신도들로부터 신뢰를 받지 못하는 상태에 있었다. 교회의 최대 무기는 신뢰가 아니었던가? 믿음을 저버린 교회가 어떻게 살아날 수 있겠는가? 이에 대한 하나의 대안은 예언이었다. 왜냐하면 예언은 성경적으로도 정통할 뿐만 아니라 과학적으로도 존경받을 만했기 때문이다. 당시 예언가들은 가장 학식이 높았던 사람들이었고 그들의 전통은 동방박사로부터 뉴턴에 이르기까지 서구 사회의 거의 모든 지식인들에게 영향을 미쳤다. 이러한 상황에서 플로라의 요아킴(1202년 사망)은 예언체계를 확립했다. 그는 매우 박식하고 체계적이며 '과학적'인 사람이었던 것 같다. 칼라브리아의 수도원장이었던 그는 세 명의 교황으로부터 후원을 받았을 만큼 인기가 있었다. 예언과 관련하여 그는 이교와 기독교, 성경과 천문학 등 이전의 어느 누구보다 다양한 자료들을 수집하고 세심하게 검토했다. 그의 방법은 기본적으로 마르크스주의의 역사결정론과 유사했다. 요아킴은 적그리스도가 교회 안에서 높은 직책을 차지할 것이라고 말했는데, 그의 말은 매우 새롭고 흥미로운 분석이었다. 한 발 더 나아가 그는 '마지막 시대'에 세상의 기구들은 모두 사라질 것이며, 그 이후에 평화의 시대가 도래할 것이라고 추측했다.

사람들은 요아킴을 프라이징의 오토처럼 상상력이 풍부한 역사가로 평가하면서 그의 주장에 매우 깊은 관심을 기울였다. 중세 시대의 가장 신실한 과학자로 평가될 수 있는 로저 베이컨은 교황에게 다음과 같은 글을 올리기도 했다(1267년경).

교회만이 성경의 예언, 성인들이 했던 금언, 시빌과 멀린, 그리고 다른 이교 예언자들이 썼던 글들을 검토할 수 있습니다. 교회가 이러한 일을 감당하고 거기에다 천문학적인 이론과 실험적 지식을 덧붙인다면 적그리스도에 대항할 준비를 마쳤다고 할 수 있을 것입니다. … 어떠한 예언이라도 절대로 취소될 수 없으며, 이미 많은 예언들이 적그리스도의 도래를 언급하고 있습니다. 적그리스도는 기독교인들의 부주의로 인해 올 것입니다. 예언자들의 예언은 적그리스도가 언제 올 것인지 기독교인들이 열렬히 탐구하고, 또 적그리스도가 올 때 사용할 모든 지식을 미리 연구할 때 바뀔 수 있을 것입니다.

위의 글을 보더라도 13세기의 지식 수준이 얼마나 높았는지에 대해 알 수 있다. 당시 사람들은 우주에 관해, 즉 세상의 현재와 미래를 어느 정도 통제할 수 있다고 믿었던 것 같다. 이러한 믿음은 당시 최고의 절정에 달했던 무소불위의 교황 군주제 이론과 정확히 맞아 떨어졌다. 보니파키우스 8세의 무모한 승리지상주의로 인해 교황의 권력이 절대화되었으나, 그럼에도 불구하고 교황과 교회는 기독교 공동체를 확고하게 장악하지 못했으며, 오히려 13세기부터 교회의 장악력은 약화되었다. 이 때문에 기독교 사회는 와해되어갔고 이단들이 눈에 띄게 늘어났다. 당시 교회와 국가의 업무 중 하나는 이단을 색출해내고 처벌하는 일이었다. 당시에 교회가 확고한 신뢰를 구축하지 못하자 다양한 종교 세력들이 등장했다. 여러 명의 교황이 동시에 등장했던 것도 바로 이때였다. 잔다르크의 희생 또한 종교 세력 간의 알력에서 벌어진 불행한 사건이었다. 잔다르크는 잉글랜드의 민족주의로 희생된 것이 아니었다. 그녀를 마녀로 낙인찍었던 131명의 재판관과 보좌관들 중에 8명만이 잉글랜드인이었다. 잔다르크가 마녀로 낙인찍혔던 이유는, 무엇보다도 그녀가 편지를 쓸 때마다 습관적으로 썼던 '예수 마리아'라는 표현이 문제가 되었던 것 같다. 왜냐하면 이 표현은 칼릭스투스가 사용해도 된다고 허락했던 문구였기 때문이다. 칼릭스투스는 교황 마르티누스 5세를 반대했던 사람이었다. 그녀를 이단으로 정죄했던 장 르페브르가 후에 그녀를 복권시키는 일에도 앞장선 재판관이었다는 사실은 당시의 혼란스러웠던 상황을 짐작하게 해준다. 잔다르크에게 고문을 가하자고 앞장섰던 토마스 드 쿠르셀이 후에 그녀가 존경했던 황태자 샤를 7세의 장례식 설교를 했던 것도 흥미로운 사실이다.

당시에 기독교는 사회 전반을 총괄하는 일종의 표준이었기에, 이에 대항한다는 것은 한마디로 사회를 송두리째 부인하는 것과 마찬가지였다. 그러므로 당시의 예언은 '잠자는' 왕이나 황제들을 깨워 사회질서를 회복하는 쪽으로 흐르든지 아니면 반대로 그 질서를 파괴시키는 일에 소용되든지, 둘 중 하나였다. 다시 말한다면 이 말은 교황을 그리스도의 대리자로 볼 것인가 아니면 적그리스도의 화신으로 볼 것인가에 대한 것이었다. 중세는 매우 혼란스러운 시기였다. 심지어는 스스로 아서 왕이라고 자처한 사람이 있는가 하면 샤를마뉴, 콘스탄티노플의 초대 황제, 황제 프리드리히 2세라고 자처한 사람들이 추종자들을 모집하고 분란을 일으키기도 했다. 이들의 주장이 허무맹랑한 것이었음에도 불구하고 적지 않은 사람들이 그들을 믿고 따랐다. 1260년, 1290년, 1305년, 1335년, 1360년, 1400년, 1415년, 1500년, 1535년의 예언들이 모두 어긋났지만 사람들은 여전히 예언자들을 신뢰했다. 대부분의 예언자들은 평등을 부르짖고 분배의 정의를 주장하는 사회적 대선언문을 발표하는 등 전적으로 반성직주의를 표방했다.

이와 맞물려 종교적 히스테리 또한 격렬하게 표출되어 자기 몸을 채찍질하는 사람들이 등장하기도 했다. 4세기에 활동했던 이단종파로부터 시작된 '스스로 자신을 학대하는 행위'가 희한하게도 11세기에 이탈리아의 정통 교회에서 되살아나더니 13세기 후반에 오면 유럽 전 지역으로 확산되었다. 자기학대를 했던 사람들은 깃발을 들고 촛불을 켠 채로 성직자들의 인도로 무리를 지어 거리를 행진했다. 행진이 끝난 후에는 스스로 자신의 몸을 몇 시간 동안 채찍질했다. 독일에서 행해진 자기학대 행위는 더욱 잔인했다. 독일에서는 독자적 예배의식에 따라 못이 박힌 채찍으로 자기학대를 하는 사람들이 등장했는데, 이들은 채찍질 도중에 여성이나 성직자를 만나게 되면 채찍의식이 오염된 것으로 간주하여 처음부터 다시 시작했다. 모든 의식이 끝나고 나면 구경꾼들은 천 조각을 들고 나와 그가 흘린 피를 적서 성물로 보관했다. 교회는 이러한 자기학대에 대해 애매모호한 태도를 취했다. 1384년에 클레멘스 6세는 자기학대를 격려했다. 스페인 출신의 성 빈첸시오 페레리오는 정통 가톨릭 신앙의 핵심 인물로 자신이 체험했던 환상을 바탕으로 스페인, 프랑스, 이탈리아 등지에서 '자기학대단'을 조직하기도 했다. 자기학대에도 여러 유형이 존재했는데, 예를 들면 정통주의 신앙에 따른 학대, 이단적으로 보이는 학대, 남의 눈에 띄지 않게 비밀리에 행하는 학대 등이 있었다. 교회는 남녀가 함께 참여한 자기학대는 허락했으나 남성들끼리 비공식적으로 행하는 자기학대는 인정하지 않았다. 결국 이들은 이단이나 폭력운동으로 흘러버렸다.

급진주의자들: 천년왕국 운동과 평등공동체 운동

중세 후기에 일어났던 천년왕국 운동은 인간의 죄로 인해 평등하고 정의로웠던 세상이 어그러지게 되었다는 기독교의 가르침을 열광적으로 따르려는 사람들로부터 출발했다. 이들은 크게 두 방향으로 나누어졌는데, 첫 번째는 소위 '자유 신령파'라고 불리는 율법폐기론자들이었다. 이들은 스스로 자신들은 도덕적으로 완전한 존재들이기 때문에 도덕이나 율법이 전혀 필요없다고 주장했다. 14세기에 활동했던 정통 신비주의자 생 빅토르의 수도원장은 이들에 대해 다음과 같이 말했다. "이들은 강간과 간음 등 육체적인 즐거움을 추구하는 자들이다. 그러면서 이들은 자신과 관계를 맺은 여자들이나 자신의 꼬임에 넘어간 사람들은 어떠한 처벌도 받지 않을 것이라고 장담한다." 여자들이 남자들의 노리갯감으로 창조되었다고 가르치거나 기혼 여성들에게 자유 신령파 남자들과 성관계를 맺으면 잃어버렸던 처녀성을 되찾을 수 있다고 가르치는 사람들도 있었다. 그들은 이러한 식으로 중산층 귀부인들을 유혹하려다 체포되기도 했다. 그들은 사유재산을 인정하지 않았기에 도둑질을 불법적 행위로 보지 않았다.

자유 신령파라고 해서 모두 이러하지는 않았다. 플랑드르와 라인 계곡 부근을 중심으로 공동체를 형성했던 정통 자유 신령파들은 중세 후기에 가장 존경받는 종교 분파 중의 하나였다. 규모면에서도 대단했던 이들은 가난한 사람들을 위해 학교와 병원을 운영하는 등 사회복지에도 힘을 썼다. 베긴회(램버트 베그가 설립한 가톨릭의 여자수도회—옮긴이)의 자유 신령파 수녀들—수녀원에 거주한 것이 아니기에 수녀라고 말할 수는 없지만—은 라인 지역의 가난한 사람들과 함께 지내면서 그들을 보살폈다. 쾰른에는 한때 2천 명의 자유 신령파 여성들이 가난한 사람들과 함께 살았다고 한다. 이들은 당시 정통주의 신앙과 경건 생활의 모델이었다. 하지만 로마 교황청은 이 같은 종교적 활동을 좋아하지 않았다. 기존 종교제도와 맞지 않았기 때문이었다. 그래서 주교와 종교재판소는 자유 신령파를 철저하게 감시했고 무언가 의심스러운 부분이 발견되면 즉시 해체시키려 했다.

두 번째는 천년왕국설의 평등 사상에 기초하여 성직주의와 기존 교회를 공개적으로 공격했던 사람들이다. 천년왕국이 임박했다는 믿음은 부유한 사람들을 공격하기 위한 무기로 사용되었다. 예를 들어 천년왕국주의자들은 부자들은 지옥불에 던져지기 전에 지상에 도래할 묵시 기간 동안 땅바닥을 기면서 질질 끌려다니게 될 것이라고 주장했다. 잉글랜드에서 농민전쟁이 한창일 때에 존 볼은 기회가 될 때마다 이 같은 설교를 했으며, 14-16세기에는 프랑스와 독일 등지에서도 이러한 설교들이 등장했다. 16세기 이전만 해도 라틴 지역에서 이단은 발붙일 곳이 없었으나, 평등주의자들이 활동했던 보헤미아는 예외였다. 그들은 일종의 키부츠 형태로 재산을 공동으로 소유하는 공동체를 만들기도 했다.

이처럼 정통 기독교는 여러 적대세력들의 공격으로 인해 서서히 무너져갔다. 그리고 그 과정에서 기존의 기독교 사회를 대체할 만한 대안 사회에 대한 열망은 커져만 갔다. 독일에서는 1470년대와 1502년, 1513년, 1517년에 각각 평등공동체를 지향하는 운동이 폭발했다. 루터가 로마 교황청과 신학 논쟁을 벌이는 동안 종교적으로 소외되었던 사람들을 중심으로 다양한 프로테스탄티즘의 계파들은 기존 사회를 완전히 전복시키고 새로운 기독교 사회를 건설하려는 투쟁에 나섰다. 이들이 근거로 내세운 사상적 원천은 초기 기독교였다. 그들은 정통 기독교와 로마 제국에 의해 박해를 받았던 몬타누스파와 도나투스파를 되살렸다.

16세기에 독일을 중심으로 전개된 평등공동체 운동은 에세네파의 도덕적 엄격성에 기초를 두고 있었다. 에세네파와 같이 이들도 성직자들과 세속 권력자들로부터 희생당한 사람들이었다. 기존질서를 거부하고 평등을 부르짖었던 당시 사람들의 중심에는 1세기에 예수 그리스도가 심어놓았던 기반들이 자리 잡고 있었다. 그러나 이들이 꿈꾸었던 기독교는 균형 잡힌 기독교가 아니라 기존 기독교 세력의 타락에 격분한 외침에 그치고 말았다. 이들은 거리낌 없이 폭력을 사용했으며 기존의 문화를 전면적으로 부인했고 인간의 생명을 경시했다. 이들의 도덕체계 또한 너무나 독단적이고 변덕스러웠다. 이들 중 대표적 인물이었던 토마스 뮌처는 1488년에 튀링기아―불법적인 자기학대가 성행했던 곳이다―에서 태어났다. 그는 훌륭한 교육을 받은 성직자로 그리스어와 히브리어를 읽고 쓸 줄 알았다. 그의 신앙관은 후스파의 급진주의, 자유 신령파의 종교적 자유주의, 그리고 정통 종말론 사상이 결합되어 있었다. 그는 루터의 종교개혁은 배반행위이며 세상 맘몬과 또 다른 형태의 타협이라고 주장했다. 1524년 7월에 그는 작센의 공작 요한을 비롯한 독일 귀족 앞에서 천년왕국설의 근본 원리가 들어 있는 다니엘서의 본문을 설교했는데, 이 설교는 종교개혁 시대에 가장 눈여겨볼 만한 설교로 평가받고 있다. 이 설교에서 그는 "악에서 우리를 구하소서"라는 말을 "세속적인 반기독교 정부로부터 우리를 구하소서"로 해석했다. 한발 더 나아가 그는 봉건 교황으로 인해 교회와 국가의 틈바구니 속에서 사회가 해체되고 있기 때문에 백성들의 제사장이요 왕인 영주들을 중심으로 봉건적 교황체제를 분쇄해야 할 것이고 적그리스도(교황을 지칭)를 전복해야 할 것이라고 외쳤다.

왕관을 쓰고 있는 성상, 즉 기름 부음을 받은 제사장-왕이 주권을 가진 백성들로 대체되었다. 그레고리우스 7세, 인노켄티우스 3세, 그리고 보니파키우스 8세는 교황과 황제, 교황과 국왕 사이에 벌어진 주도권 싸움을 문제 삼았지만 이제 그리스도의 대리자 자리에 프롤레타리아라는 전혀 새로운 후보자가 등장하게 되었다. 뮌처는 그레고리우스 7세가 했던 것처럼 아주 무례한 방법으로 권력을 쟁취하려 했으며 폭력을 정당화했다. 뮌처는 열심당의 표지를 사용했다. 그는 편지를 쓸 때마다 기드온의 칼과 '망치 토마스 뮌처'라는 구절로 서명했다. 그가 내세운 구호는 '성도들의 칼이 식지 않게 하라'였다. 편지나 전령을 보낼 때마다 그는 붉은 십자가와 날카로운 칼로 자신을 나타냈다. 그는 루터를 통치자들을 대변하는 멍청한 선전가, 비텐베르크에서 아무런 생기도 없이 그저 안락한 삶만을 즐기는 인물, 거짓말 박사, 용, 원시인 등으로 표현했다. 또한 그는 부유한 사람들은 강도이며 그들의 부도 남의 것을 훔친 것에 불과하다고 폄하했다. "사람들은 자유롭게 될 것이며 하나님만을 주인으로 섬기게 될 날이 곧 도래할 것이다." 그는 계급 투쟁은 참된 종말이 오기 전에 일어나는 일종의 종말의 징조로, 이 투쟁은 무섭고 피비린내가 나기는 하지만 결국 승리로 끝날 것이라고 보았다. 그리고 참된 종말은 요아킴이 예언한 대로 인간적 제도들이 모두 사라진 후에 주님이 재림하시어 영원하고 완전한 통치를 시작하실 때에 올 것으로 보았다. 이처럼 뮌처의 종말 사상은 필수적으로 폭력을 포함하고 있었는데, 그의 사상은 "강권하여 데려오라"는 성경 말씀을 남용한 것에 불과했다. 아우구스티누스처럼 뮌처 또한 '밀'과 '가라지'의 비유를 인용하면서 '파괴'와 '박해'를 정당화했다. "살아 계신 하나님은 내 안에서 큰 낫을 갈고 계셔서 후에 나는 붉은 양귀비와 푸른 옥수수 꽃들을 자를 것이라."

뮌처도 다른 천년왕국주의자들처럼 농민전쟁을 일으켰으나 불행하게도 그는 성공하지 못하고 처형을 당했다. 그가 전개했던 운동 또한 그의 죽음과 함께 끝났다. 그로부터 10년 후인 1534년에 천년왕국주의자들은 독일의 뮌스터 시를 점령하여 그다음 해 여름까지 그곳을 통치했다. 기독교 열광주의자들이 서방에서 도시를 점령했던 것은 이번이 처음이 아니었다. 12세기 이후에 프랑스 북부와 플랑드르에서 이미 이 같은 사례들이 있었다. 뮌스터 사건의 중요성은 오늘날까지 다양한 자료들이 남아 있어 당시의 상황을 자세하게 파악할 수 있다는 데 있다. 1534년 2월 25일에 얀 마티스가 이끄는 급진개혁가들이 뮌스터 시 의회를 장악하고 기독교 대중 독재를 선언하면서부터 이 사건은 시작되었다. 이들은 곧바로 '불경한 자들'을 색출한 후에 그들에게 다음과 같은 말을 남겼다. "너희 불경한 자들아, 여기를 떠나라. 그리고 결코 돌아오지 말라." 당시 뮌스터의 주민들은 다시 세례를 받았고 도시는 요새화되었다. 뮌스터에서 마티스는 공동소유제를 실시했고 주택 또한 다시 할당했다. 마티스가 전투에서 사망하자 농노 출신인 얀 보켈슨이 그의 뒤를 이었다. 그는 뮌스터 시의 통치 구조를 좀 더 합법적인 토대 위에서 재편했으며 새 헌법을 발표했다. 스스로 메시아 왕 혹은 '레이덴의 얀'이라고 불렀던 그는 공안위원회의 구성원들인 12명의 장로들과 재판관들의 지원을 받았다. 성경을 제외한 모든 서적들은 불태워졌으며, 신성모독이나 간음, 험담, 불평 등 어떤 형태로든 불복종한 사람들은 즉시 처형되었다.

보켈슨은 남성이 한 명의 여성에게 성적으로 의존하게 되면 '마치 줄을 타고 있는 곰처럼' 살 수밖에 없다고 생각하여 일부다처제를 강제로 시행했는데, 이러한 점에서 뮌스터 정부는 매우 반여성적이었다. 일부다처제를 거부하는 여자들은 처형당했으며, 결혼하지 않은 여성들은 그들을 원하는 남자를 받아들여야만 했다. 보켈슨은 연극배우와 같은 재능을 지니고 있어서 과연 누가 최고의 아내를 선택하는지 사람들끼리 경쟁을 붙이기도 했다. 그는 자신의 궁정을 호화롭게 장식했으며, 마치 '의의 왕'이나 '새로운 시온의 통치자'처럼 행동했다. 그는 왕실 옷을 성직자의 옷처럼 개조했고 황금 사과를 직접 고안해 만들기도 했다. 금화에는 "새로워진 세상이 우리들 가운데 거한다"는 말을 새겨 넣었다. 보켈슨 또한 여러 명의 아내를 거느렸다. 그들은 모두 20세 이하의 소녀들이었고 호화로운 복장을 하고 다녔다. 그의 신하들도 마찬가지로 화려한 옷을 입고 다녔다. 뮌스터의 '국왕'은 연극과 성대한 잔치를 좋아했다. 그는 잔치를 벌일 때마다 성찬식을 거행했고 그의 입에서 사형을 집행하라는 명령이 떨어지면 지목된 사람에게는 그 자리에서 사형집행이 이루어졌다. 일부다처제와 관련하여 49명의 여성들이 처형을 당했다. 뮌스터 지도부는 도시를 12구역으로 나누고 각 구역마다 한 사람의 '통치자'와 24명의 경비병을 세웠다. 각 구역 책임자들은 매일같이 죄인들을 처형하고 사지를 찢어 죽이는 만행을 저질렀다. 뮌스터의 '국왕'은 자신이 직접 운영하는 출판사를 통해 선전물들을 인쇄하여 무장한 선교사들에게 배포하도록 했다. 그는 평등을 주장한 사람들끼리 일종의 연맹체를 결성하자고 제안했다. 이 계획은 성공한 듯 보였으나 곧바로 무산되고 말았다. 뮌스터 시민들이 보켈슨을 비롯한 뮌스터 통치자들로부터 등을 돌려버렸기 때문이었다. 뮌스터의 주교는 다시 도시를 접수했고, 보켈슨은 체포되어 동물처럼 질질 끌려 다니다가 1536년 1월, 벌겋게 달궈진 인두로 고문을 받은 후에 공개적으로 사형에 처해졌다.

기독교의 위기와 대안

천년왕국주의자들이나 정통 기독교인들 모두 비슷한 만행을 저질렀다고 볼 수 있다. 이들은 모두 '사람들을 강제로 이끌려는' 열망이 있었다. 처음과 다르게 점차 뮌스터 공동체는 기독교 신앙을 잃어버렸다. 그렇다고 뮌스터 공동체 밖에서 기독교 신앙이 활발했던 것도 아니었다. 교황의 신정정치든 프롤레타리아의 독재정치든 합법적 법률 통치는 어디론가 사라져버리고 고문, 사법적 살인, 진리의 억압과 거짓 선동이 주류를 이루었다. 상황이 이렇게 돌아가자 오히려 기독교 왕국을 대체하려는 대안 세력들이 개혁의 대상이 되었고 핍박을 받게 되었다. 그들은 실패했지만 기가 꺾이거나 두려워하지 않았다. 그들은 1650년대에 스튜어트 왕가의 독재정치를 타도하려는 운동이 일어나자 잉글랜드로 몰려들었다. 청교도 신학자인 리처드 백스터는 그들에 대해 다음과 같이 말했다.

> 그들은 '저마다 믿는 그리스도'의 이름으로 자연의 빛을 설정하고 교회, 성경, 현재의 사역, 예배와 법규들을 수치스럽게 만들고 비난한다. 그들은 자신 속에 계시는 그리스도에게 귀를 기울일 것을 요청하지만, 다른 편에서는 자유주의의 사악한 교리와 결합했다. 그들은 … 하나님은 겉으로 드러난 외적 행동이 아니라 마음의 행동을 감찰하시고 순수한 사람들에게는 모든 것이 순수하다(심지어는 금지된 것들도)고 가르치셨다고 주장했다. 다시 말해 그들은 끔찍할 정도로 심각한 신성모독적 발언들을 마치 하나님이 허락하신 것처럼 거침없이 쏟아붓고 있는 것이다. 심지어는 매춘 행위까지 아무런 거리낌 없이 자행하고 있다. 경건하고 건전하기로 유명했던 한 기혼 여성이 그들의 유혹에 넘어가 전혀 부끄럼 없는 창녀로 돌변하기도 했다.

이들은 요아킴파와 매우 흡사했고 열정적인 종말론자들이라는 점에서는 테르툴리아누스를 닮기도 했다. 묵시적 종말론자들은 사회의 혼란을 틈타 도덕적으로든 정치·경제적으로든 묵시적이고 비범한 해결책들을 내놓았다. 잉글랜드 내란이 바로 이런 경우였다. 정통주의 소속의 한 비평가는 다음과 같이 이들을 비판했다. "사탄이 이단의 씨를 뿌리고 양육하는 것은 당연하다. 하지만 지금처럼 이단들이 한꺼번에 등장한 적은 없었다. 지금은 흡사 이집트 나방의 유충들처럼 떼를 지어 달려들면서 … (마치 무저갱에서 나오는 황충같이) 뒤죽박죽 덩어리 지어 돋아나고 있다." 그러나 테르툴리아누스 이래로 천년왕국 신봉자들은 거의 항상 성직주의를 반대했다. 마르크스나 1870년의 파리 코뮌 지지자들, 트로츠키주의자들, 마오주의자들 그리고 지상에서 유토피아 사회를 꿈꾸었던 사람들과 같은 비기독교 예언자들과 묵시론자들도 반성직주의를 표방했다. 20세기의 세속 다니엘(유토피아를 꿈꾼 사람들—옮긴이)들은 성경적 전통에 서 있으며 그들의 계보 역시 기독교 전통에 서 있다.

중세 기독교를 이처럼 분석하다 보면, 도덕 원리들을 중심으로 두 가지 유형의 사회적 실험이 진행되었음을 알 수 있다. 하나는 정통주의 실험이고, 다른 하나는 정통주의 실험이 불러일으켰던 급진적 대안사회였다. 이 두 실험은 양자 모두 야심이 컸기에 실패할 수밖에 없었다. 이 같은 실패를 막으려는 과정에서 이 두 실험은 각자 기독교의 원리를 배반했다. 역사의 비극들 중 하나는 그레고리우스 개혁이 권력에 대한 제도적 집착으로 변질되었다는 점이다. 그 개혁은 위대했지만 당시 상황에서는 그렇게 흐를 수밖에 없었다. 역사의 또 다른 비극 하나는 천년왕국설에서부터 도덕적 가치를 전면적으로 포기하는 쪽으로 역사가 진행되었다는 점이다. 그러나 기독교는 다행히도 이런 두 가지의 불완전한 모습 이상의 것을 포함하고 있었다. 16-17세기에 우리는 제3세력이 등장하여 생존을 위한 치열한 몸부림을 하는 것을 목도하게 된다. 기독교 인문주의가 바로 그것이다.

5부

프로테스탄티즘의 등장

1500–1648년

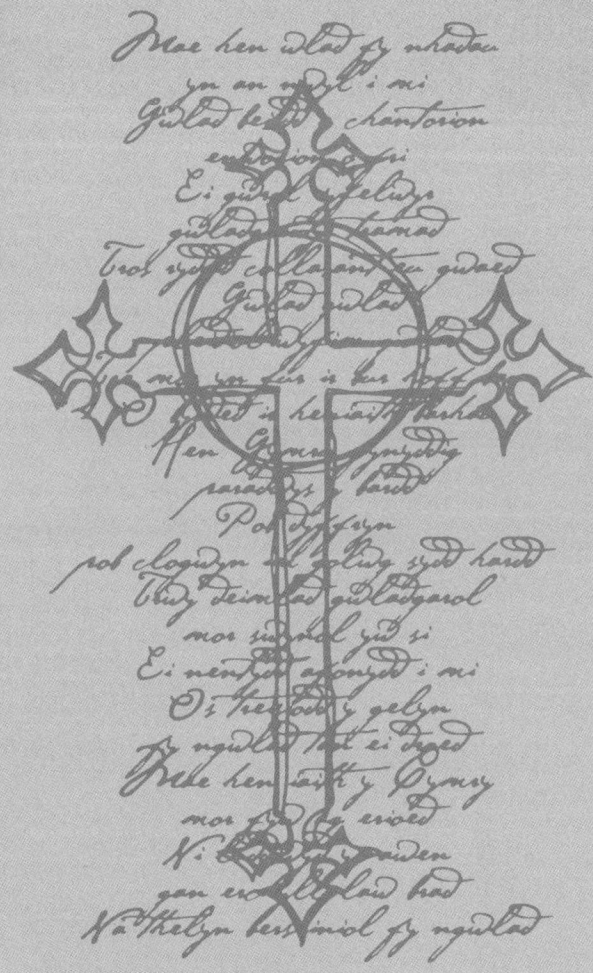

A History of Christianity

르네상스와 신학문

당시 유럽의 지성계를 이끌던 세인트폴 수도원의 원장이자 수도원 산하 문법학교의 설립자였던 존 콜릿과 네덜란드의 에라스무스는 1511-1513년 사이에 캔터베리의 대주교였던 성 토머스 베켓의 순교지를 방문했다. 에라스무스는 기독교 평신도들을 위한 탁월한 영적 안내서이자 교회에 대한 신랄한 풍자로 유명한 《우신예찬In Praise of Folly》으로 유명세를 치르고 있었다. 당대의 지성이 종교개혁이 일어나기 직전에 베켓 대주교의 순교지를 찾아갔다는 것은 무척이나 흥미로운 일이다. 에라스무스는 값비싼 장식물들로 치장되어 있는 베켓의 무덤을 보고 깊은 충격을 받았다고 전해진다. 장식물들은 "미다스(그리스 신화에 나오는 부자로 이름난 프리기아의 왕)나 크로이소스(큰 부자로 유명한 리디아의 최후의 왕) 왕이 가난해 보일 정도로" 어마어마했다. 헨리 8세가 그 무덤에서 142킬로그램의 금과 125킬로그램의 금 도금한 은, 150킬로그램의 순은과 마차 26대 분량의 보물들을 수집했다고 하니, 가히 그 규모를 상상할 수 있겠다. 콜릿은 성 베켓이 살아 있다면 이 보물들을 자신의 무덤을 꾸미는 데 사용하기보다는 가난한 사람들에게 나누어 주기를 원했을 것이라며 언짢아했다. '기계적인 기독교'에 비판적이었던 콜릿은 캔터베리에서 3킬로미터 정도 떨어져 있는 허블다운 구호소 밖에서 전문적인 구걸행위로 유명한 한 거지가 에라스무스와 자신에게 베켓의 신발에 입을 맞추라며 뜨거운 물을 뿌리자 마침내 인내심이 한계에 달했다. 콜릿은 불같이 화를 내며 "이따위 바보 같은 인간들은 우리가 과연 성인들의 신발에 입을 맞출 거라고 기대하고 있는가?"라고 물었다. "왜 그 성인들의 침이나 똥은 입 맞추라고 우리에게 들이대지 않는가?" 이렇게 기억에 남을 만한 방문을 마친 후에 에라스무스와 콜릿은 말을 타고 런던으로 돌아가버렸다.

기독교 왕국의 붕괴는 이미 시작되고 있었다. 중세의 마지막 대설교가였던 요한 가일러는 막시밀리안 황제 앞에서 중세 기독교의 붕괴를 예측하는 설교를 했다. "교황도, 황제도, 국왕도, 주교도 우리들을 개혁할 수 없기에, 하나님은 한 사람을 보내실 것입니다. 나는 그날이 내 눈앞에서 펼쳐지기를 원하나 … 너무 늙었습니다. 여러분들 중에 많은 분들이 그날을 볼 수 있을 것입니다." 교황청이나 교회는 개혁할 의지가 없었고, 설사 있다 하더라도 능력이 없다는 점은 이미 증명된 상태였다. 변화의 힘은 다른 곳, 즉 정통 기독교에서 탄생했지만 결국 기독교 사회를 붕괴시켜버린 대학에서 꿈틀거리고 있었다. 14세기에 활동했던 유명론자들Nominalists(유명론은 보편자는 이름에 지나지 않는다면서 그 실재성을 부정하는 이론으로 실재론과 대립한다—옮긴이)에 의해 토마스 아퀴나스의 보편주의적 방법론—논리적으로 상부구조에서 출발하여 어떠한 질문에도 답을 줄 수 있을 것으로 간주되었던 방법론—이 흔들리게 되었다. 왜냐하면 이들에 의해 기독교에는 논리적으로 증명될 수 없는 부분이 많다는 것이 드러났으며, 이런 부분들은 이해하기보다는 맹목적으로 받아들여야 한다고 주장했기 때문이다.

15세기에 이르면 인문학자들을 중심으로 기독교를 떠받치고 있던 성경, 교회 문서, 교부들의 저술이 재검토되기 시작했다. 교황 니콜라우스 5세의 비서였던 로렌초 디 발라는 지금까지 신성하게 전해오던 교회 문서들을 비판적으로 검토하여 〈콘스탄티누스 기증서〉를 비롯한 많은 문서들이 조작되었다는 것, 즉 '위작'이라는 것을 밝혀냈다. 이와 함께 그리스어, 라틴어, 히브리어로 기록된 고대 시대의 책들이 새로운 주목을 받기 시작했다. 비잔틴 제국과 유대인들은 매우 일찍부터 이러한 자료들을 알고 있었고 접할 수 있었으나, 그들은 이 자료들을 아무런 손상 없이 보존하는 일에만 온통 신경을 쓰고 있었다. 이에 비해 발라나 마르실리오 피치노, 피코 델라 미란돌라와 같은 이탈리아 르네상스 인문학자들은 이와 같은 자료들을 통해 미래를 볼 수 있는 열쇠를 발견하려 했다.

　르네상스를 주도했던 학파들은 대부분 종교와 세속 학문을 분리해서 생각하려는 경향을 보이지 않았다. 피치노에 의하면 플라톤은 신을 해석하려는 사람이었다. 조로아스터, 헤르메스 트리스메기스투스, 피타고라스도 마찬가지였다. 이들의 사상은 고대 지혜의 산실로 기독교 사상에 큰 영향을 주었던 것으로 이해되었다. 미란돌라는 수세기 동안 잊혀 있던 히브리 문서들을 유럽에 알리는 역할을 했다. 그는 유대 신비주의의 신지학theosophy('신theo'과 '지혜sophia'의 합성어로 신앙이나 추론으로는 알 수 없는 신의 심오한 본질이나 행위에 관한 지식을 의미하며, 신비적 체험이나 특별한 계시에 의하여 알게 된다고 한다—옮긴이)과 플라톤의 우주론을 접목시켰다. 르네상스 학자들의 노력으로 사람들은 손쉽게 원어(그리스어, 히브리어) 성경을 접할 수 있었고, 이를 라틴어 번역본과 비교하여 그동안 불편했거나 이해할 수 없었던 많은 부분들을 이해하고 깨달을 수 있었다. 발라는 그리스어 신약성경을 바탕으로 히에로니무스의 불가타 성경의 수많은 오류들을 지적해내기도 했다. 르네상스 학자들이 외친 구호는 "더욱 위대한 지식을 통하여 더욱 순수한 영적 진리로"였다. 인문주의자였던 피치노, 미란돌라, 로이힐린은 철학과 종교체험들을 하나로 통일시킬 수 있다고 하면서 점차 자연종교를 주장하기 시작했다. 이들은 자연종교의 진리는 무엇보다도 기독교에서 찾아낼 수 있지만, 그동안 그렇지 못했던 이유는 불순물이 첨가되어 흐려졌기 때문이라고 했다. 그렇다면 지금 우리에게 필요한 일은 무엇일까? 이제 이들은 진리를 발견하기 위하여 불순물을 정화하는 작업에 착수하기 시작했다.

이러한 논리를 바탕으로 신학문은 교회 개혁에도 거침없이 앞장서게 되었으며, 이런 흐름은 교황과 공의회, 주교, 그리고 국왕들을 적잖이 당황스럽게 만들었다. 무지는 죄이며, 지식은 개혁과 동일시되었다. 예를 들어, 위조된 문서들을 폭로하고 성경 본문들을 신학문의 방법론으로 재검토하여 새로운 의미를 찾아내는 것도 개혁의 일환으로 간주되었다. 인문주의자들이 교회 개혁과 관련하여 가장 먼저 했던 일은 원어 성경과 초대교회의 모습에서 어긋난 부분들을 지적하고 제거하는 일이었다. 이들의 운동이 제재를 받지 않았더라면 교회의 미래와 행복은 경험 많은 학자들의 손에 달려 있었을 것이다. 또한 교회는 좀 더 많은 대중들의 호응 속에 성장해갔을 것이다.

신학문은 인쇄기술의 발전을 통해 유럽 곳곳으로 퍼져나갈 수 있었으며, 반대로 신학문의 확산이 인쇄기술의 성장을 촉진시켜주기도 했다. 1454-1457년에 마인츠에서 최초의 인쇄소가 생겨난 이후에, 1500년대에는 이탈리아에 73개, 독일에 51개, 프랑스에 39개, 스페인에 24개, 베네룩스 지역Low Countries에 15개, 스위스에 8개의 인쇄소가 생겨났다. 이들 가운데 가장 유명한 곳은 그리스 고전 작품들을 전문적으로 출판했던 베네치아의 알두스 마누티우스 인쇄소였다. 1494-1515년에 이곳에서 27개의 주요 그리스어 판본들이 출간되었다. 인쇄술 덕분에 종교와 일반 대중들도 손쉽게 책을 접할 수 있게 되었다. 인쇄술은 당시까지 지식을 독점하고 통제해왔던 교회와 정치가들에게 새로운 골칫거리로 다가왔다. 왜냐하면 지금까지 필사본들을 통제하던 방식은 이제 더 이상 통할 수 없었고 인쇄소에서 쏟아져 나오는 책들을 일일이 검열할 수도 없었기 때문이다.

에라스무스

바로 이때, 즉 신학문이 등장하고 의사소통 수단이 발전하기 시작하던 1466년에 에라스무스가 태어났다. 에라스무스는 한 신부의 사생아로 태어났다. 그의 어머니는 세탁일을 하던 사람이었다. 당시만 해도 그와 같은 출신 배경을 갖고 있는 사람들이 아주 많았다. 법적으로는 성직자의 혼인이 금지되었지만, 실제로는 절반 이상의 성직자들이 '여러 명의 아내'와 가족을 거느리고 있었다. 성직자들의 독신제도는 종교개혁을 촉발시킨 중요한 요인들 중 하나였다. 에라스무스와 같은 사생아들의 희망은 성직자가 되는 것뿐이었다. 하지만 이처럼 도망치듯 성직자가 된 사람들 중에 뼈저리게 후회하지 않은 사람이 없었다. 비밀리에 태어난 성직자의 자녀들은 소명의식은커녕 변변한 신학교육도 받지 못한 채 평생을 불만 속에서 살아야 했다. 그들은 성직자라는 특권 계급 주변을 맴도는 존재들이었다.

 에라스무스도 그런 운명을 타고난 인물이었다. 유명해진 후에도 그는 사생아라는 자신의 출신 배경 때문에 마음이 어지럽다는 고백을 할 정도였다. 에라스무스는 어린 시절에 사회사업에 주력했던 '공동생활형제회'

The Brethren of the Common Life(헤라르트 호로테가 14세기에 네덜란드에서 세운 신앙 공동체—옮긴이)에 들어가 교육을 받았다. 이 단체는 정교한 예배 형태를 싫어하고 성경을 강조했다는 점에서 종교개혁자들에게 본을 보였다고 볼 수 있다. 이곳의 교육은 "성직자들은 세상의 소금이다"와 같은 주장을 담은 라틴어 시나 격언들을 배우는 정도였다. 18세에 부모를 여읜 에라스무스로서는 성직자의 길 외에 다른 대안이 없었다. 하지만 그 역시도 성직자가 된 것을 후회했다. 학자와 저술가로서의 삶이 송두리째 파괴될 수 있었기 때문이다. 당시에는 에라스무스처럼 성직자라는 특권층에 속해 있었으면서도 그 굴레로부터 벗어나고자 했던 성직자들이 수천 명에 달했다.

에라스무스는 프랑스 북부 캉브레의 대주교인 베르고프 장의 비서로 활동하기도 했다. 얼마 지나지 않아 장은 에라스무스를 중세전통을 고수하던 파리의 몽테귀 고등교육원College de Montaigu으로 보냈다. 이곳은 기나긴 역사만큼이나 건물들도 낡고 황폐했으며, 음식 또한 형편없었고 학생들 사이에 심심치 않게 난투극이 벌어지곤 했다. 에라스무스는 이런 환경을 견디기가 어려웠다. 하지만 이에 비해 이그나티우스 로욜라와 장 칼뱅 같은 사람들은 오히려 이곳의 엄격한 분위기를 매우 존경했다고 한다. 여기서 우리는 인문주의자들과 청교도의 차이점을 다시 한 번 확인할 수 있다. 이들의 차이는 우리가 생각하는 것보다 더 크다. 대학에서는 주로 종교의 기계적인 측면을 강조하곤 했다. 예를 들면 에라스무스가 잠시 머물렀던 루뱅 대학에서는 다음과 같은 토론이 벌어지기도 했다. 하루에 5분씩 4일 동안 드리는 기도와 한 번에 20분을 드리는 기도 중에 어느 것이 응답받을 가능성이 높은가? 10명이 10분을 기도하는 것과 10명이 각자 1분 동안 기도하는 것 중에 어느 편이 더 효과적인가? 이러한 토론으로 8주의 시간을 보내기도 했는데, 이 시간은 1492년에 콜럼버스가 아메리카 대륙을 발견할 때에 걸린 항해 시간보다도 길다. 1499년에 옥스퍼드 대학으로 건너간 에라스무스는 그곳에서 들은 콜릿의 로마서 강의를 통해 지적으로 더욱 성숙하게 된다. 콜릿은 그리스어를 알지 못했지만 발라, 피치노, 신플라톤주의자들의 사상은 알고 있었으며, 이를 바탕으로 로마서를 비롯한 바울 서신들을 새롭게 재검토하고 있었다. 에라스무스는 콜릿의 강의를 통해 콜릿과 마찬가지로 자신도 성경을 재검토하기로 마음먹었다. 이를 위해서 그는 그리스어를 공부하기 시작했다. 그는 자신의 연구 결과물들을 책으로 펴냈다.

에라스무스는 기독교의 고문서들과 교부들이 쓴 저술들을 번역하는 것 외에도 성경 주석, 교회와 사회의 분석, 교육 이론과 실천, 기독교인의 삶의 분석에 이르기까지 실로 방대한 분야에 걸쳐서 책을 썼다. 이 중에서도 가장 돋보이는 것은 단연 그리스어 신약성경 번역 작업이었다. 만족할 만한 번역 수준을 자랑하고 있지는 못했지만 신약성경의 원문을 직접 접할 수 있었다는 것은 실로 엄청난 영향력을 발휘했다. 에라스무스는 높은 수준의 연구가인 동시에 일반 대중들과도 소통하기를 원했던 대중 저술가이자 언론인이었다. 예를 들면 그는 자신의 책들이 대중에게 널리 읽힐 수 있기를 바랐으며, 실제로 그는 최초의 베스트셀러 대중작가로 유명세를 타기도 했다. 인쇄소의 잉크 냄새와 종교개혁의 향기가 에라스무스의 사기를 북돋워주었던 것이다. 라틴어를 가르치기 위해 인용문들을 모아놓는 것으로 시작되었던 《격언집Adages》(1500)은 인기가 좋아 나중에는 4천 편이 넘는 단편 에세이집으로 출간되었다. 평신도를 위한 안내서인 《편람Enchiridion》(1503)의 인기도 대단해서 체코어, 독일어, 영어, 프랑스어, 스페인어, 이탈리아어, 포르투갈어로 번역되어 출판되었다. 1511년에 출판된 《우신예찬》은 에라스무스가 살아 있을 동안에만 39판을 찍을 정도로 대단한 인기를 끌었다. 이 책의 출판이 금지될 것이라는 소문이 나돌자 파리의 한 인쇄업자는 한꺼번에 2만 4천 부를 찍는 일도 벌어졌다. 옥스퍼드, 런던, 파리에서 판매된 책 중에서 에라스무스의 책이 5분의 1을 차지할 정도였다. 그의 높은 인기는 그가 받았던 편지를 통해서도 확인할 수 있는데, 우체부는 출근하기 전에 꼭 에라스무스의 집을 먼저 들렀다고 한다.

에라스무스는 권력자들에게도 인기가 대단해서 신성로마제국의 황제인 카를 5세의 정치고문으로, 교황 바오로 3세로부터는 추기경으로 추대되었다. 그를 명예시민으로 추대하려는 도시들도 적지 않았다. 그는 시대를 잘 타고난 사람이었다. 왜냐하면 그가 죽은 지 10년이 채 지나기도 전에 그의 신약성경 번역본은 트렌토 공의회에서 '저주'를 받았으며, 교황 바오로 4세는 '모든 이단들의 우두머리'로 에라스무스를 지목하고 그의 전집을 불태우라는 명령을 내리기까지 했기 때문이다. 에라스무스는 신학문을 영적·지적인 기회들을 무한히 제공하고 사회개혁을 일으킬 수 있는 전조로 보았으나, 역사는 그의 바람대로 진행되지 못했다. 16세기에 찾아온 현실은 기독교의 분열뿐이었기 때문이다. 가톨릭과 프로테스탄티즘의 싸움에서 한쪽은 성경을 토대로 개혁을 시도했으며, 다른 한쪽은 권위를 토대로 개혁을 거부했다. 이 두 진영 사이에는 도저히 넘을 수 없는 강이 가로놓여 있었다. 이들의 싸움은 끊임없는 전쟁과 박해를 낳았고, 그 때문에 희생자는 늘어만 갔다. 다시 말해 에라스무스의 꿈과 완전히 반대되는 상황이 연출된 것이다.

그렇다고 에라스무스의 꿈이 순전히 환상 차원에만 머물러 있었던 것은 아니었다. 왜냐하면 어느 누구도 기독교가 하나라는 점을 부인하는 사람은 없었으며, 단일한 지식체계가 있어야 한다는 데에도 대부분의 사람들이 동의하고 있었기 때문이다. 그렇다면 신앙과 지식은 사회를 조화롭게 융합시킬 수 없는가? 어떤 의미에서 르네상스 개혁자들의 목적은 카롤링거 왕조의 이상을 다시 새롭게 실현하는 데 있었다고 볼 수 있다. 즉, 그들은 새로운 지식을 통해 사회의 불의를 교정하려 했던 것이다. 당시 지식인들 대부분이 에라스무스를 수용하고 있었다는 것을 보더라도 개혁이 무르익었다는 데에는 반론의 여지가 없었다. 그렇다면 과연 에라스무스는 어떤 제안을 했는가? 그리고 그런 제안들을 종교개혁자들의 이상과 비교해본다면 어떠한 점이 닮았고 어떠한 점이 달랐을까?

에라스무스 또한 다른 종교개혁자들처럼 특권층이었던 성직자 계급에 대한 비판을 시작으로 개혁운동을 전개했다. 신학문을 하던 사람들이 대부분 그러했듯이 에라스무스 또한 성직자와 평신도를 구별하지 않았다. 예를 들어 《편람》이라는 책은 평신도들을 위해서 쓴 것이기는 했지만, 성직자들의 눈높이에서도 읽을 만한 가치가 있었다(실제로 그들에게 유용했다). 이러한 점에서 에라스무스는 테르툴리아누스와 펠라기우스의 추종자였다. 이들은 어느 누구보다도 교육받은 평신도들이 교회 활동에 참여해서 제몫을 해야 하고, 성직자들의 배타적인 태도는 거부되어야 한다고 주장했던 사람들이었기 때문이다.

라틴어를 사용할 줄 아는 평신도들이 등장하자 계층 간의 간격이 좁아지기 시작했다. 이와 같은 현상은 특히 대도시에서 두드러지게 나타났다. 에라스무스는 도시 문명의 혜택을 받은, 즉 도시 중산층의 대변자였다. 당시만 해도 성직 계급을 향해 직접적으로 개혁의 칼을 휘두른다는 것은 거의 불가능한 일이었다. 이에 비해 평신도들이 침투하기에 그나마 용이했던 곳은 다름 아닌 교육 분야였다. 물론 대부분의 학교가 여전히 교회의 통제를 받고 있었지만, 적게나마 평신도들의 기부금으로 운영되는 학교가 생겨나기 시작했다. 1510년에 콜릿이 세인트폴 수도원을 설립했는데, 이와 관련하여 에라스무스는 다음과 같은 기록을 남겼다. "콜릿은 성직자들이나 주교, 성당 참사회, 귀족이 아닌 몇몇 시민들에게 수도원 경영을 맡겼다. 어느 누구에게 맡겨도 문제가 사라지는 것은 아니지만 그나마 평신도들이 덜 부패했다고 여겼기 때문이었다."

에라스무스 또한 건전하고 성실한 도시 중산층들을 중심으로 개혁을 이룰 수 있을 것으로 기대했으며, 다른 개혁자들도 비슷한 생각을 하고 있었다. 특권의식으로 무장되어 있던 성직자들을 사람들이 좋게 볼 리가 없었다. 갈라디아서 3장 28절을 주석하는 자리에서 루터는 "하나님 앞에 서는 성직자, 평신도, 참사회원이나 교구 성직자도 부자나 가난한 자도, 베네딕투스회 수도사나 시토회 수도사도, 탁발수도사나 아우구스티누스회 수도사도 아무것도 아니다. 신분이나 계급이 하나님 앞에서는 아무런 힘을 발휘하지 않는다"고 말했다. 니콜라스 리들리는 "성 베드로는 모든 사람들을 성직자라고 불렀다"고 말했다. 1520년대에 개혁의 상징으로 통했던 윌리엄 틴데일은 "부엌에서 섬기는 당신은 … 하나님이 그 직책을 주셨다는 것을 알고 있다. … 접시 닦는 일과 설교하는 일에는 분명한 차이가 있다. 하지만 하나님을 기쁘게 해드리는 것에서는 어떠한 차이도 없다"고 썼다. 존 녹스는 이렇게 표현했다. "내가 모든 사람들이 동등하다고 말하는 것이 바로 이런 점이다." 예배의 목적을 위해서라면 "당신은 주교요 국왕이다."

자국어 성경, 성경의 대중화

이처럼 성직자들의 권위가 땅에 떨어지게 된 것은 이제 더 이상 평신도들과 성경 사이에 중재자가 필요 없다는 믿음에서 비롯되었다. 평신도들도 성직자의 도움 없이 성경에 접근할 수 있다는 믿음이 확산됨에 따라 그들이 사용하는 모국어로 성경이 번역되기를 바라는 요구 역시 크게 번져갔다. 로마 가톨릭은 9세기 초부터 성경을 보호하고 지킨다는 명분으로 성경에 대한 배타적 해석권을 주장하기 시작했다. 1080년경부터는 평신도들이 성경을 볼 수 있는 자격마저 박탈해버렸다. 왈도파 이후로 성경을 세밀하게 검토하려는 세력이 나타나면 그들은 하나같이 이단으로 간주되었고 화형에 처해졌다. 이는 중세 가톨릭 교회가 보인 가장 수치스러운 모습이 아닐 수 없었다. 이러던 것이 르네상스의 바람을 타고 13세기부터 신약성경이 각국 언어로 번역되어 보급되기 시작했다. 14세기 말에는 롤라드파나 후스파와 같은 교회 비판가들 사이에서 평신도들이 성경을 볼 수 있느냐에 대해 토론을 할 정도로 성경이 대중화되었다. 그 이후로도 교회는 여전히 성경의 보급을 막으려 했으나, 결국 실패로 끝났다.

검열제도는 인쇄술의 발전 속도를 따라가지 못했고, 이 같은 현상은 특히 독일에서 강하게 나타났다. 루터가 신약성경을 출간했던 1522년만 해도 독일에서는 이미 14종의 성경이, 그리고 네덜란드에서는 4종의 성경이 유통되고 있었다. 물론 이들 중에 검열관의 인쇄 허가증을 받았거나 수도원 출판사에서 출판된 것은 하나도 없었다. 에라스무스는 어느 누구나 성경을 읽을 수 있어야 한다고 주장했다. "그리스도의 말씀에 귀를 기울인 사람들이 누구였는지를 생각해봅시다. 그들은 바로 평범한 대중들이 아니었습니까? … 평신도들이 성경을 읽는다고 해서 그리스도가 화를 내실까요? 저는 농사꾼들은 물론이고 대장장이와 석공들, 심지어 창녀나 포주, 투르크인들도 성경을 읽을 수 있도록 허용해야 한다고 봅니다. 그리스도가 이런 사람들을 거부하지 않는 이상 저 역시 그들이 성경을 읽는 것을 거부하지 않겠습니다." 그는 무엇보다도 "무슨 말인지도 모른 채 중얼거리는 라틴어"보다 "이해 가능한 언어"로 성경을 읽을 수 있게 하는 것이 당연하다고 생각했다.

모든 개혁가들처럼 에라스무스도 모든 사람들이 성경을 소유할 수 있을 때에 비로소 기독교가 온전히 이해될 수 있다고 보았다. 그는 제도권 기독교가 주장했던 면죄부, 성지순례, 성직자 계급, 죽은 자를 위한 미사, 인위적인 행위, 대개 돈으로 획득한 '공적'을 통해 구원을 얻을 수 있다는 가르침을 전적으로 거부했다. "당신의 죄가 작은 종이 한 장, 도장 찍힌 양피지, 선물이나 밀랍상자, 성지순례와 함께 씻길 수 있다고 믿는가? 불행히도 당신은 지금 전적으로 기만당하고 있다." 누가 그렇게 기만하고 있는가? 바로 교황청이다. 놀랄 필요는 없다. 교황청은 이미 타락했기 때문이다. 그러므로 우리는 온 힘을 다해 개혁해야 한다. 에라스무스가 로마를 방문한 후에 집필했던 책이 《우신예찬》이었다. "여러분은 법률, 종교, 평화 그리고 인간의 제도를 전복하기 위해 돈을 뿌리는 등 온갖 악행을 저지르는 피곤에 지쳐 있는 한 늙은이(교황 율리우스 2세—옮긴이)를 볼 수 있습니다." 어느 누구도 교회라는 제도를 통해 천국에 갈 수 있으리라는 희망을 품을 수 없게 될 것이다. "의식과 절차들을 밟지 않고는 기독교인이 될 수 없다. 하지만 그런 의식과 절차가 당신을 진정한 기독교인으로 만들지는 못한다."

그렇다면 구원의 길은 어디에 있는가? 성경을 중시한다는 점에서 에라스무스는 다른 종교개혁자들과 의견을 같이했다. 이외에도 그는 개인적 경건의 실천, 특히 기도 생활을 강조했다. 그가 보기에 구원은 어떤 기관의 중재에 의해서 이루어지는 것이 아니라, 자신이 깨달은 하나님의 지식을 통해 얻을 수 있는 것이라고 생각했다. 에라스무스가 루터나 칼뱅주의자들과 갈라지는 지점이 바로 이 부분이다. 에라스무스는 인문학자이자 성경비평가로서 신학을 매우 불신했다. 그는 교리상의 차이점은 신학자들이 성경을 잘못 해석했기 때문에 생겨난 것이라고 보았다(이 때문에 에라스무스는 성경연구자들로부터 격렬한 비판을 받았다). 예를 들어 그는 요한1서 5장 7절의 삼위일체에 관한 구절은 제거해야 한다고 주장했다. 왜냐하면 이 구절은 그리스어 성경 원문에는 없는 구절이기 때문이다.

원전 연구를 통해 자신감을 얻은 에라스무스는 스콜라 신학자들의 형이상학적 추론이나 논법까지도 의심하기 시작했다. 이 본문에 관한 푸아티에의 힐라리우스의 주석을 비판하면서 에라스무스는 다음과 같은 질문을 던졌다. "성부, 성자, 성령의 구분, 그리고 성자의 출생과 성령의 발현 사이의 구별을 철학적으로 설명하지 않으면 성부, 성자, 성령과 교제하는 것이 불가능한가?" 이는 매우 합리적이면서도 대담한 질문이었다. 왜냐하면 에라스무스는 지금 아리우스주의, 단성론 분열, 이슬람주의를 낳았던 논쟁들, 동방과 서방을 분열시키고 기독교 세계권에서 비잔틴 제국을 멀어지게 했던 치명적인 주제를 건드렸기 때문이다. 그에게 무엇보다 중요한 것은 신학적 추론이나 개념 정의가 아니라 신약성경에 기록된 예수의 말씀과 이 말씀 속에 담겨 있는 덕목들이었다. 더 나아가 에라스무스는 이러한 덕목들을 기독교의 본질이라고 주장했다. "아버지와 아들로부터 나오는 성령이 하나 혹은 두 개의 근원을 가지고 있을지도 모른다고 말한다고 해서 정죄를 당하지는 않을 것이다. 그러나 사랑, 희락, 화평, 오래 참음, 자비, 양선, 충성, 온유, 절제와 같은 성령의 열매들을 맺지 못한다면 정죄를 피할 수 없을 것이다."

이처럼 에라스무스는 신학적 토론을 최대한 자제했다. 기독교는 평화와 일치를 지향해야 하는데, "평화와 일치는 가능한 한 최대한으로 융통성을 발휘해야만 유지될 수 있다." 나머지는 "각자의 판단을 따르도록 내버려두어야 한다. 왜냐하면 대부분의 문제들은 애매모호하기 때문이다." 특히 진리를 탐구하는 사람들에게 성경과 교부들의 저술을 자유롭게 탐구할 수 있도록 격려해주어야 하며, 스스로 자신들의 이론을 발전시킬 수 있도록 최대한 허용해주어야 한다. "내가 만일 재판관이라면 감히 다른 사람의 생명을 빼앗는 일은 하지 않을 것이고 내 생명도 위태롭게 하지 않을 것이다."

도덕 개혁과 제도 개혁, 에라스무스와 루터

에라스무스가 못마땅하게 여겼던 것 중 하나는 궁극적 실재를 찾으려는 성직자들의 권위적인 태도였다. 무엇보다도 에라스무스는 하나님은 성직자들의 이 같은 태도를 원하시거나 의도하지 않으셨다고 생각했다. 이와 같은 일종의 불가지론은 정통 교회로서는 도저히 받아들일 수 없는 위험한 사상이었다. 교황 그레고리우스 7세와 인노켄티우스 3세 같은 이들은 궁극적 실재에 대한 정의를 분명히 하고, 이와 동시에 교회의 권위를 강화하려 했다. 그들은 교회는 권위를 통해 성장할 수 있다고 생각했다. 불행히도 불가지론은 교황청뿐만 아니라 프로테스탄티즘의 성미에도 맞지 않았다. 에라스무스는 순수하고 도덕적인 개혁을 바랐다. 그는 교회의 정신이 개혁되고 계몽된다면 기독교 내의 제도적이고 교리적인 문제들까지도 한꺼번에 해결될 수 있을 것이라고 기대했다. 그러나 교회는 무엇보다도 먼저 사도 바울의 말대로 '새사람'으로 거듭나야 했다.

루터 역시 도덕적 개혁을 긴급한 사안으로 보았으나, 제도와 교리의 개혁이 동반되지 않는다면 일시적인 것에 그치고 말 것이라는 것을 잘 알고 있었다. 신학 원리를 건드리지 않는 상태에서 이루어지는 개혁은 쓸모없을 뿐만 아니라 오히려 교회를 더 나쁜 상태로 몰고 갈 것이기 때문이다. 우리는 먼저 하나님이 인간을 어떻게 의롭게 하시는지를 이해해야 한다. 이 문제는 매우 신학적으로 풀어야 할 사안이었다. 교리를 단순화하기보다는 교리를 올바르게 이해하는 것이 필요하다. 이 말은 개념 정의를 하지 말자는 것이 아니라 오히려 더 많이 해야 한다는 것을 의미했다.

루터와 에라스무스는 이처럼 기본적인 문제에서부터 삐걱대기 시작했다. 신학적 개념 정의가 본질적인 것이 아닐뿐더러 바람직한 것도 아니라면 일방적으로 어느 하나를 강요해서는 안 된다는 것은 너무도 자명하다. 다시 말해 에라스무스는 종교재판이 불러일으킨 마녀사냥을 증오했다. "옛날에는 복음이나 이와 유사한 권위에서 이탈한 것만을 이단으로 보았다. 그러나 오늘날에는 거의 모든 것에 대해 '이단!'이라고 외친다. 자신들을 즐겁게 해주지 못하거나 자신들이 이해하지 못하는 것들을 다 이단이라고 부른다. 그리스어를 배우는 것도 '이단'이며, 그 언어를 올바르게 발음하는 것도 '이단'이다." 에라스무스는 이런 태도는 끝없는 소란을 야기할 뿐이라고 경고하면서 "양심과 자비를 인정하게 되면 평화를 되찾을 수 있게 될 것이다"라고 호소했다.

동시에 에라스무스는 종교개혁 시대의 과격함을 비판했다. 종교개혁자들은 무모하게 변화를 추구했고, 이들에게 저항했던 백성들도 관용적인 태도를 보였어야 했다. 박해는 누구에게도 결코 도움이 되지 않는다. "강제력은 독재자들의 전형적 수법으로 열정적 지성인들은 이를 참아내지 못할 것이고 나귀들이나 감내할 수 있을 뿐이다." 종교적 의견이 다르다면 합의에 도달할 때까지 양심에 맡겨두어야 한다. 공개적으로 선동하거나 권력을 남용해서는 안 된다. 의견이 통일될 때까지 관용은 지켜져야 한다.

평화주의적 개혁가, 에라스무스

로마 교황청은 에라스무스의 평화적인 방식을 수용하려 하지 않았으며, 수용할 수도 없었다. 루터를 비롯한 개혁자들도 초창기에는 에라스무스의 평화사상에 귀를 기울였으나, 자신들의 영역이 커질수록 오히려 방해가 되고 걸림돌이 된다는 것을 깨닫기 시작했다. 하지만 이 점 때문에 에라스무스와 종교개혁자들이 헤어졌다고 말할 수는 없다. 이들 사이에는 이보다 근본적인 이유가 있었다. 무엇보다 에라스무스가 동의할 수 없었던 부분은 제후들에게 도움을 호소했던 루터의 태도였다. 진보적인 도시민답게 에라스무스는 군주의 권력에 강한 의구심을 품고 있었고, 각 지역의 통치자들이 자신들의 기호에 따라 백성들의 종교를 좌지우지하려는 태도를 가증스럽게 여기고 있었다. 그는 한마디로 군주나 국왕의 통치는 전쟁과 파괴를 일삼을 뿐이라고 생각했다.

> 국왕을 상징하는 독수리는 아름답지도, 음악적이지도 않고, 식용으로도 적합하지 않다. 오히려 모든 사람들이 꺼리는 약탈꾼, 강도, 파괴자이며 고독한 한 마리의 육식성 새일 뿐이다. … 국민들이 애써 도시 하나를 세우면 군주들이 와서 파괴해버리지 않았던가? 국가는 근면하고 성실한 국민들의 피와 땀으로 성장하지 않았는가? 하지만 탐욕스러운 통치자들은 어떤가? 국가를 약탈하고 있지 않은가? 국민의 대표들이 훌륭한 법을 제정해도 국왕들이 이를 위반하고 있지 않은가? 군주들은 전쟁을 계획해도 서민들은 국가를 사랑하고 있지 않은가?

에라스무스는 평화주의자였다. 그는 '정당한 전쟁' 따위의 교리를 받아들이지 않았다. 에라스무스는 여덟 살 때 성문 밖에서 주교의 명령에 의해 200명의 포로들이 마차에 찢겨 죽는 장면을 목격했다. 그에게 이 기억은 너무도 생생하게 남아 있어서 나중에 그는 평화주의를 표방했다. 그의 저서 《겪지 않은 자에게 전쟁은 달콤한 것 Dulce bellum inexpertis》은 평화주의자들에게 헌정된 최초의 책이었다. 이 책에는 전쟁을 중재하기 위해 현명한 사람들로 구성된 국제적 조직이 구성되어야 한다는 등, 평화를 위한 다양한 구상이 들어 있다. 그는 탈정치화한 교황청이 이런 역할을 수행할 수 있을 것으로 기대하여, 다음과 같이 호소하기도 했다. "나는 여러분이 모두 기독교인이라고 믿고 호소합니다. 단합된 대중이 힘 있는 전제정치에 대항하여 얼마나 많은 것을 할 수 있는지를 보여줍시다." 그는 작센의 공작에게 다음과 같은 글을 썼다. "다양한 종파를 허용한다면 엄청난 악을 불러올 것이라고 공작님은 생각하실 수도 있습니다. 하지만 그렇게 하는 것이 종교전쟁을 일으키는 것보다는 훨씬 낫습니다. 성직자가 일단 통치자들을 얽어매는 데 성공한다 할지라도 그와 같은 성공은 오히려 독일과 교회에는 대재난이 될 것입니다. … 종교의 이름으로 모든 지역에서 파괴와 파멸, 그리고 비참한 상황이 벌어지게 될 것입니다."

말년에 에라스무스는 종교전쟁의 먹구름을 목격하게 되었고, 이로 인해 낙관주의를 버리게 되었다. 1516년에 펴냈던 그리스어 신약성경 주석집은 진보적 인사들뿐만 아니라 교황 레오 10세도 열광할 정도로 큰 인기를 끌었다. 이에 대해 에라스무스는 친구인 볼프강 카피토에게 다음과 같이 편지를 썼다. "나는 다시 젊어지기를 간절히 바라고 있다네. 황금의 시대가 다가오는 것이 눈에 보이거든. 군주들이 마음을 돌려 평화를 추구하는 일에 헌신하고 있는 것을 너무도 분명히 보고 있다네." 그로부터 두 달 후에—루터가 95개조 반박문을 발표하기 바로 직전—그는 교황에게 다음과 같은 편지를 썼다. "저는 곧 전무후무한 황금시대가 도래할 것이라고 확신합니다."

루터가 95개조의 반박문을 내걸었을 때만 해도 에라스무스는 사태의 심각성을 제대로 파악하지 못하고 있었다. 그는 그저 루터를 보호하고 루터와 교황청 양측에 관대한 태도를 요구할 뿐이었다. 하지만 그는 곧 양측 모두 자신들의 신학에 사로잡혀 있기 때문에 서로를 관용적으로 대하기보다는 공격적으로 나올 것이라는 비관적 결론을 내리게 되었다. 에라스무스는 루터에게 다음과 같은 편지를 썼다. "나는 학문의 부흥을 위해 중립적 입장을 취할 것입니다. 나는 격렬한 투쟁보다는 예의 바른 중용의 태도가 더 많은 것을 성취할 수 있을 것으로 보고 있기 때문입니다." 그러나 이런 충고는 아무런 힘을 발휘하지 못했다. 루터는 처음에는 에라스무스를 존경했지만 시간이 지나면서 '교만한 회의주의자', '믿음 없는 자', '신의 조건보다 인간의 조건을 더 중시하는 자'라고 비난하기에 이르렀다. 에라스무스 또한 루터를 '고트인의 한 사람', 과거의 인물이라고 무시하면서 무시무시한 폭풍을 몰고 올 '민족주의의 독이 든 열매를 맺을 나무'로 보았다. 하지만 무엇보다도 실제로 에라스무스를 괴롭혔던 것은 종교개혁자들과 연대하고 있다는 비난이었다. 한발 더 나아가 루터가 내뱉는 독설이 실은 에라스무스가 제공한 것이라는 주장이 일자 그는 분노를 터뜨렸다.

에라스무스는 무엇보다 논쟁에 휘말리지 않기 위해 노력했다. 그를 가장 당혹스럽게 했던 일은 자신의 친구가 자신을 반대했던 자들에게 가한 공격적인 글들이었다. "이 추잡한 놈, 네가 에라스무스에게 용서를 빌지 않는다면 나는 네 이름을 똥 덩어리처럼 후손들에게 집어던져 백성들이 네 악취를 영원히 기억하도록 할 것이다." 에라스무스 자신이 그토록 혐오하던 말들을 자신의 친구가 내뱉은 것이다. 루뱅의 교황청 신학자들이 "악취가 하늘까지 풍기는 사탄의 지독한 방귀"(루터를 지칭—옮긴이)를 처형하라고 요구하자 루터는 기독교인들에게 "지금 이 사악한 추기경들, 교황들, 그리고 소돔과 같은 교황청의 다른 찌꺼기들의 핏물에 여러분의 손을 씻으라"고 말했다.

에라스무스는 개혁과 관련하여 나름의 생각을 가지고 있었다. 물론 당시 상황은 그의 입장과 다르게 흐르고 있었다. 그래서 그는 이 같은 혐오스러운 개혁운동에 개입하지 않으려고 했으나, 루터의 결정론적 구원론이 적지 않은 영향력을 발휘하자 이에 대한 자신의 입장을 밝혀야 했다. 《자유의지에 관한 토론Discussion of the Free Will》(1524)에서 에라스무스는 예정론을 거부하고, 구원을 얻기 위해서 인간은 스스로 자신의 능력을 발휘할 수 있어야 한다고 강조했다. 에라스무스의 사상에는 지혜의 아버지로 평가받는 펠라기우스의 영향이 크게 반영되어 있다. 루터가 격렬한 어조로 에라스무스의 입장을 반박하자 에라스무스 역시 반박에 나섰다. "당신이 퍼붓는 상스러운 비난들, 즉 내가 무신론자, 향락주의자, 회의주의자라는 무례한 말들이 과연 당신의 주장에 얼마나 도움을 주고 있소? … 당신의 그런 오만하고 무례하며 반항적인 성품으로 인해 세상이 폭력으로 치달을지도 모른다는 사실에 나는 적잖게 당황스럽소. … 당신이 가지고 있는 것만으로 만족하지 못한다면, 나는 당신에게 더 나은 방식을 택하라고 권하고 싶소. 원하는 것이 있으면 무엇이든 내게 말하시오. 단, 당신의 그 성질은 빼고." 루터가 보기에 에라스무스는 '뱀', '똥 덩어리', '미치광이 교회 파괴자', '젊은 소년들을 현혹하는 비열한 불꽃'이었다. 루터는 에라스무스를 빗대어 "로마에 있는 사탄과 손을 잡았다"라고까지 말했다.

루터가 가톨릭과 결별하고 세속 권력자들에게 의지하게 되자—에라스무스는 바로 이 부분을 두려워했다—에라스무스는 개혁자들과 거리를 두기 시작했다. 1526-1527년에 출간된 《히페라스피스테스*Hyperaspistes*》에서 에라스무스는 신학이 최소한도로 사용되어야 한다는 점을 다시 한 번 강조했다. "성경에는 우리가 더 깊이 파고들어서는 안 되는, 즉 하나님만이 원하시는 지성소가 분명히 존재한다." 이와 더불어 에라스무스는 로마 가톨릭 교회와 결별하지 않겠다는 뜻을 분명히 했다. "나는 더 좋은 것이 발견될 때까지 이 교회와 함께할 것이다. … 두 악 사이에 놓인 중간노선을 항해하는 사람은 서투르게 길을 헤쳐나가지 않는다."

그는 교황청이 저지르는 박해와 종교재판을 공격하면서도 모든 사람들이 평화롭게 공존할 수 있는 세상을 만들기 위해 최선을 다했다. 신성로마제국의 황제 카를 5세에게는 두 종류(빵과 포도주를 모두 분배하는 방식)의 성찬식과 성직자들의 결혼, 그리고 관용법을 제안했으며, 종교분쟁을 막기 위해 바젤과 프라이부르크와 같은 도시에 머물기도 했다. "나는 모든 사람들에게 알려졌지만 또 모든 사람들에게 낯선 세계시민이다." 헨리 8세가 자신의 친구인 토머스 모어를 무참하게 처형한 일은 에라스무스에게 큰 충격으로 다가왔다. 헨리 8세같이 재능이 많고 의식 있는 군주가 어찌하여 이러한 일을 벌였는가? 또한 모어는 어찌하여 국왕에게 도전했는가? 세상은 정말 미쳐가고 있는 것인가? 마지막 저술들 가운데 하나인 《교회의 달콤한 일치에 관하여*On the Sweet Concord of the Church*》에서 에라스무스는 온유, 선의, 겸손으로 무장된 상호 관용을 호소했으나, 돌아오는 것은 권력자들과 종교개혁자들로부터 받은 격렬한 공격뿐이었다.

에라스무스를 지지하는 세력들도 적지 않았다. 한때는 그가 꿈꾼 개혁이 현실화될 수 있을 것만 같았다. 그만큼 그는 계층을 불문하고 많은 사람들로부터 존경을 받았다. 예를 들면 1518년에 정통주의의 대변자요 논쟁가인 요한 에크는 다음과 같은 글을 썼다. "대부분의 지식인들이 에라스무스의 추종자이다." 온건한 개혁가였던 오이콜람파디우스는 에라스무스에게 다음과 같은 편지를 보냈다. "우리는 가톨릭 교회도 루터파 교회도 원치 않습니다. 다만 제3의 교회를 원할 뿐입니다." 1526년에 제국의 정무장관 메르쿠리오 가타리나는 기독교 세계는 가톨릭파, 루터파, 하나님의 영광과 인간의 안녕만을 추구하는 무리들로 구분될 수 있다고 말한 바 있다. 물론 에라스무스는 세 번째에 속했고 또 이 당파에 속해 있음을 자랑스럽게 여겼다. 에라스무스도 '제3의 교회'를 언급한 적이 있었다. 그러나 이러한 교회를 세우기 위해서는 평화적인 분위기가 조성되어야 하는데, 이런 분위기는 로마 교황청과 독일 간의 의견 격차가 커지고 또 서로의 전투 경계선이 그어짐에 따라 깨져버렸다.

그렇다고 루터가 기독교인들끼리 일치하고 화합하기를 원했던 에라스무스의 계획을 무산시켰던 사람이라고 보아서는 안 된다. 왜냐하면 문제는 생각보다 훨씬 복잡했기 때문이다. 에라스무스는 근대적인 감각을 지닌 지성인이었다. 이러한 점은 특히 부유한 도시에서 진보적인 여론을 조성하는 데 기여했고, 추종세력들을 모으는 데도 도움을 주었다. 에라스무스는 교회의 개혁이 교회 내부로부터 시작해서 엘리트들이 주도하는 국제운동으로 번져가기를 바랐다. 그러나 근대적 지성인들이 반드시 유리한 것만은 아니었다. 왜냐하면 그들은 근대적 지성에만 매달려 권력이 실제로 어떻게 행사되는지를 제대로 보지 못했기 때문이었다. 루터는 '고트인'으로 천진난만하고 세속적인 사람이었지만, 광산업자의 아들로 지식층과 대별된 대중들의 생각을 잘 알고 있었다. 다시 말해 루터는 권력의 힘과 대중의 정서가 어떤 방향으로 움직일 것인지, 각 조직체는 어떠한 일을 수행해야 할지에 대해 에라스무스보다 훨씬 분명하게 이해하고 있었던 것이다.

중세의 위기

통치자들은 대체로 제한적이나마 교회의 개혁을 환영했다. 물론 교황청은 개혁에 반대하는 입장을 분명히 했다. 왜냐하면 재정을 확보하고 또 재정을 창출해야 하는 권력자들의 입장에서 보면 개혁은 매우 값비싼 대가를 치러야 하는 일이었기 때문이다. 계층들 간에 충돌이 발생한 것은 어찌 보면 당연한 일이었다. 사실 이 문제는 해결될 수도 있었다. 통치자들은 문제가 발생할 때마다 교회의 주권을 야금야금 삼키고 있었다. 다시 말해 국가가 교회보다 훨씬 강력해지고 있었던 것이다. 이에 위기의식을 느낀 교황, 특히 율리우스 2세는 중부 이탈리아를 거점으로 새로운 국가를 세우려 했다. 루터는 그를 '흡혈귀', '잔인하며 난폭한 동물'이라고 비난했는데, 실제로 율리우스는 교황보다는 장군이나 국왕이 어울리는 사람이었다.

율리우스는 교황으로 선출되면 2년 안에 공의회를 소집하겠다는 약속을 했지만, 막상 교황에 오르자 이 약속을 저버렸다. 왜냐하면 자신이 공의회를 장악하기는커녕 오히려 공의회를 통해 교황청의 자금 조달기관들이 해체될 것이라는 것을 알았기 때문이다. 그러나 프랑스 왕과 신성로마제국 황제로부터, 그리고 교회 내부로부터 공의회를 개최하라는 압력은 멈추지 않았다. 교황은 아랑곳하지 않았다. 그러나 결국 9명의 추기경과 교황의 특사였던 카르바할은 교황의 동의를 받지 않은 채 1511년 공의회를 소집했다(교황의 동의 없이 공의회가 열렸던 전례가 있긴 했다). 여기에는 루이 12세와 황제 막시밀리안의 지원이 절대적이었다. 교황 율리우스 2세는 공의회를 소집한 9명의 추기경들을 '어둠의 자식들', '분열주의자들'이라며 비난한 후에 파문시켜버렸으며, 이들을 대적하기 위해 그다음 해에 제5차 라테란 공의회를 소집했다. 이 공의회는 사실상 기독교가 가톨릭과 프로테스탄티즘으로 양분되기 전에 열렸던 마지막 보편 공의회였다. 이처럼 라테란 공의회는 시작부터 교회 개혁을 위해 소집되었던 것이 아니었으며, 이 회의에서 다루어졌던 의제 또한 '육체가 죽은 후에 영혼은 최후의 심판 때까지 어떤 상태로 있게 되는가?'라는 무미건조한 것뿐이었다. 그러나 이 공의회에서 교황은 프랑스가 자국 교회를 통제할 요량으로 요청한 모든 사안들을 실질적으로 허용해주었다. 프랑스는 이 협정을 근거로 왕실 주도로 교회를 개혁할 수 있게 되었으며, 이에 대한 대가로 교황청에 대한 압력을 완화했다. 이렇게 율리우스 2세는 세속군주들과 쌍무협정을 맺고 전체 교회를 희생시키면서까지 자신의 지위와 생명을 지키려 안간힘을 썼던 것이다.

당시 교황청은 무엇보다도 악화될 대로 악화된 재정 문제 때문에 골머리를 앓고 있었다. 정직은 비싼 대가를 요구했다. 왜냐하면 정직한 교황에게 돌아오는 것은 빚더미에 앉은 교황청뿐이었기 때문이다. 다시 말해, 개혁을 하기 위해서는 돈이 필요했던 것이다. 바로 이 점을 개혁자들은 이해하지 못했다. 알렉산데르 6세를 제외한 대부분의 교황은 가난했으나, 교황청 밖의 사람들에게 교황은 상당한 부자로 인식되었다. 왜냐하면 상당한 양의 뇌물이 교황청에 뿌려졌기 때문이었다. 예를 들어 1517년에 브란덴부르크 선제후의 형인 알베르트 대주교는 교황청에 엄청난 양의 뇌물을 주고 여러 교구를 동시에 겸직할 수 있는 권리를 얻어냈다. 막대한 뇌물을 마련하기 위해 큰 빚을 진 알베르트 대주교는 면죄부를 판매함으로써 빚 문제를 해결하려 했다. 물론 명분은 성 베드로 성당을 개축하는 데 필요한 자금을 마련한다는 것이었다. 이와 아울러 대주교는 돈벌이를 위해 성물 전시회를 지속적으로 개최했다. 9천 점에 달하는 성물 가운데는 성인들의 시신과 이삭의 뼈, 광야에서 거두었다는 만나, 모세의 '불타는 떨기나무' 가지, 가나의 혼인 잔치에서 포도주를 담 았던 항아리(항아리 속에는 포도주까지 담겨 있었다), 가시 면류관, 스데반을 죽이는 데 사용되었던 돌맹이 등이 있었다. 하지만 작센 주의 선제후였 던 '현자 프리드리히'는 알베르트 대주교의 성물 전시회와 면죄부 판매를 자신에 대한 도전으로 간주하여 자신의 영토에서 면죄부가 판매되는 것 을 금지시켰다. 이에 순진한 평신도들은 면죄부를 사기 위해 그것을 판 매하는 지방으로 국경을 넘는 일이 벌어지기도 했다.

아우구스티누스회 소속 수도사였던 34세의 마르틴 루터가 비텐베르 크 성 교회 문에 '면죄부 판매를 반대하는 95개조 반박문'을 써 붙였던 때가 바로 이 시점이었다. 루터는 당시의 잘못된 관행에 경종을 울리면 서 "교황은 어느 누구와도 비교할 수 없을 만큼 대단한 부자이다. 그런데 그는 어찌하여 자신의 돈으로 성 베드로 성당을 짓지 않고 가난한 기독 교인의 돈을 착취해 가는가?"라고 일갈했다. 저항의 첫 일성부터 루터는 세속통치자의 이해관계와 보조를 같이했던 것이다.

마르틴 루터

그렇다고 해서 젊은 수도사 루터의 진지한 열정을 간과해서는 안 된다. 대학에서 성경을 가르치던 루터는 무엇보다 성경을 근거로 하여 중세 형 이상학을 거부하고 성경 본문으로 돌아갈 것을 외쳤다. 이런 점에서 루 터는 에라스무스와 같은 노선에 있었다고 볼 수 있다. '95개조 반박문'을 발표하기 5개월 전에 루터는 다음과 같이 주장한 적이 있었다. "내가 가 르치는 신학과 성경, 그리고 성 아우구스티누스를 비롯한 훌륭한 신학자들의 신학을 가르치지 않는다면 어느 누구도 강의를 들으려 하지 않을 것이다. 교회법, 스콜라 신학, 철학 그리고 논리학이 없어지지 않는 한 교회는 개혁되지 않을 것이다." 여기에서 아우구스티누스에 대한 언급은 중요하다. 말년의 아우구스티누스는 로마서 연구를 통해 예정 교리를 발전시켰는데, 루터 또한 로마서를 통해 큰 깨달음을 얻었다. 루터는 수도원에서 회심의 순간을 맞이했다. 그의 표현에 의하면, 변기 위에서 "의인은 믿음으로 살 것이다"라는 구절의 의미를 처음 깨달았을 때 그에게 "성령께서 회심의 기회를 부여하셨다." 이를 계기로 루터는 성례전 중심의 교회와 기계적인 기독교의 상부구조를 비판하기 시작했다.

루터가 주장하는 핵심은 다음과 같았다. 성경에는 행위가 아니라 믿음으로 구원을 받는다고 기록되어 있으며, 행위는 구원받은 존재의 외적 표현에 불과하다. 성경을 중시했다는 점에서 루터는 에라스무스와 닮았으나, 위의 주장은 에라스무스에게는 매우 낯선 사상이었다. 여기에서 그 두 사람의 길이 갈라졌다. 에라스무스의 추종자들은 도덕적 개혁을 믿었고, 루터파는 기독교의 새로운 이론을 믿었다. 훗날 칼뱅파 역시 루터파와 마찬가지로 기독교의 새로운 가르침을 믿었다.

에라스무스와 루터는 성향도 매우 달랐다. 루터는 한 사람의 지성인이라기보다는 일종의 강력한 힘, 구체적으로 말하자면 강력한 영적 힘의 원천이었다. 이러한 점은 에라스무스를 질리게 할 정도였다. 루터의 힘의 원천은 수도원에서 훈련받은 기도의 능력에 있었다. 루터는 창문 옆에서 하루에 3시간씩 기도했다. "중요한 일을 할 때마다 기도"하는 습관을 길렀으며, 기계적인 기독교를 대체할 수 있는 진정한 대안 역시 '기도'라고 강조했다. 기도에 관한 설교는 단순하고 꾸밈이 없었고 유럽의 평신도들에게 강한 영향을 미쳤다. 성직자들의 독신제를 비판함과 동시에 기도를 강조했던 루터는 가정의 중요성을 일깨워주는 역할을 했다.

루터는 단순한 메시지 몇 개를 집중적으로, 그리고 놀라운 열정으로 끊임없이 반복해서 전하는 방식을 택했다. 특히 그가 저술 작업에 쏟은 열정은 대단해서 1517년부터 평균 40일에 한 권의 책을 써서 평생 100권이 넘는 책을 출간했다.

루터의 초기 저술 가운데 가장 중요한 논문들은 모두 1520년에 출판되었다. 이 논문들은 이른바 '루터의 3대 개혁 논문'으로 간주되는데, 1520년은 그가 공식적으로 파문을 당하고 프로테스탄티즘으로 갈라지기 바로 직전이었다. 〈교회의 바벨론 포로The Babylonish Captivity of the Church〉에서 루터는 종교개혁자의 입장에서 가톨릭 교회를 근본적으로 비판한 후에 성경을 바탕으로 교회를 개혁하기 위한 프로그램들을 제시했다. 〈기독교인의 자유On the Liberty of a Christian Man〉에는 루터 사상의 핵심인 칭의론 교리의 윤곽이 담겨 있다. 마지막으로 〈독일 민족의 기독교 귀족에게 고함To the Christian Nobility of the German Nation〉에서 루터는 종교를 개혁할 수 있는 새로운 수단들을 설명해놓았다. 루터는 독일 영주들에게 교회 개혁에 적극적으로 나설 것을 주문하는 등 에라스무스라면 감히 시도할 수 없었을 과정을 밟아나갔다. 하지만 루터는 지극히 건전한 기독교 전통 안에 있었다. 그는 '사회는 근본적으로 하나'라는 중세적 전제 위에 서 있었다. 다시 말해 성직자들이 세속 권력자의 통치권을 비판할 수 있었으며, 그 반대도 마찬가지였다. 성직자들 스스로 교회를 개혁할 수 있는 역량을 지니고 있지 못하다면 어떻게 해야 하는가? 그래서 루터는 기독교 전통에 따라 세속 권력자들, 특히 제후들에게 교회 개혁의 역할을 맡아달라고 호소했던 것이다.

하지만 에라스무스처럼 루터 또한 괴물과 같은 위험을 감당해야 했다. 국가권력이 눈에 띄게 성장하고 있었기에 교회의 개혁을 세속 통치자들에게 위임한다는 것은 사회제도를 통한 개혁을 의미했고, 제후들로 대표되는 사회체제—성직자만큼이나 변화와 개혁이 필요했던 체제—에 맹목적으로 의존한다는 것이기도 했다. 이에 대한 불만은 1524년에 일어난 농민반란의 형태로 등장했다. 이미 14세기 말 영국에서 이와 유사한 사례가 있었다. 농민들의 봉기는 위클리프의 종교개혁을 실패로 이끈 결정적 계기로 작용했다. 가톨릭 교회가 위클리프를 농민들의 봉기와 연관지어 여유 있게 그의 추종자들을 제압할 수 있었기 때문이다. 세속 권력자들 또한 농민들로부터 등을 돌렸다. 루터는 이러한 함정을 피해야 한다는 것을 잘 알고 있었다. 다시 말해 종교개혁의 성공을 위해 기꺼이 농민을 희생시키기로 결심했던 것이다. 그는 〈살인하고 도둑질하는 농민들의 무리에 반대하며Against the Murdering, Thieving Hordes of Peasants〉라는 글에서 농민반란을 심각하게 비판하는 등, 보수적인 기존질서를 옹호하는 반혁명적 논조를 전개했다. 그는 또한 영주들에게 "강제로 농민반란에 가담한 가난한 백성들을 해방시키고, 구원하고, 돕고 돌보기 위해 여러분의 칼을 사용하라. 할 수 있는 모든 수단을 동원해 사악한 자들을 치고, 찌르고, 죽이라"고 요청했다. "지금은 기도보다는 피 흘림을 통해 하늘의 승리를 거둘 수 있다." "이성만으로는 폭도들에게 대처할 수 없다. 여러분이 할 수 있는 최선의 답은 피를 흘릴 때까지 폭도들을 때리는 것이다."

이러한 태도 때문에 루터는 세속 군주들의 후원을 등에 업고서 보수적인 개혁가로서 사회적 입지를 확고히 다져나갈 수 있었다. 1537년에 루터를 따랐던 영주들은 슈파이어 의회Diet of Speier에 가톨릭 세력에 대항하는 '항의서'를 전달했으며, 그로부터 2년 후에 맺어진 슈말칼덴 동맹(신성로마제국의 프로테스탄트 국가들이 로마 가톨릭의 공격으로부터 루터파 교회를 보호하기 위해 결성한 동맹—옮긴이)을 통해 군사적 기반을 갖출 수 있게 되었다. 이제 루터파 운동은 그 누구도 박해할 수 없을 만큼 상당한 세력으로 성장했다. 다시 말해 교황청과 세속군주들은 루터파와 타협할 것인가 아니면 영원한 분열을 선택할 것인가를 놓고 결정을 내려야 하는 기로에 서게 되었다.

협상 테이블에 앉은 가톨릭과 프로테스탄티즘

당시만 해도 세속정치가들, 특히 신성로마제국의 황제 카를 5세는 가톨릭과 프로테스탄티즘의 타협과 화해를 꿈꾸며 공의회를 열고자 노력했다. 독일의 재통일을 위해서는 종교적 일치가 무엇보다도 필요했기 때문이었다. 하지만 프랑스 왕실은 다른 생각을 갖고 있었다. 프랑스는 독일이 통일되기보다는 현재처럼 분열된 상태를 계속 유지하기를 내심 바라고 있었기 때문이었다. 그랬기 때문에 프랑스 왕실이 공의회가 열리지 못하도록 방해했던 것은 지극히 자연스러운 일이었다. 교황들도 자신들의 권력에 위협이 될 공의회를 달가워하지 않았고, 따라서 프랑스와 뜻을 함께했다. 자신의 지지 기반이 굳건했던 루터 또한 공의회 같은 타협에는 관심이 없었다. 이러한 정치적 이해관계로 인해 결국 공의회는 열리지 못했다. 그럼에도 교황청과 루터파가 만날 수 있으리라고 기대하는 사람들이 많이 있었던 것 같다. 사실 몇 가지 측면에서 볼 때 루터는 가톨릭 내의 루터 반대파보다 더 가톨릭적인 부분도 없지 않았다.

루터와 가톨릭 교회 사이에 논쟁이 벌어졌을 때 가톨릭 측 대변인이었던 요한 에크는 의도적으로 은혜, 성례전 등 교회의 본질적 문제보다는 교황의 권위에 관한 문제를 논쟁의 주제로 선택했다. 루터의 후원자인 프리드리히 선제후 같은 몇몇 평신도들은 루터가 말한 것 중에 성경에 어긋난 것은 단 하나도 없었다고 주장했다. 가톨릭 측에서도 메리 튜

더 여왕 시절에 캔터베리 대주교로 활동했던 폴레 추기경같이 루터와 유사한 주장을 하는 성직자들이 있었고, 프로테스탄티즘 측에서도 멜란히톤과 부처는 중도노선을 견지했다. 루터파 목사들은 에라스무스에게 다음과 같이 호소했다. "위대한 선생님, 우리는 당신이 미래의 솔로몬이 되실 것을 소망합니다. 솔로몬의 판단력으로 불화를 종식시키실 것을 원합니다." 많은 종교개혁자들이 교회가 분열되는 것은 어쩔 수 없는 일이라 해도 대단히 비극적인 일이라고 생각했던 것처럼, 많은 가톨릭 교도들도 교회가 가르친 공로신학이나 성례전 때문에 깊은 혼란에 빠져 있었고 루터파가 지적한 사항들 중에서 많은 부분을 가톨릭 교회가 수용하기를 열망했다. 이렇게 중도적 노선에 있었던 사람들의 노력으로 1539-1541년 사이에 가톨릭과 프로테스탄트 세력이 서로 만날 수 있었던 것이다. 그러나 불행히도 이들은 "종교개혁으로 인해 분열된 교회가 합칠 수 있겠는가?"라는 질문을 나누는 것으로 만족해야 했다.

1540년에 하게나우에서 열린 가톨릭과 프로테스탄트 간의 첫 번째 만남은 준비 부족으로 실패했다. 이후 보름스 회의에서는 조금 진전된 모습을 보였으며, 이 회의는 1541년 3월에 열린 레겐스부르크 회의로 이어졌다. 이 회의에 참석한 인물들을 살펴보면 평화주의자이며 인문주의자인 그로퍼, 제국의 정무장관 그란벨라, 부처, 카피토 등이 있었다. 그로퍼는 대주교를 대신하여 쾰른 교구를 개혁하던 사람으로 자신이 담당하던 교구가 극단주의자들에 의해 가톨릭과 루터파로 분열될 것을 두려워하고 있었다. 그는 이미 《기독교 강요 편람 Enchiridion Christianae Institutionis》(1538)을 통해 가톨릭과 프로테스탄트 사이의 타협 가능성을 제기한 바 있었다. 콘타리니는 교황의 특사로 회의에 참석했던 인물이었는데, 칭의론을 문제의 핵심으로 보았으며 이 문제가 해결되면 교황의 권위와 성례전 같은 문제들은 자연스럽게 해결될 것으로 기대했다. 그 또한 아우구스티누스의 입장에서 칭의 개념을 이해했기에 사실상 루터를 반대할 아무런 이유를 찾지 못했다. 실제로 그는 1523년에 다음과 같이 말했다. "진실로 나는 어느 누구도 행위를 통해 의롭게 될 수 없으며 … 우리는 예수 그리스도에 대한 믿음을 통해 의롭게 될 수 있다는 확고한 결론에 이르렀다. … 따라서 루터의 가르침은 근본적으로 옳으며, 우리는 그의 가르침을 반대할 이유가 없다. 그의 가르침은 진실한 기독교 신앙의 기초이며 가톨릭 교회의 참된 가르침이라는 것을 인정해야 한다"(후에 종교재판소는 이 구절들을 삭제해버렸다). 이 점에서 그로퍼도 콘타리니와 유사한 입장을 가지고 있었다. 개회사에서 카를 5세는 또다시 찾아온 투르크족의 위협을 고려해볼 때, 지금 그들에게 필요한 것은 기독교 세계의 단결이라고 역설했다. 콘타리니는 "일치의 열매가 얼마나 클 것인지! 인류는 얼마나 깊이 감사하게 될 것인지!" 하고 말했다. 이에 대해 부처는 이렇게 대답했다. "양측은 실패했다. 우리 편의 일부 인사들은 중요하지도 않은 점을 지나치게 강조했고, 다른 편 사람들은 분명한 권력 남용 사례를 적절하게 개혁하지 못했다. 하나님의 뜻에 따라 우리는 궁극적 진리를 발견할 것이다."

콘타리니와 그로퍼는 신앙과 은총, 그리고 사랑을 동시에 강조하는 이중칭의론—즉 전가된imputed 의와 고유한 의, 신앙과 사랑—이라는 중간 타협안을 내놓았다. 이에 대해 폴레는 "타협안이 만들어지는 순간 나는 어떠한 불협화음도 느낄 수 없는 온전한 기쁨을 느꼈다. 타협이 평화롭게 이루어졌기 때문만이 아니라 타협안의 내용이 하나같이 기독교 신앙의 기초가 되었기 때문이다." 그럼에도 불구하고 성찬의 실재론real presence(제단 위의 빵과 포도주 안에 그리스도가 실제로 현재한다는 입장—옮긴이)에 대한 합의는 이루어내지 못했다. 이와 관련하여 콘타리니는 프로테스탄트들의 입장을 제대로 파악하지 못했으며, 결국 이 문제로 온전한 타협은 물 건너 가버렸다. 이와 같은 사태는 충분히 예상되었던 결과였다. 성찬에 대한 프로테스탄트들의 입장이 다양하여 하나로 통일되지 못했기 때문이었다. 실재론에 대해서는 이견이 없었지만, 토마스 아퀴나스가 주장했던 화체설transubstantiation을 인정한 프로테스탄트는 단 한 명도 없었다. 세부적인 입장에서도 부처, 멜란히톤, 칼뱅, 츠빙글리를 비롯한 종교개혁자들은 하나같이 서로 다른 입장을 피력했다. 루터는 제단 위에 있는 성찬의 요소들, 즉 빵과 포도주 "안에, 함께 그리고 밑에" 그리스도의 몸과 피가 실질적이고 육체적으로 임재한다고 가르쳤다. 다시 말해 루터는 (칭의론에서처럼) 본질적으로 아우구스티누스의 견해를 따르고 있었다. 성찬 이론과 관련하여 루터가 아퀴나스를 반대한 것은 형식보다는 방법론적 측면에 있었다. 성찬과 관련해서 루터는 종교개혁자 가운데 누구보다 가톨릭의 견해와 일치했다. "나는 츠빙글리의 추종자와 함께 포도주를 마시기보다는 교황주의자와 함께 피를 마시고 싶다." 그러나 정작 루터는 레겐스부르크 회의에 참석하지 않았다. 로마 가톨릭 중도파들과 회의하는 것은 아무런 소득도 없는 일이라고 생각했기 때문이었다. 카를 5세는 성찬 때에 그리스도가 실제로 임재한다는 선언을 기꺼이 받아들였으며, 그 이외에 기술적인 문제들은 다음 회의에서 다루기를 바랐다. 영주들도 이와 비슷한 생각을 갖고 있었다. 그러나 회의는 이들의 바람과는 반대로 흘러갔다. 극단주의자들이 회의를 지배했기 때문이었다.

정치적 입장의 차이—한편에 프랑스, 바이에른의 제후들과 교황청이 있고, 다른 한편에는 루터의 슈말칼덴 동맹과 작센의 선제후가 있다—도 신학적 차이만큼이나 서로의 만남을 방해했다. 레겐스부르크 회의는 타협을 기대할 수 있는 마지막 기회였다. 그로부터 5년 후에 트렌토 공의회가 열리기는 했지만, 상황은 역전되어 콘타리니가 이미 세상을 떠난 후였고 중도파들은 흩어져버린 상태였으며, 가톨릭 교회는 전쟁만을 고집했다. 신성로마제국의 황제 카를 5세까지도 통일의 꿈을 점차 포기하고 있었다. 트렌토 공의회는 '이제 루터를 화형시키는 일이 불가능해졌다는 사실이 매우 유감스럽다'(트렌토 공의회 첫 번째 회기 중에 루터가 세상을 떠났기 때문에)는 섬뜩한 의견을 발표한 것 외에 별다른 주목할 만한 내용을 내놓지 못했다.

장 칼뱅

프로테스탄트 내부는 서로 봉합할 수 없을 정도로 심하게 분열되어 있었다. 얼마나 분열이 심했던지, 심지어 가톨릭과 협상에 나설 대표자를 구성할 수 없을 정도였다. 스위스 취리히에서 좀 더 급진적인 개혁운동을 전개했던 츠빙글리는 루터와 달리 과거를 존중해야 할 이유를 찾지 못했다. 예를 들면 츠빙글리가 확립한 '성찬' 교리는 가톨릭과 어떤 공통점도 찾기 힘들 정도였다. 스트라스부르의 종교개혁자였던 마르틴 부처는 루터와 츠빙글리를 화해시키려 했으나, 실패로 돌아갔다. 하지만 이 와중에 부처는 자신의 구원론 교리를 체계적으로 확립할 수 있었다. 부처의 제자였던 장 칼뱅은 스승으로부터 루터파와 구별되는 대안들을 이끌어 냈다. 루터파는 가톨릭 교회의 인습들을 제거하는 데 힘을 기울이기는 했으나, 전체적인 색채는 보수적이었으며, 본질적으로는 중세 기독교의 체계 내에 머무르기를 바랐다. 루터파가 지배하던 지역에서는 루터의 요청에 의해 세속통치자들이 교회를 재조직했다. 1542년에는 비텐베르크에 교회재판소가 세워졌는데, 이곳에서 일하는 성직자들 또한 영주들이 임명했다. 다시 말해 교회와 세속 권력이 뒤얽히게 되었던 것이다. 루터파와는 달리 칼뱅파는 기존의 국가기구를 버리고 중세 이전의 단계로 거슬러 올라갔다. 즉, 지상에서 신정정치를 실현하려 했던 것이다.

칼뱅은 프랑스 북부 출신으로 교회법률가의 아들이었다. 그가 파리와 오를레앙, 부르주에서 받은 교육도 대부분 법률과 교회법에 관련된 것이었다. 칼뱅의 저서들은 종교개혁자들이 펴낸 책들 중에서 (에라스무스 다음으로) 가장 널리 읽혔다. 그의 첫 저술이 세네카의 《관용론 De Clementia》에 관한 주석이었다는 사실을 기억할 필요가 있다. 이 책에서 칼뱅은 예정된 운명에 대한 스토아 교리에 주목했다. 정서적 기질과 가족의 성향에 따라 한 사람의 신념이 형성되는 경우가 많은데, 누구보다도 칼뱅이 그러한 인물이었다. 24세 때인 1533년에 칼뱅은 가톨릭 교회와 결별하게 된다. 그 후 3년 동안 그는 주로 부처와 루터의 책을 통해 기독교 교리를 새롭게 종합하고, 교회와 국가 통치체계를 이론적으로 확립했다. 그의 역작인 《기독교 강요 Institutes of the Christian Religion》는 1564년 그가 세상을 떠날 때까지 수정을 거듭했지만, 실제로는 제네바에서 활동하던 1538년에 완성되었다고 볼 수 있다. 칼뱅은 대단히 지성적이고 결단력이 있으며, 자기 확신이 넘치는 사람이었다. 그는 곧잘 "나는 어느 누구보다도 하나님으로부터 풍부하게 조명을 받았다"는 말을 즐겨 사용했다.

그러나 칼뱅의 사상 체계를 지배했던 요소는 예정에 관한 가르침이었다. 그는 루터가 논의한 아우구스티누스 예정론을 재조명하여 결정론으로 몰고 갔다. 그의 논의는 다음과 같았다. 사람들은 구원받도록 예정되어 있을 뿐만 아니라 버림받도록 예정되어 있다. 사탄과 마귀들은 철저하게 하나님의 명령 안에서 행동한다. "하나님이 사탄과 마귀들을 구원하시기로 작정하지 않으신다면 그들은 결코 구원받을 수 없다. 하나님이 그들에게 명령하지 않고서는 그들은 악을 행할 수도 없고, 악을 행하려는 생각조차 할 수 없으며 작은 손가락조차 들어올릴 수 없다." 태초 전부터 하나님은 어떠한 사소한 일이나 행동까지도 이미 의도하셨다 forewills. "어찌하여 하나님은 일부에게만 긍휼을 베푸시는가라고 묻는다면, 그렇게 하는 것을 하나님 스스로 기뻐하시기 때문이라는 것 외에 우리가 할 수 있는 대답은 없다." "버림받은 사람들이 왜 버림을 받게 되는지 그 원인과 문제는 그들 내부에 있다. 버림은 하나님의 예정대로 진행된다. … 하나님이 죄를 짓도록 허락하실 때에만 죄를 지을 수 있다. 그러나 사람은 타락하여 죄를 짓기도 한다."

하나님으로부터 선택을 받느냐, 정죄를 받느냐 하는 문제는 실로 무시무시한 교리이다. 하지만 그리스도와 교제를 통해, 즉 칼뱅파의 일원이 되었다는 사실을 통해 선택을 받았다는 것을 확신할 수 있다면 이 교리는 충분히 감내할 수 있을 것이다. "스스로 예수 그리스도 안에 있고 예수 그리스도의 지체가 되었음을 발견한다면 누구든지 구원받았음을 확신하게 될 것이다." 사람이 파멸을 피하기를 원하는 한 그는 안전을 보장받을 수 있다. 여기에 칼뱅 이론의 강점과 약점이 동시에 숨겨져 있다. 만일 당신이 이중예정에 담긴 무시무시한 논리를 받아들이지 못하겠다면 예정론은 혐오스러운 교리로 남게 된다. 하지만 예정론을 수용한다면 당신은 어떠한 이의도 제기할 수 없게 될 것이다.

이 같은 교리에 기초하여 칼뱅은 지상의 조직을 세웠다. 선택된 사람들을 안전하게 보호하고, 정죄받기로 예정된 사람들을 파문하기 위해 필요한 것은 정치적 재판이었다. 제네바 의회는 장로들을 임명하여 목사들과 긴밀하게 협력할 수 있도록 했다. 한마디로 장로들은 훈련받은 정부 관리로, 그들의 임무는 도덕법을 집행하는 일이었다. 다시 말해 "모든 사람의 생명을 보호하고 … 형제애를 발휘하여 교정 임무를 위임받은 동료들에게 보고하는 일이었다." 컨시스토리consistory(교회재판소)에서 결정된 사안들은 정부 관리들에게 넘겨져 법적 절차에 따라 시행되었다. 제네바에서는 칼뱅이 의도한 '완벽한' 신정정치가 실현될 수 없었다. 왜냐하면 제네바의 유력인사들은 정부가 직접 나서서 재판을 주재해야 한다고 주장했기 때문이었다. 그들은 이론적으로 목사들은 시민들의 형사재판을 좌지우지할 수 없도록 금지되어 있다고 주장했다. 하지만 칼뱅은 제네바 컨시스토리를 통해 기독교 교리를 '자유방임주의'적으로 해석하는 사람들을 재판하여 추방하거나 처벌을 가하기도 했다. 이 점에서 제네바 컨시스토리는 당시까지 로마 가톨릭 교회가 운영했던 그 어떤 체제보다도 기독교 이념에 가까웠다고 볼 수 있다.

컨시스토리에서 다루었던 피의자들을 보면 남편의 무덤 위에서 무릎을 꿇고 "평안히 잠드소서"라고 말했던 여인, 성배를 제작한 대장장이, 제네바로 도피해 있던 '경건한' 프랑스 난민을 비판한 남성, 호두 안에 거미를 넣어 남편 목 부위를 치료하려 했던 한 여성, 25세의 남자와 결혼한 62세의 여성, 사제의 머리를 깎은 이발사, 종교적 입장을 이유로 사람들을 처형했던 도시를 비판한 사람들 등이 있었다. 13세기에 그로스테스테 주교가 그러했던 것처럼 목사들은 가격이나 양을 속여 파는 상인, 이자율을 높이려는 고리대금업자, 부정을 저지르는 의사와 재단사, 무역상의 수수료 등을 감시하여 조그마한 잘못이라도 찾아내려 했다. 이와 아울러 갖가지 부수적인 조례들도 만들어졌다. 이처럼 칼뱅파가 주도했던 교회법정은 규모는 작았지만 카롤링거 시대의 공의회와 그 기능이 매우 유사했다. 칼뱅파는 지상에 하나님의 도성을 건설하려는 아우구스티누스의 이론으로부터 영향을 받아 이를 실행에 옮기려 했던 것이다.

양심에 관한 루터와 칼뱅의 입장

16세기 중엽이 되자 유럽에는 세 가지의 국교 형태가 존재하게 되었다. 교황이 지배하는 로마 가톨릭 교회, 국가 기독교(루터파), 칼뱅파의 신정정치가 그것이었다. 이들은 모두 보편주의를 지향하고 있었으며, 자신들의 교리와 제도가 보편화될 수 있기를 기대했다. 이들은 자신들의 권력이 미치는 곳에서 독점권을 주장하면서 지배적 종교로 자리를 잡았다. 루터는 무엇보다도 관용, 즉 (이것은 새로운 표현인데) '양심의 자유'를 외쳤으며, 이러한 입장에서 "전쟁이 아닌 글을 통해 승리"하기를 바랐다. 로마 교황청이 정죄한 루터의 명제 가운데에는 "이단을 화형에 처하는 것은 성령의 의지를 거스르는 것이다"라는 주장도 들어 있었다. 루터는 세속 권력에 대해서도 "사람들이 무엇을 믿든 각자의 재량에 맡겨두어야 하며, 종교 문제로 인해 무력을 행사해서는 안 된다"라고 주장했다. 처음에 루터는 영주들에게 천년왕국주의자, 재세례파, 소종파들을 억압하지 말라고 요청했다. 왜냐하면 "기독교 내에는 여러 종파가 존재할 수 있고 또 하나님의 말씀은 그들에게도 선포되어야 하기 때문이다." 이처럼 애초에 루터는 어느 누구보다도 관용적인 사람이었으나, 영주들에게 의존하게 되고 그의 가르침이 국가종교로 확립되자 태도가 돌변했다.

이후로 루터는 루터파를 제외한 다른 기독교 종파들이 활동을 하지 못하도록 했으며, 1525년에는 중세 가톨릭 교회의 미사까지도 금지시켰다. 이 같은 그의 태도는 곧 다른 프로테스탄트 종파들에게까지 영향을 미쳤는데, 루터는 "세속군주는 설교자들이 경쟁하여 파당을 짓거나 분쟁에 휘말리지 않도록 감시해야 한다. 한 지역에서는 오직 하나의 설교가 시행되도록" 조치를 내려야 한다고 주장했다. 1527년부터 루터는 좀 더 적극적으로 나서서 루터파 교회를 하나로 통일시키기 위해 부단한 노력을 기울였다. 1529년에 오면 루터는 '양심의 자유'를 부인하기에 이르렀다. "하나님을 믿지 않더라도 최소한 십계명은 지켜야 하며 강제적으로라도 설교를 듣도록 해야 한다." 2년 후에 루터는 재세례파를 비롯한 프로테스탄트 극단주의자들은 "정부 권력자들의 손으로 처형해야 한다"고 주장하기도 했다.

칼뱅은 양심이 자유롭게 보장되어야 한다고 주장한 적은 없었다. 선택된 사람들로 구성된 완벽한 사회에서 과연 어떤 도전이 용납될 수 있겠는가? 이 때문에 칼뱅은 자신의 체제에 도전하는 세력들은 지체 없이 파문시킬 것임을 분명히 했다. 만약 이에 항의하는 사람들이 있다면 그들은 처형을 피할 수 없을 것이라는 경고 또한 잊지 않았다. 칼뱅은 반대자를 제압할 때마다 그 반대자가 쓴 책을 자기 손으로 직접 불태우도록 명령했다. 신학문의 영향을 받은 칼뱅은 이처럼 자신의 통치에 반항하거나 삼위일체 교리를 부정한 사람들을 매우 엄격히 다루었다.

대표적인 본보기가 바스크 출신으로 에라스무스를 추종했던 미카엘 세르베투스였다. 화가, 지리학자, 점성가, 물리학자, 의사로 활동했던 세르베투스는 한마디로 백과사전적 지성을 소유한 사람이었다. 1546년에 칼뱅은 한 친구에게 이렇게 썼다. "세르베투스가 방금 나에게 … 광란적인 지성을 토해낸 두꺼운 책을 보냈다네. 내가 우호적인 입장을 보인다면 그는 여기(제네바)에 오겠지. 허나 나는 아무 말도 하지 않을 생각이야." 세르베투스는 'MSV'라는 이름으로 《기독교의 회복Christianismi restitutio》이라는 책을 출간했다. 이 책에서 그는 그리스도가 하나의 인간이었다고 주장했다. 칼뱅의 추종자이자 친구인 기욤 드 트리는 'MSV'가 미카엘 세르베투스 빌라노바누스Michael Sevetus Villanovanus의 머리글자라는 점을 밝힌 후 그를 종교재판소에 신고했다. 종교재판 과정에서 칼뱅은 마치 세르베투스를 처형시키려고 계획을 꾸민 사람처럼 보였다. 세르베투스는 이 재판을 피하기 위해 국경을 넘었지만, 불행히도 그가 피한 곳은 칼뱅의 본거지인 제네바였다. 그는 곧 체포되었고, 〈유스티니아누스 법전〉에 의거하여 사형선고를 받았다(제네바는 프로테스탄트들이 지배하던 곳이었음에도 불구하고 여전히 〈유스티니아누스 법전〉이 사용되고 있었다). 칼뱅은 세르베투스가 사형에 이르는 것까지는 바라지 않았으나, 결국 그는 화형에 처해졌다. 저명한 학자를 무지막지하게 처형해버린 이 사건은 일부 종교개혁자들, 특히 이탈리아에서 활동하던 개혁자들로부터 거센 항의를 받았다. 이 사건에 대해 익명으로 항의했던 한 사람이 다비드 요리스였다. 그는 참된 교회는 "박해하는 자들이 아니라 박해받는 자들이다"라고 말했다. 그는 1556년 바젤에서 평화롭게 죽었으나 3년 후에 그의 비밀이 발견되자 바젤의 프로테스탄트들은 이미 죽은 이단자를 법적 절차에 따라 처벌하도록 규정해놓은 종교재판소의 사법절차들을 모조리 동원하여 그를 다시 한 번 단죄했다. 펠릭스 플라터는 이 사건을 직접 목격한 후 다음과 같이 증언했다. "프란체스코회 수도원 광장에는 파내어진 시신과 함께 관이 서 있었다. 이단들을 처형하는 장소로 사용된 스타인넨토르 앞에 장작더미가 쌓여 있었다. 사형집행자는 그곳에 관을 올려놓고 그 관을 후려치고 나서 이미 죽은 사람의 시신을 싸구려 망토로 덮고 뾰족한 벨벳 모자를 씌우고 말끔하게 주홍색 옷을 입혀 전시했다. 시신은 꽤 잘 보존되어 있어서 누군지 알아볼 수 있었다."

카밀로 레나토는 다음과 같은 장문의 시로 이를 비난했다. "불타는 기둥이 천국을 발견할 수 있을 것으로 생각했던 지역에 우뚝 세워졌다." 그럼에도 불구하고 스위스에서 화형제도는 계속 유지되었으며, 심지어 그리스어 교수인 테오도레 베자와 같은 프로테스탄트 지성인들이 이 제도를 옹호하기도 했다. "(이단들보다) 더 중대하고 가증스러운 범죄를 또 어디서 발견할 수 있는가? … 그 같은 범죄행위에 대해 무슨 고문인들 충분하다고 할 수 있겠는가?" 세르베투스가 처형당한 지 4개월 후에 출간된 《정통 신앙의 선언 Declaratio orthodoxae fidei》에서 칼뱅은 다음과 같이 말했다. "하나님의 영광이 도전을 받을 때 우리는 모든 인류를 포기해야 할 수도 있다. … 전염병을 막기 위해서라면 하나님은 어느 도시나 누구를 불문하고 용서하지 않으실 것이다. 그때에 성벽은 무너지고 주민들은 상처를 입고 모든 것들이 파괴될 것이다. 이 모든 일은 하나님의 저주를 나타내는 것이다."

각 지역은 영주의 종교를 따른다!

루터파와 칼뱅파, 그리고 가톨릭은 극단적 반율법주의자들을 박해하는 일에는 함께했지만, 그 외에 거의 모든 부분에서 부딪쳤다. 칼뱅주의자들은 가톨릭 교도들을 경건한 체하는 가식적인 사람들로 여겼고, 루터파에 대해서는 개혁의 외침만 있고 실질적인 개혁은 하지 못하는 사람들로 간주했다. 이에 비해 루터파는 칼뱅파 사람들을 재세례파로 분류하면서 그들은 성찬의 실재론을 거부하는 등 기독교의 보편적 신앙 Catholic faith을 버렸다며 동료로 인정하지 않았다. 폴리카르프 레이저 같은 일부 루터파 사람들은 칼뱅주의보다는 오히려 가톨릭을 선호했다. 칼뱅파, 루터파, 가톨릭 이 세 파벌은 서로를 비난하는 데 열을 올렸다. 그들은 힘이 없을 때에는 관용을 외치지만, 힘이 강해지고 나면 상대방을 무자비하게 박해하는 등 이중적인 잣대에 의해 움직이고 있다면서 서로를 비난했다. 가톨릭 교도인 조지 엘더는 다음과 같이 말했다. "프로테스탄트들이 지배하는 지역에서 가톨릭 교도들은 자유로운 신앙생활을 보장받지 못한다. 그곳에서 그들은 공개적으로 모욕을 당하며 집과 토지를 빼앗기고 쫓겨나고 있다. … 하지만 가톨릭이 지배하는 곳에서 이러한 일이 일어나면 … 모든 사람들이 분노하여 들고일어나 종교의 평화를 깨뜨린다면서 가톨릭 지역의 영주들을 비난할 것이다." 루터파인 다니엘 야코니는 다음과 같이 말했다. "칼뱅파가 권력을 잡지 못하는 곳에서도… 칼뱅파 사람들은 우리와 함께 여전히 즐거운 생활을 누린다. 하지만 칼뱅파가 권력을 잡게 되면 그들은 단 한 음절의 루터파 교리도 허용하지 않을 것이다." 라반트의 영주이자 주교였던 조지 스토베우스는 오스트리아의 페르디난트 대공에게 다음과 같은 편지를 썼다. "도시와 지방의 행정을 가톨릭 교도들에게만 위임해주시고, 오직 가톨릭 교도들만 회의에 참석하도록 해주십시오. 백성들에게 의무적으로 가톨릭 신앙을 고백하도록 해주십시오. 그리고 이를 거부하면 추방하겠다는 포고령을 반포해주십시오."

이처럼 가톨릭과 루터파, 칼뱅파는 어떻게 해서든 상대방을 헐뜯으려 했고, 이를 바탕으로 자신의 종교적 독점권을 지키려 했다. 그들 간에 벌어진 결론 없는 싸움은 수년간 계속되었다. 마침내 그들은 서로의 존재를 인정할 수밖에 없다는 사실을 깨닫게 되었다. 1555년에 이들은 아우크스부르크 종교 평화회의에서 하나의 원칙적 합의를 이루었는데, 이 합의란 한 지역의 종교는 그 지역을 지배하는 영주가 결정한다는 것이었다. 이 합의는 나중에 '각 지역의 종교는 영주의 종교를 따른다cuius regio, eius religio'는 것으로 정의되었다. 사실 이것은 그다지 새로운 개념이 아니었다. 왜냐하면 전통적으로 부족사회에서는 왕들이 부족의 종교를 결정했기 때문이다. 이 원칙은 '신앙은 사회의 색채로부터 동떨어질 수 없다'는 전제를 바탕으로 형성되었다. 한 사회에서 두 종류의 법이나 화폐, 그리고 두 군대가 존재할 수 없는 것과 마찬가지로 두 종류의 종교도 존재할 수 없다는 말이다. 그렇다면 한 사회의 종교는 누가 정할 수 있는가? 종교 문제와 관련한 합의는 사실상 불가능했기에 자연스럽게 군주가 결정을 내려야 한다는 결론이 도출되었다. 게다가 이 결정은 하나님이 정하신 것으로 간주되었다. 왜냐하면 이미 대관식을 통해 국왕은 성례전적 은총(축복)을 받았기 때문이었다. 이로써 교황 그레고리우스 7세가 없애버렸던 사제직을 겸한 군주제pontifical monarch가 되살아났다. 결과적으로 백성들은 여전히 양심의 자유를 허락받지 못했다. 영주가 바뀌면 그의 성향에 따라 종교가 바뀔 수 있었으며, 심지어 한 영주가 지배하는 도중에도 그가 다른 종교로 '개종'하면 그 지역 종교가 바뀌는 경우도 있었다.

물론 군주라고 해서 제멋대로 종교를 결정할 수는 없었다. 어느 정도 신하들의 의견을 존중해야만 했기 때문이다. 이와 관련하여 영주들은 어느 정도까지 종교개혁자들의 의견을 수용해야 하는지, 어느 계층의 입장을 중점적으로 고려해야 하는지에 관해 고심하지 않을 수 없었다. 16세기는 불확실성의 시대처럼 보였다. 통치 집단들이 종교 문제로 심각하게 분열되어 있다면 어떻게 할 것인가? 독일과 스페인, 이탈리아에서는 어렵지 않게 종교적 합의에 이를 수 있었지만, 프랑스에서는 매우 심각한 상황이 벌어지고 있었다. 로렌 지역은 강경한 가톨릭 명문가인 기즈와 몽모랑시가 지배하고 있었으며, 파리, 보르도, 툴루즈 또한 가톨릭의 영향권 아래에 있었다. 이에 비해 콩데는 칼뱅파 소속의 위그노(프랑스에서 칼뱅주의 프로테스탄트들을 일컫는 명칭—옮긴이)가 장악하고 있었다. 총사령관인 콜리니와 나바르의 부르봉 가문도 위그노들이었다. 오를레앙, 노르망디, 나바르, 도네 등지에서 다수를 형성했던 위그노들은 프랑스 인구의 약 6-10퍼센트를 차지하고 있었다.

이런 상황에서 어떻게 제후가 백성들의 의사를 무시하고 독단적으로 종교를 결정할 수 있었겠는가? 심지어 통치자에게 힘으로 대항하는 것이 정당한가에 대한 논쟁이 프랑스 프로테스탄트들 간에 격렬하게 벌어지기도 했다. 베자는 나바르의 왕에게 "거센 바람에 견디면서 대항하지 않는 것은 하나님 교회의 몫이지만, 그들의 망치질을 당하는 교회가 결국에는 그들을 무너뜨린다는 것을 기억하십시오"라는 편지를 보냈다. 한 위그노 법률가는 백성들로 하여금 하나님의 뜻에 거역하여 살도록 강제하는 군주들은 불경죄를 저지르는 것이라고 주장했다. 그러나 어느 누가 '하나님의 뜻'을 명확하게 말할 수 있는가? 이것이 논쟁의 핵심이었다. 칼뱅은 강압적 박해에 저항하는 것은 정당하다고 보았다. 따라서 프랑스에서 프로테스탄트들의 저항을 신학적으로 합법화했던 콩데, 콜리니, 나바르와 같은 곳의 인물들은 중요한 위치에 있었다. 프랑스에는 2천여 개의 위그노 단체들이 있었는데 이들은 종교적 성격만이 아니라 행정과 군사적 성격도 갖추고 있었다. 이 같은 프로테스탄트들의 저항운동은 다른 지역에서도 활발하게 전개되어, 1559년에 스코틀랜드에서는 칼뱅의 제자인 존 녹스가 귀족들을 선동하여 무력으로 가톨릭 정부에 대항하는 일이 벌어지기도 했다. 처음에는 망설이던 잉글랜드 왕실도 오랜 고민 끝에 반란을 정당화한 후에 존 녹스를 원조해주었다. 1560년대에는 스페인의 통치를 받고 있던 네덜란드인들이 전통적인 법률과 관습, 그리고 여러 선언문들의 틀을 참고하여 합스부르크 왕가의 가톨릭 체제에 대항하여 봉기했다. 당시 네덜란드인들을 이끌던 지도자는 오라녜 공작 빌렘이었는데, 그는 불행히도 암살을 당했고, 그 이후에 네덜란드의 '지배권'은 프로테스탄티즘을 신봉했던 잉글랜드의 여왕에게로 넘어갔다.

각 지역을 다스리는 군주에게 종교를 선택할 수 있는 권한이 주어지자 기독교의 분열은 피할 수 없는 일이 되었다. 게다가 군주의 종교 선택권이 점차 다양화되면서 한 국가 내에서도 각 주마다 다른 종교를 선택하는 경우가 발생하면서 갈등이 깊어져갔다. 이를 극복하기 위해, 특히 종교적 분열이 심각했던 프랑스에서는 종파를 초월하여 국가를 건설하자는 운동이 전개되었다. 이 운동의 핵심은 종교들 간에 평화적인 상호 공존을 추구하는 데 있었다. 이 운동의 주창자들은 오로지 정치적 관점에서 종교 문제를 보았기 때문에 '정치인들politiques'이라고 불렸다. 독일의 루터파 법률가인 필리프 카메라리우스는 《역사에 관한 명상Historical Meditations》(1591)에서 다음과 같이 주장했다. "군주가 특정한 하나의 당파를 지지하고 다른 나머지들을 짓밟는다면 … 반란을 피할 수 없을 것이다. … 군주가 폭동과 선동가들을 짓밟겠다는 목적을 버리고 중립적으로 통치한다면 내란은 사라질 수 있을 것이다." 한마디로 국가와 지도자들은 종교적으로 중립적 입장에 서야 한다는 의미였다. 16-17세기 사람들에게는 상상할 수도 없는 생각이었다.

프랑스는 세 차례의 종교전쟁을 겪고 난 후에야 하나의 합의를 도출해낼 수 있었다. 1598년에 낭트에서 이루어진 관용칙령에 의해 위그노들은 어느 정도 신앙의 자유를 누릴 수 있었고, 앙리 4세 또한 가톨릭 교회를 지킬 수 있었다. 그러나 불행히도 이 합의는 오래가지 못하고 앙리 4세의 손자인 루이 16세에 의해 무너져버렸다.

1555년에 루터파는 국제적인 호응을 받았고 칼뱅파는 1562년에 스코틀랜드의 국교가 되었다. 그 외에 다양한 프로테스탄트 집단들 또한 박해가 느슨한 곳을 중심으로 확산되었다. 베네치아의 직물업자이자 개혁가였던 마르칸토니오 바로토는 1568년에 다음과 같이 말하며 다시 가톨릭으로 귀의했다. "나는 모라비아를 떠나려 한다. 두 달 동안 너무 많은 종파들을 보았기 때문이다. … 그들은 하나같이 자신들의 신앙 교리가 참되다고 주장하면서 사람들을 이끌고 있다. 아우스터리츠라는 작은 곳에만도 열서너 개의 종파가 있었다." 1573년에 조지 에더가 출간한 《복음의 탐구*Evangelical Inquisition*》에도 당시에 활동하고 있던 40개의 종파들이 열거되어 있다. 이들 중에는 뮌처파Munzerites, 벌거벗고 살아갈 것을 주장하던 아담파Adamist, 비밀정원형제회the secretive Garden Brethren, 열린 증거단 Open Witnesses, 악마파Devillers(최후 심판의 날에 악마들이 구원을 받을 것이라고 믿었던 사람들), 자유롭게 남녀 간 혼숙을 했던 자유파Libertine, 눈물 형제단 Weeping Brethren, 설교를 금했던 침묵파Silent One, 영혼수면설을 믿었던 아우구스티누스파, 뮌스터의 여러 파벌, 바울 서신의 원본을 가지고 있다고 주장한 바울파, 사제 살해를 목적으로 한 사제 살해파, 신비적인 음녀를 예배했던 적그리스도파, 그리고 유대교인들이 포함되어 있었다. 일부는 폭력을 일삼는 반사회적인 사람들이었고 기독교인이 아닌 사람들도 있었다. 거의 모든 국가가 이들의 활동을 금지하거나 박해했다. 폴란드만이 예외였을 뿐이다. 1573년에 폴란드 귀족들은 '종교 자유에 관한 바르샤바 동맹Warsaw Confederation'을 선언했다.

> 기독교와 관련하여 여론이 심하게 엇갈리고 있기 때문에, 치명적인 반란을 방지하고 종교의 차이나 교회 안에서 발생하고 있는 변화들을 인정하며 평화를 유지하기 위해 우리는 서로 결속할 것을 다짐한다. 우리는 피를 흘리지 않으며, 상대방의 재산을 몰수하거나 명예를 손상시키지 않으며, 상대방을 감옥에 보내거나 추방하지 않으며, 오히려 종교적 차이로 분란을 일으키는 사람들을 상대로 연합하여 싸울 것이다.

당시로서는 정말 놀라운 선언이었다. 이 선언은 한 세대 동안 폭넓게 그리고 성공적으로 적용되었으나, 이것 또한 결국은 깨지고 말았다. 귀족과 영주들이 자신들이 다스리고 있는 백성들을 하나로 묶어낼 수 없었기 때문이다. 그러나 이 선언이 주는 의미는 적지 않았는데, 종교의 선택권을 영주가 아닌 모든 사람들로 넓혀놓았기 때문이다. 물론 아직까지도 농노들은 주인에게 복종해야 한다는 각주가 덧붙여져 있었다.

  우리는 당시까지만 해도 개인의 자유가 거의 존중되지 않던 사회였다는 것을 잊지 말아야 한다. 다시 말해 백성들이 국왕에게 순종해야 하는 것처럼 농노들이 주인의 종교를 따르는 것을 지극히 당연시하던 사회였다. 일정 수준 이하의 사람들은 정치·종교적 입장이 없을 것이라고 여기던 사회였다. 종교개혁을 통해 부유층과 교육을 받은 도시민들은 공민권을 부여받았다. 이들뿐만 아니라 가난한 도시민 또한 개혁운동에 자발적으로 참여했다. 메리 여왕에 의해 순교당한 프로테스탄트들 중에는 중류층인 장인과 무역업자들이 많았다. 그렇다고 상류층은 교회 개혁운동을 등한시했다는 말은 아니다. 원인은 다른 곳에 있었다. 상류층들은 비교적 신앙의 자유를 인정받았던 반면에 하류층들은 종교일치를 강요받았다는 데 문제가 있었다. 귀족들은 엘리자베스 여왕이 1559년에 발표한 '프로테스탄트 통일령Protestant Act of Uniformity'에 따라 종교적 맹세를 면제받았던 것에 비해 하층민들은 그렇지가 못했다. 이처럼 16세기에 벌어진 종교 논쟁들은 대부분 교육받은 상위 계층들의 것이었기 때문에 대중들의 뜻이 어떠했으며 당시 그들의 의중이 어느 만큼이나 반영되었는지를 판단하기란 그리 쉬운 일이 아니다. 그들은 관망자, 추종자, 혹은 희생자일 뿐이었다.

영국의 종교개혁

잉글랜드에서는 헨리 8세(1509-1547년 잉글랜드의 왕. 왕비와의 이혼과 재혼 문제로 교황과 다툰 끝에 가톨릭 교회와 결별하고 영국 국교회를 설립한 인물—옮긴이)가 기독교뿐만 아니라 사회 전반에 걸쳐 엄청난 변화를 불러 일으켰다. 이에 대해서는 토머스 크롬웰의 편지에 잘 반영되어 있다. 크롬웰은 당시 헨리 8세의 정책을 시행하는 일종의 현장 지휘자로 활동했다. 크롬웰은 전국에 퍼져 있는 정보요원들로부터 왕실 정책을 비판하는 사람들에 대한 정보를 수집했다. 이들이 제공한 정보들을 분석해보면 왕실 정책에 반대했을 법한 '가톨릭 교도'나 '교황주의자'들은 의외로 거의 침묵하고 있었다는 것을 알 수 있다. 교회에서 성직자들은 숫자 면에서 그 어느 계층들보다 많았을 뿐만 아니라 막강한 영향력을 발휘하고 있었는데, 그들이 왕실의 계획에 저항했느냐 하는 것은 다른 문제일 수 있다. 사실 그들 가운데 극히 일부만이 왕실 정책에 반대했다.

　잉글랜드, 스칸디나비아, 그리고 루터파가 지배한 독일에서는 별다른 저항 없이 수도원을 해체할 수 있었다. 정부에 대항하여 농민들을 동원할 수 있는 유일한 세력이었던 교구 성직자들도 정부의 개혁적 조치를 수동적으로 받아들일 뿐이었다. 이에 대해 반기를 든 경우는 1536년에 요크셔와 링컨셔에서 일어난 소위 '은총의 순례 Pilgrimage of Grace'로 불리는 반정부 봉기가 유일했다. 이 봉기는 성직자들을 중심으로 일어나긴 했지만, 종교적 이유보다는 오히려 경제적 이유가 컸다. 성직자들이 봉기를 일으켰던 주요 이유는 정부의 개혁정책으로 여러 교구들을 소유하지 못하게 되고 해산당한 수도사들을 떠맡아야 하며 '첫 열매와 십일조 법령 Act of First Fruits and Tenths'을 통해 자신들의 수입이 박탈당할 것이라고 보았기 때문이었다. 다시 말해 그들의 봉기는 종교정책을 바꾸기를 원했던 것이라기보다는 경제적 불만을 표출하는 일종의 저항의 표시였다.

크롬웰의 보고서들을 보면 종교개혁의 원인은 종교나 이념적 갈등에 있었다기보다는 개인적 불화, 탐욕, 질투, 사법권의 대립, 지역 간의 경쟁과 혈연적인 문제들이 복잡하게 얽혀서 나타난 것임을 확인할 수 있다. 헨리 8세를 혐오하는 목소리들도 있었다. 대부분의 국민은 왕의 이혼을 탐탁지 않게 여겼고 그의 두 번째 부인인 앤 볼린을 '강력한 음녀'로 부르며 혐오하기도 했다. 우스터셔에 사는 어떤 사람은 날씨가 궂을 때마다 헨리 왕을 비난하며 "그가 넘어지거나 머리에 혹이 생기기 전까지는" 날씨가 좋아지지 않을 것이라고 말하기도 했다. 한 런던 시민은 다음과 같이 말했다. "나는 왕의 인장이 새겨진 푸딩은 먹지 않는다. 왕이 행한 선언들 중에 가치 있는 것은 아무것도 없기 때문이다." 웨일스의 한 성직자는 "스노든 힐로 불리는 … 웨일스 북부에 있는 산으로 왕을 모시려 했다. … 왕의 기분이 좋으면 왕에 대한 소문들을 직접 고언할 참이었다." 그럼에도 헨리 8세는 사순절 기간에 보란 듯이 양고기를 먹어서 가톨릭 교도들의 마음을 상하게 하기도 했다.

크롬웰에게 보고된 내용들을 보면 레겐스부르크 회의에서 다루었던 주제와 상당히 동떨어진 것들도 적지 않았다. 개혁 성향의 한 도미니크회 수도사는 새로운 성경 중심의 신앙이 "수도사들의 허리띠를 가득 실은 화물선과 수도사의 겉옷으로 가득 찬 분뇨마차"보다는 더 많은 가치가 있다고 말했다. 헨리 8세를 지지했던 어떤 부인은 스코틀랜드인들은 교황을 다시 부를 수 있지만, "에섹스의 시골뜨기들은 그를 다시 몰아낼 것이고 에섹스의 술집 간판은 켄트에 있는 한 성에서 가치 있게 사용될 것이다"라고 말했다. 한 교황주의자는 크롬웰의 정보요원들에게 자신은 "런던 탑의 멍청이를 걱정하지 않는다"고 말했다. 이 같은 말들은 정보요원들이 대부분 선술집에서 엿듣고 기록한 것들이었다. 코번트리 출신의 자유민들은 술을 마시기 위해 시장 바닥을 헤매다가 "모두 옷을 풀어 제치고 십자가 위에 오줌을 누었다." 이 중 한 사람은 헨리 왕의 선언서와 법령들을 찢어서 십자가에 못 박고는, "엉덩이나 닦으라고 말했다". 다음 날 아침이 되면 이들은 하나같이 바로 전날 밤에 했던 자신들의 행동에 대해 아무것도 기억나지 않는다고 말했다. 이처럼 공개적으로 왕실의 개혁정책에 대항하거나 항의했던 사람들에게는 채찍질이 가해졌기 때문이었다.

대부분의 종교개혁 운동은 대중운동의 성격을 띠지 않았다. 당시까지만 해도 대중들의 힘이 미약했으며 어느 무엇보다도 통치자나 통치 집단의 영향력이 막강했기 때문이다. 하지만 점차 대중의 여론이 주목을 받으면서 통치자들의 권력은 제한을 받기 시작했다. 메리 여왕이나 그녀의 이복 여동생인 엘리자베스 여왕은 그들의 아버지만큼 자유롭게 권력을 행사할 수 없었다. 예를 들어 잉글랜드에서 가톨릭을 회복시키려는 메리 여왕의 의지는 반가톨릭적인 국민정서에 부딪혀 무너지고 말았다. 이와 반대로 엘리자베스 여왕은 이러한 정서를 이용하여 권력과 인기를 누릴 수 있었다. 그러나 당시 의회는 그녀가 추진했던 정책들보다 항상 더 개혁적인 방향으로 나아갔고, 특히 그녀의 조정안은 그녀가 의도한 것 이상으로 급진적으로 추진되었다. 1564년에 추밀원Privy Council(영국에서 왕권 강화를 목적으로 크롬웰에 의해 만들어진 행정·사법기관—옮긴이)에 의해 정리된 자료에 의하면 431명의 행정관들이 영국 국교회에 호감을 보였고 264명은 중립을 지켰으며 157명은 적대감을 표시했다는 것을 알 수 있다. 다시 말해 영국 국교회를 보호하는 정부정책은 항상 높은 지지를 받았던 것이다. 엘리자베스 집권 초기만 해도 랭커셔와 요크셔 지역에서는 가톨릭 세력이 우세했으나, 집권 말년에 오면 이들의 숫자는 극소수로 전락하고 대부분의 국민이 영국 국교회와 여왕을 지지하는 세력으로 바뀌었다. 영국과는 달리 프랑스에서는 이와 반대되는 결과가 나타났다. 프랑스에서 위그노들은 인구의 10퍼센트를 넘지 못했다. 왜냐하면 이들은, 특히 파리에서 거점을 확보하지 못했기 때문이다. 앙리 4세가 가톨릭 교회로 돌아서자 상류층의 여론은 그에게 굴복하고 말았다.

반종교개혁

16세기 후반에 이르면 통치자의 권력과 부유층을 중심으로 형성된 여론의 압박은 어느 정도 균형을 이루고 있었다. 이와 같은 배경 속에서 반종교개혁counter-reformation 운동이 일어났다. 대부분의 종교개혁자들이 세속권력에 의존했던 것과 달리 교황 중심의 가톨릭체제는 상대적으로 자유로웠다. 예를 들어 스페인 카스티야(스페인 중부의 옛 왕국—옮긴이)와 아라곤(스페인 동북부의 옛 왕국—옮긴이)에서는 왕실 자체적으로 종교재판소를 설치하여 군주의 통치를 받게 하는 등, 11세기 이후로 스페인은 그 어떤 나라보다도 교회에 대한 세속정부의 지배권이 막강했다. 이러한 힘은 주로 종교재판소에서 나왔다. 스페인에서 교회 개혁을 주도했던 사람은 수석 대주교인 시메네스 추기경이었다. 학자이면서도 매우 활동적이었던 그는 스페인 교회를 향해 전권을 휘둘렀던 사람이었다. 그의 직책은 수도 없이 많았다. "톨레도의 대주교, 거룩한 발비나의 추기경, 카스티야의 대정무장관, 수도회의 개혁자, 최고 종교재판관, 아프리카의 최고 장관, 오랑의 정복자, 여왕의 고해성사 담당신부, 스페인의 총리, 산일데폰소의 그레이트 대학과 알칼라 대학의 설립자." 이 외에도 그가 기획한 일들은 이루 헤아릴 수 없을 만큼 다양했다. 그는 교회와 세속 권력을 결합시키는 방식으로 교회를 개혁해나갔다. 그는 수많은 수도원들을 통폐합시켰고, 성직자들(특히 주교들)에게 최초로 수준 높은 교육을 실시했다.

이것이 전부가 아니었다. 히브리어와 그리스어를 읽을 수 있었던 시메네스는 에라스무스의 학문 연구를 도입하여 알칼라 대학에서 스콜라주의적인 방법이 아닌 발라가 제안한 원리들을 가르쳤으며, 안토니오 데 네브리하와 같은 그리스어와 히브리어에 능통한 학자들을 고용했다. 당시 출판되지는 않았지만 시메네스의 생애를 서술한 기록을 보면 다음과 같은 말이 적혀 있다. "안토니오 데 네브리하는 알칼라에 있는 출판사에서 거주하고 있었다. 종종 추기경이 알칼라 대학으로 가는 길에 그곳을 들를 때면 그는 출판사로 가서 창문을 통해 길거리에 서서 안토니오와 잠깐씩 이야기를 나누곤 했다. 추기경과 그의 친구 안토니오는 일을 마치고 나면 포도주를 마시면서 함께 지냈다." 시메네스는 그의 다국어 대조 성경을 출판하는 일에 자신의 돈 5만 두카토의 금화를 썼다. 600세트가 인쇄되었고 그중 약 150세트가 현재까지 남아 있다(대부분은 이탈리아로 운반 도중 배가 파선되는 바람에 유실되었다). 여기에 사용된 그리스어 활자는 "의심의 여지없이 당대 발명된 활자체 중에서 최고"였다. 스페인에서는 고위 성직자가 전권을 가지고 교회 개혁과 학문 발전을 이끌어 종교개혁의 열풍을 막아낼 수 있었으며, 성직자들은 다른 어느 곳에서도 맛볼 수 없는 수준 높은 교육을 받을 수 있었다.

당시 스페인 왕실은 교회를 자유롭게 통제할 수 있었고 필요하다고 판단되면 개혁 또한 임의로 수행할 수 있었다. 왕실이 이렇게 독자적으로 개혁을 추진할 수 있었던 요인은 무엇보다도 왕실에서 종교재판소를 운영하고 있었다는 것에서 찾을 수 있다. 종교재판소는 유대인들과 무어인들, 그리고 1550년대에는 프로테스탄트들을 근절시키는 일에도 앞장섰다. 1550년대만 해도 스페인은 신성로마제국의 황제 카를 5세가 지배하고 있었다. 그는 교황에게 교회 개혁을 요구하면서도 여전히 가톨릭 교회의 입장을 지지하고 있었으나 점차 그 영향력은 약해지고 있었다. 카를 황제가 물러난 후에 펠리페 2세가 스페인의 왕으로 등극했다. 그는 신성로마제국 전역을 다스려야 하는 부담에서 벗어남과 동시에 제국의 분할통치 정책으로부터도 해방되었다. 그는 기독교 세계가 교황을 중심으로 일치단결하기를 바라는 마음에서 투르크와 프로테스탄트들을 상대했다. 한마디로 펠리페는 반종교개혁 운동 세력의 더할 나위 없는 동반자가 되었다. 스페인의 식민지, 특히 신대륙으로부터 수입된 금과 은은 반종교개혁 운동의 자금으로 사용되었다. 이와 더불어 그는 유럽에서 유일하게 훈련이 잘된 상비군을 보유하고 있었다. 지중해 서부를 통제하고 있었던 스페인 함대는 이탈리아가 종교개혁자들의 수중에 떨어지는 것을 막는 데 적지 않은 역할을 했다.

반종교개혁 운동은 하나의 운동이기보다는 스페인 왕실의 권력행사나 다름없었다. 다시 말해 반종교개혁 운동은 일정한 프로그램에 의해 진행된 것이 아니라 프로테스탄트들의 '오류'들을 바로잡으려는 시도로 시작된 하나의 정책이었기 때문에, 애초부터 교회의 개혁에는 관심이 없었고 교황청에 대해서도 아무런 문제제기를 하지 않았다. 사실 펠리페 2세가 집권하기 바로 전인 1520-1542년만 해도 교황청은 공의회를 개최하라는 카를 5세의 압박으로 상당한 위기에 직면해 있었다. 비밀리에 진행된 주교들의 회의문서를 보면 상당수의 추기경들 또한 성직자들의 결혼, 이종배찬(빵과 포도주를 성도들에게 나누어 주는 것. 전통적으로 가톨릭 교회의 성찬식은 성도들에게 빵만 나누어 주었다—옮긴이), 성경의 자국어 번역, 칭의론(믿음으로 의롭게 된다는 가르침—옮긴이), 축제일 등에서 프로테스탄트들과 입장을 같이하고 있었다. 이런 상황에서 공의회가 열린다면 교황의 입지가 위험스러울 정도로 줄어들 것은 자명한 일이었다. 때문에 교황은 공의회를 열기보다는 오히려 더욱 보수적인 태도를 선택했다.

프로테스탄트들과의 회담도 실패로 돌아갔다. 다시 말해 교황과 프로테스탄트들은 이제 돌아올 수 없는 강을 건너버린 것이었다. 루터파와는 타협의 여지가 있었으나, 칼뱅파와는 결별만이 남아 있을 뿐이었다. 나폴리 출신의 열광적 교황 지지자였던 카라파 추기경(후에 교황 바오로 4세가 됨)은 로마에 종교재판소를 세운 후에 "어느 누구도 이단, 특히 칼뱅파를 관용적으로 대해서는 안 된다"라는 표어를 주창했다. 이처럼 로마의 분위기는 냉혹하고 엄격했다. 금서목록이 작성되었고, 그에 따라 수많은 책들이 불태워졌다. 교황청은 유대인들에게 '노란 별'을 새긴 옷을 입도록 강요했으며, '바지쟁이'로 불린 볼테라의 다니엘라는 시스틴 성당 벽화에 나체로 그려진 인물들에게 옷을 그려 입혀야만 했다.

트렌토 공의회

이런 배경 속에서 트렌토 공의회(1545)가 열렸다. 가톨릭의 개혁운동에 싫증을 느낀 사람들에게 공의회는 별다른 관심을 끌지 못했다. 트렌토 공의회는 무려 25년이나 계속되었으며, 그러는 사이에 프로테스탄트 운동은 유럽 전역으로 퍼져나갔다. 루터는 죽기 전에 이렇게 말했다. "가톨릭 교회와 갈등으로 생긴 상처들을 치료하기에는 이미 너무 늦었다." 그가 지금에 와서 어떻게 협상을 재개할 수 있겠으며 로마 교황청을 어떻게 굴복시킬 수 있겠는가? 25년 전만 해도 가능한 일이었을지 모르겠지만, 지금은 아무 의미 없는 소리일 뿐이었다. 루터보다도 가톨릭과 더욱 타협을 원했던 부처 역시 협상에 대한 미련을 버린 상태였다. 가톨릭 교도들도 프로테스탄트들 못지않게 비우호적이었다.

트렌토 공의회는 첫 시작부터 순탄하게 흘러가지 못했다. 3월에 시작하기로 한 모임은 참석자가 나타나지 않은 관계로 열리지 못했고, 그로부터 몇 달이 지난 12월이 되서야 4명의 추기경과 대주교, 21명의 주교가 참석하여 공의회를 열 수 있었다. 하지만 불행히도 독일에서는 단 한 명의 주교도 참석하지 않았다. 공의회 참석자 중에 위기의식을 느끼거나 이 공의회가 역사적으로 얼마나 중요한 의미를 지니게 될 것인지를 인식했던 성직자는 거의 없었던 것으로 보인다. 트렌토 공의회를 '개최한' 크리스토포로 마드루초는 대표적인 반개혁적 인물이었다. 그는 준수한 외모에 명문가 출신으로, 항상 영주들이 입던 붉은 벨벳으로 만든 옷을 입고 다녔다. 머리 위에 쓴 붉은 사각의 모자만이 그가 성직자라는 사실을 보여줄 뿐이었다. 10대에 이미 두 개의 교구와 참사회원직을 차지했던 그는 후에도 세 개 이상의 참사회원직과 사제장직을 더 맡았다. 그는 26세에 대주교가 되었으며 30세에 추기경에 올랐다. 그는 트렌토 공의회의 첫 번째 연회에서 공의회에 참석한 신부들에게 74가지의 음식과 100년 된 발텔리나 포도주를 대접했다. 연회 중에는 그의 개인 오케스트라가 연주하는 음악이 울려 퍼졌다.

트렌토 공의회는 성공할 수 없는 공의회였다. 한마디로 급조된 모임이었기 때문이었다. 아우구스티누스회 총회장이었던 세리판도는 트렌토 공의회의 첫 번째 회기를 "우유부단, 무지, 신뢰할 수 없는 어리석음"으로 규정했다. 애초에 트렌토 공의회는 '개혁'과 '규율' 문제를 첫 번째 의제로 다루기로 했으나, 교황의 개입으로 '교리' 문제를 다루는 것으로 급선회했다. 교황은 칭의론을 다룬 성명서에 인준하기를 거부했으며, 자국어 성경 번역 문제에 대해서도 갈피를 잡지 못했고, 주교들은 자기 교구에 머물러 있어야 한다는 법령 또한 강제력이 부족했다. 심지어는 이 문제가 한창 논의되고 있는 중에도 교황은 예외를 적용하여 추기경들에게 여러 교구를 동시에 맡을 수 있는 권한을 주었다. 이후 트렌토 공의회는 장소를 볼로냐로 옮긴 후에 다음 회기를 진행했는데, 마침 그곳에 발진 티푸스가 유행하는 바람에 토론장은 분노와 공포만이 가득했다. 회의가 끝나지 않았는데도 일부 고위 성직자들은 집으로 돌아갈 때 사용할 말이나 보트를 준비시키는 일에만 신경을 쓰는 등, 공의회에는 관심을 기울이지 않았다. 하지만 다행스럽게도 회기가 거듭될수록 출석률도 높아지고 의식도 향상되었다. 그러나 근본적인 회의 분위기는 달라지지 않았다. 결과적으로 보자면 트렌토 공의회는 교회 개혁이 아니라 교황권 강화에 도움을 준 공의회였다. 이 같은 사실은 베네치아의 반교황주의자인 프라 파올로 사르피가 트렌토 공의회에 대해서 썼던 책—트렌토 공의회를 다룬 최초의 저술—을 보면 알 수 있다. 트렌토 공의회에서 개혁적 성향의 사람들이 제정한 법령들은 제한된 영역에서만 시행되었다. 왜냐하면 그 법령들은 이탈리아에서만 적용되었고 프랑스, 스페인 그리고 그 밖의 세속 권력자들은 그것들을 '수용하지' 않았기 때문이다.

성직자들에 대한 개혁은 참으로 느린 속도로 진행되었다. 19세기 후반까지도 이루어지지 못한 부분이 있을 정도였다. 그럼에도 교황청이 개혁되어야 한다는 목소리가 끊임없이 제기되기는 했다. 1565년에 도미니크회 최고 종교재판관인 미카엘 기슬리에리는 교황(피우스 5세)에 취임하자마자, 곧장 일련의 개혁조치들을 단행했다. 그는 매춘부들을 추방시켰으며, 성직자들은 성직복장을 의무적으로 입도록 했고, 성직매매를 한 사람들을 강력하게 처벌했다. 그의 개혁조치들은 세간의 이목을 집중시켰다. 베네치아의 대사인 티폴로는 "로마의 사람들은 최소한 겉으로는 이전보다 훨씬 더 나아졌다"고 말했다.

트렌토 공의회가 이룬 성과 중 하나는 신학교를 세워 주교들을 교육한 일이었다. 1560-1584년에 밀라노의 대주교를 역임했던 카를로 보로메오는 자신의 교구에 세 개의 신학교를 세웠다. 그는 성직자들은 성직임명을 받기 전에 최소한의 소양을 쌓아야 한다고 강조했다. 이것은 전적으로 새로운 조치였다. 밀라노의 주교였던 암브로시우스를 첫 번째 중세 성직자라고 부를 수 있는 것처럼, 보로메오는 첫 번째 근대 가톨릭 주교라고 부를 수 있다. 보로메오가 등장하기 전까지 성직자들을 대상으로 하는 체계적인 교육과 훈련 과정이 전무했다는 사실은 놀라울 뿐이다. 이 같은 사실은 교회에게는 저주나 다름없었다. 교회는 체계적인 신학교육 체계나 교육기관을 확보하고 있지 못했기 때문에, 이런 문제들을 조직적으로 살펴볼 기회도 갖지 못하고 있었던 것이다. 전통적으로 교회는 교육 분야를 독점하고 있었으나, 15세기에 부유한 시민들이 학교에 기부금을 내기 시작하자 교회의 교육 독점권은 무너지기 시작했다. 이를 계기로 평신도들이 교육 분야에 개입하게 되면서 종교개혁의 불길은 활활 타올랐다. 이렇게 교육받은 젊은이들은 교황청에 등을 돌렸다. 프로테스탄트 단체들도 수도원 등지에서 몰수한 막대한 재산을 교육에 투자했다. 가톨릭 진영에서도 이들의 영향을 받아 교육에 눈을 돌렸다. 이처럼 다른 어느 때보다 교육에 깊은 관심이 쏟아진 것은 프로테스탄트 교회나 가톨릭 교회 모두 새로운 성직자상을 기대하고 있었다는 것을 증명해준다.

예수회, 가톨릭을 재건하다

종교개혁으로 혼란에 빠진 가톨릭 교도들을 중심으로 새로운 수도회를 세워야 한다는 여론이 조성되기 시작했다. 기존의 수도회들도 스스로 변신하려는 노력을 보여주었다. 예를 들어 카푸치노회the Capuchins(개혁된 프란체스코회), 테아티노회the Theatines, 소마쉬회the Somaschi, 바나바회the Barnabites, 오라토리오회the Oratorians 등이 그러했다. 그러나 대부분의 수도회들은 개혁에 실패했고, 이러한 혼란을 틈타 수도회들이 난립했다. 교황청은 이런 사태를 걱정스럽게 바라보았다. 일부에서는 베네딕투스회처럼 수도회를 하나의 교단으로 재조직하여 독점적 지위를 주자는 의견도 있었다.

이러한 배경 속에서 이그나티우스 로욜라가 새로운 수도회인 '예수회 Society of Jesus'를 설립했다. 바스크 출신인 그의 아버지는 국경 최고 지휘관이었다. 많은 개혁자들처럼 그 역시 금욕 생활을 하면서 순결한 삶을 살았다. 그는 한동안 머리와 손톱을 자르지 않고, 고기를 먹지 않았으며, 은둔 생활을 했던 것으로 알려져 있다. 그는 루터의 칭의론을 교회에 대한 절대적 복종의 원리로 재해석하여 철저한 교회 개혁을 지향했다. 로욜라는 교회에 대한 절대 복종이 신앙의 핵심이며 구원의 확실한 보증이라고 믿었고, '영신 수련Spiritual Exercise'으로 알려진 훈련을 통해 이 같은 사상을 더욱 발전시켰다. '영신 수련'은 루터파의 '칭의론'과 맞먹는 개혁적 가르침으로, 어느 누구에게나 적용할 수 있는 수련 방법이었다.

예수회는 가톨릭 교회의 개혁운동과 약간 다른 색채를 가지고 있었기 때문에 종교재판소로부터 강한 의심을 받기도 했으며, 이 때문에 로욜라는 두 차례에 걸쳐 투옥되기도 했다. 그러나 로욜라는 총명한 활동가요 조직가로 종교재판소나 교황청과의 협상을 성공적으로 마무리할 수 있었다. 그의 후계자는 로욜라를 가리켜 "행정가로서도 훌륭한 상식을 갖춘 신중한 인물"이라고 표현했다. 로욜라는 수도사들에게 강도 높은 훈련을 강조했으며, 훈련을 통해 순종의 원리를 체득하기를 바랐다. 알폰소 로드리게스의 표현에 따르면 예수회의 모토인 '복종'은 칼뱅주의자들의 '선택'과 비교할 만하다. "복종이라는 덕목을 지킨다면 우리는 어떠한 잘못도 저지르지 않을 수 있다는 보증을 받을 수 있다. … 순종하는 동안에는 어떠한 잘못도 범하지 않을 것이라는 사실을 확신하라. 하나님은 당신에게 명령하셨던 것에 대해서만 물으실 것이기 때문이다. 이에 대해 분명하게 설명할 수 있다면 당신은 완전한 해방을 누릴 수 있게 될 것이다. … 하나님은 여러분의 책임을 상급자에게 물으실 것이다." 이와 관련하여 후안 폴랑코는 불치병을 앓았던 어느 회원에 관한 이야기를 소개했다. 고통이 너무나 심했던 그 회원은 상관에게 차라리 죽을 수 있도록 허락해달라는 요청을 했다. 이 이야기는 "예수회원들에게 큰 감화를 불러일으켰다." 자신의 죽음까지도 상관의 허락을 받을 만큼 상급자에 대한 복종을 강조했던 것이다. 하지만 역설적이게도 상급자에 대한 전적 복종을 강조함으로써 예수회는 상류층의 유능하고 비범한 사람들을 모을 수 있었다.

예수회는 교황들에게 교육정책을 강화할 수 있는 기회를 제공했다. 당시까지만 해도 전문화된 교육을 담당하던 기관은 플랑드르 공동생활형제회Flemish Brethren of the Common Life가 유일할 정도로 교육기관은 매우 부족하고 미진한 상태였다. 교황청과 예수회 간의 동맹은 트렌토 공의회 첫 회기에 굳건해졌다. 이때부터 예수회는 교황으로부터 공식 인정을 받게 되었으며, 전도자요 교육자로 유럽 전역(그리고 스페인과 포르투갈의 식민지를 중심으로)에서 활동할 수 있는 자유도 부여받았다. 그들은 거의 무제한적 자유를 부여받았다고 할 정도로 활동 영역이 대단히 넓었다. 1556년에 로욜라가 사망했을 때 예수회는 이미 1천 명이 넘는 회원과 100여 개가 넘는 수도원을 거느리고 있었다. 하지만 무엇보다도 그들의 장점은 교육운동에 있었다. 영주들이 학교를 설립하더라도 언제나 운영은 예수회에게 맡길 정도였다. 영주는 재정과 건물을, 예수회에서는 숙련된 교사를 제공하고 교육을 담당했다. 다시 말해 예수회 사람들은 전문용역을 판매하는 다국적 기업과도 같았다. 그들은 학교 업무에 통일성과 규율, 그리고 조직을 제공했는데, 당시로서는 매우 신선하고 새로운 방식이었다.

애초에 예수회는 가난하고 병든 사람들을 돕기 위해 설립된 수도회였다. 하지만 교육 선교 활동이 괄목할 만한 성공을 거두자 거꾸로 부자들과 힘 있는 사람들에게 집중했다. 예수회 사람들은 상류 계층을 교육하는 전문가들로 성장했으며, 이는 후에 예기치 않게 반종교개혁 운동을 통해 세력을 확보하게 되는 계기로 작용했다. 국가의 종교는 영주들에 의해 결정되었지만, 사실상 그 내면에는 귀족이나 부유층들의 영향력을 무시할 수 없었다. 하지만 이들의 교육을 예수회 신부들이 도맡았으니 이보다 더 확실하게 가톨릭 체제를 공고히 하는 길은 없었을 것이다.

예수회 회원들은 초등교육에서부터 대학교에 이르기까지, 교육의 전 과정을 담당했던 것으로 보인다. 그들은 교육활동 외에도 명문귀족의 고해성사를 담당했다. 그들은 가톨릭 교회의 정통주의 신앙이 세속사회의 질서와 뗄 수 없는 관계라는 점을 강조하며 세상 한복판으로 들어갔다. 예수회 학교에서는 하나님께 헌신하고 충성하는 것을 주제로 많은 연극이 공연되었으며, 이 연극들은 점차 매우 유명해졌다. 이 중에서 로페 데 베가와 칼데론은 대표적인 예수회 극단 배우들이었다. 유럽의 공연무대는 특히 무대운영과 설계 분야에서 예수회에 상당한 빚을 지고 있다. 유럽의 교회들은 많은 청중을 수용할 수 있도록 설계되었는데 (칼뱅주의자들의 건물과 흡사한) 이들 교회는 바로크 예술을 반영한 일종의 극장이었다. 교회에서는 영주들을 격려하여 반종교개혁의 주제를 담은 연극을 주로 공연했던 엘 그레코와 카라바조와 같은 예술가들을 지원하도록 했다.

엘 그레코의 〈데 오르가즈 백작의 장례식Burial of the Count de Orgaz〉은 반종교개혁 이론을 주장한 작품으로 유명하다. 그의 작품 〈라오콘Laocöon〉도 또한 반종교개혁 운동을 은유적으로 표현한 작품이다. 그러나 그레코는 그의 그림들이 암시하는 신학 때문에, 그리고 성직자들의 명령을 따르지 않은 것 때문에 교회 측과 자주 갈등을 일으켰다. 카라바조도 마찬가지였는데, 예를 들면, 그의 〈성모 마리아의 죽음Death of the Virgin〉(루브르 박물관 소장)은 교회 측과 갈등을 일으킨 작품으로 유명했다. 나중에 로마 교황청은 성화 묘사를 직접 지시했다. 그레코와 카라바조는 트렌토 공의회의 낡아빠진 개혁정책들을 구체화해 새로운 세상을 창조하려는 이상을 드러내었다. 그러나 그들이 꿈꾼 새로운 세계는 가톨릭 교도들과 열렬한 교황 지지자들만이 기득권을 누리는 세계였다.

1542년에 예수회가 세운 최초의 대학은 파도바 대학이었다. 이 대학은 오래지 않아 이탈리아에서 가장 진보적인 대학으로 성장했다. 1548년에 메시나를 중심으로 중등교육을 처음으로 시작한 예수회 회원들은 점차 유럽 전 지역으로 자신들의 영역을 확장했다. 1550년대에 그들은 잉골슈타트 대학을 중심으로 독일 지역에 관심을 집중시켰으며, 로마에 세워진 독일인 대학(1552)에서는 반종교개혁 운동을 이끌 성직자들을 양성했다. 나중에 이 대학의 졸업생들은 독일의 영주 겸 주교직을 비롯한 핵심요직을 차지했다. 예수회 회원들은 부유층들이 종교적 갈등을 겪고 있는 지역마다 파고들었다. 특히 그들은 부유층의 투쟁을 후원했다. 1580년에 네덜란드의 총독인 파르마의 군주는 황제 펠리페 2세에게 다음과 같은 편지를 썼다. "폐하께서는 제가 마스트리히트에 성채를 세우기 원하셨습니다. 하지만 저는 예수회가 세운 대학이 어떠한 요새보다도 튼튼하다고 생각합니다. 그래서 저는 대학을 세우겠습니다."

정통 가톨릭을 공고하게 다지기 위해 그 어떠한 요새보다도 예수회를 이용하는 것이 훨씬 더 효과적이었을 뿐만 아니라 비용도 적게 들었다. 반종교개혁 운동은 전투를 통해서보다는 전혀 다른 방향에서 세력을 넓혀갔다. 예를 들어 그라츠의 주민들은 거의 모두가 프로테스탄트들이었다. 프로테스탄트 학교들은 독일 남부와 북부에서 번성하고 있었다. 그러던 중에 오스트리아의 카를 대공이 그라츠에 예수회 학교를 세웠다. 이곳에서 카를 대공은 프로테스탄트를 억압하고 가톨릭을 부흥시키고자 했으나, 그의 죽음과 함께 이 꿈은 물거품이 되는 것 같았다. 하지만 힘은 새로운 곳에서 솟아났다. 예수회 학교에서 훈련받은 새로운 통치자가 "저주받은 나라에서 통치하느니 차라리 파괴된 나라에서 통치하겠다"는 선언과 함께 프로테스탄트들을 무력으로 박멸하기 시작했다. 이 때문에 800명의 지도급 프로테스탄트 가문들이 오스트리아를 떠났다. 바이에른과 폴란드에서도 동일한 무력행사가 있었다. 폴란드의 왕인 스테판 바토리는 논쟁에 휘말린 가톨릭과 프로테스탄트들을 보호하려는 목적으로 예수회 회원들을 끌어들였다. 그의 후계자요 열렬한 가톨릭 교도였던 지기스문트 3세는 왕으로 선출되자 가톨릭 교도들만을 공직에 임명하는 등, 가톨릭 부흥정책을 실시했다. 이에 고무된 가톨릭 영주들은 프로테스탄트들을 쫓아냈으며, 프로테스탄트들이 교회당을 사용할 수 없도록 법률로 규정해버렸다. 이에 1607년에 프로테스탄트 귀족들이 반란을 일으켰으나 정부에 의해 진압되었고, 사실상 개혁은 막을 내리고 말았다. 이와 관련하여 폴란드 주재 교황 대사는 교황청에 다음과 같은 보고서를 보냈다. "얼마 전까지만 해도 폴란드에서 이단들이 가톨릭 교회를 완전히 정복할 것 같았으나, 지금은 가톨릭 교회가 이단들을 무덤으로 보내고 있습니다."

예수회와 권력

예수회와 그들이 세운 학교 출신들은 오스트리아, 바이에른, 라인 지역, 그리고 폴란드에서 가톨릭을 부흥시키는 데 혁혁한 성과를 거두었다. 1680년대는 예수회가 위대한 성공을 거둔 시대였다. 예수회는 특히 지배층에게 깊은 영향력을 발휘했다. 루이 14세의 고해성사를 담당했던 예수회 신부 르텔리에는 왕에게 낭트 칙령을 취소할 것을 끈질기게 설득했으며, 심지어는 자신이 직접 취소문안을 작성했던 것으로 알려졌다. 이러한 힘은 어디에서 나오는 것일까? 예수회 신부들과 고해성사를 하러 온 유력인사들의 관계는 흡사 변호사와 고객과 같았다. 당시 고위층 정치가들 절대 다수의 고해성사를 예수회 신부들이 담당하고 있었는데, 그 이유는 예수회 신부들이 그들의 마음을 편하게 해주었기 때문이었다.

예수회 신부들은 종교적 의도를 갖는 것만으로도 선행을 하는 것이나 마찬가지라고 조언해줌으로써 고해성사를 일종의 현실 정치와 동일시하는 경향을 보였다. 예수회 소속의 도덕 신학자들 중 한 사람인 에스코바르는 "순수한 의도를 갖고 있다면 도덕법과 세속적 법률에 위반되는 행동을 하더라도 정당화될 수 있다"고 말하기도 했다. 이처럼 고해성사를 담당한 예수회 신부들은 도덕법을 엄격하게 적용하기보다는 참회자들의 입장을 변호하고 방어해주는 '개연주의 probabilist' 노선을 취했다. 그들에게 결의법決疑法은 일종의 자선활동이었다. 다시 말해 그들은 도덕법을 좀 더 인간적인 관점에서 재해석한 것이다. 이러한 해석은 물론 선한 의도로 시작된 것이었으나 불행하게도 점차 남용되어갔다. 종교재판 전문가인 노리스 추기경은 피렌체의 코시모 3세에게 일부 예수회 회원들이 왜 그들의 최고 수장인 티르소 곤잘레스의 엄격한 도덕률에 반대했는지 그 이유를 다음과 같이 설명했다. "그들은 수많은 군주와 고위 성직자, 그리고 고위 신하들의 고해성사를 담당하는 신부들이었기 때문입니다. 그들이 티르소의 가르침을 따른다면 고해신부의 직위를 잃을 테지요."

고해신부로 활동했던 예수회 신부들이 정치·군사적 영역에까지 영향력을 발휘하기 시작한 것은 지극히 자연스러운 결과였다. 예수회 신부이자 루이 13세의 고해성사를 담당했던 코생 신부는 이교도인 투르크족과의 동맹이 옳은지 그른지에 관한 문제는 왕의 고해성사 담당자인 자신에게는 정치적인 문제일 뿐만 아니라 양심의 문제라고 말하기도 했다. 예수회 신부들은 도덕적 측면뿐만 아니라 물리적으로도 반종교개혁 운동에 깊이 관여되어 있었다. 그들은 앙리 4세와 위그노들과의 내전 때에도 적극적으로 활동했다. 프랑스 예수회 책임자인 오동 피제나는 프랑스 가톨릭연맹 산하 체포 위원회Conseil des Seize(16인 위원회) 소속으로 위그노들에게는 '파리에서 가장 잔인한 호랑이'로 알려져 있었다. 예수회는 잉글랜드와 아일랜드에서도 엘리자베스 여왕 체제와 스코틀랜드의 섭정 체제를 전복시키기 위한 투쟁 조직을 만들었다. 30년 전쟁이 발발할 무렵에는 보헤미아 지방을 강제로 '개종'시키는 일에도 주도적인 역할을 수행했고, 구스타부스 아돌푸스가 이끄는 스웨덴의 프로테스탄트 군대와의 평화적 타협을 방해하는 일에도 앞장섰다. 1626년에 교황 대사가 교황청에 보낸 편지에는 다음과 같은 표현이 있었다. "예수회는 모든 분야에서, 심지어 주요 장관들에 대해서도 지배력을 행사하고 있습니다. …그들의 영향력은 매우 대단하며, 특히 라모르마이니 신부가 황제의 고해성사 담당자가 된 이후로는 절정에 달한 것 같습니다." 구스타부스 아돌푸스는 다음과 같이 언급했다. "나는 'L'자로 시작되는 사람 세 명이 교수형에 처해지기를 원한다. 그들은 모두 예수회 신부들로 라모르마이니, 라이만, 그리고 라우렌티우스 포러이다."

예수회 회원들의 정치력은 가톨릭의 이해관계가 걸린 문제와 관련하여 그들이 언제든지 도덕법을 중지시킬 수 있었다는 점에 있었다. 예수회는 전쟁을 합법적 수단으로 지지했을 뿐만 아니라 선택적 살인, 즉 프로테스탄트 지도자들을 살해할 것을 주장했다. '통치자가 개종하지 않으려 한다면 그를 죽여라!' 1599년에 후안 마리아니는 펠리페 3세에게 프로테스탄트 통치자들과 관련하여 다음과 같은 의견을 내세웠다. "이렇게 해롭고 사악한 종족을 박멸하는 것은 영광스러운 일입니다. 몸 전체의 건강을 위해 이상이 있는 부분은 절단해야 합니다. 그렇지 않으면 몸 전체가 썩어버리고 말 것이기 때문입니다. 마찬가지로 사회에 퍼져 있는 이런 짐승 같은 잔인한 자들은 국가로부터 분리되어야 합니다."

예수회 회원들은 높은 수준의 교육을 받고 고도로 의식화된 엘리트들이었으면서도 스스로 도덕적 가치들을 혼동할 정도로 종교갈등을 부추겼다. 그럼에도 불구하고 예수회는 결코 고립되지 않았다. 기독교 역사에서 비극이자 끊임없이 반복된 현상 중 하나는 열성적으로 개혁을 추구하다가 도덕의 상부구조까지 무자비하게 파괴시켜버리는 경향이다. 교황 그레고리우스의 열성적 개혁정책—덕을 추구했던—은 오히려 중세시대에 최악의 범죄들을 낳고 말았다. 16-17세기에 벌어졌던 종교개혁도 교회를 오류로부터 정화하고 사도적 교회를 재건하려는 열망이 오히려 기독교 세계의 연합을 파괴했을 뿐만 아니라 분열된 조직들끼리 잔인하게 보복하고 싸우는 결과를 낳고 말았다.

1520년대부터 시작된 종교전쟁은 1648년까지 유행처럼 번져갔다. 국지전이든 국제전이든—보통 양자의 성격을 겸하고 있었다—이런 전쟁에서 구원의 모습은 찾아볼 수 없었다. 전쟁은 인간의 삶과 물질문명뿐만 아니라 기독교 자체를 파괴했다. 종교적 갈등으로 벌어진 전쟁으로 인해 과학문명의 발전은 지연되었고 훼손되었다. 이성은 평가절하되었으며, 대신 어둡고 무서운 공포의 세력들이 미쳐 날뛰었다. 에라스무스가 주목했던 소망의 새벽은 요원해 보였다. 문명화된 사람들은 폭력과 잔인함, 그리고 미신의 회오리바람 속에서 소리를 지르는 길밖에 없었다.

종교재판소

종교전쟁의 원인들을 분석해보면 그 밑바닥에는 종교는 통일되어 있어야 하고 지배적 규범을 따르지 않는 사람들은 추방하거나 살해해야 한다는 전제가 깔려 있다는 것을 확인할 수 있다. 다시 말해 종교전쟁은 중세 사회의 파괴적인 힘들을 다시 살려내거나 강화시켜주었다. 예를 들어 피레네 산맥 남쪽에 거주하던 프로테스탄트들은 이단으로 취급받아 박해를 받았는데, 이는 유대인들의 박해로 이어졌다. 유대인들에 대한 박해는 서고트족이 통치했던 시대로 거슬러 올라간다. 카스티야의 가톨릭 교도들은 14세기부터 유대인들을 조직적으로 박해해왔다. 박해를 피하고자 많은 수의 유대인들이 가톨릭을 받아들였으나, 이들은 '콘베르소 converso'(기독교로 개종한 유대인들과 그들의 후손을 지칭하는 말—옮긴이)라 불리며 의심을 받아야 했다. 카스티야를 포함한 스페인에서 유대인들을 가장 괴롭혔던 것은 1478년에 콘베르소들의 진심을 확인하기 위해 설치되었던 종교재판소였다.

무어인들이 그라나다를 정복하자 스페인 왕실은 유대인들을 추방하기에 이르렀다. 스페인에 살던 전체 유대인의 50퍼센트인 40만 명 정도가 가톨릭으로 강제 개종당한 사람들이었다. 이들 콘베르소들은 재정, 행정, 의학 분야에서 강력한 영향력을 발휘했다. 15세기 말에 이르면 아라곤 왕가를 포함하여 스페인 귀족들과 부유한 가문들은 대부분 '더럽혀졌다'(유대인들의 피가 섞였다). 이 때문에 종교재판소는 사회 상류층을 '정화'한다는 명목 아래 인종차별법을 만들어 무어인들과 유대인들을 추방했다. 종교재판소는 주로 이 같은 법률들을 시행하면서 점진적으로 영역을 확대해갔다. 종교재판소는 주로 족보의 진위를 판별하여 유대인의 혈통이 섞여 있는지의 여부를 판단했다. 지위고하를 막론하고 어느 누구나 재판의 대상이 되었다는 사실만 보더라도 종교재판소의 권력이 얼마나 막강했는지를 알 수 있다.

종교재판은 인종의 순수성과 종교적 순수성의 문제를 혼합하는 결과를 낳았다. 사실 이 두 문제는 전혀 별개의 사안이었다. 1484년에 종교재판소에서 발표한 훈령에 의하면 "종교재판에 의해 정죄당한 사람들의 자녀나 손자·손녀들은 공적인 지위를 포함하여 어떠한 영예스런 자리에도 오를 수 없을 뿐 아니라 성직자의 자리에 앉을 수 없으며, 재판관, 장교, 경찰, 정부 관리, 배심원, 청지기, 도량형 담당 관리, 상인, 공증인, 공공대서인, 법률가, 변호사, 비서, 회계사, 재정 담당관, 외과의사, 내과의사, 상점주인, 중개인, 환전상, 수금원, 청부 세금징수인 등을 포함하여 어떠한 공직도 담당할 수 없다." 말하자면 새로운 원죄의 교리가 도입된 셈이었다. 그런데 이 같은 원죄는 전적으로 비기독교적이었다. 왜냐하면 이런 원죄는 세례를 통해서도 씻을 수 없었기 때문이다. 정죄를 받은 사람들—대부분이 유대인이었다—이 입었던 오렌지색 옷은 후손들에게는 영구적인 치욕거리로 교회당에 의무적으로 걸어놓도록 했다. 이

법은 18세기 말까지도 준수되었다. '순수한 혈통'을 지키려는 이 같은 제도는 그 자체의 모순과 잔인함 때문에 16세기에 사라질 수도 있었으나, 때마침 발발한 종교전쟁을 틈타 그 생명력이 18세기까지 연장되었다. 따라서 종교재판소의 권위와 권력, 영향력은 무한히 커져갔다.

종교재판소는 프로테스탄트들을 유대인과 혈통적으로 혼합된 불순한 피로 간주했다. 톨레도의 대주교였던 실리세오의 다음과 같은 입장은 당시 일반적으로 통용되던 생각이었다. "모든 민족을 파괴시키고 있는 독일의 이단자들은 … 유대인들의 후손이라는 소문이 돌았고 실제로 그렇게 간주되었다." 스페인 밖에서 이렇게 말하거나 믿는 사람들은 아무도 없었지만, 불행히도 스페인에서는 유대인의 후손들이 아무런 근거도 없이 프로테스탄트로 낙인찍히고 화형을 당했다. 1556년에 펠리페 2세는 다음과 같이 말했다. "독일과 프랑스에서 일어나고 있는 이단들은 하나같이 우리가 스페인에서 보아왔고 지금도 보고 있는 것처럼 유대인의 후손들에 의해 그 씨가 뿌려진 것들이다." 결과적으로 적어도 스페인에서만큼은 종교개혁이 인종차별정책과 가톨릭을 더욱 강화시켜주었다.

잔인한 종교재판을 자행하는 만큼 스페인과 그 식민지들은 다른 나라로부터 고립되었다. 스페인에서 에라스무스 사상은 지워졌으며, 그의 추종자들은 추방되었다. 시메네스의 비서였던 후안 데 베르게라는 첫 번째 희생자였다. 스페인 교육가로 유명한 후안 루이스 비베스는 당시의 상황을 다음과 같이 묘사했다. "우리는 말하기도 어렵고 침묵하기도 어려운 시대에 살고 있습니다." 비베스와 편지를 주고받았던 로드리고 만리케는 망명지에서 다음과 같이 썼다. "스페인은 교만과 증오의 대상이 되었다. 거기에다가 야만을 덧붙일 수 있겠다. 그곳에서 어떠한 것이라도 만들어낼 것 같으면 즉시 이단이나 죄인, 혹은 유대교인으로 의심을 받게 될 것이다. 다시 말해 침묵이 강요되었다."

1551년에 스페인 정부가 작성한 최초의 금서목록이 반포된 이후로, 금서의 수가 점점 늘어나더니 1559년도 금서목록에는 에라스무스의 저술이 포함되었다. 1612년의 금서목록을 보면 에라스무스를 '저주받은 저자 auctores damnati'로 분류했으며, 그 이후로는 '어느 누구 quidam'로만 인용되었다. 스페인의 금서목록은 교황청에 상당히 의존하고 있었는데, 당시 교황청이 작성한 금서목록에는 토머스 모어, 폴레 추기경과 예수회 총수인 프란치스코 보르자뿐만 아니라 교황이 인정했던 역사가 바로니우스 추기경의 저서까지도 포함되어 있었다.

종교재판소가 동원했던 방법들은 하나같이 독재적이고 국수주의적이었으며 하층민뿐만 아니라 고위층까지도 재판을 피할 수는 없었다. 이러한 운영에 교황까지도 걱정스러운 눈길을 보냈으나 스페인의 종교재판소는 전혀 흔들리지 않았다. 1559년에 스페인 종교재판소는 교황의 압력에도 불구하고 톨레도의 대주교인 바르톨로메오 데 카란사를 체포하여 7년 동안이나 지하 독방에 감금했다. 1565년에 교황 사절단은 교황 피우스 4세에게 다음과 같이 보고했다. "종교재판이 두려워 어느 누구도 카란사를 변호하려 하지 않습니다. … 종교재판소 측에서는 카란사의 감금이 정당한 것이었다고 주장하고 있습니다. 정의를 열렬하게 외치는 사람들까지도 종교재판소의 명성에 먹칠을 하는 것보다는 무고한 사람이 정죄당하는 것이 더 낫다는 입장을 보이고 있습니다." 피우스 5세의 압력으로 카란사는 1566년에 로마에 올 수 있었으나, 스페인의 권력은 카란사가 죽기 18일 전에 가서야 간신히 그에게 사면을 베풀어주었다.

이처럼 종교재판소는 스페인의 최고 통치기구 중 하나로 오랫동안 존속했다. 종교재판소가 힘을 발휘할 수 있었던 것은 종교재판을 통해 이단으로 낙인찍힌 사람들의 재산을 압류함으로써 풍부한 재산을 소유할 수 있었기 때문이었다. 종교재판소는 피고인들에게 가혹한 고문을 가했는데, 1575-1610년 사이에 기소된 사람들 중 약 32퍼센트가 고문을 당했다는 기록이 있다. 고문을 당한 사람들 중에는 70-90세의 노인과 13세의 소녀도 있었다. 종교재판소는 재산 몰수로 인한 자금 확보에 한계가 보이자 '정보원'이나 교황이나 주교의 '심부름꾼'과 같은 자리를 판매하여 금을 끌어모으기도 했다. 이 자리가 매력적이었던 이유는 무엇보다도 이 위치에 있는 사람들은 종교재판소로부터 체포되지 않는다는 특권을 누렸기 때문이었다. 1641년에 정보원이나 심부름꾼이 되기 위해서는 종교재판소에 1,500두카토를 내야 했다. 이러한 편법에도 불구하고 18세기 후반에 이르면 종교재판소의 자금이 거의 바닥을 드러냈다. 아마 그 시점부터 종교재판소의 위력이 약해진 것 같다. 결국 1834년에 이르러 종교재판소는 문을 닫고 말았다. 1826년에 종교재판소가 처형했던 마지막 인물은 학교에서 가르치던 한 교사였다. 그는 학교 기도 시간에 "아베 마리아"를 "하나님께 찬양"이라는 말로 바꾸었다는 이유로 교수형을 당했다.

마녀사냥

정통주의를 고수했던 스페인에서는 누구보다도 무어인과 유대인, 프로테스탄트들과 피가 섞인 '불순한 혈통'들이 감시의 대상이 되었다. 반면 피레네 산맥 북쪽으로 넘어가면 박해를 피할 수 있었기 때문에 많은 유대인들은 그곳으로 피신했다. 이에 대해 스페인 종교재판소는 이들을 마녀라고 부르며 맹렬하게 잡아들이기 시작했다. 중세 초기만 해도 이러한 마녀사냥은 벌어지지 않았다. 마녀라는 개념이 이방인들의 미신으로 취급되었기 때문이었다. 샤를마뉴 대제 또한 마녀사냥에 대해 반대하는 법률을 통과시켰다. 그러던 것이 도미니크회가 주도하는 종교재판이 한창 벌어졌던 13세기에 이르면 상황이 완전히 바뀌게 되었다. 종교재판소는 끊임없이 희생자들을 양산해야 했기 때문에(때때로 재정적인 이유로) 마녀사냥은 불가피했다. 알프스 지방에서는 마녀를 '바우덴세스', 피레네 지방에서는 '가자리' 혹은 '카타르'로 불렸다. 14-15세기 후반에 이단과 반율법주의자들에 대한 사냥이 유행처럼 번져가면서 마녀사냥에 관한 독자적인 이론과 방법론도 함께 발전했다.

마녀사냥 전문가로 유명했던 하인리히 크라머와 야코프 슈프렝거는 독일 출신의 도미니크회 소속 종교재판관이었다. 그들은 고문을 통해 받아낸 자백에 기초하여 어마어마한 서류들을 꾸며냈다. 1484년에 두 사람은 인노켄티우스 8세로 하여금 〈지고의 것을 추구하는 이들에게*Summis desiderantes affectibus*〉라는 교서를 발표하도록 설득했으며, 이 교서로 인해 그들의 권력은 더욱 확대되었다. 그로부터 2년 후에 그들은 자신들이 내린 '판결들'을 토대로 마녀사냥에 관한 일종의 백과사전인 《마녀들의 망치*Malleus Maleficarum*》라는 책을 출간했다. 그들은 마녀사냥의 기술을 국제화하는 데 일조했는데, 그들의 심문형식은 피고인들을 끊임없이 고문해서 시키는 말을 반복하도록 강요하는 것이었다. 고문은 마녀들의 악행을 드러내는 수단으로 사용되었다. 고문을 하지 않았다면 마녀사냥은 가능하지 않았을뿐더러 강력한 운동으로 발전할 수도 없었을 것이다.

마녀사냥의 신화는 유대인들이 자신들의 제사의식에 사용하기 위해서 기독교인들을 살해했다는 소문(유대인들이 빌라도에게 "예수의 피를 우리와 우리 자손에게 돌리소서!"라고 외친 이후에 그들에게 발병하기 시작한 치질을 치료하기 위해 유월절마다 한 명의 기독교인을 그리스도의 대역으로 희생시키고 있다는 소문. '의식용 살인'이라고도 한다—옮긴이)에 근거하고 있었다. 이와 같은 광란의 시작은 1468년부터였다. 당시 교황은 마녀들의 마법을 '예외적 범죄 crimen exceptum'로 선언하면서 마녀들을 처벌하는 데 한해서 예외적으로 고문을 인정했다. 이렇게 고문이 합법화되자 고문에 못 이겨 자백하는 사람들의 수가 급격하게 불어났고 그 여세에 힘입어 마녀사냥은 위력을 발휘하기 시작했다. 이와 반대로 고문이 금지되면 마녀사냥 또한 힘을 잃었다. 예를 들어 고문이 허용되지 않았던 잉글랜드에서는 마녀사냥이 거의 행해질 수 없었다.

15세기 후반에는 시대 분위기가 상대적으로 평온했고, 일부에서 마녀사냥에 반대하는 조치들이 취해졌는데도 마녀사냥은 유행처럼 번지기 시작했고 좀처럼 멈출 줄을 몰랐다. 1532년에 제정된 카를 5세의 헌법은 실질적인 위협을 가하는 마녀들만을 징벌하도록 했다. 말하자면 마녀라는 이유만으로 법정에 세우기가 쉽지 않았다는 것을 의미한다. 에라스무스를 비롯한 르네상스 학자들 또한 마녀사냥을 매우 비판적으로 보기 시작하는 등 시대의 분위기는 좀 더 계몽적인 방향으로 흘러가는 듯했으나, 이런 흐름을 단번에 뒤집는 사건이 벌어졌다. 바로 종교전쟁이 발발했던 것이다.

가톨릭 교도들과 개혁자들 모두, 자신들의 교리적 순수성과 열정을 증명해 보이기 위해 마녀사냥에 열을 올렸다. 츠빙글리를 제외한 거의 모든 독일의 종교개혁자들은 마법의 신화를 받아들였다. 루터는 마녀들이 그 어느 누구에게도 해를 끼치지 않았다 하더라도 마귀와 협정을 맺은 존재들이기에 화형을 시켜야 한다고 주장했으며, 실제로 4명의 마녀를 화형에 처했다. 프로테스탄트들은 출애굽기 22장 18절, 즉 "마술을 부리는 여자는 살려두어선 안 된다"는 말씀을 마녀사냥의 근거로 삼았다. 칼뱅은 "성경에서도 마녀들이 존재하고 있으며, 그들을 없애야 한다고 말하고 있다. … 이는 하나님의 보편적인 법이다"라고 말했다. 칼뱅과는 루터파보다 마녀들을 훨씬 더 혹독하게 다뤘다. 이에 비해 영국 국교회는 마녀사냥에 별다른 관심이 없었다. 1542-1736년 동안 잉글랜드에서 교수형으로 처형된 사람들은 1천 명 미만이었지만 칼뱅파가 지배했던 스코틀랜드에서는 1590년부터 90년 동안 4,400명이나 처형당했다. 잉글랜드에서도 칼뱅파들은 가는 곳마다 마녀사냥을 선전했다. 1590년대에 칼뱅주의자인 윌리엄 퍼킨스는 케임브리지 대학교 이매뉴얼 칼리지에서 마녀사냥에 대한 강의를 했는데, 이 칼리지는 뉴잉글랜드 지역(현재 미국 동북부 지역—옮긴이)으로 건너간 청교도들이 교육을 받았던 곳이었다.

어느 누구보다 마녀사냥을 대중화한 장본인은 예수회 회원들이었다. 의문스러운 점은 예수회 회원들이 그만큼 편협한 사람들이 아니었다는 사실에 있다. 그렇다면 어찌하여 예수회는 마녀사냥에 앞장섰는가? 스페인에서 예수회는 유대교 성향의 프로테스탄티즘으로 간주되었다. 초창기 로욜라는 엄격한 규율과 수행으로 유대주의자라는 비난을 받았다. 그 또한 유대인의 후손이 되는 것은 영광스러운 일이라는 말로 유대주의와의 연계설을 인정하는 것처럼 보였다. 하지만 이 말의 속뜻은 전혀 다른 데 있었다. 그가 유대인의 후손이 되기를 원했던 이유는 "우리 주 그리스도와 영광스런 성모 마리아와 연결되기 때문이다!" 앞에서도 말했듯이 로욜라를 비롯한 예수회 회원들은 초창기만 해도 편협한 사고, 예를 들어 반유대주의를 단호히 반대했다. 하지만 그들 역시 여론의 힘을 극복할 수는 없었다. 종교적 갈등의 시기에 사람들에게 필요했던 것은 누구나 공감할 만한 적을 만들어주는 것이었으며, 이러한 관점에서 유대인들은 아주 적합한 대상이었다. 상황이 그러했으니, 유대주의에 온건한 태도를 보였던 예수회가 의심의 눈초리를 받으며 어느 곳보다 스페인에서 회원을 모집하는 데 상당한 어려움을 겪으리라는 것은 쉽게 짐작할 수 있다. 다시 말해 예수회가 마녀사냥에 앞장서게 된 것은 당시의 상황과 여론의 힘, 그리고 이제 막 새롭게 태어난 예수회를 유지하기 위한 선택의 불가피한 결과였던 것이다.

마녀들의 화형은 독일과 폴란드, 그리고 프랑슈콩테 등 예수회가 반종교개혁 운동을 성공적으로 수행했던 지역에서 주로 이루어졌다. 베네룩스 지역에서도 '마법은 인류의 골칫거리'라는 펠리페 2세의 선언에 힘입어 마녀사냥이 강화되었다. 트리어에서도 예수회 회원들은 대주교인 요한 폰 쉰부르크와 그의 보좌 주교인 빈스필드를 도와 가장 야만적인 살상행위에 가담했다. 1587-1593년에 쉰부르크 대주교는 22개 마을에서 368명의 마녀들을 화형에 처했다. 한 마을의 여성 전부가 마녀로 몰리기도 했다. 마녀사냥에 비협조적인 관리들도 처형을 피할 수 없었다. 학장이자 선제후 궁정의 주심 재판관이었던 디트리히 플라데 또한 마녀들을 관용적으로 대했다는 명목으로 화형을 당했다. 마녀사냥꾼들은 마녀들이 어마어마한 음모를 꾸미고 있다며 정부당국자들을 위협했고, 마침내 정부 관리들이 고문을 할 수 있도록 허락하자 더 많은 희생자들이 양산되었다. 몇몇 마녀사냥꾼들은 일종의 성과급을 받았는데, 풀다 수도원장과 영주의 보좌관을 겸직했던 발타자르 로스는 1602-1605년 사이에 250명의 마녀를 잡아들인 대가로 5,393길더를 벌어들였다.

프로테스탄트와 가톨릭 진영 사이의 투쟁이 심화될수록 마녀들의 숫자도 늘어났다. 왜냐하면 마녀사냥꾼들은 마법을 상대방의 신앙과 동일시했기 때문이다. 독일에서 마녀사냥도 스페인과 마찬가지로 '프로테스탄트와 유대인'을 결부시켰다. 뷔르츠부르크의 주교 필리프 아돌프 폰 에렌베르크는 19명의 성직자, 자신의 조카가 포함된 7명의 어린이를 비롯해서 900명이 넘는 사람들을 마녀로 간주하여 처형시켜버렸다. 1629년 한 해에만 바이에른의 아이히슈테트에서 274명이 화형을 당했다. 고위층도 마녀사냥의 광풍을 피할 수는 없었는데, 예를 들어 본에서는 정무장관과 그의 아내, 그리고 대주교 비서의 아내가 처형을 당했다. 이 중에서 가장 최악인 사건은 밤베르크에서 벌어졌다. '마녀사냥 전문가'인 요한 게오르크 2세 푹스 폰 도른하임 주교는 1623-1633년 동안 이곳에서만 600명의 마녀들을 화형시켰다. 한때 그의 비서 한 명은 고문에 못 이겨 5명의 시장이 마녀들과 연루되어 있다고 자백했으며, 이들 중 한 명의 시장이 27명의 동료들의 이름을 적는 등, 자백의 꼬리는 끝이 없이 이어졌다. 후에 그 비서는 자신의 딸에게 다음과 같은 편지를 보냈다. "이것은 모두 거짓이고 날조된 것이다. 하나님 저를 도와주소서. … 누구라도 이름을 부르지 않으면 고문은 멈추지 않는다. … 하나님이 이 일에 개입하시지 않는다면 우리는 모두 화형당하고 말 것이다." 잔인한 고문과 자백의 악순환을 현장에서 목격했던 예수회 회원 프리드리히 슈페는 《범죄자들에 대한 경고Cautio Criminalis》라는 책을 통해 마녀사냥을 공격했다. "고문으로 인해 독일이 마녀들과 전대미문의 사악함으로 가득 채워지고 있다. 독일뿐만 아니라 다른 곳에서도 고문이 이루어지고 있다. … 고문을 받는다면 나를 비롯하여 어느 누구나 마녀가 될 수 있을 것이다."

요한 바이어 같은 에라스무스를 추종하는 인문주의자들은 이미 오래 전부터 고문과 자백의 상호관련성에 주목하고 있었다(역시 그의 책은 금서목록에 올라와 있었다). 바이어가 존경했던 리처드 스콧은 다음과 같이 말했다. "자신들이 하지도 않았으며 자신들의 능력을 넘어선 일들을 얼마나 쉽게 고백하는지를 보라"(제임스 1세는 스콧의 책을 불태워버렸다). 대부분의 지성인들은 다음과 같은 몽테뉴의 발언에 동의했을 것이다. "사람을 화형에 처하는 것은 우리 자신의 추측능력을 지나치게 높게 평가하고 있기 때문이다." 지성인들은 고문에 의한 자백은 믿을 수 없고 화형은 부당하다는 견해를 공유하고 있었다. 그들은 사법당국자들에게 고문행위는 그릇된 방법이라는 것을 설득하여 스코틀랜드의 검찰총장이었던 조지 매켄지 경으로부터 "체포되었던 사람들 대부분이 가혹한 고문을 당했고 이로 인해 그들은 거짓자백을 할 수밖에 없었다"는 고백을 받아내기도 했다. 그럼에도 마녀들은 줄어들지 않았으나, 1648년에 체결된 베스트팔렌 평화조약은 마녀사냥을 종결짓는 결정적 계기가 되었다. 왜냐하면 평화의 시대가 도래하자 이성이 다시 활발하게 활동하기 시작했고 자연계를 과학적으로 탐구하려는 운동 또한 급속하게 확산되었기 때문이었다.

프로테스탄티즘과 자본주의

16-17세기는 어느 때보다 다양한 기독교 종파들이 등장하던 시절이었다. 하지만 이 때문에 유럽의 문명구조는 손상되었으며 이성의 발전에도 방해가 되었다. 기독교는 역사적으로 중요한 분수령에 서 있었다. 로마 제국 시대의 철학자들과 지성인들은 기독교를 무지몽매한 종교나 미신으로 여겼지만, 기독교는 나중에 결국 로마 문화와 결합했다. 로마 제국이 붕괴되고 나자 고대 문명을 유일하게 간직하고 있던 기독교는 진보를 위한 힘을 발휘하기 시작했다. 이후 수 세기 동안에 기독교는 문화 창출의 동력으로 작용했고 경제와 사회제도를 개혁하는 추진력이었다. 그러던 기독교가 13-14세기에 첫 번째 위기를 맞이했다. 교회 밖에서 좀 더 진보적이고 개혁적인 흐름들이 등장하기 시작한 것이다. 그리고 불행히도 제도 교회는 이러한 흐름을 거부했다. 교회가 개혁을 이끌기보다는 오히려 개혁의 방해물로 전락해버린 셈이었다.

중세 초기만 해도 농업을 중심으로 서유럽의 경제를 새롭게 재건하는 데 교회는 크나큰 역할을 감당했다. 교회는 그에 걸맞은 이론과 인적 자원을 확보하고 있었다. 특히 주교들은 중심적인 역할을 수행했으며, 성소와 성물들을 중심으로 무역이 발달하기도 했다. 하지만 불행하게도 교회가 할 수 있는 역할은 여기까지였다. 다시 말해 교회는 자본주의로 변해가는 경제의 흐름을 따라갈 수 없었던 것이다. 그나마 기독교 내에서 무역업을 발전시킬 수 있는 곳은 템플 기사단이 유일했으나, 교황청과 왕실로부터 핍박을 받으면서 이마저도 없어져버렸다.

자본주의의 싹을 틔웠던 사람들은 나름대로 경건한 삶을 살았으나, 제도권 기독교의 명령이나 관습으로부터 거리를 유지하려 했다. 14세기 서유럽에서 반성직주의, 온건한 순결주의 그리고 상업적 열정—후에 이들은 칼뱅주의의 '프로테스탄티즘 윤리'와 결합된다—등은 흔히 볼 수 있는 현상이었다. 피렌체 근처 프라토에서 30년 동안 무역업에 종사했던 프란체스코 디 마르코 다티니(1335-1410)의 회계장부들을 보면, 십계명이 새겨져 있고 페이지마다 첫머리에 "하나님의 이익을 생각하면서"라는 글귀가 적혀 있었다. 이처럼 그는 매우 신실한 정통 가톨릭 교도였지만 자신이 기부하는 돈이 교회를 위해 사용되기를 원하지는 않았다. 이는 매우 특별한 사례가 아니라, 중세 말기에 아주 보편적인 현상이었다. 당시에 평신도들이 중심이 된 자선기관이 많이 세워졌는데, 이는 그만큼 평신도들이 성직자들을 거치지 않고 스스로 자기주장을 하게 되었다는 것을 의미한다.

종교개혁이 일어나기 전부터 상업 중심의 경제체제는 교회로부터 등을 돌리고 있었다. 이와 달리 프로테스탄티즘은 자체의 교리 속에 자본주의를 설명해내고 이를 발전시킬 수 있는 기술적 토대들을 구축하고 있었다. '프로테스탄티즘 윤리' 이론을 발전시켰던 막스 베버는 프로테스탄티즘이 '칭의론'과 '예정론'을 강조함으로써 '구원의 공포'를 야기했다고 주장했다. '구원의 공포'(경제적으로는 이로 인해 산업과 자본주의를 발전시켰다)는 선행을 강조하는 결과를 낳았는데, 실제로 선행은 구원을 얻는 것과는 그다지 상관이 없었다. 구원은 그 이전에 이미 결정된 것이기 때문이다. 그럼에도 구원을 받았다는 내적 확신을 드러내는 방식이 필요했기 때문에 여전히 선행은 필요했다. 베버는 칼뱅주의를 한마디로 '불안을 유도하는 이데올로기'라고 생각했다. 칼뱅주의는 사람들에게 불안의 공포를 조성하여 자기절제와 믿음을 추구하도록 강요한다는 것이다. 하지만 칼뱅주의나 프로테스탄티즘이 새로운 불안을 만들어냈다는 증거는 없다. 불안은 오래전부터 이미 존재하고 있었다. 기독교 역사에서 오리게네스의 보편구원론은 항상 소수의 의견에 불과했고, 대다수의 기독교인들은 지옥을 두려워했다. 중세에 이러한 불안 때문에 사람들은 면죄부를 사거나 자신을 위한 미사에 돈을 지불했다. 불안을 이용하여 교회는 돈을 벌었고, 평신도들은 그 돈을 마련하기 위해 일을 해야 했다.

우리가 생각하기에 열정적인 프로테스탄트들, 특히 칼뱅주의자들은 사업에서 성공할 가능성이 높을 것 같지만, 사실은 그렇지 않았다. 예를 들어 청교도였던 영국인들이 사업가로 성공했다거나 그들의 상업적 방식이 획기적이었다는 소문은 들어본 적이 없다. 왜냐하면 그들은 무엇보다도 문화와 정치의 영역에서 신앙을 실천하려 했던 사람들이었기 때문이었다.

상업에 종사한 사람들이 가톨릭 교회를 탐탁지 않게 여기기는 했으나, 그렇다고 그들이 모두 프로테스탄트 교회로 전향했던 것은 아니었다. 실제로 루터의 가르침 가운데 상업이나 산업을 호의적으로 보았다는 증거는 어디에도 없다. 오히려 그 역시 고리대금업을 비난했다. 하지만 칼뱅주의자들은 조금 다른 생각을 가지고 있었다. 칼뱅은 신명기 23장

19절("당신들은 동족에게 꾸어 주었거든 이자는 받지 마십시오. 돈이든지 곡식이든지, 이자가 나올 수 있는 어떤 것이라도 이자를 받아서는 안 됩니다")의 말씀이 히브리인들에게만 해당된다는 점을 분명히 했다. 이에 따라 고리대금을 비판하는 설교를 하거나 이자를 받고 돈을 빌려주었던 교인들을 비판하는 성직자는 사임 압력을 받거나 추방당했다. 프로테스탄트들이 장악하고 있던 잉글랜드 의회에서는 이자를 받고 돈을 빌려주는 일을 합법화했다.

네덜란드의 칼뱅주의자인 클라우디우스 살마시우스는 《고리대금론*On Usury*》에서 이자를 받는 것은 구원을 얻는 데 필요하다고 주장하기까지 했다. 그렇다고 칼뱅주의가 자본주의와 관련을 맺었다는 증거는 없다. 당시에 스코틀랜드만큼 완벽하게 칼뱅주의 국가로 전향한 곳은 없었지만, 이로 인해 그곳에 자본주의 경제체제가 성장했다는 증거는 그 어디에도 없다. 반대로 스코틀랜드의 칼뱅주의는 중세 길드와 자치도시의 집단적 규율과 비슷했다. 왕실이 소유한 도시들에 주어졌던 특권, 상인들과 수공업자들로 구성된 길드에 주어졌던 권리 등은 종교개혁 이후에도 1세기 이상 보존되었다. 유럽의 어느 나라보다 칼뱅주의가 지배했던 스코틀랜드에서는 좀 더 오랫동안 자유무역이 금지되었다. 오히려 칼뱅주의가 공헌했던 것은 교육제도의 확립이었다. 18세기에 유럽에서 가장 눈부시게 발전했던 분야는 교육이었다. 그리고 이에 대해 칼뱅주의가 했던 역할은 결정적이었다.

사회는 점차 자본주의 체제로 향해 갔으며 이에 앞장섰던 사람들은 특정한 교리를 고수하기보다는 고도로 제도화되고 권위적이었던 기독교 자체에 반감을 품고 있었다. 그들은 주로 이탈리아와 남부 독일, 플랑드르와 라인 강 지역의 발전된 도시, 세비야와 리스본과 같은 이베리아의 항구도시에서 활동했다. 이곳은 동시에 성직주의와 '기계적' 기독교에 대항하던 곳이기도 했다. 유대인 사업가들은 인종차별법과 스페인 종교재판소에 대항했다. 이들은 강력한 영향력을 발휘했을 수도 있었으나, 대부분 개인적이고 인격적인 차원에 머물러 있었기 때문에 큰 파장을 불러일으키지는 못했다. 그들은 대체로 높은 수준의 교육을 받았으며 에라스무스를 추종하는 경우가 많았다. 그들은 어떠한 간섭과 검열 없이 독자적으로 성경을 읽기 원했다. 그들은 성직자, 특히 수도사들을 정직하지 못하고 게으르다며 비난했고, 중세 기독교의 미신적 요소들을 못마땅하게 생각했다. 이에 비해 그들이 꿈꾸던 이상향은 바울 서신과 사도행전에 묘사되어 있는 '원시primitive' 교회의 순수성과 실천에 있었다. 무엇보다도 그들은 가치 있는 삶, 즉 성화聖化를 강조했으며, 결혼을 찬양했고, 영적으로 평신도들과 성직자들은 동등하다고 생각했다.

종교개혁이 일어나기 전만 해도 도시의 부유층들은 교회와 타협을 원했다. 하지만 프로테스탄티즘이 나타나자 상황은 달라졌다. 왜냐하면 그들은 개혁된 기독교가 좀 더 생명력 있는 대안을 제공해줄 수 있다고 여겼기 때문이다. 가톨릭 교회도 트렌토 공의회를 통해 자체적인 개혁을 시도했지만 여전히 배타적이었고 관용적이지 못했다. 더군다나 16세기 이전 자본주의가 번성했던 주요 도시들은 종교전쟁으로 인해 큰 피해를 입었고 또 종교를 개인적으로 자유롭게 믿고 싶었던 상인들을 매우 엄격하게 다루었다. 이 때문에 16세기에 상인 계층의 대이동이 시작되었다. 유대인들은 세비야와 리스본을 떠나 유럽 중부와 북부로 이동했고 독일과 프랑스에서 활동하던 상인들은 리스본과 세비야로 이동했다. 이탈리아 상인들은 코모, 로카르노, 밀라노, 베네치아로부터 북쪽의 라인 강 주변으로 이동했다. 독일 남부에서 살던 사람들은 반종교개혁 운동을 피해 북부로 옮겨 갔다. 스페인의 보병부대가 반종교개혁 운동의 기치를 들었던 리에주, 브뤼셀, 겐트에 살던 상인들은 프랑크푸르트, 함부르크, 브레멘, 라인 지역, 스위스로 이동했다. 1585년에 안트베르펜이 스페인에 의해 함락되자 그곳에 살던 상당수의 상인들은 프로테스탄티즘을 지지했던 네덜란드로 이동했다. 이들은 대부분 교리 때문이라기보다는 평화와 관용을 찾아 이주했다.

이처럼 자본주의 선구자들은 이주민 사업가들이 대부분이었다. 칼뱅주의자였던 얀 데 빌렘도 이들 중 하나로 그의 형제들과 함께 덴마크 동인도 회사Danish East India Company를 설립했던 인물이었다. 가브리엘과 셀리오 마르셀리스는 덴마크에서 통행세와 광산업과 관련한 세금을 거두는 일, 하청업자와 무기 판매상, 목재 수출업자들에게 대출을 해주는 일 등을 했다. 이 두 사람 역시 반종교개혁을 피해 이주한 사람들이었다. 칼뱅주의자이면서도 자본주의를 받아들였던 인물들도 적지 않았는데, 이 중에서 루이스 데 기어는 스웨덴에서 철강산업을 독점하면서 아돌푸스의 군대를 비롯해서 베네치아, 포르투갈, 러시아 등 주로 프로테스탄티즘 국가들을 지원했다. 1658년에 스웨덴 은행을 세운 이들도 이주민 칼뱅주의자들이었다. 앙리 4세와 리슐리외가 통치하던 시절에 프랑스 은행을 책임지던 인물은 위그노였던 랑부예와 탈레망이었다. 마자랭의 재정 자문관이자 감독관이었던 바르텔미 데르바르도 이민자 프로테스탄트였으며, 황제 아돌푸스 2세와 후에 대원수 알브레히트 폰 발렌슈타인의 재정 담당관으로 일했던 앙 드 비트 역시 마찬가지였다. 스페인의 합스부르크 가문에서도 프랑수아 그레뉘 등 스위스에서 이주해왔던 프로테스탄트들이 이러한 일을 맡았다.

이처럼 프로테스탄트 국가들은 이주 자본가들로부터 적지 않은 도움을 받았다. 이들 국가는 관용적인 태도를 취하여 종교적으로 박해하거나 종교재판소와 같은 기구들을 설치하지 않았다. 출판의 자유도 허락되었으며 상행위를 규제하지도 않았다. 한마디로 자본주의 체제를 받아들일 수 있는 조건을 충분히 갖추고 있었던 것이다. 1804년에 샤를 드 비예는

〈루터의 종교개혁 정신과 영향에 관한 논문Essai sur l'espirit et l'influence de la reformation de Luther〉을 통해 경제적 성공과 산업화를 프로테스탄트 신조와 연결시켰는데, 당시에 이런 작업은 하나의 상식에 가까웠다. 프랑스, 벨기에, 오스트리아 같은 가톨릭 국가에서도 경제를 주도했던 사람들은 소수의 프로테스탄트였다. 이 같은 상황에서 가톨릭 지도자들, 특히 교황청 지도부는 적지 않게 당황스러워 했다. 교황청이 '근대주의modernism'를 비난하고 개혁을 외치는 세력의 배후에는 프로테스탄트 이단이 있다고 의심했던 주요 이유가 바로 프로테스탄트들의 이와 같은 태도에서 비롯되었다.

하지만 실제로 자본주의와 신학은 별다른 관련이 없었다. 엄밀히 말해서 기독교 자체는 자본주의의 걸림돌이었을 뿐이었다. 그렇기 때문에 가톨릭이든 칼뱅주의든 상관없이 기독교가 완고하게 자리 잡은 곳에서 자본주의는 자라날 수 없었다. 16-17세기에 일어났던 자본가들의 대이동 또한 특정한 교리에 반대해서라기보다는 교리를 통해 자신들의 삶을 통제하려 했던 기독교를 피하기 위해서 이주했던 것이라고 보아야 한다. 그들은 에라스무스의 주장, 즉 기독교에서 필요한 것은 신학이 아니라 도덕적 변화라는 입장을 지지했다. 기독교가 자본주의에 혜택을 준 것이 있다면 그것은 십계명이었다. 십계명을 준수하려는 노력은 자본주의 발전에 도움을 주었다. 종교적 입장에서 자본주의는 공적 기독교를 사적 기독교로 퇴각시키는 데 결정적 역할을 했다. 자본주의를 하나의 운동으로 표현한다면 개인의 의지와 자유를 지향하고 집단적 강요에 대항하는 운동이었다. 자본주의가 특히 프로테스탄트 국가에서 번성할 수 있었던 주요한 원인은 가톨릭 국가들보다 프로테스탄트 국가에서 성직주의의 힘이 약했기 때문이었다. 16-17세기의 분석가들은 이미 진보적 경제 세력들은 제도권 종교와 갈등관계에 빠질 수밖에 없다는 것을 잘 알고 있었다. 매우 인격적이고 경건한 기독교인이라 할지라도 사업을 위해서는 종교제도가 막강한 힘을 발휘하며 장악하고 있던 지역을 벗어나려 했다. 하지만 어느 무엇보다 기독교는 제도적 장치가 필요한 종교였다. 다시 말하면 제도가 없이는 기독교가 존재할 수 없다. 자신의 신앙을 지키면서 정상적으로 사업을 할 수 있는 방법은 없었을까?

제3세력의 등장

16세기는 지식인과 제도권 교회 간에 처음으로 불화가 발생한 때이기도 하다. 여기서 다시 에라스무스를 주목할 필요가 있다. 당시에 활동했던 지식인들인 콘타리니, 폴레, 멜란히톤, 부처 등이 거의 모두 에라스무스주의자들이었다. 소위 '제3세력third force'으로 불리던 이들은 불행히도 국제적인 조직을 갖추지 못한 채 주로 지하에서 활동해야만 했다. 그럼에도 불구하고 이들은 침묵하지 않고 계속해서 자신들의 입장을 표명했다. 예를 들어 이들은 종교전쟁과 마녀사냥에 대해 극렬하게 대항했다. 이 중에서 특히 카스텔리오는 매우 강력하고 설득력 있게 억압의 전반적인 구조를 비판했다. 그가 저술한 《이단인가 아니면 박해 받고 있는 것인가?De Haereticis an sint persequendi?》는 교부들과 프로테스탄트 저술가들의 말을 인용한 일종의 모음집으로 자신의 입장을 강력하게 역설해놓은 책이었다. "이단에 대해 주의 깊게 검토해보면서 나는 이보다 더 비열한 짓을 할 수는 없다는 것을 깨달았다. 이단자는 단지 당신과 다른 생각을 하는 사람들일 뿐이기 때문이다." "사람을 죽이는 것은 교리를 변호하는 것이 아니라 한 사람의 생명을 실제로 죽이는 일이다." "진리를 더 잘 알수록 남을 덜 정죄하는 경향이 있다.' "하나님이 사람들을 산 채로 화형시키고 그에게 희생제물을 바치기 원한다면 그리스도가 몰록(셈족이 섬기던 신)이라고 생각하지 않을 사람이 누가 있겠는가?" 그의 발언이 지나치게 감정적이기는 했지만, 그럼에도 불구하고 많은 사람들의 반향을 불러일으켰다. 이에 위기감을 느낀 칼뱅과 베자는 어떻게 해서든 그를 추방시키려 했으며, 그의 추종자들까지도 끝까지 추적했다.

제3세력은 특히 가톨릭과 프로테스탄트 세력이 팽팽하게 맞서던 곳과 관용의 입장이 강하던 곳에서 큰 영향력을 발휘했다. 이에 해당하는 대표적인 곳이 프랑스였다. 프랑스 내에서 벌어진 가톨릭과 프로테스탄트 진영 간의 전쟁과 관련하여 카스텔리오는 다음과 같이 말했다. "나는 이 질병—프랑스를 고통스럽게 했던 폭동과 전쟁—의 원인이 양심의 억압에 있다고 생각한다." 그는 양측 모두를 비난했다. "당신들은 저항하는 자들을 모조리 죽이고 있다. 그렇지 않으면 당신들은 저항하는 자들의 양심이 굴복하거나 양심에 거슬러 말하게 함으로써 그들의 영혼을 살해하고 있다." 비록 소수이기는 했지만 프랑스 지식인들 중에는 관용정책을 실시할 것을 주장한 사람들도 있었다. 하지만 칼뱅주의를 지지하던 베자는 관용령을 '악마적인 교리'라고 비난했다. 그는 양심의 자유를 지지하는 것은 범죄행위나 다름없다고 판단했다. 1588년 블루아에서 열린 의회에서 르망 주교가 "이단들을 내리칠 것이 아니라 훈계하고 사랑으로 감싸 안아 다시 돌아오도록 해야 한다"고 주장하자 의회는 "분노하여 소리쳤고", "너무 화가 난 의원들이 손뼉을 치고 발을 동동 구르면서 항의하자 그는 더 이상 한마디도 할 수 없었다." 1598년에 낭트 칙령이 날인되었을 때 교황 클레멘스 8세는 이 칙령은 "세상에서 가장 사악한 것"이라고 즉각 비난했다.

종교개혁과 전쟁을 통해서 너무나 많은 사람들이 영문도 모른 채 희생되었기 때문에 사람들은 점차 중간지대를 찾거나 평화를 선호했다. 바로 여기에 제3세력이 간여할 수 있는 두 번째 자리가 있었다. 교회일치와 관련하여 쾰른의 가톨릭 인문주의자인 조지 카샌더는 "본질적인 것에는 일치를, 비본질적인 것에는 자유를, 그리고 모든 것에 자비를"이라는 원칙을 제시했다. 프로테스탄트들이 토마스 아 켐피스의 《그리스도를 본받아 Imitation of Christ》와 같은 가톨릭 저술들을 사용하기도 했으며, 반대로 가톨릭 국가에서 멜란히톤이나 부처, 그리고 심지어는 칼뱅의 작품들이 유포되기도 했다. 물론 편집되고 저자의 이름이 기록되지 않은 채 출간되었지만 말이다.

이들 배후에 '제3세력'이 있었음은 의심할 여지가 없다. 제3세력은 르네상스 시대의 학문, 특히 유대 신비주의와 연금술에도 깊은 관심을 보였다. 왜냐하면 그들은 16세기에 자유 지성인들 사이에서 공유되었던 신념, 즉 지식은 어떠한 예술과 과학도 포용해야 하며, 어떤 식으로든지 기독교와 연계되어야 한다는 믿음을 가지고 있었기 때문이었다. 지식이 완전해지면 종교적 논쟁과 토론은 자연스럽게 해결될 것이다. 그러므로 선한 의지와 지성을 소유한 사람들끼리 서로 협력해야 한다. 그러나 이들의 회합은 오해를 받을 위험이 있었기 때문에 그들은 비밀을 유지해야만 했다. 이처럼 학자들과 인문주의자들은 '보이지 않게' 국제적인 연결망을 조직하여 지속적으로 영향력을 발휘할 수 있게 되기를 원했다. 이러한 비밀단체들은 15세기에 이탈리아를 중심으로 형성되기 시작했으며, 은둔철학자인 조르다노 브루노를 통해 북부 유럽으로 확산되었다.

네덜란드에서 비밀협회나 모임은 이른바 '사랑의 가족 Family of Love'이라는 형태로 모였다. 이 협회 소속 회원들은 하나같이 평화를 사랑하는 기독교인들이었다. 그들은 겉으로는 지배적 종파에 순응했지만 개인적으로는 기독교 연합운동에 헌신했다. 하지만 그럼에도 종교적 분쟁과 전쟁을 막거나 진정시키는 일에는 아무런 힘을 발휘하지 못했기 때문에 이들은 내부적인 일에 집중했다. 자본가들처럼 그들 또한 에라스무스주의자들이었다. 좀 더 정확하게 말하자면 그들은 일종의 스토아 학파였다. 그들은 이성의 요구는 항상 비효율적이기 때문에 교육받은 사람들은 겉으로는 공공의 복지를 위해 최선을 다하고 공적인 규율을 따르지만, 내면적으로는 개인적 도덕성을 개발해야 한다고 주장했다. 안트베르펜에서 이들의 모임은 펠리페 2세의 왕실 식자공인 크리스토프 플랑탱을 중심으로 형성되었다. 이 모임에는 자연과학자, 식물학자, 지리학자, 지도를 그리는 사람들, 골동품 애호가, 언어학자, 히브리·동방학자, 그리고 예술가들과 조각가들이 포함되어 있었다.

기독교 인문주의자들 가운데 제3세력에 참여했던 사람들은 교리주의자라기보다는 학자들이었고 경건한 종교를 지향했던 복음주의자들이었다. 브루노와 시드니 같은 사람들에게 기독교와 세속적 지식, 신학과 자연과학 사이에 절대적인 구분은 없었다. 시드니는 지식을 "욕망으로 얼룩진 타락한 우리의 영혼을 높은 경지로 이끌어주는 것이며, 정신을 육체의 감옥으로부터 해방시켜 신의 본질을 향유할 수 있게 고양시켜주는 것"이라고 생각했다. 로저 베이컨은 교황에게 종교적 진리를 발견하기 위해서는 성경 주석과 함께 과학적 탐구가 동시에 이루어져야 한다고 조언했다. 그뿐만 아니라 당시에 활동하던 많은 과학자들이 신비철학과 연금술을 통해 우주의 신비를 벗길 수 있다고 믿었다. 자연과학은 여전히 형이상학 틀을 벗어나지 못하고 있는 상태였기 때문에 종교적 평화는 과학적 탐구에 필수적이며 마찬가지로 그와 같은 탐구는 일치와 화해에 도움이 된다고 믿고 있었다. 잉글랜드의 유명한 수학자이자 시드니와 브루노의 친구였던 존 디 박사는 학문적 합의를 통해 교회의 일치를 이룰 수 있다는 글을 수없이 많이 발표하기도 했다.

1583년에 존 디 박사는 '제3세력'의 중심지였던 프라하에서 황제 루돌프 2세를 만났다. 존 디 박사를 후원했던 루돌프 2세의 종교적 성향은 쉽게 파악되지 않았다. 왜냐하면 그는 사소한 문제를 놓고 다투는 프로테스탄트들이나 호전적이고 비타협적이던 교황청 모두를 못마땅하게 바라보았기 때문이었다. 분명 그는 가톨릭과 프로테스탄트 세력이 서로 화합할 수 있는 대안을 정치적으로 모색하고 있었던 것 같다. 이러한 흐름은 후기 르네상스의 중심지였던 그의 왕실 분위기를 반영하는 것이었다.

　당시에 제3세력은 하나의 철학이자 이론이었다. 당시까지만 해도 계시를 통해서만 하나님의 계획을 알 수 있다는 믿음이 널리 퍼져 있었다. 대중들의 지혜는 피상적으로 보였고 감각을 통한 증명은 오류가 있는 것으로 여겨졌다. 그렇다면 이들을 온전하게 이끌 수 있는 안내서가 필요하지 않을까? 이러한 상황 속에서 왕성하게 발전하고 있었던 자연철학이 하나님의 진리를 드러낼 수 있는 수단으로 환영받았다. 당시 루돌프의 왕실은 응축된 상징주의와 이성, 신화, 형이상학을 혼합시켰던 '매너리스트Mannerist'(르네상스에서 바로크로 이행하는 과도기에 이탈리아에 나타난 양식으로 성숙기의 르네상스 고전주의의 쇠퇴를 뜻하거나, 고전주의에 대한 반동을 일컫는다—옮긴이) 학파의 중심지였다. 주세페 아르침볼도는 루돌프 왕실의 연회실들을 신비롭고 수수께끼처럼 강렬한 이미지를 발산할 수 있도록 장식했다. 엘 그레코 같은 예술가들은 반종교개혁적 메시지를 분명하고 강하게 표출한 반면, 일부 예술가들은 그러한 메시지를 상징과 기교를 사용하여 흐릿하게 처리했다. 그들은 무엇보다도 작품 속에서 평화적인 메시지를 보이려 했다. 루돌프가 좋아했던 피터르 브뤼헐은 〈사육제와 사순절의 전투Combat between Carnival and Lent〉라는 그림에서 신앙고백을 놓고 싸우는 가톨릭 교도들과 프로테스탄트들의 어리석은 모습을 보여주었다.

스스로 평화적 복음주의자들이라고 자임했던 제3세력은 불행히도 가톨릭과 프로테스탄트 세력 양측으로부터 외면을 받았으며, 심지어 위협을 당하기도 했다. 그들은 프로테스탄트 국가들에서 정치적으로 의심을 받았는데, 예를 들어 엘리자베스 정부는 브루노를 교황과 반종교개혁의 대리인으로 의심했다. 가톨릭 국가들에서는 종교재판과 화형이라는 훨씬 더 심각한 위험이 도사리고 있었다. 프로테스탄티즘과 가톨릭의 분열을 막으려고 노력했던 디 박사를 추종한 피렌체 출신의 인문주의자 프란체스코 푸치는 잘츠부르크에서 체포되어 로마에서 화형에 처해졌다. 브루노 또한 베네치아로 가면 안전할 것이라고 기대했지만, 불행히도 그를 기다리는 것은 이단재판이었다. 다음과 같은 발언이 그를 화형에 처하게 만들었다고 알려져 있다.

오늘날의 교회와 초대교회의 사도 공동체는 같지 않다. 왜냐하면 사도들은 설교와 선한 모범을 통해 사람들을 개종시켰던 것에 비해, 오늘날에는 가톨릭을 거부하려 한다면 징벌이나 고통을 감수해야 하기 때문이다. 사랑이 무력으로 바뀐 것이다. 선한 종교는 사라지고 무지함만이 남았다. 가톨릭은 어떤 다른 종교보다도 나를 즐겁게 해주었지만 지금은 철저한 개혁이 필요하다. 현재의 가톨릭은 좋은 모습을 보여주고 있지 못하다. 세상은 머지않아 개혁의 소용돌이 속에 휘말리게 될 것이다. 교회의 부패가 계속될 수는 없기 때문이다.

브루노의 화형은 오늘날까지도 신비스러운 사건의 하나로 남아 있다. 브루노의 죄목을 기록해놓은 〈절차 processo〉라는 문서는 끝내 발견되지 않았다. 우리가 알 수 있는 사실은, 그가 8년 동안 종교재판을 받았고, 그 와중에서 두 번이나 자신의 입장을 철회하기는 했지만 끝내 이단이었다는 것만큼은 인정하지 않았으며, 결국 1600년에 로마의 캄포 데피오리에서 산 채로 화형을 당했다는 것뿐이다. 1633년 로마의 종교재판소는 갈릴레오를 매우 심하게 고문했다. 교황 우르바누스 8세는 갈릴레오가 어떻든 이단자 브루노의 사상과 연결되어 있고 코페르니쿠스의 이론들을 설명해놓은 그의 《두 개의 주된 우주 체계에 관한 대화Dialogue of the Two Great World System》는 연금술의 상징이 가득 숨겨져 있다고 믿었다. 갈릴레오는 브루노처럼 무모하지는 않았다. 그는 순수하게 굴복했다. "신실한 마음과 거짓 없는 신앙으로 나는 이전에 말했던 이설들과 오류들을 맹세코 버리고 저주하며 혐오한다." 그가 당시 "그래도 지구는 돈다Eppur si muove"라는 말을 했다고 알려져 있는데, 이는 사실이 아니다. 그런 말을 했다면 그는 죽음으로 내몰렸을 것이다. 그는 《대화Dialogue》의 여백에 이렇게 적어두었다. "새로운 사상을 소개하는 문제와 관련하여 나는 다음과 같이 생각한다. 하나님의 형상대로 자유롭게 창조된 인간들이 노예처럼 권력에 굴복당할 때 최악의 혼란을 낳을 것이라는 사실을 의심하지 않을 사람이 과연 누가 있겠는가? 우리는 언제 누구로부터 우리의 감각을 무시하고 권력에 복종하라는 말을 들었는가? 권력자들은 전문가들을 재판하고 마음대로 그들을 다룰 수 있는 권한을 언제 부여받았는가? 이 모든 것들은 바로 국가의 전복이나 공동체의 파멸을 가져올 수 있는 매우 낯선 것들이다."

트렌토 공의회가 열릴 때까지만 해도 이탈리아에서 신비철학과 연금술은 대단히 인기를 끌고 있었으며, 당시에 비테르보의 에기디우스 추기경은 가장 위대한 기독교 신비철학자들 중 한 사람이었다. 하지만 트렌토 공의회는 세상을 바라보는 교황청의 시각을 경직되게 만들었다. 이후 교황청은 자신들이 통제할 수 없는 지식이나 세력들을 경계하기 시작했으며, 그런 이유로 신비철학과 관련된 수많은 서적들이 금서가 되었다.

이에 위기감을 느낀 제3세력은 지하로 내려가 비밀단체를 만들기 시작했는데, 네덜란드와 플랑드르에서는 영적 형제단, 독일에서는 장미십자회, 프리메이슨 운동 등이 바로 그러한 단체들이었다. 교황청, 특히 예수회는 누구보다 프리메이슨을 적대적으로 대했다. 프리메이슨은 반가톨릭적 입장을 취했다. 그럼에도 불구하고 예수회와 제3세력의 관계는 본질적으로 애증의 관계였다. 왜냐하면 예수회는 선교 목적을 위해 어느 가톨릭 단체보다도 과학과 예술을 육성하기 위해 힘을 기울였으며, 이러한 이유로 연금술과 신비철학을 연구했기 때문이었다. 예수회 신부 아타나시우스 키르허의, 유사 이집트학에 대한 방대한 저작(1652) 또한 예수회의 선교에 활용되었다. 브루노의 동료였던 톰마소 캄파넬라는 가톨릭 선교사들이 사용하는 선전 문구를 작성하는 조건으로 화형을 모면하기도 했다.

제3세력과 국왕들

캄파넬라와 브루노는 천년왕국 사상에 기초하여 총체적 개혁을 꿈꾸고 있었으며, 이는 무장한 농민이나 '성인들'보다는 지식인에 의해 조직된 '단체college'들에 의해, 그리고 유능한 군주를 통해 건설될 것으로 기대했다. 이 점에서 제3세력과 중세인들은 동일한 역사 인식을 공유하고 있었다고 볼 수 있다. 에라스무스 사상을 신봉하고 박식하며 온건했던 엘리자베스 여왕은 대체로 제3세력이 기대했던 군주에 가까웠다. 게다가 그녀는 학자들을 보호하기까지 했는데, 그럼에도 불구하고 여성에 대한 편견으로 인해 그렇게 높은 평가를 받지는 못했다.

이에 비해 프랑스의 앙리 4세는 제3세력들의 주목을 끌기에 충분했다. 나바르 가문의 수장이었던 앙리는 위그노였다. 프랑스의 왕위에 오르자 그는 평화로운 공존을 도모한다는 명분으로 무엇보다도 가톨릭 세력을 포용하기로 결정했다. 그는 광신적인 가톨릭 교도들과 호전적인 프로테스탄트들을 좋아하지 않았다. 기성 종교제도도 신뢰하지 않았다. 그의 추종자였던 몽테뉴는 앙리의 입장을 다음과 같이 논리정연하게 설명했다. 가톨릭 교도들과 프로테스탄트들은 어떠한 근거로 자신들이 진리를 소유하고 있다고 확신할 수 있는가? 그들은 너무나 오만하여 자신들이 '거짓된 견해'를 쏟아내고 있다는 사실조차 깨닫지 못하고 있다. 우리는 '불확실성, 연약함과 무지함'을 받아들여야 한다. 다른 의견을 박해하기 전에 적어도 다음과 같은 사실을 인정해야 할 것이다. '사람들의 얼굴이 서로 다른 것처럼' 그 입장들도 서로 다를 수밖에 없다. "기독교인들끼리 서로 내뿜는 적대감보다 더 지독한 적대감은 없다. 그 적대감은 점차 우리를 증오, 잔인함, 야망, 탐욕, 거짓, 반역으로 내몰고 있다. … 우리의 종교는 사악한 악을 제거하기 위해 존재하는데도, 오늘날에는 악을 보호하고 육성하며 선동하고 있다." 앙리 4세의 대관식을 계기로 많은 사람들은 평화를 꿈꿀 수 있었다. 브루노가 이탈리아로 돌아가겠다고 결심했던 이유도 여기에 있었다. 그는 적어도 목숨만은 보존할 수 있을 것이라고 기대했다. 이러한 기대에 부응이라도 하듯 앙리는 현실감 있는 종교 관용정책을 실시했다. 비록 현실화하기까지는 상당히 오랜 세월이 필요했으나, 결국 그는 자신의 정책을 온전히 세울 수 있었다. 결과적으로 그의 정책은 유럽의 안정에 적지 않은 기여를 했다. 앙리의 전기 작가 페레픽스에 의하면 말년에 앙리는 진보적 프로테스탄트들과 가톨릭 교도들의 화해를 모색하기 위한 국제적인 모임을 주선했다고 한다. 이렇게 해서 탄생한 연맹은 프로테스탄트와 반反합스부르크 가문 세력이 주도적으로 운영했다. 이런 상황은 피할 수 없었는데, 왜냐하면 프로테스탄트 세력과 가톨릭의 평화적 공존을 방해했던 세력들은 합스부르크 가문-교황-예수회였기 때문이었다.

앙리가 암살당하자(불행히도 그는 연맹이 만들어지기 5일 전에 가톨릭 광신자의 칼에 찔려 죽고 말았다) 제3세력은 그의 후임으로 젊은 제후였던 프리드리히 5세를 추천했다. 그는 제임스 1세의 딸과 결혼했는데, 이 사실은 그의 행보에 적지 않은 영향을 미쳤다. 왜냐하면 제임스는 누구보다도 교회일치에 관심이 깊었기 때문이었다. 1604년에 그는 의회에서 다음과 같이 말했다. "나는 기독교가 전 세계적으로 하나가 되기를 소망한다. 프로테스탄트 세력과 가톨릭 양측이 서로 고집을 버린다면 중간 지점에서 만날 수 있을 것이라고 기대하며, 그 길만이 모든 일을 해결할 수 있는 핵심이라고 본다." 이러한 그의 제안은 베네치아 대사인 카를로 스카라멜리와 파리에 있는 교황 대사를 통해 교황 클레멘스 8세에게 전달되었다. 편지를 받은 교황은 뒷면에다가 다음과 같은 문장을 휘갈겨 쓰며 냉소적인 반응을 보였다. "이런 제안들은 나로 하여금 그대를 더욱 의심하도록 만들고 있소." 교황청도 부정적인 답변을 보냈다. 제임스는 베네치아 대사에게 이렇게 말했다. "교황 클레멘스 8세가 나를 초청했소. 교황이 합법적으로 소집된 공의회를 통해 문제들을 해결하고자 한다면 나는 그곳에서 나온 결정을 기꺼이 따를 것이오. 당신은 교황의 반응을 어떻게 생각하시오? 그리스도의 대리자란 사람이 하는 말을 똑바로 들어보시오. 왜냐하면 그는 다음과 같이 말했기 때문이오. '잉글랜드 왕은 공의회에서 어떠한 발언권도 가지지 않으며, 나는 공의회와 관련해서 아무런 말도 하고 싶지 않다. 잉글랜드 왕이 이런저런 핑계로 가톨릭 교회에 가담하지 않는다면 어떠한 문제도 해결되지 않을 것이다.'" 앙리 4세와 마찬가지로 제임스도 교회연합을 방해하는 장애물들은 계몽된 가톨릭 세력과 프로테스탄트 세력이 힘을 합칠 때에만 제거될 수 있다고 생각했다.

'학문 공화국the republic of letters'이란 말이 나올 정도로 제임스는 학자들이 자유롭게 학문적 토론을 전개할 수 있도록 격려해주었다. 당시 대부분의 학자들은 에라스무스의 주장, 즉 "나는 모든 국가의 시민이다"라는 입장을 지지하고 있었다. 어두움과 살인의 반세기가 지나고 짧은 기간이긴 했으나 이데올로기적 장벽이 무너지고 이성과 지식이 승리하는 것처럼 보였다. 학문과 과학의 '위대한 복구'를 열망했던 베이컨은 《학문의 진보advancement of Learning》(1605)와 《신 기관Novum Organum》, 《새로운 아틀란티스New Atlantis》를 잇달아 내놓았다. 그리스와 로마를 거쳐 새로운 문명이 발전해왔던 것처럼 "강점과 약점을 정확히 파악한 후에 모순의 불이 아닌 발명의 빛을 택한다면 우리의 문명은 그리스와 로마를 훨씬 능가하게 될 것이다." 시대의 흐름은 평온해 보였다. 잉글랜드는 더 이상 스페인과의 전쟁으로 고통을 당하거나 예수회의 공격을 받지 않았다. 네덜란드에서도 아르미니위스와 휘호 흐로티위스 등을 중심으로 칼뱅주의가 발전하고 있었다. 탁발수도사 파올로 사르피는 베네치아에서 지배자들을 설득하여 반종교개혁 세력을 몰아내는 등 교황청에 반기를 들기도 했다. 베네치아 주재 잉글랜드 대사 헨리 워튼 경은 사르피가 주도권을 쥐고 활동했던 베네치아가 영국 국교회를 받아들일 것이라고 생각했다. 1616년에 스팔라토의 대주교 안토니오 데 도미니스는 실제로 국교도가 되었다. 3년 후 그는 사르피가 지은 《트렌토 공의회의 역사History of the Council of Trent》를 잉글랜드에서 출판했는데, 이 책은 교황청이 어떻게 트렌토 공의회를 조종했는지 그 내막을 상세하게 전해주고 있다. 이 책은 제임스 1세에게 헌정되었다.

사르피가 하이델베르크에 있는 프리드리히 선제후 궁정의 최고 자문관인 안할트의 크리스티안과 접촉했다는 사실은 중요하다. 당시는 잉글랜드로부터 네덜란드, 독일, 오스트리아를 거쳐 베네치아에 이르기까지 마치 중부 유럽을 관통하는 지역은 종교적 자유가 확보된 것처럼 보였다. 이 같은 분위기가 점차 확산되자 사람들은 반종교개혁 운동을 전개하고 있는 세력은 둘로 분열될 것이고, 프랑스가 적극 나선다면 유럽에는 평화로운 종교가 정착될 것이라고 기대했다. 이때 있었던 엘리자베스와 프리드리히의 결혼은 이러한 꿈을 실현하기 위한 일종의 계획 결혼으로 보였다. 결혼 후에 프리드리히는 보헤미아의 왕으로 추대되었으며, 얼마 후에는 재연합된 자유로운 독일의 황제로 추대되었다. 당시 출판된 수많은 서적 중에는 제3의 종교개혁이 일어나길 강력히 희망했던 책들이 많았다. 이런 책의 주장은 대체로 다음과 같이 요약할 수 있다. 프로테스탄트의 종교개혁은 힘을 잃었으며, 가톨릭의 반종교개혁 운동은 잘못된 방향을 향하고 있었다. 이제 전 세계적으로 새로운 종교개혁 운동이 요청된다. 제3세력에 의한 새로운 종교개혁 운동은 형제 사랑을 강조하는 기독교 복음과 연금술 및 신비철학, 그리고 과학적 탐구를 통해 알 수 있는 자연 속에서 활동하시는 하나님의 활동에서 그 힘을 얻을 수 있을 것이다.

엘리자베스 여왕(1533-1603)은 잉글랜드에서는 제3세력을 대표하는 영웅이었다. 뿐만 아니라 그녀는 교회일치 운동의 지지자이자 자연과학의 후원자이기도 했다. 워튼은 그녀에게 〈여주인 보헤미아의 여왕에 관하여On his Mistress the Queen of Bohemia〉라는 시를 지어 바쳤고, 존 던 역시 그녀에게 다음과 같이 시를 지어주었다.

> 당신은 우리의 앞길을 예비하시는 새로운 별이시며
> 위대한 경이로움의 대상이시며, 참으로 위대한 분이십니다.

당시 잉글랜드에서 제3세력을 대변했던 인물은 세인트폴 성당의 주임 사제였던 존 던이었다. 가톨릭 교도였던 그는 후에 영국 국교도로 회심했지만, 가톨릭 교도였던 친구 토비 매슈에게 천국에 갈 수 있는 길은 여러 경로가 있다고 인정할 정도로 가톨릭 교회를 적대시하지는 않았다. "해협을 통해서도 희망봉을 통해서도 중국에 갈 수 있다." 그의 도서관에 스페인에서 출판된 가톨릭 서적들이 가득 차 있었던 것처럼 그는 특정 교파에 함몰되지 않은 채 교회일치 운동을 전개했다. "나는 종교를 로마(가톨릭)나 비텐베르크(루터파)나 제네바(칼뱅파)에 감금시키고 싶지 않다. … 종교라는 단어에 족쇄를 채우거나 수감시키고 싶지도 않다. 왜냐하면 프로테스탄트든 가톨릭이든 태양 아래 있는 살아 있는 빛줄기들이기 때문이다. … 그들은 북극과 남극처럼 서로 반대되지 않는다." 교회일치에 대한 기대가 어느 때보다 높았던 1619년에 제임스 1세는 신성로마제국의 선제후인 프리드리히와 보헤미아에 던카스터 경을 평화 사절로 보냈는데, 그때에 던은 그 사절단의 선임자로 활동하기도 했다.

교회일치를 향한 꿈은 화이트 마운틴(1620년 11월, 프로테스탄트이자 보헤미아의 새 왕이었던 프리드리히 5세는 가톨릭 측과 화이트 마운틴에서 전투를 벌여 크게 패했다—옮긴이)에서 가톨릭 측의 대승으로 붕괴되고 말았다. 프리드리히는 밀려났고 그의 책들은 로마로 실려 갔다. 그의 부인은 네덜란드로 건너가 망명 생활을 했는데, 이를 계기로 네덜란드가 제3세력의 중심지가 되었다. 그녀를 존경했던 사람들 중에는 데카르트도 끼여 있었다. 가톨릭 교도이자 예수회에서 교육을 받았던 데카르트는 화이트 마운틴에서 가톨릭 편에 서서 제3세력의 위대한 학문 활동을 파괴하는 일에 일조했으나, 그 자신은 이를 깨닫지도 못하고 있었던 것 같다. 20년 후에 그는 《철학 원리 Principia》를 프리드리히의 부인이었던 엘리자베스 왕비에게 헌정했는데, 이로 인해 그와 그의 사상은 제도적인 종교체제를 파괴하는 일에 눈부신 역할을 했다.

세속 세계와 영적 세계가 분리되다

하지만 불행히도 제3세력은 전쟁과 박해, 마녀사냥, 검열제도, 완고한 정책과 성직자들의 정략에 의해 지하로 밀려 내려가고 말았다. 반종교개혁 세력은 구스타부스 아돌푸스가 개입할 때까지 전 지역에서 승리를 거두면서 독일 전역을 휩쓸었다. 1620-1630년대에 유럽은 가장 어두운 시기를 보내고 있었다. 프리드리히 5세를 돕지 못한 제임스 1세는 격렬한 비난을 받았다. 사르피의 친구인 미칸치오는 다음과 같이 신랄한 어조로 글을 썼다. "올바른 일에 수수방관하는 것은 오로지 합스부르크 왕가를 더욱 강하게 해 자유국가들을 무너지게 만드는 결과를 야기할 뿐이다 … 잉글랜드로부터 해결책이 나오지 않고 행동이 수반되지 않는다면 … 스페인 정부는 독일을 정복하고 이탈리아를 차지하게 될 것이다." 유럽에서 종교의 자유가 허락된 해방구는 건설되지 못했다. 결국 베네치아는 반종교개혁 운동에 굴복했으며, 네덜란드에서는 아르미니위주의자들이 추방되거나 처형되었다. 잉글랜드 왕실은 전제정치를 수립하기 위해 검열제도를 강화했는데, 이로 인해 종파들의 박해가 심해지는 등 잉글랜드는 위기를 맞이했다. 제3세력은 종교 통합을 이루기 위해 노력했으나, 기회를 잡지 못했다. 일시적 수습책에 불과했던 베스트팔렌 조약의 내용이나 국가의 종교는 군주가 결정한다는 원칙은 종말을 고했다. 결과적으로 유럽의 종교는 분열이 더욱 고착화되고 말았다. 그 이후에도 종교 분열은 끝없이 지속되었다. 한마디로 경계가 없는 기독교 세계의 꿈은 영원히 사라져버렸다.

그럼에도 불구하고 제3세력은 여전히 천년왕국을 기대하면서 명맥을 유지했다. 1640년 말 잉글랜드의 찰스 1세가 장기의회Long Parliament(1640-1653년 동안 운영되었던 영국 의회로 애초에는 찰스 1세가 스코틀랜드에 대처하기 위해서 열었으나, 후에는 청교도혁명의 중심무대가 되었다—옮긴이)에 굴복하자 런던은 정치·종교적으로 흥분의 도가니에 빠져들었다. 사람들은 '위대한 부흥'이 다시 왔으며 제3의 종교개혁이 일어날 것으로 기대했다. 아마도 이때는 기독교적 관점에서 학문과 정치를 바라보던 마지막 시대가 아니었는가 싶다. 밀턴은 모든 일이 하나님으로부터 나왔다고 믿었다. 그는 참된 종교개혁이 일어난다면 잉글랜드와 스코틀랜드, 아일랜드에서 나타난 분열을 치유할 수 있을 것으로 보았다. 밀턴만 이렇게 생각한 것이 아니라 당시 다른 많은 사람들도 그렇게 생각했다. 제3세력의 일원이었던 새뮤얼 하틀립은 토머스 모어와 베이컨의 사상을 모델로 삼아 《유명한 마카리아 왕국에 대한 설명Description of the Famous Kingdom of Macaria》이라는 유토피아적인 저술을 남겼다. 그는 유토피아가 도래하고 있다고 믿었기에 하원이 '행복의 주춧돌을 놓기를' 바라기도 했다. 또 한 사람의 제3세력으로 요한 아모스 코메니우스가 있었다. 1641년에 런던에 도착한 그는 그곳에서 연금술의 기법을 새롭게 각색한 《빛의 길Way of Light》이라는 책을 출간했다. 이 책에서 그는 "예술 중의 예술, 과학 중의 과학, 지혜 중의 지혜, 빛 중의 빛"을 예언하듯 설명해놓았다. 이처럼 국제적 협력을 통해, 그리고 이념과 사상의 공유를 통해 장엄하고 지적이며 종교적인 도약이 달성될 수 있었다. 인류의 행복을 위해 말없이 노력하는 사람들이나 모임은 언제든지 존재하고 있었다.

하지만 이러한 희망마저도 환상 수준에 지나지 않았다. 1640년대 말부터 고조되던 지적 흥분이 내란과 종파 간 전쟁으로 인해 순식간에 꺼져버렸기 때문이었다. 1640년대가 넘어가자 기독교 세계의 재통합에 대한 기대는 완전히 사라져버렸다. 결과적으로 제3세력과 제도권 종교는 사람들을 완전히 갈라놓고 말았다. 종교개혁과 과학이 각자의 길을 갈 것이라는 생각도 이때부터 시작되었다. 종교개혁자들과 르네상스 인문주의자들은 과거 학문의 비밀과 신비를 통해 하나님에게 이르는 길과 진리를 밝혀낼 수 있으리라고 생각했다는 점에서 같은 길을 가고 있었다. 다시 말해 그들에게 초자연적 세계의 지식과 자연세계의 지식은 서로 연관되어 있었다. 형이상학은 자연과학이 탐구할 수 없는 지점에서 시작되며 신학은 학문의 여왕으로 간주되었다. 이 같은 생각은 기독교의 기본 전제로, 실제로 이러한 전제들은 기독교가 서양에 알려지기 전부터 존재하고 있었다. 아니 오히려 기독교는 헬레니즘화하는 과정—바울 교리의 승리를 통해 생겨난 부산물—에서 이러한 전제들을 흡수했다고 볼 수 있다.

그러던 것이 1640-1660년에 이르자 왕립협회Royal Society를 중심으로 지식이 분리될 수도 있다는 생각으로 변하기 시작했다. 잉글랜드의 내전이 종식되면서부터 시작되었던 왕립협회는 보이지 않게 활동했던 '불가시적 단체invisible college'를 구체화시킨 것에 지나지 않았다. 기독교 연금술사들과 제3세력의 지도자들은 오래전부터 이 같은 단체를 바라고 있었다. 사실 왕립협회는 기독교를 일반 학문의 지평에서 '부흥'시키기 위해 만들어진 기관이었다. 즉, 종교와 과학 운동의 산물이었던 것이다. 존 월리스는 1645년에 런던에서 열린 왕립협회의 첫 모임에 "존 윌킨스 박사—후에 체스터의 주교와 런던 선제후의 궁정 사제로 활동했다—와 테오도레 하아크 박사—이 모임을 제안했던 인물로 런던으로 이주해 온 독일인으로 보인다—가" 포함되어 있었다고 말했다.

1646-1647년에 로버트 보일이 보냈던 편지에서도 알 수 있는 것처럼

왕립협회는 '불가시적 단체'였다. 후에 이 모임은 옥스퍼드 대학 워덤 칼리지에서 모였다가 1659년부터는 런던으로 옮겨 계속 진행되었다. 이 모임은 왕실의 승인과 후원을 받고 난 후부터는 많은 사람들로부터 존경과 사랑을 받으며 상당한 규모로 확대되었으나, 불행히도 종교적인 성격은 완전히 잃어버렸다. 왕립협회의 창립회원들은 모두 신실한 기독교인들이었으나 그들은 종교적 '열광주의', 즉 어느 특정 종파나 신조에 과도하게 집착하는 것을 원하지 않았으며, 분열과 편협성으로 얼룩진 제도권 교회를 탐탁지 않게 여겼다. 그들은 순수하게 학문에만 집중하기로 결정했다. 하지만 그들의 순수한 의도와는 달리 그들의 학문은 점차 학문을 종교로부터 분리시키는 결과를 낳았다.

그렇다고 왕립협회 회원들이 모두 이분법에 기초해서 연구를 한 것은 아니었다. 왕립협회 회원 가운데 가장 탁월했던 뉴턴 역시 이 점에 있어서 예외적인 인물이었다. 그는 위대한 경험주의 과학자였을 뿐만 아니라 시대의 마구스(페르시아 고대 종교의 사제계급으로 그리스·로마의 고대 세계에서는 점성술이나 마술에 정통한 바빌로니아의 사제와 혼동하여 사용되었다—옮긴이)였다. 그는 여전히 자연 안에 계시된 하나님의 섭리를 찾고 있었다. 예를 들면 아폴론의 칠현금에 나온 우주의 체계를 발견하려 했으며, 고대 지혜가 숨어 있는 신화 속에서 참된 철학이 발견될 수 있고 계시는 신학적일 뿐만 아니라 과학적인 개념이라고 믿었다. 그의 과학적 실험 배후에는 르네상스풍의 사고가 자리 잡고 있었다. 그는 신학과 과학 사이에 벌어질 전투를 전혀 예상하지 못했으며, 오히려 과학적 탐구를 통해서 종교적 진리를 발견할 수 있다고 기대했다. 하지만 그의 바람과는 달리 점차 종교와 과학의 적대감은 커져만 갔으며, 이는 기독교 세계가 이성을 기초로 새로운 신학을 수립하기 시작하자 적지 않은 부담으로 다가왔다.

6부 신앙과 이성의 앙상블
1648-1870년

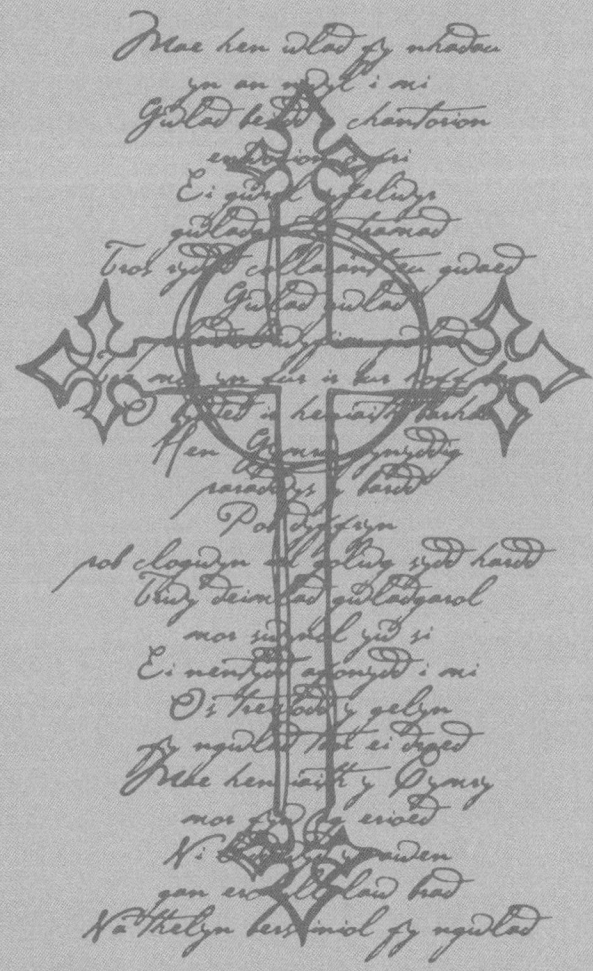

A History of Christianity

기독교 권력의 소멸

1640-1650년대는 기독교 역사상 가장 중요한 분기점 중의 하나이다. 1640년대만 해도 많은 사람들은 기독교 사회라는 이상을 실현할 수 있을 것이라고 기대했고, 이를 위해 전쟁을 벌이거나 학살과 화형을 비롯한 처벌들마저 감당할 자세가 되어 있었다. 기독교가 분열된 이후로도 이러한 믿음은 깨어지지 않았다. 말하자면 성 아우구스티누스가 보여주었던 비전이 여전히 유효했던 것이다. 하지만 1650년에 들어서자 상황은 급변하기 시작했다. 전쟁과 고통이 끊이지 않자 사람들은 회의와 의심을 하게 되었고, 이에 따라 세속적인 목표로 눈을 돌리기 시작했다.

옥스퍼드 대학은 당시 상황을 엿볼 수 있는 좋은 사례이다. 왜냐하면 이 대학은 1660-1661년 사이에 공화제에서 입헌군주제로, 칼뱅주의에서 영국 국교회를 신봉하는 것으로 입장을 바꾸었기 때문이다. 불과 한 세기 전에 격렬한 화염에 휩싸였던 이곳이 이제는 관습적 투쟁이나 소란스러운 욕설과 모욕, 저속한 농담과 상스러운 말들만 난무하는 곳이 되었다. 순교자들의 시대가 또다시 역사의 뒤편으로 사라진 것이다. 이 같은 상황을 냉소적으로 바라보았던 앤서니 우드는 영국 국교회가 로마 가톨릭의 의례들을 다시 받아들이면서 일어났던 에피소드들을 다음과 같이 소개했다. "1661년 1월 21일 밤에 옥스퍼드 대학교회인 그리스도 교회의 몇몇 종복들이 성가대원들에게 제공된 '중백의superpellicium'(무릎까지 내려오는 흰색 옷으로 가톨릭에서 성직자가 성사를 집행할 때 입는다―옮긴이)를 변소 안에 던져버렸다. 옷은 다음날 발견되었고 이에 화가 난 주임신부와 참사회원들은 이런 일을 저지른 사람은 누구를 막론하고 그의 직위를 박탈하고 귀를 잘라버리겠다고 공언했다. 이에 대해 장로교 사람들은 배꼽을 잡고 웃었고, 몇몇 사람들은 이처럼 영웅적인 행동을 한 사람들에게 감사의 뜻으로 선물을 줄 것이라고 말했다."

교리의 순수성을 고집하고 상대방을 박해하려는 본능은 전혀 수그러들지 않았다. 영국 국교회가 공식적으로 채택한 〈1662년 기도서English 1662 Prayer Book〉는 양심적인 청교도들에게 거의 아무런 양보도 하지 않았다. 통일령Act of Uniformity(영국 국교회의 예배와 기도, 그리고 의식 등을 통일하기 위하여 영국 의회가 1549-1562년에 4차에 걸쳐 제정·공포한 법률―옮긴이)을 통해 군주적 주교체제가 다시 강조되었다. 또한 〈클래런던 법Clarendon Code〉(클래런던이 비국교도 세력을 무력화하기 위해 통과시킨 법률, 국교도가 아닌 사람은 지방정부나 공무원, 대학에 임용되는 것을 금지시켰다―옮긴이) 등 비국교도들을 억압하는 법령들이 만들어졌으나, 그렇다고 다른 종교를 원천적으로 금지시키지는 못했다. 결론적으로 영국 국교회는 로마 가톨릭처럼 신앙의 통일을 꿈꿀 수 없었으며, 인색하기는 하지만 종교에 관한 사적인 의견들이 조금씩 존중되면서 다원적 사회를 향해 나아가고 있었다. 1648년에 조인된 '베스트팔렌 조약'에 의해 "군주의 종교는 백성의 종교를 결정한다"는 원칙이 다시 한 번 확고부동하게 세워졌다.

제임스 2세는 자신의 신앙에 따라 영국을 가톨릭 국가로 회복시키려

했으나, 명예혁명(1688)으로 인해 오히려 영국 국교회가 굳건해지는 계기가 마련되고 말았다. 당시에 7명의 주교가 영국의 국왕이었던 제임스 2세에게 맞섰는데, 이 같은 저항은 "신성하게 임명된 왕에게는 저항하지 않는다"는 암묵적인 원칙을 깨뜨려버렸다는 의미를 지닌 사건이었다. 이에 더 나아가 그들 중 다섯은 군주에 대한 충성서약을 거부하기에 이르렀는데, 후에 이들은 해임을 당했다. 왜냐하면 영국 국교회는 요크의 샤프 대주교의 다음과 같은 발언에서도 알 수 있듯이, 실용주의적 노선을 택했기 때문이다. "교회 안에서 분열과 불화를 조장하는 것은 우스꽝스러운 일이 아닌가." '관용령Toleration Act'(명예혁명 후인 1689년에 영국 의회에서 통과된 종교령으로 〈클래런던 법〉을 완화하기 위해 만들어졌으며 비국교도들에게 어느 정도 신앙상의 자유를 인정했다―옮긴이) 또한 이러한 관점에서 만들어진 법률이었다. 그 후로 영국 교회가 안정을 되찾게 되자 왕권신수divine right니 성직자 국왕pontifical king이니 하는 말들은 어느샌가 사라져버렸다. 종교와 과학이 결별하게 되면서 종교와 정치도 각자의 길을 가기 시작했다. 1718년에는 '분열령Schism Act'과 '임시 국교령Occasional Conformity Act'이 폐지되었고, 이어 새롭게 제정된 '자치제 진정과 설립에 관한 령Act for Quieting and Establishing Corporations'을 통해 비국교도들도 일정한 관직에 오를 수 있게 되었다. 1727년부터는 매년 제정된 '사면령Indemnity Acts' 덕분에 분리파 교회의 신도들이 구제되었으며, 영국 국교회 예배 참석에 대한 법적 의무도 사라졌다. 다시 말해 영국에서 기독교 권력이 사라진 것이다.

기독교 합리주의자들

마침내 에라스무스가 꿈꾸었던 제3의 세력이 사회를 변화시키기 시작한 것이다. 그리고 이와 함께 기독교 신앙의 학문적이고 사회적인 토대가 재구축되었다. 교황 그레고리우스 대제, 성 베네딕투스, 성 아우구스티누스의 기독교적 비관주의와 중세 서유럽의 농업경제가 결합되어 '신앙이 강조되는 사회'가 나왔다면, 에라스무스의 예견처럼 강제성의 포기와 새로운 상업경제의 등장은 자연스레 옛 체계를 쓸모없는 것으로 만들어버렸다. 비록 종교전쟁, 마녀사냥, 박해 등으로 인해 에라스무스의 전망이 다소간 지연되기는 했지만 시대의 흐름을 막을 수는 없었다. 16세기에는 도전적이고 위험스러워 보였던 것이 1640-1660년대 이후로 오면 상식이 되어버렸다. 예를 들면 월터 롤리 경의 경우가 대표적인 사례이다. 그는 한 성직자에게 '영혼'이라는 용어를 합리적으로 정의해보라고 요구했다는 이유로 1590년대에 추밀원Privy Council(영국의 행정·사법기관. 국왕의 자문기관인 소수 귀족집단으로 1536년부터 크롬웰에 의해 추밀원으로 개칭되었다—옮긴이)에 고발되었다. 이 때문에 그는 무신론자라는 혐의를 받았다. 그는 토마스 아퀴나스와 같은 스콜라 철학자들이 제시하는 형이상학적 용어가 아닌 르네상스적 방식, 즉 실제 세계에 맞게 종교와 이성을 화해시키려고 노력했던 것이다. 당시에 많은 사람들이 그러했듯이 그 역시 하나님의 존재를 자연 그 자체 속에서 찾으려 했다.

피조물에게 허락된 전능하신 하나님의 이해하기 쉬운 언어이기도 한, 눈앞에 펼쳐지는 이 세계를 통해 우리는 하나님을 인식할 수 있다. 그분의 문자는 하늘에 새겨진 셀 수 없이 많은 별과 태양과 달이며, 땅과 바다에 새겨져 있는 살아 있는 피조물들이다.

자연 세계는 이성이 확인할 수 있는 법칙에 따라 움직인다는 이러한 생각은 17세기 말에 이르면 변증학apologetics이라는 새로운 체계로 발전하여 서유럽 지식인들의 마음속에 깊이 뿌리내렸다. 영국에서는 특히 종교에 대한 과학적 증거를 찾는 데 열중했던 왕립협회 회원들이 이에 속했다. 이들은 주로 엄격한 칼뱅주의와 고교회High Church(가톨릭의 역사적 전승을 강조하는 일파―옮긴이) 사이에서 중도의 길을 걷고 있었는데, 케임브리지 대학 내에서는 신플라톤주의자로, 교회 안에서는 광교파Latitudinarians, 廣敎派(영국 기독교의 한 교파로 자유주의적인 경향을 갖고 있다―옮긴이)로 분류되었다. 이들 중 한 사람인 길버트 버넷은 이들에 대해 다음과 같이 정리했다.

> 그들은 미신과 열정에 반대하고, 교회의 조직과 예전을 사랑한다. 그렇다고 다른 모습으로 살아가는 것을 인정하지 않는 것은 아니다. 무엇보다도 온건하게 처리되는 것을 선호하기 때문이다. 이로 인해 그들은 다른 의견을 가진 사람들과도 우호적인 관계를 유지할 수 있으며 철학과 신학에서도 폭넓은 자유를 인정하고 있다.

도시풍의 높은 교육을 받고 정치적으로는 입헌주의자였던 이들에게 종교는 일종의 상식이었다. 박해의 시대는 이제 끝났다. 자신만의 목소리를 높이거나 살인을 저지르지 않는다면, 그리고 이성의 목소리를 들을 수 있다면, 누구나 하나님을 만날 수 있을 것이다. 이성은 신앙을 강하게 만들며 신학의 가장 든든한 친구는 자연철학이다. 하나님은 피조물 안에서, 피조물을 통해서 드러나시는 분이기 때문이다. 존 스미스는 다음과 같이 말했다. "하나님은 우주 만물을 창조함으로써 당신의 영광을 비출 수 있는 수많은 거울을 지으셨다. … 그러므로 우리는 이 세계에서 하나님의 선함과 권능, 지혜를 읽을 수 있다." 바스의 교구목사였던 조지프 글랜빌은 "질서와 창조 속에서 창조주의 권능과 지혜, 선함이 드러난다"고 말했다. 이처럼 그들은 믿음을 합리적 방식으로 구축하려 했다. 우스터의 주교였던 에드워드 스틸링플리트는 모세와 출애굽의 역사를 이성적으로 이해할 수 있도록 해주었다. 이성은 로마 가톨릭의 '미신'과 장로교의 '교리주의'를 교정할 수 있는 일종의 방편이었다. 에라스무스처럼 그도 신학보다는 도덕에 관심이 있었다. 캔터베리의 대주교였던 틸롯슨은 "기독교의 가장 위대한 점은 인간의 본성을 교정할 수 있다는 데 있다"고 말했다. 윤리와 의무, 선행이 강조되었지만, 무엇보다도 실천이 가장 중요하게 여겨졌다. 어떤 형식으로든 광신은 적으로 간주되었고 이에 비해 지식은 우방이었다. 경건함을 잃지 않는다면 과학자들이 제공해주는 참신한 직관은 기독교를 더욱 밝게 비춰줄 것이다. 로버트 보일과 아이작 뉴턴은 자연이 하나님의 질서와 아름다움을 보여준다고 믿었으며 존 레이 또한 자신이 발견한 생물의 구조를 통해서 이를 뒷받침할 수 있다고 생각했다.

    이들은 하나님께서 철저히 과학적이고 합리적으로 우주를 창조하셨고 거기에 불변의 법칙을 부여하셨다고 믿었다. 하지만 이에 덧붙여 새롭고 까다로운 물음을 해결해야 했다. 그렇다면 하나님은 오늘날 무엇을 하시는가? 이에 대해 칼뱅주의자들은 미리 정해진 구원의 계획에 따라, 가톨릭 교도들은 기도와 천국 법정의 탄원에 대한 응답으로, 하나님이 끊임없이 이 세상에 개입하신다고 생각했다. 이에 반해 기독교 합리주의자들은 하나님의 '적극적인 개입'에 대한 믿음을 일종의 미신이나 광신으로 여겼다. 이들은 주로 '시계의 이미지'를 사용하여 하나님이 시계처럼 우주를 만드신 후에 알아서 작동하도록 놔두셨다고 생각했다. 예를 들어 뉴턴은 하나님을 우주라는 기계를 정비하거나 고장을 미리 예방하는 분으로 생각했으며, 보일은 우주의 분열을 막는 분이라고 생각했다. 당시에 과학적 지식은 무신론에 대항하는 강력한 힘이었다. 보일은 기독교 신앙을 옹호하라는 조건으로 강사 자리를 얻을 수 있었으며 그의 전임자인 리처드 벤틀리 또한 하나님이 존재하지 않는다고 주장하는 사람들을 반박하는 데 뉴턴의 물리학을 사용했다.

존 로크, 관용과 존중의 이름으로

1천 년 이상 유지되었던 성 아우구스티누스의 체계를 밀어낸 것은 과연 무엇이었을까? 이와 관련하여 존 로크를 면밀하게 살펴볼 필요가 있다. 로크는 여러 가지 면에서 당시 새롭게 출현하고 있던 자본주의에 꽤 적합한 사람이었다. 그는 1632년에 중산층 청교도 집안에서 태어났다. 그의 아버지는 유력한 변호사이자 판사, 상인이었으며 어머니 또한 상업에 종사하는 집안 출신이었다. 로크는 다양한 방면에서 활동했는데, 예를 들면 옥스퍼드 대학 내 크라이스트처치 칼리지의 학생(1658)이었으며, 로버트 보일과 함께 화학을 연구하기도 했고, 왕립협회 회원으로 활동하기도 했으며, 섀프츠베리 백작의 주치의로 일한 것이 계기가 되어 대농장과 무역부 Department of Plantations and Trade 등 정치계와 공직에도 참여한 적이 있었다. 말년에는 매섬 부인의 식객으로 에핑 포레스트 인근에 위치한 튜더풍의 저택에서 살았는데, 그곳에는 5천 권이 넘는 장서가 있었다고 한다. 젊은 시절에는 연애소설을 좋아하고 연애편지를 쓰기도 했던 사람이었으나 나중에는 매우 단조로운 사람이 되었다. 로크는 신중하고, 돈을 좋아하고, 모험은 피하고, 용의주도하고, 감정에 흔들리지 않고, 예리하며 형식을 존중하는 사람으로 종교적 이상주의에는 아무런 관심이 없는 사람이었다. 그의 사전에 '무아지경'이란 단어는 없었다. 말하자면 그는 하나님과의 엄격한 상업적 계약, 아무 흠결이 없는 영적 보험증권, 실제로 작동하는 체계, 자신과 같은 이성적인 사람이 엄밀한 조사를 해도 견디어낼 수 있는 완벽한 체계를 원했다.

로크는 어떤 면에서 신앙의 견고한 기초를 놓는 데 꼭 알맞은 사람이었다. 왜냐하면 기독교는 다른 어떤 종교보다 믿음과 진리의 관계를 절대적으로 보고 있기 때문이었다. 사도 바울이 전했던 것처럼, 기독교에서 믿음과 진리는 동일한 것이며 진리를 방해하는 것은 모두 비도덕적인데, 로크 또한 이러한 바울의 메시지를 충분히 이해하고 공감하고 있었다. 그렇기에 로크는 《인간오성론 *Essay Concerning Human Understanding*》(1691)에서 당시의 기독교가 진리를 소홀하게 취급했다고 비판할 수 있었다.

> 진리를 진지하게 탐구하기를 원한다면 무엇보다 먼저 진리를 사랑해야 한다. 그렇지 않다면 진리를 얻는 중에 따라오는 고통을 감내할 수 없을 것이기 때문이다. 누구나 진리를 사랑한다고 고백하지만, 이들 중에 진정 진리 자체를 위해서 진리를 사랑하는 사람은 극소수에 불과하다. 그렇기 때문에 자신이 진실로 진리를 사랑하는지를 묻는 것은 충분히 가치 있는 일이다. 이를 어떻게 알 수 있을까? 그것은 증거가 말해주고 있는 것 이상은 절대 받아들이지 않는 것이다. 누구라도 이 이상으로 받아들인다면 그는 진리를 사랑해서 진리를 받아들이는 것이 아니라, 다른 목적을 위해서 진리를 사랑하고 있는 것이다.

이것은 참으로 엄격한 방법론이다. 《기독교의 합리성The Reasonableness of Christianity》(1695)에서 로크는 기독교 신앙 역시 과학적 가설처럼 엄격한 시험을 통과해야 한다고 말하고 있다. 그는 하나님의 존재를 증명할 필요를 느끼지 않았다. 하나님의 존재를 부정하는 사람이 전혀 없었을뿐더러, 뉴턴의 물리학이 창조주의 존재를 떠오르게 해주었다고 생각했기 때문이었다. 물질적인 원인만으로 "자연에서 발견되는 질서와 조화, 아름다움을 만들어낼 수는 없다. … 경이로운 지혜와 권능의 증거들이 피조물에게 매우 분명하게 드러나기 때문에 이를 진지하고 합리적으로 바라본다면 누구나 하나님을 발견할 수 있을 것이다." 정신, 특히 인간 정신은 물질적 원인만으로 만들어진 것이 아니다. 다시 말해 인간의 원인은 적어도 '사유할 수 있는 존재'이어야 한다는 말이다. 이와 아울러 이 원인은 영원토록 존속할 수 있는 완벽한 체계를 세우는 데 적합해야 하며, 또한 무한한 지혜와 권능을 포함해야 한다.

로크는 이성으로 하나님의 현존을 증명하는 것이 결코 어렵지 않지만, 이것은 유일하게 증명 가능한 교리적 진리라고 생각했다. 예를 들어 이성은 영혼의 불멸성을 입증하지 못한다. 다시 말해 기독교 신앙은 전적으로 계시에 의존할 수밖에 없다. 하지만 동시에 계시의 역사적 사실은 그 자체로 합리적이다. "이성은 자연계시이다. 영원한 빛과 모든 지식의 주재자이신 하나님은 그 빛과 지식을 통해 진리가 전달될 수 있도록 자연스럽게 허락해놓았기 때문에 인간은 그만큼의 진리에 접근할 수 있다. 이와 동시에 계시는 자연이성이다. 계시는 하나님과 직접적인 교제를 통해서 발견된 새로운 자연세계로 확장된다. 이성은 계시가 하나님으로부터 온다는 사실을 증거하며 그 증거를 통해 계시는 진리라는 사실을 보증한다. 따라서 계시를 지키기 위해 이성을 포기하는 것은 양쪽 모두의 불을 끄는 것과 같다." 하지만 이성만이 지식의 원천이 될 수 있기에,

결과적으로 계시는 그럴듯한 믿음에 지나지 않는다. 다시 말해 이성과 계시 모두가 진리를 드러내고는 있지만, 이성과 계시가 상충할 때에는 이성에 따라야 한다는 말이다. 이성을 버리게 되면 성경의 입증과 해석이 전적으로 불가능해지기 때문이다. 반면에 계시는 이성만으로는 드러날 수 없는 진리를 제시할 수 있다. 따라서 계시가 이성을 통해 파악할 수 없는 어떤 교리를 제시한다면 우리는 계시를 신뢰해야 한다.

그러면 이와 같은 검증의 과정은 '기독교 신앙'의 자리를 어디에 남겨 두는 것일까? 그 자리는 바로 더 이상 축소할 수 없는 '에라스무스의 최소$_{Erasmian\ minimum}$'라고 불린 곳이다. 《기독교의 합리성》에서 로크는 구원을 위한 믿음은 오직 하나, 즉 예수가 구세주이자 하나님의 아들이라는 사실에 대한 믿음뿐임을 강조했다. 사도행전과 서신서들을 보면 때로는 그 이상을 요구하는 것같이 보이지만, 로크는 요한복음을 바탕으로 다른 복음서에서도 이 하나의 믿음만을 요구한다고 확신했다. 그는 기독교가 이성과 상식의 종교임을 입증하기 위해서는 이 하나의 교의만으로 충분하다고 여겼다. 예수가 하나님의 아들이라는 사실은 "명백하고 명료한 가설이다. 하나님은 여기에서도 인류 모두의 입장을 고려하셨던 것 같다. 왜냐하면 이것은 무지하고 가난한 백성이라 할지라도 누구나 이해할 수 있기 때문이다. 다시 말해 기독교는 지식인과 무지한 자, 부유한 자와 가난한 자에 상관없이 인류 모두에 적합한 종교이다. 저술가들과 논쟁자들은 스스로 종교를 위해 꼭 필요한 것이라며 세세한 내용을 채우고 개념들로 치장하여 아카데미나 학원을 통하지 않고서는 이해할 수 없게 만든다. 하지만 불행히도 대다수의 사람들은 학문을 익히고 논리를 배울 여유가 없다."

농부가 밭을 갈면서 찬송가를 읊조리는 광경을 기대했던 에라스무스도 로크와 동일한 생각을 하고 있었다. 물론 영국 국교도였던 로크가 다른 교리를 부정한 것은 아니었다. 《변명Vindication》과 《두 번째 변명Second Vindication》에서 그는 이신론자Deist이며 유니테리언Unitarian(삼위일체설을 반대하고 오직 하나님 한 분의 신격만을 믿는 파—옮긴이)이라는 세간의 비난에 대해서 스스로를 강력히 변호했다. 로크는 자신을 비난하는 사람들에게 그들이 절대적으로 본질적인 것에 대한 자신의 개념 정의를 비판하고자 한다면 그들은 스스로 이성의 도움 없이 "중재자요 조정자"처럼 각자의 사상을 정립해야 한다고 하면서, 그들은 "특정한 사람들이나 학파들이 모든 사람의 신앙을 공정하게 측정하기 위해서 세웠던" 모든 체계들과 같은 그들 자신만의 교리를 제시해야 한다고 주장했다.

로크는 유럽이 혼란과 분열, 전쟁 속에 빠져든 것은 사람들이 이성에 토대를 둔 그의 최소한의 정의에서 떠났기 때문이라고 보았다. 다시 말해 개인적인 판단으로, 특히 "스스로 성스럽다고 여기는 방식에서 조금이라도 일탈한다면 속된 것으로 판단하여 강제적으로라도 이를 지키려 하는 사람들에 의해 유럽 사회는 쉽게 폭력에 빠져들었다." 그는 로마 가톨릭을 종교적 진리와는 전혀 상관이 없는 정치·군사적 위협으로 받아들였고, 무신론자들은 사회를 위협한다는 이유로 지지하지 않았다. "생각 속에서 하나님의 존재를 지우는 것은 모든 것을 해체하는 것과 마찬가지다." 하지만 나이가 들어가면서 로크의 이러한 생각도 바뀌어서, 현실적으로 사람들이 스스로 생각하는 바를 따르도록 허용하는 것이 좀 더 현명하다는 결론을 내렸다. 클래런던 법이 주었던 교훈은 박해는 종교에 영향을 미치지 못한다는 것이었다. 박해가 주는 것은 귀중한 사람들을 망명 보냄으로써 그들을 잃어버리게 만드는 것뿐이었다. 로크의 삶과 철학을 면밀히 살펴보면 가톨릭, 루터파, 칼뱅파의 자유주의가 혼재되어 있다는 것을 확인할 수 있다. 이는 한마디로 계몽주의를 탄생시킨 경험과 상식, 지적 능력의 융합이었다.

이처럼 로크가 관용적 태도를 갖게 되자 자연스럽게 에라스무스를 닮아갔다. "자신이 믿지 못하는 존재를 통해서는 구원을 받을 수 없다." "각자의 구원은 스스로에게 속한 것이다." 박해는 의지가 약한 사람에게만 유효하다. 교회의 규칙은 교회의 구성원들 혹은 구성원들에게 권한을 위임받은 사람들이 만들어야 한다. 유효한 제재는 파문뿐이다. 신앙은 강요되어서는 안 된다. '강요'란 '전쟁'을 의미한다. 온건한 정부는 평화와 안전을 지향한다. "사소한 문제로 시작된 논쟁이 대부분이다. … 그러므로 근본적인 부분에 대해서는 서로 동의하면서도 씻을 수 없는 적대감만을 키워왔다." 의견 차이보다 악덕이 훨씬 부도덕한 것이므로, 교회는 우선적으로 악덕에 관심을 기울여야 할 것이다.

에라스무스가 그랬던 것처럼 로크에게 중요한 것은 '그가 무엇을 믿느냐'가 아니라 '그가 무엇을 하느냐'였다. 다시 말해 에라스무스나 로크가 주목했던 것은 '교리'가 아니라 '도덕'이었다. 로크가 영국에서뿐만 아니라 인류에게 그토록 강한 영향력을 끼칠 수 있었던 것 역시 그가 상업적인 계약 언어와 정신을 채택함으로써 추상에서 비켜날 수 있었기 때문이었다. 종교를 포함하여 인생이란 협상의 연속이다. 어떤 사람이 도덕적 계산을 통해 하나의 권리를 확보하게 되면, 결과적으로 그 권리는 그 사람과 하나님, 그의 이웃, 관련된 당사자 모두에게 혜택으로 돌아갈 것이다. 이성과 신앙이 동일한 것처럼 선과 자기 이익도 동일하다. 로크는 기독교가 내세뿐만 아니라 이 땅에서도 의미가 있으며, 행복을 얻기 위해서는 기독교의 도덕성을 취해야 한다는 것을 증명하고자 했다. 다시 말해 그의 신앙은 전적으로 윤리적인 것이었다.

로크 자신이 토머스 홉스와 마찬가지로 매우 엄격한 사상가들로부터 영향을 받았다는 것은 의문의 여지가 없다. 홉스는 무신론자였다. 그는 자신의 철학이 종교든 정치든, 어떠한 특정 분야의 견해에 사로잡히지 않도록 하기 위해 노력했다. 물론 로크는 홉스를 인정하지 않았지만 윤리에 관한 한 쾌락주의를 지향한 홉스에게 받은 영향은 적지 않았으며 이 같은 영향은 다음과 같은 로크의 미발표 원고에서도 찾아볼 수 있다. "나는 만족감과 즐거움을 추구하고 불편함과 불안감을 피하려 할 것이다. … 나는 실수하지 않기 위해 조심할 것이다. 지속되는 기쁨을 버리고 짧은 기쁨을 택하는 것은 행복에 반하는 것이기 때문이다." "음주나 도박 같은 질이 나쁜 즐거움은 건강을 해치며 시간을 허비하는 일이고, 나쁜 습관들은 자긍심을 깎아내고 양심에 끊임없는 고통을 남긴다."

로크가 말하는 도덕을 간단히 말하자면 지속적인 행복을 추구하는 일이다. 기독교인들은 장래의 보상에 투자하기 위해 현재의 기쁨을 보류한다. 그는 이성만으로 기독교를 온전히 설명할 수 없다는 것을 인정했다. "이성만으로 도덕을 수립하기란 너무나 까다로운 일이다." "예수 그리스도가 계시를 통해 우리에게 전해 준 도덕의 원칙 … 계시가 보증하기에 이성으로 반박하거나 의문을 제기할 수 없는 도덕이 있다." 우리가 하나님의 명령에 복종해야 하는 까닭은 무엇일까? 이에 대해 로크는 다음과 같이 대답한다. "전능하신 하나님이 원하시기 때문이다." 도덕의 진정한 기초는 "어둠 속에서도 인간을 볼 수 있는, 보상과 징벌을 관할하는 권능의 하나님의 의지와 법"뿐이다. 우리가 법을 지키는 것은 장기적으로 그것이 우리에게 이익이 되기 때문이다. 양심은 "우리의 의견이나 판단에 지나지 않기 때문에" 우리를 온전히 이끌 수 없다. 따라서 비기독교 철학이 아무리 훌륭하다 할지라도 결국에는 쓸모없는 것에 불과하다. 현실 속에 살고 있는 인간은 "그 일이 전능한 하나님의 손에서 행복을 가져올 것이냐 불행을 가져올 것이냐"는 판단에 따라 행동한다. 천국과 지옥이 없다면 도덕이 작동할 여지가 없다. 기독교 신앙이 종교로서 독보적으로 유효한 까닭도 바로 여기에 있다.

비기독교 철학이 미덕이라는 미녀가 될 수 있다는 것은 사실이다. … 하지만 실제로 그녀와 결혼하려는 자는 찾아보기 힘들다. 많은 사람들은 그녀에 대해 존경과 칭찬을 마다하지 않지만, 반려자로서는 등을 돌리고 있다. 그러나 이제 저울로 비교하자면 그녀 쪽으로 '굉장하고 영원한 영광의 무게'가 실려 있어서 저울은 그녀 쪽으로 기울고 있다. 그래서 그녀는 관심의 대상이 되었고, 미덕은 이제 가장 큰 부를 가져오는 자산이고, 많은 사람들에게 최고의 거래 품목이 되었다.

천국과 지옥을 목격한 사람이 있다면, 그는 즉시 일시적인 쾌락과 부도덕을 버리고 영원에 투자할 것이다. 로크는 다음의 말로 자신의 종교 체계를 완성했다. "바로 이것에 기초해서, 그리고 오직 그것에 기초해서, 어느 것과도 비교할 수 없는 도덕이 굳건히 뿌리내릴 수 있다."

로크가 냉혹한 상업 논리와 용어를 사용했다는 것에 놀랄 수도 있다. 하지만 이 점은 로크가 자신이 살던 시대적 상황을 인정하고 그 상황을 매우 인상적인 기법으로 사용했다고 보아야 한다. 기독교 역사상 그처럼 효과적으로 기독교를 설명한 사람은 없었다. 그는 기독교를 최첨단의 장으로 끌어올렸을 뿐만 아니라, 당시만 해도 유아기에 불과했던 자본주의와 기독교를 만나게 함으로써 기독교를 미래의 종교로 만들었다. 이로 인해 합리적이고 실용적인 기독교 신앙이 자본주의와 함께 성장할 수 있었다. 종교전쟁을 포함한 종교적 다툼은 기독교를 와해시킬 수도 있었지만, 로크의 등장은 이 모든 상황을 회복시켜 새롭게 출발할 수 있도록 해주었다.

하지만 기독교가 살아남기 위해서는 아직도 몇 가지 대가를 지불해야 했다. 로크는 기독교 교의를 '최소'까지 잘라냈다. 로크의 체계가 그토록 널리 받아들여질 수 있었던 데는 육중한 신학적 상층구조가 부재했기 때문이었다. 이는 약점이기도 했다. 왜냐하면 사람들은 이신론deism, 理神論(계시를 부정하거나 그 역할을 현저히 후퇴시키는 등, 기독교의 신앙을 오로지 이성적인 진리에 한정시킨 합리주의 신학의 종교관으로 18세기 계몽주의 시대에 유행했다—옮긴이)으로 빠져들 소지가 있었고, 일부는 실제로 그렇기도 했기 때문이다. 로크 또한 그럴 가능성이 높았다. 영국 국교회 목사이자 시인인 조지 허버트의 형제인 처버리의 허버트 경은 기독교를 다섯 가지 명제로 요약했으며, 나머지, 특히 대부분의 계시를 미신으로 폄하했다. 찰스 블런트는 이 명제를 더욱 간단히 요약했고, 심지어 그리스도를 이교적인 기적을 행했던 사람으로 간주했다. 광교파 성직자들은 그렇게까지 나아가지는 않았지만 틸롯슨 같은 사람들은 윤리와 이성을 강조하는 대신 신학은 거의 담고 있지 않은 설교를 즐겨 했다. 로크 덕분으로 18세기 초에 이르면 관용과 존중의 이름으로 많은 이교도들이 기독교에 입문하기 시작했다. 곧 살펴보겠지만, 이러한 현상은 프랑스에서 빠르게 진척되었다.

지옥의 묵시록

로크의 체계는 현대의 근로 윤리처럼 전적으로 보상과 징벌에 의지하고 있었다. 만약 보상과 징벌에 대한 믿음이 약해진다면 어떻게 되겠는가? 이성을 강조하면 할수록 '영원'에 대한 해석은 취약해진다. 천국을 적절히 설명할 수 없다고 해서 천국에 대한 믿음이 무너지는 것은 아니지만, 보상과 징벌의 기제에서 설득력이 떨어지는 것은 사실이었다. 그렇다면 '영원성' 그 자체가 부인된다면 어떻게 될까? 로크가 세상을 떠나고 한 세대가 지나기 전에 데이비드 흄을 비롯한 몇몇 사상가들에 의해 이러한 일이 실제로 시도되었다.

　문제는 억제장치로서의 지옥의 효과를 어떻게 깎아내느냐에 있었다. 지옥은 매우 초기부터 기독교의 도덕을 유지하는 본질적 요소로 간주되어왔다. 지옥에서 행해지는 육체적 징벌이나 그 존재 자체를 의심했던 사상가들조차 지옥을 두려워하는 것은 옳다고 생각했다. 오리게네스는 인류 모두가 구원받을 수 있다고 생각했지만 《켈수스 논박 Contra Celsum》에서는 "패악의 나락으로 빠지지 않기 위해, 그리고 영원한 징벌을 두려워하여 몸부림치는 사람들을 위해서 이 논의를 더 진전시키는 것은 방편이 될 수 없다"고 말했다. 훗날 교회는 콘스탄티노플 공의회(543)에서 오리게네스의 회의주의에 대해 다음과 같은 결정을 내렸다. "악마와 사악한 자들에 대한 징벌이 영원하지 않다고, 끝이 있다고 말하는 사람들은 … 저주를 받으리라." 당시까지 실체로서의 지옥을 부인한 사람은 아일랜드 출신의 요하네스 스코투스 에리우게나가 유일했다. 그는 지옥을 양심의 가책이 가져오는 비참함으로 대체하려 했다. 하지만 그 역시 신도들을 가르칠 때에는 지옥의 존재가 효율적이라고 생각했다. 일부 신학자들도 개인적 신념과 상관없이 대중을 위해서는 공포를 조장하는 것이 필요하다고 보았다. 루터 자신도 지옥은 지식인들이 아닌 소박하고 신앙심이 깊은 사람들과 논의할 문제라고 이야기한 바 있다. 하지만 '아우크스부르크 신앙고백 Augsburg Confession'(1530년에 만들어진 프로테스탄트 최초의 신앙고백서로 종교개혁의 주요 교리가 기술되어 있다—옮긴이) 제17조를 보면 지옥에 대한 정통적인 믿음을 요구하고 있다. "그리스도는 독실한 신앙인에게 영생과 영원한 기쁨을 주실 것이요, 불경한 이나 마귀는 끝없는 고통으로 정죄하실 것이다. 지옥의 망령들, 악마의 징벌에 끝이 있다고 주장하는 재세례파들 또한 징벌을 받을 것이다." 영국 국교회의 공식적 입장도 대략 이와 유사했다(엘리자베스 여왕 때의 39개 조에 1552년 아우크스부르크 선언 모음집의 제42조는 포함되지 않았지만).

　당시에 신학자들은 가능한 한 생생한 언어로 지옥을 묘사함으로써 기독교인들에게 그 존재를 각인시키려 했으며, 작가들은 천국보다 지옥을 훨씬 더 구체적으로 묘사했다. 신학자들 중에 가장 영향력이 강했던 세 사람, 즉 성 아우구스티누스, 페트루스 롬바르두스, 토마스 아퀴나스 모두 지옥에서의 고통이 영적인 것일 뿐만 아니라 육체적인 것이라고 주장했다. 지옥은 인간이 상상조차 할 수 없는 무시무시한 공포들이 가득하다고 알려져 있었기 때문에 새로운 고통을 생각해내고 이를 대중에게 각인시키는 데는 아무런 방해도 없었다. 히에로니무스는 지옥을 일종의 포도즙을 짜는 거대한 기구처럼 묘사했다. 성 아우구스티누스에 의하면 지옥은 인간의 살을 천천히 물어뜯어 먹는 짐승들로 가득하다. 성 스테파누스 그란디노텐시스는 지옥의 고통이 너무나 참담하기에 이에 대해 상상하는 것만으로도 두려움에 사로잡혀 죽게 될 것이라며 이를 회피하기도 했다. 이와 반대로 에드머는 지옥에서 주어지는 14가지의 고통을 상세하게 나열했다. 애덤 스코투스는 지옥에서 누구보다도 고리대금업자들은 금을 녹인 물에 빠져 죽게 될 것이라고 말했다. 이 외에도 많은 작가들이 새빨갛게 달구어진 놋쇠망치로 가해지는 고통을 언급했다. 리카르두스 롤루스는 《양심의 가책Stimulus Conscientiae》에서 지옥에서는 자신의 살을 스스로 찢어서 먹거나 용의 담즙과 독사의 독액을 마시며, '끔찍한 독벌레'로 만든 옷을 입고 이불을 덮는다고 주장했다. 그는 악취 나는 물을 마시면서 곰팡이가 핀 빵을 먹고 산다고 말하기도 했다. 육체적 고통을 묘사하는 데에는 독일의 작가들(그리고 화가들)이 가장 적극적이었다. 지옥에서 수백만 명의 저주받은 영혼들은 1평방마일의 공간 속에서 "포도주 틀 속의 포도 알, 화덕 속의 벽돌, 저린 생선 통 속의 소금 찌꺼기,

도살장의 양"과 같은 대접을 받게 될 것이라고 주장했다. 이와 달리 프랑스인들은 심리적 고통에 주목했다. 예를 들어 브리덴은 지옥에서 시간을 묻는다면 다음과 같은 답변이 나올 것이라고 말했다. "영원." "지옥에는 시계가 없지만 초침은 영원히 째깍거린다."

대부분의 저술가들은 상실의 고통을 강조했으며 아퀴나스는 이에 덧붙여 저주받은 자들의 고통을 목도하는 것이 천국에서 누리는 기쁨 중의 하나라고 말하기까지 했다. "거룩한 자들은 불경한 자들의 형벌을 즐거워할 것이다*Sancti de poenis impiorum gaudebunt*." 이는 정통 칼뱅주의자들과 가톨릭 교도들이 공유하고 있었던 특징 중 하나로 수 세기에 걸쳐서 끊임없이 옹호되었다. 특히, 스코틀랜드의 설교자들은 지옥의 고통을 만족의 문제로 생각했다. 토머스 보스턴은 "하나님이 그들을 긍휼히 여기실 리가 없다. 다시 말해 하나님은 그들의 재앙을 보며 기뻐하실 것이다. 천국에 있는 의인들은 하나님의 심판과 영원히 타오르는 연기를 보며 기쁨의 찬양을 부를 것이다." 스코틀랜드인들은 '그리스도의 속죄'를 예수 그리스도가 "하나님의 악의에 찬 분노 … 순수한 분노, 다른 무엇도 아닌 분노"에서 야기된 무한한 고통을 감내했다는 사실에서 찾았으며, "하나님 아버지는 아들 예수 그리스도의 죽음을 보고 기뻐하셨음"을 확신했다. 일부 사람들은 천국의 축복을 완성하기 위해 지옥의 망령들이 맨 처음 창조되었다고 주장하기도 했다. 윌리엄 킹은 《악의 기원론*De Origine Mali*》(1702)에서 "몇몇 사람들이 겪게 될 비참함을 목도함으로써 자연스럽게 축복받은 이들의 선함과 지복은 확인되고 진전될 것이다. 이런 이유 때문에 비참해질 존재들은 계속해서 창조되고 또 존속되는 듯하다"라고 썼다.

그러나 18세기에 이르면 상상에 근거하여 만들어진 지옥이라는 두려움의 개념이 그 자체의 무게를 견디지 못하고 와해되어버리고 만다. 과학이 발달함에 따라 지옥불 등 시각적인 묘사의 설득력이 점차 사라져버렸기 때문이었다. '합리적인 기독교 신앙'은 가장 중요한 억제장치로서 지옥을 필요로 했지만, 다른 한편으로 지옥은 합리성이라는 근거에 가장 부합하지 않는 비합리적인 것이 되어버렸다. 지옥의 효용성이 사라진 것은 아니었지만, 말하자면 약간은 식혀야 했다. 청중들의 교양수준이 높아지자 지옥에 대한 설교도 줄어들었다. 하지만 영원한 지옥불은 하층민과 일부 중산층을 위해 마련된 것으로, 여전히 효율적인 방식이었다. 토머스 버넷은 《죽은 자들의 상태에 관하여 De Statu Mortuorum》(1720)에서 '영원한 징벌'에 대해 강력하게 반대했고 보통 사람들에게는 전통적인 교리만을 알려야 한다고 주장했다. 이 같은 주장은 스코틀랜드의 트위드 강 이북 지역이나 영국 해협 너머로 가면 이단 취급을 받았다.

로마 가톨릭에서도 지옥의 존재를 의심한다면 지옥에 떨어지게 될 것이라고 가르쳤다. 《영원한 고통에 관한 가톨릭 교리 옹호 Défence du dogme catholique sur l'éternité des peines》(1748)에서 돔 생사르는 다음과 같이 말했다. "오직 사악하고 타락한 마음을 가진 사람들은 죽음 이후에 인간은 지옥과 같은 형벌을 받지 않을 것이라고 주장한다. 그들은 징벌의 한계성을 거론한다. … 선한 양심을 가진 사람들은 이런 주장에 무관심하며 그들과 쓸데없이 말씨름을 하려고 하지 않는다. 사후 징벌의 한계성을 주장하는 것은 악행, 바로 뻔뻔한 악행 때문이다." 대부분의 영국 국교도들은 이 같은 입장에 동조하고 있었다. 그럼에도 18세기 중반에 오면 지옥에 대한 믿음은 현저히 떨어졌으며 이는 사회적으로도 영향을 미쳤다. 1741년에 옥스퍼드 대학에서 윌리엄 도드웰은 영원한 징벌에 대한 두려움이 사라지면서 불경과 비도덕이 만연해 있다고 탄식했다. 정부에서도 범죄를 예방하는 차원에서 '지옥' 개념이 매우 효율적이었기 때문에 이러한 사회적 조류를 우려했으며, 이를 극복하고자 형벌을 강화했다. 이 때문에 18-19세기에 사형을 선고할 수 있는 범죄의 수는 300여 종으로 확대되었다.

교회에 스며든 계몽주의

기독교 합리주의의 가장 큰 취약점은 이제 더 이상 사람들에게 감정적으로 호소할 수 없게 되었다는 것이었다. 계몽화된 사회 속에서는 구체적으로 주어지는 자신의 이익 외에 다른 동기가 사용될 수 없었다. 다시 말해 '희생'과 '자제', 즉 도덕이 그 가치를 잃어버린 것이다. 틸롯슨의 표현에 의하면 "이미 확보한 보상과 이후에 받게 될 좀 더 큰 보상에 대한 희망 덕분에 우리의 의무가 매우 용이한 것이 되었다." 양심은 주관적 의견에 불과하기에 어떠한 역할도 감당할 수 없다. 따라서 구원과 관련하여 개인의 책임은 불필요해지고 대신 규칙에 따르는 삶이 강조되었다. 불행히도 이 같은 현상은 종교개혁의 본질을 희생시키고, 교회냄이 나스리는 기계적 기독교로 회귀하는 결과를 낳았다. 이는 세속적인 성직자와 부패한 교회를 낳았다.

이것이 정확하게 18세기의 상황이었다. 기독교의 합리성을 지키기 위해 감성이 배제되었으며 대신 형식과 제도가 강조되었다. 이러다 보니 교회의 부패가 따라왔다. 중세와 마찬가지로 주교들은 성스러운 예식을 집행하는 성직자이기보다는 정부의 관리로, 영적 권리를 향유하기보다는 경제적 권리를 가진 인물로 비쳐지기를 바랐고, 또 스스로 그렇게 행동했다. 이러한 현상은 통치자가 교회를 비롯한 모든 형태의 종교 활동을 주도했던 루터파의 독일, 특히 프로이센에서 좀 더 확연하게 진전되었다. 특히 프리드리히 빌헬름 1세와 프리드리히 대제 치하에서 굳어진 이러한 현상은 1794년 '프로이센 란트 법Prussian Landrecht'으로 명문화되었다. 이 법에 의하면 목사는 지역 주민의 출생 등의 통계를 수집하거나 정부의 법령을 발표하는 등 일종의 행정관리였으며, 이와 아울러 지방법원의 의장이자 육군 징집장교이기도 했다.

당 주교party bishop제도를 만든 로버트 월폴 경은 한 고위 성직자에게 다음과 같은 특별한 표현을 남겼다. "그도 언젠가는 세상을 떠날 것이다." 1723년 9월 6일에 뉴캐슬 공작 앞으로 보낸 편지에서 월폴은 런던 주교로 승진시켰던 에드먼드 깁슨을 어떻게 휘그당 정부의 교직 임명담당 고문으로 삼았는지, 그 과정을 다음과 같이 설명했다.

> 애초에 그는 그 직책에 대해 거절 의사를 밝혔지만, 헤어지기 전에 그의 생각이 바뀌었다는 것을 감지할 수 있었다. 다음날 아침, 그가 내게로 와서 황홀한 기쁨을 맛보고 죽고 싶은 한 사람(깁슨 자신을 가리킴—옮긴이)이 있으며, 국왕이 '개인 목사'나 국왕의 '구호품 관리직'을 없애지 않도록 타운센드 경에게 편지를 써주길 바란다고 말했다.

당시 26명의 주교 가운데 24명이 월폴의 사람이었다. 정부는 주교임명권을 쥐고 있었고, 브리스톨의 경우처럼 1년에 450파운드의 급여를 지급받는 교구가 있었는가 하면, 캔터베리의 경우는 7천 파운드의 급여를 받았다. 다시 말해 주교들은 스스로 생활비를 벌어야 했던 것이다. 예를 들어 벤저민 호들리는 무릎을 꿇은 상태에서만 간신히 설교를 할 수 있을 정도로 심한 절름발이였지만 휘그당의 도움으로 꾸준한 승진을 할 수 있었다. 월폴은 그에게 반부패 법안에 반대하는 역할과 같은 유쾌하지 않은 임무들을 주로 맡겼다. 이러한 일들을 처리하느라 그는 자신의 교구인 뱅거를 5년 동안 단 한 차례도 방문하지 못했다고 한다. 나중에 그는 윈체스터 주교를 맡으면서 1년에 5천 파운드의 급여를 받았다. 그는 또한 토리당 성직자들에게 만만한 비난의 상대이기도 했다. 그는 "이집트인 이신론자! 교회에 대항하는 반역자! 사악한 공화주의자! 교단의 배교자!"라는 비난을 들었다.

하위 성직자들의 급여는 상당히 열악한 수준이었다. 5,500종이 넘는 성직의 1년 급여는 50파운드를 넘지 못했으며, 이 중 1,200종은 20파운드 미만이었고, 부제들도 30파운드 이상의 수입을 기대하기란 어려웠다. 다시 말해 성직자는 점차 인기 없는 직업이 되어갔고 상류층 또한 성직자로의 길에 등을 돌리기 시작했다. 이러한 사태 속에서 킬랄라의 주교는 다음과 같이 주장했다. "상류층들이 성직의 길로 들어설 수 있도록 좋은 가문의 유력한 인사들의 승진을 독려하자. 그렇게 되면 이와 유사한 부류의 사람들이 교회로 들어오려 할 것이며, 행정관을 고용할 때와 똑같이 국왕 폐하는 우수한 성직자들을 임명할 수 있게 될 것이다."

뉴캐슬 공작의 서식스 주 선거 대리인이었던 제임스 베이커 목사는 (기독교가 아닌 휘그당을 위하여) 루이스에서의 크리켓 게임을 방해할 정도로 사람들을 기독교로 개종시키는 일에 아주 열성적이어서 관중들에게 습격을 당할 뻔한 적도 있었다. 캔터베리 대주교였던 세커는 당시 상황을 "상류층의 방종과 원칙에 대한 경멸", "하류층의 방탕한 무절제와 두려움 없는 범법행위"로 들끓고 있다고 진단했다. "이제 사람들은 아무 거리낌 없이 기독교에 대해 불평을 늘어놓고 조롱하고 있다." 그런데 여기서 세커의 설교를 듣는 사람은 누구였을까? 그는 순전히 정치적 목적에서 임명된 사람이었고 호러스 월폴은 그가 일찍이 무신론자였다고 말한 바 있다. 월폴은 자신과 동향 사람으로 한 해 전인 1757년에 요크 주교로 승진한 존 길버트를 경고하기 위한 선전용으로 세커의 설교가 더 할 나위 없이 훌륭한 설교였다고 판단했다. 월폴은 이렇게 말했다. "길버트는 무지함과 천박함, 그리고 오만함으로 똘똘 뭉친 사람이다. … 그가 승진했다는 소식에 요크에서는 혐오의 표시로 종을 울렸다. 그런데 그가 그곳에서 큰 잔치를 벌이는 등 6개월이 지나자 사람들은 그를 가장 훌륭하고 기독교적인 고위 성직자로 생각했다." 월폴은 "종교는 이 시대의 상황을 날카롭게 꿰뚫어볼 수 있는 무언가를 제시하지 못하고 있다. 로마 가톨릭과 프로테스탄트 교회 모두 어찌할 바를 모르는 듯하다. 기독교 신앙은 고갈되었고 이제 더 이상 사람들의 주의를 끌 수 없게 되었다"라고 당대 상황을 함축적으로 요약했다.

잉글랜드에서 영국 국교회 성직자들은 여전히 강력한 힘을 소유하고 있었지만 그 이상 나아가지는 못했다. 제임스 보즈웰의 일기에 기록된 대화를 보면 사람들은 신앙심이 돈독한 성직자보다는 박식한 성직자를 더 높이 평가했다는 것을 알 수 있다. 특히 예술과 학문에 대한 관심이 높았다는 것을 알 수 있다. 예를 들어 1785년에 칼라일의 부주교였던 윌리엄 페일리는 "성직자의 삶은 … 활동적인 정신을 가진 사람들의 시대와 사고에 충분한 자극을 주지 못하고 있다"는 전제하에 "성직자에게 적합한 오락"이라는 제목의 과제를 성직자들에게 제시했다. 그는 자연사, 식물학, 전기 실험, 현미경의 사용, 화학, 산의 측량, 기상학, 그리고 무엇보다도 천문학은 "성직자들에게 가장 적합한 기분전환용" 오락이라고 추천했다. 이런 것에 재미를 붙이면 "인문 교양 교육을 받은 사람 중에서 여유 시간을 어떻게 써야 할 줄 몰라서 쩔쩔매는 사람은 없다"는 것이다.

스코틀랜드에서도 18세기에 이르면 교회에 계몽주의 사조가 스며들기 시작했다. 예를 들어 스코틀랜드 교회의 총회는 극장을 "사탄이 육체의 옷을 입고 나타나 구경꾼들을 홀리는 악마의 성전"이라고 묘사했고, 당시 널리 알려졌던 유명한 알렉산더 칼라일 목사는 1756년 한 성직자가 쓴 〈더글러스의 비극The Tragedy of Douglas〉이라는 연극을 관람했는데, 이 일로 그는 총회의 공개적인 힐책을 감수해야 했다. 하지만 이로부터 불과 20여 년이 지난 1784년에 이르면 총회는 대표단이 공연을 관람할 수 있도록 일정을 바꾸기까지 할 정도로 입장이 바뀌었다. 성직자들이 스코틀랜드 계몽주의를 이끌었는데, 칼라일은 자신의 《자서전 Autobiography》에서 스코틀랜드의 계몽주의를 이끌었던 성직자들을 다음과 같이 칭송했다. "가장 훌륭한 고대사와 현대사를 쓴 사람은 누구인가? 성직자였다. 수사학 체계의 최고봉으로 자신의 웅변을 통해 이를 증명한 사람은 누구인가? 바로 성직자였다. 완벽하다고 여겨지는 비극을 쓴 사람은 누구인가? 성직자였다. 당대 최고의 수학자로 인정받았던 사람은 누구인가? 이 역시 성직자였다." 물론 이 같은 찬사는 성직자들의 영적 우수함이 아니라 세속적 우수함을 칭송한 것이었다.

비록 멀고 복잡한 길로 우회하기는 했지만, 유럽 대륙에서도 본질적으로 같은 목적지를 향해 나아가고 있었다. 베스트팔렌 조약 이후 스페인은 강대국의 지위를 상실했고, 이후로 1815년까지 프랑스는 정통 로마 가톨릭의 보루였다. 프랑스 교회는 매우 특이했다. 왜냐하면 프랑스 교회는 스페인과 마찬가지로 종교개혁이 일어나기 전까지 어떤 개혁 운동도 접해본 적이 없었으며, 교황절대주의가 아닌 갈리카니즘gallicanisme(프랑스 교회의 자주권과 자유권을 옹호하는 이론으로 교회의 최고 권위를 공의회와 교회법에 둠으로써 가톨릭의 신앙을 지키면서도 교황권과 세속권을 명확히 구별하려 했다―옮긴이)을 추구하고 있었기 때문이다. 영국이 헨리 8세 때 로마 가톨릭으로부터 영국 국교회를 독립시켰던 것과 달리 프랑스 교회는 교황과의 협정을 통해 독립을 확보하려 했다. 이로 인해 프랑스에서의 개혁 운동은 외국인 혐오주의와 민족주의적 성향과는 무관하게 진행되었다. 이와 별도로 프랑스 가톨릭 교회 내에서는 청교도적 얀세니즘Jansenism(네덜란드의 코르넬리우스 얀세니우스가 주창한 교의로 당시 기독교의 인문주의에 대항하여 초기 기독교의 엄격한 윤리로 되돌아갈 것을 촉구했고, 하나님의 은혜를 강조하고 인간의 자유의지를 부정하는 듯한 학설을 부르짖었다—옮긴이)과 전통 로마 가톨릭을 옹호하는 예수회와 국왕, 거기에다가 이성을 중시하는 세속적인 제3세력 사이에서 갈등이 있었다.

얀세니즘은 개혁이 진보주의의 힘이라기보다는 복음주의의 힘이라는 사실을 명백하게 보여주었다. 이프르의 주교였던 코르넬리우스 얀세니우스는 일종의 가톨릭 루터교도, 다시 말해 로마서로부터 시작해서 성 아우구스티누스를 거쳐 이신칭의以信稱義(믿음을 통해 의롭다 일컬음을 받는 것—옮긴이)와 예정론으로 이동한 사람이었다. 이 같은 이유 때문에 1649년에 그의 저서《아우구스티누스Augustinus》(1640)는 금서로 낙인찍혔으며, 교황은 악명 높은〈유니게니투스Unigenitus〉(1713) 교서 등을 발표하면서 수차례에 걸쳐 그를 맹렬히 비난했다. 그러나 그는 프랑스 기독교 내에서 하나의 세력으로 굳건하게 살아남았다. 얀세니즘은 반교황중심주의적 갈리카니즘이었지고, 청교도들처럼 의회와 연합한 반군주적 성격을 지니고 있었다. 얀세니즘의 중심지는 파리 인근에 있던 포르루아얄 수도원이었다. 얀세니우스를 따르는 사람들은 무엇보다 기독교를 법정이나 국가 종교로 변모시키려는 예수회에 반대했다. 그들은 루이 14세와 같이 강력한 군주조차도 함부로 할 수 없을 만큼 대중의 지지를 받았다. 그럼에도 불구하고 얀세니즘 역시 엘리트 종교였다. 다시 말해 그들의 호소력은 깊이 먹혀들었지만 결코 광범위하지 못했다는 말이다. 얀세니즘과 성 아우구스티누스 사상과의 연계는 우연한 것이 아니었다. 얀세니즘은 현대 염세주의 철학의 선구자들이었기 때문이었다. 얀세니우스 자신은 인간이 처한 곤경은 구제받지 못할 비극이라고 생각했다.

기원에서부터 인류는 정죄의 짐을 한가득 지고 있다. 이처럼 인간의 삶
(그렇게 부를 수 있다면)이란 전적으로 나쁜 것이다. 우리는 끔찍한 무지의
상태에 빠져 있지 않은가? 태아는 한 줄기의 빛도 없는 어머니의 자궁에
놓이지 않았던가? … 이미 죄를 범했기에 덕을 행할 수도 없고, 자신도
인지하지 못하는 마비상태에 빠져 있어서 스스로 일어날 수도 없다. 불행
히도 이 같은 상태는 수개월 아니 수년 동안 계속되고 있다. 이러한 어둠
으로부터 인생의 실수가 시작된다. … 허영과 죄악에 대한 사랑, 심장을
갉아먹는 근심, 걱정, 고통, 두려움, 불건전한 기쁨, 논쟁, 다툼, 전쟁, 욕
구, 분노, 적의, 거짓말, 아첨, 아픔, 도둑질, 강간, 배반, 자만, 야망, 질
투, 살인, 부친살해, 잔혹함, 변태성욕, 사악함, 육욕, 허풍, 몰염치, 음란,
간음, 간통, 근친상간, 추행, 신성모독, 이단, 불경, 위증, 무고한 자에 대
한 억압, 중상, 사취, 사기, 거짓 증언, 오심, 폭력, 절도는 무엇인가? …
그 누가 아담의 후손이 짊어진 멍에를 묘사할 수 있단 말인가?

블레즈 파스칼, 이성과 그 너머

이 같은 멍에를 묘사하는 일은 블레즈 파스칼의 몫이었다. 그는 얀세니
즘의 치명적인 염세주의에서 불편한 기쁨을 발견했던 사람이다. 파스칼
은 1623년에 수학자이기도 했던 정부 징세관의 아들로 태어났다. 파스
칼 가문의 사람들은 하나같이 사납고, 공격적이고, 다투길 좋아하고, 오
만하며, 논쟁을 즐기고 매우 똑똑했다. 블레즈 파스칼 역시 이미 22세
때에 계산기를 개발했고 진공상태와 기압을 실험했으며 확률이론을 밝
히기 위해 노름을 이용했을 정도로 뛰어났다. 로크와 같은 시대를 살았

지만 환경은 너무나 달랐다. 로크가 살았던 영국에서 '광신'은 한물간 유행이었을 뿐만 아니라 위험하고 반사회적인 것으로 인식되었던 것에 비해, 파스칼이 살았던 프랑스에서는 이제 막 유행하기 시작했기 때문이다. 아무리 지적으로 훌륭한 사람이라 할지라도 자신이 처한 환경으로부터 결코 벗어날 수 없다는 것은 파스칼을 통해서도 확인할 수 있다. 파스칼이야말로 명석하고 심원하며 현명하고 지나치리만치 기지가 넘치는 사람이었다. 한 세기만 늦게 태어났더라면 기성 종교를 파괴하는 데서 볼테르와 견줄 만한 역할을 감당했을 것이다.

파스칼 또한 밀턴과 크롬웰 같은 이전 세대의 영국인들처럼 종교적 '회심'을 겪었다. 그 하나는 1654년에 신약성경을 읽다가 겪은 기이한 체험이며, 다른 하나는 그로부터 2년 후에 누낭루lacrymal fistula로 사경을 헤매었던 그의 대녀代女를 '그리스도의 가시'라는 것으로 완쾌시킨 일이었다. 이를 계기로 파스칼은 자신의 누이가 거주하고 있던 포르루아얄의 선전원이 되었다. 그는 합리주의적 조롱의 포화를 이용하여 여전히 소르본을 풍미했던 아퀴나스 사상의 장황함과 무의미함, 예수회와 그들의 결의론의 부도덕성을 폭로했다. 익명으로 출간된 《시골 친구에게 보내는 편지Provincial Letters》는 당시에만 10만 부 이상 팔리고 100만 명 이상이 이 책을 읽었던 것으로 보인다. 정통 갈리카니스트이자 궁정 설교자였던 보쉬에는 다른 어떤 책이 아닌 바로 그 책을 쓰고 싶었다고 말했다.

파스칼이 이성을 중요시하긴 했지만 결국 그는 이성을 거부했다. 그가 예수회를 혐오했던 이유도 여기에 있었다. 그는 가톨릭과 루이 14세가 화해하는 것을 못마땅하게 여겼다. 왜냐하면 그렇게 하는 것은 신앙을 가장한 세속성과 무신론의 합작품처럼 비쳤기 때문이었다. 파스칼은 기독교가 세속적 규범으로부터 벗어나 애초에 지녔던 간소하고 엄격한 분위기로 되돌아가기를 원했다. 다시 말해 테르툴리아누스처럼 이성을 넘어서는 초월적인 것으로 나아가기를 원했던 것이다. 제3세력의 일원이었던 르네 데카르트에게 진리는 신중한 의심과 명료한 추론을 바탕으로 도달할 수 있는 것이었던 데 비해 파스칼에게 이성은 인간적인 것이기에 한계가 있고 왜곡이 있을 수밖에 없었다. 결의론이 교회 내부의 적이라고 한다면 데카르트주의는 교회 외부의 적이었다.

파스칼은 모든 시대와 사회에서 통용될 수 있는 주장을 제기하고 있기는 하지만 이를 하나의 철학 체계로 제시하지는 않았다. 그는 오늘날 《팡세Pensées》라고 알려진 500쪽 분량의 잡문 모음집을 남겼는데, 이 책의 원고는 오늘날 프랑스 국립도서관에 'MS 9,202'라는 이름으로 소장되어 있다. 당시의 편집자들이 원고의 순서를 되돌릴 수 없을 만큼 뒤죽박죽 섞어놓아 파스칼이 진짜 말하고자 했던 바를 찾아내기란 결코 쉽지 않다. 심지어는 자신의 주장을 펼치고 있는 것인지 반대편의 주장을 소개하고 있는 것인지도 구분하기가 어려울 정도이다. 다시 말해 파스칼의 저작이 왜곡되고 오도된 형태로 전달되었기 때문에 보쉬에, 페늘롱, 볼테르, 루소, 샤토브리앙, 발레리 등이 내놓은 《팡세》에 관한 논평 또한 오해에 기초한 경우가 많이 있다. 일례로 파스칼의 말이라고 알려진 "이 무한한 공간들의 영원한 침묵이 나를 두렵게 한다"는 표현 또한 사실은 한 무신론자가 두려움 속에서 뱉은 말이었다. 이처럼 파스칼이 했던 말이라고 전해오는 것 중에 그와 아무런 상관이 없거나 심지어 그가 말한 것과 반대되는 내용이 전해오는 경우도 적지 않다. 《팡세》 역시 부분적으로만 파스칼의 저작으로 인정되고 있다.

파스칼은 일종의 세속적인 수도사 생활을 했다. 다시 말해 그는 육체로부터 정신을 해방시키는 데 관심이 많았다. 그는 평생 채식만을 했으며 명상의 상태를 유지하기 위해 못을 박은 벨트를 착용하기도 했다고 한다. 그렇다고 그가 반계몽주의자였던 것은 아니었다. 그는 평생 동안

만성 류머티즘을 앓고 살았는데, 이 때문에 육체적으로는 고통스러웠으나 덕분에 특별한 직관을 얻을 수 있었다고 회고했다. 신정론에 심취했던 그에게 질병 내지 고통은 "신성함을 구성하는 불가분의 일부"였다. 어떤 면에서 기독교는 '고통'에 대한 대답이기 때문에 "사악함, 빈곤, 질병이 있어야" 기독교의 생명력이 강해진다. 이성은 실제보다 더 많은 빛을 제공한다. "이 점을 분명히 밝혔으므로 더 이상 나를 명확성이 떨어진다고 비난하지 말아달라. 하지만 종교의 진실은 바로 그 모호함 속에서, 우리가 거의 이해하지 못하는 대로, 그리고 우리가 파악하는 만큼 그대로 인지되어야 한다." 따라서 그는 인간의 고통과 무지를 영원한 사실로 받아들였다.

> 인간의 무지함과 비참함을 목도하면서, 인간의 본성에서 나타나는 모순에 경악하면서, 침묵하는 우주 속에서 빛도 없이 버려진 인간들을 보면서, 누가 자신을 그곳에 두었는지도, 죽고 나면 무엇이 될지도 모르는 채 이 우주의 한 구석에서 길을 잃은 것처럼, 잠든 사이에 아무도 살지 않는 무시무시한 섬으로 옮겨진 뒤 자신이 어디에 있는지도 모르고 잠에서 깨어 그곳에서 벗어날 아무런 희망도 없는 사람처럼, 나는 두려움에 떨었다. 그리고 그토록 비참한 상황 속에 있음에도 불구하고 어느 누구도 절망하지 않는다는 현실에 놀라움을 금치 못했다.

이와 관련하여 파스칼은 이성에 의존하기보다는 기독교 신앙에 의존하는 것이 더 나은 답을 얻을 수 있을 것이라고 주장했다. 물론 파스칼이 이성을 불신한 것은 아니지만 하나님 혹은 기독교 신앙에 대한 합리적인 증거가 믿음을 대신할 수 없다는 점을 분명히 했다. 왜냐하면 선한 의지가 악의에 의해 더럽혀지는 것과 같이 이성 역시 불합리성으로 더럽혀질 수 있기 때문이다. 어떻게 보면 기독교의 역사는 합리주의에 대한 도전으로 볼 수 있다. 드물지만 이성을 사용하는 것이 어리석게 느껴지는 순간이 찾아올 때도 있다. "이성의 마지막 단계에 다가가게 되면 이성을 넘어서는 무한한 변수가 존재한다는 것을 인정하게 될 것이다." "이성을 거부하는 것보다 더 합리적인 일은 없다." "이성보다는 마음을 통해서 진리를 깨닫기가 더 쉽다."

볼테르의 도전

중세의 신비주의를 되살리고 19세기의 낭만주의를 미리 보여주었던 파스칼은 프랑스의 안과 밖에서 가톨릭을 위협하던 저항세력을—예를 들면 로크로 대변되는 계몽주의가 정통 기독교 안에 들어와 개혁과 이성이 융합되는 것을—효과적으로 차단했다. 얀세니즘은 프랑스 정부의 지속적인 핍박으로 한때 정치당파로 격하되기도 했으나, 1789년에 법률가들의 종교로 재등장했다. 제3세력이던 계몽주의는 불행히도 기독교에 효과적으로 침투하지 못한 채 이신론이나 무신론으로 전락해버렸고, 이성 중심의 로크 사상이나 경험과학적 방법론 또한 비기독교적 맥락에서만 힘을 발휘할 수 있었다. 즉, 몽테스키외의 《법의 정신 Esprit des Lois》이나 디드로의 《백과전서 Encyclopedie》처럼 당시 엄청난 파장을 불러왔던 저작들 또한 기독교에는 별다른 영향을 미치지 못했다(프랑스의 계몽주의는 4세기 이래로 기독교 밖에서 발달한 유럽 최초의 지적 운동이었다). 다시 말해 로마 가톨릭은 개혁되지 못했다는 말이다.

하지만 점차 프랑스의 합리주의가 영국 국교회보다 더욱 강력하고 광범위하게 기독교에 대항하기 시작했다. 프랑스의 계몽철학자들은 기독교를 악의 창조자라고 폭로했는데, 예를 들어 레날의 《인도제국의 철학과 정치사*Philosophical and Political History of the Indies*》를 보면 한 사회가 기독교와 접촉함으로써 어떻게 파괴되는지를 잘 보여주고 있다. 볼테르는 프리드리히 대제에게 다음과 같은 편지를 썼다. "친애하는 황제 폐하, 인류는 이 악명 높은 미신을 뿌리 뽑기 위해 영원히 봉사할 것입니다." 디드로는 계몽주의는 그 자체가 윤리이며 종교라고 생각했다. "신학자들보다 더 많은 지식을 축적하는 것만으로는 충분하지 않다. 우리가 그들보다 더 훌륭하다는 것을, 그리고 철학이 은혜보다 더 명예롭게 만든다는 점을 보여주어야 한다." 디드로에게 자아 성취는 일종의 대리속죄였으며 인류에 대한 사랑은 하나님에 대한 사랑을 대체했다. "철학자들에게 후손은 종교인들이 말하는 내세와 같다." "오! 후손들이여! 억압받고 불행한 자들의 거룩하고 성스러운 지원자, 정의로운 그대, 타락하지 않는 그대, 선한 이들을 위해 복수하고 위선이나 위안과 같은 이상의 탈을 쓰지 않는 그대, 나를 저버리지 말지어다."

하지만 그에 관한 반론도 만만치 않았다. 로크라면 '후손'보다는 현세의 보상과 징벌을 강조할 것이다. 파스칼이라면 후손들이라고 해서 과연 합리적인 판단을 내릴 것인가에 대해 의문을 제기할 것이다. 볼테르의 신조가 정말로 무엇을 뜻했는지를 판단하기란 여간 까다로운 일이 아니다. "나는 하나님을 믿는다. 신비주의자들이나 신학자들이 떠받드는 신이 아니라 자연의 하나님, 위대한 기하학자, 우주의 건축자, 언제나 변함없고 초월적이며 영원히 존속하는 제1의 운동자를 믿는다." 볼테르는 많은 글을 썼지만, 그가 쓴 글마다 그의 신념이 드러나는 것은 아니다. 에라스무스 이후로 유럽에서 가장 커다란 영향을 미친 파스칼과 볼테르의 신념이 오늘날까지도 수수께끼로 남아 있다는 사실은 여러 가지로 상당한 놀라움을 안겨준다. 볼테르는 스스로를 이신론자이자 유신론자라고도 불렀으며, 이 두 용어를 동일한 의미로 사용했다. 그는 항상 모순된 주장을 펼쳤으면서도 단 한 번도 이에 대해 변명한 적이 없었다. "유럽에는 무신론자가 단 한 명도 없다." "이 세계를 잘 모르는 신출내기 성직자들만이 무신론자가 존재할 수 없다고 주장한다." "하나님은 대군을 위해서 존재하시는 분이 아니라 최고의 사격수를 위해서 존재하신다"라는 문구가 다른 맥락에서는 "하나님은 언제나 대군을 위해서 존재하신다"로 바뀌기도 했다.

볼테르에게 이신론은 "모든 미신을 떨쳐버리고 최고 존재를 순수하게 경배하는 것"이며 '계몽철학자'는 하나님이 이 세계를 창조했다는 것은 믿지만 도덕 법칙을 부여했다는 것은 믿지 않는 사람이기 때문에, 이신론자들을 참된 신앙인으로 여겼다. 볼테르는 "피레네 산맥 이쪽에서 진실인 것이 산을 넘으면 거짓이 된다"는 파스칼의 말을 되뇌며 윤리의 상대성을 주장하더니(18세기에는 윤리가 지리의 영향을 받는다고 생각하는 경향이 있었다), 사상이 더욱 진지해질수록 경건한 불가지론자로 향해 갔다. 《형이상학론 Traité de metaphysique》에서 볼테르는 "하나님의 존재에 관해서는 모순된 의견만이 가능할 뿐이다"라고 적고 있다. "그분은 무한한 공간 속에 존재하는가? 그렇다면 공간은 그분의 속성 중 하나인가? 그분은 어디에 존재하는가? 일정한 곳? 아니면 모든 곳에? 그것도 아니라면 어느 곳에도 존재하지 않는가? 내가 이러한 형이상학의 미묘함에 빠지지 않을 수 있을까? 어차피 내가 이해할 수 없는 존재임에도 불구하고 그분을 이해하기 위해서 이성을 남용하고 있지는 않은가?" "하나님은 이성의 힘으로 증명될 수도, 부인될 수도 없다." 《풍속론 Essai sur les moeurs》에서 그는 "신이 존재하지 않는다고 믿는 것은 … 소름 끼치는 도덕적 오류이자, 선한 정부와 양립할 수 없는 오류가 될 것이다"라고 말했다.

이처럼 볼테르는 계몽주의의 덫에 빠지지 않기 위해 신적 존재가 반드시 필요하다는 것을 강조했다. 이성만이 믿을 만한 안내자(그에게 파스칼의 충고는 필요하지 않았다)라고 생각한 볼테르는 역사가로서의 특성이 너무 강했다. 볼테르가 기독교 역사상 진정한 위인이자 중요한 인물로 여겨지는 이유는 이와 같이 계몽주의의 파고를 거스르며 나아갔다는 데 있다. 그는 라이프니츠의 《신정론 Theodicée》(1710)에 등장하는 두 개념, 즉 "이 세상은 최선의 세상"이고 "어떤 상황에서도 기독교인들은 체념하고 복종해야 한다"는 개념은 전자는 논리적으로 오류가 있고 후자는 도덕적으로 문제가 있기 때문에 받아들일 수 없다고 비판했다. 그는 다음과 같은 알렉산더 포프의 《인간론 Essay on Man》(1733)을 거부했다.

> 인간은 출생의 시간이든, 죽음의 시간이든
> 하나의 권력자의 손에서 안전하다.
> 하나의 진리는 분명하다.
> 존재하는 것은 무엇이든 올바르다.

볼테르는 신의 섭리를 시험해볼 수 있는 일들이 있다고 생각하면서 1755년에 발생한 리스본 지진이 바로 그러한 증거라고 보았다. 그는 마치 이러한 재앙을 고대하고 있었던 것 같았다. "친애하는 선생님, 자연은 매우 잔인하답니다. 우리는 가능한 최선의 세계에서 어떻게 그토록 경악스러운 재난이 일어났는지 상상할 수 없습니다. … 저는 신부님, 종교재판관들도 다른 사람들과 마찬가지로 재난을 면치 못했다는 사실에 주목해야 한다고 생각합니다. 이 사건을 통해 인간은 어느 누구도 박해해서는 안 된다는 교훈을 얻어야 합니다. 몇몇 성스러운 불한당들이 광신자들을 불에 태워 죽이는 사이에 지구는 이들 모두를 한꺼번에 삼켜버릴 수도 있기 때문입니다." 볼테르는 그 지진에 고무되어 1756년에 아래와 같은 시 한 편을 서둘러 썼다.

> 모든 일이 잘될 날이 올 것이다. 이것은 우리의 바람이다.
> 오늘은 모든 일이 잘되었다. 이것은 우리의 환상이다.
> Un jour tout sera bien, voilà notre espérance,
> Tout est bien aujourd'hui, voilà l'Illusion …

이 시에서 볼테르는 자연의 재앙을 도덕적인 관점에서 설명했다. 이와 같은 재앙을 설명하는 데 기독교 신정론은 특히 취약했다. 합리주의와 감정을 융합했던 루소도 별로 나을 바가 없었다. 루소는 인위적으로 사람들이 모여 살아 더 큰 피해를 보았다면서 결과적으로 인간에게 책임이 있다고 추론했다. 당시 젊은이였던 이마누엘 칸트도 자신의 목소리를 냈는데, 그는 이미 후기 합리주의와 낭만주의 쪽으로 다가가고 있었다. 직관은 엄밀한 과학 지식보다 중요하고 도덕적 경험은 현상에 의해 드러나는 진실보다 더 많은 것을 우리에게 남긴다. "믿음의 공간을 확보하기 위해 지식은 거부되어야 한다." 다시 말해 현상세계에서의 인간은 자연법칙의 지배를 받지만 영적 세계에서의 인간은 자유롭다는 것이다. 볼테르는 문제가 될 수 없는 것을 문제로 보았다는, 즉 논점을 벗어난 것이 바로 문제였다는 것을 지적했다. 다시 말해 지진이 끔찍한 것이기는 하지만 우리가 두려워해야 할 최악의 것은 아니라는 것이다. "인간은 자연보다 더 큰 해악을 끼친다. 지진으로 희생된 사람들보다 더 많은 사람들이 전쟁에 의해 희생당하고 있다."《캉디드Candide》에서 볼테르는 가능한 최선의 세계라는 낙관주의를 어리석은 숙명론, '잔혹한 철학'이라고 폭로했으며, 이에 대한 대안은 "우리 스스로 우리의 정원을 가꾸는 것이다"라고 말했다. 다시 말해 이성뿐만 아니라 다른 모든 능력을 이용하여 고통을 줄여야 한다는 말이다. 여기에 이신론적 신정론이 있다.

볼테르는 정통 기독교가 세상에 대해 무관심했다는 것을 지적하면서 비이성적 세계관이 여전히 기세를 떨치고 있다고 폭로했다. 그는 18세기에 자주 저질러졌던 죄악과 여전히 지배적 사조로 자리 잡고 있는 낙관주의(사실은 일종의 자기만족)를 공격했다. 그는 또한 '칼라스 사건'(칼라스는 프랑스의 직물 상인이었던 위그노로, 1761년 10월 13일 그의 맏아들이 목매어 자살하는 사건이 벌어지자 로마 가톨릭 교도들은 아들이 가톨릭으로 개종하는 것을 막기 위해 칼라스가 아들을 고의적으로 죽인 것이라며 법정에 기소했고, 그는 사형선고를 받고 잔인하게 처형되었다. 볼테르는 이 사건을 계기로 종교적 관용과 프랑스 형법 개정 운동을 벌였다)에 개입하여 종교적 편견과 맹목적 불신에 의해 희생된 사람들의 편에 서기도 했다. 볼테르가 파스칼을 혐오했던 이유는 파스칼이 이성의 한계를 지적했기 때문이 아니라(이 점에서는 볼테르와 뜻이 같았다) 기독교 신앙을 옹호하기 위해 그가 차용한 방식 때문이었다. 1766년에 라바르의 젊은 기사가 카푸치노 수도회 행렬이 아브빌의 거리를 지나가는 동안(이때 비가 내리고 있었다) 모자를 벗어 예를 표하지 않았다는 이유로 재판에 회부되는 사건이 일어났다. 그는 신성모독 죄로 기소되어 '가혹한 고문', 다시 말해 양손이 잘리고, 혀가 뽑히고, 산 채로 불태워지는 형을 선고받았다. 이러한 잔혹행위는 평생 동안 볼테르의 마음을 떠나지 않고 그를 괴롭혔다. 이를 계기로 유럽의 지식인들은 이성이 일견 승리한 듯 보이지만, 가톨릭의 유럽은 여전히 근본적인 것이 전혀 개혁되지 않았다는 것을 깨닫게 되었다.

교황권의 약화

교회는 과연 개혁될 수 있을까? 교황의 입장에서 볼 때 베스트팔렌 조약은 한마디로 대재앙이었다. 왜냐하면 이 조약 때문에 국제 문제와 관련하여 교황이 자기 목소리를 낼 수 있는 여지가 사라져버렸기 때문이다. 가톨릭 교회들은 사실상 로마로부터 독립했으며, 오직 이탈리아만이 여전히 교황지상권을 옹호하고 있을 뿐이었다. 한 발 더 나아가 점차 종교회의의 결정은 교리상 오류가 없다는 견해, 다시 말해 교황의 판단을 뒤엎을 수 있다는 견해가 퍼져나가기 시작했다. 한마디로 권위가 교황에서 주교회의로 넘어간 것이다. 이제 교황은 보잘것없는 존재로 전락하고 말았다. 조심스럽게 진보적인 사업을 추진한 교황 베네딕투스 14세(1740-1758)만이 유일한 예외였을 뿐이었다. "그리스도가 천국으로부터 불을 부르지는 않으실 것입니다. … 강한 집착을 열심으로 오해하는 일이 없도록 주의합시다. 이로 인해 엄청난 죄악이 발생되기 때문입니다." 볼테르가 말하고자 한 바가 바로 이것이었다.

이제 교황제는 사멸되거나 무력해지는 길밖에 남지 않은 것 같았다. 더군다나 교황의 친위대와 마찬가지였던 예수회가 여러모로 위협을 받았다. 암살음모(그것이 진실이든 거짓이듯)나 사기사건 등으로 주위의 눈총을 받았던 예수회는 결국 포르투갈에서 추방되었으며, 1764년에는 프랑스에서도 쫓겨났고, 3년 후에는 스페인과 그 자치령에서도 탄압을 받았다. 급기야 강대국의 압력에 못 이겨 교황 클레멘스 14세가 〈주와 구세주 Dominus ac redemptor〉(1773)라는 교서를 통해 공식적으로 예수회를 해산하기에 이르렀다. 독일에서도 교황의 입지는 현저하게 떨어졌는데, 신성로마제국의 황제인 요제프 2세가 선포한 관용령(1781)으로 인해 루터파,

칼뱅주의, 동방 정교회 등이 자유롭게 교회를 세울 수 있게 되었으며, 신앙에 상관없이 누구라도 법률 계통의 기관이나 의료업, 그리고 관직에 진출할 수 있게 되었다. 교황의 저항에도 불구하고 성직자들의 훈련과정이 정부의 통제 아래에 놓이게 되면서 700여 개의 수도원이 폐쇄되었고, 3만 8천 명의 수도사들이 자리를 잃었다. 토스카나 대공국에서는 요제프 2세의 형제인 레오폴트가 성직자들에게 세금을 부과하고, 로마에 대한 자금 지원을 차단함과 동시에 로마 항소제도와 교황 사절의 법정을 폐지하고, 수녀원을 억압했으며, 병원을 평신도의 통제 아래로 넘기고, 교황청의 교단 통제를 폐지하는 등 비슷한 길을 갔다. 사실상 유럽 전역에서 이와 비슷한 움직임이 감지되기 시작했으며, 이 같은 움직임은 스스로 계몽주의자라고 자임하던 국왕들이 단행했던 위로부터의 개혁이었다.

프랑스 교권의 허세와 몰락

계몽주의의 본산이었던 프랑스는 당시 유럽 다른 나라들의 움직임과 사뭇 다른 모습을 보였다. 영국처럼 프랑스에서도 '위로부터의 개혁'이 힘을 발휘할 수 없었는데, 이는 호러스 월폴이 지적했듯이 "기독교의 방식이 고갈되었기" 때문이었다. 프랑스 내에서 얀세니즘과 예수회의 다툼은 결과적으로 종교개혁에 대한 무관심을 낳았을 뿐이었다. 계몽주의가 몇 가지 경로를 통해 교회, 특히 고위 성직자들에게 확산되어 이신론의 행태가 나타나기도 했다. 루이 15세는 "적어도 파리 대주교는 하나님을 믿는 사람이어야 합니다"라고 주저없이 말하며 이신론에 물들었다고 판단된 로므니 드 브리엔 추기경이 파리를 맡는 것을 거부했다. 샹포르는 "종교가 공격받을 때 주교 총대리는 미소를 지을 것이고, 주교는 노골적으로 웃을 것이며, 추기경은 동의할 것이다"라면서 냉소했다.

그럼에도 대부분의 교회는 여전히 이전과 동일한 조직을 유지하고 있었다. 프랑스 가톨릭 교회는 방대한 규모(13만 명의 성직자)를 자랑하고 있었으며, 특히 북부 지방의 가톨릭 교회들은 굉장히 부유해서 피카르디에서는 30퍼센트의 땅을, 캉브레시스에서는 60퍼센트 이상의 땅을 소유하고 있었다. 영국에서처럼 프랑스에서도 성직자의 급여는 적게는 300리브르에서 많게는 40만 리브르까지 심각한 격차를 보였다.

프랑스 가톨릭 교회는 게으른 면과 근면한 면이 특이하게 혼합되어 있었다. 예를 들어 1789년 당시에 3만 4천 명이 살던 앙제에는 72명의 성당 참사회 회원, 40명이 넘는 교구 성직자와 60명의 수도사, 40명의 탁발수도사, 300명이 넘는 수녀가 있었다. 60명당 1명이 성직자였다는 말이다(신학교 교직원과 학생은 포함하지 않은 수치). 계몽화된 성직자들도 있기는 했다. 예를 들어 생토뱅의 베네딕투스회 회원들은 볼테르와 루소의 흉상을 세웠고, 정통 신학자이자 《교구 편람Diocesian Handbook》의 저자인 코텔 드 라 블랑디니에르 신부는 앙제 아카데미에서 낭독한 첫 연설문을 볼테르에게 보내 승인을 요청하기도 했다. 그럼에도 불구하고 프랑스의 가톨릭은 중세적 분위기를 간직하고 있었다. 성물 전시도 계속되었으며 십자가 조각, 성 루의 머리, 세렌과 고드베르의 뼛조각, 줄리앙의 팔, 마리아의 옷 조각과 머리카락 한 타래, 모리스의 피와 드상의 치아와 같은 성물과 함께 실물 크기의 밀랍인형 12개를 포함한 종교행렬 또한 하루도 거르지 않고 계속되었다. 1757년에는 분묘를 개장하는 과정에서 새로운 성인이 발견되었다는 소문이 돌았고 흥분한 군중들에 의해 유물이 갈기갈기 찢기고 뼈와 헝겊조각들이 순식간에 사라지는 진풍경이 벌어지기도 했다.

앙제의 수도원에서는 불명예스러운 정도는 아닐지라도 유감스러운 풍경이 펼쳐지고 있었다. 수녀가 간음을 했다는 보고는 없었지만 (가장 부유했던) 베네딕투스회 수녀들은 혼자서도 베일을 쓰지 않고 마차를 타고 외출할 수 있었다. 귀족 가문의 처녀들은 베네딕투스회를 비롯한 부유한 기관으로부터 수많은 혜택을 입었다. 사실 이런 기관들은 "너무나 훌륭한 가문에서 자란 부유층 처녀들에게 은둔지를 제공한 셈이었다." 수도사들 역시 대개는 유복한 가문 출신이었다. '최고의' 수도원으로 불렸던 생토뱅은 1년에 5만 리브르의 소득을 거둬들였다. 이 중 1만 1천 리브르는 유지비, 세금 등에 쓰였고 2만 리브르는 수도원장에게, 나머지는 15명의 수도사에게 돌아갔다. 1년에 대략 120리브르를 사용할 수 있었던 수도사들은 말과 마차를 소유하고, 한 달간 휴가를 보내고, 일요일에는 카드 파티와 연주회를 즐기는 등, 신사에 버금가는 생활을 영위했다. 그들은 먹는 것도 수준 높아서 최고급 소금, 신선한 생선, 산토끼, 오리, 물오리, 멧도요 고기 등을 즐겼다. 대수도원장 또한 자질보다는 인맥에 의해 선출되는 경우가 많았다. 앙제 수도원은 4명의 고위 성직자를 포함한 50명도 안 되는 수도사들이 20만 리브르 이상의 소득으로 안락한 삶을 꾸려 나갔다. 생니콜라 수도원의 수도원장은 2만 5천 리브르의 수도원 소득 중 3분의 2가량을 챙겼다. 아우구스티누스회도 별로 나을 것이 없었다. 비귀족 계층 출신으로 구성된 카푸치노회 수도사들은 정말로 가난했지만 대부분의 수도사들은 안락하게 살았다. "그들의 탁자 위에는 신학 책보다는 커피포트와 찻잔, 코담배 상자, 자질구레한 장신구들이 더 많았다"라는 기록도 있다. 프란체스코회 수도사들은 은그릇과 160장의 리넨 시트, 24통의 포도주를 사용했으며 도미니크회 수도사들은 개인 소유의 가구와 의복 수당, 사유재산을 확보하고 있었다. 그들은 주로 거세된 수탉, 꿩, 집토끼, 돼지족발('특별히 비싼 식품') 등을 먹었다.

진보적인 사람들이 개혁을 말하기는 했지만 어느 누구도 완전한 전복을 예견하지는 못했다. 귀족 출신의 성당 참사회원들이나 수도사들과 평민 출신의 가난한 교구 성직자들 사이에는 심각한 분열 양상이 나타났다. 개혁의 목소리를 가장 높였던 사람들은 교구 성직자들이었다. 심지어는 수도사들이 사라져야 한다는 주장도 제기되었다. 그러했기에 1790년에 교육과 자선기관을 제외한 모든 수도회를 해산한다는 칙령에도 별다른 항의나 저항이 일어나지 않았던 것이다. 당시 프랑스 교회와 교구 사제들의 관계는 프랑스와 제3계급과의 관계와 유사했다. 교구 사제들의 압력으로 1788년에 네케르는 성당 참사회나 수도사보다는 교구 사제들에게 유리하도록 선거법을 개정했다. 그렇다고 가톨릭이 인기가 없었던 것은 결코 아니었다. 오히려 교육과 국가의식의 중심인 가톨릭은 국가교회로서 존속되어야 한다는 여론이 일반적이었다. 3명의 얀세니우스파와 15명의 프로테스탄트로 구성된 국민의회도 처음부터 반성직자적인 성향을 보였던 것은 아니었다. 국민의회 의원들은 에라스투스주의 *Erastianism*(교회를 국가의 한 기관으로 간주하는 사상—옮긴이)적이거나 갈리카니즘적인 성향이 강했고, 도덕적 측면에서 볼 때 교회는 꼭 필요하다는 생각을 공유하고 있었다. 교회가 없다면 어떻게 하인들이 은수저를 훔치는 일을 막을 수 있단 말인가? 1788년 11월에 루이 16세는 진보 성향의 참모였던 말제르브에게 앞으로 다가올 위기는 과연 무엇인지, 그리고 영국에서 벌어지고 있는 내전에 대해 논의했다. 말제르브가 "다행스럽게 종교적 다툼은 일어나지 않았습니다"라고 말하자 국왕은 이에 동의하면서 "잔혹함이 똑같지는 않을 것이다 *L'atrocité ne sera pas la même*"라고 대답했다.

근대적 세속국가의 출현으로 마침내 기독교 세계라는 개념이 사라져버렸다. 프랑스에서는 계몽주의가 힘을 발휘하여 영국과는 달리 이성과 종교가 협력하기보다는 서로 대립하는 양상을 취했으며, 이는 오늘날까지 풀지 못한 여러 가지 근본적인 문제들을 낳았다.

어떻게 이런 일이 일어날 수 있었을까? 1789년의 의사록만 보더라도 반교회적인 정서는 보이지 않는다. 하지만 성 바르톨로뮤의 단검을 축복하는 추기경이 등장하는 셰니에의 〈샤를 9세Charles IX〉를 포함하여 이전에 금지되었다가 해금된 반교권주의 연극의 인기와 1차 교회 개혁의 성공으로 국민의회는 잔뜩 고무되어 성직에 취임한 후에 받은 첫 임금을 교황에게 바치는 관습과 십일조를 폐지시켰다. 또한 교회가 소유하고 있었던 토지들을 유력한 인사들에게 매도해버렸다.

바로 이 지점에서 국민의회의 대표자들은 오판을 했다. 교구 성직자들은 교회 안에서의 내적 민주주의를 바란 것이었으나, 국민의회는 이보다 더 나아갔던 것이다. 국민회의는 교구와 주교관구를 새로운 행정경계로 변경했고, 성당 참사회와 각 교회, 그리고 성직록을 폐지했으며, 주교와 교구 사제를 선거인들을 통해 선출하도록 했다. 이와 같은 조치는 한마디로 사도 시대로 되돌아가는 것을 의미했다. 이를 원했던 성직자는 단 한 명도 없었기 때문에 반대의 물결은 매우 거셌다. 교황 피우스 6세는 아마 아비뇽에 있던 그의 재산을 담보로 국민의회의 개혁안을 준수하도록 협박을 당했던 것 같다. 사실 피우스 6세는 국왕에게 편지를 보내 공민헌장은 분열적이라고 일러주었으나, 국왕은 국민의회가 이미 결심을 굳혀 결정을 철회할 수 없는 지경이 될 때까지도 어리석게 이 편지의 내용을 심각하게 받아들이지 않았다.

국민의회가 저지른 두 번째 실수는 이러한 개혁 조치를 취하기 전에 성직자들에게 자문을 구하는 등 그들을 이해시키기 위한 노력을 전혀 하지 않았다는 점이다. 오히려 국민의회는 그들을 위협하거나 강제하는 방식을 취했다. 그 결과 160명의 주교 중에서 7명만이 개혁안을 받아들였다. 교구 성직자들 중에는 중앙과 일 드 프랑스(프랑스 파리 인근 지방을 일컫는다—옮긴이), 동남부 지역의 성직자들이 주로 이를 수용했던 것에 비해 플랑드르, 아르투아, 알사스, 브르타뉴 지방에서는 반대의 물결이 거셌다. 일종의 복종서약을 거부했던 곳은 오늘날까지도 가톨릭 신앙이 가장 열렬한 곳으로 남아 있다. 상황이 이렇게 갈렸지만 끔찍한 사태는 일어나지 않았다. 복종서약에 선서한 7명의 주교 중 한 사람이었던 탈레랑 주교는 "새로운 법에 의해 선출된" 80명의 주교를 임명했는데, 이들 중 대부분은 대단히 존경받는 인물들이었고 일부는 매우 뛰어난 사람들이었다. 국민의회는 새로운 법이 자유롭게 해석되기를 바랐기 때문에 복종서약을 하지 않은 성직자들일지라도 공민헌장을 따르지 않는 회중들을 대상으로 예배를 집례할 수 있게 했다.

유감스럽게도 이러한 와중에 반교권주의적 경향이 강해졌다. 1791년 10월에 새로 구성된 국민의회는 반교권주의자들로 가득했고 성직자는 20명에 불과했다. 이제는 복종서약을 거부하게 되면 '용의자'로 낙인이 찍히고 왕당파의 의심을 받게 되었다. 이에 더 나아가 오스트리아와 전쟁을 하게 되면서 복종서약을 거부하는 것은 반역죄로 취급되었으며, 모리 추기경은 국민의회의 탄압을 피해 마인츠에 피신해 있던 성직자들에게 교황은 '여러분들의 투쟁'을 원하고 있다는 선동적인 말을 남겼다. 물론 이것은 반교권주의자들이 항상 의심해오던 바였다. 1792년 5월에 복종서약을 거부한 성직자들을 쫓아낼 수 있는 억압적인 포고령이 발표되었다. 이로 인해 많은 사람들이 투옥되었고 3명의 주교와 220명의 성직자들이 희생되었다. 앙제에서는 성직자들을 둘씩 묶은 후에 강 한가운데서 빠뜨리는 '침례에 의한 비기독교화'라는 새로운 처형 방식이 등장했다. 반교권주의자는 "어젯밤 강이 그들을 삼켜버렸다. 혁명의 물줄기는

르와르 강이다"라고 쓰기도 했다. 이러한 공포스러운 분위기는 나폴레옹이 등장한 이후에야 끝이 났다.

이성 종교의 타락

불행히도 '가톨릭'이나 '이성' 모두 당시 사회에 만족을 주지 못했다. 특히나 1790년대에 이르면 이성은 더 이상 유럽 지식인들의 행동 원칙이 되질 못했다. 칸트의 영성이 주입시킨 낭만주의 운동은 날로 늘어만 가는 미신과 경쟁해야 했다. 당시 상황은 기독교와 더불어 이교주의, 영지주의, 회의주의 등이 난무하던 1세기와 그다지 다르지 않았다. 독일에서 18세기에 등장한 경건주의 운동은 새로이 등장한 프리메이슨과 장미십자회Rosicrucian(17-18세기에 유럽에서 활동한 반가톨릭적 기독교 비밀단체. 가톨릭의 교리를 부정하여 가톨릭 단체 및 교회로부터 지탄과 경계의 대상이 되었다—옮긴이) 운동과 연계되었던 계몽주의에 굴복했다. 앙드레 셰니에는 《정당의 정신에 관하여De l'esprit de parti》(1791)에서 '계몽된 사람들illuminés'이란 "고대의 미신을 자기 분파의 이상에 맞게 개작하고, 엘레우시스나 에페소스의 제전처럼 자유와 평등을 설교하며, 자연법을 신비로운 교의와 신화적 은어로 번역하는 사람들"이라고 말했다. 이러한 기이한 분파들은 종교개혁 이전부터 상당한 영향력을 발휘하고 있었다. 동물 자기animal magnetism(최면술을 실시했을 때 시술자로부터 피술자에게 흐른다고 생각되는 가상의 액체 또는 힘)가 유행하기도 했으며, 메스머란 사람은 물통 주위에서 각자의 손을 잡고 벌이는 집회를 개최하기도 했다. 라바터는 얼굴만으로 상대방의 성격을 추정할 수 있다고 가르쳤다. 볼테르가 프리드리히 대제에게 합리주의를 설명했던 바로 그 방에서 장미십자회 회원들은 유령을 보여준다며 떠들어댔다. 로베스피에르의 친구인 카트린 테오와 같은 영지주의자들, 스스로 '섭리의 대변자'라고 자임했던 생마르탱 같은 신비주의자들은 수없이 많았다.

이러한 분위기 속에서 프랑스의 새로운 지배자들은 가톨릭을 대체하려는 작업에 착수하기 시작했다. 메르시에는 로베스피에르가 낡은 성경을 팔에 끼고 프랑스인들에게 프로테스탄트가 되라고 말했더라면 실패하지 않았을 수도 있었다고 말했다. 하지만 혁명은 개혁이 아니라 일종의 천년왕국 운동의 성격을 띠었고, 사실상 최초의 근대적 천년왕국 운동이었다. 이 운동은 과거로는 1520년대의 뮌스터와 중세 시대의 정신을 계승하고, 미래로는 카를 마르크스와 마오쩌둥을 예비했다. 또한 이 운동은 고전주의의 부활을 꿈꾸었고, 따라서 제국적 이교도 신앙을 되살리려는 율리아누스 황제의 감상적인 색채도 띠고 있었다. 카데 드 보는 1790년 1월 자신의 시골집에 최초로 '애국 제단'을 세웠다. 거기에는 로마 도끼와 파스케스(막대기 다발 속에 도끼를 끼운 것으로 집정관의 권위를 상징한다―옮긴이), 머리 부분에 자유를 상징하는 모자를 씌운 창, 라파예트의 초상화와 볼테르의 시를 새긴 방패가 있었다. 이와 같은 배치는 널리 알려져 많은 사람들이 모방했다. 이러한 제단에서 사람들은 충성서약을 다짐하는 의식을 치렀고 이 의식이 진행되는 동안 〈테 데움 *Te Deum*〉이 불리고, 마을 연회가 벌어졌다. 이 같은 의식의 고안자이자 총 진행자는 볼테르의 유해를 팡테옹으로 옮기는 예식을 연출했던 J. P. 다비드였다. 이 때문에 국가행사에서 종교는 어떠한 역할을 할 것인가에 대한 논쟁이 불붙었고, 더 나아가 이 논쟁은 결혼식과 같은 세속적 행사나 교육에 관한 문제로 번져갔다.

새로운 사회를 창조한 혁명이 새로운 종교를 창출할 수는 없을까? 혁명가들은 대부분 이신론자였다. 이들은 자연을 믿거나 루소처럼 하나님과 직접적으로 소통할 수 있다고 믿었다. 이들 믿음의 또 다른 요소는 애국주의와 감수성의 숭배였다. 생쥐스트의 우정의 사원에서는 모든 성인 남녀들이 1년에 한 번 친구들의 이름을 기록하고 빠진 친구들이 있다면 그 이유를 지사에게 설명하는 행사가 거행되기도 했다.

유감스럽게도 새로운 형태의 의식들은 비기독교화를 초래했고 단두대와 분리될 수 없었다. 1793년 10월 7일, 랭스에서는 대관식에서 사용되던 기적의 성유병을 산산이 부숴버리는 의식이 거행되었다. 비기독교화를 외치는 대부분의 사람들은 이전의 천년왕국 운동에서도 그러했듯이 정통 기독교에서 이탈한 배교자들이었다. 푸셰는 오라토리오회 소속이었으며 라플랑슈는 베네딕투스회, 샤를은 샤르트르의 참사회원이었다. 공산주의자인 조제프 르봉 또한 오라토리오회 소속이었다. "혁명 후에도 여전히 우리들 곁에 가난한 자들이 있다면 우리의 혁명은 헛된 것이 될 뿐이다." 그는 혁명에 사용된 격언들은 모두 "부자와 성직자들에 대항하도록 가르치고 있는" 복음에서 빌려온 것이라고 말했다. 파리에서는 극빈자들이 비기독교화를 외치는 이들의 사병이 되었고 지방에서는 군인들이 가담했다. 귀족들의 무덤과 생드니의 왕실 영묘가 파괴되었다. 충성서약을 거부한 3만–4만 명의 성직자들은 추방되었고 2천–5천 명 정도가 처형되었다. 그래서 23명의 주교들이 신앙을 버렸으며, 42명의 주교는 자신들의 지위를 포기했다. 1795년에 포고된 법령으로 정교분리가 공식화되었다.

가톨릭 교회를 대체하기 위해 등장한 여러 대안들은 영지주의처럼 불안정했고, 생명도 길지 못했다. 이 대안들은 흡사 서투르게 다른 의식들을 모방한 듯했다. 다비드는 마라(산악당의 당수로 로베스피에르와 손을 잡고 지롱드당을 몰아내다가 지롱드당의 신봉자인 샬로트에 의해 암살당했다—옮긴이)

를 비롯한 공화주의 순교자들의 장례식을 관장했는데, 일부 여인들은 마라의 작품(대개는 신문 기고문)만으로 아이들을 가르치는 등 마라를 숭배하도록 양육하겠다는 다짐을 했고, 혁명가들의 집회소에서는 마라의 심장을 납골단지에 담아 천장에 매달아둔 채로 향연이 벌어지기도 했다. 혁명세력들은 1793년 8월 바스티유에서 가슴에서 물이 솟는 거대한 '자연'상을 중심으로 새로 개정된 헌법 승인 축하연을 개최했다. 이 축하연에서 공안위원회 소속의 한 위원은 다음과 같이 읊었다. "오! 야만국이든 문명국이든, 국가의 주권자인 자연이여, 이 위대한 국민은 자유를 누릴 가치가 있습니다. 이제 우리는 자유롭습니다. 우리는 이제 수 세기에 걸친 오류와 예속 상태에서 벗어나 평등과 자유를 재발견하는 단순한 방식으로 되돌아갈 것입니다." 그러고 나서 그는 샘의 물을 마셨다.

노트르담 대성당에서 거행된 이성의 축제에서는 성당 자체가 이성의 신전으로 선언되었으며 철학의 신전이 조성되기도 했다. 푸아티에의 성직자들은 직책 포기라는 치욕스러운 선언을 해야 했고, 심지어는 길거리에 내몰려 사람들로부터 채찍질을 받기도 했다(이는 16세기 중엽에 프로테스탄트들이 주도한 반가톨릭 가장무도회와 거의 동일했다). 의식의 대부분은 이신론적이었으며, 때로는 이성을 대신하여 법이나 진리, 자유, 자연과 같은 추상적 개념이 경배의 대상이 되기도 했다. 보베에서는 이성과 자유, 자연이 세 명의 여신으로 등장했고, 오슈의 한 유명인사는 다음과 같이 묻기도 했다. "영원한 지혜가 구축한 질서에 경의를 표하는 것 외에 이성에 대한 숭배가 있을 수 있겠는가?" 로베스피에르는 비기독교화를 끝맺고 이성을 최고의 존재자로 교체했다. 그가 작성한 신조에는 영혼불멸성이 포함되어 있었다. 하지만 비기독교화의 야만적인 흥분이 사라지자 군중들은 이러한 의식에 대한 관심을 잃었고 (후기 로마의 이교 신앙과도 같이) 건실한 부르주아 시민들만 남았다. 한동안 열광적인 지지자들은 자녀들에게 '마라', '브루투스' 등의 이름을 지어주기도 했다. 공화주의 찬미가를 썼던 푸피넬은 다음과 같이 촉구했다. "문명화된 모습을 통해 백성들이 미신들의 전시라는 구태에서 벗어날 수 있도록 도와줍시다. 한마디로 아주 오랫동안 사람들을 속여왔던 의례들을 대체할 수 있는 좀 더 충격적이고 매력적인 대안들을 제시합시다. 그러면 이제 뼈만 남은 사제주의는 저절로 와해될 것입니다."

언제나 말보다는 실행이 훨씬 어려운 법이다. 수없이 다양한 모체를 가지고 있던 기독교로서는 이러한 이교적 의식을 흡수하는 일이 그리 어렵지만은 않았다. 자의식이 강하면서도 실수를 연발하고 분열되기 일쑤였던 공화주의자들과 이들이 벌인 패러디와 공허한 허풍들을 보면 미래에 보게 될 소비에트 공산주의나 마오쩌둥을 보는 것만 같다. 이들은 주로 영지주의에 의존해 있었으며, 개인적인 믿음과 경건함을 강조했던 에라스무스는 무시되었다. 다양한 신앙이 개발되었다. 루소, 인도의 사원, 폼페이, 그뢰즈의 그림들로부터 얻은 사상과 이미지들이 혼합된 '경배자들의 신앙Culte des Adorateurs'이라는 것도 있었다. 이를 담당한 성직자들은 영원한 불을 돌보고, 장례식 때에는 향을 사르거나 우유, 꿀, 포도주를 넣어 만든 제주를 붓는 일을 했다. 사제를 대신한 의사나 과학자들이 미사를 대신하여 실험을 집행하는 경우도 있었다. 모세와 예수, 공자, 무함마드의 가르침을 융합한 신앙도 있었으며, 사회주의나 공산주의적인 세속 신앙도 있었다. 이들 중에서 가장 성공적이었던 것은 이신론의 한 형태로 기독교와 가까웠던(일부는 기독교 신앙이라 불렀다) '경신박애교Théophilanthropique'였던 것 같다. 이 종파는 자체의 기도서를 가지고 있었고, 프랑스 전역에 총 16곳의 예배처를 두고 있을 정도였다. 경신박애교의 의식은 주로 공무원이나 교장이었던 '관리자'들이 집전했으며, 옛 성직자들이 설교를 했다. 그럼에도 불구하고 이 종파는 정부로부터 인정을 받지 못했다.

믿음은 매우 다양한 형태로 나타났지만, 사람들을 선하게 이끌기 위해서 일정한 유형의 종교기제가 필요하다는 데는 이견이 없었다. 네케르의 딸인 스탈 부인은 《문학론*De la Littérature*》(1800)에서 "과학적 진보는 도덕적 진보를 필요로 한다"라고 말했다. 그녀가 주도했던 코페의 모임은 종교적 기인들로 넘쳐났는데, 독일 경건주의 출신들이 대부분이었다. 1804년 리가에서는 크루드네 부인이란 사람이 길거리를 가다가 한 지인을 만났는데 그가 모자를 벗어 그녀를 향해 들어 보이고는 갑자기 사망한 사건이 일어났다. 이 사건을 계기로 크루드네 부인은 '예언자처럼 행동했다.' 그녀는 세계의 종말을 예언한 융슈틸링과 천국을 상세하게 묘사했던 프리드리히 퐁텐 목사로부터 가르침을 받았다. 그녀는 훗날 차르 알렉산드르 1세를 설득하여 악명 높은 신성동맹이 체결되는 데 적지 않은 역할을 했다. 또 다른 예언자로 자처했던 사람은 시인 차하리아스 베르너였는데, 그는 가톨릭 성애Catholic Sexuality로 불리던 어떤 집단에 가담했다. 한때 그의 어머니는 크루드네를 성모 마리아로, 자신의 아들인 베르너를 예수 그리스도로 믿기도 했다. 베르너 자신은 "승천하는 남자의 영혼은 이 땅에서 여체의 연옥을 반드시 통과해야 한다"고 믿었으며, 이로 인해 하녀들을 자주 겁탈했다. 예를 들어 부엌에서 하녀를 강간하려고 소란을 피우는 바람에 쇼펜하우어 부인의 차 파티를 무산시키기도 했다. 그의 주머니에는 항상 신비롭고 에로틱한 시들이 적힌 종이쪽지가 가득했는데, 그 대상은 자신의 현재 첩들에서부터 '위대한 양성인'인 하나님에 이르기까지 실로 다양했다. "우리가 첩들과 나눈 사랑의 행위들은 모두 다 하나님의 사랑을 위한 것이었다"는 쪽지도 있었다. 이처럼 괴이한 풍경들은 오히려 기독교를 상대적으로 '정상적'이고 친숙하게(그리고 합리적으로) 보이게 하는 효과를 낳았다.

나폴레옹의 화해정책과 교황권의 부활

합리주의자들은 공포정치로 해를 입거나 적어도 감정이 메말랐다는 비판을 받았다. 리바롤은 《지적이며 도덕적인 인간에 관한 담론*Discours sur l'homme intellectuel et moral*》(1797)에서 다음과 같이 주장했다. "철학이 지니고 있는 근본적인 결함은 마음을 향해 이야기할 수 없다는 점이다. … 종교를 조직화된 미신으로 여기더라도 종교는 여전히 인간에게 유익하다. 인간의 마음속에는 여전히 종교적인 부분이 있기 때문이다." 물론 바로 이 대목에서 볼테르는 그가 혐오했던 파스칼과 의견을 같이할 것이다. 볼테르 역시도 평범한 사람들에게 일상적인 규범을 제공해줄 수 있는 종교가 필요하다고 보았기 때문이다.

이러한 주장에 힘입어 나폴레옹은 교황청과 화해를 시도했다. 지금까지 나폴레옹은 기독교 대신에 명예를 신봉하고 군대 윤리를 하나의 종교처럼 신뢰했다. 처음에 그는 애국주의에 기대었다. 그러나 머지않아 그는 종교를 통해서 애국주의가 더 큰 위력을 발휘할 수 있다는 사실을 깨달았고, 프랑스에서 그 종교는 로마 가톨릭이 되어야 한다는 결론에 이르렀다. 로마 가톨릭을 인정하지 않고서는 서부 지방에서 벌어지고 있는 게릴라 전쟁을 승리로 이끌 수 있는 방법이 없었기 때문이었다. 따라서 나폴레옹은 앙리 4세처럼 행동했다. 즉, 파리가 가톨릭 미사를 드리기에 합당한 도시라면 방데 또한 하나의 조약을 맺기에 합당한 곳이었다. 이 조약에서 프랑스 정부는 "프랑스 국민 절대 다수의 종교"는 로마 가톨릭이라는 것을 공식적으로 인정했다. 사실 이 당시 대부분의 프랑스 어린이들은 성직자들에게서 교육을 받고 있었다. 또한 1802년 교회를 다시 열기로 한 나폴레옹의 결정은 그가 프랑스에서 추구한 정책 중에서 가장 인기 있는 정책이었다. 그는 전적으로 세속적인 동기에 의해 정책을 펴 나갔다. "사람들에게는 종교가 필요하고, 이 종교는 반드시 정부의 통제 아래에 있어야 한다." 내세에 대한 믿음을 통해 가난한 사람들이 자신의 운명을 받아들일 수 있도록 도와주어야 한다. "존경할 만한" 종교가 없다면 사람들은 아무것에나 의지하게 될 것이다. "종교는 일종의 예방접종으로 … 우리가 사기꾼과 마법사들에게 미혹되지 않도록 면역력을 제공해 준다." 나폴레옹은 자기 자신이 무엇을 믿는지에 대해서는 확신할 수 없었지만 외국의 국가원수들이 자신을 기독교인으로 보지 않는 이상 어떠한 협상에도 임하지 않으리라는 것을 깨달았다. 그리하여 그는 샤를마뉴처럼 교황이 주재하는 대관식을 거행했다.

나폴레옹의 대관식에는 "종교·예배의 자유"를 지지하는 맹세가 포함되어 있었으며, 이 같은 맹세는 교황에 대한 모독으로 비쳤다. 부르봉 왕조의 장관들 가운데 한 사람은 다음과 같이 말했다. "연약한 후임자의 배교에 비하면 알렉산데르 6세의 관직매매는 그래도 덜 불쾌했다." 하지만 실질적으로 본다면 나폴레옹 시대에 교황은 분명 수혜자였다. 1789년만 해도 교황권은 사실상 그 생명을 다하고 있었다. 16세기 이래로 유럽의 국왕들은 교황권의 약화를 틈타 자신들의 영향력을 확대하고 있었는데 이러한 현상은 이탈리아에서도 마찬가지였다. 교황이 의지할 곳은 예수회뿐이었다.

예수회는 교황권이 발휘될 수 있는 거의 유일한 국제기구였다. 교황권이 이토록 약화된 원인은 16세기에 있었던 교황과 합스부르크가의 연합까지 거슬러 올라간다. 역대 교황들은 사실상 비굴하게 유럽의 지배적인 가톨릭 가문의 비위를 맞춤으로써 자신들의 기반을 유지하려 했다. 이러한 경향은 힐데브란트, 인노켄티우스 3세, 보니파키우스 8세의 승리주의와는 정면으로 배치되었다. 교황 피우스 7세는 프랑스 혁명 이념이 적어도 어느 지점까지는 환영받을 수 있다는 것을 깨달은 이탈리아인이었다. 그는 편지 맨 위에 "자유와 평등"이라는 글귀를 써 넣었고, "선한 기독교인이 되십시오, 그러면 선한 민주주의자가 될 수 있습니다. 초기의 기독교인들은 민주주의 정신으로 충만했습니다"라는 설교를 하기도 했다. 1800년에 교황으로 선출된 피우스 7세가 정통성을 포기하고 나폴레옹과 화해를 협상하기로 결정한 이후에 교황권은 다시 한 번 유럽 문제에 영향을 미치는 독립된 세력으로 등장하게 되었다.

바로 그때 프랑스에서는 이신론과 합리주의의 실험이 실패로 끝나고 기독교 신앙, 엄밀히 말해 로마 가톨릭 신앙으로 복귀하는 움직임이 일어났다. 샤토브리앙은 1802년에 《기독교의 정수 Génie du Christianisme》를 출판했다. 그는 새로운 시대의 분위기를 날카롭게 간파했던 뛰어난 사람이었다. 그가 이 책을 펴내기 바로 직전에 노트르담 대성당에서는 나폴레옹과 교황청 간에 맺어진 새로운 협정을 축하하는 의식이 거행되었다. 샤토브리앙은 과거 10년간의 끔찍한 사건들이 오히려 기독교의 강점을 증명해주었다고 주장했다. 살해와 처형은 이신론자들이 하나님의 존재를 의심하게 만들었지만 고통과 죽음은 기독교인들을 연단했다. 나폴레옹이 볼테르를 지지했다면 샤토브리앙은 파스칼이 옳음을 보여주었다.

그렇다고 해서 기독교가 단지 애국주의를 강화하는 결과만을 낳은 것은 아니었다. 기독교는 적지 않은 사람들이 여전히 생생하게 품고 있었던 영원한 욕구에 반응하는 힘이었다. 기독교는 고통을 영적으로 해석했다. 기독교는 사실상 영적인 고통 위에 세워진 종교이다. 특히 프랑스에서 순교 당한 사람들의 수가 많았다. 이들이 흘린 피는 남아 있는 기독교인들의 믿음을 새롭게 각성시켜주는 촉매제 역할을 했다. 이 때문에 교황권은 다시 강화되었고 또 국제화할 수 있었다. 말하자면 가톨릭 교회의 부흥을 위한 무대가 마련된 셈이었다. "교황청의 위치를 보거나 그간의 행동을 미루어 볼 때 교황은 그토록 원대한 희망과 밝은 운명을 꿈꾸지 못했을 것이다. 우리가 희망을 이야기할 수 있는 것은 환란을 통해서 예수 그리스도를 더욱 가깝게 볼 수 있기 때문이다." 나중에 이와 같은 예측은 정확히 맞아떨어졌다.

유럽 전역을 휩쓸었던 나폴레옹 혁명이 교황권을 직접 도운 것은 아니었지만 적어도 혁명 때문에 그동안 교황권에 적대적이었던 세력이나 기관들이 큰 타격을 받았던 것은 분명하다. 예를 들어 종교재판소는 단번에 무너져버렸다. 사실 교황은 종교재판소를 개혁하거나 폐지할 의지도 능력도 없었다. 또 혁명으로 인해 독일의 교회 영주국들ecclesiastical princedoms이 폐지되었다. 그동안 그들은 교황과 독일 교회의 협상 과정에서 영향력을 행사해왔다. 혁명은 또한 정통 군주제를 종식시켜버렸고 갈리카니즘과 민족교회도 해체시켜버렸다. 그동안 '계몽화된' 독재군주들은 로마를 압도했고 그들이 임명한 주교들은 탐욕스러운 귀족이었으며 추기경들로 하여금 허약하고 유순한 자만을 교황으로 선출하게 하는 등, 군주들은 갖은 수단과 방법을 동원하여 교황권을 약화시키기 위해 노력했다. 그러나 혁명은 이 모든 상황을 일거에 뒤집어놓았다. 이제 교황권은 나폴레옹의 도움을 받아 국왕의 영역이었던 스페인과 포르투갈의 식민지에 직접 침투할 수 있게 되었다. 다른 무엇보다 유럽 전역에서 열렬한 로마 가톨릭 신자들이 교황권에 힘을 실어주었다. 1814년에 예수회가 재건되었고, 이듬해에 교황청 총리였던 에르콜 콘살비 추기경이 2세기 만에 외교무대인 빈 회의에 참석함으로써 교황권은 유럽 역사의 무대에 강력한 세력으로 재등장했다. 교황청에는 가톨릭 신자들과의 유대를 강화하기 위해 담당 부서가 설치되었고 뒤이어 교황청과 가톨릭 국가들 사이에 새로운 조약이나 유사한 협약들이 체결되었다. 아이러니하게도 가톨릭을 위협했던 시대적 혼란은 오히려 죽어가던 교황권에 새로운 생명을 불어넣어 주었다. 이렇게 해서 부활한 교황권은 대중에 영합하는 승리주의라는 근대적 형태로 재무장하여 고대의 모습으로 되돌아갔다.

웨슬리와 감리교

근대 기독교 신앙의 성격을 정확히 살펴보기 위해서는 계몽주의 시대의 영국으로 돌아가야 한다. 로크가 구축하고 영국 국교회의 휘그파 계몽주의가 주도했던 신앙 체계는 도시의 상인 중산계층의 욕구에 부응하기 위해 다양한 사상들을 받아들였고 그 과정에서 과학과 학문, 그리고 전통적 종교는 뚜렷이 구분되지 않은 채 서로 얽혀 있게 되었다. 하지만 이런 신앙체계는 좀 더 낮은 계층, 특히 새로운 산업도시에서 날로 늘어가는 프롤레타리아들에게는 아무런 영향력을 행사할 수 없었다. 게다가 위험천만한 '열광주의'와 광신주의를 피해야 한다는 강박관념이 강했기 때문에 감정이나 정서에 호소하는 신앙 유형은 점차 기독교에서 배제되어갔다.

종교적 표현, 예를 들어 몬타누스파나 천년왕국 운동들은 필연적으로 사회질서에 대한 저항의 형태를 띠게 되어 있었으며, 행정관이나 지주들은 이를 두려워했다. 그리하여 교회 당국은 종교적 역동성을 법에 규정된 테두리 내에서 관리하기로 결정했다. 하지만 이것은 위험천만한 전략이었다. 왜냐하면 프랑스에서 볼 수 있는 것처럼 이와 같은 종교적 역동성은 언제든지 세속적이거나 정치적인, 심지어 혁명적인 방향으로 폭발할 위험이 있었기 때문이다. 하지만 적어도 영국에서는 이런 일이 일어나지 않았다. 왜냐하면 존 웨슬리의 등장으로 인해 기존 질서가 개선되고 또 크게 강화되었기 때문이다.

다른 많은 이들이 그러했던 것처럼 웨슬리 역시 사도 바울의 로마서를 통해 열정적인 종교인이 되었다. 웨슬리의 종교체험은 1738년에 일어났다. 당시 웨슬리는 35세의 영국 국교회 성직자였다. "나는 그곳에 있던 사람들 앞에서 내가 처음으로 느끼게 된 바를 공개적으로 증언했다." 그의 기독교 신앙은 지적인 내용을 결여하고 있었다. 교리에 관한 통찰력도 없었고 단지 도덕적이고 감정적이기만 했다. 굳이 규정하자면 웨슬리는 아르미니위스파(칼뱅의 예정설을 온건하게 해석한 네덜란드의 개혁파 신학자 아르미니위스의 추종자들로 감리교, 구세군, 성결교 등이 있다―옮긴이)에 속했다. 그는 "하나님은 모든 사람들이 구원받기를 원하셨다"고 생각했다. 웨슬리의 동료들 가운데는 위대한 설교가로 명성을 떨친 조지 휫필드와 같은 엄격한 칼뱅주의자들도 있었다. 휫필드는 이중예정설을 고수했던 사람으로 보편구원설을 말한 웨슬리를 이단이라고 공격했다. 그는 웨슬리에게 "당신의 하나님은 나의 악마이다"라고 말했다. 그는 웨슬리가 주장한 '구원의 확신'은 많은 문제가 있다고 지적했다. 하지만 웨슬리 자신은 이러한 문제들에 대해 그렇게 많은 관심을 기울이지 않았다. 마지막 순간까지 그는 자신은 영국 국교도라고 생각했기 때문이다. "나는 영국 국교회의 구성원으로 살고 있고, 그렇게 죽을 것이다. 나를 존중하는 사람이라면 그 누구도 나를 영국 국교회와 분리시키지 않을 것이다."

그럼에도 불구하고 바울이 했던 것처럼 그는 구원의 소식을 잊어버린 사람들로 간주된 기독교인들에게 "구원의 기쁜 소식을 선언"하는 사명을 받았다고 믿었다. 이것은 영국 국교회의 체계를 벗어나 청중이 원하는 곳이면 어디든 달려가야 한다는 것을 의미했다. 웨슬리는 40만 킬로미터 이상을 여행했고 3만 명에 달하는 청중 앞에서 설교를 했다. 총 42회에 걸쳐 아일랜드 해를 건넜으며 4만 회 이상을 설교했는데, 때에 따라서는 3시간 이상 계속되는 경우도 있었다.

게다가 웨슬리는 몬타누스파들이 보여주었던 카리스마뿐만 아니라 성 그레고리우스나 베네딕투스가 발휘했던 탁월한 조직력을 갖추고 있었다. 종교적 열정은 지속적으로 유지되는 것이 아니라고 보았던 그는 대규모의 조직이나 체계보다 '신도회societies', '속회classes' 등의 형태를 선호했다. 이런 모임들을 바탕으로 웨슬리는 감리교에 '순회와 순시', '계삭회quarterly conference', '구역회'라는 개념을 도입했다. 평신도 지도자들은 속회 지도자, 간사, 관리위원, 지역 설교자들로 분류되었다. 감리교회 구성원들은 각 조직에 가담해야 했고 또 금전적 지원을 받고(혹은 제공하고) 모두가 성경 모임, 자선을 위한 바느질 모임 등의 활동에 참여할 것을 서약했다. 이와 아울러 웨슬리는 복장과 음식, 장식, 돈, 매매, 언어에 관한 규정들을 마련했는데, 특히 규율이 엄격했다. 1743년에는 안식일 위반에서부터 게으름, 폭언, 경솔함 등과 같은 모호한 항목을 어긴 64명의 신자가 뉴캐슬에서 추방되는 일도 있었다.

웨슬리 자신은 부인했지만, 결과적으로 그는 하층민들에게 새로운 대안이 될 교파를 창설한 셈이 되었다. 일부 측면에서 볼 때 이들은 초기 기독교인들이 받았던 것과 비슷한 오해를 받았다. 특히 그들의 자선활동에서 그러했다. 웨슬리를 추종했던 사람들은 공기구들로부터 외면을 당하고 대중들이 편견을 갖고 있다고 생각했다. 이 같은 오해와 편견은 많은 부분 '사랑의 향연'이란 모임 때문에 발생했다. 많은 사람들이 감리교인들은 성애의 향연을 벌인다고 생각했다. 니컬러스 매너스는 "그들이 함께 모여 촛불을 끄고 음탕한 짓을 벌인다"고 말하기도 했다. 특히 사람들은 감리교로 인해 가족 간의 분열이 발생하는 것을 못마땅하게 여겼다. 심지어 감리교는 1744년 수요일에 일어난 폭동의 직접적 원인을 제공했다. 대중들은 감리교인들이 과부들의 돈을 빼앗아가며, 마법이나 마술을 사용하여 사람들을 경련이나 발작을 일으키게 하여 "감리교회로 개종시키는" 잘못을 범하고 있다고 생각했다.

상황이 이러했기에 상류층들은 별 어려움 없이 감리교에 반대하는 폭동을 일으킬 수 있었다. 감리교에 반대한 폭도들은 세인트아이브스, 셰필드, 아보르필드, 울버햄프턴, 낸트위치, 체스터 등지에서 감리교 예배처를 무너뜨렸다. 발작적인 흥분을 유발시키는 데 능란하여 '마법사'로 알려진 존 스미스는 여러 차례 이들의 공격을 받더니 끝내는 살해당하고 말았다. 윌리엄 슈어드는 갈기갈기 찢겨 죽었다. 웨슬리의 전기를 썼던 헨리 무어는 다음과 같이 생각했다. "하층민들이 폭동을 일으킬 리가 없다. 배후에서 그들을 선동하는 사람들이 있지 않고는 말이다." 웨슬리 자신도 "서민들을 선동하는 유력한 서민"의 존재를 의심하지 않았다. 에일 맥주가 각처의 여인숙에 공짜로 전달되는 일이 자주 있었다. 콘월의 일 로건에 있는 한 교회의 회계장부를 보면 다음과 같은 항목이 있다. "감리교인들을 몰아내는 데 사용한 ⋯ 비용, 9실링." 토지관리인들이 폭력행위를 조직하는 경우가 많았으나, 때에 따라서는 영국 국교회 성직자들이 폭도들을 이끄는 경우도 있었다. 오틀리의 한 행정관은 "뼈만 부러뜨리지 않는다면 무슨 짓을 해도 좋습니다"라고 폭도들을 선동하기도 했다. 웨슬리는 법에 따라 폭도들을 즉각 해산시켜야 한다고 주장했지만, 많은 사람들은 오히려 감리교가 법을 어긴 것이라거나 혹은 "감리교인들을 위한 법은 없다"라고 주장했다.

상류층의 적개심과 하류층의 편견이 결합되면서 초기 기독교에서 그러했듯이 전통적이고 보수적인 목소리들이 더욱 힘을 얻었다. 이 점에서는 웨슬리도 마찬가지였다. 그의 설교는 사회질서를 그대로 인정하는 경향을 보였으며, 특히 개종자들에게는 법을 엄격히 준수하라고 촉구했다. 그의 호소는 노동계급이나 소규모의 무역업자, 상인과 같이 신분상승을 원하면서 존경을 받고 일정한 부를 확보하고자 했던 계층에 매력적으로 다가갔다. 이들은 혁명적인 세력으로부터 점차 멀어져갔고, 오히려 이를 약화시키는 기능을 했다.

웨슬리는 자신이 마귀들을 선동하고 있다는 생각을 조금도 하지 않았다. 이와 반대로 그는 애초부터 감리교에 가담한 기독교인들은 각자 처한 사회적·경제적 상황을 개선하고자 한다고 여겼다. 이 때문에 그는 오로지 감리교인들의 종교적 열정이 식어버리지는 않을까 노심초사했다.

> 부가 늘어날수록 종교의 본질이 꼭 그만큼 줄어드는 것 같아 두렵습니다. 이와 관련하여 저는 진정한 종교의 갱신이 어떻게 오래도록 지속될 수 있을지에 대해 심각하게 고민하고 있습니다. 종교란 필연적으로 근면과 검소함을 낳아야 하는데, 이는 필연적으로 부를 낳을 수밖에 없기 때문입니다. 하지만 부가 늘어날수록 현세에 대한 사랑도 늘어납니다. 감리교가 지금은 푸른 월계수나무처럼 무성하게 자라고 있을지라도, 언제까지 그럴 수 있겠습니까? 감리교인들은 근면하고 검소하기에 머지않아 부를 얻게 될 것입니다. 아울러 긍지와 분노, 육체를 향한 욕망, 눈의 욕망, 삶에 대한 자랑도 그에 버금가게 강해지겠지요. 다시 말해 종교의 외형은 그대로 남아 있을지라도 그 정신은 순식간에 사라져버릴 수 있다는 말입니다. 이 같이 종교가 부식되는 길을 미연에 방지할 수 있는 방법은 없을까요? 사람들에게 근면하고 검소한 생활 태도를 버리라고 말할 수는 없겠지요.

1773년에 웨슬리는 다음과 같이 일기를 썼다. "오늘 메이클즈필드에서 한 명의 벼락부자를 만났는데, 그는 여전히 하나님을 위해 살고 있었다. 앞으로도 지금과 같이 살아간다면 내가 반세기 만에 발견한 첫 번째 사례가 될 것이다."

　18세기에 이르러 감리교는 영국 국교회와 결별하여 독자적인 교파가 되었다. 기성질서의 하나가 된 것이다. 감리교회는 막대한 자금을 들여 교회를 건설하기 시작하면서 교파로서의 기초는 튼튼해졌지만, 이로 인해 사실상 순회설교는 중단되고 말았다. 한마디로 자각과 열정에서 가르침과 지배의 단계로 넘어간 것이다. 감리교가 이처럼 기성교단으로 탈바꿈함에 따라 이탈 세력이 발생하기 시작했다. 1807년에 열렸던 감리교 대회에서 야간집회가 금지되자 이에 반대하여 '원시 감리교 연합Primitive Methodist Connection'이 조직되었다. 이 운동은 가난한 사람들을 대상으로 종교적 열정을 북돋아주는 것을 목표로 했다. 1814년 콘월의 레드루스에서는 9일 동안 밤낮으로 부흥 집회가 계속되었다. "수백 명의 기독교인들이 자비를 외치며 울부짖었다. 어떤 이는 1시간, 또 어떤 이는 2시간, 어떤 이는 6시간, 그리고 9시간, 12시간, 15시간 동안 부르짖는 사람들도 있었다. 아무튼 많은 기독교인들이 하나님으로부터 응답을 받을 때까지 울부짖으며 깊은 고뇌에 빠져 있었다. 그러다가 이들은 갑자기 일어나 양팔을 벌리고 하나님의 위대한 사역을 선포하기 시작했다. 옆에서 지켜보던 사람들은 그 기세에 놀라 땅에 쓰러져 각자 영혼의 평정을 위해 큰소리로 부르짖었다." 이들은 감리교회로부터 이탈하여 새로운 분파를 결성했다.

　다소 과격한 부흥운동이었던 이 분파는 '큰소리파Ranterism'로 불렸는데, 프랑스 혁명기와 나폴레옹 시대에 널리 퍼졌고, 특히 독일에서 광범위하게 확산되었다. 중세와 16세기에 일어난 부흥운동은 항상 정치적인 폭력으로 변형되는 경향이 있었다. 이제 영국에서는 두 형태의 행동주의가 대안이 되었다. 엄격한 감리교인의 자녀들이 혁명가가 된 경우도 많았다. 일례로 1813년 1월에 요크에서 교수형을 당한 17명의 러다이트

Luddites(산업혁명 당시에 기계에 밀려 실직할 것을 염려하여 기계파괴 운동을 일으킨 직공단—옮긴이) 중에서 6명이 감리교 출신이었다. 하지만 혁명가보다는 개혁자가 되는 경우가 훨씬 더 많았다. 감리교인과 비국교도들은 처음에는 자유주의자, 나중에는 노동자와 연합하게 되었는데, 바로 이때부터 이 같은 전통이 시작되었다. 그럼에도 불구하고 감리교 자체는 언제나 법과 질서, 부유한 자들의 편에 서 있었다. 상대적으로 노동자들에게 관대했던 버턴 가문 사람들은—물론 이들도 감리교인이었다—자신들의 인쇄사업을 보호하기 위해 공장 노동자들을 소탕할 수밖에 없었다. 1818년부터 감리교는 초기의 조직체계를 버리고 '목사Reverend'라는 국교회의 호칭을 받아들였다. 그로부터 3년 후에 존 스티븐스는 자신들의 사회철학을 다음과 같이 요약했다. "우리가 지속적으로 관심을 두어야 할 목적은 첫째, 사회 속에서 건전함을 어느 무엇보다 중시할 것 … 둘째, 반대파를 진압할 것 … 셋째, 구원받을 만한 사람들을 치유할 것 … 넷째, 그 밖의 나머지 사람들을 한 사람씩 포섭하여 궤멸시킬 것 … 우리는 그들을 꼼짝 못하게 해야 한다. … 감리교는 존경받는 사람들 가운데 높은 위치를 차지한다."

그들에게 일차적 관심을 기울였던 것은 아님에도 불구하고, 결과적으로 그들은 '존경받는 사람들' 가운데서 높은 위치를 차지했다. 그들은 상층 노동자계급의 상당수를 도덕적으로 '존경받는 인물들'로 만들고자 했는지도 모른다(이 점에서 그들은 대단한 성공을 거두었다). 웨슬리는 상층계급을 무시했고, 설교자들에게 "여러분은 신사의 예의를 갖추는 데 관심을 둘 것이 아니라 능숙한 춤꾼이 되어야 합니다"라고 말하기도 했다. 그러나 감리교는 지배계급에게 지대한 영향을 미쳤다. 수많은 부유한 가문들이 감리교 운동과 연계되었고, 감리교가 영국 국교회에서 분리되었을 때도 이들은 거기 남아 그 안에서 감리교를 전도하고자 애썼다. 이들이 최우선적으로 관심을 둔 것은 도덕적 개혁이었지만 사회개혁에도 일정한 관심을 두었다. 그들은 도덕적 사회를 구현하기 위해서는 사회개혁이 선행되어야 한다고 판단했다. 그렇다고 그들이 사회구조 변혁에 동의한 것은 아니었다.

복음주의자들

복음주의자들은 대부분 토리당원이었다. 복음주의의 진정한 설립자인 클래펌의 존 손턴은 잉글랜드에서 가장 부유한 상인이었다. 그의 후계자였던 윌리엄 윌버포스와 그의 친구 해나 모어는 클래펌파의 핵심 세력이었다. 이들 단체는 사실상 하나의 분파라기보다는 영국 국교회와 지배계급에 속한 일종의 압력단체였다. 웨슬리는 이 같은 압력단체를 승인했다. 감리교가 노동계급을 존중하고 개혁적인 성향을 보였다면, 복음주의자들은 중상류 계층에게 '사회 지도층의 의무noblesse oblige'라는 정신을 불어넣고자 했다. 복음주의자들은 '마음의 변화'를 중시하면서 이를 근본적인 대안으로 제시했다. 그들은 '마음의 변화'를 통해 사람들이 좀 더 도덕적으로 바뀔 것으로 보았다. 복음주의자들은 자신들의 품위를 매우 강조했다. 복음주의자 리처드 힐 경이 의회에 진출하자 그의 전기 작가 에드워드 시드니 목사는 "기독교인 신사, 올곧은 상원의원의 본보기"라며 높이 평가했다. 의회에서 힐과 같은 복음주의자들은 "왁자지껄한 웃음소리가" 날 정도로 심한 조롱을 받았지만, 프랑스 혁명이 발발하자 웃음소리는 이내 관용으로 바뀌었다. 급진주의자들의 위협은 오히려 복음주의자들이 중상류계급에 기반을 세우는 계기를 마련해주었고, 복음주의의 프로그램은 많은 유력 인사들에게 삶의 목표를 부여해주었다.

윌버포스와 그의 그룹은 날로 번영했다. 그들은 종교를 웨슬리의 영역에서부터 공론의 장까지 진지하게 끌어들였다. 언론은 항상 그들의 집회를 "고상하고 점잖은 모임"으로 평가했다. 의회에서 복음주의자들은 선거개혁에 반대했고, 노조를 반대하는 '단결법', 악명 높은 '6개 법'과 같은 정부의 억압적인 법에 찬성표를 던졌다. 이들이 제출했던 법안들 또한 여러 가지 면에서 억압적이었다. 복음주의자들이 운영하는 '악과 부도덕에 반대하는 협회 Proclamation Society Against Vice and Immorality'는 법 집행을 촉구하기 위해 설립된 조직으로, 작가와 출판업자, 인쇄업자, 포주, 매춘부, 허가를 받지 않은 사설 극장의 배우, 음란한 인쇄물이나 물품의 공급자, 불법 무도회장 운영자, 상업적 이유로 안식일을 지키지 않은 사람들에 대한 박해를 제도화하는 데 적지 않은 역할을 담당했다.

그러나 이와 반대로 복음주의자들은 사회개혁에도 앞장서서, 노예무역과 노예제 폐지 운동을 벌이기도 했다. 퀘이커교의 창시자인 조지 폭스는 17세기 중반 프로테스탄트 교회가 공유했던 지혜를 반영하여 노예제를 묵인했으나 퀘이커교는 1688년부터 노예제에 반대하기 시작했다. 왜냐하면 주류 프로테스탄트 중 점점 더 많은 사람들이 시간이 지날수록 기독교인의 행동과 개혁을 동일시했던 18세기의 '진보적 계시', '선량한 섭리' 등의 사상에 영향을 받아 노예제 반대로 돌아섰기 때문이었다. 이것이 복음주의자들이 반노예제 운동을 벌이는 데 이론적 배경이 되었다.

윌버포스는 70여 개의 각종 단체에서 활동하면서 사회적 모순과 불평등 등을 지적했다. 윌버포스가 보낸 편지들에는 당시 상황이 개선되고 있다는 것을 보여주는 대목들이 적혀 있다. "많은 상류층 사람들이 기독교 신앙의 명분에 동참하는 것을 보니 매우 기쁩니다"(1811). "좀 더 많은 축복을 받은 사람들이 상류층 사람들 속에 파고들수록 … 상류층들의 신

양심은 더욱 돈독해집니다"(1813). 로크의 상업적 합리주의는 중상류층 사람들에게 더 이상 매력적이지 않았다.

복음주의자들은 아무리 오랫동안 교회를 다닌 신자라 할지라도, 심지어는 성직자라 하더라도 "새롭게 거듭나야" 한다고 주장했다. 복음주의자들은 검은색 장갑을 꼈으며, 종교에 관한 논의를 꺼낼 때에는 항상 "시작할까요?Shall we engage?"라는 말로 시작했다. 이 같은 화법은 그들만의 특징이었다. 그들은 대부분의 오락을 금지시켰다. 클래펌파에 속했던 존 벤은 자녀들이 무도회나 카드놀이, 연극 관람, 가족 간의 소설 읽기 모임에 참여하는 것을 금지시켰다. 한 복음주의 목사의 부인은 "아들이 아버지의 사제관 창가에 서서 낭만적인 풍경을 감상하는 일을 중지시켰다. 왜냐하면 '사탄의 땅'이 지닌 아름다움 때문에 더 나은 세계에 대한 사랑을 잃을까 두려워서였다." 복음주의 신문인 〈기록Record〉이 이 같은 흐름을 주도했다. 이 신문은 래닐러 극장과 복스홀에서 공연되고 있는 헨델의 오라토리오에 대해서도 "신성한 것들을 경솔하게 대하고 부패해가는 세상에서나 볼 수 있는 끔찍하고 불경스러운 신성모독"이라고 평가하면서 "타락한 군중의 갈채를 받는 매춘부들을 볼 수 있는" 극장들은 하나같이 "문을 닫아야 한다"고 목소리를 높였다. 이와 아울러 카드놀이를 하는 성직자들에 대해 한탄했으며 무도회장과 사냥터에 참석한 사람들의 이름을 공개하기도 했다. 이 신문은 또한 스콧의 소설을 "매우 심각할 정도로 해로운" 것이라고 평가했다. 일부 구독자들은 이 기사를 보고 끔찍한 혐오감에 사로잡혀 글을 투고했는데 그중 한 사람은 스스로를 '근심의 깃발Flag of Distress'이라고 서명했다. 복음주의자들의 태도는 감리교의 영향을 받으면서 더욱 완고해졌다. 그들은 마침내 금주를 주장하기에 이르렀다. 1831년에 설립된 '주일성수협회Lord's Day Observance Society' 또한 냉혹한 단체였다. 부유한 복음주의자들은 오래전부터 주일 노동을 금지했다.

스펜서 퍼시벌은 주일에 여행을 해서는 안 되기 때문에 월요일에 의회가 개원하는 것을 반대했다. 이에 따라 복음주의자들은 하인들도 안식일에는 쉬도록 했다. 〈기록〉에 실린 "높은 임금을 보장하지 않음. 기독교인으로서의 특권을 가치 있게 생각하는 사람 우대"라는 구인광고는 그 당시에 전형적인 표현이었다. 복음주의자들은 누구든지 몸을 공개적으로 다루는 것을 꺼렸다. 루이스 웨이 목사의 딸이었던 드루실라는 '메디치의 비너스Medici Venus'를 본 후에 다음과 같은 편지를 보냈다. "비너스는 스스로 몹시 부끄러워하는 발가벗은 여인처럼 보였어요."

복음주의자들은 죽음에 관해서도 깊은 관심을 보였다. 그들은 어린이 잡지들을 통해 어린이들의 죽음의 순결함을 널리 알렸다. 훗날 디킨스는 어린이의 죽음은 영원불멸이라고 의미를 부여했다. 복음주의자들은 성공적으로 죽는 것 또한 자신들에게 주어진 공적 의무라고 생각했다. 혼 주교가 세상을 떠났을 때에 해나 모어는 "이보다 더 기쁘고 교훈적인 죽음은 상상할 수 없을 것이다"라고 말하며 기쁜 마음으로 장례식에 참석했다. 혼 주교의 장례를 책임졌던 장의사 또한 아주 보람찬 일을 했다는 감사의 말을 남기기도 했다. 물론 나쁜 죽음도 있었다. 그들은 무신론자들의 죽음을 하나같이 끔찍한 죽음으로 여겼다. 이들은 번번이 흄과 기번, 볼테르, 페인을 그와 같은 죽음의 예로 들었다. 그들은 자신들의 주장이 얼마나 타당한 것인지 입증하려 했다. 페인의 주치의였던 맨리는 페인이 죽는 순간 생각을 바꾸었고 도덕적 실패를 가슴 아파했다는 세간의 이야기들을 부인했다. 하지만 해나 모어는 페인이 죽을 때 무슨 말을 하고 죽었는지는 이미 "사회 하층민들에게 광범위하게 유포되었다"고 말했다. 해나는 페인이 미국에 있을 때 "잔혹한 폭력을 자행하고 혐오스러울 정도로 부정한 행위를 저질렀"으며, 그는 세상을 떠나기 바로 전 주까지도 1주일 내내 하루 두 차례 이상 술을 마셨다. … 그는 '만약에 마귀가 이 세상에서 부리는 하수인이 있다면, 내가 바로 그일 것이다'라는 마지막 말을 남기고 세상을 떠났다"고 진술했다.

복음주의자들은 사람들을 모으는 일에도 관심을 기울였다. 윌버포스는 훗날 윈체스터의 주교가 된 아들 새뮤얼에게 다음과 같은 편지를 썼다. "언제든지 할 수 있으면 공공의 선을 위해 사람들을 하나로 모아라. 사랑하는 나의 아들 새뮤얼아, 선하고 유용한 사람들과 교류할 수 있는 기회를 절대로 놓치지 마라. … 삶은 다른 어떤 것보다 지인들의 선택에 좌우되는 경우가 많기 때문이다. … 지인이란 원료에 가까워서 그를 통해 친구나 아내, 남편 등을 만들어낼 수 있다." 복음주의자들은 자신들과 뜻을 같이하는 사람은 누구라도 사귀고 지원해야 한다고 믿었다.

복음주의자들은 철저히 세속적인 방식으로 영국 국교회에 파고들어 갔다는 점에서 예수회와 닮았다. 예를 들어 복음주의자였던 찰스 섬너 신부는 매우 친밀한 관계를 유지하고 있던 커닝햄 후작의 큰아들이 평민인 제네바의 한 교수 딸과 결혼하려고 하자 그 결혼을 막기 위해(귀족 출신이 평민과 결혼하는 것은 당시로서는 매우 파격적인 일로 커닝햄 후작은 어떻게 해서든 이를 막으려 했다) 자신이 직접 그녀와 결혼해버렸다. 조지 4세의 정부이기도 했던 커닝햄 부인은 감사의 뜻으로 섬너를 왕실의 사제, 사료편찬위원으로 임명했고, 1826년에는 란다프의 주교, 이듬해에는 윈체스터의 주교로 삼았다. 당시 섬너의 나이는 37세였다. 그 후 섬너는 42년 동안 윈체스터 주교로 재임하면서 지역 교구 곳곳에 복음주의자들을 임명했다. 복음주의자들은 자신들과 뜻을 같이하는 성직자들을 '신앙심이 깊은', '신실한', '독실한'이라고 묘사했고, 그렇지 않은 성직자들에 대해서는 '율법에 정통한 신학자와 바리새인', '바산의 살찐 황소', '어둠을 걷고 있는 성직자들'이라고 폄하했다. 16세기 청교도들처럼 이들은 영국 국교회 내에서 권력의 자리를 차지하려 했다. 1788년에 복음주의자 아이작

밀러가 케임브리지 대학 총장으로 선출되자 복음주의자들은 순식간에 케임브리지 대학 퀸스 칼리지를 장악해버렸다. 그들을 반대했던 교수들은 사임하거나 지방으로 내려가야 했다. 복음주의자의 자녀들은 앞다투어 퀸스 칼리지에 입학했고, 이들로 인해 대학은 점차 우익 성향의 성직자들을 배출하는 창구 역할을 하게 되었다.

퀸스 칼리지를 교두보로 삼은 복음주의자들은 1779년에는 찰스 시미언을 통하여 케임브리지 대학에 대한 장악력을 확대했다. 이와 관련하여 코벳은 흥미로운 분석을 내놓았다. "성직자들의 능력은 지위나 성실성에서 나오기보다는 그들이 활동하고 있던 지역에서 비롯된다. 이들을 원하고 필요로 하는 지역은 수도 없이 많았기 때문에 이들은 놀라운 영향력을 발휘할 수 있었다. 어느 곳에 가더라도 마을을 뒤덮고 있는 교회 첨탑을 볼 수 있다. 바로 이런 것들이 그 증거이다. 그러니 질서와 종교가 유지되는 것을 경이롭게 보기보다는 오히려 불만과 불신이 팽배하다는 사실에 놀라워해야 한다." 복음주의 성향의 졸업생들이 늘어나자 성직자들을 배치하는 문제가 수면 위로 떠올랐다. 시미언은 복음주의자들의 부와 인맥을 활용하여 각 교회마다 복음주의자들이 임명될 수 있도록 조처했다. 복음주의자들은 그들의 자산을 성직 추천권이나 '차기 임명권'을 매입하고 또 이런 일들을 수행할 수 있는 신탁기구를 설립하는 데 사용했다. 이 같은 방법들은 다른 세속적인 목적을 달성하는 일에도 직접적이고 체계적으로 사용되었다. 복음주의자들은 이렇게 사려 깊게 계획된 "방법들"은 하나님이 복음주의자들의 활동을 위해서 고안해주신 섭리라고 생각했다. 복음주의자들의 전제 중 하나는 세상에서 우연히 발생하는 일은 아무것도 없다는 것이었다. 그들은 칼뱅주의에 깊이 물들어 있었다.

광범위한 영향력과 근면함을 무기로 복음주의는 성직자들을 비롯해서 수많은 사람들에게 적지 않은 영향을 미쳤다. 복음주의는 잔잔하기만 한 영국 국교회의 바다에 파도를 일으키고 역류와 반류를 야기했던 것이다. 복음주의는 진정한 의미에서의 신학체계가 아니었다. 복음주의는 칼뱅주의의 영향을 받았지만 칼뱅의 《기독교 강요》와 같은 견고한 구조를 토대로 구축되지 못했다. 복음주의는 성경해석법을 제외하면 내세울 만한 신학이 아무것도 없었다. 그들은 성경을 다분히 문자적으로 해석하는 경향을 보였다.

비평적 성경 연구

중세 후기와 종교개혁 기간 동안 성경은 프로테스탄트들의 강력한 무기였다. 프로테스탄트들은 성경을 제외한 그 어떠한 권위, 예를 들어 교회의 교직권이나 비성경적인 권위 위에 교리적 토대를 구축했던 가톨릭 교도들에 비해 훨씬 더 강력한 토대 위에 서 있는 듯했다.

복음주의자들 또한 성경의 전통적인 힘에 의존했다. 모든 것이 성경 속에 있다고 여겼고 성경에서 발견되지 않은 것은 중요하게 여기지 않았다. 이들이 교본으로 삼았던 조지 프레티먼 톰라인의 《기독교 신학의 요소들Elements of Christian Theology》은 성경을 절대적으로 신뢰했다. 구약성경과 신약성경 모두 역사적인 기록으로 간주되었으며 문자 그대로의 정확성에 의문을 제기하는 것은 성경으로서의 지위를 부인하는 것처럼 여겨졌다.

하지만 18세기 말에 이르면 이러한 입장은 그 기반이 매우 취약해지기 시작했다. 과학이 처음부터 기독교를 위협했던 것은 아니었다. 왜냐하면 기독교는 당시까지만 해도 새로운 우주론과 운동법칙을 자신들의 교리 안에서 충분히 설명해낼 수 있었기 때문이었다. 다시 말해 과학적 발견들이 전능하신 하나님의 지혜를 더욱 확고히 증명해주고 있다고 믿었다. 하지만 자체적인 방법론을 통해 발전하고 있던 과학이 언제까지 종교의 틀 안에만 머무를 수 있겠는가? 로크만 해도 과학적 규명이 기독교의 주장들을 확인시켜줄 것만 같았던 시대를 살았지만, 그로부터 불과 100년이 지나자 상황은 급격하게 달라졌다. 실제로 기독교를 위협했던 것은 과학 그 자체가 아니라 과학적 방법에 있었다. 다시 말해 지리학자와 천문학자, 생물학자와 인류학자들을 통해 지구의 기원과 옛 모습 등이 구약성경에서 묘사하고 있는 것과 일치하지 않는다는 사실이 밝혀졌다. 또 성경을 언어학과 고고학의 눈으로 보자, 성경은 지금까지 사람들이 상상했던 것보다 훨씬 더 복잡한 문서들로 이루어졌다는 것, 그래서 다른 고대 문서와 같이 한 단계 걸러서 보아야 한다는 사실이 드러났다.

그렇다면 성경에 절대적으로 의존했던 프로테스탄티즘은 이를 어떻게 극복하고 살아남을 수 있을 것인가? 이러한 이유 때문에 프로테스탄티즘의 중심지라고 할 수 있는 독일에서 새로운 성경 연구가 활발하게 진행되었다. 1820-1830년대에 프리드리히 슐라이어마허는 칼뱅 이후 처음으로 기독교 신앙을 재평가했다. 그는 신학은 끊임없이 갱신된다는 것과 이와 동시에 언제나 유효할 수 있다는 것을 증명해내려 했다. 한마디로 그에게 교리란 지식이 아닌 일종의 역사적 결과물이었다. 계시는 하나님에 관한 사적 인식의 총합이다. 기독교 신조는 논증으로 구성되는 것이 아니라 신앙심을 고양하는 표현에 있다. 기독교에서 가장 중요한 것은 예수 그리스도에 의한 구속이다. 그 나머지, 즉 그리스도 양성의 교리나 하나님의 세 위격에 대한 교리, 그리고 부활과 승천, 심판을 위한 귀환은 본질적이기보다는 부차적인 문제이다. 교회는 신도들의 모임이다. 신도들은 하나님의 선한 기쁨으로 선택되었지만, 그렇다고 하나님이 인류의 어느 한 부분을 필연적으로 그리고 영구히 제외시키지는 않으신다. 이 같은 분석은 최소한 이론적으로나마 루터파와 칼뱅파의 입지를 다시 한 번 세워주었으며 또한 기독교가 과학을 포함한 다른 학문들과 모호하게나마 타협할 수 있는 여지를 열어주었다. 슐라이어마허는 에라스무스가 수립하고 로크가 계승한 '최소 신학minimum theology'의 전통 속에 있었던 것이다.

하지만 슐라이어마허는 아주 예외적인 인물이었고, 당시 대부분의 기독교인들은 중심을 잃고 헤매고 있었다. 복음주의 근본주의자들은 과학과 독일의 '고등비평'(당시에 이렇게 불렸다. 성경 원문에 대한 연구인 저등비평에 대립되는 말로, 성경 각 책의 저작 연대와 저자, 역사, 사상적 배경 등을 학문적으로 연구하는 방법을 말한다—옮긴이)을 외면했다. 이와 반대로 이를 막연하게 좇은 사람들은 신앙을 잃어버렸다. 1835년에 독일의 성경학자 다비트 프리드리히 슈트라우스는 《예수의 생애Leben Jesu》 1권을 발표했다. 이 책에서 그는 "예수의 초자연적 탄생, 그가 일으킨 기적, 그의 부활과 승천이 역사적으로 의심스러울지라도 영원한 진리로 남아 있을 것"이며, "예수의 생애가 내포하는 교의적 의미는 결코 손상되지 않을 것이다"라고 주장했다. 그럼에도 불구하고 결과적으로 이 책은 신약성경에서 모순된 부분들을 들추어내는 역할을 했다. 불가지론자였던 아서 휴 클러프는 자신의 시 〈에피-스트라우시움Epi-Straussium〉에서 이를 다음과 같이 표현했다.

마태와 마가, 누가, 거룩한 요한
모두가 소멸되어버렸다.

영국 국교회와 옥스퍼드 운동

1830년대에 접어들자 많은 사람들이 기독교를 떠나기 시작하더니, 1850-1860년대에는 다윈의 영향으로 이탈자가 꾸준히 증가했다. 새로운 도전을 환영하는 프로테스탄트들도 있었다. 찰스 킹슬리 목사는 진화론과 관련하여 다음과 같이 말했다. "간섭하는 (내가 최고 마술사라고 부르는) 하나님의 존재를 지워버렸으므로, 이제 우리들은 우연한 세상을 선택하든지, 아니면 살아 있고, 내재하고, 항상 활동하시는 하나님을 선택하든지, 둘 중 하나를 선택해야 한다." 하지만 대다수 기독교인들은 신학의 변화를 받아들이려 하지 않았다. 이러한 와중에서 의회의 결정을 따를 수밖에 없는 체제였던 영국 국교회의 어려움은 더욱 컸다. 의회는 개혁이라는 명분을 내세워 좀 더 적극적으로 교회 문제에 개입했다. 그리하여 '국교회법Established Church Act', '십일조법Tithes Act'(1836), '복수교회법Church Pluralities Acts'(1838), '교회규율법Church Discipline Act'과 '명목 목사직법Sinecures Act'(1840), 그리고 '교회의 항소를 추밀원의 사법위원회로 위임하는 조치'(1833) 등을 통과시켰다. 이처럼 영국 국교회는 법령이 정한 범위를 넘어서 자체적으로 규율과 교리를 결정하기가 참으로 어려웠다.

1832년에 리드 딕슨 햄던 목사는 옥스퍼드 대학에서 행한 뱀턴 강의에서 신학은 시대에 따라 변하기 마련이기에 현대 철학을 반영해야 하며, 교리는 영감받지 못한 사람들이 영감받은 사실들의 바탕 위에 확립한 것이고, 교회의 선언들은 일관성이 없으며 오류가 없을 수 없다는 독일 신학자들의 입장을 지지했다. 그는 《종교적 불일치에 관한 고찰 Observations on Religious Dissent》(1834)에서 교리는 그다지 중요한 것이 아니기 때문에 관용을 베풀 필요가 있다고 호소했다. 한마디로 그는 에라스무스의 노선을 따르고 있었던 것이다. 그에 대한 저항도 만만치 않았는데, 그가 1836년에 옥스퍼드 대학 신학부의 왕립교수로 임명되자 국교도들은 폭력으로 저항했으며, 1847년에 헤리퍼드의 주교로 승진했을 때에는 수상 존 러셀 경이 항의자들에게 법적 제재를 가하겠다고 협박할 만큼 그를 반대하는 목소리가 높았다.

영국 국교회는 이와 별도로 다양한 신학 이론들과의 타협이라는 또 하나의 과제를 안고 있었다. 1847년에 엑서터의 주교가 '세례에 의한 중생'에 대한 G. C. 고램 신부의 칼뱅주의적 시각은 '39개 조항'과 어긋난다는 이유로 그의 성직 임명을 거부하는 일이 벌어졌다. 이러한 조치를 부당하게 여긴 고램은 영국 국교회 법정과 추밀원의 사법위원회에 각각 고소했는데, 이에 대한 판결이 참으로 흥미롭다. 그는 영국 국교회 법정에서는 패소했지만, 추밀원의 사법위원회에서는 승소했다. 이 같은 일이 시사하는 바는 영국 국교회는 자신의 교리를 스스로 통제하지 못하고 의회의 영역 안에 머물러 있었다는 것이다.

이러한 상황 속에서 고교회High Church가 발전하기 시작했다. 여기에는 복음주의자들의 역할이 적지 않았다. 왜냐하면 이들이 야기한 부흥운동의 분위기가 오히려 역효과를 낳았기 때문이었다. 1820년대에 옥스퍼드 대학, 특히 오리엘 칼리지에서는 지적 부흥운동이 활발히 벌어지고 있었다. 주도적인 인물로는 존 키블, 존 헨리 뉴먼, 히브리어 왕립교수였던 에드워드 퓨지, R. H. 프라우드 등이 있었다. 이들의 운동은 1833년 7월에 키블이 옥스퍼드에서 '민족의 배교'라는 주제로 행한 '어사이즈 설교Assize Sermon'로부터 시작되었다. 이들은 초기 기독교의 신앙과 행동에 주목했다. 교황에게 대항하기 위하여 초대교회를 주목했던 초기 프로테스탄트들과는 달리, 이들은 로마로 돌아가는 길을 밝히기 위해 초대교회를 활용했다는 점에서 주목할 만하다. 이 운동을 주도했던 사람들 중에는 복음주의 출신들도 있었지만, 대체로 이들은 복음주의를 내부의 적으로 여겼다. 뉴먼은 "그리스도의 성스러운 죽음에 내포된 교리와 보혈의 축복을 불신자를 개종시키기 위해 주문이나 마술로 만들어버리는 … 기계적인 방식"에 유감을 표시했다. 이들은 아름다움과 신비를 원했다. 키블은 "하나님의 계시를 불경스럽거나 자격도 없는 사람들에게 전달하는 것은 위험천만한 일이다"라고까지 생각했다. "우리는 새로운 진리에 도달할 수 없고 그것을 바라지도 않는다. 하지만 개인적인 연구를 통해서, 그동안 오도되었거나 잊혔던 고대의 기념물들은 새롭게 되살아날 수 있다." 두 사람 모두 "가장 아름다운 교회의 선언을 빼앗아버린" "버넷과 호들리의 비열한 학파"를 비난했다.

옥스퍼드 운동은 어떤 면에서 보면 에라스무스주의에 대한 거부였다. 뉴먼과 키블이 만약 콜렛과 에라스무스처럼 성 토머스 베켓의 묘가 파괴되기 전에 이곳을 방문할 기회가 있었다면 그들은 정반대의 결론을 내렸을 수도 있다. 그 결론이란 '최소 신학'이 아닌 진정한 기독교이다. 뉴먼은 마침내 영국 국교회로부터 이탈했다. 그는 프로테스탄티즘의 성경 근본주의는 현대 역사를 수용하지 못한다고 판단했다. "역사를 깊이 공부하다 보면 프로테스탄티즘을 포기하게 된다." 역사를 공부하면 할수록 우리는 믿기 어려울 정도로 풍요로운 과거 역사는 가톨릭 신앙의 자산이라는 것을 깨닫게 되기 때문이다.

옥스퍼드 운동가들은 영국 국교회가 "하나의 거룩한 로마 가톨릭에서 뻗어 나온 가지"라면 국교회를 받아들일 수 있다고 주장했다. 그들은 비국교도들과 복음주의자들이 진실의 일부만을 가르치고, 로마 가톨릭 교회는 진실 이상의 것을 가르치고 있던 것에 비해, 자신들은 진실을 가르치고 있다고 생각했다. 그들은 "계시 종교를 따르기만 하면 하나님으로부터 받아들여질 수 있다"는 광교파 교리를 거부했다. 그들은 종교 진리란 가톨릭에서 말하듯 일부는 성경에 의한 것이고 일부는 권위에 의한 것이 아니라 전적으로 성경에 의한 것이라고 주장했다. "종교 진리는 비록 전통 속에 있기는 하지만 성경과의 소통을 통해서 하나씩 형성된다. … 복음의 메시지나 교리는 … 간접적으로 그리고 은밀하게 기록된다." 하지만 점차 '고등비평'에 대항하기 위해 권위에 의존하는 사람들이 늘어나게 되자 이 같은 입장을 유지하는 것은 불가능하다는 사실을 깨달았다. 이에 대해 《자기 생애를 위한 변명 Apologia Pro Vita Sua》에서 뉴먼은 프로테스탄티즘 자유주의를 공격하면서 다음과 같이 썼다.

> 사상의 자유는 그 자체로는 좋은 것이다. 문제는 자유를 그릇되게 사용한다는 데 있다. 이러한 입장에서 나는 자유주의라고 하면 사상의 그릇된 자유, 결코 성공할 수 없는 따라서 부적절한 문제에 관한 생각의 훈련이 떠오른다. 이 중에서 가장 성스럽고 중요한 것은 계시의 진리인 것 같다. 바로 이 점에서 자유주의는 본성상 인간의 판단 너머에 있는 계시에 관한 교리들을 인간의 판단에 종속시키는 실수를 범하고 있다.

이 말은 매우 명료하고 설득력 있는 진술이다. 한마디로 이 말은 에라스무스의 전통을 효과적으로 공박하고, 특히 진리가 우리를 어디로 이끌어 가든 우리는 무조건 진리를 추종해야 한다는 로크의 주장을 거부하고 있다. 새뮤얼 윌버포스나 글래드스턴과 같은 학자들은 과학이나 새로운 성경 해석이 제기하는 문제들에 대해 성공적으로 논증할 수 있다고 생각하여 영국 국교회에 남았다. 하지만 뉴먼은 그러한 위험을 감수하고 싶지 않았다. 반대로 그는 인간 탐구의 범위를 넘어서는 어떤 한계점이 분명히 존재하고 있다고 믿었다. 인간은 어느 선까지는 자유로울 수 있으나, 그 너머는 더 이상 자유로울 수 없다. 하지만 그 선을 누가 정할 수 있는가? 그리고 그 선을 넘어선 후에는, 누구의 판단을 따라야 하는가? 뉴먼은 오직 단 하나의 교회만이 이를 책임질 수 있을 것으로 보았는데, 그것은 바로 로마 가톨릭이었다. 이에 뉴먼을 비롯한 몇몇 사람들은 로마로 건너갔다.

물론 이러한 이유만으로 그들이 가톨릭으로 귀의한 것은 아니었다. 당시 이들이 서로 주고받았던 상당량의 편지가 아직도 남아 있는데, 이 편지들에서 우리는 그들의 신앙을 변화시켰던 실제적 요소들을 확인할 수 있다. 그들은 검열이나 종교재판, 처벌 등을 고려하지 않았기 때문에 자유롭게 자신의 생각을 전개할 수 있었다. 편지들을 보면 그들의 신앙 형성에는 이성과 야망, 사회적 요인, 우정, 유행, 미학에서부터 순수 신학에 이르기까지 교회 생활과 관련된 수많은 요인들이 작용했던 것으로 보인다. 다시 말해 신앙의 변화란 매우 복잡다단한 과정으로 이루어졌다는 말이다. 뉴먼은 "나를 움직이는 것은 논리가 아니라 내 마음의 상태"라고 썼다. 매닝은 "우리를 십자가로 인도했던 것은 고해와 제단, 그리고 희생일 것이다"라고 덧붙였다.

'성례전'과 '의례들'의 문제가 주요 동기가 되어 가톨릭으로 회심한 사람들도 있었다. 그러나 매닝이나 뉴먼과 같은 사람들은 권위를 행사할 수 있는 교회를 원했던 것 같다. 매닝은 국가의 통제는 영국 국교회가 권위와 관련된 어떠한 주장도 할 수 없게 만들어버리는 결과를 초래했다고 주장했다. 햄던이 주교로 선출되자 매닝은 다음과 같이 항의했다. "평신도들이 주교를 선출하는 일은 교회의 으뜸이신 그분께는 무척 기괴하고 엉뚱한 일로 비춰질 것이다. 이는 마치 고급 매춘부들이 교황을 선출하는 것이나 마찬가지이다." 그로부터 몇 년 후인 1851년에 고램에 대한 판결이 있자 매닝은 자신의 입장을 약간 수정했다. "로마 가톨릭 교회는 자체의 역사를 잘 모를 수도 있지 않을까? 또 사람은 누구나 정신 나간 사람이 아닌 이상 대대로 이어져온 지식과 경험에 의해 교회에 반대할 수 있다는 사실을 로마 가톨릭 교회는 모르고 있는 것이 아닐까?" 그러나 매닝은 교회의 권위는 성직자들의 손안에 두어야 하며, 궁극적으로는 오직 교황에게 주어져야 한다는 것을 추호도 의심하지 않았다. "나는 교황보다 초자연적인 인물을 본 적이 없다." "이러한 믿음이 나에게 미친 효과는 경외심이나 두려움이 아니라 하나님과 초자연적 대리인, 교회가 당한 고난과의 의식적 친밀감이었다."

예기치 않게 되살아난 로마 가톨릭

19세기에 등장한 지적 발전은 프로테스탄트들이 불가지론이나 무분별한 근본주의, 전통 신학을 비판적으로 재평가할 수 있는 상황으로 내몰았지만, 이로 인해 교황중심주의가 의외로 새로운 매력을 발산하게 되었다. 1846년에 매닝은 국교회주의를 다음과 같이 비난했다. "영국 국교회는 옛 유물, 체계, 충만함, 지능, 질서, 힘, 통일성이 부족하다. 교리는 이론에 머물고 예식들은 대부분 폐지되었으며, 규율도 없이 주교와 성직자와 평신도가 분리되어 있을 뿐이다." 이와는 반대로 로마 가톨릭은 여전히 통일된 단일체, 변함없고 변할 수도 없으며 도전을 용납하지 않는 전제들을 고수하고 있었다. 따라서 불가지론이 성행하는 등 여러 측면에서 신앙이 위협받았던 19세기에 로마 가톨릭 교회만이 요새처럼 우뚝 솟아 있는 듯 보였다. 일단 그 요새 안에 들어가기만 하면 굳건한 성벽을 통해 참된 기독교인과 그렇지 않은 사람들을 뚜렷하게 격리할 수 있을 것만 같았기 때문이다. 이에 비해 프로테스탄티즘의 성채는 힘없이 무너지고, 내부에도 적이 침입하고 있었다. 로마 가톨릭으로 회심한 사람들의 글을 보면 안도감, 은신처, 보신을 위한 도피의 이미지로 가득하다. 이런 이유 때문에 19세기 로마 가톨릭 교회는 활기를 되찾을 수 있었고 교황권을 재확립할 수 있었다.

W. G. 워드는 《기독교 교회의 이상Ideal of a Christian Church》에서 다음과 같이 말했다. "가톨릭이 보호하는 신비함 속에서 우리는 의심과 논쟁의 고통으로부터 구제되며, 오직 배우고 믿으라는 요구를 받을 뿐이다." 그는 '양심'이 가톨릭의 권위에 복종해야 하며 이성이나 지식이 할 수 있는 것이란 아무것도 없다고 생각했다. 〈더블린 리뷰Dublin Review〉의 편집자가 된 후로 그는 이 잡지를 통해 가톨릭 교도들의 과학적·역사적 연구는 로마 교황청의 지도를 받아야 한다는 주장을 전개했다. 한마디로 삶의 모든 영역에서 교회의 권위가 영향력을 행사해야 한다는 것을 의미했다. 워드는 신학과 다른 지식의 구분은 사실상 불가능하다고 보았다. "교회의 권위는 광범위한 세속 학문 곳곳에 영향을 미치고 있기 때문에 교회는 가톨릭 교리를 부인하는 전제들을 오류라고 발표할 수 있는 … 권한을 지니고 있다."

이처럼 자유로운 학문 추구에 대한 공격은 19세기 로마 가톨릭의 전형적 특징이었다. 가톨릭으로 돌아온 영국인들 중에는 행동과 생각 하나하나까지도 성직자의 손에 맡겨야 한다고 주장하는 엄격한 사람들도 있었다. 윌버포스와 비슷한 사회·종교적 배경에서 자란 시인이자 찬송가 작사가이기도 했던 F. W. 파버 신부는 새롭게 무장한 로마 가톨릭의 승리주의 선교활동의 대표적 선두주자였다. 그는 자신에게 고해성사를 받고 있던 엘리자베스 톰슨 부인에게 보낸 편지(1851년 8월 11일)에서 다음과 같이 말했다. "당신의 결점은 두 가지입니다. 하나는 자신을 세상의 중심으로 삼고 있다는 것이며, 다른 하나는 단순성이 크게 부족하다는 것입니다. 두 번째 결점은 더욱 심각한데, 왜냐하면 이로 인해 당신의 영혼이 황폐해졌기 때문입니다. 날마다 이 두 가지의 결점을 극복할 수 있도록 기도하고 주의하십시오. 당신은 수준 높은 영적 서적들을 읽을 필요가 없습니다. … 할 수 있는 한 자주 조용히 기도하십시오. 그리고 절대로 … 종교에 관한 논쟁은 피하십시오. … 현재로서는 하나님이 당신을 완전하다고 여기실 징후는 보이지 않습니다. … 당신의 영적 생활은 비현실적 야심에 불과한 모래 위에 지어진 집일 뿐이었습니다. 이제 당신의 일을 시작해야 할 때입니다."

파버 신부는 자기 밑에서 훈련받고 있는 신부들 중 한 사람인 윌리엄 모리스의 침대 밑에 다음과 같은 충고를 적은 메모를 습관처럼 밀어넣어 두었다. 이 메모의 기록 연대는 1860년이다.

성찬식 때문에 아침식사 시간이 5분밖에 되지 않는다는 이유로 미어웨더 양에게 성찬을 주지 않겠다고 한 그대의 행동은 초자연적 원리가 그대에게 부재하고 있음을 보여주고 있소. 첫 번째, 그대는 그대가 돌보아야 할 형제 중 하나에 대한, 그것도 병든 형제에 대한 의무감이 부족하오. 두 번째, 예수가 행했던 본보기는 명백히 그대의 행동과는 달랐다는 것을 명심하시오. 세 번째, 그대는 극히 경미한 불편을 이유로 참회를 소홀히 하고 있소. 네 번째, 아침식사를 할 때 침묵이 부족하오. 다섯 번째, 아침식사 시간이 길어져 문제가 발생하고 있음에도 아무런 부끄러움이나 영성 부재를 느끼지 못하고, 도리어 아침식사 시간이 짧다고 불평한 것에서 드러난 그대의 영적 감각의 완전한 부재는 참으로 문제가 아닐 수 없소. 여섯 번째, 그대가 돌보아야 할 환자에 대한 자선이 부족하오. 그 환자는 정말 병들어 있소. 일곱 번째, 사람들에 대한 열정이 부족하기 때문에 그대는 병약한 사람이 마땅히 받아야 할 은총의 샘을 박탈해버리고 있소. 여덟 번째, 그대는 사람들과 교제하기를 바라시는 예수님에 대한 사랑이 부족하오. 그대는 아침식사를 5분 안에 끝내려 하지 않고 오히려 예수님의 일을 방해했소. 예수님은 그대를 위해 3시간이나 십자가에 못 박혀 계신다는 사실을 기억하시오! 그대는 성모 마리아에 관한 이야기를 많이 했지. 성찬식을 그토록 즐거워하셨던 마리아의 사랑이 부족하다는 것을 생각해보시오. 아홉 번째, 그대가 강요당하고 있다고 생각한다면 겸손이 부족하기 때문이오. 열 번째, 그대가 강요당하고 있다고 생각한다면 자선이 부족하기 때문이오. 열한 번째, 항상 자신의 덕성을 고양하고 하나님을 위해 무엇인가 행하려고 고심하는 성인들의 원리가 그대에게는 부재하오. 열두 번째, 세인트 필립 연구소의 웅장하고 거대하고 친절한 사도적 정신과 비교했을 때, 이와 같은 사소한 일은 지극히 추잡하다는 사실을 알게 될 것이오. 열세 번째, 그러나 이 같은 사소한 일들은 생명과 기도의 영성이 부재하다는 사실을 의미하오. 열네 번째, 그것은 또한 양심의 민감함이 심각하게 부재하다는 증거요. 열다섯 번째, 또한 이것은 하나님이 함께하고 있지 않음을 보여주는 증거요. 그대의 머리에 제일 먼저 떠오른 것은 그대 자신, 그대의 안위였소. 오직 그대의 이기심만이 빠르게 작동하고 있고, 그대는 여기에만 익숙해 있소. 그대는 초자연적 원리를 전혀 개의치 않고 있소. 불쌍한 나의 자녀여, 그대의 내면을 이렇게 폭로하는 것이 슬프고도 부끄럽겠지만 이것이 지금까지 내가 그대를 보아온 바이오. 그대가 지금까지 함께해온 자기애, 자기 집착, 심각한 망상의 안개를 나는 거두어낼 수가 없소. 상스러움이…그대의 성격이라는 사실을 명심하오.

우리는 위의 메모가 한 지성인이 또 다른 지성인에게 쓴 것이라는 사실을 알아야 한다.

지옥의 공포

로마 가톨릭 교회가 권위를 강조하고 개인의 양심을 성직자의 손에 두려했기 때문에 자연스레 '영원한 벌'(영벌)이라는 개념이 두드러지게 등장했다. 19세기 프로테스탄트 자유주의에서는 지옥에 대한 이야기들이 자취를 감추었던 것과는 달리 로마 가톨릭 신앙에서는 지옥이 강조되었다. 로마 가톨릭 교회에 가까이 가면 갈수록 지옥은 더욱 강조되었다. 물론 지옥에 대한 강조는 프로테스탄트 중 극단적 근본주의자들의 특징이기도 했다. 옥스퍼드 운동가들은 영벌을 받은 사람들이 실제로 뜨거운 불로 태워질 것이라고 주장했다. 퓨지는 지옥에 관한 설교(1856)에서 다음과 같이 말했다. "지옥에 떨어진 자들은 불구덩이 속에서 활활 태워지고 불의 호수에 깊이 잠길 것이다. 오 고통, 고통, 고통이여! 형용하지 못할 고통, 상상하지 못할 고통, 끝없는 고통이여!" 그는 키블에게 다음과 같은 편지를 보냈다. "요즘 사람들은 너무 많은 것을 감수하려는 것 같아. 영원한 고통을 두려워하지 않는단 말이야. 연옥만으로는 도대체가 움직이지 않아." 육체적 고문을 믿었던 뉴먼은 《회중을 향한 설교 Discourses to Mixed Congregations》에서 지옥에 떨어진 영혼의 모습을 무척 공포스럽게 묘사했다. 그러면서도 그는 교리의 중요성을 강조했다. 즉, 지옥은 "기독교의 핵심이다. 지옥은 범신론과 기독교를 가르는 기독교의 핵심 교리이기 때문에 이를 빼놓고 기독교 교리를 생각할 수 없다. 그러므로 우리는 이러한 점들을 똑바로 보아야 한다. '영원한 벌은 사실'이라는 말과 '하나님은 존재하지 않는다'는 말 중 어느 것이 더 사실이 아닐 것 같은가? 만일 하나님이 존재한다면 영벌 또한 (후험적으로) 존재할 것이다."

교황청은 언제나 지옥의 중요성을 역설해왔다. 많은 사람들을 가톨릭으로 돌아올 수 있게 했던 힘도 지옥 교리의 견고함에 있었다. 교황청이 지옥 개념을 목회현장에서 본격적으로 사용하게 허락한 것은 1732년에 '구세주회Order of the Redemptorists'를 세운 성 알폰소 리구오리의 노력에 힘입은 바가 컸다. 구세주회는 지옥 불 설교에 능했으며, 일반 가톨릭 교구의 묵상회나 사순절 전도 집회를 인도했다. 이로 인해 프로테스탄티즘과는 달리 가톨릭에서는 지옥이 좀 더 중요한 개념이 되었다. 1758년에 성 리구오리가 출간한 《영원한 진리The Eternal Truths》는 구세주회와 교구 신부들에게 일종의 안내서 역할을 했다. 이 책에서 리구오리는 지옥에 떨어지는 단 한 사람의 악취만으로도 전 인류가 질식할 수 있다고 말했다. 흥미롭게도 그는 천국을 묘사한 적이 없었는데, 지상의 즐거움만을 경험한 자들에게는 천국을 보여주는 것이 불가능하기 때문이라고 말했다. 하지만 그는 지옥을 표현할 때에는 이러한 논리를 적용하지 않았다. "지옥에 떨어지는 순간 아궁이의 장작과도 같이 불에 휩싸이게 될 것이다. 사방에서 내려오는 끝없는 불길, 즉 만지고, 보고, 숨 쉬는 모든 것이 불이 될 것이다. 그는 물속의 고기처럼 불속에 처하게 될 것이다. 불은 저주받은 자를 둘러쌀 뿐만 아니라, 창자로 들어가 그를 고문할 것이다. 불은 그의 배 속 창자에서 불타고, 그의 가슴속 심장에서도 불타며, 그의 머릿속 뇌에서도, 그의 혈관을 흐르는 핏속에서도 불타고, 그의 뼛속에 있는 골수마저 불에 탈 것이다."

17세기 F. 피나몬티의 《기독교인에게 열린 지옥Hell Opened to Christians》에 목판화를 추가하여 다시 출간한 이들도 바로 구세주회였다. 가톨릭 학교에서 지옥에 관한 설교를 담당했던 조지프 퍼니스 신부는 아동을 대상으로 하는 책에서도 지옥에 대한 이야기들을 담았다. 예를 들어 《지옥 풍경The Sight of Hell》에서 그는 지옥을 불타는 송진과 유황이 흐르고, 곳곳에서 불꽃이 튀며, 불길이 안개처럼 드리워진, 울타리가 있는 중간계의 한 구역(이 점에서 그는 리구오리를 따르고 있다)으로 묘사했다. 지옥에서 고통에 짓이겨진 영혼들은 "사자처럼 울부짖으며, 뱀처럼 쉭쉭거리고, 개처럼 짖고, 용처럼 울어댄다." 뜨거운 인두, 깊은 구덩이, 붉게 달궈진 바닥, 팔팔 끓는 솥, 붉게 달궈진 오븐과 관에서 각각 다른 고문들이 행해진다. "붉게 달궈진 오븐 안에서 비명을 지르는 아이를 상상해보라. 불속에서 몸을 비틀어대는 그 아이를 보아라. 그 아이는 천장을 머리로 들이받고 있으며, 그 작은 발로 바닥을 동동 구르고 있다. … 하나님은 이 아이에게 자비를 베푸셨다. 왜냐하면 이 아이가 더 자라기 전에 세상에서 데려오셨기 때문이다." 퍼니스 신부의 책은 영어권에서만 400만 부 이상 팔렸다. 그렇다고 지옥에 관한 설교가 어린아이들만을 향했다고 생각해서는 곤란하다. 로마 가톨릭 교회는 일부 프로테스탄트 교회처럼 지옥에 대한 '이중 교리'를 주장하지 않았다. 다시 말해 로마 가톨릭 교회는 모든 연령, 모든 계층의 사람들에게 지옥을 가르쳤다. 죽음과 죽음이 가져오는 결과("오 엄숙하고 즐거운 죽음의 갈채여 … 그 부지런한 그리고 어디에나 있는 죽음의 은혜", "임종은 교회의 한 부서를 이룬다. … 공식적으로 교회에 속한다")에 지대한 관심을 보였던 파버 신부는 지옥 불에 관한 설교를 하층민에게만 하는 것을 못마땅하게 여겼다. "지옥에 대해 명상하면 할수록 훌륭하고 건전한 일을 성취할 수 있게 될 것이다." 가톨릭 교회 소속의 많은 지식인들은 가톨릭의 교리에 동의한다는 서명을 해야 했다. 가톨릭 소속 동물학자인 성 조지 마이바트 교수는 지옥에서의 고통은 시간이 지나면서 점차 경감될 것이라는 주장을 했다는 이유로 교회로부터 파문을 당했다.

라므네와 로마 가톨릭

중세적 확실성과 사회적 동질성, 그리고 삶에 대한 단순한 견해의 보고寶庫로서 로마가 가진 이미지는 일부 지식인들에게 상당한 매력을 발휘했다. 이는 영국뿐만 아니라 19세기 프랑스 가톨릭의 대중적 승리주의를 견인하는 데도 적지 않은 역할을 했다. 샤토브리앙의 《기독교의 정수》는 로마 가톨릭 및 교황 변증론의 선구자 역할을 했다. 12세기 이래 처음으로 교황권을 보호하자는 목소리가 등장하기도 했다. 이와 맞물려 갈리카니즘과 교회 내 지역주의의 쇠퇴, 그리고 옛 귀족 출신이던 주교의 몰락으로 교황과 교구사제들(그들을 통해 평신도들까지) 간의 관계는 좀 더 직접적인 관계로 바뀌어갔다. 1819년에 메스트르는 《교황론Du Pape》에서 교황권을 찬양하며 교황무오설을 거듭 주장했다. 프랑스 혁명과 그 결과들은 기독교 사회 전체를 붕괴시켰다. 그러나 프랑스 혁명은 또한 변화를 거부한 거센 운동들을 촉발시켰다. 소수였지만 강력한 목소리를 내며 전개했던 이들 운동 단체의 목표는 변화, 이성, 진보에 대항하는 것에 초점이 맞추어져 있었다. 가톨릭 교회는 보수 지성인들이 인정한 바와 같이 이들 단체의 활동에 힘입은 바가 컸다. 왜냐하면 이들의 활동은 근대 평등주의적 세계를 인정하지 않으려 했고, 계급제도와 권위주의에 대한 확고한 신념을 전파했기 때문이다. 가톨릭은 단 한 명의 지도자, 즉 카리스마가 넘치고 거룩하며 세계적으로 만인의 주목을 받는 교황이 통솔하고 있기 때문에 전 세계의 전통주의자들은 모든 열망을 그에게 집중할 수 있었다. 수백만을 위한 신앙의 위대한 대중운동, 즉 승리주의는 교황이 이끌어야 마땅하지 않겠는가?

이 같은 주장은 전혀 새로운 것이 아니었다. 그레고리우스 7세는 대중들과 전제군주 사이의 중재자 역할을 자임했으며, 베켓 대주교나 다른 고위 성직자들 또한 국가와 부딪힐 때마다 대중들의 지지를 강력하게 호소했다. 교회는 다양성 속에서 일치를 이루는 공동체라는 개념이 사도 바울의 사상에 뿌리를 둔 고대의 교리이기는 했지만, 프랑스 대혁명은 이 교리에 완전히 새로운 생명력을 부여해준 것만 같았다. 대혁명은 사람들에게 폭정의 다양성을 일깨워주었다. 즉, 이성의 폭정, 이데올로기의 폭정, 진보의 폭정, 심지어는 자유, 평등, 박애의 폭정이 있을 수 있다는 사실을 깨닫게 해주었던 것이다. 이러한 인간의 독단을 통제하기 위해서는 영원한 하나님의 법을 받드는 기관이 필요하다.

펠리시테 드 라므네 신부는 계몽사상가들에 대항하여 로마 가톨릭이 세계의 안녕에 필수불가결한 요소임을 강력하게 역설했다. 1814년에 그는 《전통Tradition》에서 갈리카니즘을 배격하고 교황권은 가톨릭 신앙에 반드시 필요한 진정한 권위라고 주장했다. 라므네 신부는 귀족 출신의 켈트인으로 1816년에 사제가 된 이후에 당시 지식인들에게 큰 영향을 주었던 합리주의에 대항하여 기독교 신앙을 옹호하는 4권의 저서를 집필하기 시작했다. 이 책들은 근대에 씌어진 최초의 신학대전이라고 할 만하지만 결국 자신의 개인적 주장을 옹호하는 형태였다. 1820년대에 그는 열렬한 가톨릭 선전가 및 활동가로 부상했다. 그가 속했던 집단에는 부르고뉴 외과의사의 아들로 나폴레옹 1세를 지지했던 자유주의자 라코르데르 신부와, 낭만적 귀족이자 중세 시대로 되돌아가기를 원했던 몽탈랑베르가 포함되어 있었다. 라므네가 쥐이 대학College de Juilly에서 결성한 연구 센터에는 미래의 주교, 설교자, 변증가, 교회사가들이 모여들었다. 그들은 노르망디의 라쉬네에서 장시간에 걸친 대단히 감동적인 토론을 하기도 했다. 1828년 라므네는 노르망디에서 '성 베드로 모임'을 조직하여 그 모임에 가담한 젊고 유능한 성직자들에게 일종의 영적 독재를 행사했다. 이 모임은 라므네의 강한 개성과 인맥으로 구성되었다. 라코르데르의 표현을 빌리면 "적의 포화 아래서 동지애로 똘똘 뭉친 것과 같은 형태의 깊고 관대한 우정"이 구성원들 사이에 형성되어 있었다. 또한 이 그룹은 유럽 사회와 유럽 문명을 주도하고 있는 계층을 파고들면서 교회를 새롭게 갱신하자는 비전으로 결속되어 있었다.

라쉬네 그룹은 여러 측면에서 동시대의 옥스퍼드 운동과 닮았으며, 라므네는 옥스퍼드 운동의 키블과 유사한 역할을 담당했다. 양자 모두 중세를 긍정적으로 바라보고 있었다. 옥스퍼드 운동이 교리에 치중했다고 한다면 라므네 그룹은 교회를 사회적 힘으로, 즉 13-14세기처럼 교회를 유럽 사회의 지배적 요소로 만들고자 했다. "교황이 없으면 교회가 없고, 교회가 없으면 기독교가 없으며, 기독교가 없으면 종교도 없고 사회도 없다. 한마디로 유럽의 성쇠는 오직 교황권의 안위에 달려 있다." 그러나 이는 이론에 불과했다. 이것을 어떻게 실현할 것인가? 라므네는 영주가 영내의 종교를 결정하는 아우크스부르크 평화회의 정신으로 돌아가기를 원했다. "사람들은 영주의 뜻에 따라 범죄자가 되기도 하고 바르게 행동하기도 할 것이며, 조용히 있기도 선동가가 되기도 할 것이고, 독실한 신앙을 가질 수도 또 그 신앙을 버릴 수도 있다." 라므네는 예수회가 종교개혁으로부터 가톨릭을 구해냈던 것처럼 자신들은 대혁명의 참화를 복구할 수 있다고 여겼으며, 영주들이 결심만 한다면 10년 이내에 전 유럽인들을 가톨릭 교도로 만들 수 있다고 자신했다.

하지만 이른바 워털루적 관점, 즉 복고된 구체제나 혹은 일부 계몽된 군주들이 교황의 지도 아래 하나님의 법을 백성들에게 적용한다는 사상은 1815-1830년에는 실제로 실현되지 못했다. 이 때문에 라므네와 그의 추종자들은 부르봉 왕조 및 유럽의 다른 지배 왕가들을 달가워하지 않게 되었다. 이제 그들의 슬로건은 '교황과 왕'에서 '교황과 신민'으로 바뀌었다. 갈리카니즘의 붕괴로 교황과 가톨릭 평신도들의 직접적인 접촉이 가능해지는 등, 새로운 관계가 형성되었다. 이 같은 관계는 가톨릭과 민주주의를 제휴시키고 교황의 정신적 영향력과 일반인들의 집단적인 경제적·정치적 힘 사이의 이해관계들에 대한 사회적 정체성을 구축하는 데 활용되었다.

라므네는 키블이 최후 심판에 관한 설교를 행하기 3년 전인 1830년에 이미 〈미래L'Avenir〉라는 제목의 신문에서 새로운 가톨릭 사회철학을 선보였다. 이는 매우 시의적절했는데, 왜냐하면 당시 새로 출범한 루이 필리페의 부르주아 정권은 교회와 관련된 일들로부터 손을 떼려고 했기 때문이었다. 이를 계기로 라므네는 열강의 힘을 통해 교회와 국가의 관계를 회복하려는 바티칸의 정책은 결코 성공할 수 없다는 것을 깨달았다. 다시 말해 그는 국가를 종교의 장애물로 보았고, 그래서 교회는 국가로부터 자유를 추구해야 한다는 결론을 내렸던 것이다. 교회는 전통적인 구세력과 동맹을 맺어 안전을 추구하기보다는, 미래의 힘인 사람들에게 의지해야 한다.

'기독교 민주주의'는 라므네가 만든 용어는 아니지만, 그의 용어라고 할 만큼 그는 이 방향으로 움직이고 있었다. 그리고 한 세기가 조금 지나자 로마 가톨릭은 결국 그 방향으로 나아갔다. 전통적인 형태로 회귀함으로써 적지 않게 재미를 보았던 당시 가톨릭으로서는 전혀 예상치 못한 방향이었다. 라므네 그룹의 영향력은 상당하기는 했으나, 그 범위는 매우 좁았다. 〈미래〉지 또한 주로 젊은 성직자들에게만 깊은 영향력을 발휘했다. 대부분의 프랑스 성직자들은 군주제, 정통성, 과거를 전적으로 신뢰하는 경향이 강했다. 라므네가 국가를 교회의 적으로 보았다면 이들은 종교를 방어하는 일에 국가는 없어서는 안 될 요소라고 생각했다. 여기서 안전한 정책을 고수할 것이냐 아니면 모험적 정책을 시도할 것이냐를 놓고 근대 로마 가톨릭 교회는 처음으로 대논쟁을 벌였다.

이러던 중 〈미래〉지와 프랑스 주교들 사이에 다툼이 발생하자 라므네와 그의 추종자들은 교황에게 호소하기로 결정했다. 하지만 이들의 생각은 너무 순진했다. 교황이 과연 라므네를 지지했겠는가? 가톨릭 신앙을 열렬히 지지했던 샤토브리앙도 나중에 다음과 같이 로마의 한계를 인정했다. "나이 많은 노인들이 나이 많은 노인 한 사람을 자신들의 지배자로 임명한다. 일단 권좌에 오르면 이제는 그가 나이 많은 사람들을 추기경으로 임명한다." 당시 교황이었던 그레고리우스 16세는 시대에 뒤떨어진 구식 수도사였고, 교황권의 관점에서 볼 때 적개심에 불타는 승리주의자였으며, 1799년에 《로마 교황청의 승리 *Il Trionfo della Santa Sede*》라는 책을 썼던 인물이었다. 그는 바티칸 우파들의 프리메이슨이라 불릴 수 있는 '열성파'에 속했고, 그의 국무장관이었던 람브루스키니 역시 바나바회의 총책임자로서 반자유주의적 성향이 매우 강했다. 게다가 가톨릭 국가들에서 벌어진 정치적 소요로 인해 이 두 사람은 보수주의 노선을 더욱 강화했다.

그레고리우스는 군주체제를 지지하는 것 외에 다른 대안은 없다고 생각했다. 그는 자신이 지지하는 군주들이 필요할 때마다 자신을 도와줄 것이라고 기대했다. 그는 중세적 사고를 지닌 인물이었다. 그러나 라쉬네 그룹이 이해했던 중세 사상과는 상당히 달랐다. 그레고리우스는 노골적으로 미신을 믿었던 인물로, 콜레라가 창궐하자 성 누가가 그린 것으로 믿었던 마리아 그림을 들고 로마의 거리를 행진하기도 했다. 그는 유산으로 물려받은 세속 직함과 재산권을 무비판적으로 수용했다. 그는 이 같은 권리들이 자신의 사회적 지위를 유지시켜주는 것이라고 생각했다. 그러한 그에게 권리는 국민에게 있고 군주는 의무를 갖는다는 사상은 너무나 생경했을 것이다. 그러했기에 그는 러시아 정교회의 억압적 지배체제에 대항하여 종교의 자유와 독립을 위해 봉기했던 폴란드 가톨릭 교도들에게 어떠한 지원이나 동정도 보내지 않았다. 오히려 "군주에게 대항하는 자들은 종교로 가장한 음모자들이고 거짓말을 유포하는 자들이다"라며 의심의 눈길을 보냈다. 1832년 3월 1일에 그레고리우스와 라므네가 만났다. 정통주의자인 로앙 추기경이 배석한 가운데 적대적 분위기 속에서 이루어진 그 만남에서는 지극히 상투적인 말들만 오갔다. 라므네는 교황을 "비겁하고 나이 많은 바보"라고, 로마를 "뼈다귀밖에 남지 않은 거대한 무덤"이라고 비판했다. 바티칸 궁에 대해서 그는 다음과 같이 썼다. "나는 그곳에서 이제까지 본 것 중 가장 끔찍한 오물을 보았다. 타르퀸의 거대한 하수도조차도 이를 처리할 수는 없을 것이다." 6개월 후에 라므네에게 보낸 〈너희가 놀라리라Mirari vos〉라는 답신에서 교황은 노골적으로 그의 이름을 거명하지는 않았지만, 라므네의 사상을 신랄하게 비판했다.

이로써 교황청과 라므네의 신경전은 끝났다. 라코르데르는 떠난다는 말을 할 겨를도 없이 라쉬네를 탈퇴해야만 했다. 라므네 또한 교황청에 복종하라는 명령을 받자 "서명했습니다. 네, 서명했습니다. 달이 녹색 치즈로 만들어졌다는 것을 인정했습니다"라고 말했다. 하지만 이는 자신의 사상을 포기한 것이 아니라 오히려 가톨릭을 조롱한 것에 불과했다. 그는 자신의 사상이 반귀족적이라는 것을 강조하기 위해 이때부터 자신의 성을 '라므네La Menais'에서 '라므네Lamenais'로 바꾸었다. 1834년에 출간한 《한 신앙인의 이야기Paroles d'un Croyant》에서 그는 민주주의를 옹호하면서 "자유로운 국가와 자유로운 교회"를 주장했다. 그는 머지않아 하나님이 억압하는 자들의 기를 꺾어 정의와 평화, 사랑의 시대가 올 것이라고 예언처럼 말했다. 하지만 그는 교황으로부터 비판을 받는 등 가톨릭의 인정을 받지 못한 채 그늘 속으로 밀려나야 했다. 라므네 운동이 실패했다는 것은 프랑스 교회가 빅토르 위고, 알프레드 드 뮈세, 알프레드 드 비니, 라마르틴과 같은 낭만주의 지식인들을 잃어버렸음을 의미했다. 옥스퍼드의 지식인들(좀 더 정확하게는 그들 중 일부가)이 로마로 향하던 바로 그때에 파리의 지식인들은 로마로부터 빠져나가고 있었던 것이다. 한편은 권위를 추구하고 다른 한편은 권위로부터 달아나다가 외나무다리에서 만난 꼴이었다.

교황 지상주의와 대중주의의 독특한 결합

하지만 가톨릭 교회, 좀 더 정확하게 말하면 승리주의자들에게 라므네가 끼친 영향은 결코 무시할 수 없었다. 그들은 교회는 대중의 기관이 되어야 하고 교황은 대중의 지도자가 되어야 한다는 라므네의 입장을 받아들였다. 그들이 라므네를 거부했던 것은 다름이 아니라 교회는 대중의 지지를 끌어내기 위해 전통적 태도를 수정해야 한다는 그의 '타협의 자세'였다. 라므네는 어떠한 타협도 인정하지 않으려는 자세를 혐오했지만 교황 지상주의자들은 오히려 이를 매력적으로 보았다.

그레고리우스 16세의 후임으로 1846년에 교황이 된 피우스 9세는 라므네와 비슷한 성향을 지닌 사람이었다. 그는 귀족 출신의 군인이었지만 간질병 때문에 군생활을 포기했다. 그는 라틴아메리카에서 반식민지 투쟁이 벌어지고 있을 때 바로 그곳에 있었다. 그는 교회으로 즉위하자마자 일련의 개혁 조치를 단행했다. 교도소를 방문하고 석방된 정치범들을 만났으며, 언론의 자유를 일정 부분 허용했고, 형법을 개정했으며, 로마의 유대인들에게 강제로 설교를 들어야 하는 의무를 없앴고, 가스등을 설치하고 철로를 놓았다. 그러던 그가 혁명의 해였던 1848년이 지나가자 완전히 다른 사람이 되어버렸다. 이후 30년 동안 그는 교회와 국가의 반동세력과 완전히 노선을 같이했으며 자유주의를 일절 인정하지 않았다. 노년에 이른 그는 자유주의를 궁지에 몰아넣을 때마다 육체적 환희를 맛보거나 하는 것처럼, 구체제의 전통을 구축할 때마다 긍지를 느끼는 것처럼 보였다. 그는 메스트르가 일찍이 구상했던 것과 같은 교황정치를 구현해냈다. 결과적으로 그는 최초로 대중들의 지도자로 자리매김한 교황이었다. 그의 가장 큰 매력은 무엇보다 타협할 줄 모르는 성품에 있었다. 1,600여 년 전 테르툴리아누스는 기독교는 사람들의 경솔한 믿음을 방지하기 위하여 과도할 정도의 의무를 부과했다고 말했는데, 이러한 지적은 여전히 유효했다. 쉼 없이 진보하고 있는 과학과 자유주의의 발전이 이러한 지적을 다른 어느 때보다 유효하게 만들어주었기 때문이다.

대중에 기반을 둔 승리주의가 성공한 데에는 좀 더 그럴 만한 이유가 있었다. 1848년은 교황뿐만 아니라 일반 국민들에게도 놀라움을 안겨준 해였다. 프랑스에서는 옛 신앙을 중심으로 부르주아 계층이 결집했는데, 그 이유는 매우 소박했다. "나의 변호사나 재봉사, 하인, 아내가 하나님을 믿었으면 좋겠다. 그러면 한 번이라도 도둑을 덜 맞고, 아내는 간통을 하지 않을 것이기 때문이다." 라코르데르의 친구였던 프레데릭 오자낭은 다음과 같이 말했다. "부유한 볼테르주의자들은 정작 자신은 가지 않으면서 다른 사람들을 교회로 보내려 한다." 에르네스트 르낭은 그들을 "두려움에 사로잡힌 기독교인들"이라고 불렀다(그럼에도 그들은 르낭의 충격적인 베스트셀러 《예수의 생애》를 읽었다). 19세기에 이르자 교회의 경제적·재정적 자산은 꾸준히 회복되었는데, 특히 교육을 담당할 수 있는 교단들의 수가 늘어났다. 그들은 무엇보다도 급진적이고 세속적인 교사들에게 대항할 수 있는 힘을 키우려 했다. 티에르는 "국립학교 교사 중 3만 5천 명은 사회주의자이거나 공산주의자이다. 이에 대한 해결책은 하나밖에 없다. 초등교육을 교회의 손에 맡겨야 한다."

나폴레옹 3세와 피우스 9세는 서로 뜻이 맞았다기보다는 우연한 기회에 서로의 권력을 지지해주는 일종의 동반자 관계를 맺었다. 1850년대부터 나폴레옹은 이탈리아를 통일하려는 사보이 가문의 반오스트리아 전쟁을 전반적으로 지지하면서도, 로마를 이탈리아의 수도로 삼고 바티칸 지역을 강제로 병합하려는 것에 대해서는 이를 저지했다. 나폴레옹 또한 교회의 꾸준한 지지로 어렵지 않게 권력을 유지할 수 있었다. 둘의 관계가 유지될 수 있었던 것은 서로의 이해관계에 따른 실용적 이유 때문이었다. 평판이 나빴던 나폴레옹의 배우자 외제니 황후가 교황의 안식년을 기념하여 2만 5천 파운드 상당의 선물을 보냈을 정도로 부르봉 복고 왕정은 가톨릭 정권에 가까웠다. 1858년에 한 주교는 나폴레옹을 생 루이 이래로 프랑스 왕 중에서 가장 신실한 사람이라고 선포하기도 했다. 이로 인해 이 주교는 "택시 운전사처럼 팁을 얻어" 대주교로 승진했다. 흥미로운 것은 이처럼 빈정거리는 표현을 썼던 인물이 반성직주의자가 아니라 가톨릭주의자였던 비스콩트 드 팔루였다는 사실이다. 나폴레옹과 교황의 유착에 반발했던 세력들은 바로 가톨릭 교도들이었다. 선거 기간에 교황의 충성스런 거대한 성직 군대는 당연히 나폴레옹을 지지했다. 1858년 한 가톨릭 사제는 세 살짜리 유대인 소년 모르타라가 병이 나서 목숨이 위태로울 지경에 이르렀다가 회복되자마자 부모로부터 강제로 아이를 데리고 나와 세례를 베풀었다. 사람은 죽기 전에 반드시 로마 가톨릭 교회로부터 세례를 받아야 한다는 것이 바로 로마의 법이었고, 프랑스 보병 부대만이 유일하게 이 법을 지지했다. 황제는 이 사건을 당혹스러워 했지만, 교황청에 대해서는 아무런 말도 하지 못했다. 그래서 몽탈랑베르는 황제와 교황 사이의 유착을 "위병실과 성물실 사이의 유착"이라고 빈정거렸으며, 샤르가르니에 장군은 나폴레옹 정권을 "주교들이 축복한 윤락업소"라고 비난했다.

물론 새로운 교황정치를 열렬히 지지했던 프랑스 가톨릭 교도들도 적지 않았다. 이들 중 거의 대부분은 불가지론자이거나 무신론자였다가 가톨릭으로 돌아온 사람들이었다. 옥스퍼드의 개종자들처럼 이들의 시선을 사로잡은 것은 가톨릭의 권위, 즉 지적 논쟁을 단칼에 해결할 수 있는 가톨릭 교회의 분명한 자기 확신이었다. 이들 중에 가톨릭계 일간지인 〈우주l'Univers〉의 편집자였던 루이 뵈이요라는 사람이 있었다. 그는 부유하고 고등교육을 받은 옥스퍼드 운동가들이나 중상류층의 프랑스 가톨릭 자유주의자들과는 달리 노동계급 출신으로 스스로 예의범절과 세계관을 익힌 사람이었다. 변호사 보조로 일하다가 천부적 재능을 발휘하여 언론계에 투신한 그는 프랑스어에 능했으며, 특히 선정적인 것을 알아보는 안목이 날카로웠다. 이에 더하여 공격적인 열정에 어울리는 외모, 즉 단신에 다부진 체격, 큰 머리, 억센 머리카락을 지닌 사람이었다. 하지만 전통주의를 추구하는 노동계급의 조잡한 편견에 사로잡혀 있을 정도로 종교와 역사를 바라보는 그의 관점은 그리 치밀하지 못했다. 그는 "유감스러운 일은 전통주의자들이 얀 후스를 좀 더 빨리 화형시키지 않았다는 것, 루터를 그와 함께 화형시키지 않았다는 것, 그리고 종교개혁 시기에 이에 감염된 국가들에 대해서 성전crusade을 일으킬 만큼 충분히 강한 신앙심과 정치 감각을 지닌 군주가 유럽에 단 한 명도 없었다는 것이다"라고 말했다. 한편 그는 가톨릭 신앙을 신봉하는 노동계급의 잠재력을 감지하고 있었다.

가톨릭 교구 신부들이 19세기 중반 현저하게 부상했던 세력들 중 하나였던 우파들에게 선거 때마다 중요한 영향력을 행사할 수 있다는 사실을 증명해 보였던 것처럼, 근대 사회로 발전해감에 따라 가톨릭 교회는 가톨릭 출신의 프롤레타리아와 농민을 교회 안으로 끌어들여 하나의 거대세력으로 조직할 수 있었다. 평신도들과 교황이 결합할 수 있다면 실로 막강한 힘이 될 것이다. 뵈이요의 대중주의는 교황이 추진했던 성심 Sacred Heart, 성모 마리아, 성찬과 연결된 새로운 형태의 대중 신앙 운동의 성장과 시기적으로 일치한다. 사실 이들 중 많은 것들이 중세로 되돌아가 신비주의자들의 비전과 강림, 환희와 연결되었다. 1830년과 1836년에 파리에서 두 차례, 1846년 사보이에서, 1858년에 루르드에서 성모 마리아가 나타났다는 소문이 퍼졌다. 이 당시 종교적으로 가장 유명세를 떨쳤던 사람은 베르나데트와 리옹 근처 아르의 교구 신부였던 마리 비아네였다. 이들은 매우 선정적이면서도 프랑스적이었다. 아르의 퀴레가 무자비하게 자신을 매질하고, 놀라울 정도의 금식과 철야기도를 했으며, 사탄과 몸싸움을 벌였다고 알려지자 그를 숭배하기 위해 프랑스 전역에서 (그리고 해외에서) 수천 명이 몰려오기도 했다.

비아네 신부는 사회활동과 가톨릭 평신도들의 접촉을 고양하려는 새로운 조류에서 두드러진 인물이었다. 대중영합주의자였던 뵈이요는 〈우주〉지에서 이러한 경향을 강화시켰다. 거의 모든 사제들이 구독할 정도로 영향력이 있었던 이 신문은 헌신적인 신앙심, 교황 숭배, 감정과 감상이라는 이름으로 중세의 기계적 기독교, 대중주의적 승리주의가 번성할 수 있는 교의적인 분위기를 조장했다. 오자낭은 뵈이요와 그의 친구들에 대해 다음과 같이 평가했다. "그들은 믿음 없는 사람들을 개종시키려 애쓰는 것이 아니라 신앙인들의 열정을 선동하려 한다." 이 평가는 크게 보아 틀린 말은 아니었다. 완전한 기독교 사회를 건설한다는 궁극적 목표는 포기되지 않았지만, 이 목표는 신도들이 사회에서 권력을 행사할 수 있도록 만든 조직체에 종속되었다. 뵈이요는 유일하고 전제적인 교황 및 교구 성직자와 평신도들 간의 연계를 강화함으로써 주교를 바티칸 공무원 신분쯤으로 떨어뜨리려 했다.

이 같은 과정에서 〈우주〉지는 매우 중요한 도구로 활용되었다. 특별한 입지를 갖고 있지 않는 한 〈우주〉지에 대항할 수 있는 주교는 없었다. 파리의 대주교와 오를레앙의 뒤팡루 주교가 〈우주〉지를 비난하자 뵈이요는 교황에게 호소했고, 교황 피우스 9세는 〈다양한 것들 사이에서Inter Multiplices〉라는 회칙에서 "교황청의 권능이 완전한 효력을 발휘할 수 있도록 하기 위해, 교황청에 반대하는 목소리가 사라지게 하기 위해, 그리고 오류의 어둠이 사라지고 사람들의 마음이 축복받은 진리의 빛으로 가득하도록 하기 위해 밤을 지새워 책을 쓰고 신문을 제작하는 … 사람들을 격려하고 그들에게 선의와 사랑을 보여주도록 하라"며 뵈이요의 손을 들어주었다. 여기서 "축복받은 진리의 빛"이란 무엇을 의미하는가? 〈우주〉지는 그 의미를 알고 있었다. "교황은 누구인가? 그분은 지상의 그리스도이다." 이것이 1850-1860년대 내내 일관되었던 이 신문의 주제였으며, 점점 더 많은 주교들이 공감하는 주제이기도 했다.

증기열차의 발달로 인해 바티칸 방문이 예전보다 쉬워졌으며, 이에 따라 교황의 초청도 늘어났다. 통신 수단의 발달은 고립되거나 외떨어져서 생겨난 '갈리카니즘적' 요소를 없애는 데 적지 않은 역할을 했다. 이제는 아무리 사소한 문제라도 교황청의 관리를 받게 되었던 것이다. 이와 동시에 많은 주교들이 승리주의의 진영으로 들어왔으며 새로 등장한 대중주의의 지도자나 나팔수가 되었다. 메르미요 주교는 그리스도의 삼중 성육신, 즉 그리스도는 동정녀 마리아의 자궁과 성체eucharist, 그리고 피우스 9세의 인격 안에서 성육신했다고 설교할 정도였다. 주교들이 교황에게 복종하는 현상이 진전됨에 따라 18세기에 다시 등장했던 공의회 이론(공의회는 교황권에 우선한다는 이론으로, 15세기에 등장했다. 이 이론은 교황권 약화를 초래했다—옮긴이)은 다시 한 번 조용히 매장되었다. 교황 피우스 9세는 공의회를 거의(혹은 전혀) 두려워하지 않는다는 점이 분명해졌다.

교황 무오류설

웨스트민스터 대주교였던 매닝이 이끄는 교황 지지자들은 지금까지 어느 누구도 부인한 적은 없었지만 단 한 번도 공식화되지 않았던 '교황 무오류설'을 공식화하기 위해 교황 피우스 9세를 설득했다. 교황 무오류설은 권위주의 원칙을 최종적으로 재가해준 것과 같았으며, 우연하게도 피우스 9세의 행보는 이러한 절차를 위한 준비 단계로 비쳐졌다. 1854년에 교황이 선포한 〈형언할 수 없는 하나님Ineffabilis Deus〉이라는 교서는 "축복받은 성모 마리아는 자신의 수태를 직감한 순간부터 전능하신 하나님의 유일한 은혜와 특권에 의해 더러움이나 원죄로부터 자유로운 존재가 되셨다"라고 주장했다. 여기서 우리는 바로 경건한 전통적 믿음이 프로테스탄트와 가톨릭 자유주의자들의 적대감에 정면으로 도전하면서 논박할 수 없는 교리로 발전했던 하나의 사례를 볼 수 있다. 이러한 태도는 신앙심 깊은 가톨릭 평신도들에게 강한 호소력을 발휘했다. 상당한 규모를 가진 성직자들의 모임도 마찬가지 효과를 주었다. 1862년에 피우스 9세는 일본에서 순교한 26명의 선교사들의 시성을 기념하는 오순절 경축식에 전체 주교단을 초청했는데, 여기에 도합 323명의 추기경, 총대주교, 대주교, 주교, 4천 명이 넘는 사제, 10만 명이 넘는 가톨릭 평신도들이 참여하는 등 교황 주도의 대규모 모임은 매우 고무적인 반응을 불러일으켰다.

1864년에 교황은 〈전적인 돌보심Quanta cura〉이라는 회칙을 발표했다. 이 회칙은 전형적인 중세 후기 교황청의 태도를 보여주었다. 이 회칙에서 교황은 다가오는 해(1865)를 희년으로 선포하면서 경건한 가톨릭 교도들은 모든 죄로부터 완전히 용서를 받을 것이라고 선포했다. 이와 아울러 부록 형태로 첨부된 〈오류 목록〉은 교황의 담화와 편지, 연설, 회칙 등을 통해서 이미 언급했던 내용으로 채워져 있었다. 이 목록은 새로운 것이 아니었음에도 불구하고 근대 세계 전체에 대항하는 선언으로 비추어졌다. 1-7 항목은 범신론과 자연주의, 절대적 합리주의를 정죄하고 있으며, 8-14 항목은 온건한 합리주의를, 15-18 항목은 신앙의 무관심을 촉발하는 행위와 광교파, 사회주의, 공산주의, 비밀단체, 성경단체, 자유주의 성직자 그룹들을 정죄하고 있으며, 19-76 항목은 교회의 권리, 로마 교황과 그의 권리를 비타협적 교황 지상주의의 방식으로 정의하면서 시민사회가 교황의 권리를 침해하려는 행동에 대해 정죄했다. 가톨릭 교도들은 교황이 '군주'의 권리와 그 권리를 보호하기 위해 무력을 사용할 수 있는 권한을 갖고 있다는 것을 부인해서는 안 되었다. 또한 그들은 세속교육을 받아서는 안 되며 "가톨릭 종교는 국가의 유일한 종교였다"는 주장을 부인해서도 안 되었다. 79번째 항목은 "풍속과 정신을 타락시키고", "신앙 무관심을 조장한다"는 이유로 언론의 자유를 정죄했다. 마지막 80번째 항목은 "로마 교황은 진보, 자유주의, 최근의 문명과 타협하고 조화할 수 있고, 그래야 한다"는 주장을 정죄했다.

〈오류 목록〉이 발표되자 사람들은 경악했고, 비가톨릭 교도들은 이를 믿으려 하지 않았으며, 가톨릭 자유주의자들은(그리고 대다수 주교들은) 실망했다. 프랑스와 오스트리아, 바바리아를 위시한 몇몇 정부들은 이것이 나중에 교리적 권위를 부여받지는 않을까 우려했다. 〈오류 목록〉을 지지했던 가톨릭 교도들은 이 목록을 근대 사회에 적용시키기 위해 노력했다. 왜냐하면 당시 가톨릭 교회 내부에는 근대 사회와 타협하면서 교황청 반대파를 조직하여 승리주의에 제동을 걸려고 시도한 사람들이 있었기 때문이다. 영국의 자유주의 역사가였던 액턴 경은 유럽 각국의 지도자들과 학문적으로나 정치적으로 폭넓게 교류하고 있었는데, 1864-1868년 동안 유럽 각국의 문서국들을 조사한 결과 교황이 세속정책을 추진하기 위해서 거짓말과 폭력을 기꺼이 사용했다는 사실을 발견하게 되었다. 액턴 경은 이를 두고 "거짓이 하나의 관례가 되어버린 거대한 전통"이라고 정의했다. 이 같은 사실은 승리주의에 도취된 교황의 현주소를 적나라하게 보여준 증거였다. 그는 유럽의 각국을 돌아다니는 동안 특히 독일의 주요 가톨릭 인사들과 의견을 교환했다.

프랑스에서도 몽탈랑베르는 한때 자신이 열렬히 지지했던 교황 지상주의가 사실은 교황을 신학적 괴물로 이끌었다는 사실을 깨닫게 되었다. 그렇다고 해서 반대파들이 수가 많았거나 영향력이 강했던 것은 아니었다. 영국의 가톨릭 교회는 열렬한 승리주의자 매닝 추기경의 통제 아래 있었으며, 프랑스에서도 자유주의자들은 극히 미미한 세력에 불과했다. 1867년에 피우스 9세는 위대한 사도로 추앙받은 성 베드로와 성 바울의 사역 1800주년을 기념하기 위해 로마에서 500명이 넘는 주교와 2만 명의 사제, 15만 명의 평신도가 참여하는 또 하나의 대규모 집회를 열었다. 이 집회는 결국 공의회 소집으로 이어졌다. 이 공의회에서 〈오류 목록〉을 지지하는 환영의 목소리들이 나왔고, W. G. 워드는 "나는 매일 아침식사 때 읽을 수 있는 새로운 교황의 칙서를 원한다"고 말했다. 그는 또한 '교황 무오류설'은 하나의 교리로 선언되어야 할 뿐만 아니라 가능한 한 폭넓게 교황의 서신과 회칙과 같은 범주로 간주될 수 있기를 바란다는 의견을 공개적으로 피력했다. 예수회의 새로운 잡지 〈시빌리타 가톨리카Civilita Cattolica〉—이 잡지는 로마에서 발행되었고 바티칸의 준기관지로 간주되었다—는 한 걸음 더 나아가 신앙인을 두 부류로, "가톨릭 교도와 가톨릭 자유주의로 자처한 사람들"로 나누고, 후자는 교황 무오류설을 비판적으로 보고 있다고 평가하면서 그들은 진정한 가톨릭 교도가 아니라는 점을 분명히 밝혔다. 이런 분위기 속에서 공의회는 아무런 토론이나 투표의 과정 없이 박수만으로 교황 무오류설을 교리로 승인했다. 〈우주〉지를 비롯해 교황을 지지하는 다른 기관지들도 같은 입장을 피력했다. "나는 전통이다 La tradizione sono io!"라는 말을 즐겨 사용했던 피우스 9세는 아주 기쁘게 공의회의 이 같은 결정을 승인했다.

교황 무오류설 교리는 1870년에 오랜 토론을 거쳐 단지 교황좌 ex cathedra에서 선포하는 신앙과 도덕의 문제들에만 국한된다는 것으로 정의되었다. 여하튼 공의회에서 가톨릭 자유주의자들은 아무런 목소리도 내지 못한 채 흩어져버리고 말았다. 공의회는 프랑스와 프로이센의 전쟁을 반대했고, 그동안 교황을 지지했던 프랑스의 군사 보호 철회, 이탈리아의 로마 점령과 바티칸 점령에 대해서도 반대 입장을 분명히 했다. 이렇게 교황의 세속적 권한이 줄어들자 교회 안에서 교황의 입지를 넓혀야 한다는 의견이 힘을 얻었다. 결국 이 같은 주장은 전 세계 기독교 내에서 교황권의 위치를 견고히 하는 데 일조했다. 요새(교황권)는 풍화되기 쉬운 돌이 아니라 이념과 대중주의로 무장되어 견고하게 세워졌다. 그 요새 수비대들의 생각도 모두 한결같았다. 그러나 일부 가톨릭 지도자들은 교황 무오류설을 강력히 비난했다. 몽탈랑베르는 교황 무오류설을 교리로 확정한 공의회의 결정을 비난하면서 다음과 같이 말했다. "나는 로마 가톨릭 평신도 신학자들이 그들 자신을 위해 바티칸에 세운 우상 앞에 정의와 이성, 역사를 제물로 바칠 생각이 없다." 뒤팡루 주교는 선전국 책임자인 바르나보 추기경이 "주교들을 돼지떼처럼 몰아가고 있다"고 비난하면서 저항했지만 아무 소용이 없었다. 독일 승리주의자들의 지도자격으로 액턴 경과 절친한 친구였던 요한 폰 돌링거 교수는 교황 무오류설 교리를 거부했다. "한 사람의 기독교인이요, 신학자이며, 역사가요, 그리고 한 사람의 시민으로서, 나는 이 교리를 거부할 수밖에 없다." 일부 사람들, 특히 학자들은 그의 입장에 동조했으며 그들은 고가톨릭 교회Old Catholic Church(교회가 동방정교회와 로마 가톨릭 교회로 나누어지기 이전의 고대교회를 말한다—옮긴이)를 구성했다. 액턴 자신도 교회 정치에서 손을 뗐다. 하지만 이러한 이탈이나 거부는 교회 안에서 거의 아무런 파장도 불러일으키지 못했고, 대부분의 승리주의자들은 오히려 이 같은 거부를 환영했다. 처음부터 교황 무오류설 교리를 반대했던 주교들이나 혹은 자신의 반대가 세상에 알려지게 된 주교들 중에서 일부는 그들의 개인적 입지 덕분에 주교 자리를 지킬 수 있었다. 그 밖에 다른 성직자들, 즉 교황 무오류설을 반대했던 성직자들은 꼭 바티칸이 아니더라도(그것은 불필요했다) 각 지역에 포진해 있던 교황 지상주의자들로부터 박해를 받았다. 오툉의 주교, 마르게리에는 공의회를 마치고 교구로 돌아온 후에 교구 성직자 회의를 열어 자신이 반대표를 던진 이유를 정당화하려 애썼지만 교구 성직자들은 회의 장소의 마룻바닥을 발로 두드리면서 그의 이야기를 들으려 하지 않았다. 마르게리에는 교구를 사임하는 길밖에 다른 선택이 없다는 것을 깨달았다. 무거운 침묵이 가톨릭 교회를 뒤덮었다.

 1870년에 이르면 교황은 로마 가톨릭 교회를 완전히 통제할 수 있는 절대권력을 확보했다. 그것도 로마에 충성을 맹세했던 절대 다수 기독교인들의 자발적 동의 아래 이루어진 것이었다. 이것은 교황권이 최고조에 달했던 13세기에도 확보할 수 없었던 권력이었다. 민주주의의 여명이 밝아올 무렵, 로마 교황청은 오히려 대중 독재를 선택했던 것이다. 그것도 유럽이 사실상 전 문명세계를 아울렀던 1870년대에 일어난 일이었다. 교황은 근대성에 대항하기 위한 든든한 성곽을 쌓았다. 단일화된 유럽의 기독교는 종교 지상주의의 이름 아래 전 세계로 선교영역을 확대했다. "도시와 세상에*et orbi*"라는 오래된 교황청의 문구는 1870년에 새로운 의미를 얻은 것 같다. 하지만 이와 같은 세계 기독교의 비전이 얼마나 현실성이 있었을까?

7부
선교의 닻을 올리다
1500-1910년

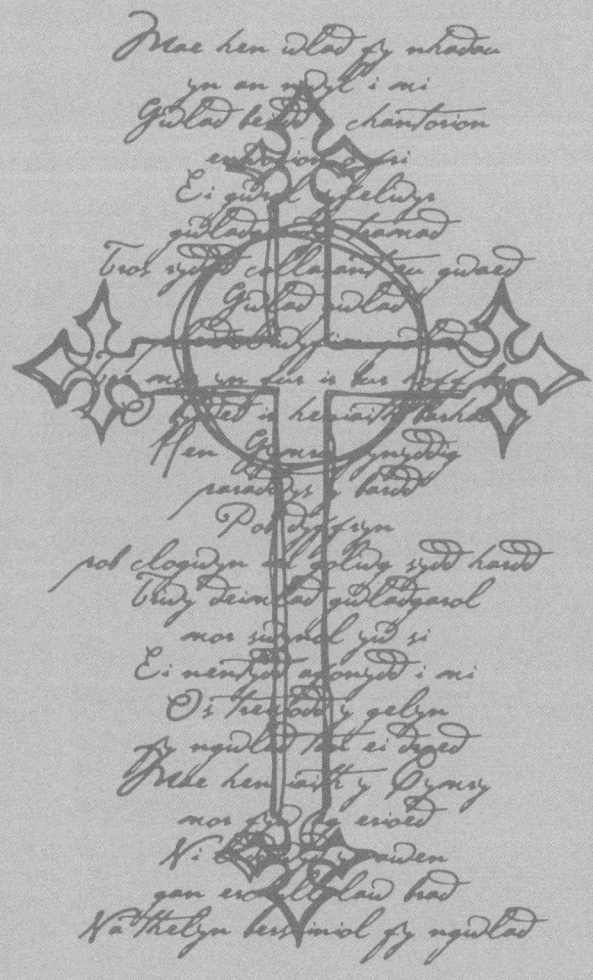

A History of Christianity

선교에 눈을 돌리다

1622년 11월 13일 런던의 머천트 테일러스 홀에서 버지니아 컴퍼니가 주최한 연회가 열렸다. 이 회사는 북아메리카 대서양 연안을 개척하는 사업을 하고 있었다. 이 연회에 참석하는 사람들은 한 사람당 3실링의 기부금을 내야 했다. "이 같은 대규모 연회에는 어김없이 사슴고기가 등장했다. 임원회는 이 협회에 소속한 귀족들과 상류층 신사들에게 버지니아 컴퍼니의 이름으로 편지를 발송하여 도움을 요청하고 이번 만찬에 도움을 주고 참석해준 데 대한 감사의 표시를 하는 것이 좋겠다고 생각했다." 연회가 시작되기에 앞서 세인트폴 성당의 부주교인 존 던은 400여 명의 버지니아 컴퍼니 사람들에게 부의 축적이 아닌 영혼의 회복을 위해 일을 해달라는 설교를 했다. "사도행전을 넘어 행동하십시오. 어둠 속에 있는 이방인들의 빛이 되십시오. 배를 건조할 수 있는 기술은 하나님 자신을 운송하라고 주신 것이지 우리 자신을 운송하라고 주신 능력이 아닙니다." 우리 모두는 선교사가 되어야 하고 "옛 세계의 끝에 위치한 이곳에서 다리를 세워 신세계로 연결해야 합니다. 그리하여 천국에서 만나도록 해야 합니다."

이 연회에 참석했던 사람들이 사도의 정신으로 무장하라는 던의 설교를 어떻게 받아들였는지는 알 수 없다. 기독교 역사의 초기부터 기독교인들에게 생기를 불어넣어 주었던 보편주의는 다른 동기들과 뒤섞이거나 종속된 적이 있기는 했지만, 단 한 번도 사라진 적은 없었다. 그럼에도 불구하고 기독교 세계를 확장하려는 선교는 이단들과 이슬람이라는 장벽에 막혀 번번이 실패하고 말았다. 비잔틴 제국은 처음부터 이에 대한 기대를 버리고 순전히 정치적이고 군사적인 방향으로만 나아갔으며, 선교활동을 러시아에만 국한시켰다. 십자군은 아프리카와 아시아를 상대로 대규모의 선교활동을 벌이지 않았고, 또 그럴 수도 없었다.

그러던 것이 13세기 초부터 튜튼 기사단Teutonic Knights(독일 기사단이라고도 한다. 12세기 독일에서 생겨난 일종의 십자군—옮긴이)은 도미니크회의 지원을 받아 프로이센과 발트 해 연안국들을 상대로 체계적인 개종사업을 시작했다. 물론 이들 나라의 개종사업에는 '무력'이 사용되었다. "한 달 이내에 한 사람도 빠짐없이 세례를 받아야 한다." 이를 거부하는 사람들은 추방되거나 노예가 되어야 했다. 이교도 의식이 금지되는 만큼 새로운 교회들이 세워졌다. 주민들은 강제로 세례를 받고 일요일에는 교회에 가야 했으며, 일 년에 한 번은 고해성사를 하고 부활절에는 성체를 받아야 했다. 하지만 실제로 튜튼 기사단이 관심을 보인 것은 개종보다는 정복과 정착에 있었다. 이교도에게 기독교를 가르치기 위해 정복한 땅에 대한 소유권이 인정되었기 때문이다. 이렇게 새로 정복한 영토를 일정한 교구로 편입하기 위해서는 정복한 땅의 3분의 1을 주교에게 주어야 했다. 땅을 차지하려는 일종의 개종 경쟁이 벌어졌고 이로 인해 이교도의 뿌리가 송두리째 뽑혀버렸다. 이와 같은 개종 경쟁은 유럽인들의 마음속에 두 가지 전제를 심어주었는데, 이들 전제는 기독교의 가르침이나 초대교회의 선교활동과는 전혀 거리가 먼 것들이었다. 그 전제들 중 하나는 기독교 개종활동이 정복이나 경제적 침략과 연계된다는 점이고, 다른 하나는 기독교 세계, 유럽 대륙, 유럽 인종을 하나의 동일체로 보았다는 점이다. 라틴 십자군들이 동방 기독교인들을—이들이 로마와 긴밀한 관계를 맺고 있을 때에도—열등하게 여기거나 적으로 다루었던 것처럼, 비유럽인 기독교 개종자들을 이류 기독교인들로 열등하게 간주하는 경향이 있었다.

    선교활동이 본격적으로 등장하기 이전인 13-14세기에도 일부 선교활동이 있기는 했다. 당시 선교활동은 이슬람 세력을 약화시킨다는 목적으로 진행되었다. 프란체스코회 선교단이 중앙아시아와 인도에 파견되었으며 '동방의 대주교'나 탁발수도사들이 중국을 방문하기도 했으나 모두 별다른 성과를 올리지 못했고, 그나마 14세기 말에 원나라가 멸망하자 와해되어버렸다. 이때 선교가 실패한 원인은 그 지역에 파송된 선교사들이 보여준 일종의 우월의식 때문이 아니었을까 싶다. 이슬람과 이교도들이 주류를 이루었던 아프리카에서도 선교활동은 성공을 거두지 못했다. 라이문두스 룰루스에 의해 13세기 후반 마요르카 섬에 동양어 대학이 설립되었으며, 빈 공의회(1311)가 동양어 교육을 강조했음에도 불구하고 별다른 성과를 거두지 못했다. 그럼에도 불구하고 1415년에는 지브롤터 해협 남쪽에 기독교 기지가 세워졌으며, 이를 계기로 1444년에는 열대 아프리카 흑인 부족들과 접촉했으며, 1482년에는 콩고, 그리고 5년 후에는 희망봉에 첫발을 내딛게 되었다. 하지만 이마저도 16세기 중엽에 이르면 불행히 모두 사라져버리고 말았다.

    초기 선교 사업과 관련하여 교황은 거의 아무런 역할을 하지 않았던 것 같다. 교회에 대한 통제권이 군주에게 이전되어 교황의 영향력은 상대적으로 미약했으며, 더군다나 당시 선교활동을 벌이던 선교단들은 국가에서 운영하는 식민화 기구들과 연계되어 있었다. 하지만 선교 사업의 주인공들은 이들이 아니라 프란체스코회, 도미니크회, 아우구스티누스회, 예수회 사람들이었다. 이때까지만 해도 프로테스탄트 교회는 선교를 수행할 인력이나 수단을 구비하지 못하고 있었으며, 더군다나 선교 사업의 가치를 미처 인식하지도 못하고 있었다. 루터의 관심은 국가 안에 제한되어 있었기에, 그에게 세계적인 관점은 고사하고 대륙의 관점도 기대할 수 없었다. 그는 "유대인, 투르크인, 가톨릭 교도들의 믿음은 모두 한 가지"라고 생각할 만큼 이교도들에 대한 관심이나 지식도 없었다. 그의 관심은 오직 기독교를 개혁하는 데 있었을 뿐이었다. 칼뱅주의자들이 힘을 기울인 대상도 엘리트 계층이었지 이방인 대중들이 아니었다. 벨라미네 추기경은 선교활동에 미진한 프로테스탄트들을 향해 "나는 이단자들이 유대인이나 이방인들을 개종시켰다는 말을 들어본 적이 없다. 이들은 기독교인을 프로테스탄트로 개종시키는 일에만 관심이 있을 뿐이다"라고 비난했는데, 어느 정도 일리가 있는 주장이었다. 아주 극소수이기는 하지만 몇몇 프로테스탄트들은 "복음을 전파하라"는 예수의 명령은 사도들에게만 해당된 것이라고 주장했다. 예수는 "단 한 번만"을 요구한 것이기 때문에 이를 다시 해야 할 필요는 없다는 것이었다.

던의 설교는 영국 국교회의 입장을 잘 반영해주고 있다. 영국의 선원들과 무역업자들은 전도를 일종의 의무로 믿었던 광신적인 프로테스탄트들이었다. 1583년에 험프리 길버트가 받은 '특허장'에는 다음과 같은 구절이 쓰여 있었다. "하나님이 영국인들에 의해 기독교가 전파되도록 이들 이방인들을 남겨두셨던 것 같다." 선교 초기에 발행된 특허장에는 이러한 구절들이 어김없이 들어 있었다. 하지만 선교활동은 세속적인 상업 활동을 하던 사람들의 수중에 놓여 있었다. 영국 국교회는 선교 사업을 위한 조직을 구성하지 못하고 있었으며, 국가도 마찬가지였다. 기독교로의 개종 사업은 철저하게 상업적 목적을 위해 이용되었고, 개인적 차원에서 이루어졌다.

　이와 달리 스페인과 포르투갈은 자신들이 개척한 식민지에서 프란체스코회를 중심으로 활발한 선교활동을 벌이고 있었다. 하지만 이들 국가의 선교활동도 순수하게 종교적 동기에서만 이루어졌던 것은 아니었다. 정부 당국자들은 무엇보다 선교활동을 통해 유순한 노동력과 안전을 보장받기를 원했다. 8세기 유럽에서 전도활동이 그러했듯이 이들 국가의 개종활동도 정복의 한 요소로 작용했다. 유럽의 색슨족들처럼 남아메리카 인디언들도 스페인에게 정복당한 것은 신이 자신들을 버렸다는 뜻으로 해석했다. 스페인 정복자들 가운데도 신앙심이 매우 돈독한 인물들이 있었다. 코르테스는 "우리가 떠나려는 탐험의 일차적 목적은 하나님께 봉사하고 기독교를 전파하는 일이다. … 진실한 신앙에 대한 지식을 전파하고 어둠 속에 살고 있는 사람들 사이에 하나님의 교회를 세울 수 있는 기회를 놓쳐서는 안 된다"고 말했다. 남미를 탐험하는 중에 그는 "가능한 한 빨리" 선교단을 파견해달라는 편지를 고국으로 보내기도 했다. 반면 피사로는 "나는 그와는 다른 목적, 즉 황금을 빼앗기 위해서 이곳에 왔다"며 퉁명스럽게 말했다. 지금 우리는 이 두 인물을 어떻게 평가해야 할까? 코르테스는 위선자이고 피사로는 정직한 인물이었는가? 중세인들은 간혹 매우 다양한 성격을 보여주는 복잡한 존재였기 때문에 쉽게 판단할 수 없다. 왜냐하면 시토 수도회의 경우에서도 그러했듯이 인격적으로는 포악한 자임에 분명한 사람들이 자선사업에서는 아낌없이 자신의 재산을 내놓는 경우가 적지 않았기 때문이다. 탁발수도사들은 분열되었다. 이들이 선교활동에 나서게 된 데에는 교단 내부의 경쟁이나 영적 권한 문제, 그리고 물질적 이해관계 등이 작용했다. 그러나 인디언들에 대한 연민 또한 이들을 선교 현장으로 끌어들이는 동기가 되었던 것도 사실이다. 1511년 크리스마스 때 도미니크회 수도사인 안토니오 데 몬테시모스가 히스파니올라 섬에서 "나는 광야에서 외치는 목소리다"라는 제목으로 식민주의자들에게 했던 설교 중에 다음과 같은 구절이 있다. "당신들은 도대체 어떠한 권리와 정당함으로, 참혹한 예속상태에 빠져 있는 인디언들을 내버려두고 있는 것입니까? … 이들은 인간이 아닙니까? 이들에게 이성적인 영혼이 없습니까? 자신을 사랑하는 것처럼 이들을 사랑할 의무가 우리에게는 없을까요?"

라틴아메리카 선교

멕시코 선교는 1526년에 12명의 프란체스코회 수도사들이 그곳에 도착한 것으로 시작되었다. 이후 프란체스코회 수도사 380명, 도미니크회 수도사 210명, 아우구스티누스회 수도사 212명이 멕시코를 찾았다. 프란체스코회 수도사들이 멕시코에서 당시 잉글랜드 인구보다 많은 500만 명의 원주민들에게 세례를 베풀었다는 주장도 있었지만, 이를 확인할 길은 없다. 이들을 기독교로 개종시키는 전체 과정은 무력과 잔인함, 어리석음, 탐욕 등이 놀라울 정도로 한데 혼합되어 전개되었으며, 가끔씩 임기응변의 지혜와 자선활동이 가미되기도 했다. 멕시코에 첫발을 내딛은 프란체스코회 수도사들이 원주민들에게 했던 첫 번째 말은 다음과 같았다고 한다. "우리는 금이나 은, 귀금속을 구하러 온 것이 아닙니다. 우리는 당신의 건강만을 구할 뿐입니다." 그런데 그들에게 세례를 주는 과정에서 문제가 발생했다. 왜냐하면 기독교에 무지했던 인디언들에게 유럽 대륙에서 행해지는 복잡하고 난해한 교리문답을 요구할 수 없었기 때문이었다. 이에 수도사들은 기초적인 수준에서 만족해야 했고, 이것마저도 곤봉으로 때리거나 철망에 가두는 등, 강제적인 방법이 동원되어야 했다. 초창기 멕시코에 도착했던 수도사들은 원주민의 언어를 사용할 줄 몰랐다. 그래서 그들은 땅과 불, 두꺼비, 뱀을 가리키며 지옥을 설명했고 눈을 들어올려 하늘을 가리킨 다음, 유일신 하나님에 대해 이야기했다고 한다. 무엇보다 의사소통이 선행되어야 한다고 생각한 이들은 원주민 아이들을 교육하여 이들을 통역자로 활용하면서 체계적인 전도 사업을 진행시켜나갔다.

아즈텍인들은 사람을 제물로 바치거나 식인제의를 행하는 등 기독교와는 화해할 수 없는 다신교를 믿고 있었으나, 기독교와 비교할 수 있는 부분도 갖고 있었다. 이들이 믿는 최고신은 처녀의 몸에서 태어났으며, 일 년에 두 번은 그 신을 본떠 구운 빵을 먹었으며, 세례나 고해성사와 비슷한 의식도 있었고, 사방 방위를 표시한 십자가를 지니고 있었다. 초기 기독교 선교활동의 방식이나 선교에 지대한 관심을 보였던 교황 그레고리우스 대제의 의도와는 달리, 당시 멕시코 선교사들은 멕시코의 이와 같은 전통들을 토대로 기독교 복음을 전파하기보다는 기존의 전통 신앙을 송두리째 파괴해버리는 방식을 택했다. 멕시코의 초대 주교였던 후안데 주마라가는 멕시코 전통 신앙을 모조리 파괴하려는 시도를 했다. 그 이후로 멕시코 전통 신앙의 흔적을 지우기 위한 시도들이 조직적으로 진행되었다. 1531년에 그가 쓴 글을 보면 자신은 500군데가 넘는 사원들과 2만 개 넘는 우상들을 직접 파괴했다고 기록했다. 물론 사원들은 가끔씩 요새로 사용하기 위해 남겨두기도 했다.

이같이 우상파괴가 대규모로 이루어졌음에도 불구하고 신기한 것은 이에 대한 저항의 목소리를 들을 수 없었다는 점이다. 일부 인디언들이 우상을 숨기거나 저항하기는 했지만, 대개 그들은 조용히 외딴 지역으로 물러났다. 이 외에도 인디언들은 축첩, 중혼, 이단 등으로 많은 박해를 받았다. 1539년에 한 추장이 축첩과 우상숭배를 한다는 이유로 피소되었다. 그의 집에서 무기와 우상이 발견되었으며 열 살 된 그의 아들은 아버지에게 불리한 증언—종교재판 때 보통 이 같은 일들이 벌어지곤 했다—을 했다. '돈 카를로스 멘도사'로 알려진 오메토친 추장은 탁발수도사들과 세속인들이 다른 옷을 입고 다른 규칙을 지키는 것과 마찬가지로 모든 사람은 자신들만의 고유한 생활양식이 있고, 특히 인디언들은 독특한 생활양식으로 살아가고 있기 때문에, 그들에게 그것을 포기하도록 강제해서는 안 된다고 주장했다. 그는 또한 많은 스페인 사람들이 술주정뱅이고 다른 사람이 숭배하는 종교를 경멸했다고 주장했다. 불행히도 결국 그는 사형에 처해졌다.

기독교 진리만을 온전히 전하려는 노력도 있었다. 마투리노 길베르티는 그가 개종시킨 사람들에게 헌신과 성상숭배image-worship의 차이점을 설명하기 위해 노력했다. 나중에 그는 바로 자신의 이 같은 노력 때문에 프로테스탄트로 의심을 받았다고 생각했다. 프란체스코 데 부스타멘테는 성모 마리아 숭배가 다신교라는 오해를 불러일으키지는 않을까 우려했다. 하지만 이런 경우는 극소수에 불과했으며 대부분의 성직자들은 이에 대해 관심조차 갖지 않았다. 스페인어만을 할 줄 알았던 프란체스코회 소속의 루이스 칼데라는 '지옥'을 설명하기 위해 오븐을 이용하기도 했다. 오븐 속에 들어간 개와 고양이가 울부짖는 것을 본다면, 어렵지 않게 '지옥'을 상상해볼 수 있을 것이라고 생각했기 때문이다.

선교사들은 대개 다른 사람들보다 상상력이 풍부하고 예민했는데, 그들은 종종 교회나 세상 문제와 관련하여 자신들의 상관과 갈등을 빚었다. 프란체스코회 수도사였던 바르나디노 데 사하군은 선교의 효율성을 높이기 위해 멕시코의 종교, 관습, 법률, 지적·경제적 생활, 동식물, 언어 등을 아우르는 12권 분량의 《스페인의 새로운 정복의 역사 총론*Historia general de las cosas de Nueva Espana*》이라는 책을 편찬했다. 나우아틀어Nahuatl(멕시코 중앙 고원에 거주하는 나우아족의 언어—옮긴이)와 스페인어로 쓰인 이 책은 르네상스 시대를 통틀어 가장 위대한 지적 성취물로 손꼽히지만, 동료들의 반대로 빛을 보지 못했다(1779년에 이르러서야 복원될 수 있었다). 1577년 펠리페 2세는 이 책을 몰수하라고 명령했다. 딱 한 권만이 검열을 위해 '인디언 담당 위원회Council of Indies'로 보내졌다. 이 때문에 어느 누구도 "인디언들의 미신과 관습을 묘사"할 수 없었다. 그럼에도 불구하고 프란체스코회 수도사들은 원주민에 대한 연구를 계속하여 현지어로 설교를 하고 책을 내는 일을 게을리하지 않았다. 종교재판소는 인디언들이 사용하는 언어로 제작된 인쇄물들을 탐탁하게 여기지 않았으며, 특히 교리문답을 인디언들의 언어로 번역하는 일을 몹시 싫어했다. 스페인 국왕은 "표준 스페인어로 우리의 사회조직과 관습을 가르쳐야 한다"(1550)면서 스페인어를 고집했다. 기독교 용어를 번역해내는 작업도 많은 어려움이 뒤따랐는데, 무엇보다 이 작업에 참여한 사람들은 이단으로 몰리지는 않을까 몹시 두려워했다. 선교 사업을 못마땅하게 바라보았던 재속在俗 신부들은 이들을 예의주시하다가 꼬투리를 발견하면 즉시 고국의 권위 있는 자들에게 연락하곤 했다. 그리하여 멕시코에서 열린 첫 번째 종교회의(1555)는 원주민 언어로 쓰인 설교문들을 압수하라는 결정을 내렸고, 그로부터 10년 후에는 인디언들이 성경에 접근하는 것 자체를 전면 금지시켰다.

기독교는 어느 수준까지 원주민의 색채를 입을 수 있는가?

여기서 우리는 선교활동을 가로막았던 가장 중요한 문제—기독교가 확산되려 할 때마다 가로막았던—를 만나게 된다. 그것은 "기독교는 어느 수준까지 원주민의 색채를 입을 수 있는가?" 하는 것이다. 앞에서 살펴보았듯이 아프리카와 소아시아, 남유럽까지 진출한 초기 기독교 선교사들은 원주민들의 문화에 맞춰 기독교를 다양하게 변형시켰으며 이는 선교에 적지 않은 도움을 주었다. 이러한 방식이 사도들의 뜻과 어긋난 것이라고 단정지을 수는 없다. 왜냐하면 로마서에서 바울은 어렴풋하게나마 이와 관련된 이야기들을 언급하고 있기 때문이다. 하지만 16세기의 기독교는 바울이 선교여행을 떠났던 1세기의 기독교와는 엄연히 다르다는 사실을 염두에 둘 필요가 있다. 지난 1,500여 년 동안 교리의 폭은 줄어들기만 했으며 기독교의 본래적인 유연함이나 다양성은 상실되었다. 사람들은 기독교 정통 교리에서 조금이라도 벗어나게 되면 이 세상에서는 고문과 죽음의 위협을 받아야 했고, 죽음 이후에는 지옥의 영원한 공포가 기다릴 것이라는 두려움에 사로잡혀야 했다.

스페인과 포르투갈의 식민지였던 아메리카 선교활동은 국가나 주교의 지배 아래 있던 탁발수도사들(후에는 예수회)이 수행했기 때문에 기독교와 토착문화가 결합하는 일은 일어나지 않았다. 이들은 원주민과 스페인 사람, 그리고 혼혈아를 철저하게 격리시킴으로써 문화의 만남 자체를 차단해버렸기 때문이다. 이처럼 사람들을 재편성하고 분리한 결과로 탁발수도사들은 인디언을 효과적으로 지도할 수 있게 되었다. 인디언에게 금욕적인 수도사들의 생활은 상당한 영향력을 발휘했는데, 프란체스코회 수도사인 안토니오 데 로아는 신발도 없이 허름한 수도사복 한 벌만을 입은 채로 마룻바닥 위에서 잠을 잤으며 포도주, 고기, 빵 등은 먹지 않고 살았고, 십자가를 볼 때마다 이글거리는 석탄 속에 몸을 던지거나 스스로를 채찍질했다고 한다. 이로 인해 인디언들은 프란체스코회 수도사들을 심히 존경하여 경배할 정도가 되었다고 한다. 인디언들은 '채찍질'을 기꺼이 받아들였는데, 심지어 그들은 고해성사가 끝난 후에 "왜 저에게는 채찍질을 하라고 말씀하지 않으세요?"라고 묻기도 했다. 원주민들은 사순절과 전염병이 돌 때에 스스로를 채찍질하는 관습이 이어져 오늘날에도 친춘란Tzintzuntlan에서는 원주민이 수 시간 동안 못이 박힌 가죽 끈으로 스스로를 채찍질하는 모습을 심심치 않게 볼 수 있다.

탁발수도사들은 마을마다 광장을 만들고 도로를 닦고 대농장을 짓고 호텔과 수도원, 교회를 건축했다. 몇몇 장소는 3만 명을 수용할 수 있을 정도로 규모가 거대했다. 프란체스코 데 템블크라는 탁발수도사는 멕시코시티 인근에서 20년에 걸쳐 136개의 아치가 있는 50킬로미터에 달하는 수도관을 건설하기도 했다(이것은 오늘날까지도 원래의 모습 거의 그대로 잘 사용되고 있다).

이렇게 세워진 교회 중에는 매우 거대한 것도 있었는데, 특히 아우구스티누스회 수도사들은 방대한 규모의 교회를 선호했다. 레브론 데 키노네스는 펠리페 2세에게 인디언들에게 깊은 인상을 남기기 위해서는 무엇보다도 교회를 "지극히 장엄하고 호화스럽게" 세울 필요가 있다고 보고했다. 하지만 교회 건축의 규모가 커질수록 그만큼 건축에 참여하는 원주민들의 고통도 커졌다. 교회를 짓는 일에는 언제나 인디언들이 동원되었다. 이와 관련하여 과달라하라의 성당 참사회는 "아우구스티누스회 수도사들이 … 새로운 수도원을 지을 때마다 남아 있던 몇 안 되는 원주민들마저 떠나버렸다"고 불평했다. 하지만 이러한 불평은 받아들여지지 않았다. 왜냐하면 이러한 문제가 불거질 때마다 도미니크회 수도사들은

"노동에 참여한 인디언들은 모두 자진해서 작업에 참여했으며, 작업 중에 어떠한 학대나 괴롭힘도 없었다"고 증언했기 때문이었다. 수도회 교단 간의 경쟁심리와 재속 신부들의 증오심이 한데 얽혀 있었기 때문에 어느 쪽이 진실인지 밝혀낼 도리가 없다.

이와 관계없이 인디언들은 선교문명에 적응했던 것으로 보인다. 주마라가는 카를 5세에게 다음과 같은 편지를 보냈다. "인디언들은 음악을 상당히 좋아합니다. 그들의 고해성사를 받은 성직자들이 제게 말하기를 인디언들에게 선교하기 위해서는 다른 무엇보다도 음악을 사용해야 한다고 합니다." 노래, 특히 찬송가는 인디언들에게 가장 쉽게 전할 수 있는 수단인 것이 분명했다. 여기에다가 클라리넷, 호른, 트럼펫, 피리, 트럼본, 모로코 플루트, 이탈리아 플루트, 드럼, 활이 있는 기타 등의 악기 또한 어렵지 않게 익힐 수 있었다. 이를 증명이라도 하듯, 후안 데 그리할바는 상부에 다음과 같은 보고를 올렸다. "20명이 사는 작은 마을에서도 인디언들은 트럼펫이나 플루트를 연주하면서 예배를 드리고 있습니다." 심지어 예배나 종교 축제일에 동원되는 가수나 악기, 그리고 춤과 쇼 등이 지나쳐서 펠리페 2세가 이를 줄이거나 금지시키는 일까지 벌어지기도 했다.

예수회는 브라질과 파라과이를 중심으로 '점령지역reductiones'이라고 불렀던 원주민 집단 거주지를 건설하기 시작했다. 이곳은 '보호'라는 명분으로 지어졌는데, 여행자들은 이곳에서 이틀 이상 머무를 수 없었으며 유럽인들, 메스티소(중남미 원주민인 아메리카 인디언과 스페인계·포르투갈계 백인과의 혼혈 인종―옮긴이), 흑인, 물라토(중남미에 사는 백인과 흑인의 혼혈 인종―옮긴이)들도 이곳에서 살 수 없었다. 1623년에 이르면 10만 명 정도의 원주민이 거주할 수 있는 식민도시가 20개가 넘었다. 1641년부터 예수회가 식민도시를 보호한다는 명분으로 군대를 보유할 수 있게 되자 식민도시들의 확장세는 더욱 가속화되었다. 원주민들을 침략했던 유럽인들이 오히려 그들을 유럽 문명의 간섭으로부터 보호하겠다는 생각은 어찌 보면 진보적이다. 그러나 유럽인들은 본능적으로 우월감에 사로잡혀 원주민들을 바라보고 있었다. 펠리페 2세는 "인디언들은 날개가 충분히 자라지 않아 스스로의 힘으로는 날 수 없는 어린 새와 같습니다. … 종교란 그들에게 진정한 어미이자 아비입니다"라는 조언을 들었다. 하지만 그 새가 날 수 있게 되리라는 것과 그렇게 되도록 도울 수 있다는 것을 받아들이려 하지 않는 사람들이 있었다.

도미니크회 수도사들은 원주민들에게 (발전의 열쇠가 되는) 라틴어를 가르치거나 그들을 위해 학교를 세우는 일에 회의적인 시선을 보냈다. 이들보다는 덜 교리적이었던 프란체스코회와 아우구스티누스회 수도사들은 도미니크회 수도사들보다는 교리에 덜 사로잡혀 있었다. 그들은 사실 원주민들이 스페인 사람들보다 라틴어를 더 쉽게 배운다는 사실을 발견했다. 그러나 프란체스코회가 운영했던 산티아고 틀랄텔롤코 대학은 단 한 명의 원주민 성직자도 배출하지 못했다. 인디언들을 교육하려는 시도마저도 격렬한 비판의 대상이 되었다. 헤로니모 로페스 같은 사람들은 인디언들에게 교육하는 것 자체를 격렬하게 비난했다. "인디언들에게 학문을 가르치고 그들의 손에 성경을 쥐어 주는 것만큼 위험천만한 일도 없을 것이다. … 스페인에서 많은 사람들이 그렇게 하다가 길을 잃어버렸고 수천 가지의 이설을 만들어냈다."

라틴어 교육은 유럽인 성직자들의 오만과 무지를 드러냈다. 몬투파르 주교는 자기에게 서품을 받은 24명의 스페인 수도사 중에서 오직 둘만이 라틴어를 알았다는 일화를 인용했다. "인디언들이 성경을 읽을 수 있게 되면 자신들이 예전에 그랬던 것처럼 구약시대 족장들도 여러 명의 아내를 거느렸다는 사실을 배우게 될 것입니다"라고 불평하는 사람도 있었다. 점차 대학은 이단을 가르친다는 비난을 감당해야 했으며, 이를 계기로 결국에는 인디언들을 입학시킬 수 없게 되었다. 원주민들을 교육시키기 위해 세워진 대학들이 그들을 가르칠 수 없게 되자 목표를 상실한 대학은 곧 부패해갔다. 주교회의에서는 항상 원주민들은 서품을 받을 수 없다는 것과 수도원에 들어올 수 없다는 것을 강조했다. 유럽인들, 특히 예수회 사람들은 인디언들의 보호와 선교에는 누구보다 열정적이었으나 결코 그들에게 기독교인으로서의 지위를 인정하지는 않았다. 이는 원주민 지도자들의 부재로 나타났고 18세기 말에 예수회가 억압당하자 원주민들은 제국주의자들로부터 속수무책으로 약탈을 당할 수밖에 없었다.

다시 말해 라틴아메리카에서 자생력 있는 기독교의 성장은 요원했다. 로마 시대부터 기독교는 알렉산드리아, 안디옥, 카르타고, 스페인, 론 계곡 등 지역별로 독특한 색채를 지니고서 풍성함을 자랑하고 있었으며, 이 같은 특색은 기독교가 유럽에 전해진 이후에도 여전했다. 하지만 불행히도 라틴아메리카에서는 그러지 못했다. 어느 곳보다도 신속하게 이교의 뿌리를 뽑고 그만큼 기독교 문화를 뿌리내렸음에도 불구하고, 유난히 이단과 분열 혹은 경쟁을 인정하려 하지 않았고 그러한 문제들에 민감하게 반응했기 때문이다. 라틴아메리카에는 성직자들의 수가 헤아릴 수도 없을 만큼 많았고 또 그들은 부유하고 특권을 행사했지만, 4세기가 넘도록 신학사상이나 통찰력을 발전시키는 데 별다른 기여를 하지 못했다. 라틴아메리카는 오랫동안 침묵했다. 루터가 종교개혁을 외치기 전부터 스페인은 가톨릭 정통주의적 색채로 자체 개혁을 실천하고 있었기에 라틴아메리카에서 벌어진 일들은 그렇게 놀랄 만한 일은 아니었다. 성직자들을 통제할 수 있는 제도적 장치는 본국보다는 식민지에서 훨씬 더 효과적으로 작동할 수 있었다. 스페인에서 종교회의는 또 하나의 의회였고, 성직자들은 일종의 왕의 대리인으로서 스페인 국왕에게 고용된 신분이었다. 가톨릭 교회는 정부의 행정부서였고 이 같은 형식은 아메리카 대륙에서도 동일하게 적용되었다. 이와 아울러 카를 5세와 펠리페 2세는 식민지를 담당하는 관리들을 견제하려는 목적으로 성직자들을 이용했으며, 교회는 그에 대한 대가로 보호와 특권을 요청했고 또 정통 신앙을 지지해줄 것을 국왕에게 요구했다. 상황이 이러했으니 무슨 실험이나 일탈이 가능하기라도 했겠는가? 교회와 국왕은 힘을 모아 변화에 대항했고 이에 대해 만족했다. 교황을 철저하게 배제시켰던 교회와 국왕의 협력체계는 효율적이었고 실제로 매우 성공적이었던 것으로 보인다.

선교사들의 독립운동

절대로 흔들릴 것 같지 않던 교회-국왕의 협력체계는 18세기에 이르러 무너져내렸다. 이 협력체계의 한 축을 담당했던 국왕이 스스로 정통 가톨릭 진영을 버리고 개혁을 추진했기 때문이었다. 이 같은 체계의 와해는 유럽의 계몽된 전제 군주들에게는 별 문제가 없었으나 군대가 아닌 교회가 통제의 수단이었던 아메리카에서는 치명적이었다. 1769년에 예수회 수도사들이 억압당하고 체포되고 추방되자 첫 번째 위기가 찾아왔다. 당시 분개한 인디언들이 폭도로 변해 예수회 수도사들을 구출하기 위해 군 막사에 침입하려는 사건이 벌어졌다. 이미 이전부터 국왕은 성직자들을 억압하는 조치는 식민지를 장악하는 데 결코 도움이 되지 않을 것이라는 조언을 수차례 들었다. 국왕에게 제출된 보고서들에는 다음과 같은 내용이 들어 있었다. "성직자들이 계속해서 적합한 행동과 건전한 복종 원리, 황제 폐하에 대한 사랑을 유지하도록 끊임없이 주의해야 합니다"(1768). "사람들의 행동은 대개는 성직자들의 행동에 좌우됩니다"(1789). 인디언들의 폭동을 가라앉히기 위해서는 무엇보다도 "가장 가까운 광장에 거룩한 십자가를 맨 탁발수도사를 배치해야 합니다"라는 보고서도 있었다. 푸에블로의 가톨릭 참사회의 다음과 같은 보고서를 보면 당시 인디언들이 얼마나 광신적으로 성직자들에게 헌신했는지를 짐작할 수 있다. "무릎을 꿇고 키스하려는 인디언들로 인해 성직자들의 손은 쉴 틈이 없으며, 인디언들은 성직자들의 조언 하나하나를 맹목적으로 따르고 있습니다"(1799). 심지어 인디언들은 국왕에게 "성직자들의 특권을 폐지하려는 국왕의 개혁에 대해 분개하고 있다"는 경고장을 보내기도 했다.

하지만 불행히도 스페인의 국왕과 정부는 인디언들의 경고를 무시했고, 이는 결과적으로 독립운동을 부르는 계기가 되었다. 라틴아메리카의 성직자들은 부르봉주의와 볼테르의 불안한 결합을 원하지 않았다. 그래서 그들은 본국으로부터 억압을 받자 대중을 자신들의 편으로 끌어들여 폭동을 일으켰다. 1812년에 성직자의 특권을 폐지하는 칙령이 반포되었는데, 이것은 독립운동의 기폭제가 되었다. 많은 성직자들이 정치적·군사적 지도자로 봉기에 참여했다. 그들은 주로 정치선전을 주도하며 스페인으로부터의 독립을 이끌었다. 예를 들어 1810년 9월, 멕시코 미초아칸에 속했던 '돌로레스'라는 작은 마을에서 일어난 반란을 진압하는 과정에서 스페인 정부는 244명의 재속 신부들과 157명의 수도사와 탁발수도사들을 기소했다. 당시에 이를 담당했던 한 관리는 다음과 같이 썼다. "이번 반란의 주모자들이 성직자들인 것은 분명하다. … 반역에 참여했던 수백 명의 장군, 대령, 기타 장교들이 모두 성직자들이었으며, 주동자들 중에 성직자가 아닌 경우는 거의 없었다."

푸에블로 주교의 보고에 따르면 멕시코는 "보잘것없고 비참한 상태에서 정복자들을 향한 뿌리 깊은 적의와 달랠 길 없는 증오심"을 숨기고 있는 민족의 나라였다. 성직자들이 설교를 통해 끊임없이 국왕에게 복종하라고 권면했기 때문에 스페인은 300년이 넘도록 최소한의 병력만으로도 식민지를 효과적으로 통제할 수 있었다. 그러던 것이 1820년에 자유주의자들이 정권을 잡자 성직자들의 특권을 폐지하는 법률들이 쏟아져 나왔다. 이 때문에 극소수 고위 성직자를 제외한 거의 모든 성직자들이 독립운동의 편에 서게 되었다. 마리아노 로페스 브라보 신부는 1822년 페르디난드 7세에게, 성직자들이 사람들에게 왕에게 충성하든지 아니면 "그들의 종교가 파괴되지 않도록, 그들의 사제들이 박해당하지 않도록, 그리고 그들의 교회가 약탈되지 않도록 보호할 것인지" 둘 중 하나를 선택하라고 설득한 까닭에 스페인은 멕시코를 잃었다고 말했다. 그는 이어서 자신은 독립에 반대하도록 설교하려 했지만 "그들이 저를 이단으로 낙인찍었습니다"라고 덧붙였다. 스페인은 자국 식민지의 기둥이었던 교회를 개혁하려다 신세계를 잃어버렸다. 교회는 오히려 더 강력해졌으며 계속해서 정치적·경제적 특권을 유지했다. 하지만 이제 교회는 국왕의 지원 없이 홀로 통치해야 했고 19세기와 20세기, 그리고 아주 최근까지도 일어난 폭력적인 반성직주의 운동의 희생양이 되었다. 라틴아메리카 교회는 이제 새로운 교회 체제를 방어하기 위해 다시 한 번 혁명적 역할을 맡아야 했다.

아시아에 눈을 돌리다

라틴아메리카에서 선교활동을 방해했던 요인은 원시적 형태의 이교주의 외에는 아무것도 없었다. 다시 말해, 이곳에서 기독교가 자생력을 갖추지 못했다고 해서 크게 흔들리는 일은 없었다는 것이다. 하지만 아시아에서는 상황이 전혀 달랐다. 왜냐하면 이곳에는 이미 전통종교가 뿌리를 굳게 내리고 있었으며, 선교사들은 식민지 정부의 정치적·군사적 지원이 사실상 전혀 없는 상태에서 선교활동을 해야 했기 때문이다. 신대륙을 찾아 떠났던 16세기 이후로 서양인들은 세계 곳곳에 교회 조직을 세웠는데, 특히 포르투갈인들이 중심이 되어 1576년에 마데이라 제도, 1532년에는 카보베르데, 1533년에는 고아, 1557년에는 말라카, 1576년에는 마카오에 주교 교구를 세웠다. 그럼에도 불구하고 아시아의 기독교화는 더디고 별다른 성과를 거두지도 못했다. 성과를 거둔 곳이라고는 고작해야 스페인의 식민지였던 필리핀뿐이었다. 스페인 선교사들은 필리핀에서도 강압적인 선교활동을 벌였다.

아시아에서 선교사들은 '이슬람'이라는 또 하나의 벽을 넘어야 했다. 서아시아, 북인도, 말레이 반도, 자바 섬과 같이 이슬람이 확고하게 뿌리내린 곳에서 기독교인들은 정치·경제·군사적으로 우세했을 때조차도 별다른 힘을 발휘하지 못했다. 단지 이슬람과 애니미즘이 결합되어 있었던 일부 인도네시아 섬들에서 네덜란드의 프로테스탄트 선교사들이 약간 성과를 거둔 정도였다. 특히 힌두교, 불교, 유교 같은 동양의 종교들이 지배하던 곳에서는 기독교가 침투할 수 있는 여지를 찾기가 쉽지 않았다. 이에 비해 경제적·문화적으로 뒤떨어져 원시적 종교 형태를 유지하고 있던 곳에서 기독교는 어렵지 않게 전파될 수 있었고, 특히 식민

세력의 지원을 받는 경우에는 더욱 활발하게 선교활동을 전개할 수 있었다.

아시아에서 기독교가 다른 제국주의적 종교를 대체하는 데 실패했던 이유는 무엇일까? 이는 역사적으로 매우 중요한 물음이다. 아시아의 기독교화가 유럽의 군사적·경제적 힘이 가장 왕성했던 1550-1900년 사이에 이루어졌다면 20세기의 역사는 다시 써야 했을 것이고 기독교 자체도 완전히 다른 모습으로 변모했을 것이다. 바로 여기에 문제를 푸는 열쇠가 있다. 아시아에서 기독교가 기존의 전통 종교를 대체하지 못했던 가장 큰 이유는 변화의 힘을 잃은, 특히 탈유럽화하지 못한 기독교의 무능력에 있었다. 당시 기독교는 보편적 진리의 구현체라기보다는 유럽의 구현체에 불과했다. 아시아에서 탄생한 기독교와 다시 아시아로 수출되었던 기독교는 그만큼 달랐던 것이다.

선교사들이 범한 실수는 나라마다 달랐다. 그들이 처한 상황은 매우 복잡하고 힘들었다. 그들은 어떻게 해야 실수를 피할 수 있는지 정확히 알지 못했다. 선교 사업이 통일된 정책으로 진행된 적은 단 한 번도 없었다. 가톨릭 교회 내부에서 아직 선교 사업을 위한 단일한 중앙 조직체가 없었던 시절이었는데 어떻게 그런 것을 기대할 수 있었겠는가? 16-17세기의 선교 사업은 대개 스페인과 포르투갈 국왕과 그들이 임명한 주교들에 의해 전개되고 있었으니, 교황이 개입할 여지가 어디 있었겠는가? 간혹 정부가 아닌 민간인들을 중심으로 선교활동이 이루어지기도 했으나, 이 또한 교황으로부터 독립되어 있던 탁발수도사들이나 예수회 사람들이 전개했던 경우가 대부분이었기 때문에, 교황이 영향력을 행사할 곳은 거의 없었다고 해도 과언이 아니다. 탁발수도사들과 예수회 사람들은 서로를 혐오했고 심지어는 고의적이고 체계적으로 서로의 활동을 방해하기도 했다. 하지만 이는 분열을 가속시키는 결과를 낳았을 뿐이며, 17세기에 프로테스탄트들이 합세하게 되자 상황은 더욱 악화되었다.

카스트 속으로 들어간 인도 선교

지역에 따라 선교사들끼리 의견이 서로 엇갈리자 교회의 분열과 갈등은 더욱 심해졌다. 인도에서는 '카스트 제도'라는 어려운 숙제가 기다리고 있었다. 한 사회를 개종시키기 위해서는 보통 두 가지 방법이 사용되는데, 하나는 최하층민들로부터 지지를 받아 아래로부터 위로 복음을 전파하는 방법이다. 이것은 로마 제국에서 초기 기독교인들이 택했던 방법이다. 두 번째는 엘리트 계층, 더 나아가 엘리트 계층 중에서도 최상위층을 대상으로 선교활동을 전개하여 그들로 하여금 기독교를 국가정책으로 삼도록 하고, 그러고 나서 권위와 모범 혹은 무력을 통해서 하층민들에게 복음을 전파하는 방법이다. 이것은 중세 시대 게르만족이나 슬라브족, 그리고 어느 면에서는 스페인령 아메리카를 개종할 때 사용했던 방식이다. '카스트 제도' 사회였던 인도에서 선교가 어려웠던 이유는 이 두 방법을 동시에 사용해야 했기 때문이었다.

예수회 선교사들은 언제나 그렇듯이 인도에서도 엘리트들에게 열정적으로 접근하는 방식을 택했다. 왜냐하면 그들은 유럽에서 이미 이 방식을 통해 톡톡히 효과를 거두었고, 또 이 방식을 통해 교육자요 학자들인 자신들의 재능을 유감없이 발휘할 수 있었기 때문이었다. 엘리트 계층을 사로잡기 위해 예수회는 (종교적 관습을 포함해서) 선교지의 관습이나 문화를 존중하려는 경향을 보였으나, 고국에 있는 상급 성직자들(또한 예수회와 경쟁관계에 있던 다른 교단의 성직자들과 재속 신부들)의 생각이 그들과 달랐다는 데 문제가 있었다. 남인도에서 선교활동을 벌였던 예수회의 수사 로베르트 드 노빌리는 인도인들 가운데 자신은 가장 높은 계급에 속해 있다고 주장했다. 그는 낮은 계층의 파란기Parangi—인도인들은 유럽인을 이렇게 간주했다—가 아니라고 주장했다. 그는 브라만의 옷을 입고 스스로 브라만이라고 주장하면서 그들의 식사를 따라 하는 등 카스트 제도를 적극적으로 받아들였다. 심지어는 머리를 삭발하고 베다의 찬가형식으로 기독교 시를 부르기도 했다. 교회 당국은 이런 그를 탐탁지 않게 여겼으나, 그는 이에 아랑곳하지 않고 기독교 교리와 힌두교의 지혜를 조화시키거나 타밀어로 시를 짓기도 했다. 또한 그는 브라만 계층 중 기독교로 개종한 사람들에게 계속해서 그들의 전통 의복을 입도록 하고 힌두교 축제를 허용하는 등 기독교와 힌두 문명의 만남을 발전시켜나갔다. 그의 선교활동 중에서 아마 가장 눈에 띈 것은 지팡이를 사용해서 하층민들에게 성체를 나누어주는 방식으로 진행된 성찬식이었을 것이다. 결국 그는 대주교 법정에 소환되었다. 법정에서도 그는 브라만의 옷을 입고 있었다고 한다. 애초에 로마는 그를 협박하는 것으로 마무리지으려 했으나, 노빌리의 행위에 반대하는 운동이 거세게 일어나자 그를 처벌할 수밖에 없었다. 그를 처벌하는 것과 동시에 인도에서 엘리트를 대상으로 한 선교활동은 실패로 돌아갔다.

선교 현장에서 열정적으로 선교활동을 벌였던 선교사들과는 달리 유럽의 기독교인들은 인도의 상류층이 기독교로 개종했다고 해서 그들을 자신들과 동등한 위치에 있는 사람들로 받아들이지 않았다. 고아의 대주교는 매튜 데 카스트로(포르투갈 세례명)가 브라만이라는 이유로 사제서품을 하지 않았다. 하는 수 없이 그는 로마로 가서 사제서품을 받아야 했다. 하지만 그는 이후에도 고아에서는 사제로 인정을 받지 못했다. 그는 로마로 다시 돌아가 1637년에 주교로 임직을 받고서야 고아의 관할권

밖에 있는 이달칸 교구를 맡을 수 있었다. 그럼에도 불구하고 대주교는 그를 체포했고 그가 서품한 성직자들을 투옥하는 등 그를 인정하려 하지 않았다. 당시에 고아에는 약 180명의 인도인 성직자들이 있었지만, 그로부터 200년이 넘도록 유럽인들은 인도인 주교를 섬기려 하지 않았다. 브라만들이 기독교 예전이나 교리에 영향을 미칠 가능성은 전혀 없었다.

흥미로운 것은 노빌리의 선교활동을 열성적으로 환영했던 사람들은 브라만이 아닌 인도의 하층민들이었다는 점이다. 일부 탁발수도사들, 특히 프란체스코회 수도사들이 이들에게 접근했으나, 이들 또한 성공하지 못했다. 왜냐하면 이들이 원했던 것은 원시적이고 혁명적인 행태의 기독교(아마 성 프란체스코가 원했을 방식)였기 때문이었다. 그러나 로마뿐만 아니라 선교 현장에 있었던 대부분의 성직자들은 천년왕국을 원하지 않았다. 게다가 포르투갈(뒤이어 프랑스와 영국) 정부는 인도 정부나 이슬람교도와의 충돌을 원하지 않았다. 다시 말해 포르투갈 정부는 오히려 기존의 조직과 위계질서를 인정하고 강화하려 했던 것이다. 결과적으로 인도에서의 선교는 '아시아의 색채를 곁들인 기독교'와 '정통 기독교' 사이에서 망설이다가 아무것도 얻지 못한 채 실패로 끝나고 말았다.

중국 선교, 과학을 선교의 무기로

중국에는 적어도 카스트 제도와 같은 장벽은 없었다. 다시 말해 선교사들은 아래로부터의 선교에 대한 부담으로부터 벗어날 수 있었다. 이와 아울러 중국 선교를 주도했던 인물들은 중국을 아시아의 열쇠로 보았던 성 프란시스코 사비에르와 그를 따랐던 예수회 엘리트들이었기 때문에,

자연스럽게 대중들보다는 황실을 공략하는 방향으로 나아갔다. 하지만 이곳에서도 그들은 전혀 예상치 못한 '유교'라는 새로운 난관에 직면해야 했다. 중국은 세계에서 가장 오래되고 가장 자부심이 강하며, 가장 융통성이 없는 유교에 물들어 있던 사회였다. 이를 피할 수 있는 유일한 대안이 예수회가 채택한 방법이었다. 선교사들은 기독교는 유교보다 열등하고 보잘것없다는 것을 스스로 인정하고 그저 유교의 파트너 정도의 역할에 만족한다는 태도를 취하는 것밖에 다른 도리가 없었다.

중국인들은 좀처럼 외국인을 인정하려 들지 않았는데, 그저 자신들에게 복종하는 조공국 사람이나, 이슬람 상인, '중국의 미덕에 매료된' 외국인만 받아들였을 뿐이었다. 다시 말해 중국인들이 유럽의 기독교인을 환영할 리가 없었다는 말이다. 중국 남부 지역의 연대기(1520년경)에는 기독교인들(사실상 포르투갈인들)에 대한 중국인의 반응이 기록되어 있다.

> 정덕제正德帝(명나라 11대 황제, 재위 1505-1521년) 말년에 퍼링히스라고 알려진 한 사람이 톈문과 콰충 사이에 있는 항구로 숨어들어와 천민들과 함께 막사와 요새를 세웠다. 그들은 그곳에 대포를 설치하고, 백성들을 죽이고, 배를 약탈하는 등 백성을 공포에 떨게 했다.

마테오 리치 신부는 1583-1600년 사이 중국 황실과 교류했던 첫 번째 예수회 수도사였다. 그는 다음과 같은 방법으로 황실에 접근했다. "황실이 백성들에게 베풀고 있는 놀라운 가르침과 훌륭한 제도에 관한 명성이 제가 살고 있는 곳까지 자자했습니다. 저는 이를 공유하고 황제 폐하의 백성으로 살면서 작은 도움이나마 드릴 수 있기를 바랍니다." 이처럼 예수회 신부들은 중국의 지배 계층에게 가르치는 자가 아니라 그들로부터 배우는 사람이라는 것을 인정해야 했다. 중국인들에게 가르칠 수 있는 분야가 있다면 그것은 과학과 수학, 역학力學 같은 것들이었다. 리치는 1601년 신종神宗(명나라 제14대 황제)에게 시계를 선물했고 나중에는 중국을 세계 중심에 놓고 제작한 지도를 선물했다. 리치는 1610년 죽을 때까지 황실에서 자신의 입지를 공고히 유지했다. 아담 샬 신부 또한 이슬람 천문학의 오류를 밝혀냄으로써 '흠천감감정欽天監監正, Master of the Mysteries of Heaven'이라는 수학 장관에 오를 수 있었다. 그는 황실로부터 신임을 받고 선교활동을 벌여나갔으며 이 때문에 중국에서는 한동안 기독교를 '위대한 샬의 종교'라고 불렀다. 갈릴레오의 천문학이 교황으로부터 위협을 받았던 그때에 중국에서는 기독교가 물리학을 통해 세력을 확장해가고 있었던 것이다. 샬의 후임자인 페르비스트 신부는 성인의 이름을 새긴 대포를 황제에게 봉헌하기도 했다.

이에 힘입어 수많은 중국인이 가톨릭으로 개종하게 되었다. 1664년에 254만 980명의 중국인이 가톨릭으로 개종했다는 기록이 있는데, 아마도 이 숫자는 세례를 받자마자 죽은 영아들까지 포함한 것으로 보인다. 하지만 놓치지 말아야 할 사실은 불행히도 1674년에 북중국 교황대리로 서임된 라문조 외에는 아직까지 단 한 명의 중국인 성직자도 배출하지 못했다는 점이다(20세기에 이르기까지 그의 뒤를 이은 중국인 가톨릭 주교는 없었다). 라문조 또한 서품을 받기 위해 11년 동안이나 주교를 찾아다녀야 했다. 이와 함께 기독교가 중국 문명에 맞추어 적응하지 않는 이상 대규모의 개종을 기대할 수는 없었다. 특히 리치는 구약성경을 전면적으로 개편하여 중국의 역사에 부합시켜야 한다고 생각했다. 유럽인들은 성경을 바탕으로 세계의 역사를 약 5천 년으로 보았으나(《신구약성경연대기Annales Veteris et Novi Testamenti》(1650-1654)에서 어셔 대주교는 기원전 4004년을 창조의 날로 계산했는데, 이러한 연대법은 유럽인들, 특히 프로테스탄트 세계에서 널리 받아들여지고 있었다), 중국의 역사를 본다면 이는 명백히 거짓이 아닌가? 만약 중국인들이 옳다면 다른 분야에서도 그럴 수 있지 않을까? 중국인의 매장 풍습이나 복을 비는 풍습은 기독교와 어느 정도까지 화해할 수 있을까? 중국인들은 예수의 탄생과 부활, 그리고 다가올 재림의 교리를 재해석하고 받아들일 준비는 되어 있었지만, 유럽인들이 '조상숭배'라고 무례하게 표현했던 관습을 포기할 준비는 되어 있지 않았다. 하나님의 명칭이나 미사와 관련된 용어들을 중국어로 번역할 때마다 리치와 그의 후임자들은 이 점을 상당히 고민했던 것 같다.

유교 문명권이 시비를 걸었던 제사 문화와 관련된 논쟁들은 여러 갈래로 변형되면서 점차 폭발적인 문제로 확대되었다. 기독교가 유럽이라는 외피를 벗어던지고 세계 종교로 발돋움하기 위해서는 하나의 진리로 통합됨과 동시에 다양한 변형을 받아들이는 것이 예수가 암시적으로, 그리고 바울이 명시적으로 의도했던 방향이 아닐까? 바로 이 부분에서 교황은 그동안 선교활동과 관련하여 철저하게 소외되었던 자신의 입지를 분명히 할 수 있는 기회를 포착했다. 1615년 바오로 5세는 중국식 예전을 승인했으며, 한 걸음 더 나아가 1622년에 그레고리우스 15세는 선교운동을 스페인과 포르투갈의 식민지에 국한하는 것이 아니라 세계화해야 한다는 슬로건을 발표하고 바티칸 정치선전국을 새롭게 설립하기에 이르렀다. 이곳의 초대국장으로 활약했던 프란체스코 잉골리는 세계적 종교로 인정받을 수 있는 탈유럽적 기독교를 꿈꾸고 있었는데, 이 같은 그의 사상은 아래와 같은 선전 지침에 분명하게 반영되어 있었다. 이 선전 지침은 그가 죽은 후 10년 만에 발표되었다.

기독교를 일방적으로 선전하는 것을 여러분의 일로 생각하지 마십시오. 종교와 건전한 도덕을 명백히 위반하지 않는 한 사람들에게 태도나 관습, 용법을 바꾸라고 강요하지 마십시오. 프랑스나 스페인, 이탈리아를 비롯한 유럽 국가를 중국에 이식하는 것보다 더 우스꽝스러운 일이 어디 있겠습니까? 이것보다는 오직 믿음을, 어떠한 풍습이나 관습도 경멸하거나 파괴하지 않는 신앙을 소개하십시오. 그들은 마귀가 아니니 그들이 해를 입지 않고 무사하기를 바라십시오. … 자신의 모국과 자신이 속한 것을 다른 무엇보다도 아끼고 사랑하는 것이 인간의 본성입니다. … 이들의 관습과 유럽의 관습을 불공평하게 비교하지 마십시오. 오히려 여러분 자신이 그 사람들의 관습에 적응할 수 있도록 최선을 다하십시오.

그의 의도는 분명 매우 현명하며 존경받을 만했다. 로마도 과연 인도나 중국과 같은 생소한 문화권에서 자유롭게 기독교 교리를 재해석할 수 있었을까? 불행히도 로마는 그렇지 못했다. 로마는 독창적인 선교사들보다는 식민지 총독, 주교, 주교 총대리들의 주장에 귀를 기울였다. 비슷한 전투에서 바울은 승리를 거두었지만 리치와 그의 후임자들은 패배했던 것이다. 라틴어는 예전을 위해 필요한 보편적 언어로 재확립되었다. 교황청과 현지 선교사들 사이에서 벌어진 예전 논쟁은 한 세기 이상 계속되었다. 점차 '유럽인들'의 예전을 지키라는 명령이 선교사들에게 떨어졌다. 인도와 중국에서 활동하던 예수회 선교사들은 이에 대해 완강하게 저항했고 중국 황실은 이들을 지지했다. 그럼에도 불구하고 1742년에 교황 베네딕투스 14세는 〈오직 이것에 따라 *Ex quo singulari*〉라는 교서를 발표하여 유럽식 예전은 그 어떠한 변형도 허용할 수 없다고 선언했다. "우리는 그들의 관행을 미신으로 정죄한다. … 우리는 그들이 행한 것들을 취소, 무효화, 폐기, 박탈한다. 그것은 반드시 영원히 취소되어야 하고, 무효로 해야 하며, 실효성이 없고 아무런 힘이나 권한이 없다는 것을 선언하는 바이다." 이로써 독특한 형태의 아시아 기독교가 발전할 수 있으리라는 희망은 사라져버렸다.

일본 선교, 기대와 절망

16세기 말에 기독교인들은 스스로 자신들 앞에 펼쳐진 끝없는 기회에 놀라고 있었다. 이 당시 가장 활발한 선교활동을 전개하고 있었던 예수회는 기독교의 아시아화와 아시아의 기독교화를 위한 완벽한(그리고 아마도 유일한) 기회를 일본에서 잡을 수 있으리라 기대했다. 2천만 명의 인구가 살고 있었던 일본의 정치 상황은 매우 복잡했고 사회가 원시적이기는 했으나, 하나의 언어를 사용하고 있었고 막부의 지배 아래 민족국가로 변모하고 있었다. 당시 일본에서는 조잡하고 음흉한 신도神道라는 토착종교와 외래종교로서 당시 매우 부패했던 불교가 서로 다투고 있었다. 기독교로서는 이때가 일본이라는 새로운 통일국가의 종교로 자리 잡을 수 있는 유일무이한 기회였는지도 모른다. 게다가 일본인들은 외부의 사상을 받아들이고 변형하는 데 탁월한 재주가 있었다.

1549년에 일본에 갔던 프란시스코 사비에르는 일본어를 거의 할 줄 몰랐지만 인도 고아에서 포르투갈어를 배운 일본인 셋을 대동하고 있었기 때문에 일본인들에게 설교를 하고 그들과 대화를 나누는 데 큰 문제가 없었다. 사비에르는 일본 선교가 성공하느냐 그렇지 못하느냐는 불교에 달려 있다고 판단하고, 무엇보다 불교의 중심 국가인 중국을 먼저 개종시킬 필요가 있다고 주장했다. 하지만 이는 잘못된 판단이었다. 당시 일본을 지배하고 있던 막부들은 대체로 불교를 반대했기 때문이다. 만약 기독교가 일본에서 신도의 색채를 입고 일본인들에게 접근했다면 어렵지 않게 선교에 성공할 수 있었을지도 모른다. 그런데 사비에르는 한 불교 승려와 대화를 나누고 난 후에 다음과 같이 말했다. "그와 여러 차례 대화를 나누어보니 그는 우리의 영혼이 불멸하는지 아니면 육신과 함께 영혼도 죽는 것인지에 대해 확신을 갖지 못하고 주저한다는 것을 알 수 있었다. 어떨 때는 그렇다고 하고 다른 때는 아니라고 한다. 나는 다른 현명한 사람들도 다 비슷하지 않을까 걱정이 됐다." 사비에르는 기독교인이라면 너무나 확고하게 대답할 수 있는 "죽음 이후에 우리는 어떻게 되는가?"라는 질문에 대해 일본인들은 어떠한 확실한 답도 갖고 있지 않다는 사실을 발견했다. 이 같은 상황은 오히려 그에게 무한한 희망으로 보였다. "이 사람들은 우리가 지금까지 만났던 어느 민족보다도 낫다. 일본인들과 견줄 만한 이방인은 절대로 찾을 수 없을 것이다."

1560년대 말에 발생한 내전으로 예수회가 힘을 얻게 되었는데, 왜냐하면 예수회에 호의적이었던 불가지론자 오다 노부나가가 최고의 무장으로 떠올랐기 때문이었다. 게다가 가장 위대한 선교사 정치인으로 불렸던 동방의 주교 총대리 알레산드로 발리냐노가 그들 곁에 있었기 때문에 예수회는 더욱 힘을 얻을 수 있었다. 1579년에 40세의 나이로 일본에 온 그는 나폴리 귀족 출신으로 180센티미터가 넘는 큰 키에 항상 에너지가 넘치고 명민하고 도전적인 생각으로 가득한 인물이었다. 사도 바울이 그랬듯이 그 역시 선교 사업을 영적인 기회로 보았고, 사비에르가 그랬듯이 일본인들을 흥미롭게 바라보고 있었다. 그는 비유럽인들에 대해 매우 심한 편견을 가지고 있었다. 그는 인도인들을 "비천하고 짐승 같은 민족"으로 보았다. "거무스레한 피부를 가진 인종은 모두가 어리석고 사악하며 비열한 정신을 갖고 있기에" 인도인을 예수회 수도사로 만든다는 것은 그에게는 용납할 수 없는 일이었다. 그는 포르투갈인이나 스페인 사람들도 좋아하지 않았다.

그러나 일본인들에 대한 평가는 달랐다. 발리냐노는 일본인들을 "교양이 매우 높고 지적인 사람들"로 보았다. 그는 일본인들을 매우 독특한 민족으로 보았는데, "인도나 유럽을 바라보는 시선으로 일본의 문제를 평가하거나 결정할 수는 없다. 이곳에서 어떤 일이 벌어지고 있는지에 대해서는 그 누구도 온전히 이해하거나 상상할 수 없을 것이다. 이곳은 전혀 다른 세계이기 때문이다." 처음부터 그는 일본인 성직자를 환영했으며 그 자신도 두 명의 일본인을 사제로 서품하기도 했다. 중국을 제외한다면 "이 사람들이 동양에서 가장 훌륭하고 문명화된 사람들이다. 우리의 거룩한 법을 가장 빨리 배우고 받아들이고 있는 것으로 보아 동양에서 가장 훌륭한 기독교가 일본에서 형성될 것은 분명하다"는 것이 그의 평가였다.

3년 만에 귀족과 상업계층을 중심으로 15만 명이 넘는 일본인들이 가톨릭으로 개종했다. 이는 동양 어디에서도 유례가 없었던 일이었다. 그에게 일본인들은 어떠한 이해관계가 아닌 오직 신앙심과 이성만으로 기독교를 받아들인 유일한 동양인으로 비쳐졌다. "우리는 일본을 통치하거나 관리하고 있지 않다. 다시 말해 우리는 이곳에서 오직 설득과 논리의 힘만을 사용하고 있다. 매질을 하거나 체포하는 등 다른 곳에서 이루어졌던 강압적인 행위가 이곳에서는 존재하지 않는다. 일본인들은 너무나 예민해서 심한 말이나 불손한 말 한마디도 견디지 못할 정도이다." 이와 아울러 그는 일본인들은 "지구상의 어느 민족보다도 용맹하고 호전적"이기 때문에 믿음을 지키기 위해 기꺼이 목숨을 바칠 수 있을 것이라고 기대했다. 이러한 이유 때문에 예수회 회원들은 어느 곳보다 일본에서 선교활동을 하고 싶어 했으며, 머지않아 일본은 원주민 성직자들이 운영하는 건실하고 자생적인 기독교 왕국이 될 수 있을 것으로 기대했다.

하지만 유감스럽게도 로마 교황청이나 포르투갈 정부는 원주민 성직자들을 임명함으로써 발생하게 될 위험을 감수하고 싶어 하지 않았다. 발리냐노는 일본인들이 어느 누구보다도 정치·경제·문화적으로 독립하기를 원하는 민족이라는 점을 수차례 강조했으나 교황을 비롯하여 교회 지도자들 누구도 이 말을 주의 깊게 들으려 하지 않았다. 오히려 이들은 예수회가 일본에서 교회와 경제적 독점권을 장악하려는 수작을 벌이고 있지는 않은지 의심할 뿐이었다. 중국 및 일본과의 직접무역이 금지되어 있던 당시에 포르투갈인들은 페르시아 만과 황해 사이의 무역을 사실상 독점하고 있었으며 나가사키를 중심으로 활동했던 예수회는 일종의 중간 상인으로 일본에 적지 않은 이득을 안겨주고 있었다. 이처럼 무역과 종교가 복잡하게 얽혀 있었으며, 일본이 예수회의 선교활동을 허용했던 것도 어쩌면 무역상의 이유 때문이었을지도 모른다. 어쨌든 일본인들은 예수회 선교사들을 제외한 그 어느 가톨릭 세력도 신뢰하지 않았으며, 이에 반해 가톨릭 내부에서는 예수회를 의심의 눈초리로 바라보고 있었다. 바로 이 점이 후에 벌어질 비극적인 역사의 도화선이 되었다. 당시 예수회는 자신들을 괴롭히고 있던 자금난을 해결하기 위해 1578년에 마카오 상인조합과 계약을 맺었는데, 밖에서, 즉 프란체스코회와 도미니크회, 재속 신부와 프로테스탄트들이 보기에 예수회는 무역을 통해 막대한 부를 쌓고 있는 것으로 여겨졌다. 바로 여기에 문제가 있었다.

1583년에 발리냐노는 "다른 교단이 일본에 진출하는 것이 이롭지 못한 까닭은 무엇인가"라는 주제의 보고서를 발표했다. 이 보고서에서 그는 일본에서 불교에 비해 기독교가 성공적으로 선교활동을 벌이고 있는 것은 단일한 지도체계 아래에서 선교활동이 전개되었기 때문이라는 점을 강조했다. 그는 줄곧 예수회를 괴롭혀왔던 탁발수도사들을 탐탁지 않게 여기고 있었으며, 특히 스페인의 도미니크회와 프란체스코회, 스페인 군 장교들이 라틴아메리카와 필리핀 사람들에게 사용했던 '신대륙 정복자'의 방식을 일본에서 사용할까 봐 두려워하고 있었다. "일본은 외국인이 통제할 수 있는 곳이 아니다. … 스페인 국왕은 이곳에서 어떠한 권력이나 관할권도 수립할 수 없을 것이다. 일본에서는 일본인의 방식을 존중하고 그들 스스로 교회를 운영하도록 내버려두는 수밖에 다른 방법이 없다. 이를 위해서는 하나의 교단만으로 충분하다." 그러고는 다음과 같은 말을 덧붙였다.

일본의 영주들은 오래전부터 우리[예수회]가 일본에서 나쁜 짓을 꾸미고 있는 것은 아닌지, 자신들의 봉토 안에서 기독교를 허용하면 스페인을 위해 반란이 일어나지는 않을지 심히 걱정했었다. 그들은 예수회 선교사들이 자신들의 땅을 차지할 욕심이 없으면서도 이곳에 막대한 돈을 쏟아부으며 선교 사업에 임하는 이유를 이해하지 못했다. 만약 스페인과 포르투갈이 연합하여 일본에 들어온다면 이러한 의심은 훨씬 심해질 것이다.

그는 솔직하게 일본의 상황을 전했다. 그러나 일본 밖에 있었던 다른 선교사들은 예수회가 일본을 독점하려는 것은 아닌지 의심했다. 실제로 1592년부터 프란체스코회 수도사들이 비공개로 일본에 침투하기 시작했다. 스페인 총독은 선교사들이 '정복자들'보다 앞서 나갔다는 이해할 수 없는 이유를 들이대며 일본의 군주였던 도요토미 히데요시에게 위협적인 경고장을 보냈다. 이에 격분한 히데요시는 즉각 6명의 프란체스코회 수도사, 3명의 예수회 평신도, 가톨릭으로 개종한 19명의 일본인들을 십자가형에 처해버렸다.

펠리페 2세는 이에 대해 무력으로 보복하려 했으나, 오히려 사태를 악화시킬 수 있다고 판단했던 발리냐노의 요청으로 실행에 옮기지는 않았다. 그렇다고 발리냐노가 항상 무력 사용에 반대했던 것은 아니었다. 1601년에 인도인에 관해 글을 쓰면서 그는 "[인도인들은] 본성상 하나님의 사업에 얼마나 버릇없고 무능한지, 그들에게는 이성보다 무력이 더 효과적이라는 사실을 깨달았다"고 말했다. 예수회 선교사들은 민족주의적 성향을 보이기도 했다. 예를 들면 발타사르 가고 신부는 일본인들에게 장래의 보호자가 될 포르투갈의 국왕인 주앙 3세를 위해 기도하라고 가르쳤다. 또 예수회 역사학자인 샤를부아 신부는 인도인들에게 "프랑스와 예수를 사랑하라"고 설득하기도 했다. 한발 더 나아가 본격적으로 정치에 개입하는 스페인 예수회 수도사들도 있었다.

이들 가운데 1586년에 중국을 정복하려는 계획을 세웠던 예수회 신부 알폰소 산체스가 가장 유명하다. 그가 제출한 계획은 매우 치밀했다. 그의 계획서에는 유럽에서 1만-1만 2천 명의 군대가 파견되어야 하고, 마닐라와 일본에서 5-6천 명의 원주민을 동원해야 하며, 주력부대는 마닐라에서 출발하고 마카오와 광저우에 머무르고 있던 포르투갈인들이 협공을 해야 한다는 내용이 들어 있었다. 이 계획은 스페인의 무적함대가 영국에 대항했던 바로 그때에 구상되었는데, 총독과 주교, 마닐라 종교회의, 대다수의 일본인 상인들이 이 계획을 지지했던 것으로 보인다. 산체스는 예수회 선교사들이 일본인 지원자들을 모집하는 데 협조할 것이라고 기대했으며, 마닐라 주교에게도 이를 허가해달라는 편지를 보냈다. "율리우스 카이사르나 알렉산드로스 대왕도 이런 기회를 얻지 못했습니다. 영적으로 보더라도 열두 사도 이후 이보다 더 위대한 계획이 시도된 적이 없습니다."

일본 지도자들은 스페인 관리들끼리 교환한 서신의 구체적인 내용까지는 몰랐다 하더라도 적어도 이러한 계획이 논의되고 있다는 사실에 대해서는 완벽하게 파악하고 있었을 것이다. 일본 지도자들은 예수회가 추측했던 것보다 언제나 훨씬 더 많은 정보를 갖고 있었으며, 종교와 정치의 유대관계를 분명히 파악하고 있었다. 히데요시는 필리핀 총독 돈 프란시스코 텔로에게 보낸 한 통의 편지에서 현재 일본에서 활동하고 있는 프란체스코회 선교사들이 신도를 섣부르게 공격하고 있다는 사실과 신도는 일본 사회구조의 토대라는 사실을 설명했다. "일본인들이 당신의 나라에 가서 신도를 전파하며 평화를 뒤흔들려 한다면, 당신은 이를 기쁘게 생각하겠소? 물론 그렇지 않을 것이오. 그러니 내가 왜 이렇게 행동하는지 그 까닭을 이해할 수 있을 것이오."

1597년에 벌어진 학살은 일종의 경고의 의미를 담고 있었다. 하지만 그럼에도 불구하고 예수회의 선교활동까지는 금지하지 않았기 때문에 일본 내 가톨릭 교도의 수는 꾸준히 증가하여 1606년에는 75만 명에 달했다. 발리냐노는 예수회 수도사들에게 가능하면 최대한 일본의 풍습을 따르라고 명령했다. 그들이 불교나 신도의 제의를 받아들인 것은 아니었지만 적어도 이들을 자극하는 설교는 피하려 했다. 뿐만 아니라 일본인들에게 좋지 않은 인상을 주었던 십자가를 될 수 있으면 사용하지 않으려 했다. 하지만 예수회 수도사들의 노력과 달리 교황과 예수회 수뇌부는 일본인 성직자들의 서품을 되도록 허락하지 않으려 했다. 따라서 하루빨리 일본인들에게 선교 통제권을 넘겨주려던 예수회 수도사들의 희망은 이루어질 수 없었다. 게다가 교황과 스페인 국왕은 탁발수도사들이 일본에 진출하는 것을 막을 의지나 능력도 없었다. 특히 탁발수도회 소속의 헤로니모 데 헤수스 수도사와 그의 일행들은 교황과 국왕, 고위 성직자, 총독 등의 반대에도 불구하고 일본에 남아 '이교 신앙'을 반대하는 설교를 일삼거나 십자가를 과시했으며, 심지어는 예수회의 충고를 무시한 채 1597년에 희생된 가톨릭 교도들을 명예로운 순교자로 대우해줄 것을 요구하는 등 일본인들을 자극했다.

바오로 5세가 1608년부터 탁발수도사들의 일본 선교를 허용하고 또 네덜란드 칼뱅주의자들과 영국인들이 본격적으로 일본에 진출하기 시작하자, 1년에 한 번씩 대형 함대를 통해 무력시위를 벌이던 일은 무용지물이 되었고 중개상인의 역할을 맡았던 예수회 또한 설 자리를 잃어버리고 말았다. 영국은 일본인들이 느끼던 불안감을 이용하여 반스페인 정치선전을 시도했다. 일본인들이라고 해서 예수회가 잉글랜드를 전복시키려는 스페인 정부의 군사작전을 도우려 했다는 사실을 듣지 못했겠는가? 영국의 함장이었던 리처드 콕스는 바로 그와 같은 이유 때문에 영국 정부는 잉글랜드에서 가톨릭 성직자들을 추방했다고 말했다. "일본 천황은 소요를 일으키고 혼란을 야기할 수 있는 예수회와 탁발수도사들을 내쫓지 않을 이유가 어디에 있는가?"

1614년 1월 27일, 일본 정부는 기독교인들이 "사악한 법을 전파하고 헛된 교리로 유혹하여 이 땅을 차지하려" 한다며 그들을 비난하는 칙령을 발표했다. 여기에다가 기독교인들의 '십자가'에 대한 애착이 그들의 입지를 더욱 악화시키는 계기가 되었다. 이제 선교사들은 더 이상 일본에 머무를 수 없게 되었으며, 기독교로 개종한 일본인들은 자신들의 신앙을 포기해야 했다. 이에 대해 몇몇 기독교인들은 채찍질을 비롯한 자기학대(일부에서는 자기학대로 인해 목숨을 잃는 경우가 발생하기도 했다)를 통해 자신들의 종교적 열정을 표현했다. 하지만 이는 일본 당국으로 하여금 기독교를 혐오스럽게 보는 빌미를 제공해주었을 뿐이었다. 자기학대를 불사하면서까지 열정적으로 자신의 신앙을 지키려 했던 일본인들의 배후에는 예수회가 비난했듯이 프란체스코회가 있었던 것이 분명하다. 그러나 사실 그보다는 발리냐노가 지적했듯이, 기독교로 개종한 일본인들은 타의 추종을 불허할 정도로 강한 결단력과 용기가 있었기 때문에 그와 같은 자기학대를 통해 신앙의 열정을 수호하려 했던 것이다. 일본에서 선교가 지속되었더라면 세계 종교의 얼굴이 달라졌을지도 모른다. 하지만 불행히도 현실은 그렇지 못한 채 일본인들은 가장 무자비하고 장기간에 걸친 박해의 희생양이 되었다.

1614년부터 1643년까지 약 5천 명의 일본인들이 기독교인이라는 이유로 처형되었다. 이런 와중에 46명의 예수회 선교사들과 탁발수도사들이 '지하선교'를 계속했지만 고통을 장기화시키는 결과를 낳았을 뿐이었다. 그들에게 가해졌던 고문은 정말이지 끔찍했다. 일부는 굶주려 죽었고 일부는 고문 끝에 죽기도 했다. 참수형을 당한 유럽인들도 있었다. 일본인들은 대부분 불구덩이 가운데 세워진 화형 말뚝 위에서 한쪽 팔만 묶인 채 산 채로 화형에 처해졌다. 이 중에는 아이를 안은 채로 죽어간 어머니도 있었다고 한다. 고문으로 상처가 난 곳에 뜨거운 온천수를 천천히 부어 죽음에 이르게 하거나 죽을 때까지 구덩이 위에 거꾸로 매달아두는 등, 기독교를 포기시키기 위해 지독히 잔인한 방법들이 사용되었다. 구덩이 위에서 보통 1주일까지 버틸 수 있었다고 하는데, 어느 젊은 여성은 14일 동안이나 숨이 붙어 있었다고 한다. 하지만 나이가 많았던 예수회 관구장 크리스토바 페레이라는 불과 6시간 만에 신앙을 포기했다고 한다. 예수회는 순교를 북돋우기 위해 고통을 견딜 수 있는 일종의 안내서를 펴내기도 했다. "고해할 준비를 해라. … 죽음의 선고를 전하는 관리나 사형집행인에게 악한 생각을 품지 마라. … 고문을 당할 때에는 예수의 고난을 떠올려라." 1657년에 나가사키 인근의 어느 마을에서는 8,600명의 기독교인들이 체포되었는데, 이 중 411명이 처형되었고 77명은 감옥에서 숨을 거두었으며 99명은 배교했다. 열한 살이던 한 소녀는 1722년 세상을 떠날 때까지 감옥에 있었음에도 불구하고 결코 기독교 신앙을 포기하지 않았으며, 우라카미에서는 비밀 기독교 공동체가 존속해오다가 1865년 세상에 알려지게 되었다. 그러나 무자비하고 지능적이며 집요했던 박해는 거의 대부분의 기독교인들을 굴복시켰다. 기독교 역사상 참으로 가슴에 사무쳤던 박해의 장은 이렇게 마무리되었던 것이다.

신대륙에서의 위대한 승리

일본의 기독교가 뿌리 뽑히고 있던 그때에, 장로교인들과 독립교회파(조합교회) 신도들은 북아메리카 동쪽 연안에 또 하나의 엘리트주의 종교국가를 건설하고 있었다. 오늘날 잘 알려져 있듯이 북아메리카에 대한 기독교 선교는 유럽 다음으로 가장 위대한 승리를 거두었다. '프로테스탄트 중심의 미국'이라는 국가의 탄생은 교회와 국가의 완전한 결합의 결과이며, 의도적이고 분명한 의식 속에서 구현된 산물이었다. 던은 버지니아에서 했던 설교에서 다음과 같이 말했다. "여러분은 이 왕국과 하늘의 왕국으로 사람들을 불러 모아야 하며 우리의 역사책과 생명책에 사람들의 이름을 올려야 합니다." 윈스럽 식민지 총독은 "사람들의 시선은 우리가 세운 도시로 향하게 될 것입니다"라고 자랑스럽게 말했다.

영국 국교회의 '개혁'에 실망했던 일단의 무리가 영국을 떠나고 있었다. 그렇다고 이들이 종교의 자유와 다양성을 찾아 떠났던 것은 아니었다. 왜냐하면 이들은 오히려 일종의 기독교 사회를 만들려고 했기 때문이다. 한마디로 이들이 가슴속에 품었던 비전은 에라스무스적인 것이라기보다는 아우구스티누스적인 것이었다. 아직까지도 시민사회와 교회사회가 나누어지지 않았기에 종교가 '사적인' 것이냐 하는 물음은 제기될 수 없었다. 윌리엄 펜은 〈펜실베이니아 정부의 틀에 관한 서언Preface to the Frame of Government of Pennsylvania〉(1682)에서 다음과 같이 말했다. "정부는 종교의 일부이므로 성스럽게 운영되어야 한다. … 정부는 악을 분쇄해야 하며 신의 권능을 (비록 낮은 수준이지만) 방출하며 … 친절하고 선하며 자선을 행해야 한다." 이들에게 식민지를 건설하는 일은 교회국가를 설립하겠다는 일종의 하나님과의 계약이었다. 1620년에 메이플라워호에서 이루어졌던 계약은 다음과 같았다. "하나님의 영광과 기독교의 발전, 국왕과 우리 나라의 명예를 위하여 버지니아 북부에 식민지를 세우고자 떠났던 우리는 … 하나님과 사람들 앞에서 상호 간에 엄숙하게 서약하며 우리 스스로를 시민국가와 결합시킨다." "우리는 주님과 계약을 맺는다. 그리고 하나님이 우리에게 계시해주시는 진리의 말씀을 따르겠다고 하나님 앞에서 약속한다."

'케임브리지 강령Cambridge Platform'(1648년에 청교도들이 케임브리지에 모여 회중교회주의를 명문화시킨 강령—옮긴이)은 '웨스트민스터 신앙고백'(영국 국교회의 개혁을 위하여 1643-1647년에 웨스트민스터 대성당에서 열린 교회회의에서 제정, 채택한 신앙고백. 칼뱅주의를 바탕으로 '성경의 권위'를 교리 해석의 중심으로 삼고 있다—옮긴이)을 토대로 작성되었고 장로교회보다는 독립교회를 지향하고 있었다. 다시 말해 공의회와 주교회의의 권한은 대폭 약화되었다. 그렇다고 독립교회가 관용적 태도를 보였던 것은 아니었다. 왜냐하면 그들은 어떠한 이단과 분열과 불복종도 인정하지 않으려 했기 때문이다. 교회와 국가는 동일한 믿음과 목적을 지니고 있으므로 중세 시대와 마찬가지로 교회의 일원이 되지 못한다면 국가의 구성원도 될 수 없었다. 이에 대해 나중에 하버드 대학의 총장이 된 유라이어 오크스는 다음과 같이 표현했다.

> 국가의 정당함과 교회의 거룩함을 나누어 생각할 수 없다. … 하나님이 결합시켜놓은 것을 나누려 한다면 어리석음을 피할 수 없을 것이다. 나는 지금 지상에 세워진 그리스도의 영광스런 왕국의 작은 모델을 보고 있다. 그리스도는 교회 안에서뿐만 아니라 국가 안에서도 우리를 다스리고 계시며 교회와 국가의 선善은 서로 연관되어 있다.

그렇다면 뉴잉글랜드(개척 당시의 미국—옮긴이)는 일종의 신정국가였을까? 그렇지는 않았다. 그곳의 성직자들은 당시 어느 서구 사회에서 활동하던 성직자들보다도 미미한 권력을 부여받았다. 목사의 권한은 교단을 결정하는 일에 사용되었을 뿐 교회는 처음부터 평신도들이 운영했다. 평신도와 성직자 사이에, 즉 영적 특권을 가진 사람들과 그렇지 않은 사람들 사이에 법적 차별은 없었으며, 세속 세계와 성직자 세계를 구분하거나 공격하는 일도 발생하지 않았다. 미국은 처음부터 프로테스탄트들이 주도했기 때문에 반동이나 투쟁을 겪을 필요가 없었다. 다시 말해, 미국은 로마 가톨릭 교회나 영국 국교회의 잔해 위에 세워진 것이 아니었기 때문에 성 아우구스티누스의 원칙에 따라 형성된 세계와는 판이하게 달랐던 것이다. 미국은 국민 모두가 당연하고 자명하게 받아들인 프로테스탄티즘을 국가 신조로 삼음으로써 전통 없는 전통을 창조해낼 수 있었다.

하지만 불행히도 로저 윌리엄스나 앤 허친슨과 같은 국교반대자들이 억압에 못 이겨 로드아일랜드—정통주의자들은 이곳을 '뉴잉글랜드의 하수구'라 불렀다—로 피신하는 등 구세계가 지니고 있던 '억압의 기제'라는 문제점이 여전히 해결되지 못한 채 재현되기도 했다. 윌리엄스는 보스턴 서남쪽에 프로비던스라는 새로운 도시를 세우면서 "이곳이 양심으로 인해 박해받는 사람들을 위한 안식처가 되기를 희망한다"라고 말했다. 《논의된 양심의 명분을 위한 잔혹한 박해 교리 *The Bloody Tenent of Persecution for the Cause of Conscience Discussed*》(1644)에서 그는 다음과 같은 정부 형태를 제안했다. "프로비던스 플랜테이션이 제안한 정부는 민주적인 DEMOCRATICAL, 다시 말해 자유로운 거주민들의 자유롭고 자발적인 동의에 의해 수립된 정부를 말한다. … 법률적으로 금지된 것을 제외한다면 그 어떠한 것이든 스스로의 양심에 따라 행할 수 있다. 대주재 Most High 의 성도들로 하여금 영원토록 그들의 하나님 야훼의 이름 안에서 그 누구의 방해도 받지 않고 이곳을 걷게 하라."

이 같은 원칙은 1663년에 선포된 칙허장royal charter에서도 다시 한 번 강조되었다. "평화를 어지럽히지만 않는다면 어느 누구도 종교에 대한 의견 차이로 인해 고통을 받거나, 벌을 받거나, 불안해하거나, 심문을 받지 않을 것이다. 모든 사람은 … 스스로의 판단과 양심의 자유를 완전하게 보유하며 향유할 수 있다." 이 같은 선언은 단순히 종교의 관용을 말하는 것에 그치지 않고 종교의 자유를 하나의 원리로 선언한 것이고, 그 결과 정교분리를 택한 국가가 근대 역사에서 최초로 등장하게 되었다는 것을 의미한다.

이처럼 미국은 평신도들의 지배와 함께 종교적 자유 및 정교분리의 원칙을 향해 조금씩 나아가면서 아우구스티누스적 형태에서 에라스무스적 형태로 변화되었다. 그러나 불행히도 이 같은 참신한 모습들은 오래가지 못하고 나중에 건너온 이민자들에 의해 구태의연한 모습으로 변해갔다. 그들은 대부분 신대륙에서의 '새로운 종교 경험'이나 '구원의 은혜'를 경험하지 않았으며, 순수했던 청교도들 역시 점차 율법적 태도로 변해갔다. 예를 들어 1662년에 열린 뉴잉글랜드 종교회의는 세례를 받음으로써 교회 구성원이 될 수는 있지만 그것만으로 온전한 성찬을 받기에는 불충분하다고 선언했다. 청교도들의 교회는 끔찍스러울 정도의 '굴절declension'의 시대로 진입했다. 일부에서는 인디언들의 공격과 같은 불행한 사건들을 하나님의 징벌로 받아들이기도 했다. 1679년에 교회는 "뉴잉글랜드에 살고 있는 우리 청교도들의 신앙 상태와 논란이 되고 있는 문제들에 대하여 … 철저하게 조사할 것"을 결정했다. 이렇게 해서 '개혁 종교회의Reforming Synod'가 소집되었고 다음과 같은 보고서가 나왔다. "주님은 우리의 이러한 모습에 불쾌해하고 계시는 것이 분명하다." 곧이어 새로운 서약과 신앙고백이 마련되었다.

모든 일들은 종교의 자유를 찾아 신대륙으로 건너온 사람들을 좌절시키려는 의도를 품고 있는 것처럼 보였다. 영국에서 제임스 2세는 가톨릭을 다시 복구시키려 했고, 명예혁명이 일어났으며, 이민자들은 계속해서 건너왔고, 영국 국교회 신앙이 강조되는 등 청교도들을 위협하는 일들이 잇달아 발생했다.

교회 지도력은 1692년 세일럼에서 발생한 마녀사냥의 열기로 인해 불신을 받았고 뒤이어 대중들의 강력한 반발 때문에 약화되었다. 아울러 성경의 엄격한 해석, 특별히 상업 활동에 관한 모세오경의 규정을 엄격히 해석하는 것을 혐오했던 보스턴의 상인들은 1699년에 기독교인들에게 완전한 지위를 부여하는 새로운 교회를 위한 '선언서'를 발표하기에 이르렀다. 이를 계기로 1707년에 자유주의자들은 하버드 대학을 장악했고, 9년 후에는 뉴헤이븐에 예일 대학을 세웠다. 일련의 사태로 인해 칼뱅주의 엘리트들은 적지 않은 위협을 느꼈다. 이와 관련하여 코튼 매더는 〈아메리카에서의 그리스도의 위업*Magnalia Christi Americana*〉(1702)이라는 글에서 다음과 같이 말했다. "종교는 번영을 낳았고 그 자식은 어머니를 파괴했다. … 이 세계의 매력에 빠져 황야에서 실천해야 할 사명들을 잊을 위험이 있다." 하지만 이후로 뉴잉글랜드에서 칼뱅주의자들의 독점권은 다시는 회복되지 못했다.

남부 지역의 교회들은 '노예 노동'과 관련된 문제들을 해결해야 했다. 이에 대해 버지니아는 "세례가 예속상태와 자유에 관한 조건을 바꿔놓는 것은 아니다"라고 규정했다. 노예제와 관련해서는 종교적 신념에 따라 사회적·경제적 현실이 조정된 것이 아니라, 거꾸로 종교적 신념이 조정되어야 했다. 제임스 블레어 주교대리는 1743년에 다음과 같은 보고서를 제출했다. "노예제는 부의 수단일 뿐만 아니라 사회를 형성하는 힘이다. 노예제는 과연 사회의 대부분을 통제하는 쪽이 누구인지, 아프리카 노예인지 아니면 그의 주인인지에 관한 난처한 의문을 제기한다."

대각성 운동과 미국 정신의 형성

기독교 사회가 와해되었다고 해서 세속주의가 성장한 것은 아니었다. 미국에서 종교는 여전히 사회 발전의 원동력이었다. 달라진 것은 기독교는 이제 강제적 구조가 아니라 자발적 운동으로 변모했다는 점이었다. 종교 구조의 다양성과 계속된 천년왕국의 이상으로 인해 교회가 전개하고 있었던 부흥운동이 전 국민적으로 영향을 미칠 수 있는 기회를 포착했다. 각 종교 그룹들은 기독교에 대한 열정과 종교의 자유를 동일하게 보았으며, 이러한 자율원칙에 입각하여 부흥운동을 전개했다. 존 애덤스는 〈교회법과 봉건법에 관한 논문Dissertation on the Canon and Feudal Law〉(1765)에서 다음과 같이 썼다.

> 아메리카에 사람들이 살게 된 것은 스튜어트 왕가의 혐오스러운 폭정과 세속적이고 영적인 폭정에 대한 투쟁 덕분이었다. 아메리카에서 정착을 계획하고, 실행하고, 완수하도록 이끌었던 것은 종교뿐만 아니라 보편적 자유에 대한 사랑, 성직자, 위계조직, 전제적 지배자들에 대한 증오와 불안, 공포 때문이기도 했다.

이러한 인식 덕분에 부흥운동은 정치적 행동 이상의 효과를 발휘할 수 있었다. 부흥운동은 소위 1730년대의 '대각성 운동Great Awakening'으로 불렸고, 그 이후 미국 혁명의 길을 예비했다.

대각성 운동은 교리를 불신하고 도덕성과 윤리, 교회연합을 강조했다는 점에서 웨슬리의 부흥운동과 동일했지만 대중의 복음주의와 계몽주의가 결합되었다는 점에서 훨씬 복잡다단했다. 대각성 운동가들은 다음과 같은 점에서 웨슬리와 뜻을 같이했다. "나는 … 기독교 공동의 원리 이외에 다른 어느 것에도 헌신하고 싶지 않습니다. … 당신은 주님을 사랑하고 경외합니까? 그것으로 충분합니다! 당신에게 악수를 청하며 친구로 맞아들이겠습니다." 1733년, 매사추세츠 노샘프턴에서 신앙부흥운동을 이끌었던 조너선 에드워즈는 에라스무스 전통에 속한 사람이었다. 에드워즈의 스승이었던 새뮤얼 존슨은 《학문의 진보Advancement of Learning》라는 책을 읽고 나서 "황혼의 희미한 빛을 뚫고 대낮같이 밝은 햇빛 아래로 나온 사람"처럼 느껴졌다는 고백을 했다. 그는 무엇보다도 관념론idealism과 이성, 기독교 신앙을 화합하려는 버클리 주교를 존경했으며, 도덕성이란 계시가 없으면 발견할 수 없는 것이 아니라 "이성과 자연의 첫 번째 원칙 위에 수립된 자연종교와 동일한 것"이라고 보는 등, '자연법'을 옹호했다. 에드워즈는 로크의 《인간오성론》을 읽고 나서 "가장 탐욕스러운 구두쇠가 새로 발견한 보물들을 집어 들었을 때의 느낌보다" 더 큰 희열을 느꼈다고 말했다.

하지만 그는 로크에게는 부족했던 감정과 따뜻함의 소유자였는데, 이것은 행운이었다고 해도 좋을 법하다. 왜냐하면 로크가 혁명이 성공한 이후에 글을 썼던 것에 비해 에드워즈는 혁명 이전에, 변화를 향한 대중의 의지를 창출해야 하는 시기에 글을 썼기 때문이다. 그의 작품들은 대부분 신학적 해석과 정치적 해석이 모두 가능하다는 특징을 갖고 있다. 그는 사람들에게 "중립이나 단순한 동의가 아닌 무엇인가를 소유하거나 거부하려는 마음이 일어나는" '감정'이라고 부르는 무언가를 일깨우고자 했다. 그는 〈인간 감정에 관한 논문Treatise Concerning Human Affections〉(1746)에서 케임브리지의 플라톤주의자인 존 스미스의 말을 인용했는데, 이것은 차후의 정치사에 비추어 해석해야만 한다. "참된 천상의 따뜻함은 불멸에 속하는데, 이것이 인간의 영혼 속에서 자리를 잡게 되면 우리의 행동 전체를 합당한 방식으로 규제하고 명령하게 될 것이다. 자연의 머리가 살아 숨 쉬는 피조물의 마음에서 발산하며 신체를 지배하는 것과 같이 … 이러한 따뜻함은 인간의 영혼을 일깨워주는 새로운 자연이다." 에드워즈는 인간의 행동이 하나님의 의지에 의해 야기된다는 점을 분명히 했다. 다시 말해 종교적 감정과 정치적 감정 모두 하나님이 이끄시는 것이기 때문에 본질적으로 차이가 없다는 말이다. 천년왕국주의자들은 이러한 에드워즈의 합리적 신학을 못마땅하게 여겼다. "진리와 정의가 승리하게 될 때에 나타날 영광스러운 사건들의 길을 닦고자 … 모든 변화가 발생하는 것이다." 그들은 무엇보다 바로 그때를 알고자 애썼으며 "그 영광스런 날의 새벽"을 고대했다. 원죄에 관해 에드워즈는 자신의 마지막 작품(1758)에서 다음과 같이 예언했다. "당신의 뜻대로 모든 창조물을 하나로 합치기도 하고 일치시키기도 하시는 하나님이 왜 … 아담의 후손들을 마치 나무줄기나 뿌리에서 솟은 싹이나 가지처럼 아담과 동일하게 취급해야만 하는 법을 제정하지 말아야 하는지, 그 정확한 이유를 나는 확실히 설명할 수가 없다."

대각성 운동은 이러한 종말론을 배경으로 '촉발'되었고 '위대한 순회 설교가'인 조지 휫필드와 같은 뛰어난 웅변가들을 통해서 광범위한 운동으로 확장되었다. 한 독일계 여성은 영어를 단 한마디도 알아듣지 못했음에도 불구하고 휫필드의 설교에 감화를 받기도 했다. 휫필드는 스스로 표현한 대로 "불꽃 튀게, 명료하게, 박력 있게" 설교했다. "매일 법궤 앞에 다곤(블레셋과 페니키아인들이 주신으로 섬겼던 반인반어의 신)이 떨어졌다."

한 영국 국교도는 그를 질투하며 "사람들이 그의 짐승 같은 울부짖음을 듣기 위해 눈밭에서 밤낮을 모르고 뒹굴었다"고 비난했다. "거룩한 불을 활활 타오르게" 만든 또 한 명의 '각성가'로는 예일 출신의 존 대븐포트가 있었다. 그는 가발, 코트, 반지, 그리고 종교에 관한 많은 작품들을 불태우라고 요구했다는 이유로 체포되기도 했고 정신 이상 판정을 받기도 했다. 그와 함께 개인 복음전도의 시대가 막이 올랐다. 모든 사람들이 개인 복음전도를 좋아했던 것은 아니었다. 개인 전도는 농촌 지역에 뿌리를 두고 있었다. 농촌 지역에서 개인 전도는 사회를 민주화하는 일에 도움을 주었고, 그 지역 정부의 각종 억압적 조치들에 반대하는 목소리를 모으는 데 일조했다. 그러나 개인 복음전도의 물결이 도시로 이동하자 불길이 타올랐다. 도시에서 사람들은 설교를 듣다가 의식을 잃고 쓰러지거나 흐느껴 울며 소리를 지르는 등, '감정'을 유감없이 표출했다. 18세기 합리주의 정신을 반영했던 찰스 촌시는 《뉴잉글랜드 종교 상태에 관한 분별 있는 생각들Sensible Thoughts on the State of Religion in New England》(1743)에서 이와 같은 광기들을 인정하지 않았을 뿐만 아니라 에드워즈를 '환상을 좇는 광신자'로 간주하면서 다음과 같이 경고했다. "감정의 종교만 있는 것이 아니라 이해, 판단, 의지의 종교도 있다. 전자만을 강조하고 후자를 설명하지 않는다면 사람들은 무질서로 빠져들고 말 것이다."

하지만 촌시와 같은 합리주의와 대각성 운동의 결합은 잠재적 '무질서'를 혁명—혁명은 다가올 종말론적 사건과 동일시되었다—이라는 정치적 목표를 달성하는 길로 인도했다. 어느 쪽도 다른 쪽의 도움 없이는 성공할 수 없었다. 훗날 존 애덤스는 다음과 같이 말했다. "전쟁이 시작되기 이전부터 이미 혁명은 시작되었다. 혁명은 사람들의 정신과 마음속에 자리 잡고 있었으며 의무와 책임에 관한 종교적 정서 속에 변화의 싹이 놓여 있었다." 1740년대까지만 해도 미국은 경제적으로 유럽에 의존하고 있던 식민지의 집합에 불과했다는 사실을 잊지 말아야 한다. 대각성 운동은 미 대륙을 하나로 묶어줄 수 있었던 최초의 힘이었다. 예를 들어 휫필드는 전미 대륙에 알려진 최초의 '미국적인' 공인으로 추앙을 받았다. 그가 세상을 떠나자 식민지의 모든 언론들이 그에 관한 기사를 실을 정도였다. 다시 말해 대각성 운동을 통해 미국은 정치적 통일체를 형성할 수 있었으며, 미국인 대다수가 공유하는 신념, 기준, 태도를 의미하는 '프로테스탄트 합의'라고 부를 수 있는 미국 혁명의 윤리가 도출되었다. 미국 국민들이 하나님과의 계약은 더 이상 불필요하다며 거부할지라도 프로테스탄트 합의는 살아남을 것이다. 존 애덤스는 기독교 신앙을 버린 후에도 다음과 같이 말했다.

> 기독교라는 종교가 지니고 있는 장점 중의 하나는 "이웃을 네 자신과 같이 사랑하라", "남에게 대접을 받으려거든 먼저 남을 대접하라"와 같은 자연법과 민족법의 위대한 원리를 모든 사람들이 인지하도록, 믿도록, 존중하도록 만든다는 점이다. 아이, 하인, 여성, 남성 할 것 없이 모두가 개인의 도덕뿐만 아니라 공공도덕에서도 교수들만큼이나 박식하다. … 그들은 이렇게 인간과 시민으로서 지켜야 할 의무와 권리를 어릴 때부터 배우게 된다.

교리를 버리고 윤리를 택하다

미국의 종교는 교리보다는 기독교 윤리를 토대로 성장했기 때문에 종교가 다양하다고 해서 그것이 사회·정치적 통합의 걸림돌이 될 것 같지는 않았다. 사실 미 대륙을 정치적으로 하나로 묶어주는 데 결정적 역할을 했던 펜실베이니아는 다른 어떤 주보다 다양한 종교가 활동했던 곳이었다. 펜실베이니아의 필라델피아는 청교도적 정치쇄신이 마지막으로 찬란하게 꽃피웠던 곳인 동시에 가톨릭이 용인되고 번성한 도시일 뿐 아니라 퀘이커 교도들의 도시였으며, 장로교의 본거지이자 침례교의 본산이었고, 영국 국교회의 중심지이자 독일계 경건파, 모라비아 교회, 메노나이트와 기타 여러 분파의 고향이기도 했다. 주목해야 할 것은 이 모든 분파가 조화롭게 공존했다는 사실이다. 따라서 독립선언문과 미국 헌법은 매우 적절하고 예언적인 무대에서 그 틀이 정해졌다고 할 수 있다. 미국 혁명과 관련해서 지극히 중요하고 새로운 사실 한 가지는 종교의 자유와 정교의 분리가 좌파적 천년왕국주의자들이 거둔 승리가 아니라 교단 지도자들과 정치가들이 이룬 승리였다는 점이다.

중세기 이후 드디어 제도권 기독교가 진보 혹은 자유와 손을 잡는—그것들에 대항하는 대신에— 최초의 사건이 미 대륙에서 일어났다. 미국은 관용정책을 시행하고 교리에 반대하며 기독교 안에서 인간이 지닌 능력을 최대한도로 발현시키고자 하는 욕구에서 에라스무스를 따랐다. 미국적 기독교는 전체주의적인 모습이 아니라 무한한 자유를 보장받은 기독교였다. 《미국의 민주주의*Democracy in America*》(1835)에서 토크빌은 미국에서 가장 먼저 충격을 받은 것은 교회의 태도였다고 말했다. "프랑스에서는 종교의 정신과 자유의 정신이 정반대 방향으로 흘러왔다. 하지만 미국에서는 이 두 가지가 정교하게 결합되어 한 나라를 다스리고 있다는 사실을 발견했다." "종교는 … 이 나라에서 가장 중요한 정치제도 중의 하나임에 분명하다. 왜냐하면 미국에서 종교는 자유를 촉발시키지는 못할지라도 자유로운 제도의 이용을 촉진하고 있기 때문이다." 그는 미국인들은 "체제를 유지하기 위해" 종교는 "꼭 필요한 요소"라고 생각하고 있다는 말도 덧붙였다.

이민 초기에는 미국 프로테스탄트 교파들 가운데 장로교와 회중교회의 영향력이 가장 컸지만, 점차 침례교와 감리교가 그 자리를 이어받았다. 영국과 마찬가지로 뉴잉글랜드에서도 교육수준이 높은 대다수의 장로교인들은 계몽주의의 영향을 받아 유니테리언파Unitarians(삼위일체론을 거부하고 하나님의 단일성을 주장하면서 그리스도의 신성과 성령의 신성에 대한 신앙에 의문을 보이는 교파—옮긴이)가 되었다. '시의 아버지'라 일컫는 윌리엄 에머슨, 에드워드 에버렛, 조지 티크너, 제러드 스파크스, 리처드 헨리 데이너, 헨리 애덤스, 제임스 러셀 로웰, 에드워드 에버렛 헤일 같은 사람들이 편집자로 활동한 〈북아메리카 리뷰North American Review〉(1815)와 〈크리스천 이그재미너Christian Examiner〉(1824)를 중심으로 소위 아메리카 르네상스를 일으킨 인물들 역시 모두 뉴잉글랜드의 유니테리언파였다. 존 퀸시 애덤스, 롱펠로, 로웰, 올리버 웬들 홈스 등이 재직했던 하버드 대학 역시 유니테리언파가 지배적이었다. 이처럼 유니테리언파는 대체로 엘리트들의 종교였다. 사실 유니테리언파의 궁극적인 뿌리는 아르미니위스주의와 제3세력에 있었고, 그 가계도는 건국의 아버지들뿐만 아니라 르네상스와의 협력을 통해 참된 기독교를 실현해보려 했던 에라스무스까지 거슬러 올라갈 수 있다. 여기서 더 멀리 나아간다면 인간의 재탄생, '새로운 인간'이라는 개념과 연관되어 사도 바울에게까지 닿는다. 윌리엄 엘러리 채닝은 "기독교는 … 고유한 천상의 아름다움과 거룩한 단순성 속에서 과거의 어둠과 타락으로부터 벗어나야만 한다. 기독교는 인간 본성의 완성, 인간을 좀 더 고결한 존재로 고양시킨다는 단 하나의 목적만을 갖는 것으로 이해되어야 한다'라고 주장했다. '미국 유니테리언협회American Unitarian Association 선언문'(1853)은 "하늘로부터 나오는 갱생의 질풍으로 온 민족을 영원히 휩쓸고, 천상의 위로를 가지고 인간의 마음을 방문하시는" 하나님에 관해서 이야기했다.

이 같은 과정에서 무엇보다 중요한 수단은 미국 공화국 그 자체였다. 조너선 에드워즈는 1740년에 다음과 같이 예언했다. "이처럼 특별하고 놀라운 성령의 사역이 진행되고 있다. 이는 성경 속에서 그토록 자주 이야기되었던 창조세계를 새롭게 만들어줄 하나님의 영광된 사역의 조짐이거나 그렇지 않다면 최소한 그 전주곡으로 볼 수 있을 것이다. … 이러한 일들이 지금 아메리카에서 시작되고 있다고 여겨지는 증거들이 있다." 유니테리언파 엘리트들이 보기에 이 사역은 이미 명백하게 시작되고 있었다. 선택된 민족이라는 칼뱅주의 이론이 19세기 미국의 애국주의에 스며들고 있었던 것이다. 롱펠로는 이를 아래와 같은 시로 표현했다.

오! 강하고 위대한 미합중국이여, 앞으로 나아가라!
모든 두려움을 안고 있지만,
미래에 대한 소망을 품은 인류가
그대의 운명에 숨죽인 채 매달려 있다.

'선택된 민족' 혹은 '호의적 섭리'라고 부르는 것을 통해 미국이라는 나라가 세워졌다. 다시 말해 당시 미국 교회들은 초대교회와 결합하고자 했고, 이에 따라 중세는 악몽으로 취급되었다. 미국 기독교의 특징인 '자발성의 원칙'은 개개인의 종교적 확신이 설득과 모범을 통해서 자유롭게 사회에 스며들 수 있다는 것을 뜻한다. 세계를 개종시키거나 개혁하는 것은 선한 교리에 의해서라기보다는 선한 인간의 활동을 통해서이다. 다시 말해 세계를 도덕적 관점에서 바라본다는 것을 의미한다. 도덕적 관점은 미국 정부가 무슨 행동을 취하든지, 예를 들면 옛 세계를 거부하고 스스로 옛 세계로부터 격리(1963년 쿠바 미사일 위기 당시에 사용되었던 개념)하는 정책을 시행하든, 아니면 세계를 끌어안고 세계를 개혁하려는 정책을 시행하든, 아무튼 지배적인 요소가 되었다. 미국은 도덕을 앞세워 간첩행위를 거부하다가도, 'KGB'(옛 소련의 정보기관)보다는 예수회를 훨씬 더 많이 닮은 듯, 도덕주의의 지배를 받는 중앙정보국CIA을 통하여 간첩 임무를 수행한다. 이것이 바로 미국이라는 국가의 특색이다.

미국 기독교에서는 중세 가톨릭의 특징인 '묵상contemplation'적 성격이 주변부로 밀려나거나 소멸되었다. '하나님의 완전성'과 '하나님에 관한 인간의 묵상'은 '엄격한 주관자로서의 하나님'과 '하나님에게 고용된 인간의 봉사'로 대체되었다. 성 아우구스티누스의 염세주의는 거부되었고 그 자리를 펠라기우스주의가 차지하게 되었다. 다시 말해, 세계를 있는 그대로 받아들이는 것이 아니라 하나님이 주신 수단들을 사용하여 좀 더 나은 세계를 만들기 위해 노력하는 것이 기독교인의 의무로 여겨졌다. 거룩 앞에서 신비주의나 성례주의, 두려움은 설 자리가 없었다. 이제 비극은 피할 수 있으며 치유 가능한 것으로 격하되었다. 초창기의 미국 기독교는 파스칼의 영향을 거의 받지 않았던 것으로 보인다. 신학이 보이지 않기 때문이다. 당시 미국인들에게 무엇보다 시급하고 중요했던 것은 윤리와 도덕성에 관한 합의였기 때문에, 그들은 도덕에 관한 합의가 이루어진다면 신학의 문제는 자연스럽게 해결될 수 있을 것으로 보았다. 청교도이든 신앙부흥론자이든, 정통주의자이든 자유주의자이든, 근본주의자이든 도덕주의자이든 모두 도덕을 최우선으로 삼았다. 이에 대해 비기독교인, 이신론자, 합리주의자들도 어렵지 않게 동의했다. 이렇게 해서 '기독교 세계'인 미국에서 비기독교인들도 평화롭게 공존할 수 있는 기틀이 마련되었다.

미국 정부와 기독교

성직자들이 교육을 독점하던 시대는 종교개혁과 함께 막을 내리게 되었다. 바로 여기에서 근대 기독교가 풀어야 할 새로운 문제가 발견된다. 정교가 분리되고 교육은 세속적 관심 분야로 간주되어버린다면 미국 기독교가 내세우는 자발적인 사회는 어떻게 구현될 수 있는가? 미국 건국의 아버지들은 교육과 신앙을 별개의 것으로 보지 않았다. 1647년에 매사추세츠 주 의회는 모든 도시마다 공립학교를 세워야 한다는 법령을 통과시켰다. 당시에 세워진 대부분의 학교들은 종교단체가 운영하고 있었다. 버지니아 주는 윌리엄 앤 메리 칼리지를 세우면서 다음과 같은 입장을 표명했다. "목사가 부족하여 예배를 제대로 드리지 못하고 있으며, 그로 인해 축복과 자비를 누리지 못하고 있다. 이를 해결하기 위해서는 무엇보다 학문을 발전시키고 젊은이들을 교육시키고 목사를 공급하고 경건을 고양시켜줄 학교가 필요하다." 이러한 경향은 1730년대와 1740년대의 대각성 운동 기간에 더욱 강화되었다.

벤저민 프랭클린은 《펜실베이니아 젊은이 교육에 관한 제안*Proposal Relating to the Education of Youth in Pennsylvania*》(1749)를 통해서 '종교'를 인성교육의 하나로 교육해야 한다는 계획을 제시했다. 프린스턴 대학의 총장으로 재직하던 조너선 에드워즈도 이와 같은 제안을 한 바 있었다. 사립 칼리지와 주립 대학이 함께 경쟁하던 고등교육과는 달리 초등·중등교육은 전적으로 국가가 담당했기 때문에 특정 종파를 따를 수는 없었다. 하지만 그렇다고 해서 미국의 공립학교들이 비종교적이었다는 의미는 아니다. 왜냐하면 근대 미국 공립학교 운동을 이끌었던 호러스 맨의 이론 또한 프랭클린과 에드워즈의 이론과 다를 바 없었기 때문이었다. 다시 말해 학교에서는 특정 교파의 교리가 아닌 성경에 토대를 둔 일종의 일반화된 프로테스탄티즘을 가르쳐야 한다는 것이었다. "미국의 공립학교들이 신학교가 아니라는 사실은 분명하다. … 그러나 우리는 기독교의 도덕을 진지하게 가르치고 있으며, 종교라는 토대 위에서 도덕을 세우고 있고, 성경의 종교를 환영한다." 따라서 미국 교육 체계는 학교가 학생들에게 기독교인으로서의 '인성 함양'의 기회를 제공하면, 가정에서 부모는 이 토대 위에 자신들이 속한 교파의 가르침을 추가하는 형태로 구성되었다.

물론 이에 반대하는 목소리도 있었다. F. A. 뉴턴 목사는 "각 교파의 의견을 고려하지 않은 채 출판되는 정치학, 도덕, 종교서적들은 사람들로 하여금 교파 간의 편견보다 더 유감스러운 의심과 회의주의를 심어줄 뿐이다"라고 주장했다. 이는 무시할 수 없는 지적이었다. 그러나 미국이 점점 세속국가의 성격을 강화해가고, 가톨릭 교도와 유대인을 비롯한 수백만 명의 비기독교인들을 받아들임에 따라 학교 안에서의 도덕과 프로테스탄티즘의 연계는 점차 퇴색되어갔다. 대도시를 중심으로 학교에서 종교적 색채가 사라지게 된 것이다. 장로교인이었던 새뮤얼 T. 스피어는 다음과 같이 썼다(1870). "국가의 기반은 종교가 아닌 헌법에 위치해 있다. 그러므로 대중교육 현장에서 종교적이거나 반종교적인 교육을 시행해서는 안 된다." 하지만 이와 동시에 스피어는 수백만 명의 이민자들을 미국인으로 변모시킬 수 있는 문화적 기제가 필요하다고 말하면서 공화주의가 이를 대신해야 한다고 주장했다. 그렇다면 공화주의의 기반은 무엇일까? 그 기반은 프로테스탄티즘의 윤리와 도덕의 합의였다. 이 같은 방식은 공립학교의 운영강령으로 작동하기 시작했으며, 동시에 미국 교육의 공식 철학으로 수용되었다. 호러스 맨 캘런은 〈새터데이 리뷰Saturday Review〉(1951년 7월)지에 기고한 "민주주의의 참된 종교"라는 글에서 그 이론을 다음과 같이 요약했다. "민주주의 신앙을 전달하는 사람들에게 공식적인 교육철학은 종교의 종교, 종교를 위한 종교이다. 종교들의 종교가 된다면 모든 사람들이 자유롭게 그 안에 함께 모일 수 있을 것이다." J. 폴 윌리엄스는 《미국인들의 신앙과 예배 방식What Americans Believe and How they Worship》(1952)에서 이러한 생각을 한 걸음 더 진전시켰다.

> 미국인들은 민주주의의 이상을 … 하나님의 의지 혹은 자연의 의지로 보고 있는 것 같다. … 미국인들은 민주주의가 삶의 법칙이라고 확신해야 한다. … 정부 기관들은 민주주의 이념을 하나의 종교로 교육해야 한다. … 교육의 1차적 책임은 공립학교가 져야 한다. … 교회가 국민의 절반 정도를 다룰 수 있다면 정부는 국민 전체를 다루고 있다. … 교회와 국가의 분리를 종교와 국가의 분리로 여겨서는 안 된다.

미국의 대표적 비프로테스탄트 종교인 가톨릭과 유대교가 어느 정도 프로테스탄티즘에 물들고 미국의 정치적 이념과 제휴하게 된 것도 이러한 전제들이 있었기에 가능했다. 콘래드 몰맨은 《학교와 교회School and Church》(1944)에서 "대다수 미국인들의 종교는 민주주의이다"라고 지적한 바 있다. 중세 시대에 국왕들이 대관식에서 기름부음을 받았으며 국왕이 사제직과 연결되었던 것처럼 미국에서 종교와 정부는 서로 밀접하게 연결되어 있다. 미국인들은 어릴 때부터 표준화된 프로테스탄트 기독교 신앙의 윤리와 도덕을 주입받으면서 성장한다.

종교적 환타지

종교와 정부가 이처럼 밀접하게 연결되기 위해서는 두 가지 조건이 만족되어야 하는데, 그중 첫 번째는 높은 수준의 신앙의식이 전제되어야 한다는 것이다. 윤리적·도덕적 이념이 지속되기 위해서는 종교적 열정이 끊임없이 보충되어야 하기 때문이었다. 이와 관련하여 미국인들은 '통일성'의 이점을 포기하고 '신념의 다양성'을 선택함으로써 어려움을 해결하려 했다. 왜냐하면 통일성이 기독교를 기계적으로 만들어 냉담함과 무신론을 야기했던 것에 비해 종교적인 경쟁은 기업들 간의 자유로운 경쟁처럼 생명력을 가져다주었기 때문이다. 특히 날로 팽창하던 변경 지역과 19세기의 정착촌에서 더욱 그러했다. 감리교인들과 침례교인들을 중심으로 1790년대에서 19세기 중반까지 계속된 2차 대각성 운동은 수많은 신앙과 하위 신앙sub-cults을 낳았고 캠프 집회는 수십 년 동안 미국 종교의 전형적 특징이 되었다.

당시 미국은 마치 2세기의 몬타누스파를 연상케 했다('방언을 말하는' 수많은 영감 받은 사람들이 기독교의 중심 이념을 재해석했다). 1801년 8월에 메릴랜드 출신의 장로교인 바턴 스톤은 켄터키 케인리지에서 열린 대규모 집회에서 '구원받은 사람들'의 행태를 낱낱이 묘사했는데, 그는 무엇보다 '실신의 체험'을 강조했다. "대개 찢어질 듯한 소리를 지르면서 통나무처럼 쓰러져버린다. 마치 죽은 듯이 보인다. … 그러다가 갑자기 몸을 흔든다. 표정을 알아볼 수 없을 정도로 머리를 빠르게 흔들기도 한다. 몸 전체를 앞뒤로 흔들 때에는 이마와 뒤통수가 바닥에 닿을 것만 같다." '짖는 체험'의 경우에는 "몸, 특히 머리를 흔들다가 갑자기 으르렁거리거나 짖어댄다." '춤추는 체험'은 "지켜보는 사람들에게는 천국에 온 것 같은 느낌을 받게 한다. … 천국의 미소처럼 너무나 밝은 표정을 보여주고 있기 때문이다." '웃는 체험'은 "한껏 소리 질러 큰 소리로 웃는데 … 다른 사람들의 웃음을 유도하지는 않는다. 그는 열광하는 동시에 엄숙한 듯한데 그의 웃음소리는 성인들과 죄인들 가운데 엄숙함을 유발한다. 정말 말로 형용하기가 어렵다." 겉보기에는 공포에 질린 듯이 내달리는 '뛰는 체험'이라는 것도 있었다. '노래하는 체험'은 "입이나 코가 아닌 가슴 전체를 이용하여 노래를 부르는데, 그 소리가 다른 모든 것을 침묵하게 한다."

위와 같은 묘사들은 흡사 16세기 소종파들과 테르툴리아누스 시대에나 볼 수 있었던 종교적 열정을 생각나게 한다. 이같이 고대 형태의 기독교 열광주의를 재발견한 신앙인들은 감리교나 침례교에서 자라난 경우가 대부분이었지만, 상당히 긴 역사를 가진 다른 종파들에서도 발견되었다. 프랑스의 셰이커교도(17세기 후반 프랑스에서 조직된 프로테스탄트의 한 종파. 셰이커란 '몸을 흔드는 사람'이라는 뜻으로 예언자가 몸을 흔들어서 예언을 얻었다는 데서 이 이름이 붙여졌다. 기성교단들로부터 이단시되어 현재는 아주 쇠퇴했다—옮긴이)들은 위그노(프랑스 프로테스탄트 칼뱅파에 대한 호칭—옮긴이)로 개종했다가 루이 14세가 프랑스에서 추방하자 영국으로 건너가 '셰이킹 퀘이커Shaking Quakers'라는 이름으로 계속 활동했다. 이들은 18세기에 맨체스터 대장장이의 딸 앤 리 스탠리의 인도 아래 미국으로 건너와서 열광주의적 신앙의 흐름을 주도했다. 이들은 무엇보다 2차 대각성 운동에 힘입어 수많은 조직체들을 세웠다. 이들의 모임에서 두드러진 특징은 남녀를 분리시키고 영성 교령회를 열어 현란한 집단 춤을 추면서 몸을 계속해서 흔들었다는 것이다. 이 같은 집단 춤은 위그노 카미사르(루이 14세의 프로테스탄트 박해에 맞서 장 카발리에와 롤랑 라포르트를 중심으로 봉기를 일으킨 사람들을 말한다—옮긴이)로부터 유래된 것으로 알려져 있다.

1840년에 에머슨이 칼라일에게 쓴 편지를 보면 당시 이러한 공동체들이 얼마나 유행하고 있었는지를 확인할 수 있다. "이곳에서는 어느 누구나 열정적인 사람들로 보입니다. 글을 읽을 수 있는 사람 중에 양복 조끼 주머니 속에 새로운 공동체에 관한 계획서가 들어 있지 않은 사람이 없을 만큼 수많은 사회개혁 프로젝트가 회자되고 있습니다." 보스턴 출신의 유니테리언 목사인 조지 리플리는 웨스트록스베리에 '브룩팜Brook Farm'(19세기에 만들어진 일종의 사회주의적 공동생활체—옮긴이)이라는 공동체를 세웠다. 이 공동체 사람들은 서적과 도기류, 가구 등을 생산했는데 불행히도 성공하지는 못했다. 칼라일은 리플리를 "양파를 키워서 세계를 개혁하고자 설교단을 떠난 소치누스파Socinian(라이리우스 소치누스Laelius Socinus(1525-1562)에 의해 시작된 사상으로 교회의 권위를 부인하고 권위의 근거를 성경에 두며 성경을 이성적으로 해석했다—옮긴이) 목사"라고 불렀다. 중부 유럽과 동유럽에서 미국으로 건너온 종파들 가운데 성공적으로 자리를 잡은 공동체들도 적지 않았다. 예를 들어 조지 랩이 지도했던 독일계 경건파 공동체가 1804년에 펜실베이니아 하모니에 정착했다. 이 공동체는 비밀참회(일종의 고해성사)를 시행하고 결혼과 출산을 반대했으며, 자신들만의 교리를 실천하기 위해 노력했다. 또 뉴욕 주 서부에서는 사회주의와 자유연애가 결합된 '오나이다 공동체Oneida Community'가 번성했는데 이 공동체는 불행히도 점차 신앙을 잃어버리더니 결국 기업으로 변신했다.

기독교가 탄생하던 1-2세기에도 그러했지만 열광주의자들은 예언자적이거나 몬타누스적인 모습에서 구원의 열쇠인 지식의 비밀법전이나 체계들을 발견했다고 주장하면서 점차 영지주의적인 모습으로 변해갔다. 1827년에 조셉 스미스 주니어는 모로니Moroni라는 천사로부터 '우림'과 '둠림'이라 불리는 예언자의 돌판과 '개량된 이집트' 상형문자로 새겨진 황금판을 받았던 것으로 전해졌다. 그는 이를 번역하여 1830년에 '모르몬경'이라는 경전으로 출판했다. 약 500쪽 분량의 이 책은 콜럼버스 이전 시대의 미 대륙 사람들의 종교의 역사를 설명하고 있다. 이 책에 의하면 '바벨탑 사건'으로 흩어졌던 족속들 중 하나가 미 대륙으로 건너가 아메리카 인디언이 되었으며, 미국 종교의 역사는 384년에 황금판을 묻었던 모르몬과 그의 아들 모로니를 통해 계속되었다고 한다. '흠정역KJV'에서 기원한 것으로 보이는 모르몬경은 초기 개척자들이 처한 시대적 상황과 들어맞아 커다란 반향을 불러일으켰다. 스미스는 신의 섭리라도 개입된 듯 1844년 일리노이에서 한 폭도에 의해 살해되었고, 그의 후계자인 브리검 영은 모르몬교도들을 이끌고 유타 주로 이동하여 솔트레이크 시티를 세웠다. 스미스가 이끌던 때만 해도 모르몬교는 기독교와 크게 차이점을 보이지 않다가 영의 시대에 이르러 일부다처제를 도입하는 등 명백하게 기독교와 구분되기 시작했다. "의회는 종교의 자유를 금지하는 법률을 만들어서는 안 된다"는 미국의 수정헌법 덕분에 모르몬교는 큰 어려움 없이 성장할 수 있었다. 하지만 미국 사회를 지탱하고 있는 기독교 도덕과의 충돌은 다른 문제였다. 따라서 1890년 스스로 일부다처제를 폐지하기 전까지 모르몬교도들은 미국 정부와 사회 주류 세력과 충돌할 수밖에 없었다. 미국 사회 내에서 모르몬교와 같은 수많은 영지주의 종파들은 별다른 어려움 없이 살아남을 수 있었다. 그러나 그러기 위해서 그들은 프로테스탄티즘 윤리를 받아들여야 하는 대가를 치러야 했다.

    가톨릭도 예외는 아니었다. 가톨릭 교회는 스스로 개혁하기보다는 매우 방어적인 태도로 일관했다. 미국 기독교는 종교전쟁으로부터 벗어날 수 있었지만 미국에서 벌어진 마녀사냥의 광기는 미국 기독교가 아직도 열광주의의 감염에서 벗어나지 못했다는 것을 보여주었다. 그리고 프로테스탄트 교계는 가톨릭 교도들을 공격 목표로 삼은 섬뜩한 문학 작품들을 출간했는데, 이것은 거의 종교 자유에 관한 합의를 깨뜨릴 정도로 위협적이었다. 가톨릭 교도들이 일부다처제를 주장했던 모르몬교처럼 구체적으로 법률을 위반한 것은 아니었지만, 그들 또한 프로테스탄트와의 도덕적 합의를 침범하곤 했는데, 그중 대표적인 사례가 수도원이었다. 이를 공격하고자 프로테스탄트 교회는 1834년에 '프로테스탄티즘 수호자Protestant Vindicator'라는 단체를 조직했고, 보스턴에서는 《수도원에서 보낸 6개월Six Months in a Convent》이, 뉴욕에서는 반가톨릭 인사들의 《몬트리올의 오텔디외 수녀원에 관한 마리아 수도사의 섬뜩한 폭로Maria Monk's Awful Disclosures of the Hotel Dieu Nunnery in Montreal》, 《좀 더 깊은 폭로Further Disclosures》와 《몬트리올의 오텔디외 수도원의 또 다른 수녀 프랜시스 패트릭의 탈출The Escape of Sister Frances Patrick, Another Nun from the Hotel Dieu Nunnery in Montreal》이라는 책들이 잇달아 출간되었다. 수도사 마리아는 사창가에서 소매치기 혐의로 체포되어 1849년에 감옥에서 세상을 떠났다. 그러나 그녀의 책은 1860년까지 모두 30만 권이 팔렸다(이 책은 1960년에 다시 출간되었다). 1834년에 일어난 보스턴 폭동으로 우르술라 수도원이 불타는 사건이 벌어졌는데, 방화 용의자들은 곧 석방되었다. 심지어 프로테스탄트 교회 소속의 배심원들은 가톨릭 수도회의 지하에는 사생아들을 살해하고 매장하기 위한 토굴이 있다는 뜬소문을 믿고 있었다.

1630년대에 가톨릭 교도들이 찰스 1세와 연합하자 프로테스탄트 세력들은 가톨릭 교도들이 무슨 정치·군사적 음모를 꾸미지는 않을까 두려워했다. 실제로 1830년대에 라이먼 비처는 《서부를 위한 탄원Plea for the West》에서 오스트리아 황제가 교황과 결탁하여 미시시피 계곡을 차지하려 한다는 음모를 폭로했다. 또한 전보 기술을 발명했던 새뮤얼 모스는 유럽의 국왕들과 황제들이 미국을 지배하려는 목적으로 가톨릭 교도들의 미국 이민을 의도적으로 조장하고 있다는 등의 음모를 매우 그럴듯하게 설명했다. 때맞춰 당시 이민자들이 급증하여 1850년대 미국 인구는 2,319만 1,000명에서 3,144만 3,000명으로 50퍼센트 이상 증가했다. 이에 프로테스탄트 세력은 '과격 프로테스탄트 미국 당ultra-Protestant American Party'을 만들어 가톨릭 문제를 구체화하기 시작했다. 이 정당은 핵심적 문제에 부딪힐 때마다 "우리는 모른다"고 대답하곤 해서 사람들은 이 정당을 '아무것도 모르는Knowing Nothing' 당이라고 불렀다. 1854년에 이 정당은 공화당에 통합되었다. 주목해볼 만한 점은 공화당이 노예제 폐지 운동을 벌였던 것에 반해 로마 가톨릭 교회는 이 문제에 아무런 언급을 하지 않았고 실제로 운동에 참여하지도 않았다는 것이다.

노예제 문제

노예 문제는 미국의 정치·종교체계가 직면했던 또 하나의 어려운 과제였다. 미국 종교가 부딪혔던 첫 번째 문제는 각 종파별 신앙 문제로서, 이는 별 어려움 없이 합의를 이루어낼 수 있었다. 그러나 두 번째로 부딪힌 '노예제' 문제는 심각한 어려움을 유발시켰다. 미국에서 도덕과 윤리는 하나의 공적 제도였다. 도덕과 윤리 개념들에 대해 미국 종교들은 서로 합의를 이루어냈는데, '노예제'라는 암초에 부딪혀 이 개념들은 더 이상 진전을 이루지 못했다. 왜냐하면 노예 문제와 관련하여 각 종파들마다 입장이 달라 통일된 의견을 만들어낼 수 없었기 때문이다. 더군다나 불행히도 미국 역사는 노예제도와 함께 출발했기 때문에 처음부터 미국은 딜레마를 안고 있었다. 미국에서 도덕적인 기독교와 민주주의는 점차 동일시되어갔다. 따라서 노예제도는 껄끄러운 문제로 부상하면서 날카로운 정치 문제로 비화했다.

그렇다면 노예제도를 옹호했던 남부 기독교인들은 어떠했는가? 그들 또한 기독교인이 아니었는가? 물론 그들도 기독교인들이었다. 이미 1770년대에 침례교인들과 퀘이커교도들을 중심으로 노예제 반대 운동이 일어난 적이 있었지만, 이런 움직임은 남부의 관습과 타협하면서 실패로 끝나고 말았다. 기독교인들은 노예제를 교리적으로 정당화할 수 있었다. 그러나 그들에게 실질적으로 중요했던 것은 교리보다는 도덕이었고, 그들은 도덕적 관점에서 노예제를 더 이상 옹호하기 힘들었다. 다시 말해 남북전쟁은 경제적·정치적 이유에서 시작되었지만, 실제로 그 전쟁의 중심에는 도덕과 종교의 문제가 자리하고 있다. 남북전쟁은 미국의 전 역사를 통틀어 종교 문제가 가장 뚜렷하게 부각되었던 사건이었다.

남북전쟁은 상당 부분 종교적 의미의 전쟁이었으며, 어느 정도는 북부 기독교 종파들의 극단주의를 반영하고 있었다. 퀘이커교도들의 영향을 받아 행동가로 변신했던 침례교인 윌리엄 로이드 개리슨은 〈보스턴의 공적 해방자와 시대의 저널Boston Public Liberator and Journal of the Times〉 창간호에서 다음과 같이 썼다. "나는 진리에 엄격하고 불의에 일절 타협하지 않겠다. 이 주제에 관해 나는 중도노선을 지킬 생각이 추호도 없다. 또 그와 같은 글도 일절 쓰지 않겠다." 진리와 정의라는 문제에 대해 극단주의자들은 여러 면에서 부흥운동과 연관을 맺고 있었다. 이로 인해 극단주의자들은 전국적 지지와 발판을 구축할 수 있었다. 노예제 폐지라는 대의명분은 1837년 일리노이에서 인쇄기를 지키려다가 살해된 엘리야 러브조이 같은 순교자들의 피 흘림으로 인해 더욱 큰 힘을 얻었다(16세기 이후 자유와 교황 반대 선전물과 동일시되던 '인쇄기'는 앵글로색슨 프로테스탄트들에게는 특별한 의미의 상징물이었다). 이때 노예제 폐지를 주장하는 도덕신학이 등장했다. 1845년에 에드워드 비처는 노예제도를 민족의 '조직적인 죄'라고 규정하고 이 같은 입장에서 일련의 논문을 발표했다. 그의 논문은 노예제 폐지라는 대의명분에 윤리적 복음주의의 통찰을 제공했다. 도덕 중심의 신학은 그로부터 7년 후에 출간된《톰 아저씨의 오두막집 Uncle Tom's Cabin》의 배경이 되었다.

이에 비해 남부 지역 사람들은 교리적이기보다는 사회학적 근거를 토대로 노예제를 옹호했다. 대부분의 남부 백인 기독교인들은 노예제에 동의했던 것으로 보인다. 북부에서는 부흥운동을 통해 노예제 폐지를 선전했던 것과 마찬가지로, 남부 지역의 부흥운동은 노예제 찬성 메시지를 전달했고 이 같은 운동은 오히려 북부보다 더욱 활발하게 전개되었다. 사우스캐롤라이나 침례교 협회는 성경을 근거로 노예제를 변호했고 1844년에 찰스턴의 주교 존 잉글랜드 또한 비슷한 논리를 내세우며 노예제를 옹호했다. 흑인의 열등함, 족장들과 모세가 노예제도를 수용했다는 점, 주인에 대한 순종을 강조하고 있는 사도 바울의 메시지 등이 그들이 내세운 근거였다. 양측은 모두 성경을 자신들에게 유리하게 해석하려 했다. 만약 바울이 노예제 문제에 적극 개입했더라면 기독교는 이미 1세기에 분열되었을 것이다. 다시 말해 그가 이 문제를 회피(그래서 논쟁은 지속되었다)했기 때문에 교회는 일치를 이룰 수 있었지만 대신에 19세기까지도 이 문제가 여전히 해결되지 않은 채로 남아 있었던 것이다. 그럼에도 불구하고 기독교는 대체로 노예제를 반대하거나 적어도 노예제의 축소를 지향하는 모습을 보였다. 하지만 남부 지역 기독교인들이 노예제를 지지했다는 사실은 어찌됐든 기독교 신앙에 명백한 흠집을 남겼다.

전쟁이 일어나자 상황은 훨씬 더 악화되었다. 장로교인들은 이 문제를 논의하기 위해 모임을 가졌으나 북부와 남부의 입장이 서로 달라 분열되고 말았다. 감리교인들 또한 분열했다(1843년 당시 1,200명의 감리교 성직자들과 2만 5,000명의 교인들은 20만 명이 넘는 노예를 거느리고 있었다). 침례교인들도 분열했다. 회중교회 교인들은 중앙집권 체제가 아니라 원자화된 교회 구조 덕분에 이론적으로는 통합된 모습을 유지할 수 있었으나, 실질적으로는 이들도 다른 교파와 마찬가지로 분열되었다. 루터교와 성공회, 그리고 가톨릭 교회는 노예제 문제와 관련한 공개 토론과 투표를 피할 수 있었다. 그러나 여러 가지 정황들을 살펴보면 이들 교회 역시 노예제를 명백히 찬성했다는 사실을 알 수 있다.

이처럼 각 교파들이 분열되자 그들은 신속하게 반대편을 향해 전쟁을 선포했다. 루이지애나의 주교였던 레오니다스 폴크는 남부군에 입대하면서 다음과 같이 말했다. "우리의 피난처인 헌법의 자유를 위하여, 우리의 가정과 제단을 위하여 싸워야 합니다." 로드아일랜드의 주교였던 토머스 마치는 북부군에 참여하면서 이렇게 말했다. "이것은 우리가 협력해야 할 거룩하고 의로운 대의명분입니다. … 하나님이 우리와 함께 계십니다. … 만군의 주는 우리 편에 계십니다." 남장로교회는 1864년에 다음과 같이 결의했다. "노예제를 지켜내 주인과 노예 모두에게 축복이 되도록 하는 것이 남부교회의 특별한 사명이다. … 노예제가 죄악이라는 교리는 성경에서 아무런 근거도 찾을 수 없는 광신적 교리이며 … 오늘날 가장 유해한 이단들 가운데 하나이다"(남장로교회는 우리가 노예제 찬성에 나서지 않는다면 "정치가 우리 교회 법정을 간섭하기 시작할 것이다"라는 이유를 내세우면서 북장로교회로부터 떨어져 나왔다).

노예제 논쟁과 관련된 수많은 설교문과 기도문을 보면 목사들처럼 광신적인 사람은 없었던 것 같다. 교회의 분열은 국가를 분열시키는 일에 결정적 역할을 했다. 북감리교인이었던 그랜빌 머디는 1861년에 다음과 같이 말했다. "우리에게는 전쟁의 책임이 있다. 하지만 이것은 영광의 화관이기에 나는 이를 자랑스럽게 여긴다." 남부 지역의 성직자들이 전쟁을 자랑스럽게 생각했던 것은 아니지만, 그들 또한 국가를 분열시키는 데 결정적 역할을 했다는 것은 부인할 수 없는 사실이다. 양측 모두 자기 편의 군대 내에는 엄청난 수의 기독교인이 포진해 있으며 전쟁을 시작한 이후로 교회에 출석하는 사람들의 숫자가 실로 놀라울 정도로 증가했고 교회는 기도하는 사람들로 넘쳐나고 있다고 주장했다.

전쟁이 주는 교훈 또한 성직자들마다 다르게 해석했다. 남장로교의 신학자 로버트 루이스 대브니는 북부 장로교인들을 '계획적 살인자들 calculated malice'이라고 비난했다. 그는 하나님이 '보복의 섭리'로 북부를 파괴하실 것이라고 내다보았다. 헨리 워드 비처는 남부 지역의 지도자들이 "높이 솟구쳐 올랐다가 영원한 징벌의 구덩이 속으로 끝없이 내던져질 것이다"라고 말했다. 뉴헤이븐의 신학자 시어도어 손턴 멍거는 남부를 지옥과 비교하면서 남부는 "스스로 지은 죄" 때문에 지금 고통받고 있고 북부는 "자기를 내던지는 희생" 때문에 고통받고 있다고 말했다. 그는 매클렐런 장군의 우유부단함은 비난받아 마땅하지만, 그 또한 하나님의 숨은 계획의 하나라고 주장했다. 왜냐하면 매클렐런의 우유부단함은 북부의 재빠른 승리에 걸림돌이 되었지만 결과적으로 보면 이 때문에 남부는 훨씬 더 가혹한 징벌을 받았기 때문이다. 하지만 이 같은 주장은 신학자의 폭언이자 흡사 성 히에로니무스가 예루살렘 수도원에서 스스로 즐겼던 독설과 같았다. 많은 지식인들이 남북전쟁을 전 민족을 정화하는 과정으로 생각하려 했고, 좀 더 낙관적으로는 자기 구속을 준비시키는 일환으로 보기도 했다. 그들은 남북전쟁이 세계의 자유를 수호하기 위해 미국이 담당해야 할 역할을 발견하는 기회라고 보았다.

침례교인이었던 에이브러햄 링컨은 두 번째 취임사에서 하나님의 목적을 합리적으로 설명하려고 노력했다. 그는 미국이 '거의 선택된 민족

almost-chosen people'이라는 점을 강조했다. 즉, 남북전쟁은 미국인들에게 관용과 재탄생의 길을 보여주려는 하나님의 계획이었다는 것이었다. 하지만 조금은 순진했던 기독교인들은 합리적 설명보다는 자신의 감정에 충실했다. 북부의 몇몇 성직자들은 남부 사람들을 분쇄하라고 요구했다. 1865년에 유력한 교회 신문인 〈인디펜던트Independent〉지에는 다음과 같은 글이 실려 있었다. "배교한 교회는 하나님의 진노 아래 장사 지내야 할 것이다. 이 교회의 무서운 교리들은 이글거리는 마귀들처럼 사람들의 면전에서 들끓고 있다. 전 세계는 그 교회의 사악함과 파괴행위에 대항해야 한다. 바로 북부 교회가 그 사명을 감당하고 있다."

남북전쟁은 노예제의 폐지를 주장하던 북부의 승리로 끝이 났지만 사실상 달라진 것은 거의 없었다. 중세 시대처럼 평화가 깨지고 나면 경쟁관계에 있던 성직자들이 다시 하나가 되었듯이, 남북전쟁은 오히려 백인들을 하나로 뭉치게 만든 결과를 낳았다. 전쟁이 끝난 후에도 남부 지역의 침례교와 감리교, 장로교, 루터교는 계속해서 노예제를 주장했다. 자유를 얻은 노예들은 자신들끼리 교회를 세워나갔으며 그들 교회는 대부분 침례교나 감리교에 속했다. 이들이 세운 교회들은 크게 성공했고, 1900년에 이르면 흑인 인구의 3분의 1이상이 이들 교회에 소속했다. 침례교와 감리교의 일부 백인 목사들은 최근까지도 노예제도를 긍정적으로 보는 설교를 했지만(또한 낮은 목소리로 노예제도를 옹호하기도 하지만) 흑인 침례교인이나 감리교인들은 별로 개의치 않는 듯했다. 좀 더 넓은 의미로 보면 성직자들과 교인들이 양쪽 진영에 모두 가담해 있다고 해서, 또 노예제 문제를 공식적으로 거론하기를 꺼려 했다고 해서 어려움을 당한 교파는 하나도 없었다. 상처를 입고 도전을 받았던 것은 국가의 정치적 목표들과 종교적 믿음 사이의 정체성이었다. 미국은 처음으로 미국적 기독교 철학에 파스칼적 요소가 빠져 있다는 사실을 아쉽게 생각했고,

신정론의 결여를 절감했다.

  그럼에도 불구하고 대다수 미국 기독교인은 남북전쟁을 신앙의 무력함이나 모순이 노출된 사건으로 보기보다는 배교자와 변절자에 대항하여 평등주의적 기독교의 정당성을 입증한 미국인-기독교인의 승리로 보았다. 이것은 무지몽매한 백성에게 기독교적 진리의 빛을 비추어준다는 앵글로색슨족의 세계관과 딱 들어맞았다. 이러한 연장선상에서 1860년대에 이르면 미국과 영국은 선교 사업의 최전방에 위치하게 되었다.

프로테스탄트의 선교 사업

프로테스탄트 교파들이 선교 사업을 통해 자신들의 세력을 확장시킬 수 있다는 사실을 깨닫기까지는 적지 않은 시간이 필요했다는 것을 잊지 말아야 한다. 19세기 초까지만 해도 프로테스탄트 교파들의 선교활동은 찾아보기 힘들었다. 물론 선교에 대한 그들의 노력이 전무했다는 말은 아니다. 예를 들어 1622년에 네덜란드 프로테스탄트들은 동인도 지역과 스리랑카에서 활동할 선교사들을 양성하기 위해 레이던에 신학교를 건립하기도 했다. 하지만 이들 역시 순수한 의미의 선교를 목적으로 했다기보다는 가톨릭 선교를 분쇄하려는 의도를 가지고 있었기 때문에 가톨릭 세력이 쇠퇴함에 따라 네덜란드인들의 노력도 시들해졌다. 18세기에 네덜란드인들은 인도의 많은 원주민을 프로테스탄트로 개종시켰지만, 실제 효과는 미미했다. 원주민 가운데 성찬식에 참여했던 사람은 10명 중 1명도 되지 않았다. 그도 그럴 것이 1776년 당시에 동인도에서 활동했던 목사들은 22명(이 중에서 원주민과 의사소통이 가능했던 목회자는 5명이었다)에 불과했기 때문이었다.

영국 프로테스탄트들은 네덜란드인들보다 훨씬 소극적인 활동을 전개했다. 영국인들은 1600년부터 인도에서 활동하고 있었으나 17세기 전반에 오직 1명―피터 포프라는 이름의 세례명을 받은 벵골 소년―만이 영국 국교회 세례를 받았을 뿐이었다. 사실 영국 국교회 선교사들은 1662년까지 성인 세례를 베풀지 않았다. 그러나 청교도들은 이들보다는 나았다. 이와 관련하여 1648년에 칼뱅주의자였던 어느 하원의원은 다음과 같은 기록을 남겼다. "잉글랜드 하원의원들은 뉴잉글랜드의 이교도들이 주님의 이름을 부르기 시작하면 이들을 지원해야 한다는 의무감을 느끼고 있었다." 장로교인인 존 엘리엇은 가톨릭 탁발수도사들의 활동을 본받아 이로쿼이족(이로쿼이어를 쓰는 북아메리카 인디언―옮긴이)의 언어를 배우고 '기도 마을'을 설립하는 등 선교활동에 앞장섰다. 그의 지도로 1671년에 이르러 3,600명의 인디언들이 기독교로 개종하여 14개 정착지에 거주했다. 그러나 불행히도 인디언 전쟁과 영국과 프랑스의 싸움 때문에 이들 마을과 또 다른 선교적 노력들은 파괴되어버리고 말았다. 1701년에 설립된 '영국 국교회 해외 선교부'는 겉으로는 이교도와 불신자들을 선교하기 위해 조직된 것 같지만, 사실 이 조직은 뉴잉글랜드와 인도 서부에서와 마찬가지로 영국인 이주자 마을에서 주로 활동했다. 사실 프로테스탄트로 개종한 원주민 정착촌의 사람들과 유럽에서 파송된 프로테스탄트 선교사들은 상호 배타적이었고 협력을 기대할 수 없었다. 왜냐하면 유럽인들이 기후적으로나 경제적으로 정착에 알맞다고 판단하여 정착촌을 설치한 곳에서는 이미 거주하고 있던 원주민들이 추방당하거나 박해를 당했기 때문이다(이같은 현상은 가톨릭 선교 지역에서도 마찬가지였다. 그 예로 캐나다의 프랑스 정착촌이나 아르헨티나의 스페인 정착촌을 들 수 있다).

프로테스탄트 선교활동이 체계적으로 이루어진 것은 17세기 독일 경건주의로부터 시작되었다. 1706년에 덴마크의 루터교인이었던 프레데리크 4세는 인도 동남쪽에 위치한 코로만델 해안 트란케바르라는 덴마크 정착촌에서 비록 소규모이기는 했지만 조심스럽게 선교활동을 시작했다. 그는 두 명의 독일인 목사, 바르톨로메 치겐발트와 하인리히 플루차우를 그곳으로 불러들여 함께 선교활동을 했다. 그들은 선교활동의 모범이 될 만한 수많은 일들을 했다. 그들은 선교활동의 지침이라 할 수 있는 방법들을 개발했는데, 이를 정리해보면 다음과 같다. 선교활동은 미션스쿨이나 병원, 요양소와 같은 사회복지 시설들을 통해 이루어져야 한다. 그리고 성경을 현지 언어로 번역해야 한다. 그러기 위해서는 무엇보다도 원주민들의 사고방식과 언어를 정확히 이해하고 있어야 한다. 기독교로의 개종은 집단이 아닌 개개인을 상대로 이루어져야 한다. 가능한 한 빨리 원주민들을 훈련시켜 선교사나 목사로 키워내야 한다. 마지막 두 가지 방법은 논쟁을 불러일으켰다. 초기 기독교인들은 개종의 대상을 국가가 아닌 개개인으로 한정했다. 왜냐하면 그들은 국가적 지원을 받지 못했기 때문이다. 이에 비해 중세 초기의 선교사들은 왕이나 부족의 지도자들을 대상으로 선교활동을 벌였다. 그리하여 게르만족과 슬라브족은 종족 전체가 기독교인이 되었던 것이다. 인도에서 선교활동을 벌이던 선교사들 중에는 개별적인 접촉을 통해 기독교를 선교하는 방법이 더 적합하다고 주장한 사람들이 있었다. 이런 경우 기독교로 개종한 개인들은 자신이 소속해 있는 사회집단을 떠나서 개종자들끼리 따로 모여 새로운 정착촌을 건설해야만 했다. 이에 비해 일부 선교사들은 사회구조를 훼손하지 않은 채 여건이 무르익은 순간에 공동체 전체를 개종시키는 편이 좀 더 바람직하다고 주장했다. 이렇게 할 때 기독교 신앙과 원주민의 생활방식이 서로 어긋나지 않고 공존할 수 있다는 장점이 있었다. 새로운 종교 혹은 새로운 신앙으로서의 기독교는 필연적으로 새로운 문화, 새로운 규범을 요구했다. 사도 바울이 '새로운 사람'이 되라고 말한 것도 바로 이런 의미였다. 예를 들어 일부다처제의 사회에서 기독교가 일부일처제를 강요한다는 것은 어마어마한 사회구조의 변화를 의미했다.

개별 접촉을 통한 선교가 더 효과적인가 아니면 공동체 전체를 한꺼번에 개종시키는 방법이 더 효과적인가 하는 논쟁은 집단 개종이 가능했던 19세기 말까지도 결론이 내려지지 않았다. 원주민 성직자를 양성하는 일과 관련된 논쟁도 마찬가지였다. 가톨릭과 마찬가지로 프로테스탄트들도 이 문제에 대해 쉽게 결론을 내리지 못했다. 본국의 선교본부나 교단들은 이에 대해 늘 소극적이었다. 왜냐하면 그들은 원주민 성직자들이 성장하게 되면 식민지배가 어려워지고 또 기독교 신앙의 정통성이 훼손될 수 있을 것이라고 우려했기 때문이었다. 이에 비해 선교 현장에서 활동하던 선교사들은 대체로 적극적이고 의욕적인 모습을 보였다. 대표적인 사례가 인도에 파견된 침례교 선교사 윌리엄 케리였다. 그는 "원주민 형제들이 의미 있는 삶을 살 수 있도록 그들 안에 내재된 재능과 재주, 위엄을 가꾸고 보살피는 것"이 기독교인들의 주된 목적이라고 믿었다. "우리는 그들이 성장하도록 모든 주의를 다 기울여야 한다." 왜냐하면 "원주민 설교자들을 통해서만이 이 거대한 인도 대륙에 복음이 확산될 수 있다는 희망을 품을 수 있기 때문이다." '기독교 선교회Christian Missionary Society'의 일원으로 동아프리카에서 활동한 루이스 크라프 또한 흑인 성직자의 양성이 무엇보다도 절실함을 깨달았다. "선교 현장에서 피부 색깔로 인한 차별이 철폐될 때 노예 무역은 종말을 고하게 될 것이다. 흑인 성직자는 아프리카의 문명화를 위해 꼭 필요한 요소이다." 당연히 그는 식민주의에도 반대했다. "이 대륙에서 선교 사업이 잘되기 위해서는 유럽이 보호의 날개를 펼쳐야 한다."

선교사들은 제각기 분열되었다. 캐리와 크라프와 같이 유능하고 예민한 선교사들은 스스로 원주민과 동일체가 되어 독립적인 성직자들을 양성하고 독립교회를 세우는 일에 주안점을 두었다. 그러나 이들과 같은 선교사들은 소수에 불과했다. 대부분의 선교사들은 원주민들에게서 가능성을 발견하기는커녕 그들을 무시하기 일쑤였다. 사도행전은 기독교 복음의 이교화를 경고하고 있을 뿐이지, 이교 문화의 열등함을 언급하고 있는 것이 아니다. 하지만 유럽인들은 선교지에서 자신들과 종류가 다른 열등한 사람들을 대면하고 있다고 생각하는 경향이 있었다. 예를 들어 인도에서 여러 해를 보냈던 찰스 그랜트는 1797년에 다음과 같은 결론을 내렸다. "유감스럽게도 우리는 인도인들이 타락하고 비천한 인종이라는 것을 인정하지 않을 수 없게 되었다. 이들의 도덕적 의무감은 매우 약하다. 무엇이 옳은 것인지를 찾으려 하지 않으며, 악의적이고 음탕한 열정의 지배를 받고 있고, 풍속이 부패된 사회에서 볼 수 있는 모습을 보여주고 있으며, 악행으로 인한 비참함 속에서 헤어나지 못하고 있다." 불행히도 그랜트는 경제·문화·도덕적 '열등함'을 완전히 혼동하고 있었다. 선교사들은 인류학자나 사회학자가 아니다. 다시 말해 이들은 상대적 잣대로 도덕적 가치를 보는 법을 알지 못한 채, 그저 단순히 유럽적이고 기독교적인 것만을 절대적인 것으로 보았다. 침례교인인 조지 그렌펠은 콩고에 관해서 다음과 같이 썼다. "볼로보 인종의 가장 두드러진 특성은 항상 만취한 상태에서 행하는 비도덕적 행동과 잔혹성에 있는 것 같다. 이들은 차마 글로 묘사하기에는 너무나도 잔혹한 악행들을 일삼고 있다. 이에 관한 이야기를 듣게 된다면 유럽인들은 이들을 가엾은 이방인이라고 부르기보다는 잔인한 짐승, 철면피라고 부르게 될 것이다. 양심의 빛을 통해 이들의 죄를 정죄해야만 한다." 또 다른 선교사 홀먼 벤틀리는 식인 풍습에 관하여 다음과 같이 평가했다. "거룩한 아버지의 자녀들이 한없이 추락하여 사탄의 자녀가 되었다. … 이것은 그들이 살아가는 방식이다! 그들의 마음속에 있는 빛이 어둠이라면 도대체 그 어둠이란 얼마나 강력한 것인지!"

대부분의 선교사들이 이러한 생각을 갖고 있었기 때문에 대체로 원주민 성직자들을 자신들보다 낮게 보았으며, 심지어는 원주민을 완전한 기독교인으로 받아들이려고도 하지 않았다. 원주민 가운데는 유럽인의 행동방식을 그대로 따라야만 기독교 신앙에 더 가깝게 다가간다고 생각하는 사람들이 있었다. 그래서 일부 원주민들은 유럽인들로부터 인정받기 위해 열심히 그들의 생활방식을 추종했다. 그래서 원주민 가운데서도 가장 유럽화된 사람들만이 성직자가 될 수 있었다(이러한 원칙에 반대하는 선교사들은 거의 없었다). 이렇게 성장한 원주민 성직자들은 더욱더 유럽화에 빠져들었으나 불행히도 그들이 유럽화하면 할수록 그만큼 개종하지 않은 원주민들과는 멀어져갔다. 원주민들은 이들을 유럽인 선교사들을 모방하는 가엾은 자들로 여겼는데, 이러한 평가는 그렇게 부당해 보이지 않는다. 다시 말해 유럽 선교사들이 원주민 선교에 박차를 가하기 위해 원주민 성직자들을 양성했던 것은 실패할 수밖에 없었다는 말이다.

베스트팔렌 조약이 체결되고 종교전쟁이 막바지에 이르렀을 무렵, 가톨릭의 선교 사업은 철수되거나 중단되었다. 18세기에 오면 가톨릭 교회의 선교활동은 실제로 대부분의 지역에서 중단되었는데, 특히 선교 요충지들에서 활동하던 약 3천 명이 넘는 예수회 선교사들이 강제로 철수당한 이후에 이런 현상은 더욱 두드러졌다. 한마디로 프로테스탄트들에게 기회가 생긴 것이다. 하지만 당시 프로테스탄트 국가들에서도 신앙의 불꽃은 잦아들고 있었다. 인도에 온 최초의 독일인 선교사들은 인도 최초의 선교사들이기도 했고 한동안 유일한 존재이기도 했다. 인도에서 영국의 선교 사업도 매우 더디게 진행되었다. 동인도회사는 선교사보다는 유럽인들을 지도해줄 수 있는 성직자만을 원했다. 크리스티안 프리드리히 슈바르츠라는 독일인은 인도 동부 지역에서 1798년까지 무려 48년 동안 선교사로 활동했는데, 한 영국인 장교는 그에 대해서 다음과 같이 기술했다. "이 선교사의 지식과 품성 덕분에 유럽인들은 타락했다는 오명을 덜 수 있게 되었다." 하지만 불행히도 영국 국교회는 이런 인물을 원하지 않았다. 인도 캘커타의 주교로 임명된 토머스 팬쇼 미들턴은 영국에서 인도로 파견된 최초의 영국 국교회 주교였는데, 독일인 선교사들을 어떻게 다루어야 할지 알 수가 없어, "나는 그들을 인정하든지 아니면 그들의 활동을 중단시키든지 둘 중 하나를 택해야만 했다"고 말했다.

선교활동에 적극적으로 나섰던 영국인들은 정부나 관료계층, 지배계급 그리고 영국 국교회와는 아무 관련이 없는 사람들이었다. 그들은 본질적으로 영국 국교회를 반대했던 중하류 계층들이었다. 최초의 근대적인 선교단체는 1792년 침례교가 세웠고, 곧이어 1795년에 회중교회 주도로 '런던선교회London Missionary Society'가 설립되었다. 이 두 선교회 출신 선교사들은 실제로 노동 현장에서 일했던 선교사들이었다. 예를 들면 케리는 노샘프턴 출신의 제화업자였고 그의 동료 윌리엄 워드는 인쇄공이었다. 그렇다고 그들이 교육을 제대로 받지 못한 선교사였다고 오해해서는 안 된다. 케리는 독학으로 라틴어, 히브리어, 그리스어, 네덜란드어를 배웠으며 1천 쪽에 달하는 산스크리트어 문법책을 출간했다. 1792년에 발표한 〈이교도들의 회심을 위한 방법을 강구해야 하는 기독교인의 의무에 관한 탐구An Inquiry into the Obligation of Christians to Use Means for the Conversion of the Heathen〉라는 소책자는 앞으로 전개될 대규모 선교운동에 결정적 영향을 미쳤다. 워드 역시 《힌두교인들의 예절과 관습Manners and Customs of the Hindus》이라는 책을 출판했다. 이 두 사람은 인도에 세럼포르Serempore 대학을 세웠다. 이 대학은 동양 문학과 유럽의 과학을 소개하는 창구 역할을 했다.

하지만 대부분의 선교사들은 선교지의 사람들과 문화에 관심을 갖기보다는 단순히 성경을 읽으려는 열정에 더 크게 사로잡혔다. 1796년에 회중교회를 중심으로 더프호를 타고 타이티 섬에 도착했던 태평양 지역 최초의 선교단체는 4명의 목사와 6명의 목수, 2명의 구두장이와 벽돌공, 직공, 재단사, 그리고 소매상인, 가죽 제작업자, 하인, 정원사, 외과의사, 대장장이, 깡통 제조업자, 도살업자, 방직업자, 모자 제조업자, 포목상, 가구공 등으로 구성되어 있었다. 이들은 선교활동을 게을리 하지 않았음에도 불구하고 성공을 거두지는 못했는데, 이는 명단에서도 알 수 있듯이 초기 선교사들 중에서 교육자적 자질을 갖춘 사람이 거의 없었기 때문이었다. 말하자면 프로테스탄트 선교단체 가운데는 예수회와 같은 엘리트 조직(선교지의 문화·사회적 구조를 철저히 이해할 수 있고 또 그곳의 지식층 지도자들에게 호소할 수 있는 조직)이 없었다.

선교와 노예 무역

1780년대부터 영국의 상류계급들도 자신들이 감당해야 할 선교의 중요성을 깨닫기 시작했지만, 그럼에도 이들은 여전히 흑인 이방인들이 아닌 영국인들의 요구에 부응하여 노예 무역에 집중하고 있었다. 400년이 넘도록 유럽인들은 아프리카에서 1천만 명이 넘는 노예를 매매했는데, 이 중에서 60퍼센트 이상이 1721년에서 1820년 사이에 이루어졌다. 이 무렵 대서양 무역로가 개척되어 1년에 약 6만 명 이상이 왕래했다. 이 무역로는 사람들로부터 매우 각광을 받았다. 대서양 무역로 개척을 계기로 포르투갈령 아메리카, 서인도제도, 미국을 중심으로 시장이 형성되었다. 노예 무역에는 프랑스, 영국, 포르투갈이 주로 참여했는데, 그중에서도 영국이 절반을 차지했다. 예를 들어 1798년 한 해에만 해도 160척의 노예선이 영국에서 출항했다. 이처럼 노예 무역은 특히 영국에서는 가장 큰 이익을 남기는 사업이었다. 영국에서 노예 무역 사업에 종사한 종업원들만도 1만 8천 명이 넘었다. 이들은 주로 아프리카에서 노예를 구입하기 위한 상품을 만드는 일을 했다. 노예 무역은 당시 영국 총수출액의 4.4퍼센트를 차지했다. 영국 국교회 성직자들은 대체로 노예 무역을 용인하고 있었으며, 심지어 일부 선교사들은 이를 옹호하기도 했다. '뉴잉글랜드 복음선교회'의 창설자 중 한 사람인 토머스 톰슨은 《인류의 원칙과 계시된 종교의 법에 상응하는 아프리카 흑인 노예 무역*The African Trade for Negro Slaves Shown to Be Consistent with the Principles of Humanity and the Laws of Revealed Religion*》이라는 책에서 노예제를 옹호했는데, 이 책의 내용은 1840-1850년에 미국 남부 기독교인들이 내세웠던 주장과 동일했다. 톰슨은 뉴저지에서 흑인들을 대상으로 일했던 사람이며 또 아프리카 기니에서 4년을 지내기도 했다.

노예제의 문제점을 최초로 제기한 교파는 퀘이커교였다. 1780년에 이들은 펜실베이니아 주 의회를 압박하여 펜실베이니아 주에서 노예제를 폐지했다. 영국에서는 1772년에 맨스필드 경이 노예제는 불법이라고 선언했다. 그의 선언 이후, 기독교 단체들은 마지못해 노예제가 불법이라고 선언했다. 노예제 폐지 운동은 상류층의 신앙 운동과 결부되어 전개되었다. 이 같은 결합이 없었다면 노예제는 훨씬 더 오랫동안 지속되었을지도 모른다. 영국은 1807년에 노예 무역을 불법으로 규정했고 1824년에는 이를 위반하는 사람들을 사형에 처하도록 법을 제정했다. 이로부터 9년 후 이와 같은 규정은 영국이 지배하고 있는 모든 식민지역으로 확대되었다. 영국이 노예제도와 노예 무역에 몰두하고 있었다는 사실은 역설적으로 영국의 상류 기독교 계층이 왜 선교 사업에 미온적이었는지 그 이유를 설명해준다. 선교 사업과 노예 무역, 이 두 가지는 특히 아프리카에서 서로 밀접하게 연결되어 있었다. 노예제가 지속되는 상태에서 선교사들이 아프리카 내륙에 침투하기란 실제로 거의 불가능했다. 하지만 노예제가 공식적으로 폐지되자 선교사들은 활발하게 선교활동을 전개할 수 있었다. 노예제 폐지를 계기로 영국은 사실상 처음으로 선교 사업을 후원할 수 있게 되었다.

이같이 상황이 변화되자 여러 선교단체들이 동시에 생겨났다. 1799년에는 '영국국교회선교회Anglican Church Missionary Society'가, 1844년에는 '영국·해외성서공회British and Foreign Bible Society'와 '영국국교회와 자유교회Anglican and Free Church'가, 1824년에는 '미국해외선교위원회American Board of Commissioners for Foreign Missions'가, 1815년에는 '바젤선교회Basle Mission'가 설립되었다. 덴마크(1821), 프랑스(1822), 스웨덴(1835), 노르웨이(1842)에서도 선교 위원회가 각각 설립되었다. 이 같은 현상은 유럽에서 일어난 최초의 복음주의 물결이라고 할 수 있다. 그 두 번째 물결은 이보다 훨씬 규모가 큰 것으로 1850년대 대서양 건너편에서 일어났다. 이 물결의 흐름을 타고 미국은 동북아시아 지역을 중심으로 선교 사업을 주도하기 시작했다. 이때 사상 처음으로 여성들이 선교회의 일원으로 파견되었으며, 오래지 않아 숫자 면에서 남성을 능가했다. 역시 사상 처음으로 각 선교회들은 정규적으로 의료와 교육 분야에서 활동을 전개하기 시작했다. 이 같은 활동은 백인들이 지배했던 식민 지역들을 대리통치하는 형태로 전개되기도 했다.

선교 제국주의

대규모의 선교 사업은 자연스럽게 식민정책 및 상업과 연결되었다. 아시아나 아프리카 사람들의 눈으로 볼 때 더욱 그러했다. 인도의 지식인들은 기독교 선교 사업을 유럽의 정치·상업적 팽창의 부수현상으로 보았다. 서유럽인들은 이를 달리 표현했는데, 그랜트는 《아시아의 대영제국 식민지 백성들의 사회 생활에 관한 고찰 Observations on the State of Society among the Asiatic Subjects of Great Britain》(1797)에서 다음과 같이 기술했다.

> 우리에게 이 머나먼 영토가 주어진 까닭은 … 단지 이곳에서 이익을 취하라는 뜻만이 아니라 이곳 주민들에게 … 진리의 빛과 은혜로운 영향, 사회의 축복, 산업이 가져다주는 진보와 안락함을 전파해야 한다는 것을 뜻한다. … 이 같은 사업이 한 발자국씩 진전될 때마다 우리가 인도를 처음 찾았을 때에 품었던 본래의 구상, 즉 우리의 상업이 확장될 수 있을 것이다.

홀먼 벤틀리는 이 점을 다음과 같이 좀 더 노골적으로 표현했다. "아프리카의 침략과 함께 맨체스터는 용기를 얻었다. 맨체스터에서 생산되는 의류를 걸쳐야 할 사람들은 아프리카에서만도 수천 명이 넘을 것이다. 또한 아프리카에 뼈를 묻을 사람들도 수없이 많다." 그러나 서유럽인들은 아프리카 지배에 관한 통일된 의견을 가지고 있지 않았으며 또 스스로 확신하지도 못했다. 예를 들면 대영제국은 기독교 선교를 위해 조직된 나라가 아니었다. 그동안 동인도회사를 통해 인도를 간접적으로 통치했던 영국은 직접통치를 실시하면서 다음과 같은 선언문을 발표했다.

"우리는 기독교의 진리를 확고하게 붙들고 있다. 그리고 종교가 베푼 위안들도 감사하게 생각한다. 하지만 우리는 식민통치를 받고 있는 백성들에게 우리의 권리를 주장하지도 우리의 신념을 강요하지도 않을 것이다." 이 선언문은 엄청난 논쟁을 거친 후에 채택되었다. 핼리팩스의 최초의 자작Viscount이었던 찰스 우드 경은 선교단체들이 인도에 세운 학교들을 지원하는 정책을 담은 1854년도 정부 법률안을 지지하면서 다음과 같이 말했다. "정부의 지원으로 인해 우리 제국은 더욱 강화될 것이다. 그러나 … 설혹 그 결과 영국의 식민지 인도를 잃는다 할지라도, 무지와 미신으로 타락한 사람들이 우리의 대리인들에 의해 문명화된 기독교 사회에서 살게 된다면, 인도는 세계 역사에서 훨씬 나은 자랑스러운 지위를 차지하게 되리라는 것이 내 생각이다."

19세기 사람들이 기독교를 과연 얼마나 중요하게 생각했는지 그들의 입장을 판단해보기란 결코 쉽지 않다. 예를 들면, 데이비드 리빙스턴(영국의 선교사이자 남아프리카 탐험가—옮긴이)은 선교사인가 제국주의자인가 아니면 이기주의자인가? 그는 이 세 가지 범주에 다 들어간 사람으로 볼 수 있다. 리빙스턴은 분명히 선교적 동기를 품고 있었을 것이다. 그러나 과연 "노예 무역이 이루어지는 곳에서 그리스도의 사랑이 얼마나 전달될 수 있었겠는가?" 그의 인생은 한마디로 '헌신적인 삶'으로 해석될 수 있다. 그러나 그는 명성을 얻게 되자 '런던선교회'를 버리고 동아프리카 영사직에 올랐다. 1857년 케임브리지 대학에서 그는 다음과 같이 연설했다. "아프리카로 우리의 관심을 돌립시다. 이제 막 개방된 이곳에서 몇 년 후면 저는 쫓겨날 것이라는 점을 잘 알고 있습니다. 이 나라가 다시 문을 닫지 않도록 해주십시오. 저는 무역과 기독교 선교를 위한 길을 개척하기 위해 다시 아프리카로 갈 것입니다. 내가 개척했던 이 일을 여러분들이 떠맡지 않으시렵니까? 나는 여러분들에게 이 일을 맡기고 싶습니다." 그는 학생들로부터 대단한 박수갈채를 받았다. 이듬해 그는 세즈윅 교수에게 다음과 같은 편지를 보냈다.

내가 하고자 하는 말을 당신이 이해할 수 있다면, 눈에 띄는 것보다 더 많은 것을 알아차릴 수 있을 것입니다. 내가 떠난 것은 그저 탐험만을 위한 것이 아니라, 아프리카인들과 나의 조국의 사람들에게 혜택을 주기 위함이었습니다. 나는 광물 자원에 대해 말해줄 수 있는 일종의 지질학자, 생산되는 채소류에 관해 완전한 보고서를 제출할 수 있는 식물학자, 풍광을 묘사하는 예술가, 수상 운송 능력에 관해서 말할 줄 아는 해군 장교, 타의 모범이 될 만큼 기독교 신앙으로 무장한 확고한 도덕주의자였습니다. 나는 이 같은 일들을 모두 아프리카 무역을 발전시키고 문명을 향상시킨다는 표면상의 이유를 가지고 행했습니다. 하지만 당신과 같이 믿을 수 있는 사람들에게 내가 말하고 싶은 점은, 중앙아프리카와 같은 자원이 풍부한 나라들이 영국의 식민지가 되기를 바라는 뜻에서 그와 같은 활동을 하고 있다는 것입니다. 나는 이 이야기를 오직 아가일 공작에게만 말했습니다.

식민주의(그리고 무역업)를 적대적으로 보았던 선교사들도 있었다. 뉴질랜드(1814년에 선교사들이 처음으로 이곳에 도착했다)에서는 독립적인 마오리족의 기독교 국가를 꿈꾸었던 교회 측과 유럽인들의 정착촌을 계획했던 식민주의자들 사이에서 충돌이 벌어지기도 했다. 1835년에 이곳에 들른 바 있었던 다윈은 "불과 5년 전만해도 양치류 식물만 무성했던 것을 생각해보면 매우 놀라운 발전이다. … 선교사들이 주는 교훈은 마법사의 지팡이와도 같다"며 선교사들의 사역을 칭송했다. 하지만 불행히도 영국 정부는 뉴질랜드를 장악해버렸고 결국 교회와 식민주의자 사이의 대결은 후자의 승리로 끝나고 말았다. 그럼에도 불구하고 1854년에 마오리족의 99퍼센트가 기독교인이었다는 사실을 감안해볼 때 뉴질랜드에서 기독교 선교는 성공적이었던 것 같다. 이와 대조적으로 동북아시아에서 활동하던 선교사들은 선교의 기회를 잡기 위해 서양 열강들의 무력 사용을 지지했다. 아편전쟁의 결과 영국은 중국 정부로부터 홍콩을 할양받고 5개의 항구를 서양 열강들에게 개방하겠다는 약속을 받아냈다. 선교사들은 이것이 중국을 복음화할 수 있도록 한 하나님의 계획이라고 생각한 듯하다. 여러 선교단체가 홍콩을 포함하여 6개 지역에 파견되었다. 일본은 1853년에 페리 제독에 의해 개항하게 되었다. 개항과 더불어 기독교 선교사들은 일본에서 대대적으로 기독교 박해가 이루어졌던 17세기 이후 처음으로 일본 땅을 밟을 수 있었다. 같은 해에 벌어진 2차 중국전쟁의 결과로 중국 본토에서 선교사들의 안전과 진출이 사실상 보장되었다. 이처럼 일본과 중국에서 활동하던 선교사들은 서양 열강들의 군사력을 칭송하거나 거기에 의존하려는 경향이 강했다.

영국 정부(그리고 이후에는 다른 나라들까지)가 아프리카 선교 사업을 시작하자 기독교 선교는 새로운 국면을 맞이하게 되었다. 영국 정부는 노예 무역을 금지시킨 이후 이를 감시하기 위해서는 선교사들의 도움이 무엇보다 필요하다는 사실을 알게 되었다. 그래서 영국 정부는 선교단체들에 협조를 요청했고, 그들은 정부의 요청을 기꺼이 받아들였다. 이를 계기로 영국의 상류층 기독교인들은 아프리카 선교에 관심을 갖게 되었다. 윌버포스에 이어 반노예제 운동을 계승한 토머스 파월 벅스턴은 "아프리카를 되살리는 것은 성경과 쟁기다"라는 슬로건을 내세웠다. 찰스 시므온 목사는 영국의 아프리카 식민지들의 주교직이나 교구들에 복음주의 계통의 성직자들이 임명될 수 있도록 영향력을 행사했다. 그는 자신의 수하에서 훈련받던 성직자들을 파견하여, 그의 표현대로라면 그들을 "모든 땅의 군주들"로 삼으려 했다. 따라서 '영국국교회선교회'는 복음주의 계열의 성직자들이 지배하게 되었다. 영국 국교회는 1840년 엑서터 홀에서 새로운 아프리카 선교 운동을 알리는 열광적인 집회를 개최했는데, 이 집회에는 앨버트 공, 로버트 필 경, 글래드스턴, 섀프츠베리 경, 프랑스 대사, 아일랜드 민족주의자 대표 대니얼 오코넬, 데이비드 리빙스턴 등이 참석했다. 윌버포스 주교는 청중들 앞에서 연설하기를 "물건을 가득 실은 배들이 모두 영생의 은혜를 실어 나를 수 있도록" 그들이 각별한 노력을 기울여야 한다고 말했다.

파월 벅스턴은 영국 정부를 설득하여 서아프리카에 위치한 니제르를 개척하기 위한 비용으로 8만 파운드의 예산을 받아냈다. 드디어 1841년에 145명으로 구성된 니제르 탐험대가 앨버트호, 윌버포스호, 수단호에 각각 나누어 타고 출항했으나 불행히도 항해 도중 퍼진 말라리아로 인해 130명이 감염되고 40명이 희생되어 니제르 탐험은 실패하고 말았다. 그러나 이후 해군의 보호 아래 두 차례나 더 출격한 끝에 기독교는 마침내 니제르에 정착하게 되었고, 영국 정부의 식민지 전초기지 역할을 했다. 일부 아프리카의 토후들은, 예를 들면 칼라바르(나이지리아 크로스리버 주의 주도로 1904년까지는 올드칼라바르라고 했다—옮긴이) 그릭타운의 왕이었던 에유 어니스티 2세와 같은 사람들은 기독교 선교사들을 열렬히 환영했는데, 이는 선교사들이 자신의 권위를 강화시켜줄 것이라고 믿었기 때문이었다. 하지만 선교사들은 종종 폭력행위를 선동하기도 했다. 아프리카에서 폭력이 발생하면 유럽군의 개입, 체제 위기, 그리고 노골적인 병합이라는 수순이 이어졌다. 선교사들이 반드시 유럽 식민주의자들의 앞잡이 노릇을 한 것은 아니었지만 대부분의 선교사들이 백인들이 아프리카를 통치해야만 선교활동을 원활하게 펼쳐나갈 수 있다고 생각했던 것만큼은 사실이었다.

선교사들의 토착 문화 파괴

원주민들이 선교단체들을 극도로 혐오했던 칼라바르에서는 '영아살해'와 같은 악습이 만연해 있다는 소문이 퍼지기도 했고, 선교사들은 그 지역을 '아프리카의 소돔과 고모라'라고 부르면서 '비인간적이고 미신적인 관습의 폐지와 문명화를 위한 협회Society for the Abolition of Inhuman and Superstitious Customs and for Promoting Civilization'를 조직했다. 영국 영사관은 이 조직 설립자 중의 한 사람으로 서명했다. 올드타운에 선교기지를 두고 활동했던 새뮤얼 에드걸리 목사는 그가 '타락한 이방인'이라고 불렀던 아프리카 원주민들의 관습을 타파하려는 열망을 숨기지 않았다. 1854년에 에드걸리는 권좌에서 폐위된 올드타운의 국왕 윌리 톰이 50명의 노예들을 학살했다는 주장이 제기되자, 그것을 핑계로 그 지역 신전에 걸려 있는 성상들을 훼손하고 원주민들이 성스럽게 여겼던 신전 안의 달걀들을 파괴했다. 그는 신전의 여러 물건들을 몰수하여 기념품으로 제작했다. 이에 원주민들이 반발하고 충돌이 계속되자 유럽 무역업자들의 후원을 받고 있던 선교사들은 총독에게 황실 직속 군함인 앤털로프호로 올드타운을 공격해줄 것을 요청했다. 그들은 만약 그렇게 된다면 '문명화 사업은 촉진될 것'이라고 주장했다.

공격은 실제로 실행되었다. 영국국교회선교회 선교사인 C. A. 골머는 "나는 이 공격을 아프리카의 이익을 위한 하나님의 개입"으로 본다고 말했다. 2년 후에 골머는 또 다른 해군 공격을 요청했는데 이번의 대상은 이제부Ijebu족이었다. 영국 군함 스커지호와 같은 함선들이 빈번하게 아프리카 서부 해안과 강에 출몰하자 이에 놀란 추장들은 자유로운 활동을 보장하라는 선교사들의 요구를 수락할 수밖에 없었다. 각 지역의 법은 기독교 선교사들의 요구를 수용하는 방향으로 개정되었다. 예를 들어 그릭타운에서는 안식일 준수 법안을 채택했다. "주일에는 그릭타운 내 그 어느 곳에서도 시장을 열 수 없고, 토산 술이든 수입산 술이든 실내외를 막론하고 일체의 주류 판매가 금지되며, 그 밖에 노동이나 놀이, 사악한 게임, 총포의 발사, 에그보Egbo족의 행렬, 무역 상담 등이 금지된다." 이후 왕들을 폐위시키고 백인 집정관들이 모든 행정권을 장악하기까지는 그리 오랜 시간이 걸리지 않았다.

중앙 및 동아프리카 지역에서 볼 수 있는 것처럼 유럽의 식민 지배를 통하지 않고서도 기독교 선교는 얼마든지 자연스럽게 전개될 수 있었을 것이다. 중앙 및 동아프리카는 유럽인들의 노력과는 상관없이 기독교를 받아들일 수 있는 환경이 마련되어 있었다. 당시 대다수 아프리카인들은 끔찍하고 잔혹한 신앙에서 벗어나고 싶어 했고, 그래서 그들은 새롭고 덜 원시적인 종교를 찾고 있었다. 선교사들은 아프리카인들 대부분이 기독교의 가르침을 원한다는 사실을 발견했다. 유럽의 식민지배자들이 직접적인 권력을 행사하지 않았던 지역들에서 선교사들은 별다른 노력 없이 사회·정치적으로(그리고 경제적으로도) 강력한 영향력을 행사할 수 있는 기독교 마을을 건설할 수 있었다. 이들 마을에서 선교사들은 마치 추장과 같은 역할을 했다. 댄 크로퍼드가 지은 《흑인들을 생각하면서 Thinking Black》(1912)는 아프리카에서 벌어지고 있는 선교 사업의 문제점들을 심도 있게 다루었는데, 이 책에서 그는 "숲속에 홀로 외롭게 서 있는 한 프로테스탄트 교황은 예언자와 제사장, 그리고 왕의 역할을 모두 도맡아 행해야 하는 짐을 스스로 짊어졌다"고 말했다. 유럽인들의 아프리카 선교는 두 가지 방식으로 진행되었다. 하나는 앞에서 말한 것처럼 선교사들이 기독교 마을을 건설하는 일이요, 다른 하나는 그들이 강력한 왕의 앞잡이가 되는 것이었다. 1890년에 카탕가 지역의 독재군주를 접견한 다음 영국 부영사관이 제출한 다음의 보고서를 보면, 당시 분위기가 어떠했는지를 여실히 알 수 있다. "선교사들은 므시디를 위대한 왕처럼 대우했다. 그의 허락 없이는 선교사들은 아무 일도 할 수 없었다. 마치 그들은 그의 노예와도 같았다. … 그들은 옥수수 죽이나 때로는 악취 나는 고기를 먹으며 원주민과 함께 살고 있다." 벨기에 소속 영국인 용병들이 미시디를 총으로 살해하자 크로퍼드는 다음과 같이 불평했다. "므시디가 죽자 그곳에는 우리가 추장이 될 것이라는 어리석고 유해한 소문들이 퍼져나갔다." '유해하다'는 표현은 옳은 지적이었다. 하지만 이 같은 소문이 반드시 어리석은 것만은 아니었다. 왜냐하면 적지 않은 아프리카인들이 자신들의 왕권의 몰락과 선교사들의 입국을 환영했기 때문이다.

가톨릭 선교의 재개

바로 이때에 가톨릭 교회의 선교 열정이 다시 불이 붙었다. 1815년에 이르면 가톨릭 선교사들은 선교지에서 거의 자취를 감춘 것처럼 보였다. 전 세계를 통틀어 선교 현장에서 선교활동을 벌였던 가톨릭 선교사들은 고작 270명에 불과했다. 선교 열정이 다시 불붙게 된 배경에는 1814년에 복권된 예수회의 힘도 컸지만, 그보다는 프랑스를 중심으로 전개된 교황 대중 운동에 힘입어 설립된 여러 선교단체들의 역할이 크게 작용했다. 1816년에 '동정녀마리아수사회Oblates of Mary Immaculate', 1817년에 '마리아 수도회Marist', 1859년에 '살레시오회Salestians', 1862년에 '쇼이트신부회Scheut Fathers', 1868년에 '백인신부회White Fathers' 등이 각각 조직되었다. 프랑스, 특히 외무성은 다른 어느 나라보다도 선교 사업에 적극적이었다

(예를 들어 중국에 파견된 프랑스인 선교사들은 특별 외교여권을 지급받았다). 프랑스 정부는 선교를 위해서라면 무력 사용도 주저하지 않았다. 1885년에 나폴레옹 3세가 인도차이나를 점령하게 된 계기도 프랑스 선교사들에 대한 공격을 응징하기 위한 것이었다. 또 당시 아프리카에서 활동하던 프랑스 선교사들은 대부분 프랑스 군사령부와 긴밀한 협조관계를 유지하고 있었다.

알제(알제리의 수도—옮긴이)의 추기경 겸 대주교였던 샤를 라비즈리는 프랑스 제국주의자들의 영적 지도자요, 바티칸의 세계적 선전가로 기대를 한 몸에 받고 있었다. 그는 38세의 나이에 낭시의 주교가 될 정도로 뛰어난 정치력을 발휘했던 사람이다. 프랑스인으로 교황 지상주의자였던 라비즈리는 무엇보다 프랑스 공화제의 틀과 교황권 및 프랑스 가톨릭 교회를 화해시키는 일에 주도적인 역할을 감당했다. 맥마흔 원수는 알제를 식민지로 삼기 위해 그를 임명했고 교황은 그를 사하라 지역의 교황 대사로 임명하여 엄청난 힘을 실어주었다. 알제의 영국 영사를 지낸 플레이페어 대령은 라비즈리를 당대의 '성 아우구스티누스'라고 불렀는데, 그의 평가는 정확했다. 라비즈리는 분명히 자신을 콘스탄티누스적 대주교 역할로 보았다. 그는 새로운 아프리카 제국이 건설될 수 있도록 교회의 토대를 튼튼히 구축했다. 카르타고에서 그는 히포의 아우구스티누스 성당보다 더 큰 성당을 건설했고 그 성당 안에 자신이 묻힐 정교하고 장엄한 무덤을 조성했다. 그는 '선민' 이론을 강하게 주장했다. "하나님은 알제리를 위대한 기독교 국가로 만드시고자 프랑스를 선택하셨다. … 전 세계 모든 교회의 눈들이 우리를 바라보고 있다." 그는 알제리를 '2억의 야만인들이 거주하는 아프리카 대륙으로 진입하는 항구'라고 생각했다. 그는 선교사역에 헌신하는 예수회 스타일의 엘리트 사제들로 구성된 '백인신부회'를 설립했고, 가톨릭 교계에서는 최초로 노예 무역을 반대하는 운동을 전개했다. 그는 '노예 무역 폐지를 위한 브뤼셀 회의Brussels Conference for the Abolition of the Slave Trade'에서 합의문이 채택되고 각국이 서명하도록 주도적인 역할을 했다.

라비즈리의 궁극적인 목표는 아랍인들에게 복음을 전파하여 1,300여 년 전에 단성론자들로 인해 발생한 기독교의 분열을 바로 잡는 것이었다. 그는 '백인신부회' 회원들을 사막으로 보냈고, 이들을 보호하기 위해—투아레그족에 의한 살해가 빈번하게 일어났기에—'기독교 군Christian Militia'을 운영했다. 하지만 그는 이슬람 지역에서 이러한 노력은 아무 소용이 없다는 사실을 깨달았다. 프랑스는 아랍 영토를 정복하여 어마어마한 수의 기독교인들을 식민 지역으로 이주시켰지만 이슬람교도가 기독교로 개종하는 일은 좀처럼 드물었다. 이에 프랑스인들은 (나중에는 벨기에인들까지) 사하라 사막 남부 지역으로 선교 지역을 옮겼다. 다행히 이곳에서는 어렵지 않게 선교의 수확물들을 얻을 수 있었다. 라비즈리는 선교사들에게 다음과 같은 점을 강조했다. "모든 사람들에게 모든 것이 되어라", "가엾은 이방인들을 사랑하라. 그들을 친절히 대하라. 그들의 상처를 치유하라. 그렇게 되면 그들은 우리에게 사랑을 줄 것이다. 그다음에는 신뢰를, 그다음에는 영혼을 줄 것이다." 가톨릭의 선교 사업은 프로테스탄트에 비해 매우 유리한 위치에 있었다. 가톨릭 선교사들은 부양할 가족이 없었기 때문에 프로테스탄트 선교사들에 비해 선교비가 훨씬 적게 들었다(1930년에 가톨릭 선교비는 1인당 1년에 35파운드 정도였으나, '영국국교회선교회CMS'에 소속된 기혼 선교사들의 선교비는 1년에 650파운드 정도였다). 대부분 중하류층 출신이 많았던 프로테스탄트 선교사들에 비하면 가톨릭 선교사들은 교육수준이 훨씬 높았다. 가톨릭 선교사들은 선교지 원주민들의 생활방식을 적극적으로 수용했고—경쟁자들인 프로테스탄트 선교사들에 비해—유럽의 문화를 강요하지 않았다. 원주민들에 대한 가톨릭 선교사들의 접근 방식은 매우 유연했다.

아프리카인들은 가톨릭을 프로테스탄트보다 더 매력적으로 보았다. 이는 프로테스탄트들이 좀처럼 성상을 인정하지 않았다는 것도 하나의 이유로 작용했다. 홀먼 벤틀리는 다음과 같이 기록했다. "나는 … 1미터 높이의 물신物神, fetish image 나무를 조각낸 다음 땔감으로 사용하여 저녁 식사를 요리했다." 거의 모든 물건들이 거래되던 상점─심지어는 총까지도 판매되었다─에서는 인형조차 팔 수 없을 정도였다. 이에 비해 다양한 성인들의 상을 보유하고 있었던 가톨릭 선교사들은 원주민들이 손쉽게 기독교로 들어갈 수 있는 다리를 제공해주는 것 같았다. 그럼에도 불구하고 가톨릭 선교사들이 프로테스탄트 선교사들에 비해 부족했던 부분은 원주민 성직자들의 양성이었다. 19세기에 이르러서도 가톨릭은 원주민 성직자 양성과 관련해서는 16세기보다 조금도 앞으로 나아가지 못하고 있었다.

선교와 폭력

라비즈리는 아프리카 선교를 시작하면서 프로테스탄트 선교사들이 활동하고 있던 선교지에 끼어들거나 그들과 경쟁하기를 원하지는 않았으나 (라비즈리는 '백인신부회' 회원들에게 프로테스탄트들이 선교하는 지역과는 적어도 8-10킬로미터 이상 떨어진 곳에서 활동할 것을 단단히 일렀으나, 이러한 지침은 대개 무시되었다) 그들과의 갈등은 불가피하다는 것을 알게 되었다. 아니 그는 이미 이것을 예상하고 있었다. 그는 나일 강을 중심으로 프랑스와 영국이 정치적으로 경쟁하고 있다는 것 또한 잘 알고 있었다. 우간다에서는

1844년부터 이슬람이 선교활동을 벌이고 있었기 때문에 충돌은 피할 수 없었다. 우간다에서 가톨릭 선교사들은 탐험가였던 스피크와 그랜트 덕분에 어렵지 않게 선교활동을 벌일 수 있었다. 이들은 특히 바간다족의 무테사 왕에게 깊은 인상을 남겼다. "나는 백인이 거짓말하는 것을 들어본 적이 없다. … 그들은 이곳에 머무는 동안 항상 선하게 살았다." H. M. 스탠리가 그곳에 왔을 때에 무테사는 선교사들을 요구했고, 이에 스탠리는 〈데일리 텔레그래프Daily Telegraph〉지에 선교사 파송을 요청하는 편지를 기고했다. 이를 계기로 1877년부터 5년 동안 가톨릭 선교사들이 잇따라 우간다에 파견되었다. 아프리카에서 영국이 각종 수단을 통해, 즉 동아프리카에 파견된 군과 '영국동아프리카회사British East Africa Company', 그리고 철도 시설 계획 등을 통해 아프리카의 실력자들과 친밀한 관계를 맺게 되자, 프로테스탄트 선교사들은 우간다 왕실의 부정부패를 고발해야 할 의무를 느꼈다. 그 내막이야 어쨌든 프로테스탄트 선교사들은 실제로 그렇게 했다. 따라서 왕실은 프로테스탄트들을 두려워하게 되었고, 오히려 가톨릭(때로는 이슬람) 세력과 제휴하려 했다.

이러한 갈등 속에서 무테사의 뒤를 이어 음왕가가 통치자의 자리에 앉았다. 그는 무엇보다 기독교 세력의 성장을 두려워하여 1885년에 영국 국교회 주교인 제임스 해닝턴을 창으로 살해했고, 동성애를 거부한 기독교인 소년 32명을 처형했다(그중 셋은 산 채로 화형에 처해졌다). 영국은 이에 대한 보복으로 식민지 행정관 루가드와 아스카리(동아프리카의 군인과 경찰관—옮긴이) 군대를 소집하여 징벌에 나서도록 조치했다. 1892년에 이들은 우간다 왕실 지지자들과 그들과 연결되어 있던 가톨릭 세력들과 전투를 벌여 결국 승리를 거두었다. 멩고 전투Battle of Mengo로 불렸던 이 사건은 주일에 벌어졌는데, 루가드의 맥심 기관단총은 전투를 승리로 이끄는 데 결정적 역할을 했다. 루가드는 아프리카인들을 비난하면서 다음과 같이 말했다. "바간다족은 내가 지금까지 보았거나 들어본 민족이나 부족들 가운데 단연 최고의 거짓말쟁이들이다. 이들은 타인에게, 특히 선교사들에게 거짓말을 하는 것을 명예로 생각할 정도이다."

하원에서 찰스 딜크 경은 영국이 동아프리카를 점령함으로써 이익을 볼 사람은 하이럼 맥심(맥심 기관총 발명가—옮긴이)뿐이라고 말했다. 윌리엄 로슨 경은 우간다가 "아프리카의 벨파스트로 변해가고 있다"고 주장했다. 2년 후 영국은 영국 국교회의 압력으로 우간다를 보호령으로 지정했다. 맹고 사건에 대해 당시 사람들은 엄청난 비난을 퍼부었다. 그러나 비난을 퍼부은 사람들은 대부분 불가지론자들이거나 '전문적인' 반기독교 운동을 전개하던 사람들이었다. 이 사건 때문에 아프리카에서 활동하던 기독교 단체들이 피해를 입은 것 같지는 않다. 오히려 가톨릭과 프로테스탄트 선교사들은 개종자들이 증가하고 있다고 보고했다. 이 당시 마가복음을 피진pidgin(영어 단어를 상업상 편의를 위해 원주민들의 어법에 따라 쓰는 엉터리 영어—옮긴이)어로 번역했던 사람은 다름 아닌 바간다인으로 캄팔라 대성당의 참사였던 아폴로 키베불라야였다. 폭력이 결과적으로 기독교의 복음전도를 자극시켰다는 사실은 흥미롭고도 우울하다. 마다가스카르에서는 1835년부터 사반세기가 넘도록 라나발로나 여왕이 원주민 기독교인들을 참혹하게 박해했다. 이 박해 때 살해당한 기독교인들은 최소 200명이 넘었다. 그들은 절벽에서 던져지거나, 산 채로 불태워지거나, 구덩이 안에서 불태워지는 등 말로 형언할 수 없을 정도로 잔혹하게 살해당했다. 하지만 박해 기간 동안 기독교인들의 숫자는 4배로 증가하여 총 주민의 40퍼센트가 기독교로 개종하는 성과를 낳기도 했다.

이러한 현상은 전 세계적으로 거의 비슷했다. 이처럼 많은 난관에도 불구하고 19세기 후반에 이르러 기독교는 세계 곳곳에서 많은 진전을 이루어냈다. 기독교인들이 이슬람교, 힌두교, 유교, 불교, 유대교가 주요 종교로 자리 잡고 있던 지역들까지 뚫고 들어간 것은 아니었으나, 원시인과 이교도, 고산족에게서, 그리고 산악 지방, 늪지대와 섬 지방, 다시 말해 문화적 수준이 낮거나 기성 종교가 아직 침투하지 않은 지역에서 기독교는 괄목할 만한 성과를 이루어냈다. 이와 아울러 인도, 중국, 일본, 그리고 이슬람교도가 살고 있는 일부 지역에서도 기독교 선교는 활발하게 전개되고 있었다.

하지만 비난에 시달린 선교사들도 적지 않았다. 당시 선교사들은 총포를 맹신하는 경향이 있었다. 라부안의 초대 주교였던 프랜시스 맥두걸은 1862년의 해적 공격과 관련하여 다음과 같이 보고했다. "토리의 후장총breechloader은 조준의 정확성과 막강한 화력, 그리고 신속성을 갖춘 가장 치명적인 무기임이 입증되었다." 1861년에 동아프리카에서는 노예무역을 하던 아자와 맥켄지 주교 사이에 전투가 벌어져 몇몇 마을이 불에 타버리는 사건이 발생했는데, 이에 대해 고교회파는 다음과 같이 항의했다. "평화의 복음을 전파한다는 자들이 무자비하게 피를 흘린다는 것은 끔찍한 일입니다. … 복음은 행동이 아닌 고난으로 심겨야 합니다." 동부 지역 선교사들은 이 같은 일은 좋지 않은 사례 중 하나일 뿐이라고 응수했고, 대부분의 선교사들은 경우에 따라서는 기꺼이 군사적 지원을 요청할 것이라고 말했다. 웨슬리언 골드 코스트Wesleyan Gold Coast 선교회 출신인 데니스 켐프 목사는 《황금해안에서 보낸 9년Nine Years at the Gold Coast》(1898)에서 다음과 같이 주장했다. "나는 하나님이 오늘날 영국 육군과 해군을 사용하셔서 당신의 목적을 이루고 계신다고 생각한다. 만약 이 같은 나의 신념을 공표하지 않는다면 나는 스스로 야비한 사람보다도 더 못한 사람이라고 생각한다." 영국 국교회 남아프리카Anglican South Africa 선교회 출신인 콜린 래 목사는 대중들 앞에서 다음과 같이 연설했다. "원주민들은 통제를 받아야 합니다. 그들에게는 규율이 필요합니다. 가장 중요한 것은 그들이 일을 해야 한다는 것입니다! 일하라! 일하라!"

강력한 규율은 얼마나 더 필요한 것일까? 가톨릭 선교사들은 원주민들에게 체벌을 가한다는 비판에 시달려야 했다. 식민지(그리고 원주민) 정부나 프로테스탄트 선교사들, 특히 스코틀랜드 선교사들도 가톨릭 선교사들과 다를 바가 없다는 비판을 받았다. 1880년에 니아살랜드의 '스코틀랜드 자유교회'는 원주민들을 구덩이 감옥에 가두고 200대가 넘게 매질해 그들을 죽게 만들었다는 비난을 받았다. 앤드루스 처른사이드는 '왕립지리협회Royal Geographical Society'에 다음과 같이 보고했다. "채찍으로 매질을 하는 것은 일상적인 일입니다. 하루에 3명의 어린이들이 100대가 넘는 매를 맞고 있습니다. 매질이 심해 몸에서 피가 나면 소금으로 문지릅니다." 심지어 재판도 없이 원주민들을 처형했다는 주장이 제기되기도 했다. 1883년에 나이지리아에서는 한 여인이 매질로 생긴 상처에 후춧가루를 발랐다가 목숨을 잃는 사건이 발생했는데, 결국 이로 인해 폭동이 일어났다.

물론 대부분의 선교사들은 존경을 받았고 그들의 활동에 대해서도 원주민들은 호의적인 반응을 보였다. 이에 따라 선교사들의 전기가 쏟아져 나왔으며, 선교사들의 전기는 문학의 한 장르로 자리 잡기도 했다. 일부 가톨릭 선교사들은 성인으로 추대되었다. 프로테스탄트들도 이들의 성인전을 탐독할 정도였다. 당시에는 어린이용 게임이 유행했다. 예를 들면 유명한 선교사들의 모습을 담은 36장의 카드를 이용해서 즐기는 '아프리카 그림 게임: 다음은 무엇?', 뱀들과 사다리들이 그려진 판을 이용하여 즐기는 '인도 선교여행', 어린이들을 위한 교훈적인 원탁게임인 '선교사 전진기지', 그리고 퍼즐과 색칠 그림 등과 같은 것들이 유행했다. 어린이용 게임뿐만 아니라 어른들을 위한 '선교 복권' 같은 게임도 있었다. 가톨릭 국가들에서는 수도원 학교들이 학교 여학생들에게 우표를 판매하여 아프리카의 고아들을 '돌볼 수 있는' 자금을 마련하기도 했다. 선교사들의 꿈은 제국주의의 그것과 동일했다. 즉, 전 세계가 서양화됨과 동시에 기독교화하는 것이었다.

지구촌 기독교화를 꿈꾸다

이러한 낙관주의적 시각을 통해 두 종류의 승리주의가 등장했다. 하나는 우리가 앞서 살펴본 바와 같이 교황 지상주의이다. 교황청이 선교현장에서 거둔 새로운 승리들은 세계 어디에서든 기독교의 중심지가 로마라는 인식을—아직도 먼 이야기이기는 하지만—조금씩 재생시켜주고 있었다. 다른 하나는 프로테스탄트 국가들의 눈부시게 발전한 산업은 프로테스탄트 신학, 즉 도덕성과 함께 어울려 세계를 프로테스탄트화할 수 있다는 승리주의이다.

이 같은 승리주의에 대한 확신은 세계 어느 나라보다도 미국에서 가장 강력하게 퍼져 있었다. 미국이라는 기독교 공화국 자체가 하나의 거대한 승리를 의미했다. 미국이 성공할 수 있었던 것은 실패를 비도덕적으로 해석했던 프로테스탄트 덕분이기도 하다. 1870년대에 헨리 워드 비처는 뉴욕에 있는 그의 교회에서 교인들에게 다음과 같이 말하곤 했다. "이 나라에서 확신할 수 있는 것은 어느 누구도 자신의 죄가 아니라면 가난으로 고통당할 이유가 없다는 것입니다. … 어떤 사람이 부유하다면 그는 분명히 신중한 태도와 통찰력을 통해 근면과 절약을 실천하고 현명하게 저축했을 것입니다. 이것이 일반적인 진리입니다." 하나님의 뜻은 성공을 기원하는 나라의 운명과 직결된다. 다시 말해 프로테스탄트 승리주의의 동력은 곧 미국의 승리주의였다고 해도 과언이 아니었다. 조지 밴크로프트는 《미합중국의 역사 History of the United States》(1876)라는 책을 쓰면서 다음과 같이 시작했다. "현재 우리 미국의 제도들을 통해서 하나님이 어떻게 오늘날 우리 나라를 행복과 영광으로 인도했는지를 … 설명하는 것이 이 책의 목적이다." 조너선 에드워즈가 말한 '종교개혁의 왕국'이 이와 같지 않은가? 미국인 선교사 로버트 베어드는 《미국의 종교 Religion in America》(1843)라는 책에서 "조만간 세계는 미국을 따르게 될 것이다"고 말했다. 레너드 울시 베이컨은 《미국 기독교 역사 History of American Christianity》에서 역사와 섭리 신학이 혼합된 새로운 형태의 애국적인 천년왕국 사상을 설명했다. "하나님의 섭리는 참으로 불가사의하여 시대의 비밀(새로운 세계는 대서양 너머에 있다는)은 잘 지켜져왔다. 미국이 한 세기만 빨리 발견되었다면, 이곳은 유럽 교회의 부패한 기독교로 가득했을 것이다."

미국인들은 '하나님의 섭리'가 전 세계의 기독교화에 있다고 믿었기 때문에 1880-1914년에 선교가 동반된 기독교 제국주의를 확산시키는 데 온 힘을 기울였다. 당시 미국의 프로테스탄트 교회들은 미국의 팽창, 즉 '로마의 미신'을 '기독교 문명'으로 대치하는 것은 하나님이 결정하신 것이라고 생각했으며, 이를 근거로 미국의 제국주의를 열렬히 지지했다. 이에 대해 매킨리 대통령은 선교의 차원에서—펠리페 2세가 칼을 통해 가톨릭을 강요했던 것과 같이—필리핀 점령을 정당화했다. "신사 여러분, 저는 어느 날 밤 하나님 앞에서 무릎을 꿇고 미국의 갈 길을 인도해 달라고 기도를 드린 적이 있었습니다. 그 후 어느 날 밤늦게 저에게 다음과 같은 생각이 떠올랐습니다. … 필리핀인들을 교육하고 문명화하는 데 우리가 앞장서야 합니다. 그곳에 기독교를 심어 그리스도가 자신들을 위해 죽으셨다는 사실을 알게 합시다. 우리의 동료인 그들에게 하나님의 은총에 의지하여 최선을 다하는 것 외에 우리가 할 수 있는 일이란 없습니다."

미국 프로테스탄트 가운데 선교 현장에서 가장 열심히 활동했던 교파들은 주로 보수적인 복음주의 계열이었다. 복음주의 운동이 쇠퇴해가던 1885년에 '복음주의 동맹Evangelical Alliance'의 총무였던 조시아 스트롱은 《우리의 국가: 가능한 미래와 현재의 위기Our Country: Its Possible Future and Its Present Crisis》에서 다음과 같이 주장했다.

> 무한한 지혜와 솜씨를 지니신 하나님이 세상의 미래를 위해 앵글로색슨족들을 훈련하시고 있는 것 같다. … 이들은 가장 풍부한 자유와 가장 순수한 기독교를 발전시킨 최고의 문명 대표자들이며, 인류에게 기독교를 심어주기 위해 특히 공격적인 특성들을 발전시키고 있다. 이러한 특성 배후에는 타의 추종을 불허하는 에너지와 부유함이 자리하고 있다. 이들은 전 세계로 확산될 것이다. 이러한 인류 경쟁의 결과 적자생존을 초래하리라는 점을 어느 누가 의심할 수 있겠는가?

1893년에 그는 《새로운 시대: 혹은 다가오는 왕국The New Era: Or, The Coming Kingdom》에서 이 같은 입장을 좀 더 심도 깊게 발전시켰다. "앵글로색슨족은 모든 인류가 앵글로색슨화될 때까지 다른 인종들의 소유를 빼앗고 동화시키며 그들을 새롭게 개조하도록 사명을 부여받았다고 믿는 것이 합리적이지 않은가?"

이 같은 인종이론은 대중이 다윈의 이론을 상당 부분 오해하고 있었다는 것을 말해준다. 여기에서 중요한 것은 이러한 이론들이 기독교적 맥락에서 표출되고 세계를 기독교화하려는 계획의 일부로 제시되었다는 점이다. 당시 미국은 다른 어느 나라보다도 중요한 선교 세력이었다는 사실을 고려해볼 때 이러한 꿈들은 당장 실현될 것 같아 보였다. 1880년대에 미국 감리교인이었던 존 롤리 모트라는 청년은 "우리 세대가 지나가기 전에 세계 복음화를 이루어내자"는 표어를 만들어냈다. 1910년에 에든버러에서 개최된 제1차 세계 선교대회—이 대회는 프로테스탄트 교파들의 일치를 도모하고 프로테스탄트 승리주의를 북돋우기 위해 열렸다—에서 모트는 의장으로 활동하며 이 표어를 반복했다.

물론 그가 외친 '우리 세대에 복음화를 이루자'는 표어는 실제로 그렇게 하겠다는 것보다는 이 세대 안에 전 세계인들이 복음을 들을 수 있게 하겠다는 의미였다(그 이후의 일은 성령의 역사에 달려 있기 때문이다). 그는 이러한 주장은 매우 이성적인 판단에 의한 것이라고 주장했다. 티베트와 아프가니스탄을 제외한 세계 곳곳에서 선교사들은 선교활동을 전개하고 있었다. 그리고 이 두 곳도 곧 문호를 개방할 것으로 기대되었다. 의학의 발전 덕분에 가장 견디기 힘들었던 적도 지방에서도 활발하게 선교활동을 벌일 수 있게 되었다. 이전 시대와 비교해볼 때 그 어느 때보다 많은 선교사들이 활동하고 있었다. 공급되는 선교사들의 수도 충분했다. 재정적 문제는 없었다. 언어에 대한 장벽도 점차 극복되었다. 신약성경이 선교지 원주민들의 언어로 번역되었고 이후 구약성경의 번역도 뒤따랐다. 과거 중국과 일본에서 벌어졌던 잔혹한 박해도 사라졌다. 전 세계적으로 대략 4만 5천 명의 선교사들이 수많은 사람들로부터 도움을 받으면서 선교활동을 하고 있었다. 선교사들을 도왔던 사람들은 당시 선교사들의 숫자보다 10배 이상이나 많았다. 선교지에서는 기독교로 개종한 원주민의 숫자가 계속 늘어갔고 원주민 출신의 기독교 지도자들이 등장하기 시작했다. 어쩌면 선교사들이 꿈꾸었던 희망은 현실이 될 것만 같았다. 1910년 에든버러에 모인 사람들은 자신들이 세상을 떠나기 전에 사도 바울의 사역이 절정에 달할 것이라는 기대감을 표시하기도 했다.

8부
끝나지 않은 역사
1870–1975년

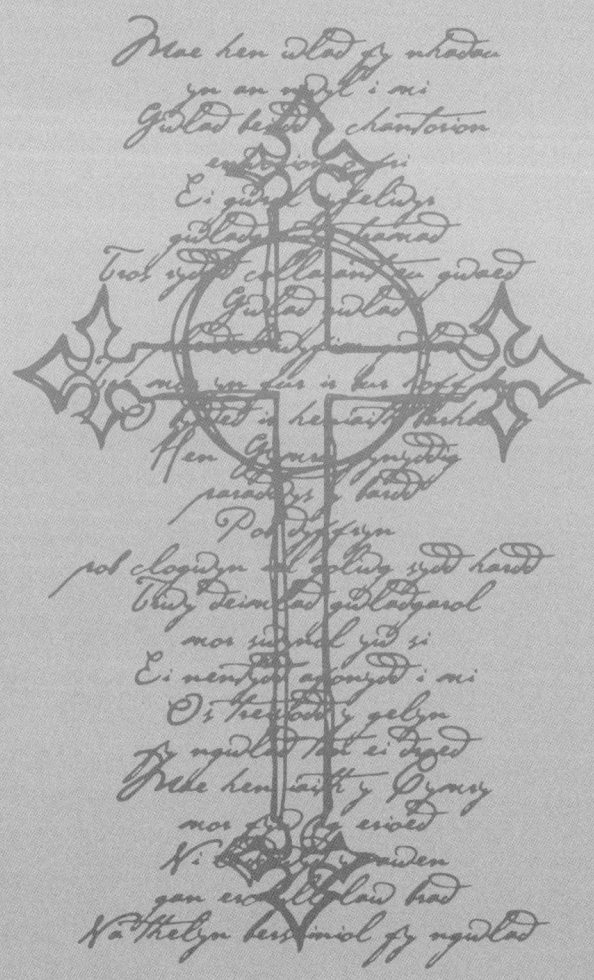

A History of Christianity

피우스 12세, 요새에 갇힌 교황

1939년 10월 20일에 에우제니오 파첼리는 교황 피우스 12세로 즉위한 지 6개월 만에 〈최고의 사제 Summi Pontificatus〉라는 첫 번째 회칙을 발표했다. 때는 제2차 세계대전이 발발한 직후였다. 히틀러는 폴란드를 침공했고, 이 때문에 동맹관계였던 히틀러와 스탈린은 서로를 비난하며 절교를 선언했다. 인류의 앞날은 매우 암울해 보였다. 시대 상황을 반영한 듯 피우스 회칙의 주제 또한 '지상을 뒤덮은 암흑'이었다. 그러나 이 회칙에서 교황은 인류를 전쟁의 한복판으로 내몬 히틀러에 대해 분노하거나 비판하기보다는 단지 암울했던 당시 상황만을 진단하는 데 그쳤다. 피우스 12세는 로마의 '수도사 귀족' 출신으로, 일찍부터 교황에 오를 사람으로 예견된 사람이었다. 한마디로 그는 교황주의에 물든 귀족계층이었다. 그는 엄격하고 귀족적이며 병적일 만큼 성실했고 어느 누구보다 하나님의 지혜를 온전히 품고 있다는 자신감에 가득 찬 사람이었다. 그는 비극과 폭력이 난무하는 당시의 세상을 개탄스럽게 바라보면서도 가톨릭 교회가 세상일에 섣불리 뛰어들지 않고 교회의 테두리 안에 머물러 있는 것이 잘하는 일이라고 생각했다. 그만큼 교황은 절대 권력 속에 갇혀 현실을 냉철하게 꿰뚫어볼 수 없었다.

이 회칙에서 피우스는 1939년의 공포는 우연히 발생하거나 전혀 예상하지 못한 것이 아니라고 썼다. 교황은 인류에게 찾아온 작금의 불행은 진리를 저버린 것에 대한 일종의 징벌이라고 해석했다. "그동안 너무나 많은 지성인들이 교황의 가르침을 무시하면서 도덕이 간과되어왔다." 중세 초기만 해도 "유럽의 국가들은 기독교 교리와 정신을 바탕으로 세워졌고 또 인도되어왔다." 그리고 이들 국가를 통해 기독교는 세계 곳곳에 전파되었다. 하지만 바로 이때에 종교개혁이 일어났다. 피우스는 종교개혁을 '비극적인' 사건이라고 말했고, 이것을 "로마 가톨릭 교회로부터 떨어져 나간" 사건으로 이해했다. "종교개혁은 종교 사상을 쇠퇴하게 만들고 교회가 전반적으로 타락하게 된 계기가 되었다." "우리를 해방시켰던 진리의 기독교는 오히려 우리를 노예로 만드는 거짓 종교로 바뀌었다." 그리스도를 거부함으로써 이제 사람들은 "연약하고 천박한 인간의 지혜로 무장한 변덕스러운 지배자의 손아귀" 아래 놓이게 되었다. "부패한 길을 걷고 있으면서도 사람들은 진보의 길을 가고 있다고 자랑한다. 그들은 비참할 정도로 인간의 존엄성을 빼앗기고 있으면서도 오히려 성취의 최고점에 도달해가고 있다고 생각한다. 또 노예로 전락하고 있으면서도 성숙한 시대로 발전하고 있다고 주장한다." 오늘날 우리 시대는 도덕적 혼란 속에 빠져 있으며 "개인적으로나 공적으로 모든 기준이 무너지고 예절이 전복되고 있다." 이와 같은 문제들을 해결할 수 있는 방안은 무엇인가? 교황이 생각한 유일한 해결책은 프로테스탄트들이 교황의 품으로 돌아오는 것이었다. 피우스는 다음과 같은 말로 첫 번째 교지를 마무리했다. "진리를 증거하는 일은 우리의 임무요, 특히 오늘날 우리가 짊어진 가장 큰 빚이다." 이것이 바로 피우스 9세가 '오류 목록'을 발표한 이후 약 70년 동안 지속되었던 '교황 승리주의'의 주제였다. 어떤 의미에서 그것은 아우구스티누스적 기독교 세계에 내재해 있던 주제이기도 했다.

일찍이 그레고리우스 7세와 인노켄티우스 3세는 세상을 향해 최고의 권위를 지닌 교황의 지침을 따를 것을 강조했다. 그들은 교황에게 복종하기를 꺼려 했던 통치자들을 저주했다. 세상이 교황에게 복종하기를 거부할 때마다 교황은 머지않아 세상은 파멸할 것이라고 위협하곤 했다. 이 같은 승리주의는 로마 가톨릭에만 있었던 것은 아니었다. 프로테스탄트 교회 내에도 무시하지 못할 승리주의가 있었다. 1910년에 에든버러에서 열린 '프로테스탄트 세계 선교대회'는 한마디로 프로테스탄티즘이 우월하다는 것을 선포하는 대회였다. 이 대회 참석자들은 당시 강대국으로 떠오르던 미국을 등에 업고 프로테스탄티즘을 진보 사상이나 민주정치와 동일시했다. 이처럼 당시 기독교의 한 축(가톨릭)은 근대를 거부했고 또 다른 한 축(프로테스탄트)은 근대를 수용했을 뿐만 아니라 스스로 근대 사상의 모체라고 주장했던 것이다. 하지만 양측의 이론 모두 기독교를 수용하느냐 거부하느냐는 사회의 현실적 문제들을 해결하는 일에 결정적 영향을 준다는 전제 위에 서 있었다. 기독교는 근대와 싸워야 하는가? 아니면 근대가 제공하고 있는 기회를 이용해야 하는가? 20세기 기독교의 역사는 한마디로 이에 대한 답을 찾으려 했던 역사였다.

히틀러가 폴란드를 침공했던 1939년 10월 당시에도 피우스 12세는 가톨릭, 특히 교황청은 이념적으로나 제도적으로 근대 세계의 위협들로부터 벗어나 있다고 믿고 있었다. 그는 정말 그렇게 생각했다. 한마디로 완벽하게 속고 있었던 것이다. 어떻게 이렇게 바깥 세상에 대해 무지할 수 있었을까? 1870년 교황 무오류설이 선언된 직후, 이탈리아 정부는 바티칸을 점령했고 교황청 영토는 새로 등장한 이탈리아 국가에 병합되어버렸다. 이탈리아의 공격에 교황청은 그저 앉아서 반발만 했을 뿐 아무런 대책도 세우지 못했다. 이후 교황들은 이탈리아 정부나 의회를 인정하지 않은 채 '영원한 하늘의 도시'를 침범하지 못하도록 바티칸을 굳건히 걸어 잠그고 버티는 길을 선택했다. 그들은 바티칸을 일종의 요새로 만들어 이탈리아 정부가 들어오지 못하도록 했으나, 사실 교황은 '바티칸이라는 감옥에 갇혀 있는 죄수'와도 같았다. 이처럼 평행선을 걷던 교황청과 이탈리아 정부는 1929년에 체결된 '라테란 조약Lateran Treaty'(교황청은 로마를 수도로 하는 이탈리아 국가를 인정하고, 이탈리아는 바티칸시티에 대한 교황의 주권을 인정하고 전적인 독립을 보장한다는 내용이 담겨 있다—옮긴이)을 계기로 서로 화해하는 듯했지만, 그 이후에도 교황청은 이탈리아 정부에 대한 반감을 지울 수 없었다. 이로 인해 교황은 속세에 대한 관심을 아예 끊어버렸다. '바티칸 보루'의 삶을 적극적으로 받아들인 것이다. 하지만 막강한 영향력을 지닌 교황이 실제로도 그랬다고 보기는 어려울 것이다. 가톨릭 교회가 바티칸 안에만 존재한 것은 아니었기 때문이다. 전 세계에 퍼져 있는 가톨릭 교회는 세상 문제에 적극 개입했을 뿐만 아니라 가톨릭 교회 자체가 바로 세상이었다. 교황은 전 세계 가톨릭의 지도자로서 가톨릭 세상을 만들어가는 일에 끊임없이 개입했다. 세상의 다른 권력자들처럼 교황은 자신의 정치력을 발휘하여 영향력을 꾸준히 확대시키려 노력했다. 교황이 비록 세상을 보는 눈이 흐려졌다고 할지라도 그는 여전히 자신의 권력을 결코 포기하지 않았다.

교황과 세속 권력의 대결과 타협

1870년 '교황 무오류설'이 발표된 이후 교황은 전 세계 가톨릭 성직자들 및 평신도 조직체들과 긴밀히 협력하면서 교황청 역사상 그 어느 시기보다 분주하게 활동했다. 16세기 이후 이때만큼 교황의 권력이 효과적으로 발휘된 적은 없었다. 그러나 그에 못지않게 당시 세속통치자들도 자신들의 권력을 강화하기 위해 분주히 움직였다. 특히 비스마르크는 독일 내의 모든 조직을 국가의 통제 아래 두려고 노력했고, 1870년 바티칸이 '교황 무오류설'을 발표하자 이에 반발하여 생겨난 '독립 가톨릭 교회 Independent Catholic Church'(여전히 가톨릭으로 부르면서도 로마 교황청으로부터 떨어져 나온 이들을 가리킨다—옮긴이)를 은밀히 후원했다. 이 조직은 주로 학자들이 중심이 되어 결성되었다. 1871년에 비스마르크는 로마 가톨릭 주교들이 고가톨릭Old Catholic 종파에 소속한 교수들을 대학에서 몰아내지 못하도록 조치했다. 이 같은 조치는 교육 전반과 관련하여 독일 정부와 교황청, 그리고 독일 내 기존 가톨릭 체제 사이의 갈등을 심화시켰다. 또한 지금까지 독일 민족문화 형성에 꾸준한 영향력을 행사해왔던 '가톨릭 국제 연맹'과도 갈등을 빚게 되었다. 비스마르크는 이를 '문화전쟁 Kulturkampf'으로 부르며, 일찍이 신성로마제국의 황제인 하인리히 4세가 교황 그레고리우스 7세에게 카노사에서 당했던 치욕적인 굴욕을 다시는 반복하지 않겠다는 다짐을 공개적으로 천명했다. 이에 비스마르크가 가장 먼저 취했던 정책은 성직자들이 설교를 이용하여 정치적 발언을 하지 못하게 만드는 것이었다. 이후 비스마르크는 교육기관을 국가의 지배하에 두었고, 예수회를 추방했으며, 여러 명의 주교들과 수백 명의 신부들을 감옥에 가두고 신학교들을 폐쇄시켜버렸다. 결국 독일은 교황청과의 외교관계까지 단절하게 되었다.

'문화전쟁'은 결과적으로 교황 피우스 9세의 권력 약화를 초래했다. 1878년에 교황 피우스 9세의 후임으로 페루자의 주교였던 루이지 페치가 레오 13세의 이름으로 교황에 올랐다. 레오 역시 선임자와 마찬가지로 보수적인 인물이었으나 그에게는 다른 사람들에게서는 볼 수 없는 현실 감각이 있었다. 그는 가톨릭 교회를 위해서라면 어떠한 타협도 할 수 있는 인물이었다. 예를 들어 독일에서 가톨릭에 대한 탄압이 사라질 수만 있다면 그는 비스마르크와도 협상할 수 있다고 생각했다. 하지만 비스마르크는 교황청과의 협상 자체가 교황의 승리를 의미한다고 보고, 처음에는 어떠한 협상도 하지 않겠다고 발표했다. 그러나 1887년에 이르러 비스마르크는 자신의 약화된 정치력을 회복시켜줄 협력자가 필요했기 때문에 교황의 협상 제의를 기꺼이 받아들였다. 이들의 협상 결과 교황청은 독일에서 반가톨릭법이 없어지는 효과를, 비스마르크는 잃었던 정치력의 회복을 이룰 수 있었다. 한때는 교황청의 간섭을 막아 독일 민족의 통일을 보존하자던 비스마르크가 이제 다음과 같이 말하기 시작했다. "나의 관심은 가톨릭 신부의 임명을 국가에 공지해야 하느냐 마느냐에 있지 않다. 그보다는 독일의 통일 문제에 있다."

당시엔 교황이 세상에 등을 돌렸다기보다는 세상을 보수적인 방향으로 전환시키려 했다고 보아야 한다. 교황은 전통 가톨릭 신앙을 견지하는 국가에 대해서는 반대하지 않았다. 레오는 현대 교황들 가운데서 라틴어를 유창하게 구사할 수 있었던 몇 안 되는 교황으로, 그 능력을 바탕으로 가톨릭의 회칙들을 새롭게 펴냈는데, 그 회칙들마다 보수적인 색채가 가득하다. 레오는 무엇보다도 이탈리아 정부를 인정하려 하지 않았고 가톨릭 교인들에게도 이를 강조하여, 선거에 출마하는 것은 물론 투표하는 것도 금지시켰다. 다른 한편 레오는 가톨릭 클럽이나 단체, 그리고 의회 연결망을 조직하여 자신의 영향력을 강화해나갔다. 1885년에 발표한 〈불멸의 하나님Immortale Dei〉에서 레오는 자신의 입장을 조금 바꿔, 실질적으로 아무런 대안을 제시할 수 없는 지역에서 가톨릭 교도들은 정부를 무조건 비판하거나 선거에 참여하지 않기보다는 일반 대중이 선택한 정부를 인정할 수밖에 없다는 입장을 표명했다. "국민들이 정부에 참여하는 것 자체가 비난받을 일은 아니다." 이 회칙은 그의 정치철학을 잘 반영하고 있는데, 무엇보다도 그는 교회와 국가는 하나님으로부터 권위를 부여받았다는 것을 강조했다. 교회는 영혼 구원과 예배에 대한 권리를 가지고 있는데, 이 땅에서 참된 교회는 단 하나만이 존재할 뿐이다. 레오는 '개혁에 대한 열망'을 비판했다. 사상과 출판의 자유는 "수많은 악을 만들어내는 원천"일 뿐이라고 생각했다. 레오는 "정부가 … 가톨릭 교회를 다른 종교들과 동일하게 대우하는 것은 온당치 못하다"고 주장하면서도 "어느 누구도 가톨릭 신앙을 강요해서는 안 된다"고 말했다. 레오의 이 같은 입장은 1820년대까지도 교황청이 고수했던 입장, 즉 종교적 관용을 '미친 짓'이라고 평가했던 입장에서 적어도 한발 물러선 것임에는 분명했다.

레오는 1878년에 발표한 〈사도 직무론Quod apostolici muneris〉에서 사회주의를 공격했다. 그는 기독교 가정을 해체하려는 어떠한 국가의 권리도 인정하지 않았다(Arcanum 1880). 통치권은 하나님이 부여하신다. 즉, 세상 권력 자체는 인간에게서 기인하는 것이 아니다(Diuturnum illud 1881). 그러나 〈기독교의 지혜Sapientiae Christianae〉(1890)에서 레오는 세속정부가 정의를 추구하고 종교나 도덕적 규율에 해를 끼치는 어떠한 행동도 하지 않는다면 교회는 정부 형태가 어떻든 간에, 즉 자본주의 체제든 사회주의 체제든 반대하지 않는다며 한발 물러섰다. 레오는 1888년에 브라질이 결국 노예제를 폐지했다는 것에 주목하면서 교회는 세상의 지혜를 배워야 한다고 주장했다. 그는 〈많은 것들 중에서 *In plurimis*〉에서 교회는 "지금까지 하나님이 제정하신 자연 질서를 무시하고 반대"해왔다는 사실을 지적했다. 한마디로 지금까지 노예제를 비판하지 못했던 것을 교황 스스로 인정한 것이었다. 그는 세상의 흐름을 수용할 수밖에 없었다. 레오는 한마디로 중세 시대의 이상과 토마스 아퀴나스―레오는 토마스 아퀴나스를 거의 우상에 가까울 정도로 존경했다―의 이론을 바탕으로 정부가 조직되고 정책이 시행되기를 바랐다. 노동자 문제를 다룬 〈새로운 것들에 관하여 *Rerum novarum*〉(1891)에서도 레오는 적합한 임금을 책정하기 위해서는 중재위원회가 필요하다는 것을 인정하면서도 과거 중세 길드와 같은 조직들이 사라진 것에 대한 아쉬움을 표현했다. 그는 사회주의와 고리대금업에 대해서는 반대의 뜻을 분명히 했지만, 사유재산에 대해서는 인간 자유의 본질적 요소라며 인정했다. 그는 노동자들은 폭력에 호소해서는 안 되며 고용주들은 노동자들을 부모의 심정으로 대해야 한다고 주장했다. 특히 그는 고용주들은 노동자들이 죄를 짓지 않도록 임금을 정당하게 지불해야 한다는 것을 강조했다. 고용주의 신분을 유지하기 위한 것을 제외하고 모든 수익은 "노동자들의 복리"를 증진시키는 일에 사용되어야 하며, 고용주는 "하나님의 섭리"의 청지기로 행동해야 한다. 레오는 교회의 소망은 "가난과 비참함을 극복하고 좀 더 나은 삶을 누리도록 하는 일"이며, 이를 위해서는 무엇보다 "기독교 도덕이 적절하고 완전하게 실천되어야 한다"고 믿었다. 그러므로 국가의 의무는 "재화의 사용이 덕스러운 행동"인지를 감독하는 일이다. 즉, 국가는 "개인의 재산을 보호"해야 할 뿐만 아니라 노동 조건들을 항상 주의 깊게 살펴보아야 할 것이다.

교황주의자들

교황권은 주요 가톨릭 국가들의 가톨릭 교도들이 교황의 목소리에 얼마만큼 귀를 기울이고 있느냐에 달려 있었다. 그렇기에 세속정부는 때로는 교황의 압력을 주의 깊게 받아들였고 또 두려워하기도 했다. 교황청은 가톨릭 압력단체들을 이용하면서(때로는 무시하면서) 정부와 협상테이블에 앉았다. 레오는 프랑스와 협상을 벌이면서 교황 지상주의자들보다는 조금 진보적인 노선을 택하는 것이 유리하다는 것을 알았다. 당시 교황은 그렇게 할 수 있는 여유가 있었다. 교황 지상주의자들은 사면초가에 빠져버렸다. 레오는 동료 주교들을 설득하여 제3공화국을 인정하도록 했다. 〈수많은 위로들 Inter innumeras solicitudines〉(1892)에서 레오는 프랑스 왕당파들에게 반종교법을 철회하라고 명령하기도 했다. 프랑스 가톨릭 교도들은 갈리카니즘에서 교황 지상주의로 태도를 바꾸면서 당혹스러울 정도로 철저한 교황 지상주의자―어쩌면 교황보다 더―로 변신했다. 이 같은 태도는 반성직주의적 경향을 보였던 제3공화국의 반발을 불러일으켰다. 정부의 반발은 성직자들을 직접 겨냥―1848년과 1857년에 각각 파리의 대주교가 살해되는 사건이 벌어지기도 했다―하고 있었다는 점에서 프랑스 대혁명보다 더 격렬했다. 나폴레옹 3세의 "주교들이 축복한 음탕한 집"이란 표현은 1860년대 반성직주의 열풍이 얼마나 강하게 불어닥쳤는지를 보여주는 사례이다. 페이라가 외친 구호 속에서도 이 점을 발견할 수 있다. "성직주의, 그곳에 적이 있다." 파리 코뮌이 권력을 잡고 있을 때에, 수많은 가톨릭 성직자들이 처벌을 받았다. 심지어는 진보노선을 취했던 대주교 다르부아도 예외가 아니었다. 그는 경찰청장 자리를 접수한 라울 리고 앞으로 끌려나갔다. 다르부아는 "나의 자녀들아, 너희는 무엇을 생각하고 있느냐?"라고 항의했지만, "여기에 자녀들은 없다. 단지 관리들만이 있을 뿐이다"라는 답을 들어야 했다. 다르부아 또한 살해되었다. 파리 코뮌이 붕괴되자마자 공화국 세력들은 재판도 받지 못한 채 가톨릭 우파들로부터 엄청난 복수에 시달려야 했다. 이처럼 공화국과 가톨릭 교회는 서로를 적으로 간주했다. 쥘 페리는 자신이 꿈꾸던 공화국을 "나의 목표는 하나님과 왕이 없는 인류를 조직하는 것"이라고 말했다. 그의 적수였던 알베르 드 묑 백작은 다음과 같이 말했다. "교회와 혁명은 서로 화해할 수 없다. 교회가 혁명을 죽이지 못하면 혁명이 교회를 죽이게 될 것이다."

프랑스는 그야말로 대중들의 천하가 되었으며, 교황은 프랑스 공화국을 인정할 수밖에 없었다. 가톨릭 교회는 이제 더 이상 대중의 문제에 등을 돌릴 수 없었다. 이 같은 변화는 새로운 승리주의가 무엇을 의미했는지를 단적으로 보여준 사례였다. 가톨릭 교회는 노동자들에게 복음을 전하기 위한 기구를 조직하기 시작했다. 1845년에 강경 가톨릭 신부인 달종은 '성모몽소승천 단체the Assumptionist order'(출판사와 인쇄소를 운영했고 과격한 우파 대중주의 노선을 취했다)를 통해 하층민들에게 다가갔다. 이와 더불어 폴 드 카사냑이 운영했던 〈권위L'Autorite〉와 같은 가톨릭 극우파 신문들도 등장했다. 가톨릭 극우파 신문들 가운데 가장 큰 영향력을 발휘했던 것은 1883년부터 '성모몽소승천 단체'가 발간했던 〈십자가La Croix〉지였다. 이 신문을 유통시키는 일에 앞장선 판매상들은 '십자군 병사들Les Chevaliers de la Croix'로 불렸다. '성모몽소승천 단체'가 운영했던 출판사만이 유일하게 교회 성직자 집단의 도움 없이도 흑자를 냈기 때문에 이 단체는 성직자들의 입김으로부터 상당히 자유로울 수 있었다.

반공화주의자들은 대중의 관심을 끌려는 목적으로 반유대주의를 선동하기 시작했다. 에두아르 드뤼몽은 〈프랑스 청년La France Juive〉지에 글을 실어 다음과 같이 대중을 선동했다. "역사의 마지막 페이지에서 당신은 지금 무엇을 보고 있습니까? 저는 오직 하나, 즉 모욕과 치욕으로 뒤덮인 그리스도, 가시에 찢긴 채 십자가에 못 박힌 그분의 모습을 봅니다. 1,800년 동안 아무것도 변한 것은 없습니다. 그때나 지금이나 거짓말도 같고 증오도 같고 국민들도 같습니다." 반공화주의자들은 공화국 관리들이 저지른 재정적 추문과 스당에서 일어났던 군의 반란, 독일의 성공, 그리고 가톨릭 교회를 반대하는 운동의 배후에 유대인들이 있었다고 선전하기 시작했다. 〈십자가〉지는 어느 잡지보다도 반유대주의 운동에 앞장섰으며, 이는 1894년 10월, 프랑스 육군에서 활동하던 유일한 유대인 장교, 드레퓌스 대위가 독일군 장교에게 군사기밀을 팔아넘겼다는 죄목으로 체포되었을 때에 최고조에 달했다.

가톨릭이 우파의 손을 들다

드레퓌스 사건은 프랑스 가톨릭 교회에게는 하나의 재난이었다. '성모몽소승천 단체'의 활동 때문에 가톨릭 교도들은 반유대주의 운동의 대변자들이라는 평가를 받았다. 르무안은 졸라(드레퓌스 재판의 부당성을 지적했던 소설가 에밀 졸라는 오히려 군부를 모독했다는 이유로 재판에 회부되었다—옮긴이)의 재판에 맞춰 다음과 같이 말했다. "졸라와 함께 법정에 있는 사람들은 가톨릭 교회의 적이라 할 수 있는 유대인들, 프로테스탄트들 그리고 자유사상가들이다. 그리고 군대도 예외일 수 없다." 예수회가 펴내는 〈가톨릭 문명La Civilta Catholica〉지는 1898년에 다음과 같이 주장했다. "드레퓌스 재판에서 사법적 오류가 있었다고 하는데, 그렇다면 1791년의 입법의회는 유대인들에게 프랑스 국적을 제공한 일에 대해 책임을 져야 할 것이다." 하지만 예수회의 간섭은 오히려 가톨릭을 어렵게 만들었다. 예수회가 드레퓌스 재판에 대한 발언을 시작하자 가톨릭 출신 장교들이 장악하고 있던 군이 반공화국적 음모를 꾸미고 있다는 비난이 쏟아졌다. 무엇보다도 사람들의 관심은 예수회가 운영하던 파리 학교의 교장 뒤 락 신부에게 집중되었다. 그는 에두아르 드뤼몽을 개종시켰던 인물이자 알베르 드 묑과 군 사단 참모장 드 부아데프르 장군의 고해성사 담당 신부였다. 드레퓌스 사건을 널리 알리는 운동가들 중에서 가장 앞장섰던 사람은 조제프 레이나흐였는데, 그는 드레퓌스 재판을 비판하는 운동을 전개하면서 다음과 같은 자신의 연구 결과를 발표했다. "당시 명령은 뒤 락 신부의 조그마한 방으로부터 나왔다. 그 방 벽에는 십자가가 걸려 있고 책상 위에는 사상에 따라 분류된 '군인들의 명단'이 있었다."

프랑스 가톨릭 교회는 헤어 나올 수 없는 곤경 속으로 계속 빠져 들어가고 있었다. 반유대주의 운동은 가톨릭 교회를 매우 당혹스럽게 만들었다. 실제로 이 운동을 주도한 사람들은 가톨릭 교도들이 아니라 전체주의자들이었음에도 불구하고 말이다. 이들은 드 메스트르 사상을 추종하고 있었다. '반드레퓌스 애국동맹anti-Dreyfus League of Patriots'의 주동자인 쥘 르메트르는 로마 교황청을 좌파 세력과 대결할 수 있는 기구로 간주하면서 다음과 같이 말했다. "우리는 조국에 대한 사랑을 … 일종의 종교로 만들기를 원한다." 1898년에 '반드레퓌스 프랑스 행동anti-Dreyfus Action Française'을 창립했던 샤를 모라스는 불가지론자였으나, 실제로 그 운동에 참여한 대부분의 추종자들은 열렬한 가톨릭 교도들이었다. 모라스는 목적이 수단을 정당화한다는 예수회의 노선을 그대로 채택했다. 그는 드레퓌스 사건에 관해 위증했다는 사실이 밝혀지자 처벌받을 것을 두려워한 나머지 체포되기 전날 밤에 자살했던 앙리 소령을 칭찬했다. 그는 또 앙리의 범죄가 성공하지 못한 것을 유감스럽게 생각했다. "앙리 소령! 민족의 가슴이 고동치는 곳마다 당신의 고귀한 핏방울이 소리치고 있습니다." 〈프랑스 행동L'Action française〉지는 다음과 같이 덧붙였다. "목적을 이루기 위해, 그리고 뇌물을 바치기 위해 돈이 필요하다. 우리는 여성들과 양심가들, 그리고 불충한 사람들을 매수해야 한다." 이 말은 당시 성직주의를 반대했던 사람들의 심정을 극명하게 표현해준 말이었다.

드레퓌스 사건의 비극은 젊고 사려 깊은 가톨릭 교도들이 드레퓌스를 강력하게 지지했다는 사실에 있었다. 샤를 페기는 드레퓌스가 죄인으로 취급되는 한 프랑스는 "도덕적 범죄에서 벗어나지 못할 것이다"라고 주장했다. "모든 사람들이 드레퓌스의 처벌을 원할지라도 가톨릭 교회만큼은 애국주의라는 미명하에 정의를 말살해서는 안 된다." 그는 이와 관련하여 프랑스 가톨릭 교회가 교회다운 모습을 보여주지 못했다고 강력하게 비판했다. "정치 세력들은 언제나 교회 안에서 교회의 신비로움을 깎아내린다." 교황 레오 13세는 패자의 편에, 즉 반드레퓌스 측에 기대고 있는 프랑스 가톨릭 교회에 적잖게 당황하고 있었다. 레오는 무엇보다도 진실은 승리할 것이라는 사실을 믿고 있었기 때문이었다. 1899년 3월에 있었던 〈피가로Figaro〉와의 인터뷰에서 레오는 이제 드레퓌스가 무죄라는 것이 확실해졌으며, 한마디로 이 재판은 프랑스 공화국이 재판을 받고 있는 것이라는 점을 분명히 했다. "예수 그리스도처럼 의를 위해 희생당하고 있는 그 희생자는 행복할 것이다." 이러한 그의 발언은 그가 교황의 자리에 있었기 때문에 가능했던 것이다. 그렇지 못했다면 그는 신성모독죄로 비난을 받았을 것이다. 왜냐하면 그는 악마의 섬Devil's Island을 골고다에, 그리고 드레퓌스를 그리스도에 비교하고 있기 때문이다. 그러나 레오는 당시 90세였고 프랑스 가톨릭 교도들은 그의 말을 귀담아 듣기에는 진이 빠져 있었고, 또 너무 화가 나 있었다.

어쨌든 교황은 반드레퓌스 입장에 서 있는 프랑스 가톨릭 교도들의 입장을 돌려놓지 못했다. 드레퓌스를 구하기 위해 '드레퓌스 인권연맹 Dreyfusard League of the Rights of Man'이 조직되자 이에 대응하기 위해 '우익 프랑스 조국연맹League for the French Fatherland'이 결성되었으며, 프랑스 학술원 Académie Française의 가톨릭 회원들이 이 단체에 일괄적으로 가입했다. 잘 알려진 가톨릭 교도들 가운데 드레퓌스를 지지한 사람은 거의 없었다. 가톨릭 주교들도 단 한 명을 제외하고는 일제히 침묵했는데, 이 주교는 현재 불신받고 있는 군대를 옹호했다. 마침내 1902년에 에밀 콩브의 지도 아래 드레퓌스를 지지했던 정치인들이 승리를 거두자, 제3공화국 정부는 1790년대와 마찬가지로 모든 힘을 동원하여 교회에 대항했다. 가톨릭 교회를 떠났던 콩브는—이전에 그는 가톨릭 교사로 활동했었다—변절자라기보다는 이단에 가까웠다. 테오도르 리보가 "당신은 모든 국가 정책의 초점을 단순히 종교 정책을 반대하는 투쟁에 맞추고 있다"고 비판하자 콩브는 "나는 오로지 그 일을 위해 직책을 맡았다"라고 대답했다. 폴 데샤넬이 말한 것처럼 중도 입장은 설 자리를 잃어버렸다. "드레퓌스를 지지했던 정치인들은 가톨릭 교회를 거세게 비판했다. … 그들은 '군주는 권력을 이용하여 거짓 종교들을 파괴해야 한다'고 말한 보쉬에의 주장에 의존했다." 특히 교육에 대한 프랑스 교회의 지배력은 회복될 수 없을 정도로 약화되었다. 교회와 국가는 서로 분리되었다. 이에 더 나아가 드레퓌스 사건의 이념과 전략들은 포르투갈과 스페인, 그리고 라틴아메리카 전역에서 반성직주의 운동의 모델이 되었다.

유럽의 가톨릭 교도들은 공화국 체제에 반대하는 집단으로 알려지면서 여기저기서 수많은 위험에 직면했다. 이 같은 분위기는 곧바로 미국 가톨릭 교도들의 위치까지 위태롭게 했다. 당시 미국 가톨릭 교회는 세계 여러 나라로부터 이민 온 사람들 덕분에 세계에서 가장 큰(틀림없이 가장 부유한) 가톨릭 공동체로 성장해가고 있었다. 레오 13세는 미국 가톨릭 교도들에게 보낸 그의 특별 회칙 〈멀리 떨어진 대양에게*Longinqua oceani*〉(1895)에서, 난처한 상황에 처한 유럽과 미국의 가톨릭 교도들을 모두 아우르려고 시도했다. 이 회칙에서 그는 "미국이 가장 바람직한 교회를 추구하고 있다는, 즉 미국에서처럼 교회와 국가는 서로 분리되어야 한다는 생각은 아주 잘못된 것입니다. … 왜냐하면 교회는 자유뿐만 아니라 국가의 후원과 법률적 보장을 누릴 때에 더욱 풍성한 열매를 맺을 수 있기 때문입니다"라고 말했다. 그는 "꼭 다르게 행동해야 할 필요가 없다면 가톨릭 교도들은 서로 연합하기 위해 노력해야 합니다"라고 덧붙였다.

유럽의 반공화주의자들은 이 교황의 회칙을 세속과 타협한 유약하기 그지없는 산물로 평가했다. 또한 이 회칙은 미국인들을 격분시켰고 가톨릭 사제단의 위치를 매우 어렵게 만들었다. 가톨릭 성직자들은 평소에 '공화주의'와 '교회'가 영혼의 동반자라는 것을 강조했다. 그들 가운데 가장 영향력이 컸던 세인트폴 성당의 대주교 존 아일랜드는 다음과 같이 말했다. "미국 정부와 가톨릭 교회 사이에 갈등은 없다. 교회가 정부와 조화될 수 있다는 입장에는 변함이 없으며, 앞으로도 이를 엄숙히 견지해나갈 것이다." 하지만 불행히도 대부분의 미국인들은 이를 믿지 않았다. 프로테스탄트 승리주의와 교황청의 승리주의 사이에 명백한 간격이 존재하고 있는데 어떻게 이를 받아들일 수 있겠는가? 이처럼 미국 내에서 반가톨릭 정서가 고착되자 가톨릭 출신의 대통령이 선출되어서는 안 된다는 분위기가 확대되었다. 미국 내 가톨릭 교도들은 무엇보다도 교황청이 '미국주의'를 현대의 '오류'로 정죄하지는 않을까 노심초사하고 있었다. 만약 그렇게 된다면 자신들은 미국 사회 내에서 고립될 것이 자명하기 때문이었다. 그래서 그들은 끊임없이 교황청을 설득했고 결국에는 성공했다. 그러나 그 성공은 굴욕적 합의의 대가였다. 그들은 교황청의 양보를 얻어내는 대신 나머지 부분에서는 교황청의 명령을 따라야만 했기 때문이다. 이제 더 이상 미국의 가톨릭 교도들은 진보적인 목소리를 낼 수 없었다.

피우스 10세, 교황청의 권위를 지켜라!

레오 13세의 후계자는 1903년에 피우스 10세로 교황에 취임한 주세페 사르토였다. 그는 교황으로 선출되자마자 미국적 이데올로기를 공격하기 시작했다. 그는 여러 면에서 주목할 만한 인물이었다. 첫째, 그는 매우 가난한 집안 출신으로 아버지는 '채권 추심업자'—이 일은 시 공무원 중에서 가장 서열이 낮고 사람들로부터 경멸을 받던 일이었다—였는데, 귀족 출신들이 교황을 독식하던 당시의 분위기—중세 시대의 교황들 중에는 가난한 집안 출신들도 더러 있었지만—에서 그는 거의 예외적인 사례였다. 둘째, 피우스는 수십 년 동안 일상적인 목회활동을 했던 사람으로 일반 신부들 중에 교황으로 선출된 사례 또한 그가 최초였다. 마지막으로 그는 1570년에 엘리자베스 여왕을 파문했던 도미니크회 수도승 피우스 5세 이후로 성인 칭호를 받은 첫 번째 교황이었다. 피우스 10세의 선출은 한마디로 대중들의 목소리를 반영한 것이었다. 이제 교회는 대중들의 입김을 무시할 수 없는 처지에 놓여 있었던 것이다. 이러한 결과로 주교의 독립성은 약화되었으며, 이에 비해 현장에서 활동하는 신부들의 영향력은 커져갔다.

대중의 힘으로 선출된 교황이었음에도 불구하고 피우스는 가난한 계층들에게 관심을 기울이지 않았다. 그의 아버지가 노동자였다는 사실은 그로 하여금 오히려 노동자들에 대한 관심을 멀리하게 했으며, 현장에서 대중과 함께 일했던 경험이 있었는데도 그는 대중의 정치적 열망을 무시했다. 그가 가난한 자들에게 영향을 받은 부분은 독특하게도 '미신'적인 부분이었다. 예를 들어 그는 자신이 일종의 초자연적 능력을 소유하고 있다고 믿었다. 그는 많은 기적을 베풀었던 것으로 알려져 있는데, 이 때문에 죽고 난 후에 성인으로 추대될 수 있었다. 그는 성인과 성물을 숭배하는 의식 등 기독교의 전통을 고수하는 일에는 열정적으로 임했으나, 학문적 접근은 신뢰하지 않았다. 그는 일종의 흑백논리를 사용하여 세상을 바라보았는데, 예를 들어 트렌토 공의회를 준수하는 교황과 그 공의회를 따르는 교회는 백색이요 나머지는 흑색이라고 보았다. 그가 말한 그 나머지에는 '민주주의', '공화주의', '과학', '도덕적 성경주석', '공산주의', '무신론', '자유사상'과 '반성직주의' 등이 포함되었다. 그는 프로테스탄티즘은 불가피하게 무신론으로 갈 수밖에 없다고 보았다.

피우스가 교황으로 선출되기까지에는 적지 않은 정치 투쟁이 있었다. 콘클라베Conclave(문자적인 의미는 '열쇠로 잠근다'란 뜻으로 교황을 선출하기 위해 모인 추기경단 모임을 말한다—옮긴이)가 선호한 인물은 1887년부터 교황청 국무장관으로 일하고 있던 온건한 진보 성향의 람폴라 추기경이었다. 프랑스 외무장관은 프랑스 추기경들에게 람폴라에게 투표할 것을 요청했고 그들은 분명히 그렇게 했다. 1차 투표에서 람폴라는 62명 가운데 29명의 지지를 받아 차기 교황이 되는 것이 확실해 보였다. 그러나 불행히도 유럽의 권력자들은 그를 지지하지 않았다. 2차 투표가 있기 전에 크라쿠프의 대주교인 푸지나 추기경은 합스부르크 황제의 편을 들면서 '왕실의 배타권Aulic Exclusiva', 즉 신성로마제국의 마지막 상속자인 오스트리아에 할당된 교황 후보자에 대한 거부권을 행사했다. 콘클라베에서는 이를 인정하지 않았으나 투표를 주관한 메리 델 발 대주교는 사실상 이를 보증해주었다. 결국 7차까지 간 투표를 통해 사르토가 교황으로 선출되었다.

그가 피우스 10세로 교황이 되고 나서 맨 먼저 한 일은 당시 38세의 메리 델 발을 교황청 국무장관으로 임명한 것이었다. 이것은 그가 교황이 되도록 도와주었던 것에 답례하기 위한 것은 아니었다. 그보다는 나이 많고 자수성가한 교황이 보수적인 귀족 지성인들 사이에서 살아남기 위한 일종의 상호동맹 차원에서 이루어진 것이었다. 델 발은 유럽에서는 꽤 잘 알려진 귀족집안—그의 아버지는 스페인 외교관이었고 어머니는 영국 귀족 출신이었다—출신이었다. 교황청의 새 주인이 된 피우스와 델 발은 선임자들의 화해 정책을 뒤엎었다. 즉, 자유주의자들을 향해 맹공격을 퍼붓기 시작했던 것이다. 1903년 11월에 피우스는 첫 번째 추기경 회의를 주재하면서 교황 무오류설을 확대해석했다. "교황은 전능하신 하나님으로부터 최고의 통치자 직책을 부여받았다. 교황의 통치는 신앙과 도덕의 영역에만 머물지 않으며 정치적 문제까지도 포함한다." 이어서 그는 "국가의 종교는 통치자의 종교를 따른다"는 원리를 다시 한 번 강조했다.

피우스는 곧바로 콩브 정부와 갈등하게 되었다. 1903년에 디종의 진보적인 르 노르데 주교가 프리메이슨과 교류하고 있다는 소문이 퍼졌다. 반드레퓌스 측에 속했던 〈자유 언어La Libre Parole〉지에서 이런 의심을 할 만한 사진을 게재했기 때문이었다. 대부분의 성직자들과 신학생들은 그를 비난했다. 교황 또한 요식적인 절차를 거친 후에 그를 해임해버렸다. 하지만 프랑스 정부는 그를 변호했고, 신문에 게재된 사진은 위조된 것이라는 사실을 증명해냈다. 이 사건으로 인해 프랑스 정부와 교회의 관계는 극복할 수 없는 길을 가게 되었다. 노르데 주교 사건을 통해 교황청의 도덕성이 크나큰 타격을 입었다면, 프랑스 정부, 즉 콩브 정부는 '색인명부' 사건으로 무너지고 말았다. 콩브 정부는 '고린도'와 '카르타고'라는 일종의 색인명부를 만들어 관료들을 관리해왔다는 사실이 발각되었다. 프리메이슨과 무신론자들을 지칭하는 '고린도인'에 속한 관료들은 좋은 자리를 오가며 승승장구했던 것에 비해, 자녀들이 종교학교에 다니거나 부인들이 미사에 참석했던 '카르타고인'에 속한 관료들은 항상 승진에서 밀려났던 것이다.

가톨릭과 모더니즘

교황청의 실세들은 이전보다 전투적이요 승리주의에 도취된 콩브 정부의 색인명부 사건을 기회로 삼아 이 같은 음모—그들은 이러한 음모를 '모더니즘'이라고 불렀다—가 진보나 신앙의 자유라는 이름으로 위장하고 있지만 사실은 프리메이슨이나 무신론자들과 연결되어 있다며 공격의 고삐를 늦추지 않았다. 그들은 '모더니즘'을 18세기 말 이후로 성경 주석과 신학을 주도했던 독일의 프로테스탄트 역사가들 및 성경 주석가들과 연결시켰다. 이 같은 공격은 시대만 달라졌을 뿐 르네상스 학자들과 정통 스콜라 신학자들이 전개했던 싸움과 다름없었다. 불행히도 이들의 싸움은 마녀사냥으로 전락했으며, '모더니즘' 또한 과학 자체보다는 정통주의와 승리주의의 천적이었던 역사 연구와 결합되었다.

정통주의자들은 오래전부터 역사가들을 의심의 눈초리로 바라보고 있었다. 당시 대부분의 역사가들은 교황 무오류설을 비난하고 있었던 것도 적지 않은 영향을 미쳤다. 영국 역사가인 액턴 경은 교황 무오류설을 반대하기 위한 국제 조직을 결성하기도 했다. 1875년에 프랑스에서는 역사 연구를 강조하며 좀 더 진보적인 학문 연구를 시도했던 5개의 프랑스 가톨릭 연구소들이 설립되기도 했다.

사태가 이렇게 발전하자 1893년에 교황 레오 13세는 〈하나님의 최고의 섭리들에 대하여*Providentissimus Dei*〉라는 회칙을 통해 진보적인 학자들에게 엄하게 경고했다. "교회가 거룩한 정경으로 간주하고 있는 성경은 성령의 영감으로 쓰인 것이며 하나님의 영감은 스스로 모든 오류를 배제한다. 진리 자체이신 하나님이 오류를 가르치셨다고 볼 수 없기 때문이다." 이는 학문적 성과 자체를 거부하겠다는 선언이나 마찬가지였는데, 왜냐하면 그는 역사학자들이 논증과 추론의 문제로 삼았던 것을 교리적 진리로 선언해버렸기 때문이다. 그러나 불행히도 대부분의 교황청 사람들은 성경 주석의 전제와 방법론에 무지했다. 에라스무스가 경멸한 신학자들처럼 그들은 무지했기 때문에 성경학자들을 비난할 수 있었던 것이다. 메이건 추기경은 파리 가톨릭 연구소의 알프레드 루아지에게 보낸 편지에서 이 점을 명쾌하게 요약했다. "로마 교황청은 이에 대해 아무것도 이해하지 못하고 있으며, 가톨릭 성직자들도 심각할 정도로 무지하다. 신학자들은 잔인하기 때문에 그들이 무지를 벗어나게 하기 위해서는 그만한 위험을 감수해야 한다." 에라스무스도 이 같은 말을 했을지도 모른다. 이 점에서 로마 교황청은 지난 400년 동안 별로 나아진 것이 없는 것 같다.

1893년에 발표한 레오의 회칙은 모더니스트들을 박해하겠다기보다는 그들에게 경고를 하는 것에 초점이 맞추어져 있었다. 그러나 피우스는 레오와 달랐다. 교황의 지도 아래 성경을 연구했던 학자들을 제외하고 성경 연구에 가담한 거의 전부가 의심을 받았다. 피우스에 의해 희생된 대표적인 학자는 예루살렘성경연구센터를 설립한 도미니크회 출신의 알베르 라그랑주와 루이 뒤셴이었다. 히브리어와 아시리아어 학자였던 루아지는 좀 더 전투적이었다. 그의 《복음과 교회Gospel and the Church》—위대한 프로테스탄트 교회사가인 아돌프 폰 하르나크의 《기독교란 무엇인가?What is Christianity?》에 대한 응답으로 지어진 책—를 포함하여 다섯 권의 책이 금서가 되었으며, 1908년에는 결국 파문을 당했다. 피우스는 가톨릭 성직자들을 역사학과 물리학의 오류—순전히 자신의 주관적인 판단으로—로부터 보호해야 한다고 주장했다. 그는 첫 회칙인 〈최고 사도의 보좌로부터E Supremi Apostolatus Cathedra〉에서 다음과 같이 약속했다. "우리는 성직자들이 과학적 사고의 덫에 걸려들지 않도록, 즉 그리스도의 진리를 숨 쉬지 못하게 하는 간교하고 미묘한 논의들—합리주의와 반半합리주의—로부터 보호할 것이다." 성경 연구자들에 대한 마녀사냥도 계속되었다. 아일랜드의 토마스주의자이자 예수회원이었던 조지 티렐 신부는 다음과 같이 말했다. "우리에게는 기독교의 역사·철학적 표현을 당대의 시대정신에 맞게 조절할 수 있는 권리가 있다. 다시 말해 신앙과 과학의 불필요한 갈등은 종식되어야 한다." 티렐은 이 같은 주장을 했다는 이유로 결국 1906년에 예수회로부터 추방당했고 그다음 해에는 성례전 참석을 금지당했다. 1909년 그는 임종 석상에서 병자성사를 받았지만 끝내 가톨릭 묘지에 묻히지는 못했다.

1907년에 피우스는 〈통탄할 만한 것들에 대해Lamentabili〉라는 교령을 통해 모더니스트들과의 싸움을 공식화했다. 이 교령에는 총 65개의 '모더니즘 이단'—피우스는 모더니즘을 계몽주의와 객관적 학문 연구를 통해 기독교(그리고 유대교)의 역사와 가르침을 설명하려는 시도라고 보았다—의 명제들이 나열되어 있었다. 객관적인 학문 연구 자체를 거부하는 이 교령은 바울 복음의 핵심인 신앙과 진리 사이에 구분선을 긋는 것처럼 보인다. 다시 말해 〈통탄할 만한 것들에 대해〉 자체가 이단적인지에 대한 논의가 필요하다는 말이다. 물론 이는 당시에 제기할 수 있는 문제는 아니었다. 이로부터 두 달 뒤에 〈주의 양 무리를 먹이는 것에 대하여*Pascendi dominici gregis*〉가 발표되었는데, 이는 더 나아가 가톨릭 주교와 사제, 교사들에게 모더니즘을 반대하는 맹세를 하도록 강제했다. 이 교령은 모더니즘에 물든 사람들을 공포의 도가니로 몰아넣었으며 엄청난 희생자들을 양산해냈다. 이와 아울러 수많은 가톨릭 교육기관, 특히 신학교에 엄청난 해를 끼쳤다. '의심스러운' 인물로 지목받은 많은 사람들은 인사 문제에서도 불이익을 받았다. 그들은 교황청 파일에 기록되어 있는 자신들의 혐의 내용이 무엇인지 전혀 알지 못했다. 당시 베르가모 신학교에서 가르치고 있었던 안젤로 론칼리는 자신에 대한 고소 내용이 무엇인지 전혀 알지 못하다가 1958년 교황이 되고 난 후 교황청에 비치된 자신에 관한 파일을 보고서야 비로소 알게 되었다고 한다.

피우스 10세와 교황청 지도부는 모더니스트들의 실질적인 음모가 프랑스를 중심으로 형성되어 있다고 생각했다. 메리 델 발은 '성모몽소승천 단체' 소속 살비앙 신부가 '해설'을 덧붙여 매일같이 보고한 프랑스 신문들의 요약판을 읽었다. 프랑스 모더니스트들이 음모를 꾸미고 있다는 이른바 음모이론이 〈프랑스 행동〉이나 〈자유 언어〉 같은 신문들에 여과 없이 게재되기도 했다. 그러나 모더니스트들이 음모를 꾸미고 있다는 증거는 그 어디에서도 발견되지 않았다. 1915년에 독일의 정보기관이 벨기에의 교회 비밀문서 보관소에서 발견한 사실은 교황청이 유럽 곳곳에 모더니즘을 반대하는 비밀단체를 조직했다는 것뿐이었다. 이 조직은 '경건한 형제회*Sodalitium Pianum*'―'전나무 농장'이란 별명을 가진―로 불려 경건 조직인 것처럼 보이지만 실제로는 일종의 압력단체였다. 예를 들어 이 조직은 '신뢰할 수 있다'고 판단된 성직자들을 좋은 자리로 승진시키고 그렇지 않은 성직자들의 명단을 교황청에 보고하던 일종의 정보기관이었다. 이 단체를 조직한 움베르토 베니니는 교황 아카데미Pontifical Academy for Noble Ecclesiastics에서 외교 분야를 가르쳤던 교수였다. 델 발도 이 학교의 동문이었다. 델 발이 이 단체에 얼마나 깊이 관여했는지는 분명하지 않다. 철저히 비밀리에 운영되었기 때문이다. 이곳에서 피우스는 '미카엘', 델 발은 '조지' 등으로 불렸다. 1913년에 이 단체에 대한 적대적인 분위기가 조성되자 델 발은 이를 해체하겠다는 발표를 했으나, 실제로 해체되기까지는 1921년까지 기다려야 했다. 그럼에도 불구하고 이곳에서 수집한 정보들까지 없애버렸는지에 대해서는 알 길이 없다. 모더니스트들에 대한 공포스러운 박해는 베네딕투스 15세가 교황에 취임했던 1914년이 되서야 끝을 맺을 수 있었다.

모더니즘 계열의 가톨릭 학자들에 대한 피우스 10세와 델 발의 탄압으로 인해 진보적인 가톨릭 평신도들의 독립정신은 훼손되었고, 기독교 민주주의도 퇴보하는 결과를 낳았다. 이탈리아에서 '하나님의 일을 위한 모임Opera dei Congressi'이라는 이름 아래 기독교 민주주의 운동이 전개되었는데, 1904년 7월 28일에 델 발은 아무런 경고도 없이—교황 피우스의 승인을 받아—이 모임을 해산시켜버렸다. 프랑스에서도 마르크 사니에가 조직한 평신도 단체인 '르 시용'('밭고랑'을 의미)이 피우스에 의해 해체되었다. 교리적으로는 정통주의 신앙을 고수했던 '르 시용'을 비난하고 결국에는 해체시켜버렸던 교황청이 르 시용과 경쟁관계에 있었던 극우파 집단인 '프랑스 행동Action Française'—심지어 무신론자가 주도한 단체였음에도 불구하고—에 대해서는 예외적으로 관용적인 정책을 취했다. 더나아가 피우스는 '프랑스 행동'을 주도했던 모라스를 '교회와 거룩한 교구의 용감한 변호자'로 치켜세우기까지 했다. 하지만 불행히도 그의 책들이 교황청에 고발되는 등 그는 정통 가톨릭과는 함께할 수 없는 사람이었다. 그를 버릴 수도 취할 수도 없는 상황에서 피우스는 다음과 같은 말로 위기를 극복하려 했다. "그의 책들은 정죄를 받을 만하나 정죄를 받아서는 안 된다Damnabilis, non damnadus." 모라스의 책을 정죄하려던 교황청의 움직임도 교황에 의해 무산되었으며, 그로부터 몇 년 후에 그 사건과 관련된 자료들이 분실되었다. 피우스와 델 발이 문서들을 파괴했을 것이라는 의심이 들게 하는 대목이다. 일련의 사건을 통해 사람들은 교황청이 정치적 정통주의를 교리적 정통주의보다 더 중요하게 취급하고 있으며, 성경 연구와 기독교 민주주의 운동을 분쇄하려는 목적이 기독교 진리의 순수성을 지키려는 데 있었다기보다는 기존 사회 질서와 교황청의 권위를 지키려는 데 있었다는 것을 알게 되었다.

로마 교황청과 영국 국교회

교황청이 우익을 선택하자 가톨릭과 프로테스탄트들 사이의 간격은 더욱 벌어지게 되었다. 미국의 가톨릭 성직자들은 교황이 자신들을 공격하지 않은 것에 안도했다. 그들은 논쟁을 일삼기보다는 아예 가톨릭 교회 이외의 그 어떤 기독교 교파들과도 접촉을 피하는 방식을 선택했다. 독일은 문화전쟁의 영향을 받아 국가화한 정통주의 신앙으로 되돌아갔다. 영국에서는 뉴먼과 매닝 등이 가톨릭으로 개종하면서 가톨릭 교회의 '제2의 봄'이 시작되는 듯 보였다. 그러나 로마 가톨릭 교회로의 대대적인 개종이 일어날 만큼 봄은 길지 않았다. 1890년대에 로마 가톨릭과 영국 국교회의 통합에 대한 논의가 벌어지기도 했지만, 교황청의 오만한 자세와 영국 내 가톨릭 성직자들의 적대감으로 인해 별다른 성과를 내지 못한 채 끝나고 말았다. 고교회 평신도였던 핼리팩스 경이 의욕적으로 국교회와 로마 가톨릭 교회를 통합시키려 했으나, 이번에도 로마 교황청의 고답적인 태도로 뜻을 이룰 수 없었다. 영국 가톨릭 성직자들을 이끌던 본Vaughan 추기경이 영국 국교회 주교들과 신부들을 "평신도들처럼 간주할 수 있다"고 공식적으로 발표했던 것이다. 이와 함께 본은 교황 레오 13세에게 영국 국교회의 직제를 비판하도록 간청했다. 로마 교황청에서 영국 국교회 성직자들을 인정하게 되면 국교회가 로마 가톨릭과 통합된 후 자신의 입지가 그만큼 축소될 것을 두려워했기 때문이었다. 교황청이 직접 나서서 영국 국교회의 직제를 비난하게 되면 엄청난 수의 국교도들이 가톨릭으로 개종하게 될 것이라는 본의 말을 믿은 교황은 〈영국인들에게Ad Anglos〉와 〈사도의 관심에 관하여Apostolicae Curae〉라는 교서를 통해 영국 국교회 직제의 무효성을 공식화했다. 일찍이 이 두 문서만큼 영국 국교회를 모욕한 것은 없었으며, 이는 더 나아가 프로테스탄티즘 자체를 모욕하는 것이나 다름없었다. 이로 인해 영국 국교회와 로마 가톨릭 교회와의 불화는 더욱 심각해졌다.

영국 국교회 내부도 예수의 동정녀 탄생이나 기적, 부활과 관련하여 모더니스트들과 반모더니스트들로 심각하게 분열되었다. 맥댈런 신학교의 학장인 J. M. 톰슨이 쓴 《신약성경의 기적들The Miracles of the New Testament》 (1911)과 캐넌 스트리터가 성직자들의 글을 모아 편집한 《기초들 Foundations》(1912), 그리고 헨슬리 헨슨의 《강단에서의 신조The Creed in the Pulpit》(1912)와 같은 책들이 바로 이런 문제들을 다루었다. 바로 이때에 캔터베리 대주교인 랜들 데이비슨이 템플 대주교의 명언을 받아들여 현명한 타협안을 제시했다. "한번 결론이 내려진 문제에 대해서는 더 이상 신경을 쓸 필요가 없다." 그렇다면 무엇보다 먼저 진리가 도출되어야 한다. "이에 대해 나는 다음과 같이 말하고 싶다. 진리를 따르라. 이를 발견하기 위해 최선을 다하라. 진리가 어디로 인도하든지 간에 진리가 너의 안내자가 되게 하라 … 결과에 대한 염려로 인해 너의 연구가 방해받지 않도록 하라. 그것이 진리라면 이를 향해 전진하라." 이와 동시에 그는 영국 국교회 성직자들로 하여금 기독교 신앙의 공인받은 대변자들로서 확고한 믿음을 공표하도록 해야 한다고 생각하여 주교회의에서 "신조에 기술된 역사적 사실들은 교회 신앙의 본질이라는 확신을 기록으로 남긴다"는 결정을 내리도록 주교들을 설득했다.

영국 국교회는 모더니즘 문제를 각 개인의 문제로 돌렸다. 국교회에서는 무엇보다도 사도 바울의 가르침에 따라 "학자는 진리를 추구해야 한다. 비록 그 진리가 기독교의 선을 넘어갈지라도 학자는 사실을 억누르기보다는 자신의 생각과 양심의 빛에서 그 사실과 대면하는 편이 더 낫다. 왜냐하면 기독교 자체가 진리이기 때문이다"라는 원칙을 세웠다. 교황은 이와는 다른 입장을 가지고 있었다. 교황은 인간은 너무나 연약한 그릇이기에 개인적으로 진리와 씨름하도록 내버려둘 수 없다고 생각했다. 그렇기 때문에 교회의 집단적인 지도를 받아야 하며, 그 가르침이 자신의 생각과 다르다 할지라도 일단은 그 가르침에 따라야 한다고 주장했다. 가톨릭과 프로테스탄티즘의 차이가 여기에서 다시 한 번 극명하게 드러났다.

제1차 세계대전과 무기력한 기독교

홍수처럼 밀려드는 새로운 지식에 대해 기독교인들은 거의 무방비 상태에 있었다고 해도 과언이 아니었다. 왜냐하면 그들은 이를 적극적으로 받아들여야 할지, 아니면 전적으로 거부해야 할지에 대해 명확한 기준을 가지고 있지 못했기 때문이다. 무엇보다도 이 같은 혼란은 영적 행복감을 빼앗아 가기에 충분했다. 당시까지만 해도 승리주의에 도취된 기독교인들이 적지 않았다. 교황주의자들은 모든 기독교인들이 머지않아 로마가톨릭 교회로 돌아오게 될 것이라고 기대하고 있었다. 이와 반대로 프로테스탄트 승리주의자들은 미국 기독교의 성장에 고무되어 프로테스탄티즘의 세상을 꿈꾸고 있었다. 양측은 서로 각자의 승리를 장담하고 있었던 것이다. 가톨릭 교도들과 프로테스탄트들은 서양의 지식과 경제, 그리고 군사와 정치적 우위가 지속될 것이라는 동일한 전제 위에 서 있었다. 서양 세계는 전적으로 기독교 신앙과 윤리에 의존하고 있었기 때문에 이들이 이러한 낙관적 기대를 하는 것은 자연스러운 일이었다고 볼 수 있다.

하지만 이러한 승리주의적 전망은 제1차 세계대전이 시작됨과 동시에 송두리째 무너지고 말았다. 1차 세계대전이 일어났던 1914년은 군주제와 왕정, 특권층과 자유방임의 자본주의 그리고 서양 제국주의와 백인 지배의 역사가 붕괴되는 분수령이 되었던 해이자 기독교에도 커다란 타격을 준 해였다. 거기다가 교황 피우스 10세의 보수 노선이 얼마나 무익했던가를 증명해준 해이기도 했다. 교황의 기대와는 달리 사회변혁은 양심적인 학자들이 아니라 무자비한 폭력세력들이 주도하고 있는 것처럼 보였다. 더욱 심각한 것은 대중의 열정을 자극하고 국가정책에도 상당한 영향력을 끼친 것 같았던 기독교의 외침이 피상적이고 허구적이었다는 사실이 드러났으며, 도덕이라는 기초 위에 구축되었다고 여겨졌던 유럽의 기독교가 사실은 왕실들끼리의 결혼으로 맺어진 관계망 그 이상이 아니었다는 사실이 드러났다는 점이었다. 취약해질 대로 취약해진 기독교가 보여준 것이라고는 아마겟돈 전쟁(제1차 세계대전)을 막을 수 없다는 사실을 다시 한 번 확인시켜주었을 뿐이었다.

기독교는 전쟁을 종식시키거나 화해를 도출해낼 수 있는 힘이 없었을 뿐만 아니라 의지도 없었다. 왜냐하면 대부분의 성직자들은 기독교 신앙보다는 민족을 우선시했기 때문이다. 그들은 기독교 신앙을 애국심과 결합시켰다. 성직자들은 적군의 신앙이 무엇인지는 상관도 하지 않고 그저 구세주의 이름으로 적군을 죽이라는 훈계만을 일삼았다. 심지어는 스스로 무기를 들고 직접 전쟁에 참여하는 성직자들도 있었다(당시에 7만 9천 명의 가톨릭 신부들과 수녀들이 전쟁에 참여했다. 프랑스에서만 해도 4만 5천 명의 성직자들이 전쟁에 참여했다). 전쟁에 참여할 수 없었던 영국의 성직자들은 대신 있는 힘을 다해 후방에서 군을 위해 일했다. 후에 더럼의 주교가 되었던 헨슬리 헨슨은 이와 관련하여 다음과 같은 기록을 남겼다. "전쟁이 시작되자마자 우리는 더럼으로 달려와서 전쟁준비에 매달렸다." 나중에 요크의 대주교가 되었던 가벳 박사는 자신을 보좌했던 여섯 명의 신부들 가운데 세 명의 신부가 종군신부로 활약한 것에 대해 '전공 십자 훈장 Military Cross'을 받게 되자 크게 기뻐했다. 영국 국교회 신자들이 '참회와 희망의 전국 선교회 National Mission of Repentance and Hope'를 조직하자 윌리엄 템플―나중에 캔터베리 대주교가 되었다―은 이 같은 단체는 "세상의 위기에 대처하는 적절한 방식"이 될 수 없다고 말했다. 전투병 모집 전문가이며 서민들을 대상으로 한 선동가였던 허레이쇼 보텀리는 런던의 주교와 함께 차를 마실 정도로 매우 가까운 사이였다. 전투병을 모집하기 위해 시민들을 선동했던 보텀리는 전선에 있는 영국군은 '영웅이요 성인들'이기 때문에 '참회나 희망'이 필요하지 않다는 글을 〈존 불John Bull〉지에 기고하기도 했다. 전쟁에 소극적으로 임하는 성직자들은 살아남지 못했다. 요크의 대주교였던 코스모 고든 랭이 바로 그 같은 인물이었는데, "몇몇 신문들에서 독일 황제를 조잡스럽고 야비하게 취급하고 있다는 것에 대해 나는 분노하지 않을 수 없다"고 말한 이후로 수천 통의 모욕적인 편지를 받아야 했으며, 결국 요크 지방에서 쫓겨났다. 그는 윈저 궁과 발모럴 궁(스코틀랜드의 영국 왕실 저택—옮긴이)으로부터도 냉대를 받았는데, 이 같은 냉대는 그가 살아 있는 내내 따라다녔다.

교황 베네딕투스 15세는 좀 더 신중한 태도로, 전쟁이 확산되는 것을 방지하기 위해 외교 수단들을 동원했다. 그러나 교황의 이러한 행보는 사람들로 하여금 증오심을 키우도록 했을 뿐이었다. 교황은 이탈리아가 전쟁에 말려드는 것을 막기 위해 외교 수단들을 총동원했으나 그의 노력은 성공을 거두지 못했다. 이에 대해 프랑스 가톨릭 교도들은 교황을 "경멸스러운 독일인 교황"으로 부르면서 적대감을 표시했다. 1917년 8월에 교황이 휴전을 제안하자, 당시 파리의 유명한 교회 지도자요 도미니크회 수도사였던 세르티앙주는 교황의 제안을 비난했다. "예수처럼 우리는 '아니오, 아니오!'라고 대답하는 아들들이다." (그 당시 세르티앙주는 대주교 아메트 추기경의 지지를 받았다. 전쟁이 끝난 후에 교황청은 복수를 단행하여 탁발수도사 세르티앙주를 팔레스타인, 이탈리아 그리고 네덜란드의 종교인들을 수감하는 감옥에 가두었고 제2차 세계대전이 일어나기 바로 직전에 석방했다.)

기독교 국가로 성장하고 있던 미국은 기독교 신앙의 원리를 명분으로 내세워 전쟁에 반대한다는 입장을 분명히 했다. 당시 미국은 중립적인 위치에 있었다. 미국의 눈으로 보았을 때에는 선과 악을 분명히 발견할 수 없었기 때문이었다. 이때만 해도 미국 대통령 윌슨은 "옳고 그름에 대한 판단을 포기한다는 전제하에서만 우리는 전쟁에 참여할 수 있다"고 말했지만, 막상 전쟁에 개입하게 되었을 때에는 다음과 같은 변명을 늘어놓았다. "우리는 아무런 사심도 없이 정의의 용사로서 전쟁에 참여했다." 당시 교회에서 행해진 설교들을 보면 남북전쟁 때처럼 수사적인 언어로 가득했다. 랜돌프 H. 매킴은 워싱턴 교회에서 "우리를 이 전쟁으로 부르신 분은 하나님이시다"라고 말했다. "이 전쟁은 십자군 전쟁입니다.

역사에서 가장 위대하고 가장 거룩한 싸움입니다. 이 전쟁은 거룩한 전쟁입니다. … 그렇습니다. 추악하고 신성모독적인 권력에 맞서 싸우도록 우리를 부르신 분은 의로우신 왕 그리스도입니다." 코트랜드 메이어스 목사는 보스턴에서 다음과 같이 설교했다. "독일 황제가 기독교인이라면 지옥에 있는 사탄 모두가 기독교인이고 나는 무신론자일 것입니다." 브루클린 플리머스 교회의 뉴웰 드와이트 힐리스 목사는 "독일인들을 말살하는 정책 … 1천만 명의 독일 군인들을 거세시키고 여성들의 접근을 금지시키는" 계획을 실시하자고 주장하기도 했다. 복음주의 단체인 '기독교청년회YMCA'의 회장이자 예일 신학대학 교수였던 헨리 B. 라이트는 총검 훈련을 하던 군인들에게 "나는 적군을 향해 총신을 겨누고 있는 그리스도를 볼 수 있다"고 말했다. 유니테리언인 앨버트 C. 디펜바흐는 그리스도는 "천년왕국이 도래할 때 아버지의 왕국의 가장 사악한 적에 대항하여 치명적인 일을 하실" 것이라고 주장했다. 시카고 신학대학의 셰일러 매슈스는 "이 전쟁에 참여하지 않는 것은 … 기독교인의 자세가 아니다"라고 주장했다.

미국의 기독교 인사들 가운데는 어떻게 해서든 인류의 대재난을 막아 보려 애쓴 사람들도 있었다. 하트포드 신학교Hartford Seminary Foundation의 W. 더글러스 매켄지는 《세계대전 속의 기독교 윤리Christian Ethics in the World War》(1918)라는 책에서 제1차 세계대전을 독일 군국주의에 대항하는 전쟁으로 규정했으며, 전쟁을 중단시킬 수 없을 정도로 무기력해진 기독교를 대신하여 민족국가를 대체할 수 있는 '국제연맹League of Nations'의 창설을 제안했다. 하지만 그때까지만 해도 사람들은 기독교가 평화적으로 전쟁을 막거나 중단시킬 수 있을 것이라는 기대를 버리지 않고 있었다. 윌슨 대통령 또한 그러했는데, 존 메이너드 케인스의 글은 이를 잘 표현해 주고 있다. "윌슨 대통령은 관념적인 철학자와 같았다. … 그는 한때 합의했던 해결책이 여전히 도움이 될 것으로 판단하고 있었다. 윌슨은 비국교도 목사와 같았다. … 그의 사상과 기질은 본질적으로 신학적이었다. … 백악관에서 그는 큰소리를 치며 말했지만, 사실 이를 실천할 구체적이고 건설적인 생각이나 계획, 방안을 확보하고 있지는 못했다. 그는 자신의 주장과 관련된 설교를 하거나 하나님께 기도를 드릴 수는 있었으나, 전쟁에 휘말린 국가들에 실질적으로 도움이 되는 방안을 제시하지는 못했다." 기독교 지도자들도 윌슨의 처지와 크게 다르지 않았다. 기독교의 무능력은 전쟁에서뿐만 아니라 평화를 구축하는 일에서도 여실히 드러났다.

우파에 기댄 가톨릭

제1차 세계대전은 한마디로 기독교 종파들끼리 싸운 내란의 성격이 강한 전쟁이었다. 한마디로 기독교는 비극과 수치를 당할 수밖에 없었다. 전쟁을 수습하고 평화를 재건하는 일에서도 기독교는 여전히 무기력했다. 그럼에도 불구하고 이를 반성하는 기독교 지도자나 교파는 어디에도 없었다. 그저 비관주의와 절망적 분위기에 휩싸여 있었을 뿐이었다. 승리주의는 맥이 빠진 채로 그 기세가 꺾였다. 기독교인의 숫자가 줄어들거나 급작스럽게 쇠퇴했다는 징후는 보이지 않았지만, 기독교 국가들이 제시한 전망은 이미 빛을 잃어버렸다. 불확실한 시대마다 그러했듯이 바로 이때에 교황청은 재빨리 보수적인 동맹자들을 찾기 시작했다. 1922년에 아킬레 라티가 교황 피우스 11세로 즉위했다. 중산층 출신으로 교황청의 문서보관소 책임자였던 그는 선임자인 베네딕투스 15세와는 달리 식견도 좁고 대범하지 못한 성격의 인물이었다. 그는 공산주의와 사회주의를 두려워하여 소련을 가톨릭에 대항하는 최고의 적으로 간주해 버렸으며, 교회가 노동운동에 가담하는 것을 원하지 않아 기독교 민주주의 세력들과도 관계를 맺으려 하지 않았다. 돈 스투르초가 이끌고 있었던 '이탈리아 인민당the Partito Populare'(사회주의적이고 급진적인 기독교 노동자 정당으로 기독교 민주당의 전신—옮긴이)에 대한 교황의 태도도 변화되었다. 우호적인 태도를 보였던 이전의 교황과는 달리 피우스 11세는 '로마의 문제Roman Question'를 해결하려는 목적으로 그들을 버리고 무솔리니를 택했기 때문이다. 1929년에 라테란 조약에 서명하면서 교황 피우스 11세는 "이탈리아를 하나님께로 돌아오게 했다"고 말했다고 한다. 결국 스투르초는 추방되었고 그의 후계자인 알시데 데 가스페리는 수감되었으며 기독교 민주당은 해체되었다. 독일에서도 피우스는 우파 보수세력을 지원한 반면 기독교 사회주의자들은 마르크스주의자들과 동일하게 취급했다.

교황이 모든 정치세력과 거리를 유지했다면 적어도 기독교를 지지하는 세력과 파괴하는 세력을 온전히 구별해낼 수는 있었겠지만, 불행히도 교황은 그렇게 하지 않았다. 겉으로는 세속화를 비난하면서도 실제로는 권력과의 밀착관계를 유지했던 것이다. 그의 태도를 보면 마치 기독교가 과거 로마 제국과 동맹을 맺었던 때로 되돌아가는 것 같았다. 그는 1,500년 동안 서방 기독교를 이끌어 온 명제, 즉 "교회는 세상 권력자와 협력해야 한다"고 주장했던 아우구스티누스를 충실히 따랐으며, 그에 대한 대가로 교회는 세속 권력으로부터 안전을 보장받을 수 있었다. 다시 말해 세속 권력 아래에서 교회의 명령과 도덕적 교훈이 힘을 발휘했으며, 주교와 사제들 또한 존경받는 지위를 보장받을 수 있었던 것이다. 교회는 이처럼 세속 정부의 지원을 받는 데 익숙해 있었으며, 세속 국가의 지원이 끊어질 때마다 '위기의 시대'라며 정부를 압박했다. 하지만 실질적으로 이는 세속 국가의 지원 없이는 교회가 존재할 수 없다는 것을 스스로 고백하는 것에 지나지 않았다. 박해를 받는 중에도 투쟁을 전개한다는 기독교 정신—로마 제국 내에서 250년 동안 해왔던 것처럼—은 사라져버렸다. 다시 말해 교회는 국가와 갈등관계에 빠지기보다는 조금은 비굴하더라도 동맹관계를 유지하기를 원했던 것이다. 물론 교회는 마르크스주의자들과는 결코 타협할 수 없었으며, 이에 따라 교황청은 마르크스주의를 맹렬히 반대했던 세력들과 동맹관계를 맺으려 했다. 교황청은 공산주의 국가들을 어떻게 다루어야 할지 고민하지 않을 수 없었다. 왜냐하면 교황청은 그들과 절대로 함께할 수 없었기 때문이다. 양차 세계대전이 벌어지는 동안 교황청은 이에 대해 고민했고, 그 결과 하나의 전략을 마련했다. 교황청은 공산국가들과 언제까지 계속 갈등할 수는 없다는 판단 아래, 현실적인 대안을 찾으려 했던 것이다.

교황청의 전략은 독일에서 강력한 위력을 발휘했다. 독일은 교회에 치명적인 악영향을 끼쳤던 '문화전쟁'의 영향이 아직 가라앉지 않고 있었다. 비스마르크는 독일 민족주의와 배치된다는 이유로 독일 가톨릭 교도들을 독일인으로 인정하지 않으려 했다. 이에 로마 가톨릭은 독일의 이상과 목적에 완전한 일체감을 형성하는 일에 열정을 쏟았다. 1914년에도 독일의 가톨릭 교도들은 루터교인을 능가할 정도로 열렬히 전쟁을 지지했다. 당시 독일 가톨릭 성직자들의 연설에서만큼 애국심을 고취시키는 연설을 들을 수 있는 곳은 없었다. 파울하버 추기경은 제1차 세계대전이 '정당한 전쟁의 모형'으로 기독교 윤리학 역사에 기록될 것이라고 말했다.

독일의 가톨릭 교회가 히틀러와 손을 잡은 것은 무엇보다도 반독일적이라는 비난을 피하기 위한 것이었다. 독일의 가톨릭 교도들은 또 다른

'문화전쟁'을 두려워했다. 독일의 주교들과 교황청 대사인 파첼리 대주교, 그리고 교황청은 제2차 세계대전 내내 독일 교회를 지키기 위해 분주하게 움직였다. 교황청이 두려워했던 것은 히틀러가 교회 세력을 분열시켜 독일 가톨릭 교도들이 교황청보다 나치에 더 충성하게 되지는 않을까 하는 문제였다.

실제 교황청의 두려움이 얼마나 컸느냐 하는 것은 가톨릭 교도들이 히틀러를 지지함으로 인해 잃을 수밖에 없었던 것을 고려해보면 쉽게 예상할 수 있다. 바이마르 공화국(1918년 11월 혁명 후부터 1933년에 나치 정권이 수립될 때까지 독일 공화국의 명칭. 독일 국민회의가 바이마르에서 헌법을 채택했기 때문에 바이마르 공화국이라 부른다—옮긴이)은 당시까지 독일을 실질적으로 지배했던 루터교의 기득권을 더 이상 인정하지 않았기 때문에, 오히려 가톨릭 교회는 이전보다 더욱 부유해질 수 있었다. 새로운 학교와 수도원들이 세워졌으며, 수백 종의 가톨릭 신문과 잡지가 등장했고, 수천 개의 클럽이 결성되었다. 가톨릭 중앙당Catholic Centre Party의 역사학자인 카를 바헴은 1931년에 자랑삼아 다음과 같이 말했다. "오늘날의 독일 가톨릭 교회만큼 높은 수준의 단체나 조직을 결성해본 가톨릭 국가는 결코 존재하지 않았다."

사실 가톨릭 주교들은 나치를 탐탁하게 여기지 않았다. 예를 들어 1930년에 브레슬라우의 베르트람 추기경은 나치의 인종주의를 "중대한 오류"로, 나치의 민족주의를 "가능한 한 모든 열정을 동원하여 싸워야 할 종교적 기만"으로 파악했다. 같은 해에 마인츠 교구의 대리주교인 마이어 박사는 나치의 인종정책을 반대하면서 가톨릭 교도들이 나치당에 투표하지 못하도록 조치를 취했다. 바이에른 주교들도 나치즘을 비판했다. 하지만 나치와 히틀러가 대중들 사이에서 인기가 높아지자 주교들도 동요하기 시작했다. 파울하버 추기경은 나치를 '훌륭한 기독교인들'과 '사악한 기독교인들'로 분류했는데, '훌륭한 기독교인'으로는 총통(히틀러)을 들었고 일부 참모들을 '사악한 기독교인'으로 분류했다(당시 대부분의 독일 성직자들은 이러한 입장에서 나치를 이해하려 했다). 일부 주교들은 한술 더 떴다. 1931년 8월에 풀다에 모인 독일 가톨릭 주교들은 나치즘을 정죄하려 했지만 성공하지 못했는데, 당시 대부분의 독일 주교들이 히틀러보다 자유주의와 민주정치를 더 증오하고 있었기 때문이었다. 이들 때문에 나치에 대한 지지도는 오히려 더 높아졌다. 심지어 히틀러가 매우 훌륭한 애국자라고 치켜세우는 성직자들도 등장했다.

나치즘에 굴복한 기독교

히틀러가 최고 권력자의 자리에 오르자 독일 가톨릭 교회는 그에 대한 지지를 더욱 구체화하기 시작했다. 때에 맞춰 교황청도 히틀러를 반대하는 조직은 지원하지 않겠다는 성명서를 발표했다. 1933년 3월 28일에 독일 주교들은 히틀러를 지지한다는 입장을 밝혔고, 그해 여름 교황청은 히틀러와 조약을 체결하기에 이르렀다. 이 조약은 독일 내의 어떠한 정치조직도 인정하지 않았기 때문에, 결과적으로 독일 가톨릭 교회는 무장해제를 당하는 꼴이 되고 말았다. 이렇게 해서, 한 세기 넘도록 이어졌던 독일 가톨릭 교회의 사회활동은 너무나 무기력하게 역사의 뒤안길로 사라져버렸다. 놀라운 것은 나치는 이미 이때부터 교회에 대해 적대감을 표출하기 시작했었다는 점이다. 나치는 사제들의 가택을 수색하고 재산을 몰수했으며 가톨릭 클럽과 단체들을 해산시켰을 뿐만 아니라 가톨릭 출신 관료들을 내쫓아버렸다. 나치는 이에 만족하지 않고, 가톨릭 신문을 검열하고 가톨릭 학교들까지 폐쇄하려 했다. 이러한 조치들은 모두 교황청이 나치와 협정을 맺기 전에 벌어진 일들이었다. 교황청이 나치와 협정을 맺은 것은 다름 아니라 생존하기 위한 것이었다. 파첼리는 교황에게 자신의 목숨이 위태로운 지경에 처해 있다며 다음과 같은 보고를 올렸다. "나치즘에 동의하든지 아니면 독일 가톨릭 교회가 완전히 붕괴되는 것을 보든지 둘 중 하나를 선택해야만 합니다." 가톨릭 교도들은 나치에 대항하여 어떠한 투쟁도 해보지 못하고 이처럼 무기력하게 무너지고 말아야 하는가?

가톨릭 교회가 무기력하게 나치에 항복했던 데는 루터교회의 선례가 한몫을 했다. 1918년에 프로테스탄트 군주가 몰락하자 루터교인에게도 불행이 찾아왔다. 국가의 지원에 절대적으로 의존했던 루터교회는 국가 교회를 거부했던 '헌법 137조'로 인해 바이마르 공화국에 공포감을 느꼈다(이후에 이를 실행에 옮길 만한 어떠한 법률도 제정한 적이 없음에도 불구하고). 루터교인은 종교적으로 중립적 태도를 보인 정부 아래에서 자신들이 살아남을 수 있으리란 확신이 없었으며, 조직적 박해에 대항할 능력도 없었다. 그래서 일부 루터교인들은 때맞춰 나타난 히틀러를 일종의 구원자로 받아들였다. 프로테스탄트 교회들은 히틀러의 도움을 받으면 그동안 잃어버렸던 기반들을 다시 확보할 수 있을 것으로 생각했던 것이다. 오토 디벨리우스는 다음과 같이 썼다. "교회 지도자들은 히틀러 시대를 교회가 국가의 기구가 될 수 있는 새로운 시대의 여명을 예시한 것으로 보았다." 카를 바르트는 당시 교회를 비판하면서 "교회는 거의 만장일치로 큰 기대와 확신을 갖고서 히틀러의 통치를 환영했다"고 말했다.

1920년에 우파 루터교인은 유대적 배경을 청산하고 독일 전통에 기초한 민족종교를 세우려는 목적으로 '독일 교회 연맹Federation for a German Church'을 조직했다. 이들은 루터의 반유대적 발언과 민주정치에 대한 증오심을 효과적으로 이용했는데, 영적 능력과 물리적 힘을 지닌 독일 민족주의를 더하게 되면 루터의 종교개혁이 완성될 수 있다고 가르쳤다. 그들에게 루터는 사실상 히틀러의 세례 요한인 셈이었다. 이들보다 더 극단적이었던 '튀링겐 독일 기독교인Thuringian German Christians'이라는 단체에서는 히틀러를 "독일 역사의 구세주 … 기독교 역사에 빛이 들어오게 한 창문"이라며 열렬히 환호했다. 히틀러라는 지도자는 "하나님이 보낸 사람"이었다. 제3그룹인 '기독교 독일 운동Christian German Movement'은 군복을 입은 나치를 교회로 초청하거나 히틀러 친위부대에 목사들을 파송하기도 했다. 위의 세 집단들은 1932년 4월에 히틀러의 제안에 따라 요아힘 호센펠더 목사를 지도자로 '독일 기독교인의 신앙운동Faith Movement of German Christians'이라는 단체로 통합되었다.

독일의 프로테스탄트들은 어떻게 이처럼 무기력하게 나치에 협력할 수 있었을까? 지금으로서는 쉽게 이해하지 못하겠다고 생각할 수도 있다. 하지만 잊지 말아야 할 것은 독일의 프로테스탄트들은 단 한 번도 국가에 반기를 든 적이 없었다는 사실이다. 루터 이후로 그들은 언제나 국가를 위해 헌신해왔고 스스로를 공무원처럼 생각했다. 그들은 영국 국교도들과 달리 국가교회의 일원이 되는 것과 정부에 전적으로 복종하는 것을 구분할 수 있는 교리가 없었다. 히틀러는 이 같은 독일 프로테스탄티즘의 독특한 역사 전통의 수혜자인 셈이었다. 1933년 4월 3일에 열렸던 '독일 기독교인의 신앙운동' 첫 번째 전국회의에서는 다음과 같은 사항들이 결의되었다. "독일인에게 교회는 기독교 국가인 독일을 위해 싸워야 하는 신자들의 공동체이다. … 아돌프 히틀러의 국가는 교회에 호소하고 있고 교회는 당연히 그 호소에 복종해야 한다." 오토 디벨리우스는 미국의 한 방송에서 나치 정권의 반유대적 조치들을 정당화하면서 유대인들의 사업권 박탈은 '법과 질서의 원칙 아래에서' 행해졌다는 점을 분명히 했다.

프로테스탄트 교파 내에서 벌어진 선거 때마다 '독일 기독교인' 소속의 기독교인들은 나치의 도움을 받아 압도적으로 승리를 거두었다. 그들의 구호는 항상 "나치의 만卍자무늬를 우리의 가슴 속에, 십자가를 우리의 심장 속에"였다. 목사들은 교회에서도 나치 제복을 입은 채로 나치를 찬양하는 노래를 불렀다. 히틀러가 지명한 나치 당원이 루터교회의 주교로 취임했고 교회들은 '아리안족법'(나치가 제정한 법률로 인종주의적 색채가 가득하다. 이 법률을 토대로 반유대주의 정책들이 시행되었다)을 인준해주었다. 히틀러에 의해 '제국의 주교'로 지명된 루트비히 뮐러는 주교직을 수락하는 연설에서 히틀러와 나치를 "하나님이 독일 민족에게 주신 선물"이라고 치켜세웠다. 로이트호이저 목사는 한술 더 떠서 "그리스도는 아돌프 히틀러를 통하여 우리에게 오셨다. … 우리는 오늘 구세주가 오셨다는 것을 알 수 있다. … 우리는 오직 한 가지 과제, 즉 기독교인이 아니라 독일인이 되어야 하는 과제를 안고 있다"고 읊조리기까지 했다. 마지막 말은 히틀러의 입장을 대변한 것이나 다름없었다. 그럼에도 불구하고 히틀러는 기독교 목사들을 지원하려 하지 않았다. 그는 그들을 신뢰하지 않았다. 1933년 11월에 뮐러 주교의 인도로 열린 집회에서 라인홀트 크라우제 박사는 "유대교의 보상법과 가축 장사들, 그리고 축첩 이야기들을 담고 있는 구약성경을 정화해야 한다"고 목소리를 높였다. 이에 더 나아가 그는 신약성경을 검열해서 '랍비 바울의 신학'을 제거하고 그 자리에 '영웅적 예수'를 선포해야 한다고 연설했다. 이 연설은 수많은 목사들을 자극했다. 이들은 마르틴 니묄러 목사가 조직한 '목회자긴급동맹Pastor's Emergency League'이라는 조직에 가담했다. 이 조직은 히틀러와 일정한 거리를 유지했다. 히틀러는 당황했다. 이후로 히틀러는 직접적으로 기독교 세력을 동원하여 자신의 정책을 수행하려는 시도를 하지 않았다.

프로테스탄트 교회들과 가톨릭 성직자들이 이처럼 민망할 정도로 히틀러를 지지했음에도 불구하고 히틀러는 기독교로 개종하기는커녕 기독교를 반대하는 태도를 분명히 했다. 아니 때로는 기만하는 방법을 사용하기도 했다. 예를 들어 그는 결코 공식적으로 교회와의 단절을 선언한 적이 없었고, 연설문 속에 '하나님의 섭리'라는 표현을 쓰기도 했으며, 집권 초반기에는 교회에 출석하기도 했다. "국가를 위협하거나 독일 민족의 관습과 도덕성에 대항하지 않는 이상 모든 신앙은 인정받아야 한다"는 나치의 정강정책도 매우 모호하여 히틀러의 본심이 무엇인지 파악할 수 없었다. 기독교 지성인들은 히틀러의 본심을 간파할 수 있었어야 했으나, 당시까지만 해도 기독교인들은 히틀러를 매우 경건한 인물로 알고 있었다. 하지만 불행히도 그는 기독교를 증오하고 기독교 지도자들을 경멸하고 있었다. 권력을 장악하자마자 히틀러는 헤르만 라우싱에게 독일 기독교의 '뿌리와 가지'를 모두 자르고 싶다고 말했다. "기독교인이 되든지 독일인이 되든지, 둘 중 하나만을 선택할 수 있다. 동시에 둘이 될 수는 없다." 그는 독일 기독교의 '뿌리와 가지'를 자르는 방법은 "기독교가 괴저병에 걸린 팔다리처럼 썩어 문드러지도록 내버려두는" 것이라고 생각했다. 그는 거듭 "당신은 정말 대중이 다시 기독교인이 될 것이라고 믿는가? 가당치도 않은 말이다. 결코 다시는 그런 일이 벌어지지 않는다. 이야기는 이미 끝났다. ⋯ 그러나 우리는 이 일을 앞당길 수 있다. 사람들은 스스로 무덤을 파야 할 것이다. 그들은 자신들의 이익 때문에 지금까지 믿어온 신을 배반할 것이다. 그들은 보잘것없는 사소한 직업과 수입을 위해서라면 무엇이든 배반할 것이다."

다소 거칠기는 하지만 기독교인에 대한 히틀러의 이 같은 평가는 거의 정확했다. 프로테스탄트 교회도 가톨릭 교회도 나치에 반기를 들지 못했다. 초창기만 해도 나치 당원들은 기독교인들로 가장했지만 오래가지 못하고 금방 본색을 드러냈다. 그럼에도 나치 당원들은 무신론자라는 비난을 피하려 했다. 힘러는 나치에게 무신론은 결코 허용되지 않을 것이라고 천명했다. 나치는 천년왕국의 전통 속에 있었고 혁명기의 프랑스에서 볼 수 있었던 것과 유사한 색채와 함께 인종주의라는 성격을 더하고 있었다. 마치 혁명 제의cults나 되는 것처럼 그들은 국가의식을 발전시켰다. 나치의 출판사에서는 "수 세기에 걸쳐 사용될 수 있을 정도로 많은 예전 성격의 축하 의식서"들이 출판되었다. 나치의 공식 예식은 '시적인 언어로 된 15-20분 정도의 장엄한 연설', '회중이 암송하는 신앙고백', '지정 찬송' 그리고 마지막으로 지도자에 대한 인사와 국가 제창으로 마무리되었다. 추수 축제에서 사용된 나치 신조는 다음과 같다.

> 나는 독일을 존경하며 이 나라에 충성할 것을 맹세한다. 나는 하나님의 창조 능력을 믿으며, 평화를 이룩하기 위해 흘린 독일 민족의 순수한 피와, 그 피가 신성한 땅에 묻혀 있다는 것과, 또 그들이 이 땅에 살고 있는 사람들 가슴속에 살아 있음을 믿는다. 나는 이 피의 영원한 생명을 믿으며, 이 피가 희생자들의 숭고한 희생정신을 깨닫고 그들을 따르려는 사람들에게 부어지고 되살아날 것이라고 믿는다. … 그러므로 나는 영원한 하나님, 영원한 독일 그리고 영원한 생명을 믿는다.

공산주의와 달리 나치즘은 유물론을 신봉하지 않았다. 대신 신성모독적일 정도로 기독교를 패러디했다. 말하자면 나치는 하나님 자리에 인종주의를, 그리스도 '피'의 자리에 독일을 내세웠던 것이다. 1923년의 '비어 홀 폭동'(1923년 아돌프 히틀러가 바이마르 공화국에 대항해서 일으키려 했던 반란으로 뮌헨 폭동, 히틀러 폭동이라고도 한다—옮긴이)을 기념하는 11월 9일의 축제에서는 '나치 당원들의 수난'이 마치 '십자가 처형'처럼 취급되어 예수의 수난과 비슷한 수난의식이 연극으로 재현되었다. 이와 관련하여 히틀러는 다음과 같이 말했다. "그들이 흘렸던 피는 우리 제국을 위한 세례의 제단이 되었다." 나치 성례전도 있었으며, 나치 당원들만 거행할 수 있는 결혼예식도 있었다. 고대 북유럽의 인물들, 태양의 모습으로 장식된 꽃, 그리고 화로가 진열된 곳에서 바그너의 오페라 〈로엔그린Lohengrin〉의 합창과 함께 시작되는 결혼식에서 신혼부부는 빵과 소금을 받았다. 나치의 세례의식이 열리는 방의 제단 위에는 히틀러의 사진과 그의 책인 《나의 투쟁Mein Kampf》이 놓여 있었으며 벽에는 촛불과 나치 깃발, 생명나무와 어린 나무의 가지들이 장식되었다고 한다. 세례식은 그리그의 〈페르귄트 모음곡Peer Gynt〉이 흘러나오는 가운데 《나의 투쟁》 낭독과 세례받는 자의 서약 등이 포함된 기독교적 순서로 진행되었다. 그리고 언제나 나치에 충성하는 찬송을 부르면서 모든 의식은 끝이 났다. 아래와 같은 유명한 찬송가들이 나치 식으로 개사되기도 했다.

> 고요한 밤, 거룩한 밤
> 어둠에 묻힌 밤, 영광이 둘린 밤
> 오직 총통은 꾸준하게 전투하며,
> 밤낮으로 독일을 지키시고
> 언제나 우리를 돌보신다.

나치를 신성시하는 의식들이 공공연하게 자행되고 있었음에도 불구하고 가톨릭 성직자들은 히틀러가 이러한 의식들과는 무관하고 단지 몇몇 광신자들이 하는 일일 뿐이라며 히틀러를 옹호해주기에 급급했다. 심지어 그들은 가톨릭 청년들이 나치 청년 캠프에 참여하는 것에도 반대하지 않았다. 교황청이나 가톨릭 지도부는 나치에 항거하라는 지시를 내리기는커녕 오히려 1933년에 나치정부를 합법적으로 승인해주었다. 생존을 위한 이러한 처절한 몸부림에도 불구하고 히틀러는 1934년 7월 30일에 가톨릭 세력은 자신의 편이 아님을 분명히 했다. 바로 이날 '가톨릭 행동Catholic Action'의 총무인 에리히 클라우제너 박사, '가톨릭 스포츠 조직 Catholic Sports Organization'의 책임자인 아달베르 프로프스트 박사, 뮌헨 가톨릭 주간지 편집자인 프리츠 게를리히 박사, 반유대주의 운동을 전개한 바이에른 신문의 편집자인 베른하르트 슈템플 신부 등이 나치에 의해 '사회정화'의 명목으로 살해당했다. 히틀러는 이들의 유해마저도 가족들에게 넘겨주지 않을 만큼 잔인했다. 하지만 더 불행한 일은 이 지경에 이르기까지 가톨릭 주교들은 이에 대해 항의를 하기는커녕, 아무런 언급조차 하지 않았다는 사실이다.

프로테스탄트 또한 나치에 저항하기보다는 그들을 찬양하는 길을 택했다. 헤센나사우의 프로테스탄트 지도자였던 디트리히 박사는 히틀러에게 "첫 번째 구출작전에 대한 뜨거운 감사"를 담은 전문을 보냈다. 이어서 '피의 목욕'은 "지도자의 특출한 위대성을 전 세계에 증명했다"는 내용을 담은 편지가 유통되었다. "하나님이 그를 우리에게 보내셨다." 나치는 초창기를 제외하고 줄곧 기독교를 탄압하는 정책을 고수했음에도 불구하고 교회가 히틀러에 항거하지 못했다는 것은 히틀러가 이미 독일 제도권 교회의 약점을 파악하고 있었다는 것을 증명해준다. "교회는 자신의 물질적 이익을 지키기 위해서라면 무엇이라도 집어삼킬 것이다. 결국 교회는 우리를 인정하게 될 것이다. 우리가 해야 할 일은 한두 번 정도 누가 주인인지를 보여주는 것뿐이다." 프로테스탄트 교회와 가톨릭 교회 모두 국가로부터 재정적 지원을 받아 운영하고 있었기 때문에 함부로 국가에 반하는 발언을 할 수 없었다. 히틀러는 1939년 1월에 행한 연설에서 프로테스탄트 교회와 가톨릭 교회는 나치 독일에서 국가 다음으로 많은 땅을 소유하고 있으며, 1933년에 1억 3천만 마르크, 1938년에는 5억 마르크의 국가 보조금을 받았다고 지적했다. 전쟁 기간 동안 이 두 교회에 대한 보조금은 10억 마르크로 증액되었다.

프로테스탄트 교회와 가톨릭 교회는 히틀러 정부를 압도적으로 지지하는 세력이었다. 가톨릭 주교들은 "독일에서 강력한 권위를 새롭게 강조"했던 나치 정부를 환영했다. 보른바서 주교는 트리어 대성당에서 가톨릭 젊은이들에게 다음과 같이 말했다. "머리를 들고 확고한 발걸음으로 우리는 새로운 나라를 건설했으며, 이제 몸과 영혼의 모든 힘을 다하여 이 나라를 섬기려 한다." 1934년 1월에 12명의 프로테스탄트 교회 지도자들이 히틀러와 만났다. 이 만남 이후 그들은 '목회자 긴급동맹'에 대한 지지를 철회했고 "독일 프로테스탄트 교회German Evangelical Church 지도자들은 만장일치로 제3제국과 그 지도자들에게 무조건적으로 충성한다"는 성명서를 발표했다.

그렇다고 독일 프로테스탄트 세력 모두가 히틀러를 지지했다고 보아서는 안 된다. 이처럼 비굴할 정도로 히틀러를 지지했던 사람들이 있었는가 하면 비록 소수이기는 하지만 히틀러에 반대했던 무리도 있었다. 이른바 '고백교회' 세력이 바로 그들이었다. 1934년 5월에 몇몇 프로테스탄트들이 소위 '바르멘 선언Barmen Confession'을 발표하여 히틀러 통치에 저항했다. '바르멘 선언'은 독일 주류 프로테스탄트 교회가 선택한 교리, 즉 "인간 삶의 전반을 통제하고 절대적인 질서를 이루는 국가의 소명이 성취될 때 교회의 소명 또한 성취될 수 있다는 교리"를 거부하는 등 정치적이라기보다는 일종의 신학적 성명서에 가까웠다. 또한 '고백교회'는 나치 정부에 대항하는 그 어떤 '정치적 행동'도 결행하지 않았다. 니묄러 목사가 시무한 교회에서조차 나치 깃발이 교회 벽에 걸리는 것을 허용했으며 그 교회 회중들은 나치 깃발을 향해 경례를 했을 정도였다. 목사들은 쉽게 용기를 내지 못했다. 1936년에 몇몇 목사들이 스위스에서 히틀러를 반대한다는 성명을 발표했을 때, 그들은 한창 인기를 끌고 있던 히틀러에 대해 물러나라는 신호를 보내는 데 그치고 말았다. 올림픽 경기가 끝나고 난 후 그 항의 성명서의 출판을 승인했던(당시 '고백교회'는 그 성명서와의 관계를 부인했다) 바이슬러 박사는 작센하우젠으로 소환되어 몇 달 만에 맞아 죽었다.

미약하기는 하나 가톨릭 교회도 나치에 대해 저항하기 시작했다. 교황 피우스 11세는 독일어로 〈억누를 수 없는 슬픔으로Mit Brennender Sorge〉라는 회칙을 발표했다. 히틀러에 대항하여 가톨릭 교회가 내놓은 처음이자 유일한 공식문서인 이 회칙—주로 나치의 이론과 인종차별 정책을 비판하고 있다—은 비밀리에 독일 가톨릭 교회에 전달되어 1937년 종려주일에 낭독되었다. 한마디로 교황청은 나치와 맺은 협정을 위반한 셈이 되었으며, 히틀러는 이를 일종의 선전포고로 간주했다. 하지만 당시 히틀러는 가톨릭과 프로테스탄트 교회를 완전히 장악하고 있었기 때문에 이 회칙은 실제적으로 어떠한 힘도 발휘하지 못했다. 기독교의 저항이 그만큼 적었기 때문에 나치는 기독교 세력들을 혹독하게 처벌할 필요를 느끼지 않았을 것이다. 실제로 성직자들이 감옥에 수감될 때에도 극소수 외에는 금방 풀려났다. 1만 7천 명이 넘는 프로테스탄트 목사들 가운데 50일 이상 감옥에 수감된 사람은 단 한 사람도 없었다. 가톨릭의 경우 한 명의 주교만이 교구에서 추방당했고 또 다른 한 명의 주교가 잠깐 구속되었을 뿐, 그 외에는 어떠한 박해도 받지 않았다. 히틀러로부터 박해를 받은 종교집단은 자신들의 신앙을 완고하게 고수한 소수에 불과했다. 이들 중에 가장 용감했던 종파로는 '여호와의 증인'이 있었다. 이들은 자신들의 교리에 반대된다는 이유로 나치 정부를 '사악한 악마의 정부'라고 비난하면서 어떠한 협력도 하지 않았다. 이에 대해 나치 지도자들도 '여호와의 증인'이 유대-마르크스주의자들과 국제적 음모를 꾸미고 있다고 선전선동했다. 군 복무를 거부해 사형을 당한 여호와의 증인들도 상당수에 달했다.

히틀러가 기독교를 버리다

히틀러가 독일을 확실하게 장악하자 나치에 대한 저항은 더욱 약해졌다. 1938-1939년에 작성된 게슈타포의 보고서에 의하면 대다수 프로테스탄트들이 투쟁을 포기했던 것 같다. 독일과 오스트리아의 합병 계획에 대해 독일 교회는 대체로 환영의 뜻을 표했다. 오스트리아의 가톨릭 사제단은 "히틀러의 국가 사회주의 정책은 무신론적 볼셰비즘의 위험을 봉쇄해주었다"면서 환영 성명서를 발표했다. 오스트리아의 프로테스탄트 교회 또한 마찬가지였다. 이 같은 오스트리아 가톨릭의 호의적인 반응에도 불구하고 히틀러는 이곳에서도 가톨릭 교회에 대한 박해를 멈추지 않았다. 가톨릭 학교들을 폐쇄해버렸으며, 그들의 지도자인 인니처 추기경의 거처(궁정)를 약탈하고 불태워버렸다. 상황이 이 지경에 이르렀지만 로마 가톨릭의 히틀러에 대한 짝사랑은 그치지 않았다. 피우스 12세는 1939년 3월에 교황으로 선출되자마자 히틀러에게 우호적인 편지를 띄웠으며, 체코슬로바키아 침공에 대해서도 아무런 비난을 하지 않았다. 체코 내 가톨릭 학교들이 히틀러에 의해 폐쇄될 것이라는 사실을 알고 있었음에도 불구하고 말이다.

제2차 세계대전의 소용돌이 속에서 교회는 아무런 역할을 하지 못했다. 독일 가톨릭 교회와 프로테스탄트 교회들은 국가교회답게 히틀러에게 복종하고 독일의 승리를 위해 싸울 것을 촉구할 뿐이었다. 베를린의 프라이징 주교를 제외한 거의 모든 독일 내 가톨릭 주교들이 히틀러가 저지른 전쟁의 정당성을 따지려 하지 않았다. 대주교 그로버는 "단편적 시각에서 감정적으로 결정하기 쉬운 신도들에게 전쟁의 정당성 여부를 판단하게 내버려두어서는 안 되며, 합법적 권위를 부여받은 지도자들이 판단을 내려야 한다"고 주장했다. 그렇다면 그들은 과연 어떠한 결정을 내렸는가? 불행히도 그들은 아무런 결정도 내리지 않았다. 전쟁의 막바지에 이르렀던 1945년 1월에 와서야 그들은 가톨릭 교회의 분발을 촉구하면서 "자유주의와 개인주의, 그리고 집단주의"를 독일의 주요한 두 개의 적으로 표현하는 성명서 하나를 발표했을 뿐이다. 하지만 이 성명서에서도 그들은 더 이상은 나아가지 않았다. 그 성명서의 나머지 부분은 히틀러에게 복종할 것을 주문하는 내용으로 가득 차 있었다. 교황 피우스 12세는 어떠한 지침도 내리지 않고 그저 "용감하고 자비롭게 싸우라"는 충고만을 했을 뿐이다. 8부를 시작하면서 인용했던 그의 회칙은 이러한 배경 속에서 파악되어야 한다. 이 회칙에서 교황은 나치와 소련이 가톨릭 국가인 폴란드를 점령한 것에 대해 아무런 비난도, 아니 이에 대해 아무런 언급도 하지 않았다는 것이 중요하다.

전쟁기간 내내 교회는 히틀러에게 비굴할 정도로 굴종적인 태도를 보였다. 정부는 교회의 재산을 함부로 몰수하는 등 여전히 교회를 곱지 않은 시선으로 보고 있었음에도 불구하고, 교회는 계속해서 종소리를 울리면서 나치의 승리를 찬양했다. 독일 내에서 나치 군에 참여하기를 거부했던 가톨릭 교도는 7명에 불과했다. 그중 6명은 처형되었고 나머지 한 명은 정신이상 판정을 받았다. 적지 않은 프로테스탄트들이 나치에 저항하다가 희생되었지만 어느 누구도 그들을 주목하지 않았다. 프로테스탄트 교회 지도자였던 케를은 1940년 6월에 프로테스탄트 교회 소유의 전

재산을 국가에 헌납하고 히틀러를 교회의 '최고 우두머리'이자 최고 감독 Summus Episcopus으로 추대하자는 제안을 했다. 그럼에도 불구하고 기독교에 대한 히틀러의 인상은 바뀌지 않았다. "순수한 기독교, 카타콤의 기독교는 기독교 교리를 사실로 옮기는 데만 관심이 있다. 이 같은 기독교는 인류를 전멸하게 만드는 형이상학으로 포장된 진정한 볼셰비즘이다." 히틀러는 기독교를 또 하나의 공산주의로 보았던 것이다.

마침내 히틀러는 기독교 박멸에 나섰다. 그는 먼저 유대인 문제를 다루는 것부터 시작했다. 히틀러는 독일 기독교 조직이 유대인 박멸 정책을 지지하거나 아니면 최소한 묵인할 것이라고 믿어 의심치 않았다. 그는 1933년 4월 오스나브뤼크의 베르닝 주교에게 "나는 가톨릭 교회가 지난 1,500년 동안 유대인들에게 시행해왔던 것과 동일한 정책을 지금 수행하고 있다"고 말했다. 1870년대에 페데보른의 마르틴 주교는 유대인들이 종교의식에서 기독교 자녀들을 살해했다는 이야기를 자신은 믿고 있다고 주장했다. 가톨릭 교도들은 '문화전쟁' 당시 반유대주의를 전개한 바 있었다. 《가톨릭 백과사전》(1930년 판)에는 도덕적으로 수용될 수만 있다면 '정치적 반유대주의'는 허용될 수 있다고 기술되어 있을 정도였다. 부크베르크 주교는 정치적 반유대주의 운동을 '강력한 유대 자본'에 대항하기 위한 '정당한 자기방어'라고 합리화했다. 그로버 대주교는 종교 핸드북을 편집하면서 '인종'에 관한 항목을 다음과 같이 새롭게 집어넣었다.

> 국가는 국민의 안전을 책임져야 한다. 위대한 전통을 지닌 민족일수록 외국인은 위험 요소가 될 수 있다. 그러므로 모든 국민은 순수한 혈통을 주장할 권리가 있으며, 이러한 순수성을 보호하기 위한 법을 제정할 필요가 있다.

이와 같은 주장은 실제로 무슨 일을 유발했는가? 많은 유대인들이 박해를 피하기 위해 가톨릭으로 개종하는 수밖에 없었다. 이로 인해 스페인의 '새로운 기독교인들'의 문제가 또 다른 형태로 재발했다. 1935년 9월에 발표된 〈뉘른베르크Nuremberg 법〉에 의하면 가톨릭 교도들끼리 결혼할 때 결혼 당사자 중 한쪽이 아리안계가 아니면 결혼을 허락하지 않았다. 일찍이 교회는 이 같은 법이 교회의 고유한 영적인 법을 침범한 것이어서 도저히 받아들일 수 없다고 주장하곤 했다. 그러나 독일 교회는 이 법을 수용했다. 가톨릭 주교 후델은 〈뉘른베르크 법〉을 적극적으로 옹호했다. 가톨릭 주교들은 나치 정부의 잔인한 살인 행위에 대해서도 애매한 태도를 취했다. 나치정권이 유대인들을 집중적으로 죽이고 있을 때에도 그들은 구체적으로 '유대인'이나 '비아리안계'를 죽이는 일을 지목하여 잘못되었다고 말하지 않고, 그냥 무고한 사람들을 무참하게 '죽이는 일'은 나쁘다고만 말했다. 다시 말해 무엇이 '죄'인지에 대해 명확하게 규정하지 않은 것이다. 심지어 가톨릭 교도들이 유대인 말살정책에 가담하거나 정치범 수용소 혹은 사형장에서 일해도 가톨릭 성직자들에게서 어떠한 비난도 받지 않았다. 이에 따라 1938년 말에 이르면 나치에 종사하는 사람들 중에 가톨릭 교도 비율이 22.7퍼센트에 이르렀다. 베를린 교회의 주임 신부 리히텐베르크는 히틀러의 유대인 정책에 반대하여 적극적으로 항의했던 극소수 가톨릭 사제 가운데 한 사람이었다. 그는 1943년 다하우 수용소로 가는 도중에 사망했다. 평신도들의 저항 운동도 사제들보다 별로 나은 것은 없었다. 독일 주교들의 행동은 프랑스, 폴란드, 벨기에에서 활동했던 동료 주교들과 대조해보면 부끄럽기 짝이 없었다. 1943년 고백교회의 프로이센 총회는 유대인 말살정책은 십계명 중 제5계명을 위반했다고 지적하고 강하게 비난했다. 이것은 독일 가톨릭 주교들이 결코 모방할 수 없었던 저항의 모습이었다.

로마 교황청도 히틀러의 잔악한 반유대주의 정책에 대해 침묵했다. 교황은 1천 명의 유대인들이 인종청소라는 이유로 학살되는 상황 속에서도 아무런 조치를 취하지 않았다. 고작해야 바티칸 공식 신문인 〈로마의 관찰자Osservatore Romano〉에서 몇 마디 한 것이 전부였다. 이 문서는 포로수용소에 수용되어 있는 유대인들의 처우와 그들의 재산 몰수를 '너무 가혹하다'고 표현했다. 물론 이 글 어디에서도 유대인들의 학살에 관한 발언은 감히 하지 못했다. 교황청은 자신의 안전을 확보하는 것마저도 자신하지 못할 정도로 무기력했다. 교황이 침묵했던 또 다른 이유는 히틀러와의 절교가 독일 가톨릭 교회와의 분리로 이어질까 두려워했기 때문이었다. 이에 대해 프랑스 출신의 티세란트 추기경은 다음과 같이 말했다. "나는 후에 역사가들로부터, 이기심에 사로잡힌 교황청이 자신의 안전을 지키는 일 외에는 한 일이 없었다는 평가를 받게 될까 두렵다."

히틀러는 우리가 생각하는 것보다 압력에 민감한 인물이었다. 예를 들어 1941년 8월에 뮌스터의 갈렌 주교는 인간 생명의 거룩함을 강조하는 설교 중에 나치의 강제 안락사 프로그램을 조목조목 비판했다. 그의 메시지는 순식간에 독일 전역으로 퍼져 사람들의 입에 오르내렸다. 사람들은 갈렌 주교가 머지않아 처형될 것이라고 예상했으나, 그는 어떠한 처벌도 받지 않았을 뿐만 아니라 오히려 히틀러는 안락사 실험을 중지시켰다(나중에 히틀러는 이 실험을 비밀리에 재개하도록 허용했으며, 1943년에는 어린 고아들까지 실험 대상이 되었다). 독일 내에서 이미 유명해진 갈렌 주교와 안락사 문제가 부담으로 작용했기 때문이었다. 그러나 불행히도 교회는 이를 이용할 생각을 전혀 하지 않았다. 힘러의 레벤스보른 연구소 등지에서 자행된 생체 실험과 관련하여 교회는 아무런 저항도 하지 않았다. 독일 국민은 안락사 문제를 예의 주시했다. 전쟁 중 독일인들이 유일하게 신경을 썼던 문제는 나치 정부의 강제이혼 정책에 저항했던 독일계 출신의 부인들 문제와 바로 안락사 문제였다. 이 두 사안의 경우 히틀러는 어쨌든 공식적으로는 양보를 했다. 교황이나 독일의 기독교 성직자들이 생각했던 것과는 달리 히틀러는 이와 같은 문제에 관해 타협하는 모습을 보여주었다. 그러나 안락사 실험을 위해 가스실에서 엄청난 숫자의 유대인들이 죽어가고 있을 때에도 기독교계는 아무런 저항을 하지 않았다.

교황은 공산주의자들보다 나치스트들이 훨씬 더 위험한 기독교의 적이라는 사실을 미처 깨닫지 못했다. 나치는 기독교인의 이중성, 연약함, 두려움 등을 노출시켰다. 게다가 기독교를 박해하려는 히틀러의 계획은 공산주의가 꾸민 그 어떠한 계획보다 잔인하고 가혹했다. 1941년 12월 13일에 히틀러는 측근들에게 다음과 같이 말했다. "언젠가 전쟁은 끝이 날 것이다. 바로 그때 나는 종교 문제를 해결할 것이며, 이는 내 생애 마지막 과제가 될 것이다. … 기독교는 다음과 같은 최후의 모습을 보일 것이다. 설교 강단에는 노쇠한 사회자가 서 있고 정신적으로 빈약하고 망령 들린 소수의 불행한 늙은 여인들이 그를 바라보고 있게 될 것이다." 나치는 가톨릭, 프로테스탄트, 정교회를 가리지 않고 무자비하게 탄압했다. 힘러는 다음과 같이 말했다. "우리는 기독교를 뿌리 뽑을 때까지 쉬지 않을 것이다." 나치는 교회와 국가를 분리시키고 조직적으로 기독교를 박멸할 계획을 세웠다. 교황 피우스 12세는 과연 이 사실을 알고 있었을까? 불행히도 그는 식견이 짧은 인물이었다. 마침내 피우스는 추기경단에게 이렇게 연설했다. "나치는 하나의 사탄이요. … 예수 그리스도를 부인하는 오만한 배교자요. 예수의 가르침과 그의 구속 사역을 거부하고 폭력을 숭배하고 인종과 혈통을 우상처럼 섬기는 자들이며, 인간의 자유와 존엄성을 전복한 세력"이다. 그러나 이것은 독일이 연합국에 항복하고 히틀러가 죽고 난 후인 1945년 6월에 행해진 연설이었다.

외로운 저항의 목소리

기독교 신앙에 대한 도덕적 평판이라는 관점에서 보았을 때 제2차 세계대전은 제1차 세계대전보다 기독교에 훨씬 더 비참한 결과를 가져왔다. 제2차 세계대전은 종교개혁의 요람이었던 독일 교회가 얼마나 공허한 상태에 빠져 있었는지, 그리고 교황청은 얼마나 겁이 많고 이기심에 사로잡혀 있었는지를 적나라하게 노출시켰기 때문이었다. 한마디로 제2차 세계대전은 프로테스탄트 교회와 가톨릭 교회가 경쟁하듯 외쳤던 '승리주의'에 대한 일종의 인과응보였다. 그렇다고 기독교가 오로지 부끄러운 행동만을 한 것은 아니었다. 히틀러와 나치에 대한 기독교계의 저항은 매우 연약하고 비효율적이기는 했으나, 격렬하게 저항하는 기독교인들도 분명히 존재했다. 이들의 저항은 나치에 저항했던 독일의 어떤 세력들보다 지속적이었고 원칙에 입각해 있었다. 유럽의 일부 기독교인들은 나치에 저항할 필요성을 인식하고 저항의 강도를 높이려고 노력했다. 전쟁의 심연을 가로질러 나치에 저항하는 기독교인들끼리 서로 주고받았던 의사소통의 통로 또한 미약하나마 조직되어 있었다. 1930년대에 치체스터의 영국 국교회 주교 조지 벨은 프로테스탄트 교회 내의 반나치 그룹, 특히 디트리히 본회퍼 목사와 접촉했다. 1939년 11월에 〈격주 리뷰Fortnightly Review〉지에 발표한 〈전쟁 상황에서 교회의 기능The Church's Function in Wartime〉이라는 글에서, 그는 교회가 '국가의 영적 부속물'이 아니라는 점을 분명히 했다. "교회는 교회로 남아야 한다. … 군사력을 동원하여 보복하거나 시민들을 폭력으로 대하는 행위에 대해 … 정죄하는 데 주저하지 말아야 한다. 교회는 거짓과 증오의 선전에 대항해야 하며, 인종청소나 인간을 노예로 만드는 모든 전쟁에 반대해야 하고 인류의 도덕을 파괴하는 조치들에 대해서도 대항해야 한다."

본회퍼는 히틀러가 프랑스를 점령하고 난 이후인 1940년에 그의 친구들에게 다음과 같이 말했다고 한다. "자신을 기독교인이라고 고백한다면 앉아서 쉴 틈이 없다. 히틀러는 적그리스도이기에 우리는 그가 성공하든 실패하든 상관없이 그를 제거하기 위해 최선의 노력을 다해야 할 것이다." 처형되기 직전에 본회퍼는 다음과 같은 메시지를 남겼다. "나는 기독교의 보편적인 형제애를 믿습니다. 이는 민족의 이익보다 우선합니다. 나는 우리가 승리할 것임을 믿습니다."

이에 더 나아가 벨은 연합군이 저지르는 잔악한 행위도 외면하지 않았다. "지구상에서 벌어지고 있는 어떤 전쟁도 십자군 전쟁이란 이름으로 미화해서는 안 됩니다." 이러한 입장에서 야간 폭격을 금지하는 국제조약을 맺자는 제안을 했으나, 벨이 영국 정부로부터 얻어낸 것은 연합국의 목표가 독일 국민을 죽이는 데 있지 않다는 공식적인 답변뿐이었다. 벨은 영국과 미국 등 연합군이 독일에 퍼붓고 있는 무시무시한 대량 공습에 몹시 격분하여 1943년 12월 〈치체스터 교구신문Chichester Diocesan Gazette〉에 다음과 같은 글을 기고했다. "전쟁과는 아무런 상관도 없는 도시에서도 무차별적으로 폭격이 이루어지고 있어 수많은 무고한 시민들이 희생되고 있습니다. 이는 어느 누구를 불문하고 매우 잘못된 행동입니다." 그의 외침은 어느 곳에서도 지지를 받지 못했다. 하지만 그가 하원에서 행한 연설은 연합군의 공습을 중단시키지는 못했어도, 많은 사람들, 특히 현실에 안주하기에 급급했던 사람들의 양심을 자극하는 데에는 적지 않은 역할을 했다. 이에 대해 군사 전문가였던 리들 하트는 다음과 같이 논평했다. "문명사가가 존재한다면 그는 누구보다도 벨의 연설에서 기독교와 예의의 더 나은 증거를 발견하게 될 것이다. 벨의 연설은 참으로 긴 안목과 높은 지혜를 보여주었다."

미국의 대중 기독교

1904-1905년에 영국 웨일스에서는 상업화된 교회조직을 비판하며 기독교를 새롭게 부흥시키자는 운동—영국에서 일어난 마지막 기독교 부흥운동—이 일어났다. 당시 웨일스의 기성 교회들이 자신들의 특권적인 지위를 앞세워 타락을 일삼았는데, 비국교도들이 중심이 되어 이에 항거한 것이다. 이 운동의 지도자였던 에번 로버츠는 광부로 일하면서 신학 공부를 하던 젊은이였다. 그는 성령의 인도를 받고 있다고 믿었기 때문에 어떤 모임을 조직하거나 계획도 세우지 않은 채 이 운동을 이끌어나갔다. 심지어 아무런 준비도 없이 즉흥적으로 설교단에 올라 한 시간 반 동안 강단에서 침묵했던 적도 있다고 한다. 그럼에도 불구하고 그의 영향력은 대단해서 집회를 인도할 때마다 회중들은 성령의 감동을 받아 쓰러지고 넘어지며 울부짖었다. 정치 집회마저도 그가 나타나기만 하면 종교적 집회로 돌변할 정도였다. 그만큼 그는 카리스마가 넘치는 인물이었다. 하지만 로버츠가 은퇴하자 그가 주도한 운동은 순식간에 시들어버렸다. 1906년 총선에서 로버츠의 영향으로 비국교도 출신 정치인들이 하원에 대거 진출하여 다수파를 형성했으나, 그들의 의정활동은 성공하지 못했다. 이후 그들의 영향력은 급격히 쇠퇴해버렸다. 당시까지 꾸준히 계속되던 감리교와 침례교의 성장세도 1845년을 기점으로 멈추어버렸다. 영국의 교회들은 1880년대에 이르면서부터 교인들의 교회 출석률이 떨어지고 쇠퇴하기 시작했다. 그렇다고 해서 영국 프로테스탄트 교회들이 대중에게 아무런 영향을 미치지 못했던 것은 아니었다. 예를 들어, 1911년에 리젠트 파크 침례교회 F. B. 마이어 목사는 얼스 코트에서 열릴 예정인 권투 시합을 중단시키기 위한 전국적인 운동을 전개했다. 프

로테스탄트들의 압력을 받자 검찰총장은 "평화를 파괴를 할 수 있다"는 이유로 이 시합을 중지시키는 작업에 돌입했다. 결국 얼스 코트의 소유주였던 철도 회사는 법의 명령이란 이름으로 이 시합을 금지시켰다.

프로테스탄트 승리주의가 어느 곳보다도 오랫동안 지속되었던 곳은 바로 미국이었다. 당시 미국의 프로테스탄트들에게 관심의 대상이 되었던 것은 금주운동이었다. 이 운동은 20세기에 벌어진 일종의 프로테스탄트 십자군 운동이었다. 프로테스탄트 압력단체들의 꾸준한 활동으로 인해 1900년에는 미국 인구의 24퍼센트가 금주법 아래에서 거주하게 되더니, 1906년에 오면 40퍼센트로 확대되었다. 그들의 영향력은 연방 차원으로까지 확대되어 1917년에 이르면 29개 주가 금주 지역으로 지정되어 미국 국민의 절반 이상이 금주 지역에서 살게 되었다. 1918년에 개정된 유명한 '수정 헌법 제18조Eighteenth Amendment' 맨 앞에는 1919년 6월 이후로 주류의 제조와 판매가 금지된다는 법률이 자리하고 있었다. 그해 10월에 시행세칙인 '볼스테드 법'이 의회를 통과하게 되면서 1920년 1월 16일부터 미국 전역에서 금주법이 시행되는 쾌거를 이루었다. 하지만 불행히도 이 법안은 무차별적이고 너무 포괄적이라는 데 문제가 있었다. 한마디로 비합리적인 종교 열광주의적 성격을 내포하고 있었던 것이다. 결과적으로 이 법안은 오히려 밀조와 밀매와 관련된 범죄를 키우는 등, 온갖 상처만을 남긴 채 1933년에 폐지되었다. 이 사건은 미국 프로테스탄트 세력들에게는 하나의 불행으로 다가와 미국 내 프로테스탄트 정치 세력이 급격히 쇠퇴하는 계기가 되었다. 게다가 미국 정부가 추진하던 뉴딜정책 등을 비성경적인 것으로 간주하여 남부 지역을 제외한 거의 모든 프로테스탄트 세력들이 루스벨트를 반대하고 공화당을 지지했다. 이에 민주당은 유대인과 가톨릭 교도들, 그리고 진보세력들을 규합하여 연합전선을 형성했고, 루스벨트는 선거에서 압승을 거둘 수 있었다. 프로테스탄트 정치세력들은 이들의 연합전선 앞에서 무기력하기 짝이 없었다.

그러나 미국 프로테스탄트 세력의 무기력함이 그리 오래가지는 않았다. 한동안 프로테스탄트가 미국의 여론을 주도하지 못하고 영향력을 행사하지 못했던 것은 사실이다. 하지만 그에 못지않게 교회의 출석률이 눈에 띄게 높아지기 시작했다. 1910년에는 인구의 43퍼센트가 교회에 출석했는데, 1940년에 이르면 이 수치가 49퍼센트로 올라갔으며 1950년대에는 55퍼센트, 그리고 1960년대에는 69퍼센트까지 '부흥'되었다. 이처럼 가파른 성장의 이유를 찾기는 쉽지 않은데, 스위스 태생의 신학자인 카를 바르트가 한몫을 했던 것 같다. 카를 바르트는 1918년에 《로마서 주석Commentary》을 1930년대에는 《교회 교의학Church Dogmatics》이라는 유명한 저작을 출판했다. 그를 중심으로 발전된 신학 사조를 흔히 '신정통주의neo-orthodox'라고 부른다. 신정통주의가 했던 일은 기독교를 진보와 개혁의 수단으로 삼으려 했던 자유주의 신학자들과 합리주의자들의 시도를 효과적으로 막아 기독교의 희망이나 복음(케리그마)은 본질적으로 내세적이라는 사실을 강조한 데 있었다.

독일에 뿌리를 두고 있는 신정통주의는 어떤 의미에서는 증오스러운 세계대전을 어떻게 이해해야 할 것인가에 대한 물음에서 나온 나름의 대답이었다. 이렇게 탄생한 신정통주의가 경제공황의 늪에서 허우적거리던 1930년대 미국의 기독교 지성인들에게 강력한 반향을 일으켰다. 그들은 이제 더 이상 기독교를 미국의 생활방식이나 자본주의적 민주주의와 동일시하지 않고 대신 천년왕국 운동으로 보기 시작했다. 라인홀드 니부어는 《기독교 윤리학 개론Introduction to Christian Ethics》(1935)에서 "복음서의 심오한 윤리를 붙잡고 씨름하고 있는 자유주의 신학자들의 환상"을 날카롭게 비판하면서 "예수의 윤리는 인간 삶의 도덕 문제를 직접적으로 다루지 않는다. … 예수의 윤리는 … 하나님이 세상을 초월해 계신 것처럼 … 인간 삶의 모든 가능성들을 초월해 있다"고 주장했다. 1935년 신정통주의 그룹은 "세상에 대항하는 교회The Churches Against the World"라는 제목의 선언문을 발표했다. 이 선언문의 전반적인 논조는 현세보다는 내세, 즉 초월을 강조했다.

신정통주의 신학자들의 활발한 활동 덕분에 교인들이 가파르게 늘어났다고 보는 것은 안이한 판단일 뿐이다. 왜냐하면 미국의 대중종교는 점차 교리적 토대와 결별해가고 있었으며 신약성경을 점차 멀리하는 평신도들과는 달리 신정통주의 신학자들은 신약성경을 어느 때보다도 강조하고 있었기 때문이다. 당시의 대중종교는 무엇보다 축복을 받으려는 열망으로 가득 차 있었다. 1831년에 미국 설교자들을 평가하는 자리에서 토크빌은 이미 이를 예측했던 것 같다. "그들의 설교를 듣다 보면 종교가 하는 일이라고는 내세에서의 영원한 축복과 현세에서의 물질적 번영을 주는 것이 전부인 것 같다." 1950-1960년대에 경제가 성장했던 것도 교회에 열심히 다녔기 때문이라고 생각할 정도로 미국인들에게 기독교는 국민적인 '부적talisman'으로 여겨졌다. 미국 기독교는 빈영의 증밀에 대비하는 일종의 보험정책이었던 것이다.

이처럼 미국 기독교는 저속한 현대 신비주의의 한 형태인 안정과 축복으로 유도하는 심리학적 개념들로 이끌려가고 있었다. 당시 유행하던 책들도 보스턴의 개혁파 랍비인 조슈아 로스 리브먼의 《마음의 평화Peace of Mind》(1948), 노먼 빈센트 필의 《자신 있는 삶으로의 안내Guide to Confident Living》(1948)와 《적극적 사고방식Power of Positive Thinking》(1952), 풀턴 J. 신의 《영혼의 평화Peace of Soul》(1949), 빌리 그레이엄의 《하나님과의 평화Peace with God》(1953), 그리고 에리히 프롬의 《사랑의 기술Art of Loving》(1956) 등, 우주의 조화를 추구하는 영지주의적 색채를 띤 것이 대부분이었다. 이들의 영향을 받아 크리스쳔 사이언스Christian Science, 신지학 theosophy, 미국 장미십자회의 신비사상American Rosicrucianism, 그리고 데일 카네기의 기독교 치료방법들이 등장하기도 했다. 이들은 모두 자신들이 기독교인임을 결코 부인하지 않았다. 그러나 사실 신지학과 루돌프 슈타이너의 '종교개혁의 비의 운동Esoteric Movement of the Reformation' 등은 기독교와는 전혀 상관이 없었다. 오히려 인도의 베단타 철학Vedanta, 페르시아의 바하이교Baha'i, 선불교, 흑인들 사이에서 유행하고 있었던 블랙 파워의 감옥제의prison-cult와 유사했다.

아이젠하워 대통령 시절에 워싱턴은 기독교 부흥운동의 상징적인 도시였으나, 그 내부를 들여다보면 실상 기독교적이라기보다 오히려 애국적인 도덕주의와 감상주의가 주를 이루고 있었다. '포토맥 위의 경건Piety on the Potomac'으로 불렸던 집회는 흡사 고대 로마 종교와 그들의 제의를 보는 것 같았다. 그럼에도 불구하고 기독교가 미국의 국가종교라는 데에는 아무런 문제가 되지 않았다. 1954년에는 '국가에 대한 충성맹세Pledge of Allegiance'에 "하나님의 보호 아래서"(링컨이 게티스버그 연설에서 사용했던 것처럼)라는 표현이 첨가되었으며, 1956년에는 "우리가 신뢰하는 하나님 안에서"라는 문구가 국가의 공식 구호가 되었다. 여기에서 표현된 하나님은 누구를 지칭하는 것인가? 그것은 그리 중요한 것이 아니었던 것 같다. '오직 믿음'만을 강조한 아이젠하워 대통령은 미국적 종교의 전형을 대표한 사람homo Americanus religiosus이었는데, 그가 1954년에 했던 다음과 같은 연설은 이를 잘 보여주고 있다. "우리의 정부가 신실한 기독교 신앙 위에 세워지지 않는다면 아무런 의미가 없습니다. 하지만 저는 그 신앙의 내용이 무엇인지에 관해서는 관심이 없습니다."

아시아에서 기독교 토착화의 실패

기독교 복음을 전파하려는 노력은 세계대전의 와중에서도 결코 줄어들지 않았다. 선교 활동을 벌였던 백인 프로테스탄트 사역자들의 숫자는 1911년에 4,102명에서 1925년에는 5,556명으로, 그리고 1938년에는 7,514명으로 증가했다. 교인들의 수를 놓고 보았을 때에는 프로테스탄트보다 가톨릭이 더 많이 성장한 것으로 보이지만 수입 면에서 볼 때 가톨릭은 오히려 줄어드는 등, 실질적으로는 하락세를 면치 못했다. 게다가 가톨릭은 지구촌 곳곳에서 활동할 토착 성직자들을 양성하는 일에서도 완전히 실패했다. 동아프리카는 1939년이 되어서야 첫 번째 가톨릭 주교가 선출될 수 있었다. 제2차 세계대전이 막을 내림과 동시에 식민지 국가들이 잇달아 독립했다. 만약 그 국가들마다 토착 성직자들이 있어 자국민들의 교회를 담당했다면 5-9세기에 유럽에서 그랬던 것처럼 기독교는 새로운 사회를 건설하는 데 중요한 몫을 담당했을 것이다. 그러나 불행히도 토착 성직자들을 양성하려는 노력은 그 시기를 놓치고 1950년대 이후에야 본격적으로 이루어졌다.

유럽의 기독교는 선교 지역의 토착 문화를 기독교적 관점에서 발전시키려는 의지도 없었고 또 그와 같은 발전을 허락하지도 않았다. 이 점은 정말 심각한 문제였다. 기독교의 토착화 실패는 예수회가 선교 활동을 벌였던 16세기까지 거슬러 올라간다. 당시 예수회는 기독교 교리를 선교 지역의 전통 문화와 결부시켜 토착화하려는 시도를 감행했지만 교황청의 반대로 좌절을 맛볼 수밖에 없었다. 이로 인해 가톨릭 교회는 중국과 인도, 일본에서 발판을 구축하는 것 정도로 만족해야 했다. 이들 지역에서 가톨릭 교회는 그만큼 무능력했던 것이다. '정통' 기독교는 어떠한 기독교 혼합주의도 인정하지 않았다. 1850년대에 중국에서는 기독교 정신을 바탕으로 한 정치개혁 프로그램인 '태평천국太平天國〔청나라 말기 홍수전과 농민반란군이 세운 국가(1851-1864). 홍수전은 하늘의 주재자인 상제上帝를 기독교의 여호와와 같은 위치에 놓고, 모세·예수가 그랬듯 자신도 악마의 유혹으로 타락의 극에 달한 중국을 구제하라는 명령을 상제로부터 받았다고 주장했다—옮긴이〕 운동이 등장했다. '태평천국 운동가들'은 십계명을 통해 사회 운동을 벌이려 했는데, 대표적인 것으로는 제7계명을 이용하여 아편의 사용을 금지시키려 한 것이었다. 이들은 청나라에 반기를 들어 '태평천국'이라는 국가를 세우기도 했는데, 런던선교회의 그리피스 존 선교사는 이를 다음과 같이 해석했다. "나는 하나님이 반란을 통하여 이 땅의 우상숭배를 뿌리 뽑고 계시며 외국 선교사들을 보내셔서 기독교를 옮겨 심고 계신다고 믿고 있다." 그러나 태평천국 운동가들은 일부다처제를 허용하는 등, 일부 비기독교적 문화를 갖고 있었기 때문에 결국 서양 국가들로부터 지지를 받지 못한 채로 청나라에 의해 진압되고 말았다. 일본에서는 우치무라 간조의 '무교회' 운동과 같은 일부 실험적 기독교 교파들이 등장하기도 했다. 이들은 모두 토착문화와 결부되어 혼합적인 성격을 띠고 있었는데, 불행히도 이들 중 정통 기독교의 지지를 받은 교파는 단 하나도 없었다.

인도에서는 포르투갈 선교사들이 도착했던 1500년경부터 케랄라 지역을 중심으로 이미 10만 명 정도의 원주민 기독교인들이 있었다. 이들은 예수의 제자였던 도마가 인도에 복음을 전하기 시작한 1세기부터 이 지역에 기독교가 존재해왔다고 주장했다. 이들은 시리아 전통의 예배의식을 지키고 있었으며 사도들의 전통을 따르고 있었다. 당시 인도 기독교인들은 네스토리우스(4세기 콘스탄티노플 총대주교—옮긴이)를 충실히 따르고 있었기 때문에 유럽에서 파송된 가톨릭 선교사들과 프로테스탄트 선교사들은 이들에게 기독교를 전파하기보다는 유럽식 기독교로 개종시키는 방식으로 선교 활동을 전개했다. 이에 따라 인도의 정통 교회인 성도마 교회는 서양 제국주의 선교사들의 공세로 인해 축소되어 다섯 개의 종파로 분열되기에 이르렀다. 현재 인도에는 시리아 예전(라틴 예전을 지키는 사람들을 합하여)을 고수하는 로모-시리아파 Romo-Syrians, 말랑카란파 Malankaran, 단성론파, 비개혁파 Unreformed, 네스토리우스파, 마 토마스 파 the Mar Thomas, 개혁파 시리아 교회 Reformed Syrian Church, 그리고 토마스 성공회 Thomas Anglicans가 있다.

기독교의 지나친 선교 열정은 어느 곳에서나 인도의 경우와 비슷한 교회 분열을 가져왔다. 미국 캘리포니아에는 감리교와 침례교 계통의 여러 지부들이 있었다. 그런데 이곳에는 노예제도를 반대했던 북부 교회에 소속된 지부들과 노예제도를 지지했던 남부 교회에 소속된 지부들이 이전 모습 그대로 서로 분열된 채 혼재되어 있었다. 한때 미국 교회를 분열시킬 만큼 심각했던 노예제 문제는 사실 미국 서부 지역에서는 별 의미가 없었는데도 그러했다. 인도의 중부 지방에도 스코틀랜드의 장로교 소속 원주민 지부가 있었다. 스코틀랜드 장로교에 소속된 인도 원주민들 가운데 그 누구도 스코틀랜드에 가본 적이 없었고 당연히 교회 분열을 경험한 적도 없었다. 말하자면 최초의 인도 장로교인이었던 그들은 이미 분리되어 있던 교회 전통을 유산으로 물려받았던 것이다.

간혹 새로운 종교는 언어와 문화에 대한 오해에서 비롯된 의심을 받기도 했다. 예를 들어 파푸아뉴기니 지방의 원주민들은 자신들이 사용하는 모든 물건은 신들이 나누어주는 것이라고 생각하고 있었다. 그들은 세속 지식과 성스러운 지식을 구분하는 개념이 없었던 것이다. 그들은 자신들의 전통문화를 버리고 백인 선교사들이 전해주는 '성스러운 지식'을 받아들이기가 쉽지 않았다. 백인들은 파푸아뉴기니 원주민들의 종교적 신비를 말살했고, 그들에게 쓰라린 경험을 안겨주었다. 그들은 또한 백인들의 침범이 원주민들의 물질적 삶의 향상을 막고 있다고 생각했다. 이로 인해 오히려 예언자라는 사람들이 유행처럼 등장하여 활동하는 계기가 마련되었을 뿐이었다.

아프리카의 토착 기독교

여기서 우리는 비유럽 계통의 독창적인 기독교가 어떻게 하여 실패하게 되었는지 그 실마리를 발견할 수 있다. 2-3세기에 기독교는 교리를 안정시키고 사이비 예언자들을 제거하기 위해 잔인한 전쟁을 벌였는데, 이로 인해 예언 전통이 말살되는 희생을 겪어야 했다. 이후로 서양 기독교에서는 예언을 받아들이지 않았으나, 그럼에도 불구하고 예언은 다양한 모습으로 끊임없이 등장했다. 특히 아프리카 기독교에서 예언은 없어서는 안 될 중요한 형태였다. 아프리카 기독교는 꾸준히 발전했다. 그러나 정통 교회는 아프리카의 기독교에 대해 혼란스러워했고 심지어 두려워하기까지 했다.

아프리카 독립교회separatist native Christian Church의 역사는 데이비드 빈센트가 서아프리카에서 원주민들을 대상으로 침례교회(1888)를 조직하는 것으로부터 시작된다. 백인들이 운영하는 교회로부터 독립한 후에 민족주의와 인종주의를 근간으로 아프리카 독립교회가 만들어졌는데, 이에 따라 빈센트는 자신의 이름 또한 아프리카 원주민의 이름인 '마졸라 아그베비'로 개명했다. "외국의 주교나 추기경들이 이끄는 종교회의가 더 이상 아프리카 기독교를 지배하지 못하게 될 그때에, 그리고 구원의 대장이신 예수 그리스도가 친히 에티오피아의 무리를 이끄실 그때에, 또 아프리카의 기독교가 런던이나 뉴욕풍의 기독교를 닮기보다는 천국을 지향하게 되는 그때가 오면 추밀원, 총독, 군 장교, 합병, 이동배치, 분할, 양도, 강압과 같은 단어들이 사라져버릴 것이다." 빈센트는 무엇보다도 서양 기독교가 아프리카의 관습들을 말살시켜버릴까 우려하고 있었다. 그러나 엄격히 말해 그는 예언자가 아니었다. 왜냐하면 그는 계시를 내세우지 않았기 때문이었다.

라이베리아의 성공회 교인이었던 윌리엄 웨이드 해리스는 스스로 계시를 받았다고 주장하면서 사람들에게 자기가 받은 계시를 선포하곤 했다. 1914년경에 프랑스령인 코트디부아르에서 태어난 해리스는 정통 기독교 교리를 선포하면서도 동시에 자신은 신과 직접 교통하고 있다고 주장하면서 세례 요한처럼 즉각적 회개를 촉구했다. 그를 지켜본 프랑스인 마티 대위는 해리스를 다음과 같이 묘사했다. 그는 "거대한 체구에 흰 수염을 길게 늘어뜨린 채 흰옷을 입고 흰 터번을 두르고, 검은색 스톨을 착용하고 손에는 높은 십자가를 들고, 허리에는 마른 씨앗들을 담은 호리병박을 차고 리듬에 맞춰 춤을 추며 찬양하는 매우 인상적인 인물이었다."

예언자 해리스는 엄청난 성공을 거두었다. 그는 완전히 새로운 형태의 아프리카 기독교를 창안해냈다. 그러나 그는 자신의 교회를 직접 세우려고 시도하지 않았다. 아프리카의 정통 침례교회에 소속된 교인들 대부분은 해리스가 개종시킨 사람들이었다. 해리스의 추종자들은 그와는 달리 대부분 야망이 대단했고 이기심으로 가득한 사람들이었다. 1920년대에 이사야 셈베는 흑인 나사렛 교회를 설립하여 남아프리카 더반 근처에서 크게 성공했다. 이때부터 아프리카 토착교회들이 기하급수적으로 늘어나기 시작했다.

아프리카 토착교회의 은사주의자들은 식민지 지배자들과 자주 충돌했다. 콩골레세 지방의 침례교 교인인 시몬 킴방구는 지상 그리스도의 교회Church of Christ on Earth의 설립자로서 현재 3백만 명이 넘는 신자들이 이 교단에 소속되어 있다. 이 교단은 세계교회협의회WCC에 가입되어 있다. 킴방구는 벨기에 사람들에 의해 30년 형을 선고받고 감옥에서 사망했다. 이와 반대로 니아살랜드의 아자와섭리산업선교회Ajawa Providence Industrial Mission의 창설자 존 칠렘브웨는 토지를 횡령하는 등 주민들을 괴롭혔던 식민지 지배자 W. J. 리빙스턴을 체포하여 총살한 후 목을 베어 예배 중에 높은 막대기에 매달았다.

한편 아프리카 토착교회들 가운데 일부는 식민통치를 받는 동안 아무런 저항을 하지 않았다. 민족주의 정부가 들어섰을 때 이들 교회는 독립운동에 소홀했다는 이유로 억압을 받기도 했다. 하나의 본보기가 잠비아의 룸파Lumpa('뛰어난') 교회이다. 독립 후 잠비아에서 폭동이 발생했을 때 룸파 교회 소속 신도들 가운데 500명이 살해당했고 이 교회 설립자 앨리스 렌시나는 국외로 추방되었다. 아프리카 정치 지도자들 가운데는 은사주의자들이 많았다. 그들은 기독교 은사주의자들―이들의 활동은 오로지 영적인 영역에 제한되어 있었지만―을 경쟁자로 간주하여 그들과 신경전을 벌이곤 했다.

아프리카 토착교회는 오늘날에도 가파르게 성장하고 있다. 아프리카 토착교회는 대부분 미국 복음주의 교단의 영향을 받아 지어진 이름들이 많은데, 열거해보면 아프리카 카스텔로일 사망 교회African Casteroil Dead Church, 시온 아프리카 참 사도 예루살렘 교회African Correctly Apostolic Jerusalem Church in Zion, 아프리카 성공회 건설적 가아슬리 교회Afro-Anglican Constructive Gaathly, 전능하신 하나님 교회Almighty God Church, 남아프리카 순 성경 사도 교회Apostles Church of the Full Bible of South Africa, 사도기원 가톨릭 교회Apostolic

Foundation Catholic Church, 전능하신 하나님 반투 고객 교회Bantu Customers Church to Almighty God, 남아프리카 조지 왕 전쟁 승리 사도 교회Catholic Church of South Africa King George Win the War, 그리스도 사도 거룩한 낭송 교회Christ Apostolic Holy Spout Church, 기독교 사도 반석 교회Christian Apostolic Stone Church, 즐거운 생명 회중교회Pleasant Living Congregation, 에티오피아 전국 신정정치 회복 교회 Ethiopian National Theocracy Restitution, 하나님의 불세례 성결교회Fire Baptized Holiness Church of God, 대 조지 5세 민족교회Great George V National Church, 국제 순복음교회International Foursquare Gospel, 하나님의 남은 자 교회Remnant Church of God, 하나님의 증거를 위한 태양 빛 4구석 사도교회Sunlight Four Corners Apostolic for Witness of God 등이 있다. 아프리카 토착교회들의 특징 중 하나는 '천국의 열쇠 담당자'는 흑인이며 천국에서는 역전된 인종차별이 이루어질 것이라고 가르친다는 점이다. 그들은 천국으로 들어가는 문을 흑인 그리스도가 통제하고 있다고도 말한다. 그들은 복음서의 비유들을 다음과 같이 각색하기도 했다.

> 열 처녀가 있었는데 그중 다섯은 백인이었고, 다섯은 흑인이었다. 다섯 명의 백인 처녀들은 어리석었지만 다섯 명의 흑인 처녀들은 지혜로웠기 때문에 등불에 사용할 기름을 미리 준비했다. 열 명 모두가 문을 두드렸지만 다섯 명의 백인 처녀들은 부자가 들었던 대답을 들어야 했다. … 백인들은 손가락 끝을 차가운 물에 적시게 해달라며 애걸할 것이다. 그러나 그들은 다음과 같은 대답을 듣게 될 것이다. "누구도 두 번 통치할 수 없다."

이 같은 신앙 형태나 예배의식들은 땅을 확보하기 위한 열망과 결합되었고 또 거기에는 사제-왕을 겸했던 전통적인 아프리카 토착민 지도자들의 정치력이 반영되어 있었다. 아프리카 토착교회들은 엄밀하게 말해서 부족들의 교회라 해도 과언은 아니다. 부족교회들은 보통 '구토 의례', 물을 사용하는 의례 그리고 방언을 주로 사용했는데, 그들이 사용한 방언은 공통적으로 다음과 같은 형식으로 구성되어 있다.

> 부르릉 부르릉
> 하이, 하이, 하이, 하이,
> 예수님 죄송해요, 예수님 죄송해요, 예수님 죄송해요
> 스파이 스파이 스파이 스파이, 장난꾸러기 소년, 장난꾸러기 소년
> 하이 하이 하이―할렐루야, 할렐루야
> 아멘.

이처럼 아프리카 토착교회들은 급속도로 성장하고 있었지만, 이에 대해 서양 기독교는 어떠한 결정도 내리지 못하고 있었다. 심지어 이들 교회를 어떻게 불러야 할지에 관해서도 합의를 보지 못하고 있는 실정이었다. 그동안 서양 기독교가 아프리카 토착교회에 붙였던 이름들, 즉 '분리주의교회', '메시아교회', '예언교회', '토착교회', '혼합교회' 등은 아프리카인들의 감정을 상하게 했기 때문에 더는 사용할 수 없었다(이러한 이름들은 미국 흑인과 서부 인디언들의 감정도 상하게 했다. 왜냐하면 아프리카 토착교회들은 런던과 파리의 교회들과도 연결되는 등 국제적 연결망을 형성하고 있었기 때문이었다). 오늘날 아프리카 토착교회들을 부르는 일반적인 명칭은 '독립교회'이다. 일부 교회가 세계교회협의회에 가입되어 있는 등 대부분의 아프리카 토착교회, 즉 독립교회들이 정통 기독교 신앙에 기초해 있지만, 기독교로 보기에는 상당히 어려운 교회들도 적지 않다. 이들은 흡사 2세기경의 몬타누스주의자들과 비슷하다. 많은 아프리카인들을 이교주의로

내몰고 있다—(정통주의) 선교 교회로부터 출발한 이들은 후에 '에티오피아' 교회와 시온주의자 교회로 갔다가 결국에는 아프리카 정령주의로 되돌아간다고 주장한다—는 이유로 이들을 반기독교적 세력으로 파악해야 한다고 주장하는 학자들도 있다. 비록 일부 아프리카 독립교회들은 학자들의 우려대로 기독교의 가르침에서 크게 벗어난 경우도 있지만, 일부는 대단히 독창적이고 창조적인 신학 사상을 발전시키고 있으며 열정 또한 대단하다. 어쨌든 아프리카 독립교회는 오늘날에도 여전히 성장의 속도를 늦추지 않고 있다(1948년에 1,023개의 교단을 확보하고 있던 아프리카 독립교회는 1968년에 이르면 무려 6천 개가 넘는 교단들이 등장했다). 물론 아프리카에 독립교회만 있는 것은 아니지만 대다수 기독교인들이 독립교회에 출석하고 있을 정도로 그 비중이 높은 것은 사실이다. 오늘날 아프리카 기독교인의 숫자는 12년마다 2배로 증가하고 있어 20세기 말에 이르면 3억 5천만 명이 넘게 될 것으로 추산된다. 숫자적으로만 봤을 때에 아프리카 독립교회는 라틴아메리카를 능가할 뿐만 아니라 전 세계 기독교계에서도 가장 큰 단일 그룹을 형성하게 될 것이다.

피우스 12세의 절대적 승리주의

교황 피우스 12세 시절의 로마 가톨릭 교회는 피우스 9세가 교황으로 있었던 19세기 후반에서 한 걸음도 전진하지 못하고 있었다. 프로테스탄트 승리주의가 포기되었을 때에도 교황은 시대를 제대로 파악하지 못한 채 교황권의 대중 승리주의를 일종의 가보처럼 사랑스럽게 간직하고 있을 뿐이었다. 피우스 12세는 교황권 강화에 힘을 기울였던 힐데브란트

(그레고리우스 7세), 인노켄티우스 3세, 보니파키우스 8세로 내려오는 계보 맨 마지막에 위치한 교황이었다. 피우스의 교회관은 기본적으로 아우구스티누스 사상에 기초하여, 교회의 권위는 전 세계적이며 전능하다고 주장하는 입장이었다. 다시 말해 교회는 사회의 모든 영역을 지배해야 한다고 믿고 있었던 것이다. 1954년 11월에 추기경들과 주교들에게 행한 연설―이 연설은 후에 〈현세 문제와 관련한 교회의 권위The Authority of the Church in Temporal Matters〉라는 제목으로 출판되었다―에서 피우스 12세는 교회의 권위를 다음과 같이 강조했다.

> 교회의 권능은 여러분이 말하는 것처럼 종교적 문제에만 국한되지 않습니다. 자연법과 그 법의 토대와 해석, 그리고 그 적용과 관련된 문제들은 도덕적 문제와 결부되어 있습니다. 이 문제들은 곧 교회의 권능 안에 존재한다는 뜻입니다. … 성직자들과 평신도들은 무엇보다도 교회는 교회법이나 자연법의 지배를 받지 않는다는 것을 알아야 합니다. 이와 아울러 교회는 공적 질서와 관련된 문제들을 해결하기 위한 행동규범을 수립하는 일에도 … 적합한 권위를 갖고 있다는 것을 깨달아야 합니다.

여기에서 말하는 '교회의 권능'은 본질적으로 교황권을 의미했다. 몽탈랑베르가 적절하게 표현했듯이, 그는 '교황청에 있는 루이 14세'였다. 피우스 12세는 거의 20년 동안 교황으로 활동하면서 역사의 마지막 구체제ancien régime 왕실의 독재 군주로 군림했던 것이다. 그는 자신이 감당할 수 없는 사안이나 논의들, 그리고 강력한 반대에 부딪힐 수 있는 문제들은 가급적 다루려 하지 않는 등, 지상 최고의 사제로서 하나님이 부여하신 절대권력을 매우 잘 활용하여 교황의 권력을 강화할 줄 알았던 인물이었다. 그는 토론을 좋아하지 않았으며, 지시를 내릴 때에도 비서를 통하기보다는 실무자에게 직접 전화를 걸어 지시하기를 원했다. 교황청 직원들은 교황의 '파첼리요Qui parla Pacelli' 하는 목소리가 들려오면 무릎을 꿇고 전화를 받았다고 한다. 교황의 권위를 강화하기 위해서는 전통 의전을 회복하는 것이 무엇보다도 중요하다는 것을 그는 잘 알고 있었다. 이로 인해 교황을 알현할 수 있는 사람들은 나이 많은 연장자나 몇몇 특권층으로 제한되었다. 교황청에서 일하는 관리들도 교황을 만나본다는 것은 극히 어려운 일이었으며, 운이 좋게 그에게 보고할 일이 생길 때에는 무릎을 꿇은 채로 보고를 했으며, 일을 마치고 나면 뒷걸음질해서 물러나야 했다. 피우스 12세는 예를 들어 교황 혼자서 식사하는 관습 등, 선임자가 경멸하며 폐지했던 관습들을 다시 회복시켰다. 피우스가 정원을 거닐 때면 일꾼들과 정원사들은 교황의 고독을 방해하지 않도록 나무 뒤로 숨어 있어야 했다.

피우스는 결코 나약한 사람이 아니었으며, 교황의 권위를 극대화하기 위해서는 대중들을 어떻게 사로잡아야 하는지에 관해 너무나 잘 알고 있는 인물이었다. 그는 대중매체를 처음으로 이용했던 교황이었을 뿐만 아니라 이를 아주 적절하게 활용했던 교황이기도 했다. 대중매체를 통해 교황의 모습과 목소리는 수억 명의 사람들에게 알려졌다. 그는 사적으로 만나는 것보다는 대중 앞에서 자신의 뜻을 펼치기를 원했던 교황이었다. 게다가 그는 9개 국어를 사용할 수 있을 정도로 언어적 재능도 갖추고 있었다. 만나는 사람마다 그들이 속한 직종의 전문지식들을 숙지하여 세부적인 내용들을 언급하거나 이를 설교 속에서 펼쳐 보이곤 했다. 가톨릭 교회가 답을 줄 수 없는 문제는 없다고 생각한 그는 의학, 법률, 치의학, 건축, 화학, 출판, 언론, 열 공학, 공중보건, 연극, 디젤 엔진, 비행 기술, 우주 항해, 라디오 공학 등, 될 수 있는 한 모든 분야의 사람들을 만나고 그들에게 연설하기를 원했다. 그리하여 그가 발표한 회칙이나 문서로 출판된 서신과 연설문을 보면, 세부분야에서도 상당히 전문적인 식견을 갖고 있었다는 것을 관찰할 수 있다. 말년에 발표한 회칙 가운데 하나인 〈미란다 프로수스Miranda prorsus〉(1957)는 영화, 라디오와 텔레비전에 관련된 문제를 다루고 있는데, 예를 들면 뉴스앵커의 도덕적 의무, 지역별로 감독 책임자들을 세우고 운영하는 방법, 영화기획자·배급업자·배우들의 도덕적 책임감, 가톨릭 출신의 영화감독들과 제작자들의 오류를 책망해야 하는 주교들의 의무, 그리고 필요하다면 그들에게 적절한 재가를 받을 것을 강요할 수 있는 의무, '도덕적'인 영화에 투표해야 하는 가톨릭 배심원들의 의무 등 세부적인 것까지 포함되어 있었다.

이처럼 피우스는 대중매체를 통하여 삶의 곳곳에 개입함으로써 전 세계에 걸쳐 흩어져 있는 가톨릭 교도들과 만날 수 있었다. 하지만 이는 비인격적인 방법에 불과했다. 즉, 로마 제국의 유산인 '세디아 게스타토리아Sedia Gestatoria'(절대 군주가 타고 다닌 운송수단) 위에 높이 올라서서 환호하는 군중들을 접견하는 그의 모습은 몽탈랑베르가 언급한 것처럼 "교황청 안의 작은 우상"이었을 뿐이었다. "스스로 의도한 것은 아니었다 할지라도 그는 불행하게도 세상과의 직접적인 접촉, 즉 그를 비난했던 사람들로부터 스스로 분리되었다"라는 주세페 달라 토레의 지적처럼 교황은 스스로 고립을 자초했다.

더욱 심각한 문제는 교황 자신만 고립된 것이 아니라 로마 가톨릭 교회 자체가 기독교의 다른 세력들로부터 고립되었다는 사실에 있었다. 피우스는 트렌토 체제를 고수했던 교황이었다. 그는 동방 정교회를 분열주의자들의 교회로, 그리고 프로테스탄트 교회는 이단세력으로 취급했다. 다시 말해, 그는 그들과 무슨 논의나 토론할 기회를 전혀 갖지 않았으며 따라서 '교회일치 운동'에 대해 관심이 없었다(로마 가톨릭 교회 그 자체를 교회일치의 표본으로 생각했기 때문에). 가톨릭 교회는 변화될 수 없었다. 왜냐하면 교황은 가톨릭 교회만이 언제나 정당하다고 자임하면서, 역사적으로 새로운 변화는 언제나 잘못된 악한 방향으로 흘렀을 뿐이라고 생각했기 때문이다. 하지만 그의 생각과는 달리 세상은 그리스도의 대리자를 무시한 채 불행으로 치닫고 있었다. 독일의 분열과 전통적인 가톨릭 국가인 폴란드, 헝가리, 체코슬로바키아, 슬로베니아, 크로아티아를 포함한 동유럽이 공산화되는 와중에서 교황은 어떠한 길을 선택했을까? 피우스는 이러한 일련의 사태를 하나님의 벌로 파악했으며 교회로 하여금 변화하는 세상에 대항하여 싸우도록 명령하시는 것이라고 받아들였다. 그래서 그는 공산주의와의 싸움을 선택했으며, 이를 위해 무엇보다 먼저 보수세력들과 동맹을 맺기 시작했다.

교황 피우스는 냉전시대의 정치가로 정의 없는 평화는 진정한 평화가 아니라고 생각한 인물이었다. 다시 말해 그는 공산국가와 '평화로운 상호공존'은 인정할 수 없는 명제라고 생각했다. 그는 세상을 마르크스주의 무신론과 자본주의-기독교 십자군의 대결로 보았기 때문에 공산주의 국가와는 여하한 타협도 용인하지 않았다. 심지어 피우스는 소련이 유엔 안전보장이사회의 상임이사국이라는 이유로 유엔을 인정하지 않았다. 교황의 정책은 한마디로 이단과 분리주의자들이 분별력을 회복할 때까지, 그리고 마르크스주의자들이 무신론적 유물론을 포기할 때까지 악마적인 세력과 접촉을 피한 채 교회의 테두리 안에서 기다리는 것이었다. 이 같은 교회의 자세야말로 일종의 훌륭한 고립정책이었다. 훌륭하지는 않았다 할지라도, 적어도 거룩한 정책이기는 했다.

요한 23세와 바티칸 공의회

1958년 말에 피우스의 뒤를 이어 안젤로 론칼리가 요한 23세로 교황의 자리에 오르자 교회의 고립정책은 대대적인 수술을 받았다. 70대 후반에 교황으로 선출된 론칼리는 베네치아의 대주교 출신으로 매우 인기가 높았던 인물이었다. 사람들은 요한 23세가 과도기적인 교황으로 온건한 정책을 펼칠 것이라고 기대했으나, 그는 교황에 취임하자마자 그 기대를 저버린 채 대대적인 개혁정책을 시행했다. 요한은 교회 예전이나 경건 생활과 같은 분야에서는 보수적이었지만 정치적으로는 진보주의자였다. 교황청 정치에 직접적으로 관여한 적이 없었던 그는 대부분 진보세력들과 느슨한 관계를 맺고 있었다. 피우스 12세와 달리 요한은 외향적인 사람이었다. 그는 인간적인 만남을 사랑했고 목회활동을 기쁘게 즐겼으며 언변이 뛰어난 사람이었다. 그는 어떤 상황에도 적응할 수 있는 낙천가였다. 또한 그는 신학자라기보다는 역사가에 가까웠던 인물이었다. 그는 변화를 두려워하기는커녕 오히려 성장을 위한 기회로 생각하고 환영했다. 그가 좋아한 말들은 '현대화 aggiornamento'와 '공생 convivienza'이었다. 그는 교황청의 창문을 열어 피우스의 케케묵은 낡은 궁전에 새로운 공기를 불어넣었다.

요한 23세는 세 가지 측면에서 교황 정책을 변화시켰는데, 첫째로 그는 로마 가톨릭 중심의 새로운 교회일치 운동을 시작했다. 요한은 교회일치 기구를 교황청 비서국 산하에 두었으며, 책임자로는 독일 출신의 예수회 외교관인 베아 추기경을 세웠다. 둘째로 그는 공산주의 국가에 문호를 열어 '거룩한 고립' 정책을 끝냈다. 셋째로 그는 공의회를 열어 교회의 민주화를 단행했다.

요한 23세의 업적 중에서 가장 중요한 것은 공의회(제2차 바티칸 공의회, 1962-1965년—옮긴이)를 개최한 일이었다. 그는 교황으로 선출된 지 석 달 만에 공의회 개최를 발표하여 교황청 추기경들까지도 깜짝 놀라게 했다. 요한은 전 세계 기독교 세력이 다 함께 참여하는 공의회를 개최할 수는 없었다. 동방 정교회와 의견을 조율하거나 프로테스탄트 교회를 초대할 수 없었기 때문이다. 그러나 그는 이들을 참관인 자격으로 초대했다. 공의회 막바지에는 동방 정교회 외에도 이집트의 콥트 교회, 시리아 정교회, 에티오피아(네스토리우스파) 교회, 망명 중의 러시아 정교회, 루터교, 아르메니아 교회, 일부 단성론 교회, 고가톨릭 교회, 장로교, 회중교회, 감리교, 퀘이커교, 테제 공동체Taize Community, 그리스도제자교회 Disciples of Christ와 심지어 세계교회협의회에 소속되어 있지 않은 교회들—당시까지 교황청은 이들의 존재를 무시하여 가톨릭 교도들에게 이들과 접촉하지 못하도록 금지했었다—까지도 참여하여 참관인이 100명이 넘어서기도 했다. 이 밖에 다른 교회들—교황청은 이들을 "분리된 형제들"로 불렀다—도 공의회에 직접 참석하지는 않았지만 개별적인 접촉을 통해 토론과 투표에 영향을 미쳐, 바티칸 공의회 내내 로마 가톨릭 교회가 종교적 독단으로 흐르지 못하게 하는 데 적지 않은 역할을 했다. 1870년 제1차 바티칸 공의회에서 목소리를 높였던 교황청의 승리주의는 제2차 바티칸 공의회에서는 눈에 띌 정도로 사라져버렸다. 교황 요한 23세는 공산주의 국가에서 파견된 대표자들의 안전을 책임지기 위해 특별히 많은 노력을 기울였으며, 그래서 폴란드에서 17명, 동독에서 4명, 헝가리에서 3명, 체코슬로바키아에서 3명, 유고슬라비아의 모든 주교들이 참석할 수 있었다. 그럼에도 불구하고 중국, 알바니아, 루마니아의 대표자들은 결국 참석하지 못했다.

교황청 교리성의 거센 반대에도 불구하고 요한 23세는 1962년에 결국 제2차 바티칸 공의회를 개최하는 데 성공했다. 당시 교황은 전권을 행사할 정도로 힘을 가지고 있지 못했다. 그는 비록 대중적 인기를 누리고 있기는 했지만, 바티칸의 관료조직을 개편할 의사나 능력은 없었기 때문이었다. 요한이 교황으로 재직하고 있는 동안 바티칸의 관료조직은 매우 보수적인 노선을 견지하면서 독자적 영향력을 행사하고 있었다. 교황 요한 23세는 공의회를 자신의 뜻대로 이끌기보다는 대부분의 권한을 공의회에 참석한 주교들에게 위임하는 방식을 취했다. 그의 개회 연설 내용을 들어보면 요한 23세는 1960년 가을, 가톨릭 정통주의 신앙의 보루인 라테란 대학교에서 피차르도 추기경이 행한 강의에 깊이 충격을 받았던 것 같다. 피차르도는 요한 23세 이전의 교황들, 즉 피우스 9세로부터 피우스 12세에 이르기까지 교황들이 줄기차게 고수했던 아우구스티누스의 이론에 근거한 '거룩한 고립' 정책을 여전히 지지하고 있었다. 무엇보다 피차르도는 '하나의 세상one world'을 말하거나 생각하는 것 자체는 무의미하다고 말했다. 왜냐하면 인류는 이미 두 개의 구분된 세상에서 살고 있기 때문이다. 한편에는 '사탄의 도시'로 불리는 '현재의 세상'이 존재하고 있고 다른 한편에는 '하나님의 도시'가 존재한다. 교황청은 '하나님의 도시'를 대표하는 상징적 기관이다. 피차르도는 과거 요새와 같은 교황청의 이미지를 다시 주장했다. 그에게 하나님의 도시, 즉 교황청 성벽 너머의 세상은 '새로운 바벨의 도시'였다.

새로운 바벨의 도시는 고대 이교의 유물인 콜로세움이 수 세기 동안 온갖 풍상을 겪었던 것처럼 정복당한 자들의 눈물과 피로 얼룩진 조잡한 유물론과 맹목적 결정론의 기초 위에 세워진다. 이 도시는 강제노동에 시달리는 노예들─이들은 도시를 건설하기 위해 벽돌과 송진을 나르고 있다─의 눈을 속이고 있으며 번영과 축복이라는 헛된 신기루를 바탕으로 괴상하게 세워지고 있다. … 새롭게 건설되는 바벨의 비탈길 위에는 이동 미사일 발사대가 세워지고 있으며, 그곳에는 지구 전체를 파괴할 핵탄두들이 저장되어 있다.

피차르도의 논조는 매우 비관적이었다. 교황 요한 23세는 개회 연설에서 피차르도의 이 같은 분석을 비판하면서 그의 말에 귀를 기울이지 말 것을 당부했다.

종교적 열정은 대단하지만 정의를 모르고 현명한 판단을 하지 않은 채 현 세상은 심각한 상태에 빠져 있다고 무책임하게 말하는 사람들을 만날 때마다 우리는 충격을 금치 못합니다. 그들은 현 세상에서 자행되고 있는 파괴와 불행만을 바라보고 있습니다. 그들은 우리 시대가 과거보다 훨씬 더 나빠졌다고 말하는 습관 속에 빠져 있습니다. 그들은 인간의 역사 가운데 생명의 소중함에 관해 가르치고 있는 역사를 애써 외면합니다. 그리고 그러한 역사는 지금 우리에게 아무것도 가르칠 것이 없다는 듯이 말하고 행동합니다. … 우리는 오늘날 하나님이 새로운 질서를 구축하도록 인간을 이끌고 계신다는 사실을 알아야 합니다. 하나님은 인간을 대리자로 세우시고 인간의 기대를 훨씬 넘어 서 있는 높은 비전을 향해 우리를 인도하고 계십니다.

요한 23세의 개회 연설은 현대 세계의 변화를 낙관적으로 수용하라는 의미로 받아들여졌으며, 기독교인들은 바른 행동을 통해 세상에 대한 책임을 다하라는 뜻으로 이해되었다. 요한의 도덕철학은 정치·사회이론 및 국제관계와 관련된 문제를 다루고 있는 두 개의 주요 회칙인 〈어머니와 여교사 Mater et Magistra〉(1961)와 〈땅에서의 평화 Pacem in Terris〉(1963)에 잘 반영되어 있다. 〈어머니와 여교사〉에서 요한 23세는 피우스 9세의 회칙인 〈전적인 돌보심 Quanta Cura〉과 이에 딸린 '오류 목록'뿐만 아니라 그레고리우스 16세의 회칙인 〈너희가 놀라리라 Mirari Vos〉와 〈오직 우리뿐 Singulari Nos〉에 전개되어 있는 교황정치 이론들을 암묵적으로 거부하고 있다. 요한 23세는 민주주의를 수용했으며 민주주의 국가들은 복지국가를 향하여 움직일 것이라고 전망했다. 이와 더불어 그는 사회주의자들의 주장, 즉 국가의 사회적 책임은 인간의 자유를 확대시킬 것이라는 점을 받아들였다. 사회주의자들은 국가의 간섭이 "각 개인들이 … 건강하게 살 수 있는 권리, 좀 더 나은 교육과 좀 더 철저한 직업훈련을 받을 수 있는 권리, 거주, 직업, 적절한 휴식과 레크레이션을 누릴 수 있는 권리와 같은 … 각자의 개인적 권리들을 행사할 수 있는 기회를 제공한다"고 주장했다. 교황이 어떤 정부 형태를 선호했는지에 대해서는 알 수 없지만 성문법이나 권력의 분산, 정부권력을 견제할 수 있는 제도적 장치를 옹호했다는 점으로 미루어 보면 그는 미국식 제도를 선호했다는 것을 짐작할 수 있다. 하지만 요한은 교황으로 재직하는 내내 미국의 제도를 비도덕적인 것으로 비판하기도 했다.

〈땅에서의 평화〉에서 교황은 교황청 사상 처음으로 '양심의 완전한 자유'를 받아들였다. 그레고리우스 16세가 '괴물 같고 부적절한 것'으로, 피우스 9세가 '중대한 오류'로 비판했던 것 말이다. 양심의 자유를 말하면서 요한은 모든 인간들은 "양심의 올바른 언명에 따라 하나님을 예배하고 사적으로 공적으로 자신의 종교를 자신 있게 고백"할 수 있어야 한다고 말했다. 그는 또한 사회주의와 공산주의를 비롯한 유물론 철학과도 관계를 맺기 시작했다. 요한은 공산주의가 '오류의 철학'이기는 하지만 현실 정치에서는 유용하게 적용시킬 수 있는 장점도 지니고 있다는 것을 분명히 했다. 이론의 생명력은 현실에 적용될 수 있는지의 여부에 따라 결정된다는 그의 신념에 따른 결과였다. 그가 보기에 공산주의 국가 지도자들은 이론적으로는 세계를 혁명하는 일에 헌신하고 있다고 비춰지지만, 구체적으로 살펴보면 그들은 평화적인 상호공존을 위해 노력하고 있다. 그렇기 때문에 교회는 공산국가들의 이 같은 노력을 인정해야 하며, 이들의 노력이 유익한 결과를 낼 수 있도록 도와주어야 한다고 주장했다.

요한 23세는 이전 교황들과는 달리 민족의 독립을 요구하는 권리를 지지한다는 뜻을 분명히 했다. 교황은 교회가 아프리카와 아시아에서 벌어지고 있는 변혁 운동을 반대하기는커녕, 이에 적극적으로 투신해야 한다고 주장했다. 교회는 서양 세계가 자국의 이념들을 제3세계 국가들에 강요하려는 시도를 막아야 한다. 제3세계 국가들은 "좀 더 생동감 넘치는 인간의 존엄성을 자신들의 전통 속에 보존하고 있기에 이를 무너뜨리려는 시도들은 본질적으로 비도덕적이다. 이들 전통은 존중되어야 할 뿐만 아니라 발전시켜서 문명의 토대로 활용해야 한다." 요한 23세는 인종차별주의 정책 또한 신랄하게 비판했다. "인종차별 정책은 철폐되어야 한다. 인간이라면 누구나 본질적으로 동등한 존엄성을 지니고 있기 때문이다. 이는 침해할 수 없는 확고한 원리이다. … 어느 누구도 다른 사람보다 본질적으로 우월하다고 말할 수 없다. 왜냐하면 모든 인간은 천부적으로 동등한 인격체로 태어난 귀한 존재이기 때문이다."

요한 23세는 교황의 절대 권력을 교회로 이양하고자 했으며, 제2차 바티칸 공의회는 바로 그와 같은 권력 이양의 시작이었다. 공의회는 주교들의 의회였고 교황은 일종의 입헌군주와 같은 역할을 맡았다. 요한 23세는 19세기 이후로 박탈당했던 주교들의 독자적 권리를 회복시키고자 했으며, 본질적으로는 15세기에 실패했던 공의회 이론conciliar theory(교회의 최종 권한은 교황이 아니라 교회의 전체 회의, 즉 공의회에 있다는 이론—옮긴이)을 되살리기를 원했다. 바젤 공의회(1431-1439)에서는 그리스도의 위임된 권한은 교회에 있다고 주장했으며, 세고비아의 후안은 "최고의 권력은 … 연속적으로, 지속적으로, 변함없이 그리고 영원히 교회에 속해 있다"고 말한 바 있었다. 제2차 바티칸 공의회는 이를 재확인하는 자리였으며 권력은 영원히 군주 같은 교황에게 속해 있다는 견해를 거부했다. 한마디로 바젤 공의회가 남겨놓았던 과제를 해결하고자 했던 것이다. 이처럼 참된 권한의 근원이 여럿이라는 주장은 자연스레 교황 무오류설을 거부하는 결과를 낳았다. "신자들의 몸은 … 믿음 문제와 관련해서 오류를 범할 수 없다. 백성들을 하나로 만드는 신앙의 초자연적 요소에 힘입어서 신자들의 몸이 '주교로부터 평신도에 이르기까지' 신앙과 도덕 문제와 관련하여 보편적인 합의를 보여줄 때 이런 오류 없는 특성은 분명히 드러난다."

공의회 이론의 재등장으로 가톨릭 교회와 프로테스탄트 교회는 서로 만날 수 있는 가능성이 높아졌다. 그러나 요한 23세 또한 15세기 공의회 이론의 치명적 약점을 극복하지는 못했다. 15세기에 열렸던 공의회들은 당시 교회가 직면했던 긴급 현안들을 해결하기 위해 모인 임시방편적인 성격이 짙었다. 공의회가 교회 정부church government와 같이 항구적인 기구를 통해 제도화되었더라면 더욱 효과적이었을지도 모르겠다. 하지만 그동안 이 작업이 이루어지지 못했기 때문에 요한 23세는 15세기의 교황 절대주의와 씨름할 수밖에 없었다. 15세기의 상황이 다시 재연될 소지가 있었다. 제2차 바티칸 공의회의 첫 회기 동안 요한 23세는 자신이 하는 일이 그다지 큰 힘을 발휘하지 못하고 있다는 것을 깨달았다. 제2차 바티칸 공의회가 첫 번째로 다루었던 의제schema는 '신앙의 권위와 계시의 근원'에 대한 문제였다. 이는 매우 중요한 사안이었다. 달리 말하면 이 문제는 가톨릭 교회와 다른 기독교 종파 사이에 벌어진 논쟁들을 극복하는 방법과 관련이 있었다. 교황청 신학자들은 요한 23세의 의도와는 달리 트렌토 공의회의 가르침을 그대로 입안했다. 그들은 교회의 고유 권위나 교도권Magistrium은 성경의 계시와 맞먹는 권위를 지니고 있다고 주장했다. 이 같은 주장은 피우스 10세가 가톨릭 모더니스트들과 논쟁을 벌일 때에 채택했던 입장과 동일한 것이었다. 이 문제 때문에 요한 23세는 위기에 처하게 되었다. 그는 "모더니즘에 물든 사람으로 의심을 받았다." 요한 23세는 1962년 교황청 신학자들이 입안한 의제들이 통과되지 못하도록 막기 위해 진보주의자들의 입장을 지지했다. 이로써 요한은 이미 자신은 모더니스트들의 입장에 서 있다는 사실을 증명한 셈이 되었다. 교황의 이 같은 진보 성향은 공의회에 참석했던 대다수 사람들이 평화추구와 교회일치 운동에 도움을 주는 교리들을 채택하도록 하는 데 결정적 영향을 끼쳤다.

성직자 독신제, 그리고 피임 문제

불행히도 요한 23세는 자신의 개혁 정책이 실현되는 것을 보지 못한 채 세상을 떠나고 말았다. 그는 1963년, 그러니까 제2차 바티칸 공의회의 두 번째 회기가 시작되기 바로 직전에 죽었다. 사실 그는 제2차 바티칸 공의회가 시작될 때부터 이미 병중에 있었다. 교황의 죽음으로 인해 요한 자신은 물론 공의회도 교황권 및 교회권력과 관련된 문제들을 전면적으로 다룰 기회를 갖지 못했다. 제2차 바티칸 공의회에서 요한 23세의 입장은 분명했다. 또 그가 무얼 기대하고 있는지도 명백했다. 그러나 그는 절대군주와 같은 교황 권력을 개혁하지 못한 채 후임자의 몫으로 남겨두었다. 그의 뒤를 이어 몬티니 추기경이 교황 바오로 6세로 즉위했다. 몬티니 추기경은 교황주의자였다. 그는 민주주의의 영향을 받았지만 그와 동시에 전제적인 통치방식의 영향을 받기도 했다. 어느 쪽을 선택해야 하는가?

바오로 6세는 타협을 시도했다. 그는 이 문제에 대해서는 제2차 바티칸 공의회에 넘겨 처리하도록 내버려두었지만, '성직자의 독신 문제'와 '피임 문제'에 대해서는 공의회에서 다루지 못하도록 했다. 이론적으로나 현실적으로도 이해하기 어려운 태도였다. 전권을 쥐고 있는 측은 교황인가 아니면 공의회인가? 만약 공의회가 전권을 쥐고 있다면 공의회가 다루지 못할 주제가 무엇이 있겠는가? 이 두 주제는 오직 교황만이 다룰 수 있다고 한다면, 다른 문제들도 굳이 공의회에게 맡길 필요가 있는가? 이 같은 논란은 교황의 권위를 강화시키지도 못한 채 공의회의 권위만을 약화시키는 결과를 낳았다. 결과적으로 교황의 권위가 평가절하되는 계기가 되었으며, 또 교회 안에서 권위의 실질적 근원은 어디에 놓여 있는지에 관해 의문을 제기하게 만들었다.

앞에서 언급한 두 가지 주제는 성직자 독신제와 피임 문제였다. 이 주제들은 매우 미묘한 사안들로, 대표성을 지닌 공의회에서 다루기에 적합한 주제들이었다. 모두 성과 관련된 것으로, 독신이었던 교황들이 매우 예민하게 반응할 수밖에 없는 문제였으며, 이로 인해 가톨릭 교회가 기독교의 다른 종파들과 분리되는 요인이 되기도 했다. 교황은 이 문제에 대해 쉽게 결정을 내리지 못했다. 성직자의 독신제는 언제나 많은 어려움을 발생시켰다. 동방 정교회는 고위 성직자를 제외하고는 이를 고수하지 않았다. 로마 가톨릭 교회에서도 19세기까지 성직자 독신제는 효과적으로 시행되지 못했다. 독신제도는 성직자 전체, 아니 좀 더 현실적으로 말하자면 주교단이 스스로 해결할 수밖에 없는 문제였다. 많은 젊은 성직자들은 독신제도가 그동안 불순종, 추문, 불만의 근원이 되었고, 세상에서 조롱거리가 되었으며, 교황 바오로의 가르침, 즉 "독신제는 논란이 되어서는 안 된다. 독신제를 고수해야 한다는 가르침은 공평하지도 않으며 최종적 결론으로 간주되어서도 안 된다"는 입장에도 맞지 않는다며 폐지를 주장했다.

피임 문제는 더욱 심각한 문제였다. 왜냐하면 이 문제는 평신도들의 도덕성과 결부되어 있고 또 그들의 처벌 문제가 포함되어 있기 때문이었다. 전통적으로 로마 가톨릭 교회는 인위적으로 출산을 막는 그 어떠한 것도 '죄'라고 가르쳐왔다. 하지만 문제는 이에 대한 성경적 근거가 매우 미약하다는 데 있었다. 신약성경은 피임과 관련하여 어떠한 언급도 하고 있지 않으며, 구약성경도 이 문제에 대해 딱 한 곳에서만 언급하고 있는데, 이마저도 논란의 여지가 많다. 창세기 38장 8-10절은 다음과 같이 말하고 있다. "유다가 오난에게 이르되 네 형수에게 들어가서 남편의 아우의 본분을 행하여 네 형을 위하여 씨가 있게 하라. 오난이 그 씨가 자기 것이 되지 않을 줄을 알므로 형수에게 들어갔을 때에 형에게 아들을 얻게 아니하려고 땅에 설정하매 그 일이 여호와의 목전에 악하므로 여호와께서 그도 죽이셨다." 불행히도 이 구절은 매우 모호하게 구성되어 있다. 하나님이 오난을 죽이신 이유가 그의 씨를 버린 것 때문인지 아니면 그의 형수에게 아이를 낳지 못하게 했기 때문인지가(레위기 법의 위반) 분명하지 않기 때문이다. 이에 대해 아우구스티누스는 "자손을 출산하려는 목적이 아니라면 그 어떠한 성관계—그 대상이 아내라 할지라도—도 불법이고 사악한 일이다. 유다의 아들인 오난은 이를 행했고 주님은 바로 이것 때문에 그를 죽이신 것이다"라고 주장했다. 아우구스티누스는 결혼의 목적을 오로지 출산을 위한 것으로 보았던 금욕주의적 견해에 바탕을 두고 있었다. 지난 1,500년 동안 성에 관한 기독교의 가르침에 크게 영향을 미쳤던 그의 저술 《결혼과 정욕 *Marriage and Concupiscence*》에서 아우구스티누스는 이 같은 입장을 소름끼칠 정도로 분명하게 밝혔다.

> 출산을 목적으로 하지 않는 성관계는 명백한 잘못입니다. 비록 결혼한 부부라도 할지라도 출산의 목적이 아닌 육체의 즐거움을 위해 성관계를 맺는 것은 잘못입니다. 나는 여러분들이 자녀 출산 목적 이외에도 정욕을 위해 악행을 일삼고 있다고 생각합니다. 이런 정욕을 일삼는 사람들은 비록 그들이 부부일지라도 남편과 아내로 불릴 수 없습니다. 왜냐하면 그들은 결혼의 거룩한 실재를 유지하고 있지 않기 때문입니다. … 때때로 이런 정욕의 잔인함 혹은 잔인한 정욕 때문에 사람들은 불임의 독을 얻기도 하고 또 자녀가 태어나기 전에 죽는 경우도 있습니다. 그래서 이런 사람들은 자녀가 태어나기 전에 죽기를 바라든지 아니면 자궁 속에 살아 있다면 태어나기 전에 태아를 죽이든지, 아무튼 자궁 안에 있는 태아를 어떤 식으로든지 제거해야 합니다.

이러한 입장은 토마스 아퀴나스에 의해 정교하게 다듬어지고 루터와 칼뱅을 비롯해서 적어도 제1차 세계대전 이후까지도 모든 기독교 교회가 수용했던 정통적 가르침이었다. 영국 국교회는 1930년에 열린 램버스 회의에 가서야 인공낙태를 어렵사리 인정했다. 영국 국교회는 결혼한 부부의 의도가 정당한가 그렇지 않은가 하는 문제를 판단해야 한다고 주장했다. 이후로 대부분의 프로테스탄트 교회들도 국교회의 입장을 채택했다. 이에 비해 교황 피우스 11세는 1930년에 발표한 회칙 〈순결한 결혼에 대하여 Casti Connubii〉에서 전통적인 로마 가톨릭의 입장을 힘주어 강조했다. 그러나 피우스 12세는 1951년에 이탈리아 가톨릭 산파 단체 Italian Catholic Midwives에게 행한 연설에서, 어쩔 수 없는 상황에서라면 산아 제한의 일환으로써 소위 '안전 기간 safe period'의 사용은 합법적일 수도 있다는 말로 한발 물러났다. 이는 아우구스티누스의 가르침을 깨뜨린 것이었다. 왜냐하면 아우구스티누스는 《마니교도들의 도덕 The Moral of the Manichees》에서 바로 '안전 기간'의 사용을 비난했기 때문이다. 이와 더불어 피우스 12세의 발언은 '안전 기간'의 사용을 인정한다면 그 '안전 기간'을 인위적으로 안정시키는 방법은 인정될 수 있는지, 또한 '자연피임'과 '인공피임' 사이의 도덕적 구별이 거의 불가능하지 않느냐는 논란을 불러일으켰다.

바티칸 공의회는 종래의 결혼 교리를 개정하여 피임과 관련된 문제들을 해결하려고 했으며, 이에 따라 요한 23세는 전문가들로 구성된 자문위원회를 설치했다. 하지만 의학과 같이 하루가 다르게 발전하고 있는 분야에 교회가 끼어들어서는 안 된다는 입장을 갖고 있었던 일부 현명한 사람들도 있었다. 대신 그들은 영국 국교회처럼 '올바른 의도 right intention'와 같은 안전한 토대를 마련해야 한다고 주장했다. 브뤼셀의 수에넨스 추기경은 "당신들에게 간청합니다. 새로운 '갈릴레오'를 만들지 않도록 하십시오. 교회는 이 사건 하나만으로도 충분합니다"라고 말했다. 교황의 거부에도 불구하고 피임 문제는 바티칸 공의회 마지막 4차 회기 중이던 1965년 가을에 공의회가 '교회와 현대 세계'라는 의제의 한 부분으로 결혼과 가족 문제를 다루었을 때 어쩔 수 없이 등장했다. 그러나 이 토론은 그해 11월 24일, 당시 교황청 국무장관이 교황 바오로 6세의 입장을 발표하자 더 이상 진행되지 않았다. 교황청 국무장관은 '교회와 현대 세계' 문서는 내용적으로 확실히 변화된 입장들을 표명해야 하며, 또 〈순결한 결혼에 대하여〉와 교황 피우스 12세가 가톨릭 산파 단체에게 행한 연설에 대한 분명한 입장을 포함시켜야 하고, 그리고 "임신을 막는 수단과 방법들, 다시 말해 회칙 〈순결한 결혼에 대하여〉에서 취급한 피임 방법들은 반드시 공개적으로 거부되어야 한다"는 교황의 입장을 담은 담화문을 발표했다. 보수주의자들은 기뻐했다. 그들 중 한 사람인 브라운 추기경은 환호하면서 다음과 같이 말했다. "그리스도가 친히 말씀하셨다 *Christus ipse locutus est*." 물론 교황의 독단적인 간섭은 공의회 전체의 원칙을 무의미하게 만들었을 뿐이다. 교황의 메시지는 수정되었고 그가 제안했던 개정안들은 각주로 밀려났기 때문이다. 교황은 나약한 전제군주의 전형을 보여주었을 뿐이었다. 결국 제2차 바티칸 공의회는 '낙태 문제'와 '교회 내에서 최고의 권위자는 교황인가 공의회인가'라는 문제를 해결하지 못한 채 끝나버렸다. 이 문제들은 오늘날까지도 해결되지 않고 있다.

1968년 7월에 교황 바오로는 피임 문제와 관련하여 자문위원회의 의견을 무시한 채로 〈인간 생명에 대하여*Humanae Vitae*〉를 통해 자신의 의견을 피력했다. 그는 '자연' 피임을 인정하기는 했으나 "그럼에도 불구하고 교회는 자연법의 규범을 준수하도록 이끌어야 하며 결혼의 목적은 생명의 전달에 있다는 것을 지속적으로 가르쳐야 한다"는 애초의 주장을 고수했다. 이 회칙은 가톨릭 교회 전 공동체에, 즉 평신도들뿐만 아니라 사제들과 주교들 사이에서 광범위한 비판을 불러일으켰다. 이를 계기로 가톨릭 진보진영은 교황청과 멀어지게 되었다. 그리고 비슷한 무렵에 벌어졌던 일로, 자국어를 사용하여 미사를 드리게 하려는 움직임으로 인해 교황청은 보수진영의 사람들과도 멀어졌다. 바오로 6세의 통치는 한마디로 교황의 대중 승리주의의 종말을 보여주었다. 그 결과 교회의 권위가 붕괴되었고, 평신도들이 자유롭게 입장을 표명하게 되었으며, 상급자들에 대한 도전 현상이 나타났는가 하면, 가톨릭 교인 간 공적 토론의 확산, 다수의 사제와 수녀들의 이탈, 교황 특권의 쇠퇴를 가져왔다. 그리고 종교개혁 이후 처음으로 로마 가톨릭 교도들의 숫자가 줄어들기 시작했다. 통계가 얼마나 정확한가 하는 문제는 언제나 논란의 여지가 있지만, 영국의 경우 통계학자이자 뉴먼 인구조사센터의 전임 소장인 A. E. C.

W. 스펜서는 목회연구센터Pastoral Research Centre의 의뢰를 받아 기독교 인구 변동과 관련한 수많은 도표들을 작성하여 1975년 4월 〈더 먼스The Month〉지에 요약 발표했다. 여기에서 그는 잉글랜드와 웨일스의 경우 1958년에 세례 받은 가톨릭 인구를 총 556만 9천 명으로 추정했다. 1971년에 그는 260만 명이 "인생의 세 가지 중요한 전환점, 즉 출생, 결혼, 그리고 사망 시에 교회를 찾지 않을 정도로 교회와 멀어져 있었다"고 판단했다. 1975년에 그는 교회를 떠난 사람들의 숫자를 330만 명으로 추산했다. 가톨릭 교회도 프로테스탄트 교회와 동방정교회처럼 쇠퇴기에 접어든 것이다.

교회 일치를 향하여

그러나 '쇠퇴'라는 표현이 과연 적합한지에 대해서는 한 번쯤 숙고해보아야 한다. 기독교의 주장이 참이라면 이를 주장하는 사람들의 많고 적음은 중요하지 않기 때문이다. 물론 그런 주장이 참이 아니라면 이 문제는 논의할 가치조차 없다. 어쨌든 종교에서 양적 판단은 적절하지 못한 것 같다. 먼 훗날 사람들이 오늘날을 반추한다면 그들은 기독교인들의 숫자가 줄어들었던 것보다는 제2차 바티칸 공의회의 산물인 새로운 교회연합의 정신에 더욱 주목하게 될 것이다. 1965년 12월 7일에 로마와 이스탄불에서 동시에 거행된 '연합행사'에서 로마의 주교인 교황 바오로 6세와 새로운 로마(즉, 콘스탄티노플을 지칭. 현재는 이스탄불로 동방 정교회 총 본산지—옮긴이)의 주교이자 에큐메니컬 총대주교인 아테나고라스는 900년 전, 그러니까 1054년에 일어났던 상호파문을 해제하는 의식을 가졌다.

1966년 3월 23일에는 교황과 캔터베리 대주교인 램지 박사가 시스티나 성당의 제단 앞에서 평화의 키스를 나누었다.

비록 상징적 화해의 제스처에 불과하지만 이 일이 있은 후에 영국 국교회와 로마 가톨릭 교회, 그리고 동방 정교회와 로마 가톨릭 교회 간의 세부 협상이 지금까지도 계속되고 있다. 앞으로 교회가 다시 연합할 수 있을지 그렇지 못할지의 문제는 언제나 권위의 문제와 전적으로 직결되어 있다. 요점은 서품식에서 주교들의 맹세를 비교하면 설명될 수 있을 것이다. 모든 로마 가톨릭 주교들의 충성 맹세는 다음과 같은 약속을 포함한다. "모든 힘을 다하여 나는 이단들을 박해하고 그들과 싸울 것이다." 반면 국교회 주교들의 충성 맹세는 "나는, 최근에 주교로 선출되었고, 그러한 선출이 적절하게 확정되었으므로 그것에 의해 황제 폐하가 세속적인 일뿐만 아니라 영적인 일과 교회의 일에서도 당신 영역의 유일한 최고의 통치자이며 어떤 외국의 고위성직자나 권력자도 이 영역 안에서 사법권을 행사할 수 없다고 선언한다."

교회의 권위는 가톨릭 교회가 스스로 교회 권력의 근원을 결정하기 전까지는 해결될 수 없다. 이 문제는 바티칸 공의회에서 제기되었으나 해결되지 못했다. 앞에서 살펴본 것처럼 교회를 누가 통제하느냐에 관한 논의는 기독교 역사만큼이나 오래되었다. 이 같은 주장은 그리스도를 하나님으로 주장하고 그의 재림을 기다리는 사람들이 있는 한 아마 계속될 것이다. 기독교 조직은 불화를 겪도록 섭리되어 있는지도 모르겠다. 누가 말할 수 있는가? 우리는 로마서에 기록된 다음과 같은 사도 바울의 말을 기억해야만 할 것이다. "하나님의 부유하심은 어찌 그리 크십니까? 하나님의 지혜와 지식은 어찌 그리 깊고 깊으십니까? 그 어느 누가 하나님의 판단을 헤아려 알 수 있으며, 그 어느 누가 하나님의 길을 더듬어 찾아낼 수 있겠습니까?"(로마서 11:33)

맺음말

　기독교 2천 년 역사를 되돌아볼 때 교회의 태동과 그 발전 과정은 사회와 밀접히 관련되어 있음을 알 수 있다. 기독교는 탄생한 그 순간부터 사회의 요구에 부응하여 어느 것보다도 유리한 고지를 점령할 수 있었다. 왜냐하면 당시 지중해 문명을 눈부시게 성장시키고 있었던 지식인들은 지역 신들(도시의 신이나 민족 신)만으로는 만족할 수 없었기 때문이다. 그들에게 필요한 것은 삶의 공포로부터 위로와 보호를 약속할 수 있는 유일신앙이었으며, 바로 이때에 전능하신 유일신인 하나님을 믿으며 내세의 행복한 삶을 약속하는 기독교가 나타난 것이다. 이와 아울러 기독교를 세운 예수는 민족이나 지리적 한계를 초월하여 어느 곳에서도 포용할 수 있는 통찰력과 가르침을 제시하는 등, 기독교는 로마 제국의 정치 스타일에도 부합할 수 있는 종교였다. 기독교는 처음부터 보편주의적 성격을 띠고 출발했다. 사도 바울은 기독교를 범세계적 구조로 개편하여 모든 민족의 종교가 될 수 있는 길을 열었으며, 오리게네스는 기독교 형이상학을 대중들의 열망에 맞게 삶의 철학으로 확대시켜 기독교가 신분에 관계없이 모든 계층에 파고들 수 있는 길을 열어놓았다.

　순식간에 유럽의 마음을 사로잡은 기독교를 로마 제국은 더 이상 무시할 수 없었다. 결국 기독교는 로마의 국교로 받아들여졌으며, 이후에 아우구스티누스의 사회관을 바탕으로 기독교는 유럽의 정치, 경제 그리고 삶의 모든 측면에 침투할 수 있었다. 유럽 사회는 본질적으로 기독교가 창조해낸 사회라고 해도 과언이 아니며, 바로 이처럼 영성과 역동성이 탁월하게 결합되어 있다는 측면에서 유럽의 독특한 힘을 발견할 수 있다. 기독교는 형이상학적 문제로 씨름하던 사색가나 신비가들, 그리고 경건한 사람들에게 마르지 않는 샘물이 되어주었으며, 동시에 역동적으로 활동하는 종교이자 목표를 향해 달려가도록 사람들을 격려하는 종교이기도 했다.

기독교가 가진 또 하나의 힘은 스스로 교정할 수 있는 메커니즘을 갖고 있다는 데 있었다. 그리스도의 가르침들은 거의 무한한 방식으로 다듬을 수 있어 새로운 상황을 만날 때마다 빛을 발하곤 했다. 그래서 기독교의 역사는 한편으로는 지속적인 투쟁과 재탄생의 역사, 즉 공포와 피흘림, 편협함과 비이성적인 일들 같은 위기의 연속이지만 그와 동시에 다른 한편에서는 성장, 생명력, 이해를 추구했던 역사이기도 한 것이다. 결과적으로 기독교가 유럽 사회에 지식과 도덕의 바탕을 제공해주었기에, 유럽은 경제적·기술적 변화에 쉽게 적응할 수 있었고, 새로운 기회가 찾아올 때마다 그 기회를 놓치지 않고 붙잡을 수 있었던 것이다.

이 책에서 나는 기독교의 실패와 단점, 그리고 기독교 제도의 왜곡된 점들을 강조했다. 지금까지 기독교를 다루었던 거의 대부분의 책들은 기독교가 내세우고 있는 주장들이나 전대미문의 이상주의적 관점만을 강조해온 것이 사실이다. 기독교의 힘은 범죄하기 쉬운 인간에게 불멸의 소망을 제공해준다는 데 있었으며, 기독교의 도덕적인 힘은 개개인에게 양심을 심어주어 그것을 따르도록 명령하는 데 있었다. 이는 사도 바울의 말처럼 그리스도 안에서 누릴 수 있는 자유를 의미하는데, 이를 바탕으로 유럽 사회는 전제정치와 강압적인 사회에 끊임없이 저항했다. 심지어는 기독교가 만들어냈던 제도적인 전제정치를 파괴했던 것도 기독교의 양심, 즉 자체 교정 메커니즘을 통해서였다. 이에 따라 자유의 뿌리가 궁극적으로는 기독교에 기원을 두고 있다는 점은 상당히 중요한 의미를 주고 있다.

기독교는 인간의 자유가 불완전하고 기만적이라는 것을 잘 알고 있었지만, 인간의 가능성에 대한 믿음을 버리지 않았다. 다시 말해 기독교는 지극히 높은 목적을 상정함과 동시에 성공만을 꿈꾸기보다는 그 과정을 중요시했다. 역동적인 사회를 만드는 것—기독교가 이에 대한 유혹에 빠지기도 했지만—도 중요하지만 무엇보다도 개개인의 해방과 도덕적 성숙이 중요하기 때문이다. 기독교는 관습적 잣대와 세상적 판단을 수용하지 않는다. 사도 바울은 이렇게 말하지 않았던가. "하나님의 어리석음이 사람보다 지혜롭고, 하나님의 약함이 사람의 강함보다 더 강합니다. … 하나님께서는, 지혜 있는 자들을 부끄럽게 하시려고 세상의 어리석은 것들을 택하셨으며, 강한 것들을 부끄럽게 하시려고 세상의 약한 것들을 택하셨습니다. 하나님께서는 세상에서 비천한 것들과 멸시받는 것들을 택하셨으니 곧 잘났다고 하는 것들을 없애시려고 아무것도 아닌 것들을 택하셨습니다"(고린도전서 1:25-28).

기독교를 바라볼 때마다 이를 잊지 말아야 한다. 과거 어느 때보다도 오늘날 전 세계에 걸쳐 세속화의 물결이 큰 힘을 발휘하고 있다. 세속화는 그동안 유럽을 중심으로 강력한 영향력을 행사했던 아우구스티누스적 기독교 관념을 무너뜨렸다. 남아 있는 것이라고는 부서지고 있는 벽과 무너진 탑들, 쇠약해진 기구와 골동품 애호가처럼 과거의 것을 간직하고 있는 일부 고위 성직자들뿐이다. 물론 기독교는 하나의 단일한 기반에 의존하지 않는다. 한때 그토록 강력하고 포괄적이었던 아우구스티누스의 공적 기독교 관념은 기독교를 굳건히 하는 데 결정적 역할을 했지만, 이제는 그 생명을 다한 것 같다. 대신 오늘날의 기독교는 사적인 기독교적 지성을 강조하는 에라스무스적 관념과 개별 기독교인이 도덕적 변화를 이루는 능력에 대한 펠라기우스적 강조에 맞추어져 있는 것 같다. 이와 아울러 새로운 사회들이 기독교 세계에 침투하고 있다. 기독교가 서구화라는 껍질을 벗고 신선한 정체성을 형성할 기회를 맞이하고 있는 것이다.

기독교 없는 인류는 생각할 수도 없다. 하지만 오늘날 기독교가 만들어낸 문화의 기세가 주춤해진 것도 사실이다. 왜냐하면 기독교가 제공했던 역동성으로부터 대학살과 고문, 편협성과 파괴적 교만이 태어났기 때문이다. 그럼에도 불구하고 기독교의 역동성이 없었다면 지난 2천여 년의 역사가 훨씬 더 무시무시했을 것은 의심의 여지가 없지 않은가! 기독교가 인류를 안전하거나 행복하게 혹은 위엄 있게 만들어주지는 못했지만, 무엇보다 기독교는 인류에게 '희망'을 주었다. 기독교는 이 세상을 문명화하는 동인임에는 틀림이 없다. 왜냐하면 기독교는 실질적인 자유를 엿보게 하고 차분하고 합리적인 존재를 암시해주고 있기 때문이다. 인류의 야만성으로 인해 기독교가 왜곡되어 있다고 해서 기독교에 포함된 아름다움을 간과해서는 안 될 것이다. 하나님과 함께 있어도 인간은 여전히 불완전하다. 하지만 하나님이 없다면 어떻게 될 것인가? 프랜시스 베이컨이 말한 것처럼 "하나님을 부인하는 것은 인간의 고귀함을 파괴하는 일이 될 것이다. 육적인 관점에서 인간은 동물에 비해 나은 점이 하나도 없기 때문이다. 인간의 영이 하나님과 유사하지 않다면 인간은 열등하고 비천한 피조물에서 한걸음도 나아가지 못할 것이다." 다시 말해 우리는 하나님의 형상을 닮았기 때문에, 그리고 기독교가 가르치고 있는 신격화 *apotheosis*를 소망하고 있기 때문에 덜 열등하고 덜 비천해질 수 있는 것이다. 그리스도의 신성과 인성을 통해 우리는 우리 자신에 대한 이미지를 제공받는다. 우리는 그리스도라는 영원한 모범을 닮기 위해 끊임없이 노력하고 있는 것이다. 이 같은 노력 덕택에 지난 2천 년 동안 우리의 역사는 인간의 연약성을 극복하고 끊임없이 도약하려는 모습을 보여주었다. 그런 점에서 기독교의 역사chronicle는 인류에게 교훈적인 것이다.

옮긴이의 말

　세계적인 지성이자 이 시대의 가장 뛰어난 저술가인 폴 존슨은 "기독교 없는 인류는 생각할 수 없다"는 의미심장한 발언으로 그의 역작 《기독교의 역사》를 끝맺었다. 제목에서도 알 수 있듯이 저자는 지난 2천 년 동안의 기독교 역사를 우리에게 한 편의 파노라마로 그려냈다. 이 책이 무엇보다도 가치 있는 점은 복잡다단한 기독교의 흥망성쇠의 역사를 인류 문화사의 맥락에서 접근했다는 데 있다. 즉, 지금까지 출간된 교회사나 기독교사—주로 교회제도나 신학, 교리사의 입장에서 서술한 역사—와 달리 폴 존슨의 《기독교의 역사》는 정치, 경제, 사회, 문화라는 인류 역사의 장면 하나하나에서 기독교가 무슨 만남을 가졌는지를 추적했다. 그래서 이 책은 기독교 사상이나 교리에 문외한인 사람들도 어렵지 않게 접근할 수 있다. 독자들은 이 책을 통해 기독교라는 종교가 어떻게 출현하게 되었는지, 이단과 이교들 틈바구니에서 어떻게 살아남게 되었는지, 그리고 어떻게 유럽의 주류 종교로 자리 잡고 인류 문명에 막대한 영향을 주었는지 확인할 수 있다.

　이 책은 단순한 교회사 연구물이 아니다. 기독교를 변증하거나 선교하려는 목적으로 저술된 것은 더욱 아니다. 저자는 처음부터 끝까지 인류 문명의 역사 한복판에서 '기독교란 도대체 무엇인가?'라는 물음을 통해 나름의 입장을 전개해나간다. 그러면서 저자는 기독교와 인류 문명의 만남 과정을 대결의 장으로 설정하고, 헤브라이즘과 헬레니즘의 만남과 대결, 정통과 이단의 대결, 세속 권력과 인문주의자들의 대결, 가톨릭주의와 모더니즘의 대결, 종교와 과학의 대결 등 기독교가 역사의 매 순간마다 어떤 역할을 맡아 영향력을 발휘했는지에 대해 찬탄을 금치 못할 정도의 넓고 깊은 지적 능력을 통해 보여준다. 독자들은 기독교 신앙과 사상이 어떻게 인류 문명과 만나 정치, 사회, 문화를 형성하고 주도해나갔는지를 탐구할 수 있다.

무엇보다 먼저 저자가 깊은 관심을 보이는 부분은 유럽 문명의 형성 과정에서 기독교가 담당한 역할이다. 저자는 로마 제국 시대부터 중세를 거쳐 르네상스 인문주의자들이 등장하기까지 서양 유럽 사회는 기독교의 절대적 영향 아래 있었음을 역사적 근거를 통해 설명해낸다. 독자들은 정치 권력과 교회 권력의 상호 견제, 긴장, 갈등, 대립의 국면들을 확인할 수 있다. 유럽은 원래 다양한 인종들로 구성된 부족사회였다. 그러나 유럽 사회는 기독교를 매개로 합종연횡을 거듭하며 중앙집권적 단일체제를 형성하게 되었다. 이 과정에서 교회 지도자들의 정경유착, 배타적 근본주의가 저지른 만행들(십자군운동, 종교재판, 마녀사냥 등), 분열과 갈등(동·서방교회와 가톨릭과 프로테스탄트 분열), 일부 성직자들의 비윤리적 관행과 행태들(수도원의 재산권 확보, 성직매매 등)이 중앙집권체제(교황제)의 부정적 결과로 등장했다. 저자는 기독교의 사회적 폐단들을 주저 없이 폭로한다.

이 책이 주는 또 하나의 즐거움은 기독교의 스펙트럼을 유럽과 미국을 넘어 아프리카와 라틴아메리카, 그리고 아시아까지 확대시켜 연구했다는 점이다. 그야말로 '세계 기독교 역사'이다. 저자는 기독교가 유럽 중심으로 발전했지만 그 재편 과정에서 세계 다른 나라가 공헌한 바를 설명한다. 그는 또한 기독교가 유럽 이외의 다른 지역에서 '문화이식

acculturation'을 해나가는 과정에서 나타난 토착문화에 대한 몰이해, 정복주의적 태도, 기득권 세력과의 결탁, 그리고 지배자의 종교로서 자행한 인권유린과 같은 사건들을 여지없이 폭로한다. 저자는 기독교의 그늘진 모습을 숨기거나 정당화하기보다 오히려 이를 적극적으로 밝혀내서 반성토록 하고 기독교 본래의 모습과 자리를 되찾을 수 있는 기회를 제공한다. 물론 그 몫은 독자의 판단에 맡기고 있다.

한국 기독교는 짧은 역사에도 불구하고 세계에서 유례를 찾아볼 수 없을 만큼 성장했다. '기독교계의 올림픽', '기독교계의 유엔총회'로 불리는 세계교회협의회wcc 제10차 총회(2013년 10월 30일-11월 8일, 부산)가 신생 교회 지역에서 열린다는 것은 그만큼 한국 기독교의 위상과 역량을 세계 교회로부터 인정받고 있다는 사실을 보여준다. 한국 근현대사 속에서 기독교의 사회적 역할은 막대했다. 기독교는 이제 한국 사회에서 명실상부한 주류 종교로 자리 잡았다. 그러나 오늘날 한국 교회는 존경과 신뢰보다 비난과 불신의 대상이 되었다. 아무쪼록 지난 2천 년의 기독교 역사의 빛과 그림자를 그려내고 있는 이 책을 통해 무엇이 문제이고 어디서부터 잘못되었는지, 그리고 기독교의 본질이 무엇인지를 파악해낼 수 있기를 희망한다. 또한 기독교에 대한 편견과 몰이해를 바로잡는 계기가 되기를 희망한다.

역자는 이 책을 번역하는 동안 문장과 표현의 묘미를 맛보는 즐거움을 한동안 누렸다. 이 책에는 저자 폴 존슨의 유려한 문장과 수사적 표현이 즐비하다. 역자는 저자의 명문을 우리말로 옮기는 과정에서 그 의미와 뉘앙스를 놓치지 않으려고 무척 신경을 썼다. 독자의 편의를 위해 원문에 없는 장을 새롭게 나누고 소제목을 붙였다.

이 책을 번역한다는 핑계로 많은 시간을 함께해주지 못한 데 대한 미안함을 아내 문인자에게, 그리고 지현, 규현 두 아이들에게 전하고 싶다.

이 책《기독교의 역사》는 지난 2005년《2천 년 동안의 정신》이라는 제목으로 살림출판사에서 3권으로 분책해 냈던 것을 다시 교정 편집해 한 권으로 출간한 것이다. 한국 기독교계에 이 책이 참으로 유익할 것으로 판단하고 출판계의 어려운 상황 속에서도 흔쾌히 재출간을 결정해준 포이에마 김도완 대표님께 감사를 드린다. 또 편집을 맡아 수고해준 편집부에도 심심한 위로와 감사를 드린다. 아무쪼록 2천 년 동안의 인류의 정신과 문명을 토해내고 있는 이 책이 기독교인뿐만 아니라 세계 문화에 끼친 기독교의 영향에 관심 있는 사람들에게 도움이 된다면 역자로는 더 바랄 것이 없다.

2013년 7월
오산 양산동 서재에서
김주한

참고문헌

Addington, Raleigh, ed., *Faber, Poet and Priest. Selected Letters by Frederick William Faber from* 1833-1863 (London 1974).

Ahlstron, Sidney A., *A Religious History of the American People* (New Haven 1972).

Aigrain, Rene, *L'Hagiographie: ses sources, ses methodes, son histoire* (Paris 1953).

Albright, W.F., *From the Stone Age to Christianity* (Baltimore 1957).

Alphanery, A. and Duprant, A., *La Chretiente et l'idee de la Croisade*, 2 vols. (Paris 1954-9).

Andreson, H., *Jesus and Christian Origins* (New York 1964).

Atiya, A.S., *A History of Eastern Christianity* (London 1968).

Atkinson, James, *Martin Luther and the Birth of Protestantism* (London 1968).

Attwater, Donald, ed., *The Penguin Dictionary of Saints* (London 1965).

Bailyn, Bernard, *The Ideological Origins of the American Revolution* (Harvard 1967).

Bainton, R., "The development and consistency of Luther's attitude to religious liberty", *Harvard Theological Review* (1929).

Bainton, R., "The parable of the Tares as the proof text for religious liberty to the end of the sixteenth century", *Church History* (London 1932).

Bainton, R.H., *Erasmus of Christendom* (London 1970).

Baker, Derek, "Vir Dei: Secular sanctity in the early 10th century", *Studies in Church History* (Cambridge 1972).

Bald, R.C., *John Donne: A Life* (Oxford 1970).

Barley, M.W. and Hanson, R.C.P., eds., *Christianity in Britain, 300-700* (London 1957).

Barlow, Frank, *The English Church, 1000-1066* (London 1966).

Barnie, John, *War in Medieval Society: Social Values and the Hundred Years War 1337-99* (London 1974).

Baron, S.W. *The Social and Religious History of the Jews,* 12 vols. (Oxford 1952-67).

Barr, J. *The Semantics of Biblical Literature* (Oxford 1961).

Barrett, C.K., *The Holy Spirit and the Gospel Tradition* (London 1954).

Barrett, C.K., *New Testament Background: Selected Documents* (London 1956).

Barrett, David B., *Schism and Renewal in Africa: an analysis of 6,000 contemporary religious movements* (Oxford 1968).

Barrett, H.M., *Boethius: some aspects of his life and work* (London 1940).

Bataillon, Marcel, *Erasme et l'Espagne* (Paris 1937).

Bauer, Walter, *Orthodoxy and Heresy in Earliest Christianity,* trns. (London 1972).

Beckwith, J., *Early Medieval Art: Carolingian, Ottonian, Romanesque* (London 1964).

Benevisti, M., *The Crusaders in the Holy Land* (Jerusalem 1970).

Benevot, Maurice, "The Inquisition and its antecedents", *Heythrop Journal* (1966-7).

Bennett, G.V., and Walsh, J.D., eds., *Essays in Modern English Church History* (London 1966).

Bentley, James, "British and German High Churchmen in the struggle against Hitler", *Journal of Ecclesiastical History* (1972).

Berger, Peter L., *The Social Reality of Religion* (London 1969).

Berger, Peter L., "The Secularisation of Theology", *Journal for the Scientific Study of Religion* (New York 1967).

Besterman, Theodore, *Voltaire* (London 1969).

Bethell, Denis, "The Making of a 12th-century relic collection", *Studies in Church History* (Cambridge 1972).

Betternson, J., ed., *Documents of the Christian Church* (Oxford 1967).

Betts, R., "Social and Constitutional Developments in Bohemia in the Hussite Period", *Past and Present* (April 1955).

Black, A.J., "The Council of Basle and the Second Vatican Council", *Studies in Church History* (Cambridge 1971).

Black, M., *The Scrolls and Christian Origins* (London 1961).

Black, M., *The Dead Sea Scrolls and Christian Doctrine* (London 1966).

Blau, J., *The Christian Interpretation of Cabala in the Renaissance* (New York 1944).

Bloomfield, M. and Reeves, M., "The penetration of Joachim into Northern Europe", *Speculum* (1954).

Boardmann, E.P., *Christian Influence upon the Ideology of the Taiping Rebellion* (London 1952).

Bonner, Gerald, *St. Augustine of Hippo: Life and Controversies* (London 1970).

Boodyer, G.H., *Jesus and the Politics of His Time* (Salisbury, Rhodesia 1968).

Bornkamm, G., *Jesus of Nazareth* (London 1960).《나사렛 예수》(대한기독교서회).

Bornkamm, G., Barth, G. and Held, H.J., *Tradition and Interpretation in Matthew* (London 1963).

Borsch, F.H., *The Son of Man in Myth and History* (London 1967).

Bosher, R.S., *The Making of the Restoration Settlement* (London 1951).

Bouvier, Andre, *Henri Bullinger* (Neuchatel 1940).

Bouwsma, W.J., *Venice and the Defence of Republican Liberty* (California 1968).

Bowker, John, *Jesus and the Pharisees* (Cambridge 1973).

Bowker, John, *Problems of Suffering in Religions of the World* (Cambridge 1970).

Bowker, M., *The Secular Clergy in the Diocese of Lincoln* (Cambridge 1968).

Boyer, Paul and Nissenbaum, Stephen, *Salem Possessed: the Social Origins of Witchcraft* (Harvard 1974).

Boxer, C.R., *The Christian Century in Japan* (London 1951).

Boxer, C.R., "Portuguese and Spanish Rivalry in the Far East during the 17th century", *Transactions of the Royal Asiatic Society* (Dec. 1946, April 1947).

Brandi, Karl, *The Emperor Charles V, trns.* (London 1954).

Brandon, S.G.F., *The Fall of Jerusalem and the Christian Church* (London 1967).

Brandon, S.G.F., *Jesus and the Zealots* (Manchester 1967).

Broderick, James, *St. Francis Xavier* (London 1952).

Brown, Ford K., *Fathers of the Victorians* (Cambridge 1961).

Brown, L.W., *The Indian Christians of St. Thomas* (Cambridge 1956).

Brown, Peter, "The Patrons of Pelagius", *Journal of Theological Studies* (1970).

Brown, Peter, "Religious Dissent in the later Roman Empire: the case of North Africa", *History* (1963).

Brown, T.J., *The Stonyhurst Gospel of St. John* (London 1969).

Bruce, F.F., *New Testament History* (London 1969).《신약사》(기독교문서선교회).

Bruce-Mitford. R.L.S., "The Art of the Codex Amiatinus", *Journal of the Archaeological Association* (1969).

Budd, S., "The Loss of Faith: reasons for unbelief among the members of the secular movement in England", *Past and Present* (April 1967).

Bullogh, D.A., "Europa Pater: Charlemagne and his achievement in the light of recent scholarship", *English Historical Review* (1970).

Bultmann, R., *The History of the Synoptic Tradition* (London 1968).《공관복음서 전승사》(대한기독교서회).

Burkitt, F.C., *The Religion of the Manichees* (Cambridge 1925).

Butterfield, H., *Christianity and History* (Cambridge 1949).《크리스천과 역사해석》(대한기독교출판사).

Callus, D.A., ed., *Robert Grosseteste, Scholar and Bishop* (Oxford 1955).

Campenhausen, H. von, *The Fathers of the Greek Church*, trns. (London 1963).《희랍 교부 연구》(대한기독교출판사).

Campenhausen, H. von, *The Fathers of the Latin Church*, trns. (London 1964).《라틴 교부 연구》(대한기독교출판사).

Campenhausen, H. von, *Ecclesiastical Authority and Spiritual Power*, trns. (London 1969).

Cappuynus, M., *Jean Scot Erigene* (Paris 1933).

Caraman, Philip: *The Lost Paradise: an account of the Jesuits in Paraguay, 1607-1768.* (London 1975).

Carpenter, H.J., "Popular Christianity and the Theologians in the Early Centuries", *Journal of Theological Studies* (1963).

Chadwick, Henry, *The Early Church* (London 1967).《초대교회사》(크리스챤다이제스트).

Chadwick, Henry, "John Moschus and his friend Sophronius the Sophic", *Journal of Theological Studies* (1974).

Chadwick, Owen, *John Cassian* (Cambridge 1950).

Chadwick, Owen, *The Reformation* (London 1968). 《종교개혁사》(크리스챤다이제스트).

Chapman, Guy, *The Dreyfus Case* (London 1955).

Chapman, Raymond, *The Victorian Debate: English Literature and Society, 1832-1901* (London 1970).

Charles, R.H., ed., *The Apocrypha and Pseudepigrapha of the Old Testament* (London 1963).

Cheyette, F.L., ed., *Lordship and Community in Medieval Europe* (New York 1968).

Cipolla, C.M., *Money, Prices and Civilization in the Mediterranean World* (Princeton 1956).

Cohen, P.A, *China and Christianity: the Missionary Movement and the Growth of Chinese Anti-Foreignism* (London 1963).

Cohn, Norman, *The Pursuit of the Millenium* (London 1970). 《천년왕국 운동사》(한국신학연구소).

Cohn, Norman: *Europe's Inner Demons* (Sussex 1975).

Cone, James H., *Black Theology and Black Power* (New York 1969).

Constable, G., *The Letters of Peter the Venerable* (London 1967).

Conway, J.S., *The Nazi Persecution of the Churches, 1933-45* (London 1968).

Conzelmann, Hans, *An Outline of the Theology of the New Testament*, trns. (London 1969). 《신약성서신학》(한국신학연구소).

Cook, G.H., *The English Cathedral through the Centuries* (London 1960).

Copleston, F.C., *Aquinas* (London 1965).

Coulton, G.G., *Medieval Panorama* (Cambridge 1938).

Coulton, G.G., *Five Centuries of Religion*, 4 vols. (Cambridge 1923-50).

Coulton, G.G., Life in the Middle Ages, 4 vols. (Cambridge 1967).

Cowdrey, H.E.J., "The Peace and the Truce of God in the 11th century", *Past and Present* (1970).

Cragg, G.R., *The Church and the Age of Reason* (London 1960).

Cranston, Maurice, *John Locke: a Biography* (London 1957).

Craveri, Marcello, *The Life of Jesus, trns.* (London 1967).

Cross, F.L., *The Oxford Dictionary of the Christian Church* (Oxford 1957).

Cullmann, O., *Peter: Disciple, Apostle, Martyr* (London 1962).

Cullmann, O., *The Earliest Christian Confessions* (London 1949).

Cullmann, O., *The Christology of the New Testament* (London 1963). 《신약의 기독론》(나단).

Currie, Robert, *Methodism Divided* (London 1968).

Curtin, Thomas van Cleve, *The Emperor Frederick II of Hohenstaufen: Immutator Mundi* (Oxford 1972).

Daniel, N., *Islam and the West* (Edinburgh 1958).

Dansette, Adrien, A Religious *History of Modern France, trns.* 2 vols. (Horder-Frieborg 1961).

Daube, David, *Civil Disobedience in Antiquity* (Edinburgh 1972).

Daube, David, *Collaboration with Tyranny in Rabbinic Law* (Oxford 1965).

Davies, W.D., *The Setting of the Sermon on the Mount* (Cambridge 1964).

Davies, W.D. and Daube, D., eds., *The Background of the New Testament and its Eschatology: Essays in Honour of C.H. Dodd* (Cambridge 1956).

Deansley, M., *The Significance of the Lollard Bible* (London 1951).

Deansley, M., *The Pre-Conquest Church in England* (London 1961).

Decarreaux, Jean, *Monks and Civilization, trns.* (London 1964).

Delehaye, Hippolyte, *Sanctus* (Brussels 1954).

Dell, R.S., *An Atlas of Christian History* (London 1960).

Devos, P., "La mysterieuse episode finale de la Vita Gregorii de Jean Diacre: la fuite de Formose", *Analecta Bollandiana* (Antwerp, Brussels 1964).

Dickens, A.G., *Reformation and Society in 16th Century Europe* (London 1966).

Dickens, A.G., *Lollards and Protestants in the Diocese of York. 1509-58* (Oxford 1959).

Digard, G., *Philippe le Bel et le Saint-Siege.* 2 vols. (Paris 1934).

Dijk, S.J.P. Van, "The Urban and Papal rites in 7th-8th century Rome", *Sacris Erudiri* (1961).

Dillon, Myles and Chadwick, Norah, *The Celtic Realms* (London 1972).

Dion, R., "Viticulture ecclesiastique et viticulture princiere au moyen age", *Revue historique* (Paris 1954).

Dodd, C.H., *The Apostolic Teaching and its Developments* (London 1956).

Dodds, E.R., *The Greeks and the Irrational* (Berkeley 1951).

Doney, William, ed., *Descartes: a collection of critical essays* (London 1968).

Donnelly, J.S., *The Decline of the Cistercian Brotherhood* (London 1949).

Douie, D., *The Nature and Effect of the Heresy of the Fraticelli* (Manchester 1932).

Downing, F. Gerald, *The Church and Jesus: a study in history, philosophy and theology* (London 1968).

Dudden, F. Holmes, *Gregory the Great*, 2 vols. (London 1905).

Dudden, F. Holmes, *The Life and Times of St. Ambrose*, 2 vols. (Oxford 1935).

Duggan, C., "The Becket Dispute and the Criminous Clerks", *Bulletin of the Institute of Historical Research* (Cambridge 1962).

Dunham, Chester F., *The Attitude of the Northern Clergy towards the South, 1860-5* (Toledo 1942).

Dunn, G.H., *Generation of Giants: the First Jesuits in China* (London 1962).

Dvornik, F., *Byzantine Missions among the Slavs* (New Brunswick 1970).

Eells, Hastings, *Martin Bucer* (New Haven 1931).

Ehrhardt, A, *The Apostolic Succession* (London 1953).

Erikson, Erik H., *Young Martin Luther* (London 1972). 《청년 루터》(크리스챤다이제스트).

Evans, R.F., "Pelagius, Fastidius and the pseudo-Augustinian de vita Christiana", *Journal of Theological Studies* (1962).

Evans, R.F., *Pelagius: Inquiries and Reappraisals* (London 1968).

Evans, R.J.W., *Rudolf II and his World: a study in intellectual history, 1576-1612* (Oxford 1973).

Every, G., *The Byzantine Patriarchate* (London 1962).

Faludy, George, *Erasmus of Rotterdam* (London 1970).

Farmer, W.R., *Macabees, Zealots and Josephus* (New York 1956).

Farris, N.M., *Crown and Clergy in Colonial Mexico, 1759-1821* (London 1968).

Febvre, L., *Le Probleme de l'incroyance au XVIe siecle: la religion de Rabelais* (Paris 1947).

Fedotov, G.P., *The Russian Religious Mind* (Cambridge, Mass. 1966).

Feiblemann, J.K., *Religious Platonism* (London 1959).

Fenlon, Dermot, *Heresy and Obedience in Tridentine Italy: Cardinal Pole and the Counter-Reformation* (Cambridge 1972).

Ferguson, W.K., "The Attitude of Erasmus towards Toleration" in *Persecution and Liberty: Essays in Honour of G.L. Burr* (New York 1931).

Fischer, Bonifatius, "The use of computers in New Testament studies", *Journal of Theological Studies* (1970).

Fischer-Galati, Stephen A., *Ottoman Imperialism and German Protestantism, 1521-55* (Harvard 1959).

Flender, H., *St. Luke: Theologian of Redemptive History* (London 1967).

Folz, R., *L'Idee d'empire en occident du Ve au XIVe siecle* (Paris 1953).

Folz, R., *Le couronnement imperial de Charlemagne* (Paris 1964).

Fontaine, J., *Isidore de Seville et la culture classique dans l'Espagne wisigothique*, 2 vols. (Paris 1958).

Foss, Michael, *The Founding of the Jesuits* (London 1969).

Frame, Donald M., *Montaigne* (London 1965).

Frazier, Franklin E., *The Negro Church in America* (New York 1964).

French, R.M., *The Eastern Orthodox Church* (London 1951).

Frend, W.H.C., "Heresy and schism as social and national movements", *Studies in Church History* (Cambridge 1971).

Frend, W.H.C., "The archaeologist and church history", *Antiquity* (1960).

Frend, W.H.C., *The Donatist Church: a movement of protest in Roman North Africa* (Oxford 1971).

Frend, W.H.C., "The Gnostic-Manichean Tradition in Roman North Africa", *Journal of Ecclesiastical History* (1953).

Frend, W.H.C., *Martyrdom and Persecution in the Early Church* (London 1965).

Frend, W.H.C., "Popular religion and Christological controversy in the 5th century", *Studies in Church History* (Cambridge 1972).

Fuller, R.H., *Interpreting the Miracles* (London 1963).

Gairdner, W.H.T., *Edinburgh 1910: an account and interpretation of the World Missionary Conference* (Edinburgh and London 1910).

Ganshof, F.L., *The Imperial Coronation of Charlemagne: theories and facts* (London 1949).

Ganshof, F.L., *The Carolingians and the Frankish Monarchy, trns.* (London 1971).

Gartner, Brtil, *The Temple and the Community of Qumran and the New Testament* (Cambridge 1965).

Gasper, Louis, *The Fundamentalist Movement* (The Hague 1963).

Gay, Peter, *The Enlightenment, an Interpretation* (New York 1966).

Geanakoplos, D.J., *The Emperor Michael Palaeologus and the West* (London 1959).

Ghirshman, R., *Iran: the Parthians and Sassanians* (London 1962).

Giles, E., ed., *Documents Illustrating Papal Authority, AD 96-454* (London 1952).

Goodspeed, E.J., *A History of Early Christian Literature* (Chicago 1966).

Grant, Michael, *The Ancient Historians* (London 1970).

Grant, Robert M., *Historical Introduction to the New Testament* (London 1963).

Grant, Robert M., *Miracle and Natural Law in Graeco-Roman and Early Christian Thought* (Amsterdam 1952).

Green, Robert W., *Protestantism and Capitalism: the Weber thesis and its Critics* (Boston 1959).

Hales, E.E.Y., "The First Vatican Council", *Studies in Church History* (Cambridge 1971).

Hales, E.E.Y., *Pio Nono* (London 1962).

Hales, E.E.Y., *Pope John and his Revolution* (London 1965).

Hall, Basil, "The Colloquies between Catholics and Protestants, 1539-41", *Studies in Church History* (Cambridge 1971).

Hall, Basil, "The Trilingual College of San Ildefonso and the Making of the Complutensian Polyglot Bible", *Studies in Church History* (Leyden 1969).

Haller, W., *Liberty and Reformation in the Puritan Revolution* (New York 1955).

Hammerton-Kelly, R.G., *Pre-Existence, Wisdom and the Son of Man* (Cambridge 1973).

Hanke, L., *Bartolome de las Casas* (The Hague 1951).

Hare, D.R.A., *The Theme of Jewish Persecution of the Christians in the Gospel According to St. Matthew* (Cambridge 1967).

Harrison, Brian, "Religion and Recreation in 19th century England", *Past and Present* (1967).

Hart, A. Tindal, *The Life and Times of John Sharp, Archbishop of York* (London 1949).

Harvey, Van Austin, *The Historian and the Believer* (London 1967).

Hauser, A., *Mannerism*, 2 vols. (London 1965).

Hay, D., *Europe: the Emergence of an Idea* (New York 1965).

Heard, R.G., "The Old Gospel Prologues", *Journal of Theological Studies* (1955).

Heath, Peter, *English Parish Clergy on the Eve of the Reformation* (London 1969).

Heath, R.G., "The Western Schism of the Franks and the 'Filioque'", *Journal of Ecclesiastical History* (1972).

Heimert, Alan E., *Religion and the American Mind from the Great Awakening to the Revolution* (Harvard 1966).

Hennell, Michael, "Evangelicalism and Worldliness", *Studies in Church History* (Cambridge 1972).

Hennell, Michael, *John Venn and the Clapham Sect* (London 1958).

Henry, F., *Irish High Crosses* (Dublin 1964).

Hill, Rosalind, "The Northumbrian Church", *Church Quarterly Review* (1963).

Hillgarth, J.N., "Coins and Chronicles: Propaganda in 6th century Spain and the Byzantine Background", *Historia* (Chicago 1966).

Hillgarth, J.N., *The Conversion of Western Europe, 350-750* (New Jersey 1969).

Hinchcliff, Peter, "African separatism: Heresy, Schism or Protest Movement?", *Studies in Church History* (Cambridge 1971).

Holt, E., *The Opium Wars in China* (London 1964).

Hoppen, K. Theodore, "W.G. Ward and Liberal Catholicism", *Journal of Ecclesiastical History* (1972).

Hughes, Kathleen, *The Church in Early Irish Society* (London 1966).

Hughes, P., *The Reformation in England*, 3 vols. (London 1950-4).

Hunter-Blair, Peter, *The World of Bede* (London 1970).

Hussey, J.M., *The Byzantine World* (London 1961).

Hussey, J.M., "Byzantine Monasticism", *Cambridge Medieval History*, IV (Cambridge 1967).

Jacob, E., "Gerard Groote and the Beginning of the 'New Devotion' in the Low Countries", *Journal of Ecclesiastical History* (1952).

Jasper, Ronald C.D., *George Bell, Bishop of Chichester* (Oxford 1967).

Jedin, Hubert, *History of the Council of Trent*, trns., 2 vols. (London 1957).

Jeremias, J., *Infant Baptism in the First Four Centuries* (London 1960).

Jeremias, J., *The Problem of the Historical Jesus* (London 1964).

John, Eric, "The social and political problems of the early English Church", *Agricultural History Review* (1970).

Johnson, S.M., "John Donne and the Virginia Company", *Journal of English Literary History* (1947).

Jonas, H., *The Gnostic Religion* (London 1963).

Jones, AH.M., *The Later Roman Empire*, 3 vols. (London 1964).

Jones, AH.M., "Were the ancient heresies national or social movements in disguise?", *Journal of Theological Studies* (1959).

Jones, AH.M., "Church finance in the 5th and 6th centuries", *Journal of Theological Studies* (1960).

Jordan, E.K.H., *Free Church Unity: A History of the Free Church Council Movement, 1896-1941* (London 1956).

Jungmann, Joseph A, *The Early Liturgy to the time of Gregory the Great* (London 1960).

Kamen, Henry, *The Spanish Inquisition* (London 1965).

Kelly, J.N.D., *Early Christian Doctrines* (London 1958). 《고대기독교교리사》(한글).

Kelly, J.N.D., *Jerome: his Life, Writings and Controversies* (London 1975).

Kendrick, T., *St. James in Spain* (London 1960).

Kent, John, *The Age of Disunity* (London 1966).

Kittler, G.D., *The White Fathers* (London 1956).

Kitzinger, Ernst, "The Gregorian Reform and the visual arts", *Transactions of the Royal Historical Society* (London 1972).

Knowles, David, *Saints and Scholars* (Cambridge 1962).

Kümmel, W.G., *The New Testament: the History of the Investigation of its Problems*, trns. (London 1973).

Laistner, L.W., *Thought and Letters in Western Europe, 500-900* (London 1957).

Latouche, Robert, *The Birth of Western Economy: Economic Aspects of the Dark Ages*, trns. (London 1961).

Latourette, K.S., *History of the Expansion of Christianity*, 7 vols. (London 1937-45). 《기독교사》(생명의말씀사).

Latourette, K.S., *Christianity in a Revolutionary Age*, 5 vols. (New York 1957-61).

Lau, F. and Hizer, E., *A History of the Reformation in Germany to 1555* (London 1969).

Lawrence, Peter, *Road Belong Cargo: a study in the Cargo Movement in the Southern Madang District, New Guinea* (Manchester 1964).

Lea, H.C., *A History of Auricular Confession and Indulgences in the Latin Church*, 3 vols. (London 1896).

Le Bras, Gabriel, *Introduction a l'histoire de la pratique religieuse en France*, 2 vols. (Paris 1945).

Lecler, Joseph, *Toleration and the Reformation*, 2 vols. (London 1960).

Le Guillou, M.J., *Christ and Church, a Theology of the Mystery*, trns. (New York 1966).

Lee, Robert and Marty, Martin E., eds., *Religion and Social Conflict* (New York 1964).

Lesne, E., *Histoire de la propriete ecclesiastique en France*, 6 vols. (Lille and Paris 1910-42).

Lewis, E., *Medieval Political Ideas*, 2 vols. (London 1954).

Lewy, Gunter, *The Catholic Church and Nazi Germany* (New York 1964).

Leyser, K., "The German aristocracy from the 9th to the early 12th century: a historical and cultural sketch", *Past and Present* (1968).

Liebeschultz, W., "Did the Pelagian movement have social aims?", *Historia* (Chicago 1963).

Lineham, Peter, "Councils and Synods in 13th century Castille and Aragon", *Studies in Church History* (Cambridge 1971).

Little, David, *Religion, Order and the Law* (Oxford 1970).

Llewellyn, Peter, *Rome in the Dark Ages* (London 1971).

Luchaire, A., *Innocent III*, 6 vols. (Paris 1905-8).

Lynch, J., "Philip II and the Papacy", *Transactions of the Royal Historical Society* (London 1961).

Mabbott, J.D., *John Locke* (London 1973).

MacFarlane, Alan, *Witchcraft in Tudor and Stuart England* (London 1970).

MacIntyre, A, *Secularization and Moral Change* (London 1967).

Manuel, Frank E., *A Portrait of Isaac Newton* (Cambridge, Mass. 1968).

Maranon, Gregorio, "El processo del Arzobispo Carranza", *Boletin de la Real Academia della Historia* (Madrid 1950).

Marcus, R.A, "Gregory the Great and a papal missionary strategy", *Studies in Church History* (Cambridge 1970).

Markus, R.A, "Christianity and dissent in Roman North Africa: changing perspectives in recent work", *Studies in Church History* (Cambridge 1971).

Markus, R.A, *Saeculum: History and Society in the Theology of St. Augustine* (Cambridge 1970).

Martin, D., *A Sociology of English Religion* (London 1967).

Martin, E.J., *History of the Iconoclastic Controversy* (London 1930).

Martyn, J.L., *History and Theology of the Fourth Gospel* (London 1968).

Matthews, Donald G., *Slavery and Methodism: a Chapter in American Morality* (Princeton 1965).

Mayr-Harting, Henry, *The Coming of Christianity to Anglo-Saxon England* (London 1972).

McDonnell, E., *The Beguines and Beghards in Medieval Culture* (New Jersey 1954).

McElrath, Damian, ed., *Lord Acton: the Decisive Decade, 1864-74* (Louvain 1970).

McManners, John, *French Ecclesiastical Society under the Ancien Regime: a Study of Angers in the 18th Century* (Manchester 1960).

McManners, John, *The French Revolution and the Church* (London 1969).

McMullen, Ramsay, *Enemies of the Roman Order: treason, unrest and alienation in the*

Empire (Harvard 1966).

McNeill, J.T., *The History and Character of Calvinism* (Oxford 1954).

Mehl, Roger, *The Sociology of Protestantism* (London 1970).

Mew, James, *The Traditional Aspects of Hell* (London 1903).

Meyvaert, P., *Bede and Gregory the Great, Jarrow Lecture* (1964).

Michaelson, C., *Japanese Contributions to Christian Thought* (London 1960).

Milburn, R.L., *Early Christian Interpretations of History* (London 1954).

Miller, D.H., "The Roman Revolution of the 8th Century", *Medieval Studies* (Toronto 1974).

Mollat, G., *The Popes at Avignon*, trns. (London 1963).

Mollet, M., "Problemes navales de l'histoire des Croisades", *Cahiers de civilization medievales* (Paris 1967).

Momigliano, A.D., ed., *The Conflict Between Paganism and Christianity in the 4th Century* (Oxford 1963).

Momigliano, A.D., "Popular religious beliefs and the late Roman historians", *Studies in Church History* (Cambridge 1972).

Momigliano, A.D., "Cassiodorus and the Italian culture of his time", *Proceedings of the British Academy* (London 1955).

Moore, A.L., *The Parousia in the New Testament* (Leiden 1966).

Moore, G.F., *Judaism in the First Centuries of the Christian Era*. 3 vols. (London 1954).

Moore, R.I., "The Origin of Medieval Heresy", *History* (1970).

Moore, W.J., *The Saxon Pilgrims to Rome and the Scuola Saxonum* (London 1937).

Moorhouse, Geoffrey, *The Missionaries* (London 1973).

Moorman, J., *History of the Franciscan Order* (London 1968).

Morris, Colin, "A critique of popular religion: Guibert de Nogent on the relics of the Saints", *Studies in Church History* (Cambridge 1972).

Morris, J., "Pelagian Literature", *Journal of Theological Studies* (1965).

Morrison, K.F., *Tradition and Authority in the Western Church, 300-1140* (Princeton 1969).

Morton, A.Q. and McLeman, J., *Paul* (London 1966).

Mounier, Roland, *The Assassination of Henri IV: the Tyrannicide Problem and the Consolidation of the French Absolute Monarchy in the Early 17th Century*, trns. (London 1973).

Neill, S.C., *A History of Christian Missions* (London 1964).

Neill, S.C., *A History of the Ecumenical Movement, 1517-1948* (London 1954).

Neill, S.C., and Weber, H.R., eds., *The Layman in Christian History* (London 1963).

Nelson, Janet L., "Society, theodicy and the origins of heresy: towards a reassessment of the medieval evidence", *Studies in Church History* (Cambridge 1971).

Nelson, Janet L., "Gelasius I's doctrine of responsibility", *Journal of Theological Studies* (1967).

Nersessian, Surapie Der, *Armenia and the Byzantine Empire* (Cambridge, Mass. 1965).

Newsome, David, *The Parting of Friends: a study of the Wilberforces and Henry Manning* (London 1966).

Nichol, Donald M., *The Last Centuries of Byzantium, 1261-1453* (London 1972).

Nilsson, Martin P., *Greek Popular Religion* (New York 1954).

Oblensky, Dimitri, "Nationalism and Eastern Europe in the Middle Ages", *Transactions of the Royal Historical Society* (London 1972).

O'Collins, Gerald, *The Easter Jesus* (London 1973).

Oldenbourg, Z., *Massacre at Montsegur: a History of the Albigensian Crusade*, trns. (London 1961).

Oli, John C., ed., *Christian Humanism and the Reformation* (London 1965).

Oliver, R., *The Missionary Factor in East Africa* (London 1952).

O'Neill, J.C., *The Theology of 'Acts' in its Historical Setting* (London 1961).

Ozment, Stephen E., *The Reformation in Medieval Perspective* (Chicago 1971).

Patterson, W.B., "King James I's call for an ecumenical council", *Studies in Church History* (Cambridge 1971).

Patterson, W.B., "Henry IV and the Huguenot appeal for a return to Poissy", *Studies in Church History* (Cambridge 1971).

Pernoud, R., *Joan of Arc, by herself and witnesses*, trns. (London 1964).

Perowne, Stewart, *The End of the Roman World* (London 1966).

Pirenne, H., "De l'etat de l'instruction des laiques a l'epoque merovingienne", *Histoire economique de l'Occident medievale* (Paris 1951).

Plinval, Georges de, *Pelage: ses ecrits, sa vie et sa reforme* (Lausanne 1943).

Plongeron, B., *Les reguliers de Paris devant le serment constitutionel* (Paris 1964).

Popkin, Richard H., *The History of Scepticism, from Erasmus to Descartes* (Assen, Netherlands 1964).

Power, Eileen, *Medieval English Nunneries*, 1275-1535 (Oxford 1922).

Prawer, Joshua, *The Latin Kingdom of Jerusalem: European Colonialism in the Middle Ages* (London 1972).

Purver, Margery, *The Royal Society: Concept and Creation* (London 1967).

Reeves, Margery, *The Influence of Prophecy in the Later Middle Ages: a Study in Joachimism* (Oxford 1969).

Reumann, J., *Jesus in the Church's Gospels* (London 1968).

Riccard, Robert, *The Spiritual Conquest of Mexico*, trns. (Berkeley 1966).

Riley-Smith, J., *The Knights of St. John in Jerusalem and Cyprus, 1050-1310* (London 1967).

Rowley, H.H., *The Relevance of the Apocalyptic* (London 1963).

Rowley, H.H., "The Qumran Sect and Christian Origins", *Bulletin of the John Rylands Library* (Manchester 1961).

Runciman, Stephen, *A History of the Crusades*, 3 vols. (Cambridge 1951-4).

Runciman, Stephen, *Sicilian Vespers* (London 1958).

Rupp, Gordon, *Studies in the Making of the English Protestant Tradition* (Cambridge 1947).

Rupp, Gordon, "Protestant Spirituality in the first age of the Reformation", *Studies in Church History* (Cambridge 1972).

Russell, J.B., *Dissent and Reform in the Early Middle Ages* (Berkeley 1965).

Samaran, C. and Mollet, G., *La Fiscalite Pontificale en France au XIVe Siecle* (Paris 1905).

Saint-Croix, G.E.M. de, "Why were the early Christians persecuted?" *Past and Present* (1963).

Schoeps, H.J., "Ebionite Christianity", *Journal of Theological Studies* (1953).

Schonfield, H.J., *The Passover Plot* (London 1965).

Schwartz, Marc L., "Development of a lay religious consciousness in pre-Civil War England", *Studies in Church History* (Cambridge 1972).

Scott, Patrick, "Cricket and the Religious World in the Victorian Period", *Church Quarterly* (October 1970).

Setton, K.M:, ed., *A History of the Crusades*, 2 vols. (Philadelphia 1955-62).

Sherwin-White, A.N., *Roman Society and Roman Law in the New Testament* (London 1963).

Silver, James W., *Confederate Morale and Church Propaganda* (Tuscaloosa 1957).

Simon, M., *St. Stephen and the Hellenists* (London 1958).

Smalley, Beryl M., *The Study of the Bible in the Middle Ages* (Oxford 1952).

Smalley, Beryl M., *The Becket Conflict and the Schools: a study of intellectuals in politics* (Oxford 1973).

Smart, Ninian, *The Religious Experience of Mankind* (London 1971).

Smith, John Holland, *Constantine the Great* (London 1971).

Smith, James Ward, and Jamison, A. Leland, eds., *Religious Perspectives in American Culture* (Princeton 1961).

Soulis, G., "The legacy of Cyril and Methodius to the Southern Slavs", *Dunbarton Oaks Papers* (Cambridge, Mass. 1965).

Southern, R.W., *Medieval Humanism and Other Studies* (Oxford 1970).

Southern, R.W., *Western Society and the Church in the Middle Ages* (London 1970).

Southern, R.W., "Aspects of the European Tradition of Historical Writing: History as Prophecy", *Transactions of the Royal Historical Society* (London 1972).

Spearing, E., *The Patrimony of the Roman Church at the time of Gregory the Great* (London 1918).

Stark, Rodney, and Glock, Charles Y., *American Piety* (Los Angeles 1968).

Steinmann, Jean, *Pascal*, trns. (London 1965).

Stendhal, K., *The School of St. Matthew* (London 1954).

Stevenson, J., ed., *Documents Illustrative of the History of the Church to AD 461*, 2 vols. (London 1970).

Strauss, Gerald, ed., *Manifestations of Discontent in Germany on the Eve of the Reformation* (Indiana 1971).

Stridbeck, C.G., "Breughel's 'Combat between Carnival and Lent'", *Journal of Courtauld and Warburg Institutes* (London 1956).

Sundkler, B.G.M., *The Christian Ministry in Africa* (London 1960).

Sundkler, B.G.M., *Bantu Prophets in South Africa* (London 1961).

Swanson, Guy E., *Religion and Regime* (Michigan 1967).

Syme, R., *Ammianus and the Historia Augusta* (London 1968).

Talbot, C.H., *The Anglo-Saxon Missionaries in Germany* (London 1954).

Talbot-Rice, David, ed., *The Dark Ages* (London 1965).

Taylor, J.V., *The Growth of the Church in Buganda* (London 1958).

Taylor, J.V., *Primal Vision* (London 1965).

Thomas, Keith, *Religion and the Decline of Magic* (London 1970).

Thompson, David M., "The churches and society in 19th century England", *Studies in Church History* (Cambridge 1972).

Thompson, E.A., *The Goths in Spain* (London 1969).

Thompson, Rhodes, *Voices from Cane Ridge* (St Louis 1954).

Tisset, P. and Laners, Y., eds., *Proces de condamnation de Jeanne d'Arc* (Paris 1970-2).

Todt, H.E., *The Son of Man in the Synoptic Tradition* (London 1965).

Towler, Robert, *Homo Religiosus: sociological problems in the study of religion* (London 1974).

Trevor-Roper, Hugh, *Religion, Reformation and Social Change* (London 1967).

Trocme, Etienne, *Jesus and his Contemporaries*, trns. (London 1973).

Turner, H.W., *History of an African Independent Church*, 2 vols. (Oxford 1967).

Ullmann, Walter, "Public Welfare and Social Legislation in Early Medieval Councils", *Studies in Church History* (Cambridge 1971).

Ullmann, Walter, "Julius II and the schismatic cardinals", *ibid*.

Ullmann, Walter, *Medieval Papalism: the Political Theories of the Medieval Canonists* (London 1949).

Ullmann, Walter, *Principals of Government and Politics in the Middle Ages* (New York

1961).

Vale, M.G.A., *Charles VII* (London 1974).

Verliden, Charles, "Les origines coloniales de la civilization atlantique: antecedents et types de structure", *Cahiers d'histoire mondiale* (1953).

Vermes, G., *The Dead Sea Scrolls in English* (London 1968).

Vicaire, M.H., *St. Dominic and his Times*, trns. (London 1964).

Vlasto, A.P., *The Entry of the Slavs into Christendom* (Cambridge 1970).

Wakefield, Walter L., *Heresy, Crusade and Inquisition in Southern France, 1100-1250* (London 1974).

Walker, D.P., *The Ancient Theology* (London 1972).

Walker, D.P., *The Decline of Hell: 18th century discussions of eternal torment* (London 1974).

Wallace, Ronald S., *Calvin's Doctrine of the Christian Life* (Edinburgh 1959).

Wallace-Hadrill, D.S., *Eusebius of Caesarea* (London 1960).

Wallace-Hadrill, D.S., *Early Germanic Kingship in England and on the Continent* (Oxford 1971).

Wallace-Hadrill, D.S., *The Barbarian West, 400-1000* (London 1967).

Wallach, Luitpold, *Alcuin and Charlemagne* (Cornell 1969).

Walsh, John, "Methodism and the Mob in the 18th century", *Studies in Church History* (Cambridge 1972).

Ward, W.R., "Popular religion and the problem of control, 1790-1830", *Studies in Church History* (Cambridge 1972).

Ward-Perkins, J.B., "The shrine of St. Peter and its twelve spiral columns", *Journal of Roman Studies* (1952).

Ware, Timothy, *The Orthodox Church* (London 1963).

Warren, W.L., *Henry II* (London 1973).

Washington, Joseph R., *Black Religion: the Negro and Christianity in the United States* (Boston 1964).

Waterhouse, Ellis, "Some painters and the counter-Reformation before 1600", *Transactions of the Royal Historical Society* (London 1972).

Watt, J.A, *The Theory of Papal Monarchy* (New York 1965).

Webster, J.B., *The African Churches among the Yoruba 1888-1922* (Oxford 1964).

Wedgwood, C.V., *The Thirty Years War* (London 1968).

Weiss, J., *Earliest Christianity* (London 1959).

Wells, G.A., *The Jesus of the Early Christians* (London 1971).

Wendel, Francois, *Calvin: the Origins and Development of his Religious Thought*, trns. (London 1963).

Werner, M., *The Formation of Christian Dogma* (London 1957).

Wheeler, H., *The Bible in its Ancient and English Versions* (Oxford 1940).

Whiteley, D.E.H., *The Theology of St. Paul* (London 1964).

Williams, George Hunston, *The Radical Reformation* (London 1962).

Williamson, G.A., *The World of Josephus* (London 1964).

Wilson, Bryan R., *Religious Sects* (London 1970).

Winter, P., "Josephus on Jesus", *Journal of Historical Studies* (1968).

Yates, Frances A., "Paolo Sarpi's History of the Council of Trent", *Journal of Courtauld and Warburg Institutes* (London 1944).

Yates, Frances A., *Giordano Bruno and the Hermetic Tradition* (London 1964).

Yates, Frances A, *The Rosicrucian Enlightenment* (London 1972).

Zuntz, G., *The Text of the Pauline Epistles* (Oxford 1953).

찾아보기

ㄱ

가고, 발타사르, 신부 Gago, Fr Balthasar • 694
가벳, 요크의 대주교 Garbett, Archbishop of York • 784
가스코뉴 Gascony • 284, 390
가스코인, 토머스 Gascoigne, Thomas • 402
가스페리, 알시데 데 Gasperi, Alcide de • 788
가이우스 Gaius • 127
가일러, 요한 Geiler, Johann • 464
가타리나, 메르쿠리오 Gattarina, Mercurio • 483
〈가톨릭 문명 La Civilta Catholica • 767
가현설론자 Docetists • 99, 179
갈라디아 Galatia • 15, 172
갈렌, 뮌스터의 주교 Galen, Bishop of Munster • 805
갈릴레오, Galileo • 549, 686, 838, 《두 개의 주된 우주체계에 관한 대화 Dialogue of the Two Great World Systems》• 549
갈릴리 Galilee • 32, 69, 78, 81, 395
감리교 Methodist Church • 615-624; 미국의 감리교 • 709, 715, 723, 809, 816, 725; 요한 23세의 공의회의 감리교 • 828
개리슨, 윌리엄 로이드 Garrison, William Lloyd • 721
게르바시우스, 성인 Gervasius, St • 209
게를리히, 프리츠 Gerlich, Dr Fritz • 798
게오르기우스, 팔레스트리나의 주교 George, Bishop of Palestrina • 318
겔라시우스 1세, 교황 Gelasius I, Pope • 252, 253, 262, 308, 354, 360
겔라시우스 2세, 교황 Gelasius II, Pope • 309
경건왕 루트비히, 신성로마제국 황제 Louis the Pious, Emperor • 306
경건주의 Pietism • 605, 610
경건한 형제회 Sodalitium Pianum • 778
계몽주의 Enlightenment • 573, 577, 582-588, 592-600, 603, 605, 615, 709, 777
고가톨릭 Old Catholics • 761
고드베르, 성인 Godebert, St • 600
고드프루아 드 부이용 Godfrey de Bouillon, Duke of Lower Lorraine • 431
고럼, G. C. Gorham, Rev. G. C. • 632, 635
고린도 Corinth • 44, 91, 99, 127, 128, 130
곤잘레스, 티르소 Gonzales, Tirso • 524
골덴크론 Goldenkron • 285
골머 C. A. Gollmer, Rev. C. A. • 741
공관복음 synoptic gospels • 49, 59, 75
공동생활형제회 Brethren of the Common Life • 467
교부 Church Fathers • 53, 61, 117, 216, 221, 273, 293, 294, 328, 429, 465, 469, 475, 543
구세주회 Redemptorists • 641
구스타부스 아돌푸스, 스웨덴 왕 Gustavus Adolphus, King of Sweden • 524, 525, 556
구약성경 Old Testament; 우주론 cosmology • 37; 마르키온은 바울의 가르침을 구약과 조화시키려 함 • 101; 예수의 삶에 관한 예언 • 63; 다니엘서 Book of Daniel • 28; 신명기 Deuteronomy • 233; 창세기 Genesis • 429; 레위기 Leviticus

• 42, 90; 마카베오기 Maccabees • 28
국제연맹 League of Nations • 786
〈권위 L'Autorité〉• 766
귀베르, 노장 수도원장 Guibert, Abbot of Nogent, 《성인들의 유물들 Relics of the Saints》• 307
그라츠 Graz • 522
그라티아누스 Gratian • 371; 《모순된 교회법의 조화 Concordia Discordantium Canonum》• 371
그라티아누스, 황제 Gratian, Emperor • 204
그란디노텐시스, 스테파누스, 성인 Grandinotensis, St Stephanus • 579
그란벨라 Granvella • 491
그레고리우스 10세, 교황 Gregory X, Pope • 381
그레고리우스 15세, 교황 Gregory XV, Pope • 687
그레고리우스 16세, 교황 Gregory XVI, Pope • 647-649, 831; 〈너희가 놀라리라 Mirari vos〉• 648, 831; 〈오직 우리뿐 Singulari Nos〉• 831
그레고리우스 1세, 교황 Gregory I, Pope • 201, 253-255, 262, 263, 276-280, 287, 288, 294, 298, 301, 309, 311, 332, 385, 408, 409, 448, 566
그레고리우스 2세, 교황 Gregory II, Pope • 317
그레고리우스 7세, 교황 Gregory VII, Pope • 352-360, 372, 373, 385, 428, 430, 448, 455, 456, 476, 503, 525, 643, 759, 761, 823
그레고리우스 9세, 교황 Gregory IX, Pope • 363, 365
그레고리우스, 나지안주스의, 콘스탄티노플의 주교 Gregory of Nazianzus, Bishop of Constantinople • 156, 189, 197, 198
그레고리우스, 성인 Gregory, St • 617
그레고리우스, 투르의 주교 Gregory, Bishop of Tours • 209, 259
그레뉘, 프랑수아 Grenus, François • 541
그레이엄, 빌리 Graham, Billy; 《하나님과의 평화 Peace with God》• 812
그레코, 엘 Greco, El • 521, 547; 〈데 오르가즈 백작의 장례식 Burial of the Count de Orgaz〉• 521; 〈라오콘 Laocöon〉• 521
그렌펠, 조지 Grenfell, George • 730
그로버, 대주교 Grober, Archbishop • 802, 803
그로스테스트, 로버트, 링컨의 주교 Grosseteste, Robert, Bishop of Lincoln • 382
그로퍼 Gropper • 491, 492

그리스도제자교회 Disciples of Christ • 828
그리심 산 Mount Gerizim • 39
그리할바, 후안 데 Grijalva, Juan de • 674
글라우키아스 Glaucias • 112
글래드스턴, W. E. Gladstone, W. E. • 634, 740
글랜빌, 조지프 Glanvill, Joseph • 568
글로스터 대성당 Gloucester cathedral • 400, 401
기랄두스 캄브렌시스 Giraldus Cambrensis • 375, 417
기어, 루이스 데 Geer, Louis de • 541
기오르다누스 Giordanus • 253
기욤 드 노가레 William of Nogaret • 391
기욤 드 상스 William of Sens • 400
기욤 르메르, 앙제의 주교 Guillaume le Maire, Bishop of Angers • 406
기적과 성인 miracles, and saints • 265, 300-302
기즈 가 Guise family • 503
길다스, 성인 Gildas, St • 265, 272
길버트, 존, 요크의 대주교 Gilbert, John, Archbishop of York • 584, 585
길버트, 험프리 Gilbert, Sir Humphrey • 666
길베르티, 마투리노 Gilberti, Maturino • 670
깁슨, 에드먼드, 런던의 주교 Gibson, Edmund, Bishop of London • 583

ㄴ

나사렛 교회 Nazarite Church • 818
나세니안파 Nassenians • 112
나자리우스, 성인 Nazarius, St • 209
나치 Nazi Party • 80, 790-807
나폴레옹 1세, 프랑스의 황제 Napoleon I, Emperor of the French • 605, 611, 612, 614, 620, 644
나폴레옹 3세, 프랑스의 황제 Napoleon III, Emperor of the French • 651, 652, 744, 765
낭트 칙령(1598년) Edict of Nantes • 505, 523, 544
네로, 황제 Nero, Emperor • 22, 34, 92
네브리하, 안토니오 데 Nebrija, Antonio de • 512
네빌, 필립 Neville, Sir Philip • 419
네스토리우스, 콘스탄티노플 주교 Nestorius,

Bishop of Constantinople • 180, 182, 188, 815
네스토리우스파 Nestorians • 427, 816, 828
네케르, 자크 Necker, Jacques • 602, 610
넥타리우스, 콘스탄티노플의 Nectarius of Constantinople • 156
노리스, 추기경 Noris, Cardinal • 524
노리치 Norwich • 387
노바티아누스파 Novatianists • 173
노빌리, 로베르트 드 Nobili, Robert De • 683, 684
노섬브리아 Northumbria • 273, 280, 294, 295, 312
노아 Noah • 429
노안톨라 Noantola • 291
노이하우젠 Neuhausen • 352
녹스, 존 Knox, John • 472, 504
농민반란 peasants' revolts • 454, 456, 489
누아에르, 조프리 드 Noiers, Geoffrey de • 400
눈물형제단 Weeping Brethren 506
뉴먼, 존 헨리 Newman, John Henry • 11, 632-635, 780; 《자기 생애를 위한 변명 Apologia Pro Vita Sua》• 634; 《회중을 향한 설교 Discourses to Mixed Congregations》• 640
뉴질랜드, 선교사들 New Zealand, missionaries in • 739
뉴턴 경, 아이작 Newton, Sir Isaac • 449, 559, 568, 569, 571
뉴턴, F. A. Newton, Rev. F. A. • 713
니묄러, 마르틴 Niemöller, Martin • 794, 799
니부어, 라인홀드 Niebuhr, Reinhold; 《기독교 윤리학 개론 Introduction to Christian Ethics》• 811
니체, 프리드리히 Nietzsche, Friedrich • 80
니케아 공의회(325년) Council of Nicea • 176
니케아 공의회(787년) Council of Nicea • 330
니케아 신조 Nicene formula • 176, 181, 331
니콜라우스 1세, 교황 Nicholas I, Pope • 333, 339, 354, 360
니트리아 사막 Nitre desert • 264

ㄷ

다니엘라, 볼테라의 Daniel of Volterra • 514
다르부아, 대주교 Darboys, Mgr • 765, 766
다리우스, 성인 Darius, St • 306
다마수스, 교황 Damasus, Pope • 155, 196, 197, 199-201, 215, 309
다비드, J-P. David, J-P. • 606, 607
다소 Tarsus • 15, 30, 80-82, 91
다운패트릭 Downpatrick • 304
다윈, 찰스 Darwin, Charles • 631, 738, 753
다윗 David • 35, 56, 63, 84, 101, 320
다티니, 프린체스코 디 마르코 Datini, Francesco di Marco • 537
단성론 Monophysite • 184, 328, 427, 434, 475, 745, 816, 828
단일신론자 Monarchianists • 179
달라 토레, 주세페 Dalla Torre, Giuseppe • 825
대각성 운동 Great Awakening • 703-707, 712, 715, 716
대브니, 로버트 루이스 Dabney, Robert Lewis • 724
대븐포트, 존 Davenport, John • 706
대학, 중세의 universities, medieval • 423
더글러스의 비극 The Tragedy of Douglas • 586
더럼 대성당 Durham cathedral • 306, 405, 419, 784
《더로의 책 Book of Durrow》• 291, 295
〈더블린 리뷰 Dublin Review〉• 637
던, 존 Donne, John • 554, 555, 663
던카스터 Doncaster, Lord • 555
데르함, 엘리아 드, 솔즈베리의 참사회원 Derham, Elyas de, Canon of Salisbury • 400
데메트리아스 Demetrias • 232
데메트리우스, 알렉산드리아의 주교 Demetrius, Bishop of Alexandria • 114
데살로니가 Thessalonica • 91, 115, 204, 206, 338
데샤넬, 폴 Deschanel, Paul • 770
데이너, 리처드 헨리 Dana, Richard Henry • 709
데이비드 흄 Hume, David • 578, 625
데이비슨, 랜들, 캔터베리 대주교 Davidson,

Randall, Archbishop of Canterbury • 781
데카르트, 르네 Descartes, René • 555, 590; 《철학원리 Principia》• 555
데키우스 황제의 박해 Decian persecution • 148, 149
덴마크 동인도 회사 Danish East India Company • 541
덴마크 Denmark • 541, 728, 735
도드웰, 윌리엄 Dodwell, William • 581
도마, 사도 Thomas, St • 54, 815
도미니스, 안토니오 데, 스팔라토의 대주교 Dominis, Antonio de, Archbishop of Spalato • 553
도미니크회 종교재판소 Dominican Inquisition • 444, 531
도미니크회 Dominicans; 이단을 반대 • 416, 422; 도미니크회와 프로이센의 개종 • 664; 선교사들 • 666, 668, 675; 재산 • 601
도미티아누스, 황제 Domitian, Emperor • 22, 143
도서관, 수도원의 libraries, monastic • 291
독신제 celibacy • 212, 217, 335, 467, 487, 834-836
돌링거, 요한 폰 Dollinger, Johann von • 659
동인도회사 East India Company • 731, 736
동정녀마리아수사회 Oblates of Mary Immaculate • 743
둔스 스코투스 Duns Scotus • 423
둔스탄, 성인 Dunstan, St 307
뒤 락, 신부 Du Lac, Père • 768
뒤셴, 루이 Duchesne, Louis 777
뒤팡루, 오를레앙의 주교 Doupanloup, Bishop of Orleans • 654, 658
드레퓌스, 대위 Dreyfus, Captain • 767-770, 774
드뤼몽, 에두아르 Drumont, Edouard • 766, 768; 〈프랑스 청년 La France Juive〉766
드상, 성인 Decent, St • 600
디, 존 Dee, Dr John • 546-548
디드로, 드니 Diderot, Denis • 592, 593; 《백과전서 Encyclopedie》• 592
디모데 Timothy, St • 207
디벨리우스, 오토 Dibelius, Otto • 792, 793
디오그네투스 Diognetus • 150
디오니시우스 엑시구스 Dionysius Exiguus • 252

디오니시우스, 고린도의 주교 Dionysius, Bishop of Corinth • 127, 130
디오니시우스, 알렉산드리아의 Dionysius of Alexandria • 130
디퀼 Dicuil 《세계의 측량에 관한 책 Liber de Mensura Orbis Terrae》• 296, 297
디킨스, 찰스 Dickens, Charles • 625
디트리히, 헤센나사우의 감독 Dietrich, Bishop of Nassau-Hessen • 798
디펜바흐, 앨버트 C. Dieffenbach, Albert C. • 786
딜크, 찰스 Dilke, Sir Charles • 748

ㄹ

라그랑주, 알베르 Lagrange, Albert • 777
라나발로나, 마다가스카르의 여왕 Ranavalona, Queen of Madagascar • 748
라마르틴 Lamartine • 649
라모르마이니, 신부 Lamormaini, Father • 524
라문조 羅文藻, Lo Wen-Tsao • 686
라므네, 펠리시테 드 La Mennais, Abbe Felicite de • 643-649; 〈미래 L'Avenir〉• 646; 《한 신앙인의 이야기 Paroles d'un croyant》• 648; Reflections, • 385; 《전통 Tradition》• 644
라미오 1세, 아라곤의 왕 Ramiro I, King of Aragon • 428
라바누스 마우루스, 마인츠의 대주교 Hrabanus Maurus, Archbishop of Mainz • 294
라바르의 기사 La Barre, Chevalier de • 597
라바터, 요하나 카스퍼 Lavater, Johann Kaspar • 605
라발 Laval • 282
라벤나 Ravenna • 246, 312, 328
라비즈리, 샤를, 알제의 추기경-대주교 Lavigerie, Charles, Cardinal-Archbishop of Algiers • 744-746
라우싱, 헤르만 Rausching, Hermann • 795
라이트, 헨리 B. Wright, Henry B. • 786
라이프니츠, 고트프리트 빌헬름 Leibniz, Gottfried Wilhelm, 《신정론 Theodicée》• 595
라이헤나우 Reichenau • 293, 299, 419
라코르데르 Lacordaire • 644, 648, 650

라테란 공의회 Lateran Councils • 409, 419, 432, 485

라텐 문명 La Tene civilization • 296

라트리니테드방돔 La Trinite de Vendôme • 283

라틴 아메리카, 선교사들 Latin America, missionaries in • 668-671

람브루스키니 Lambruschini • 647

람폴라, 추기경 Rampolla, Cardinal • 773

랑그도크 Languedoc • 446

래, 콜린 Rae, Rev. Colin • 749

램지, 마이클, 캔터베리의 대주교 Ramsey, Michael, Archbishop of Canterbury • 841

램지, 윌리엄 Ramsey, William • 400

랩, 조지 Rapp, George • 717

랭, 코스모 고든, 캔터베리 대주교 Lang, Cosmo Gordon, Archbishop of Canterbury • 784

랭스 Reims • 291, 292, 297, 607; 랭스 대성당 cathedral • 405

랭커셔 Lancashire • 510

러브조이, 엘리야 Lovejoy, Elijah • 721

러셀, 존 Russell, Lord John • 632

러시아 정교 Russian Orthodox Church • 647, 828

런던 선교회 London Missionary Society • 732, 737, 815

런던 London • 398, 464, 470, 509, 557-559, 583, 663, 784, 818, 821; 올드 세인트폴 성당 Old St Paul's • 400, 402, 404, 405, 555, 663, 771

레겐스부르크 회의(1541년) Diet of Regensburg • 491, 493, 509

레겐스부르크 Regensburg • 491, 493, 509

레나토, 카밀로 Renato, Camillo • 500

레날 Raynal, 《인도제국의 철학과 정치사 Philosophical and Political History of the Indies》 • 593

레무스 Remus • 308

레안데르, 세비야의 주교 Leander, Bishop of Seville • 288

레오 10세, 교황 Leo X, Pope • 479

레오 13세, 교황 Leo XIII, Pope • 762-765, 769, 771, 772, 776, 781; 〈영국인들에게 Ad Anglos〉• 781; 〈사도의 관심에 관하여 Apostolicae Curae〉• 781; 〈불멸의 하나님 Immortale Dei〉• 763; 〈그 많은 것들 중에서 In plurimis〉• 764; 〈새로운 것들에 관하여 Rerum novarum〉• 764; 〈수많은 위로들 Inter innumeras solicitudines〉• 765; 〈멀리 떨어진 대양에게 Longinqua oceani〉• 771; 〈하나님의 최고의 섭리들에 대하여 Providentissimus Dei〉• 776, 〈사도 직무론 Quod apostolici muneris〉• 763; 〈기독교의 지혜 Sapientiae Christianae〉• 763

레오 1세, 교황 Leo I, Pope • 183, 222, 251, 308, 311, 315, 408

레오 3세 교황 Leo III, Pope • 243, 320, 350, 356

레오 4세, 교황 Leo IV, Pope • 426

레오 9세, 교황 Leo IX, Pope • 352

레오폴드, 투스카니의 대공 Leopold, Grand Duke of Tuscany • 599

레이, 존 Ray, John • 568

레이나흐, 조제프 Reinarch, Joseph • 768

레이저, 폴리카르프 Leyser, Polycarp • 501

로도스 섬 Rhodes • 235

로돈 Rhodon • 129

로드리게스, 알폰소 Rodriguez, Alfonso • 519

로렌 Lorraine • 503

로마 Rome: 사도적 토대로서의 로마 • 127-131; 아피아 가도 • 127; 비잔틴 제국과의 분열 • 312, 316, 317; 기독교의 중심이 됨 • 94; 로마와 켈트 수도원 • 294; 프랑크족의 지배 • 244; 이교 • 172, 174, 189-195; 로마 순례 • 310, 311, 412, 414; 종교적 폭도 • 185-190; 바티칸 언덕 • 127; 바티칸 도서관 • 395

《로마 의식서 Ordo Romanus》• 316

〈로마의 관찰자 Osservatore Romano〉• 805

로물루스 Romulus • 308

로므니 드 브리엔, 추기경 Lomenie de Brienne, Cardinal • 600

로버츠, 에번 Roberts, Evan • 809

로베르투스 Robertus • 400

로베스피에르 Robespierre • 606-608

로스, 발타자르 Ross, Balthasar • 534

로스비타 Hrotswitha • 365

로슨, 윌리엄 Lawson, Sir William • 748

로아, 안토니오 데 Roa, Antonio de • 672

로욜라, 이그나티우스 Loyola, Ignatius • 468, 518

로웰, 제임스 러셀 Lowell, James Russell • 709

로이힐린, 요하네스 Reuchlin, Johann • 466

로저, 하우든의 Roger of Howden • 378

로체스터 Rochester • 303; 대성당 cathedral • 403

로크, 존 Locke, John 569-577, 588, 589, 592, 593, 615, 624, 629, 630, 634, 704; 《인간오성론 Essay Concerning Human Understanding》• 570, 704; 《기독교의 합리성 The Reasonableness of Christianity》• 571, 572; 《두 번째 변명 Second Vindication》• 573; 《변명 Vindication》• 573

로타리스, 이탈리아의 왕 Rothari, King of Italy • 256, 257

〈로타리스 칙령 Rothari's Edict〉• 256

로페스, 헤로니모 Lopez, Jeronimo • 675

론 계곡 Rhone Valley, Christian persecutions • 146

롤라드파 Lollards • 473

롤루스, 리카르두스 Rolle, Richard, 《양심의 가책 Stimulus Conscientiae》• 579

롤리, 월터 Raleigh, Sir Walter • 566

롬바르두스, 페트루스 Lombard, Peter • 409, 579

롬바르드족 Lombards • 243, 253, 256, 260, 277, 305, 312, 329

롬지의 수녀원장 Romsey, Abbess of • 521

롱펠로, 헨리 워즈워스 Longfellow, Henry Wadsworth • 709, 710

루, 성인 Loup, St • 600

루가드, 행정관 Lugard, Captain • 747

루돌프 2세, 황제 Rudolf II, Emperor • 547

루뱅 대학 Louvain, University of • 468

루소, 장 자크 Rousseau, Jean Jacques • 590, 596, 600, 607, 609

루스벨트, 프랭클린 D. Roosevelt, Franklin D. • 810

루스티쿠스 Rusticus • 146

루아지, 알프레드 Loisy, Abbe Alfred, Gospel and the Church • 776

루앙 Rouen • 250, 381

루이 12세, 프랑스의 왕 Louis XII, King of France • 484

루이 13세, 프랑스의 왕 Louis XIII, King of France • 524

루이 14세, 프랑스의 왕 Louis XIV, King of France • 523, 587, 589, 716, 717

루이 15세, 프랑스의 왕 Louis XV, King of France • 599

루이 16세, 프랑스의 왕 Louis XVI, King of France • 505, 602

루이 필리페, 프랑스의 왕 Louis-Philippe, King of France • 646

루키아누스 Lucian • 106, 185

루터, 마르틴 Luther, Martin • 454-456, 472, 473, 486-494, 498-500, 652, 666; 〈살인하고 도둑질하는 농민의 무리에 반대하며 Against the Murdering, Thieving Hordes of Peasants〉• 489; 〈교회의 바벨론 포로 Babylonish Captivity of the Church〉• 488; 율리우스 2세를 비난 • 484; 지옥 교리 • 578; 루터와 에라스무스 • 474-477; 결혼에 관한 견해 • 837; 신약성경 출간 • 473; 〈기독교인의 자유 On the Liberty of a Christian Man〉• 488; 〈독일 민족의 기독교 귀족에게 고함 To the Christian Nobility of the German Nation〉• 488; 마녀사냥 • 532

루터교 Lutheranism • 483, 487-491, 494, 498, 499, 501, 502, 505, 508, 514, 518, 533, 555, 573, 582, 598, 630; 미국의 루터교 • 723, 725; 독일의 루터교 • 789, 791-794

루틸리우스 나마티아누스 Rutilius Namatianus • 250

룰루스, 라이문두스 Lull, Raymond • 437, 665

룸파 교회, 잠비아의 Lumpa ('Excelling') Church of zambia 819

뤽세유 Luxeuil • 273, 281, 291

르 노르데, 디종의 주교 Le Nordez, Bishop of Dijon • 774

르 시용 Le Sillon • 779

르낭, 에르네스트 Renan, Ernest; 《예수의 생애 Vie de Jesus》• 650

르네상스 Renaissance • 532, 547, 558, 559, 566

르메트르, 쥘 Le Maitre, Jules • 768

르베 Rebais • 273

르봉, 조제프 Lebon, Joseph • 607

르텔리에 Le Tellier • 523

르페브르, 장 Le Fevre, Jean • 451

리고, 라울 Rigaud, Raoul • 765

리고, 오도, 루앙의 대주교 Rigaud, Odo, Archbishop of Rouen • 381

리구오리, 성 알폰소 Liguori, St Alphonsus • 641,

642; 《영원한 진리 The Eternal Truths》• 641, 642
리누스, 교황 Linus, Pope • 308
리들 하트, 바실 Liddell Hart, Basil • 808
리들리, 니콜라스 Ridley, Nicholas • 472
리딩 수도원 Reading Abbey • 303, 304
리바누스 Libanus • 192
리바롤 Rivarol; 《지적이며 도덕적인 인간에 관한 담론 Discours sur l'homme intellectuel et moral》• 611
리보, 테오도르 Ribot, Théodore • 770
리브먼, 조슈아 로스 Liebman, Joshua Loth, 《마음의 평화 Peace of Mind》• 812
리비니우스 Livinius • 217
리빙스턴, 데이비드 Livingstone, David • 737, 740
리빙스턴, W. J. Livingstone, W. J. • 819
리슐리외 Richelieu • 541
리에주 Liege • 250, 352
리옹 공의회(1274년) Council of Lyons • 343
리우트프란트, 왕 Liutprand, King • 260
리우트프란트, 크레모나의 주교 Liutprand, Bishop of Cremona • 316, 327
리치, 마테오 Ricci, Fr Matthew • 685-688
리치필드 대성당 Lichfield cathedral • 400, 403
리키니우스, 황제 Licinius, Emperor • 135
리플리, 조지 Ripley, George • 717
리허트, 월터, 노리치의 주교 Lyhert, Walter, Bishop of Norwich • 387
리히텐베르크, 베를린의 주임신부 Lichtenberg, Provost of Berlin • 804
린디스판 Lindisfarne • 273, 279, 295
링컨 대성당 Lincoln cathedral • 400
링컨, 에이브러햄 Lincoln, Abraham • 724, 813
링컨셔 Lincolnshire, monasteries • 508

ㅁ

마가 Mark, St • 49, 58, 59, 73, 75, 94, 114, 128
마그데부르크 Magdeburg • 352
마녀사냥 witch-hunts • 230, 477, 530-536, 543, 556, 566, 702, 718, 775, 777
마니 Mani • 222
마니교도 Manicheans • 222-224, 230
마드루초, 크리스토포로 Madruzzo, Christoforo • 515
마라, 장 폴 Marat, Jean Paul • 607, 608
마론파 Maronite Christians • 434
마르게리에, 주교 Marguerye, Mgr de • 659
마르무티에 Marmoutier • 268, 273, 282, 283
마르세유 Marseille • 268, 328
마르셀리스, 가브리엘 Marcelis, Gabriel • 541
마르셀리스, 셀리오 Marcelis, Celio • 541
마르실리오 (파도바의) Marsilio of Padua; 〈평화의 수호자 Defensor Pacis〉• 366
마르켈루스, 아파메아의 주교 Marcellus, Bishop of Apamea • 193
마르크스, 카를 Marx, Karl • 606
마르키아누스, 황제 Marcian, Emperor • 315
마르키온 Marcion • 100-105, 115-117, 121
마르티누스 5세, 교황 Martin V, Pope • 451
마르틴, 페더보른의 주교 Martin, Bishop of Pederborn • 803
마르틸라 Martila, St • 265
마리아, 수도사 Maria, Monk • 719
마리아니, 후안 Mariani, Juan • 525
마리암네 Mariamne • 112
마리우스, 성인 Marius, St • 252
마스트리히트 Maastricht • 250
마오쩌둥 Mao Tse-tung • 606
마요르카 Majorca • 437
마이바트, 조지 Mivart, Professor St George • 642
마이어, F. B. Meyer, Rev. F. B. • 809
마자랭, 추기경 Mazarin, Cardinal • 541
마치, 토머스, 로드아일랜드의 주교 March, Thomas, Bishop of Rhode Island • 723
마카리오스, 알렉산드리아의 Makarios of Alexandria • 265
마카리우스 Macarius • 167
마카베오 가문 Maccabees • 28, 29, 38, 165
마티, 대위 Marty, Captain • 818

마티스, 얀 Mathijs, John • 457
마틸다, 크베들린부르크 여자 수도원장 Matilda, Abbess of Quidlinburg • 261
막센티우스 Maxentius • 135
막시무스, 견유학파, 콘스탄티노플의 주교 Maximus the Cynic, Bishop of Constantinople • 211
막시미누스, 황제 Maximinus, Emperor • 150
막시밀리안, 황제 Maximilian, Emperor • 464, 484
만리케, 로드리고 Manrique, Rodrigo • 528
만프레디, 왕 Manfred, King • 367
말라키, 아마의, 성인 Malachy of Armagh, St • 304
말로, 성인 Malo, St • 265
말제르브 Malesherbes • 602
매너스, 니컬러스 Manners, Nicholas • 617
매닝, 추기경 Manning, Cardinal • 635, 636, 655, 657, 780
매더, 코튼 Mather, Cotton; 《아메리카에서의 그리스도의 위업 Magnalia Christi Americana》• 702
매섬 부인 Masham, Lady • 569
매슈스, 셰일러 Matthews, Shailer • 786
매켄지, 더글러스 MacKenzie, W. Douglas; 《세계 대전 속의 기독교 윤리 Christian Ethics in the World War》• 786
매켄지, 조지 Mackenzie, Sir George • 536
매킨리, 윌리엄 McKinley, William • 752
매킴, 랜돌프 H. McKim, Rev. Randolph H. • 785
맥심, 하이럼 Maxim, Hiram • 748
머디, 그랜빌 Moddy, Granville • 723
멍거, 시어도어 손턴 Munger, Theodore Thornton • 724
메노나이트 Mennonites • 708
메로빙거 왕조 Merovingians • 317
메스트르, 조제프 드 Maistre, Joseph de • 650, 768; 《교황론 Du Pape》• 643
메이어스, 코트랜드 Meyers, Rev. Courtland • 786
메토디우스 Methodius • 338-340
멜란히톤, 필리프 Melanchthon, Philip • 493, 543, 545
모라비아 교회 Moravians • 708
모라스, 샤를 Maurras, Charles • 768, 778, 780

모르몬교 Mormonism • 718, 719
모리스, 성인 Maurice, St • 600
모리스, 윌리엄 Morris, Fr William • 638
모어, 토머스 More, Sir Thomas • 482, 529, 557
모어, 해나 More, Hannah • 622, 625
모트, 존 롤리 Mott, John Raleigh • 754
몽테뉴 Montaigne • 535, 551
무라토리 단편 Muratorian fragment • 116
무라토리 L. A. Muratori, L. A. • 116
무함마드 Mohammed • 364, 427
뮌스터 Munster • 456-459, 506, 606
뮌처, 토마스 Muntzer, Thomas • 455, 456
뮌처파 Munzerites • 506
미국해외선교위원회 American Board of Commissioners for Foreign Missions • 735
미란돌라, 피코 델라 Mirandola, Pico de • 465
밀라노 칙령(313년) Edict of Milan • 135-137, 164, 174

ㅂ

바나바 Barnabas • 16, 20
바나바회 Barnabites • 518, 647
바로니우스, 추기경 Baronius, Cardinal • 529
바르나보, 추기경 Barnabo, Cardinal • 658
바르트, 카를 Barth, Karl • 88, 792, 811; 《교회 교의학 Church Dogmatics》• 811; 《로마서 주석 Commentary》• 811
바를람 Barlaam, St • 263
바리새파 Pharisees • 38-41, 45; 사도회의의 바리새파 • 16; 회당 개념 • 43; 이방인 선교를 반대 • 78; 예루살렘 교회의 바리새파 • 79; 바리새파와 바울 • 81; 스데반을 처형 • 79
바벨론 Babylon • 24
바실리데스 Basilides • 112
바실리데스파 영지주의 Basilide gnostics • 99
바실리우스 Basil, St 268 • 425
바실리우스, 카이사레아의 주교 Basil, Bishop of Caesarea • 267
바알, 돌리케의 Baal of Dolichenus • 25

바오로 1세, 교황 Paul I, Pope • 305, 318
바오로 3세, 교황 Paul III, Pope • 470
바오로 4세, 교황 Paul IV, Pope • 470, 514
바오로 5세, 교황 Paul V, Pope • 687, 695
바오로 6세, 교황 Paul VI, Pope 834-840; 〈인간 생명에 대하여 Humanae Vitae〉 • 839
바울, 사도 Paul, St • 35-40, 44, 112, 113, 515, 516; 사도 회의의 바울 • 15-20; 외모 • 17; 바울과 영지주의 • 90-100; 교회에 관한 개념 • 104, 105; 바울을 추종한 마르키온 • 100, 101; 로마에서 순교 • 105; 이방인 선교 • 82, 83, 86; 하나님의 성전에 관한 견해 • 44; 예수에 관한 견해 • 44, 55-57; 폭력에 반대 • 425; 적그리스도로 그려진 바울 • 94; 부활을 기독교의 핵심 교리로 제안 • 96; 바울의 유물 • 208, 308; 성과 결혼에 관한 견해 • 212
바울파 Paulinists • 506
〈바울행전 Acts of Paul〉 • 17
바젤 공의회 Council of Basel • 397, 422, 832, 833
바젤 공의회(1431-1439년) Council of Basle • 397, 422, 832, 833
바젤 Basel • 352, 482, 500
바젤선교회 Basle Mission • 735
바티칸 사본 Vaticanus codex • 61
바하이교 Baha'i • 813
바헴, 카를 Bachem, Karl • 790
반종교개혁 Counter-Reformation • 511-524, 540, 541, 547, 548, 553, 554, 556
발칸 반도 Balkans • 154, 331, 336
밤베르크 Bamberg • 326, 353, 535
백스터, 리처드 Baxter, Richard • 459
백인신부회 White Fathers • 743-746
밴크로프트, 조지 Bancroft, George, 《미합중국의 역사 History of the United States》 • 752
뱅거 Bangor • 584
버넷, 길버트 Burnet, Gilbert • 567
버넷, 토머스 Burnet, Thomas • 581; 《죽은 자들의 상태에 관하여 De Statu Mortuorum》 • 581
버로 Burrow • 291
버클리, 조지, 주교 Berkeley, George, Bishop • 704
버튼, 주교 Button, Bishop • 404
베긴회 Beguines • 453

베냐민 Benjamin • 81
베네딕투스 12세, 교황 Benedict XII, Pope • 419, 420
베네딕투스 14세, 교황 Benedict XIV, Pope • 598; 〈오직 이것에 따라 Ex quo singulari〉 • 688
베네딕투스 15세, 교황 Benedict XV, Pope • 779, 785, 787
베네딕투스 비스코프 Benedict Biscop • 280, 294, 295
베네딕투스 Benedict, St • 277, 278, 283, 287, 566, 617
베네딕투스회 Benedictines • 276-281, 286, 415, 417, 419, 420, 472, 518, 600, 601, 607
베네벤토 전투 Benevento, battle of • 367
베니니, 움베르토 Benigni, Mgr Umberto • 779
베다니 Bethany 75
베드로, 사도 Peter, St • 19, 20, 54, 58, 59, 76, 90, 112, 114, 128, 129, 196, 308; 사도회의의 베드로 • 16, 19; 〈베드로 복음〉 • 114; 베드로와 예루살렘 교회 • 76; 순교 • 90, 127; 베드로와 교황권 • 197, 204, 207; 베드로의 유물 • 265, 307
베르나데트, 수비루 Bernadette Soubirous • 653
베르닝, 주교 Berning, Bishop • 803
베르트람, 브레슬라우의 추기경 Bertram, Cardinal of Breslau • 790
베아, 추기경 Bea, Cardinal • 827
베아트리체 Beatrice (이탈리아 왕 만프레디의 딸) • 367
베어드, 로버트 Baird, Robert, 《미국의 종교 Religion in America》 • 752
베이커, 제임스 Baker, Rev. James • 584
베이컨, 레너드 울시 Bacon, Leonard Woolsey, 《미국 기독교 역사 History of American Christianity》 • 752
베이컨, 로저 Bacon, Roger • 372, 449, 546
베이컨, 프랜시스 Bacon, Francis • 553, 557; 《학문의 진보 Advancement of Learning》 • 553; 《새로운 아틀란티스 New Atlantis》 • 553; 《신 기관 Novum Organum》 • 553
베자 사본 Codex Bezae • 60
베자, 테오도레 Beza, Theodore • 60, 500, 504, 544; 베자 사본 Codex Bezae • 60
베지에 Beziers • 443

베켓, 토머스 Becket, Thomas • 304, 373-378, 403, 463, 464, 633, 644
벤틀리, 리처드 Bentley, Richard • 569
벤틀리, 홀먼 Bentley, Holman • 730, 736, 746
벨, 조지, 치체스터의 주교 Bell, George, Bishop of Chichester • 807, 808
벨라르미네 추기경 Bellarmine, Cardinal • 666
보고밀파 Bogomils • 440, 441
보나벤투라 Bonaventura • 423
보니파키우스 8세, 교황 Boniface VIII, Pope • 347, 379, 389-391, 414, 455, 612, 823; 〈궐기에 앞서 Ante promotionem〉• 391; 〈나의 아들이여 들으라 Ausculta fili〉• 391; 〈성직자와 평신도 Clericos laicos〉• 347, 390; 〈세상의 구원자 Salvator mundi〉• 391; 〈베드로의 사명에 관하여 Super Petri solio〉• 391; 〈하나의 거룩한 Unam Sanctam〉• 347
보로메오, 밀라노의 대주교 Borromeo, Archbishop of Milan • 517
보르도 Bordeaux • 239, 249, 503
보르자, 프란치스코 Borgia, Francis • 529
보른바서, 주교 Bornewasser, Bishop • 799
보리스 1세, 불가리아 왕 Boris I, King of Bulgaria • 332-334
보베 대성당 Beauvais cathedral • 405
보비오 Bobbio • 273
보쉬에 Bossuet • 590, 770
보스턴, 토머스 Boston, Thomas • 580
〈보스턴의 공적 해방자와 시대의 저널 Boston Public Liberator and Journal of the Times〉• 721
보이티우스 Boethius • 288, 299
보일, 로버트 Boyle, Robert • 558, 568, 569
보즈웰, 제임스 Boswell, James • 585
보켈슨, 얀 Beukels, John • 457, 458
보텀리, 허레이쇼 Bottomley, Horatio • 784
보헤미아 Bohemia • 285, 303, 454, 524, 554, 555
복슬리 루드 Boxley Rood • 194
복음주의자 Evangelicals: 형성 • 622-628; 복음주의자와 옥스퍼드 운동의 전개 • 632-634; 미국의 복음주의자 • 708; 나치 독일의 복음주의자 • 792-798, 811; 선교사들 • 739, 752; 학문적 성경 연구의 취약함 • 628
본회퍼, 디트리히 Bonhoeffer, Dietrich • 807, 808

볼, 존 Ball, John • 454
볼린, 앤 Boleyn, Anne • 509
부쉬, 요한 Busch, Johann • 422
부스타멘테, 프란체스코 데 Bustamente, Francisco de • 670
부아데프르, 장군 Boisdeffre, General de • 768
부처, 마르틴 Bucer, Martin • 491-495, 515, 543, 545
부크베르크, 주교 Buchberg, Bishop • 803
부활절 날짜 계산 Easter, calculating date of • 128, 252, 261, 274, 275, 311
〈북아메리카 리뷰 North American Review〉• 428
불가리아 Bulgaria • 332-339, 441
불교 Buddhism • 110, 680, 689, 692, 695, 748
불트만, 루돌프 Bultmann, Rudolf • 88
붓다 Buddha • 264
뷔르츠부르크 Wirzburg • 299, 534
브라보, 마리아노 로페스, 신부 Bravo, Fr Mariano Lopez • 679
브라운, 추기경 Browne, Cardinal • 839
브라울리오, 사라고사의 주교 Braulio, Bishop of Saragossa • 289
브렌던 Brendan, St • 272
브루노, 조르다노 Bruno, Giordano • 545-551
브룩팜 Brook Farm • 717
브뤼헐, 피터르 Breughel, Pieter the Elder, 〈사육제와 사순절의 전투 Combat between Carnival and Lent〉• 547
브르타뉴 Brittany • 269, 273, 604
브리덴 Bridaine • 580
브리지드, 성인 Brigid, St • 304
블란디나 Blandina • 147
블랙 파워 Black Power • 813
블레어, 제임스 Blair, James • 702
비드 Bede, the Venerable • 260, 291, 293, 294, 295, 301, 331; 《영국 교회와 민족의 역사 History of the English Church and Nation》• 260, 331
비르기타 수녀회 Brigittine nuns • 416, 423
비밀정원형제회 the secretive Garden Brethren • 506

비스마르크, 오토 폰 Bismarck, Otto von • 761, 762, 789
비처, 라이먼 Beecher, Lyman, 《서부를 위한 탄원 Plea for the West》 • 719
비처, 에드워드 Beecher, Edward • 722
비처, 헨리 워드 Beecher, Henry Ward • 724, 751
비츠부르크 Witzburg • 293
비텐베르크 Wittenburg • 456, 486, 494, 555
비티니아 Bithynia • 144, 172
빅토르 위고 Hugo, Victor • 649
빈 공의회(1311년) Council of Vienne • 665
빈스필드, 주교 Binsfield, Bishop • 534

ㅅ

사도 회의 Apostolic Conference • 15-20
사도적 계승 apostolic succession • 97
사랑의 가족 Family of Love • 545
사해 사본 Dead Sea Scrolls • 165
사해 Dead Sea • 41, 42, 48
산체스, 알폰소 Sanches, Father Alfonso • 694
살레시오회 Salestians • 743
살루스티우스 Sallust • 273
살마시우스, 클라우디우스 Saumaise, Claude 《고리대금론 On Usury》 • 539
30년 전쟁 Thirty Years War • 524
상업과 교회 commerce and the church • 537-543
생드니 St Denis • 299, 607
《생베르탱의 일생 Annals of St Bertin》 • 292
생텍쥐페리 Exupery, St • 307
샤르가르니에, 장군 Chargarnier, General • 652
샤르트르 대성당 Chartres cathedral • 405
샤를 7세, 프랑스의 왕 Charles VII, King of France • 451
샤를, 샤르트르의 참사회원 Charles, Canon of Chatres • 607
샤를부아, 신부 Charlevoix, Father • 694
샤세네 Chassenee, 《동물들과 벌레들의 파문에 관하여 De Excommunicatione Animalium Insectorum》 • 407

샤토브리앙 Chateaubriand • 590, 613, 647; 《기독교의 정수 Génie du Christianisme》 • 613, 643
샬롱 공의회(813년) Council of Châlons • 409
샬롱 Chalons • 250
샹포르 Chamfort • 600
성 베드로 모임 Congregation of St Peter • 644, 645
성 보니파키우스 Boniface, St • 297, 313
성모몽소승천 단체 Assumptionists • 766, 778
성상파괴 iconoclasm • 317, 329
세례 baptism • 160-162, 165, 234, 348, 408, 409; 유아세례 infant baptism • 234, 440
〈세상에 저항하는 교회 The Churches Against the World〉 • 812
셰니에 Chenier, M-J., 〈샤를 9세 Charles IX〉 • 603
셰니에, 앙드레 Chénier, André, 《정당의 정신에 관하여 De l'esprit de parti》 • 605
셰이커교도 Shakers • 716
셸 Chelles • 273
〈수도원장 이르미농의 토지대장 Polyptyque of Abbot Irminon〉 • 281
슈파이어 의회 Diet of Speier • 489
스토베우스, 조지, 라반트의 영주·주교 Strobaeus, George, prince-bishop of Lavant • 502
스트레튼, 로버트, 코번트리와 리치필드의 주교 Stretton, Robert, Bishop of Coventry and Lichfield • 380
시나이 사본 Sinaiticus codex • 61
시네시우스, 프톨레마이스의 Synesius of Ptolemais • 156
시도니우스 아폴리나리스, 클레르몽의 주교 Sidonius Apollinaris, Bishop of Clermont • 249
시리아 정교회 Syrian Orthodox Church • 828
시메네스, 추기경 Ximenes, Cardinal • 511, 512, 528
시토 수도회 Cistercians • 283-286, 386, 413, 415, 422, 429, 443, 472, 667
신성 동맹 Holy Alliance • 610
신의 현존 shekinah • 42
실베스테르 1세, 교황 Sylvester I, Pope • 313, 316, 320
〈십자가 La Croix〉 • 766, 767
십자가 처형 Crucifixion • 52, 56, 68, 69, 73, 127

십자가 crosses; 켈트인의 돌 십자가 Celtic stone crosses · 296; 십자가 유물 relics of the True Cross · 208, 600

ㅇ

아그리콜라, 성인 Agricola, St · 209
아나스타시우스, 황제 Anastasius, Emperor · 259
아니키우스 가문 Anicii family · 251-253
아담파 Adamist · 506
아데나고라스 Athenagoras · 840
아드리아 해 Adriatic · 246, 431
아디아베네 Adiabene · 34
아라곤 Aragon · 388, 428
아람어와 복음서 Aramaic language, and the gospels · 53, 54
아랍인 Arabs; 이슬람으로 개종한 아랍인 · 427; 아랍 세계에 선교사를 파송한 라비즈리 · 744
아룬 알 라시드 Harun-al-Rashid · 297
아르메니아 교회 Armenian Church · 184, 828
아르미니우스 Arminius · 553
아르미니위스주의 Arminianism · 556, 616
아르침볼도, 주세페 Arcimboldo, Giuseppe · 547
아를 공의회(813년) Council of Arles · 322, 323
아리스토텔레스 Aristotle · 288; 《시학 Poetics》· 58
아리스티온 Aristion · 54
아리우스 Arius · 176, 177, 180, 207
아리우스주의 Arianism · 110, 180, 183, 204, 206, 207, 209, 213, 247, 249, 258, 288, 475
아메트, 추기경 Amette, Cardinal · 785
아모르바흐 Amorbach · 299
아미아티누스 사본 Codex Amiatinus · 295
아미앵 Amiens · 405, 448
아비뇽 Avignon · 391, 394, 395, 402, 603
아우구스티누스 수도회 Augustinians · 288, 372, 415, 486, 515, 601; 선교사들 · 668
아우구스티누스, 캔터베리의 대주교 Augustine of Canterbury, St · 280, 322
아우렐리우스 디오게네스 Aurelius Diogenes · 148
아우렐리우스, 마르쿠스 Aurelius, Marcus · 145

아우크스부르크 평화회의 Peace of Augsburg · 502, 579, 645
아이단, 성인 Aidan, St · 273, 275
아이슬란드 Iceland · 297
아이오나 Iona · 273, 291, 296, 312
아이젠하워, 드와이트 D. Eisenhower, Dwight D. · 813
아인하르트 Einhard · 261, 297, 322
아일랜드 Ireland · 280, 291, 296, 297, 301, 386, 393, 524, 557, 578, 616, 740, 777; 수도원 monasteries · 269-273; 석조기술 · 296
아일랜드, 존, 세인트폴의 대주교 Ireland, John, Archbishop of St Paul · 771
아자테스 2세, 아디아베네의 왕 Azates II, King of Adiabene · 34
아즈텍족 Aztecs · 669
아켈라오 Archelaus · 30
아퀼레이아 Aquileia · 249
아타나시우스, 알렉산드리아의 주교 Athanasius, Bishop of Alexandria · 111, 118, 174, 175, 186
아타르가티스 Atargatis · 191
아테네 Athens · 82, 91, 104, 337
아티스 Attis · 136, 191
아포탁타이트파 Apotactites · 173
아폴로니우스 Apollonius · 109
아폴리나리우스, 라오디게아의 주교 Apollinaris, Bishop of Laodicea · 180, 181
아프로디테 Aphrodite · 25
아프리카 토착침례교회 Native Baptist Church · 818
아프리카 Africa; 콘스탄티누스의 대학살 · 138; 아프리카에 대한 지배권을 다시 확보하려는 콘스탄티노플 · 246; 이슬람으로의 개종 · 284, 328; 아프리카의 선교사들 · 665, 672, 734-751 아프리카에 보유한 교황의 부동산 · 254; 아프리카 독립교회 separatist native Christian churches · 817-822; 북아프리카에 밀려온 반달족 · 221, 227, 237; 아프리카의 열심당과 에세네파 · 104
아헨 공의회(816년) Council of Aachen · 323
악과 부도덕에 반대하는 협회 Proclamation Society Against Vice and Immorality · 623
악마파 Devillers · 506
안그레 Annegray · 280

안나 콤네나 Anna Comnena • 337, 431

안나스 Annas • 40

안드레, 사도 Andrew, St • 54, 207

안디옥의 이그나티우스 Ignatius of Antioch • 115, 127; 〈로마 교회에 보낸 편지 Letter to the Romans〉• 127

안셀무스 Anselm • 280

안토니우스 Anthony, St • 264, 268

안트베르펜 Antwerp • 540, 546

안티오코스 에피파네스, 시리아의 왕 Antiochus Epiphanes, King of Syria • 28

알두스 마누티우스 Aldus Manutius • 466

알라리쿠스 Alaric • 247

알렉산더, 분파주의자 Alexander, sectarian • 185

알렉산더, 성인 Alexander, St • 306

알렉산더, 알렉산드리아의 주교 Alexander, Bishop of Alexandria • 109-110

알렉산더의 아일 마을 Alexander's Isle • 148

알렉산데르 2세, 교황 Alexander II, Pope • 428

알렉산데르 3세, 교황 Alexander III, Pope • 370, 378

알렉산데르 6세, 교황 Alexander VI, Pope • 485, 612

알렉산드로스 대왕 Alexander the Great • 23, 27, 195, 694

알렉산드르 1세, 러시아의 차르 Alexander I, Tsar of Russia • 610

알렉산드리아 사본 Alexandrinus codex • 60

알렉산드리아 Alexandria: 마가가 설립한 교회 • 128; 〈히브리인들의 복음 Gospel of the Hebrews〉• 114; 학문의 중심 알렉산드리아 • 122, 288; 북아프리카의 이슬람 개종과 알렉산드리아 • 328; 유대인 디아스포라 • 30, 36, 114; 알렉산드리아 수도사 • 264; 70인역 Septuagint • 32; 세라피스 사원 공격 • 193; 폐교된 학교 • 220

알렉시우스, 황제 Alexius, Emperor • 342

알베르투스 마그누스 Albertus Magnus • 423

알베르트, 마인츠의 대주교 Albert, Archbishop of Mainz • 485-486

알비겐파 십자군 Albigensian crusades • 443

알칼라 대학 Alcala university • 511, 512

알프스의 수도원 Alps, monasteries • 273

암모나스 Ammon • 264

암미아누스 Ammianus • 155, 157, 293

암브로시우스, 밀라노의 주교 Ambrose, St, Bishop of Milan • 156, 203-214; 암브로시우스와 교회음악 • 206, 207; 암브로시우스와 성물 숭배 • 207-209; 《직무론 De Officiis》• 211; 인간 조건에 대한 비관적 견해 • 218; 암브로시우스와 아우구스티누스 • 223; 필사실에서 필사된 작품들 • 294

앙리 4세, 프랑스의 왕 Henry IV, King of France • 505, 511, 524, 541, 551, 552, 611

앙제 Angers • 406, 600, 601, 604

앙주의 샤를 Charles of Anjou • 343, 367

애덤, 우스크의 Adam of Usk • 395

애덤스, 존 퀸시 Adams, John Quincy • 709

애덤스, 존 Adams, John • 703, 706, 707; 〈교회법과 봉건법에 관한 논문 Dissertation on the Canon and Feudal Law〉• 703

애덤스, 헨리 Adams, Henry • 709

애드울프 Eadwulf • 412

애설버트, 켄트의 왕 Æthelbert, King of Kent • 256, 298

애설스턴, 롬지의 수도원장 Æthelstan, Abbot of Romsey • 306

액턴 경 Acton, Lord • 657, 659, 775

앤드루, 석공 Andrew, Master • 400

앨른윅, 윌리엄, 링컨의 주교 Alnwick, William, Bishop of Lincoln • 421

앨버트, 부군 Albert, Prince Consort • 740

앨퀸, 수도원장 Alcuin, Abbot • 243, 244, 297-300, 320-322, 429

앨프레드, 영국 왕 Alfred, King of England • 293, 326

앨프리드, 더럼 성당 참사회 회원 Alfred, Canon of Durham • 306

앵글로색슨족 연대기 Anglo-Saxon chronicles • 261

야고보(예수의 형제) James (brother of Christ) • 16, 19, 20, 51, 59, 76, 77, 90, 112

야고보, 사도 James, St, Apostle • 54, 207, 304, 377

야곱파 Jacobite Church • 184, 427

야손, 키레네의 Jason of Cyrene • 28

야콥, 수도사 Jakob, monk • 448

얀세니우스, 코르넬리우스, 이프르의 주교 Jansen,

Cornelius, Bishop of Ypres • 587; 《아우구스티누스 Augustinus》• 587
얀세니즘 Jansenism • 586-588, 592, 599, 602
에기디우스, 비테르보의, 추기경 Egidius of Viterbo, Cardinal • 549
에더, 조지 Eder, George • 505; 《복음의 탐구 Evangelical Inquisition》• 506
에데사 Edessa • 113, 188
에델레다, 성인 Etheldreda • 403
에델윈, 더럼의 주교 Æthelwine, Bishop of Durham • 306
에드걸리, 새뮤얼 Edgerley, Rev. Samuel • 741
에드머 Eadmer • 579
에드워드 1세, 잉글랜드 왕 Edward I, King of England • 389, 390,
에드워드 2세, 잉글랜드 왕 Edward II, King of England • 387, 403, 404
에드워드 3세, 잉글랜드 왕 Edward III, King of England • 380, 385, 419
에드워즈, 조너선 Edwards, Jonathan • 704, 705, 706, 710, 712, 713, 752; 《인간 감정에 관한 논문 Treatise Concerning Human Affections》• 705
에라스무스 Erasmus • 101, 463, 464, 467-473; 《격언집 Adages》• 469; Colloquies • 267; 《자유의지에 관한 토론 Discussion of the Free Will》• 481; 《겪지 않은 자에게 전쟁은 달콤한 것 Dulce bellum inexpertis》• 479; 《편람 Enchiridion》• 469, 471; 그리스어 신약성경 • 60, 469; 그의 영향 • 543, 566; 《히페라스피스테스 Hyperaspistes》• 482; 《우신예찬 In Praise of Folly》• 463, 469, 474; 에라스무스와 루터 • 474, 476-483, 486-488; 《교회의 달콤한 일치에 관하여 On the Sweet Concord of the Church》• 482; 에라스무스와 개혁 • 471, 472, 476-483
에렌베르크, 필리프 아돌프 폰, 뷔르츠부르크의 주교 Ehrenberg, Philip Adolf von, Bishop of Wurtzburg • 534
에리우게나, 요하네스 스코투스 Erigena, Johannes Scotus • 297, 578; 《우주 분화론 On the Division of the Universe》• 297
에머슨, 윌리엄 Emerson, William • 709, 717
에버렛, 에드워드 Everett, Edward • 709
에베소 Ephesus • 30, 44, 91, 156
에보 Ebo • 353

에비온파 Ebionites • 94, 180, 181
에세네파 Essenes • 38, 39, 42-50, 201; 에세네파와 독신 • 212; 아프리카의 에세네파 • 104, 165; 에세네파와 예수 • 72; 박해 • 455; 도나투스파와의 유사성 • 165, 168
에센 Essen • 303
에셴바흐, 볼프람 폰 Eschenbach, Wolfram von; 《파르시팔 Parsifal》• 437; 《빌레할름 Willehalm》• 437
에스코바르 Escobar • 523
에우게니우스 3세, 교황 Eugenius III, Pope • 372
에우케리우스, 리옹의 주교 Eucherius, Bishop of Lyons • 249
에우티케스 Eutyches • 181
에크, 요한 Eck, Johann • 482, 490
에크하르트 Eckhart • 423
에텔노스, 대주교 Æthelnoth, Archbishop • 306
에텔릭, 더럼의 주교 Æthelric, Bishop of Durham • 306
에티엔, 로베르 Etienne, Robert • 60
에티오피아 교회 Ethiopian Church • 828
에티오피아 Ethiopia • 184, 201, 818, 820
에프라임 사본 Ephraemi Rescriptus • 60
에히터나흐 Echtemach • 299, 352
엑세터 대성당 Exeter cathedral • 402
엔크라테이아파 Encratites • 173
엘리 Ely 381, 401; 대성당 cathedral 401, 403
엘리아스 Elias, Brother 422
엘리엇, 존 Elliot, John 727
엘리자베스 1세, 영국 여왕 Elizabeth I, Queen of England • 507, 510, 524, 548, 554, 579, 772
엘피, 성인 Ælfeah, St • 306
여호와의 증인 Jehovah's Witnesses • 800, 801
열린 증거단 Open Witnesses • 506
영, 브리검 Young, Brigham • 718
영국 국교회 해외 선교부 Anglican Society for the Propagation of the Gospel in Foreign Parts • 727
영국 국교회 Anglican Church; 미국의 영국 국교회 • 700, 708; 잉글랜드의 주 종교가 된 영국 국교회 • 564, 565; 영국 국교회와 피임 • 838; 영국 국교회와 복음주의자 • 626, 627; 제1차 세계대전 • 784; 영국 국교회와 명예혁명 • 565, 702; 고램 Gohram 사건 • 632 영국 국교회와 햄던 • 631, 632, 635; 선교사들 • 666, 731; 가톨릭 교회와의 관계 • 780

영국 · 해외 성서공회 British and Foreign Bible Society • 735

영국국교회선교회 Anglican Church Missionary Society • 735, 740, 741

예루살렘 공의회 Council of Jerusalem • 15-20

예식서 Book of Ceremonies • 336-338, 340

오도, 바이외의 주교 Odo, Bishop of Bayeux • 307

오도, 클뤼니의 수도원장 Odo, Abbot of Cluny • 324

오라토리오회 Oratorians • 518

오로시우스, 파울루스 Orosius, Paul • 230

오를레앙 회의(511년) Frankish Church council, Orleans • 258

오리게네스 Origen • 122-126, 218-220, 233, 410, 842; 《켈수스 논박 Contra Celsum》• 578; 《원리론 Principles》• 124; 헥사플라 Hexapla • 123; 콘스탄티누스에게 끼친 영향 • 139; 오리게네스와 펠라기우스 사상 • 233; 부활 신앙 • 189

오스만 제국 Ottoman Empire • 245

오코넬, 대니얼 O'Connell, Daniel • 740

오토 1세, 황제 Otto I, Emperor • 261, 303, 327, 353, 365

오토 4세, 황제 Otto IV, Emperor • 362

오토, 밤베르크의 주교 Otto, Bishop of Bamberg • 326

오토, 프라이징의 주교 Otto, Bishop of Freising • 358, 359, 449; 《황제 프리드리히의 업적들 Gesta Frederici Imperatoris》• 359; 《두 도시 The Two Cities》• 358

오툉 Autun • 291, 659

외제니, 황후 Eugénie, Empress • 651

요세푸스 Josephus • 32, 40, 49, 51, 52, 93; 《유대 고대사 Antiquities》• 51

요아킴, 플로라의 Joachim of Flora • 449, 459

요한 23세, 교황 John XXIII, Pope • 827-834; 《어머니와 여교사 Mater et Magistra》• 830; 《땅에서의 평화 Pacem in Terris》• 830

요한 8세, 교황 John VIII, Pope • 336, 426

요한, 사도 John, St • 19, 54, 59, 76; 요한1서 first epistle • 62, 119, 475; 요한복음 • 59, 60, 61, 75, 94, 117, 572

요한, 세례자 John the Baptist • 48-51, 74, 75, 207, 세례요한의 유물 • 212, 304, 307, 362, 363,

우드, 앤서니 Wood, Anthony • 564

우드, 찰스 Wood, Sir Charles, 핼리팩스의 첫 번째 자작 1st Viscount Halifax • 737

우르바누스 2세, 교황 Urban II, Pope • 413, 430

우르바누스 8세, 교황 Urban VIII, Pope • 549

울시, 추기경 Wolsey, Cardinal • 424

웨슬리, 존 Wesley, John • 615-623, 704

위그노 Huguenots • 503-505, 511, 524, 541, 551, 597, 716, 717

위클리프, 존 Wyclif, John • 489

위토 Witto • 243

윌리엄, 기옌의 공작 William the Great, Duke of Guienne • 426

윌버포스, 윌리엄 Wilberforce, William • 622, 623, 626, 637, 739

유교 Confucianism • 680, 685, 687, 748

유니테리언 교회 Unitarian Church • 709, 710, 717

유대교 Judaism; 기독교와의 결별 • 46; 이단 개념 • 32, 43; 유대교로의 회심 • 33, 34; 유대교와 예루살렘 교회 • 90; 초대교회가 유대교에 포섭될 가능성 • 72, 73

《유스티니아누스 법전 Corpus Juris Civilis》• 255

융슈틸링 Jung-Stilling • 610

은총의 순례 Pilgrimage of Grace • 508

이교도 순교자 행전 Acts of the pagan Martyrs • 145

이레네우스, 리옹의 주교 Irenaeus, Bishop of • Lyons 55

이르미농, 수도원장 Irminon, Abbot • 281

이바스, 주교 Ibas, Bishop • 188

이슈타르 Ishtar • 25

이시도루스, 세비야의 주교 Isidore, Bishop of Seville • 124, 288, 289, 290, 294

이시도루스, 펠루시움의 Isidore of Pelusium • 110

이시스 Isis • 25

《이집트인들의 복음 Gospel of the Egyptians》• 114

인노켄티우스 3세, 교황 Innocent III, Pope • 358,

360-362, 365, 366, 372, 378, 396, 413, 419, 442, 444, 455, 476, 612, 759, 823; 인노켄티우스 3세와 고해성사 • 409, 410;《심사숙고 Deliberatio》• 361; 인노켄티우스 3세와 존 왕 • 386

인노켄티우스 4세 Innocent IV, Pope • 363, 365, 372, 380

인노켄티우스 8세, 교황 Innocent VIII, Pope;〈지고의 것을 추구하는 이들에게 Summis desiderantes affectibus〉• 531

《일반 권면들 Admonitio Generalis》• 160

일본 Japan • 655, 689-698, 739, 754, 814, 815

잉골리, 프란체스코 • Ingoli, Francesco 687

잉골슈타트 대학 • Ingoldstadt University 521

잉글랜드, 존, 찰스턴의 주교 • England, John, Bishop of Charleston 722

ㅈ

자유 신령파 Free Spirits • 453-455

〈자유 언어 La Libre Parole〉• 774, 778

자유파 Libertines • 506

잔다르크 Joan of Arc • 451

장미십자회 Rosicrucians • 606, 813

장인기술, 켈트인의 craftsmanship; Celtic • 295; 노섬브리아 수도원의 장인기술 • 295, 296

재로 Jarrow • 280, 291, 296, 297, 299

적그리스도 Antichrist • 94, 165, 327, 365, 431, 432, 447, 449-451, 455, 506, 808

〈적그리스도에 대한 농담 Ludus de Antichristo〉• 365

제1차 세계대전 First World War • 782-787

제네바 Geneva • 495-500

제임스 1세, 잉글랜드의 왕 James I, King of England • 535, 552, 553, 555, 556

제임스 2세, 잉글랜드의 왕 James II, King of England • 564, 702

주일성수협회 Lord's Day Observance Society • 624

《중세 잉글랜드 토지대장 Domesday Book》• 406

지상 그리스도의 교회 Church of Christ on Earth • 819

ㅊ

찰스 1세, 잉글랜드의 왕 Charles I, King of England • 557, 719

찰스 그랜트 Grant, Charles • 730;《아시아의 대영제국 식민지 백성들의 사회 생활에 관한 고찰 Observations on the State of Society among the Asiatic Subjects of Great Britain》• 736

채닝, 윌리엄 엘러리 Channing, William Ellery • 709

채찍질 고행 flagellants • 452, 673, 696

천사, 유대교의 angels, in Judaism • 37

체칠리아, 성인 Cecilia, St • 305

촌시, 찰스 Chauncy, Charles;《뉴잉글랜드 종교 상태에 관한 분별 있는 생각들 Sensible Thoughts on the State of Religion in New England》• 706

춤, 제의로서의 dancing, ritual • 191, 201, 335, 716, 818

칠렘브웨, 존 Chilembwe, John • 819

70인역 Septuagint • 32, 74, 81, 99, 100

침묵파 Silent Ones • 506

ㅋ

카네기, 데일 Carnegie, Dale • 813

카라바조 Caravaggio • 521;〈성모 마리아의 죽음 Death of the Virgin〉• 521

카란사, 바르톨로메오 데, 톨레도의 대주교 Carranza, Bartolomeo de, Archbishop of Toledo • 529

〈카롤리누스 법전 Codex Carolinus〉• 261

카르바할, 추기경 Carvajal, Cardinal • 484

카르타고 공의회(419년) Council of Carthage • 117, 231

카르투지오회 Carthusians • 423

카르포크라테스파 Carpocratians • 112

카를 5세, 황제 Charles V, Emperor • 482, 513, 674; 카를 5세와 에라스무스 • 470; 카를 5세와 독일의 종교적 통일 • 490, 492, 494; 카를 5세와 화체설 • 286; 라틴아메리카의 식민지를 제어하기 위해 성직자를 활용함 • 677; 카를 5세와 마녀사냥 • 532

카를, 오스트리아의 대공 Charles, Archduke of Austria • 522

카메라리우스, 필리프 Camerarius, Philip, 《역사에 관한 명상 Historical Meditations》• 505

카사냐, 폴 드 Cassagnac, Paul de • 766

카샌더, 조지 Cassender, George • 545

카스텔리오, 세바스티안 Castellio, Sebastian • 543, 544; 《이단인가 아니면 박해 받고 있는 것인가? De Haereticis an sint persequendi?》• 543

카스트로, 매튜 데 Castro, Matthew de • 683

카스티야 공의회 Council of Castile • 388

카시아누스, 요한네스 Cassian, John • 269, 292; 《경험대화 Conferences》• 269; 《강령개요 Institutions》• 269

카시오도루스 Cassiodorus • 288, 290, 299

카이사레아 Caesarea • 95, 156, 267, 433

카이사르, 율리우스 Caesar, Julius • 22, 31, 694

카타리파 Cathars • 440-443

카푸치노회 Capuchins • 518, 601

카피토, 볼프강 Capito, Wolfgang • 479, 491

칼데라, 루이스 Caldera, Luis • 670

칼데론 Calderon • 520

칼라브리아 Calabria • 288, 449

칼라일, 알렉산더 Carlyle, Rev. Alexander • 585, 586; 《자서전 Autobiography》• 586

칼라일, 토머스 Carlyle, Thomas • 717

칼리굴라, 황제 Caligula, Emperor • 22, 143

칼리니쿰 Callinicum • 206

칼릭스투스, 교황 Calixtus, Pope • 161

칼릭스투스, 반反교황 Calixtus, anti-Pope • 451

칼케돈 공의회(451년) Council of Chalcedon • 183, 311

칼케돈 신조 Chalcedon formula • 183, 184, 188

캄파넬라, 톰마소 Campanella, Tommaso • 550

캉브레 Cambrai • 468

커닝햄 부인 Conyngham, Lady • 626

케리, 윌리엄 Carey, William • 729, 730, 732; 〈이교도들의 회심을 위한 방법을 강구해야 하는 기독교인의 의무에 관한 탐구 An Inquiry into the Obligation of Christians to use Means for the Conversion of the Heathen〉• 732

케임브리지, 이매뉴얼 칼리지 Cambridge, Emmanuel College • 533

케킬리아누스, 카르타고의 주교 Caecilian, Bishop of Carthage • 166

켈레스티우스 Caelestius • 234

켈수스 Celsus • 147, 194; 《참된 말씀 True Word》• 147

켈수스, 성인 Celsus, St • 209

《켈스의 책 Book of Kells》• 295

켈트족, 수도원 Celts, monasticisms • 272-276

코르베유 Corbeil • 307

코르비 Corbie 291 • 299

코르테스, 에르난 Cortes, Hernando • 667

코메니우스, 요한 아모스 Comenius, John Amos; 《빛의 길 The Way of Light》• 557

코벳, 윌리엄 Cobbett, William • 627

코생, 신부 Caussin, Father • 524

코시모 3세, 대공 Cosimo III, Grand Duke • 524

코텔 드 라 블랑디니에르 Cotelle de la Blandinière, Fr; 《교구 편람 Diocesan Handbook》• 600

콕스, 리처드 Cocks, Richard • 696

콘라딘, 황제 Conradin, Emperor • 367

콘라트 2세, 황제 Conrad II, Emperor • 352, 368

콘살비, 에르콜, 추기경 Consalve, Cardinal Ercole • 614

콘스탄스 2세, 황제 Constans II, Emperor • 251

콘스탄츠 공의회 Council of Constance • 352

콘스탄티노플 공의회(448년) Council of Constantinople • 315

콘스탄티노플 공의회(543년) Council of Constantinople • 578

콘스탄티누스 2세, 반교황 Constantine II, anti-Pope • 318-320

콘스탄티누스(키릴루스) Constantine(Cyril) • 338, 339

콘스탄티누스, 황제 Constantine, Emperor • 136-140; 이교를 공격 • 191; 세례 • 160, 161; 콘스탄티노플 건설 • 190, 313, 314; 〈콘스탄티누스 기증서 Donation of Constantine〉• 313, 314, 318, 354, 356, 357, 465; 콘스탄티누스와 도나투스파 이단 • 167, 168; 밀라노 칙령 • 135, 136, 174; 기독교 후원 • 129, 154

콘스탄티우스 2세, 황제 Constantius II, Emperor • 157, 192

콘타리니, 추기경 Contarini, Cardinal • 491-493, 543

콜럼버스, 크리스토퍼 Columbus, Christopher • 468, 718

콜롬바누스, 성인 Columbanus, St • 272-276, 280, 312

콜리니, 프랑스의 총사령관 Coligny, High Admiral of France • 503, 504

콜릿, 존 Colet, John • 463, 464, 469, 471

콜마르 Colmar • 138

콥트 교회 Coptic Church • 184, 427, 433, 828

콩데 공 Condé, Prince of • 503, 504

콩브, 에밀 Combes, Emile • 770, 774, 775

콩크 Conques • 302

쾰른 Cologne • 293, 352, 454, 491, 545

쿠트베르투스, 성인 Cuthbert, St • 301

Q 자료 Q • 59

크누트 Cnut, King • 306

크로퍼드, 댄 Crawford, Dan; 《흑인들을 생각하면서 Thinking Black》• 742

크롬웰, 올리버 Cromwell, Oliver • 589

크롬웰, 토머스 Cromwell, Thomas • 424, 508-510

크리산투스, 성인 Chrysantius, St • 306

크리소스토무스, 요한, 콘스탄티노플의 주교 Chrysostom, St John, Bishop of Constantinople • 156, 187, 198, 200, 338

크리스천 사이언스 Christian Science • 813

《크리스천 이그재미너 Christian Examiner》• 709

크리스토포루스, 군단장 부관 Christopher, primicerius • 318

크리스티안, 안할트의 Christian of Anhalt • 554

클라우디우스, 황제 Claudius, Emperor • 52

클라운, 윌리엄 Clown, William • 419

클래런던 법 Clarendon Code • 564, 565, 573

클래펌파 Clapham Sect • 622, 624

클러프, 아서 휴 Clough, Arthur Hugh; 《에피-스트라우시움 Epi-Straussium》• 630

클레르보의 베르나르 Bernard of Clairvaux, St • 304, 372, 439

클레멘스 11세, 교황 Clement XI, Pope, 〈유니게니투스 Unigenitus〉• 587

클레멘스 14세, 교황 Clemens XIV, Pope, 〈주와 구세주 Dominus ac redemptor〉• 598

클레멘스 1세, 교황 Clement I, Pope; 〈클레멘스1서〉(고린도 교회에 보낸 편지 Epistle to the Corinthians) • 120, 127-129

클레멘스 4세, 교황 Clement IV, Pope • 367

클레멘스 6세, 교황 Clement VI, Pope • 413, 414, 452

클레멘스 8세, 교황 Clement VIII, Pope • 544, 552

클레멘스, 알산산드리아의 Clement of Alexandria • 143, 160, 161, 201, 202

클레투스, 교황 Cletus, Pope • 308

클로비스, 프랑크족 왕 Clovis, King of the Franks • 259, 260

클론퍼트 수도원 Clonfert monastery • 272

키루스, 파노폴리스의 Cyrus of Panopolis • 219

키릴루스, 알렉산드리아의 주교 Cyril, Bishop of Alexandria • 110, 111, 186, 188

키벨레 Cybele • 136, 137

키블, 존 Keble, John • 632, 633, 640, 645, 646

키케로 Cicero • 22, 189

키프리아누스, 카르타고의 Cyprian of Carthage • 122, 125, 126, 149

ㅌ

테르툴리아누스 Tertullianus • 100-108, 117, 125, 127, 141-143, 149, 151, 161, 163, 202, 218, 234, 368, 459, 460, 471, 589, 650, 716

테오다스 Theodas • 112

테오도레투스, 안디옥의 주교 Theodoret, Bishop of Antioch 《교회사 Ecclesiastical History》• 194

테오도루스, 캔터베리 대주교 Theodore, Archbishop of Canterbury • 329, 374, 375

테오필락투스, 오크리다의 대주교 Theophylact, Archbishop of Ochrid • 337

테오필루스, 알렉산드리아의 Theophilus of Alexandria • 193

테제 공동체 Taise Community • 828

템블크, 프란체스코 데 Tembleque, Francisco de • 673

토크빌, 알렉시스 드 Tocqueville, Alexis De • 708,

709, 812; 《미국의 민주주의 Democracy in America》 • 708, 709
톨레도 종교재판소(1575-1610년) Toledo Tribunal • 530
통치자 숭배의식 ruler-cult • 25
튜튼 기사단 Teutonic Knights • 664
트렌토 공의회(1545년) Council of Trent • 410, 470, 514-519, 540, 549, 773, 834
티루스 종교회의(335) Council of Tyre • 111
틴데일, 윌리엄 Tyndale, William • 472

ㅍ

파리 공의회(1198년) Council of Paris • 409
파리 공의회(829년) Council of Paris • 323
파버 F.W. Faber, F. W. • 637, 638, 642
파비아누스, 교황 Fabian, Pope • 156
파우스트 Faustus • 208
파운틴스 수도원 Fountains Abbey • 285
파울루스, 부제 Paul the Deacon • 260
파울루스, 테베의 Paul of Thebes, St • 264
파울하버, 추기경 Faulhaber, Cardinal • 789, 790
파월 벅스턴, 토머스 Fowell Buxton, Thomas • 739, 740
팔루, 비스콩트 드 Falloux, Viscomte de • 651
퍼니스 수도원 Furness Abbey • 325
퍼니스, 조지프 Furniss, Rev. Joseph; 《지옥 풍경 The Sight of Hell》 • 641
페늘롱 Fenelon • 348
페레리오, 빈첸시오, 성인 Ferrer, St Vincent • 452
페레이라, 크리스토바 Ferreira, Christova • 697
페르디난트, 오스트리아의 대공 Ferdinand, Archduke of Austria • 502
페리, 쥘 Ferry, Jules • 766
펠릭스 3세, 교황 Felix III, Pope • 253
펠릭스, 성인 Felix, St • 306
포시도니우스 Posidonius • 217
폴리뇨 Foligno • 414
퐁텐 Fontaine • 273
퐁트넬 Fontenelle • 273, 281

푸셰 Fouche • 607
푸아, 성인 Foy, St • 302, 303
푹스 폰 도른하임, 요한 게오르크 2세, 밤베르크의 주교 Fuchs von Dornheim, Johann George II, Bishop of Bamberg • 535
풀겐티우스, 루스페의 주교 Fulgentius, Bishop of Ruspe • 250
풀다 Fulda • 293, 297, 299, 419, 534, 791
퓨지, 에드워드 Pusey, Edward • 632, 640
프라우드, R. H. Froude, R. H. • 632
프라이징 Freising • 306, 352, 358, 449
프랑스 행동 Action Française • 779
〈프랑스 행동 L'Action française〉 • 769, 778
프랑코니아 Franconia • 261
《프랑크족의 역사 Historiae Francorum》 • 261
프랑크푸르트 공의회(794년) Council of Frankfurt • 322
프랭클린, 벤저민 Franklin, Benjamin, 《펜실베이니아 젊은이 교육에 관한 제안 Proposals Relating to the Education of Youth in Pennsylvania》 • 713
프레데가리우스 Fredegarius, 《연대기 Chronicle》 • 261
프레데리크 4세, 덴마크의 왕 Frederick IV, King of Denmark • 728
프로테스탄트 미국 당(일명 '아무것도 모르는 당') Protestant American Party, the 'Know Nothings' 720
프로테스탄트 통일령(1559년) Protestant Act of Uniformity • 507
프로테스탄티즘 수호자 Protestant Vindicator • 719
프론투스, 성인 Frontus, St • 265
프롬, 에리히 Fromms, Erich; 《사랑의 기술 Art of Loving》 • 812
프리두기스 Fridugis • 243
프리드리히 2세 Frederick II, Emperor • 360, 362-367, 451
프리드리히 5세, 팔라틴의 선제후 Frederick V, Elector Palatine • 555, 556
프리드리히 대제, 프로이센의 왕 Frederick the Great, King of Prussia • 583, 605
프리드리히 빌헬름 1세, 프로이센의 왕 Frederick William I, King of Prussia • 583

프리드리히, 붉은 수염, 황제 Frederick Barbarossa, Emperor • 359, 360

프리드리히, 현자, 작센 주의 선제후 Frederick the Wise, Elector of Saxony • 486, 490

플라데, 디트리히 Flade, Dietrich • 534

플랑드르 공동생활 형제회 Flemish Brethren of the Common Life • 519

피렌체, 로렌초 도서관 Florence, Laurentian Library • 295

피르미쿠스 마테르누스 Firmicius Maternus • 192

피임과 가톨릭 교회 contraception, and the Catholic Church • 834-839

피치노, 마르실리오 Ficino, Marsilio • 465, 466, 469

피핀, 프랑크족의 왕 Pepin, King of the Franks • 318, 329

필라스트리우스, 브레스키아의 주교 Filastrius, Bishop of Brescia • 173

필리오케 filioque 논쟁 • 330, 331, 337, 340, 343, 344

ㅎ

하게나우 Hagenau • 491

하나님을 경외하는 사람들 noachides • 33

하나님의 일을 위한 모임 Opera dei Congressi • 779

하드리아누스 1세, 교황 Hadrian I, Pope • 319

하드리아누스 2세, 교황 Hadrian II, Pope • 336, 339

하드리아누스 Hadrian • 329

하르나크, 아돌프 폰 Harnack, Adolph von; 《기독교란 무엇인가? What is Christianity》• 777

하아크, 테오도레 Haak, Theodore • 558

하인리히 2세, 황제 Henry II, Emperor • 351, 352

하인리히 3세, 황제 Henry III, Emperor • 349, 352, 358

하인리히 4세, 황제 Henry IV, Emperor • 352, 353, 359, 761

하인리히 5세, 황제 Henry V, Emperor • 352

하인리히 6세, 황제 Henry VI, Emperor • 360

하틀립, 새뮤얼 Hartlib, Samuel, 《유명한 마카리아 왕국에 대한 설명 Description of the Famous Kingdom of Macaria》• 557

할례 circumcision • 16, 17, 19, 20, 33, 35, 81, 83, 86, 90, 363

합스부르크 왕가 Habsburgs • 389, 504, 552, 556, 612

해닝턴, 제임스 Hannington, James • 747

해럴드, 잉글랜드 왕 Harold, King of England • 303

해리스, 윌리엄 웨이드 Harris, William Wade • 818

핼리팩스 Halifax, Lord • 780

햄던, 리드 딕슨, 헤리퍼드의 주교 Hampden, Reed Dickson, Bishop of Hereford • 631, 635; 《종교적 불일치에 관한 고찰 Observations on Religious Dissent》• 631

햇필드, 토머스, 더럼의 주교 Hatfield, Thomas, Bishop of Durham • 419

허버트 경 Herbert, Lord • 577

허버트, 성인 Hubert, St • 265

허버트, 조지 Herbert, George • 577

허친슨, 앤 Hutchinson, Anne • 700

헐리, 윌리엄 Hurley, William • 401

헝가리 Hungary • 285, 448, 826, 828

헤게시푸스 Hegesippus • 113, 129

헤로니모 데 헤수스, 탁발수도사 Jeronimo de Jesus, Friar • 695

헤롯 빌립 Herod Philip • 30

헤롯 안티파스 Herod Antipas • 30, 49, 51, 68

헤롯 Herod the Great • 29, 30, 35, 36, 69

헤르메스 트리스메기스투스 Hermes Trismegistus • 465

헤일, 에드워드 에버렛 Hale, Edward Everett • 709

헨리 1세, 잉글랜드의 왕 Henry I, King of England • 369, 374

헨리 2세, 잉글랜드의 왕 Henry II, King of England • 373, 375, 377, 378

헨리 3세, 잉글랜드의 왕 Henry III, King of England • 438

헨리 5세, 잉글랜드의 왕 Henry V, King of England • 421

헨리 8세, 영국의 왕 Henry VIII, King of England • 388, 398, 400, 463, 482, 508, 509, 586

헨리, 리에주의 주교 Henry, Bishop of Liege • 380

헨슨, 헨슬리, 더럼의 주교 Henson, Hensley, Bishop of Durham • 784; 《강단에서의 신조 The Creed in the Pulpit》• 781

헬레나, 콘스탄티누스의 모친 Helena (mother of Constantine) 208

헬레니즘 Hellenism • 21, 78, 81, 106, 124, 246, 327, 558

호들리, 벤저민 Hoadley, Benjamin • 583

호라티우스 Horace • 34,

호센펠더, 요아힘, 목사 Hossenfelder, Pastor Joachim • 793

홈스, 올리버 웬들 Holmes, Oliver Wendell • 709

홉스, 토머스 Hobbes, Thomas • 574, 575

황제 신 숭배 deification, of Roman emperors • 22

후스파 Hussites • 455, 473

훔베르트, 추기경 Humbert, Cardinal, 《성직매매론 반박 Adversus Simoniacos Libri Tres》• 355

휴, 부르고뉴 출신, 링컨 교구의 주교 Hugh the Burgundian, St, Bishop of Lincoln • 400

휴, 생빅토르의 Hugh of St Victor; 《초보자를 위한 규율 Rules for Novices》• 416

흐로테, 헤라르트 Groote, Gerard • 468

흐로티위스, 휘호 Grotius, Hugo • 553

히데요시 Hideyoshi • 693, 694

〈히브리인들의 복음 Gospel of the Hebrews〉• 114

히스테리, 종교적 hysteria, religious • 452

히에로니무스, 성인 Jerome, St • 61, 123, 156, 158, 159, 198, 199, 211, 215-212, 234, 265, 294, 724; 지옥에 관한 견해 • 579; 오리게네스에 대한 견해 • 219; 히에로니무스와 펠라기우스 • 233; 불가타 성경 • 199, 465

히틀러, 아돌프 Hitler, Adolf • 757, 759, 789-808

히파티아 Hypatia • 219

히포 Hippo • 186, 221, 227, 237, 744

히폴리투스 Hippolytus of Rome • 121; 《모든 이단에 대한 논박 Refutatio omnium haeresium》• 107

힌두교 Hinduism • 680, 683, 748

힌크마루스, 랭스의 대주교 Hincmar, Archbishop of Reims • 292

힐, 리처드 Hill, Sir Richard • 622

힐라리아 부활 축제 Hilaria resurrection feast • 136

힐라리온, 성인 Hilarion, St • 211, 265

힐라리우스, 푸아티에의 주교 Hilary, Bishop of Poitiers • 117, 207, 475

힐렐 Hillel • 41

힐리스, 뉴웰 드와이트 Hillis, Newell Dwight • 786

힘러, 하인리히 Himmler, Heinrich • 796, 805, 806

기독교의 역사